普通高等教育“十一五”国家级规划教材
21世纪高等学校教材

隧道工程

(第二版)

上 册

王毅才 主编
周 熹 狄武陵 主审

人民交通出版社

内 容 简 介

本书是高等学校土木工程专业隧道及地下工程方向、桥梁工程方向、公路与城市道路工程方向使用的专业课教材，也可以供相关专业工程技术人员设计和施工时参考，还可以供公路隧道管理人员和隧道交通工程管理人员工作时参考。

全书共分上、下两册。上册为基础及专题部分，其中第一篇（绪论、第一～三章）总论，主要叙述公路隧道的总体设计要领；第二篇（第四～六章）山岭公路隧道，主要讲述荷载与结构计算；第三篇（第七～十三章）锚喷支护设计与质量控制，介绍新奥法的支护理念及锚喷支护与预应力锚喷支护的设计理论、方法与实践；第四篇（第十四～十七章）竖井设计与施工，系统介绍竖井的常规设计与施工方法；第五篇（第十八～十九章）公路隧道的防排水设计与施工，系统介绍山岭隧道防排水设计方法与施工技术；第六篇（第二十～二十一章）公路隧道的营运通风与营运照明，系统叙述营运通风与照明的设计理论与方法；第七篇（第二十二～二十九章）公路隧道交通工程设施，介绍公路隧道管理系统的组成与运作方法。共七篇计二十九章。下册为矿山法施工、新奥法施工、特殊工法施工和软土隧道。

图书在版编目（CIP）数据

隧道工程．上册/王毅才主编．--2版．--北京：人民交通出版社，2006.3(重印 2007.7)
ISBN 978-7-114-05952-0

Ⅰ.隧...　Ⅱ.王...　Ⅲ.隧道工程　Ⅳ.U45

中国版本图书馆 CIP 数据核字(2006)第 018284 号

书　　名： 普通高等教育“十一五”国家级规划教材
隧道工程（第二版）（上册）
著 作 者： 王毅才
责任编辑： 曲　乐（010-85285984　qlpress@163.com）
出版发行： 人民交通出版社股份有限公司
地　　址： （100011）北京市朝阳区安定门外外馆斜街3号
网　　址： http://www.ccpress.com.cn
销售电话： （010）59757973
总 经 销： 人民交通出版社股份有限公司发行部
经　　销： 各地新华书店
印　　刷： 北京虎彩文化传播有限公司
开　　本： 787×1092　1/16
印　　张： 46
字　　数： 1156千
版　　次： 1993年12月　第1版　2006年6月　第2版
印　　次： 2023年2月　第18次印刷　累计第25次印刷
书　　号： ISBN 978-7-114-05952-0
定　　价： 65.00元

21世纪交通版
高等学校教材(公路与交通工程)编审委员会

总　　序

当今世界,科学技术突飞猛进,全球经济一体化趋势进一步加强,科技对于经济增长的作用日益显著,教育在国家经济与社会发展中所处的地位日益重要。进入新世纪,面对国际国内经济与社会发展所出现的新特点,我国的高等教育迎来了良好的发展机遇,同时也面临着巨大的挑战,高等教育的发展处在一个前所未有的重要时期。其一,加入 WTO,中国经济已融入到世界经济发展的进程之中,国家间的竞争更趋激烈,竞争的焦点已更多地体现在高素质人才的竞争上,因此,高等教育所面临的是全球化条件下的综合竞争。其二,我国正处在由计划经济向社会主义市场经济过渡的重要历史时期,这一时期,我国经济结构调整将进一步深化,对外开放将进一步扩大,改革与实践必将提出许多过去不曾遇到的新问题,高等教育面临加速改革以适应国民经济进一步发展的需要。面对这样的形势与要求,党中央国务院提出扩大高等教育规模,着力提高高等教育的水平与质量。这是为中华民族自立于世界民族之林而采取的极其重大的战略步骤,同时,也是为国家未来的发展提供基础性的保证。

为适应高等教育改革与发展的需要,早在 1998 年 7 月,教育部就对高等学校本科专业目录进行了第四次全面修订。在新的专业目录中,土木工程专业扩大了涵盖面,原先的公路与城市道路工程,桥梁工程,隧道与地下工程等专业均纳入土木工程专业。本科专业目录的调整是为满足培养"宽口径"复合型人才的要求,对原有相关专业本科教学产生了积极的影响。这一调整是着眼于培养 21 世纪社会主义现代化建设人才的需要而进行的,面对新的变化,要求我们对人才的培养规格、培养模式、课程体系和内容都应作出适时调整,以适应要求。

根据形势的变化与高等教育所提出的新的要求,同时,也考虑到近些年来公路交通大发展所引发的需求,人民交通出版社通过对"八五"、"九五"期间的路桥及交通工程专业高校教材体系的分析,提出了组织编写一套 21 世纪的具有鲜明交通特色的高等学校教材的设想。这一设想,得到了原路桥教学指导委员会几乎所有成员学校的广泛响应与支持。2000 年 6 月,由人民交通出版社发起组织全国面向交通办学的 12 所高校的专家学者组成 21 世纪交通版高等学校教材(公路类)编审委员会,并召开第一次会议,会议决定着手组织编写土木工程专业具有交通特色的**道路专业方向、桥梁专业方向以及交通工程专业**教材。会议经过充分研讨,确定了包括**基本知识技能培养层次、知识技能拓宽与提高层次**以及**教学辅助层次**在内的约 130 种教材,范围涵盖**本科**与**研究生用**教材。会后,人民交通出版社开始了细致的教材编写组织工作,经过自由申报及专家推荐的方式,近 20 所高校的百余名教授承担约 130 种教材的主编工作。2001 年 6 月,教材编委会召开第二次会议,全面审定了各门教材主编院校提交的教学大纲,之后,编写工作全面展开。

21 世纪交通版高等学校教材编写工作是在本科专业目录调整及交通大发展的背景下展开的。教材编写的基本思路是:(1)顺应高等教育改革的形势,专业基础课教学内容实现与土木工程专业打通,同时保留原专业的主干课程,既顺应向土木工程专业过渡的需要,又保持服务公路交通的特色,适应宽口径复合型人才培养的需要。(2)注重学生基本素质、基本能力的培养，为学生知识、能力、素质的综合协调发展创造条件。基于这样的考虑，将教材区分为二个主层次与一个辅助层次，即基本知识技能培养层次与知识技能拓宽与提高层次，辅助层次为教学参考用书。工作的着力点放在基本知识技能培养层次教材的编写上。(3)目前，中国的经济发展存在地区间的不平衡，各高校之间的发展也不平衡，因此，教材的编写要充分考虑各校人才培养规格及教学需求多样性的要求，尽可能为各校教学的开展提供一个多层次、系统而全面的教材供给平台。(4)教材的编写在总结“八五”、“九五”工作经验的基础上，注意体现原创性内容，把握好技术发展与教学需要的关系，努力体现教育面向现代化、面向世界、面向未来的要求，着力提高学生的创新思维能力，使所编教材达到先进性与实用性兼备。(5)配合现代化教学手段的发展，积极配套相应的教学辅件，便利教学。

教材建设是教学改革的重要环节之一，全面做好教材建设工作，是提高教学质量的重要保证。本套教材是由人民交通出版社组织，由原全国高等学校路桥与交通工程教学指导委员会成员学校相互协作编写的一套具有交通出版社品牌的教材，教材力求反映交通科技发展的先进水平，力求符合高等教育的基本规律。各门教材的主编均通过自由申报与专家推荐相结合的方式确定，他们都是各校相关学科的骨干，在长期的教学与科研实践中积累了丰富的经验。由他们担纲主编，能够充分体现教材的先进性与实用性。本套教材预计在二年内完全出齐，随后，将根据情况的变化而适时更新。相信这批教材的出版，对于土木工程框架下道路工程、桥梁工程专业方向与交通工程专业教材的建设将起到有力的促进作用，同时，也使各校在教材选用方面具有更大的空间。需要指出的是，该批教材中研究生教材占有较大比例，研究生教材多具有较高的理论水平，因此，该套教材不仅对在校学生，同时对于在职学习人员及工程技术人员也具有很好的参考价值。

21世纪初叶，是我国社会经济发展的重要时期，同时也是我国公路交通从紧张和制约状况实现全面改善的关键时期，公路基础设施的建设仍是今后一项重要而艰巨的任务，希望通过各相关院校及所有参编人员的共同努力，尽快使全套21世纪交通版高等学校教材(公路类)尽早面世，为我国交通事业的发展做出贡献。

21世纪交通版
高等学校教材(公路类)编审委员会
人民交通出版社
2001年12月

第 2 版前言

本教材是为隧道工程专业、桥梁工程专业、公路与城市道路专业编写的专业课教材，是在第 1 版《隧道工程》(上册，1987.6；下册，1993.12)的基础上，经过十余年的试用大幅度改编而成的。全书分为上、下两册，教材全面系统地介绍公路隧道的设计、施工及公路隧道的营运管理等基础知识。在编写过程中，我们本着系统、成熟、综合、实用和运用先进技术的总体要求，对资料进行了筛选，尽量使读者在阅读本书后能基本上掌握公路隧道的设计和营运管理的基础理论知识，并为进一步深入学习该学科的各分支打下基础。为此，在第 1 版《隧道工程》教材内容涉及范围基础上，拓宽了它们的范围和深度，扩展了一些实际工程中所需要的专题部分，增加了可读性和实用性。

经过近 20 年的发展，公路隧道建设在中国有了长足的发展。第 1 版《隧道工程》教材已经完成了它从无到有的使命。在此期间已经出版了两版《公路隧道设计规范》,《公路隧道施工技术规范》、《公路隧道通风照明设计规范》也相继出版。这次再版(第 2 版)主要在以下几方面加以强调：在内容上加以修订、拓宽和延伸；加强实用性；依托"国家标准"和"行业规范"进行改编；在编写的总体规划上，仍把全书分为上、下两册。上册为基础及专题部分，基础部分增加大量篇幅加强山岭隧道中的"新奥法"，专题部分增加了防排水、竖井专题，丰富了公路隧道通风与照明的内容，大幅度扩展了公路隧道交通工程设施部分；下册为矿山法施工、新奥法施工、特殊工法施工和软土隧道。把第 1 版的第二篇中有关隧道施工和第三篇"软土隧道的设计与施工"部分列为下册，增加了特殊工法部分；与第1版相比，大大增强了山岭隧道知识的全面系统性。

第 2 版《隧道工程》系根据 2000 年高等学校路桥专业教材编审委员会编写规划，对全书进行全面修订改编。由于资料的来源有限，篇幅有限，距离全、新、实用的总要求还有一定的差距，也难免有不妥之处，请广大读者多加指正。

本书由王毅才主编，陶纪南、颜静仪、杨彦民为副主编。其中上册第一篇第一、二章由王毅才编写，第三章由王奇辉改编；第二篇第四章由杨彦民、曹振编写，第五章由杨彦民、曹振改编，第六章原作狄武陵，由曹振整理录入；第三篇由陶纪南编写。第四篇由卢清国编写；第五篇由杨彦民、曹振编写；第六篇由王毅才编写；

第七篇由颜静仪组稿，其中第二十二、二十五章由杨峰编写，第二十三、二十四、二十八章由盛刚编写，第二十六章由孙继洋编写，第二十七章由朱建军编写，第二十九章由马俊峰编写，全篇由颜静仪、盛刚校验。下册后续出版。全书由周熹、狄武陵主审。

编　者

2005年5月

第1版前言(上册)

本教材是为桥梁工程、公路与城市道路工程专业编写的专业课试用教材，是在各院校多年来使用的讲义的基础上编写的。书中主要介绍了道路隧道的勘测设计、经济分析方法、通风与照明设计、衬砌结构计算、山岭隧道施工方法、软土隧道的设计与施工方法以及隧道的运营与养护等。在编写中试图以较少的篇幅综合介绍这门多学科的专业内容，并尽可能的充实新理论、新技术，使读者阅读之后能够受到一定的启迪，为进一步学习该学科的各个组成部分打下一定的基础。本教材着重介绍道路隧道的勘测设计与施工的基本知识。限于篇幅缘故，对于其它类型隧道未作介绍。道路隧道与铁路隧道相比，在结构设计、施工方法等方面有许多共同点，在勘测设计、结构构造、通风与照明、运营与养护以及施工等方面也存在许多差异。这些差异是由道路隧道多种多样的使用要求引起的。从这个意义上讲，道路隧道目前还不能像铁路隧道那样采用标准图。用少量的标准图满足多样化的使用要求是相当困难的。也就是说，道路隧道必须根据经济能力和实际使用要求逐个设计。这本综合性教材对解决这个问题可能有些教益。

本教材系以1982年11月高等学校路桥专业教材编审委员会制定的《隧道工程》教学大纲为依据编写的。由于这种教材是首次编写，所以无论在深度和广度上可能都不能满足读者的要求，也难免存在许多缺点错误，诚恳地希望读者指正。

全书由西安公路学院王毅才主编，重庆交通学院周熹主审。上册书中绪论、第一、二、三、四、五、七(除第六、七节)章由王毅才编写；第六、七(第六、七节)、十、十一、十二章由南京工学院蒋晃编写；第八章由重庆公路科学研究所狄武陵编写；第九章由交通部第一公路勘测设计院缪怀甫编写。

编　者

1985年12月

第1版前言(下册)

本教材是为桥梁工程、公路与城市道路工程专业编写的专业课试用教材。全书分为上下两册,上册已于1987年6月出版,内容分为两篇,即总论和山岭隧道。下册分为两篇,即软土隧道的设计与施工和道路隧道的运营管理与养护,主要介绍了盾构隧道、明挖隧道、沉管隧道、顶管隧道、道路隧道的运营管理和隧道养护概说等内容,既讲述了最常见的软土和水下隧道的基本形式,也介绍了迫切需要的道路隧道运营管理和养护知识。在编写过程中,参编学者都力图以有限的篇幅介绍更多的内容。道路隧道运营管理部分是道路隧道的设计者渴望得到的知识,本书首次纳入教材中的内容,虽还很不完善,但就解决实际工程问题的涉及范围来讲,大体上够用,希望通过这些介绍,能起到抛砖引玉的作用。

本教材是根据高等学校路桥专业教材编审委员会制定的《隧道工程》教学大纲编写的。成稿于1986年,后经过三年试用,并加以修改,成为今天的初稿,供读者试用。由于这套以道路隧道为主的《隧道工程》,是初次编写,这在建国以来还是首次,在深度和广度上难免有不尽人意之处和存在许多缺点错误,诚恳地希望读者指正。

全书由西安公路学院王毅才主编,重庆交通学院周熹主审。下册书中第十三、十四章由同济大学陆同寿编写;第十五章由上海城市建设学院郑汉瑋编写;第十六章由上海市隧道工程设计院江中孚编写;第十七章由西安公路学院王毅才编写(其中第三节由颜士连编写);第十八章由王毅才编写。

在全书编写过程中,承蒙各方鼎力支持,这里谨致谢意。上册插图第一～第七章由王毅才绘制;第八～第十二章由交通部第一公路勘察设计院薛文蕙描绘,西安公路学院撒民力参加了插图的整理工作。下册插图由交通部第一公路勘察设计院何希馥描绘,西安公路学院张永清参加了插图的整理工作,撒民力、张海英参加了校对工作。全稿由西安公路学院杲凤荣整理和校对。在此向以上同志表示衷心感谢。

编　者

1992年8月

目　录

第一篇　总　　论

第二篇　山岭公路隧道

第三篇　锚喷支护设计与质量控制

第四篇 竖井设计与施工

第五篇　公路隧道的防、排水设计与施工

第六篇　公路隧道营运通风与营运照明

第一篇

总　　论

绪　论

一、隧道的概念及作用

隧道通常指用作地下通道的工程建筑物。一般可分为两大类：一类是修建在岩层中的，称为岩石隧道；一类是修建在土层中的，称为软土隧道。岩石隧道修建在山体中的较多，故又称为山岭隧道；软土隧道常常修建在水底和城市立交，故称为水底隧道和城市道路隧道。埋置较浅的隧道，一般采用明挖法施工；埋置较深的隧道则多采用暗挖法施工。用作地下通道的有公路（道路）隧道、水底隧道、城市道路隧道、地下铁道、铁路隧道和航运隧道等。本教材主要讨论公路（道路）隧道。

隧道在山岭地区可用做克服地形或高程障碍、改善线形、提高车速、缩短里程、节约燃料、节省时间、减少对植被的破坏、保护生态环境；还可用作克服落石、坍方、雪崩、崩塌等危害。在城市可减少用地、构成立体交叉、解决交叉路口的拥挤阻塞和疏导交通。在江河、海峡、港湾地区，可不影响水路通航。修建隧道能使路线平顺、行车安全、节省费用，能提高舒适性，战时能增加隐蔽性和提高防护能力，并且不受气候影响。

隧道是地下工程建筑物，为保持坑道岩体的稳定，保障交通安全，需要修筑主体建筑物和附属建筑物。前者包括洞身衬砌和洞门建筑，后者包括通风、照明、防排水、安全设备等。

洞身衬砌的作用是承受围岩压力、结构自重和其它荷载，防止围岩塌落、风化，防水、防潮等。洞门的主要作用是防止洞口塌方落石、保持仰坡和边坡的稳定。通风、照明、防排水、安全设备等的作用是确保行车安全、舒适。

隧道衬砌在结构计算理论和施工方法两方面与地面结构物相比有很多不同之处，最主要的是埋置在地层的衬砌结构所承受的荷载比地面结构复杂。所以在设计衬砌时，除计算复杂多变的围岩压力外，还要考虑围岩的自承能力以及衬砌与围岩之间的相互作用。

隧道施工与地面建筑施工也不同，空间有限、工作面狭小、光线暗、劳动条件差，给施工增加了难度。隧道在勘察设计时地质条件是重要依据之一。从规划设计初期开始，就应该在较大范围内把地质调查工作摆在头等重要位置上，做好详细的工程地质调查和水文地质调查，以便选择合理的隧道位置，考虑好与引线的接线方式，判断可能的断面形状和施工方法以及可能遇到的问题等。

二、公路（道路）隧道教材的主要内容

本教材（上册）共七篇二十九章，即总论、山岭公路隧道、锚喷支护结构设计、竖井设计与施工、公路隧道防排水设计与施工、公路隧道营运通风与营运照明、公路隧道交通工程设施。

公路隧道工程设计是综合设计，在结构稳定的前提条件下，最重要的是线形顺畅，同时还要考虑到通风、照明、交通安全、事故疏导、紧急救援、环境保护等一系列细节。在教材总体内容安排上已经充分注意到这个特点，使读者在学习之后能掌握公路隧道的设计要领，使从事隧道设计的工作者能设计出既安全可靠又很适用的隧道。

第二版隧道工程教材除保持第一版的基本风格外，特别着重实用性和可操作性，读过之后会感觉到从公路隧道的选线——总体设计——通风、照明——公路隧道交通工程设施等，都能顺着教材给出的思路做具体设计。在主体结构设计上系统地给出了从基本概念、基本理论、设计方法、监控设计、信息反馈等一系列详实理论和可操作方法。

为了突出公路隧道设计的特殊需求，在教材中还增加了几个专题。由于近年来长大、特长、超长隧道越来越多，对竖井的设计理论、方法以及施工知识的渴求已经摆在隧道工程工作者的面前，所以在教材中专门增加了一篇“竖井设计与施工”内容，以满足实际工作中的需求。公路隧道的防、排水问题相对的要求较高，所以在教材中把“公路隧道防排水设计与施工”单独列为一篇。“公路隧道营运通风与营运照明”是公路隧道中不可或缺的组成部分，教材中详尽地阐述了基本理论与可操作的运作方法，并与现行的《公路隧道通风照明设计规范》完全一致，是可以拿来直接应用的部分。“公路隧道交通工程设施”部分得到了充分的加强和补充，这一篇专题是为非机电专业的隧道工作者编写的，目的是给隧道设计与施工的工作者增加机电(强电、弱电)设计方面的基本知识，使之在具体工作中能给出基本合理的规划和提出比较实际的要求。

三、隧道工程的发展简况

人类很早以前就知道利用自然洞穴作为住处。当社会发展到能制造挖掘工具时，就出现了人工挖掘的隧道。

在我国最早有文字记载的地下人工建筑物，出现在东周初期(约公元前七百年)。《左传》中有“……掘地及泉，隧而相见……”的记载。最早用于交通的隧道为“石门”隧道(见《中国大百科全书》交通卷 P_{164} 页“公路隧道”条目)，位于今陕西省汉中市褒谷口内，建于东汉明帝永平九年(公元 66 年)。用作地下通道的还有安徽亳州城内的古地下坑道，建于宋末元初(约十三世纪)，是我国最早的城市地下通道。

在其它古代文明地区有很多著名的古隧道，如公元前 2180～2160 年前后，在古巴比伦城幼发拉底河下面修筑的人行隧道，是迄今已知的最早用于交通的隧道，为砖砌构造物。古代最大的隧道建筑物可能是那不勒斯与普佐利(今意大利境内)之间的婆西里勃隧道，完成于公元前 36 年，至今仍可使用。它是在凝灰岩中凿成的垂直边墙无衬砌隧道。

约于公元 7 世纪，我国隋末唐初时的孙思邈在《丹经》一书中记载了黑火药的制法。公元 1225 年以后传入伊斯兰国家，13 世纪后期传到欧洲，17 世纪初(1627 年)奥地利的工业家首先用于开矿。1866 年瑞典人诺贝尔发明黄色炸药达纳马特，为开凿坚硬岩石提供了条件。

近代隧道兴起于运河时代，从 17 世纪起，欧洲陆续修建了许多运河隧道。法国的兰葵达克(Languedoc)运河隧道，建于 1666～1681 年，长 157m，它可能是最早用火药开凿的隧道。1830 年前后，铁路成为新的运输手段。随着铁路运输事业的发展，隧道也越来越多。1895～1906 年已出现了长 19.73 km 穿越阿尔卑斯山脉的最大铁路隧道。目前最长的铁路隧道已达 53.85km。较为完善的水底道路隧道建于 1927 年，位于纽约哈德逊河底 Holland 隧道。现在世界上的长大道路隧道(2km 以上)和长大水底隧道(0.5～2.0km)已超过百条。

目前，世界上的科技发展正在开拓着两个引人注目的领域，一个是宇宙空间，一个是地下空间。看来，隧道工程将会起着越来越重要的作用。

隧道工程的施工条件是极其恶劣的，尽管各种地下工程专用工程机械越来越多，在新奥法理论指导下施工方法得到了根本性的改变，这得益于科技的发展，但体力劳动强度和施工难度仍然很高。历史上为了减轻劳动强度，人们曾经做过不懈的努力。在古代一直使用“火焚法”和铁锤钢钎等原始工具进行开挖，直到19世纪才开始钻爆作业，至今大约有一百多年的历史。在此期间发明了凿岩机，经过将近一个世纪的努力，发展成为今天的高效率大型多臂钻机，使工人们能从繁重的体力劳动中解放出来。和钻爆开挖法完全不同的还有两种机械开挖法，一种是用于开挖软土地层的盾构机，发明于1818年。经过一个半世纪的不断改进，已经从手工开挖式盾构，发展到半机械化乃至全机械化盾构，能广泛用于各种复杂的软土地层的掘进；另一种是用于中等以上坚硬岩石地层的岩石隧道掘进机。首次试掘成功的隧道掘进机，诞生于1881～1883年，到现在已有一个多世纪的光景。目前，已经发展成大断面(直径10 m以上)的带有激光导向和随机支护装置的先进的掘进机，机械化程度大大提高，加上辅助的通风除尘装置，使工作环境得到了很大改善 。目前应用高压水的射流破岩技术已经过关，它能以很快的速度在花岗岩中打出炮眼，再在坑道周边用高压水切槽，然后爆破破岩。优点是减少超挖，可以开凿出任意断面形状的坑道，保护围岩，降低支护成本，并能增加自由面以减少炮眼数和降低炸药消耗量。但消耗功率较大，设备成本较高，技术上还未达到十分成熟的程度。

隧道工程的专门著作，可能要推1556年德国人乔治·包尔(Georg Bauer)所著的《采矿冶炼手册》(De Re Metellica)为最早，虽然那时还没有开始用火药开矿。

地层压力的研究开始于14世纪。此后随着采矿和隧道工程的发展，地层压力理论也在相应的发展着。这种研究基本上沿着两个方向进行，一个是把地层视为松散构造的散粒体理论，另一个是把地层视为连续弹性体弹塑性理论。近百年来，从理论上和工程实践中对地层压力进行了极广泛的研究，获得了不少成果，但仍未得到系统、圆满、严密的理论，直到今天仍在不断的进行着新的探索。

20世纪初，普氏(Протдъяконов)以均质松散体为基础，提出了地层压力的计算方法(见第四章)，但他把岩石假定为松散体，并把复杂的岩体之间的联系用一个似摩擦系数描写，这种做法显然过于粗糙，在工程中也常常出现失败的情况。不过，直到现在普氏理论还在应用着，因为这个方法比较简单。即使对不熟悉地质或不了解现场地质条件的人，也能运用普氏系数来进行设计。本书从历史发展和实际需求的角度还是介绍了普氏理论，以资参考。

我国著名学者陈宗基教授，在1958年首次把岩石力学作为一门边缘科学来发展。过去基本上是把岩石当作材料进行研究的。他强调必须用力学的观点，以地质为基础来解决工程实际问题。在研究中，既要重视岩石的变形强度特性、结构关系的理论研究，又要解决工程实践提出的各种问题，并指出现场试验与室内试验是相辅相成和不可分割的，强调问题的关键在于要有正确的概念。他最先引用流变理论研究岩石的流变特性，指出即使在坚硬岩石中修建地下洞室，也要考虑流变对长期稳定的影响。还从板块运动、地应力的产生，分析了对高地应力地区工程建设的影响，用封闭地应力的概念了解工程中各种特殊现象，如岩爆等。此外，还从微观结构分析了膨胀岩的破坏机制等等。所有这些都给地下工程的研究、设计和施工以巨大的推动和提供了新的理论依据。

新奥法是20世纪40年代开始发展起来的，它是以喷混凝土和锚杆为主要支护手段的一种方法。这种方法把坑道的支护和衬砌与围岩看作是相互作用的一个整体，既发挥围岩的自承能力，又使支护起到加固围岩的作用。在确保坑道稳定的基础上，使设计更加合理、经济。目前这种方法还处于经验设计阶段，需要在实施过程中根据现场量测数据加以修正。新奥法与传统的矿山法相比，更能充分利用地层地质条件。随着理论上的日臻完善，将会在地下工程中得到更加广泛的应用。

四、我国公路隧道的发展状况

在全国解放后，我国公路隧道数量仅有 30 多座，其总长约为 2.5km 左右，其平均长度不足百米。1964 年在北京至山西原平的四级公路上修建了两座 200m 以上的公路隧道，已经是非常大的工程。在改革开放后，高等级公路迅猛发展，出现了为数不少的长大、特长乃至超长隧道。据不完全统计，1993 年全国有将近七百座二级以下公路隧道。2000 年，我国公路隧道已达 1684 座，里程达 628km。其中特长隧道为 54km/15 座、长隧道为 207km/135 座。2004 年，全国已拥有公路隧道 2495 座，总长 1245571 延米。随着高等级公路的继续发展，还会有更多的公路隧道出现。在高等级公路网中公路隧道发挥了突出的作用，使公路变得通畅、顺适，大大缩短了里程，对国民经济的发展起到了极大的促进作用，为用户提供了安全、方便、快捷、经济的交通运输条件。

今后，随着能源问题的矛盾日益尖锐，隧道会越来越受到用户的欢迎，因其在节能中的作用是特别值得重视的。

事物总是存在着两面性。隧道在为用户提供了方便的运输条件的同时，也增加了营运成本，为了使用户享有各种便捷舒适的交通环境，往往在设计过程中选择低线位，从而使路线大大减少了爬坡路段的长度，同时也节省了油耗，用户获得了最大限度的受益。但营运管理部门却不得不付出最高的成本，在交通量尚未达到足够数量之前，往往入不敷出。为此，有的甚至基本上不使用通风机，更有甚者连最基本的照明灯具也不能开启，使问题走向了反面。此外，营运安全性也变得越来越小，因为，隧道越长安全隐患也越多，救援与疏散也越困难，设施的附加成本也越高。由于隧道是线状结构物，从设备的合理设计上考虑，长度大于 2～2.5 km 以上的隧道，无论供电、消防、供水都会变得不经济或变得很困难，不得不增加许多附加设备，从而增加了成本。设备越多，营运、养护管理也越困难，成本也越高。尤其像秦岭那样“金”字塔形的纵断地形，长度过大的隧道会带来许多问题。技术性的难题和投入建设成本尚可解决，安全隐患却难以克服，如果没有足够的管理应急预案，那将会产生灾难性后果。

公路隧道工程是一门综合性学科，作为一名公路隧道工程的工程师需要具备相当多的基础知识，除一般土木工程知识外，还应具备一定的交通工程、通风、照明、机电（强电、弱电）、营运管理等方面的知识。为了更好的掌握本学科的内容，希望读者在有关学科中获得必要的补充知识。

第一章　公路隧道的勘测设计

第一节　公路隧道的工程调查

一、概述

进行公路隧道规划、设计、施工和维护管理，应预先获得各种有关资料，因此需要进行调查。包括地形调查、地质调查、气象调查、环境调查、施工条件调查以及与工程有关的法令法规调查等。这些调查做得越广泛、深入细致、准确，所起的作用就越大。调查时应首先明确调查的目的、各阶段的任务和调查顺序。由于在规划、设计、施工等各阶段，调查的目的、内容及精度不同，所以通常按收集已有文献资料，初步调查和详细调查的顺序进行。各阶段的调查工作完成之后，应把所获得的资料整理成册，作为依据，并归档管理。

二、文献资料的收集

指对已有资料的收集，包括地形、地貌、地质、工程、气象、用地、灾害及环境等，用于规划路线和制订以后的调查计划。收集资料应以所设隧道为中轴，并取较大的范围。

(一)地形地貌资料

通常是指地形图和遥感照片。一般情况下应从国家测绘系统收集到比例尺为1/50000～1/25000规格的地形图，主要用于路线规划；而1/2000～1/1000主要用于隧道方案比选和隧道定位，除非重要路线，一般情况下后者很难在这个阶段收集到，多数情况下需要专门测绘。遥感照片，一般控制比较严格，主要用于重要的长大隧道。最好能在确定的路线走向上以某个宽度在设计过程中实测，其宽度应该包括可能的各种方案。因为路线测设过程中，变更方案是经常的，而航测一次的准备工作很麻烦、费用也高。如果没有特殊情况，在一条路线上不可能作第二次航测，应该一次解决问题。不过多数情况下在这个阶段也很少能开展这项工作。地形资料是路线确定方案、初测、定测，以及隧道的初步设计、施工图设计的基本资料。遥感照片所能提供的资料非常丰富，它的实时性非常可贵，它能提供最新鲜的资料。除能提供地形地貌资料以外，对于隧道设计有直接用途的资料还有地质和水文地质资料。通过对它的判释可以直观的看到断层、滑坡、溶洞、塌陷等不良地质问题，通过判释和分析可以得到大范围的地质构造，无疑这是设计者最需要的。航片和遥感照片都需要在现场核查。这与地形资料库里提供的地形资料是截然不同的，库存资料一般都需要在现场核对，因为随着国家建设事业的发展，地形地貌可能发生了很大变化。

(二)工程地质与水文地质资料

指工程地质与水文地质图和说明书。一般应从地质部门收集1/200000～1/50000比例尺的地质图，这种图通常是国家进行地质普查时完成的地质资料。它可以给设计者提供大范围的粗线条的地质资料，这种资料可供选线和进行方案比选时使用，只能提供大的粗线条的信息，但它是不可或缺的，没有它就可能发生大的错误。据说某地在选线时，由于没有地质资料作依据，曾发生过把一条很长的路线建在大滑坡上的故事。对于隧道设计者来说，这种地质图远远不能满足需要。隧道设计需要的是工程地质图和水文地质图，这种图一般是在基本上确定了一条或几条隧道线路方案以后，由隧道设计者提出具体要求，确定所需长度和宽度的条带状地质图。长大隧道还应参考航空照片和遥感资料。

(三)工程资料

在隧道附近的工程往往可以提供不少资料，如道路边坡的岩石露头和其它土木工程所记录的工程地质与水文地质资料。这些资料可以由施工记录和工程报告总结等文件中得到，但由于投资来源不同，原有工程资料持有者未必愿意无代价提供，所以应该预先判断该工程资料是否真的有用，如果确实能为工程所利用的话，可以购买。工程资料还可以提供是否与已有工程相互干扰的情况。

(四)气象资料

包括气温、气压、降水、风、雾、水温、地温等。可由气象台站和各种资料、期刊、汇编、年鉴等处获得，不足时可以由现场观测取得资料。气象资料可用于建筑设计、通风和照明设计、交通工程设计，以及指导施工等。

(五)用地及环境资料

用地包括工程用地和施工用地。工程用地是指该工程竣工后所占用的土地，传统的分割方法是，路线的占地计算到洞门墙基外缘线与路面中心线的交点(含边坡)，而仰坡则计算到隧道工程内。也就是凡明线道路的占地都计算在路线之内。作为隧道的占地还有些特殊的地方，也就是除仰坡占地之外，有时洞顶相当大的部分也需要占用。洞顶占地是指为了保护隧道结构安全而划定的一定范围，例如在该范围内不得建设房屋、不得有地面水渗入等。所以必须以法定的方式，由建设方占有土地，以确保工程的安全使用。隧道占地除洞身范围之外还应该包括隧道管理所、变电所以及其它为隧道工程服务的用地。这里有一个需要特别提醒的问题是，目前的弃碴场规划水平远远不够规范，所以隧道竣工后石碴凌乱不堪，这很不符合环境要求。作为设计者应该在设计过程中，明确弃碴场地的位置和模式以及日后利用的方法。

环境资料包括自然环境(动植物的生态、地形、地质、水文等)、文物古迹、自然保护区、居民环境等。这个问题比较广泛，例如有的选线不当，把路线的中桩对准一棵树龄达数百年、当地人认为是“神树”的老榕树，有的把路线中桩对准了民俗的“圣地”。其实这些都是应该避让的，道理是人人皆知的。

(六)灾害资料

隧道所在地区历史上的暴雨、台风、地震、滑坡、水患等发生的规模、频度，可通过查阅资料、地方志和对居民访问等方法获得。收集到的资料，应汇总、分析研究其对隧道规划设计、施工与维护管理的影响，以及对进一步调查所起的作用等。

(七)概预算资料调查

在进行隧道工程调查以及进行初步设计时，应根椐《公路隧道设计规范》、《公路隧道施工技术规范》、《公路隧道通风照明设计规范》以及相应的路线设计规范要求，为编制设计概(预)算和施工方案收集所需的资料。

(八)与隧道建设相关的资源资料

收集现有道路、建筑材料和水源，施工及营运所需电力的供电能力和供电网路等。

（九）相关法律、法令调查

隧道计划、设计及施工中，应遵循国家颁布的各种法律、法令，查阅与工程相关条文的内容，以制定相应措施及了解如何办理手续等。遭遇行政干预的事是经常发生的，作为隧道设计者往往无能为力去改变它，但可以提醒当事者。

三、地形地质调查

地形、地质调查是解决“需要”与“可能”问题。地形调查是为路线服务的，目的是在现有地形条件下使路线满足规范要求，并尽可能的得到优化，这是设计的需要；地质调查是核对在实际地质条件上是否可能，是否可以得到一个稳定的结构物。地形状态是地质状态的表象，往往可以通过地形判断地质现象。所以我国在路线设计中，经常是先根据地形条件选择路线的线位，然后进行初步地质调查，根据地质条件进行隧道初步设计，这种做法当然在隧道沿线可能遇到各种各样地质情况，在获得线形完美时，可能会遭遇不良地质地段或围岩较差地段，必然会增加投资；国外的设计是在大范围地质详查的基础上选择路线的走向，在掘进过程中不断地选择调整隧道中线，使隧道尽量在较好的围岩中通过，从而达到提高结构的安全度和节约投资的目的，但可能会以牺牲线形的完美性为代价。

实际上前期工作的力度才是节约投资的关键所在，经验表明如果在可行性阶段就加大加深地质工作的投入，那将是最好的选择，可以减少方案的反复调整过程。

（一）初测阶段

1. 地形地质调查要按《公路隧道勘测规程》和《公路工程地质勘察规范》规定展开工作

在收集资料的基础上，进行初步调查，为初步设计提供资料。目的是查明地形、地质条件对路线线形、隧道位置（洞口及长度）、引线以及对施工道路和其它附属工程的影响。

地形地貌调查主要查明自然地理概况及其与地质因素的关系、洞口和洞顶的海拔标高、位于洞顶或附近深坑与洼地的成因及其发育特征、河流与沟谷的冲刷切割、水库水塘水田分布等。

2. 地质调查

隧道初勘工作一般与设计阶段同步，提供不同隧道方案的工程地质、水文地质资料；但对于特长隧道、控制路线方案的长隧道、水下隧道以及工程地质与水文地质条件复杂的隧道，原则上应安排超前的工程地质、水文地质勘查，其勘测阶段可不受设计阶段的限制。这一部分应参照《公路工程地质勘察规范》（JTJ 064—98）进行具体运作。

主要查明：隧道所处区域地质构造、现代构造应力场的方向和性质，与隧道的关系及对隧道的影响；查明单斜的产状和成层条件、折曲构造要素和类型规模；断层的要素、性质类型、破碎带的规模及影响范围；节理裂隙、各类结构面的产状、发育情况、填充物性质、力学性质、结构面的不利组合和地下水的渗流等情况。查明地层岩性、层序、成因、年代、产状、分布规律及其接触关系、接触面特征，岩层风化破碎程度和抗风化能力等；岩土的物理力学性质，有害气体的存在与否及其分布、含量和成分，地温情况等。

通过对地下水露头的调查，判明地下水分布、补给、流量流向、水质，含水层、透水层、隔水层的范围和地表水分布等水文地质状况。特别是在水库地区或待建水库地区，要查明水位线、水库可能引起的其它不良地质问题，以及需要的观测或检测计划。

查明滑坡、崩塌、岩堆、岩溶、膨胀土、软土、湿陷黄土、泥石流、盐渍土、多年冻土、泥沼、煤层、冰川、雪崩和沙漠等不良地质和特殊地质现象。查明流沙的范围及可能发生的流动性质。

查明煤层成层特征及其相关问题并判明其对隧道的影响。尤其要查明采空区现状和地面变形情况。

在勘测过程中，尤其应尽早提供不良地质地段的尽量详尽的资料，以便在确定隧道位置或确定隧道方案时有具体的可靠依据。而不能单纯把隧道地段线形状况和长度大小作为方案比选的依据，要及早判断不良地质可能带来的危害。

按《中国地震动参数区划图》(GB 18306)的规定或经地震部门鉴定，确定所处地区的地震动峰值加速度系数，确认抗震烈度及应对办法等。

地质调绘的范围，应是隧道所穿越的全部地段及其延伸段。其宽度要看地质的实际情况和附属工程的布置和分布情况而定。地质简单的中、短隧道一般可与路线地质调查同宽。

地形的测绘与地质调绘应当由路线工程师和有经验的地质工程师，在查阅已有资料的基础上以现地调查和测绘为主的方式进行，必要时采用物探、钻探和试验工作。地质的初步调查工作应当过细，以便给隧道定位和比选工作提供真实的资料基础。做好调查记录。参加调查的人员应包括设计、施工的主要具体负责人和组织施工的负责人。在特殊情况下还应有环境、农业、生物及气象等方面专家参加。

3. 初测阶段完成野外地质工作后应整编的资料

(1)隧道工程地质说明书；

(2)隧道工程地质平面图，在比例尺 1∶2000～1∶5000 的地形图上填绘物探、钻探、挖探的平面位置；

(3)隧道工程地质纵断面图，在比例尺为 1∶500～1∶5000(横)、1∶200～1∶1000(竖)的图上，标明勘探点的位置和岩层的弹性波波速(进行震探时)；

(4)洞口、洞身工程地质横断面图，在比例尺为 1∶200～1∶500 的地形图上，标明勘探点和岩层的弹性波波速(进行震探时)；

(5)钻孔地质柱状剖面图；

(6)试验资料汇总表；

(7)航空照片地质解释资料、工程地质照片和野外素描图等；

(8)严重影响隧道方案的特殊地质和不良地质地区应有专项资料；

(9)有关地震烈度的资料。

图件符号和图例应符合相关“规范”的规定。这是野外工程地质调查工作者应当提供给隧道工程设计者的完整资料，作为设计时的依据。

初测阶段提交资料应注意以下问题：野外工作结束后，应在现场进行资料整理并作好检校工作。文字说明的提纲，图表的底图，勘测及各项调查等原始资料的分析整理应在工地完成。这里强调了野外资料要在野外完成，以便于补做、补充甚至返工，以免回到室内作业时发现资料不完整重返工地的麻烦，有时甚至会延误工期。因为隧道是路线的组成部分，习惯上路线测量队是把隧道路段的测量结果直接移交给隧道设计者，从说明书到图表的全部资料都是由隧道设计者完成的，然后把路线的初测资料与隧道设计图纸合并装订成隧道设计图册。

作为路线测量结果应提交如下资料：

(1)说明书。概述勘测情况，按路线、隧道配合情况，地质情况，说明选用方案的经过与理由。并对测量工作、地质工作、各项调查工作及有关单位意见等分类扼要叙述，作出评价。提出对隧道初步设计的各项建议及以后定测时应进行的工作。这些说明一般写在路线选线总说明书中，但在隧道说明书中应另加说明隧道设计的其它理由。

(2)隧道方案平面图。在有比较方案时，在比例尺为1∶5000～1∶50000的图上填绘地质平面图，示出导线。该图通常归纳在路线方案设计图中，需要时也可归纳在隧道设计图中。

(3)与有关单位的协议(如有时，一般以大单位的名义签定)，环境调查资料及概算资料。

归纳在隧道设计图中的图纸如下：

(1)隧道地形地质平面图。在比例尺为1∶2000～1∶5000的地形图上作地质填图，示出导线。当地质复杂时可另行选定合适的比例尺绘制一张至数张工程地质平面图。

(2)隧道纵断面图。在比例尺为1∶500～1∶5000(横，通常1∶2000)、1∶200～1∶1000(纵，通常1∶1000)的图上填绘地质纵断面图，并给出洞口位置。

(3)洞口、洞身地质横断面图。根据地质情况不同，隧道设计者可以提出在洞门前后各若干个断面，要求地质工程师填图，以便于调整洞门位置和调整线位高低。因此在洞门附近，凡对确定隧道洞门位置可能产生影响的地段都应该给出地质横断面图，其范围应适当外延50～100m，断面间距5～10m，地形地质情况复杂时，可以局部加密；在洞身段，应给出典型断面图，地质条件变化地段适当加密。

(4)施工方案。作为完整的地质报告，还应该给出恰当可行的施工方案的建议。

(二)定测阶段

1.地质详查

根据批准的初步设计文件及审核意见，对已选定的隧道位置进行详细的工程地质勘察，为编制隧道施工图提供工程地质依据。

地质详查的工作任务如下：

(1)对隧道所在地区的地形、地貌(包括引线和管理区)、工程地质特征及水文地质条件给出正确的评价。

(2)根据控制围岩的各种因素和地层弹性纵波的波速，分段确定隧道洞身的围岩类别。这里的段落划分不能简单的以岩石接触面分界划定，而是要权衡岩石稳定性科学划分，一般都要向较坚硬一侧跨越一个宽度。

(3)为各类围岩衬砌设计、施工支护提出建议。根据实际需要，可以进一步采用补充调查、补充弹性波测定、补充钻探挖探等。根据隧道的规模和地质情况，在完成地形地质等初步调查之后，基本上可以确定隧道路段的走向，在此基础上作进一步地质详查，获得最终的隧道定位、设计与施工等所需资料。

2.详查阶段地质工作的方法和手段

详查可以采用调绘、物探、坑探、槽探、触探、钻探等。根据地形、地质条件，采用综合勘探，相互印证，才能取得正确结论。重要的特别复杂的地质情况，有时需要采用探测导坑或试验洞实测，取得设计及施工所需技术资料。地质详查调绘的范围和测点，物探时的网、线、点的布置以及方法的运用，都要与地质初步调查配合。一般是针对那些有待进一步查明、补充、校核的复杂地质问题做工作。震探是测定岩体弹性特征值的有效手段，对于确定围岩类别起重要作用，一般应给出弹性波纵波波速，专业工作者应当同时测定横波波速，以利于综合判断。钻探是取得某个点的剖面资料的有效手段，一般情况下沿隧道中线布设钻孔，其孔数、位置、孔深以及取样等根据不同地质情况具体确定。通常洞门或附近需要布设钻位，目的是弄清洞门和洞口段的地质情况，以确保洞门及洞口段的稳定性；其它钻位则根据实际需要确定，一般情况下，应确保隧道纵断面不出现推断层位为宜，目的当然是确保在隧道通过范围内围岩分类位置的可靠性。由于地层地质构造上有很大差异，不同的走向、产状、地下水及其分布、软弱夹层、软弱结构面、地表形态上的疑点、断层及破碎带、其它影响隧道的不良地质问题等，用其它手段无法准确确定时，应采用钻孔解决问题。复杂而重要的隧道地质纵剖面不应该有推断部分，各个层面的地质关系都能连接上，才符合要求。从钻孔、坑（槽）探、对隧道有用的露头中取出的样品，应该做试验，它们分别是：(1)岩石的物理力学性试验；(2)特殊地质的有关特性的定量试验；(3)需要时，可作岩心复原率的对比；(4)地下水丰富时，应做钻孔抽水或提水试验；(5)水质分析试验；(6)有害气体性质、含量及压力测定。

隧道岩、土、水质试验项目请参阅《公路隧道勘测规程》，无试验资料时各类围岩的物理力学指标也可参阅该规程。

3. 定测时应完成的工程地质图纸

(1)隧道地形地质平面图，其比例尺应与地形图一致，地质复杂时应单独绘制地质图。

(2)隧道纵断面图。在比例尺为1：1000～1：5000(横)、1：100～1：500(纵)的纵断面上，逐段绘制地质及较大地质构造线、水文地质条件、注明围岩类别，确定洞口位置，拟定洞内外纵坡，地质条件复杂时应单独绘制填绘地质的洞口放大纵断面图。

(3)绘制比例尺为1：50～1：100的洞口和其附近的以及明洞段的填绘地质的横断面图，比例尺为1：50～1：500的洞身地质横断面图若干张。

(4)绘制比例尺为1：200～1：1000填绘地质的洞口平面图。

(5)其它辅助工程的平面图及纵、横平面图。

4. 环境条件资料，施工组织及预算的调查资料，与有关单位的协议等。

（三）定测阶段应该特别指出的问题

1. 花岗岩、玢岩、斑岩、蛇纹岩、温泉变质作用的安山岩和凝灰岩、泥岩和粉沙岩、片岩类、粘板岩和千枚岩、岩堆等，都应特别给予注意。例如花岗岩往往有深部风化，有的变成花岗岩风化土，沿断层易风化，花岗岩中的断层难以发现.风化带和变质带的宽度不同，波及范围大等。膨胀性岩石，如硬石膏岩盐、某些以蒙脱石为主的粘土岩类以及其它岩石，遇水后会产生不同程度的膨胀，对工程将产生严重后果。

另外，从调查开始就应对岩石的流变现象给以充分注意，岩石的流变从坑道开挖时刻起直到以后很长的时间里都对工程产生影响。

2. 涌水调查，设计与施工中都应充分考虑。涌水调查通常由多孔抽水试验获得，用以确定涌水量与水位降低的关系，可以按照相应地计算公式计算渗透系数。根据抽水试验测定的渗透系数及涌水量，通常比压水、提水、注水试验等手段所取得的资料准确。而压水试验主要是了解岩层的裂隙性和渗透性。常常是当含水层埋藏较深抽水试验有困难时才使用，但在定量计算上欠成熟，缺乏可靠性。初勘时可做单孔抽水试验。为进行建筑确定用水量应在地下水位最高的季节进行。涌水可以使岩质软化，使软岩山体松弛、降低强度；促使围岩中软弱夹层泥化；减少层间阻力，易于造成岩体滑动；使某些岩类溶解和膨胀，使山体出现附加压力；厚含水层出现大量涌水时，将产生动水压力，出现流沙及渗透压力；含有害化合物的地下水（硫酸根、碳酸根等）对衬砌结构将产生侵蚀作用；有时为了测定干燥岩层的透水性需要进行注水试验。

另外，只要充满地下水（即使只有一层薄的水膜），理论上也存在净水压力，作用于衬砌。涌水是造成塌方围岩丧失稳定的重要原因之一。枯水可能影响隧道上方和使四周的井和泉干涸。目前对隧道涌水和枯水的定量掌握是困难的，只有砂砾石层中的地下水涌水，利用矿床水文地质学中矿床坑道疏干公式计算其涌水量的把握较大，在查明区域地质条件后预测断裂带涌水量也有可能。岩溶地下水则难以预报，过去虽然有利用均衡法计算成功预报的先例，但很困难。

涌水可分为集中涌水和稳定涌水。集中涌水有时以突然发生大量涌水的形式出现，往往造成停工和人身伤亡事故。突然大量涌水发生在隧道通过溶洞发育的石灰岩地段时，尤其遇到地下暗河，涌水量可达几百～几千吨/小时；穿过厚含水砂砾石层时，涌水量可达几百吨/小时；遇有大的断层破碎带，尤其是与地表有连通关系时，涌水量也可达到几十～几百吨/小时，甚至更大乃至成为地表水漏斗，非常难以处理。隧道集中涌水主要是估计对工程有影响的涌水位置、涌水压力和涌水量等。预测时可根据地质调查、弹性波探测及钻探等分析地质构造，了解含水层的位置、规模和透水性等。

稳定涌水受隧道长度、埋深、位置、含水层规模和透水性等影响，并与流域的枯水流量有密切关系，所以预测是可能的。调查时根据地质调查、弹性波探测、钻探等，查明流域范围的地形、地质构造、地下水状况，并测定泾流范围的涌泉、溪流、河川等的枯水流量。

水均衡资料调查的目的是事先了解因隧道开挖可能引起的附近的水均衡问题，并制订相应的措施。调查时应对水源种类（井、泉、溪流、贮水池等）、用途与用量（饮用、农业、工业、渔业等）、降水量、地下水位及流量等的季节变化，作出观测。应具体调查向隧道内涌水状况（位置、涌水量、水压、随时间的变化等）、水质、水温，井和溪流等地表水的水位和流量。据说有一条隧道，开挖后导致地表水被疏干，从而引起没完没了的水资源纠纷，建设单位不得不给予长期赔偿。

3. 由于裂隙玫瑰图能形象的统计裂隙走向、倾向和条数，所以定测报告中，应该给出这个统计结果。在岩体稳定性分析中，多采用赤平极射投影并结合实体比例投影来进行岩体结构的图解分析。通过对岩体结构面和结构体的分析，明确岩体是否具备滑移的边界条件，即可对岩体的稳定性作出判断。这对于隧道的设计和施工具有非常重要的指导意义。定测报告中不但应当给出赤平极射投影图，而且还应当给出分析结果。尤其是高大的洞门边、仰坡在设计中特别需要知道应该采取哪种防护措施更可靠。

4. 现代遥感技术在工程地质测绘中，可以更客观更全面地看到站在地面上观测时看不到的或看不清楚的现象。同时由于在同一时间、同一条件下观察到大面积的资料，不受时间季节及观察条件的影响，有利于对大面积资料进行分析对比。遥感遥测仪器一般是装在飞行器（飞机、人造卫星、载人飞船等）上进行观测的，其基本原理是通过观测近地表地形地物所发射（或反射）的从微波到长波的某些波长的电磁波谱获取必要的地质信息，通过解释来解决问题。利用航空照片可以判释地貌、地质构造、岩性组成以及鉴定不良地质现象的发育情况和寻找建筑材料等。彩色卫星照片由色调特征信息和形态特征信息识别地质体。

近年来出现的钻孔摄影仪能放入钻孔内，将所观察地段的孔壁四周摄成连续照片。还出现了钻孔摄像机，能将孔内的全部情况反映在电视屏幕上。此外还有在深孔中测定方位的钻孔测向仪等。

5. 有关地震方面的资料。

（四）气象调查

在隧道选线、设计、洞外设施计划、工程管理及附属设施的设计和施工等方面，了解气象资料非常重要。

隧道选线，特别是隧道洞口位置的选择，对车辆安全行驶影响很大。例如洞口附近的崩塌、洪水、风吹雪、雪崩、路面冻结、挂冰、雾、洞外亮度、海岸或山顶的阵风等，都直接影响路线的选定和隧道设计。

在施工中，混凝土的防冻、混凝土骨料及用水的保温、施工道路的选择等；还有洞口附近的风向风速对隧道通风的影响，洞口附近的防风挡墙、预防风吹雪构造物、植树带的位置、通风塔位置对环境的影响，洞口排出废气的流动方向等，上述问题都受气象条件影响。一般应调查下列内容：

降水：年降水量、月平均降水量、日最大降水量、小时最大降水量，最大降雪日、最大积雪量、积雪期、最大日降雪量、雪密度、雪温。降水量调查资料主要是用来计算地表水对隧道洞口是否产生病害、是否会有排水障碍、对隧道衬砌排水的影响程度、雨水是否会发生倒灌、是否会发生风吹雪、是否会对施工产生严重影响等问题。

洪水：洪水位、水量、时期。主要解决洞口设计标高，洞口是否会被水淹等问题。

气温与地温：年平均气温、绝对最高最低气温、日温差、结冰期、冻结深度、多年冻土深度、水温。气温与地温调查主要是解决温度对地基、结构设计及边仰坡稳定可能产生的影响、对通风和消防供水设计产生的影响、对施工可能产生的影响。

风：风向、风速，频度分布（年间、月间、日间）。风的调查项目主要用来解决通风设计的可靠性、边仰坡防护的可靠性、洞口段行车的安全性等。

雾：发生日数（频度）、滞留时间及其程度（能见度）。主要是用来解决照明设计的可靠性特别是洞口外接续路段的照明设计，对交通信号、情报板、交通标志标线设计的影响。

雪崩与风吹雪：场所、规模、频度、时间、种类；主要解决在高寒地区隧道设计中，洞口段及引线段的设计施工和营运安全问题。

制订气象观测计划时，应根据目的和用途选择观测项目、场所、时间、精度和仪器。观测场所应具有代表性，按适当的时间间隔观测，其精度由观测目的决定，但往往受到仪器的限制。不具备观测条件时，可以收集当地气象资料，查阅现有气象资料或气象年鉴。

（五）环境调查

根据实际需要，在工程开始前、工程中及工程完成之后，对路线及其附近的环境进行调查。环境问题复杂多变，往往需要征求各方面专家的意见。目前在实际运作中，经常是以全路段环保评估的方式出现。

1. 自然环境调查

动植物的生态调查：种类、分布、密度、管理程度、季节变化等；这些调查对自然保护区、生态脆弱区尤其至关重要；这部分调查多半出现在路线规划阶段和初步设计阶段确定方案时参照。

地表水、地下水调查：见定测地质调查。主要用来解决结构设计安全、结构排水设计、施工安全等问题。

2. 地物调查

土地利用情况：土地、公园、风景区等。

已有构造物：建筑物、居民区、燃气管道、上下水管道、地下通道与坑道。在城市隧道测设中不可避免地会经常遇到，这是一项非常复杂的调查。

文物古迹、自然遗产、天然纪念物等。这些都是不可再生财产，不要以各种借口试图去尝试碰它，否则将成为历史的罪人。

3. 生活环境调查

在工程中和完工后出现的废气、废水、噪声、振动、地基下陷等，是对居住环境、自然资源和已有地物影响的主要问题。

排出的废气和噪声受气象条件和通车情况影响而随时变化，应当进行全年度测定，并作出隧道建成前后的比较，这对于城市隧道很重要。废气中对动植物的有害成分是CO、HC、NO_x和粉尘。

从洞口和通风塔排出的废气扩散问题，是决定隧位和塔位的重要问题。废气扩散问题影响因素很多，且因隧道不同而有差异，必要时应做扩散状况的风洞模拟实验，推算其影响范围。对环境的污染情况一般以一氧化碳的计量为标准。

隧道噪声主要是车辆和通风机产生的。没有消声设备的隧道，在隧道内噪声衰减很慢。这是因为声波经过乱反射，在同一接收点能接收到不同路径的声波，而使得声音变得很长；又因为隧道是封闭空间，噪声无法扩散，所以衰减很慢；另外，通过隧道的车辆是无规则的自然车流，不断的有新车加入，噪声是不断的叠加，因此洞内噪声总是大体上维持在某个水平上。隧道噪声是一个复杂的声学问题，可以把它看作末端是全吸声体的均匀有限长管，而管内主要是平面波。隧道设计者需要了解的是声波在洞内传播的宏观效果和特点。例如汽车在洞内鸣笛，由于共鸣作用在洞内持续时间大大增加，噪声一离开洞口就很快衰减。根据这个特点，隧道洞外某一距离（例如150m）内，不应有居民区，如果有一是回避，二是采用隔声遮障。按照环境保护法规定的环境噪声容许值进行必要的预测和实测，都是非常需要的。

排出的废水主要来自两个方面，一是隧道的清洗水，其中通常含有油污及其它有害物，如清洗剂等；二是火灾或其它有害物泄漏时，及救灾使用的中和剂、灭火剂等都可能给环境造成污染。

（六）施工条件调查

施工设备及场地条件调查，主要包括布局条件、环境条件、给排水条件、动力输入条件等。施工场地主要包括：房屋、设备安装、库房、材料场、加工场、混凝土拌和场、施工道路、弃碴场、污物处理场、污水处理池等。

第二节　隧道的总体设计

一、总体设计的内容

土建设计包括洞体（含平面、纵断面、横断面、明洞长度与形式、洞门构造、洞内排水系统、电缆沟，其它预留洞、预埋管线等），以及引线、边仰坡、洞顶排水系统（俗称天沟）、排水（洞外）系统、供水及消防系统等。

高等级公路隧道和其它各种隧道，还要求做机电和其它附属设施设计（详见第八篇）。包括：通风、照明、供变配电（站、所）系统等强电部分；和报警（事故、火灾、防盗，手动、自动）系统、紧急电话系统、检测（CO、VI、亮度、风速、交通流）系统、监控（闭路电视监视、交通信号控制）系统、通风与照明控制系统等弱电部分、还有交通标志（含可变标志）与标线（含反光标志）、隧道管理处（站、所）、停车场、回车场等。

与隧道选线设计相关的还有其它必要的标志：

1.分流标志，是指超高、超宽、危险（易燃、易爆、有毒）车辆，以及其它不能进入隧道的车辆，应该在前方某个路口分流，应该给出警告标志和给出迂回道路的位置。

2.远端信号和标志，是指隧道洞口附近地形比较复杂时，不得不在远处某个恰当位置指示前方隧道情况的指示性标志，和给出交通指令，以免在交通事故时发生大量车辆拥挤在洞口的现象。

二、隧道管理区的概念

隧道设计中的主体，在一般人的印象里就是隧道的土建部分，甚至有的认为就是洞体，这是不完善的设计。高速公路、一级公路的长隧道和特长隧道都应有完善的隧道设施，其它隧道要根据具体情况配置相应的隧道设施。一般情况下要根据路线等级、隧道的长度、所在位置和环境、交通量及其流动特点、经济条件等作具体设计。隧道设施在隧道设计中所占比例较大，除特长和长隧道外，不一定非追求完善不可，要充分考虑合理性和经济条件，按第八篇所列标准配置。从上述总体设计内容中可以看出，这些设施从洞内到洞外分布在一个很大的范围内，为了使这些设施布置得合理，使这些设施充分发挥作用，为了在一旦发生事故时能有条不紊的运作，设置隧道管理区是非常需要的。

管理区的范围，两端大约分别需要300～1000m的路段划归隧道管理所管理，在管理区端点应设置红绿信号灯，两端形成两道“闸门”。正常情况下是准入的，事故情况下是关闭的，有时是准出不准入。当一旦发生事故(交通事故或火灾)时，尚未进入管理区的车辆不被允许进入管区，不增加事故区的车辆疏导量，也不干扰疏导工作。

管理所负责管理区的管理工作，在特长和长隧道中，管理区是一个独立的运作单位，以便于集中精力管理隧道的正常营运。一个适当的管理机构是保证独立运作的基础，设计者应根据实际工作量确定其人员编制。

三、隧道洞内的分区

隧道洞内分区的目的，主要是为了安全营运和有利于管理，主要方法是在设施设置上人为地把隧道分成若干个段落。主要作用有：

1)在营运上，可以限制、组织交通流，对运行中的交通流加以隔断、加以控制，使其不至于过分拥挤，尤其是在发生意外交通事故时能减少二次性灾害；还可以实行分段记数，在控制中心实时掌握交通流的分布状况；截获违规和肇事车辆，以及便于在事故情况下组织有序疏散等。

2)在设计和管理上，一是组织风的流动方式进行通风设计；二是对照明和通风，尤其是对照明进行分段，可以增加照明的可靠度，使发生故障时的影响范围和程度减小；报警系统和消防系统的分段管理在实际操作上既方便又准确可靠。

实行模块式设计和模块式管理，是长大隧道设计和营运的必然和需要。这个“模块”的大小是以救援要求为基础并考虑通风和照明以及有利于管理确定的。所谓“模块”是指一个标准设计的基本拼接段，在进行隧道设计时，不妨试探作模块式的“标准段”设计，尔后再拼接成完整的隧道系统。

为了确定标准段的大小，必须首先了解救援和消防。所需救援规模是由隧道的重要程度(或道路等级和交通流量)和救援所需要的时间，以及救援器材的水平和多少等确定的。肇事车辆通常只有一至两辆，但受波及的车辆可能很多，波及的程度可能是受灾也可能是受阻，不管是明线道路或是隧道都会存在相同的问题。所以这里监控就是极其必要的，通过监视器可以了解现场交通状况，通过交通信号等系统可以对交通流进行控制，以减少不必要的进入。一般应首先确定一个救援所需时间，例如1h、2h；再确定救援器材的种类和数量，例如一个长大隧道一般应配置一台救援车和一台消防车；然后再计划一种至数种救援预案，例如在最不利位置发生某种性质的事故或灾害；计算一下在规定的时间内，利用现有器材按中等速度，最多可能救出多少受阻车和受灾车，从而得出一个车辆数，该数量一般不宜太大。在紧急状态下，救援本身也很危险，多次重复救援，遇险的几率会很大。

根据交通工程学可以知道交通密度与交通流之间的关系，当交通量由零逐渐增大，接近或达到道路通行能力时的密度称为最佳车流密度，这个密度是设计时需要的密度。但在实际操作中，一般情况下在交通调查给出的资料中，不会有现成的结果。由于各种因素的影响，在实际运行中，这仅仅是一个理论值。经常能得到的现成资料是项目评价期内的交通量，一般为20年。设计时高速路、一级路按20年取值，二级路按15年取值，三级路按10年取值。具体计算请读者参考相关资料。

一般情况下，在一个区段内受波及的车辆数不要超过10～15辆，过大的分段车辆必然增多，救援负担相对增大，所需救援时间增多。以此为参考，按照交通工程学计算方法计算出每个区段的长度，每个区段用横通道分割，由此确定行车横通道间距。

隧道通风分区是根据通风计算确定的，这部分内容将在通风基础计算章节中阐述。

四、洞外管理区的范围

洞外管理区的大小，一是要保证车道的加速距离，二是要保证交通标志标线能有效展开。

前者是指在管理区入口处有一组红绿灯，在洞内发生交通事故后，交通处于封闭条件下，凡是未进入管理区的车辆均被挡在管理区入口红灯停车线以外待命。一旦恢复交通后，待命车辆是从零速度起步，无论如何汽车必须保证在洞门前10m处达到设计车速，汽车由零速度加速到设计车速所需要的加速距离即为入口端的长度。对于小轿车而言，由于其加速性能很好，在很短距离内即可达到设计车速，对于载重车来说情况就相差较大，可能需要很长距离才能达到设计车速，如果是上坡加速就很困难(见后面所附表1-1)。

一般情况下，二级以下公路、整体路基或相距不远的分离式路基的一级公路和高速公路，出口端和进口端的长度是相同的。只有一级公路或高速公路分离式路基相距又比较远的情况下，出口端是按视觉适应条件设计的，即由暗适应到亮适应所需的过渡时间汽车行驶的距离确定。影响该时间的因素较多，主要与洞内亮度有关，一般可按3s计算。故出口端引线长度为汽车在3s内行驶过的距离。后者，是指入口端在距洞门50m以外有一系列各种标志标线需要展开，标志标线的设置应符合国家标准。这里需要提醒的问题是间距，没有足够的间隔距离就不能确保驾驶员有足够的时间判读，判读的时间随着标志的内容多少、字体的大小、进入视界的方式(是逐渐进入还是突然进入)以及驾驶员的视力水平和车辆行驶速度等而有所不同。

不管是进口端还是出口端，路线的线形除满足路线设计规范要求外，还要注意到隧道的特点，最好能与洞内线形保持一致或接近，使驾驶员能以一个比较平和的心态进入或驶出隧道。进口端最好能在较远处瞭望到，这样驾驶员便会预先知道前面路况，不会有突然出现隧道的感觉。如果由于地形等条件限制，不能做到远处瞭望，那就用交通标志弥补，姑且称之为“远端标志”，换句话说，就是在复杂地形条件下，在还没有瞭望到隧道洞口之前，交通标志已经告诉驾驶员，在前方多远处有座多么大的隧道。出口端最好采用简单线形，即汽车3s驶过的距离加10m范围内线形保持与洞内一致，接续路段不要出现陡坡和急转弯。由洞内向洞外瞭望时切忌出现路线悬空那样的感觉。

五、管理区入口附近

管理区入口有两种情况：一是整体路基时，入口处一般可以设置容纳各种标志和其它设施的门架，在停车线和信号灯之间应该在中间隔离带上留有开口，使车辆能迂回变线或调头进入返程车道，实行疏散，便于在发生事故时作紧急处置。二是分离路基时，在附近设置迂回通道，使车辆能通过迂回通道进入返程车道。这样即使在发生严重事故时也不至于导致车辆大量滞留，可以选择各自的运动方向。准予迂回的通道处，应设置信号灯和可变交通标志或情报板。

六、组织交通流

组织交通流不仅仅是交通警察的事情，设计者在进行土建设计和交通工程设计（含机电）时，在硬件上应该给出保障。保证隧道不仅在正常条件下好用，而且在事故条件下也好用。隧道工程设计者，应该具备这样的综合设计能力，根据自已的思路完成隧道管区内组织交通流设计。

七、环境设计

这里所说的环境设计是指在隧道管理区范围内景观设计和环保设计。从前做隧道设计时往往忽略了这个问题，例如为了缩短隧道长度而过大的开挖边、仰坡，加上施工时不注意保护它们，造成滑塌，致使边、仰坡参差不齐乃至形成病害；弃渣场也是经常被忽略了，乱弃乱堆现象比较普遍，经常可以看到已经竣工的工程仍然像个工地。这些问题需要在设计与施工的全过程中处处加以关注，使管区内的自然环境保持和修建成理想的景观，为此设计工作必须到位，设计中对于洞口及其附近要进行总体合理规划，达到自然、美观、整洁、有序、适用等目的。所以，设计图中一张竣工后的景观设计是必不可少的，不妨把它称为“竣工景观设计图”。这在城市隧道、风景区、自然保护区等处尤其必要。

环保问题更是设计者在设计中必须时刻注意的，其重要性不必在这里赘述，诸如前面已经提到过的噪声、空气污染等问题尤其是在城市或村镇靠近居民的地方修建隧道时，要反复推敲隧道定位的可行性，无法避让时必须拿出相应的解决办法。隧道排放的废水，按照环保要求是不能直排的，尤其在自然保护区、风景名胜区、文物保护区等均会受到严格限制。在正常情况下隧道内并无污染水排放到洞外，清洗时会有少量含有油迹的污泥排出，一般小型沉淀池可以处理。不过一旦隧道内发生火灾或者运载有毒有害物质的车辆发生泄漏等重大事故时，大量有害物涌出洞外时就很麻烦，如果没有预防预案，其后果是难以设想的，假如下方刚好有一个可供大城市生活用水的水库，那将是无法挽回的重大灾难。所以在下列情况下必须作认真研讨并提出解决问题的办法：

- 保护区的界定，居民区、自然保护区、风景名胜区、文物保护区；
- 江河、水库与沟谷等，是上游还是下游；
- 风向风力，是上风还是下风方向；大风还是微风；
- 隧道的功能，经常通过运载三危物品（有毒有害、易燃、易爆）还是偶尔通过；
- 隧道的长短，隧道越长潜在危险性越大；
- 其它。

应研讨的问题：

- 可能的污染物种类；
- 可能的污染物数量；
- 清理或中和污染物时所需媒介（水、泡沫剂、化工中和剂等）的数量；
- 污物储存处理场（池）的大小与合理设施水平、位置及隔离办法等；
- 有无对有害物车辆进行分流计划。

环境设计部分设计图应纳入设计文件，作为文件中不可缺少的部分。

这部分内容提到的关于交通工程内容较多，可以参见中国公路学会《交通工程手册》编委会编写的“交通工程手册”；李作敏、杜颖编写的“交通工程学”等。

第三节　公路隧道定位

公路工程基本建设项目一般采用两个设计阶段，即初步设计和施工图设计。对于技术简单、方案明确的小型建设项目，可以采用一阶段设计，即一阶段施工图设计；技术上复杂、基础资料缺乏和不足的建设项目，或建设项目中有特大桥、隧道等，或线路设计中有较复杂的机电设施等，必要时可采用三阶段设计，即初步设计、技术设计和施工图设计。

一、路线和隧道位置的选择

初步设计时，通常是在经过审批的工程可行性研究报告的基础上，根据地形、地质图和其它各种调查，所进行的技术、经济综合论证资料，从不同的建设方案中提出的推荐方案以及比较方案中，确定初步设计采纳的数条路线。

施工图设计是在已经批准的初步设计方案的基础上做具体设计。有时因初步设计不尽合理或大方案发生变动，而不得已改为一阶段施工图设计，完全在无可用资料的条件下重新开始，对于隧道(尤其长大隧道)来说十分被动，不可取。

路线基本走向的选择和总体设计要点，必须满足《公路路线设计规范》的规定。隧道只是路线中的构造物，原则是中小隧道的定位应服从路线的走向；长大隧道的定位原则是在服从路线的基本走向的同时，作为路线基本走向的控制点，有时为了选择好的隧道位置需要在合理的范围内先确定隧道位置。在地形图上比选时，为了明确路线是否经济(例如，绕道太远或地质条件很差导致投资太大)、技术上是否可行(例如，避开滑坡或其它不良地质地段)、是否符合实际需要(例如，远离基本走向)，需要作比选方案的经济分析。

在工程可行性研究阶段，一般都会在比例尺为 1/10000～1/25000 的地形图上选线，重要隧道有时可以考虑选用 1/2000 的地形图上选线，不过此时最好有地质工程师参与定线。对于长大隧道地段应该使用大比例尺地质图，宏观判断隧位地质状况。这个阶段非常重要，一定要在选线区域内寻找相对较好的地质地段，有时宁可隧道长些路线远些也是值得的，否则在不良地质地段开挖隧道才真的是很麻烦、很浪费。一条长大隧道要求自始至终必须是直线，那是误解，因为地质情况是千变万化的，不可能刚好都在地质情况好的地方。何况地形条件也不见得能做到，洞口位置好又刚好能使隧道成为直线。所以要改变过去那种一条直线定死的做法，要灵活些、机动些，公路设计相对的选择性要大得多。为此，长大隧道的地质调查不应该在定线以后，而是应该作为定线的依据，在确定路线大方案之后就应该做大范围地质工作。这里体现了地质工作必须先行的观念，真正的先行才会收到理想的效果，过去在工作顺序上是颠倒的，造成不良结果的工例很多。

数个方案的比选就是在这个阶段进行的，在数个可比方案中进行比较的主要特点是：

1. 相对不同参比隧道的地质条件不同、隧道长度不同、隧道设施水平不同、参比路段的工程造价不同、运行管理费用不同等，参比隧道的估算总费用。

2. 比较当然是从形成方案的起点起算到终点止，意思是说不能只比较隧道本身的造价，可比的造价是指路线造价和隧道造价，以及运行管理费的总和。

3.运行费和管理费，运行费是指在可比运行时间内(例如10年)路上规划的运行车辆的运行费用总和；管理费是指在可比运行时间内保证车辆正常运行所付出的管理费用的总和。估算时还要反映出地区特点，所以这样的报告远比目前的报告细致得多。

4.估算还有许多细致的问题，例如一条短隧道建在海拔相对较高的地方，为了通过隧道要爬较长较高的坡道，车辆需要较多的油耗，下坡时要多些煞车，汽车的磨损相对的增加；而另一条建在海拔相对较低的隧道效果则相反。但是长隧道本身的综合费用较高，而短隧道本身的综合费用较低。因此不能简单的说哪个方案好，而是要以估算为依据。

5.估算的基本要点是计算，它不是大约，而是以大量的数据为基础，以相类似的工程数据用类比法计算，从而得出相对可靠的结果。

6.这里已经强调了工程地质调查应该先行的问题，这个是基础，没有这个工作，就不会得出具有实际意义的结果。只有这样的比较才有实际的可参考价值，否则可能大多是流于形式。

比较的内容：

1)适当的线形，平面顺适、纵坡均衡、横断面合理。

2)经济的路线长度，舒适的运行条件，长大隧道方案的运行条件一般都应较好。

3)合理的用地，对环境的破坏少，并与当地环境和景观相协调。

4)施工难度小，便于就地取材。

5)建设投资少，隧道的建设费用相对较高，在不降低质量的前提下力求节约。

6)运行费用与养护费用少，采用隧道方案时，尤其采用长大隧道时，隧道的通风、照明及养护运行管理费较大。但长大隧道社会效益好，诸如减少油耗和减少机件和轮胎的磨损。增大的隧道管理费用，严重时会成为地方财政负担，尤其是在运营初期。所以还要客观的全面权衡，既考虑现实也考虑发展，作出符合实际的选择。

7.安全性好，从安全性考虑隧道越长就越不安全，因为隧道是个封闭空间，发生事故救援非常困难。事物不是绝对的，并不是说长隧道一定就不安全，可以寻找解决的办法，尤其是上下行分离的单向交通隧道，比较容易解决安全疏导问题；对向交通的单洞就比较难于解决安全疏导问题。

8.满足隧道设计车速需要的引线，这一点在前面已经叙述过。不要害怕因"高度损失"就放弃对引线标准的要求，否则会增加通风费用，那是一项长期负担。所谓"高度损失"是一种陈旧的选线方法，它是说爬坡很不容易，爬上去再降下来不划算，所以出现负坡是不被允许的。

9.在高寒地区修建隧道，最难解决的问题是冻害、积雪和风吹雪问题，过去设计者选线时大多考虑的是选择长度较短的、隧道口接近沟底的隧道，这是一个非常值得研讨的问题。这里除了地质条件不佳以外，往往气象条件也不理想。因为沟底狭窄，地势又高，气流拥挤到这里时流速都会变大，加上沟底是凹部，风雪回旋的结果是积雪厚度大，雪也容易被吹进洞内。所以洞门应该设在明处，设在气流畅通的地方。高寒本身并不形成"害"，问题出在水上，有水则会形成冻涨，所以做好排水系统是至关重要的。

10.在多雾地区，进出口洞门附近不应该设急转弯，更不该设坡度大的坡道，大下坡加上急转弯就更不可取了。

11.在村镇附近或在自然保护区及其附近，需要研究噪声和排出污染空气的影响。

设计隧道是一项细致的工作，稍有不慎就会造成不良后果。经过比选阶段，要选出经济、合理、可行的，尤其是对环境损害最小的方案。

二、平面线形

隧道的平面线形设计和明线道路一样，要按《公路路线设计规范》规定进行，但应照顾到隧道的特点。隧道的平面线形可以采用直线或曲线。直线便于施工；曲线段施工难度相对较大，除测量上难度加大以外，例如模板台车在曲线段施工很困难，有超高时就更困难。曲线段的施工都是采用拼装模板。所以尽量采用直线，如必须设曲线时，宜采用不设超高的平曲线半径并应满足视距要求。有两点应当注意：一是小半径曲线会产生视距问题，为确保视距势必要加宽断面，这样不仅相应地增加工程费用，还会使施工变得困难。因为断面不统一，施工中的相互过度都增加了难度；二是超高也会导致断面的加宽，因为隧道边墙必须是直立的。隧道内一般是禁止超车的，所以只能采用停车视距。根据停车视距可以计算出设置曲线时不加宽的最小曲线半径。

曲线隧道即使不加宽，在测量、衬砌、内部装饰、吊顶等工作上也会变得复杂，此外还增加了通风阻抗，虽然增加值很有限。因为气流在运动过程中弯曲部分的内侧空气压力降低，流速增加，形成涡流；弯曲部分的外侧空气压力增加，摩阻增加，流速降低，形成摩阻紊流。由此可见，当路线曲线半径越小或者转弯越急，上述现象越突出，阻抗也越大。М·И·耶尔莫连科所著《矿山通风》一书中推荐过在这种情况下压力损失 $h_{曲}$ 的计算公式：

$$h_{曲} = 0.882 \times 10^{-5} \gamma \beta^2 v^2 \tag{1-1}$$

式中：γ——空气容重（kN/m^3），取 11.77；

β——曲线转弯的角度（°）；

v——隧道内风流速度（m/s）。

其阻抗与弯道转过的角度的平方和风速的平方成正比，对通风尤其对自然通风不利，不过由于公路、特别是高等级公路转角都很小，而转弯半径又很大，所以影响是很有限的。由于公式中未给出曲线的长度和曲线半径的大小，以及适用的风速范围，所以在具体运用公式时，存在困难。不过，从公式中能得到些定性的认识，它提示：转角不可以太大、风速不可以太高。从通风方面考虑希望不设曲线，因为多少会增加些阻抗。不过，是否放入曲线，还要根据路线的具体情况、尤其是隧道洞口部分的地形地质条件以及引线的线形等进行综合考虑决定。现场定线时会出现各种实际问题，往往不可避免地会出现曲线不得不进洞的情况，所以不必非常牵强地保持隧道的直线线形。其结果无非是增加些许通风阻抗而已，在满足高等级公路线形的条件下，不必太在意曲线的存在。

隧道及前后引线组成的路段应该做到线形平顺、行车安全舒适，并与环境景观协调一致。

如果长大隧道需要利用竖井、斜井通风时，在设线时应同时考虑便于设置。

顺便指出，单向行驶的长隧道，如果在出口一侧放入大半径曲线，面向驾驶者的出口墙壁反光亮度是逐渐增加的。尤其是当出口处阳光可以直接射入，以及洞门面向大海等亮度高的场合，有利于驾驶者的"亮适应"（详见照明部分）。此时曲线反而是设计时所希望的。不过遇到这种情况还是应当慎重考虑，特别是当洞门正对日出方向时，会出现"眩光现象"，这是设计者所不希望的。在这种情况下，可以考虑设计"遮光板"（详见照明部分）。

不论路线等级如何，在进出口位置上设置小半径曲线都是不可取的，尤其是在气象条件不好时，将暴露出巨大的交通安全隐患的缺点，尤其在下坡曲线进洞时极易发生倾覆事故。

关于双线（上下行分离）隧道，有必要深入说明两个问题。一是只有在地形非常狭窄时不得不在大范围采用分离式路基，甚至需要选择在不同路径各行其路，一般尽量使隧道之间的间距，保持在“标准范围”之内为好。所谓标准间距是指在现场围岩状态条件下所允许的最小间距，例如中等围岩条件时大约为40m。因为，双线隧道有可以相互沟通的优越条件，可以充分利用这个特点提高隧道的安全运行能力。如果间隔太远，横向联系通道就太长，不但增加了造价，而且使用起来也不方便。二是双线隧道的路面大体上应保持在同一标高上，横通道的纵坡以小于2%为宜，否则载重车的排烟量会很多。这对于发生交通事故需要疏散车辆来说不利，详细内容请参阅通风部分。

三、纵断线形

隧道纵坡同样必须根据《公路隧道设计规范》(以下简称《规范》)的规定进行线形设计，不过对其要求更严格罢了。隧道纵坡的大小对通风影响很大，从隧道通风部分可以知道，汽车排出的有害物质随纵坡的增大而急剧增多(尤其是载重汽车)，坡度越大，汽车废气排放量就越大。关于隧道纵坡对废气排放量的影响，按车型和引擎种类不同而有很大差别，汽油车一般纵坡保持在1%以下比较好，超过1%时有害物质的排出量就增加20%；而对于柴油车来说，只有在平坡(0%)时排放量最小，超过它或者说有上坡排放量就迅速增加，并且行驶速度也相应下降。不过《规范》从总体出发规定了纵坡不应大于3%或小于0.3%，否则都是不符合《规范》基本要求的。实际上这是个对排水“不冲不淤”的笼统标准，隧道的纵坡以不妨碍排水的缓坡为宜。所以在隧道内不能设置平坡，即使在明洞和短于50m的隧道内也不能使用平坡。

在实用上，对于公路隧道来说，控制纵坡的还是隧道通风标准。从营运经济方面说，长或特长隧道纵坡控制在1%以下才比较好；中长隧道控制在2%以下比较好；短隧道才用3%的标准。这种宏观的区分只适用于可行性研究阶段。在长大或中长隧道，由于通风的缘故，在投入营运的初期，交通量又不大，通风和照明所消耗的电功率往往很大，不乏出现经营上“入不敷出”的先例。如果在坡度设计上又不太经济的话，情况就更加严重了。由于影响通风的因素除纵坡外还有交通量等其它因素，所以在设计阶段必须进行具体计算。

这里需要说明的是由于地形地质条件的限制，隧道定位不具有随意性，所以不能保证在任何情况下都能做到通风是经济的，只能是相对的合理。换句话说，是在把地形地质条件用足的情况下，使纵坡尽量减小。有的短隧道或中短隧道是不需要机械通风的，可以采取自然通风方式。因为两端洞口高差是影响自然通风效果的重要因素之一，所以坡度大些并不见得是坏事，此时隧道的纵坡可以随着路线自然形成。不过是否可以采用自然通风，还是要进行验算，不要主观地认为凡是短隧道都可以自然通风。

隧道纵坡分为“单坡”和“双坡”，单坡是指洞内只有一个朝向的坡度；双坡是指洞内有两个坡度，山岭隧道一般是指中间高两端洞口低，呈“人”字型，所以有时又称之为“人字坡”。只有在跨越江河海湾的水下隧道时才会采用倒坡，即中间低两端洞口高的形式。采用人字坡时要特别注意坡度不要太大，竖曲线远比平曲线对通风的影响大得多，因为汽车排放的污染空气温度较高，它会自然的积聚在上方，形成“热气团塞”。所谓热气团塞是指大量温度较高的污染空气聚集在竖曲线的高点，形成不易自然流动的热气团。

从施工中和竣工后的排水需要方面考虑，在隧道内不应采用平坡。在施工时，为了使隧道涌水和施工用水能在坑道内的排水侧沟中流出，需要至少0.3%的坡度。如果预计涌水量相当大，则需采用0.5%的坡度，必要时还可以适当加大。竣工后的排水包括涌水、漏水、清洗隧道用水、消防用水等。如果能满足施工排水的需要，那么在用混凝土修建的排水沟中排水是没有问题的，不过要特别指出的是其最小坡度不宜小于0.3%。在高寒地区，为了减少冬季排水沟产生的冻害，适当加大纵坡，使流水动能增加，对排水是有利的。采用"人"字坡从两个洞口开挖隧道时，施工中的涌水容易排出；采用单坡从两个洞口开挖隧道时，处于高位的洞口，涌水不能自然向外流出，必须采用机械排水。在暴雨多发区，单坡隧道出口端的引线段会发生雨水倒灌，严重时甚至会发生水灾，此时应适当调整洞内线路纵坡或调整变坡点，减少雨水涌入量。在这种地方修建隧道，切记要调查暴雨量，并进行计算，不要使隧道变成排水通道。与此同时还要注意到洞外排水边沟积水的流向流量，不要发生类似问题。

隧道纵坡对施工的作业安全及工程费用均有一定的影响，计划时应考虑到这个问题。有竖曲线时，其半径和竖曲线长度应符合《公路路线设计规范》的规定，但半径不宜取到极限值或一般最小值。这里主要还是顾及到不要让污染空气过多的积聚在竖曲线顶部，这与前述的对人字坡坡度不要太大的要求是一致的。

四、隧道引线的概念

引线的平面、纵断面线形，应当保证进洞时的设计车速，有足够的视距，保证行驶安全。引线分为进口引线和出口引线，它们有不同的功能，所以对它们也有不同的要求。

进口引线主要有两个功能：一是视觉和心理反应功能，二是保证进洞车速功能。视觉和心理反应功能是指在进口段，驾驶员需要在足够远的距离上识别隧道洞口，是自然地而不是突然地发现洞口，有足够的时间能够自然地集中注意力观察洞口及其附近的情况。保证安全视距，有足够的时间判读交通信号、标志和标线，对障碍物可以及时查觉并能有足够时间采取适当措施，这样才能保证行车安全。必须保证进洞车速，主要是考虑隧道通风的需要。在明线段的车速一般是指平均车速，是宏观的，而不是指具体的某一点或某一路段的车速；在隧道内则是具体的，它是通风计算的主要依据。不同的路线等级有不同的设计车速，也就发生了不同的排污量。所以，引线的任务（主要是纵坡），应使汽车能以设计车速匀速的驶入隧道，避免在进洞后加速产生过多地排污量。要求进洞前的引线段纵坡与隧道纵坡在必要的距离之内应保持一致。如果进洞前引线段为陡坡时，车速会降低，往往在进洞时还达不到设计车速要求，进洞之后还在继续加速，使排污量增加，导致通风设备的加大或通风量的不足。

这里，必须指出一个容易误解的问题，以为只要满足规范的要求，不论在什么坡度上、不论是什么车型，汽车都能达到规范上要求的行驶速度。实际上小轿车对坡度的适应性最好，在隧道规范规定的隧道纵坡范围内，受坡度的影响很小；轻型车辆次之；大型车辆影响最大。表1-1是标准载重车在不同坡度上行驶时所能达到的最大车速和达到最大车速时所需要的加速距离（从零起步）：

美国标准载重汽车加速行驶的速度-距离关系表　　表1-1

坡度(%)	−3	−2	−1	0	+1	+2	+3
最大车速(km/h)	>80	>80	>80	>80	71.4	54.3	43.0
距离(m)	570	718	1014	1738	2745	1373	1525

注：该表根据300磅/马力的美国标准载重汽车（在上、下坡道上）加速行驶的速度－距离曲线编制的。这个资料是20世纪70年代的，由于柴油车引擎性能已经发展和改善，表中数据与前面所叙述的数据有些不同，这里仅引用它的概念。

从表中可以看出：(1)下坡和平坡时车速都可以达到80km/h以上，坡度大于0%以后，车速无法达到80km/h；(2)上坡坡度越大能达到的最大车速越小，而所需距离也随之不同程度地增大(数据中有些不成比例是汽车性能造成的)。以下是在不同坡度条件下达到60km/h和40km/h时所需要的加速距离,见表1-2。从表1-2可以看出,正如前面指出的,当坡度为2%时,60km/h的车速是无法达到的。这提示我们两点:(1)对于进洞车辆的车速要求,不是随便在什么坡度上都可以达到的;(2)不是随便在多么长的路段上都可以达到的。所以,在设计隧道引线的时候必须加以注意,这就给路线设计工程师提出了一个困难的问题。如果引线设计达不到要求,那么通风设计计算就失去了基础。简而言之,进口引线设计是为保证设计车速服务的。

在不同坡度条件下载重车达到60km/h、40km/h时所需要的加速距离 表1-2

坡度(%)	−3	−2	−1	0	+1	+2	+3
车速(km/h)/加速距离(m)	60/305	60/348	60/430	60/573	60/986	—	—
车速(km/h)/加速距离(m)	40/142	40/148	40/156	40/179	40/247	40/348	40/803

从表中可以看出,另一个问题也很重要,就是汽车从速度为零加速到设计车速(例如60,80,100km/h),是需要加速距离的,不是在任何坡度上都能达到设计车速,而是需要与一定的坡度相应的距离才能达到。小轿车从零加速到100km/h,有的只需数秒钟时间;而大型载重汽车在平坡坡度上却需要很长的距离和很长的时间才能达到80km/h,这就是进口引线的由来。在建立了这个概念之后,再回到《公路隧道通风照明设计规范》,从表3.4.4.-2中可以看出:当坡度等于1%时,车速可以达到80km/h;坡度等于2%时,车速只能达到70km/h;坡度等于3%时,车速只能达到40km/h。

关于加速距离,这是《公路工程》学的专门课题,这里不再赘述。实际设计中设计者往往不愿意做这种繁琐的计算,不过可以参考表1-1和表1-2。载重车在从零加速到80km/h只有在平坡和负坡条件下才有可能。

另一个问题需要说明的是,为什么要从零开始加速?因为此时为最不利。最不利场合是指,当隧道内发生事故时所有车辆均被红灯阻挡在管理区外,事故处理完毕开始放行,此时,交通密度最大,又是从零起步,而洞内尚未形成交通风,所以此时最不利。

近年来在中国高等级公路车流中,载重汽车仍占很大比重,而且柴油车的比例很大,设计中要充分注意到这个特点。

出口引线的功能主要是完成视觉感应的适应问题。尽管在隧道照明设计中,必须对出口段照明作特殊加强设计,洞内亮度仍比洞外暗得多。驾驶员以设计车速驶出洞外时,仍然会有眩光的感觉,从而产生视觉适应问题,影响驾驶安全。在有正确照明设计的情况下,大约需要3~5s的时间才能恢复正常。为了确保驾驶安全,在出口段,按设计车速计算,在3~5s走过的距离,就是出口引线的长度,其线形应该保持与洞内一致。这当中包括:不能有急转弯,不能有大下坡。急转弯组合大下坡是最劣设计。对向交通单洞隧道,因为两端都是进口引线,已经有足够的长度;单向交通的双洞隧道,如果是整体式路基也不存在问题,如果是分离式路基就要注意了。

五、与平行隧道或其它结构物的间距

一个隧道与另一个隧道或隧道与其它结构物接近时,需要根据隧道的断面形状、交叉角、施工方法以及工期等决定其相互间的距离。隧道在已有结构物下面设置时,应考虑由于开挖隧道而引起的基础下沉，以及爆破、地下水的变化等影响。

由于立论的理论基础不同，对间距的要求也不同，甚至有很大的差异。由于“新奥法”的立论基础是加固地层，提高地层的自承能力，所以与以散粒体理论为基础的计算结果不同。而实际地层并非均质体，显然不能用散粒体模型或弹性体模型描述，所以拿这样的模型作为计算的载体，加上地层的不连续性，其计算结果必然是与实际相差甚远。

在实际设计中多以工程类比法为参考，根据实际地质情况综合判定。不过，这需要有丰富的典型地层实测资料，以及丰富的工程经验。用岩石力学方法可以得到较好的计算结果，但其计算参数很难测得准确及时、很难作到那么有代表性，所以这项工作需要特别谨慎，在重要工程及重要位置上尤其需要谨慎。而更多的是采取工程措施加以保证。近几十年来，由于工程的需要，尤其是城市地铁的发展需要，在接近地表修建的大跨径通道，都是用强有力的工程措施保证地表及地面结构物的安全和稳定的。这一部分请参考“围岩压力”内容。

六、净空断面和建筑限界

1. 隧道净空

隧道净空是指隧道内轮廓线所包围的空间，包括公路隧道建筑限界(见图1-1)、通风及其它功能所需的断面积。断面形状和大小应根据结构设计力求得到最经济值。净空所包括的其它断面中，有通风机或通风管道、照明灯具及其它设备、监控设备和运行管理设备、电缆沟或电缆桥架、防灾设备等断面，以及富裕量和施工允许误差等(见图1-1)。

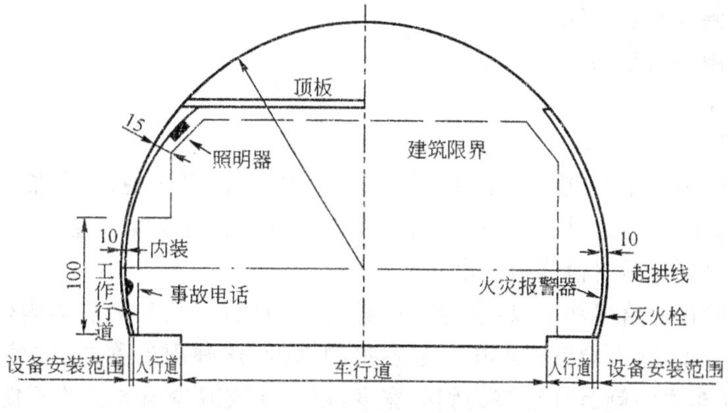

图1-1 公路隧道横断面

2. 隧道建筑限界

隧道建筑限界是指为了保证在隧道中的安全行车，在一定的宽度、高度空间范围内任何部件不得侵入的界限(见图1-2)。在公路隧道规范中，对隧道的建筑限界有明确的规定。建筑限界是供交通使用的空间，这个空间当然不能允许其他部件侵入，设计上为可靠起见，在限界外面还留有富裕量，以防万一有超高超宽车辆或车辆的颠簸、摆动，碰撞到洞内设施，造成设备或车辆的意外伤害，引起不良后果。公路隧道的建筑限界，横向包括行车道、侧向宽度(含路缘带、余宽)以及人行道、检修道等，顶角宽度的规定是保证正常行驶的车辆顶角不会跑到限界外面去；竖向包括高4m的起拱线(直墙或曲墙与拱顶的分界线)、人行道或检修道高度等。限界的概念是限制侵入，并不是指定范围。设计上并不是限制，而是可以根据实际需要加宽或加高。但这种加宽或加高是用增加造价换取的，所以设计时把握一个“适度”才是设计水平的体现。一般情况下是在限界外预留0.1m的预留量，保证施工时的“误差后果”不会侵入限界。

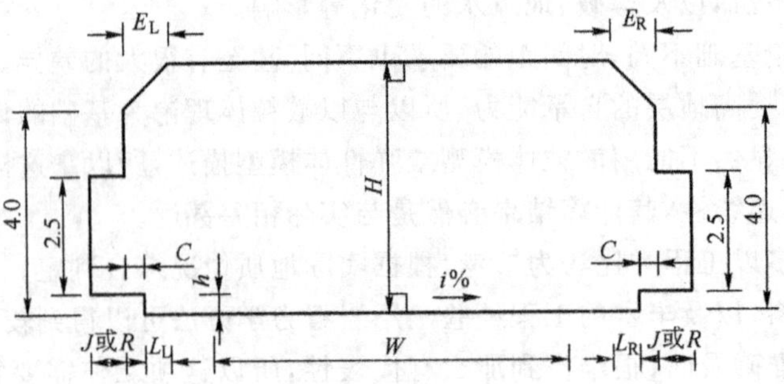

图 1-2　公路隧道建筑限界(单位:m)

图中:

H—— 建筑限界高度;

W—— 行车道宽度;

L_L—— 左侧向宽度;

L_R—— 右侧向宽度;

C—— 余宽;

J—— 检修道宽度;

R—— 人行道宽度;

h—— 检修道或人行道高度;

E_L—— 建筑限界左顶角宽度,$E_L = L_L$;

E_R—— 建筑限界右顶角宽度:

当 $L_R \leqslant 1m$ 时,$E_R = L$;

当 $L_R > 1m$ 时,$E_R = 1m$。

公路隧道内的车道宽度应与进出引线段车道宽度一致,以避免出现“瓶颈”现象。当隧道净宽与引线路幅宽度不一致时,从洞外到洞内需要有一个适当长度的过渡段,过渡段的任务是把路肩的宽度调整到与洞内检修道宽度一致。

公路隧道墙壁往往给驾驶员以危险感,惟恐与之冲撞,行驶车辆多向内侧偏离,无形中减少了车道的有效宽度,从而导致隧道中交通容量的降低,这种现象称之为“墙效应”。因此,在公路隧道中,应在车道两侧留有足够的侧向宽度,以消除或减少墙效应的不良影响。

公路隧道中的基本组成部分是专供车辆使用的车行隧管。由于地质条件的关系,宽度过大则不经济,施工上难度也增加,所以开挖面积通常在 $100m^2$ 以下,多数情况下为 $70m^2$ 左右。这样在每个车行隧管中,原则上规定采用对向交通的最小单位为 2 车道。如果交通量超过对向 2 车道容量,则应设置两条各为单向交通的 2 车道,合计为 4 车道的隧道。从交通安全上考虑,不应设置对向交通的 3 车道隧道。近些年来在明线道路上也有建成 3 车道对向交通道路的,但在隧道内很危险,不能采用。在隧道内的交通规则上,一般都规定:各行其道,不得变线,不得超越,不得停车等,车道分隔线均为实线。所以 3 车道是没有办法用的,否则在交通管理上要特殊组织交通流,在交通流具有明显不平衡的特殊路段上,分时管理,给大交通流方向分配 2 车道。从建设成本上看,1 条 3 车道隧道未必比 2 条 2 车道隧道能节省多少投资,而带来的却是巨大的交通隐患。当交通量大于 4 车道的设计交通量时,原则上仍应建成 2 车道隧道,隧道个数可以增加为 3 条或 4 条。在隧道前后路段,若为 6 车道时,有建成 3 条 2 车道隧道的先例,但这对交通管理很不方便。在这种情况下如地质条件有可能,应建成两条 3 车道隧道。

又例如，用明挖法或沉管法施工时，即可做这种考虑。

即使在低等级公路中，单车道隧道也是很少见的。在不得已非修建单车道不可时，为保证安全运输，长隧道时应设置错车道、回车道，以供错车和调头；短隧道在进口能观察到出口引线时，洞内可不设错车道，但应在洞口外两端设错车道。最好能在两端设置自动交通信号灯。

3. 救援设施与救援对策

在公路隧道设计规范中，对救援设施的土建部分有些注释。这些设施主要有汽车横通道、人行横通道、车道加宽带（紧急停车带）等。既然是救援就有一个救援标准问题，随着隧道的重要性不同，对救援的要求也不同。主要体现在对救援时间的要求有差别，所谓隧道的重要性主要是指车流量，车流量越大要求完成救援的时间就越短。相应的一次需要救援的车辆数就越少。救援所需时间除与救援水平（指设施和人员）有关外，还与隧道的长短有关，隧道越长救援就越困难。所以从救援的观点出发，隧道不宜修建得过长。救援时间是要作具体设计的，主要是确定适宜的救援水平和计算救援所需时间。

救援设施中分为两部分：一部分是固定设施，即隧道的建筑结构所提供的固定结构空间，各部分的几何尺寸见相关部分；另一部分是指管理设施（如交通信号及情报板等）、救援设施（如救援车、消防车、消火栓、通风控制、应急照明等）。

救援对策主要是指救援预案。

4. 车行横通道

为了应对救援所带来的诸多问题，可以采用一个基本方法，就是对隧道进行分区。在上、下行分离的单向交通工况的隧道中，可以用设置横向汽车横通道来解决对车流进行分段，这就是前面讲过的隧道分区概念。原则上横通道的净空大体上应该与单车道隧道断面（宽度为4.5m）一样，因为它很短所以比单车道隧道还窄，只有5（高）m×4（宽）m，在隧道规范中四级公路以上的标准中没有单车道隧道标准，因此在规范上查不到单车道标准。车行横通道的设置间距规范上规定：可取750m，并不大于1000m，1000～1500m的隧道中间宜设1处，中、短隧道可不设。

对向交通工况不宜修建特长隧道，否则可能遭遇灾难性后果，主要是指没有好的、迅速的、可靠的救援的方法。但也可以采用分段的概念加以处置，只是没有双洞（上、下分离的隧道）那么方便。

对向交通隧道，没有横通道，从目前的实际情况出发，只能用设置交通信号，设置紧急加宽带和设置回车道来解决分段问题。交通信号的作用是把车流分割，保证后续车辆不至于在不知情的情况下，盲目挤进事故危险区；回车道是用来作车辆转换方向用的，在紧急情况下，未处于事故区的车辆，可以经由回车道调头。不过这还是以隧道分区为基础的，所以没有分区就没有可能进行有序救援。隧道内的紧急加宽带是用来作为事故车辆临时避让（或维修）的场所，它不是休息场所。根据地质条件的容许程度，应该把紧急加宽带和汽车横通道、回车道组合起来，使车辆的运行更方便。如果地质条件较差，恐怕就要付出较大的代价在结构上和工法上解决问题了。

车行道的净高，应按规范规定设计。目前按大型车辆的最大高度考虑，从资料上能看到的最大高度可能就是海运集装箱了，然后再加上富裕量即可满足需要。过去有为大型构件通过专门设置大断面隧道的先例，那是作为特殊问题处理的。这里有个问题应该特别指出：隧道内的路面损坏后，由于全部更换路面很困难，可能会像明线道路一样采用"罩面"的方法整修，那样做必然会减少净空高度，其罩面厚度通常按20cm预留，所以设计时要考虑这个特点。重要的长大隧道和高速公路隧道内的许多设施都是悬吊在路面上方的，像信号灯、标志牌、通风机、照明器材、防灾设备(如火灾传感器、烟雾透过滤计)、闭路电视监视器等，也要占有空间。作为设计者，除了要考虑路面可能的加高量外，还要考虑各种设施的悬挂高度的富裕量。

在寒冷地区，还应估计冬季积雪和冰冻可能减少的洞门段净空，如在冬季洞内因漏水形成挂冰以及路面结冰等，严重时导致净空断面减少并影响交通。这种情况多半是在寒冷而富水地区，因施工原因或者设计上的不足有可能造成病害。此时固然应该进行病害治理，但在治好之前，还是应该在适当位置设置临时标志，指示限高并指明迂回道路。

5. 人行横通道

人行横通道是在分离式单向交通的双管隧道中，当一个隧道内发生事故时，汽车无法立即疏散，事故区内车辆的乘客或驾驶员，均可通过人行横通道疏散。人行横通道的净空为 2.5(高)m×2(宽)m，设置间距规范规定：可取 250 m，并不大于 500 m。

无论是车行横通道或人行横通道，通道内必须有足够的照明、报警设备和指示性标志，汽车横通道内还应有通风设备。普通城市道路隧道，特别是 1km 以下的隧道，都应该考虑通行自行车和行人。但是隧道附近有迂回道路时，为安全和经济起见，自行车和行人以不通过隧道为宜。维修、巡逻与管理往往是在不进行交通管制的条件下工作的，根据实际需要可在隧道一侧或两侧设置检修通道。人行道的宽度为 0.75m(仅供检修)或 1.0m(供行人)；一个自行车道的宽度为 1.0～1.5m，自行车道数应根据交通量确定。如果隧道所在地区行人密度大，隧道长度也大，而且交通量大，人行道宽度大于 1.0m 时按 0.5m 的倍数增加。在城市道路隧道中，在行人和自行车非常多的情况下，因增加很宽的人行道而加大隧道断面，很不经济，并且需要的通风设备也相应增大，这时人和自行车与隧道分开，单独修建专供行人通行的小断面人行隧管反而有利。人行隧管与车行隧管分开，对安全也极为有利，尤其是在火灾时还可以作为疏散、避难和救护伤员使用，平时亦可兼做管理人员使用的通道。需要通行自行车时，应另设自行车道，自行车不应混杂在行人中穿行。在修建人口密集的城市隧道(含立交桥下隧道)时，要充分注意到这些特点。在山岭地区修建长大隧道时，专为行人加大隧道断面或者加大通风设施及其功率是不经济的，应另寻其他途径解决行人问题。

人行道、自行车道单独设置的隧道，可以按一般道路设计方法设计，但人行道或自行车道与车行道在同一隧管中时，为保证安全，应使其比车行道高出 25cm。为了彻底解决安全问题，有的采取对汽车速度严加管制，有的采取把人行道抬高的办法。不过这里应该提醒的是：一旦发生事故车辆停得过于靠外时，外侧车门会打不开，如果需要疏散，可能会发生乘客无法下车的严重问题。另外台阶高于 40cm 以上时需要设置护栏，否则行人有失足跌落的可能，但护栏又不能做成固定的，否则车上(大客车或驾驶舱)的乘客无法踏上台阶，所以只能使用活动护栏，例如链条等。

人行道、自行车道的净高为 2.5m。另外隧道的内轮廓线在施工中不可避免地要产生或多或少的凹凸不平，一般应考虑 5cm 的误差。隧道的净空断面受通风方式影响很大，单向交通的自然通风隧道，断面可以适当大些。对向交通的隧道，自然通风设计要认真对待，不要轻易地用加大断面的办法解决通风问题，那时需要进行具体计算(详见第二十章)。

6. 悬挂射流通风机时拱部尺寸的确定

采用射流通风机进行诱导通风时，要根据射流通风机的外径、悬吊架的高度按规范上的方法具体计算，一般为 30～40cm。如果在同一断面上悬挂两台射流通风机时，间隔距离的大小以安装操作方便确定尺寸，其净距应大于 1.0～1.5m。通风机下沿还要留出富裕量(指距限界顶部 15～25cm)，这样就可以确定拱顶高度。

7. 拱部设置通风管道

有通风管道的隧道要根据所需通风量和通风区段的合理划分，计算确定通风道的大小，从而确定拱顶高度。为了划分通风区段，需要根据地形地质条件实地确定竖井、斜井的数量和位置，以及它们的长度和直径，通风设备费和营运费等。所以确定拱顶高度是需要进行综合通盘考虑的。

在平顶以上设置通风管道时应保证顶板的厚度，还应考虑它的挠度以及富裕量。现在使用的轻质混凝土板的厚度约为 7.5～10cm，现浇混凝土板约为 15cm。如果考虑美观用石棉板或涂料进行装饰时，还应另外留出 10cm 的空间。加设防火涂层时，要留出涂层厚度，一般 5～10cm。

8. 吊设吸音板

吊设吸音板时，要根据不同材料留出不同位置。吸音板的材料原则上是采用那些减少声波反射的松软、多孔的材质，单纯设置在顶板上是不够的，不能取得明显效果。要想有效果，还必须有一道墙面也要敷设吸音材料，这一点请参阅第二章的相关部分。

9. 其它

此外，在山岭隧道、城市隧道或水底隧道中，往往需要设置敷设电缆(如通风、照明、等强电电缆和各种弱电电缆)的电缆支架、电缆沟、给水管、排水沟等。供公用事业使用的电缆和其它管线等使用的管线沟，称为共用沟(或共用隧管)。它可以出售或出租给相关行业使用。但在共用沟中原则上应禁止通过超高压电缆、可燃气体管道、可燃液体管道等通过。确定共用沟尺寸时，应考虑检修时工作人员操作和通行方便的空间。

装修部分分为墙部和拱部(或顶部)。墙部面层多用瓷砖等耐火材料类，或其它耐火贴面材料，底层前者为砂浆，后者可能是骨架。拱部应为耐火涂料等，以考虑耐火为主，并考虑美观协调的色调。装修部分的总厚度约为 3～5cm，具体尺寸要视材料而定。

七、断面设计

(一)断面名称

1. 衬砌内轮廓线

衬砌内轮廓线是衬砌的完成线，在内轮廓线之内的空间，即为隧道的净空断面。该线应满足所围成的断面积最小，适合围岩压力的特点，以既经济又适用为目的。

2. 衬砌外轮廓线

指为保持净空断面的形状，衬砌必须具有的足够厚度(或称最小衬砌厚度)的外缘线。为保证衬砌的厚度，侵犯该线的山体必须全部除掉，所以该线又称为最小开挖线，见图 1-3 断面诸元。

3. 实际开挖线

开挖后形成的实际轮廓线的平均线。实际开挖线不可避免的成为不规则形状，为保证衬砌外轮廓线能满足需要，开挖时尤其用钻爆法(见施工部分内容或其它隧道施工资料)开挖时往往偏大。由于它比衬砌外轮廓线大，所以又称为超挖线，超挖部分的大小叫超挖量，超挖量的大小在《公路隧道施工技术规范》中有明确规定。在不同部位超挖量有不同的限制值，施工时要以规范为依据进行操作。由于实际地质情况并非均质体，所以开挖时不可能得到一条理想的开挖线，不可避免的会有凹凸，即不可避免的会有超欠挖。在相对均质的地层中，如果控制得比较好，开挖面就比较光滑，这种技术被称之为“光面爆破”。规范上对凹凸量也有具体限制，限制线只不过是一条虚拟的平均线，但是它却很重要，因为它是设计时进行工程量计算（习惯上简称计量）的依据，限制量的大小直接影响到工程的成本，所以必须以规范的形式加以规定。施工中尤其是用钻爆法施工时，很难掌握刚好达到平均线，常常比它还要大，这就造成了不必要的工程量，如何控制它，几乎是一个永恒的话题。几个世纪以来人们经过不懈的努力，在不断改进钻爆法的同时，还开发了其它方法。诸如各种隧道掘进机、盾构机等使用机械开挖的方法（见施工部分或其它相关资料），在某种程度上改善了开挖效果，但却受到地质条件的制约，不具有普遍性，只能是在某种特定条件下才可以使用的工程机械。

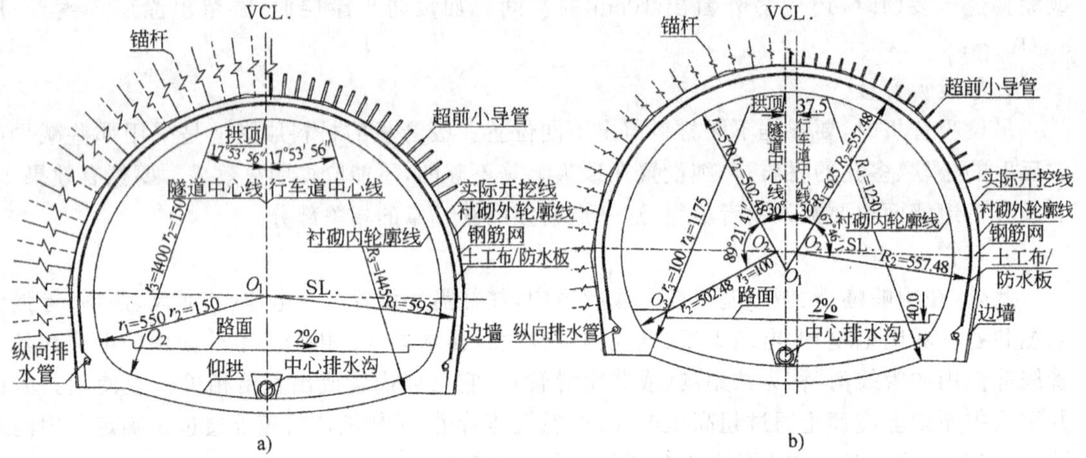

图 1-3　断面诸元

a）设仰拱单心圆断面诸元；b）设仰拱三心圆断面诸元

4. 拱（顶部）

在山岭隧道中，隧道顶部一般都设计成拱形，故有的称其为顶拱。从力学观点分析，一个曲线形的顶拱远比平顶在受力上更为合理。如果边墙是直墙，墙顶就是拱脚，其连接可以是相切的也可以形成拐点，拱脚又叫起拱点；如果边墙是曲墙，拱顶与边墙的连接都是相切的，所谓起拱点只不过是一个虚拟的点。起拱点一般认为在隧道建筑限界的竖直段的顶部。采用直墙式衬砌时的 4m 高度就是墙高（墙顶就是起拱点）；采用曲墙式衬砌时 4m 高处就被认为是起拱点，而在力学上并没有实际意义。沿隧道纵向，起拱点的连线就叫起拱线。只有在特殊情况下，例如采用明挖法施工或沉埋法施工的水底隧道等才采用平顶。在采用横向或半横向通风的隧道中，往往采用吊顶的方式隔出通风道，也会有平顶出现，但它不属于隧道主体结构，仅为构造上的需要。

5. 边墙

墙是土木结构物的竖直部分，是用来作为支撑拱部结构和阻挡侧向围岩压力的部分，它可以是直墙也可以曲墙。现在的公路隧道跨度都比较大，由于受力上的原因，设计者更愿意采用曲墙。一般把路面以下的墙体叫做墙基，当地基承载力较低时需要加大墙基的宽度，称为基底加宽。曲墙不仅是在受力上好，而且还可以利用侧向的弯曲空间。

拱、边墙与仰拱（如果有）共同形成隧道的主体结构，为了使衬砌断面形状受力合理和便于使用，目前设计公路隧道时经常采用的是“割圆形”，也有采用“三心圆形”或“多心圆形”的，除非不得已一般已不太使用直墙形边墙了。

6. 仰拱与路面

当地基软弱只靠加宽墙基仍无法满足地基承载力时，一般均以设置素混凝土仰拱的方法解决问题，必要时采用钢筋混凝土仰拱，仰拱半径通常不超过顶拱半径的2倍。

行车道路面的设计标高由路线设计决定，隧道净空断面一般由隧道路面中点(有的以隧道中心线或路缘线)起算，路面设计标准按公路工程设计规范设计。由于隧道内翻修路面困难，所以宁可在设计时适当提高路面厚度和提高混凝土标号，延长使用寿命，也不愿增加翻修次数。仰拱与路面面层之间通常用贫混凝土回填，不过这里也是可以利用的空间，像共用沟、排水沟、通风道、疏散通道、电缆沟等均可考虑利用。检查井自然不可缺少，经常可以看到路面上的检查井盖高出或凹进路面，其实都是设计者的责任，不是没有提出要求就是图纸上有矛盾，这是设计上经常发生的问题。正确的做法当然应按路面平整度要求设计和施工。

7. 内部装饰

在城市隧道或交通繁忙的高等级公路隧道中，可以按《公路隧道设计规范》设计内装，隧道内装注重的是功能。为了确保行车安全，在公路隧道中必须采取措施使墙面亮度在长期的营运中保持在必要的水平以上，墙面须用适当的材料装饰。装饰可以改善隧道内的环境，主要是提高能见度，如为了增加反光效果而在边墙部分贴瓷砖；其次是吸收噪声，如为了消减噪声而在内表面张挂消音板等，而不单是为了增加美观效果。

提高墙面反射率可以增加照明效果。因此装饰材料的表面应当是光洁的，颜色应当是明亮的。在隧道照明部分将要叙述到：人眼对波长555cm的黄绿光是最为敏感的，所以装饰材料应当是饱和度略低的黄绿色或接近浅黄绿色的其它颜色。作为背景的墙面，能衬托出障碍物的轮廓，就需要使墙面具有良好的反射率。为了减少眩光，希望这种反射是漫反射。

涂层或者喷层主要是为了提高顶拱的耐火性能和改善顶拱的反光效果，而使用防火涂层或者带有颜色的涂料。边墙也有使用涂料的，但清洗时比较困难。

值得特别指出的问题是，在隧道内部装修时，忌讳在墙面上绘制各种图案，或出现反差很大的条纹，因为它会影响对目的物的识别，关于这一点将在第二十一章中详细论述。此外，在水平方向可以设置反差不大的条纹，它不会有负面效果，设计得好还能使驾驶员在驾驶上有平稳感。忌讳设置竖向条纹，它会产生不良效果，使驾驶员有忙乱感觉，如果条宽较大有可能使驾驶员产生频闪效应。

(二)隧道衬砌内轮廓线的求法

1. 割圆形衬砌断面的作图

确定公路隧道内轮廓线时，以公路隧道建筑限界为基准，并附加上通风等所需要的断面积(这需要通过计算确定)。考虑到隧道是永久性建筑，一旦建成就无法改变，所以通风面积应该足够。其交通量应该是路线设计的最大交通量，相应的洞内通风量当然是最大通风量。洞内容许的最大风速(见《公路隧道通风照明设计规范》)为10m/s，需要多少台多大口径的射流通风机等，以此为依据确定净空限界以上需要有多大的空间。

如果侧压力较大或者地基承载力不够或者需要考虑水压力时，还要设置仰拱，通常的做法是使其形成闭合断面，并把闭合断面作为基本形状。

割圆形断面内轮廓线作图见图1-4a)，假定公路建筑限界已经确定，其控制点为a、b、c、d，由ab、ac、ad的垂直平分线，在断面对称轴上得到三个交点o_1、o_2、o_3，取其中最高(至路面)者作为圆心o。由于施工精度上要求a、b、c、d各点至少需要10cm以上的富裕量，所以在oa连线的延长线上取$aA \geqslant 0.1$m，以oA为半径划圆即可得内轮廓线的基本部分。

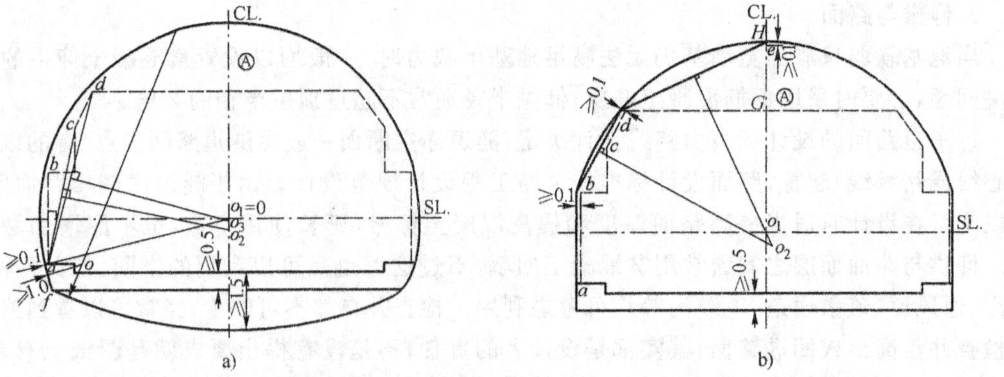

图 1-4　内轮廓线作图例

a)割圆形衬砌断面；b)不设仰拱的三心圆拱直墙式衬砌断面

在建筑限界以上的剩余空间Ⓐ，可以用于通风。如采用纵向诱导通风时，可悬挂射流通风机。如采用横向通风时，可吊挂顶板围成通风隧管。路面板下面剩余的空间，可以用做通风和通路，还可以用于埋设排水构造物。排水构造物的敷设深度，除高寒地区设保暖水沟需要按冰冻深度设置外，一般 0.5～0.6m 是足够的。建筑限界的两侧空余地方可以作为设置应急电话、配电箱(洞)、控制柜(洞)和放置灭火器的地方，两侧上部隅角可以安装照明灯具。圆形断面常常用于盾构法和水下隧道、膨胀性围岩以及接近圆形的山岭隧道。

2. 直墙式衬砌断面

围岩较好，一般不产生较大的侧压力，无须设置仰拱，可以采用直墙。此时隧道的净断面积最小，如图 1-4b)。如果在建筑限界以上设置射流通风机，则应使 GH＝射流通风机外径＋上方安装预留量＋下方富裕量，即可确定 H 点，然后按照最小包络线画图。

其它形式衬砌断面可依上述方法自行绘制。

第四节　山岭隧道的类型

一、越岭隧道

山岭地区，公路从一个水系进入另一个水系要翻越其间的分水岭。为缩短里程，克服高度或地形障碍，往往要设置越岭隧道。这种隧道所在地段，地形往往起伏陡峻，工程地质和水文地质条件复杂，施工时交通运输条件比较困难、施工及弃碴场地狭窄。由于公路的选择性较大，应发挥公路灵活的长处。比选越岭隧道位置时，对可能穿越的垭口，以不同的纵坡、不同的隧道长度和展线方式，以及其它问题进行综合考虑，寻求地质条件好、隧道长度较短、引线条件好、营运费用低、安全适用的最佳方案。越岭隧道一般较长，往往起着控制路线局部方向的作用，施工时往往控制全线工期，所以应在较大范围内比选。在设定范围内具体定位时，既要照顾到路线线形又要照顾到洞门的具体位置。

从地形上考虑，越岭隧道选在山体比较狭窄的鞍部附近的沟底通过，隧道净长最短，即两洞口之间的距离最短。但从地质角度考虑，遇到断层破碎带和软弱岩层的几率增大，鞍部的地质条件往往较差，因此一般最忌直穿垭口。地质条件的好坏对施工的难易、工期的长短以及工程投资等有直接关系。隧道的长度、洞门的位置、引线的长短、展线的难易、线形的顺适等都应在比选时考虑到。对越岭隧道高程位置的选择也应综合考虑。高位隧道本身长度短，但两端展线长，施工工期短，建设投资少，通过能力小，营运费用大，经济效益低。低位隧道则相反。比选时应根据经济分析确定具体方案的优劣(见第三章公路隧道的经济分析与评价)。

二、傍山隧道

山区公路通常傍山沿河而行，山区河流的特点是河床狭窄、弯曲，经过常年的河水侵蚀和风化作用，地势往往变得陡峻。为改善线形、提高车速、缩短里程、节省运行时间，通常采用裁弯取直的办法，修建傍山隧道(或称河谷线隧道)。傍山隧道一般埋藏较浅，地质条件比较复杂，例如山体崩塌、滑坡、松散堆积等不良地质现象，施工中容易破坏山体平衡造成各种病害。路线受到河谷地形限制无法展线，或者为了提高路线等级改造已有道路时，或者即使路线等级不高在路线绕行、明挖路堑、修筑填土路基均很困难时，往往都需要设置沿河浅埋隧道或隧道群。选择傍山隧道位置时，应注意洞身覆盖厚度问题。为了保证山体稳定，避免产生偏压，隧道位置应考虑内移。通常隧道外侧拱肩最小覆盖厚度，应根据山坡坡度、围岩级别、产状和洞身断面大小等因素确定，在《公路隧道勘测规程》中有具体规定。在河道窄，冲刷力强的地段，应注意水流冲刷对山体和洞身稳定的影响。如果桥隧相连，应考虑相互之间的关系、边坡的稳定性以及施工中的相互干扰问题。洞口是易于产生病害的位置，对于挡墙和边仰坡及其基础也要特别给予重视。为了进洞方便往往要连接明洞，不过明洞的造价数倍于洞身的造价，设计时还是要通盘考虑才好。由于傍山隧道的洞门部分很难处理得圆满，加之一个隧道群在施工和营运中都会发生许多麻烦，所以有时宁可用一个长隧道代替隧道群。

第五节　城市隧道

我国的山城有数十个之多，不少山岭隧道的洞口附近也难免有居民点，均有类似的问题。城市隧道有许多特点，是值得提出并应予以注意的问题。最突出的是污染问题，分别是空气污染、噪声污染和排水污染。隧道的污染空气有两种排出方式，其一是由洞门直接排出，这是最值得注意的。尽管隧道内的污染空气都是经过冲淡的，都经过设计计算。不过，即使是冲淡的污染空气也不适合人们长期暴露在其中，毕竟不是洁净空气，何况其中又多了些油污成分。所以在一定的范围内不应该有居民点，或者远离它，或者实在避不开时只好搬迁，关于距离的大小需要查找气象资料和环保方面的法规。其二，污染空气是经过竖井、斜井排出，不管洞口的标高是多少都不能紧贴地面直排，因为空气与地面磨阻的影响，污染空气与地面都会粘滞在一起很长距离不能脱离开，尤其是低气压条件下，更会久久不能离去，必须以烟窗形式排放。烟窗的高度是一个与气象条件紧密相关的数据，其概念是烟窗口排出的污染空气，必须在一定高度排放，在风力作用下扩散稀释，到达建筑物高度时，应满足在大气中的排放标准。一般认为，污染空气自烟窗口排出后是以一个锥度为 30°的锥体形状向外扩散，当达到地面建筑物时，其污染浓度刚好达到容许标准，由此可以计算出烟窗高度，那个高度就是所需要的高度。

关于噪声，在公路隧道设计规范中没有具体的限制阈值，所以这里无法说明隧道内的容许噪声值是多少。根据过去已有的少许测定资料，可以大体上作如下说明，多数时间内洞内噪声大约在 80 ～83dB，当洞内有重型和超重型载重汽车通过时，在洞口曾测到过 90～95dB 的噪声，瞬时达到 105dB 的最大值。设计时不妨用经常发生的 83dB 作为洞口的噪声源，然后按噪声在空气中传播衰减的公式计算，如果是居民点，那么就按居民点的允许噪声值，计算噪声源至居民点的所需距离。

不妨参考以下计算方法：

把隧道洞口看作是一个点声源，如果在距洞口(声源)为 r_1 处测到的声级为 L_1，则在距洞口(声源)为 r_2 处的声级 L_2，可按下式求得

$$L_2 = L_1 - 20\lg\frac{r_2}{r_1} \tag{1-2}$$

由式中可以看出，当 $\frac{r_2}{r_1}=2$ 时，

$$L_2 - L_1 = 20\lg2 = 6 \tag{1-3}$$

即每距离增加一倍，声级降低 6dB。如果引线部分很长，足以使噪声形成稳定的洞外声源，当行车密度达到 5000～6000 辆/时的稳定车流时，可以将其看成是线声源。此时声级可按下式计算

$$L_2 = L_1 - 10\lg\frac{r_2}{r_1} \tag{1-4}$$

式中符号同前式，由式中可以看出，当 $\frac{r_2}{r_1}=2$，即每距离增加一倍时，声级降低 3dB。关于这个问题，请读者查阅有关环保和噪声方面的更多相关资料。经过计算如果不能满足环保要求时，可以考虑采用防噪声挡墙或其它构造物遮挡，或者采取其它相应措施妥善解决。

排水污染，是指洞内排出的清洗水往往含有污染物，以及发生火灾时的消防水和车载泄漏的有害化学物质等，需要按市政和环保方面的相关法规正确处理，不能随意排放。必要时可以建立专门的小型污水处理系统。即使在远离城市的地方，在偏僻的山谷里至少也应该有一个足以容纳一次消防用水的集水池，其容量应该不小于 $200m^3$，以便应付不测。

城市隧道的其它特殊问题就是行人和非机动车辆问题了，这里不再重复前面已经叙述过的内容，处理时本着慎重的态度，认真权衡是否应该把人行道和车行道分开。

还有必须强调的，就是隧道建筑应该与环境协调的问题。这需要设计者具有丰富的艺术头脑和善于想象的灵魂。

第六节 水底隧道

跨越河川、港湾时有两种方法，通常是采用架桥法，俗语说“遇水搭桥”，可见人们对于桥梁是非常熟悉的。桥梁有许多无法比拟的优点(这里不必展开来细说)，但也存在重大缺陷，就是妨碍通航，特别是有通航要求的水域，为了通航的净高要求，不得不把桥面提得很高。曾经有一个桥梁，设计时被要求提高到一百多米的高度，为的是下面能通过有很高钻塔的钻孔船。像这种情况下必须认真的比较到底是建隧道还是建桥。

作为城市水底隧道，其设置位置及进出路，通常与城市整体规划、交通规划、名胜古迹、工业布局、旅游设施及郊区旅游点分布等有直接关系。选择位置时应注意，引道短、用地少、洞外展线容易、视距有保障、远离大居民区及公共场所等是设置城市隧道的特点。

水底隧道一般由水下部分和引道部分组成，水底部分的埋设深度与水深、航道要求、河床的地质情况、引道长度及坡度等有关。当引道坡度较大时，为避免降低通过能力，将减速的大型车辆从干道上分离出去，常在洞外敞开的引道段的右侧(即上坡侧)，将车道适当加宽(一般为 2.5m)专作爬坡车道，以保证其它车辆能在原车道上顺利通过。

第七节　公路隧道洞口位置选择

一、地质特点的对策

洞口部分在地质上通常是不稳定的，设计时应考虑避开滑坡、崩塌、泥石流等不良地质地段。确定洞门位置时，应着重考虑确保边、仰坡的稳定性，以免造成难以整治的病害。一般应设在山体稳定、地质条件好、排水有利的地方。隧道“宜长不宜短”，应“早进洞、晚出洞”，尽量避免“大挖大刷”，破坏山体稳定。隧道洞门是隧道的咽喉，实际上不能留下将来可能发生病害的因素，小规模的病害一般应予以清除，大的病害地段一般应避开。即使在洞身地段大的病害也不可以忽视，一旦发生病害时它的动力影响范围有多大，是必须认真论证的。

在具体设置洞门时，由于受到路线走向和线形（平面曲线、纵坡）的影响，经常会发现很难使洞门刚好位于理想位置上，往往是线形摆顺了但洞门位置不好，而洞门位置好了线形又不顺。这时，地质条件就是决定性的因素，如果地质条件连最基本的稳定性要求都得不到保障，那么这就是一条不成立的方案，应予以废弃；如果稳定性可以得到保障，那么它就可以成为若干个方案之一参加比选。这种比选以安全、经济为基础，可以认真地按经济分析方法比选，也可以简化进行综合判断，那就要看比选的重要性和影响面的大小进行敲定。所谓经济是指是否值得花很大的代价去做一个洞门，此时就要在“线”和“门”的组合上认真比较了。

洞口设在高位，隧道长度短，引线长度大，但洞口遇到坡积、堆积的可能性小；洞口设在低位，则相反。洞口是隧道的咽喉，其稳定与否直接关系到施工难易与营运安全。所以过于低位的洞口，除非特殊情况，一般都会遇到坡积、堆积层。这种地方基本上是松散体，施工时会很麻烦，是个易于诱发洞口病害的地方。但可通过使用特殊方法，例如管棚法可以进洞，若使用得好，不至于诱发边、仰坡病害。但构筑在坡积、堆积体上的结构物基础也很难处理，完工后的稳定也没有保证，这种地质条件本身就是不很稳定的。何况在这样的地方构筑结构物，需要多花很多钱。如果覆盖层比较浅，结构物能坐落在基岩上，还是可以的。“早进洞、晚出洞”是指设计和施工时，不要为了追求隧道长度短，就“大挖大刷”，这是一个问题的两个说法。大挖大刷就是晚进洞、早出洞。

二、洞口位置的避讳

洞口不应设在沟谷低洼处和汇水沟处，隧道不要直穿鞍部、哑口，通常鞍部，在地质上是薄弱点、断层破碎带、富水带，是不稳定地层。沟谷地势狭窄，施工条件差，防洪困难，工程地质条件也较差，还常常有断层、滑坡、冲积层等不良地质现象，地下水也较丰富，对施工和营运、养护管理都不利，所以最好移到沟谷一侧有足够宽度的山嘴处。

三、洞口为悬崖陡壁时

隧道穿过悬崖陡壁时，要注意岩壁的稳定性。施工时洞口不宜扰动原坡面和破坏地表植被及暴露风化破碎岩层。如果岩壁稳定，无崩塌或落石可能时，可以考虑贴壁进洞。否则应接长明洞，将洞口延长至危险范围以外 3～5m。其实，陡壁进洞并不是一个好的选择。陡壁越高就越要谨慎，它暗藏着危险，最常见的是飞石，或者是风，或者是鸟类和其它动物活动，都容易引发落石，对行车是很危险的。从地质角度看，要特别注意陡壁后面是否有断层、是否是错落体等。

四、洞口地形平缓时

洞口地形平缓时，一般也应早进洞晚出洞。这种情况洞口位置选择余地较大，应结合洞外路堑、填方、弃碴场地、工期等具体决定。如果洞口位于堆积层上，为避免引起坍塌、诱发滑坡、保持山体稳定，一般不宜大量清刷，需要时可接长明洞，以确保施工和营运安全。

五、隧道中线与地形等高线正交

为使洞口段衬砌结构受力条件较好，应使隧道中线与地形等高线正交。正交洞口的边、仰坡开挖较小而且均衡。公路隧道一般不宜设置斜交洞门，斜交洞门容易形成偏压，除非岩石的完整性非常好。边、仰坡的开挖也不均衡，给进洞施工带来一定困难，尤其是对自然地形要求保持完整时，就更加困难。

六、洞门附近的施工场地

长大隧道应在洞门附近认真选择施工场地、弃碴场以及便道等位置，这对组织施工时的难易和进度有很大影响。施工场地布置原则上是以进出路(施工便道)顺畅为引导，沿线展开各种场地和设施。生产场地靠近洞口，生活场地相对集中。场地既要安全，避开崩塌、滑落位置，还要注意防洪，有序互不干扰，清洁卫生。本着合理、实用、经济的原则，进行施工场地布置。具体内容有：

• 合理地规划好弃碴场地与弃碴道路；

• 布置好材料场、材料库、加工厂，使其便于进出和使用，炸药库要按爆炸物管理规范设置在 300～400m 以外的隐蔽地点；

• 顺适地摆好生产设施、生产房屋，使其便于生产并有车辆的回旋场地；

• 场地主要道路应该构成环形(双车道，宽 6m)，便于运行；次要道路可以是树枝状(单车道，宽 3.5m)，但应有调头场地；

• 行政管理房屋可位于工地出入口，便于有效管理；生活福利设施应方便工人生活；生活用房要与洞口保持适当距离，既要保证有一个较为安静的休息环境，又不能过远，并便于上下班；

七、洞口段埋深较小时

洞口段埋深较小，要认真考虑附近地上构筑物、地下埋设物对洞口乃至全隧道的影响和对策，这在建筑物密集的城市尤其要有过细的考虑。

八、废气和噪声对周围环境的影响

预先考虑营运后，通风设备排出的废气和噪声对周围环境的影响程度和解决办法，正如前面所叙述的那样，必须认真对待。

九、特殊工程

研究雪崩、阵风、风吹雪等对安全行车的影响，考虑设置防雪工程、防风工程和防路面冻害工程的必要性。

十、平交路口对隧道的影响

在城市隧道的进出路上，平交路口对隧道的影响程度，如何解决等。

十一、隧道延长的计算

山岭隧道一般以洞门墙脚连线与路线测量中线的交点作为隧道起止点的计算点。隧道洞门有时不能设在地下部分的出口处。像水底隧道，洞门设在引道端部，此时隧道的全长为两侧引道端部洞门之间的距离，亦称为隧道延长。

十二、公路隧道洞口位置选择图例(正交、斜交)(偏压)

合理选择洞口位置，是保护环境和保证顺利施工、安全运营及节省工程造价的重要条件。近年来，公路隧道建设已经注意到洞口位置的选择的重要性，但不乏缺少综合考虑问题的工例。

隧道洞口处很多情况都是岩层破碎、松散，风化也较为严重，地质条件较差，洞口施工或路堑开挖，破坏了山体原有的平衡，容易产生坍塌、顺层滑动等。

另外，还存在洞口各部(洞顶、洞门、边仰坡、洞口平交等)与相关工程(道路、原有建筑物、临时建筑物、排水构造物等)的施工干扰；施工场地布置；洞口弃碴的合理堆放；以及减少占用农田和复耕计划；对居民生活的影响等问题。

针对目前隧道洞口存在的问题，考虑施工技术的进步和条件的改善等情况，有人提出洞口位置应根据综合经济、技术比较确定。

隧道洞口位置一般有以下(见图 1-5)几种形式：

1. 坡面正交型

这是一种隧道轴线与坡面正交的形式，最为理想。

2. 坡面斜交型

隧道轴线与坡面斜交进入，边坡切面与洞门为非对称，往往存在偏压，应考虑洞门形式和偏压的影响。一般偏角以不大于 30°为好，偏角越大偏压也越大。

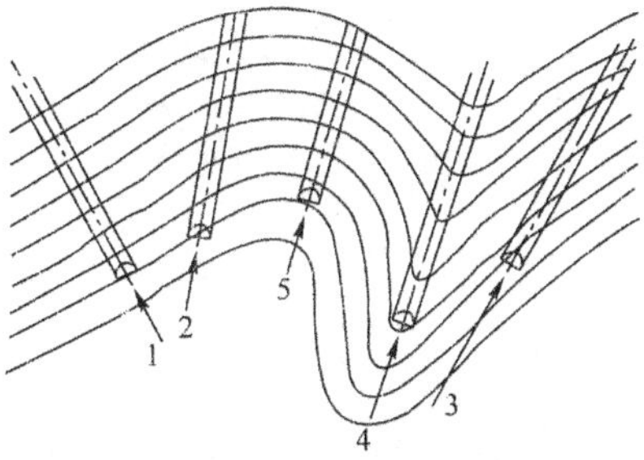

图 1-5　隧道洞口轴线与地形关系图

3. 坡面平行型

这是一种极端的斜交情况，隧道洞门段在较长区间处于单侧覆盖层较薄时，应考虑偏压问题，此时往往容易发生问题，应尽量避免这种形式。在不得已情况下出现这种情况时，施工中应考虑反压回填。

4. 山脊突出部进入型

山脊突出部一般是稳定的，但山脊突出部的背后侧有时可能存在断层，如果属于活动性断层应避开。

5. 沟谷部进入型

存在岩堆等不稳定堆积层，地下水位较高，泥石流、雪崩等自然灾害容易发生。洞口轴线应尽量与坡面正交。采取斜交时，洞口覆盖层厚不应小于 2～3m，其边、仰坡应采取喷锚支护加固。洞口段应进行地表注浆加固，并应做好地表截、排水工作。

在具体设定隧道洞门时，应按前面讲述过的要求，在数字地形图上切取若干个横断面，切取的密度应根据地形地质条件具体确定，一般可参考以下数值：

- 正交(削竹式初步设计阶段横断地面线 10m 一道,施工图设计阶段横断地面线 5m 一道);
- 正交(端墙式初步设计阶段横断地面线 10m 一道,施工图设计阶段横断地面线 5m 一道);
- 斜交(台阶式初步设计阶段横断地面线 5m 一道,施工图设计阶段横断地面线 2～3m 一道);
- 极端斜交(单压式初步设计阶段横断地面线 5m 一道,施工图设计阶段横断地面线 1～2m 一道)。

第二章　公路隧道结构构造

公路隧道结构构造，由主体构造物和附属构造物两大类组成。主体构造物是为了保持岩体的稳定和行车安全而修建的人工永久建筑物，通常指洞身衬砌和洞门构造物。洞身衬砌的平、纵、横断面的形状由公路隧道的几何设计确定，衬砌断面的形状和厚度由衬砌计算决定。在山体坡面有发生崩坍和落石可能时，往往需要接长洞身或修筑明洞。洞门的构造形式由多方面的因素决定，如岩体的稳定性、通风方式、照明状况、地形地貌、建筑造型以及环境条件等。附属构造物是主体构造物以外的其它建筑物，是为了营运管理、维修养护、给水排水、供蓄发变电、通风、照明、通讯、安全等而修建的构造物。

第一节　衬砌材料与构造

一、衬砌材料

隧道是埋藏在地层深处的工程建筑物，其衬砌通常需要承受较大的围岩压力、地下水压力，有时还要受到化学物质的侵蚀，地处高寒地区的隧道往往还要受到冻害等。所以，要求用于衬砌的材料应具有足够的强度、耐久性、抗渗性、耐腐蚀性和抗冻性等。另一方面，隧道是大型工程构造物，每延米隧道都需要大量建筑材料，工程量很大。所以，从经济观点看，衬砌材料应价格便宜、就地取材、便于机械化施工。通常采用以下材料：

1. 混凝土

这种材料的优点是整体性好，既可以在现场浇筑，也可以在加工场预制，而且可以机械化施工。其本身密实性较好，具有一定的抗渗性。如果在水泥中掺入密实性附加剂，可以提高混凝土的密实度，从而改善混凝土的防水性能。或者使用减水剂，提高混凝土的密实程度，改善混凝土的抗渗性能。混凝土可以根据需要加入其它附加剂，如低温早强剂、常温早强剂、速凝剂、缓凝剂、塑化剂、加气剂等，来满足使用和施工上的需要。

配制混凝土还可以根据需要选择合适的水泥，例如具备快硬、高强特性的有快硬硅酸盐水泥，具备快硬、早强特性的有硅酸盐膨胀水泥和石膏矾土膨胀水泥，具备抗渗防水特性的有大坝水泥和防水水泥，具备抗硫酸盐侵蚀的抗硫酸盐硅酸盐水泥，以及塑化水泥，加气水泥等。

配制有抗冻要求的混凝土时，在寒冷地区水泥强度不小于 42.5MPa，在严寒地区不宜低于 52.5MPa。

混凝土材料的缺点是灌注后不能立即承受荷载，需要进行养生，达到一定强度才能拆模，占用的模板和拱架较多。普通混凝土的耐侵蚀能力较差。

2. 钢筋混凝土

隧道施工时，暗挖部分就地绑扎钢筋比较困难，通常是在不得已时才采用现浇钢筋混凝土。而在很多情况下是采用格栅钢架并加上连接钢筋和钢筋网等作为临时支护，在完成临时支护之后，则延用为永久支护。这样就取代了钢筋绑扎过程，起到“一举两得”的效果。在明挖地段可以采用现场绑扎方式，也有采用废旧钢轨等就便材料的。采用混凝土的强度等级要满足《公路隧道施工技术规范》要求。

3. 喷射混凝土

喷射混凝土是将混凝土干拌和料、速凝剂和水，用混凝土喷射机高速喷射到洁净的岩石表面上凝结而成。其密实性较高，能快速封闭围岩的裂隙。密贴于岩石表面，早期强度高，能很快起到封闭岩面和支护作用，是一种理想的衬砌材料。

4. 锚杆与锚喷支护

锚杆是用机械方法加固围岩的一种材料。种类很多，通常可分为机械型锚杆、粘结型锚杆以及预应力锚杆。围岩不够稳定时，还可以张挂金属网。设置锚杆再加喷混凝土时，即为锚喷支护。

5. 石料

在隧道衬砌中不得使用裂隙和风化的石料，块石砌体、片石砌体、砂浆等的强度等级及抗压强度设计值应符合《公路隧道设计规范》的要求。石衬砌材料的优点是材料来源广，可以就地取材，砌好后能较早地承受荷载，可以节省水泥和模板。不过目前已很少有人使用石料直接作为衬砌材料，尤其是在公路隧道中更无工例可寻。其缺点是砌缝多，容易漏水，施工主要靠手工操作，费工费时，需要大量熟练工人，目前还不能机械化施工。但洞门挡墙、挡土墙、明线路缘石等仍可使用。超挖部分可以使用片石混凝土砌筑。

6. 装配式材料

在软土地区修筑隧道时，常用盾构法施工，其衬砌材料往往采用装配式材料，如钢筋混凝土大型预制块，有加筋肋的铸铁预制块。在修筑棚式明洞（简称棚洞）时，又可用预制板或梁，装配板式棚洞或梁式棚洞。用新奥法施工时，为了防水、防落石和美观要求，还可以加设离壁式结构，常用的材料有波纹钢拱式大型装配预制件，有时可以用玻璃钢代替钢材等。

二、洞身衬砌类型

山岭隧道与软土隧道、水下隧道相比较，由于其受力、施工方法等存在差异，在结构形式上也有很大差别。即使山岭隧道，也因人们对围岩压力和衬砌结构所起作用的认识有所发展，而使结构形式发生很大变化。尤其是在20世纪中叶以后新奥法的发展，给隧道结构带来了深刻影响，使衬砌结构概念产生了根本改变。以下介绍的是矿山法（传统法）施工条件下的衬砌结构形式，虽然现在已经很少单独使用，但是作为一个历史发展阶段介绍它还是很有必要的。况且在新奥法施工工艺中还是不可或缺组成部分，所以仍然非常需要了解它。

1. 直墙式衬砌

直墙式衬砌形式通常用于以垂直围岩压力为主要计算荷载、水平围岩压力很小的情况。一般适用于II、III级围岩，有时也可用于IV级围岩。对于公路隧道，直墙式衬砌结构的拱部，可以采用割圆拱、坦三心圆拱或尖三心圆拱。三心圆拱指拱轴线由三段圆弧组成，其轴线形状比较平坦（$R_1>R_2$）时称为坦三心圆拱，形状较尖（$R_2>R_1$）时称为尖三心圆拱，若 $R_1=R_2=R$ 时即为割圆拱（见图 2-1）。

2. 曲墙式衬砌

通常在IV级以下围岩中，水平压力较大，为了抵抗较大的水平压力把边墙也做成曲线形状。当地基条件较差时，为防止衬砌沉陷，可设置仰拱，使衬砌形成环状封闭结构，见图 2-2。

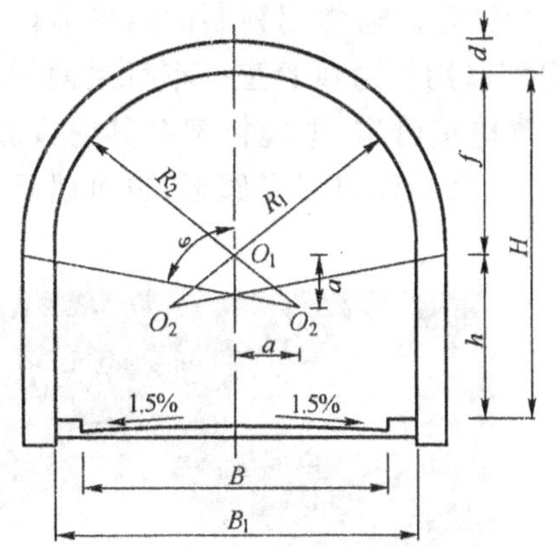

图 2-1　直墙式衬砌

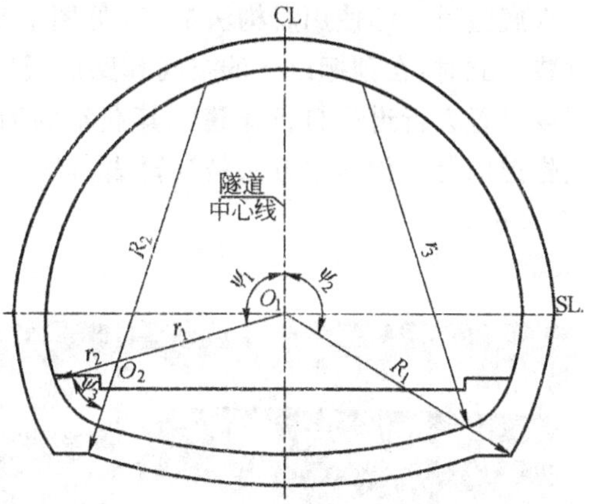

图 2-2　曲墙式衬砌

3. 喷(混凝土)锚(杆)衬砌及复合式衬砌

这些衬砌与上述传统的衬砌方法有本质上的区别，关于这方面的概念，将在第三篇作系统的阐述，这里仅介绍其结构形式，见图 2-3a)。

为了使喷混凝土结构的受力状态臻于理想化，要求用光面爆破开挖，使洞室周边平顺光滑，成型准确，减少超挖欠挖。然后尽快地喷混凝土，即为喷混凝土衬砌。

根据实际情况，需要安装锚杆的则先装设锚杆，再喷混凝土，即为锚喷衬砌。如果以喷混凝土、锚杆或构件支撑的一种或几种组合作为初期支护，对围岩进行加固，维护围岩稳定，防止有害松动，待初期支护的变形基本稳定后，进行现浇混凝土二次衬砌，二者合称复合式衬砌。为使衬砌的防水性能可靠，保持无渗漏水，采用防水板作复合式衬砌中间防水层是比较适宜的，见图 2-3b)。

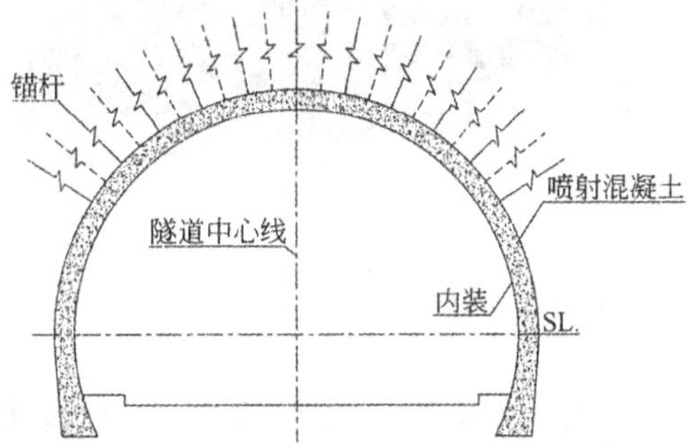

a)

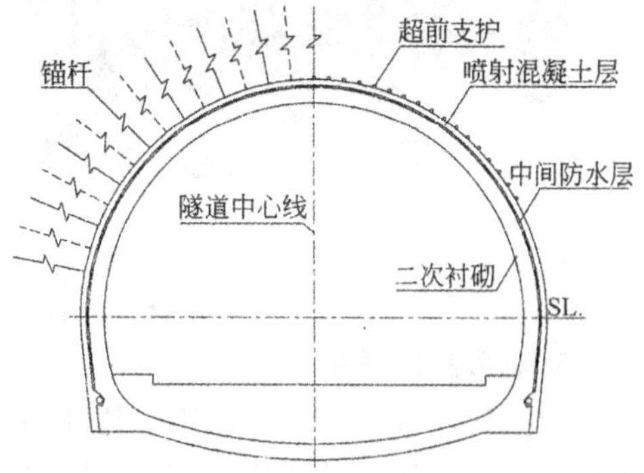

b)

图 2-3　喷锚衬砌与复合衬砌图

a)喷(混凝土)锚(杆)衬砌；b)复合式衬砌

上述岩石隧道衬砌结构，往往需要进行内部装饰，关于装饰的详细内容将在本章第四节介绍。

4. 圆形断面隧道

为了抵御膨胀性围岩压力，隧道可以采用圆形或近似圆形断面。可采用隧道掘进机(见图 2-4)施工，岩石隧道掘进机是开挖岩石隧道的一种机械化切削机械，可形成圆形断面。开挖后可以用喷混凝土衬砌、锚喷衬砌或拼装预制构件衬砌等多种形式。

图 2-4　TBM 岩石隧道掘进机

水底隧道广泛使用盾构法施工(见图 2-5),其断面为圆形。通常用预制的弧形节段在现场拼装。此时,在顶棚以上的空间和路面板以下的空间可以用作通风管道。车行道两侧的空间可以设置人行道或自行车道。其余空间时还可以设置电缆管道、电缆桥架和其它设施等。水底隧道的另一种施工方法是沉管法,有单管和双管之分,其断面可以是圆形,也可以是矩形(见图 2-6)。

a)

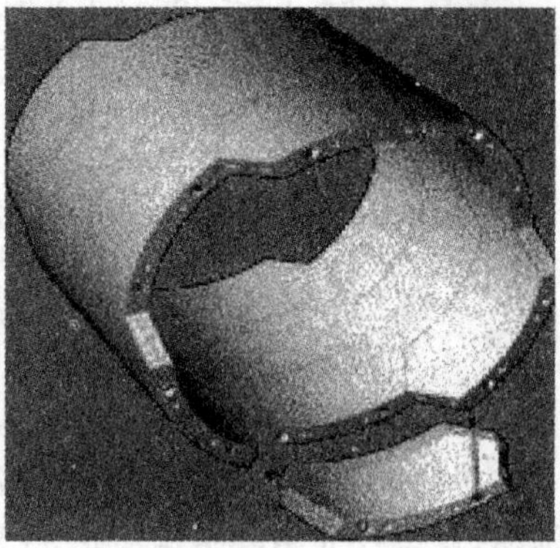

b)

图 2-5 盾构隧道

a)盾构隧道(成形后);b)盾构隧道(管片拼装)

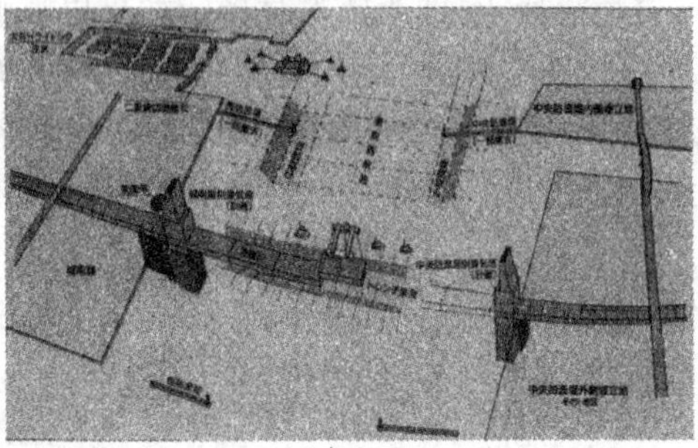

a)

b)

图 2-6 沉管隧道

a)沉管隧道施工现场示意图;b)沉管就位后示意图

5.矩形断面衬砌

如上所述,用沉管法施工时,其断面可以用矩形形式。用明挖法施工(见图 2-7)时,尤其在修筑多车道隧道时,其断面广泛采用矩形。这种情况,回填土厚度一般较小,加之在软土中修筑隧道时,软土不能抵御较大的水平推力,因而不应修筑拱形隧道。另一方面,矩形断面的利用率也较高。城市中的过街人行地道,通常都在软土中通过,其断面也是以矩形为基础组成的。

图 2-7 矩形断面隧道

三、衬砌基本尺寸拟定

隧道衬砌基本尺寸的拟定，包括确定衬砌内轮廓线、轴线、截面厚度以及外轮廓线等尺寸。对于矩形断面、圆形断面、直墙式衬砌断面等，在计算上一般不存在困难。但是对于三心圆拱、曲墙，特别是变截面断面等，计算时则比较繁琐。不过现代计算机的应用中都有现成的软件可以利用，作为具体的设计者，大多都会绕过这些繁琐的计算，借助于计算机能很方便地获得各种数据。

（一）衬砌内轮廓线的确定

隧道内轮廓线的一般确定原则，已在第一章中叙述过，这里仅介绍具体绘制原则。

1. 满足需要。隧道净空限界，通风系统所需空间；照明系统所需空间；交通信号、情报板与交通量检测、交通标志所需空间；监控系统（闭路电视，环境—CO 检出、IV 检出、亮度检测、风速检测等）所需空间；消防系统（灭火器、消火栓、手动与自动火灾报警器等）；通信系统（应急电话、无线通信天线等）以及其它设施所需空间。凡在内轮廓线以内的各种设备，在满足规范要求的前提下，尽量节省空间，摆放合适。

2. 压缩距离，留有余地。不浪费空间，尽量紧凑，确保内轮廓线是最小的包络。但要留有余地，有施工误差、地质条件差的隧道尤其要有余地。

3. 曲线段的连接要过渡圆滑，不能出现拐点；直墙式衬砌的圆弧部分与直墙的交角尽量小，以免出现过大的应力集中，还要有美观效果。

4. 拱与墙是人为赋予的称呼，一般是以建筑限界的竖直线的顶点（现行规范为 4m 高）作为拱与墙的分界点。力学上，现在统称的曲墙式隧道实际上是一个拱，只不过人为的把分界点以下的部分称为墙，以上部分称为拱。从所承受荷载上分，承受垂直荷载部分称为拱，承受水平荷载部分称为边墙。设计中直墙隧道的边墙也不一定非取 4m 高不可。

5. 曲线部分可以由多段圆弧组成，实际需要上是把隧道中心线两侧布置成对称形状。怎样连接才合适，这完全根据实际需要而定。当需要较平坦的拱形（有的简称为坦拱，在多车道隧道中常见）时，中拱的半径则应大于边拱的半径，这种形式的断面适合于围岩比较好的工况，此时垂直围岩压力较小；当垂直围岩压力较大时，需要较尖的拱形（有的简称为尖拱，公路隧道中少见），中拱的半径则应小于边拱的半径。如果曲线部分由三段圆弧组成，习惯上称其为三心圆拱，由五段圆弧组成的称其为五心圆拱。

6. 各圆弧段的圆心位置，没有固定的范围，它是根据整个圆弧的形状和预留空间的大小经过反复试做逐步逼近正确位置的。通常是先确定净空限界以上高度，在隧道中线上确定一个点画出中弧线，而后试做相邻弧线，试做时应满足与相邻弧线相切并符合上述要求的形状和空间，可能需要试做多次。

关于轴线、截面厚度以及外轮廓线的画法与内轮廓线画法大同小异，其计算利用几何学方法不存在困难。等截面拱的计算比较简便，变截面拱圈尺寸的计算则比较繁琐。如果读者有兴趣，不妨查找有关资料。

第二节　洞　　门

一、概述

洞门构造形式，山岭隧道、城市隧道与水底隧道等有很大区别。从岩（土）体稳定上看，山岭隧道洞门附近通常都比较破碎松软，易于失稳，形成崩塌。为了保护岩（土）体的稳定和使车辆不受崩塌、落石等威胁，确保行车安全，应该根据实际情况，选择恰当的洞门形式，修筑洞门，并对边仰坡进行适宜的护坡。洞门是各类隧道的咽喉，也是外露部分，在保障安全的同时，还应适当进行洞门的美化和环境的美化。山岭隧道惯用的洞门形式主要有端墙式、翼墙式、环框式、削竹式和遮光棚式；水底隧道的洞门通常与附属建筑物，如通风站，供、蓄、发电间，管理所等结合在一起修建，也可以是造型设计。城市隧道既可能是山岭隧道，也可能是水底隧道，不过一般情况下交通量都比较大，对建筑工艺上的要求也较高，除应注意结构的稳定以外还要特别讲究建筑设计。

公路隧道在照明上有相当高的要求，为了处理好驾驶人在通过隧道时的一系列视觉上的适应（见照明部分）问题，有时要求在入口一侧设置遮光棚等减光构造物，有时要求对洞外环境作某些减光处理。这样的洞门位置，就不需要再做洞门建筑艺术设计，而是用明洞和减光建筑将衬砌接长，直至减光建筑物的端部，构成新的入口。出口洞门的朝向如果有眩光问题，在洞门外侧可以设置遮光板，此时洞门也无需做建筑艺术设计。

洞门还可以拦截、汇集、排除地表水，使水沿排水渠道排离洞门，防止地表水沿洞门漫流。所以洞门上方女儿墙应有一定的高度，并有排水沟渠。

当岩（土）体有滚落碎石可能时，一般应接长明洞，减少对仰、边坡的扰动，使洞门墙离开仰坡底部一段距离，确保落石不会滚落在车行道上。

二、洞门形式

（一）端墙式洞门

这是一种传统的洞门形式，适用于岩质稳定的 III 级以上围岩和地形开阔的地区，是最常使用的洞门形式，见图 2-8。由这种形式派生出来的还有各种形式的柱式洞门，可以有单柱或双柱。

a)

b)

图 2-8 端墙式洞门

a）典型的双柱端墙式洞门；b）坡地地形的端墙式洞门

（二）翼墙式洞门

适用于地质较差的 IV 级以下围岩，以及需要开挖较深路堑的地方。翼墙式洞门由端墙及翼墙组成。翼墙是为了增加端墙的稳定性而设置的，同时对路堑边坡也起支撑作用。翼墙顶面通常与仰坡坡面一致，习惯上把排水槽设置在坡面下，将端墙背后排水沟汇集的地表水顺排水槽排至路堑边沟内，见图 2-9。

（三）环框式洞门

当洞口岩层坚硬、整体性好、节理不发育，且不易风化，洞门开挖后仰坡极为稳定，并且没有较大的排水要求时采用。环框与洞口段衬砌用混凝土整体灌筑。可以紧贴岩面，也可以离开岩面，见图 2-10a）。

a) b)

图 2-9 翼墙式洞门

a)不对称翼墙式洞门；b)变异翼墙式洞门

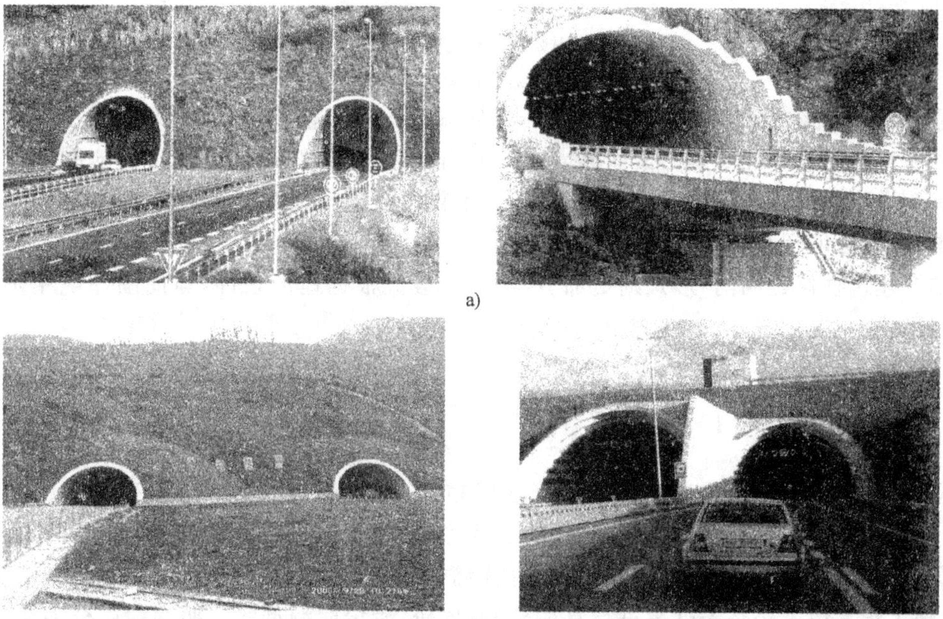

a)

b)

图 2-10 环框及削竹式洞门

a)环框式洞门；b)削竹式洞门

(四)削竹式洞门

当洞口为松软的堆积层时，通常应避免大刷仰、边坡，一般宜采用接长明洞，恢复原地形地貌的办法。此时，可采用削竹式洞口，见图 2-10b)，但洞门坡面较平缓，一般应与自然地形坡度相一致。洞门两侧边墙与翼墙一样能起到保护路堑边坡的作用，洞门四周恢复自然植被原状，或重新栽植根系发达的树木等，以使仰、边坡稳定。如果具备条件在引道两旁边沟外侧可以栽植乔木，形成林荫道，这样的总体绿化，对洞外减光十分有益。不过洞门上方及两侧仍应设置排水沟(渠)以排除地表水，防止漫流。倾斜的洞门还有利于向洞内散射自然光，增加入口段的亮度(见第三十一章)。削竹式洞门适合于洞口宽敞的场合。不过，这里要提醒一个问题，平缓的洞门边墙，容易被人或动物攀爬，设计上要想办法回避，例如在下部设成倒坡坎或者坡度较大无法攀爬或者设刺钩等，以免发生危险。

(五)遮光棚式洞门

当洞外需要设置遮光棚时，其入口通常外伸很远。遮光构造物有开放式和封闭式之分，前者遮光板之间是透空的，后者则用透光材料将前者透空部分封闭。但由于透光材料上面容易沾染尘垢油污，养护困难，所以很少使用后者。在形状上又有喇叭式与棚式之分。见图 2-11。

a)

b)

图 2-11　遮光棚式洞门
a)遮光棚式洞门；b)喇叭式遮光棚洞门

除上述基本形式外，还有一些变化形式，如端墙式用于傍山隧道时，端墙可为台阶式，根据需要还可能用各种柱式等。又如翼墙式的翼墙开度可随地形变化，也可因地制宜设置单侧翼墙等。道路隧道一般应少设或不设斜洞门，不得已必须设置时，对视见性诱导标志应有较高的要求，以便保证行车安全。

结合建筑物修建洞门，形式则更加多样化，一般应根据地形条件，与周围环境相协调地设计洞门形式。

第三节　明　　洞

当洞顶覆盖层较薄，难以用暗挖法修建隧道时；隧道洞口或路堑地段受坍方、落石、泥石流、雪害等危害时；道路之间或道路与铁路之间形成立体交叉，但又不宜做立交桥时，通常应设置明洞。明洞一般用明挖法施工。通常根据明洞的用途、地形、地质条件、荷载分布情况、运营安全、施工难易以及经济条件等进行具体分析、比较，确定明洞型式。明洞主要分为两大类，即拱式明洞和棚式明洞。按荷载分布拱式明洞又可分为路堑对称型、路堑偏压型、半路堑偏压型和半路堑单压型；按构造棚式明洞又可分为墙式、刚架式、柱式等。此外还有特殊结构明洞，以适应特殊场合。

明洞所在位置，通常地形、地质条件比较复杂，明洞基础条件差，所以设置时，为确保结构的安全与稳定，应当慎重处理地基。下面简要介绍拱式明洞及棚式明洞。

一、拱式明洞

拱式明洞主要由顶拱和内、外边墙组成的混凝土或钢筋混凝土结构，整体性较好，能承受较大的垂直压力和侧压力。由于内外墙基础相对位移对内力影响较大，所以对地基要求较高，尤其外墙基础必须稳固，必要时需要加设仰拱。通常用作洞口接

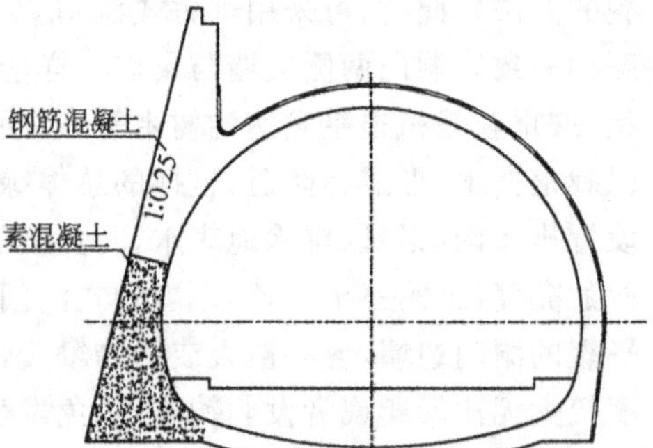

图 2-12　有挡墙的拱式明洞

长衬砌的明洞，以及用明洞抵抗较大的坍方推力和支撑边坡稳定等。图 2-12 是单压式明洞。

二、棚式明洞

当受地形地质条件限制难以修建拱式明洞时，边坡有小量坍落掉块和侧压力较小时，可以采用棚式明洞，见图 2-13。棚式明洞由顶盖和内、外边墙组成。顶盖通常为梁式结构。内边墙一般采用重力式挡墙结构，并应置于基岩或稳固的地基上。当岩层坚实完整，干燥无水或少水时，为减少开挖和节约圬工，可采用锚杆式内边墙。外边墙可以采用墙式、刚架式、柱式结构。此外，还有其它形式的明洞，如图 2-14 所示的减光明洞等。

图 2-13　棚式明洞

图 2-14　减光明洞

第四节　内部装饰、顶棚及路面

一、内部装饰

为了保证行车安全，在公路隧道中必须采取措施使墙面亮度在长期的营运中保持在必要的水平以上，墙面须用适当材料加以内部装饰(简称内装)处理。内装可以提高墙面反射率，改善隧道内的环境，便于清洗。如条件允许还可以选用能吸收少许噪声的材料。

提高墙面反射率，可以增加照明效果。因此内装材料表面应当是光洁的，颜色应当是明亮的。在隧道照明部分(第二十一章)将要叙述到：人眼对波长 555 的黄绿光最为敏感，所以内装材料应当是淡黄和浅绿色。作为背景的墙面，能最显著的衬托出障碍物的轮廓，这就需要使墙面的反射率应该在波长 555nm 附近，或者具有良好的反射率的明亮颜色。为了减少眩光，希望这种反射是漫反射。

未经内装的混凝土衬砌表面粗糙，特别容易吸附引擎排出废气中的粘稠油分，可与烟雾、尘埃一起沾在表面上。在隧道内潮湿、漏水的情况下，这种污染的过程出人意料的快，能使墙面的反光率降到极低的水平。

经过内装的墙面，污染仍然是不可避免的。但要求它具有不易污染、容易清洗、耐冲刷、耐酸碱、耐腐蚀，用防火涂料粉刷后能耐高温等特点。表面应该光滑、平整、明亮。

内装可以起到美观作用，使隧道漏水不露出墙面，各种管线都能隐藏在内装材料的后面。但是管线的维修应该方便，受到损坏的内装部分，应当便于更换和维修。

内装材料应该有一定的吸收噪声的作用。消除隧道内的噪声是极其困难的课题之一。隧道内噪声源主要来自两方面，即汽车行驶时引擎发出的噪声和汽车轮胎与路面的摩擦声，如果使用机械通风方式还有通风机产生的噪声。

声波在三维空间中波动，它与光波一样可以屏蔽、聚焦和定向。在均匀截面的管道中行进的波，常常是球面波，这种波从波源出发，在无阻碍地行进一段很长的距离后，可近似地视为平面波，平面波的衰减很慢。由于管径与铺贴吸声材料的吸声效果成倒数关系，在大管道中铺贴吸声材料几乎无效，所以内装材料的消声效果很不理想。

通常用于隧道的内装材料有：

块状混凝土材料，其表面粗糙，容易污染而且不好清洗，但衬砌表面不需特殊处理即可设置，一般不适于公路隧道使用。

饰面板、镶板等质地致密材料，不容易污染，清洗效果好，洗净率高。板背后的渗漏水很隐蔽，即使外露也容易洗净。各种管线容易在板背后隐蔽设置，板背后的空间有利于吸收一定的噪声。

瓷砖镶面材料，表面光滑，最容易洗净，且效果良好；要求衬砌平整，以便镶砌整齐；隧道漏水部位可以考虑用排水导管疏导；镶面后面可以埋设小管线；但这种材料没有任何吸声作用。

油漆材料，比块状混凝土材料容易清洗，但不及其它两种材料，对衬砌表面要求很高，需要压光、整平；隧道不能有漏水现象，浸湿的油漆损坏很快；这种材料也没有吸声作用。

随着建筑材料工业技术的发展，新材料相继出现，许多新型材料都可以使用。但用于内装的新材料应该具有一定的耐火性，在高温条件下仍能维持一定的时间，不燃烧、不分解有害成分等；耐蚀性，长期在油垢及有害气体作用下不变质，在洗涤剂等化学物质作用下不被侵蚀；不怕水，大多数隧道都存在漏水问题，在水的浸泡下，在潮湿环境中不变质、不霉烂；材料来源广泛，价格相对便宜，隧道是大型构造物，用材量很大，价格高昂的材料不适于作隧道内装。

二、顶棚

顶棚的反射率对提高照明效果有利，经过顶棚的反射光使路面受到二次反射，能明显的增加路面亮度。顶棚用漫反射材料可以避免产生眩光，其颜色的明亮程度直接影响到路面亮度，所以应该是浅色的，但是又应有别于墙面，在色调和饱和度上可以有所不同。

顶棚是背景的一部分，特别是在变坡点附近对识别障碍物和察觉隧道内异常现象颇有帮助。

美国在改造早期修建的隧道时，为了提高隧道内的亮度水平，曾在顶棚上用瓷砖镶面。其结果是一方面产生严重的闪烁现象，另一方面顶棚很快变脏，清洗工作又很不方便。由于脏的过程很快，所以不能获得稳定的反射亮度，这是需要今后进一步探索的问题。

顶棚可以美化隧道，特别是与整齐排列的灯具相互衬托，更可以起到美化的效果，并有明显的诱导作用。

根据实际需要可以把顶棚做成平顶或者拱顶。在自然通风或诱导通风时，可以用拱顶。在半横向或横向通风时可以用平顶。顶棚以上可以作为通风道和供管理人员使用的通道，因此设计荷载可按 10MPa(据国外资料)考虑。

三、路面

对隧道内路面的讨论是在满足"公路路面设计规范"使其具有足够强度和耐久性的前提下进行的。作为特殊要求,有以下各点:

1.路面材料应具有抵御水的冲刷和含有化学物质的水的侵蚀能力。尤其地下水可能为承压水时,更为突出。路面的坡度应能迅速排除清洗用水。

2.因为车辆在隧道内的减速及制动次数较高,横向抗滑要求更高,以确保车体横向稳定。

3.容易修补。

4.路面漫反射率高,颜色明亮,才能获得良好的照明效果。路面作为发现障碍物的主要背景,与墙面和顶棚相比起更大的、关键性的作用。

路面材料主要有两种,即混凝土和沥青混凝土。由于混凝土的反射率较沥青混凝土路面高,横向抗滑性好,是过去广泛使用的材料。其最大缺点是产生裂缝时不容易修补,更换时要停止交通,为了减少更换次数,有时宁愿提高路面混凝土强度等级趋势。在高寒地区还要受到防滑链的损害,必须考虑设置磨耗层。沥青路面的反射率较低,为了改善路面亮度,需要在面层加入石英和铝的混合物,有的加入浅色石子和氧化钛做填充料。

路面与车道分隔线等交通标志之间应保证有明显的亮度对比和鲜明的颜色对比。

隧道内的路基应具有足够的承载力,尤其要求在有丰富地下水的条件下也能满足要求,这就要求有良好的排水设施。在衬砌背后设置盲沟和导水管之后,在车道板下面也应铺设导水管和透水性好的路基材料。在设定隧道纵坡时保证排水沟排水顺畅,保证路面有1%～1.5%的横坡等。

四、噪声的消减

噪声没有确切的物理概念,它是声音频率、声能及其传播方式给人造成的主观感受,噪声和音乐在物理上并没有区别。音乐可以给人以快感和美感使人得到某种程度的精神享受,即使是非常美妙的音乐当它能量超过某个界限时,也会让人们难以接受。一般情况下噪声是指使人产生烦恼、破坏安静环境、影响人们生活和工作乃至使人不快甚至发怒的声音。

隧道内噪声主要来源于车辆引擎的轰鸣声、轮胎与路面的冲击和摩擦声,以及通风机噪声(如果有)。隧道内噪声主要影响隧道内从事维修养护人员、救援救护人员、以及需要使用应急电话通话(如报警)的当事人等的正常工作和交流。

隧道内的共鸣时间(噪声源发音瞬间的声能衰减到 $1/10^6$ 时所需时间,即衰减 60dB 所需时间)很长,为洞外的数千倍,竟达到 7～11s,而洞外仅为数百分之一秒。声波原本是以球面波传播的,但在隧道内腔是以平面(近似)波和反射波(沿不同方向,不同路径,连续反射)的叠加形成的。平面波在洞内很难衰减,但会很快的传播过去,这与在洞外的传播没有不同;而反射波是造成共鸣时间长的主要原因,因为除沿隧道轴线方向传播的平面波(其实这仅是其中的一小部分)以外,其余各个方向的声波都是反射波的来源,甚至还包括向后传播的声波(隧道粗糙的洞壁和其他反射物)的回返,不同方向的声波形成不同的反射路径,对应着不同的路径长度。路径较短的声波能较快的传出洞外,路径长的声波则在最后传出洞外,而在它们中间则分布着连续变化的路径不同的声波,反射的次数越多能量的衰减也越多,所以声音是慢慢的衰减下来,最后是那些从相反方向回返的声波。因此整个衰减时间是很长的。弄清这个过程的意义在于,它告诉了我们声音的传播方式:声音是沿着全方位向前方传播,即声音是通过隧道的边墙、顶棚和路面反射的,消声不仅要治理边墙,而且同时也要治理顶棚和路面。所以,隧道的消声是非常困难。路面是不可以随意改变的,交通功能要求决定了路面的大小、厚度和弹性。除非路面材料发生了质的改变,例如制造了新的富有弹性的路面材料,才可以减少路面的反射水平。不过,顶棚是可以改变的,可以采用吸音材料,使它减少反射能力,破坏了顶棚的反射,路面的反射也就变成了一次性反射,共鸣时间就大大缩短了。同理,边墙也只需要改造一侧,破坏反射面,使反射墙面变成一次性反射面。这样,站在收听者的位置上能听到的声音就很少了。绝对的吸声材料是没有的,实际上不可能变成一次性反射,只能减少反射次数。但通过这种改造能减少共鸣时间,而不能减少噪声级。因为噪声源和反射波的叠加,是能量关系,再加上车流噪声是不稳定噪声,不可能产生真正的“共鸣”。反射效果和车辆数的增加只能在原噪声等级上进行数量极小的修正。所以单车或多个车辆造成的共鸣效果,不会有很大的升级。通过上述分析,得知理想的隧道断面应该是个方匣子,如果要进行消声设计的话,只需要减小顶棚和一侧边墙的反射率。对于交通量大的重要隧道,往往需要设置应急电话等通信设备,为了达到这个目的,要求在隧道内,噪声至少应当控制在可以用电话与管理所通话的程度。设计中隧道内的噪声标准应该达到什么水平呢,通过表 2-1 可以知道人们对不同噪声水平的感受。实际上隧道内根本不会有这样理想的环境,从表中可以知道,噪声超过 65dB 时,已经很难利用电话,从使用电话的角度看,噪声水平应保持在 60dB(A)以下,这是一个很高的要求,从技术上讲,这是不可能的,因为目前还没有减小交通噪声源的办法。从表 2-2 可以看出,任何一种车型的噪声级都远远高于 60dB(A)。

噪声水平与噪声状况的对应关系 表 2-1

噪声水平[dB(A)]	状　况	噪声水平[dB(A)]	状　况
40	极安静	55	电话有困难,2m 可以对话,4m 大声讲话
45	安静,10m 距离可以对话	60	电话少许困难,2m 大声讲话
50	电话无困难,4m 距离可以对话	65	电话很困难

各种车型的噪声级[dB(A)] 表 2-2

车辆类别	噪声级[dB(A)]	车辆类别	噪声级[dB(A)]
大载重量柴油机卡车	92～100	摩托车	88～98
汽油机卡车	82～86	无轨电车	76～90
柴油机公共汽车	90～96	轻型汽车	75～85
汽油机公共汽车	80～86	轻便摩托车	84～102

交通条件修正值[dB(A)]如下:

车行道纵坡每增加 2%　　+1

柴油机卡车每增加 10%　　+1

路面种类:

沥青混凝土　　0

混凝土　　+2

碎石　　+4

从噪声源上看，隧道内噪声级应该在 80[dB(A)]以上，已经大大超出了正常生活和工作所允许的标准，实测数据表明除重型车以外，一般都在 82～86dB(A)之间。轻型车噪声不见得小，尤其当轮胎很新时更是如此。除非采用新型低噪声环保车辆，而轮胎又不太新或许有可能使噪声降到 60dB(A)以下。隧道设计者所能做的只是在隧道构造本身上做文章，而不是限制和改造车辆。因此这里提出一个问题，就是用很高的代价想解决一个只能得到很小效果的难题是否可行。隧道噪声，难以忍受。对于交通量大的重要隧道，往往需要设置应急电话等通讯设备，这种隧道，想把噪声控制在可以用电话与管理所通话的程度，只能采用隔离的办法，也就是修建电话间。

噪声水平(SL)与汽车交通量(N)之间的关系可按下式计算：

$$SL = 18\lg N + 13(\text{dB}) \qquad (2\text{-}1)$$

式中：N——小时交通量(辆/h)。

其关系曲线用图 2-15 表示。

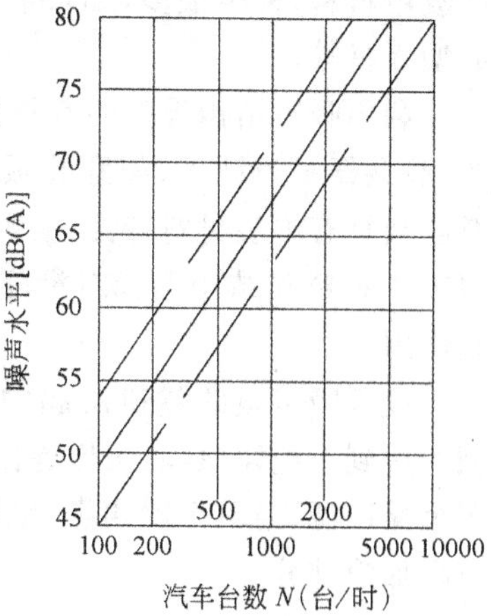

图 2-15 噪声与交通量的关系

噪声水平也可以从表中查得。噪声水平除了受车速与车流组成影响外，交通量、坡度和车辆技术状态的好坏等，对其都有影响。车速与车流组成不同时，其噪声级[dB(A)]可参考表 2-3。交通量修正值[dB(A)]见表 2-4。

车速与车流组成不同时的噪声级[dB(A)] 表 2-3

平均车速(km/h)	车流组成中卡车及公共汽车数量(%)								
	100	90	80	70	60	50	40	30	20
30	80.5	79.5	78.5	77.5	76.5	75.5	74.5	73.5	72.5
40	82.0	81.0	80.0	79.0	78.0	77.0	76.0	75.0	74.0
50	83.5	82.5	81.5	80.5	79.5	78.5	77.5	76.5	75.5
60	85.0	84.0	83.0	82.5	81.0	80.0	79.0	78.0	77.0
70	86.5	85.5	84.5	83.5	82.5	81.5	80.5	79.5	78.5
80	88.0	87.0	86.0	85.0	84.0	83.0	82.0	81.0	80.0
90	89.5	88.5	87.5	86.5	85.5	84.5	83.5	82.5	81.5
100	91.0	90.0	89.0	88.0	87.0	86.0	85.0	84.0	83.0
110	92.5	91.5	90.5	89.5	88.5	87.5	86.5	85.5	84.5

交 通 量 修 正 值 表 2-4

交通量(辆/h)	100	200	300	400	500	700	1000	2000	3000	4000
修正值	−10	−7.5	−5.5	−3.0	−1.5	±0	+1.5	+2.0	+2.0	+2.5

从以上图表中的曲线和数据上看，在隧道内可以使用电话的标准是很高的。由于隧道是封闭结构，声能在横向无法扩散，只能沿纵轴经进出洞口向外扩散。在隧道内设置吸声材料

时，如果吸声材料是绝对的好，那么可以一次吸收完毕，不再反射；实际材料在横向只能有限度地吸收一小部分，所以只能减少反射的次数。噪声级减至60dB(A)是不可能的，反射材料只能减少共鸣时间，而几乎不能降低噪声能量。

目前吸声材料较多，多孔隙吸声材料，是应用最广的基本吸声材料，种类很多，如玻璃棉、矿棉、无机纤维材料及其成型板材等。

利用吸声结构吸声的有膜共振吸声结构、板共振吸声结构、腔共振吸声结构，如穿孔板式共振吸声结构等。吸声材料应当具有内装材料特性，吸声结构应当与内装相结合。任何吸声材料和结构形式对沿隧道轴线传播的平面声波都不起作用。

设置吸声板的隧道所起的作用，可以从图2-16中的两例中得到一些印象，其价格是比较贵的。实际上减去的仅是多个噪声源（与单个噪声源相比较）发生共鸣时所增加的噪声附加值部分。

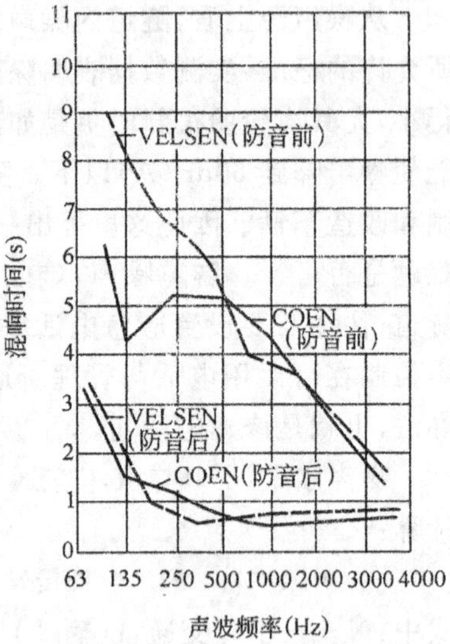

图2-16 设置吸声板前后隧道内混响时间的比较

第五节 隧道的附属设施

公路隧道的附属设施是指为确保交通安全和顺适而设置的通风设施、照明设施、安全设施、监控设施、通信设施、播音设施、消防等应急设施以及公用设施等。由于这些设施的专业性很强，将在以后各章中专门讨论，这里仅就以后不作专题讨论的内容，作扼要叙述。

一、车行横通道、紧急停车带与方向转换场

紧急停车带是为故障车辆离开干道进行避让，以免发生交通事故，引起混乱，影响通行能力而专供紧急停车使用的停车位置。尤其在长大隧道中，故障车必须尽快离开干道，否则必然引起阻塞，甚至导致交通事故。为使后续车辆能在发生火灾时疏散、避难和退避，还应设置横通道（单向交通时）和方向转换（即掉头）场（对向交通时）。

紧急停车带的间隔，主要根据故障车的可能滑行距离和人力可能推动距离，以及公路等级和交通密度等确定。一般很难断言其距离的大小，如小轿车较卡车滑行距离长，人力推动也较省力，下坡较上坡时滑行距离长，推动时也省力，而重型车根本无法用人力推动。

其间距的大小主要应根据救援能力确定，按照隧道的所在位置、隧道的重要性、处理事故所需时间设计值等，确定一次事故发生在最不利位置时，可能堵塞的车辆数。疏散被堵塞车辆所需时间，应该进行计算。肇事车辆和受害车辆多数情况下已失去自行能力，需要使用救援车拖出洞外；受阻车辆则需要以倒车方式退回最近的车行横通道口，逐个经过车行横通道疏散，见图2-17。

车行横通道与正洞应该形成一个小于90°的夹角，单向交通的隧道采用45°～60°夹角，对于通过普通载重车没有困难。但目前公路上有为数越来越多的长达20m以上的大型拖挂车，能否转过选定的角度需要查找大型车辆的行驶轨迹图，这在建筑规范上可以查到。如果转弯困难时，则应与紧急停车带配合布置，见图2-18。

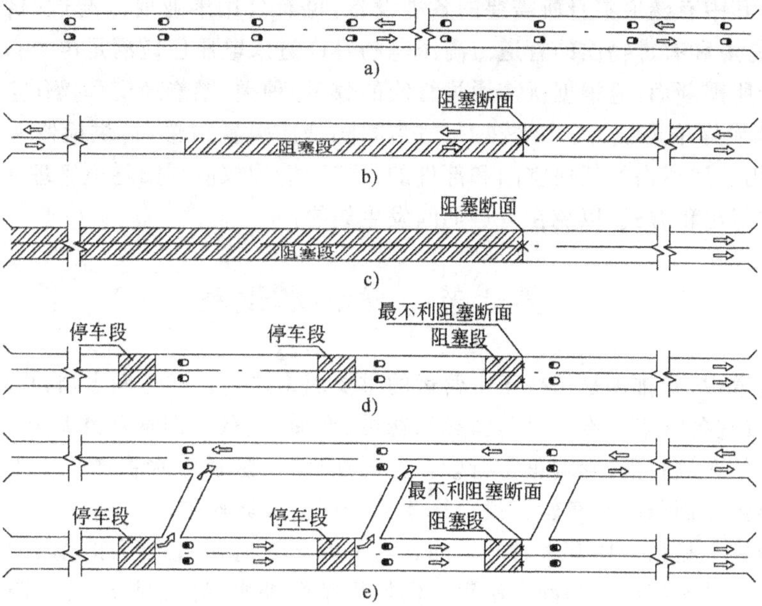

图 2-17　受阻车辆的最不利位置示意

a)正常行驶中的对向交通隧道信号灯状态;b)事故状态时无信号灯的单向交通隧道;c)事故状态时无信号灯的单向交通隧道;d)无横通道单向交通隧道有信号灯时的事故状态;e)有横通道的单向交通的长隧道事故时信号灯状态

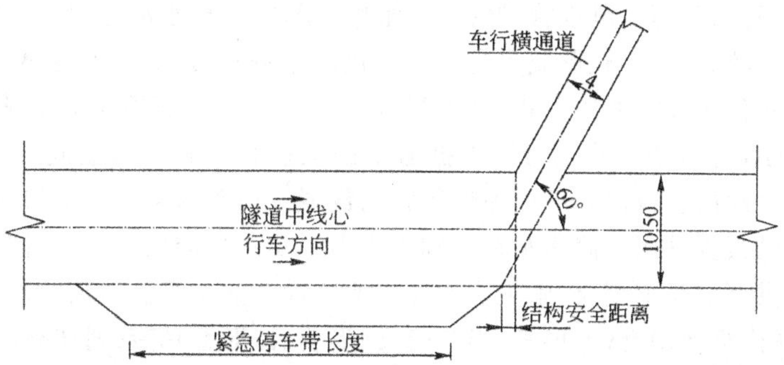

图 2-18　紧急停车带与车行横通道的配合布置(尺寸单位:m)

紧急停车带或车行横通道都会加大正洞跨度,对结构均有不利影响,因此应选择地质良好地段。

在隧道内车行横通道一般应按隧道设计规范取值,隧道长度为 1000～1500m 时宜在中间设一处,隧道中部车行横通道间距为 750～1000m。

紧急停车带的有效长度,应满足停放车辆、进入和驶出所需长度,一般考虑全挂车可以进入需 20 m,最低值为 15 m。宽度一般为 3.0 m。由于车型在经常更新,所以无法确认紧急停车带的不变长度,但至少应满足隧道设计规范要求。如果隧道所在路线的大型车辆明显的多,例如运煤专用线,超长大型拖挂车比例可能很大,设计时应特别留意。隧道内紧急停车带的缓和路段施工复杂,所以通常是将停车带(包括进出路段)整体加宽,而不作变断面设计。

二、公用隧管

公用隧管(亦称公用沟、管线沟)是在城市道路隧道和水底隧道中为敷设各种管线而设置的专用隧管。其中有隧道本身所需要的各种设备，也有公用事业要求通过的各种管线。但不应通过易燃、易爆和有毒物质的管道。高压电的容许进入电压值应满足电力行业规范要求。

公用隧管所需断面，应根据所需通过管线的数量、种类、维修通道和操作空间确定，通常按建筑行业规范或标准图设计。沿纵向在适当间隔处应设置检修口，供检修人员进出、搬运材料、通风等使用。隧道内的任何空间和部件的产权和管理权应划归隧道管理部门所有，在使用操作上可以实行出租方式，以免在营运期间发生纠纷。

第六节 防排水设施

在公路隧道中，防排水是保持正常营运的重要因素之一。隧道漏水，将损坏顶棚、内装、通风、照明以及其它各种附属设施，使之霉烂、锈蚀、变质、失效。路面积水后将改变路面反光条件，引起眩光；使车辆打滑，影响正常行驶。在严寒地区，隧道渗水将产生侵入限界的“挂冰”。路面结冰会导致路面凸起和车轮打滑。结冰冻胀还会破坏衬砌。

隧道的防排水是由地质调查时开始的。为了保证在有丰富地下水地区的施工，可以使用导水法、注浆法，乃至冻结法和混合法等。例如用钻孔抽水，导坑排水，井点降水等方法导水，用水泥、粘土、水玻璃系、木质素类、丙烯酰胺类、聚氨酯类、糠醛树脂类、还氧树脂类等注浆法。施工中的防排水是临时性措施，但应与永久性防排水构造相结合。

隧道的永久性防排水，是用防排水工程措施实现的。概括为“排、堵、截”综合治理方法。

“排”水是利用盲管(沟)、泄水管、渡槽、排水侧沟和中心排水沟等，将水排出洞外。盲管排水是目前普遍采用的方式，已经形成了尚未标准化的系列构件产品，其形式多种多样(详见排水部分)；盲沟是一种比较古老的形式，是在衬砌背后用片石或卵石干砌而成的厚 30～40cm，宽 100～150cm 的排水通道。盲沟可以根据需要砌至拱脚或砌至边墙底部，然后用泄水管将水引入隧道的排水沟内。盲沟间距应因地制宜的设置。由于这种工艺对岩体破坏大、又费料、费工、费时，目前已很少采用。渡槽是在衬砌内表面设置的环向槽，其尺寸按水量大小确定，其间距一般应与筑拱环节长度配合，施工缝往往是漏水最多的位置。衬砌背后的排水盲管、渡槽等管道，目前已被定型橡塑管(蛇形管、半圆管、Ω 形管、Π 形管)等系列产品代替。

隧道内的排水一般均采用排水沟方式，类型主要有中心排水沟和路侧排水沟，在严寒地区应设置防冻水沟。排水沟断面可为矩形或圆形，并便于清理和检查。过水面积应根据水量大小确定。沿纵向应在适当间隔处设置检查井和汇水井，但不宜设在车道中心。必须设在隧道中心时，应对井盖顶面标高作出严格限制，应与路面同高并符合路面设计标准。以确保行车时不会发生弹跳现象，满足舒适性要求。

实际工例表明，排水设计和施工是很精细的工作，简单马虎的设计和粗制滥造的施工，都必然在使用不久即形成堵塞，会造成严重的病害。排水系统必须保持畅通，应该是可维修的。

“堵”即在隧道内设置隔水层，使地下水不能涌入隧道。有的在衬砌外表面设置外贴式防水层。外贴防水层多用于沉管隧道和明挖隧道，暗挖隧道很难应用。早期多用钢壳防水(水下沉管隧道)。20 世纪 50 年代开始，逐渐改为柔性防水层，使用沥青油毡、玻璃纤维油毡、异丁橡胶卷材及防水涂料等材料。内敷式防水层可用于暗挖隧道。它是在衬砌内表面上高速喷射水泥砂浆或混凝土，形成防水层。把沥青油毡等贴在衬砌内表面时，称为内贴式防水层，但需要有衬套拱托住。当地下水压力较大或有侵蚀性时，不宜设置内贴式和内敷式防水层。20 世纪 60 年代以后，开始改用以防水混凝土为主的防水措施。

向衬砌背后压浆，能填充衬砌背后的空隙，并能压入围岩的裂隙和孔洞，能起到一定的防水作用。在围岩破碎和不稳定地段，还能起到加固作用。

在新奥法施工中，采用复合式衬砌结构时，在喷混凝土衬砌内表面上，张挂高分子柔性防水卷材，如聚乙烯或聚氯乙烯板做防水层，再灌筑整体式混凝土(二次)衬砌作为支撑衬套，效果良好。也有只在隧道内张挂聚氯乙烯板作防水伞的。

在地下水较丰富的地区，衬砌接缝处常用止水带防水。其类型很多，如金属(铜片)止水带、聚氯乙烯止水带以及橡胶止水带等。金属止水带已经很少使用了，聚氯乙烯止水带的弹性较差，只能用于相对变形较小的场所，橡胶止水带则可用于变形幅度较大的场合。在水底隧道中，20 世纪 50 年代以后广泛使用钢边止水带，它是在两侧镶有 0.6～0.7 mm 厚的钢片翼缘的一种橡胶止水带，刚度较高，便于安装。

“截”是切断涌向隧道的水流。即把可能流入隧道的地表水和地下水的通道截断。在隧道未开挖前，地表水和地下水各自经过原有渠道和孔隙流动，隧道一旦开挖之后，原有的平衡被破坏，便形成了新的地下通路，地下水会大量汇集并涌入隧道，地表水也会大量渗入。

在地表水和地下水都很丰富的地区，应把地表水引开。例如在洞外设置截水沟，使地表水不会涌向洞口和洞身上方地面。必须流经隧道上方时，也应砌筑排水沟，或喷、抹灰浆，使地表水不易渗入。地下水有明显流向并有稳定的补给来源时，可在适当位置设置截水导坑。防排水部分详见第十八～十九章所述。

第三章 长大公路隧道的经济分析

一、概述

经济分析是公路建设可行性研究的组成部分。可行性研究是基本建设前期工作的重要组成部分，是建设项目立项、决策的主要依据。可行性研究按其工作深度，可分为预可行性研究和工程可行性研究两部分。

编制预可行性研究报告，应以国民经济和社会发展的需要，以全国运输系统的要求及规划为依据，具体论证建设项目的必要性、技术可行性、经济合理性和建设规模。

编制工程可行性研究报告是确定建设项目是否可行的最后研究阶段，应以批准的项目建议书为依据，要达到：任务落实，规模明确，工程措施可靠，技术、经济数据确切，实施步骤具体。其内容包括：现状评价，发展预测，建设规模，建设条件，协作条件，装卸工艺及工程方案，施工条件，组织管理，人员编制，土地利用，环境保护，工程投资，经济评价等。经多方案比较后，提出投资省、技术可靠、建设工期合理、投资效果好的建设方案，反映工程实施中可能出现的主要问题并提出建议。

可行性研究应严格遵守国家颁发的各项政策、规定和交通部颁发的有关规定。可行性研究报告应由主审单位组织预审，尤其工程可行性研究，经预审认为符合国家有关规定和符合《水运、公路建设项目可行性研究报告编制办法》规定的才能提交审查，否则应进行修改、补充或重新编报。

可行性研究报告的文件一般由三部分组成：研究报告（含主要协议）、图纸、附件（主要专题报告）。

预可行性研究报告的内容包括：概述；现状评价及发展环境；运输发展预测及建设的必要性；建设规模、标准及初步方案；投资估算及资金筹措；经济评价；问题与建议；附件及图表。这里隧道部分的“标准及初步方案”不可能很实际，只能由有丰富经验的隧道工程师在现场勘查后提出比较接近实际的“初步方案”和工程数量。其它人员很难作出比较好的判断，而这一步对于后续“工可报告”又有相当大的影响，所以在有中长以上长度的隧道的路段，尤其是在有长大隧道的路段，进行“预可”研究的现场勘察时，应该有专业的隧道工程师在场，否则有关隧道部分的报告内容的可信度将会大打折扣。

工程可行性研究报告内容包括：概述；现有公路的概况及问题；运输量和交通量的发展预测；公路建设规模与标准；建设条件与方案选择；投资估算及资金筹措；建设安排及实施方案；经济评价；问题与建议；附件及图表。对于隧道工程来说工程可行性报告的地质勘测部分，适当加强是有相当大好处的，尤其对长大隧道来说更是如此。否则其结果不是方案不可行，就是勉强成立而带来重大的不良后果。在地质情况相对比较明确的条件下，提出的建设方案才会较为实际，其工程量和投资估算才能相对接近实际，有使用价值。因为地质详勘尚未进行，报告中不可以超阶段把初步设计的工作内容纳入工程可行性报告中，否则将会局限初步设计人员的设计思路。

《水运、公路建设项目可行性研究报告编制办法》要求，工程可行性研究报告，应通过必要的测量（高等级公路必须做）、地质勘探（大桥、隧道及不良地质地段等），在认真调查研究，占有必要资料的基础上，对不同建设方案从经济上、技术上进行综合论证，提出推荐建设方案。工程可行性研究的投资估算与初步设计概算之差，应控制在上下浮动10%以内。可见估算不可以太粗糙，否则很难保证误差。可行性研究工作的细致程度，在很大程度上将影响到后续工作进展的质量和顺利与否，轻视它是错误的。所以这里才特别强调有专业隧道工程师和地质工程师参加“预可”“工可”工程勘察的必要性。

尤其是大型结构物特别是大型隧道的定位，对于后续工作的准确性影响极大。初步设计只能在较小的范围内调整方案，有时很难找得到较好的合理的隧道位置。而一旦工程可行性报告得到批准后很难变更，如果工程可行性研究报告工作做得不到位，而不得不在不太理想的位置上勉强设置，可能带来许多不良后果，例如多花了钱又造成了病害，特别是不良地质地段更需要注意。所以，在这个阶段，有地质工程师和隧道工程师参加是很需要的。特长、长隧道和特殊隧道在工程可行性研究阶段应该请隧道专家、工程地质专家共同参与或咨询。

工程可行性研究是确定工程项目是否可行的最后阶段，对技术、经济数据的精确程度要求较高，是确定近期建设方案、编制设计任务书的基础。可行性研究通过全面的调查研究和必要的钻探、测量等工作，进行技术、经济论证，分析判断建设项目的技术可行性和经济合理性。

有长大隧道路段的工程可行性研究报告的内容，除做一般报告内容外，还应注意包括以下内容：

运输量和交通量的发展预测中，主要叙述项目所在地区的经济特征，地区经济和交通量增长的关系，交通调查，运输量、交通量发展预测等。对于隧道而言，由于在隧道设计计算中需要明确的车型分类：即，明确区分柴油车和汽油车，汽油车又必须分为小汽车、旅行车和轻型货车、中型货车、大型客车和拖挂车，这样才能使“工可”报告提供的资料与《公路隧道通风照明设计规范》一致，成为有用的资料。

在公路建设规模与标准以及建设条件与方案选择中，如果有长大隧道，则应补充综合论证，这里要明确不同的方案的比较起止点，以便进行有实际意义的比较；着重各个方案中的地质与水文地质，对隧道的成功设计、施工和建设费用有至关重要的关键性作用，需要时应单独做地质与水文地质报告；环境方面的内容也是比选的重要指标，这当中应包括各类保护区；还有气候等问题也应在这里提供相关资料。

顺便指出，目前许多“工可报告”中，在所给出的若干个隧道“方案”，大多数都是不合要求的，报告中仅仅在隧位上画出几条隧道轴线，而没有引线以及形成方案的起止点。所以严格的说这样的方案，不能称其为是一个完整的方案，方案的工作还没有做完，编制单位所提交的“报告”是一个未完成作业。因为方案不完整，所以后续的资金估算也就没有利用价值。这在长大、特长、超长隧道的方案比选中尤其重要。“工可报告”的形成过程中，往往还会遭遇“行政干扰”，地方长官追求任内政绩拒绝专家建议强行立案的事也是有的。

在具体的隧道设计中，遭遇到行政干预时，作为技术工作者只能从技术论证上做过细的工作，为决策者提供技术的和经济的资料，而无法干预行政。

公路隧道是路线组成中的特殊区段，分析判断其技术可行性和经济合理性时，有一定的特殊性，本章将对隧道路段的分析方法，做一些探讨。

二、隧道经济分析的前提条件和范围

隧道外面的明线路段往往有桥梁和交叉路口，对隧道路段进行经济分析的前提是隧道路段以外不产生交通延误，如在隧道外附近的桥梁不产生瓶颈，交叉口容量足够大，不致因交通阻滞而使隧道增加负担等。在研究的路段上包括明线和各种构造物在内应当是匹配的，对低交通流路段或有问题的地点应采用“点改善法”加以改善。换句话说，比选路段的各个不同方案均应达到相同的技术标准，具有可比性。换句话说，隧道的比选过程应该在同一个可比条件下进行。不能只以隧道自身的长短的单一造价条件讨论哪个是好哪个是坏，这个单一条件不具有可比性。而是应该把形成各个方案的最长的路段作为比选的起止点找到，计算时应该把引线段的造价和营运管理费用、用路者的年度费用等按运输成本的计算方法，分项计算出单项和总和。这里的路线是指包括隧道、引线和波及范围在内的某一路段。

隧道经济分析以路线的经济分析为基础，即路线本身应当是技术上可行、经济上合理的。不能为了“有”比较方案而选择一个或几个不切实际的方案比较，故意搞一个或几个本不能成立的“所谓方案”装装样子，衬托某个方案是好的，那样就失去了方案比较的真正意义。正确的方法是参加比较的方案每一个都是可行的、合理的。对于来自行政的干扰，如果确实不合理，作为有良知的技术工作者，应该拿出正确的理由加以说服。对于强行干扰的应该理直气壮地说不，否则一旦发生事故或受到追究责任时，“干扰者”是不会负责的。

工程设计的寿命，受到各种因素的影响，在设计本身技术上可行（可靠）、经济上合理的前提下，总体上说是和投资密切相关的。如果施工上已经实现了设计意图的话，那么可能影响工程寿命的最大因素就是材料的寿命了。公路隧道的运输成本，土建部分应该按照现行的公路成本核算的相关规定年限计算，附属设施部分应该按照相关规定（如机电部分）年限计算。

三、成本估算

成本是预计的建设投资（含利息）、养护管理费和用路者费用的总和。用路者费用部分的计算很复杂，如果计算过于粗糙的话，可能会得不到合理的结果。在比较路段内，应该按不同的坡度和平曲线状况，车辆所能达到的实际车速逐段计算。

隧道成本核算是非常需要的，而且还要尽量的准确，其基础是路线的位置和隧道定位，前提是有可供使用的地质与水文地质资料。这样问题就又回到在工程可行性研究阶段，需要做较为深入的地质工作上面来了。当然这是指长大隧道而言，特殊重要的中长隧道也应包括在内。所以隧道在工程可行性研究阶段，应该有隧道工程师和地质工程师参加，这个建议在前面已多次强调过。没有专业技术人员就没有可靠的技术论证，其结论必然是形同乌有。

不过关于建设投资的内容还必须加以强调，建设投资费不仅包括隧道本身，还包括影响范围内的明线道路及机械、电气设备等的投资总额。所谓影响范围是指形成不同方案的起止点才是计算的起止点。当预期的寿命比经济分析考虑的期间长时，允许保留净残值。净残值是指隧道在经济分析期满后，仍然具有的价值。经济分析的计算时间应按规范要求设定。建设投资一般换算成年度经费的形式。

养护管理费包括隧道的通风、照明、治安、修缮、卫生等费用，以及明线段的各种费用。通常假定在整个分析期是按年度均分的。

用路者费用也换算成平均年度经费的形式。计算方法基本上有两种。一种方法是从车辆的费用开支上得到车辆的运输成本，这种方法很难做到确实可靠；另一种是以燃料、油料、备件、劳力、轮胎、折旧和职工工资做详细的成本计算。这是一项庞大的统计工程，它应该是由国家的专门部门完成的，不是设计工作中的工程师和经济师所能做到的，他们只能使用现成的资料。具体操作在“公路建设项目可行性研究报告编制办法”文件中的关于“公路建设项目经济评价办法”里有具体规定。上面介绍的仅仅是隧道路段的一些特点。

四、经济效果

公路运输具有机动、灵活、简便、门对门的特点。目前我国公路等级较低的状况已经得到明显的改善，高等级公路网基本形成，汽车吨位越来越大，运载能力明显提高。今后，随着高等级公路骨架的日趋完善、车速和运载量的提高是必然的。我国是多山国家，山地约占全国总面积的33%，提高路线等级必然会增设许多长大隧道。隧道因所在地区、路线等级和山岭陡峻程度不同所产生的效果也不相同。通常可以把各种效果归纳为直接效果、间接效果和不经济效果。

1.直接效果

由于道路产生的广义的行驶费用的减少，属于使用者的效果，是一种受益。

(1)降低运输成本费

可分为固定与可变两部分，前者包括养护费、工资、管理费等，后者包括燃料、轮胎、保养修理、车辆折旧费等，这些与道路状况及行车里程有关。隧道缩短里程的比例不能一概而论，国内已建隧道缩短里程的比例还是具体问题具体分析的好，不过线形的改善和路线的缩短所产生的效果是勿庸置疑的。

(2)节省运输时间

这是交通工程学问题，由在路线上行驶时间的减少和在交叉路口延误时间的减少两部分组成。前者是按路线的交通量—速度关系式计算，后者是从每个主要交叉口的计算容量和交通量—容量比中计算。

时间费用的计算方法是先算出新建或改建公路的行驶时间，然后把时间换算成货币价值。车辆乘员及旅客的时间应区别出工作时间和非工作时间。前者用一个人的平均工资计算，后者用本人所得出时间价值评价。为此可选用有关单位以往的调查结果。非工作时间的价值，约取平均工资的25% 。从各种车辆平均工作时间、非工作时间的比例和旅客人数得出一辆车平均单位时间价值，计算时间效益。时间价值通常按一定的增长率增加，增长率取决于国民经济的发展水平。时间效益的间接效果未考虑在上述计算中，例如工作人员节省了旅行时间、相应地提高了工作效益，其价值不容易估计，具有随机性。节省时间的受益是各种受益中的主要部分。

(3)减少事故费用

减少以人身事故为对象的事故次数，是仅次于时间的效果。不仅具有经济意义，而且具有广泛深度的社会意义。事故费为医疗费、损失补助、慰问、物质损失费以及其它费用等的累计值。把每件事故的平均费用作为一个单位计算。现有道路的事故率(一般以每百万车公里所发生的人身事故件数计)是根据该地区以往事故数确定的，随着地区和道路等级不同有很大的差异。这种价值也按一定的增长率增加。

(4)其它

还有减轻驾驶人的疲劳程度、增加交通的舒适性，减少货物的损伤和节约包装费用等。

2.间接效果

是不直接使用道路的用户所享受的、不是和使用道路同时形成的效果，较多是在经过某个时间范围之后所形成的长期效果。例如生产运输计划合理化的效果，工业发展的效果，资源开发的效果，流通经济合理化的效果，市场区域扩大的效果，分散城市人口的效果等。

应当指出隧道建设对环境、生态、自然保护区、旅游资源、文物古迹等的破坏较明线都小。

除上述的直接效果和间接效果之外，在建设中还会产生生产诱发效果，即给予一定的投资会诱发有关工业的生产、活跃经济。还可以产生倍数效果，即随投资创造出有效的需要的效果，导致短期的经济水平的提高。

以上所述均为正的经济效果，相反的还有负的经济效果。如隧道内排出的污染废气、噪声造成洞口附近的环境污染，沟通两地交通后，随着新工厂的发展老厂可能减产，新的流通模式往往导致原有模式的解体等，均为不经济效果。

五、路线的交通经济分析方法

经济分析是新建、改建道路的决策工具。分析方法有很多种，常用的有运输成本法、受益率法、英国法及美国加州法等。每一种方法的目都在于以其特定的方式，用成本与受益的关系导出一个指标，表明所提出方案的经济状态。这里仅对运输成本法在隧道经济分析中的一些概念做些介绍。

用路者的受益是由于施工前后两种道路条件使用成本不同而产生的。为了便于计算，引入理想汽车道路的概念。所谓理想汽车道路，是指从出发地到目的地之间用量少的燃料和最短的旅行时间即可走完的路线。它是平而直、供汽车专用、单向通行、没有平面交叉、有足够宽度和沿道路两侧的一定范围内作过限制的道路。在理想道路上行车不受任何干扰，可以充分发挥汽车的性能和普通驾驶人的驾驶技能。以现有车种和普通人的驾驶水平看来，小轿车的限界速度约为100km/h（隧道内为80km/h），卡车约为65km/h是安全的。实际道路具有坡度、曲线、遮蔽物及对向行驶等，可以按一定影响系数计算行驶时间，折算成理想道路的延长，作为计算两地之间行驶费用的依据。参见表3-1。

实际道路长度换算率 表3-1

项　目	区　分	实际道路长度换算率(%)	
		小轿车	卡车
纵坡(%)	2.51～3.00	0	15
	3.01～3.50	0	22
	3.51～4.00	10	31
	4.01～4.50	15	42
	4.51～5.00	20	54
	5.01～5.50	30	67
	5.51～6.00	40	80
	6.01～6.50	50	95
	6.51～7.00	60	115
	7.01～7.50	75	135

续上表

项　目	区　分	实际道路长度换算率(%)	
		小轿车	卡车
曲线半径(m)	41 ～ 70	150	60
	71 ～ 100	100	30
	101 ～ 140	65	0
	141 ～ 190	45	0
	191 ～ 240	25	0
	241 ～ 300	10	0
	300 以上	0	0
隧道等遮蔽构造物	对向交通 单向交通	65 45	0
对向交通明线区间		25	0

注:该表为瑞士政府采用的将实际道路换算为理想道路的换算增加百分率。

从上述,受益分析取决于交通流数据,所以必须确定年平均日交通量。在实际工作中,测定交通量用的是抽样方法,这种方法存在的问题是,交通流越低,抽样误差就越大。交通特性曲线随季节变化很大。干线公路交通流变化小些,但也相当可观,旅游线路的变化尤其突出。同一路段的各观测点在不同季节的观测记录变化幅度往往也很大。所以只有全年完整的统计数据才具有可靠性。

交通量增长对成本受益分析影响很大,准确估算是重要的。从我国目前的状况来看,除少数旅游线路外,干线公路中小轿车占总车辆数的比例仍较小,在受益中所占比例也小。大型车是大多数,所以交通量的增长通常与工农业生产和商业运输是密切相关的。英国学者P. Cryall在“发展中国家的公路成本受益分析”(见《The Highway Engineer》1979 年 No. 2)一文中谈到:生产上增长 4%时往往使交通量增长 5%,交通量的增长略高于生产的增长。

交通量的转移是指从其它运输方式转移而来的交通量,这是一个难以确定的数据,只有在新的运输方式能减少总的运输成本时才是可取的。我国的交通运输已不单纯是国有的,在考虑一种新运输设施时,应当考虑到其它运输方式的生存能力。高等级道路和长大隧道的建成能使交通时间大大缩短,往往导致该地区的物资流通机构和工业的变化,产生新增交通量。

新增交通量应从国民经济的增长计划和交通量转移等方面做慎重、综合的判断。预测过远的未来事实上是不可能的,例如预测五年以上的新增交通量就很困难。一般地说,预计寿命末年的计划增长数值只能简单的假定为连续的,同时应把所有产生主要交通量的因素都考虑在内,从而得到一个极为粗略的数值。特别是国家政策的变化,例如西部大开发政策的制定对西部公路建设产生的影响。新工业区(城,基地)的建立将会具体的影响到交通量的大幅度增加,有些变化是交通部门难以预测的。

工程的设计寿命带有任意性,而使用期限对经济分析的影响又很大,所以工程设计要受到使用期限的影响。道路在大修前的寿命一般认为 20 年是比较合理的期限,桥梁与隧道等大型结构物可以考虑有更长的寿命,以 30～50 年较为现实。下面是某地区道路改建时的诸多方案中的两个方案与原有道路的比较表 3-2。

[简例]某地区道路改建计划方案比较 表 3-2

项目		原有道路	方案一	方案二
实延长(km)		87.84	82.31	71.40
主隧道长度(km)			7.19	16.36
换算延长(km)	小轿车	120.57	102.95	87.62
	卡车	129.72	107.46	82.67
平均速度(km/h)	小轿车	72	80	81
	卡车	44	50	56
所需时间(h)	小轿车	1.22	1.03	0.88
	卡车	2	1.65	1.28
投资	包括利息在内的年度投资(百万元/年)		48.2	47.1
	工期(年)			
养护管理费(百万元/年)	隧道		2.0	2.1
	明线		3.1	2.4
用路者年度用费(百万元/年)			74.1	63.6
运输成本(百万元/年)			129.4	115.2

在全面考虑投资、养护管理、用路者费用后,方案二为最佳方案。

第二篇

山岭公路隧道

第四章 围岩压力

第一节 导 论

隧道围岩分级是以围岩稳定性为基础的，但在结构设计中，往往把坑道围岩的稳定性转化为对支护结构的荷载——围岩压力来处理，也就是说，在结构设计中所关注的往往是围岩压力的大小及其性质(分布情况，围岩压力方向、分布形状等)。围岩级别不同，其稳定性也不同，相应的围岩压力也不同。

在地层中开挖坑道，如果开挖后不支护坑道，往往会遇到这样一些情况：有的围岩在开挖后会迅速坍塌，甚至会填满整个坑道，在地表还可形成一个与坑道相仿的坍塌区；有的围岩在坑道开挖后会发生岩块错动、掉块，甚至塌方；有的围岩开挖后会维持暂时稳定，仅在个别地方产生掉块。这些情况表明，开挖坑道使围岩原有的平衡状态破坏了，在坑道周围一定范围内产生了不同程度的扰动，地质情况不同，其扰动影响范围不同。

为保证坑道维持需要的净空和安全，坑道开挖后一般是必须进行支护的，也就是阻止坑道周围的围岩产生移动或下掉。被扰动后的围岩要移动或要变形，而支护结构要阻止其移动或变形，围岩就必会对支护结构施加力，这个力就是围岩压力。

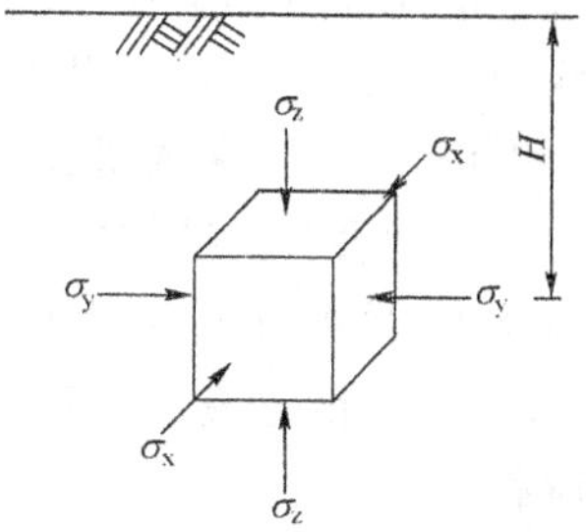

图 4-1

围岩压力，又称山岩压力或地层压力。它是指由于围岩的变形挤压或各种破坏而作用在支护衬砌上的压力。

坑道开挖前，围岩处于原先的平衡状态。如图 4-1 所示，在距地面 H 深取一单元体，此时，单元体处于三向应力状态，变形受到约束，即岩体在“初始应力状态”时处于相对平衡状态，是稳定的。在上覆围岩自重力作用下，初始应力大小为：

$$\sigma_z = \gamma H$$

$$\sigma_x = \sigma_y = \lambda\sigma_z = \lambda\gamma H \tag{4-1}$$

式中：σ_x、σ_y、σ_z—— 分别为单元体侧向及垂直应力(MPa)；

γ—— 围岩的天然容重(kN/m^3)；

H——单元体距地表的深度(m)；

λ—— 侧压力系数，在围岩未扰动情况下。

$$\lambda = \frac{\mu}{1-\mu}$$

式中：μ—— 单轴受压下的横向变形系数，或称泊松系数，其值由岩体性质决定。

这里，没有考虑岩体在构造运动中残留的、相当大的构造应力。实际上，构造应力会改变自重应力造成的“初始”应力状态，因此，真正的初始应力状态要复杂得多，只是目前还很难预计构造应力的影响，故在分析中往往略去这一因素。

以垂直应力 σ_z 为例，分析一下坑道开挖前后的变化。开挖前，在距地表深 H 处的平面上，垂直应力都相等，如图 4-2 所示，各点均处于三向应力状态。

由于在 H 水平面开挖坑道，原先的平衡状态被破坏了，如图 4-2 所示，因此，坑道周边处的应力得到重新分布。图 4-2 表明了硬岩及软岩在开挖后应力重新分布的情况，这可由实验或理论分析得到。对于坚硬岩层，坑道周边应力急剧增长，经一定距离后逐渐减小到初始的应力状态；对于松软或破碎岩层，则由于岩体强度低，不能承受急剧增大的周边应力而形成一低应力区，高应力向岩体深部移动，到一定距离后亦逐渐减小到初始应力状态。

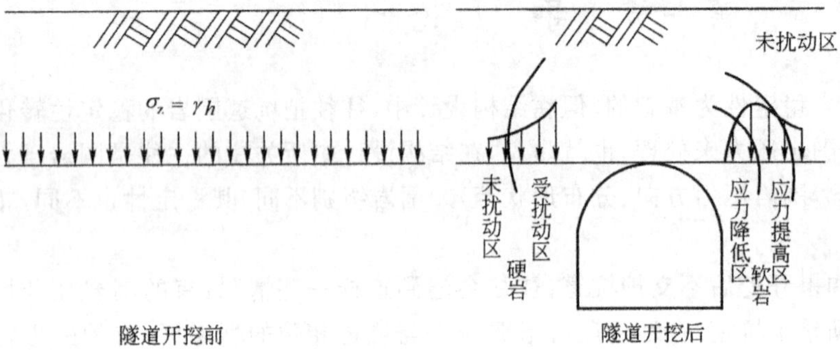

图 4-2

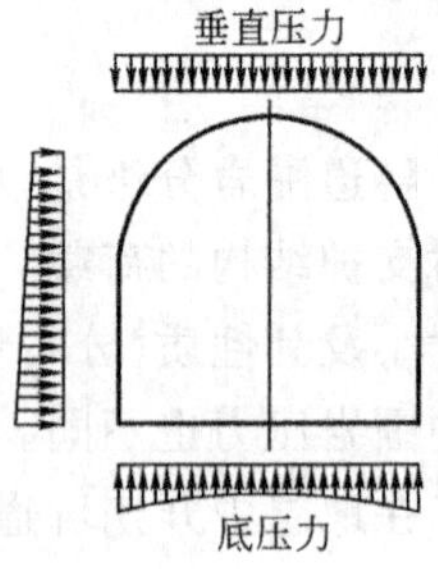

图 4-3

也就是说，坑道开挖后，在坑道周围一定范围内影响了初始应力状态，这个范围的大小与地质条件有关，一般为坑道开挖跨度的 0.5～2.5 倍。岩体强度高，影响范围小，亦即由于坚硬岩层能承受周边急剧增大的应力，可使坑道保持稳定，一般只有弹性变形而不破坏。而在松软、破碎岩体中，由于岩体不能承受增大的应力，在一定范围内的土石就要松动、破坏，向坑道内坍塌。可见，在软弱、破碎岩体中，开挖坑道后在一定范围内的围岩要松动、坍塌，该范围内的围岩就会对支护结构施加力，这也就是所谓的围岩压力。岩体强度低、松软，则松动破坏范围就大，严重情况下，不但坑道顶部围岩下塌，甚至底部围岩上拱而产生侧压和底压。

可见，隧道模筑衬砌所受的围岩压力，是衬砌为了阻止岩块松弛或岩块移动下塌等形成的荷载。

由上述可知，一般情况下围岩压力类型有垂直压力、侧压力、底压力，它们分别作用在隧道支护的顶部、侧帮、及底部，如图 4-3 所示。在某些倾斜岩层中，因隧道平面布置方向不同，可能在横断面或纵断面上出现倾斜围岩压力，后者又称纵向压力。对水平隧道来说，垂直围岩压力是主要的，而且是围岩压力理论研究中的基本对象。因而以下将介绍垂直围岩压力的实质及其计算方法。

众所周知，围岩压力是作用在隧道等地下结构物上的主要计算荷载，它的性质、大小与分布直接影响到隧道临时支护和永久衬砌结构的合理类型，形状与尺寸，以及与之相适应的施工方法(反之，也会影响到围岩压力的大小与分布)。因此，比较详细地了解不同条件下的围岩压力计算方法是极为必要的。

关于隧道的修筑，据我国和其它文明古国的史料记载，可追溯到三千多年以前。但是，对隧道围岩压力的研究，是从 19 世纪下半叶，伴随着西方资本主义国家采矿工业的发展而开始的。一个世纪以来，关于围岩压力的研究大致经历了这样几个阶段：最初由于地下坑道开挖较浅，所以认为作用于支护衬砌上的总压力是坑道顶部整个覆盖岩层的自重，把岩层的自重，或把岩层应力视为静水压力状态。如，A・亥姆、C・库尔曼持这一观点。之后，随着开挖深度的增加，发现在大多数情况下围岩压力小于覆盖岩层的自重应力。于是指出："隧道顶部的围岩变形仅限于一定范围"，仅此范围内的围岩重量作用于支护衬砌之上。如，M·M·普罗托基亚可诺夫、A·毕尔鲍曼、K·泰沙基等人的论著就反映了这一观点。从19世纪末到20世纪初的这一阶段，对围岩压力所提出的这些观点有两个共同特征：其一，把围岩视为松散介质（或称似松散介质）；其二，认为围岩压力仅与岩层的性状、埋藏深度、隧道跨度等因素有关，而与支护衬砌的性质无关，即只注意到围岩压力的主动作用，却忽视了支护衬砌对围岩压力的影响。

从20世纪50年代起，由于量测手段的改进和电子计算机的应用，使得岩体（或岩石）力学获得迅速发展，从而把围岩压力的研究推到了一个新的阶段，即把支护衬砌与围岩作为一个统一的力学体系，应用连续介质力学的各种观点，来研究围岩变形破坏的机理，以及支护衬砌与围岩两者之间的平衡条件。新的观点是：从支护衬砌与围岩的相互作用来看，围岩既是荷载，又是支撑结构的重要组成部分。如，R·芬纳尔和H·卡斯特奈尔按照弹塑性理论所得的解答，以及新奥法（NATM）的出现，都是建立在这一观点的基础之上。

在这一阶段，对围岩压力研究的另一途径是从地质构造角度出发，应用地质力学的方法来研究裂隙岩体（包括层状岩体）的稳定与围岩压力问题。这种方法虽然是从既定荷载概念出发，但仍具有较大的实用价值。

由于影响围岩压力的因素很多，情况复杂，特别是工程地质条件的变化很大，难以用统一的数学模型来表达，所以，应用统计分析方法，在分析大量的实测数据，或分析与围岩压力有直接关系的施工坍方规律基础上，建立一定条件下的统计经验公式，也成为目前探讨围岩压力问题的一个重要途径。目前我国工程技术规范采用的计算公式，以及国外一些建立在各种围岩分类基础上的计算公式，都是以此为基础而提出的。

根据围岩变形破坏机理，围岩压力可分为四类，即形变压力、松动压力、冲击压力、膨胀压力。

形变围岩压力，是指由围岩塑性变形所引起的作用在支护衬砌上的挤压力。围岩的塑性变形又分两种情况：一种是开挖前岩体处于弹性状态，开挖后由于围岩周边应力集中，其值超过了围岩的屈服极限，使围岩产生塑性变形圈，从而对支护衬砌产生压力；另一种是开挖前岩体就处于潜塑状态，此种岩体一旦开挖，围岩就向洞内产生塑性变形，对支护衬砌作用以很大压力。这两种形变围岩压力都可采用塑性理论计算。

松动围岩压力，是指围岩中松动坍塌部分的岩块重量或它的分量对支护衬砌的压力。这种压力可采用松散介质极限平衡理论，或块体极限平衡理论进行计算分析。

冲击围岩压力，是指岩爆引起的压力。这种压力目前还无法计算。

膨胀围岩压力，实际上也是一种形变围岩压力，只是引起形变的原因是由于亲水性矿物组成的某些围岩吸水膨胀而已。这种围岩压力至今还没有比较好的计算方法，但原则上可以采用弹塑性理论配合流变性理论进行分析。

因此，在以下几节中将主要介绍前两种类型的围岩压力计算方法。

此外，还应指出的是时间因素对围岩压力的产生与发展具有重要的意义。但目前常用的围岩压力计算公式都没有考虑时间因素，只考虑最终可能达到的最大压力值，而且一般都是针对松动围岩压力进行计算。这些不足之处已开始引起工程界的注意。

第二节　工程技术规范采用的围岩压力计算方法

一、深埋隧道围岩压力的确定

从长期的坑道开挖实践及实地围岩压力量测可看出，围岩压力值受到许多因素影响，但主要取决于岩体构造和结构面的组合等地质因素，并且压力分布很不均匀（指径向压力而言），岩质多裂隙岩体比土质岩体中压力分布更不均匀。在某些围岩中，可见到呈拱形的暂时稳定平衡，即所谓平衡拱。除粘性土及某些塑性岩石外，荷载的时间效应不显著，压力增长很快，在较短时间内就趋于稳定。基于这些情况，以及对我国 400 余座铁路隧道施工塌方资料进行统计分析，提出了用下式确定结构上的垂直均布荷载：

$$q = 0.45 \times 2^{s-1} \cdot \gamma \cdot \omega \tag{4-2}$$

式中：q——垂直均布围岩压力（kPa）；

S——坑道围岩级别；

γ——围岩的天然容重（kN/m^3）；

ω——跨度影响系数，其值为：

$$\omega = 1 + i(B_t - 5) \tag{4-3}$$

式中：B_t——坑道宽度（m）；

i——以 $B_t = 5.0m$ 的垂直均布压力为准，B_t 增减 1m 时的荷载增减率。当 $B_t < 5.0m$ 时，$i = 0.2$；$B_t = 5 \sim 15m$ 时，$i = 0.1$；$B_t > 15m$ 时，i 可参照 0.1 采用。

因该式是根据单线铁路隧道施工塌方资料统计归纳的，所以，在应用时要注意下述公式适用条件：

1. $H_t/B_t < 1.7$，其中 H_t 为隧道开挖高度，B_t 为隧道开挖宽度。在高边墙的地下坑道中，由于控制坑道稳定的是坑道侧壁，故不宜采用上式。当边墙较高，无不良地质构造时，可参考选用上式，否则要加大荷载值，或用其它适合高边墙坑道的荷载计算公式；

2. 不产生显著偏压及膨胀力的一般围岩，因为在这些围岩中的荷载分布、数值、时间效应等有显著差异，故不宜采用上式；

3. 适用于矿山法施工条件，当采用其他施工方法时，如掘进机、盾构、固结法等，荷载值可适当减少；

4. 对于喷射混凝土、锚杆支护，因荷载性质有很大不同，亦不宜采用；

5. 适用于深埋隧道。

各级围岩的天然容重参见表 4-1。

各级围岩的天然容重　　表 4-1

围岩级别	I	II	III	IV	V	VI
$\gamma(kN/m^3)$	26～28	25～27	23～25	19～22	17～20	15～16

注：①IV 级中的老黄土用 17～18kN/m^3；

②V 级中的新黄土用 15 kN/m^3；

③天然容重是指围岩天然湿度下的单位重量。围岩压力的水平分力可按表 4-2 计算。

围岩压力的均布水平分力 e　　表 4-2

围岩级别	I、II	III	IV	V	VI
e	0	$<0.15q$	$(0.15\sim0.3)q$	$(0.3\sim0.5)q$	$(0.5\sim1)q$

坑道围岩压力的水平分力计算公式的适用条件与垂直压力计算公式相同。水平压力为对称的、均布的，但在确定压力值时需要考虑下述几点：

1. I、II 级围岩，因坑道稳定，侧压力较少出现，即使有也是局部岩块松动引起的，对结构设计不产生影响。但在 I、II 级围岩中，结构与围岩的相互作用较为显著；

2. III、IV 级围岩主要产生垂直荷载，因坑道侧壁比较稳定，故侧压力值也不会太大。但因这两类围岩的不均匀性和不连续性较突出，故可能出现局部的较大侧压力；

3. V、VI 级围岩的侧压力比较大，对结构设计影响较大，在取值时应慎重。

事实上围岩压力的分布是很不均匀的，上述计算公式没有反映支护结构特性的影响，显然不够完善，而且围岩压力还受施工条件等许多因素的影响。因此，仅用上述均布荷载来进行结构设计还不全面，还必须考虑荷载的不均布情况，即设计的支护结构应能满足多种荷载图形的要求。根据围岩压力的实地测量及对塌方资料分析，各类荷载图形（垂直的）如图 4-4 所示。这些荷载图形的选择，应根据围岩级别、施工条件及结构的要求而定，在通常的情况下，以垂直均布图形为主要荷载图形进行结构设计，用偏压或不均布图形进行校核。主动土压仍可按均布考虑。图中 q_1、q_2、q_3 等荷载值，可根据非均布压力的总和与均布压力总和相等的原则确定。

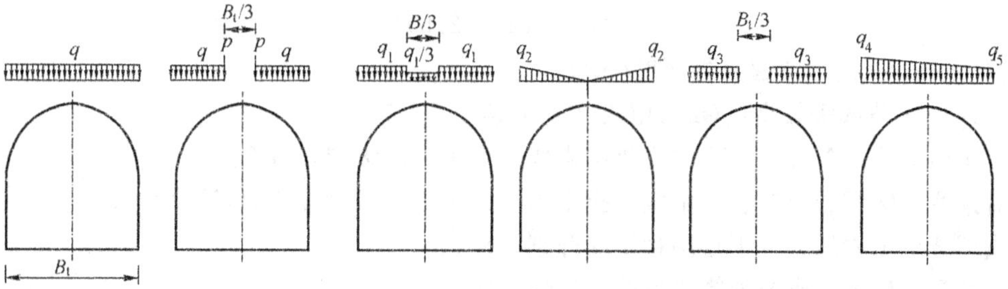

图　4-4

如前所述，支护结构对围岩压力的影响是用支护结构与围岩相互作用的围岩抗力来表达的，实质上，松弛荷载加上围岩抗力是对支护结构与坑道围岩相互作用力学模型的一个简化假定。因此，在以松弛荷载作为设计荷载时，必须同时考虑围岩抗力的作用。

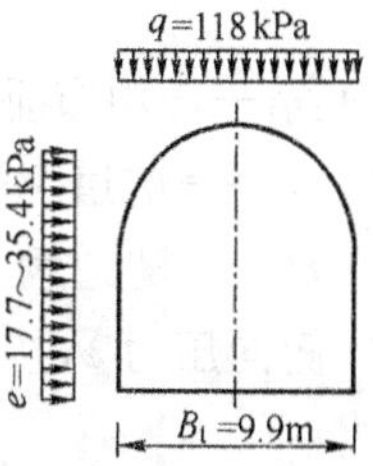

图　4-5

例题：某隧道通过Ⅳ级围岩，开挖尺寸如图 4-5 所示。矿山法施工，围岩天然容重 $\gamma=22\text{kN/m}^3$，试确定围岩压力值。

坑道高度与跨度之比为：

$$\frac{H_t}{B_t}=\frac{7.6}{9.9}=0.77<1.7$$

故可用式(4-2)计算。作用在支护结构上的垂直均布围岩压力为：

$$q=0.45\times2^{s-1}\cdot\gamma\cdot\omega$$

因 $B_t=9.9\text{m}>5\text{m}$，故 $i=0.1$

则 $\omega=1+0.1\times(9.9-5)=1.49$

所以 $q=0.45\times2^{s-1}\times22\times1.49=118\text{kPa}$

水平均布围岩压力为：

$$e=(0.15\sim0.3)q$$

$$e=(0.15\sim0.3)\times118=17.7\sim35.4\text{kPa}$$

二、浅埋隧道围岩压力的确定

这里是指采用暗挖法施工、埋深较浅的坑道。在坑道埋深不大时，往往会使整个覆盖层产生扰动，较易发生洞顶坍塌，有时会使地表开裂下陷，因此会产生较大的围岩压力。

对公路隧道来说，浅埋隧道多出现在洞口段。深埋和浅埋隧道的分界，有不少判定标准，一般是以坑道上方能否形成稳定的深埋隧道压力值来区分的，并且结合具体的地质、施工条件等因素综合确定。

要形成稳定的深埋围岩压力值，显然前述的松动范围之外还需有足够厚度的岩(土)体，否则松动范围会一直扩展到地表。也就是说，深、浅埋隧道的分界深度要比荷载等效高度大，所谓荷载等效高度(h_q)即为用式(4-2)计算而得的压力 q 除以 γ：

$$h_q=\frac{q}{\gamma} \tag{4-4}$$

式中：q——用(4-2)式算得之垂直均布围岩压力(kPa)；

γ——围岩天然容重(kN/m^3)。

深、浅埋隧道分界深度 H_p 可用下述经验公式计算：

$$H_p=(2\sim2.5)h_q \tag{4-5}$$

式中：H_p——深、浅埋隧道分界深度(m)；

h_q——荷载等效高度(m)，用式(4-4)计算。

在矿山法施工条件下，IV～VI 级围岩取 2.5，I～III 级围岩取 2。

对某些特殊围岩，如黄土，由实践指出用上式确定的深度偏小，应适当加大。

浅埋隧道围岩压力分下述两种情况分别计算：

1. 埋深(H)小于或等于等效荷载高度(h_q)时

在这种情况下，坑道上覆岩(土)体较薄，从安全考虑，略去坑道上方土体下滑时周围土体所产生的阻力，亦即将上覆土柱全部重力作为围岩压力，视为均布时，垂直压力 q 为：

$$q=\gamma\cdot H \tag{4-6}$$

式中：q——均布垂直压力(kPa)；

γ——坑道上覆围岩天然容重(kN/m^3)；

H——隧道埋深，指坑顶至地面的距离(m)。

侧向压力 e，按均布考虑时，其值为：

$$e=\gamma\left(H+\frac{1}{2}H_t\right)\tan^2\left(45^\circ-\frac{\varphi_g}{2}\right) \tag{4-7}$$

式中：e——侧向均布压力(kPa)；

γ——围岩天然容重(kN/m^3)；

H——隧道埋深(m)；

H_t——坑道高度(m)；

φ_g——围岩计算摩擦角(°)，其值见表 4-3。

各级围岩计算摩擦角(φ_g)

表 4-3

围岩级别	I	II	III	IV	V	VI
φ_g	>78°	67°~78°	55°~66°	43°~54°	31°~42°	≤30°

2. 埋深大于 h_q、小于 H_p 时

坑道上覆土体下滑时要考虑滑面阻力的影响，否则会算得过大的压力值。

如图 4-6 所示，由于坑道开挖的影响而引起上覆岩(土)体下沉，即图中 $EFHG$ 下沉。而它的下沉必受到左右岩(土)体的挟持，或者说两侧的围岩要被它带动下沉。这个挟持作用在计算围岩压力时需予以考虑，为便于分析，根据实测和试验作如下假定：

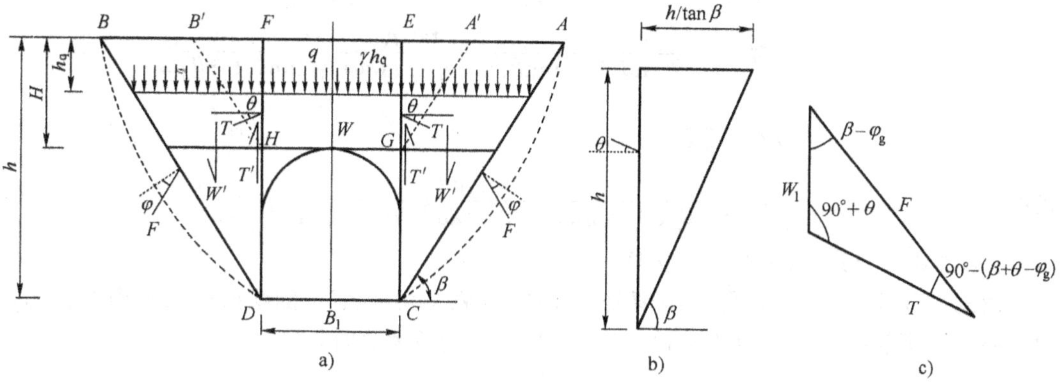

图 4-6

(1)假定土体中形成的破裂面是一条与水平成 β 角的斜直线(如图 4-6 所示)；

(2)$EFHG$ 岩(土)体下沉，带动两侧三棱土体(如图中 FDB 及 ECA)下沉，整个土体 $ABDC$ 下沉时，又要受到未扰动岩(土)体的阻力；

(3)斜直线 AC 或 BD 是假定的破裂面，分析时考虑内聚力 c 并采用了计算摩擦角 φ_g。另一滑面 FH 或 EG 则并非破裂面，因此，滑面阻力要小于破裂滑面的阻力，若该滑面的摩擦角为 θ，则 θ 值应小于值 φ_g，无实测资料时，一般可参考表 4-4 采用。

各级围岩的 θ 值

表 4-4

围岩级别	≤III	VI	V
θ 值	$0.9\varphi_g$	$(0.7\sim0.9)\varphi_g$	$(0.5\sim0.7)\varphi_g$

设图 4-6 中：

坑道上覆岩体 $EFHG$ 的重力为 W；

两侧三棱岩体 FDB 或 ECA 的重力为 W_1；

未扰动岩体对整个滑动土体的阻力为 F；

$EFHG$ 下沉，两侧受到的阻力为 T 或 T'。

由图 4-6 可见，作用于 HG 面上的垂直压力总值 $Q_{浅}$ 为：

$$Q_{浅} = W - 2T' = W - 2T\sin\theta \tag{4-8}$$

三棱体自重为：

$$W_1 = \frac{1}{2}\gamma \cdot h \cdot \frac{h}{\tan\beta} \tag{4-9}$$

式中：γ—— 围岩天然容重(kN/m^3)；

h——坑道底部到地面的距离(m)；

β—— 破裂面与水平面的夹角(°)。

由图 4-6，根据正弦定律可得：

$$\frac{T}{\sin(\beta-\varphi_g)}=\frac{W_1}{\sin[90°-(\beta-\varphi_g+\theta)]}$$

即：
$$T=\frac{\sin(\beta-\varphi_g)}{\sin[90°-(\beta-\varphi_g+\theta)]}W_1 \tag{4-10}$$

将式(4-9)代入式(4-10)

$$\begin{aligned}T&=\frac{\sin(\beta-\varphi_g)}{\sin[90°-(\beta-\varphi_g+\theta)]}\cdot\frac{1}{2}\cdot\gamma\cdot h^2\cdot\frac{1}{\tan\beta}\\&=\frac{1}{2}\gamma h^2\frac{\tan\beta-\tan\varphi_g}{\cos\theta\tan\beta[1+\tan\beta(\tan\varphi_g-\tan\theta)+\tan\varphi_g\tan\theta]}\\&=\frac{1}{2}\gamma h^2\frac{\lambda}{\cos\theta}\end{aligned} \tag{4-11}$$

式中：
$$\lambda=\frac{\tan\beta-\tan\varphi_g}{\tan\beta[1+\tan\beta(\tan\varphi_g-\tan\theta)+\tan\varphi_g\tan\theta]} \tag{4-12}$$

λ 为侧压力系数，其他符号意义同前。

由式(4-11)及式(4-12)可知：β 值是未知的，也就是说 T 值是随 β 值的大小而变化的。在达到极限平衡状态的破裂面位置时，亦即阻力 T 达到最大值时，

$$\frac{d\lambda}{d\beta}=0$$

由此可求得

$$\tan\beta=\tan\varphi_g+\sqrt{\frac{(\tan^2\varphi_g+1)\tan\varphi_g}{\tan\varphi_g-\tan\theta}} \tag{4-13}$$

至此，极限最大阻力 T 值可求得，得到 T 值后，代入式(4-9)可求得作用在 HG 面上的总垂直压力 $Q_{浅}$：

$$Q_{浅}=W-2T\sin\theta=W-\gamma h^2\lambda\tan\theta \tag{4-14}$$

由于 GC、HD 与 EG、FH 相比往往较小，而且衬砌与土之间的摩擦角也不同，前面分析时均按 θ 计，当中间土块下滑时，由 FH 及 EG 面传递，考虑压力稍大些对设计的结构也偏于安全，因此，摩阻力不计隧道部分而只计洞顶部分，即在计算中用埋深 H 代替 h。这样，式(4-14)为：

$$Q_{浅}=W-\gamma H^2\lambda\tan\theta$$

由于
$$W=B_t H\gamma$$

故
$$Q_{浅}=B_t H\gamma-\gamma H^2\lambda\tan\theta=H\gamma(B_t-H\lambda\tan\theta) \tag{4-15}$$

式中：B_t——坑道宽度(m)；

γ——围岩天然容重(kN/m³)；

H——洞顶至地面距离，即埋深(m)；

λ——为侧压力系数。

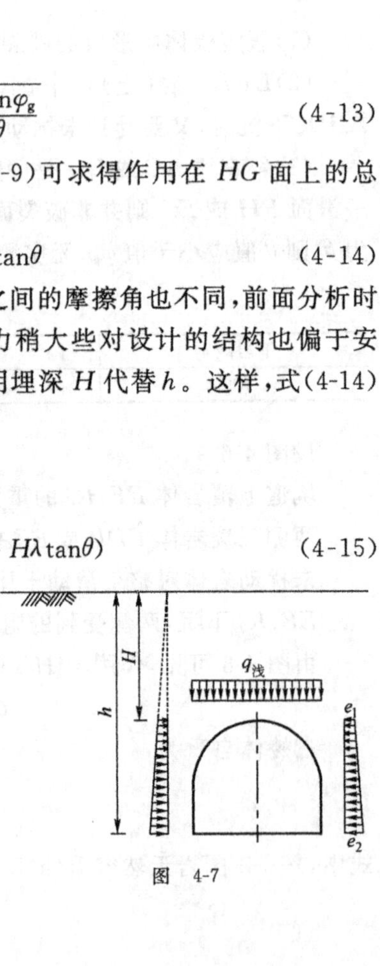

图 4-7

换算为作用在支护结构上的均布荷载(如图 4-7 所示)：

$$q_{浅}=\frac{Q_{浅}}{B_t}=\gamma H(1-\frac{H}{B_t}\lambda\tan\theta) \tag{4-16}$$

式中：$q_{浅}$——作用在支护结构上的均布荷载(kPa)；

其他符号意义同前。

作用在支护结构两侧的水平侧压力为：

$$e_1 = \gamma H \lambda$$

$$e_2 = \gamma h \lambda \tag{4-17}$$

式中的符号意义同前。

侧压力视为均布压力时为：

$$e = \frac{1}{2}(e_1 + e_2) \tag{4-18}$$

由式(4-16)可见，当坑道在某岩(土)体中，若 γ、λ、θ、B_t 等均为常数时，则有 $dq_{浅}/dH=0$ 可得 q_{max}时的深度 H：

$$\frac{dq_{浅}}{dH} = \gamma - \frac{2\gamma H}{B_t}\lambda\tan\theta = 0$$

此时 $h=H_P$，得：

$$H_p = \frac{B_t}{2\lambda\tan\theta} \tag{4-19}$$

代入(4-16)式可得 q_{max}值：

$$q_{max} = \frac{\gamma B_t}{4\lambda\tan\theta} \tag{4-20}$$

由此可见，浅埋隧道围岩压力是随坑道埋深 H 增加而增加的，当 $H>H_p=\frac{B_t}{2\lambda\tan\theta}$以后，则要逐渐减小；当等于深埋隧道荷载时，则围岩压力将维持不变。

在判定深、浅埋隧道的分界时，若用理论式(4-19)，也可得出 H_p 值，往往与式(4-6)所求得的出入较大。事实上，用理论式计算，一些参数(如 λ 等)就带有主观性，公式的推导又是由匀质材料出发，把围岩视作各向同性体，与实际有出入。目前一般按式(4-5)判别，理论式(包括其他理论式，如泰沙基公式等)、检算卸载拱法或其他经验判断法等作参考。

三、偏压隧道围岩压力的确定

一般所指偏压隧道系承受显著偏压荷载(不对称压力)的隧道。偏压隧道产生偏压的原因从地形上讲指：洞顶覆盖较薄，地面横坡显著有倾斜的松散、软质或土质围岩，多见于洞口浅埋地段及傍山浅埋地段。从地质上讲，围岩为倾斜层状结构，层间粘结力差伴随以有害节理裂隙切割或洞身有倾角较陡的软弱结构面，围岩一部分较软，一部分较硬者。再者如施工期间因各种原因造成的一侧塌方，形成显著偏压者。

偏压隧道围岩压力的计算应按其产生偏压的原因分别考虑。根据以往实践经验，一般在Ⅳ级及以上围岩，以地形引起的偏压为主进行计算；而在Ⅲ级及以下围岩，因地质构造影响较大，则以地质结构的具体条件进行计算。

1. 由地形引起偏压的计算方法

当隧道外侧拱肩至地表面的垂直距离(t)小于表 4-5 所列数值时，根据经验及检算结果分析表明围岩不能自立，一般按偏压隧道围岩压力公式计算。

t 值

围岩级别 \ t值(m)		地面横坡 1∶m			
		1∶1	1∶1.5	1∶2	1∶2.5
IV	石	5	4	4	—
	土	10	8	6	5.5
V		18	16	12	10

傍山浅埋隧道施工时，因支撑或衬砌下沉，以及超挖、回填不实等原因，引起洞身上部围岩的下沉及隧道两侧地表开裂，在岩体内形成两个非对称的滑动面。

根据这一山体变形的特征，假定隧道施工时，洞顶土柱 W_1 发生下沉，因而带动两侧三棱体 W_2 及 W_3 下沉，土体沿 AD 及 BC 出现破裂面，两侧三棱体 ADE 及 BCF 受到洞顶土柱的推力，反过来，它作用于土柱 DE、FC 之摩阻力为 T 及 T' 如图 4-8 所示。

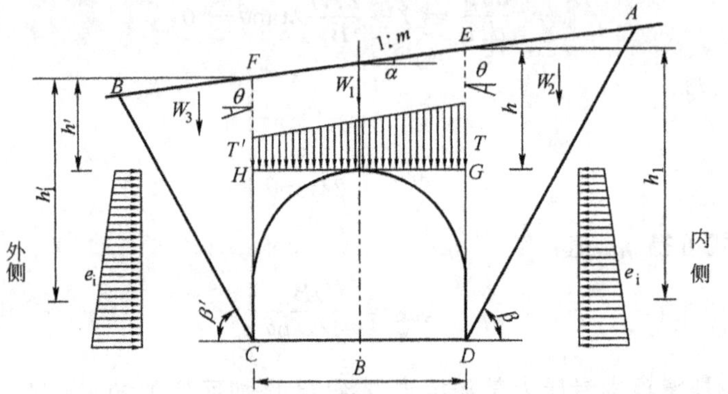

图 4-8

根据土体的平衡条件，按库仑土压力理论推导出主动土压力计算公式如下：

内侧：
$$T = \frac{1}{2}\gamma H^2 \frac{\lambda}{\cos\theta} \tag{4-21}$$

式中：
$$\lambda = \frac{1}{\tan\beta - \tan\alpha} \times \frac{\tan\beta - \tan\varphi_g}{1 + \tan\beta(\tan\varphi_g - \tan\theta) + \tan\varphi_g \tan\theta} \tag{4-22}$$

β——内侧产生最大推力的破裂角(°)，推导的计算公式为：

$$\tan\beta = \tan\varphi_g + \sqrt{\frac{(\tan^2\varphi_g + 1)(\tan\varphi_g - \tan\alpha)}{\tan\varphi_g - \tan\theta}}$$

外侧：
$$T' = \frac{1}{2}\gamma H'^2 \frac{\lambda'}{\cos\theta} \tag{4-23}$$

式中：
$$\lambda' = \frac{1}{\tan\beta' + \tan\alpha} \times \frac{\tan\beta' - \tan\varphi_g}{1 + \tan\beta'(\tan\varphi_g - \tan\theta) + \tan\varphi_g \cdot \tan\theta} \tag{4-24}$$

β——外侧产生最大推力的破裂角(°)，其推导计算公式为：

$$\tan\beta' = \tan\varphi_g + \sqrt{\frac{(\tan^2\varphi_g + 1)(\tan\varphi_g + \tan\alpha)}{\tan\varphi_g - \tan\theta}}$$

式中：φ_g——围岩计算摩擦角(°)；

γ——围岩容重(kN/m³)；

α——地面倾斜坡度角(°)；

θ——土柱两侧摩擦角(°)。当无实测资料时,可根据具体情况参考表4-4值采用。

作用于隧道顶部的总垂直压力 Q,按照浅埋隧道的同样理由(图4-8)得:

$$Q = W_t - (T_v + T'_v)$$

式中:

$$T_v = T\sin\theta = \frac{1}{2}\gamma h^2 \lambda \tan\theta$$

$$T'_v = T'\sin\theta = \frac{1}{2}\lambda h'^2 \lambda' \tan\theta$$

$$W_1 = \frac{1}{2}\gamma B(h + h')$$

则

$$Q = \frac{1}{2}\gamma B(h + h') - \frac{1}{2}\gamma(\lambda h^2 + \lambda' h'^2)\tan\theta$$

$$= \frac{\gamma}{2}[(h + h')B - (\lambda h^2 + \lambda' h'^2)\tan\theta] \quad (4\text{-}25)$$

当需要分块计算时,分块垂直压力为:

$$P_i = w_i \frac{Q}{W_i} \quad (4\text{-}26)$$

式中:W_i——分块土柱重。

作用于衬砌上的水平侧压力,按梯形分布计算时,

内侧:

$$e_{内1} = \gamma h \lambda$$

$$e_{内2} = \gamma H \lambda \quad (4\text{-}27)$$

外侧:

$$e_{外1} = \lambda h' \lambda'$$

$$e_{外2} = \gamma H' \lambda' \quad (4\text{-}28)$$

为简化计,亦可按矩形分布计算。

2. 由地质构造引起偏压的检算

这种情况多发生在多裂隙层状或块状岩体中,但其情况复杂,尚无确定的计算方法,当需检算时,应注意以下几点:

(1)必须查明围岩可能产生偏压的被割裂或松动的范围大小。

(2)尽量取得控制弱面的强度计算指标,如 c、φ 值等。当弱面的 c、φ 值不能通过强度试验取得时,可结合弱面的性质、充填情况、地下水影响用工程类比方法选用。

(3)当为块体运动时,可近似的按岩块刚体平衡的方法计算。当一部分为软层,另一部分为硬层时,可分别取用不同的指标计算。

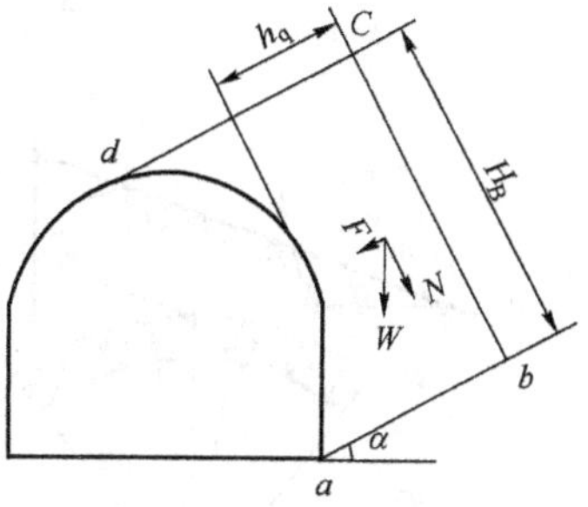

图 4-9

如图4-9所示,岩体受两个软弱面及一组不利节理所割切,而形成块体构造偏压,举例计算如下:

当岩块 $abcd$ 下滑时,在 ab 面上有一定阻力,不计 cd 面的阻力,这样作用在衬砌上的偏压力 Q_p 等于:

$$Q_p = F - T \quad (4\text{-}29)$$

式中:F——岩块下滑力(kN);

$$F = W\sin\alpha$$

T—— 摩阻力(kN)；

$$T = N\tan\varphi = W\cos\alpha\tan\varphi$$

式中：W——岩块自重(kN)；

$\tan\varphi$——摩阻系数。

则 $$Q_p = W(\sin\alpha - \cos\alpha\tan\varphi) \tag{4-30}$$

当 $\alpha=\varphi$ 时，$Q_p=0$，即岩块不会滑动。只有当 $\alpha>\varphi$ 时，岩块才滑动。

四、明挖浅埋隧道围岩压力的确定

这里是指采用明挖法进行施工的隧道明洞。这类计算主要考虑隧道明洞洞顶的回填与冲击荷载。

1.拱圈回填土石垂直压力

$$q_i = \gamma_1 \cdot h_i \tag{4-31}$$

式中：q_i——明洞结构上任意点 i 的回填土石垂直压力值(kN/m^2)；

γ_1——拱背回填土石容重(kN/m^3)；

h_i——明洞结构上任意点 i 的土柱体高度(m)；

2.拱圈回填土石侧压力

$$e_i = \gamma_1 \cdot h_i \cdot \lambda \tag{4-32}$$

式中：e_i——任意点 i 的侧压力值(kN/m^2)；

λ_1、h_i—— 符号意义同前；

λ——侧压力系数，按以下两种情况计算：

(1)填土坡面向上倾斜(图 4-10)，按无限土体计算。

$$\lambda = \cos\alpha\frac{\cos\alpha - \sqrt{\cos^2\alpha - \cos^2\varphi_1}}{\cos\alpha + \sqrt{\cos^2\alpha - \cos^2\varphi_1}} \tag{4-33}$$

(2)填土坡面向上倾斜(图 4-11)，按有限土体计算。

$$\lambda = \frac{1-\mu n}{(\mu+n)\cos\rho + (1-\mu n)\sin\rho} \times \frac{mn}{m-n} \tag{4-34}$$

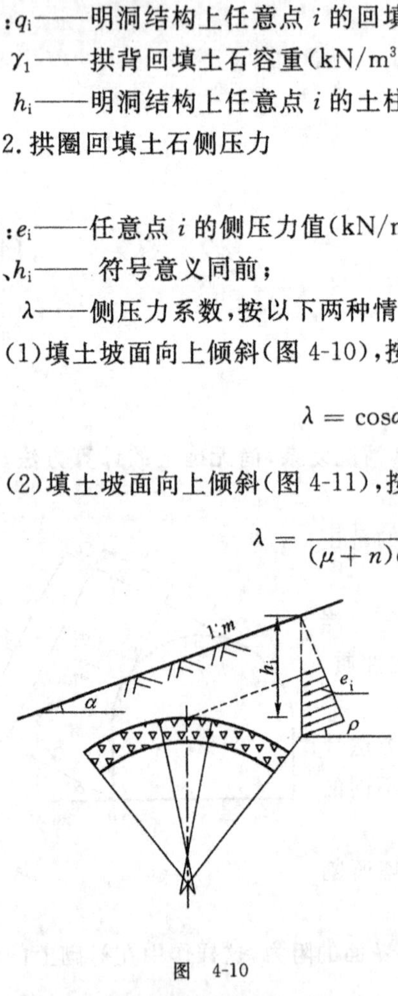

图 4-10

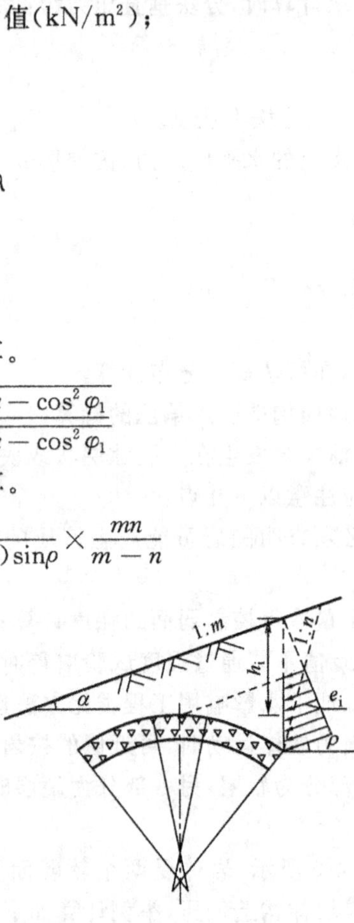

图 4-11

式中：α——设计填土面坡度角(°)；

φ_1——拱背回填土石计算摩擦角(°)；

ρ——侧压力作用方向与水平线的夹角(°)；

n——开挖边坡坡率；

m——回填土石面坡率；

μ——回填土石与开挖边坡面间的摩擦系数。

3. 边墙回填土石侧压力

$$e_i = \gamma_2 \cdot h'_i \cdot \lambda \tag{4-35}$$

式中：γ_2——墙背回填土石容重（kN/m³）；

h'_i——边墙计算点换算高度（m），$h'_i = h''_i + \frac{\gamma_1}{\gamma_2}h_1$；

h''_i——墙顶至计算位置的高度（m）；

h_1——填土坡面至墙顶的垂直高度（m）；

λ——侧压力系数，按下列三种情况进行计算：

（1）填土坡面向上倾斜（图 4-12）

$$\lambda = \frac{\cos^2\varphi_2}{\left[1+\sqrt{\frac{\sin\varphi_2\sin(\varphi_2-\alpha')}{\cos\alpha'}}\right]^2} \tag{4-36}$$

（2）填土坡面向下倾斜（图 4-13）

$$\lambda = \frac{\tan\theta_0}{\tan(\theta_0+\varphi_2)(1+\tan\alpha'\tan\theta_0)} \tag{4-37}$$

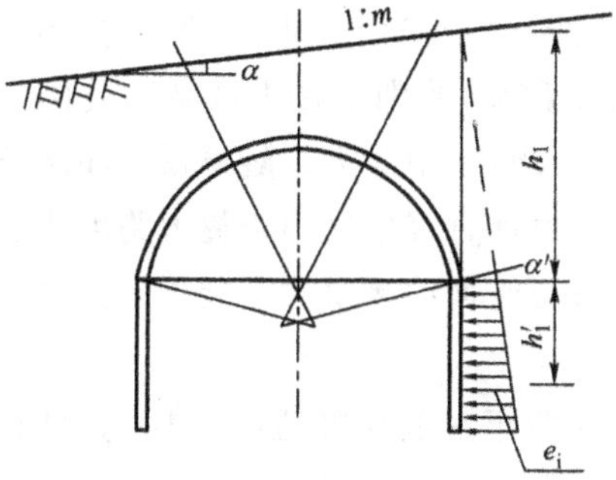

图 4-12

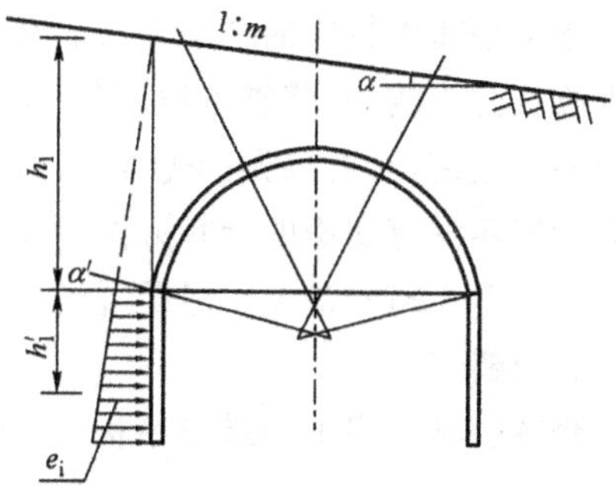

图 4-13

式中：φ_2——墙背回填土石计算摩擦角（°）。

$$\alpha' = \arctan\left(\frac{\gamma_1}{\gamma_2}\tan\alpha\right)$$

$$\tan\theta_0 = \frac{-\tan\varphi_c+\sqrt{(1+\tan^2\varphi_c)(1+\tan\alpha'/\tan\varphi_c)}}{1+(1+\tan^2\varphi)\tan\alpha'/\tan\varphi_c} \tag{4-38}$$

（3）填土坡面水平时

$$\lambda = \tan^2\left(\frac{\pi}{4}-\frac{\varphi_2}{2}\right) \tag{4-39}$$

五、斜井、竖井围岩压力估算

1. 作用于斜井衬砌正截面内的围岩压力

(1)当 $\alpha < 45°$ 时，拱部压力为相应的水平坑道的围岩垂直压力乘以 $\cos\alpha$。边墙的侧压力与相应的水平坑道相同。

(2)当 $\alpha > 45°$ 时，为相应的竖井侧压力乘以 $\sin\alpha$。

α 为斜井与水平面所成的夹角。

2.竖井围岩侧压力一般仅在稳定性较差或不稳定的围岩中考虑，在地下水面以上时，其数值可按下式计算：

$$e_n = (\gamma_1 h_1 + \gamma_2 h_2 + \cdots + \gamma_n h_n)\lambda \tag{4-40}$$

式中： λ——侧压力系数，其计算式为：

$$\lambda = \tan^2\left(45 - \frac{\varphi_n}{2}\right) \tag{4-41}$$

h_1、h_2……h_n——不同岩层的厚度(m)；

γ_1、γ_2……γ_n——不同岩层的容重(kN/m^3)；

φ_n——相应岩层的计算摩擦角(°)；

e_n——相应于 h_n 的侧压力(kPa)。

六、大跨隧道与小净距隧道围岩压力探讨

随着高速公路建设的发展，公路隧道得到了广泛的应用，其形式也多种多样，大跨隧道及小净距隧道是其中特殊的结构形式。在地形复杂的山区高速公路设计中，此种结构形式的隧道对于改善公路线型、节省占地、节省工程投资有着重要意义，特别是在山区高速公路隧道中修建的中短隧道，有着较大的优势。然而，《公路隧道设计规范》中对大跨隧道及小净距隧道围岩压力计算还没有明确的计算方法。现行规范的围岩压力计算仅仅适用于隧道跨度小于15m的情况。对于大跨隧道及小净距隧道的围岩压力计算采用何种计算模式还处于研究之中。

1.大跨隧道

大跨隧道具有扁平的拱形结构(如图 4-14 所示)，与两车道公路隧道断面相比，具有以下特征：

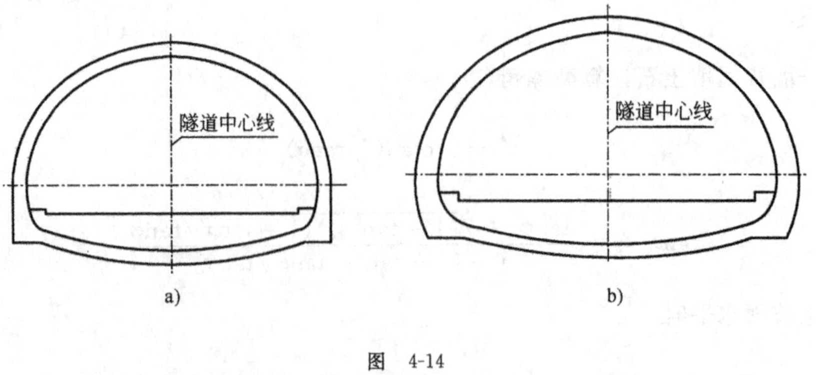

图 4-14

a)单洞三车道大跨隧道；b)单洞四车道大跨隧道

(1)开挖后的应力重分布变得不利，众所周知，对圆形断面隧道来说，在弹性介质、静水压力场中，开挖后隧道周边的最大主应力是初始应力的 2 倍，如果围岩的单轴抗压强度比重分布的应力小，隧道周边围岩将出现塑性化，因此，需要强大的支护结构来控制变形。而对扁平的

大断面隧道来说，根据有限元解析，开挖后最大主应力为侧压系数 $K=1$ 的初始应力的 3 倍，$K=0.7$ 时的 4 倍，因此与两车道公路隧道相比，即使是有很大的强度，也会出现塑性化和较大的变形。也就是说，侧压系数比 1 小时，隧道的扁平度越大，为保证无支护的自稳条件，就必须要求有较大的围岩强度比。

(2)隧道底脚处的应力集中过大，要求较大的地基承载力。从解析结果的分析看出，开挖后的应力在侧壁处比较大，隧道开挖宽度越大，轴力也越大，特别是侧压系数较小时，净空宽度有扩大的可能，因此，底脚的承载力是很重要的。

(3)隧道拱顶不稳定，隧道力学解析常常假定岩体是连续介质，这种假定对推断塑性区是合适的，但对直接推断岩块的崩塌无能为力。因此，结合我国目前已建和在建大跨隧道的实际情况，对大跨隧道的计算多采用普氏理论与块体极限平衡理论。

(4)当隧道开挖的跨度与高度越大，则要求产生拱作用的埋深越大，在浅埋情况下，拱不能发挥作用时，就会产生很大的松弛压力。因此，估计大跨隧道会有较大的松弛压力。

目前我国与日本已把大断面公路隧道的修建技术列为重大研究课题予以实施，研究的主要内容如下：

(1)扁平、大断面隧道的力学问题。由于车道数的增加，宽度加大，而高度变化不大，使断面变得扁平。因此，大断面隧道就不得不做成具有扁平形状的拱形结构，这样一来，使开挖后的应力重分布变差，底脚处的应力集中过大，因而要求较大的地基承载力；拱顶范围不稳定，会形成较大的松弛压力。

(2)隧道断面结构的研究。如隧道断面的研究、初期支护结构的研究、衬砌结构的研究等。

(3)施工方法的研究。其中包括基本的施工方法、隧道掘进机法(TBM)、导坑超前法、不稳定围岩的施工方法及各种辅助工法的研究等。

(4)施工技术的研究。如减小超欠挖技术的研究、长锚杆技术的研究、大容量喷射机的研制、连续出碴运输系统的研究、湿喷钢纤维混凝土技术的研究、不良地质地段的辅助工法研究等。

2. 小净距隧道

双洞小净距隧道是空间近距离双线隧道在同一参考平面的布置方式之一，其结构介于双孔分离式隧道和连拱隧道之间，净间距一般小于一倍隧道开挖洞跨。目前国内双洞小净距公路隧道的净间距取值一般为 3～8m。主要采用单/双侧壁导坑法、超前导洞等施工方法进行施工。

双孔隧道在地层空间中有多种布置形式，诸如平行双洞、重叠双洞、两洞正交或斜交、交叠过渡等(如图 4-15)，其建造方法有明挖暗筑法、明洞法、盾构法、新奥法、矿山法、隧道掘进机法(TBM)、顶管法等，分别适用于不同岩土介质和施工要求。

根据目前拥有的工程设计和施工经验，与双孔平行隧道和连拱隧道比较而言，小净距隧道具有对路线两端接线难度小、施工质量易控制、占地较少、工期较短、造价较低的特点，适用于公路平面线形受限、场地难以按正常双洞布置、工期要求紧而又严格控制造价的中、短公路隧道。

(1)小净距双线隧道的围岩受力分析与相邻隧道最小间距的确定

《公路隧道设计规范》中规定，两相邻隧道的最小净距应按围岩级别、地质条件和隧道断面尺寸及施工方法等因素来确定。一般可按表 4-6 的数值取用。

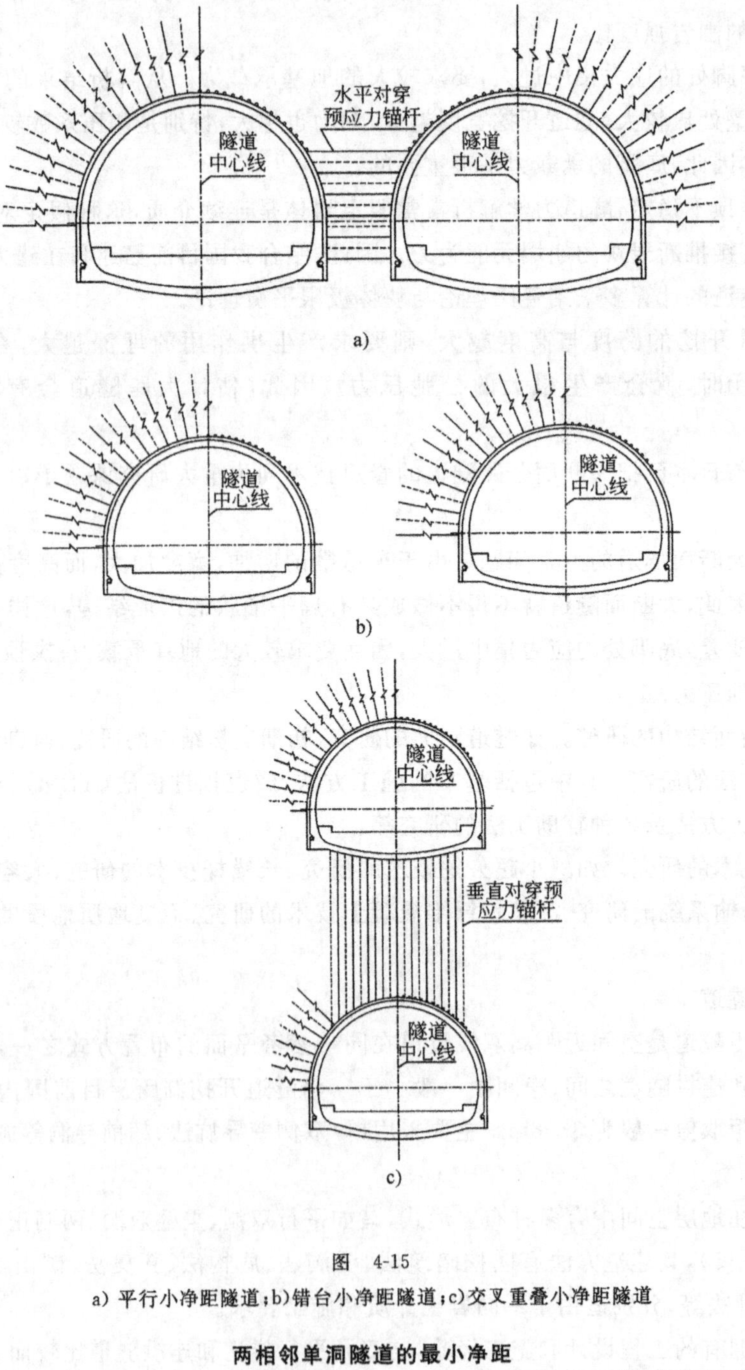

图 4-15

a) 平行小净距隧道；b) 错台小净距隧道；c) 交叉重叠小净距隧道

两相邻单洞隧道的最小净距 表 4-6

围岩级别	I	II	III	IV	V	VI
最小宽度	1.0 × B	1.5 × B	2.0 × B	2.5 × B	3.5 × B	4.0 × B

注：①B——隧道开挖断面的宽度；

②隧道塌方，采用明挖法施工时或采用特殊的施工方法（如加固地层法、盾构开挖法等），表中数值可酌情增减。

上表要求的最小净距的主要因素是，将两相邻隧道应分别置于围岩应力相互影响及施工影响范围之外，或者说使其间岩柱具有足够的强度和稳定性。相邻隧道最小间距的确定，与隧道围岩的地质条件、埋置深度、断面尺寸、施工方法以及相邻隧道施工顺序等许多因素密切相关。上述因素主要是考虑因开挖坑道围岩而产生的破裂面以及在外力及滑面阻力（摩阻力或剪断强度）间相互关系中形成的松弛范围为基础条件。两相邻隧道被置于松弛范围之外，就认为互不受开挖的影响，或者计算的壁柱中最大应力不超过岩石容许应力，认为是安全的。目前有些经验公式（如普氏理论及其他经验公式等）可参考计算，但计算数值一般与实际情况出入较大。因此在确定相邻隧道最小间距时，不能单纯地依据计算结果，更重要的是要参考已建成相邻隧道间距之实例和过去的经验来类比研究确定。

由岩石隧道力学的基本原理可知，在轴对称情况下圆形孔洞开挖后周壁径向应力降为零，而切向应力在周壁达到最大，为两倍原岩应力，只有距离开挖洞室足够远时才恢复为初始应力状态。为了最大限度地减小双洞开挖的相互影响和降低围岩二次应力场的不利叠加，避免塑性域连通，恶化围岩—支护承载体系，现行部颁《公路隧道设计规范》(JTJ D70—2004)规定不同围岩类别情况下的双洞隧道净间距小于表4-6规定的即定义为小净距隧道。隧道周围塑性形态与范围取决于围岩级别、断面形状与大小、施工方法、支护形式与支护时机等众多因素，只有两隧道净间距超过各自的扰动影响宽度之和，两隧道施工才相互独立、互不影响、塑性区域不连通。显然，双洞小净距隧道因洞间净距小于一倍洞跨而必然导致施工扰动影响的相互叠加，尤其是后开挖隧道的施工和支护方法及其对先行隧道结构的影响。确保两隧道结构稳定的前提是洞间岩体要稳定可靠，而洞间岩体稳定可靠的前提是使其不出现塑性区或至少保证塑性区不能贯穿或连通。要达到这个目的，必须借助于人为的强制加固措施。从静力学角度出发，为防止出现破坏与失稳，对隧道围岩采用预加固办法，特别加固两隧道中间岩体，以增加水平方向对岩体的侧向约束，增强拱顶岩体抗拉强度，提高围岩的自承能力，其方法主要有超前岩体注浆和长锚杆锚固两种形式。其次控制对两隧道中间所夹岩层的爆破破坏深度，特别是对其边墙部位的破坏深度，尽可能的减少其松弛范围；控制隧道边墙爆破时质点的震动速度值，使之不破坏已有支护。为此，建议小净距隧道从两端相向施工.避免同时同向推进，并且开挖面间距至少应在一倍洞径以上。在先行开挖地段，通过注浆加固所夹持的岩体，坚持快速开挖、快速封闭的施工方针，保证初期支护具有足够的强度和刚度，从而将隧道结构位移和地面沉降量均严格控制在允许范围内。工程实践表明，中间岩体厚度过小，会因承受很大的压力而破裂失稳，因此必须对中间岩体进行可靠有效的加固处理。同时避免锚杆布置过密而损害中间岩体稳定性。在初期支护达到设计强度后，通过监测信息确定二次衬砌施作的最佳时机，以使隧道结构安全储备达到最佳。

(2)国内外相关实例及研究现状分析与评价

应用现行部颁《公路隧道设计规范》(JTJ D70—2004)来设计分离式公路隧道的事例已经为数不少。然而在某些情况下，由于客观场地的地形地质条件、布线及连接线要求等具体限制，突破现有规范的某些条款完成设计和施工的隧道事例也时有发生。其实，这种情况不仅出现在近年来的公路隧道建设领域（见表4-7），而且早已出现在铁路隧道、地铁隧道、水工隧洞等领域。近年来，针对具体工程实践取得的研究成果已经直接为公路隧道建设起到了很好的服务和指南作用。

表4-7 国内部分小净距隧道统计表

隧道名称	岩柱最小净距	主要围岩类别	岩柱加固措施	备注
宁波镇海招宝山隧道	3.5m	III、IV级围岩	极浅埋段预设铅垂向锚桩、预应力对拉锚杆	已建
都汶高速董家山隧道	3.75 m	III～V级围岩	低预应力对拉锚杆、局部长锚杆、地表深孔注浆	拟建
京福高速金旗山隧道	5.079 m	III、IV级围岩	小导管注浆、预应力对拉锚杆	已建
京福国道里洋隧道	5.86 m	IV、V级围岩	小导管注浆、预应力对拉锚杆	已建
泉州市丰泽街隧道	6.44 m	III级围岩	预注浆加固	拟建
深圳市梧桐山隧道	10 m	IV级围岩	不详	已建
厦门市仙岳山隧道	19 m	V级围岩	不详	已建

尽管在以往的工程实践中已有多个相类似的成功事例，但是迄今为止，围绕分离式双洞隧道最佳净距的相关理论和设计施工关键技术的研究显得不足够、不及时、不系统，成果相对单薄，理论支撑程度不深厚，出现设计理论严重落后于工程建设的被动局面，已经成为制约行业科技进步和技术发展的关键因素。目前交通部已经把小净距隧道列为西部交通科研课题。课题针对不同围岩、不同净距、双车道、双洞小净距隧道，依托工程特点，结合理论分析、模型试验和现场量测等研究手段进行研究。研究的内容根据不同围岩级别（V、IV、III级）和不同小净距（0.25B、0.5B、0.75B、1.0B、1.5B）组合共计为15大类型的不同围岩、不同小净距隧道断面，从小净距隧道岩柱体加固判定标准及方法、小净距隧道主体结构设计参数研究、小净距隧道爆破振动对相邻隧道及围岩稳定性影响、小净距隧道的合理施工方法、现场监控量测管理体系、监控基准及安全保证体系等方面开展研究。同时，根据同一水平面上小净距隧道的研究，进一步研究空间（上下错台）小净距隧道的设计、施工技术。

可以预见小净距隧道的设计、施工技术在当今交通大发展的良好背景下，将得到更为广泛的应用，必将在今后的发展中发挥越来越显著的作用，产生巨大的经济效益和社会效益，更好地服务于人民。同时也必将使我国公路隧道的设计、施工技术与管理水平迈上一个崭新的台阶。

第三节　其他围岩压力计算方法简介

一、泰沙基方法确定围岩压力

泰沙基理论是以松散介质平衡理论为基础。泰沙基认为：岩体为有一定粘结力的松散介质，当坑道开挖后，围岩下沉时由于侧压力的作用，对下沉围岩产生摩阻力。水平应力与垂直应力之比为k。

距地面深h处取厚度为dh的水平单元体如图4-16所示，作用在该水平单元体上各力，在垂直线上投影的平衡方程为：

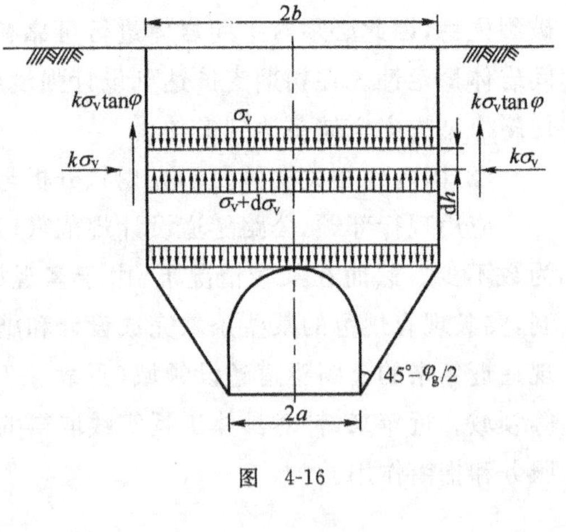

图 4-16

$$2b(\sigma_v + d\sigma_v) - 2b\sigma_v + 2k\sigma_v \tan\varphi dh - 2b\gamma dh = 0$$

或

$$\frac{d\sigma_v}{\gamma - \frac{k\sigma_v \tan\varphi}{b}} - dh = 0 \tag{4-42}$$

式中：σ_v——竖向压应力(MPa)；

γ——围岩天然容重(kN/m^3)；

k——水平应力与垂直应力的比值；

b——洞顶围岩塌落宽度之半(m)；

φ——围岩似摩擦角(°)。

将式(4-42)积分，并代入边界条件 $h=0$，$\sigma_v=0$，可得：

$$\sigma_v = \frac{\gamma b}{k\tan\varphi}(1 - e^{-k\tan\varphi\frac{h}{b}}) \tag{4-43}$$

该式对于深埋隧道或浅埋隧道都能应用，当隧道埋深大，即为深埋隧道时，则可认为 $h\rightarrow\infty$，$e^{-k\tan\varphi\frac{h}{b}}\rightarrow 0$，$\sigma_v$ 趋于定值：

$$\sigma_v = \frac{\gamma b}{k\tan\varphi} \tag{4-44}$$

侧壁不稳定时，侧壁的滑裂面与垂直线成 $(45° - \frac{\varphi}{2})$ 角，水平侧压力按朗金公式计算，侧壁上任一点的侧压力为：

$$\sigma_v = (\sigma_v + \gamma dh_t)\tan^2(45° - \frac{\varphi}{2}) \tag{4-45}$$

式中：σ_H——坑道侧向任意点的水平侧压力(kPa)；

σ_v——坑道顶部垂直围岩压力(kPa)；

dh_t——计算点距坑道顶之距离(m)；

γ——围岩天然容重(kN/m^3)；

φ——采用计算摩擦角 φ_g 值(°)。

当侧壁稳定时，洞顶围岩塌落宽度等于坑道宽度。

泰沙基根据试验得出：$k=1.0\sim1.5$，当取 $k=1$，并以 $f=\tan\varphi$ 代入式(4-45)可得：$\sigma_v=\frac{\gamma b}{f}$

泰沙基根据 3.0m×3.0m 断面的坑道中实际量测资料，以坑道支护所需要的地压值为对象进行围岩分类，泰沙基分类表如表 4-8 所示。

K·泰沙基围岩分类表 表 4-8

岩层状态	岩石荷载高度(m)	说明
1. 坚硬的，无损害的	0	当有掉块或岩爆时可设轻型支撑
2. 坚硬的，呈层状或片状的岩层	$(0\sim0.5)B$	采用轻型支撑，荷载局部作用，变化不规则
3. 大块，有一般节理的	$(0\sim0.25)B$	采用轻型支撑，荷载局部作用，变化不规则
4. 有裂隙，块度一般的岩层	$0.25B\sim0.35(B+H_t)$	无侧压
5. 裂隙较多，块度小的岩层	$(0.35\sim1.10)(B+H_t)$	侧压很小或没有
6. 完全破碎的，但不受化学侵蚀的	$1.10(B+H_t)$	有一定侧压。由于漏水，隧道下部分变软，支撑下部要做基础。必要时可采用圆形支撑

续上表

岩层状态	岩石荷载高度(m)	说　明
7.挤压变形缓慢的岩层(覆盖厚度中等)	$(1.10\sim2.10)(B+H_t)$	有很大侧压。必要时修仰拱,推荐采用圆形支撑
8.同上,但覆盖层较厚	$(2.10\sim4.50)(B+H_t)$	有很大侧压。必要时修仰拱,推荐采用圆形支撑
9.膨胀性地质条件	与$(B+H_t)$无关,一般达 80m 以上	要用圆形支撑,激烈时采用可缩性支撑

注:表中 B、H_t 分别为坑道宽度及高度。

由表可见,分类是以岩体构造、岩体特征为代表进行分类的,围岩的定性描述比较概括,每类围岩都有一个相应的地压范围值。分类是以有水条件为基础的,当无水情况时,表中 4～7 类围岩的地压值要降低 50%。有的研究指出,按此表算得的地压值一般偏高,有的甚至可减少 70%。分类的定量描述也不够。泰沙基在理论和实践的分析基础上,已经给出了各类地层压力的经验数据,泰沙基计算公式目前在英、美等国仍在广泛应用。

二、M. M. 普罗托基亚可诺夫(简称普氏)方法

隧道开挖后,围岩处于二次应力状态。此时,隧道顶部在大多数情况下将出现拉应力,而拉应力值又往往远超过围岩的抗拉强度,因此,隧道开挖后如不及时支护衬砌,洞顶岩体则可能断裂、破碎,甚至部分岩块因失去平衡逐渐坍落,但是,根据对大量工程的观察和模型试验的结果来看,这种坍塌并非是无止境的,一般都坍落到一定程度后就不再继续发展了。此时,隧道围岩又进入了新的平衡状态。从观察到的现象来看,塌落终止后的界面形状近似于拱形(图 4-17),所以通常把这个拱称为自然平衡拱(或卸荷拱、压力拱)。按照拱的概念,平衡拱将承受上覆岩层的重量,并把拱顶荷载转加到两侧的岩体上,而支护衬砌仅承受平衡拱范围内的破碎岩体或拱内处于移动状态的岩体产生的重量,因此,如何确定平衡拱的形状和尺寸(实质上就是确定洞顶围岩的破坏范围),就成为计算围岩压力的关键,而其中又以确定拱的尺寸最为重要。

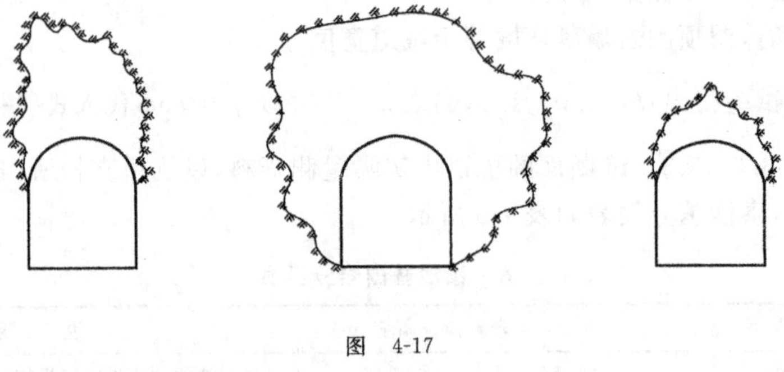

图 4-17

普氏方法是以平衡拱为基础的围岩压力计算方法。早在 1908 年,俄国学者普罗托基亚可诺夫根据对矿山坑道的观察和砂箱模型试验,就提出了平衡拱理论的垂直围岩压力计算方法,它在前苏联和我国获得广泛的应用。

普氏公式说明了这样一个事实:在松散介质中开挖坑道,在其上方会形成一抛物线形平衡拱。这个平衡拱实质上也就是破坏范围,这范围中的围岩重量就是隧道支护结构所要承受的荷载(图 4-18)

如前所述，围岩越稳定，f_{kp}值越大，亦即破坏范围越小，荷载也越小。由此可见：围岩压力值的大小(以平衡拱高度 h 表示)与岩石坚固性系数 f_{kp}成反比关系。

在确定平衡拱时，普氏认为：平衡拱的外边缘为一质点拱(即厚度薄如质点的拱圈)，该拱圈的存在有二个条件：任意截面弯矩为零及拱脚不会滑动。在基本结构图 4-19 中，对任意点 i 取弯矩$\sum Mi=0$ 可得：

$$Ty-\frac{px^2}{2}=0$$

故
$$y=\frac{px^2}{2T} \tag{4-46}$$

式中：p——竖向均布荷载(kN)；

T——拱顶推力(kN)；

x、y——质点拱任意点 i 的坐标，如图 4-19 所示。

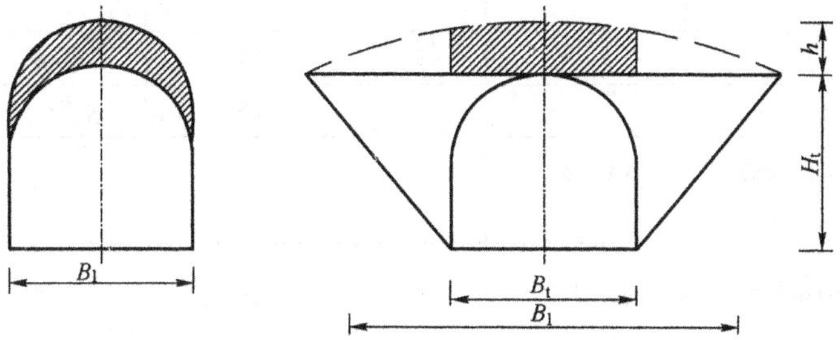

围岩无侧向压力　　围岩有侧向压力

图 4-18

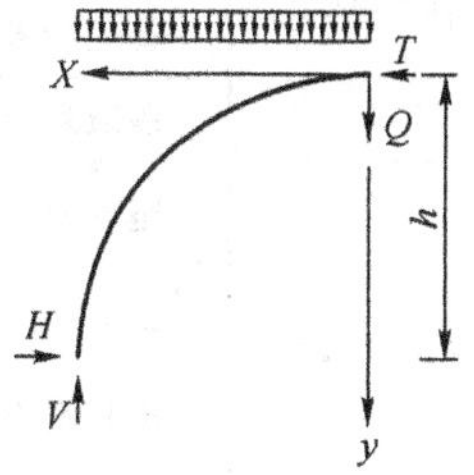

图 4-19

由式(4-46)可见，该质点拱为二次抛物线形拱。

当 $x=b$，$y=h$ 时：

$$T=\frac{pb^2}{2h} \tag{4-47}$$

式中：b——塌落拱半跨宽度(m)；

h——塌落拱高度(m)。

要使拱脚保持稳定，则需要 $H\geqslant T$，或为：

$$H=T+\Delta \tag{4-48}$$

Δ 为拱脚保持稳定所需要的安全值。由于拱形越平缓，推力越大，因此，普氏认为 Δ 是拱高 h 的函数，这个函数普氏以水平力 τh 来表示，代入式(4-48)可得：

$$H=T+\tau h \tag{4-49}$$

而拱脚横推力 $H=f_{kp}\cdot b\cdot p'$，代入式(4-49)可得：

$$f_{kp}\cdot b\cdot p=T+\tau h$$

即：
$$\tau h=f_{kp}\cdot b\cdot p-\frac{pb^2}{2h}$$

令$\frac{d\tau}{dh}=0$ 可得到 h 的极值：

$$h=\frac{b}{f_{kp}} \tag{4-50}$$

式中：h——处在平衡状态时拱的高度，即平衡拱高(m)；

B——平衡拱跨度的一半(m)；

f_{kp}——普氏岩石坚固性系数，参见表4-9，或称为似摩擦系数。

普氏岩石坚固性系数分类表 表4-9

围岩类别	岩石名称	f_{kp}	$\gamma(kN/m^3)$	φ_k
极坚硬的	最坚硬的、致密的及坚韧的石英石和玄武石，非常坚硬的其他岩石	20	28～30	87°
	极坚硬的花岗岩、石英斑岩、砂质片岩，最坚硬的砂岩及石灰岩	15	26～27	85°
	致密的花岗岩、极坚硬的砂岩及石灰岩、坚硬的砾岩、很坚硬的铁矿	10	25～26	82.5°
坚硬的	坚硬的石灰岩、不坚硬的花岗岩、坚硬的砂岩、大理岩、黄铁矿及白云石	8	25	80°
	普通砂岩、铁矿	6	24	75°
	砂质片岩，片岩状砂岩	5	25	72.5°
中等坚硬的	坚硬的粘土质片岩、不坚硬的砂岩、石灰岩、软的砾岩	4	26	70°
	不坚硬的片岩、致密的泥灰岩、坚硬的胶结粘土	3	25	70°
	软的片岩、石灰岩、冻土、普通的泥凝灰岩、破碎的砂岩、胶结的卵石和砂砾掺石的土	2	24	65°
	碎石土、破碎的片岩、卵石和碎石、硬粘土、坚硬的煤	1.5	18～20	60°
	密实的粘土、普通煤、坚硬冲击土、粘土质土、混有石子的土	1.0	18	45°
	轻砂质粘土、黄土、砂砾、软煤	0.8	16	40°
松软的	湿砂、砂土壤、种植土、泥碳、轻砂壤土	0.6	15	30°
不稳定的	散砂、小砂砾、新堆积土、开采出的煤	0.5	17	27°
	流砂、沼泽土、含水的黄土及其它含水的土	0.3	15～18	9°

这就是普氏方法决定垂直围岩压力的公式。作用在支护结构上的围岩压力，可由抛物线形拱内的围岩重量来决定，当将其考虑为均布围岩压力 q 作用在支护结构上时：

$$q=\gamma\cdot h \tag{4-51}$$

式中：q——作用在支护结构上的均布围岩压力(kPa)；

γ——围岩天然容重(kN/m^3)；

h——平衡拱高(m)。

要注意的是：b 为平衡拱跨度的一半，在坚硬岩层中(一般 $f_{kp}>3\sim4$)时，因侧壁较稳定，平衡拱跨度 B_1 即为坑道跨度 B_t，当 $f_{kp}\leqslant3\sim4$ 时，因侧壁松弛，平衡拱跨度：

$$B_1=B_t+2H_t\tan(45^\circ-\frac{\varphi_g}{2}) \tag{4-52}$$

式中：H_t——坑道高度(m)；

B_t——坑道跨度(m)；

B_1——平衡拱跨度(m)；

φ_g——围岩计算摩擦角(°)，其值见表 4-3。

当侧壁不稳定时($f_{kp} \leqslant 3 \sim 4$)还有侧压力，某一深度 y 处的侧压力为：

$$e_y = (q + \gamma y)\tan^2(45° - \frac{\varphi_g}{2}) \tag{4-53}$$

式中：e_y——距拱顶 y 处侧压力大小(kPa)；

q——垂直均布围岩压力(kPa)，由(4-51)计算；

γ——围岩天然容重(kN/m^3)；

φ_g——围岩计算摩擦角(°)；

y——由拱顶至计算截面的纵坐标。

当侧压力视为均布时，可按下式求得：

$$e = (q + \frac{1}{2}\gamma y)\tan^2(45° - \frac{\varphi_g}{2}) \tag{4-54}$$

式中：H_t——坑道高度(m)；

其他符号意义同前。

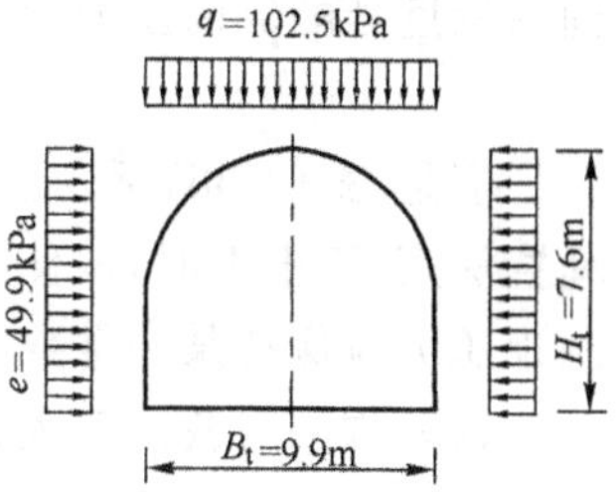

图 4-20

例题：如图 4-20 所示公路隧道，围岩 $f_{kp}=1.5$，硬粘土，$\varphi_g=60°$，$\gamma=22kN/m^3$。试用普氏理论确定围岩压力值。

[解] 此时，平衡拱跨度 B_1 为：

$$B_1 = B_t + 2H_t\tan(45° - \frac{\varphi_g}{2}) = 9.9 + 2 \times 7.6\tan(45° - \frac{60}{2}) = 13.97m$$

平衡拱高度 h 为：

$$h = \frac{b}{f_{kp}} = \frac{13.97/2}{1.5} = 4.66m$$

垂直压力视为均布时：

$$q = \gamma \cdot h = 22 \times 4.66 = 102.5kPa$$

侧压力视为均布时：

$$e = (q + \frac{1}{2}\gamma y)\tan^2(45° - \frac{\varphi_g}{2}) = (102.5 + \frac{1}{2} \times 22 \times 7.6)\tan^2(45° - \frac{60}{2}) = 49.9kPa$$

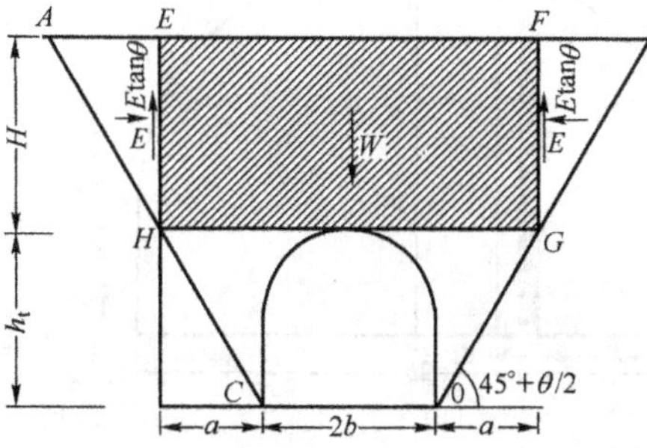

图 4-21

三、A·毕尔鲍曼方法确定围岩压力

毕尔鲍曼方法在国外应用比较普遍，他认为在松散岩层中修筑浅埋隧道时，岩层中形成的滑动面可用两条水平线成(45°+φ/2)的直线 AC 与 BD 来代替，如图 4-21 所示。当洞顶平面以上的岩体 $EFGH$ 向下移动时，将受到两侧三棱体 AEH 和 BFG 的牵制，于是作用在支护衬砌的垂直围岩压力：

$$P = W - 2E\tan\varphi$$

式中：W——$EFGH$ 岩体的总重量(kN)，其值为

$$W = 2(a+b)H\gamma，而\ a = h_t\tan(45° - \varphi/2)$$

E——作用在 EH、FG 面上的侧向总压力，其值为

$$E=\frac{1}{2}\gamma H^2\tan^2(45°-\varphi/2)$$

φ——岩层的内摩擦角(°)。

故
$$P=2(a+b)\gamma H\{1-\frac{H}{2(a+b)}\tan\varphi\cdot\tan^2(45°-\frac{\varphi}{2})\}\tag{4-55}$$

若令
$$\tan\varphi\cdot\tan^2(45°-\frac{\varphi}{2})=K'$$

则作用于洞顶 HG 平面上的垂直围岩力为

$$P=\frac{p}{2(a+b)}=\gamma H\{1-\frac{KH}{2(a+b)}\}\tag{4-56}$$

同一深度处的侧向压力为：

$$e=P\tan^2(45°-\varphi/2)\tag{4-57}$$

但是，式(4-56)所表达的 $P\sim H$ 关系的这种变化规律并未完全为实践所证实，因为当隧道埋置深度 H 很大时，两侧的滑动面不会仍然延伸到地表，因而当埋置深度 H 超过一定值后，洞顶压力应保持某一常数。

这种方法与我国工程技术规范所用方法的区别在于：①计算图式有所不同；②牵制力取了大值(相当于 $\theta=\varphi$)，这意味着把洞顶岩体 $EFGH$ 的两个侧面也按极限平衡状态考虑了；③反映不出洞顶岩体下沉对侧向压力的影响，所以算得的侧向压力较我国铁路部门的方法为小；④计算较为简便。

四、W·利特方法

利特认为：对于深埋隧道，作用于支护衬砌上的垂直围岩压力，不是由洞顶的整个岩柱重量所引起，而是由洞顶某一曲线拱范围内的松动岩块重量引起的[图 4-22a)]，其值等于拱内松动岩块重量减去使拱内岩块与周围体脱离的力，即

$$P=W-j\tag{4-58}$$

式中：W——拱内松动岩块的重量(kN)。

j——拱内岩块与周围岩体脱离的力(kN)，其值由围岩的断裂强度决定。

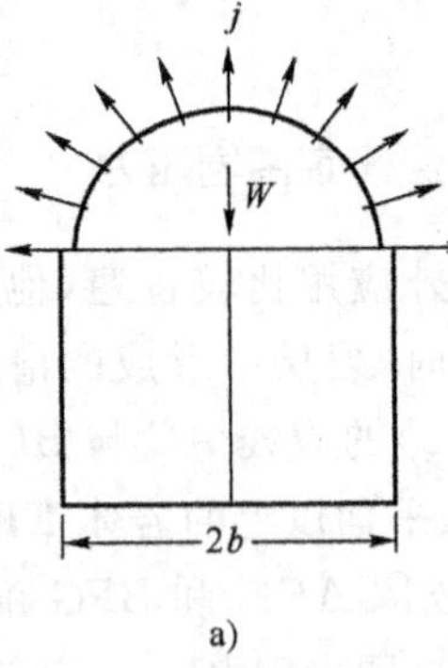

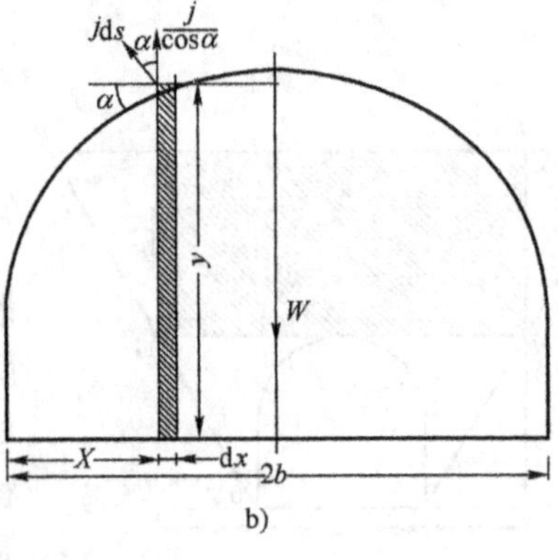

图 4-22

由图 4-22b)可知，若围岩的断裂强度为

$$\sigma_u=\gamma j\quad(径向)$$

则其垂直分量为$(j/\cos\alpha)\cdot ds\cdot\gamma$；$j$ 在这里是抗裂系数，即

$$j=\sigma^{u}/\gamma$$

j 值的大小反映了围岩抵抗断裂的能力。

沿拱周围岩体抵抗断裂的垂直力总和为

$$j=\int_0^{2b}\frac{jg\gamma}{\cos\alpha}ds=\int_0^{2b}j\gamma dx$$

拱内松动岩块的重量为

$$W=\int_0^{2b}\gamma y dx$$

将 j 和 W 代入式(4-58)，则得

$$P=\gamma\int_0^{2b}ydx-\gamma j\int_0^{2b}dx \tag{4-59}$$

若视拱为一抛物线，其方程为

$$y=\frac{X}{4j}(2b-x) \tag{4-60}$$

代 y 入(4-41)式，则得

$$P=\gamma\int_0^{2b}\frac{X}{4j}(2b-x)dx-\gamma j\int_0^{2b}dx \tag{4-61}$$

当 $x=b$ 时，由式(4-60)求的拱的矢高为

$$y_{max}=\frac{b^2}{4j} \tag{4-62}$$

由上式可知，当 $j=0$ 时，(即 $\sigma_u=0$，围岩毫无抵抗断裂的能力)$h=\infty$，此时即将洞顶的整个岩柱重量作为计算荷载。

再看式(4-61)，当 $j\geqslant b^2/6j$ 时，$p\leqslant 0$，这显然不合乎实际，另外式(4-62)已经通过 j 考虑到了围岩的抗裂强度，因此，在计算洞顶垂直围岩总压力时，仅考虑拱内松动岩块的重量还显得合理一些。这样一来，拱顶垂直围岩总压力即可由下式计算：

$$P=(2/3)\cdot 2b\cdot(b^2/4j)\cdot\gamma=\gamma b^3/3j \tag{4-63}$$

这个公式通常用于坚硬围岩。

如果洞的侧壁岩体不稳，同样用以上各式中的 b 代以 b_1，其值 $b_1=b+b_t\tan(45°-\varphi/2)$。

第四节　围岩压力量测简介

坑道形状的选择、支护结构设计、围岩压力理论以及坑道施工等的进一步深入研究，都需要更好地判断围岩稳定性，亦即需要更好地确定围岩压力的大小、分布、方向等，因此对于围岩压力的实测工作，一直得到设计、研究、施工人员的重视。

围岩压力量测，一般可通过量测支护结构的变形或内力，然后推算围岩压力的间接量测方法，或用直接量测作用在支护结构上的压力的方法。

量测支护结构的变形或内力的方法很多，如可采用各种类型的支柱测力计(有机械式、电测式及液压式等)，或在衬砌内埋设各种量测元件(如电阻应变片、钢筋应变计、遥测应变计、混凝土应变砖等)量测衬砌的应变。

直接量测作用在支护结构上的压力，可采用各种类型(机械作用式、电测式、液压式等)的压力盒。

此外，还量测围岩的变形情况（量测中常采用量测锚杆，或量测坑道断面开挖后的收敛），及围岩深部的应力情况（采用量测围岩深部应力的应力计）。

在实验室，还用模型试验的方法推算结构上作用的压力及围岩变形情况。

但是，在直接量测压力时至今仍无法既量测切向压力又量测得法向压力（在同一测点处）；测得的压力值为围岩与衬砌间的接触应力，包含了主动压力和弹性压力，从测得的接触应力中来确定围岩压力值往往不能办到；由支护结构测得变形或内力来反推围岩压力值，则仍需要假定压力分布形状、分布范围等，这也就难于达到正确确定围岩压力问题的预期目的；加上就量测技术本身来说，在精确度及稳定性方面还存在问题，有待于进一步改进提高；量测元件的设置、仪表的操作等对量测结果会产生影响，这与操作人员的技术水平及熟练程度有很大关系。因此，在围岩压力量测方面还有待于深入研究、改进、实践、提高。

第五章　隧道衬砌结构计算

第一节　概　　述

一、简况

隧道衬砌结构除必须满足建筑限界和保证足够的净空以外，还要求有足够的强度，以保证在使用期内结构物有可靠的安全性。隧道衬砌结构计算所需要的物理力学指标等设计参数，应通过勘探和试验手段取得。对不同的衬砌结构形式应用不同的计算方法进行截面强度验算。

早期地下工程的设计主要参照地面结构的计算，随着在设计中引入围岩对衬砌变形所产生的抗力，计算机技术的飞速发展和岩土介质本构关系研究的进展，以有限元为代表的数值分析以及无限单元、边界元、离散单元及其耦合使用法等在地下结构静力和动力分析中得到了广泛应用。现在主要采用两类计算模型：一类是以支护结构作为承载主体的荷载—结构模型；另一类是以围岩为承载主体的岩石力学模型。

通过长期观测，发现围岩不仅对衬砌产生压力，同时还约束衬砌的变形。围岩对衬砌变形的约束，对改善衬砌结构的受力状态有利，不可不考虑。衬砌在受力的变形过程中，一部分结构脱离围岩形成"脱离区"的趋势，另一部分密切围岩形成所谓"抗力区"，如图 5-1 所示。在抗力区内，衬砌挤压围岩变形，围岩对衬砌产生反作用抵抗力，即"弹性抗力"。抗力区的范围和弹性抗力的大小，视围岩性质、围岩压力大小和结构变形的不同而异，通常采用局部变形理论和共同变形理论分析。

局部变形理论是以温克尔(E. Winkler)假定为基础的。它认为应力(σ_i)和变形(δ_i)之间呈直线关系，即 $\sigma=K\delta_i$，K 为围岩弹性抗力系数，见图 5-2a)。这一假定，相当于认为围岩是一组各自独立的弹簧，每个弹簧表示一个小岩柱。虽然实际的弹性体变形是相互影响的，施加于一点的荷载会引起整个弹性体表面的变形，即共同变形，见图 5-2b)。但温氏假定是反映衬砌的应力—变形的主要因素，且计算简单实用，可以满足工程设计的需要。应当明确指出，弹性抗力系数 K 并非常数，它取决于很多因素，如围岩的性质、衬砌结构形状、尺寸以及荷载类型等。对于深埋隧道可视为常数。

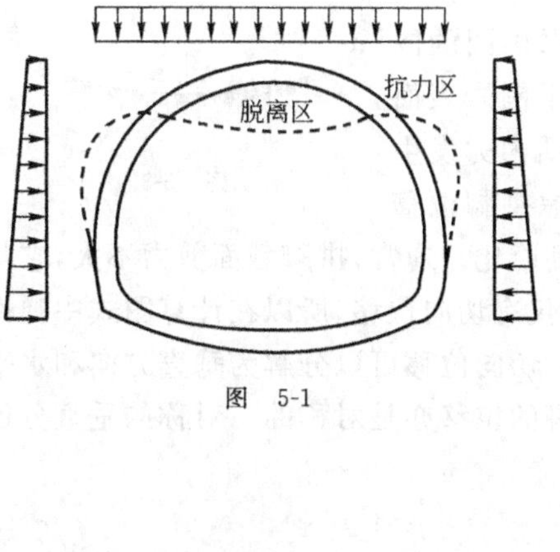

图　5-1

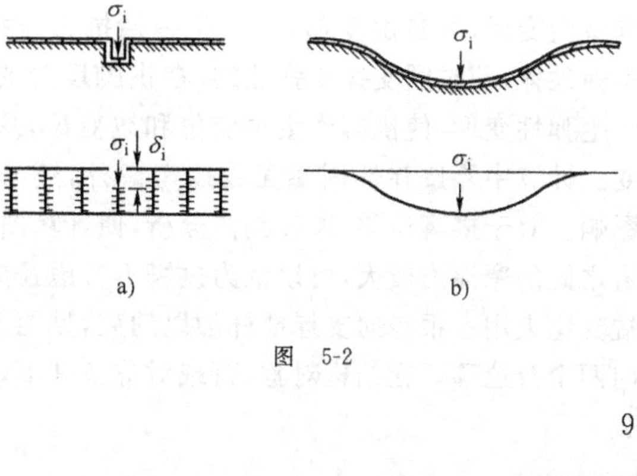

图　5-2

共同变形理论把围岩视为弹性半无限体，考虑相邻质点之间变形的相互作用。它用纵向变形系数 e 和横向变形系数 μ 表示地层特征，并考虑粘结力 c 和内摩擦角 φ 的影响。但这种方法所需围岩物理力学参数较多，而且计算颇为繁杂，计算模型也有严重缺陷，另外还假定施工过程中对围岩不产生扰动等，更是与实际情况不符，国内很少采用。

本章主要讨论局部变形理论中目前仍有实用价值和惯用的计算方法。

二、隧道衬砌荷载与分类

作用在衬砌上的荷载，按其性质可区分为主动荷载和被动荷载。主动荷载是主动作用于结构并引起结构变形的荷载；被动荷载是因结构变形压缩围岩而引起的围岩被动抵抗力，即弹性抗力，它对结构变形起到约束作用。

1. 主动荷载

(1)主要荷载：系指长期及经常作用于结构上的荷载，有围岩压力、回填土荷载、衬砌自重、地下静水压力以及车辆荷载等。

(2)附加荷载：系指非经常作用于结构上的荷载，有注浆压力、冻胀压力、混凝土收缩应力、温度应力以及地震力等。

围岩压力按前述章节所述方法确定，衬砌自重按预先拟定的尺寸和材料密度确定。地下静水压力按地下水位计算，由于地下水分布规律很难确定并且它有可能使结构受力得到改善，故应按最低水位考虑。对于附加荷载的计算，应按照《公路隧道设计规范》中的有关规定计算。

计算荷载应根据上述两类荷载同时存在的可能性进行组合。一般情况下可仅考虑主要荷载，特殊情况下才进行必要的组合，并选择相应的安全系数验算衬砌结构强度。

2. 被动荷载

弹性抗力属于被动荷载，它只产生在被衬砌约束的那部分周边上，其分布规律和范围一般按工程类比法确定，精确值可以通过数值计算逐渐逼近法确定，但通常可作简化处理。

第二节　半衬砌计算

拱圈直接支撑在洞室围岩侧壁墙上时，称为半衬砌，见图 5-3。常用于坚硬、较完整的围岩(I、II、III 级围岩)中。施工方法采用先拱后墙时，拱圈已经完成，但下半断面尚未开挖之前，拱圈也处于半衬砌工作状态。

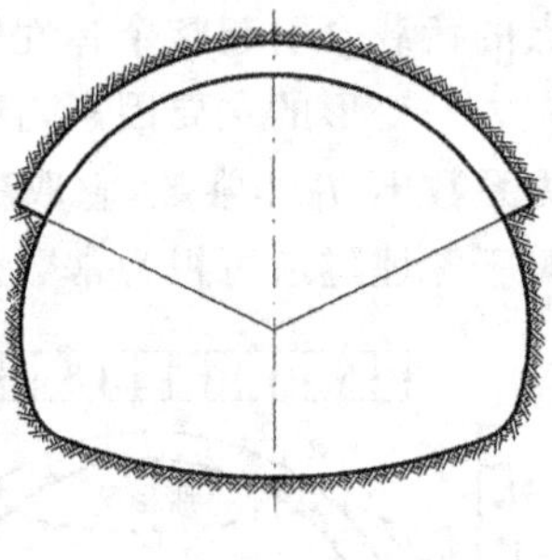

图　5-3

一、计算图式、基本结构及力法方程

公路隧道中的拱圈，一般矢跨比不大，在垂直荷载作用下拱圈向洞室内变形，为自由变形，不产生弹性抗力，由于支撑拱圈的围岩系弹性体，即拱圈支撑是弹性的，在拱脚反力的作用下围岩表面将产生弹性变形，使拱脚产生角变位和线变位，从而拱圈内力发生改变。计算中除按弹性固端无铰拱考虑外，还必须考虑拱脚位移的影响。对于拱脚位移，通过具体分析，使计算图式得到简化。通常，拱脚截面剪力不大，它与围岩之间的摩擦力较大，可以认为拱脚不考虑径向位移仅有切向位移，所以在计算图式中弹性固端支座上用一根径向支撑链杆加以约束，见图 5-4a)。切向位移可以分解为垂直方向和水平方向两个分位移。在结构对称、荷载对称条件下，两拱脚的位移亦是对称的。对称的垂直分位

移对拱圈不产生内力，拱脚的转角 β_a 和切向位移的水平分位移 u_a 是必须考虑的。图中所示为正号方向，即水平位移向外为正，转角与正弯矩方向相同时为正。采用力法计算时，将拱圈在拱顶处切开，取基本结构如图 5-4b)所示。弹性固端无铰拱为三次超静定结构，有三个赘余未知力，即弯矩 X_1、轴力 X_2 和剪力 X_3。结构对称、荷载对称时，$X_3=0$，变成二次超静定结构，故仅需计算一半。根据结构力学方法建立如下正则方程式：

$$\left.\begin{aligned} X_1\delta_{11}+X_2\delta_{12}+\Delta_{1p}+\beta_a&=0 \\ X_1\delta_{21}+X_2\delta_{22}+\Delta_{2p}+f\beta_a+u_a&=0 \end{aligned}\right\} \tag{5-1}$$

式中：δ_{ik}——单位变位，即基本结构上因 $\overline{X}_k=1$ 作用时，在 X_i 方向上产生的变位；

Δ_{ip}——荷载变位，即基本结构因外荷载作用时，在 X_i 方向产生的变位；

f——拱圈矢高；

β_a、u_a——拱脚截面的最终转角和水平位移。

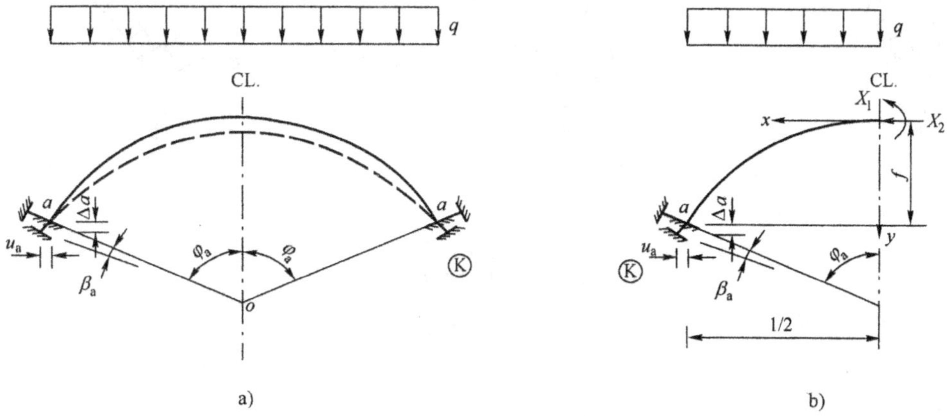

图 5-4

如果式(5-1)中的各变位都能求出，则可用结构力学的方法解算出赘余未知力 X_1、X_2，此时，拱圈内力即可算出。对于非对称荷载或非对称结构可参照以上计算方法，解算出赘余未知力 X_1、X_2、X_3，拱圈内力亦可容易算出。

二、单位变位及荷载变位计算

由结构力学求变位的方法(轴力与剪力影响忽略不计)得知：

$$\left.\begin{aligned} \delta_{ik}&=\int\frac{\overline{M}_i\overline{M}_k}{EJ}ds \\ \Delta_{ip}&=\int\frac{\overline{M}_iM_p^0}{EJ}ds \end{aligned}\right\} \tag{5-2}$$

式中：$\overline{M}_i$——基本结构在 $\overline{X}_i=1$ 作用下产生的弯矩；

$\overline{M}_k$——基本结构在 $\overline{X}_k=1$ 作用下产生的弯矩；

M_p^0——基本结构在外荷载作用下产生的弯矩；

EJ——结构的刚度。

在进行具体计算时，由于结构对称、荷载对称，故仅需计算半个拱圈。在大多数情况下，衬砌厚度是变化的，给积分带来不便，此时可将拱圈分成偶数段，用抛物线近似积分法*代替，式(5-2)可以改为：

$$\left.\begin{aligned}\delta_{ik}&\approx\frac{\Delta S}{E}\sum\frac{\overline{M}_i\overline{M}_k}{J}\\ \Delta_{ip}&\approx\frac{\Delta S}{E}\sum\frac{\overline{M}_iM_p^0}{J}\end{aligned}\right\}\tag{5-3}$$

利用式(5-3)，参照图5-5，容易求得下列变位：

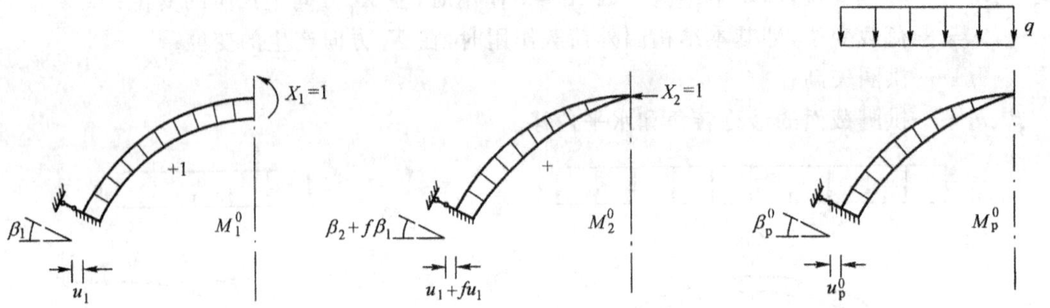

图 5-5

$$\left.\begin{aligned}\delta_{11}&\approx\frac{\Delta S}{E}\sum\frac{1}{J}\\ \delta_{12}&\approx\frac{\Delta S}{E}\sum\frac{y}{J}\\ \delta_{22}&\approx\frac{\Delta S}{E}\sum\frac{y^2}{J}\\ \Delta_{1p}&\approx\frac{\Delta S}{E}\sum\frac{M_p^0}{J}\\ \Delta_{2p}&\approx\frac{\Delta S}{E}\sum\frac{yM_p^0}{J}\end{aligned}\right.\tag{5-4}$$

式中：ΔS——半拱弧长 n 等分后的每段弧长。

计算表明，当拱圈厚度 $d\leqslant l/10$（l—拱的跨度）时，曲率和剪力的影响可以忽略。当矢跨比 $f/l\geqslant1/3$ 时，轴力影响可以忽略不计。

*抛物线近似积分法：

$$\int_a^b f(x)\mathrm{d}x=\frac{\Delta x}{3}[y_0+4(y_1+y_3+K+y_{n-1})+2(y_2+y_4+K+y_{n-2})+y_n]=\frac{\Delta x}{3}\sum(y)$$

式中：$\Delta x=\dfrac{b-a}{n}$（n 为偶数）

$$\sum(y)=[y_0+4(y_1+y_3+K+y_{n-1})+2(y_2+y_4+K+y_{n-2})+y_n]$$

区间$[a、b]$的分段数 n 越大计算越精确，一般根据拱跨大小和精度要求，将半拱弧长等分为6～10段即可。

三、拱脚位移计算

1. 单位力矩作用时

单位力矩作用在拱脚围岩上时，拱脚截面绕中心点 a 转过一个角度 β_1，见图 5-6，拱脚截面仍保持平面，其内(外)缘处围岩的最大应力 σ_1 为：

$$\sigma_1 = \frac{\overline{M}_a}{W_a} = \frac{6}{bh_a^2}$$

式中：h_a——拱脚截面厚度(m)；

b——拱脚截面纵向单位宽度(m)，取 $b=1\text{m}$；

W_a——拱脚截面的截面模量(m^3)，$W_a=bh_a^2/6$。

根据温克尔假定，拱脚内(外)缘的最大沉降 δ_i 为：

$$\delta_i = \frac{\delta_1}{K_a} = \frac{6}{K_a bh_a^2}$$

式中：K_a——拱脚围岩基底弹性抗力系数。

由于拱脚截面仅绕 a 转过一个角度，a 点不产生水平位移，故得：

$$\bar{\beta}_1 = \frac{\sigma_1}{0.5h_a} = \frac{12}{K_a bh_a^2} = \frac{1}{K_a J_a}$$

$$\bar{u}_1 = 0 \tag{5-5}$$

式中：J_a——拱脚截面惯性矩，$J_a=bh_a^3/12$。

2. 单位水平力作用时

单位水平力可以分解为轴向分力($1\times\cos\varphi_a$)和切向分力($1\times\sin\varphi_a$)，计算时只需考虑轴向分力的影响，见图 5-7。作用在围岩表面的均布应力 σ_2 为：

$$\sigma_2 = \frac{1\times\cos\varphi_a}{bh_a}$$

拱脚产生的均匀沉降 δ_2 为：

$$\delta_2 = \frac{\sigma_2}{K_a} = \frac{\cos\varphi_a}{K_a bh_a}$$

式中：φ_a——拱脚截面与垂直面之间的夹角(°)；

其余符号意义同前。

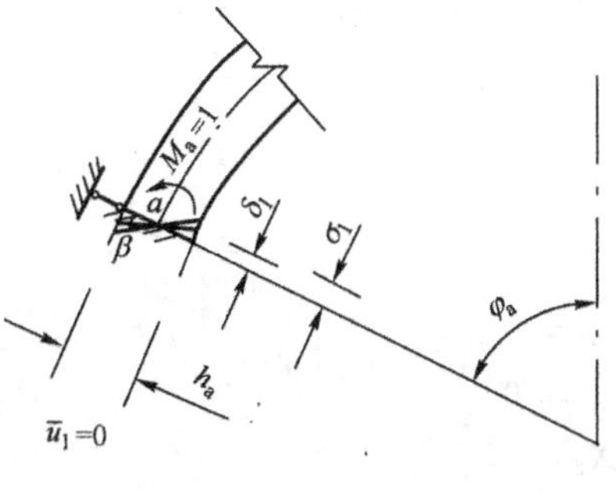

图 5-6

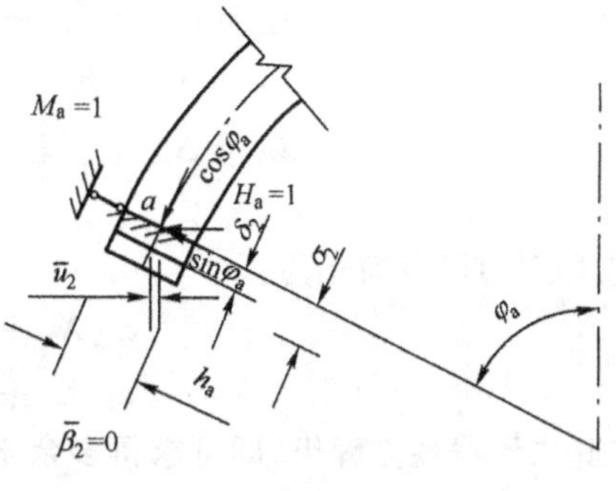

图 5-7

δ_2 的水平投影即为 a 点的水平位移 $\bar{u}_2$，均匀沉降时拱脚截面不发生转动，即：

$$u_2 = \delta_2 \cos\varphi_a = \frac{\cos^2\varphi_a}{K_a b h_a}$$

$$\bar{\beta}_2 = 0 \tag{5-6}$$

3. 外荷载作用时

在外荷载作用下，基本结构中拱脚 a 点处产生弯矩 M_{ap}^0 和轴力 N_{ap}^0，见图 5-8，拱脚截面的转角 β_{ap}^0 和水平位移 u_{ap}^0 为：

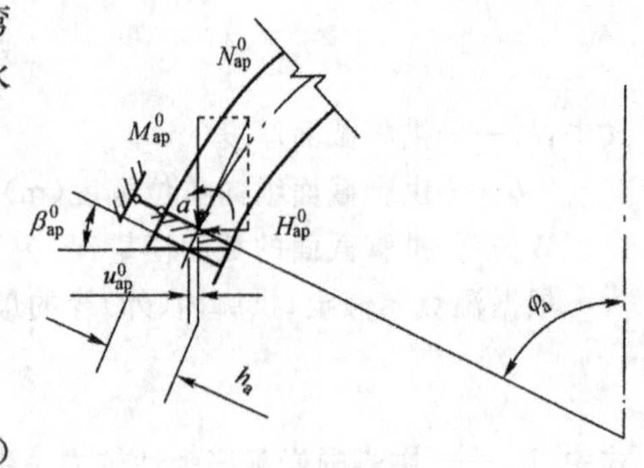

图 5-8

$$\beta_{ap}^0 = M_{ap}^0\bar{\beta}_1 + H_{ap}^0\bar{\beta}_2 = M_{ap}^0\bar{\beta}_1$$

$$u_{ap}^0 = M_{ap}^0 u_1 + H_{ap}^0 \bar{u}_2 = N_{ap}^0 \frac{\cos\varphi_a}{K_a b h_a}$$

即：

$$\beta_{ap}^0 = M_{ap}^0\bar{\beta}_1$$

$$u_{ap}^0 = N_{ap}^0 \frac{\cos\varphi_a}{K_a b h_a} \tag{5-7}$$

4. 拱脚位移

拱脚的最终转角 β_a 和水平位移 u_2，可以按叠加原理分别考虑 X_1、X_2 和外荷载的影响，用下式表达：

$$\beta_a = X_1\bar{\beta}_1 + X_2(\bar{\beta}_2 + f\bar{\beta}_1) + \beta_{ap}^0$$

$$u_a = X_1\bar{u}_1 + X_2(\bar{u}_2 + f\bar{u}_1) + u_{ap}^0 \tag{5-8}$$

四、计算各截面内力并校核计算正确性

将式(5-7)、式(5-8)代入正则方程(5-1)整理得：

$$X_1(\delta_{11} + \bar{\beta}_1) + X_2(\delta_{12} + \bar{\beta}_2 + f\bar{\beta}_1) + (\Delta_{1p} + \beta_{ap}^0) = 0$$

$$X_1(\delta_{21} + \bar{u}_1 + f\bar{\beta}_1) + X_2(\delta_{22} + \bar{u}_2 + f\bar{u}_1 + f\bar{\beta}_2 + f^2\bar{\beta}_1) + (\Delta_{2p} + f\beta_{ap}^0 + u_{ap}^0) = 0 \tag{5-9}$$

令：

$$a_{11} = \delta_{11} + \bar{\beta}_1$$

$$a_{22} = \delta_{22} + \bar{u}_2 + f\bar{u}_1 + f\bar{\beta}_2 + f^2\bar{\beta}_1$$

$$a_{12} = a_{21} = \delta_{12} + \bar{\beta}_2 + f\bar{\beta}_1 = \delta_{21} + \bar{u}_1 + f\bar{\beta}_1 \tag{5-10}$$

$$a_{10} = \Delta_{tp} + \beta_{ap}^0$$

$$a_{20} = \Delta_{2p} + f\beta_{ap}^0 + u_{ap}^0$$

则式(5-9)可以简化为：

$$a_{11}X_1 + a_{12}X_2 + a_{10} = 0$$

$$a_{21}X_1 + a_{22}X_2 + a_{20} = 0 \tag{5-11}$$

解此二元线性方程组，即可求得多余未知力 X_1、X_2：

$$X_1 = \frac{a_{22}a_{10} - a_{12}a_{20}}{a_{12}^2 - a_{11}a_{22}}$$

$$X_2 = \frac{a_{11}a_{20} - a_{12}a_{10}}{a_{12}^2 - a_{11}a_{22}} \tag{5-12}$$

根据平衡条件可以计算出任意截面 i 处的内力，见图 5-9。

$$M_i = X_1 + X_2 y_i + M_{ip}^0$$
$$N_i = X_2 \cos\varphi_i + N_{ip}^0 \tag{5-13}$$

式中：M_{ip}^0、N_{ip}^0——基本结构中因外荷载作用，在任一截面 i 处产生的弯矩和轴向力；

y_i——截面 i 的纵坐标；

φ_i——截面 i 与垂直线间的夹角(°)。

求出各截面的弯矩 M_i 和轴力 N_i 后，即可绘出结构内力图，见图 5-10，并确定出非安全截面。同时用偏心距 $e=M_i/N_i$ 表示压力曲线图。

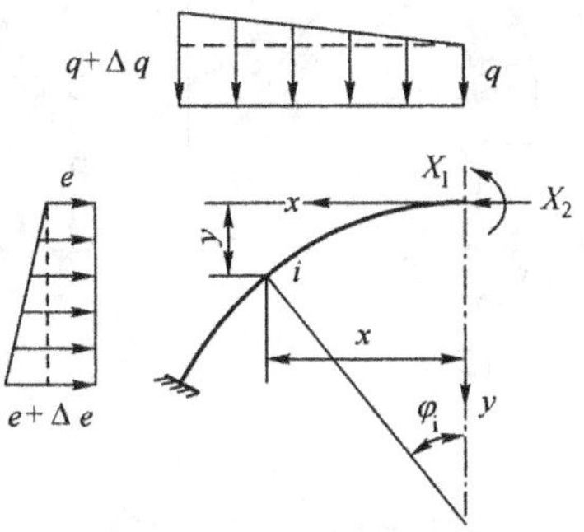

图 5-9

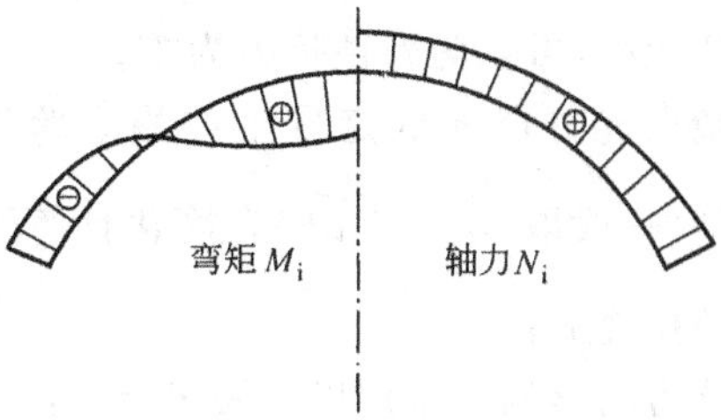

图 5-10

拱圈内力计算比较繁琐，数值运算繁杂，容易出错和造成累计误差，因此应校核计算结果的正确性。

计算过程中，可以校核单位变位、荷载变位、多余未知力以及最终内力计算结果的正确性。现仅介绍最终内力计算结果的校核方法。

拱顶截面因内力 M_i、N_i 作用而产生的变位与因拱脚弹性变位而产生的拱顶截面变位的总和，应满足拱顶截面变形连续性条件，即拱顶相对转角和相对水平位移为零的条件。

转角为零：
$$\int \frac{M_i \mathrm{d}s}{EJ} + \beta_a \approx \frac{\Delta s}{E} \sum \frac{M_j}{J} + \beta_a = 0$$

水平位移为零：
$$\int \frac{M_i y_i \mathrm{d}s}{EJ} + f\beta_a + u_a \approx \frac{\Delta s}{E} \sum \frac{M_i y_i}{J} + f\beta_a + u_a = 0 \tag{5-14}$$

上述计算是将拱圈视为自由变形得到的计算结果。由于没有考虑弹性抗力，所以弯矩比较大，因此截面亦较厚。如果围岩较好或者拱圈的形状较尖，则有可能有弹性抗力存在。衬砌背面的密实回填是提供弹性抗力的必要条件，但是拱部的回填相当困难，不容易做到密实。无数工程实例证明，拱部一定范围与围岩或初期支护之间都存在间隙，只有采取在拱顶先预留注浆管后期压浆的办法才能得到解决。关于拱脚以上一定范围内弹性抗力的分布可以认为按直线考虑，由于假定拱脚处无径向位移，故弹性抗力为零。如果拱圈考虑弹性抗力的作用，为了节省时间和提高计算精度，亦可采用常用的平面有限元程序计算，或者参考曲墙式衬砌计算进行。

第三节　曲墙式衬砌计算

公路隧道一般情况下都采用曲墙式衬砌型式，它由拱圈、曲边墙和仰拱组成。曲墙式衬砌常用于 IV～VI 级围岩，拱圈和曲边墙作为一个整体按无铰拱计算，施工先施做仰拱时，应考虑仰拱对衬砌的影响，后施做仰拱时，一般不考虑仰拱对衬砌的影响。

一、计算图式

在主动荷载作用下，拱顶衬砌向洞室内变形形成脱离区，两侧衬砌向围岩方向变形，产生围岩对衬砌的被动弹性抗力，形成抗力区。弹性抗力分布规律按结构变形特征作以下假定(见图5-11)：

①上零点 b(即脱离区与抗力区的分界点)与衬砌中心线垂线夹角为 $\varphi_b \approx 45°$；

②下零点 a 在墙脚附近，墙脚处摩擦力较大，水平位移较小，可认为弹性抗力为零；

③最大抗力点 h 假定发生在最大跨度处附近，计算时一般取 $\widehat{ah}=\frac{2}{3}\widehat{ab}$，为简化计算可假定在分段的接缝上；

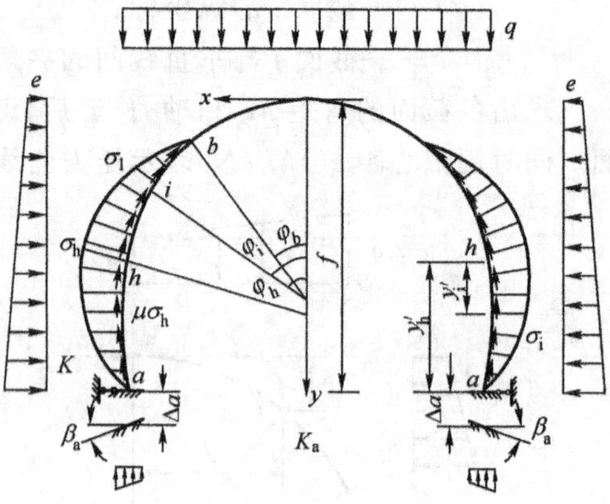

图 5-11

④抗力图形的分布按以下假定计算：

拱部$\widehat{bh}$段抗力按二次抛物线分布，任意点的抗力 σ_i 与最大抗力 σ_h 的关系为：

$$\sigma_i = \left(\frac{\cos^2\varphi_b - \cos^2\varphi_i}{\cos^2\varphi_b - \cos^2\varphi_h}\right)\sigma_h \tag{5-15}$$

边$\widehat{ha}$墙段抗力 σ_i 为：

$$\sigma_i = \left[1-\left(\frac{y'_i}{y'_h}\right)^2\right]\sigma_h \tag{5-16}$$

式中：φ_i、φ_b、φ_h——分别为 i、b、h 点所在截面与衬砌中心垂线的夹角(°)；

y'_i——i 点所在截面与衬砌外轮廓线的交点至最大抗力点 h 的垂直距离(m)；

y'_h——墙底外缘至最大抗力点 h 的垂直距离(m)。

$\widehat{ha}$段边墙外缘一般都做成直线段，而且较厚，因刚度较大，故抗力分布也可假定为与高度呈直线关系。若$\widehat{ha}$段的一部分外缘为直线时，则可将其分为两部分分别计算，即曲边墙段按式(5-16)计算，直边墙段按直线关系计算。

两侧衬砌向围岩方向变形产生弹性抗力，同时也引起摩擦力 s_i，其大小等于弹性抗力和衬砌与围岩间的摩擦系数 μ 的乘积：

$$s_i = \mu\sigma_i \tag{5-17}$$

计算表明，摩擦力影响很小，可以忽略不计，并且忽略摩擦力的影响是偏于安全的。

弹性抗力的精确分布状况，需要用逐步逼近法求得。

墙脚弹性固定在地基上，可以发生转动和垂直位移，如前所述在结构和荷载均对称时，垂直位移对衬砌内力不产生影响。在经过上述分析后，如果不考虑仰拱作用，可将计算图式表示为图 5-12 的形式。

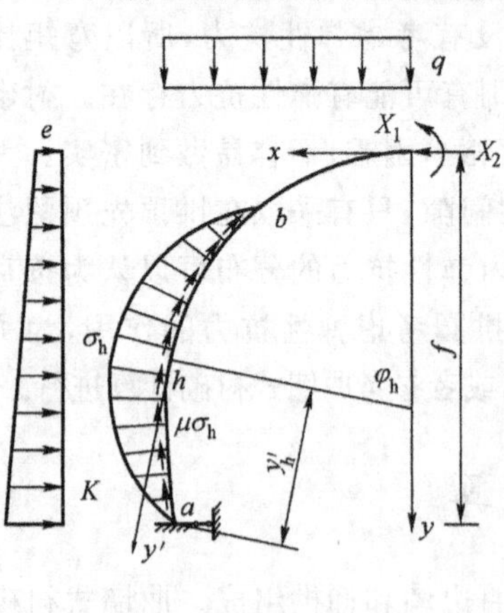

图 5-12

二、主动荷载作用下的力法方程和衬砌内力

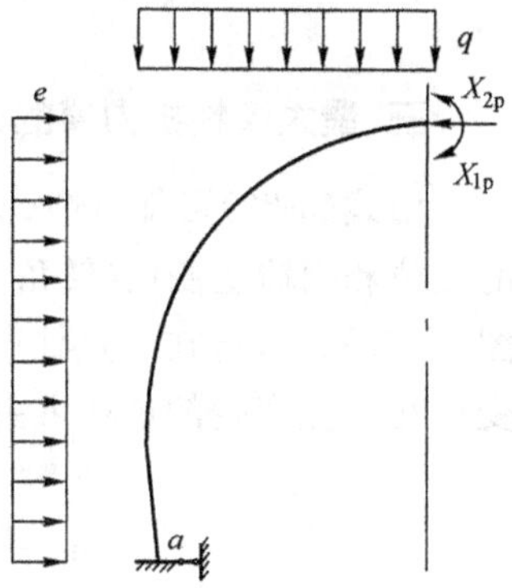

图 5-13

取基本结构如图 5-13 所示，多余力为 X_{1p}、X_{2P}，根据拱顶截面相对变位为零的条件，可以列出力法方程：

$$X_{1P}\delta_{11}+X_{2P}\delta_{12}+\Delta_{1P}+\beta_{ap}=0$$

$$X_{1P}\delta_{21}+X_{1P}\delta_{22}+\Delta_{2P}+f\beta_{ap}+u_{ap}=0 \tag{5-18}$$

式中：β_{ap}、u_{ap}——墙底位移，分别计算 X_{1p}、X_{2p}和外荷载影响，然后按叠加原理相加即可得到：

$$\beta_{ap}=X_{1p}\bar{\beta}_1+X_{2p}(\bar{\beta}_2+f\bar{\beta}_1)+\beta_{ap}^0 \tag{5-19}$$

由于墙底不考虑水平位移，故 $u_{ap}=0$，带入式(5-18)整理后得：

$$X_{1P}(\delta_{11}+\bar{\beta}_1)+X_{2p}(\delta_{12}+\bar{\beta}_2+f\bar{\beta}_1)+\Delta_{1P}+\beta_{ap}^0=0$$

$$X_{1P}(\delta_{21}+f\bar{\beta}_1)+X_{2P}(\delta_{22}+f^2\bar{\beta}_1)+\Delta_{2P}+f\beta_{ap}^0=0 \tag{5-20}$$

式中：δ_{ik}、Δ_{ip}—— 基本结构的单位位移和主动荷载位移，可由式(5-2)求得；

$\bar{\beta}_1$——墙底的单位转角(°)，可参照式(5-5)计算；

β_{ap}^0——基本结构墙底的荷载转角(°)，可参照式(5-7)计算；

f——衬砌矢高(m)。

求得 X_{1P}、X_{2P}后，在主动荷载作用下，衬砌内力可参照式(5-13)得出：

$$M_{iP}=X_{1p}+X_{2p}y_i+M_{ip}^0$$

$$N_{iP}=X_{2p}\cos\varphi_i+N_{ip}^0 \tag{5-21}$$

这里，被动荷载的作用还未考虑在内。由于 σ_i 是一个未知数，所以需要利用最大抗力点 h 处的变形协调条件增加一个方程式。在主动荷载作用下，通过式(5-21)可以解出内力 M_{iP}、N_{iP}，并求出 h 点的位移 δ_{hp}，见图 5-14b)。在被动荷载作用下的内力和位移，可以通过 $\bar{\sigma}_h=1$ 的单位弹性抗力图形作为外荷载时，所求得的任一截面内力 $M_{i\bar{\sigma}}$、$N_{i\bar{\sigma}}$和最大抗力点 h 处的 $\delta_{h\bar{\sigma}}$，见图 5-14c)，并利用叠加原理求出 h 点的最终位移：

$$\delta_h=\delta_{hp}+\sigma_h\delta_{h\bar{\sigma}} \tag{5-22}$$

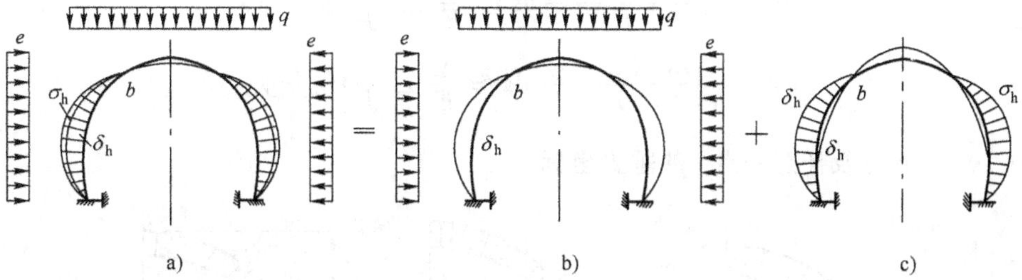

图 5-14

由温克尔假定可以得出 h 点的弹性抗力 σ_h 与位移 δ_h 的关系式：

$$\sigma_i=K\delta_h$$

代入式(5-22)得：

$$\sigma_h = \frac{\delta_{hp}}{\frac{1}{K} - \delta_{h\bar{\sigma}}} \tag{5-23}$$

三、最大弹性抗力值的计算

由式(5-23)可知，欲求 σ_h 则应先求出 δ_{hp}、$\delta_{h\bar{\sigma}}$。变位由两部分组成，即结构在荷载作用下的变位和因墙底变位(转角)而产生的变位之和。前者按结构力学方法，先画出 M_{1P}、$M_{1\bar{\sigma}}$图，见图 5-15a)、b)，再在 h 点处所求变位方向上加一单位力 $p=1$，绘出 M_{1b}图，见图 5-15c)。墙底变位在 h 点产生的位移可由几何关系求出，见图 5-15d)。位移可以表示为：

$$\delta_{hp} = \int \frac{M_p \overline{M}_h}{EJ} ds + y_{ah}\beta_{ap} \approx \frac{\Delta s}{E} \sum \frac{M_p \overline{M}_h}{J} + y_{ah}\beta_{ap}$$

$$\delta_{h\bar{\sigma}} = \int \frac{M_{\bar{\sigma}} \overline{M}_h}{EJ} ds + y_{ah}\beta_{a\bar{\sigma}} \approx \frac{\Delta s}{E} \sum \frac{M_{\bar{\sigma}} \overline{M}_h}{J} + y_{ah}\beta_{a\bar{\sigma}} \tag{5-24}$$

式中：β_{ap}——因主动荷载作用而产生的墙底转角(°)，可参照式(5-7)计算；

$\beta_{a\bar{\sigma}}$——因单位弹性抗力作用而产生的墙底转角(°)，可参照式(5-7)计算；

y_{ah}——墙底中心 a 至最大弹性抗力截面的垂直距离(m)。

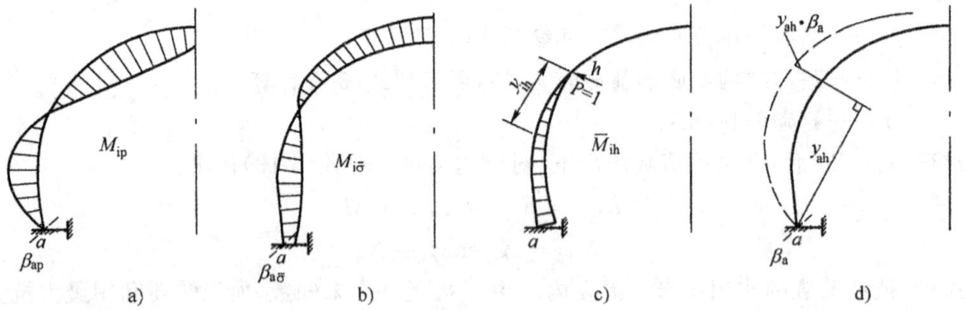

图 5-15

如果 h 点所对应的 $\varphi_h \approx 90°$时，则该点的径向位移与水平位移相差很小，故可视为水平位移。结构与荷载均对称时，拱顶截面的垂直位移对 h 点径向位移的影响可以忽略不计。因此计算该点水平位移时，可以取图 5-16 所示结构，使计算得到简化。按结构力学方法，在 h 点加一单位力 $P=1$，可以求得 δ_{hp}及 $\delta_{h\bar{\sigma}}$

$$\delta_{hp} = \int \frac{M_p(y_h - y)}{EJ} ds \approx \frac{\Delta s}{E} \sum \frac{M_p}{J}(y_h - y)$$

$$\delta_{h\sigma} = \int \frac{M_{\bar{\sigma}}(y_h - y)}{EJ} ds \approx \frac{\Delta s}{E} \sum \frac{M_{\bar{\sigma}}}{J}(y_h - y) \tag{5-25}$$

式中：y_h、y——h 点及任意一点 i 的垂直坐标。

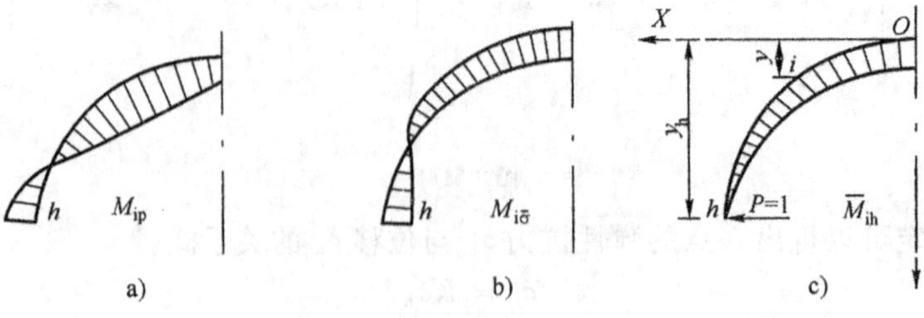

图 5-16

四、在 $\bar{\delta}_h=1$ 弹性抗力作用下的内力

将 $\bar{\sigma}=1$ 弹性抗力图视为外荷载单独作用时，多余力 $X_{1\bar{\sigma}}$、$X_{2\bar{\sigma}}$ 可以参照 X_{1p}、X_{2p} 的求法得出，参照式(5-20)可以列出力法方程：

$$X_{1\bar{\sigma}}(\delta_{11}+\bar{\beta}_1)+X_{2\bar{\sigma}}(\delta_{12}+f\bar{\beta}_1)+\Delta_{1\bar{\sigma}}+\beta^0_{a\bar{\sigma}}=0$$
$$X_{1\bar{\sigma}}(\delta_{21}+f\bar{\beta}_1)+X_{2\bar{\sigma}}(\delta_{22}+f^2\bar{\beta}_1)+\Delta_{2\bar{\sigma}}+f\beta^0_{a\bar{\sigma}}=0 \tag{5-26}$$

式中：$\Delta_{1\bar{\sigma}}$、$\Delta_{2\bar{\sigma}}$——单位弹性抗力图为荷载所引起的基本结构在 $X_{1\sigma}$、$X_{2\sigma}$ 方向的位移(m)；

$\beta^0_{a\bar{\sigma}}$——单位弹性抗力图为荷载所引起的基本结构墙底转角(°)；

$\beta^0_{a\bar{\sigma}}=M^0_{a\bar{\sigma}}\bar{\beta}_1$　其余符号意义同前。

解出 $X_{1\bar{\sigma}}$、$X_{2\bar{\sigma}}$ 后，即可求出衬砌在单位弹性抗力图为荷载单独作用下任一截面内力：

$$M_{i\bar{\sigma}}=X_{1\bar{\sigma}}+X_{1\bar{\sigma}}y_i+M^0_{i\bar{\sigma}}$$
$$N_{i\bar{\sigma}}=X_{2\bar{\sigma}}-\cos\varphi_i+N^0_{i\bar{\sigma}} \tag{5-27}$$

五、衬砌最终内力计算及校核计算结果的正确性

衬砌任一截面最终内力值可利用叠加原理求得：

$$M_i=M_{ip}+\sigma_h M_{i\bar{\sigma}}$$
$$N_i=N_{ip}+\sigma_h N_{i\bar{\sigma}} \tag{5-28}$$

校核计算结果正确性时，可以利用拱顶截面转角和水平位移为零条件和最大弹性抗力点 h 的位移条件：

$$\int\frac{M_i\mathrm{d}s}{EJ}+\beta_a\approx\frac{\Delta s}{E}\sum\frac{M_i}{J}+\beta_a=0$$
$$\int\frac{M_i y_i}{EJ}\mathrm{d}s+f\beta_a\approx\frac{\Delta s}{E}\sum\frac{M_i y_i}{J}+\beta_a=0$$
$$\int\frac{M_i y_{ih}}{EJ}\mathrm{d}s+y_{ah}\beta_a\approx\frac{\Delta s}{E}\sum\frac{M_i y_{ih}}{J}+y_{ah}\beta_a=\frac{\sigma_h}{k} \tag{5-29}$$

式中：β_a——墙底截面最终转角(°)，$\beta_a=\beta_{ap}+\sigma_h\beta_{a\bar{\sigma}}$。

第四节　弹性地基上直梁的计算公式

一、基本计算公式的建立

直墙式衬砌的边墙是按弹性地基上直梁计算位移和内力的，仅在这里介绍广泛应用的初参数法。

初参数法应符合以下假定：

①设直梁的高度与长度之比很小，符合材料力学中的平面假定，可以用材料力学公式进行位移与内力计算；

②设直梁地面与地基间不存在空隙，地基为各向同性的半无限弹性体；

③设直梁与地基之间的摩擦力对直梁内力影响很小，可以忽略不计，故地基反力与直梁底

面相垂直。

经过上述假定后，取一等截面直梁置于地基上，宽度为 1m，如图 5-17 所示。梁上作用有任意荷载时，梁将产生挠曲，地基将产生相应的变形 y 并产生地基反力 p，由温克尔假定得 $p=Ky$。符号规定：荷载 q 与变形 y 以向下为正，地基反力 p 以向上为正，转角 θ、弯矩 M 及剪力 H 按材料力学规定，如图 5-18 所示。

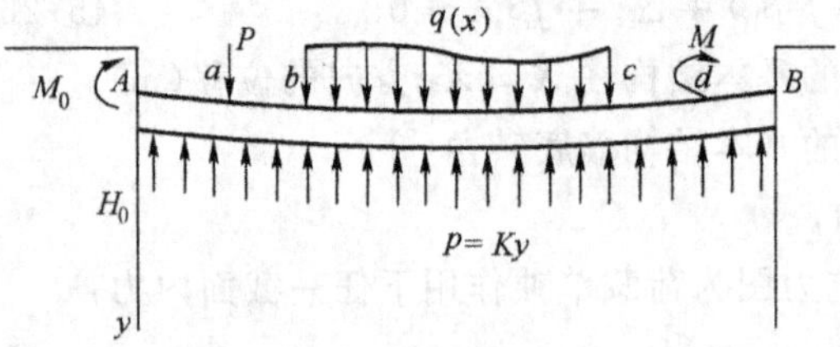

图 5-17

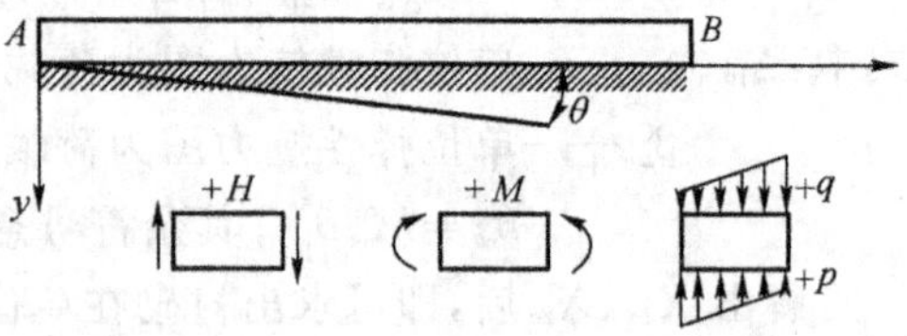

图 5-18

今在分布荷载 bc 段上任取一微分体，如图 5-19 所示，根据平衡条件 $\sum Y=0$ 得：

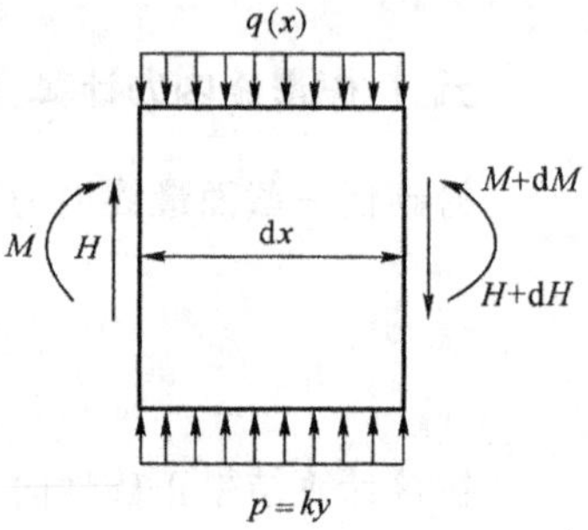

图 5-19

$$H-(H+\mathrm{d}H)-q(x)\mathrm{d}x+p\mathrm{d}x=0$$

整理后得：

$$\frac{\mathrm{d}H}{\mathrm{d}x}=p-q(x) \tag{5-30}$$

根据平衡条件 $\sum Y=0$ 得：

$$M-(M+\mathrm{d}M)+(H+\mathrm{d}H)\mathrm{d}x+q(x)\frac{(\mathrm{d}x)^2}{2}-p\frac{(\mathrm{d}x)^2}{2}=0$$

整理并略去二阶无穷小量后得：

$$-\mathrm{d}M+H\mathrm{d}x=0$$

$$H=\frac{\mathrm{d}M}{\mathrm{d}x} \tag{5-31}$$

将式(5-31)对 x 微分一次，并与式(5-30)比较得：

$$\frac{\mathrm{d}H}{\mathrm{d}x}=\frac{\mathrm{d}^2M}{\mathrm{d}x^2}=p-q(x)=Ky-q(x) \tag{5-32}$$

由材料力学公式得知，不计剪力对梁挠度影响时，则：

$$\theta=\frac{\mathrm{d}y}{\mathrm{d}x}$$

$$M=-EJ\frac{\mathrm{d}\theta}{\mathrm{d}x}=-EJ\frac{\mathrm{d}^2y}{\mathrm{d}x^2}$$

$$H=\frac{\mathrm{d}M}{\mathrm{d}x}=-EJ\frac{\mathrm{d}^3y}{\mathrm{d}x^3}$$

将剪力 H 对 x 微分一次得：

$$\frac{\mathrm{d}H}{\mathrm{d}x}=-EJ\frac{\mathrm{d}^4y}{\mathrm{d}x^4} \tag{5-33}$$

比较式(5-32)及式(5-33)得：

$$EJ\frac{\mathrm{d}^4y}{\mathrm{d}x^4}=-Ky+q(x) \tag{5-34}$$

令 $\alpha=\sqrt[4]{\frac{K}{4EJ}}$(因次为长度分之一，称为弹性特征值或弹性标值)

则式(5-34)可以改写为：

$$\frac{d^4 y}{dx^4}+4\alpha^4 y=\frac{4\alpha^4}{K}q(x) \tag{5-35}$$

式(5-35)即为弹性地基上直梁的挠度曲线微分方程，解之即可求得梁的挠度方程。其全解可用一个特解 y 及与之对应的齐次方程通解的和表示。

其齐次方程为：

$$\frac{d^4 y}{dx^4}+4\alpha^4 y=0 \tag{5-36}$$

即相当于梁上无荷载，$q(x)=0$ 的情况。为解题方便，用 αx 代替 x 可得：

$$\frac{d^4 y}{d(\alpha x)^4}+4y=0 \tag{5-37}$$

试用有形式 $y=e^{rx}$（r 为常数）的函数满足方程，则：

$$\frac{d^4 y}{d(\alpha x)^4}=r^4 e^{r\alpha x} \tag{5-38}$$

将式(5-38)代入式(5-37)得：

$$e^{r\alpha x}(r^4+4)=0$$

$$(r^4+4)=0 \tag{5-39}$$

式(5-39)称为微分方程式(5-37)的特征方程，从中解出 r 的 4 个根，得到 4 个特解，并得到其通解：

$$y=C_1 e^{\alpha x}e^{r\alpha x}+C_2 e^{-\alpha x}e^{r\alpha x}+C_3 e^{-r\alpha x}e^{-y\alpha x}+C_4 e^{\alpha x}e^{-r\alpha x} \tag{5-40}$$

利用欧拉公式和双曲函数公式及定义，式(5-40)可以有不同的表示形式，但整理后均可表示为：

$$y=C_1\text{ch}(\alpha x)\cos(\alpha x)+C_2\text{ch}(\alpha x)\sin(\alpha x)+C_3\text{sh}(\alpha x)\cos(\alpha x)+C_4\text{sh}(\alpha x)\sin(\alpha x) \tag{5-41}$$

逐次积分后可得：

$$\begin{aligned}
\theta &=-\frac{dy}{dx}=-\alpha\frac{dy}{d(\alpha x)}\\
&=-\alpha[-C_1(\text{ch}(\alpha x)\sin(\alpha x)-\text{sh}(\alpha x)\cos(\alpha x))\\
&\quad+C_2(\text{ch}(\alpha x)\cos(\alpha x)+\text{sh}(\alpha x)\sin(\alpha x))\\
&\quad+C_3(-\text{sh}(\alpha x)\sin(\alpha x)+\text{ch}(\alpha x)\cos(\alpha x))\\
&\quad+C_4(\text{sh}(\alpha x)\cos(\alpha x)+\text{ch}(\alpha x)\sin(\alpha x))]\\
M &=-EJ\frac{d\theta}{dx}=-EJ\alpha\frac{d\theta}{d(\alpha x)}\\
&=2EJ\alpha^2[-C_1\text{sh}(\alpha x)\sin(\alpha x)+C_2\text{sh}(\alpha x)\cos(\alpha x)\\
&\quad-C_3\text{ch}(\alpha x)\sin(\alpha x)+C_4\text{ch}(\alpha x)\cos(\alpha x)]\\
H &=\frac{dM}{dx}=\alpha\frac{dM}{d(\alpha x)}\\
&=2EJ\alpha^3[-C_1(\text{ch}(\alpha x)\sin(\alpha x)+\text{sh}(\alpha x)\cos(\alpha x))\\
&\quad+C_2(\text{ch}(\alpha x)\cos(\alpha x)-\text{sh}(\alpha x)\sin(\alpha x))\\
&\quad-C_3(\text{ch}(\alpha x)\cos(\alpha x)+\text{sh}(\alpha x)\sin(\alpha x))\\
&\quad-C_4(\text{ch}(\alpha x)\sin(\alpha x)-\text{sh}(\alpha x)\cos(\alpha x))]
\end{aligned} \tag{5-42}$$

上述由线性微分方程式解得的位移、转角、弯矩及剪力公式中未知的积分常数与梁的始端内力(初剪力、初弯矩)和变形(初转角、初位移)有关。它们个数很少,容易根据梁的边界条件确定。

当 $x=0$ 时,$\text{ch}(\alpha x)=\cos(\alpha x)=1$,$\text{sh}(\alpha x)=\sin(\alpha x)=0$,梁始端的初参数,见图 5-20,可由式(5-41)及式(5-42)求出:

$$\begin{aligned} u_c &= y_c = C_1 \\ \theta_c &= -\alpha(C_2+C_3) \\ M_c &= 2EJ\alpha^2 C_4 \\ H_c &= 2EJ\alpha^3(C_2-C_3) \end{aligned} \tag{5-43}$$

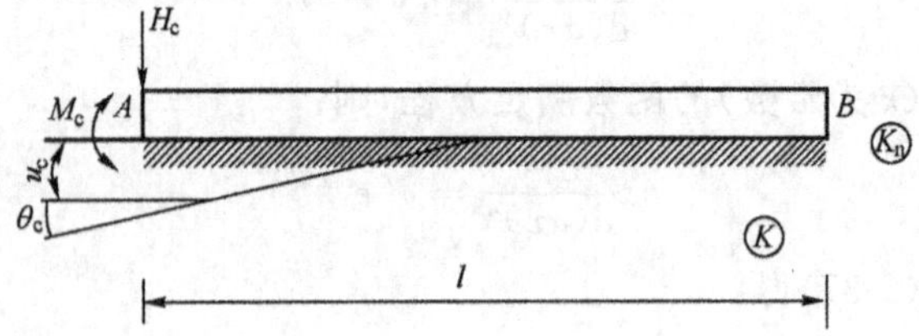

图 5-20

由式(5-43)可以解得积分常数:

$$\begin{aligned} C_1 &= u_c \\ C_2 &= -\frac{1}{2\alpha}\theta_c + \frac{1}{4\alpha^3 EJ}H_c \\ C_3 &= -\frac{1}{2\alpha}\theta_c - \frac{1}{4\alpha^3 EJ}H_c \\ C_4 &= \frac{1}{2\alpha^2 EJ}M_c \end{aligned}$$

将积分常数回代入式(5-41)及式(5-42),即可求出梁的任一截面内力与变位。但式中的双曲函数及三角函数只与梁的几何尺寸、材料及地基弹性抗力系数有关,为使计算得到简化,令:

$$\begin{aligned} \phi_1 &= \text{ch}(\alpha x)\cos(\alpha x) \\ \phi_2 &= \text{ch}(\alpha x)\sin(\alpha x) + \text{sh}(\alpha x)\cos(\alpha x) \\ \phi_3 &= \text{sh}(\alpha x)\sin(\alpha x) \\ \phi_4 &= \text{ch}(\alpha x)\sin(\alpha x) - \text{sh}(\alpha x)\cos(\alpha x) \end{aligned} \tag{5-44}$$

并将式(5-44)预先计算出以 αx 为变量的双曲三角函数,其值通常列成表格,见(《铁路隧道》1981 年第一版附录)。将式(5-43)及式(5-44)代入式(5-41)及式(5-42)可得:

$$\begin{aligned} y &= u_c\phi_1 - \theta_c\frac{1}{2\alpha}\phi_2 + M_c\frac{2\alpha^2}{K}\phi_3 + H_c\frac{\alpha}{K}\phi_4 \\ \theta &= u_c\alpha\phi_4 + \theta_c\phi_1 - M_c\frac{2\alpha^3}{K}\phi_2 - H_c\frac{2\alpha^2}{K}\phi_3 \\ M &= -u_c\frac{K}{2\alpha^2}\phi_3 + \theta_c\frac{1}{4\alpha^3}\phi_4 + M_c\phi_1 + H_c\frac{1}{2\alpha}\phi_2 \\ N &= -u_c\frac{K}{2\alpha}\phi_2 + \theta_c\frac{K}{2\alpha^2}\phi_3 - M_c\alpha\phi_4 + H_c\phi_1 \end{aligned} \tag{5-45}$$

只要式(5-45)中的初参数 u_c、θ_c、M_c 及 H_c 知道,则梁的任一截面的位移和内力即可求出。

根据温克尔假定将梁的挠度(即地基沉降)方程乘以地层弹性抗力系数 K 即可得出反力(抗力)方程。

二、梁上有分布荷载作用的情况

梁上有分布荷载作用时,相当于 $q(x)\neq 0$ 的情况。若为均布荷载时,$q(x)=e$,若为梯形荷载时 $q(x)=e+\frac{x}{l}\Delta e$,见图 5-21。梁上有荷载作用时,即式(5-35)所表达的情况为四阶线性常系数非齐次微分方程。其全解可用它的一个特解及对应齐次方程的通解之和表示。对应齐次方程的通解已经求得,但求特解则比较繁琐。如果已经找到一个特解为:

梯形荷载时,$y=\frac{e}{K}(1-\phi_1)+\frac{\Delta e}{Kl}\left(x-\frac{\phi_2}{2\alpha}\right)$

均布荷载(即 $\Delta e=0$)时,

$$\bar{y}=\frac{e}{K}(1-\phi_2)$$

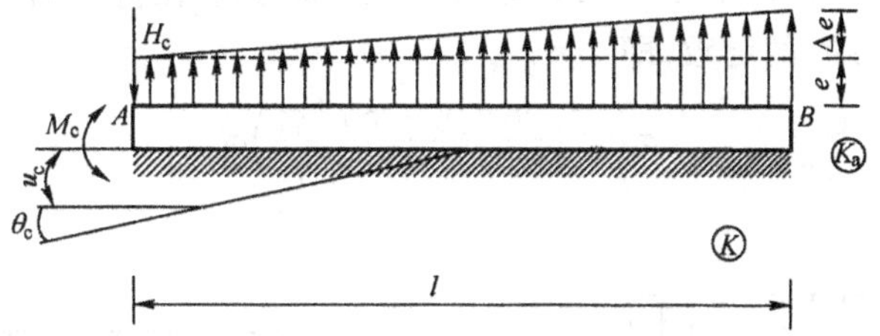

图 5-21

则,式(5-35)的全解,即梁的任一截面位移(按梯形荷载计算)如下:

$$y=u_c\phi_1-\theta_c\frac{1}{2\alpha}\phi_2+M_c\frac{2\alpha^2}{K}\phi_3+H_c\frac{\alpha}{K}\phi_4+\frac{e}{K}(1-\phi_2)+\frac{\Delta e}{Kl}\left(x-\frac{\phi_2}{2\alpha}\right) \tag{5-46}$$

逐次微分可得梁上任一截面的转角 θ、弯矩 M 及剪力 H 如下:

$$\begin{aligned}\theta&=u_c\alpha\phi_4+\theta_c\phi_1-M_c\frac{2\alpha^3}{K}\phi_2-H_c\frac{2\alpha^2}{K}\phi_3+\frac{e\alpha}{K}\phi_4+\frac{\Delta e}{Kl}(1-\phi_1)\\M&=u_c\frac{K}{2\alpha^2}\phi_3+\theta_c\frac{K}{4\alpha^3}\phi_4+M_c\phi_1+H_c\frac{1}{2\alpha}\phi_2-\frac{e}{2\alpha^2}\phi_3-\frac{\Delta e}{4\alpha^3 l}\phi_4\\H&=u_c\frac{K}{2\alpha}\phi_2+\theta_c\frac{K}{2\alpha^2}\phi_3-M_c\alpha\phi_4+H_c\phi_1-\frac{e}{2\alpha}\phi_2-\frac{\Delta e}{2\alpha^2 l}\phi_3\end{aligned} \tag{5-47}$$

第五节　直墙式衬砌计算

直墙式衬砌的计算方法很多,如链杆法等,本节仅介绍力法。这种衬砌形式广泛用于道路隧道。它由拱圈、直边墙和底板组成,见第二章图 2-1。计算时仅计算拱圈及直边墙,底板不进行衬砌计算,需要时按道路路面结构计算。

一、计算原理

拱圈按弹性无铰拱计算,与本章第二节所述方法相同,拱脚支承在边墙上。边墙按弹性地基上的直梁计算，并考虑边墙与拱圈之间的相互影响，如图 5-22 所示。由于拱脚并非直接固定在岩层上，而是固定在直墙顶端，所以拱脚弹性固定的程度取决于墙顶的变形。拱脚有水平位移、垂直位移和角位移，墙顶位移与拱脚位移一致。当结构对称、荷载对称时，垂直位移对衬砌内力没有影响，计算中只需考虑水平位移与角位移。边墙支承拱圈并承受水平围岩压力，可看作置于具有侧向弹性抗力系数为 K 的弹性地基上的直梁。有展宽基础时，其高度一般不大，可以不计其影响。由于边墙高度远远大于底部宽度，其对基础的作用可以看作是置于具有基底弹性抗力系数为 K_a 的弹性地基上的刚性梁。

衬砌结构在主动荷载（围岩压力和自重等）的作用下，拱圈顶部向坑道内部产生位移，见图 5-23，这部分结构能自由变形，没有围岩弹性抗力。拱圈两侧压向围岩，形成抗力区，引起相应的弹性抗力。在实际施工中，拱圈上部间隙一般很难做到回填密实，因而拱圈弹性抗力区范围一般不大。弹性抗力的分布规律及大小与多种因素有关。由于拱圈是弹性地基上的曲梁，尤其是曲梁刚度改变时，其计算非常复杂，因而仍用假定抗力分布图形法。直墙式衬砌拱圈变形与曲墙式衬砌拱圈变形近似，计算时可用曲墙式衬砌关于拱部抗力图形的假定，认为按二次抛物线形状分布。上零点 φ_b 位于 45°～55° 之间，最大抗力 σ_h 在直边墙的顶面（拱脚）c 处，b、c 间任一点 i 处的抗力为 σ_i 的函数，即：

$$\sigma_i = \left(\frac{\cos^2\varphi_b - \cos^2\varphi_i}{\cos^2\varphi_b - \cos^2\varphi_h}\right)\sigma_h$$

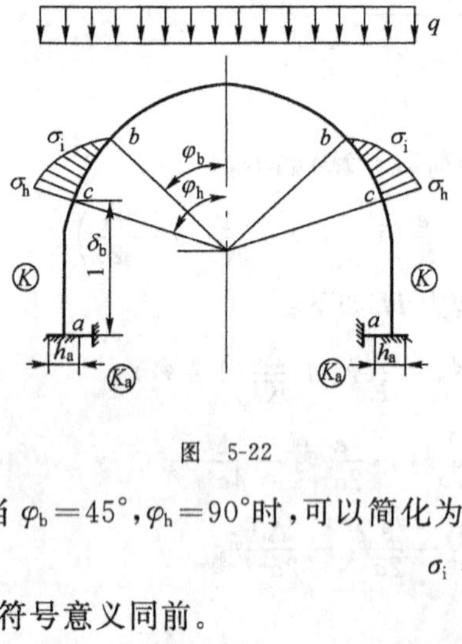

图 5-22

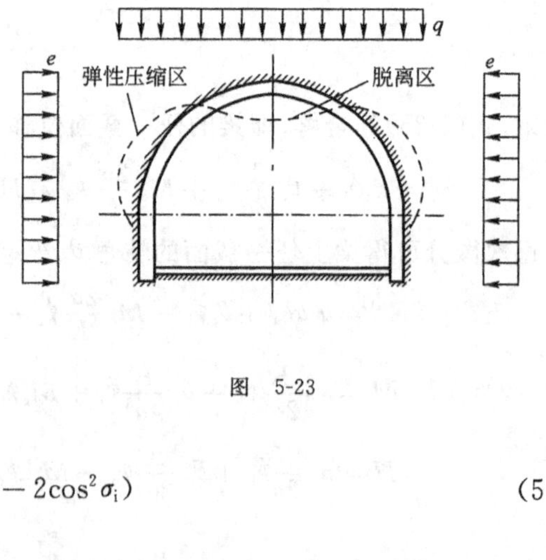

图 5-23

当 $\varphi_b = 45°$，$\varphi_h = 90°$时，可以简化为：

$$\sigma_i = \sigma_h(1 - 2\cos^2\sigma_i) \tag{5-48}$$

式中：符号意义同前。

弹性抗力引起的摩擦力，可由弹性抗力乘摩擦系数 μ 求得，但通常可忽略不计。

弹性抗力 σ_i（或 σ_h）为未知数，但可根据温氏假定建立变形条件，增加一个 $\delta_i = \sigma_i / K$ 的方程式。

由上述可以看出，直墙式衬砌的拱圈计算原理与本章第二节拱圈计算及第三节曲墙式衬砌计算相同，可以参照相应公式计算。

二、边墙的计算

由于拱脚不是直接支承在围岩上，而是支承在直边墙上，所以直墙式衬砌的拱圈计算中的拱脚位移，需要考虑边墙变位的影响。直边墙的变形和受力状况与弹性地基梁相类似，可以作为弹性地基上的直梁计算。墙顶(拱脚)变位与弹性地基梁(边墙)的弹性标值及换算长度 α_h 有关,可以分为三种情况:

1. 边墙为短梁($1<\alpha_h<2.75$)

短梁的一端受力及变形对另一端有影响,计算墙顶变位时,要考虑到墙脚的受力和变形的影响。

设直边墙(弹性地基梁)C 端作用有拱脚传来的力矩 M_c、水平力 H_c、垂直力 V_c、以及作用于墙身的按梯形分布的主动侧压力。求墙顶所产生的转角 β_{cp}^{o} 及水平位移 u_{cp}^{o},然后即可按以前方法求出拱圈的内力及位移。由于垂直力 V_c 对墙变位仅在有基底加宽时才产生影响,而目前直墙式衬砌的边墙基底一般不加宽,所以不需考虑。根据弹性地基上直梁的计算公式可以求得边墙任一截面的位移 y、转角 θ、弯矩 M 和剪力 H,再结合墙底的弹性固定条件,得到墙底的位移和转角。这样就可以求得墙顶的单位变位和荷载(包括围岩压力及抗力)变位。由于短梁一端荷载对另一端的变形有影响,墙脚的弹性固定状况对墙顶变形必然有影响,所以计算公式的推导是复杂的。下面仅给出结果,参见图 5-24。

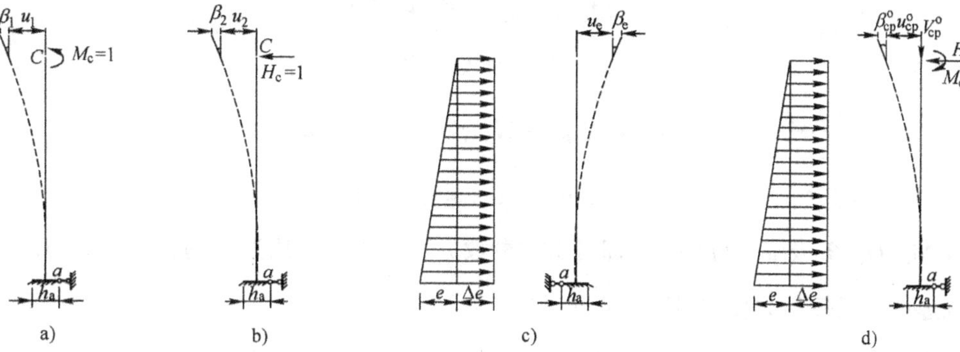

图 5-24

墙顶在单位弯矩 $\overline{M}_c=1$ 单独作用下,墙顶的转角 $\bar{\beta}_1$ 水平位移 $\bar{u}_1$ 为:

$$\bar{\beta}_1 = \frac{4\alpha^3}{c}(\phi_{11}+\phi_{12}A)$$

$$\bar{u}_1 = \frac{2\alpha^2}{c}(\phi_{13}+\phi_{11}A)$$

墙顶在单位水平力 $\overline{H}_c=1$ 单独作用下,墙顶位移 $\bar{\beta}_2$、$\bar{u}_2$ 为:

$$\bar{\beta}_2 = \bar{u}_1 = \frac{2\alpha^2}{c}(\phi_{13}+\phi_{11}A)$$

$$\bar{u}_2 = \frac{2\alpha}{c}(\phi_{10}+\phi_{13}A)$$

在主动侧压力(梯形荷载)作用下,墙顶位移 β_e、u_e 为:

$$\beta_e = -\frac{\alpha}{c}(\phi_4+\phi_3A)e-\frac{\alpha}{c}\left[\left(\phi_4-\frac{\phi_{14}}{\alpha h}\right)+\left(\phi_3-\frac{\phi_{10}}{\alpha h}\right)A\right]\Delta e$$

$$u_e = -\frac{1}{c}(\phi_{14}+\phi_{15}A)e-\frac{1}{c}\left(\frac{\phi_2}{2\alpha h}-\phi_1+\frac{\phi_4}{2}A\right)\Delta e$$

式中:$A=\dfrac{K\beta_a}{2\alpha^3}=\dfrac{6}{nh_a^3\alpha^3}$　　其中:$n=\dfrac{K_0}{K}$

$$c = K(\phi_9+\phi_{10}A)$$

K——侧向弹性抗力系数；

K_0——基底弹性抗力系数；

β_a——基底作用有单位力矩时所产生的转角(°)，$\beta_a = \frac{1}{K_0 J_a}$；

h——边墙的侧面高度；

$\phi_9 \sim \phi_{15}$——与前 $\phi_1 \sim \phi_4$ 同样为以 αx 为变量的双曲线三角函数，可由附录Ⅰ查得；

e_0——边墙轴线对墙底中心的偏心距，基础无展宽时 $e_0 = 0$。

墙顶单位变位求出后，由基本结构传来的拱部外荷载，包括主动荷载及被动荷载使墙顶产生的转角和水平位移，即不难求出。当基础无展宽时，墙顶位移为：

$$\beta_{cp}^0 = M_{cp}^0 \bar{\beta}_1 + H_{cp}^0 \bar{\beta}_2 + e \cdot \bar{\beta}_e$$

$$u_{cp}^0 = M_{cp}^0 \bar{u}_1 + H_{cp}^0 \bar{u}_2 + e \cdot \bar{u}_e \tag{5-49}$$

墙顶截面的弯矩 M_c、水平力 H_c、转角 β_c 和水平位移 u_c 为：

$$M_c = M_{cp}^0 + X_1 + X_2 f$$

$$H_c = H_{cp}^0 + X_2 \tag{5-50}$$

$$\beta_c = X_1 \bar{\beta}_1 + X_2 (\bar{\beta}_2 + f \bar{\beta}_1) + \beta_{cp}^0$$

$$u_c = X_1 \bar{u}_1 + X_2 (\bar{u}_2 + f \bar{u}_1) + u_{cp}^0$$

以 M_c、H_c、β_c 及 u_c 为初参数，即可由初参数方程求得距墙顶为 x 的任一截面的内力和位移。若边墙上无侧压力作用，即 $e=0$ 时，则：

$$M = -u_c \frac{K}{2\alpha^2}\phi_3 + \beta_c \frac{K}{4\alpha^3}\phi_4 + M_c \phi_1 + H_c \frac{1}{2\alpha}\phi_2$$

$$H = -u_c \frac{K}{2\alpha}\phi_2 + \beta_2 \frac{K}{2\alpha^2}\phi_3 - M_c \alpha \phi_4 + H_c \phi_1 \tag{5-51}$$

$$\beta = u_c \alpha \phi_4 + \beta_c \phi_1 - M_c \frac{2\alpha^3}{K}\phi_2 - H_c \frac{2\alpha^2}{K}\phi_3$$

$$u = u_c \phi_1 - \beta_c \frac{1}{2\alpha}\phi_2 + M_c \frac{2\alpha^2}{K}\phi_3 + H_c \frac{2\alpha}{K}\phi_4$$

2. 边墙为长梁($\alpha h \geqslant 2.75$)

换算长度 $\alpha h \geqslant 2.75$ 时，可将边墙视为弹性地基上的半无限长梁(简称长梁)或柔性梁，近似看作为 $\alpha h = \infty$。此时边墙具有柔性，可认为墙顶的受力(除垂直力外)和变形对墙底没有影响。这种衬砌应用于较好围岩中，不考虑水平围岩压力作用。由于墙底的固定情况对墙顶的位移没有影响，故墙顶单位位移可以简化为：

$$\bar{\beta}_1 = \frac{4\alpha^3}{K}$$

$$\bar{u}_1 = \bar{\beta}_2 = \frac{2\alpha^2}{K}$$

$$\bar{u}_2 = \frac{2\alpha}{K} \tag{5-52}$$

$$\beta_e = -\frac{\alpha}{c}(\phi_{14} + \phi_3 A)$$

$$u_e = -\frac{1}{c}(\phi_{14} + \phi_{15} A)$$

式中：符号意义同前。式(5-52)中各单位位移和主动侧压力产生的位移求出后，即可按与短梁相似步骤求解拱及边墙的内力与位移：

$$\begin{aligned} M &= M_c\phi_7 + H_c\frac{1}{\alpha}\phi_3 \\ u &= M_c\frac{2\alpha^2}{K}\phi_5 + H_c\frac{2\alpha_2}{K}\phi_6 \\ H &= -M_c 2\alpha\phi_8 + H_c\phi_5 \\ \beta &= M_c\frac{4\alpha^3}{K}\phi_6 + H_c\frac{2\alpha^2}{K}\phi_7 \end{aligned} \tag{5-53}$$

式中：$\phi_5 \sim \phi_8$——意义同 $\phi_1 \sim \phi_4$，可由附录 I 查得；

其余符号意义同前。

3. 边墙为刚性梁($\alpha h \leqslant 1$)

换算长度 $\alpha h \leqslant 1$ 时，可近似作为弹性地基上的绝对刚性梁，近似认为 $\alpha h = 0$(即 $EJ = \infty$)。认为边墙本身不产生弹性变形，在外力作用下只产生刚体位移，即只产生整体下沉和转动。由于墙底摩擦力很大，所以不产生水平位移。当边墙向围岩方向移动时，围岩将对边墙产生弹性抗力，墙底处为零，墙顶处为最大值 σ_h，中间呈直线分布。墙底面的抗力按梯形分布，如图 5-25。

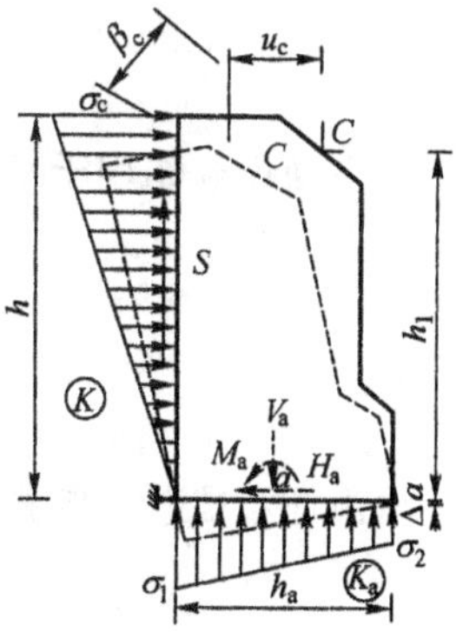

图 5-25

由静力平衡条件，对墙底中点 α 取矩，可得：

$$M_a - \left[\frac{\sigma_h h^2}{3} + \frac{(\sigma_1 - \sigma_3)h_a^2}{12} + \frac{sh_a}{2}\right] = 0 \tag{5-54}$$

式中：S——边墙外缘由围岩弹性抗力所产生的摩擦力 $S = \mu(\sigma_h \cdot h)/2$；

μ——衬砌与围岩间的摩擦系数，h 为边墙侧面高度；

σ_1 及 σ_2——墙底两边沿的弹性抗力(MPa)。

由于边墙为刚性，故底面和侧面均有同一转角 β，二者应相等，所以

$$\beta = \frac{\sigma_1 - \sigma_2}{K_a h_a} = \frac{\sigma_h}{Kh} \tag{5-55}$$

即

$$\sigma_1 - \sigma_2 = n \cdot \sigma_h \frac{h_a}{h} \tag{5-56}$$

式中：$n = \frac{K_a}{K}$，对同一围岩，因基底受压面积小，压缩得较密实，可取为 1.25。

将式(5-56)代入式(5-54)得：

$$\sigma_h = \frac{12M_a h}{4h^3 + nh_a^3 + 3\mu h_a h^2} = \frac{M_a h}{J'_a} \tag{5-57}$$

式中：$J'_a = \frac{4h^3 + nh_a^3 + 3\mu h_a h^2}{12}$ 称为刚性墙的综合转动惯量，因而，墙侧面的转角为：

$$\beta = \frac{\sigma_h}{Kh} = \frac{M_a}{KJ'_a} \tag{5-58}$$

由此可求出墙顶(拱脚)处的单位位移及荷载位移:

$M_c=1$ 作用于 C 点时,则 $M_a=1$,故

$$\bar{\beta}_1 = \frac{1}{KJ'_a}$$

$$\bar{u}_1 = \bar{\beta}_1 h_1 = \frac{h_1}{KJ'_a} \tag{5-59}$$

式中:h_1——自墙底至拱脚 C 点的垂直距离(m)。

$H_c=1$ 作用于 C 点时,则 $M_a=h_1$,故

$$\bar{\beta}_2 = \frac{h_1}{KJ'_n} = \bar{\beta}_1 h_1$$

$$\bar{u}_2 = \bar{\beta}_2 h_1 = \frac{h_1^2}{KJ'_a} = \bar{\beta}_1 h_1^2 \tag{5-60}$$

主动荷载作用于基本结构时,则 $M_a=M_{ap}^0$,故

$$\beta_{cp}^0 = \frac{M_{ap}^0}{KJ'_a} = \bar{\beta}_1 M_{ap}^0$$

$$u_{cp}^0 = \beta_{cp}^0 h_1 = \frac{M_{ap}^0 h_1}{KJ'_a} \tag{5-61}$$

由此不难进一步求出拱顶的多余未知力和拱脚(墙顶)处的内力,以及边墙任一截面的内力。

第六节　衬砌截面强度检算

为了保证衬砌结构强度的安全性,需要在算出结构内力之后进行强度验算。目前我国道路隧道根据《公路隧道设计规范》进行检算。规范规定:隧道衬砌和明洞按破坏阶段验算构件截面强度。即根据混凝土和石砌材料的极限强度,计算出偏心受压构件的极限承载能力,与构件实际内力相比较,计算截面的抗压(或抗拉)强度安全系数 K。检查是否满足规范所要求的数值,即:

$$K = \frac{N_{极限}}{N} \geqslant K_{规} \tag{5-62}$$

式中:$N_{极限}$——截面的极限承载能力(kN);

N——截面的实际内力(轴向力)(kN);

$K_{规}$——规范所规定的强度安全系数,见表 5-1 及表 5-2。

混凝土和砌体结构的强度安全系数　　表 5-1

圬工种类	混凝土		砌体	
	永久荷载+基本可变荷载	永久荷载+基本可变荷载+其他可变荷载	永久荷载+基本可变荷载	永久荷载+基本可变荷载+其他可变荷载
混凝土或砌体达到抗压极限强度	2.4	2.0	2.7	2.3
混凝土达到抗拉极限强度	3.6	3.0	—	—

钢筋混凝土结构的强度安全系数　　表 5-2

荷载组合 / 破坏原因	永久荷载＋基本可变荷载	永久荷载＋基本可变荷载＋其他可变荷载
钢筋达到计算强度或混凝土达到抗压或抗剪极限强度	2.0	1.7
混凝土达到抗拉极限强度（主拉应力）	2.4	2.0

衬砌的任一截面均应满足强度安全系数要求，否则必须修改衬砌形状和尺寸，重新计算，直到满足要求为止。

对混凝土和石砌矩形截面构件，当 $e_0 \leqslant 0.2d$ 时，为按抗压强度控制承载能力，用式(5-63)计算：

$$KN = \varphi\alpha R_a bd \tag{5-63}$$

式中：K——混凝土和石砌结构强度安全系数，见表 5-1；

N——轴向力(kN)；

φ——构件的纵向弯曲系数，对于隧道衬砌、明洞拱圈及墙背紧密回填的明洞边墙，可取 $\varphi=1$，对于其他构件见规范；

α——轴向力的偏心影响系数，可查规范或按下式计算：

$$\alpha = 1 - 1.5\frac{e}{d}$$

式中：d——截面厚度(m)；

R_a——混凝土或石砌体的抗压极限强度(MPa)；

b——截面宽度(m)(通常取 1m)。

从抗裂要求出发，混凝土矩形截面偏心受压构件，当 $e_0 > 0.2d$ 时，按抗拉强度控制承载能力，用式(5-64)计算：

$$KN \leqslant \varphi \frac{1.75 R_l bd}{\frac{6e_0}{d} - 1} \tag{5-64}$$

式中：R_l——混凝土的抗拉极限强度(MPa)；

其余符号意义同前。

规范对隧道衬砌和明洞的混凝土偏心受压构件的轴向力偏心距的限制力不宜大于 0.45 倍截面厚度；石砌体偏心受压构件，不宜大于 0.3 倍截面厚度。基底偏心距的限制为：岩石地基不应大于 1/4 墙底厚度；土质地基不应大于 1/6 墙底厚度。

隧道衬砌和明洞的基底应力不得大于地基容许承载力，隧道衬砌地基容许承载力可根据围岩类别，用工程类比和经验估算的方法加以确定，有条件的可进行现场试验，明洞地基容许承载力，见规范。

拱脚截面的混凝土为间歇灌注或拱圈为混凝土而边墙用石砌时，其偏心距按石砌构件要求加以限制，并按式(5-63)进行检算，用石砌体的强度安全系数。

第七节　初砌计算中存在的问题

本章学习的计算方法，经大量的工程实践及试验的验证，基本是符合实际情况的，但还是存在以下的问题。

1. 计算工作费事费时

计算步骤多，每一步计算的精度都会对最后结果有所影响，而对各步骤都要求较高的计算精度会使整个计算工作量大为增加。电子计算机的应用大大地减少了计算工作量，但往往在实际工作中会有新的困难随之而来。为此希望有一些简化计算方法，或在精确计算的基础上编绘出应用方便的图表，使设计在具有原始数据、设计条件之后能很快算得(或查得)结果，这对于实际工作中的应用是很有价值的，关于这方面的工作已有不少成果，但还在深入研究。

2. 计算图式仅考虑修筑后按弹性体系建立

这样进行设计计算是不全面的，从下面的学习中我们可以知道，在围岩中修筑隧道有许多方法，不同的修筑方法使衬砌的受力状态变得不尽相同。例如在先拱后墙法中，先修拱圈，筑墙之前拱已经存在多种受力情况，且墙的修筑又不一定是连续均匀的。在浇筑完衬砌之前，是部分衬砌受力，或者由于各种其他原因，会使某些部分的衬砌材料已达极限强度而破坏，产生各种裂缝。这样，再作为连续弹性体来分析计算显然不够妥当，因此应当考虑多种计算图式，按各种不同的情况进行检算。材料产生裂缝或局部达到塑性变形后，拱部应是多铰拱受力的计算图式。计算图式不同将会给计算结果带来很大影响，例如，一边有墙一边没有墙与两边有墙的计算结果就很不一样，当拱顶出现塑性铰时，衬砌还不会立即丧失承载能力，仍可继续加载。至拱部出现三个塑性铰时，所加荷载已大大增加，到拱圈破坏时，荷载要加几倍甚至几十倍。由此可见，仅用一种计算图式计算是不全面的，也不是十分合理的。但是，多种计算图式如何建立？塑性铰如何考虑？施工条件如何影响又怎样在计算中计及这些影响？考虑了上述因素后又将增加多少繁琐的计算？这些都有待进一步探讨。

3. 计算荷载确定有待进一步研究

计算荷载的确定就目前来看，基本是合理的。但由于地质情况千变万化，地质勘查工作往往也不能详尽，施工等因素的影响也难事先充分考虑，因此，如何更合理地确定计算荷载(大小及分布)尚需不断地做试验、量测、调查和进一步的理论分析工作。

4. 计算过程中的一些假设有一定的局限性。

例如衬砌与围岩间的相互作用，本章仅介绍了按局部变形理论计算方法，但互相间的作用究竟如何，是值得进一步探讨的，"局部变形"显然与实际情况有出入，围岩并不像一个个单独的弹簧那样与衬砌接触，每一点变形都要影响其他各点的变形，于是，又有所谓"共同变形"理论，但共同变形理论在实际应用中还有一些困难。K值被认为是常数也是不确切的，K值与围岩性质(硬度、节理、裂隙等构造状况)、荷载性质(大小、方向)、岩体结构性质(刚度、尺寸大小、形状)等许多因素有关。而且，即使同一级别围岩，用不同的试验方法，或同一试验方法而在围岩不同位置做试验，都可得到不同的K值。抗力分布假设也存在一定问题，虽然计算中可以用变形复核检算抗力分布区域，但往往由于计算繁复而不能尽善。且抗力分布区域与施工情况、结构刚度、回填情况等许多因素有关，并非一成不变。直墙式衬砌的变形情况与曲墙式衬砌的变形情况相比是不一样的，但计算中对拱部抗力区范围及分布规律作了相同假定，这显然不妥。对于K值、抗力区域、分布规律等还应作进一步研究，并通过试验、量测、分析统计及理论分析的方法，得出更切合我国公路隧道实际情况的结果。

第六章　隧道衬砌结构矩阵分析

当前，隧道衬砌内力分析基本上沿着两个方向发展：一个是将围岩与衬砌分开考虑，作用在衬砌上的围岩压力由现场实测结果或实验室量测结果确定，衬砌即可用一般结构力学方法求解；另一方向则是将围岩与衬砌作为一个整体来考虑，用有限单元法求解析解。

上述两种衬砌内力分析方法都能较好地反映实际情况。但由于地质条件复杂，有时又不能对每一座隧道进行详细的地质勘察和量测，而这两种方法计算的准确性往往取决于原始资料的可靠程度，所以，在应用上皆受到一定限制。因此，有必要选择一种较简单的，精度稍差的，但尚能在一定程度上反映衬砌受力特点的计算方法，以适应隧道衬砌设计之需要。

结构矩阵分析就是一种简单易懂便于掌握的计算方法。使用此法配以电子计算机的快速运算，使我们在分析衬砌内力时，不但能提高计算精度，而且能考虑更多的因素，从而得到较为理想的计算结果。本章对隧道衬砌结构矩阵分析中的一些主要问题作一般论述。

第一节　导　　论

一、计算模型简述

在处理围岩稳定及支护系统设计方面有两个重要的途径：一是根据实践经验和工程地质条件对围岩进行分级，然后按不同围岩分级确定所需的支护系统，这就是所谓工程类比法。这种方法未考虑围岩与衬砌相互作用及岩体对支护系统设计带来的某些影响，人们的认识程度不同，在设计中取用的参数就有些差异；二是利用连续介质或非连续介质的力学分析方法处理围岩与衬砌之间的关系。这一途径考虑了围岩与支护系统共同作用的影响，进行具体计算并在施工中进一步验证和修改计算结果。

连续介质或非连续介质的力学分析方法是研究岩石力学属性问题的两个基本计算模型。由于用非连续介质的力学分析方法来研究围岩稳定性的理论尚在发展中，所以未用于实践。因此，连续介质力学仍作为岩石力学试验的基本原理，它是整理测试资料和求得岩石各种力学参数的理论依据，也是作为求解有关岩石力学课题的计算方法的出发点。

目前国内外隧道结构设计的计算模型有许多种，大致可归纳为四种类型：

1. 超静定反力分析法（又称荷载—结构计算模型分析法）。
2. 复合整体法。
3. 特征曲线法（又称收敛—约束法）。
4. 纯经验法（又称指标分类法）。

荷载—结构计算模型分析法是在给定的围岩坍落体荷载作用下进行衬砌内力计算，研究在超静定荷载和反力系统作用下的支护状态。这种方法适用于覆盖层不厚，岩土强度低和衬砌刚度较大的隧道。

复合整体法是研究支护环和围岩组成的复合体的状态，其应用范围很广，但难以考虑开挖面的三维效应和时间效应。

特征曲线法是根据衬砌与地层变形的特征曲线(径向变形和径向应力)的交点,确定支护所受的压力。它能弥补复合整体法的缺点,并便于解释测试结果,这种计算模型多半用来研究喷锚支护系统和无衬砌的洞室围岩稳定性分析。

纯经验法则是根据地质条件如岩石强度、岩体构造、岩性特征和坑道围岩的稳定状态等,通过工程类比,直接给出支护结构的类型及参数,这也是衬砌设计方法之一。

上述四种计算模型,前三种是利用连续介质或非连续介质的力学分析方法来研究围岩稳定及支护系统设计的。后一种则根据实践经验和工程地质条件将围岩分级,最后提出所需的支护系统。

我国铁路、公路隧道衬砌计算,包括电算程序在内多数仍采用荷载—结构计算模型,由于电子计算机的使用和新的力学理论不断地发展,隧道衬砌结构计算程序已考虑其他因素对衬砌受力的影响,如开挖效应和时间效应等,并在洞体稳定性分析上取得一定成效,促进和完善了隧道衬砌内力分析的方法。

二、计算简图和基本结构图式

隧道衬砌是在围岩的主动压力和被动抗力同时作用下进行工作的。既然衬砌是用来阻止围岩变形的结构物,那么衬砌受力后的变形特性,即衬砌的刚度和修建衬砌的时间都直接影响围岩压力的大小和分布情况。

衬砌受到主动荷载作用后,拱圈顶部产生向隧道内的变形,这一部分衬砌有脱离围岩的趋势,因此围岩对这部分衬砌不产生弹性抗力。而其余部分衬砌向着围岩方向变形,因而引起围岩对这部分衬砌的弹性抗力。

抗力区的分布规律与大小,同衬砌的刚度、形状、尺寸、围岩的力学性质、衬砌背后回填的密实程度及荷载情况等因素有关,因此衬砌计算是一个非线性问题。为了使衬砌计算线性化,故对抗力区的抗力分布曲线作了假定。即假定抗力图形呈抛物线形,抗力范围上零点的位置与衬砌中心轴夹角为45°~55°,下零点的位置取在墙脚,最大抗力作用点的位置在衬砌最大跨径处。抗力曲线一经确定,问题就变为通常的超静定拱的求解。

为了避免预先假定抗力曲线的这个缺点,在衬砌的周边上与围岩相互作用的区域内,用链杆来代替围岩对衬砌的约束作用。这种链杆应服从局部变形理论的假定,并视衬砌与围岩间联系情况将链杆布置成法向或水平。如图 6-1 所示,链杆是按水平方向设置的,这样做,不仅可以近似地考虑衬砌与围岩之间摩擦力的作用,而且还可以简化计算工作。

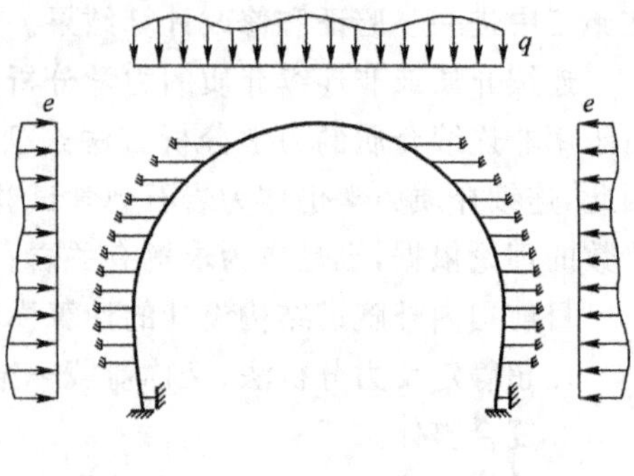

图 6-1

链杆的布置范围是由计算结果来确定的,通常从拱部按单元节点布置到墙脚。实际上拱顶回填一般都不密实,可认为拱顶左右侧约40°范围内不会发生相互作用,可不设置链杆。

图 6-1 是隧道衬砌内力分析的计算简图。实际上在计算时,须把竖向和水平分布荷载转换成作用在节点上的等效节点荷载。图中显示的是在外荷载作用下,经离散衬砌单元和链杆单元的集合体。

对于有仰拱的曲墙衬砌，由于仰拱一般是在拱圈和边墙受力变形基本稳定后才修建，故通常可忽略仰拱对衬砌内力的影响。

隧道衬砌属于实体的拱式结构。这种结构受弯矩和轴力的影响较大。因此要把衬砌离散化为一些同时能承受弯矩和轴力的直杆单元。单元的数目视计算精度而定。为了保证衬砌内力分析的精度要求，道路隧道拱部衬砌一般划分为 30 个单元即已足够。另外又考虑到拱部和边墙的衬砌可能采用不同的建筑材料，故将边墙另划分为 20 个衬砌单元。仅当拱和边墙的轴线不连续或者是墙基需要展宽时，须添加一个特殊衬砌单元即刚性单元，如图 6-2 中单元⑯和㊱。

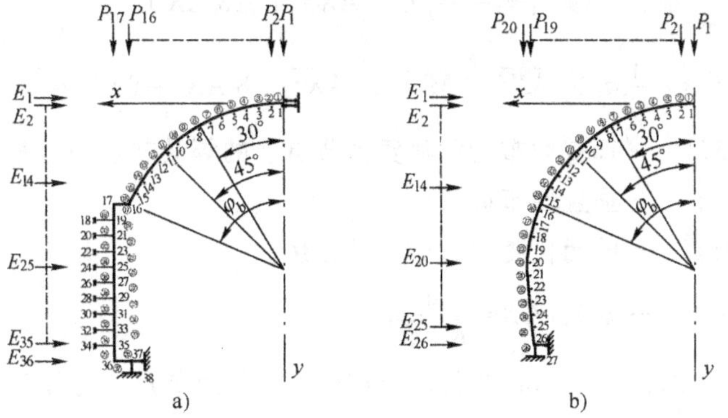

图 6-2

图 6-2 是基本结构图式。由于荷载与结构均对称可取半跨计算。这种结构图式在处理围岩与衬砌相互作用时，直墙式衬砌拱部弹性抗力仍假定为抛物线形，抗力上零点的位置与衬砌中心轴夹角为 45°，最大抗力作用点是在拱脚处，而墙身的一侧设置若干根水平链杆，考虑到墙底在轴力、弯矩的作用下产生下沉和转动，故设一根垂直链杆表示此作用。对于曲墙式衬砌，弹性抗力仍按朱—布法①的假定。这样处理的目的在于编制程序时简单也便于与手算进行对比。

图 6-2 是沿拱顶截面切开的荷载与结构均对称的结构图式。这种图式在拱顶截面处不允许有水平位移和转角位移。为了能反映原结构的受力状态，需要在拱顶截面切开的位置设置两根水平链杆作为边界的约束条件。

对于结构对称而荷载不对称的情况，由于拱顶截面切开处不允许有相对垂直位移，因此要在拱顶截面切开的位置设一根竖向链杆以表示原结构的约束状态。

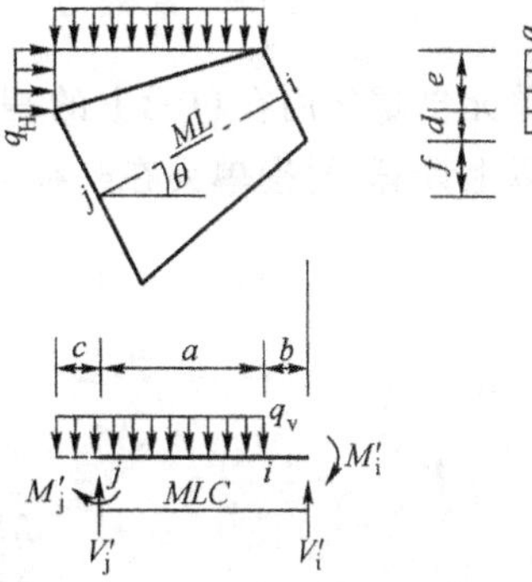

图 6-3

三、非节点荷载的处理

在实际工程结构里，外荷载和自重一般不直接作用在节点上。因此，在实际运算时尚须把外荷载和单元自重转换成作用在节点上的等效节点荷载。

如图 6-3 所示，取一衬砌单元为例，求在外荷载和衬砌单元自重的作用下单元节点的力向量 $\{P^e\}$。设衬砌单元长度为 ML，它在水平与垂直方向上的投影为：

---

① 朱-布法—指苏联学者 Γ·Γ·朱拉波夫与 O·E 布加耶娃，1940 年创立的计算方法。

$$\overline{MLC} = ML \times \cos\theta$$
$$\overline{MLS} = ML \times \sin\theta$$

根根静力平衡方程，垂直均布荷载作用在单元上的等效节点力分量为：

$$V'_i = \frac{1}{2}q_v \times \alpha \times \overline{AX}^2(2 - \overline{AX})$$
$$V'_j = \frac{1}{2}q_v \times \alpha(2 - 2\,\overline{AX}^2 + \overline{AX}^3) + q_v \times c \tag{6-1}$$
$$M'_i = -\frac{1}{12}q_v \times \overline{AX}^3(4 - 3\,\overline{AX})$$
$$M'_j = \frac{1}{12}q_v \times \overline{AX}^2 \times \overline{MLC}(3\,\overline{AX}^2 - 8\,\overline{AX} + 6) - q_v \times \frac{c^2}{2}$$

式中：V'_i、V'_j、M'_j、M'_j——垂直均布荷载移置到节点上的等效节点力分量；

q_v——垂直均布荷载；

$\overline{MLC}$——单元长度在 x 轴上的投影；

$\overline{AX}$——系数，$\overline{AX} = \dfrac{\alpha}{\overline{MLC}}$。

用同样的方法，可求出水平均布荷载作用在单元上等效节点力分量为：

$$H''_i = \frac{1}{2}q_H \times d(2 - 2\,\overline{AY}^2 + \overline{AY}^3) + q_H \times e$$
$$H''_j = \frac{1}{2}q_H \times \overline{AY}^2 \times d(2 - \overline{AY}) \tag{6-2}$$
$$M''_i = \frac{1}{12}q_H \times d^2(3\,\overline{AY}^2 - 8\,\overline{AY} + 6) - q_H \times \frac{e^2}{2}$$
$$M''_j = -\frac{1}{12}q_H \times d\,\overline{AY}^2(4\,\overline{MLS} - 3d)$$

式中：H''_i、H''_j、H''_i、M''_j——水平均布荷载移置到节点上的等效节点力分量；

q_H——水平均布荷载；

$\overline{MLS}$——单元长度在 y 轴上投影；

$\overline{AY}$——系数，$\overline{AY} = \dfrac{d}{\overline{MLS}}$。

初砌单元自重作用在单元上的等效节点力分量 V_{io}、V_{jo}、M_{io}和 M_{jo}也可用同样方法求得。

根据以上计算，衬砌单元在外荷载与自重作用下，移置到节点上的等效节点合力为：

$$V_i = V_{i0} + v'_i$$
$$V_j = V_{j0} + v'_j$$
$$H_i = H''_i \tag{6-3}$$
$$H_j = H''_j$$
$$M_i = M_{i0} + M'_i + M''_i$$
$$M_j = M_{j0} + M'_j + M''_j$$

等效节点合力写成矩阵形式

$$\{P^e\} = [V_i V_j H_i M_i M_j]^T \tag{6-4}$$

式中：$\{P^e\}$——等效节点荷载。

以上是局部坐标系中的非节点荷载转换成等效节点荷载。当坐标系不一致时，可将以局部坐标系表示的等效节点荷载进行坐标变换即可得到结构坐标系的等效节点荷载。

四、直接刚度法的简述

直接刚度法是矩阵位移法的一种计算方法。它是在将转角位移方程(包括轴向力和轴向变形)写成矩阵形式并在进行坐标转换和分块的基础上,利用各节点的平衡条件和变形连续条件来建立结构刚度方程的一种方法。同矩阵力法相比,直接刚度法的计算过程更加规格化,并可以充分发挥电子计算机的自动化效能,有利于编制程序,所以它是目前广为使用的一种方法。

直接刚度法的一般解题原理是:先求得各杆件单元上的单元节点力和单元节点位移的关系式,即单元刚度矩阵;进而将每一个节点上有共同位移的各单元刚度矩阵元素,简单的叠加起来形成结构刚度矩阵;再利用静力平衡和边界条件,求得结构各节点的节点位移,也就是解结构刚度方程,然后,再根据变形协调条件,求得汇交于该节点各单元的单元节点位移,最后求得杆件单元的内力,从而完成全部解题过程。

在应用直接刚度法时,必须注意单元内荷载和单元位移按结构坐标系建立。这样,一个未受约束的结构刚度矩阵,只需将在一个节点上有共同位移的那些单元的刚度矩阵的元素,简单叠加起来就可得到。

综合上述,直接刚度法的解题步骤如下:

1. 选择结构坐标系和局部坐标系,将各节点和单元进行编号。

2. 把所有节点荷载沿结构坐标系分解;建立节点荷载列向量和节点位移向量的关系式;注意节点荷载向量和节点位移向量的各分量要一一对应。

3. 利用杆件在结构坐标系中的单元刚度矩阵公式,计算结构坐标系中各单元刚度矩阵的四个子阵。

4. 将单元刚度矩阵的四个子阵按其下标在结构刚度矩阵中“对号入座”。

5. 修改结构刚度矩阵,计算各节点位移。

6. 利用杆件在结构坐标系中的单元刚度方程公式和单元刚度矩阵的四个子阵公式,计算结构坐标系中由节点位移产生的节点力。再应用两种坐标系中单元节点力的转换式,计算局部坐标系中的节点力。

7. 计算拱顶截面支座约束反力。

以上介绍的直接刚度法解题步骤,无论荷载和结构对称与否基本上都一样。

第二节　单元刚度矩阵

如图 6-2a)所示,计算衬砌结构所需的单元有三种:一种是代表衬砌结构能承受弯矩、轴向力的等直杆单元,即衬砌单元;一种是模拟围岩与衬砌相互作用的支承链杆单元;另一种则是模拟墙底与围岩共同作用的弹性支座单元。下面就这三种单元分别来讨论它们的单元刚度矩阵。

一、衬砌单元刚度矩阵

我们从图 6-2a)中任取一个单元 e,杆长为 L,截面面积为 F,截面惯性矩为 I,讨论单根杆件的单元刚度矩阵。

如图 6-4 所示等截面杆件 ij 是采用直角坐标系，规定杆轴的 X 轴方向为正方向，杆轴逆时针转 90°后的方向取为 y 轴的正方向。这个坐标系称作单元坐标系或局部坐标系，并在字母的上面都划上一横，作为局部坐标系的标志。

对局部坐标系来说，单元每个节点有三个位移分量[见图 6-4a)]：

$$\{\bar{\delta}_i^e\} = \begin{bmatrix} \bar{u}_i^e \\ \bar{v}_i^e \\ \bar{\varphi}_i^e \end{bmatrix} \qquad \{\bar{\delta}_j^e\} = \begin{bmatrix} \bar{u}_j^e \\ \bar{v}_j^e \\ \bar{\varphi}_j^e \end{bmatrix}$$

相应的每个节点有三个力的分量[如图6-4b)]

$$\{\bar{S}_i^e\} = \begin{bmatrix} \bar{N}_i^e \\ \bar{Q}_i^e \\ \bar{M}_i^e \end{bmatrix} \qquad \{\bar{S}_j^e\} = \begin{bmatrix} \bar{N}_j^e \\ \bar{Q}_j^e \\ \bar{M}_j^e \end{bmatrix}$$

如图 6-4 所示方向规定为正方向。其中 $\bar{u}$ 是轴向位移；$\bar{N}$ 是轴力；$\bar{v}$ 是横向位移；$\bar{Q}$ 是剪力；$\bar{\varphi}$ 是转角位移；$\bar{M}$ 是弯矩。

因此，每个杆单元在两端共有 6 个节点位移分量和相应的 6 个节点力分量：

$$\{\bar{\delta}^e\} = \begin{bmatrix} \bar{\delta}_i^e \\ \bar{\delta}_i^e \end{bmatrix} = \begin{bmatrix} \bar{u}_i^e \\ \bar{v}_i^e \\ \bar{\varphi}_i^e \\ \bar{u}_i^e \\ \bar{v}_i^e \\ \bar{\varphi}_i^e \end{bmatrix} \qquad \{\bar{S}^e\} = \begin{bmatrix} \bar{S}_i^e \\ \bar{S}_j^e \end{bmatrix} = \begin{bmatrix} \bar{N}_i^e \\ \bar{Q}_i^e \\ \bar{M}_i^e \\ \bar{N}_j^e \\ \bar{Q}_j^e \\ \bar{M}_j^e \end{bmatrix}$$

现在讨论它们之间的转换关系。

如图 6-5 所示等截面杆件 ij，其两端有杆端位移和相应的杆端力。设 i 端的节点位移为 $\bar{u}_i^e$、$\bar{v}_i^e$ 和 φ_i^e，相应的节点力为 $\bar{N}_i^e$、$\bar{Q}_i^e$、$\bar{M}_i^e$；j 端的节点位移为 $\bar{u}_j^e$、$\bar{v}_j^e$ 和 $\bar{\varphi}_j^e$，相应的节点力 $\bar{N}_j^e$、$\bar{Q}_j^e$、$\bar{M}_j^e$。节点力和节点位移规定：轴向节点力 N 与 ij 方向一致为正；弯矩 M 以逆时针方向为正；从 N 的正向逆时针转 90°的方向为剪力 Q 的正方向。节点位移的正负规定与节点力相同。

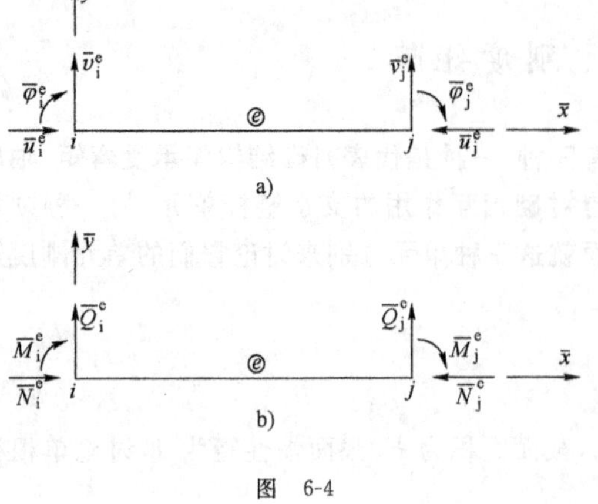

图 6-4

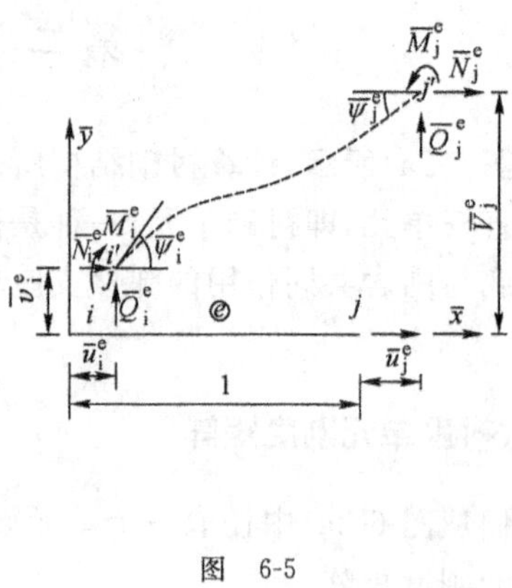

图 6-5

由转角位移方程，可得杆件两端的节点弯矩为：

$$
\begin{aligned}
\overline{M}_i^e &= \frac{6EI}{l^2}\bar{v}_i^e + \frac{4EI}{l}\bar{\varphi}_i^e - \frac{6EI}{l^2}\bar{v}_j^e + \frac{2EI}{l}\bar{\varphi}_i^e \\
\overline{M}_j^e &= \frac{6EI}{l^2}\bar{v}_j^e + \frac{2EI}{l}\bar{\varphi}_j^e - \frac{6EI}{l^2}\bar{v}_j^e + \frac{4EI}{l}\bar{\varphi}_j^e
\end{aligned}
\tag{6-5}
$$

根据虎克定律，两杆端轴向力为：

$$
\begin{aligned}
\overline{N}_i^e &= \frac{EF}{l}\bar{v}_i^e - \frac{EF}{l}\bar{u}_i^e \\
\overline{N}_j^e &= \frac{EF}{l}\bar{v}_j^e - \frac{EF}{l}\bar{u}_j^e
\end{aligned}
\tag{6-6}
$$

再根据杆件两端的平衡条件，$\sum M_i = 0$ 和 $\sum M_j = 0$，可得杆件两端的节点剪力为：

$$
\begin{aligned}
\overline{Q}_i^e &= \frac{12EI}{l^3}\bar{v}_i^e + \frac{6EI}{l^2}\bar{\varphi}_i^e - \frac{12EI}{l^3}\bar{v}_i^e + \frac{6EI}{l^2}\bar{\varphi}_i^e \\
\overline{Q}_j^e &= -\frac{12EI}{l^3}\bar{v}_j^e - \frac{6EI}{l^2}\bar{\varphi}_j^e + \frac{12EI}{l^3}\bar{v}_j^e - \frac{6EI}{l^2}\bar{\varphi}_j^e
\end{aligned}
\tag{6-7}
$$

综合式(6-5)，式(6-6)和式(6-7)，即得节点力和节点位移之间的关系式为：

$$
\begin{aligned}
\overline{N}_i^e &= \frac{EF}{l}u_i^e - \frac{EF}{l}\bar{u}_j^e \\
\overline{Q}_i^e &= \frac{12EI}{l^3}\bar{v}_i^e + \frac{6EI}{l^2}\bar{\varphi}_i^e - \frac{12EI}{l^3}\bar{v}_j^e + \frac{6EI}{l^2}\bar{\varphi}_j^e \\
\overline{M}_i^e &= \frac{6EI}{l^2}\bar{v}_i^e + \frac{4EI}{l}\bar{\varphi}_i^e - \frac{6EI}{l^2}\bar{v}_j^e + \frac{2EI}{l}\bar{\varphi}_j^e \\
\overline{N}_j^e &= -\frac{EF}{l}\bar{u}_i^e + \frac{EF}{l}\bar{u}_j^e \\
\overline{Q}_j^e &= -\frac{12EI}{l^3}\bar{v}_i^e - \frac{6EI}{l^2}\bar{\varphi}_i^e + \frac{12EI}{l^3}\bar{v}_j^e - \frac{6EI}{l^2}\bar{\varphi}_j^e \\
\overline{M}_j^e &= -\frac{6EI}{l^2}\bar{v}_i^e + \frac{2EI}{l}\bar{\varphi}_i^e - \frac{6EI}{l^2}\bar{v}_j^e + \frac{4EI}{l}\bar{\varphi}_j^e
\end{aligned}
\tag{6-8}
$$

式(6-8)写成矩阵形式则有：

$$
\begin{bmatrix} \overline{N}_i^e \\ \overline{Q}_i^e \\ \overline{M}_i^e \\ \overline{N}_j^e \\ \overline{Q}_j^e \\ \overline{M}_j^e \end{bmatrix}
=
\begin{bmatrix}
\frac{EF}{l} & 0 & 0 & -\frac{EF}{l} & 0 & 0 \\
0 & \frac{12EI}{l^3} & \frac{6EI}{l^2} & 0 & -\frac{12EI}{l^3} & \frac{6EI}{l^2} \\
0 & \frac{6EI}{l^2} & \frac{4EI}{l} & 0 & -\frac{6EI}{l^2} & \frac{2EI}{l} \\
-\frac{EF}{l} & 0 & 0 & \frac{EF}{l} & 0 & 0 \\
0 & -\frac{12EI}{l^3} & \frac{6EI}{l^2} & 0 & \frac{12EI}{l^3} & -\frac{6EI}{l^2} \\
0 & \frac{6EI}{l^2} & \frac{4EI}{l} & 0 & -\frac{6EI}{l^2} & -\frac{4EI}{l}
\end{bmatrix}
\begin{bmatrix} \bar{u}_i^e \\ \bar{v}_i^e \\ \bar{\varphi}_i^e \\ \bar{u}_j^e \\ \bar{v}_j^e \\ \bar{\varphi}_j^e \end{bmatrix}
\tag{6-9}
$$

上式缩写成：

$$
\{\overline{S^e}\} = [\overline{K}^e]\{\overline{\delta^e}\}
\tag{6-10}
$$

式(6-10)即为局部坐标系单根杆件的单元刚度方程。其中$[\overline{K}^e]$是一个 6×6 阶矩阵，称为局部坐标系中的单元刚度矩阵。

从矩阵$[\overline{K}^e]$可以看出，它的行数等于节点力列向量的分量数，而其列数则等于节点位移列向量的分量数。由于节点力列向量的分量数和节点位移列向量的分量数总是相同的，所以刚度矩阵$[\overline{K}^e]$为方阵。

刚度矩阵$[\overline{K}^e]$有两个重要性质：

1. 刚度矩阵$[\overline{K}^e]$是一个对称矩阵，这是因为在刚度矩阵$[\overline{K}^e]$中位于斜对角线两边处于对称位置的两个元素是相等的；

2. 刚度矩阵$[\overline{K}^e]$是奇异矩阵，显然，在$[\overline{K}^e]$中若将第 4 行的元素与第 1 行的元素相加，则等于零，因此，根据行列式的性质可知，与矩阵$[\overline{K}^e]$相应的行列式等于零，故刚度矩阵$[\overline{K}^e]$是奇异的。

由于刚度矩阵$[\overline{K}^e]$是奇异的，它的逆矩阵不存在，所以不能按式(6-10)由节点力向量反求节点位移列向量。

通过刚度矩阵的推导，我们不难理解$[\overline{K}^e]$中各个元素的物理意义，即$[\overline{K}^e]$中每个元素代表由于单元节点位移而引起的节点力。

必须注意：节点力列向量和节点位移列向量的各个分量应按式(6-9)所表明那样，沿坐标轴的正向，从 i 到 j 的顺序一一对应排列。否则单元刚度矩阵$[\overline{K}^e]$将有变化。

以上讲的是建立局部坐标系的单元刚度矩阵。采用局部坐标系，从单元分析的角度看，是方便的。但从整体分析的角度看，又带来麻烦。因此，在研究结构的平衡条件和变形连续条件时，必须选定一个统一的坐标系，即结构坐标系，同时把按局部坐标系建立的单元刚度矩阵转换到结构坐标系中去，以建立结构坐标系中的单元刚度矩阵。

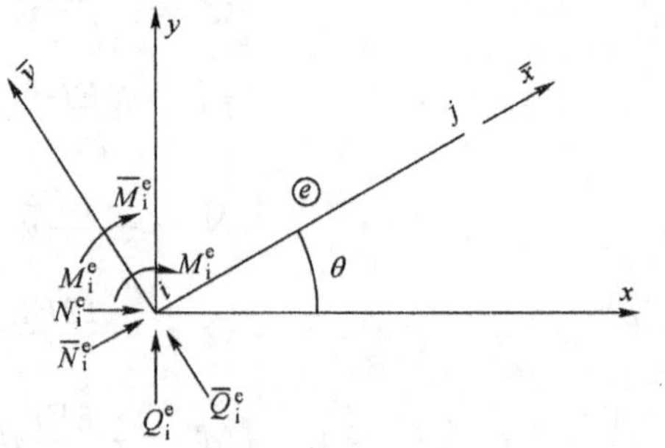

图 6-6

如图 6-6 表示单元一端的节点力在两种坐标系的分量。其中在局部坐标系中的三个分量是 $\overline{N}_i^e$、$\overline{Q}_i^e$、$\overline{M}_i^e$，在结构坐标系中的三个分量是 N_i^e、Q_i^e、M_i^e。

从图中可得出：

$$\begin{aligned}\overline{N}_i^e &= N_i^e\cos\theta + Q_i^e\sin\theta \\ \overline{Q}_i^e &= -N_i^e\cos\theta + Q_i^e\sin\theta\end{aligned} \tag{6-11}$$

由于在两种坐标系中，弯矩都作用在同一平面上，是垂直于坐标平面的矢量，故不受坐标变换的影响，则

$$\overline{M}_i^e = M_i^e \tag{6-12}$$

同理，对单元 j 端的节点力也可得出类似关系式

$$\begin{aligned}\overline{N}_j^e &= N_j^e\cos\theta + Q_j^e\sin\theta \\ \overline{Q}_j^e &= -N_j^e\sin\theta + Q_j^e\cos\theta \\ \overline{M}_j^e &= M_j^e\end{aligned} \tag{6-13}$$

将式(6-11)、式(6-12)和式(6-13)汇集起来，并用矩阵形式表示如下：

$$
\begin{bmatrix} \overline{N}_i^e \\ \overline{Q}_i^e \\ \overline{M}_i^e \\ \overline{N}_j^e \\ \overline{Q}_j^e \\ \overline{M}_j^e \end{bmatrix} = \begin{bmatrix} \cos\theta & \sin\theta & 0 & 0 & 0 & 0 \\ -\sin\theta & \cos\theta & 0 & 0 & 0 & 0 \\ 0 & 0 & 1 & 0 & 0 & 0 \\ 0 & 0 & 0 & \cos\theta & \sin\theta & 0 \\ 0 & 0 & 0 & -\sin\theta & \cos\theta & 0 \\ 0 & 0 & 0 & 0 & 0 & 1 \end{bmatrix} \begin{bmatrix} N_i^e \\ Q_i^e \\ M_i^e \\ N_j^e \\ Q_j^e \\ M_j^e \end{bmatrix} \tag{6-14}
$$

上式缩写成

$$
\{\overline{S}^e\} = [T]\{S^e\} \tag{6-15}
$$

式(6-15)就是在两种坐标系中单元节点力的转换式。其中，$[T]$称作单元的坐标转换矩阵。

显然，节点力之间的这种转换关系，同样也适用于节点位移之间的转换关系。设在局部坐标系和结构坐标系中的单元节点位移分别为$\{\overline{\delta}^e\}$和$\{\delta^e\}$，则它们之间的关系式为：

$$
\{\overline{\delta}^e\} = [T]\{\delta^e\} \tag{6-16}
$$

注意到坐标转换矩阵$[T]$是一个正交矩阵，其逆矩阵就等于其转置矩阵，即$[T]^{-1} = [T]^{T}$。故式(6-16)可写成如下形式：

$$
\{\delta^e\} = [T]^{T}\{\overline{\delta}^e\} \tag{6-17}
$$

同样，式(6-15)可写成

$$
\{S^e\} = [T]^{T}\{\overline{S}^e\} \tag{6-18}
$$

将式(6-10)和式(6-16)代入式(6-18)得：

$$
\begin{aligned}
\{S^e\} &= [T]^{T}\{\overline{S}^e\} \\
&= [T]^{T}[\overline{K}^e]\{\overline{\delta}^e\} \\
&= [T]^{T}[\overline{K}^e][T]\{\delta^e\}
\end{aligned} \tag{6-19}
$$

令

$$
[K^e] = [T]^{T}[\overline{K}^e][T] \tag{6-20}
$$

则

$$
[S^e] = [\overline{K}^e][\delta^e] \tag{6-21}
$$

式(6-20)就是杆件刚度矩阵的转换公式。利用这一公式，即可由杆件在局部坐标系中的刚度矩阵$[\overline{K}^e]$和坐标转换矩阵$[T]$求得在结构坐标系中的刚度矩阵$[K^e]$。

式(6-21)即为由局部坐标系转换到结构坐标系中的杆单元刚度方程。

为便于建立节点的平衡方程，根据单元刚度矩阵的分块性质，将式(6-21)写成：

$$
\begin{bmatrix} S_i^e \\ S_j^e \end{bmatrix} = \begin{bmatrix} K_{ii}^e & K_{ij}^e \\ K_{ji}^e & K_{ij}^e \end{bmatrix} \begin{bmatrix} \delta_i^e \\ \delta_j^e \end{bmatrix} \tag{6-22}
$$

其中，K_{ii}^e、K_{ij}^e、K_{ji}^e、K_{jj}^e分别为刚度矩阵$[K^e]$的四个子阵，$\{S_i^e \quad S_j^e\}^{T}$和$\{\delta_i^e \quad \delta_j^e\}^{T}$分别代表杆单元两端的六个单元节点力和对应的六个单元节点位移。

式(6-22)也可写成

$$
\begin{aligned}
\{S_i^e\} &= [K_{ij}^e]\{\delta_i^e\} + [K_{ij}^e]\{\delta_i^e\} \\
\{S_j^e\} &= [K_{ji}^e]\{\delta_i^e\} + [K_{jj}^e]\{\delta_j^e\}
\end{aligned} \tag{6-23}
$$

式中：

$$
[K_{ii}^{e}]=\begin{bmatrix}
\dfrac{12EI\sin^2\theta}{l^3}+\dfrac{EF\cos^2\theta}{l} & & (\text{对称})\\
-\sin\theta\cos\theta\left(\dfrac{12EI}{l^3}-\dfrac{EF}{l}\right) & \dfrac{EF\sin^2\theta}{l}+\dfrac{12EI\cos^2\theta}{l^3} & \\
\dfrac{6EI\sin\theta}{l^2} & -\dfrac{6EI\cos\theta}{l^2} & \dfrac{4EI}{l}
\end{bmatrix}
$$

$$
[K_{ij}^{e}]=\begin{bmatrix}
-\dfrac{12EI\sin^2\theta}{l^3}-\dfrac{EF\cos^2\theta}{l} & \sin\theta\cos\theta\left(\dfrac{12EI}{l^3}-\dfrac{EF}{l}\right) & \dfrac{6EI\sin\theta}{l^2}\\
\sin\theta\cos\theta\left(\dfrac{12EI}{l^3}-\dfrac{EF}{l}\right) & -\dfrac{EF\sin^2\theta}{l}-\dfrac{12EI\cos^2\theta}{l^3} & -\dfrac{6EI\cos\theta}{l^2}\\
-\dfrac{6EI\sin\theta}{l^2} & \dfrac{6EI\cos\theta}{l^2} & \dfrac{2EI}{l}
\end{bmatrix}
$$

$$
[K_{ji}^{e}]=\begin{bmatrix}
-\dfrac{12EI\sin^2\theta}{l^3}-\dfrac{EF\cos^2\theta}{l} & \sin\theta\cos\theta\left(\dfrac{12EI}{l^3}-\dfrac{EF}{l}\right) & -\dfrac{6EI\sin\theta}{l^2}\\
\sin\theta\cos\theta\left(\dfrac{12EI}{l^3}-\dfrac{EF}{l}\right) & -\dfrac{EF\sin^2\theta}{l}-\dfrac{12EI\cos^2\theta}{l^3} & \dfrac{6EI\sin\theta}{l^2}\\
\dfrac{6EI\sin\theta}{l^2} & -\dfrac{6EI\cos\theta}{l^2} & \dfrac{2EI}{l}
\end{bmatrix}
$$

$$
[K_{jj}^{e}]=\begin{bmatrix}
\dfrac{12EI\sin^2\theta}{l^3}+\dfrac{EF\cos^2\theta}{l} & & (\text{对称})\\
-\sin\theta\cos\theta\left(\dfrac{12EI}{l^3}-\dfrac{EF}{l}\right) & \dfrac{EF\sin^2\theta}{l}+\dfrac{12EI\cos^2\theta}{l^3} & \\
-\dfrac{6EI\sin\theta}{l^2} & \dfrac{6EI\cos\theta}{l^2} & \dfrac{4EI}{l}
\end{bmatrix}
$$

如果我们在$[K_{ii}^{e}]$、$[K_{ij}^{e}]$、$[K_{jj}^{e}]$、$[K_{ji}^{e}]$四个子阵中去掉与 EF 有关的各项，则可得到不考虑轴向变形影响时的单元刚度矩阵$[K^{e}]$的四个子阵。

以上，我们是利用转角位移方程，经过坐标转换推导出结构坐标系中的单根杆件单元刚度矩阵的。实际上推求单元刚度矩阵还有其它方法。例如，可以只有三个量 $\overline{\varphi}_i^e$、$\overline{\varphi}_j^e$、$\overline{u}^e$ 来描述杆件的变形，利用虚功原理找出节点变形向量与节点力向量的关系式，然后经过一系列运算，即可求得单元刚度矩阵。还可以利用材料力学建立杆件挠曲微分方程，根据已知的边界条件得到单元节点力和相应地节点位移之间的表达式，进而推导出杆单元刚度矩阵。

用上面几种方法推导出杆单元刚度矩阵的表达式没有实质性差别，但使用不同的方法运算量将有很大差异，因此要酌情选用。

二、链杆单元刚度矩阵

上面已经指出，为了体现围岩对衬砌的约束作用，我们在围岩与衬砌相互作用的区域内设置若干根支承链杆，而这种链杆应服从局部变形理论的假定。

当衬砌结构在垂直荷载与水平荷载作用下，只在结构节点有水平位移时，链杆端点才产生相应的水平位移和节点力。

现取图 6-1 中的一根支承链杆来讨论，如图 6-7 所示。

设衬砌变形后支承链杆端点的压缩位移为 u_i，而围岩衬砌的弹性抗力为 R_i。根据温克尔假定，它们有如下关系式：

$$R_i = Kbh_iu_i \tag{6-24}$$

式中：R_i——支承链杆的弹性抗力；

K——围岩弹性抗力系数；

h_i——相邻两衬砌单元长度在 y 轴投影之半的和，即 $h_i = \frac{1}{2}(l_i\sin\alpha_i + l_{i+1}\sin\alpha_{i+1})$；

b——隧道计算宽度(m)，一般取 1(m)；

u_i——支承链杆端点在结构坐标系中的水平压缩位移(m)。

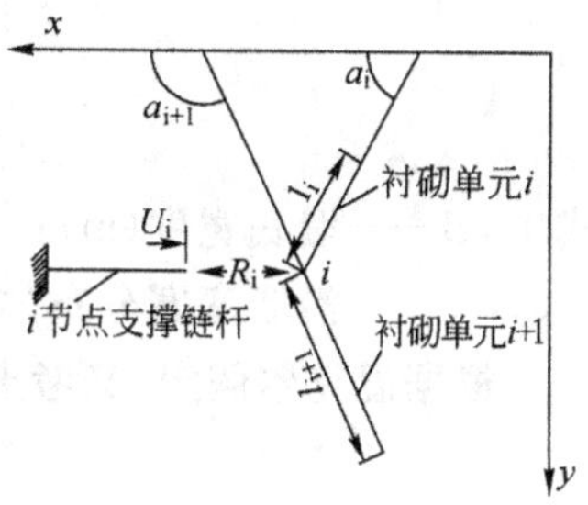

图 6-7

对于图 6-2a)中的水平支承链杆，因边墙的衬砌单元等分，$\alpha_i = \alpha_{i+1} = 90°$，$b$ 取为 1m，故式(6-24)可改写为：

$$R_i = Kl_iu_i \tag{6-25}$$

其中：l_i——边墙衬砌单元的长度(m)。

为了在理论上阐明结构刚度方程的形成过程，将式(6-25)扩充改写成。

$$\begin{bmatrix} R_i \\ q_i \\ m_i \end{bmatrix} = \begin{bmatrix} Kl_i & 0 & 0 \\ 0 & 0 & 0 \\ 0 & 0 & 0 \end{bmatrix} \begin{bmatrix} u_i \\ v_i \\ \varphi_i \end{bmatrix} \tag{6-26}$$

于是，上式可缩写为：

$$\{R_i\} = [K_{ri}]\{\Delta_i\} \tag{6-27}$$

矩阵$[K_{ri}]$即是支承链杆单元对结构坐标系的刚度矩阵。

三、墙底弹性支座单元刚度矩阵

在研究隧道衬砌内力分析时，要考虑墙底围岩产生的弹性抗力的影响。由于墙底与围岩之间有较大的摩擦力和粘着力，故假定墙底不产生水平位移。

在经由边墙传递轴力和弯矩的作用下，墙底产生下沉和转动，而墙底的弹性支座单元将相应地产生位移和转角。根据墙底变形协调条件，墙底的位移和转角应与弹性支座单元端点的位移和转角相等。

如图 6-8a)所示，沿线路方向取隧道计算宽度 b 为 1m，墙底的弹性抗力合力为：

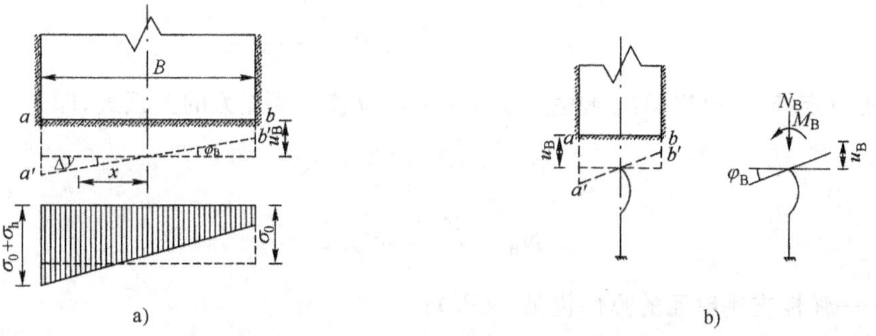

图 6-8

$$N_B = B \times \sigma_0$$

$$M_B = \int_{-\frac{B}{2}}^{\frac{B}{2}} \sigma_x \times x \times dx \tag{6-28}$$

式中：B——墙底宽度(m)；

σ_0，σ_x——沿墙底宽分布的弹性抗力(kN/m)。

根据温克尔假定，又考虑到墙底变形微小，故可写出：

$$\sigma_x = \Delta y \times K_B = x \times \varphi_B \times K_B$$
$$\sigma_0 = u_B \times K_B \tag{6-29}$$

将式(6-29)代入式(6-28)即得：

$$N_B = B \times K_B \times u_B$$
$$M_B = \frac{1}{12} \times B^3 \times K_B \times \varphi_B \tag{6-30}$$

式中：u_B——由轴向力引起的墙底垂直方向位移(m)；

φ_B——由弯矩引起的墙底转角位移(m)；

K_B——墙底围岩弹性抗力系数，通常取 $K_B = 1.2K$，K 为侧向围岩弹性抗力系数。

根据墙底的变形协调条件及力的传递作用，弹性支座单元的端点位移和端点力应与墙底位移和墙底力相对应，如图 6-8b)所示。由于弹性支座单元的局部坐标与结构坐标一致，不需进行坐标转换，故可按结构坐标系直接写出弹性支座单元端点位移与端点反力关系式，即式(6-30)的矩阵形式

$$\begin{bmatrix} N_B \\ M_B \end{bmatrix} = \begin{pmatrix} K_B \times B & 0 \\ 0 & \frac{K_B \times B^3}{12} \end{pmatrix} \begin{bmatrix} u_B \\ \varphi_B \end{bmatrix} \tag{6-31}$$

为了在理论上阐明结构刚度方程的形成过程，也将式(6-31)扩充改写成：

$$\begin{pmatrix} N_B \\ Q_B \\ M_B \end{pmatrix} = \begin{pmatrix} K_B \times B & 0 & 0 \\ 0 & 0 & 0 \\ 0 & 0 & \frac{K_B \times B^3}{12} \end{pmatrix} \begin{pmatrix} u_B \\ v_B \\ \varphi_B \end{pmatrix} \tag{6-32}$$

上式缩写成 $$\{S_B\} = [K_{rB}]\{\Delta_B\} \tag{6-33}$$

其中墙底弹性支座单元刚度矩阵为：

$$[K_{rB}] = \begin{pmatrix} K_B \times B & 0 & 0 \\ 0 & 0 & 0 \\ 0 & 0 & \frac{K_B \times B^3}{12} \end{pmatrix} \tag{6-34}$$

根据虎克定律，还可以得到弹性支座单元端点位移与端点力的关系式，即

$$N_B = \frac{E_B \times F_B}{l_B} \times u_B$$

$$N_B = \frac{E_B \times I_B}{l_B} \times \varphi_B \tag{6-35}$$

式中：E_B——弹性支座单元的弹性模量(MPa)；

I_B——弹性支座单元的惯性矩(m^4)。

F_B——墙底截面积(m^2)，$F_B = b \cdot B = B$；

l_B——弹性支座单元的长度(m)；

由式(6-30)及式(6-35)可得：

$$K_B = \frac{E_B}{l_B} \tag{6-36}$$

$$I_B = \frac{1}{48} \times B^3 \tag{6-37}$$

取 $l_B = 1$,代入式(6-36)得：

$$E_B = K_B \tag{6-38}$$

由此可见,墙底弹性支座单元的几何特性参数为：

$$\begin{aligned} F_B &= B \\ E_B &= K_B \\ I_B &= \frac{1}{48} \times B^3 \end{aligned} \tag{6-39}$$

四、刚性单元

在直墙式隧道衬砌设计中,为调整拱圈和边墙的压力曲线,常使拱脚和墙顶的轴线不连续或者是墙底需展宽基础。对于这种型式的结构要添加一个特殊的衬砌单元,即刚性单元。这种单元能承受部分垂直荷载和水平荷载的作用,其单元本身可看做刚性的,如图 6-2a)所示刚性单元⑯和㊱。

所谓刚性单元,在理论上讲单元的 EA 和 EF 均为无穷大。但在实际数值计算中,刚度不可能取无限大。一般两相邻杆件,当它们的刚度比超过 8～10 倍时,则刚度大的杆件可视为是绝对刚性的。在实际运算中,我们取刚性单元⑯和㊱的刚度为单元⑰和㉟的 30 倍。

第三节　结构刚度方程

一、结构刚度方程的形成

在第一节中我们曾经指出,直接刚度法是在将单元刚度矩阵进行坐标转换和分块的基础上,利用各节点的静力平衡条件和变形连续条件,来建立结构刚度方程的一种方法。下面我们以图 6-2a)为例,介绍用直接刚度法来形成结构刚度方程的过程。

如图 6-2a)所示,设结构离散为 25 个衬砌单元,其中拱部衬砌有 15 个单元,边墙衬砌有 10 个单元。若考虑拱脚与墙顶的轴线不连续,而墙基又须展宽时,可增设⑯和㊱两个刚性单元。

除此之外,为体现围岩与衬砌的共同作用,另在墙身布置 9 根支承链杆和在墙底设一弹性支座。与此同时,还在拱顶截面切开处和墙基部位加设约束条件,以反映原结构在垂直荷载和水平荷载作用下的受力状态。单元和节点编号,如图 6-2a)所示。

根据式(6-23)可写出各衬砌单元在结构坐标系中的单元刚度方程式：

单元 ①
$$\begin{aligned} \{S_1^1\} &= [K_{11}^1]\{\delta_1^1\} + [K_{12}^1]\{\delta_2^1\} \\ \{S_2^1\} &= [K_{12}^1]\{\delta_1^1\} + [K_{22}^1]\{\delta_2^1\} \end{aligned}$$

单元 ②
$$\begin{aligned} \{S_2^2\} &= [K_{22}^2]\{\delta_2^2\} + [K_{23}^2]\{\delta_3^2\} \\ \{S_3^2\} &= [K_{32}^2]\{\delta_2^2\} + [K_{33}^2]\{\delta_3^2\} \end{aligned}$$

单元 ③

$$\{S_3^3\} = [K_{33}^3]\{\delta_3^3\} + [K_{34}^3]\{\delta_4^3\}$$

$$\{S_4^3\} = [K_{43}^3]\{\delta_3^3\} + [K_{44}^3]\{\delta_4^3\}$$

……………………………………

…………………………………… (6-40)

单元 ㉝

$$\{S_{33}^{33}\} = [K_{3333}^{33}]\{\delta_{33}^{33}\} + [K_{3335}^{33}]\{\delta_{35}^{33}\}$$

$$\{S_{35}^{33}\} = [K_{3533}^{33}]\{\delta_{33}^{33}\} + [K_{3535}^{33}]\{\delta_{35}^{33}\}$$

单元 ㉟

$$\{S_{35}^{35}\} = [K_{3535}^{35}]\{\delta_{35}^{35}\} + [K_{3536}^{35}]\{\delta_{36}^{35}\}$$

$$\{S_{36}^{35}\} = [K_{3635}^{35}]\{\delta_{35}^{35}\} + [K_{3636}^{35}]\{\delta_{36}^{35}\}$$

单元 ㊱

$$\{S_{36}^{36}\} = [K_{3636}^{36}]\{\delta_{36}^{36}\} + [K_{3637}^{36}]\{\delta_{37}^{36}\}$$

$$\{S_{37}^{36}\} = [K_{3736}^{36}]\{\delta_{36}^{36}\} + [K_{3737}^{36}]\{\delta_{37}^{36}\}$$

式(6-40)中，上角标代表单元编号，下角标代表节点编号。

同样，根据式(6-27)可将各支承链杆的单元刚度方程式写出如下：

$$\{R_{19}^{18}\} = [K_{r19}^{18}]\{\Delta_{19}\}$$

$$\{R_{21}^{20}\} = [K_{r21}^{20}]\{\Delta_{21}\}$$

…………

………… (6-41)

$$\{R_{35}^{34}\} = [K_{r35}^{34}]\{\Delta_{35}\}$$

式中：$\{\Delta_i\}$——结构节点位移。

根据变形连续条件，汇交于同一节点的各单元在此节点一端可能产生的端点位移应与结构节点位移相等，因此有

$$\{\delta_1^1\} = \{\Delta_1\}$$

$$\{\delta_2^1\} = \{\delta_2^2\} = \{\Delta_2\}$$

$$\{\delta_3^2\} = \{\delta_3^3\} = \{\Delta_3\}$$

$$\{\delta_4^3\} = \{\delta_4^4\} = \{\Delta_4\}$$

…………………… (6-42)

……………………

$$\{\delta_{33}^{31}\} = \{\delta_{33}^{33}\} = \{\Delta_{33}\}$$

$$\{\delta_{35}^{33}\} = \{\delta_{35}^{35}\} = \{\Delta_{35}\}$$

$$\{\delta_{36}^{35}\} = \{\delta_{36}^{36}\} = \{\Delta_{36}\}$$

$$\{\delta_{37}^{36}\} = \{\Delta_{37}\}$$

根据力的平衡条件，在同一节点上作用的各单元节点力的总和应与该节点荷载相平衡。故有

$$\{P_1\} = \{S_1^1\}$$

$$\{P_2\} = \{S_2^1\} + \{S_2^2\}$$

$$\{P_3\} = \{S_3^2\} + \{S_3^3\}$$

…………………… (6-43)

……………………

$$\{P_{35}\} = \{S_{35}^{33}\} + \{S_{35}^{35}\} + \{R_{r35}^{34}\}$$

$$\{P_{36}\} = \{S_{36}^{35}\} + \{S_{36}^{36}\}$$

$$\{P_{37}\} = \{S_{37}^{36}\} + \{S_B\}$$

将式(6-33)、式(6-40)、式(6-41)、式(6-42)代入式(6-43)，可得：

$$
\begin{aligned}
\{p_1\} &= [K_{11}^1]\{\Delta_1\} + [K_{12}^1]\{\Delta_2\} \\
\{P_2\} &= [K_{21}^1]\{\Delta_1\} + [K_{22}^1]\{\Delta_2\} + [K_{22}^2]\{\Delta_2\} + [K_{23}^2]\{\Delta_3\} \\
&= [K_{21}^1]\{\Delta_1\} + ([K_{22}^1] + [K_{22}^2])\{\Delta_2\} + [K_{23}^2]\{\Delta_3\} \\
\{P_3\} &= [K_{32}^2]\{\Delta_2\} + [K_{33}^2]\{\Delta_3\} + [K_{33}^3]\{\Delta_3\} + [K_{44}^3]\{\Delta_4\} \\
&= [K_{32}^2]\{\Delta_2\} + ([K_{33}^2] + [K_{33}^3])\{\Delta_3\} + [K_{34}^3]\{\Delta_4\} \\
&\cdots\cdots\cdots\cdots\cdots\cdots\cdots\cdots\cdots\cdots \\
&\cdots\cdots\cdots\cdots\cdots\cdots\cdots\cdots\cdots\cdots \\
\{P_{35}\} &= [K_{3533}^{33}]\{\Delta_{33}\} + [K_{3535}^{33}]\{\Delta_{35}\} + [K_{3535}^{35}]\{\Delta_{35}\} \\
&\quad + [K_{3536}^{35}]\{\Delta_{36}\} + [K_{r35}^{34}]\{\Delta_{35}\} \\
&= [K_{3533}^{33}]\{\Delta_{33}\} + ([K_{3535}^{35}] + [K_{3535}^{35}] + [K_{r35}^{34}])\{\Delta_{35}\} \\
&\quad + [K_{3536}^{35}]\{\Delta_{36}\} \\
\{P_{36}\} &= [K_{3635}^{35}]\{\Delta_{35}\} + [K_{3636}^{35}]\{\Delta_{36}\} + [K_{3636}^{36}]\{\Delta_{36}\} \\
&\quad + [K_{3637}^{36}]\{\Delta_{37}\} \\
&= [K_{3635}^{35}]\{\Delta_{35}\} + ([K_{3636}^{35}] + [K_{3636}^{36}])\{\Delta_{36}\} \\
&\quad + [K_{3637}^{36}]\{\Delta_{37}\} \\
\{P_{37}\} &= [K_{3736}^{36}]\{\Delta_{36}\} + [K_{3737}^{36}]\{\Delta_{37}\} + [K_{r37}^{37}]\{\Delta_{37}\} \\
&= [K_{3736}^{36}]\{\Delta_{36}\} + ([K_{3737}^{36}] + [K_{r37}^{37}])\{\Delta_{37}\}
\end{aligned}
\tag{6-44}
$$

式(6-44)就是对结构节点建立的静力平衡方程式。它就是用节点位移表示的所有节点的平衡方程。

令式(6-44)中：

$$
\begin{aligned}
&[K_{11}] = [K_{11}^1];[K_{22}] = [K_{22}^1] + [K_{22}^2] \\
&[K_{33}] = [K_{33}^2] + [K_{33}^3]; \\
&\cdots\cdots\cdots\cdots\cdots\cdots\cdots\cdots \\
&[K_{3535}] = [K_{3535}^{33}] + [K_{3535}^{35}] + [K_{r35}^{34}] \\
&[K_{3636}] = [K_{3636}^{35}] + [K_{3636}^{36}] \\
&[K_{3737}] = [K_{3737}^{36}] + [K_{r37}^{37}]
\end{aligned}
$$

将式(6-44)写成矩阵形式为：

$$
\begin{Bmatrix} P_1 \\ P_2 \\ P_3 \\ \cdot \\ \cdot \\ \cdot \\ \cdot \\ \cdot \\ \cdot \\ P_{35} \\ P_{36} \\ P_{37} \end{Bmatrix}
=
\begin{bmatrix}
[K_{11}] & [K_{12}^1] & & & & & \\
[K_{21}^1] & [K_{22}] & [K_{23}^2] & & & & \\
& [K_{32}^2] & [K_{33}] & [K_{34}^3] & 0 & & \\
& & \cdot & & & & \\
& & & \cdot & & & \\
& & & & \cdot & & \\
& & & & & \cdot & \\
& & & & & & \cdot \\
& & & & & & & \cdot \\
0 & & & & & & [K_{3533}^{33}] & [K_{3535}] & [K_{3536}^{35}] & \\
& & & & & & & [K_{3635}^{35}] & [K_{3636}] & [K_{3637}^{36}] \\
& & & & & & & & [K_{3736}^{36}] & [K_{3737}]
\end{bmatrix}
\begin{Bmatrix} \Delta_1 \\ \Delta_2 \\ \Delta_3 \\ \cdot \\ \cdot \\ \cdot \\ \cdot \\ \cdot \\ \cdot \\ \Delta_{35} \\ \Delta_{36} \\ \Delta_{37} \end{Bmatrix}
\tag{6-45}
$$

上式缩写成 $$\{P\}=[K]\{\Delta\} \tag{6-46}$$

式(6-46)即是表示作用在衬砌结构上的节点荷载与节点位移之间关系的结构刚度方程式，通常称为结构的原始刚度方程。$[K]$则称为结构的原始刚度矩阵，它是一个以子阵形式表示的对称方阵。所谓“原始”二字是强调式(6-46)所示的刚度方程和刚度矩阵$[K]$尚未进行边界条件处理的意思。

由式(6-45)和刚度矩阵$[K]$可以看出，以节点为单位进行分块的结构原始刚度矩阵，有以下两个特点：

(1)只有汇交于节点 i 的单元才可能对结构原始刚度矩阵第 i 行的子阵提供维持节点平衡的杆端力。因此，在组成结构原始刚度矩阵第 i 行中的子阵时，只须考察共有节点 i 的各单元的影响。如刚度矩阵$[K]$中的第 3 行，$[K_{32}^{2}]$和$[K_{34}^{3}]$就是 2、3 单元对第 3 号节点的影响。

(2)各单元对结构原始刚度矩阵有影响的子阵的两个下标，与结构原始刚度矩阵中同一个子阵的两个下标完全相同。如第 2、3 号单元的子阵$[K_{33}^{2}]$、$[K_{33}^{3}]$与结构原始刚度矩阵中同一个子阵$[K_{33}]$的两个下解标完全相同，并由$[K_{33}^{2}]$和$[K_{33}^{3}]$相加得到$[K_{33}]$。

这样，只要将在结构坐标系中每个单元的刚度矩阵的四个子阵按其下角标在以节点为单位进行分块的结构原始刚度矩阵中就位，即所谓的“对号入座”，则可得到结构原始刚度矩阵。

二、结构刚度矩阵的特点

在有限单元法中，结构刚度矩阵的阶数通常是很高的，而电子计算机的存贮容量总是有限的，因此，经常遇到矩阵阶数高和存贮容量小的矛盾。为了解决这个矛盾，需要采取各种措施来节省存贮容量。

我们学习结构刚度矩阵的特点，正是为了寻找节省存贮容量的途径。

结构刚度矩阵具有如下特点：

(1)结构刚度矩阵是一个对称矩阵。利用对称性，可以只存贮矩阵的上三角部分，并且把这上三角部优化展开成一维数组存放起来。这样做，既节省一半的存贮容量，又减少运算时间。利用这一性质又可校对结构刚度矩阵的正确性。

(2)结构刚度矩阵是一个高度稀疏的矩阵，矩阵内绝大多数都是零，而非零元素的个数一般只占元素总数的 5%左右，并且都集中在主对角线的周围一个狭窄的带内，数学上把这种矩阵称为带状矩阵，如式(6-46)中原始刚度矩阵$[K]$。因此，利用结构刚度矩阵的稀疏性，设法只存贮非零元素，就可大量的节省存贮容量。

(3)结构刚度矩阵的奇异性。用直接刚度法按所有节点都可能产生位移而建立起来的结构刚度矩阵是奇异矩阵。这就是说矩阵的行列式应等于零，即$[K]=0$，或者说它不存在逆矩阵。

结构刚度矩阵这个特性的物理意义是不难理解的。我们列举图 6-4 来看，如果端点 i、j 的位移已经给定，则节点力也跟着确定了。但若只给定了节点力，则节点位移并不能唯一确定，因为这时单元的两端根本没有支承，因此除杆件本身产生弯曲和轴向变形外，还可产生任意的刚体位移。这一部分刚体位移分量根据给定的节点力显然是无法唯一确定的，所以在求解结构刚度方程时，必须有足够的约束条件以限制结构的刚体位移，这样方程才能得到唯一的解。

三、直接刚度法的求解

到目前为止，已掌握了用直接刚度法建立的结构原始刚度方程式(6-46)

$$\{P\} = [K]\{\Delta\}$$

式中：$\{P\}$——是作用在结构节点上的荷载，对一个在空间被约束的结构来说，它应包括外荷载和支座反力；

$[K]$——是未被空间约束的结构原始刚度矩阵；

$\{\Delta\}$——结构节点位移。

我们有了结构的原始刚度方程(6-46)并不能马上求解，因为方程是将整个结构当作无支座约束的体系而推导出来的。对于一个在空间未被约束、完全自由的结构来说，结构没有受任何位移约束，它可以作刚体运动，因此节点位移的解答不是唯一的。同时，我们又知道，列矩阵$\{P\}$应包含外荷载$\{P_\alpha\}$和反力$\{P_\beta\}$，二者必然构成平衡条件，修改结构原始刚度方程和刚度矩阵以后，才能进一步求解未知的节点位移。

修改结构原始刚度方程和原始刚度矩阵的方法有两种：一是调整矩阵中行和列的位置，即将式(6-45)中的节点位移和相应的节点荷载重新排列，使未知的节点位移和相应的节点力排在矩阵前面，而已知的节点位移和相应的节点力放在矩阵后面，得到新的结构刚度方程；另一种方法是考虑支座约束条件即边界条件，从原始刚度方程(6-45)中，去掉与已知位移对应的行和列，这样所得到的新的结构刚度方程与第一种方法完全一样。

下面就讨论前一种方法的计算过程。

首先，按边界条件可将列矩阵$\{\Delta\}$分解为$\{\Delta_\alpha\}$和$\{\Delta_\beta\}$两个子矩阵，其中

$\{\Delta_\alpha\}$代表所有的未知节点位移，$\{\Delta_\beta\}$代表由边界条件给定的已知节点位移。同样，可将列矩阵$\{P\}$相应地分解成$\{P_\alpha\}$和$\{P_\beta\}$。$\{P_\alpha\}$对应于$\{\Delta_\alpha\}$，代表作用的外荷载；$\{P_\beta\}$与$\{\Delta_\beta\}$相对应，代表未知反力。然后将结构的原始刚度矩阵$[K]$按已知的位移条件进行分块，即：

$$\left[\frac{P_\alpha}{P_\beta}\right] = \left[\frac{K_{\alpha\alpha}K_{\alpha\beta}}{K_{\beta\alpha}K_{\beta\beta}}\right]\left[\frac{\Delta_\alpha}{\Delta_\beta}\right] \tag{6-47}$$

将矩阵按乘法展开，得：

$$\{P_\alpha\} = [K_{\alpha\alpha}]\{\Delta_\alpha\} + [K_{\alpha\beta}]\{\Delta_\beta\} \tag{6-48}$$

$$\{P_\beta\} = [K_{\beta\alpha}]\{\Delta_\alpha\} + [K_{\beta\beta}]\{\Delta_\beta\} \tag{6-49}$$

从方程(6-48)可求得未知的节点位移$\{\Delta_\alpha\}$，即

$$\{\Delta_\alpha\} = [K_{\alpha\alpha}]^{-1}(\{P_\alpha\} - [K_{\alpha\beta}]\{\Delta_\beta\}) \tag{6-50}$$

若已知边界条件$\{\Delta_\beta\}=0$则：

$$\{\Delta_\alpha\} = [K_{\alpha\alpha}]^{-1}\{P_\alpha\} \tag{6-51}$$

将已求得的$\{\Delta_\alpha\}$代入式(6-49)，求得未知反力$\{P_\beta\}$：

$$\begin{aligned}\{P_\beta\} &= [K_{\beta\alpha}][K_{\alpha\alpha}]^{-1}(\{P_\alpha\} - [K_{\alpha\beta}]\{\Delta_\beta\}) + [K_{\beta\beta}]\{\Delta_\beta\} \\ &= [K_{\beta\alpha}][K_{\alpha\alpha}]^{-1}\{P_\alpha\} - ([K_{\beta\alpha}][K_{\alpha\alpha}]^{-1}[K_{\alpha\beta}] - [K_{\beta\beta}])\{\Delta_\beta\}\end{aligned} \tag{6-52}$$

若已知边界条件$\{\Delta_\beta\}=0$则：

$$\{P_\beta\} = [K_{\beta\alpha}][K_{\alpha\alpha}]^{-1}\{P_a\} \tag{6-53}$$

于是未知反力和未知位移可全部求得。

正如上面指出的，如果给定的已知边界条件不在最后几项，于是分块就不便于处理。为此，需要把位移的顺序和相应节点荷载的顺序重新排列，使未知项和已知项按前后次序分开。

由图 6-2a)可知，节点 1 的水平位移 u_1 和转角位移 φ_1 均为零，而节点 37 的水平位移 u_{37} 亦为零。将此条件按式(6-47)重新排列，把已知位移为零的几项和相应的节点荷载排在式

(6-47)的下面，然后再将对应于已知位移为零的各矩阵中的行、列元素去掉，即可按式(6-51)求得全部未知节点位移，进而代入式(6-53)求得未知反力。

这里提醒注意，式(6-45)中每个结构节点位移有三个位移分量，如$\{\Delta_1\}=[u_1 v_1 \varphi_1]^T$。按上述步骤求得结构节点位移值后，便可进一步求解衬砌单元的内力。

根据变形连续条件，结构节点位移与汇交于此节点的单元节点位移相等，即

$$\{\Delta_i\}=\{\delta_i^e\} \tag{6-54}$$

式(6-54)是式(6-42)的缩写形式。

利用式(6-16)有

$$\{\overline{\delta}^e\}=[T]\{\delta^e\}$$

利用式(6-10)有

$$\{\overline{S}^e\}=[\overline{K}^e]\{\overline{\delta}^e\}$$

将式(6-54)、式(6-16)代入式(6-10)，即得

$$\begin{aligned}\{\overline{S}^e\}&=[\overline{K}^e][T]\{\delta^e\}\\&=[B]\{\delta^e\}\end{aligned} \tag{6-55}$$

式中：$[B]$——应力矩阵，$[B]=[\overline{K}^e][T]$

这样，按式(6-55)可求得各衬砌单元端点的单元节点力，也就是衬砌内力。

四、方程的解与改进

解刚度方程就是解线性方程组，求解线性方程组的方法很多，这里只简单讨论直接法的一种——高斯消元法。

1.高斯消元法解线性方程组

高斯消元法的解题过程可分为两步：第一步是消元过程；第二步是回代过程。

设一个n阶的线性方程组为：

$$[A](x)=\{B\} \tag{6-56}$$

这个方程组共需进行$n-1$轮的消元，其中$[A]$就是结构刚度矩阵，$\{x\}$是解向量、$\{B\}$是右边列向量。如果是对照修改后的结构刚度方程，则$[A]$就是结构刚度矩阵，$\{x\}$是结构节点位移向量，$\{B\}$则是作用在结构节点上的荷载向量。

根据高斯消元法的基本原理，经过k轮消元后，可得k轮系数和左边项的循环公式

$$\begin{aligned}a_{ij}^{(k)}&=a_{ij}^{(k-1)}-a_{jk}^{(k-1)}\cdot a_{kj}^{(k-1)}/a_{kk}^{(k-1)}\\b_i^{(k)}&=b_i^{(k-1)}-a_{ik}^{(k-1)}\cdot b_k^{(k-1)}/a_{kk}^{(k-1)}\end{aligned}\quad\left(\begin{aligned}k&=1,2,\Lambda,n-1;\\i&=k+1,k+2,\Lambda n;\\j&=k+1,k+2,\Lambda n\end{aligned}\right) \tag{6-57}$$

式中：$a_{ij}^{(k)}$、$a_{ij}^{(k-1)}$——分别表示k轮或$(k-1)$轮消元后的系数；

$b_i^{(k)}$、$b^{(k-1)}$——分别表示k轮或$(k-1)$轮消元后常数项系数。

经过消元后，自下而上逐行回代，即可解出各未知数$\{x\}$。回代过程的基本公式为：

$$x_n=b_n/\alpha_{nn}$$

$$x_i=\left(b_i-\sum_{j=i+1}^{n}a_{ij}\cdot x_j\right)/a_{ii}\qquad(i=n-1,n-2,L,1) \tag{6-58}$$

通过以上计算，即得式(6-56)的全部解。

下面利用结构刚度矩阵的特点，对式(6-57)和式(6-58)进行修改：

(1)为了使系数a_{ij}限制在上三角部分，应规定列码$j\geqslant$行码i。

(2)属于下三角部分的系数 $a_{ik}^{(k-1)}$ 应换成 $a_{ki}^{(k-1)}$。

经过以上两点修改后,式(6-57)以及下标 j 的变动范围改写成

$$\begin{aligned} a_{ij}^{(k)} &= a_{ij}^{(k-1)} - a_{ki}^{(k-1)} \cdot a_{kj}^{(k-1)} / a_{kk}^{(k-1)} \\ b_{i}^{(k)} &= b_{i}^{(k-1)} - a_{ki}^{(k-1)} \cdot b_{k}^{(k-1)} / a_{kk}^{(k-1)} \end{aligned} \quad \begin{Bmatrix} k = 1,2,\Lambda,n-1; \\ i = k+1,k+2,\Lambda,n; \\ j = i,i+1,\Lambda,n \end{Bmatrix} \tag{6-59}$$

(3)如图 6-9 所示,利用结构刚度矩阵是带状对称矩阵的特点,把图中带状对称矩(*a*)换成半带矩阵(*b*),半带矩阵的列数称为半带宽,用 *d* 表示。此时系数的排列方式有变化,即系数的行码保持不变,而系数的列码需要改变:新列码=原列码-行码+1

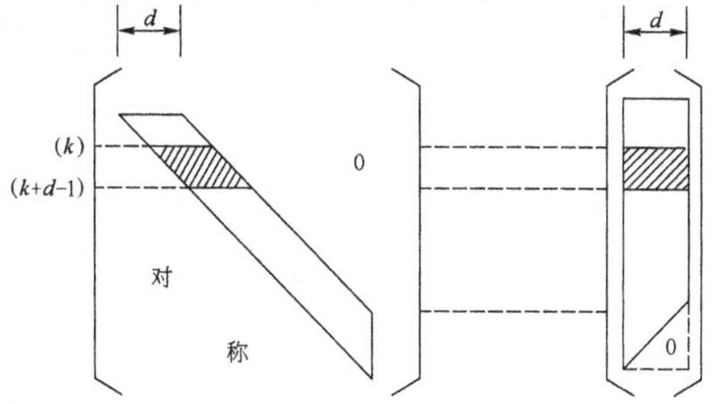

a) b)

图 6-9

因此,式(6-59)改写成

$$\begin{aligned} a_{ij}^{(k)} &= a_{ij}^{(k-1)} - a_{kL}^{(k-1)} \times a_{km}^{(k-1)} / a_{ki} \\ b_{j}^{(k)} &= b_{i}^{(k-1)} - a_{kL}^{(k-1)} \times b_{k}^{(k-1)} / a_{kj}^{(k-1)} \end{aligned} \quad \begin{Bmatrix} k = 1,2,\Lambda,n-1; \\ i = k+1,k+2,\Lambda,k_m; \\ J = 1,2,\Lambda,nd-L+1c \end{Bmatrix} \tag{6-60}$$

式中:$J=j-i+1$;$L=i-k+1$;$M=j-k+1$;$im=k+d-1$。

式(6-58)可改写为:

$$x_n = b_n / \alpha_{n1}$$

$$x_i = (b_i - \sum_{1} a_{iJ} x_H) / a_{i1}$$

式中:$H=J+i-1$;$J_m=d$。

2.求解刚度方程的改进

(1)在解刚度方程$\{P\}=[K]\{\Delta\}$时,一般做法是将刚度矩阵$[K]$和荷载向量$\{P\}$的消去过程区分开。因为在结构计算中,需要计算在多种荷载作用下结构的内力和位移。如果每计算一组荷载分量都要重新组集一次刚度矩阵和消元一次,这样在运算时间上是不经济的。

我们从式(6-60)可看出,在进行第 *k* 轮消元时,对于常数项系数 b_i 的消去运算只用到系数矩阵第 *k* 行的元素,而这些元素在 *k* 轮消元过程中不改变其值保留在消元后的系数矩阵中。这样可先完成刚度矩阵的消元,然后再进行荷载项的消去。对于多种荷载分量的求解,只须生成一次刚度矩阵按上述方法消元,再对各组的荷载分量逐个消去和回代,这样解方程就便利了。

(2)从式(6-58)或式(6-59)可看出,并不需要等刚度矩阵(即系数矩阵)全部形成后才开始

消元过程。这就是说，在进行第 k 轮消元时并不要求大于 k 行的各行系数已生成。因为，在公式中进行 k 轮消元时 $a_{ij}^{(k-1)}$ 未完全成生，但修正项 $a_{ki}^{(k-1)} \times a_{kj}^{(k-1)} / a_{kk}^{(k-1)}$ 里的三个系数都属于 k 行并已生成完，所以不影响第 k 轮消元时对 $a_{ij}^{(k-1)}$ 的修正。因此，当 k 行元素生成和 k 轮消元完成后即可退出内存寄入外存。然后，再依次生成后面的行并立即消去，即边形成刚度矩阵边消去。

(3)在荷载消元时，逐条将三角化的系数矩阵调入内存并同时进行荷载消去。

第三篇

锚喷支护设计与质量控制

第七章 锚喷支护原理

第一节 锚喷支护与现代支护理论

喷射混凝土是利用压缩空气或其他动力，将按一定配比拌制的掺有速凝剂的混凝土混合物沿管路输送至喷头处，以较高速度垂直喷射于受喷面，依赖喷射过程中水泥与骨料的连续撞击、压密而形成的一种混凝土。这种喷混凝土支护，作业过程中粉尘较大，除加强现场防尘措施外，近年多采用水泥裹砂喷射混凝土。它是将按一定配比拌制而成的水泥裹砂砂浆和以粗骨料为主的混合料，分别用砂浆泵和喷射机输送至喷嘴附近相混合后，高速喷到受喷面上所形成的混凝土。喷射混凝土可以单独用于地下支护，也可以和其他结构组合起来形成地下支护。

锚喷支护是一种组合支护，它是将喷射混凝土、锚杆、钢筋网喷射混凝土、钢拱架喷射混凝土结构组合起来的支护形式。可以根据不同围岩的稳定状况，采用锚喷支护中的一种或几种结构的组合。

大量的锚喷支护工程实践和岩体力学的发展，促成了现代支护理论的建立。锚喷支护是现代支护理论的物质基础，现代岩石力学是现代支护理论的理论支柱。20 世纪 50 年代以来，岩石力学开始成为一门独立学科，围岩与支护共同工作的弹性、弹塑性、粘弹性解答相继出现，其中最具代表的是芬纳(Fenner)、塔罗勃(J. Talobre)卡斯特奈(H. Kastener)关于圆形洞室的弹塑性解。它揭示了围岩与支护的相互作用关系，使人们对岩层的认识，对地压的认识有了一个质的飞跃。正是在这些实践和认识的基础上，以纳布希维兹(Rabcewicz)为首的奥地利岩石力学工作小组比较完整的提出了现代支护理论的雏型，并将其命名为新奥法。全称叫奥地利隧道工程新方法，英文为“New Austrian Turrelling Methad”简写为“NATM”。这个方法很快得到广泛认可，并在实践中产生了巨大的社会、经济效益。20 世纪 70 年代日本学者樱井春辅提出了监测数据的反演分析，为利用监测数据设计和预测洞室围岩稳定提供了理论基础。目前这方面的发展很快，各种预测程序相继问世，已成为岩石力学的一个新的分支，它的应用前景也十分看好。

现代支护理论(或新奥法原则)还处在一个发展阶段，还没有形成自身比较完整的理论体系，只能算是一些理念和原则。但是，这些理念和原则来源于大量的工程实践和深入广泛的力学模型研究，并经受了实际的反复检验证明是正确的，是可行的，因而是十分可贵的，是地下工程修建者应当遵守的基本准则。现代支护理念表述的形式很多，概括起来有以下四个方面：

1. 在决策地下工程修建方法，确定洞室分步开挖方案和暴露面积大小，选择支护时机、支护方案和支护参数的时候要确保维护围岩稳定这一基本目标。可以说确保岩层稳定是地下工程顺利修建的前提条件，它既是一个大原则和出发点，又是工程的最终验收标准。为此一定要：

(1)做好工程地质勘察工作。工程地质勘察要贯穿于锚喷支护设计与施工的全过程，它既可为锚喷支护设计、施工提供依据，又能为修改设计和指导施工提供信息。由于地下工程和山岭隧道所穿过的围岩地质条件错综复杂，它的地应力大小、岩石的性质、岩体的完整性、结构面的组合状态、地下水大小各不相同。正确的设计和合理的施工方法，必须根据当地的地质条件和工程要求来确定。因此，锚喷支护必须遵循因地制宜的原则，以达到经济合理和安全可靠的目的。

(2)洞室开挖会破坏围岩原有的平衡，导致围岩失稳，要控制开挖引起的应力重分布不致使开挖空间达到丧失稳定的程度。对于大断面工程和隧道的交叉部位要采取分步开挖方案，正确选择暴露面积大小和分步开挖顺序。

(3)注意到不同岩层的自稳时间差别很大，对于软弱岩层要及时采取适当的支护形式，防止岩层垮落。对于极不稳定的堆积体，甚至要先注浆加固，然后才能开挖。

(4)选择对岩层局部扰动较小的施工方法进行开挖，才会有利于岩层的整体稳定。盾构法、切割法比钻爆法扰动小，控制爆破(光面爆破、预裂爆破)比普通爆破扰动小。光面爆破不仅扰动小，而且岩面切割整齐，不仅会减少超欠挖，还能减轻支护与岩层结合面的应力集中。因此，在国家标准 GB 50086—2001“锚杆喷射混凝土支护技术规范”[15]中规定：“当用钻爆法开挖隧洞时，应采用光面爆破”是十分必要的。遗憾的是，在实际工程中真正坚持这样做的比较少。这里除了施工人员的素质普遍较差的原因外，监管上的原因可能更重要。

2.要把支护与围岩视作统一的承载结构，认真地研究支护与围岩共同工作的机理和力学模型。

传统支护理论与现代支护理论在设计观念上差别很大，表现在：

(1)对围岩和围岩压力的认识上：传统支护理论认为围岩压力是由洞室塌落的岩层松散体形成的，支护只要承担这些松散体压力，就能维持围岩稳定。这一认识对松散体是正确的，对于结构性岩层相距甚远。而现代支护理论认为所有结构性岩层都具有一定的自稳能力。围岩作用于支护上的压力，在围岩没有丧失稳定以前，是阻止围岩变形所形成的变形压力，围岩完全丧失稳定以后才转化为松散体压力。这一认识比较全面，其力学机制已为围岩特征线与支护特征线理论得到很好的描述。

(2)在围岩与支护的相互关系上：传统支护理论把围岩与支护分开研究。围岩当作荷载，支护作为承载结构，建立所谓荷载——结构体系。这种认识实质上是认为支护对控制围岩变形、松动、垮落无能为力，虽然也有围岩抗力的概念，但只是作为对支护的反力。而现代支护理论把围岩与支护视作不可分割的统一体，二者组成“围岩—支护”体系而共同参与工作。支护结构不仅能承受所谓“围岩荷载”，同时也有助于维护围岩稳定，支护在限制围岩变形的过程中，具有某种主动性。

(3)在建立计算简图上：传统支护理论与一般地面结构没有本质差别，首先要确定作用于支护上的荷载，然后按一般结构进行计算，计算简图如图 7-1a)所示。而现代支护理论在描述围岩与支护共同工作的计算简图如图 7-1b)所示。作用的荷载是岩体地应力，它由围岩与支护共同承担。可以看出，这样的计算简图，只有在岩体开挖后的瞬间把支护加上才有可能，也只有锚喷支护才能采用这样的计算简图。因为锚喷支护是紧贴岩面的，不仅快速也没有回填。在实际工程中，一些隧道由于超挖严重，在二次支护后留下回填空间的做法，显然违背了现代支护理论的要求，留下了工程隐患。

3.在围岩与支护的统一体中，围岩所占的比重最大，起的作用也最大，它是承载地应力的主体，对隧道稳定起着决定性的作用。在实际工作中要贯彻这个思想必须：

(1)要十分重视岩体的整体稳定，不要把隧道修在滑坡体中，要尽可能避开在堆积体中开挖隧道。隧道口不要大削坡，尽量做到小开口早进洞。

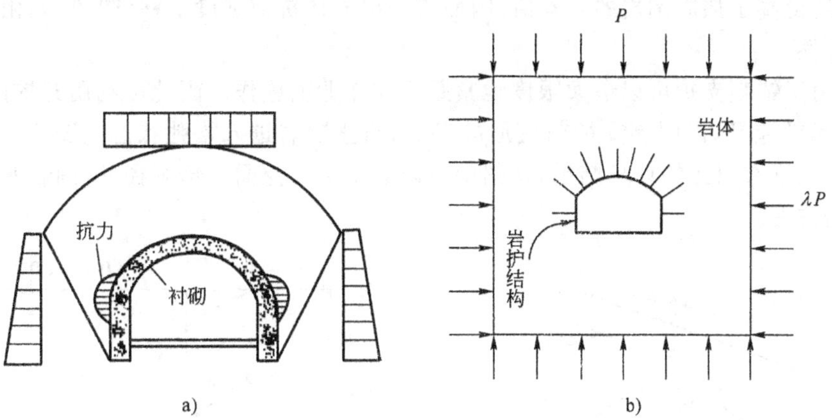

图 7-1　传统支护理论与现代支护理论计算简图

(2)通过选择支护时机、支护强度、预应力大小,恰到好处地控制围岩产生有限的应力松弛或进入塑性状态,又不致大规模丧失稳定,去有效地调动围岩的自承自稳能力,定能取得很好的社会经济效果。

(3)支护作用仅限于调整围岩应力、阻止局部失稳、控制围岩变形、实现某种运营功能(如照明、美观、减少风阻)的手段,过强的支护对于维护围岩稳定并无必要。

4.在隧道修建的全过程中要始终坚持监控量测,及时分析量测数据,绘制时态位移曲线,预测隧道的稳定性和最终位移,进行反馈分析。它是了解围岩与支护的工作状态,评价隧道开挖方案和支护时机的合理性,支护结构参数选择的正确性的基本依据,也是修改设计参数,决定新的支护形式和支护参数,或进行第二次支护的基本依据。

可以看出:锚喷支护、现场量测、光面爆破构成了新奥法的三大技术支柱,是现代支护理论赖以实现的物质基础。但是必须指出,不是说在实际工程中只要采用以锚喷支护为代表的三项技术,就是实现了新奥法。只有在设计施工全过程中认真地实施上述原则,同时采用这三项技术的地下工程作业,才算真正的新奥法施工,才能获得工程质量与经济效益的完美统一。现代支护理论为地下建筑工作者提供了一个多姿多彩的平台,人们凭借这个平台去开拓创新,就可以在理论和实践两个领域都能做出不同凡响的业绩。

第二节　锚喷支护特点

为了更深入的理解现代支护理论,加深对锚喷支护原理的了解,下面对锚喷支护特性作进一步分析,以便在设计施工中,因地制宜、灵活、正确地运用这些特性,充分发挥围岩的自承能力,使锚喷支护工程的设计施工符合技术先进、经济合理、安全适用、确保质量的要求。

一、及时性

由于锚喷支护工艺本身的原因,使得它能做到支护及时迅速,甚至可在挖掘前进行超前支护,加之喷射混凝土的早强和全面密贴性能,因而更保证了支护的及时性和有效性。

锚喷支护的及时性,能使围岩强度不因开挖暴露风化而过度降低,且能迅速给围岩提供支护抗力,从而改善了围岩应力状态。由于向围岩及时提供了支护抗力 P_i,使围岩由二向应力状态变为三向应力状态,从而使图 7-2 中的莫尔应力圆右移。此外,由于锚喷支护能及时加固围岩，同时还提高了加固围岩的 c、φ 值，因而表现出岩体抗剪强度上移(图 7-2)，由此更提高了岩体的稳定性。

另外，由于锚喷支护可以最大限度地紧跟开挖作业面施作。因此可利用开挖面的“空间效应(端部支承效应)”，以限制支护前变形的发展，阻止围岩进入松弛状态。图 7-3 是工程现场实测结果和三维有限元的计算结果，从图中可以看出离开挖面一倍洞径处，围岩变位要比开挖面处大一倍左右。

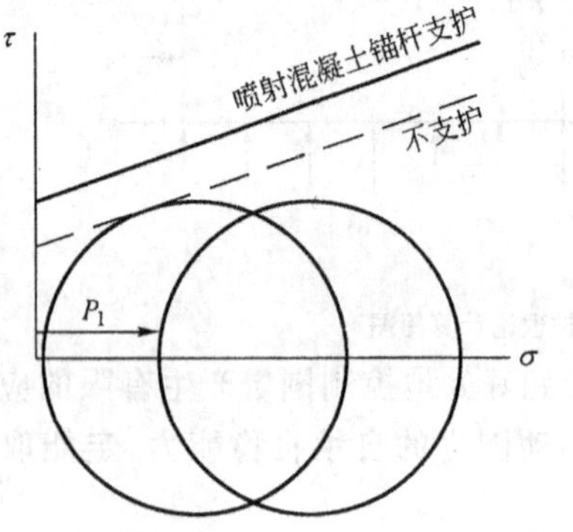

图 7-2　喷锚支护使岩体抗剪强度提高和受力状态改变

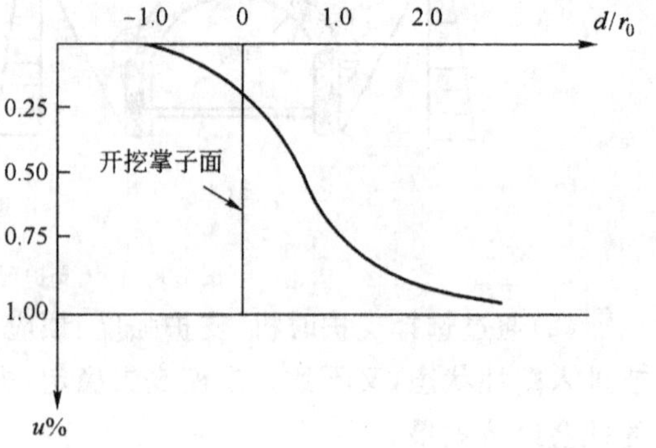

图 7-3　开挖面的空间效应

r-离开掌子面距离；r_0-洞径；u%-距开挖面不同距离处围岩变位占围岩总变位量的百分比。

二、紧贴性

喷射混凝土同围岩能全面紧密地粘贴，粘结力一般可达 7MPa。这种紧贴性可产生三种作用：(1)“联锁”作用。即将被裂隙分割的岩块粘联在一起，保持了岩块间咬合镶嵌。(2)“复合”作用。即围岩与支护结成一个复合体，保证二者在径向和切向上都共同工作。这一效应首先能使“围岩—支护”间的应力状态得到更好的调节，有利于围岩和支护承载能力的发挥。此外，由于喷射混凝土支护同围岩紧密粘贴，从结构观点来看，可以认为喷层与围岩是刚性支座接触，在同样荷载作用下，弯矩值大为减小。(3)“增强”作用。由于喷射混凝土射入围岩裂隙，充填围岩凹穴，并与围岩紧密粘贴，因此提高了围岩的强度，同时减少了围岩应力集中。

三、柔韧性

锚喷支护属于柔性薄型支护。虽然喷射混凝土本身是一种脆性材料，但由于其施工工艺上的特点，喷射混凝土与岩体紧密粘贴，使它有可能喷得很薄，所以呈现一定柔性，而且这种柔性还可通过分次喷层的方法进一步发挥。锚杆也属柔性支护，因其加固的岩体，可以允许岩体有较大的变形而不破坏，甚至能同被加固的岩体作整体移动，并且仍能保持相当大的支护抗力。

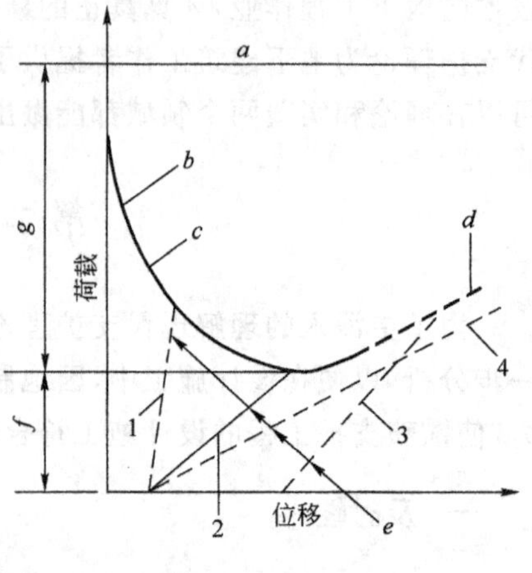

图 7-4　岩石特性曲线与支护特性曲线相互作用图

a-原始地应力；b-岩石特性曲线；c-岩石拱形成；d-岩石拱破坏；e-支护特性曲线；f-支护承受部分；g-岩石拱承受部分

1-太刚；2-适宜；3-太晚；4-太柔

根据弹塑性理论分析，地下洞室开挖后，在围岩不致松散的前提下，维护洞室稳定所需的支承抗力随塑性区的增大而减少(见图 7-4 岩石特性曲线)。再从支护特征曲线(见图 7-4)可知：如果支护太“刚”，则不能充分利用地层抗力而使支护承受相当大的径向荷载；反之，如果支护太“柔”，则会导致围岩松动，形成松动压力，也会使支护上所受的荷载明显增大。

由以上分析知，锚喷支护容易调节围岩变形，能有控制地允许围岩塑性区有适度的发展，以发挥围岩自承能力。大量的工程实践表明，锚喷支护的柔性“卸压”作用，对发挥围岩的自承力和改善支护结构的受力状态是十分有利的。

四、深入围岩内部加固

锚杆能深入岩体内部一定深度加固围岩。按一定方式、间距布置的锚杆群（系统锚杆），可以提高围岩锚固区的强度和整体性，改善围岩应力状态，制止围岩松动，同时它同围岩相结合形成承载圈，充分调动和增强围岩的自承能力。

五、支护组合和设置时间的灵活性

灵活性是锚喷支护十分重要的工艺特点，主要表现在如下方面：

1. 锚喷支护的类型和参数可根据各段不同的地质条件随时调整

洞室围岩地质条件千变万化，锚喷支护可根据变化的情况，随时调整锚喷支护的类型与参数，在沿轴线方向和横断面上锚喷支护类型与参数均可不同，以便充分发挥锚、喷、网支护各自的作用。另外，锚喷支护易于实施围岩整体破坏整体加固、局部破坏局部加固的原则，以适应不同的需要和大幅度地降低工程费用。

2. 支护组合和设置时间的可分性

锚喷支护的设置可以一次完成，也可以分次完成。例如锚杆与喷层可在两个时期分别完成，喷层也可分两次或多次完成。这样的工艺特征有利于支护实现“先柔后刚，逐步增强”的效果，更好地发挥围岩自承能力，也有利于发挥喷层的强度、节省支护材料用量。

3. 广泛的适用性

锚喷支护的运用范围很广，除了下列地质条件锚喷支护设计应通过试验确定外，其他情况都有大量的工程实践可供参考，而且反复证明了锚喷支护的有效性。

(1)膨胀性岩体；

(2)未胶结的松散岩体；

(3)有严重湿陷性的黄土；

(4)大面积淋水地段；

(5)能引起严重腐蚀的地段；

(6)严寒地区的冻胀岩体。

六、密封性

由于喷射混凝土的及时性和紧贴性，因此能及时封闭围岩的暴露面，阻止围岩的潮解和风化。对于保护和抑制膨胀性岩层和易风化岩层的强度过度丧失有特别的效果。

第三节　锚喷支护设计原则和方法

锚喷支护的实际效果与支护参数选择、支护设置时机、施工方法和施工质量控制关系十分密切，所以锚喷支护设计要求做到勘测、设计、施工、监控紧密配合，它们的紧密程度比地面工程显得尤为重要和突出。做好锚喷支护设计，设计人员必须深入现场、深入实际、走出设计室进行调查研究，亲身体验，亲自分析监测数据。否则，很难做出一个好的设计。对于复杂地质条件和大断面工程尤其是这样。

目前，地下工程中锚喷支护设计方法有工程类比法、监控量测反馈法、理论验算法、典型类比监控反演法和特征线法。

一、工程类比法

工程类比法主要是在根据工程勘察划分围岩级别的基础上，依据工程断面尺寸或隧道毛跨，结合已建类似工程经验，直接确定锚喷支护参数与施工的方法。工程类比法是目前应用最广的方法，在工程设计中占主导地位。工程类比法的应用效果与设计者的实际经验关系很大，要进行仔细的对比分析，决不是简单的查查表格能够奏效的。对于一些简单的小跨度工程，工程类比法可以独立使用。但是大多数情况下，特别是那些地质复杂、经验不多的地下工程，单凭工程类比法不足以保证设计的可靠性和合理性，此时应结合其他的设计方法。

二、监控量测法

监控量测法又称信息设计法，它以施工过程中现场取得的监测信息为依据，对支护参数、支护时机、施工方法的合理性进行分析评价，并将这些分析结果反馈到设计施工中去。

监控量测法是一种较为科学的设计方法，它对锚喷支护设计、施工全过程认识比较全面。因此，在 GB 50086—2001“锚杆喷射混凝土支护技术规范”中规定：对不稳定的，稳定性差的软弱围岩或较大跨度的工程以及分次支护的工程，应采用监控量测法。

监控量测法通常不是一个独立的方法，它要和经验类比法，有时还要和理论验算法结合使用。监控量测法的使用效果与量测手段、量测地段的选择、量测数据的可靠性、量测数据的分析与利用关系很大。而所有这些又和设计工作者的经验与水平，他们的重视程度与敬业精神紧密联系。因此，失败的情况并不少见。

三、理论验算法

从总体上说，理论验算法是当今地下工程支护设计的辅助方法，却是今后设计的发展方向。理论验算分为整体稳定性验算与局部失稳验算。

1. 对于浅埋隧道或洞门等隧道工程，可以采用荷载——结构模型考虑围岩的弹性抗力进行理论分析与计算。

2. 对于软岩隧道或埋深较大稳定性较好的围岩中的大跨度工程，可以采用地层——结构模型，考虑岩石的弹塑粘性、各向异性、节理裂隙等诸多因素还可以用近似的解析计算法或用有限元、边界元等借助计算机的数值计算法进行整体的稳定性分析。但是，由于岩体力学参数难以准确确定以及在计算模式方面还存在一些问题，因而，通常只作为辅助手段。

3. 无论何种情况下，凡可能出现局部失稳的围岩，都要通过不稳定块体的理论计算进行局部加固。

四、典型类比监控反演法

这是一种综合的方法，它较好的解决了岩体力学参数和地应力难以获得的问题，又完善了监控量测法的反馈工作。其工作程序是：

1. 用工程类比法初选锚喷支护参数，根据围岩力学属性和岩体结构特征选择适当的理论计算方法，分析洞室稳定，验算初选支护参数并作必要修正，作为编制工程预算和制订施工方案的初步依据。

2. 在施工中对"围岩——支护"复合结构进行有效的现场监控量测，对量测结果及时进行整理分析与预测。

3. 根据量测整理分析后较为可靠的数据，选择适当的力学模型和数值计算方法（有限元或边界元）进行反演分析，求得地应力和岩体力学参数。

4. 根据反演得到的地应力和岩体力学指标，采用"地层——结构"模型模拟开挖过程，分析支护的受力状态和围岩的稳定性。对施工方法、支护时机、支护类型和支护参数作出必要修正。

由于典型类比监控反演法较好地体现了人类对复杂事件的认识过程，近年在国内外获得蓬勃发展，并在大跨度工程和软岩隧道中取得了较满意的效果。

五、特征线法

特征线法是建立在现代岩石力学理论特别是空间效应分析基础上的图解分析法。经规范化后，围岩特征线比较简单，分析、应用比较方便。其工作程序是：

1. 用工程类比法结合现场实际初选初期支护的设计参数；

2. 建立无量纲围岩特征线 $\Psi=f(\lambda)$；

3. 建立无量纲支护特征线 $\Psi=S_i\Delta\lambda$；

4. 根据支护各组成部分的设置位置、先后次序、喷射混凝土的滞后效应等因素绘制组合支护特征线；

5. 计算组合支护的工作反力 $\sigma_{\theta w}^{f}$ 和安全系数 K，评价支护的合用性和可靠性。

特征线法简称 T 法，是隧道体现现代支护理念，实现新奥法作业较为简便的分析手段。优点是能灵活考虑组合支护各组成部分的设置次序和设置位置，而且方便、直观，能给人以启发。

事实上，在设计中人们常常采用的是一种综合的方法。在初步设计阶段，用工程类比法初选支护的类型和大致参数，用于编制工程概算。在技术设计阶段，运用特征线法或理论分析手段去确认或修改支护类型，详尽地设计组合支护各组成部分的参数，乃至施工工艺就十分必要了。对于复杂地层或大型洞室工程，甚至还需要开挖试验洞，安装必要的测量仪器，为支护设计提供可靠的背景数据。在施工阶段，根据开挖暴露出的地层情况和适时监测数据去评价和修正原有的设计。因此，隧道工程支护设计，不仅贯穿于隧道修建的全过程，而且所用的设计方法也是多手段综合性的。

第四节　预应力锚喷支护

一、预应力锚喷支护的优点

预应力锚喷支护是指预应力锚杆与锚喷支护的组合，预应力锚杆在支护中可以和其他锚杆交叉使用，也可以系统地使用。近年，在大跨度地下工程的拱顶支护中，系统预应力锚杆支护取得了很好的效果。与非预应力锚杆支护相比，预应力锚杆支护有许多突出的优点：

1. 它能主动对围岩提供大的支护抗力，而且在提供支护抗力时不以损失被锚固体位移为代价，因此它能十分有效地抑制围岩位移。这个特点对于要求严格控制锚固体变形的地下工程（如江、河、湖、海水体下的隧道工程，城市地铁隧道）和高边坡的位移和稳定控制，显得尤为重要。模型试验和现场试验均证明：系统预应力锚喷支护比普通砂浆锚杆支护能使隧道收敛位移至少减少9%以上。

比较现有的各种支护型式，它们的支护抗力大体如下：

普通砂浆锚杆支护：支护抗力受锚杆间距、锚杆长度、杆体刚度以及地层特性的影响，一般支护抗力约为0.05MPa，其最大支护抗力不超过0.2MPa。

轻型钢拱架：可提供0.05～0.1MPa的支护抗力。

重型钢拱架：如果截面惯量与洞室直径配合适当可提供约0.2MPa支护抗力。

喷射混凝土提供的支护抗力与喷层厚度有关，标准喷层厚度的支护抗力约0.05MPa，较厚的喷层如果洞跨10m以内，能提供约0.2MPa的支护抗力。

预应力锚杆能提供的支护抗力与预应力张拉荷载大小及锚杆间距有关。小吨位的预应力锚杆能提供约0.2MPa的支护抗力，大吨位的预应力锚杆能提供2MPa以上的支护抗力。

除预应力锚杆以外的其他支护，支护抗力的取得依赖于支护变形，这是普通锚杆的特点。要获得支护压力，被支护的岩层要有一定的位移。唯有预应力锚杆所提供的支护抗力是主动的，锚杆的变形在张拉过程中丧失。

2. 能提高软弱结构面和滑移面处的抗剪强度。因为滑移面处的抗剪强度τ与正压力σ成正比（$\tau=\sigma f+c$），而预应力锚杆能提供很大的正压力。这正是预应力锚杆在边坡加固中屡屡奏效的原因之一。

3. 按一定规律布置的预应力锚杆群，使锚固范围内的岩体形成压应力区，构成承载圈。这个承载圈不仅提高了岩体的力学强度和围岩的承载能力，而且也有利于围岩充分发挥其自稳能力。

4. 预应力锚喷支护要求对每根预应力锚杆进行张拉，无异于对每根工程锚杆进行检验，有利于保证工程质量。

正因为预应力锚喷支护有这样一系列优异性能，因而近年来，在国内外在地下工程及边坡工程中的应用获得迅速发展，其发展势头方兴未艾。

二、预应力锚喷支护的最佳应用领域和设计理念

预应力锚喷支护可广泛用于铁路、公路、水利隧道、护坡、坝基、坝体、基坑、输水运河、输变电工程基础加固等工程。然而它的最大优势是解决那些复杂地层（高应力、膨胀性、破碎软弱地层）大跨度洞室稳定，以及要求严格控制变形的地面（高边坡、滑动体）和江河湖海下、建筑物下、交通枢纽下构筑物支护的首选技术方案。由于预应力锚杆比普通砂浆锚杆多了一个主动调控支护反力的方法，因此它成为当今处理岩土疑难工程的有效手段。

处理没有自稳能力或自稳能力差的大跨度工程的一条重要原则是：抢在岩层丧失稳定以前，以具有早期承载力的预应力锚杆或其他支护手段对岩体进行加固。根据工程需要选取恰当的支护形式、支护各组成部分参数；选择支护设置时机、设置位置、设置的先后次序，或控制岩层与支护复合体保持稳定，或使其变形达到某一预定目标，或实现某种预定功能。因此，好装、好锚、速效、预应力损失小、防腐性能好、张拉吨位大是预应力锚杆的发展方向。

第八章　锚喷支护结构类型及质量控制

第一节　锚喷支护结构类型

锚喷支护是指锚杆支护、喷射混凝土支护以及它们与其他支护结构的组合。目前广泛应用的锚喷支护类型有：

(1)锚杆支护；

(2)喷射混凝土支护；

(3)锚杆喷射混凝土支护；

(4)钢筋网喷射混凝土支护；

(5)锚杆、钢网、钢架喷射混凝土支护；

(6)锚杆、钢网喷射混凝土支护；

(7)预应力锚杆、钢网喷射混凝土支护。

第二节　锚　　杆

一、锚杆类型

1.全长粘结型锚杆：如普通水泥砂浆锚杆、早强水泥砂浆锚杆、中空注浆锚杆、自钻式注浆锚杆。

2.端头锚固型锚杆：按结构又可分为：

(1)机械式内锚头：如楔缝式锚杆、倒楔式锚杆、胀壳式锚杆。

(2)粘结式内锚头：如水泥砂浆内锚头，快硬水泥卷内锚头，树脂药包内锚头。

3.摩擦型锚杆：如缝管式锚杆、楔管式锚杆、水胀锚杆。

4.预应力锚杆：按内锚头的结构型式有机械式内锚头和胶结式内锚头；按锚固段的应力分布有集中型和分散型；按岩层的受力性质有拉力型、压力型、剪力型和混合型。目前使用最广的是拉力集中型，但近年压力分散型锚杆发展很快。

隧道工程的永久支护必须采用全长粘结型锚杆和预应力注浆锚杆。其他型式锚杆通常只能作为临时支护，只有证明全孔注浆饱满的才能用于永久支护。

二、隧道及边坡工程中常用的几种锚杆

1.水泥砂浆锚杆

水泥砂浆锚杆由水泥砂浆、杆体、垫板和螺母组成如图8-1所示。杆体可以用带肋钢筋或高强度玻纤树脂实心或空心管。垫板可以用金属材料，也可以用工程塑料。

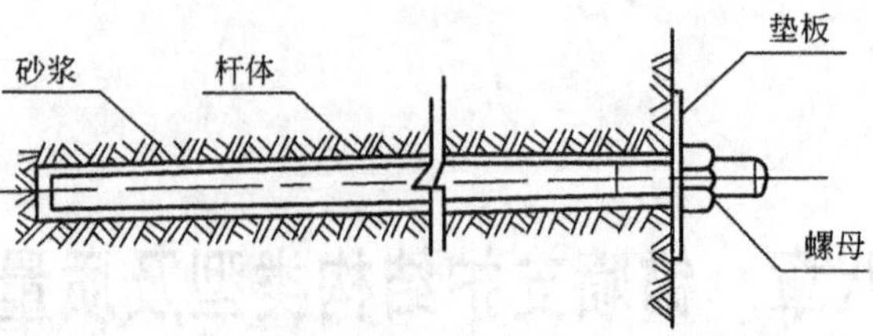

图 8-1 砂浆锚杆

水泥砂浆锚杆结构简单，加工、安装方便，价格便宜，对围岩的适用性强，具有一定的锚固力，因此，使用较广泛。缺点是安装后要有一个养护过程不能承载。而且它提供的支护反力要依赖围岩变形，如果安装过晚，锚杆的抗力很小，作用十分有限。另一方面由于工艺简陋，易导致注浆不密实。正因为如此，沿海发达地区这种锚杆已被中空注浆锚杆取代。

水泥砂浆锚杆的锚固性能与是否戴垫板关系很大，理论分析和模型试验表明，垫板具有以下作用：

(1)增强并扩大锚杆对岩体的锚固范围，特别是能使表层围岩处于三向受力状态，极大地增强了围岩的稳固性。测试表明，岩体表面垫板影响的有效范围约为垫板尺寸的 1～1.5 倍，如果不设垫板，锚杆对表层围岩的影响几乎为零。而隧道的破坏首先是从表层围岩开始，逐步向深部扩展，垫板对防止表层围岩破坏具有重要作用。

(2)垫板能显著提高锚杆的系统刚度，使锚杆在软岩中不至太软而无法与围岩特征线相交，丧失承载围岩压力的条件。

(3)通过垫板将喷网与锚杆连成整体，从而形成喷锚网与围岩的联合体，共同承担地层压力的作用，这里垫板的传递起着重要作用，工程实践表明，软岩隧道失稳首先从垫板之间的环向拉破坏开始；

(4)垫板能改变锚杆的受力分布，使锚杆的轴力分布比较均匀，提高锚杆效果。

试验证明：同一种普通锚杆，戴与不戴垫板能使隧道承载力相差 24.2%，隧道下沉量相差 7.1%。在隧道施工中不戴垫板应视为严重的偷工减料，因为它给隧道建设造成的危害是长远的、隐蔽的。遗憾的是这种现象比比皆是，导致有的隧道刚一竣工就要返修。

2. 早强水泥砂浆锚杆

早强水泥砂浆锚杆与水泥砂浆锚杆的唯一区别是注浆材料(粘结剂)不同。早强砂浆由硫铝酸盐早强水泥、砂、TZ 或 TZS 型早强剂配制而成，一般在 2～4h 就具有 50kN 左右的锚固力，弥补了普通水泥砂浆早期不能承载和强度增长缓慢的缺点，因而在软弱、破碎、自稳时间短的围岩中显示出一定的优越性。

3. 快硬水泥卷内锚头锚杆

快硬水泥卷内锚头锚杆由快硬水泥卷(锚固剂)、杆体、垫板、螺母、排气管组成。杆体内端要求设计成左旋麻花状结构，其上端焊有挡圈，挡圈至麻花状顶部的长度即内锚头长度，挡圈具有防止绞碎的水泥从孔内滑出的作用。

快硬水泥卷的构造如图 8-2 所示，它由快硬水泥、滤纸筒、玻璃纤维纱网组成。快硬水卷有三个主要参数：

(1)ϕ：快硬水泥卷直径。ϕ 与钻孔相配合，比钻孔直径小 6～8mm，以利水泥卷推送。

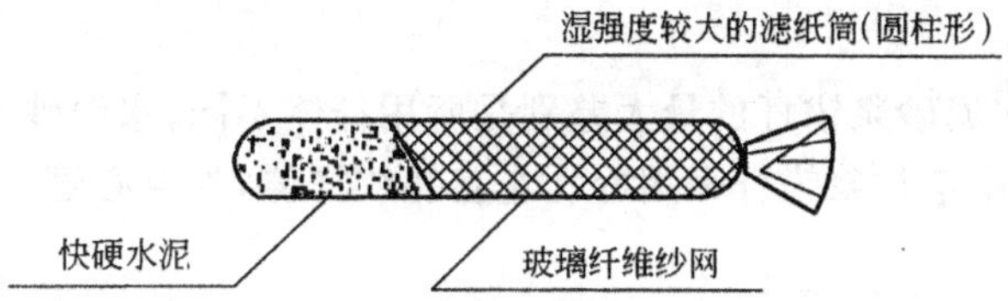

图 8-2 快硬水泥卷

(2)L:快硬水泥卷总长度。该值由内锚固段长度(l)确定,按下式计算:

$$L=\frac{(d^2-\phi_L^2)l}{\phi^2}k \tag{8-1}$$

式中:d——钻孔直径(mm);

ϕ_L——杆体直径(mm);

k——富余系数,取 1.05～1.1。

(3)G:快硬水泥卷水泥装填量(g)。G 由装填密度 ρ 确定,当水灰比控制在 0.34 时,$\rho=1.45g/m^3$左右,故

$$G=\frac{\pi\phi^2}{4}L'\rho \tag{8-2}$$

式中:L'——每个快硬水泥卷长度(mm)。

快硬水卷内锚头锚杆的工艺要点是:

(1)认真检查快硬水泥卷是否受潮或过期,只有质地松软、无受潮变硬、外观无破损的水泥卷才能使用。

(2)用直径 $\phi 2$～3mm,长 150mm 钢丝锥在水泥卷端部沿轴线扎两个透气孔,并排竖向置于水桶中,水面高出水泥卷约 100mm。浸水时间以水泥卷不冒气泡为准。

(3)将水泥卷用锚杆送入孔底捣实后,锚杆外露端与风动搅拌器连接,边搅拌,边压入杆体,搅拌时间应控制在 30s 以上。

(4)养护 4～6h,经注浆后,可以戴上垫板,拧紧螺母。

快硬水泥卷内锚头锚杆具有早强水泥砂浆锚杆能早期承载的优点,但是存在以下缺点,设计中要注意控制使用,一般不能用于永久性工程,特别是重要工程:

(1)锚固质量受操作工艺影响,波动较大;

(2)包装皮搅碎后混入锚固剂,严重影响内锚头的防腐耐久性,用于重要工程,埋下严重隐患。

(3)注浆和排气系统的结构不完善,难以保证注浆饱满。特别是向上安装的锚杆,问题尤为突出。

4.早强水泥砂浆内锚头锚杆

早强水泥砂浆内锚头锚杆与快硬水泥卷内锚头锚杆不同的地方有:

(1)采用硫铝酸盐早强水泥、TS 型速凝剂、亚硝酸阻锈剂按一定比例配制成药卷、用聚酯薄膜作为外包装皮;

(2)药包内拌和物的干密度 ρ:纯水泥药包 $\rho=1.25\sim1.35g/cm^3$,按 1∶1 掺砂的药包 $\rho=1.6\sim1.7g/cm^3$。其相应水灰比约为 0.35～0.4;

(3)TS 剂掺量 4%～6%时,凝结时间约 5min。

由于药卷对钢筋有一定的抗锈性，故适于用在有严重化学腐蚀地层的抢险工程。

5. 中空注浆锚杆

中空注浆锚杆与水泥砂浆锚杆的最大差别是所用杆体不同，水泥砂浆锚杆采用 ϕ_{22} 以上带肋钢筋，为实心杆体。中空注浆锚杆采用冷轧左旋螺纹杆体，为空心管。图 8-3 为中空锚杆的组成情况。

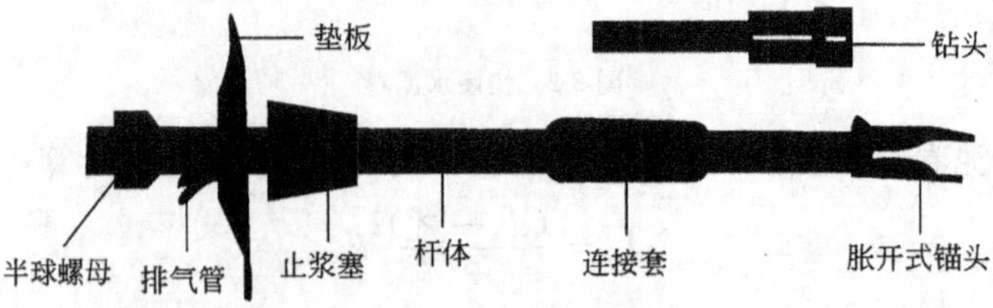

图 8-3　中空注浆锚杆

中空注浆锚杆的最大特点是利用杆体中空管道进行注浆，浆液直达孔底，能保证注浆饱满。如果是向上安装的锚杆还设有排气管，孔底的塑料锚固头是用来悬挂杆体的重量，以免向上安装时杆体下滑。

凡永久性锚杆均要求压力注浆，其作用有：

(1)保护锚杆免遭锈蚀；

(2)将锚杆与围岩连成一体，共同承担地层压力；

(3)将锚杆施加于围岩的预应力长期封存在岩体中，使围岩受到三向压力作用，从而提高联合支护体的承载力。

注浆锚杆分无压注浆和压力注浆，注浆时采用封堵技术的为压力注浆，否则为无压注浆。锚杆采用压力注浆的优点有：

(1)能确保钻孔浆液饱满，确保锚头和锚杆体被浆液包裹严密，由于用了封堵技术还能少用浆料；

(2)能使部分浆液渗入岩石裂隙，使裂隙岩石强度得到提高；

(3)不能成孔的破碎岩石经压力注浆后，使成孔成为可能。

中空注浆锚杆是普通砂浆锚杆的重大改进，由工厂成套生产，不仅质量得到保证，而且也规范了锚喷支护的施工工艺，在我国沿海地区得到普遍使用。国产中空注浆锚杆的技术参数见表 8-1。

中空注浆锚杆技术参数　　表 8-1

型　号	XLM25		XLM28	XLM32	
直径/壁厚(mm)	ϕ25/5	ϕ25/4.5	ϕ28/5	ϕ32/5	ϕ32/6
极限压力(kN)	160	120	200	250	300
外径(mm)	25.4	25.4	28.4	32.4	32.4
螺纹方向	左旋				
螺距(mm)	10				
齿高(mm)	1.2				
标准长度	2　2.5　3　3.5　4　5　8				

6. 自钻式注浆锚杆

在中空注浆锚杆的前端再安装一个钻头就成为自钻式注浆锚杆，它由中空杆体 4、垫板 2、螺母 1、连接器 5、排气管 3(图中未标出)和钻头 6 组成。其结构如图 8-4 所示。杆体应采用厚壁无缝钢管制作，外表全长应具有标准的连接螺纹，并能任意切割和用连接器加长。

自钻式锚杆适于钻孔过程易塌孔，而且必须采用套管跟进的复杂地层。这种锚杆将钻孔、注浆及锚固等功能一体化，在隧道超前支护系统及高地应力、大变形隧道的变形控制等工程中均取得良好效果。但是价格较高，使用范围受到限制。

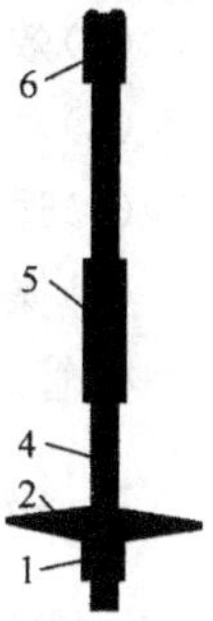

图 8-4 自钻式注浆锚杆

目前国产的自钻式锚杆的技术参数见表 8-2。

自钻式锚杆技术参数 表 8-2

型号	R21N	R32N
直径/壁厚(mm)	27/6.0	32/6.0
抗拉强度(MPa)	680	680
抗拉力(kN)	280	320
重量(kg/m)	3.0	3.6
螺纹方向	左旋	左旋
标准长度(m)	2.0　3.0　4.0	
最大钻进深度(m)	～12	

7. 楔管式锚杆

楔管式锚杆由开口异径管，上、下楔，定位梢，挡环和垫板组成，如图 8-5 所示。

楔管式锚杆的工作原理是：当开缝异径管被强行挤入钻孔时，管体受到环向压缩，围岩钻孔壁产生主动受压弹性抗力，当管体内端冠部的定位销被安装时插入的钢钎磨断，并使下楔受到冲击时，管体的内端被锚定在钻孔底。随着下楔的楔紧，使管体垫板至孔底楔块之间对围岩产生主动压缩作用。围岩在这些力的作用下，形成“三向应力场”，岩体结构面受到挤压，c、φ 值提高，稳定性增加，变形得到控制，如图 8-6 所示。

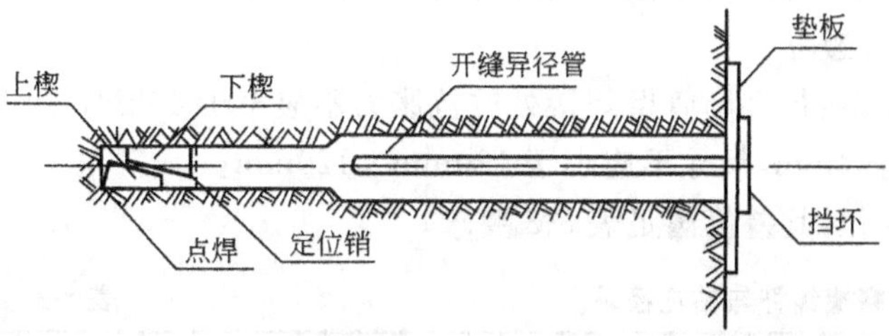

图 8-5 楔管式锚杆

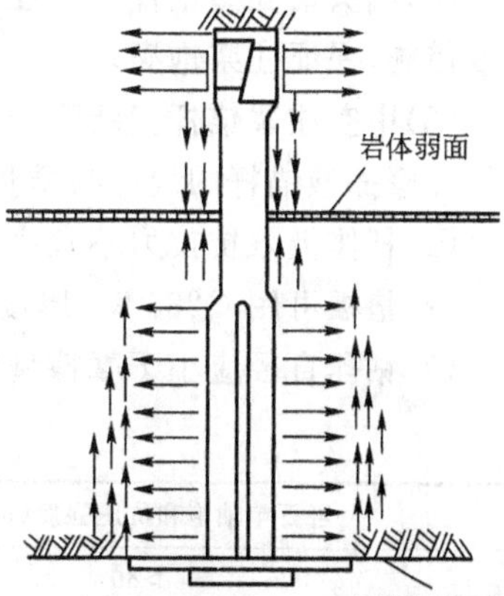

图 8-6 楔管式锚杆工作原理

楔管式锚杆的优点是：

(1)效应快，安装后即能发挥锚固作用；

(2)对围岩能主动提供轴向和环向压应力，锚固效果比被动式锚杆要好。

(3)适应岩层范围较大，地下水对它的锚固效果影响很小。

(4)操作方便，作业安全，劳动强度低，安装一根约4min。

楔管式锚杆的极限锚固力约120kN，适于中、小断面工程的临时支护或抢险工程。

三、锚杆支护设计与质量控制

1.全长粘结锚杆的设计与质量控制应遵守：

(1)杆体宜用HRB335、HRB400级带肋钢筋；

(2)杆体直径宜为ϕ22mm以上；

(3)杆体钢筋保护层厚度，采用水泥砂浆时不小于8mm，采用树脂时不小于4mm；

(4)杆体直径大于ϕ32mm的钢筋，应采取杆体居中的构造措施；

(5)水泥砂浆强度等级不应低于M20；

(6)对于自稳时间短的围岩，宜用早强水泥砂浆锚杆或早强中空注浆锚杆；

(7)锚杆垫板厚度不宜小于6mm，尺寸不宜小于150mm×150mm，垫板应紧贴岩面，拧紧垫板螺母应在水泥石强度达到10MPa后进行。杆体露出岩面长度不应大于喷射混凝土厚度；

(8)在Ⅳ、Ⅴ级围岩及特殊地质围岩中开挖隧洞，应先喷混凝土，再安装锚杆，并应在锚杆孔钻完后及时安装锚杆杆体。

(9)砂浆配比按水泥：砂＝1∶1～1∶2(重量比)，水灰比宜为0.38～0.45。

2.端头锚固型锚杆的设计与质量控制应遵守：

(1)杆体宜用HRB335及其以上带肋钢筋，直径ϕ22mm及其以上；

(2)锚头设计锚固力不应低于50kN；

(3)快硬水泥卷浸水后，应立即用锚杆杆体送至孔底，并在水泥初凝前，搅拌水泥卷的时间宜为30～60s；

(4)垫板用Q235钢，厚度不宜小于6mm，尺寸不宜小于150mm×150mm，安装垫板和紧固螺母必须在水泥石的强度达到10MPa后进行，螺母的拧紧扭矩不应小于100N·m。

(5)端头锚固型锚杆只有注浆后才能用于永久支护，浆液要求同水泥砂浆锚杆。构造上要采取措施，保证注浆饱满。

(6)中空注浆锚杆安装胀壳式锚头后，可以很方便的改造为端头锚固型注浆锚杆。

3.摩擦型锚杆的设计与质量控制应遵守：

(1)杆体极限抗拉力不宜小于120kN，挡环与管壁焊接处的抗胀力不应小于80kN；

(2)垫板可用Q235钢，厚度不小于4mm，尺寸不应小于120mm×120mm；

(3)钻孔直径应小于摩擦型锚杆外径，其差值满足表8-3要求；

摩擦锚杆与钻孔径差 表8-3

岩石单轴饱和抗压强度(MPa)	径差(mm)
＞60	1.5～2.0
30～60	2.0～2.5
＜30	2.5～3.5

(4)楔管式锚杆安装还应遵守：

①安装顶锚下楔块时，伸入圆管段内之钢钎直径不应大于26mm；

②下楔块应推至与上楔块完全楔紧。

(5)水胀式锚杆安装还应遵守：

①严禁损伤锚杆末端的注水嘴；

②高压泵试运转，压力维持在15～30MPa；

③锚杆送入钻孔应使垫板紧贴岩面。

(6)摩擦型锚杆通常只能用于临时支护，注浆能延缓摩擦型锚杆的锈蚀，注浆要求同水泥砂浆锚杆。

4.自钻式锚杆质量控制应遵守：

(1)锚杆钻至设计深度，经高压风、水冲洗，卸去钻机和连接器后，应及时安装垫板及螺母，临时固定杆体；

(2)杆体中空注浆宜采用纯水泥浆或1∶1水泥砂浆，水灰比宜为0.4～0.5。采用水泥砂浆时，砂子粒径不应大于1.0mm；

(3)水泥结石强度达5MPa后，才可拧紧螺母。

第三节　预应力锚杆(索)

一、预应力锚杆组成

预应力锚杆由外锚头、锚杆体和内锚固段组成，统称预应力锚固体系。外锚头视锚杆张拉吨位的不同，繁简差异很大，图8-7系一支大吨位预应力锚索的典型结构情况。它的外锚头由钢筋混凝土垫墩、钢垫板、岩锚锚板、夹片和导向钢管等部件组成，它是实现张拉和锁定的装置。

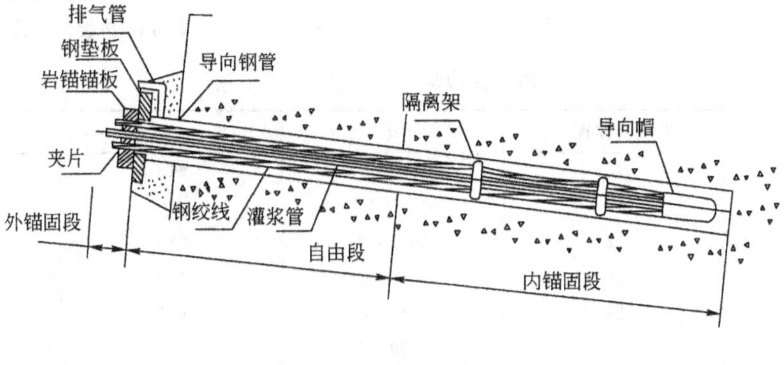

图8-7　预应力锚杆组成

锚杆体(锚索体)也称自由段或张拉段，是形成预应力的主要构件。

锚固段又称内锚头或内锚固段，是预应力锚杆孔内锁定端，现场也叫锚根。

预应力锚固体系大体有钢丝束镦头锚固体系、夹片式锚固体系与螺纹钢筋锚固体系。预应力锚固技术在我国发展十分迅速，其锚固体系的各个部件不仅型号多、生产厂家多、性能也不断进步，更新换代很快。

二、外锚头的结构类型

外锚头结构型式有锥筒垫板式结构外锚头和锚板式结构外锚头，前者用于螺纹钢筋锚固体系，后者用于镦头锚固体系和夹片式锚固体系。

1. 锥筒垫板式结构外锚头

(1)组成

锥筒垫板式外锚头由三角形下垫墩 1、垫板 2、止浆活门 3、螺母 4 组成。垫板上设有注浆孔和排气孔，如图 8-8 所示。锥筒垫板式外锚头用于螺纹钢筋锚固体系，它的优点是借助钻孔壁承受张拉荷载，实现快速锚定。当孔口混凝土垫墩强度在 10MPa 以下张拉时，张拉荷载一般不要大于 500kN。否则，要采用锚板式结构。

(2)锚具和连接器

①螺丝端杆锚具

当杆体为带肋钢筋时，可以采用这种锚具。杆端螺纹采用“CABR/M 钢筋等强度剥肋滚压直螺纹连接技术”，由于使用了异型螺纹冷加工技术，保证了螺纹连接部位和母材的同等强度。这种连接技术操作方便、工艺简单，连接可靠，近年得到迅速推广，常用型号为 GHB40 型。

当没有专用设备时，可用加粗的钢棒经辊丝后与带肋钢筋焊接，如图 8-9 所示，其技术参数见表 8-4。

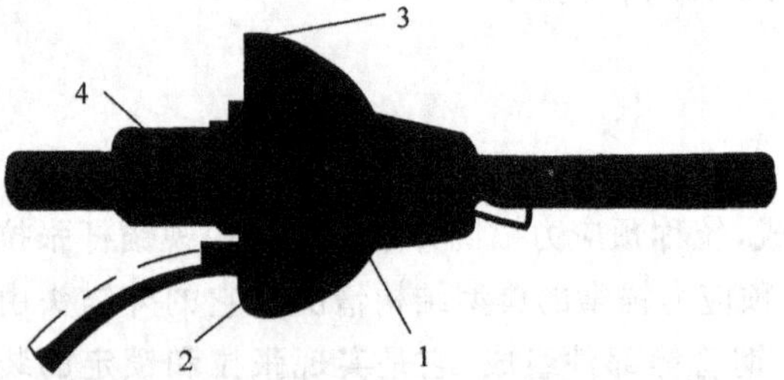

图 8-8 锥筒垫板式外锚头

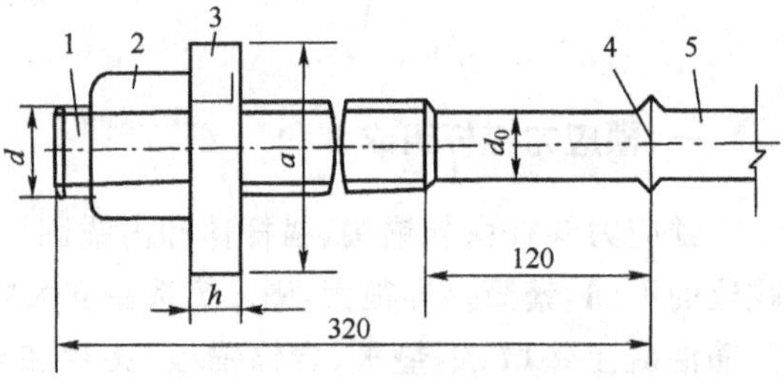

图 8-9 LM 型螺丝端杆锚具

1-钢螺丝端杆；2-螺母；3-垫板；4-对焊；5-预应力钢筋

LM 型螺丝端杆锚规格表(单位：mm)　　表 8-4

锚具规格	钢筋公称直径	d	d_0	$a\times h$
LM16	16	M20×1.5	ϕ18	90×14
LM18	18	M22×1.5	ϕ20	90×14
LM22	22	M27×2	ϕ22	90×16
LM25	25	M30×2	ϕ28	90×20
LM28	28	M33×3	ϕ31	90×20
LM32	32	M39×3	ϕ35	90×22
LM36	36	M42×3	ϕ39	100×25
LM40	40	M42×3	ϕ43	110×28
LM45	45	M45×3	ϕ48	120×40

②JLM 精轧螺纹钢筋锚具

目前国产的精轧螺纹钢筋有 ϕ25 和 ϕ32 两种规格，它们的外形见图 8-10 和表 8-5，力学性能见表 8-6。

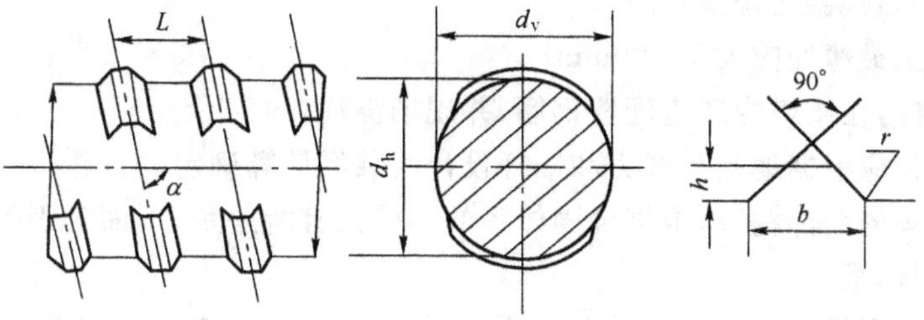

图 8-10 精轧螺纹钢筋外形

精轧螺纹钢筋外形尺寸 表 8-5

公称直径(mm)	标准尺寸(mm)							计算面积(cm^2)	理论重量(kg/m)
	基圆直径		螺纹高	螺纹底宽	螺距	螺纹根弧	导角		
	d_n	d_v	h	b	l	r	α		
25	25±0.4	$25^{+0.4}_{-0.8}$	16±0.3	6.0	12±0.3	1.0	81°30′	4.91	3.85
32	32±0.5	$32^{+0.4}_{-0.8}$	2.0±0.4	7.0	16±0.3	2.0		8.04	6.31

精轧螺纹钢筋力学性能 表 8-6

公称直径(mm)	牌号	屈服点(N/mm^2)	抗拉强度(N/mm^2)	伸长率δ_5(%)	冷弯	1000h 松弛率
		不小于				不大于
25	40Si2MnV	735	885	8	90°6d	一次张拉 3% 超张拉 2%
	$15Mn_2SiB$	930	1080	8	90°8d	
32	$40Si_2MnMoV$	735	885	7	90°7d	

注：弹性模量为 $1.95\times10^5\sim2.05\times10^5 N/mm^2$。

精轧螺纹钢锚具及连接器见图 8-11，它们的技术参数见表 8-7。

JLM 型精轧螺纹钢锚具技术参数(单位：mm) 表 8-7

型号	ϕD	H	A	B	L	ϕC
JLM-25	5.71	65	110	25	160	
JLM-32	67	72	130	130	180	
JLL-25					160	45
JLL-32					180	55

2. 锚板式结构外锚头

锚板式结构外锚头以它们都有锚板(或锚环)为特征，如图 8-12 所示。它们由锚板 1、垫板 2、垫墩混凝土 3 组成。大吨位的锚头还要设置锚下结构。垫墩应满足：

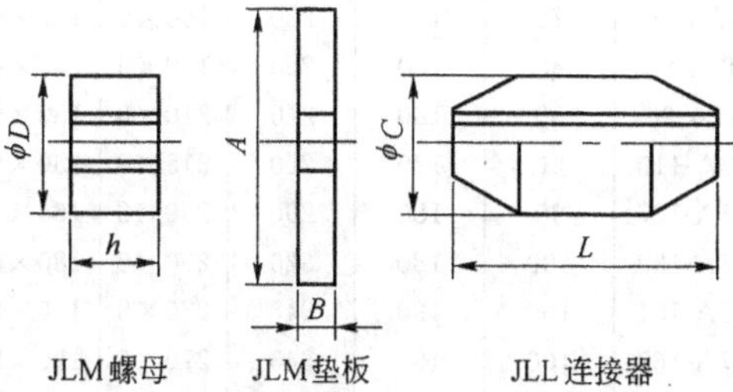

图 8-11 JLM 锚具及 JLL 连接器

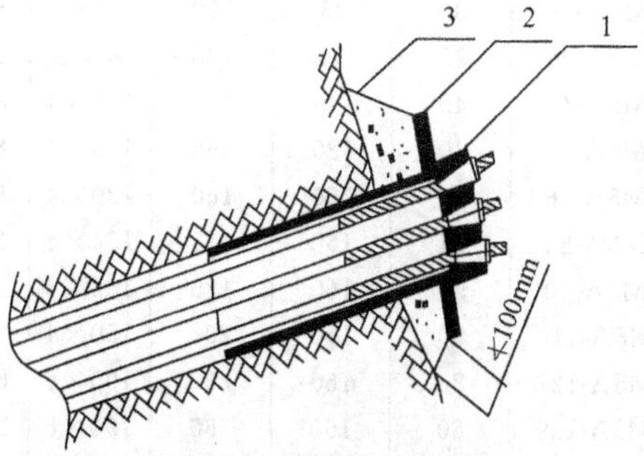

图 8-12 垫墩构造示意图

1-锚板；2-垫板；3-垫墩混凝土

①使用大于 C_{30} 混凝土浇筑；

②垫墩混凝土最薄处应大于 100mm；

③大吨位锚杆，在垫墩内还应配置钢筋，并现场浇注；

④垫墩底面积应根据地基承载力和锚杆设计荷载经计算确定。

锚板式外锚头的细部构造，根据锚固体系的不同又有所差别，下面分别阐述：

(1)镦头锚固体系

镦头锚具是利用钢丝的镦粗头来锚固预应力钢丝的一种支承式锚具。这种锚具加工简单、张拉方便，成本低廉，具有较高的锚固力，但对钢丝等长下料要求严格，比较费工。镦头锚具是 1949 年由瑞士 4 名工程师研制，国际上以他们名字的头一个字母取名为 BBRV 体系，我国自 1966 年同济大学研制成功液压冷镦器后得以推广应用。它可以锚标准强度为 1570MPa、1670MPa 的 $\phi5$、$\phi7$mm 高强度钢丝。其型号表示为：

$$DM \times \begin{bmatrix} A \\ B \\ C \end{bmatrix} —— \times\times$$

(A、B、C 表示三种体系)

1)张拉端锚具

①锚杯型镦头锚具

锚杯型镦头锚具简称 DMA 型镦头锚具，它由锚杯与螺母组成。灌浆孔或排气孔设在杯底中部，锚孔沿杯底环状布置。张拉前，锚杯缩在预留混凝土的孔道内。张拉时利用工具拉杆拧在锚杯的内螺纹上，将钢丝束拉出来用螺母固定，如图 8-13 和图 8-15a)所示，它的结构尺寸见表 8-8。

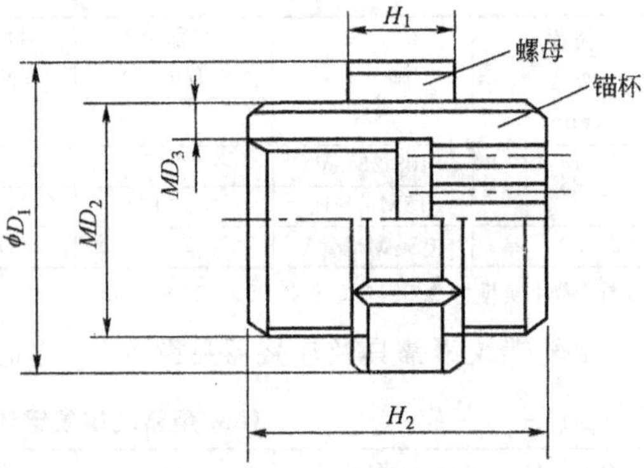

图 8-13 DMA 型镦头锚构造示意图

DMA 型镦头锚具尺寸表(单位:mm) 表 8-8

规格	H_1	H_2	ϕD_1	MD_2	MD_3	规格	H_1	H_2	ϕD_1	MD_2	MD_3
DM5A-12	25	60	85	60×2	45×2	DM7A-12	30	75	105	75×3	58×3
DM5A-14	25	60	85	60×2	45×2	DM7A-13	30	75	105	75×3	58×3
DM5A-16	25	70	90	64×3	45×2	DM7A-18	40	82	140	82×3	60×3
DM5A-18	25	70	95	64×3	45×2	DM7A-24	50	100	150	105×4	72×4
DM5A-20	30	75	100	72×3	52×3	DM7A-36	46	105	168	120×4	88×4
DM5A-24	30	75	110	76×3	55×3	DM7A-48	60	138	210	138×6	100×6
DM5A-28	30	75	120	85×3	64×3	DM7A-54	75	155	220	150×6	110×6
DM5A-36	35	85	135	95×3	70×3	DM7A-56	75	155	220	150×6	110×6
DM5A-48	40	115	150	105×4	80×4	DM7A-84	85	180	250	180×6	135×6
DM5A-54	40	120	155	115×4	80×4	DM7A-90	90	180	270	210×6	150×6
DM5A-56	40	160	160	120×4	85×4	DM7A-110	90	180	280	215×6	150×6
DM5A-84	54	160	185	134×6	98×6	DM7A-127	90	180	290	230×8	165×8
DM5A-90	54	160	185	134×6	98×6	DM7A-139	100	180	320	260×8	180×8
DM5A-110	80	150	200	150×4	120×4	DM7A-151	100	190	345	270×8	190×8
DM5A-127	80	160	260	190×6	130×6	DM7A-163	100	190	345	270×8	190×8
DM5A-139	80	160	260	190×6	130×6						
DM5A-151	80	170	270	210×8	160×6						
DM5A-163	90	170	270	210×8	160×6						

DMB 型镦头锚具尺寸(单位:mm) 表 8-9

规 格	ΦD	H	规 格	ΦD	H
DM5B-12	80	25	DM7B-12	90	36
DM5B-14	80	25	DM7B-13	90	36
DM5B-16	85	30	DM7B-18	100	41
DM5B-18	85	35	DM7B-24	140	50
DM5B-20	90	35	DM7B-36	150	50
DM5B-24	95	35	DM7B-48	160	70
DM5B-28	105	35	DM7B-54	220	75
DM5B-36	115	42	DM7B-56	220	75
DM5B-48	135	58	DM7B-84	250	90
DM5B-54	140	60	DM7B-90	270	90
DM5B-56	140	65	DM7B-110	280	90
DM5B-84	185	70	DM7B-127	280	90
DM5B-90	185	70	DM7B-139	320	90
DM5B-110	200	100	DM7B-151	345	90
DM5B-127	260	100	DM7B-163	345	90
DM5B-139	260	100			
DM5B-151	270	100			
DM5B-163	270	100			

②锚板型镦头锚具

锚板型镦头锚具简称 DMB 型镦头锚具,它由锚板和半圆环垫片组成。张拉前,锚板位于钻孔端部。张拉时,用工具式连接头拧在板的外螺纹上,将钢束拉出来用半圆环垫片固定,如图 8-14 和图 8-15c)所示,它的结构尺寸见表 8-9。

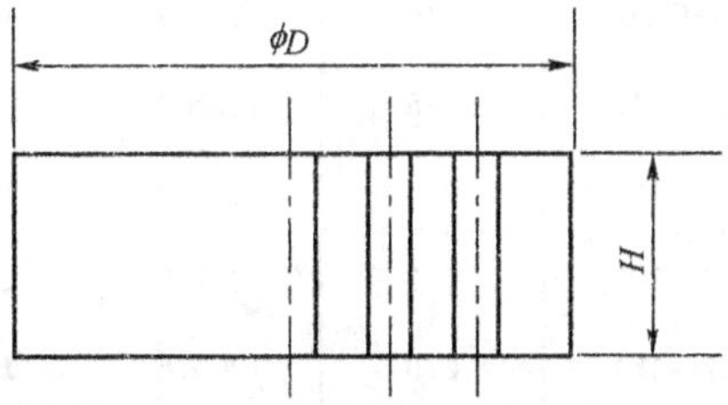

图 8-14 DMB 型镦头锚构造示意图

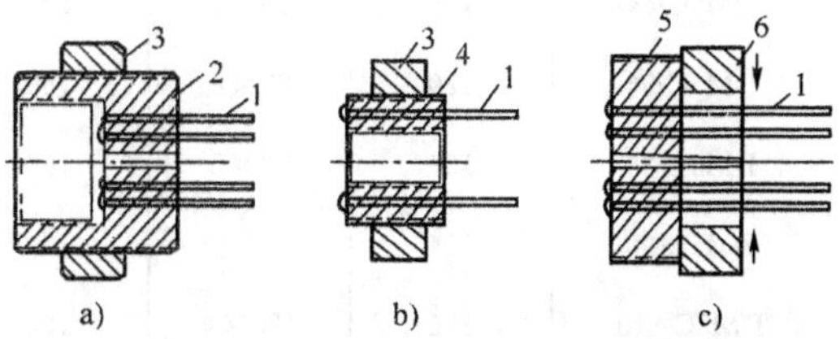

图 8-15 三种类型镦头锚具示意图

a)锚杯型;b)锚环型;c)锚板型

1-钢丝;2-锚杆;3-螺母;4-锚环;5-带螺纹锚板;6-半圆环垫片

③锚环型镦头锚具

锚环型镦头锚具简称 DMC 型镦头锚具,由锚环与螺母组成。锚环设有内、外螺纹,外螺纹与螺母连接以调整支承距离。内螺纹贯通，以便孔道注浆和与张拉杆连接，如图 8-15b）所示。主要用于小吨位锚索。

2）连接器

钢丝束接长采用连接器，连接器有两种形式：锚板式和螺杆式，如图 8-16 所示，它们均由三件组成。其中 DMK 型螺杆式连接器由一件 DMK 型连接螺杆和两件 DMC 型连接锚杯构成，如图 8-17 所示。它们的尺寸参见表 8-10 和表 8-11。

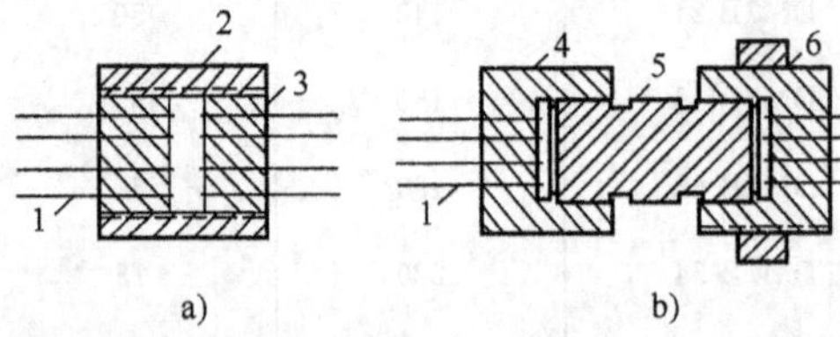

图 8-16 连接器结构示意图

a）带内螺纹的套筒；b）带外螺纹的连杆

1-钢丝；2-套筒；3-锚板；4-锚杯；5-连杆；6-螺母

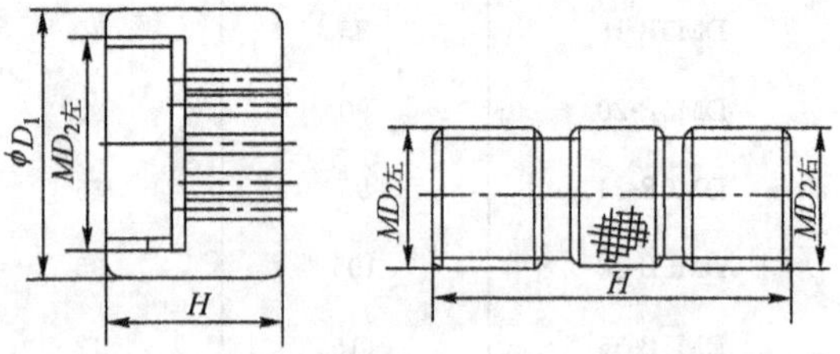

图 8-17 DMC 型连接锚杯、DMK 型连接螺杆示意

DMC 型连接锚杯尺寸（单位：mm） 表 8-10

规 格	ϕD_1	$MD_{2左}$	H	规 格	ϕD_1	$MD_{2右}$	H
DM5C-12	60	45×2	60	DM7C-18-Ⅰ	80	60×3	82
DM5C-14	60	45×2	60	DM7C-18-Ⅱ	82	60×3	82
DM5C-16	64	45×2	70	DM7C-24	105	72×4	100
DM5C-18	64	45×2	70	DM7C-36	120	88×4	105
DM5C-20	72	52×3	75	DM7C-48-Ⅰ	132	100×6	138
DM5C-24	76	55×3	75	DM7C-48-Ⅱ	138	100×6	138
DM5C-28	85	64×3	75	DM7C-54	150	110×6	155
DM5C-36	95	70×3	85	DM7C-56	150	110×6	155
DM5C-48	105	76×4	115	DM7C-84	180	135×6	180
DM5C-54	115	80×4	120	DM7C-90	210	150×6	180
DM5C-56	120	85×4	160	DM7C-110	215	150×6	180
DM5C-84	134	98×6	160	DM7C-127	230	165×8	180
DM5C-90	134	98×6	160	DM7C-139	260	180×8	180
DM5C-110	150	120×4	150	DM7C-151	270	190×8	190
DM5C-127	190	130×6	160	DM7C-163	270	190×8	190
DM5C-139	190	130×6	160				
DM5C-151	210	160×6	170				
DM5C-163	210	160×6	170				

DMK 型连接螺杆尺寸(单位:mm) 表 8-11

规　格	$MD_{2左}$	MD_3	H	规　格	$MD_{2右}$	MD_3	H
DM5K-12	45×2	45×2	120	DM7K-18	60×3	60×3	125
DM5K-14	45×2	45×2	120	DM7K-24	72×4	72×4	142
DM5K-16	45×2	45×2	130	DM7K-36	88×4	88×4	160
DM5K-18	45×2	45×2	130	DM7K-48	100×6	100×6	185
DM5K-20	52×3	52×3	130	DM7K-54	110×6	110×6	245
DM5K-24	55×3	55×3	120	DM7K-56	110×6	110×6	245
DM5K-28	64×3	64×3	130	DM7K-84	135×6	135×6	260
DM5K-36	70×3	70×3	180	DM7K-90	150×6	150×6	260
DM5K-48	76×4	76×4	170	DM7K-110	150×6	150×6	276
DM5K-54	80×4	80×4	170	DM7K-127	165×8	165×8	276
DM5K-56	85×4	85×4	245	DM7K-139	180×8	180×8	276
DM5K-84	98×6	98×6	266	DM7K-151	190×8	190×8	276
DM5K-90	98×6	98×6	276	DM7K-163	190×8	190×8	276
DM5K-110	120×4	120×4	200				
DM5K-127	130×6	130×6	276				
DM5K-139	130×6	130×6	276				
DM5K-151	160×6	160×6	276				
DM5K-163	160×6	160×6	276				

3)镦头加工

镦头头型分为蘑菇型和平台型,如图 8-18 所示,蘑菇型镦头的受力性能受锚板硬度影响较大,如锚板较软,镦头易陷入锚孔而被卡断。平台型镦头有一个支承平面,受力性能较好,要求镦头的尺寸要够,头型圆整,不偏歪,颈部母材不受损伤。镦头加工采用液压冷镦器,构造示意如图 8-19 所示。LD 系列镦头器技术参数见表 8-12。

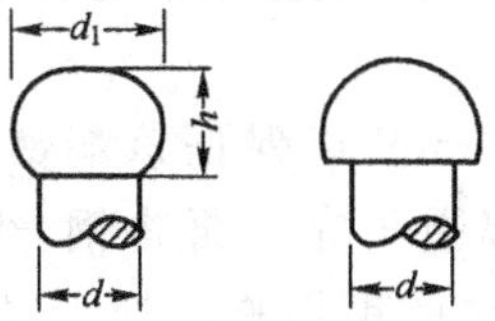

a)　b)

图 8-18　镦头头型

a)蘑菇型;b)平台型

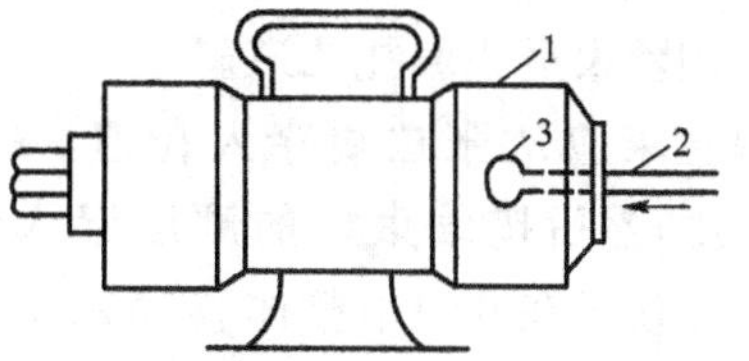

图 8-19　液压冷镦器

1-冷镦器;2-钢丝;3-镦头

LD 系列镦头器技术参数 表 8-12

镦头器型号	钢丝直径 d(mm)	镦头压力(kN)	镦头尺寸(mm)	
			d_1	h
LD-10	ϕ5	88.2	7～7.5	4.7～5.2
LD-20K	ϕ7	186	10～11	6.7～7.3
LD-300	ϕ9.2	305		

钢丝通过冷镦强度稍有降低，“混凝土结构工程施工及验收规范”规定：钢丝镦头强度不得低于钢丝强度标准值的98%。

钢丝冷镦开裂是工程中常遇到的问题。钢丝强度越高，冷镦裂纹出现的次数越多。劈裂裂纹主要与钢材轧制缺陷有关，滑移裂纹主要与剧烈冷加工有关。镦头裂纹只要不延伸到母材或不贯通，一般不影响镦头的承载力。规范规定：不贯通的劈裂和滑移裂纹是允许的，已延伸至母材或将镦头分为两半（将镦头纵向裂开）或水平裂纹是不允许的。

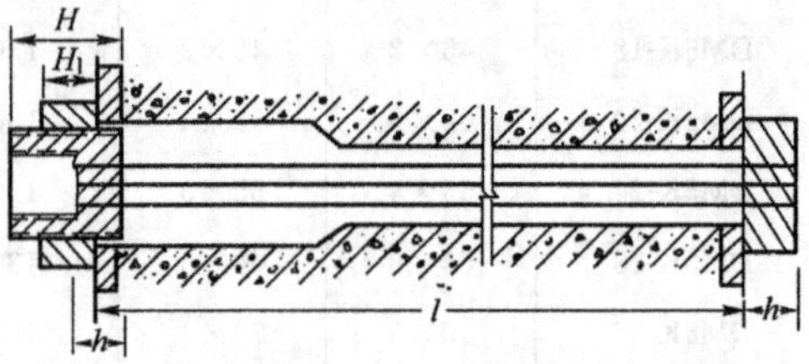

图 8-20 钢丝下料长度计算简图

4)钢丝编束

以对穿锚索为例，钢丝下料长度 L，按预应力筋张拉后螺母位于锚杯中部进行计算（见图8-20）。

$$L = l + 2h + 2\delta - K(H - H_1) - \Delta L - C \tag{8-3}$$

式中：l——钻孔长度(mm)，按实际丈量；

h——锚杯底厚或锚板厚度(mm)；

δ——钢丝镦头预留量，取 10mm

K——系数，一端张拉取 0.5，两端张拉取 1；

H——锚杯高度(mm)；

H_1——螺母厚度(mm)；

ΔL——钢丝束张拉伸长量(mm)；

C——张拉时混凝土弹性压缩量(mm)。

同束钢丝下料长度的相对误差不应大于 $L/5000$，采用钢管限位法下料，有利于控制下料误差精度选择。钢管内径略大于钢丝直径，使穿过的钢丝长度容易得到控制，钢丝切断面应垂直母材，才能保证镦头质量。

钢丝编束与张拉端锚具安装同时进行。钢丝一端先穿入锚杯并镦头，在另一端离端部约20cm处用细铁丝将内外圈钢丝按锚杯处相同顺序分圈编扎，然后将整束钢丝的端头扎紧并沿通长的钢丝束适当编扎几道。

钢丝束应从张拉端穿入孔道，从固定端抽出至少 300mm，以保证该端镦头有足够的工作长度；然后按编束好的顺序穿入锚板即可镦头。全部镦头完毕再将钢丝束退回孔道就位。为便于在孔道中整体移动钢丝束，宜用一根带有螺纹的钢棒临时拧入锚杯的内螺纹中。

5)张拉与锚固

钢丝镦头锚是可用 YC 或 YCL 系列及 YCW 系列千斤顶张拉，它们与锚杯的连接方式见图 8-21。千斤顶的撑脚尺寸见图 8-22，可供参考。

采用镦头锚固体系，同束钢丝的应力是否均匀，是工程中的一个实际问题。根据大量测试与理论分析：如果下料钢丝长度的相对误差能控制在 $L/5000$。对于直线孔道，束内应力差可控制在±5%以内；对于曲线孔道，束内应力差约为±15%。当张拉控制应力取 f_{ptk}（钢丝拉断强度标准值），曲线束内最大应力为 $1.15\times0.7f_{ptk}=0.8f_{ptk}<0.85f_{ptk}$，仍在钢丝的屈服强度内。因此，对于曲线孔道，张拉控制应力可提高至 $0.75f_{ptk}$ 以减少孔道摩擦损失。

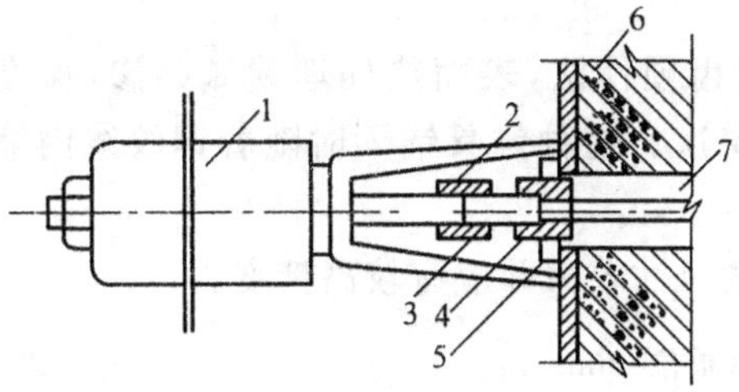

图 8-21 张拉设备连接

1-千斤顶；2-连接套筒；3-工具式拉杆；4-锚杯；5-螺母；6-构件；7-扩大孔

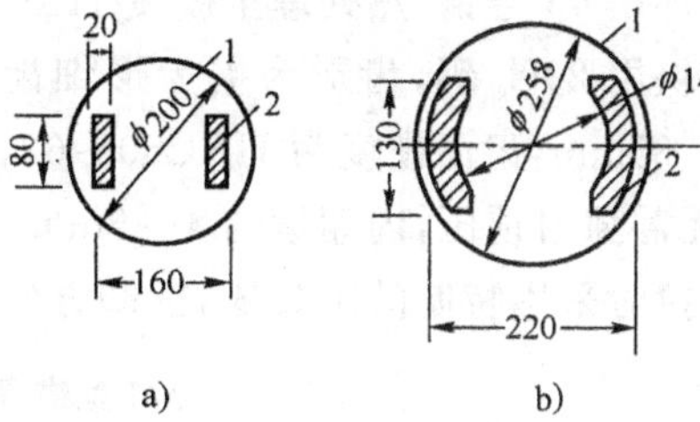

图 8-22 千斤顶撑脚尺寸单位(mm)

a)YC-60；b)YCQ-100

1-千斤顶外形；2-撑脚

3.夹片锚固体系

利用夹片锚固预应力钢绞线的一种楔紧式锚具。钢绞线强度高、硬度大、夹持面积小、对夹片的夹持能力要求高。20 世纪 80 年代初引进香港 K 体系钢绞线束群锚体系后，上海市纺织建筑工程公司率先改进了 JM 型锚具夹片的齿形和热处理工艺，以后中国建筑科学院结构所相继开发出 XM 和 QM 型钢绞线束群锚体系及配套的大吨位千斤顶，柳洲建筑机械总厂与同济大学合作研制出 OVM 型锚具，这些锚具都达到了国际预应力混凝土协会(FIP)标准。XM、QM 和 HVM 型锚具均属群锚。群锚的特点是任何一根钢绞线的失效，不会引起整束锚固失效。这些锚具已广泛用于桥梁、房屋、隧道、边坡和特种结构等领域。

(1)JM 型锚具

JM 型锚具由锚环和楔块(夹持块)组成。楔块的两个侧面设有带齿的半圆槽，每个楔块卡在两根钢绞线之间，这些楔块与钢绞线共同形成组合式锚塞，将钢绞线束楔紧。这种锚具的特点是它的整体性不好，如果一个楔块损坏，会导致整群钢绞线失效。它可以锚固 4～6 根钢绞线束，用于张拉荷载 1000kN 以下的预应力锚索。JM 型锚具型号及尺寸见表 8-13。

①锚具结构(图 8-23)

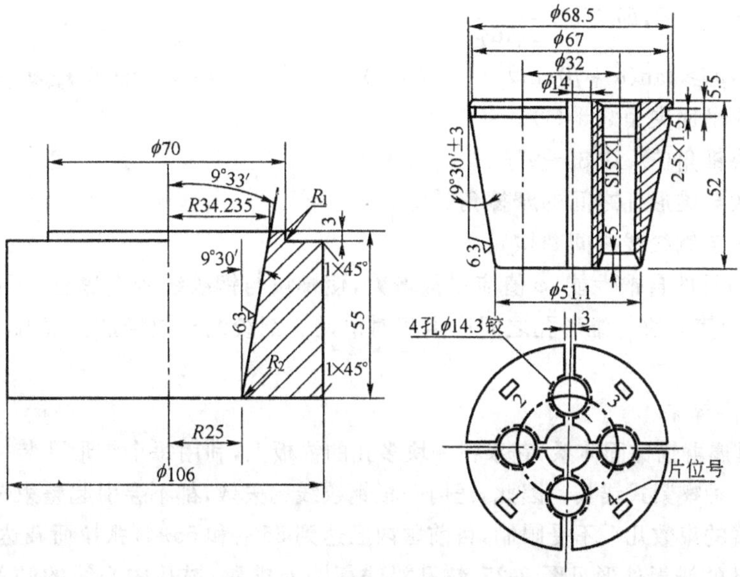

图 8-23 JM15-4 锚具结构(单位：mm)

a)锚环；b)楔块

锚环用 45 号钢，热处理至硬度 HRC32-37

楔块用 $20C_r$ 钢，齿形为锯齿形细齿，采用心软齿硬作法，表面热处理碳氮共渗，深度为 0.3～0.35mm，齿面硬度为 HRC60～62，硬度应有层次。这种锚具锚固时随着钢绞线内缩而楔紧，无需强力顶压，内缩量约 4～6mm。

张拉时采用特制的工具锚，拆卸方便。工具锚的尺寸较大并应有较高精度。

JM 型锚具型号及尺寸（单位：mm）　　表 8-13

型　号	适用钢绞线规格	锚环外径（mm）	钢绞线排列中心（mm）	锚具排列间距（mm）	留孔直径（mm）	配套千斤顶
JM_F15-1	1ϕ' 15	45		≥50	用于无粘结	YC-18
JM_F12-1	1ϕ' 12	45		≥50	用于无粘结	
JM_F12-5	5ϕ' 12	106	ϕ36	≥115	50～60	YC-60
JM_F12-6	6ϕ' 12	106	ϕ36	≥115	50～60	
JM_F15-4	4ϕ' 15	106	ϕ32	≥115	50～60	
JM_F15-5	5ϕ' 15	118	ϕ36	≥135	60	YC-120
JM_F15-6	6ϕ' 15	128	ϕ44	≥145	65	

注：进口 ϕ' 12.4、ϕ' 12.7、ϕ' 15.2 均可用表中各型锚具。

②受力分析

JM 型锚具的受力分析见图 8-24。取楔块为脱离体有：

$$H\tan(\alpha+\beta)=P,\ 2N\sin\theta=H$$

$$\therefore\quad N=\frac{H}{2\sin\theta}=\frac{P}{2\tan(\alpha+\beta)\cdot\sin\theta}\qquad(8\text{-}4)$$

JM 型锚具的锚固条件为：

$$2N\tan\varphi\geqslant P,\text{即 } N\geqslant\frac{P}{2\tan\varphi}$$

$$\therefore\quad \tan\varphi\geqslant\tan(\alpha+\beta)\sin\theta\qquad(8\text{-}5)$$

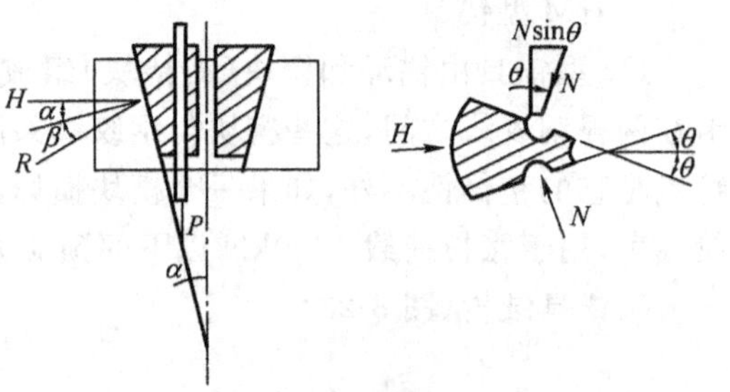

图 8-24　JM 型锚具受力分析

式中：θ——楔块平面夹角之半(°)；

α——楔块锥角(°)，约 8°～9°；

β——楔块与锥形孔之间的摩擦角(°)。

φ——楔块与钢绞线之间摩擦角(°)。

为了提高锚具的自锚性能，φ 值应尽量增大，使楔块与钢绞线咬合紧密，不产生相对滑动；β 值应尽量减小，使楔块与锥形孔之间产生相对滑动。钢绞线根数增加，θ 值随之减小，也能提高自锚能力。

(2)XM 锚固体系

XM 型锚具属群锚锚固体系，它系在一块多孔的锚板上，利用每个锥形孔装一付夹片夹持一根钢绞线束的一种楔紧式锚具。因此，任何一根钢绞线的失效，都不会引起整束锚固失效。这类锚固体系钢绞线的束数几乎不受限制，目前国内已达到 $55\phi_{15}$ 和 $55\phi_{13}$，张拉荷载达到上千吨。

XM 型锚具的锚板外形见图 8-25，锚孔沿锚板圆周排列，锚孔中心线的倾角为 1∶20。锚板的顶面垂直于锚孔中心线，以利夹片的塞紧。锚板用 45 号钢制作，热处理调质至 HRC30～34。

夹片采用三片式，按 120°竖向开缝有偏转角，偏转角的方向与钢绞线束的扭转角反向，有利于钢丝束的锚固。夹片齿形为“短牙三角螺纹”。这是一种齿顶较宽、齿高较矮的特殊螺纹，强度大、耐磨性高。夹片材质为 $60Si_2MnA$ 合金钢，整体淬火并回火后硬度为 HRC53～58。由于夹片斜开缝，还可用于锚固锚丝束。

XM 锚固体系的工具锚与工作锚通用。用于工具锚时使用次数不超过 3 次；然后该锚具转为工作锚使用。

XM 锚具下设钢垫板与喇叭管等，如图 8-26 所示。钢垫板上开有锚环对中用的凹槽，喇叭管焊在垫板上，以提高混凝土垫墩的局部承载力。它们的各部尺寸列于表 8-14。

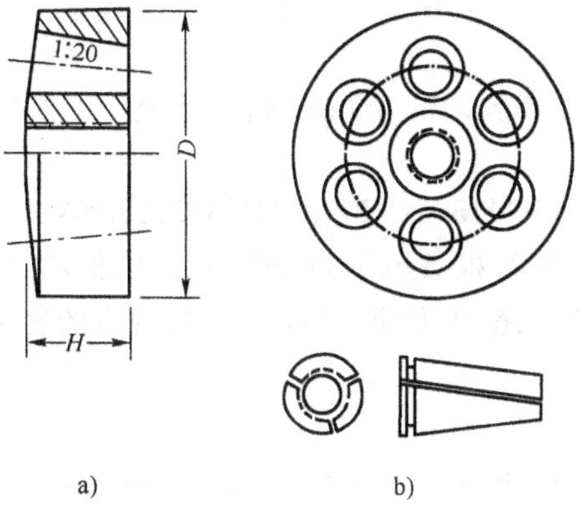

图 8-25　XM 型锚具结构

a)锚板；b)夹片

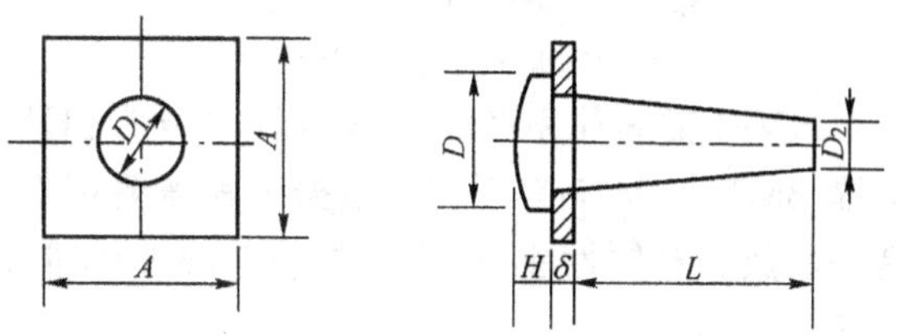

图 8-26　垫板与喇叭管

XM15 型锚具、垫板与喇叭管尺寸(单位：mm)　　表 8-14

代　号	钢绞线根数							
	3	4	5	6	7	8	9	12
D	98	110	125	145	145	155	165	184
H	50	50	55	60	60	65	65	75
D_1	63	75	85	92	98	107	120	132
D_2	40	51	54	66	66	69	72	84
L	300	300	300	300	300	300	300	500
A	200	200	200	220	220	250	250	315
δ	20	25	25	30	30	35	35	40

注：此外还有 XM15-1 及最近发展的 XM15-13～19 型锚具。

(3)QM 与 HVM 锚固体系

QM 型锚具与 XM 型锚具不同之处：锚板的顶面为平面，锚孔垂直顶面；夹片为三片直开缝，倒锯形细齿，表面热处理硬度达 HRC58-61，夹片可重复使用。

HVM 型锚具是对 QM 型锚具的改进，夹片为两片直开缝，但在每片的背部开有弹性槽，以增强锚固性能。如图 8-27 所示。

喇叭形垫板和螺旋筋是这类锚固体系为解决混凝土承受大吨位局部压力，端部受力集中及预应力孔道与端头垫板垂直和使锚具定位准确而采取的锚下构造措施。(图 8-28)锚板上还设有注浆孔。

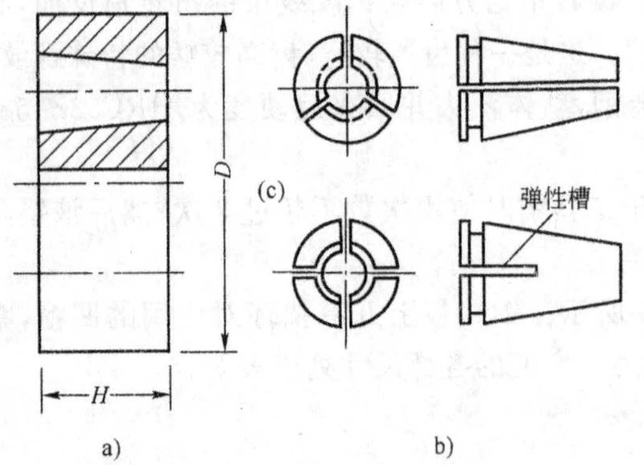

图 8-27　QM 与 HVM 型锚具

a)锚板；b)QM3 夹片；c)HVM2 夹片

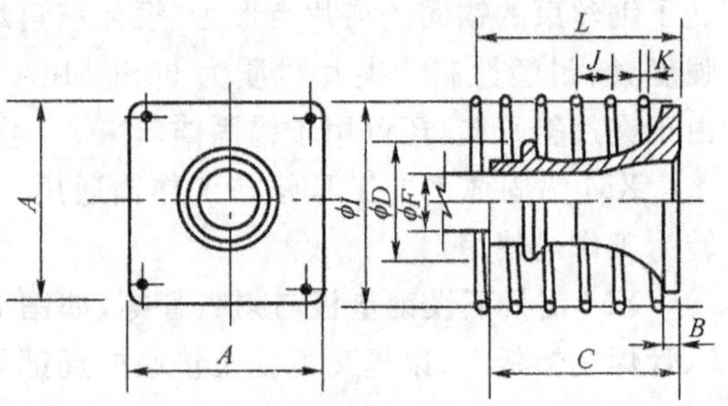

图 8-28　喇叭形铸铁板与螺旋筋

HVM 锚固体系按钢绞线直径可分为：HVM13、HVM15、HVM18、HVM22、HVM28 及扁锚 BM13、BM15 等系列。根据工程需要可选用的钢绞线根数范围为 1-55 根。它们均具有良好的放张自锚性能，夹片进退平齐，夹持性能稳定，施工操作方便，锚固效率系数高的特点。下面分别阐述：

①HVM13、HVM15 型张拉端锚具

HVM13 张拉端锚具适于 ϕ12.7、ϕ12.9mm 钢绞线和 ϕ12.0～ϕ12.6mm 预应力钢棒；HVM15 锚具适于 ϕ15.24、ϕ15.7mm 钢绞线张拉，它们的构造见图 8-29，技术参数见表 8-15 和表 8-16。

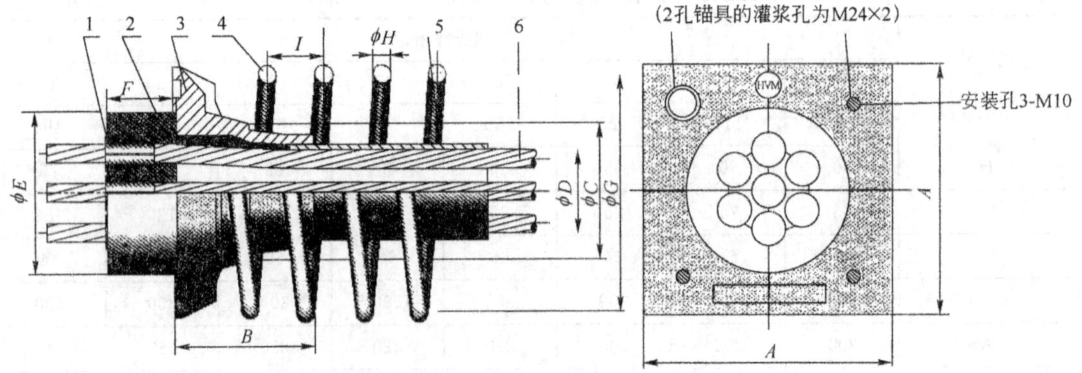

图 8-29　HVM 张拉端锚固体系

1-夹片；2-锚板；3-锚垫板；4-螺旋筋；5-金属波纹管；6-钢绞线

HVM13 锚具参数(单位：mm)　　表 8-15

型　号	锚垫板	波纹管	锚板		螺旋筋				安装孔	张拉千斤顶型号
	$A\times B\times \phi C$	(内径)ϕD	ϕE	F	ϕG	ϕH	I	N	孔距	
HVM13－1	＊100/60×27		43	43	80	8	30	3	80	YDC260Q YDC240Q
HVM13－2	115×100×ϕ65	45	75	50	110	10	30	3	80	YCW100B
HVM13－3	120×130×ϕ80	45	80	50	120	10	50	3	85	YCW100B
HVM13－4	135×130×ϕ80	50	90	50	135	10	50	3	95	YCW100B

续上表

型　号	锚垫板	波纹管	锚板		螺旋筋				安装孔	张拉千斤顶型号
	A×B×φC	(内径)φD	φE	F	φG	φH	I	N	孔距	
HVM13－5	145×130×φ80	50	100	55	145	12	50	4	105	YCW100B
HVM13－6/7	65×130×φ94	60	115	55	165	14	50	4	120	YCW100B
HVM13－8	190×150×φ100	60	130	55	175	16	60	4	135	YCW150B
HVM13－9	190×150×φ180	70	137	60	190	16	60	4	135	YCW150B
HVM13－10/11/12	216×180×φ134	80	157	60	216	16	60	5	160	YCW150B
HVM13－13	230×180×φ124	80	157	60	230	16	60	5	190	YCW250B
HVM13－14	230×180×φ124	80	165	65	230	16	60	5	190	YCW250B
HVM13－15/16/17	240×220×φ140	90	195	70	240	20	60	6	200	YCW250B
HVM13－18/19	270×220×φ154	90	195	70	265	20	60	6	200	YCW250B
HVM13－20	290×240×φ150	90	217	70	290	20	60	6	220	YCW350B
HVM13－21/22	290×245×φ176	90	217	80	290	20	60	6	220	YCW350B
HVM13－23/24	300×250×φ164	100	217	80	310	20	60	6	220	YCW400B
HVM13－25/26/27	300×245×φ185	100	217	85	310	20	60	6	220	YCW400B
HVM13－28/29	315×300×φ175	105	235	85	315	20	60	7	230	YCW400B
HVM13－30/31	315×250×φ190	105	235	95	315	20	60	7	230	YCW400B
HVM13－32/33/34	370×320×φ195	120	260	110	370	22	60	8	280	YCW500A
HVM13－35/36/37	370×320×φ216	120	260	110	370	22	60	8	280	YCW500A
HVM13－38/39/40/41/42	390×340×φ215	130	290	120	390	22	60	8	290	YCW650A
HVM13－43/44	390×346×φ240	130	310	130	390	22	60	8	290	YCW650A
HVM13－45/46/47	465×390×φ240	140	330	130	465	22	60	9	340	YCW900A
HVM13－48/49	465×390×φ240	140	330	132	465	22	60	9	340	YCW900A
HVM13－50/51/52	465×390×φ240	140	330	135	465	22	60	9	340	YCW900A
HVM13－53/54/55	465×390×φ250	140	330	140	465	22	60	9	340	YCW900A

注：如以上参数有变动，以 HVM 公司最新资料为准。

HVM15 锚具参数(单位：mm)　　表 8-16

型　号	锚垫板	波纹管	锚板		螺旋筋				安装孔	张拉千斤顶型号
	A×B×φC	(内径)φD	φE	F	φG	φH	I	N	孔距 L	
HVM15－1	*100/60×27	-	46	48	80	8	30	4	80	YDC260Q YDC240Q
HVM15－2	115×100×φ70	40	85	50	110	10	40	4	80	YCW100B
HVM15－3	135×110×φ83	45	90	50	130	10	40	4	95	YCW100B
HVM15－4	165×120×φ93	50	105	52	150	14	50	4	120	YCW100B (YCW150B)
HVM15－5	180×130×φ93	55	117	52	170	14	50	4	135	YCW150B
HVM15－6	210×160×φ108	70	135	52	200	14	50	4	145	YCW150B (YCW250B)
HVM15－7	210×160×φ108	70	135	60	200	14	50	4	145	YCW150B

续上表

型　号	锚垫板	波纹管	锚板		螺旋筋				安装孔	张拉千斤顶型号
	$A\times B\times \phi C$	(内径)ϕD	ϕE	F	ϕG	ϕH	I	N	孔距 L	
HVM15－8	240×180×ϕ125	80	150	60	240	16	60	5	180	YCW250B
HVM15－9	240×180×ϕ125	80	157	60	240	16	60	5	180	YCW250B
HVM15－10	270×210×ϕ140	90	175	65	270	16	60	6	200	YCW250B
HVM15－11	270×210×ϕ140	90	175	68	270	20	60	6	200	YCW250B (YCW350B)
HVM15－12	270×210×ϕ140	90	175	70	270	20	60	6	200	YCW350B
HVM15－13	270×210×ϕ140	90	175	70	270	20	60	6	200	YCW350B
HVM15－14	285×240×ϕ152	100	185	70	285	20	60	6	210	YCW350B
HVM15－15	300×325×ϕ170	100	210	72	300	20	60	6	225	YCW350B (YCW400B)
HVM15－16	300×325×ϕ170	100	210	80	300	20	60	6	225	YCW350B (YCW400B)
HVM15－17	300×325×ϕ170	100	210	85	300	20	60	6	225	YCW400B
HVM15－18	320×325×ϕ174	100	217	90	310	20	60	7	230	YCW400B
HVM15－19	320×325×ϕ174	100	217	90	310	20	60	7	230	YCW400B (YCW500A)
HVM15－20	335×326×ϕ180	120	235	90	340	20	60	7	230	YCW500A
HVM15－21/22	335×326×ϕ188	120	235	100	340	20	60	7	230	YCW500A
HVM15－23/24	365×370×ϕ195	130	260	100	365	22	60	7	260	YCW650A
HVM15－25/26/27	365×370×ϕ210	130	260	110	365	22	60	7	260	YCW650A
HVM15－28/29	420×435×ϕ222	130	275	110	400	22	60	8	290	YCW650A
HVM15－30/31	420×435×ϕ222	130	275	120	400	22	60	8	290	YCW650A
HVM15－32/33/34	470×540×ϕ246	140	310	130	465	22	60	9	350	YCW650A (YCW900A)
HVM15－35/36/37	470×540×ϕ246	140	310	140	465	22	60	9	350	YCW650A (YCW900A)
HVM15－38/39	470×540×ϕ246	160	340	140	500	22	60	9	376	YCW900A
HVM15－40/41/42	520×700×ϕ286	160	340	140	500	22	60	9	376	YCW900A
HVM15－43/44	520×700×ϕ286	160	340	150	500	22	60	9	376	YCW900A (YCW1200A)
HVM15－45/46/47	560×700×ϕ295	160	360	150	540	25	70	9	400	YCW1200A
HVM15－48/49	560×700×ϕ295	160	360	160	540	25	70	9	400	YCW1200A
HVM15－50/51/52	560×700×ϕ295	160	360	165	540	25	70	9	400	YCW1200A
HVM15－53/54/55	560×700×ϕ295	160	360	170	540	25	70	9	400	YCW1200A

注：1. 如以上参数有变动，以 HVM 公司最新资料为准。

2. 括号内为 2000 级钢绞线用千斤顶。

②HVM18 型

HVM18 型锚具，适于直径 ϕ17.78mm 的 1860MPa 钢绞线，结构尺寸见图 8-30，技术参数见表 8-17。满足预应力钢材沿着粗尺径、大规格、高强度的发展要求。

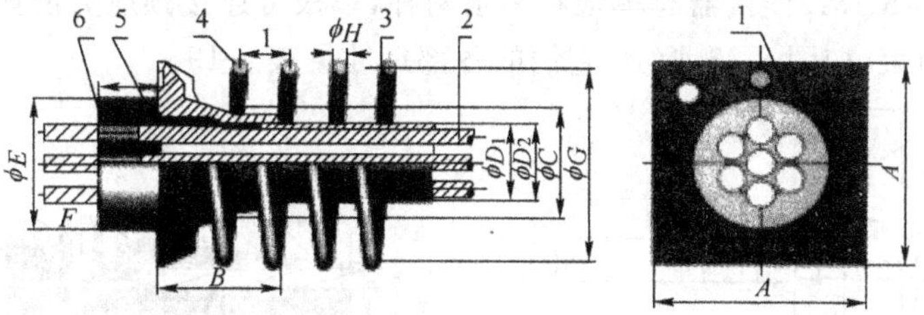

图 8-30 HVM18 张拉端锚具

1-锚垫板；2-预应力筋；3-波纹管；4-扁形螺纹筋；5-工作锚板；6-夹片

HVM18 张拉端锚具结构尺寸(单位：mm) 表 8-17

锚具规格		3	4	5	6/7	8	9	12	15	19	22	25	27
锚垫板	A(mm)	165	210	210	240	270	270	300	360	390	420	420	470
	B(mm)	120	160	160	180	210	210	240	375	420	495	495	615
	ϕC(mm)	93	108	108	125	140	140	170	188	210	222	222	246
波纹管径	ϕD1(mm)	57	77	77	87	97	97	107	127	137	137	137	147
	ϕD2(mm)	50	70	70	80	90	90	100	120	130	130	130	140
锚板	ϕE(mm)	105	130	135	150/157	175	185	210	235	260	275	275	310
	F(mm)	65	70	70	75	80	80	85	110	120	120	135	140
螺旋筋	ϕG(mm)	190	240	240	270	330	330	380	430	470	510	510	570
	ϕH(mm)	14	16	16	20	20	20	20	20	22	22	22	22
	I(mm)	50	60	60	60	60	60	60	60	70	70	70	70
	圈数(n)	4	5	5	5	6	6	6	7	7	8	8	9

③HVM22、HVM28 型锚具

HVM22、HVM28 型锚具分别用于外径为 ϕ21.8、ϕ28.6mm，由 19 根钢丝组成的钢绞线，单根张拉力大，可分别代替 ϕ25mm、ϕ32mm 精轧螺纹钢筋。该锚具由夹片、锚板垫板组成，可用于张拉杆或固定端，其构造见图 8-31，技术指标见表 8-18。

HVM22、HVM28 锚具尺寸参数(单位：mm) 表 8-18

型　号	D_1	D_2	D_3	D_4	L_1	L_2	L_3	A×A
OVM22	ϕ44.8	ϕ65	ϕ36	ϕ21.8	75	75	28	135×135
OVM28	ϕ58.3	ϕ85	ϕ45	ϕ28.6	100	100	32	165×165

除上述各型锚具外尚有扁型(BM)锚具以适应狭小空间，环形锚具(HM)用于压力隧洞和污水处理池的预应力结构。

(4)连接器

HVM13L、HVM15L 连接器有单根和多根两种，单根可连接预应力筋如图 8-32 所示。多根作为连接预应力束，如图 8-33 所示，它们的各部尺寸见表 8-19。

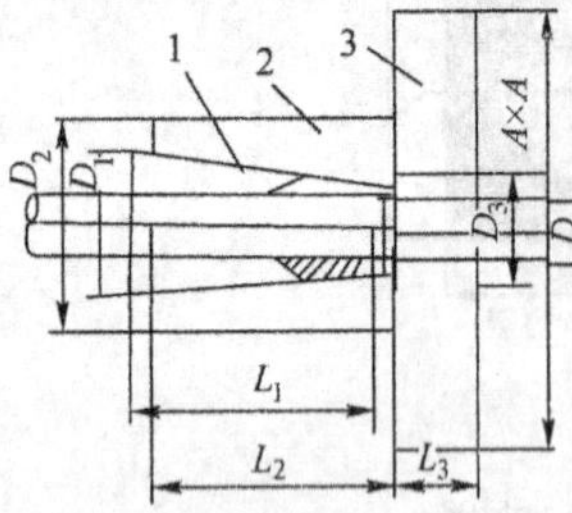

图 8-31 HVM22、HVM28 锚具结构示意

1-工作夹片；2-工作锚板；3-锚垫墩；4-钢绞线

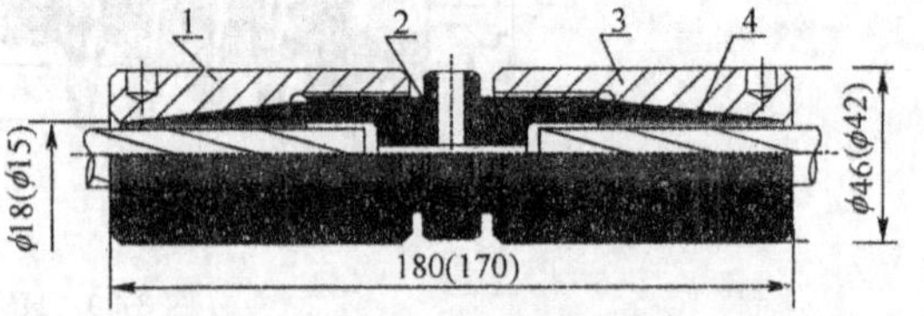

图 8-32 HVM$^{5}_{(13)}$L 单根钢绞线连接器结构

1-右旋锚板；2-连接头；3-右旋锚板；4-夹片

(注：括号内尺寸为 HVM13L 连接器尺寸)

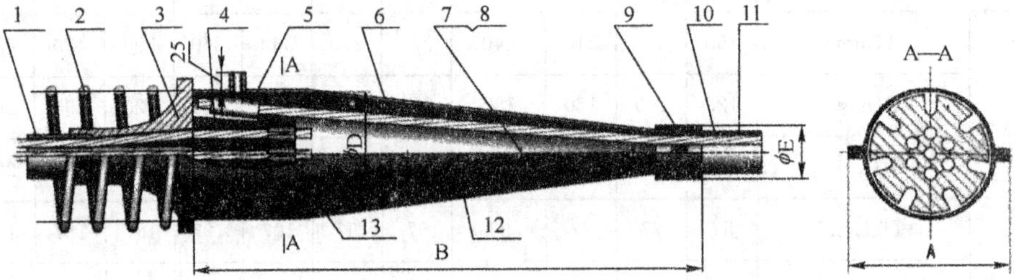

图 8-33 HVM$^{13}_{15}$L 多根钢绞线连接器结构

1-波纹管；2-螺旋筋；3-锚垫板；4-连接体；5-挤压头；6-保护罩 I；7-六角螺栓；8-六角螺母；9-约束圈；10-钢绞线；11-波纹管；12-保护罩 II；13-夹片

HVM$^{13}_{15}$L 连接器参数表(单位：mm) 表 8-19

规格 / 外型尺寸	HVM$^{15}_{13}$ 3L	HVM$^{15}_{13}$ 4L	HVM$^{15}_{13}$ 5L	HVM$^{15}_{13}$ 6/7L	HVM$^{15}_{13}$ 9L	HVM$^{15}_{13}$ 12L	HVM$^{15}_{13}$ 15L	HVM$^{15}_{13}$ 19L	HVM$^{15}_{13}$ 21L	HVM$^{15}_{13}$ 22L	HVM$^{15}_{13}$ 25L	HVM$^{15}_{13}$ 27L	HVM$^{15}_{13}$ 31L
A	209 (189)	209 (194)	221 (204)	239 (219)	261 (245)	281 (261)	315	323 (299)	337	337	370	372 (278)	426
B	678 (634)	678 (656)	730 (700)	748 (704)	801 (774)	845 (801)	930	985 (923)	1036	1036	1089	1118 (845)	1288
φD	169 (149)	169 (154)	181 (164)	199 (179)	221 (205)	241 (221)	275	283 (259)	297	297	330	332 (238)	386
φE	86 (70)	86 (70)	86 (70)	100 (80)	100 (90)	120 (100)	140	140 (110)	140	140	170	170 (120)	180

(5)张拉设备

①YDCQ 型千斤顶

YDCQ 型千斤顶是一种预应力穿心前卡式千斤顶，用于 HVM$^{13}_{15}$ 锚具有粘结和无粘结筋的单根张拉，或群锚的逐根张拉。其中 YDC260Q 型增加了止转装置，能防止张拉时千斤顶和钢绞线旋转。它们的构造示意见图 8-34、技术参数见表 8-20。

YDCQ 型千斤顶技术参数 表 8-20

型　号	额定压力(MPa)	张拉力(kN)	行程(mm)	质量(kg)	外形尺寸(mm)	穿心孔径(mm)
YDC240Q	50	240	200	18.2	ϕ108×580	ϕ19
YDC260Q	54.5	260	200	22	ϕ108×580	ϕ19

②YC(L)A 拉杆式千斤顶

该千斤顶为穿心拉杆式千斤顶，除用于螺纹钢张拉外，配置不同的附件可组成几种不同的张拉形式张拉各种群锚体系。图 8-35 是它们的结构示意图。它们的技术参数见表 8-21。

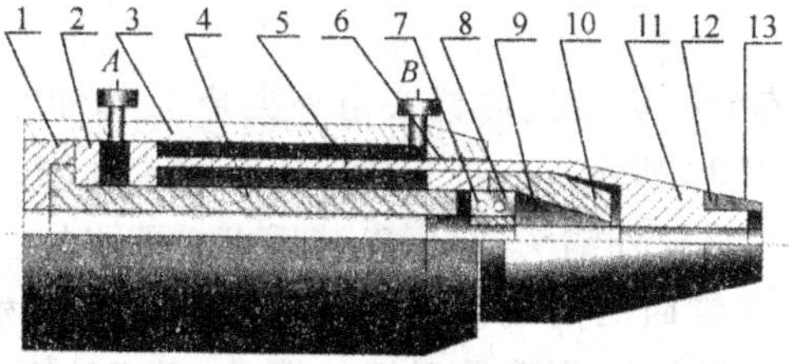

图 8-34　YDCQ 型千斤顶构造示意

1-压板；2-堵头；3-油缸；4-穿心套；5-活塞；6-连接套；7-回程弹簧；8-导向套；9-夹片；10-锚板；11-支承套；12-垫圈；13-支承套螺母

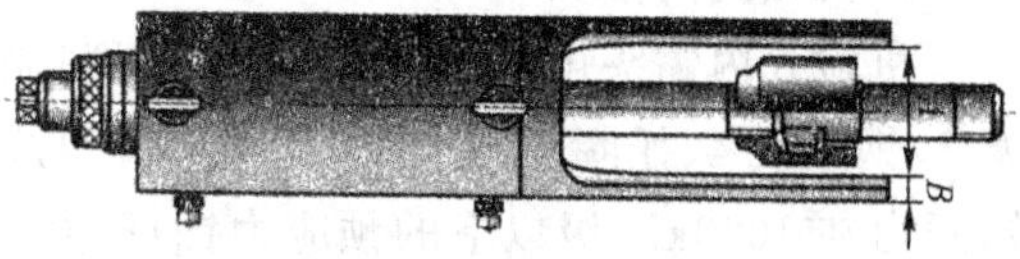

图 8-35　YC 系列千斤顶结构示意

YC(L)A 型千斤顶技术参数 表 8-21

项目 型号	额定油压(MPa)	张拉活塞面积(m^2)	公称张拉力(kN)	撑脚尺寸 $A\times B$(mm)	穿心孔径(mm)	张拉行程(mm)	外型尺寸 直径×长度(mm)	质量(kg)
YC30A 型千斤顶	49	6.675×10^{-3}	300	—	ϕ35	200 300 500 1000	150×596 150×696 150×818 150×1318	78 87 109 160
YC40A 型千斤顶	62	6.60×10^{-3}	400	—	ϕ30	100 200 300	130×297 130×397 130×497	25 30 36
YC60A 型千斤顶	40	1.625×10^{-2}	600	120×37	ϕ55	200 250 350 500	195×858 195×908 200×660 210×1555	123 133 115 231
YC75A 型千斤顶	46	1.636×10^{-2}	750	—	ϕ60	500 1000	215×853 215×1353	263 350
YC100A 型千斤顶	50	2.504×10^{-2}	1000	140×22	ϕ65	200	243×897(带撑脚) 243×575(带撑脚)	—
YCL120A 型千斤顶	50	2.5×10^{-2}	1200	180×50	ϕ76	100 200 300 500	250×680 250×890 250×1090 250×1490	191 226 260 332
YC200A-400 型千斤顶	50	4.188×10^{-2}	2000	210×46	ϕ110	400	320×1520(带撑脚)	550
YC300A 型千斤顶	50	6.275×10^{-2}	3000	340×70	ϕ122	300 400 500	390×1570 390×1570 390×1670 (含张拉杆)	771 823 915

三、内锚头的结构类型

内锚头是预应力锚杆得以实现预应力张拉的重要部件，并且对预应力的长期保存有重要意义。内锚头按其结构形式分：机械式内锚头与胶结式内锚头两大类；按内锚固段围岩受力状态分：拉力型、压力型、剪力型以及荷载集中型与荷载分散型。

从国内的技术发展现状看，外锚头结构和锚索体技术参数都不难满足大吨位锚固技术的需要，而内锚头因地质条件复杂，尤其是大吨位的软岩锚固体系，较难确保其可靠性。因此，认真研究内锚头围岩受力性状，按其受力状态加以分类，并界定它们的合理使用范围，有重要的实用意义。

1. 机械式内锚头

机械式内锚头由工程塑料或金属材料制成。传统的机械式内锚头由外夹片1、锚筒2、锚塞3、钢绞线4、托圈5、套筒6、弹簧7等组成，如图8-36所示。它适于中等以上硬度的围岩和锚固力在1000kN级以下的预应力锚杆，共同特点是只要外锚头许可，安装后可立即张拉。这是一种先胀开的胀壳式锚杆，靠活结将外夹片固定在锥筒的前端，安装到位后抽出活束，松开夹片[22]。这种结构可靠性差。对于钻孔内有裂隙、断层、钻孔质量不好的情况，适用性更差。西安建筑科技大学陶纪南教授等针对这些缺点开发了TZL系列后胀开胀裂式预应力注浆锚杆，其中$Y_{56}\phi_{25}^{JL}$型预应力锚杆的内锚头由胀壳1、倒楔2、燃爆胀开器3、限位螺母4、排气管5等组成如图8-37所示。胀壳在安装过程中是一个整体，安装到位后，才用燃爆胀开器打开。

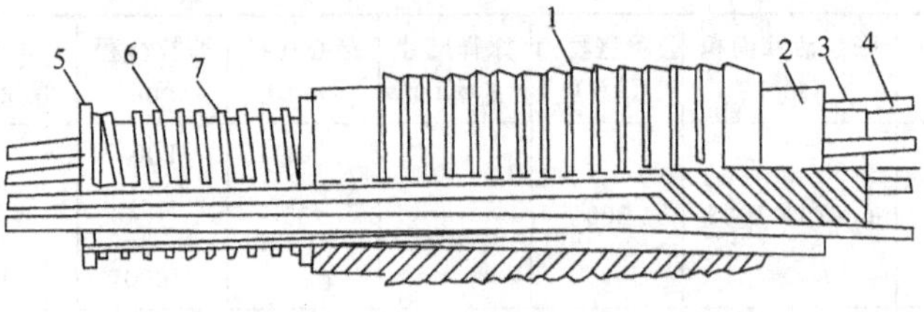

图8-36 传统机械式内锚头

1-外夹片；2-锚筒；3-锚塞；4-钢绞线；5-托圈；6-套筒；7-弹簧

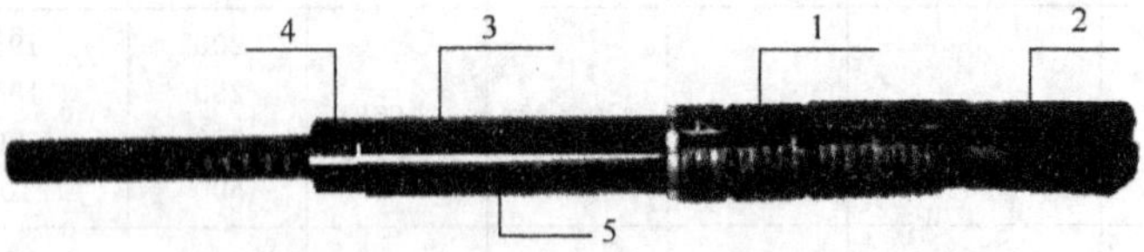

图8-37 后胀开胀裂式内锚头

1-胀壳；2-倒楔；3-燃爆胀开器；4-限位螺母；5-排气管

$Y_{56}\phi_{25}^{JL}$型预应力锚杆采用ϕ25mm精轧螺纹钢作杆体，并配用锥筒垫板式外锚头。它和传统的机械式内锚头预应力锚杆相比具有以下优点：

(1)内锚头与钻孔壁的间隙大，且有足够的自我保护能力(小于50kN轴向荷载不能打开胀壳)，锚杆推送方便，消除了传统的机械式内锚头安装的诸多不便；

(2)拱顶锚杆安装用专用工具定位，定位准确、悬挂荷载大于50kN，安装、拆卸方便；

(3)用燃爆胀开器锁定内锚头，快速高效，操作省力，锚固可靠；

(4)内锚头张拉行程小，缩短了张拉时间；

(5)可以串接多个内锚头，扩大了机械式内锚头的使用范围；

(6)孔口无需浇筑混凝土墩即可张拉，节省了等待水泥固化和强度增长的时间；

(7)采用孔口注浆，密封设计完善、操作方便，注浆饱满。

(8)预应力损失小，防腐性能好。

TZL 系列预应力锚杆类型和主要技术参数见表 8-22。

TZL 系列预应力锚杆类型和主要技术参数 表 8-22

类　型		$RJ(ZJ)\text{-}y_{34}\phi^{l}_{22}$	$RJ(ZJ)\text{-}y_{45}\phi^{l}_{28}$	$RJ(RB)\text{-}y_{56}\phi^{l}_{32}$	$RJ(RB)\text{-}y_{56}\phi^{JR}_{25}$	$RJ(RB)\text{-}Y_{78}\phi^{JR}_{32}$
内锚头参数	锚头直径变动范围(mm)	34～48	45～56	56～75	56～75	78～95
	钻孔直径(mm)	42～44	52～54	67	67	90
	保证荷载/极限荷载(kN)	50/75	100/150	250/420	250/420	500/850
	打开方式	胀架式	胀架式	燃爆式	燃爆式	燃爆式
	适用于岩块或预注浆后孔壁单轴抗压强度(MPa)	≥30	30～45	≥45	≥45	≥60
杆体参数	杆体规格(mm)	ϕ^{l}_{22} HRB335 钢筋	ϕ^{l}_{28} HRB335 钢筋	ϕ^{l}_{32} HRB335 钢筋	ϕ^{JR}_{25} JL785/980 级	ϕ^{JR}_{32} JL785/980 级
	螺纹规格(mm)	22×2.8	28×3	32×3.5	25×12	32×16
	保证荷载/极限荷载(kN)	125/185	200/300	210/350	270/450	500/850
	长度限制要求(m)	3～6	6 或 9	9～15	9～15	9～30
外锚头	结构型式	三角形垫墩	三角形垫墩	三角垫墩或锥筒垫板组合式垫墩	三角垫板或锥筒垫板组合式垫墩	锥筒垫板组合式垫墩
	保证荷载/极限荷载(kN)	100/200	100/200	200/420	250/420	500/850
锚杆系统保证荷载(kN)		50	100	200	250	500

注：ZJ：代表打开方式为胀架式，RB：代表打开方式为燃爆式。

2. 胶结式内锚头

依靠胶结材料，如水泥砂浆或树脂将锚杆体(钢丝或钢绞线)和孔壁岩体粘成一个整体的内锚头型式，均属胶结式内锚头。

(1)胶结式内锚固段长度的计算

1)按胶结材料同钢丝或钢绞线粘结力决定内锚固段的长度

$$L_d = K\frac{T_d}{n\pi d\xi q_s} \tag{8-6}$$

式中：L_d——按胶结材料同钢绞线粘结力决定的内锚固段长度(mm)；

T_d——锚索(锚杆)的设计张拉荷载(kN)；

d——单根钢筋或钢绞线的直径(mm)；

n——钢绞线或钢筋根数；

K——安全系数，按表 8-24 选取；

q_s——水泥结石与钢绞线的设计粘结强度(kPa)，取 0.8 倍标准值(表 8-23)；

ξ——采用 2 根及以上钢筋或钢绞线时，界面粘结降低系数，取 0.65～0.85。

钢筋、钢绞线与水泥结石粘结强度标准值 表 8-23

类　型	粘结强度标准值(MPa)	类　型	粘结强度标准值(MPa)
水泥结石与螺纹钢筋之间	2.0～3.0	水泥结石与钢绞线之间	3.0～4.0

注：条件：①粘结长度小于 6.0m；

②水泥结石抗压强度标准值不小于 M30。

试验证明：握裹力在钢筋上的分布是不均匀的，呈枣形分布，如图 8-38 所示。其最大值不超过 4MPa。

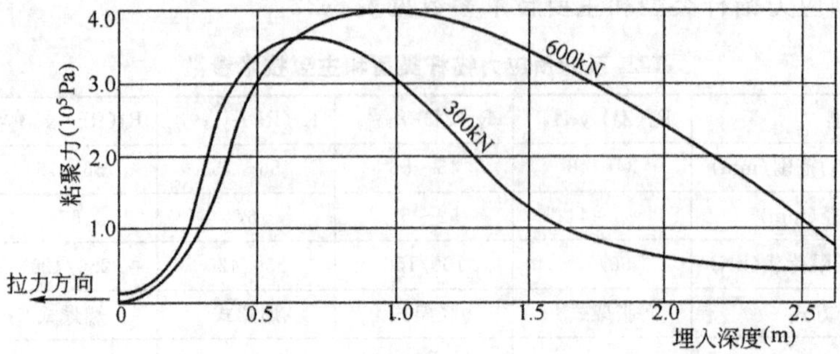

图 8-38　钢筋与水泥结石粘结力分布

岩石预应力锚杆锚固体设计安全系数　　表 8-24

锚杆破坏后危害程度	最小安全系数	
	锚杆服务年限≤2 年	锚杆服务年限≥2 年
危害轻微，不会构成公共安全问题	1.4	1.8
危害较大，但公共安全无问题	1.6	2.0
危害大，会出现公共安全问题	1.8	2.2

2)按胶结材料同岩石孔壁的粘结力决定锚固段长度(mm)

$$L_d = \frac{KT_d}{\pi D q_r} \tag{8-7}$$

式中：D——锚固体直径(mm)；

q_r——水泥结石体与岩石孔壁间的粘结强度设计值，取 0.8 倍标准值(表 8-25)。

岩石与水泥结石体之间的粘结强度标准值　　表 8-25

岩 石 种 类	岩石单轴饱和抗压强度(MPa)	岩石与水泥之间粘结强度标准值(MPa)
硬岩	>60	1.5～3.0
中硬岩	30～60	1.0～1.5
软岩	5～30	0.3～1.0

注：条件：粘结长度小于 6.0m。

内锚头锚固力并非随锚固长度成比例增加，实验证明当锚固长度超过 8～10m 时，锚固力增加很少。因此，粘结式内锚头的最大长度不要超过 10m，如果不够可采取以下措施：

①对破碎软弱岩层进行固结灌浆；

②扩大内锚固段孔径；

③采用分散型内锚头。

3. 分散型内锚头

根据对预应力拉力型锚杆的试验和分析表明，锚固段上的应力分布极不均匀，它的最近端应力集中现象严重，随着荷载增加，杆体与灌浆体界面，或灌浆体与地层界面就会发生粘脱(debonding)。这种粘结力被逐步破坏的锚杆，会大大降低地层强度的利用率，特别在软岩和土层中。为了解决这个问题，采取将锚固段分散的办法，即在同一钻孔中安装几个单元锚杆，每个单元锚杆都有自己的杆体，自己的锚固长度，而且张拉荷载也是分别施加的。由于这种组合锚杆的各单元锚杆锚固长度小，所承受的荷载也小，内锚固段上的轴力和粘结应力分布较均匀，不会产生逐步粘脱现象，从而能最大限度地调动地层强度。从理论上讲，这类分散型锚杆的锚固长度不受限制，故特别适于软岩和土体工程。根据其受力特征，又可分为拉力分散型、压力分散型、剪力分散型和拉压分散型。

(1)拉力分散型内锚头

①拉力型内锚头构造

拉力型内锚头是利用水泥浆或水泥砂浆等胶结材料将锚固段部分的锚杆体胶结在岩层(或构件)中的一种结构形式，如图 8-39 所示。它结构简单、施工方便、造价较低。但是这种锚头的内锚固段及其岩层均受拉，且拉应变集中在内锚固段的后端，如图 8-40 所示。特别是在0～1m范围内杆体——灌浆体界面或灌浆体——地层界面发生粘结作用逐步破坏的情况，称为粘脱现象，从而大大地降低了地层强度的利用率。解决问题的办法之一是将荷载加以分散，这样就出现了拉力分散型内锚头。

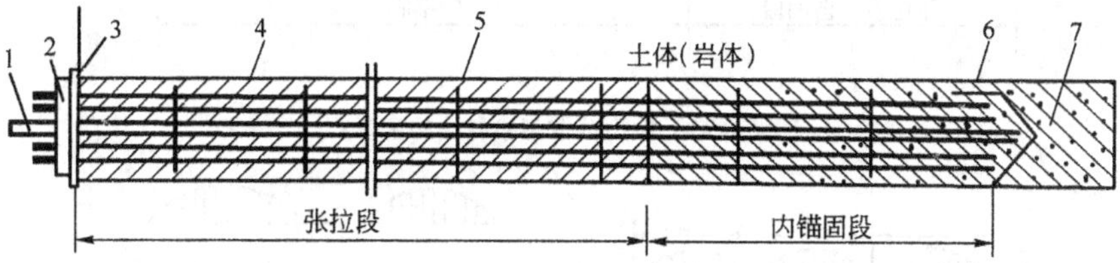

图 8-39　拉力型锚杆结构示意

1-注浆管;2-工作锚;3-承压板;4-钢绞线;5-对中支架;6-导向帽;7-钻孔

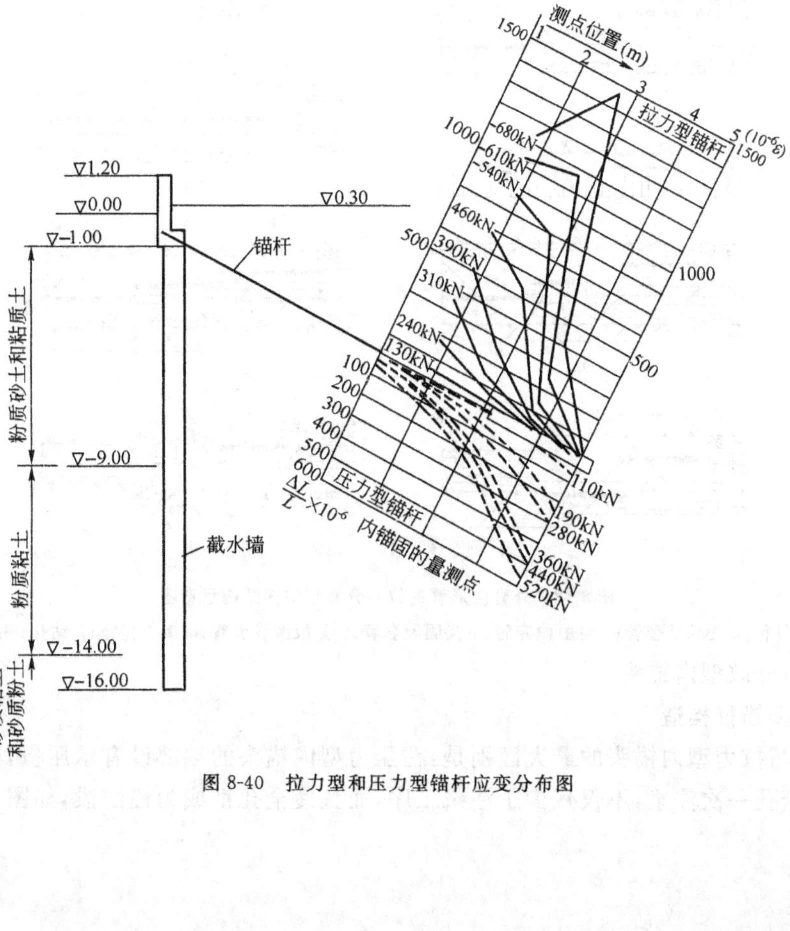

图 8-40　拉力型和压力型锚杆应变分布图

②拉力分散型内锚头

对于胶结式拉力分散型内锚头，其杆体均采用无粘结钢绞线；对于 TZL 型机械式内锚头，可以采用串连结构，杆体材料不受限制。图 8-41 为采用无粘结钢绞线的拉力分散型锚杆结构形式，这种形式比较简单，只需将无粘结钢绞线末端按一定长度剥除聚乙烯(PE)套管，即变为内锚固段。对于防腐等级要求较高的拉力分散型锚杆，可在无粘结钢绞线外套波形管。图 8-42a)、b)、c)显示了剥除段几种不同的排列形式和粘结剪力的分布状况。如果钻孔要穿过软弱夹层或裂隙带，还可以在该处将波形管断开，用接头套管连接。使这些不能承受荷载的岩段，不承担传递预应力的功能，而其他段又能充分发挥作用，达到应力分散的目的。图8-42d)、e)、f)、g)表示了接头套管布置的几种情况，在一个内锚固段上，这种接头套管可布置多处。为保证荷载传递，波形管内外均需注满浆液。

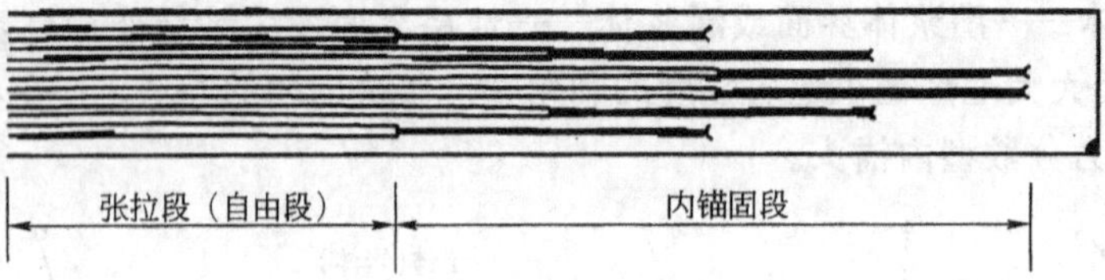

图 8-41　拉力分散型锚杆结构示意

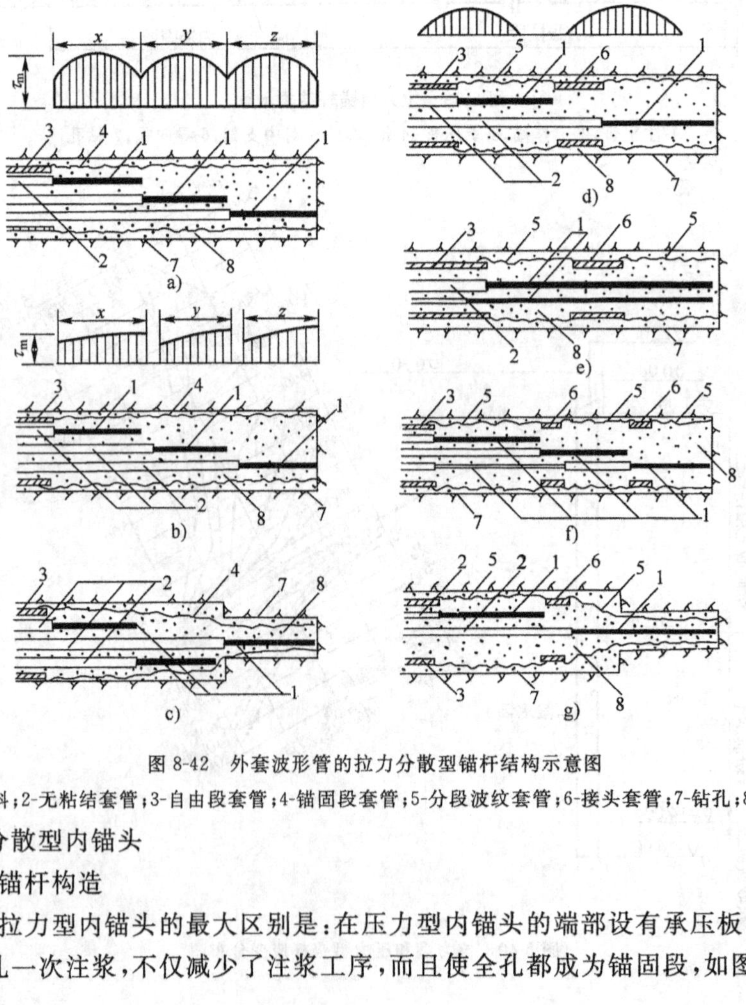

图 8-42　外套波形管的拉力分散型锚杆结构示意图

1-张拉材料；2-无粘结套管；3-自由段套管；4-锚固段套管；5-分段波纹套管；6-接头套管；7-钻孔；8-固结材料

(2)压力分散型内锚头

①压力型锚杆构造

压力型与拉力型内锚头的最大区别是：在压力型内锚头的端部设有承压板，杆体采用无粘结钢绞线，全孔一次注浆，不仅减少了注浆工序，而且使全孔都成为锚固段，如图 8-43 所示。

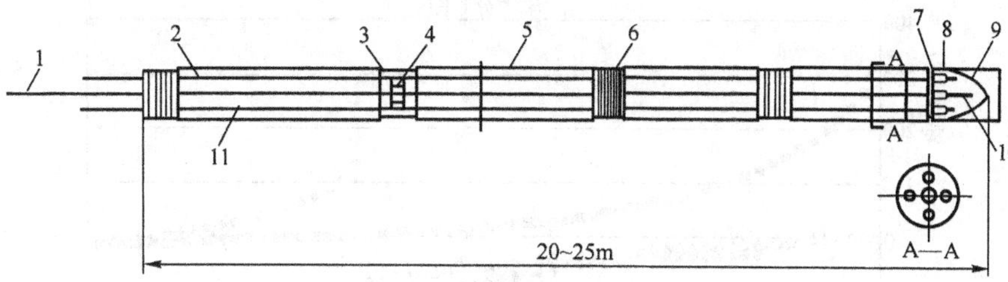

图 8-43 压力型锚杆结构示意图

1-注浆管；2-无粘结筋；3-外支撑；4-内支撑；5-孔壁；6-对中架；7-承压板；8-P 锚；9-导向帽；10-注浆管；11-M_{30}水泥砂浆

压力型锚杆注浆结石受压，被锚固体受压范围更大，应力集中在孔的根部，靠近孔口应力迅速衰减(见图 8-40)。这样有利于将不稳定体锚定在地层深部，提高地层的承载能力。内锚固段与自由段合为一体，从而可以缩短锚索长度。由于压力型锚杆的这些显著优点，在大吨位锚杆，尤其在软岩中的大吨位锚杆中得到广泛应用。

②压力分散型锚杆

当锚杆的荷载过大时，即使压力型锚杆，在靠近承载板 0.25～0.3m 范围内的水泥结石有时也会局部承压破坏。因而出现了多个承载体的压力分散型锚杆。图 8-44 所示压力分散型锚杆布置了四个承载体，每个承载体都可以独立工作，独立张拉锁定，从而大幅度地提高了锚杆的承载能力。压力分散型锚杆的缺点是结构较复杂，推送难度也较大。

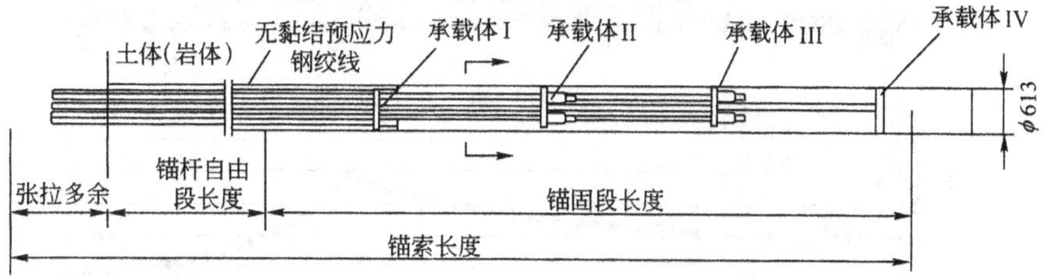

图 8-44 压力分散型锚杆结构示意图

③拉压分散型内锚头

拉压分散型锚杆综合了拉力型锚杆结构简单，压力型锚杆锚固体受压的特点。通常将孔底部位无粘结钢绞线安排成拉力型，靠孔口的无粘结钢绞线安设承压板，做成压力型锚头，从而构成拉压分散型锚杆。计算分析表明，拉压分散型锚杆的应力与位移的分布更均匀，如图 8-45 所示。在同等条件下，它比拉力型锚杆提高极限锚固力 57%，比压力型锚杆提高极限锚固力 21.5%。

四、预应力锚杆力学特征和应用领域

1. 预应力锚杆力学特征

预应力锚杆和普通砂浆锚杆相比，它的工作机理、力学特征和支护效果等多方面都有许多显著的特征，表现在：

(1)支护受力特征方面

预应力锚杆的初始锚固力来源于张拉荷载，属主动支护。

砂浆锚杆的锚固力依赖于围岩的松弛变形，是以损失被锚固体位移为代价的，故属于被动支护。

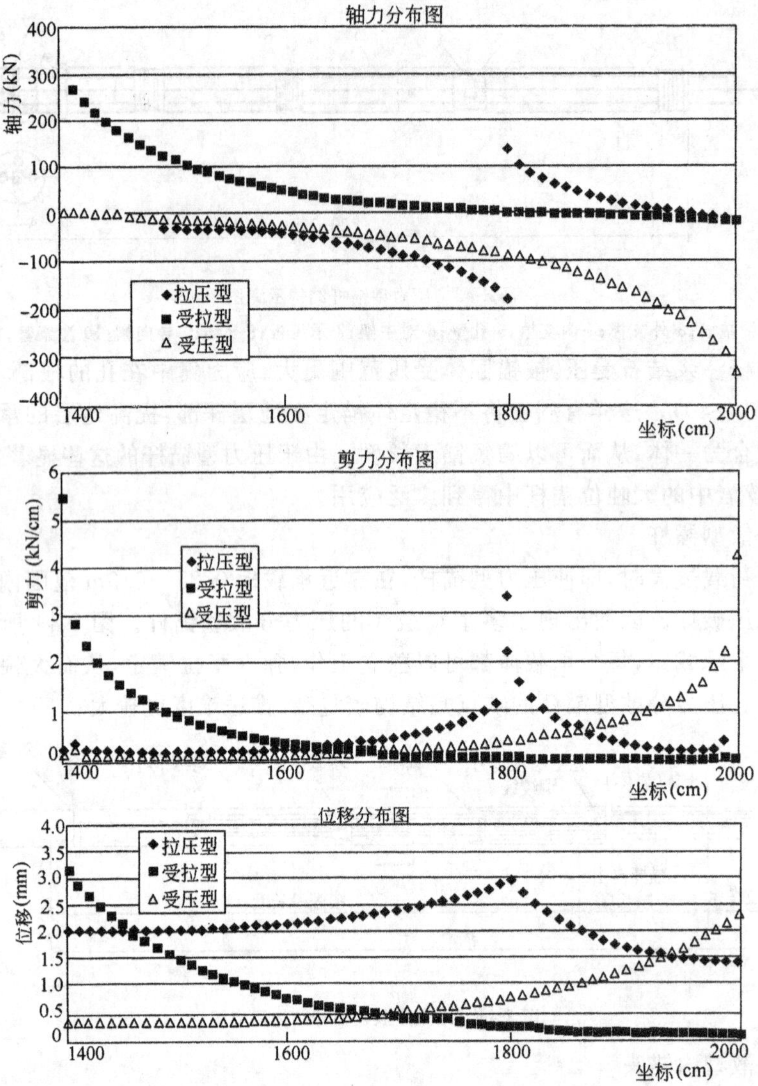

图 8-45 三种类型锚杆受力及位移比较

(2)支护所承担的荷载方面

在不考虑运转荷载和地震荷载的情况下，预应力锚杆要承担预应力张拉荷载 P_R 和在地应力作用下岩层变形引起的变形荷载 P_W 两个部分。

砂浆锚杆只要承担岩层变形所引起的变形荷载 P_W，其值与锚杆安装后岩层变形的大小有关。对于中等硬度的岩层，锚杆即使紧跟开挖面安装，位移丧失大约也在50%以上，如果安装再晚，锚杆实际受力很小，这也是现场量测到的砂浆锚杆轴力很小的主要原因。

(3)支护刚度方面

拉力型预应力锚杆的支护刚度由两部分组成，一部分是杆体刚度 K_M，另一部分是由于张拉荷载所产生的支护刚度 $\sigma_R^r/\Delta u^r$，其值与预应力成正比，可以达到很高的数值。因此，预应力锚杆具有很强的控制岩体变形的能力，这个控制能力，在高边坡的锚固实践中已经反复得到证实。

普通砂浆锚杆属柔性支护，控制岩石变形能力差。

(4)支护反力强度方面

预应力锚杆支护反力的两个部分中,预应力张拉所提供的支护反力为 $\sigma_R = P_R / x_a x_c$,由于张拉荷载 P_R 可以达到很大,因此,预应力锚杆能提供的支护反力强度可以达到 0.2～2MPa。完全可以和任何刚性支护媲美。

表 8-26 列出了预应力锚杆与普通砂浆锚杆力学特性的详细比较。

预应力锚杆与普通砂浆锚杆力学特性比较 表 8-26

比较内容	普通砂浆锚杆支护	TZL 预应力锚杆支护
支护受力特征	锚杆的锚固力依赖于围岩的松弛变形,故属于被动支护	初始锚固力来源于张拉荷载,故属主动支护
支护所承担荷载	P_W	$P_R + P_W$
支护刚度	$K_M = \frac{K_0}{e^2}$	$K_R = K_M + \frac{\sigma_R^r}{\Delta u^r}$
早期锚固力(kN)	P_{7d}＜20kN 并有滞后效应	$P_{15min} \geqslant 50$kN 或 $P_{24h} \geqslant 50$kN 因而可获得超前的支护效应
支护反力强度(MPa)	0.02～0.05 属柔性支护	0.2～2 可与刚性支护媲美
承担原始地应力的极限值大小	普通砂浆锚杆支护承担原始地应力的极限值为 σ_0	按 T 法扩大预应力锚杆间距的条件下,比砂浆锚杆支护还能提高对原始地应力的承载力 12%～42%即 $\geqslant (1.12 \sim 1.42)\sigma_0$
控制围岩变形能力	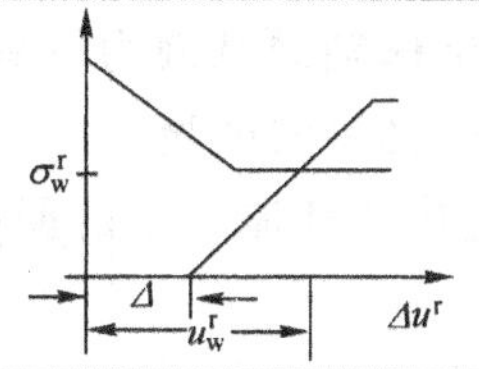	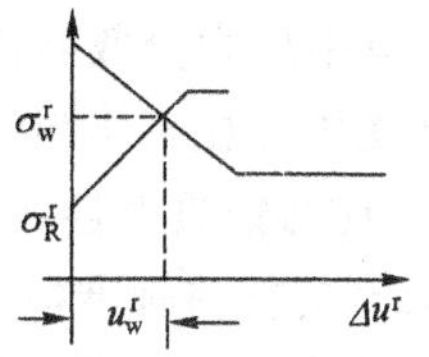

2.预应力锚杆应用领域

预应力锚杆应用领域可以通过图 8-46 十分形象的予以说明。但是,它的最大优势是处理高应力、膨胀性等复杂地层,以及大跨度洞室和高边坡工程的变形及稳定控制。

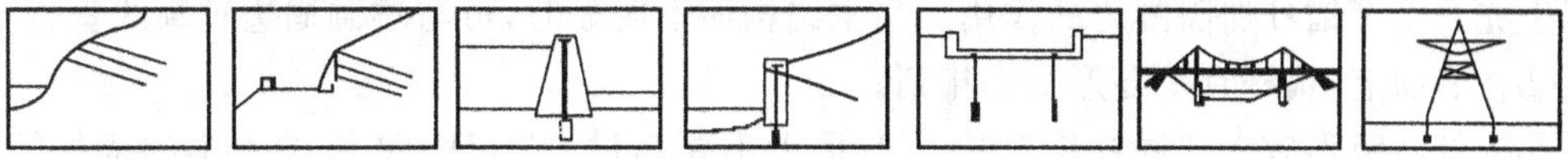

图 8-46 预应力锚杆应用领域

五、预应力锚杆质量控制

1.预应力锚杆设计一般原则

预应力锚杆设计应遵守以下规定:

(1)硬岩锚固可采用拉力型锚杆;软岩锚固宜采用压力分散型或拉力分散型锚杆。

(2)确定锚杆倾角应避开锚杆与水平面的夹角为 $-10° \sim +10°$ 这一范围。

通常,锚杆倾角一般按锚杆轴线与岩体主结构面或滑移面成大角度相交。但是与水平面夹角为 $-10° \sim +10°$ 的区域不应作为安设锚杆的范围。因为倾角接近水平的锚杆,注浆后注浆体的沉淀和泌水现象会影响锚杆的锚固力。

(3)预应力锚杆体材料宜用钢绞线、高强度钢丝或高强度精轧螺纹钢筋。对穿型锚杆及分散型锚杆的预应力宜采用无粘结钢绞线。当预应力值较小或锚杆长度小于 20m 时,预应力筋也可采用 II 级或 III 级钢筋。

预应力锚杆杆体材料优先采用钢绞线、高强度钢丝或高强精轧螺纹钢的原因是:

①它们的抗拉强度远高于 II、III 级钢筋,可以大幅度降低锚杆钢材用量;

②当预应力达到锚杆拉力设计值时,预应力筋达到的弹性伸长比 II、III 级钢筋大若干倍,这样由于种种原因使预应力筋弹性伸长变小时,所引起的预应力损失小许多;

③钢绞线、钢丝运输安装方便,即使较狭窄的空间也可施工。

(4)预应力筋的截面尺寸 F_d 按下面公式确定:

$$F_d = \frac{KT_d}{f_{ptk}} \tag{8-8}$$

式中:T_d——设计张拉荷载(kN);

f_{ptk}——预应力筋抗拉强度标准值(MPa);

K——预应力截面设计安全系数,临时锚杆取 1.6,预应力锚杆取 1.8。

(5)预应力锚杆的锚固段灌浆体宜选用水泥浆或水泥砂浆等胶结材料,其抗压强度不宜低于 30MPa。压力分散型锚杆锚固段灌浆体抗压强度不宜低于 40MPa。

(6)预应力锚杆的自由段长度不宜小于 5.0m。以保证杆体张拉时有较大的弹性伸长量,不致在使用过程中因某种原因而引起预应力的显著降低。

(7)分散型粘结式锚杆的单元锚杆锚固长度,除满足计算要求外,不宜小于 15 倍锚杆粘结孔直径。其中压力分散型锚杆,还应验算灌浆体轴向承载力。确定注浆体的轴心抗压强度应考虑局部受压与注浆体侧向约束的影响,并做必要的试验。

(8)预应力锚具及连接器等受力部件,应按与杆体等强的原则进行设计,其极限承载力不应低于 95%的杆体标准极限抗拉强度。

(9)永久性预应力锚杆的拉力锁定值不应小于拉力设计值;临时性预应力锚杆可等于或小于拉力设计值。

(10)系统普通锚杆布置应遵守下面规定:

①在隧洞横断面上,锚杆应与岩体主结构面成较大角度布置,使其能穿过更多的结构面,有利于充分发挥锚杆加固围岩的作用。当主结构面不明显时,可与隧洞周边轮廓线垂直布置。

②在岩面上,锚杆宜呈菱形交错排列。

③锚杆间距不宜大于锚杆长度的 1/2,最大不要超过 2/3,IV、V 级围岩中的锚杆间距为 0.5~1.0m,并不得大于 1.25m。根据工程经验和试验观测,为使一定深度的围岩形成承载拱,锚杆长度必须大于锚杆间距的两倍。但是,在 IV、V 级围岩中,当锚杆长度超过 2.5m 时,若仍按间距不大于 1/2 锚杆长度布置,则锚杆间的岩块可能因咬合和联锁不良,而导致掉块或坠落。因此,有在 IV、V 级围岩中,作了锚杆间距不大于 1.25m 的规定。

2. 预应力锚杆质量控制

(1)预应力锚杆的防腐问题

埋于地层中工作的预应力锚杆经常要受到地下水,特别是含有腐蚀介质的地下水的侵蚀,而在高拉应力作用下,预应力筋还会出现应力腐蚀。一般腐蚀和应力腐蚀交织在一起,对预应力锚杆的寿命和工作的可靠性构成威胁,国外已出现不少因腐蚀而导致锚杆破坏的实例。如法国的米克斯坝,有九根 13000kN 承载力的锚索仅使用几个月就发生断裂。锚索的应力水平是索体强度极限值的67%。经多次检验的结论是：处于高拉伸应力状态下的锈蚀是破坏的主要原因。1986年国际预应力协会(FIP)曾对35起锚杆断裂实例进行调查。其中永久锚杆占69%，临时锚杆占31%，锚杆使用期在2年内及2年以上发生腐蚀断裂各占一半。由此可见，因腐蚀而引起的锚杆破坏是不可忽视的。

预应力锚杆的防腐应进行周密的设计，内容包括：

1)评价地层对锚固系统的腐蚀性

内容包括地层对锚索体腐蚀等级的评定(见表8-27)，和地层对注浆体腐蚀级别划分(见表8-28)。

地层对锚索体腐蚀等级 表8-27

地层腐蚀等级		很　强	强	中　等	弱
地层有效电阻(Ω/m)		<700	700～2000	2000～5000	>5000
氧化还原势(修正到pH=7)正常氧电极(mv)		<100	100～200	200～400	>400
水的导电率(μs/cm)		>430	430～200	200～100	<100
地层电流密度(mA/m^2)		$>1\times10^{-1}$	$1\times10^{-1}\sim3\times10^{-3}$	$3\times10^{-5}\sim1\times10^{-4}$	$<1\times10^{-4}$
pH值		<6.0	6.0～6.5	6.5～8.5	8.5～14
地层腐蚀物含量(%)	SO_3	>0.3	0.2～0.3	0.1～0.2	<0.1
	Cl	>0.1	0.1～0.05	0.05～0.02	<0.02
地下水腐蚀物含量(mg/L)	SO_3+Cl	>300	200～300	100～200	<100
	CO_2	5	5	0	0

地层对注浆体腐蚀级别 表8-28

级　别	以SO_3表示的硫酸盐浓度			使用水泥的种类	最大水灰比W/C
	土　层		地下水		
	总的SO_3含量	水：土=2：1时提取的SO_3(g/L)			
1	<0.20	<1.00	<0.30	普通硅酸盐水泥 快硬硅酸盐水泥 矿渣硅酸盐水泥 粉煤灰水泥	0.60
2	0.20～0.50	1.00～1.90	0.30～1.20	普通硅酸盐水泥 矿渣硅酸盐水泥 抗硫酸盐水泥	0.55
3	0.50～1.00	1.90～3.10	1.20～2.50	抗硫酸盐水泥	0.50
4	1.00～2.00	3.10～5.60	2.50～5.00	抗硫酸盐水泥 高抗硫酸盐水泥	0.45
5	>2.00	>5.60	>5.00	高抗硫酸盐水泥	0.40

2)选择防腐系统

根据对地层的腐蚀性评价，参照表8-29，选择防腐系统。

锚索防腐系统(锚索类型) 表 8-29

锚杆类型	腐蚀级别		建议防腐系统
	地层对锚索体	地层对注浆体	
临时锚索	弱	1～2 级	二次注浆锚索和普通自由锚索
	中等～强	3～4 级	二次注浆和普通自由锚索,重要工程使用全长波形管防护
	很强	4～5 级	使用全长波形管防护
永久锚索	弱	1～2 级	二次注浆锚索,重要工程全长波形管防护
	中等～很强	3～5 级	全长波形管防护,无粘结钢绞线

实践证明:目前比较成功的防腐手段有:

①灌注水泥浆或水泥砂浆。梅山大坝的测试表明,当水泥结石 pH 值大于 12,孔隙率小于 14%,只要有 20～25mm 厚的保护层,就具有足够的抗蚀能力。故 GB50086—2001 国标规定:永久性锚杆预应力筋的保护层厚度不应小于 20mm;临时性锚杆预应力筋的保护层厚度不应小于 10mm。

②外套波形管,在波形管内外均注浆实现双层防护。波形管有金属和塑料两种,从使用实践看,塑料波形管更具优越性,SBG 塑料波形管的优点表现在:

a. 可防止氯离子入侵而产生的电腐蚀;

b. 不导电,可防止杂散电流腐蚀;

c. 密封性好,不生锈;

d. 强度高,刚度大,不怕踩压,不易被振捣凿破;

e. 减少张拉过程预应力摩擦损失;

f. 提高了预应力筋耐疲劳能力。

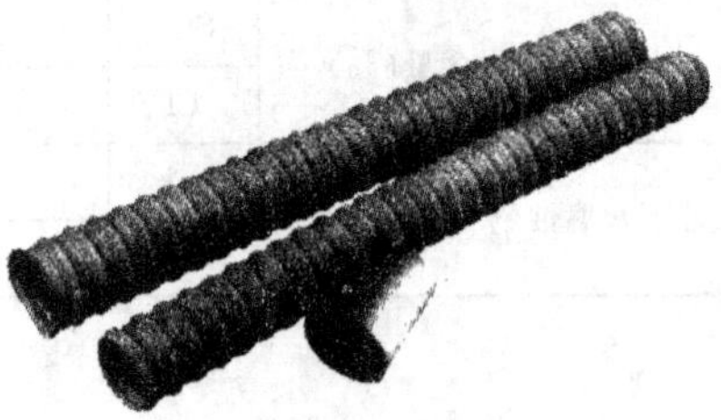

图 8-47 SBG 塑料波形管及连接全套

SBG 塑料波形管的外形参看图 8-47,它们的规格型号见表 8-30。

SBG 塑料波形管规格型号 表 8-30

SGB 塑料波纹管的尺寸(mm)			配套使用锚具型号
内径	外径	壁厚	
ϕ50	ϕ60	2	HVM15-5,4.3
ϕ70	ϕ80	2	HVM15-9,8,7,6
ϕ85	ϕ99	2	HVM15-12,11,10
ϕ100	ϕ115	2	HVM15-19～13
ϕ120	ϕ135	2.5	HVM15-27～20
ϕ130	ϕ145	2.5	HVM15-30～28
ϕ140	ϕ155	3	HVM15-37～31
ϕ160	ϕ175	3	HVM15-55～38

故 GB 50086—2001 国标规定:永久性的拉力型或拉力分散型锚杆锚固段内的预应力筋宜外套波形管;自由段内预应力筋亦宜采用带塑料套管的双重防腐,套管内外均需灌满水泥浆或水泥砂浆。

③采用无粘结钢绞线或喷涂钢绞线。无粘结钢绞线本身具有很高的防腐性能，再裹以水泥结石，只要不人为损坏，安全性很高。表 8-31 和表 8-32 是它们的技术参数。

国产喷涂钢绞线 表 8-31

钢绞线种类	ϕ12.7(mm)	ϕ15.7(mm)	钢绞线种类	ϕ12.7(mm)	ϕ15.7(mm)
标准外径(mm)	13.6	16.1	标准被膜重(g)	17.6	21.0
标准单重(g/m)	793	1123	被膜材料	日本产环氧树脂粉末	日本产环氧树脂粉末
标准被膜厚(mm)	0.14	0.14			

国产无粘结钢绞线 表 8-32

钢绞线种类	12.7 喷涂钢绞线(按日本标准)	15.2 喷涂钢绞线(按日本标准)	15.2 喷涂钢绞线(我国标准)
无粘结筋外径(mm)	16.8	19.3	17.8～18.5
无粘结筋重量(g/m)	891	1239	840～870
PE 厚度(mm)	1-1	1-1	0.8～1.2
PE 重(g/m)	51	59	30～60
建筑脂用量(g/m)	47	57	≥35

3)沿锚索体长设置对中支架(图 8-48)

除锚杆长度不长并采用机械式锚头的锚杆外，所有锚索均应设置对中支架，使索体在钻孔中居中。并应满足：

①对中支架处锚索体的保护层厚度不小于 10mm；

②采用波形管防护的锚索，支架处波形管内外注浆保护层厚度不小于 5mm。

4)设置隔离支架(图 8-49)

由钢绞线组成的锚索体，在内锚固段每隔 1.5～2.0m 应设置隔离支架，并满足以下要求：

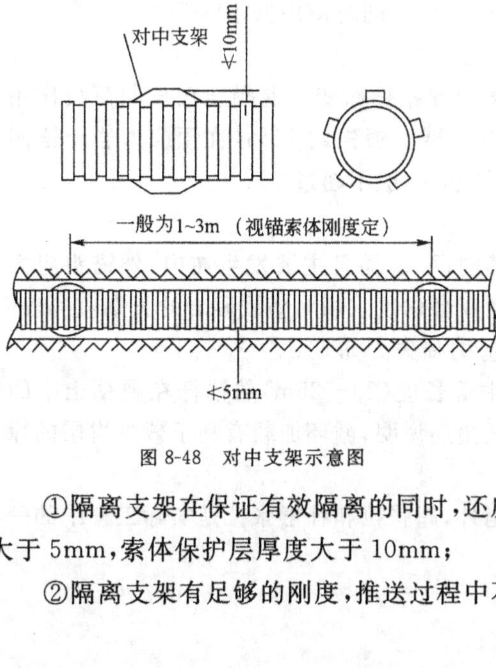

图 8-48 对中支架示意图

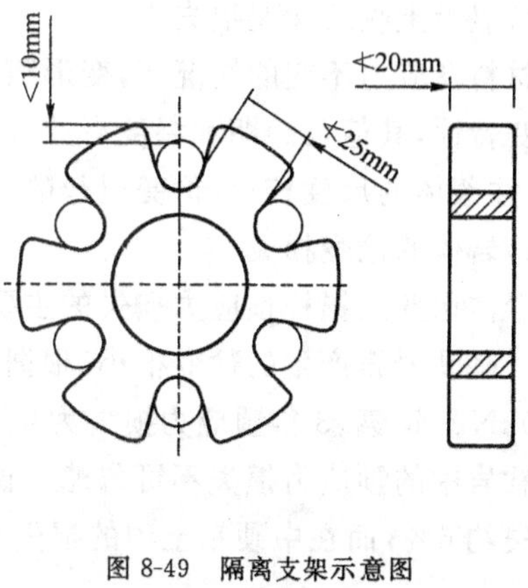

图 8-49 隔离支架示意图

①隔离支架在保证有效隔离的同时，还应确保浆液能顺利通过。每股钢绞线之间净距应大于 5mm，索体保护层厚度大于 10mm；

②隔离支架有足够的刚度，推送过程中不能产生变形、破坏；

③每个内锚固段的隔离支架不少于3个，两点间钢绞线的下垂度满足其保护厚度不小于5mm。

(2)预应力损失

预应力筋张拉后，由于材料特性与张拉工艺等多方面因素，使得预应力筋中的应力不断降低的现象称为预应力损失。根据预应力损失发生的持续时间可分为：瞬时损失和长期损失。瞬时损失包括摩擦损失、锚固锁定损失、相邻锚杆的张拉影响损失。瞬时损失多为可控损失。长期损失包括钢材应力松弛损失、混凝土收缩损失、混凝土与岩层的徐变损失。长期损失多为不可控损失。

预应力损失会削弱预应力锚杆的锚固性能，降低整个工程的安全度，或影响工程的正常使用。过大的预应力损失还会导致严重的工程事故，是一个需要认真对待的重要技术问题。

1)摩擦损失

摩擦损失包括长度效应、曲率效应以及端部预留钢板不与孔道垂直，迫使预应力筋紧贴孔壁造成的损失。其中长度效应是由于孔道局部偏摆使预应力筋刮碰孔道引起的。曲率效应是由于预应力筋与弯曲孔道壁之间摩擦引起的。改善钻孔质量和超张拉是减少摩擦损失的有效方法。

2)张拉锁定损失

千斤顶放张时会引起螺母或夹片回缩而引起损失。对于LM螺丝端杆锚具，内缩量约为1.0mm；对JLM精轧螺纹钢锚具，内缩量约为1.0～2.0mm。锚板夹片式锚具回缩量约4～5mm。

3)钢材应力松弛损失

钢材在高应力作用下，即使变形不发生改变，应力也会随时间减少的现象叫应力松弛。应力松弛损失与应力大小有关，当张拉应力小于其强度的50%时，其应力松弛损失可忽略不计。温度升高可增大应力松弛损失。

减少应力松弛损失的办法是控制张拉应力，因此规范规定：设计张拉应力不超过钢材极限强度的60%～65%，即使超张拉也不要超过69%～75%。同时使用低松弛钢丝。

4)混凝土收缩徐变损失

材料在应力不变的情况下，变形随时间而增长的现象称徐变。混凝土在长期荷载作用下有徐变特性，其值与龄期和温度有关，7天龄期比3天减少损失约14%，在预应力岩土锚固工程中，注浆体的尺度较小，徐变引起的应力损失也较小，一般不超过3%。

5)岩体的徐变损失

岩体徐变是锚杆预应力损失的主要来源，持续时间长，而且主要发生在内、外锚头应力集中区。坚硬岩石产生的徐变很小，根据在阿尔及利亚舍尔法水坝对坚硬砂岩的长期监测表明：10000kN级锚索，3年预应力损失为4%，18年预应力损失为5.5%。

软岩中的预应力损失不可忽略。试验表明，中等长度(20～25m)的锚杆在硬粘土中的徐变损失约6%，而在中硬粘土中的损失达12%。试验还说明，循环加载有利于减少岩层的徐变损失。

解决预应力损失，除严格设计和施工质量控制外，超张拉和补偿张拉是实际工程中的一项重要措施。

(3)预应力锚杆施工质量要求

1)钻孔深度和孔径符合设计要求。深度误差为+200mm，孔径最大误差为+5.0mm。孔斜偏差为±1°～3°。

2)预应力锚杆注浆应满足：

①浆液配比按设计标号配制，水灰比控制在0.45～0.5，如为水泥砂浆，灰砂比为1：1。

②当使用自由段带套管的预应力筋时，宜在锚固段长度和自由段长度内采取同步注浆。

③当采用自由段无套管的预应力筋时，应进行两次注浆。第一次注浆时，必须保证锚固段长度内灌满，但浆液不得流入自由段。预应力筋张拉后，应对自由段进行第二次注浆。

④永久性锚杆应采用封孔灌浆，用浆液灌满自由段全部孔隙。

3)预应力锚杆张拉与锁定应遵守：

①预应力筋张拉应在内锚固段水泥结石和外锚头混凝土垫墩达到设计强度后才能进行张拉。

②预应力筋张拉应按程序进行，在编排张拉程序时，应考虑相邻钻孔预应力筋张拉的相互影响。

③预应力筋正式张拉前，应按20%的设计张拉荷载对其预张拉1～2次，使各部位接触紧密，钢丝或钢绞线完全平直。

④压力分散型或拉力分散型锚杆应按张拉设计要求先分别对单元锚杆进行张拉，当各单元锚杆在同等荷载条件下因自由段长度不等而引起的弹性伸长差得以补偿后，再同时张拉各单元锚杆。

⑤预应力筋正式张拉时，应张拉至设计荷载的105%～110%，再按规定值进行锁定。

⑥预应力筋锁定后48小时内，若发现预应力损失大于锚杆拉力设计值的10%时，应进行补偿张拉。

4)外露预应力筋切口位置至外锚头的距离不应小于100mm，将钢筋向四周压倒，埋入浇注的混凝土中。

3. 预应力锚杆工程试验

预应力锚杆工程试验分为基本试验和验收试验。基本试验在工程初期进行，用以确定预应力锚杆的极限承载力，检验锚杆的设计参数和施工方法能否满足工程要求，并评估锚杆的预应力损失；验收试验在工程到某一阶段或工程结尾时进行，用以检查预应力锚杆的工程质量。

(1)预应力锚杆的基本试验

预应力锚杆的基本试验分破坏试验和非破坏试验，非破坏试验主要用于评估锚杆的预应力损失。

1)破坏试验

破坏试验应遵守以下规定：

①试验锚杆数量不得少于3根；

②试验所用锚杆结构体系类型、施工工艺及所处的工程地质条件应与实际工程所采用的相同；

③试验最大荷载不宜超过锚杆杆体承载力标准值的0.9倍；

④试验应采用分级循环加、卸荷载法。拉力型锚杆的起始荷载可为计划最大试验荷载的10%，压力分散型和拉力分散型锚杆的起始荷载可为计划最大荷载的20%。加荷等级与锚头位移测读间隔时间按表8-33确定[18]；

锚杆破坏试验循环加卸载等级与位移观测间隔时间表 表 8-33

	加荷量/计划最大试验荷载(%)							
第一循环	10	—	—	30	—	—	—	10
第二循环	10	30	—	50	—	—	30	10
第三循环	10	30	50	70		50	30	10
第四循环	10	30	50	80	70	50	30	10
第五循环	10	30	50	90	80	50	30	10
第六循环	10	30	50	100	90	50	30	10
观测时间(min)	5	5	5	10	5	5	5	5

注：1. 在每级加荷等级观测时间内，测读锚头位移不应少于 3 次。

2. 在每级加荷等级观测时间内，锚头位移小于 0.1mm 时，可施加下一级荷载，否则应延长观测时间，直至锚头位移增量在 2h 内小于 2.0mm 时，方可施加下一级荷载。

⑤锚杆破坏标准

凡有下列情况之一者，均认为锚杆破坏：

a. 后一级荷载产生的锚头位移增量达到或超过前一级荷载产生位移增量的 2 倍时；

b. 锚头位移不稳定；

c. 锚杆杆体拉断。

⑥试验结果宜按循环荷载与对应的锚头位移读数列表整理，并绘制锚杆荷载——位移($Q-S$)曲线，锚杆荷载——弹性位移($Q-S_e$)曲线和锚杆荷载——塑性位移($Q-S_p$)曲线。

⑦锚杆弹性变形不应小于自由段长度变形计算值的 80%，且不应大于自由段长度与 1/2 锚固段长度之和的弹性变形计算值。

⑧锚杆极限承载力取破坏荷载前一级荷载，在最大试验荷载下未达到规定的破坏标准时，锚杆极限承载力取最大试验荷载值。

2) 非破坏试验应在破坏试验的基础上进行，除遵守破坏试验①、②条规定外，从第③条开始按以下规定进行：

①试验最大荷载不宜超过锚杆极限承载力的 0.8 倍。

②试验应采用分级循环加、卸荷载法，以加速混凝土与岩石的徐变过程。起始荷载可为计划最大荷载的 20%，加荷等级与锚头位移测读间隔时间见表 8-34。

非破坏试验循环加卸荷等级与位移观测间隔时间 表 8-34

	加荷量/计划最大试验荷载							
第一循环	20	—	—	30	—	—	—	20
第二循环	20	30	—	50	—	—	30	20
第三循环	20	30	50	70		50	30	20
第四循环	20	30	50	80	70	50	30	20
第五循环	20	30	50	90	80	50	30	20
第六循环	20	30	50	100	90	50	30	20
观测时间(min)	5	5	5	10	5	5	5	5

注：1. 在每级加荷等级观测时间内，测读锚头位移不应少于 3 次。

2. 在每级加荷等级观测时间内，锚头位移小于 0.1mm 时，可施加下一级荷载，否则应延长观测时间，直至锚头位移增量在 2 小时内小于 2.0mm 时，方可施加下一级荷载。

③循环试验结束后，将荷载锁定于60%锚杆极限承载力。锁定后立即读取该时刻的荷载与位移，并作为(荷载——时间)、(位移——时间)量测的起点。按0、5、15、60、180、360、720min、1天(1440min)，以后间隔时间均为0.5天(720min)，测读荷载与位移。列表整理并绘制荷载——时间曲线，直至曲线平缓为止。对于硬岩，这个过程约5天以内。然后，对曲线进行回归分析，可求得最终稳定荷载(或位移)以及荷载(或位移)损失的百分比。详细办法可参看第十八章锚喷支护监控设计第八节量测数据的处理。预应力的损失不宜大于锁定荷载的10%。

根据上述基本试验获得的锚杆极限承载力和预应力的损失情况以及锚杆的实测位移和计算位移的比较，即可对锚杆的结构型式、施工方法、预应力参数的选取是否与地层相适应作出评价。发现问题要找出原因，加以改进。必要时需修改预应力锚杆的设计参数，或降低锚杆的锁定荷载。

(2)预应力锚杆的验收试验

预应力锚杆验收试验用来验收预应力锚杆的工程质量，因此，应按非破坏试验组织实施，并遵守以下规定：

①验收试验锚杆数量不少于同类预应力锚杆总数的5%，且不得少于3根，试验锚杆应具有代表性。

②验收试验应分别加荷，起始荷载宜为锚杆拉力设计值(T_d)的30%，分级加荷值分别为拉力设计值的0.5、0.75、1.0、1.2、1.33和1.5倍，但最大试验荷载不能大于锚杆承载力标准值的0.8倍。

③验收试验中，当荷载每增加一级，均应稳定5～10min，记录位移读数，最后一级试验荷载应维持10min。如果在1～10min内，位移量超过1mm，则该级荷载应再维持60min，并在15、20、25、30、45和60min时记录其位移量。

④验收试验中，从50%拉力设计值到最大试验荷载值之间所测得的总位移量，应当超过该荷载范围自由段长度预应力筋理论弹性伸长值的80%，且小于自由段长度与1/2锚固段长度之和的预应力筋的理论弹性伸长值。

⑤最后一级荷载作用下的位移观测期内，锚头位移稳定或2h蠕变量不大于2mm。

(3)预应力锚杆的长期监测

永久性预应力锚杆及用于重要工程的临时预应力锚杆，应对其预应力变化进行长期监测，并遵守：

①永久性预应力锚杆的监测数量不应少于锚杆数量的10%。临时性预应力锚杆的监测数量不应少于锚杆数量的5%，监测锚杆应具有代表性。

②预应力的变化值不宜大于锚杆拉力设计值的±10%，必要时对已施工锚杆进行补偿张拉或采取适当放松措施，并对施工锚杆重新研究其设计张拉值。

第四节　喷射混凝土支护设计与质量控制

一、喷射混凝土设计参数的基本要求

喷射混凝土最重要的两个设计参数是强度指标和厚度指标。

1.喷射混凝土的设计强度要求

喷射混凝土的设计强度等级不应低于C15；对于竖井及重要隧道和斜井工程，喷射混凝土

设计强度不应低于 C20；喷射混凝土 1d 龄期的抗压强度不应低于 5MPa。钢纤维喷射混凝土的设计强度等级不应低于 C20，其抗拉强度不应低于 2MPa，抗弯强度不应低于 6MPa。

GB 50086—2001 作上述规定是基于以下原因：

(1)重要工程的喷射混凝强度等级不低于 C20 是工程经验的总结。

(2)要求喷射混凝土具有较好的早期强度，对于维护软弱围岩的稳定至关重要，根据国内外试验资料，作了 1d 龄期抗压强度不应低于 5MPa 的规定。

(3)国内外试验资料表明，与不掺钢丝纤维的喷射混凝土相比，钢纤维喷射混凝土的抗拉强度约提高 30％～60％，抗弯强度约提高 30％～90％，因此规定钢纤维喷射混凝土最低强度等级为 C20。

对于不同强度等级喷射混凝土设计强度应按表 8-35 采用。

喷射混凝土的设计强度(单位：MPa)　　表 8-35

	C15	C20	C25	C30
轴心抗压	7.5	10.0	12.5	15.0
弯曲抗压	8.5	11.0	13.5	16.5
抗拉	0.9	1.1	1.3	1.5

喷射混凝土的粘结强度不仅与混凝土强度等级有关，而且与围岩级别有关，故规范作了对于 I、II 级围岩粘结强度不低于 0.8MPa，III 级围岩不低于 0.5MPa 的规定。

2.喷射混凝土支护厚度

喷射混凝土支护厚度，最小不应低于 50mm，最大不宜超过 200mm。

由于喷射混凝土收缩较大，若其厚度小于 50mm，喷层中的粗骨料含量少，更容易引起收缩开裂。同时，喷层过薄也不足以抵抗岩块的移动，常出现局部开裂或剥落。近年，对喷射混凝土支护使用情况的调查结果也表明，支护局部开裂剥落者，其厚度多在 50mm 以下。故有喷射混凝土支护厚度不小于 50mm 的规定。

根据现代支护原理，要求喷层具有一定的柔性。特别在软岩中的初期支护，如果喷层过厚，会产生过大的变形压力，导致喷层破坏，这是不经济的。在这种情况下，配置钢筋和调整锚杆参数不仅能满足支护抗力要求，而且也比较经济。因此，规定喷射厚度一般不应超过 200mm。

二、钢纤维喷射混凝土

大量的试验表明，钢纤维喷射混凝土的一系列性能都优于普通喷射混凝土，特别是它具有良好韧性(即从加荷开始直至试件完全破坏所作的总功，常以荷载挠度与横坐标轴所包络的面积表示)，约比素喷混凝土提高 10～50 倍，见图 8-50，抗冲击能力约比素喷混凝土提高 8～30 倍。故在膨胀岩体高地应力隧洞和受上层施工影响的地下工程中，宜采用钢纤维喷射混凝土支护。

钢纤维喷射混凝土用的钢纤维应遵守下面规定：

(1)普通碳素钢纤维的抗拉强度不得低于 380MPa。试验说明，钢纤维喷射混凝土的破坏，通常不是纤维被拉断，而是纤维从混凝土中被拔出，即钢纤维喷射混凝土增强性能主要是由纤维和混凝土结石的握裹力来决定，因此，用普通碳素钢纤维就能满足增强的要求。

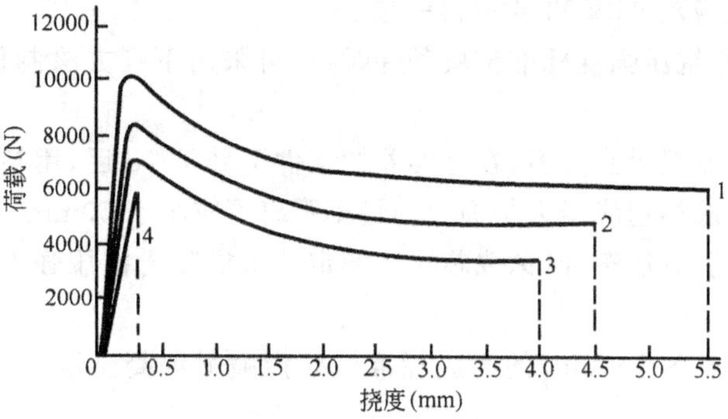

图 8-50 钢纤维喷混凝土小梁荷载挠度曲线

1-钢纤维直径 0.2mm,长 25mm,体积掺量 2%;2-钢纤维直径 0.4mm,长 25mm,体积掺量 2%;

3-钢纤维直径 0.4mm,长 25mm,体积掺量 1.5%4-素喷混凝土

(2)钢纤维的直径宜为 0.3～0.5mm。当纤维体积百分率不变时,纤维直径增大,则纤维在混凝土中的分布间距也增大;反之,纤维直径越小,纤维间距也随之减小。纤维间距越小,对混凝土裂缝扩展的约束能力也就越强,使混凝土的各种性能更能得到强化。但纤维直径太小,会使纤维添加和钢纤维混凝土的搅拌和施工发生困难。其最佳直径约为 0.3～0.5mm。

(3)钢纤维的长度宜为 20～25mm,最长不要超过 25mm。钢纤维的掺量宜为干混合料重量的(3～6)%。钢纤维的长度和掺量主要由施工工艺决定。实践表明,纤维长度大于 25mm,掺量超过干混合料重量 6%时,搅拌均匀性和喷射施工都要发生困难。钢纤维易在喷射机中绞结成团。

(4)钢纤维喷射混凝土所用水泥标号不宜低于 425 号,骨料粒径不宜大于 10mm,粒径越大,钢纤维分布的均匀性越差。当用强制或自落式搅拌混合料时,宜采用钢纤维播料机往混合料中添加钢纤维,搅拌时间不宜小于 180s。并宜在钢纤维喷射混凝土的表面再喷一层厚度 10mm 的水泥砂浆,强度等级不低于钢纤维喷射混凝土。

三、喷射混凝土质量控制

1.喷射混凝土抗压强度检查

喷射混凝土抗压强度检查应遵守:

(1)喷射混凝土必须做抗压强度试验,当设计有其他要求时,应增做相应的性能试验。抗压强度是喷射混凝土的主要力学指标,一般亦能反映其他物理力学性能的优劣。因此,通常只要做抗压强度试验。某些重要工程,如大型洞室还要了解喷射混凝土的抗拉强度与岩面粘结强度、抗渗性能等,故需增做相应试验。

(2)检查喷射混凝土抗压强度所需的试块应在工程施工中按规范抽样制取。试块数量,每喷射 50～100m^3 混合料或混合料小于 50m^3 的独立工程,不得少于一组,每组试块不少于 3 个;材料或配合比变更时,应另作一组。

(3)检查喷射混凝土抗压强度的标准试块应在一定规格的喷射混凝土板件上切割制取,试块为边长 100mm 的立方体,在标准养护条件下养护 28d,用标准试验方法测得的极限抗压强度,并乘以 0.95 系数。

喷射混凝土标准试块尺寸定为 100mm 边长的立方体,并考虑到所用骨料的最大粒径不宜大于 15mm 确定的。规定 28d 的极限抗压强度乘以 0.95 系数,系与现行国家标准《混凝土结构工程施工及验收规范》GB50204 取得一致。

(4)当不具备制作抗压强度标准试块条件时,也可采用下列方法制作试块,检查喷射混凝土抗压强度:

①按规范要求喷制混凝土大板,在标准养护条件下养护 7d 后,用钻芯机在大板上钻取芯样的方法制作试块。芯样边缘至大板周边的最小距离不应小于 50mm。

芯样的加工与试验方法符合《钻取芯样法测定结构混凝土抗压强度技术规程》YBJ209 的有关要求;

②亦可直接向边长为 150mm 的无底标准试模内喷射混凝土制作试块,其抗压强度换算系数应通过试验确定。

(5)采用立方体试块做抗压强度试验时,加载方向必须与试块喷射成型方向垂直。

2. 喷射混凝土抗压强度验收

喷射混凝土抗压强度的验收应符合以下规定:

(1)同批喷射混凝土的抗压强度,应以同批内标准试块的抗压强度的代表值来评定。

(2)同组试块应在同块大板上切割制取,对有明显缺陷的试块,应予舍弃。

(3)每组试块的抗压强度代表值为三个试块试验结果的平均值;当三个试块强度中的最大值或最小值之一与中间值之差超过中间值的 15%时,可用中间值代表该组强度;当三个试块强度中的最大值和最小值与中间值之差均超过中间值的 15%时,该组试块不应作为评定强度的依据。

(4)喷射混凝土强度验收合格条件分为重要工程和一般工程两种情况。

一般工程的合格条件为:

$$f'_{ck} \geqslant f_c \tag{8-9}$$

$$f'_{ck\,min} \geqslant 0.85 f_c \tag{8-10}$$

其设计强度等级的保证率只有 50%。

重要工程的合格条件为:

$$f'_{ck} - K_1 S_n \geqslant 0.9 f_c \tag{8-11}$$

$$f'_{ck\,min} \geqslant K_2 f_c \tag{8-12}$$

式中:f'_{ck}——施工阶段同批 n 组喷射混凝土试块抗压强度的平均值(MPa);

f_c——喷射混凝土立方体抗压强度设计值(MPa);

$f'_{ck\,min}$——施工阶段同批 n 组喷射混凝土试块抗压强度的最小值(MPa);

K_1、K_2——合格判定系数,按表 8-36 选取;

n——施工阶段每批喷射混凝土试块抽样组数;

S_n——施工阶段同批 n 组喷射混凝土抗压强度标准差(MPa)。参看(8-13)计算式。

合格判定系数 K_1、K_2 值 表 8-36

n	10～14	15～24	≥25	n	10～14	15～24	≥25
K_1	1.7	1.65	1.60	K_2	0.90	0.85	0.85

当同批试块组数 $n<10$ 时,可按 $f'_{ck} \geqslant 1.15 f_c$ 以及 $f'_{ck\,min} \geqslant 0.95 f_c$ 是主要条件,设计强度的保证率可达 95%以上,考虑的主要方面是:

①采用计量抽样检验方案。使之能以较少的检验数量,得到有关产品质量较多的信息。

②采用母体标准未知的形式。对于地下工程施工生产水平不易稳定,喷射混凝土强度质

量易于波动的情况较为适用。

③兼顾使用者、施工者双方的利益。在限制漏判概率的同时，也适当限制错判概率。

④验收函数 $f'_{ck}-K_1S_n$ 中的 K_1 值服从中心 t 分布规律。当试块组数一定时，K_1 值越大则错判概率愈大，而漏判概率愈小，验收标准愈严，可能造成工程费用的浪费；反之，K_1 愈小，验收标准愈宽，可能造成对结构物安全的影响。为保证漏判概率不随试块组数改变，K_1 值的取值必然随试块组数的增加而减少。表 8-36 为漏判概率限制在 20%左右所取的 K_1 值，为简便计，表中分为三档。

$f'_{ck\,min}\geqslant K_2f_c$ 是第一条件的补充。主要控制分布曲线中低强度一侧可能出现长尾的情况，以弥补其不足。

当样本统计数据同时符合公式(8-9)、(8-10)或公式(8-11)、(8-12)的两个条件时，则认为该喷射混凝土强度合格。

3. 喷射混凝土施工强度质量控制

由于施工中多种因素的影响，喷射混凝土强度的离散性一般较大，对于重要工程，若能按喷射混凝土现场 28d 龄期抗压强度的试验结果绘制抗压强度控制图，有助于及时了解强度的变化情况，采取措施减小喷射混凝土强度的离散性。

(1)评价喷射混凝土强度施工质量控制水平的参数

1)母体的离散可通过同批试块强度值算出

①母体标准差 S_n：

$$S_n=\left[\sum_{i=1}^{n}f'^2_{cki}-nf'^2_{ck}/(n-1)\right]^{\frac{1}{2}}\quad(\text{MPa})\tag{8-13}$$

式中：n——试块组数；

f'_{cki}——第 i 组试块抗压强度(MPa)；

f'_{ck}——n 组试块抗压强度的平均值(MPa)，$f'_{ck}=\frac{1}{n}\sum_{i=1}^{n}f'_{cki}$。

②母体变异系数 V(%)：

$$V=(S_n/f'_{ck})\times100\tag{8-14}$$

2)一次试验的离散，可通过同一工作班一次试验所得数据算出。

①一次试验标准差 S_1：

$$S_1=f'_{ckm}/d\quad(\text{MPa})\tag{8-15}$$

式中：d——与组内试块个数有关的系数，按表 8-37 选用；

f'_{ckm}——一次试验中，各组试块极差的平均值(MPa)，每组试块的极差为组内试块最高与最低强度值之差。

计算一次试验标准差的系数 表 8-37

试块个数	d	$1/d$	试块个数	d	$1/d$
2	1.128	0.887	7	2.704	0.370
3	1.693	0.591	8	2.847	0.351
4	2.059	0.486	9	2.970	0.337
5	2.326	0.430	10	3.078	0.325
6	2.593	0.395			

②一次试验的变异系数 V_1：

$$V_1=(S_1/f'_{ck1})\times 100 \tag{8-16}$$

式中：f'_{ck1}——一次试验中各组试块强度的平均值(MPa)。

3)喷射混凝土强度控制图中最大的平均极差 $f'_{ck\,max}$ 按下式计算：

$$f'_{ck\,max}=f'_{ck}\cdot V_1\cdot d \tag{8-17}$$

(2)评定喷射混凝土施工质量控制水平的等级划分

喷射混凝土施工质量控制水平等级按表 8-38 划分。

喷射混凝土质量的均匀性指标 表 8-38

施工控制水平		优	良	及 格	差
标准差(MPa)	母体的离散	<4.5	4.5～5.5	>5.5～6.5	>6.5
	一次试验的离散	<2.5	2.2～2.7	>2.7～3.2	>3.2
变异系数(%)	母体的离散	<15	15～20	>20～25	>25
	一次试验的离散	<7	7～9	>9～11	>11

(3)喷射混凝土强度质量控制图的绘制

①喷射混凝土强度质量控制图应包括：单次试验强度图、平均强度动态图和平均极差动态图，见图 8-51。

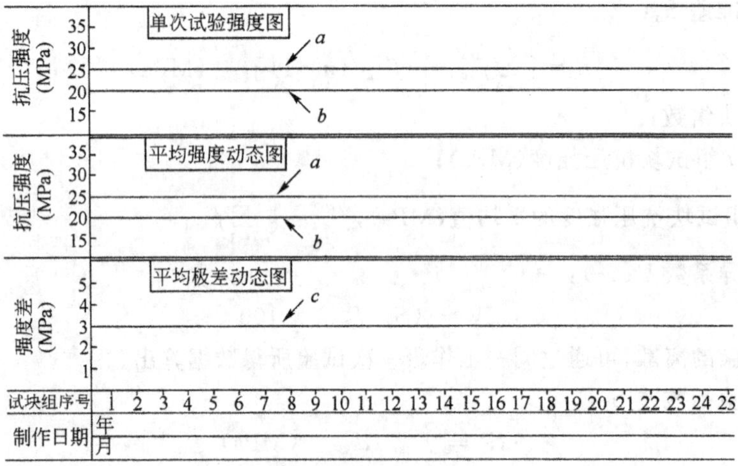

图 8-51 喷射混凝土强度质量控制图

a：施工应达到的平均强度；b：设计强度等级；c：最大的平均差

②单次试验强度图绘制时，应将全部强度试验结果，按试块制作的先后顺序及编号、标点绘制，图上有设计强度等级线和施工应达到的平均强度线作控制。其中施工应达到的平均强度 f_{ck} 按(8-18)式计算：

$$f_{ck}=f_c+S_n \quad \text{(MPa)} \tag{8-18}$$

式中：f_c——喷射混凝土抗压强度设计值(MPa)；

S_n——现场实际统计的母体标准差。

③平均强度动态图绘制中，每个点所标绘的应是前 5 组的平均强度，并应以设计强度等级线作下限。

④平均极差动态图绘制时，每个点所标绘的应是前 10 组的平均极差值，并应以最大的平

均极差作上限。

4. 喷射混凝土厚度检查

喷射混凝土厚度检查应遵守：

(1)喷层厚度可用凿孔法或其他方法检查。

(2)各类工程喷层厚度检查断面的数量按表 8-39 确定，但每个独立工程检查数量不少于一个断面，每一个断面的检查点应从拱部中线起，每间隔 2～3m 设一个，但每一个断面上拱部不应少于 3 个点，总计不应少于 5 个点。

(3)合格条件为：每个断面上，全部检查孔处的喷层厚度 60%以上不应小于设计厚度，最小值不应小于设计厚度的 50%；同时，检查孔处厚度的平均值不应小于设计厚度；对于重要工程的拱样喷层厚度的检查结果应分别进行统计。

喷射混凝土厚度检查断面间距(单位：m)　　表 8-39

隧洞跨度	间距	竖井直径	间距
<5	40～50	<5	20～40
5～15	20～40	5～8	10～20
15～25	10～20	—	—

第五节　钢筋网与钢拱架

一、钢筋网

为了提高喷射混凝土的整体性，防止收缩开裂，使混凝土受力均匀，并提供一定的抗剪强度，有利于抵抗岩石塌落和承受冲击荷载，在喷射混凝土中有时要配置钢筋网。钢筋网喷射混凝土中钢筋网的设计遵守以下原则进行：

(1)钢筋网常按构造要求设计，故选用的钢筋直径宜为 4～12mm 的 I 级钢筋。

(2)钢筋间距宜为 150～300mm。实践表明，当钢筋间距小于 150mm 时，喷射混凝土回弹大，且钢筋与壁面间易形成空洞，不能保证混凝土的密实度；当钢筋间距大于 300mm 时，则将大大削弱钢筋网在喷射混凝土中的作用。钢筋间的合适间距为 150～300mm。

(3)钢筋保护层厚度不应小于 20mm，与普通钢筋混凝土的规定一致。对于受高速水流长期、反复冲刷的过水隧道，钢筋保护层厚度不应小于 50mm。

(4)钢筋网喷射混凝土支护的厚度不应小于 100mm，且不宜大于 250mm。

二、钢拱架

采用[、U、工字型等型钢，加工成所需的形状，取整榀安装或构件拼装的方法，用于隧道工程的一种支护结构形式。通常和锚杆、钢筋网、喷射混凝土等支护手段一起使用，构成所谓锚杆、钢网、钢拱架、喷射混凝土联合支护。

这种联合支护主要用于浅埋、偏压和自稳时间很短要求即时提供支护的软弱围岩，或为了抑制围岩的变形，需要增强支护抗力的情况。但必须看到，这种支护钢材消耗大，价格高；用于大跨度断面时，其受力和施工工艺都存在不少缺点。近年，出现了一种格栅钢架支护，它由普通 II 级钢筋经冷弯成形后，按隧道轮廓进行设计，焊接而成，如图 8-52 所示。常用形式有圆形、半圆形、马蹄形。

格栅钢架的断面形式有三角形、矩形、四边形，如图 8-53 所示。

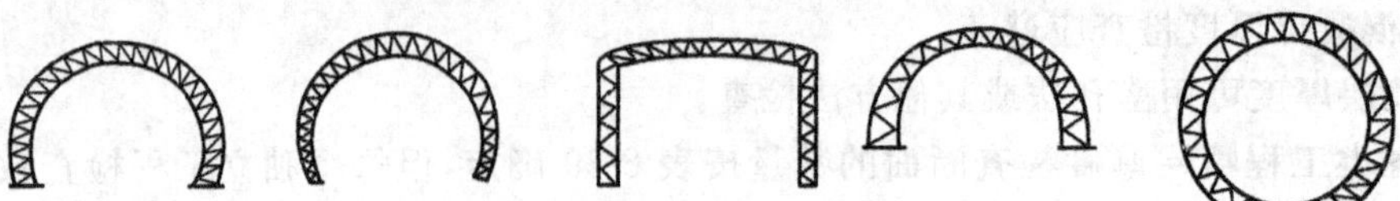

图 8-52 格栅钢架支护基本形式

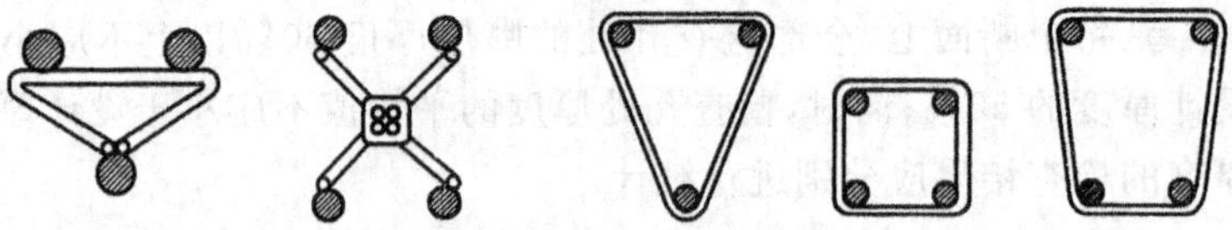

图 8-53 格栅钢架断面形式

格栅钢架与钢拱架一样，也是分段加工的，在架设时再组装成一体。格栅钢架的接头是整个结构的薄弱环节，必须加强。图 8-54 是一些接头的基本形式。

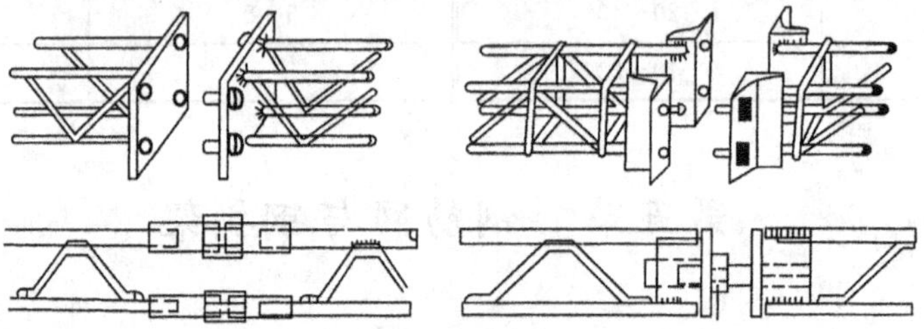

图 8-54 接头基本形式

1. 格栅钢架支护的特点

格栅支护在国内外地下工程中的使用情况表明：格栅不但具有传统钢支撑的功能，还克服了传统钢支撑的许多缺陷，显示出传统钢支撑所不具有的优越性，其具体特点如下：

(1)格栅钢架的刚度适中，容许围岩适度变形，又能及时提供支护阻力，限制围岩过大的变形，防止崩塌。

格栅钢架的刚度在施工过程中是变化的。在安装初期，没有喷射混凝土前，基本上是不能承载的，钢架是柔性的；当喷射一定厚度的混凝土后格栅钢架与喷混凝土一起承受荷载，并提供一定的支护阻力；当混凝土喷射到设计厚度时，刚性增大，提供的支护阻力也随之增大。因此格栅钢架支护的支护阻力是随施工过程而一步一步地提供的。这是钢支撑所不能比拟的。

(2)节约工程造价。因为格栅钢架是由普通钢筋加工而成，材料来源广泛、加工工艺简单、不会因切割、弯曲、焊接加工等工艺流程而使成品价格增加。更为重要的是，使用格栅比使用钢支撑节约钢材。一般可节约 15%～20%，从而降低工程造价。国外资料表明：采用格栅钢架比采用钢支撑可节省大约 60%的劳动强度和支护费用。

(3)重量轻、便于施工安装。格栅钢架重量轻，架设安装时，工人劳动强度不大，且处处有可抓之处，搬运轻便，适合现场的条件和设备条件。

(4)使用灵活，可随时调整其设计尺寸。地下工程中地质情况复杂多变，由于格栅钢架制作十分容易，因此可随时调整结构形式和断面尺寸等参数，以适应复杂多变的地质情况。

(5)能很好地随混凝土一起与围岩密贴，支护效果好。格栅钢架能完全被混凝土紧密包裹而成为一体，形成钢筋混凝土结构。喷射混凝土能充满格栅及其与围岩的所有空隙。而钢支撑的背面常常不能完全充填密实，从而使支护不能很好地与围岩共同作用。

(6)便于与其他支护手段配合使用。格栅能很容易地与锚杆、钢丝网、超前小导管等支护手段配合使用，提供支护效果。

2.格栅钢架支护的适用范围

格栅钢架支护的适用范围与钢支撑的适用条件是一致的。主要用于：自稳时间短，初期变形大的地层，对地面下沉量有严格限制的情况。

根据《铁路隧道构筑法技术规则》(TBG 108—92)规定：采用格栅钢架支护的适用条件见表8-40。

采用格栅钢架支护的适用条件 表8-40

类别 围岩	单线隧道	双线隧道
III	……	必要时设置
IV	必要时设置	拱部、边墙、仰拱
V、VI	拱部、边墙、仰拱	通过试验确定

日本山岭隧道技术规范(1996年版)规定，在隧道断面积为20～100m^2条件下，钢架的采用条件是：裂隙发育、岩体破碎的硬岩；软岩强度比较小和极小的情况；膨胀性围岩；土砂围岩(埋深小的情况)。

第九章　锚喷支护工程类比设计

目前，隧道工程中锚喷支护设计以工程类比设计为主，只有那些地质条件复杂，或工程规模很大的地下工程，仅靠工程类比法不足以保证设计的可靠性和合理性时，才结合监控量测法和理论验算法进行分析。

第一节　工程类比设计的原则与方法

工程类比设计法通常有直接对比法和间接类比法两种。直接对比法一般是以围岩的岩体强度和岩体完整性、地下水影响程度、洞室埋深、可能受到的地应力、工程的形状与尺寸、施工的方法、施工的质量以及使用要求等方面因素，将设计的工程与上述条件基本相同的已建工程进行对比，由此确定锚喷支护的类型与参数。间接类比法一般是根据现行锚喷支护技术规范，按其围岩类别表及锚喷支护设计参数表确定拟建工程的锚喷支护类型与参数。

按照现代支护理论概念，锚喷支护参数应当是广义的，既包括支护类型、支护数量和尺寸，又应包括工程开挖程序、方法及各作业的施作时机等。不过目前国内所有的锚喷支护技术规范都尚未发展到这一地步，而在锚喷支护设计参数表中只给出支护的具体类型与具体数量尺寸参数。

各锚喷支护规范在编制设计规定和锚喷支护设计参数表时，通常已体现了如下原则，了解这些原则将有助于对工程类比法的掌握。

1.锚喷支护设计参数的制定是基于国内大量锚喷工程的实践，它以工程实例为依据，经过综合分析，主要按围岩级别与洞跨给出相应支护类型与参数。

2.根据不同的围岩压力特点，对拱墙等不同部位采用不同的支护参数。一般中等稳定以上的围岩，主要为局部失稳破坏而承受松散地压，所以，支护参数的选定应贯彻“拱是重点、拱墙有别”的原则；而对不稳定的围岩，主要承受变形地压，所以拱墙宜采用相同的支护参数。

3.力求体现锚喷支护灵活性的特点及围岩局部破坏局部加固、整体加固与局部加强的等强度支护原则。对不同的岩体和不同的部位分别采用不同的支护类型与参数。例如在同一级围岩类别中相同跨度的洞室，可根据岩体结构类型、结构面倾角、岩层走向与洞轴线交角不同而不同。如缓倾角的层状岩体或软硬互层的层状岩体，宜在拱部采用锚喷支护，而边墙采用喷射混凝土支护。又如岩层走向与洞轴线夹角较小，且为陡倾角岩层时，则必须在易向洞内顺层滑落的边墙上采用锚喷支护。因此，现行规范锚喷支护参数表中，对同一级的围岩类别和洞跨，给出多种锚喷支护类型和参数，以便酌情选用。

对于局部不稳定块体和局部不稳定部位，规范规定应采用局部加固，如增设局部加固锚杆。不必因为围岩局部失稳而降低围岩级别或者为此配置或加强系统锚杆。

4.锚喷支护参数表中，考虑了各种设计方法的配合，虽然参数表中给出的支护参数是根据工程类比确定的，但在确定最终支护参数，有的还要借助于监控设计和理论设计。例如Ⅳ、Ⅴ类不稳定围岩，锚喷支护参数表给的数值只供监控设计中选用初参数时参考。对稳定围岩中的大跨度洞室，表中的支护参数作为理论验算中的推荐值。最终支护的设计值还需经过修正设计后才能确定。

5. 考虑不同的工程对象，对重要工程宜采用支护参数表中的上限值，而一般工程宜采用下限值。

6. 支护参数由锚喷支护设计参数表与规范中的有关条文共同确定。例如对不稳定围岩，要求锚杆有一定的密度，通常在条文中规定了锚杆的最大间距限制。

应用工程类比法确定支护参数的设计程序，一般分为初步设计阶段和施工设计阶段。初步设计阶段的工作，是根据选定的洞轴线和掌握的地质资料，粗略初步划定围岩级别，然后结合工程尺寸，按照锚喷支护设计参数表，初定支护类型与参数，并由此计算工程量，上报工程概算经费。

施工阶段设计工作，在对围岩地质条件有比较细致和深入的了解后进行。通常视围岩地质条件，工程规模及各工程部门的设计习惯，在不同时间进行此项工作。当事先开挖导洞时，可根据导洞获得的地质资料，确定施工阶段详细分段划定围岩级别及进行施工阶段锚喷支护参数设计。当采用全断面开挖时，对 I—III 级围岩，一般可在开挖后进行施工阶段的详细划分围岩级别和锚喷支护参数设计；对 IV、V 级围岩，一般分为两次支护，需在洞室开挖前，先确定一个初期支护参数，然后根据监控量测数据和紧跟开挖面地质详勘的结果，修正初期支护类型和参数，确定最终支护类型与参数。

施工阶段围岩级别的确定，应组织地质勘察、设计、施工技术人员共同深入现场，按围岩分级表的要求，逐段分析围岩稳定性并加以素描，以洞室的地质展示图及参数设计的成果形式表达出来，在图上分段标明所划定的围岩级别和选用的支护类型与参数。在 I-III 级围岩中，对局部不稳定块体尤应着重查清，标出出露位置、大小和滑塌方向，注明加固具体方案及绘制有关图纸，渗漏水处理，危石清除，局部锚杆的定位、定向和定长度等。

第二节　工程岩体按稳定性分级标准

1994 年国家技术监督局和建设部联合发布了国标《工程岩体分级标准》，这个标准从理论和实践两个方面高度概括地总结了我国在工程岩体分级方面的理论研究成果和大量的工程实践经验，达到了相当高的水平。

在工程建设的各阶段，正确地对岩体的质量和稳定性作出评价，具有十分重要的意义。质量高、稳定性好的岩体，不需要或只需要很少的加固支护措施，并且施工安全、简便。质量差、稳定性不好的岩体，需要复杂、昂贵的加固支护等措施，还常常在施工中带来预想不到的复杂情况。因此，工程岩体稳定性分级，不仅是岩石工程建设的勘察、设计、施工和编制定额的基本依据，也是锚喷支护设计，尤其是工程类比设计的基本依据。

对工程岩体稳定性进行分析评价，要求事先进行相当详尽的地质勘察和岩石力学试验研究，要花费大量的人才物力。当地质条件复杂时，前期工作往往拉得很长，这种方法只适于大型重要工程。

针对不同类型岩石工程特点，根据影响岩体稳定性的各种地质条件和岩石物理力学特性，将工程岩体分成稳定程度不同的若干级别，以此为标尺作为评价岩体稳定的依据，是岩体稳定评价的一条捷径，也是一种简易快速的方法。这个方法是建立在以往工程实践经验和大量岩石力学试验基础上的。只要进行少量简易的地质勘察和岩石力学试验就能据以确定岩体级别,作出岩体稳定性评价,给出相应的物理力学参数,为加固措施提供方案和数据。从而在极大地减少勘察试验工作量,缩短前期工作时间的情况下,为工程建设的勘察、设计和施工获得不可缺少的基本数据。

一、工程岩体按稳定性分级的指导思想

1.共性提升的原则

工程岩体类型很多。有矿井、巷道、水工、铁路和公路隧道、地下厂房、地下采场、地下仓库等地下洞室工程;闸坝、桥梁、港口、工业民用建筑物的岩基工程;以及坝肩、船闸、渠道、露天矿、路堑、码头等各类地面岩石开挖形成的岩石边坡,它们均有各自的特点和要求。工程岩体分级按照共性提升的原则,将其中决定各类工程岩体质量和稳定性的基本共性抽出来,将它们作为衡量各种类型工程岩体稳定性高低的基本尺度和岩体分级的基本因素。

2.分两步走的原则

首先将由岩石坚硬程度和岩体完整程度这两个因素所决定的工程岩体性质,定义为"岩体基本质量",据此对工程岩体进行初步定级;然后针对各类型工程岩体的特点,分别考虑其他影响因素,对已经给出的岩体基本质量进行修正,对各类工程岩体作详细定级。由此形成一个各类型岩石工程,各行业都能接受、都适用的分级标准。分两步走的原则,也就是共性与个性相结合的原则、宏观控制与微观调整相结合的原则。

3.定性与定量评价并举,各自独立运作又相互比较验证的原则

定性分级是在现场对影响岩体质量的诸因素进行鉴别、判断,或对某些指标作出评判、打分,可从全局上去把握,充分利用工程实践经验。但这一方法经验的成分较大,有一定人为因素和不确定性,实践经验丰富的人去做才能保证其可靠性。定量分级是依据对岩体性质进行测试的数据,经计算获得岩体质量指标,能够建立确定的量的概念。但由于岩体性质和存在条件十分复杂,分级时仅用少数参数和某个数学公式难于全面、准确地概括所有情况,实际工作中测试数据总是有限的,抽样的代表性也受操作者的经验所局限。采用定性与定量相结合的分级方法,在分级过程中,定性与定量同时进行并对比检验,最后评定综合级别,这样可以提高分级的准确性和可靠性。如果两者定级不一致,必要时应重新进行定性鉴定和定量指标的复核,重新确定岩体基本质量的级别。这样,可以防止大的疏漏。

二、岩体基本质量分级

1.岩体基本质量分级因素的确定

影响工程岩体稳定性的因素很多,主要有岩体物理力学性质、构造发育情况、承受的荷载(工程荷载和初始地应力)、应力变形状态、几何边界条件、水的赋存状态等。这些因素中,只有岩体的物理力学性质和构造发育情况是独立于各种工程类型的,它反映了岩体的基本特性。在岩体的各项物理力学性质中,对稳定性关系最大的是岩石的坚硬程度。岩体的构造发育状况,体现了岩体是地质体的基本属性,岩体的不连续性及不完整性是这一属性的集中反映。这两者是各种类型岩石工程的共性,对各种类型工程岩体的稳定性都是重要的,是控制性的。这样,岩体基本质量分级因素定性评价时应当取岩体坚硬程度和岩体完整程度两项。

至于岩石风化,虽然也是影响工程岩体质量和稳定性的重要因素,但是风化作用对工程岩体特性的影响方面是岩石疏软以至松散,物理力学性质变坏;另一方面是使岩体中裂隙增多,这些已分别在岩石坚硬程度和岩体完整程度中得到反映,所以在分级因素的选取中没有把风

化程度作为一个独立的分级因素。

影响工程岩体稳定性的定量指标也很多，主要的有岩石单轴饱和抗压强度(R_C)、点荷载强度(I_S)、岩石弹性纵波速度(V_{pr})、岩体弹性纵波速度(V_{pm})、容重(γ)、埋深(H)、平均节理间距(d_p)、岩芯质量指标(RQD)、岩体完整性指数(K_V)、应力强度比(σ_m/R_c)。根据它们对103个工程样本的聚类分析、相关性分析和可靠分析之后，遴选出确定岩体基本质量指标的因素参数为R_C、K_V、d_p与γ。在这四项参数中，经进一步分析，γ值变动不大，对岩体质量的影响不敏感，可反映在公式的常数项中；而K_V与d_p同属反映岩体完整性的参数、考虑K_V在公式中的方差贡献大于d_p，并考虑国内使用的广泛性与简化公式的需要，选择了K_V。这样，最终确定以R_C和K_V为定量评定岩体基本质量的分级因素。这与定性评价岩体质量选取的岩体坚硬程度和岩体完整程度是对应的、完全一致的。

2. 岩石坚硬程度的定性划分

岩石坚硬程度应按表9-1进行定性划分。在定性鉴定中规定了用锤击难易、回弹程度、手触感觉和吸水反映等行之有效、简单易行的方法。

岩石坚硬程度的定性划分 表9-1

名称		定性鉴定	代表性岩石
硬质岩	坚硬岩	锤击声清脆，有回弹，震手，难击碎； 浸水后大多无吸水反应	未风化～微风化的； 花岗岩、正长岩、闪长岩、辉绿岩、玄武岩、安山岩、片麻岩、石英片岩、硅质板岩、石英岩、硅质胶结的砾岩、石英砂岩、硅质石灰岩等
	较坚硬岩	锤击声较清脆，有轻微回弹，稍震手，较难击碎； 浸水后有轻微吸水反应	1. 弱风化的坚硬岩； 2. 未风化～微风化的； 熔结凝灰岩、大理岩、板岩、白云岩、石灰岩、钙质胶结的砂岩等
软质岩	较软岩	锤击声不清脆，无回弹，较易击碎； 浸水后指甲可刻出痕	1. 强风化的坚硬岩； 2. 弱风化的较坚硬岩； 3. 未风化～微风化的； 凝灰岩、千枚岩、砂质泥岩、泥灰岩、泥质砂岩、粉砂岩、页岩等
	软岩	锤击声哑，无回弹，有凹痕，易击碎； 浸水后手可掰开	1. 强风化的坚硬岩； 2. 弱风化～强风化的较坚硬岩； 3. 弱风化的较软岩； 4. 未风化的泥岩等
	极软岩	锤击声哑，无回弹，有较深凹痕，手可捏碎； 浸水后可捏成团	1. 全风化的各种岩石； 2. 各种半成岩

在确定岩石坚硬程度的划分档数时，先将岩石划分为硬质岩和软质岩两个大档，再进一步将硬质岩分为两个档，软质岩分为三个档，共五个档。

岩石坚硬程度定性划分时，其风化程度应按表9-2确定。因为在确定代表性岩石时，仅仅说明是哪种岩石是不够的，还必须指明其风化后的程度，以便确定风化后的岩石坚硬程度档次。表9-2关于岩石风化特征的描述和风化程度的划分，仅是针对小块岩石，为表9-1服务的。它并不代替工程地质中对岩体风化程度的定义和划分。它是把岩体完整程度从整个地质特征中分离出去之后，专门为描述岩石坚硬程度作的规定，主要考虑岩石结构构造被破坏、矿物蚀变和颜色变化程度。

岩石风化程度的划分 表 9-2

名　称	风 化 特 征
未风化	结构构造未变，岩质新鲜
微风化	结构构造、矿物色泽基本未变，部分裂隙面有铁锰质渲染
弱风化	结构构造部分破坏，矿物色泽较明显变化，裂隙面出现风化矿物或存在风化夹层
强风化	结构构造大部分破坏，矿物色泽明显变化，长石、云母等多风化成次生物
全风化	结构构造全部破坏，矿物成分除石英外，大部分风化成土状

在自然界里，岩石被风化程度总是从未风化逐渐演变为全风化的，并进一步划分为五个档次。

3. 岩体完整程度的定性划分

影响岩体完整程度的因素很多，从结构面的几何特征看，有结构面的密度、组数、产状和延伸度，以及各组结构面相互切割关系；从结构面性状特征来看，有结构面的张开度、粗糙度、起伏度、充填情况、充填物水的赋存状态等。将这些因素逐项考虑，用来对岩体完整程度进行划分，显然是困难的。从工程岩体的稳定性着眼，应抓住影响岩体稳定的主要方面，使评判划分易于进行。经分析综合，将几何特征诸项综合为"结构面发育程度"，将结构面性状特征诸项综合为"主要结构面的结合程度"。

用结构面发育程度、主要结构面的结合程度和结构面类型作为划分岩体完整程度的依据。在作定性划分时，应注意对这三者作综合分析评价，进而对岩体完整程度进行定性划分并定名。如表 9-3 所示。

岩体完整程度的定性划分 表 9-3

名　称	结构面发育程度		主要结构面的结合程度	主要结构面类型	相应结构类型
	组数	平均间距			
完整	1～2	＞1.0	结合好或结合一般	节理、裂隙、层面	整体状或巨厚层状结构
较完整	1～2	＞1.0	结合差	节理、裂隙、层面	块状或厚层状结构
	2～3	1.0～0.4	结合好或结合一般		块状结构
较破碎	2～3	1.0～0.4	结合差	节理、裂隙、层面、小断层	裂隙块状或中厚层状结构
	≥3	0.4～0.2	结合好		镶嵌碎裂结构
			结合一般		中、薄层状结构
破碎	≥3	0.4～0.2	结合差	各种类型结构面	裂隙块状结构
		≤0.2	结合一般或结合差		碎裂状结构
极破碎	无序		结合很差		散体状结构

注：平均间距指主要结构面(1～2 组)间距的平均值。

表中所谓"主要结构面"是指相对发育的结构面，即张开度较大、充填物较差、成组性好的结构面。

结构面发育程度包括结构面组数和平均间距，它们是影响岩体完整性的重要方面。在地质勘察时，应对结构面组数和平均间距进行认真地测绘和统计。

表中有关数据均采用范围值，是考虑到岩体复杂多变，有一定随机性。这些数据只是从一个侧面反映其性质，评价时必须结合物性特征。在划分或以后定级时，若有关数据恰好处于界限值上，应结合物性特征作出判定。

表 9-3 中所列“相应结构类型”是照顾以往的习惯叫法，列出这些结构类型作参考。

表 9-3 中关于结构面结合程度，应从各结构面特征，即张开度、粗糙状况、充填物质及性状等方面进行综合评价。结构面结合程度划分为四种情况，参见表 9-4。

结构面结合程度的划分

表 9-4

名　称	结构面特征	名　称	结构面特征
结合好	张开度小于 1mm，无充填物； 张开度 1～3mm，为硅质或铁质胶结； 张开度大于 3mm，结构面粗糙，为硅质胶结	结合差	张开度 1～3mm，结构面平直，为泥质或泥质和钙质胶结； 张开度大于 3mm，多为泥质或岩屑充填
结合一般	张开度 1～3mm，为钙质或泥质胶结； 张开度大于 3mm，结构面粗糙，为铁质或钙质胶结	结合很差	泥质充填或夹岩屑充填，充填物厚度大于起伏差

张开度是指结构缝隙紧密程度，从适于野外定性鉴别出发，张开度从 1mm 到 3mm 进行划分，过大无实际工程意义，过小肉眼不易判别。

结构面的粗糙情况对抗滑稳定性影响很大。结构面两侧岩性的变化、充填物性质（来源、成分、颗粒粗细）、胶结情况及赋水状态等均应作为评定结构面结合程度的基本因素。

4. 定量指标的确定和划分

(1)岩石坚硬程度定量指标

岩石坚硬程度指岩石在外荷载作用下，抵抗变形直至破坏的能力。表现这一性质的定量指标有岩石单轴抗压强度(R_c)、弹性模量(E_r)、回弹值(r)等，在这些力学指标中，单轴抗压强度容易测得，代表性强，工程中使用最广泛，与其他强度指标相关性好，同时又能反映岩石受水软化性质。经筛选采用单轴饱和抗压强度(R_c)作为反映岩石坚硬程度的定量指标。R_c 应采用实测值。当无条件取得实测值时，也可采用实测的岩石点荷载强度指数($I_{s(50)}$)的换算值，并按下式换算：

$$R_c = 22.82 I_{s(50)}^{0.75} \tag{9-1}$$

(9-1)式与 R_c 的实测值的偏差约为±10%。

使用公式(9-1)时，必须是按下面规定获得的点荷载强度指数 $I_{s(50)}$：

①试件尺寸。径向加载试验用的岩芯，直径取 $30 \leqslant d \leqslant 70$mm，长度为试件尺寸的 1.4 倍。

轴向加载试验用的岩芯，直径取 $30 \leqslant d \leqslant 70$mm，长度为试件直径的 0.5～1.0 倍。

不规则试件的最短边长 b=30～80mm，加荷点间距(D)与最短边长之比 D/b=0.5～1.0。

②点荷载强度指数 $I_{S(50)}$ 用下式计算：

$$I_{s(50)} = I_s \cdot K_d \cdot K_{Dd} \tag{9-2}$$

式中：$I_{s(50)}$——直径为 50mm 标准试件的点荷载强度指数；

I_s——非标试件的点荷载强度指数；

$$I_s = P/D^2 \tag{9-3}$$

K_d——尺寸效应修正系数；

K_{Dd}——形状效应修正系数；

P——破坏时的荷载。

试件尺寸与标准试件尺寸一致时，取 K_d=1，其他情况下按(9-4)式修正，计算时，d 的单位为 cm。

$$K_d = 0.4905d^{0.4426} \tag{9-4}$$

试件形状效应修正系数按(9-5)式计算：

$$K_{Dd} = 0.3161\exp 0.203[(D/b + \log D/b) \div 2] \tag{9-5}$$

使用(9-2)式时，当试件为圆柱形时，K_{Dd}取1。

③对每组试件，计算点荷载强度指数的平均值。

采用点荷载强度指数时，还应当注意：

a.该试验不适于石砾岩和$R_C<5$MPa的极软岩；

b.用它计算岩体质量指标时，要先将实测或换算的$I_{s(50)}$按(9-1)式换算成R_C值后再使用。

岩石单轴饱和抗压强度(R_C)与定性划分的岩石坚硬程度的对应关系，可按表9-5确定。

R_C与定性划分的岩石坚硬程度的对应关系 表9-5

R_C(MPa)	>60	60～30	30～15	15～5	<5
坚硬程度	坚硬岩	较坚硬岩	较软岩	软岩	极软岩

(2)岩体完整程度的定量指标

描述岩体完整程度的定量指标有：岩体完整性指数K_V、岩体体积节理数J_V、岩石质量指标RQD、节理平均间距d_p、岩体与岩块动静弹模比、岩体龟裂系数、1.0m长岩芯段包括的裂隙数等。其中K_V、J_V两项广泛应用。

$$K_V = (V_{pm}/V_{pr})^2 \tag{9-6}$$

它既反映了岩体结构面的发育程度，又反映了结构面的性状，是一项能较全面地从量上反映岩体完整程度的指标。K_V应采用实测值。当无条件取得实测值时，也可用岩体工程节理数(J_V)按表9-6确定对应的K_V值。

J_V与K_V对照表 表9-6

J_V(条/m³)	<3	3～10	10～20	20～35	>35
K_V	>0.75	0.75～0.55	0.55～0.35	0.35～0.15	<0.15

岩体体积节理数(J_V)，应针对不同的工程地质岩组或岩性段，选择有代表性的露头或开挖壁面进行节理(结构面)统计。除成组节理外，对延伸长度大于1m的分散节理亦应予以统计。已为硅质、铁质、钙质充填再胶结的节理不予统计。

每一测点的统计面积不应小于2m×5m。岩体J_V值，应根据节理统计结果，按下式计算：

$$J_V = S_1 + S_2 + \cdots\cdots S_n + S_K \tag{9-7}$$

式中：J_V——岩体体积节理数(条/m³)；

S_n——第n组节理每米长测线上的条数；

S_K——每立方米岩体非成组节理条数。

岩体完整性指数(K_V)与定性划分的岩体完整程度的对应关系，可按表9-7确定。

K_V与定性划分的岩体完整程度的对应关系 表9-7

K_V	>0.75	0.75～0.55	0.56～0.35	0.35～0.15	<0.15
完整程度	完整	较完整	较破碎	破碎	极破碎

5.岩体基本质量分级

岩体基本质量分级是各类型工程岩体定级的基础。它应根据岩体基本质量的定性特征与基本质量指标(BQ)两者相结合,按表9-8确定。

岩体基本质量分级 表9-8

基本质量级别	岩体基本质量的定性特征	岩体基本质量指标(BQ)
I	坚硬岩,岩体完整	>550
II	坚硬岩,岩体较完整; 较坚硬岩,岩体完整	550~451
III	坚硬岩,岩体较破碎; 较坚硬岩或软硬岩互层,岩体较完整; 较软岩,岩体完整	450~351
IV	坚硬岩,岩体破碎; 较坚硬岩,岩体较破碎~破碎; 较软岩或软硬岩互层,且以软岩为主,岩体较完整~较破碎; 软岩,岩体完整~较完整	350~251
V	较软岩,岩体破碎; 软岩,岩体较破碎~破碎; 全部极软岩及全部极破碎岩	<250

岩体基本质量的定性特征由岩石坚硬程度(表9-1)和岩体完整程度(表9-3)组合确定。

根据分级因素的定量指标对岩体质量进行定量分级的方法有上百种,归纳起来有单参数法、多参数法、多参数组成的综合指标法,我国分级标准采用了多参数法,以两个分级因素的定量指标 R_C 及 K_V 为参数,计算求得岩体质量指标(BQ),作为划分级别的定量依据。

由多因素计算岩体质量指标的数学模型也有多个,常用的有积商模型和和差模型,我国分级标准采用了和差模型,其一般公式为:

$$BQ = b_0 + b_1 R_c^{\alpha} + b_2 k_v^{\beta} \tag{9-8}$$

式中:b_0、b_1、b_2、α、β——待定系数。

这一数学模型,用权系数计算各因素的单值,用和差计算质量总值。通过抽样总体最终确定其待定系数,如式(9-9)。式中 R_C 的单位取MPa。

$$BQ = 90 + 3R_C + 250K_V \tag{9-9}$$

当根据基本质量定性特征和基本质量指标(BQ)确定的级别不一致时,应通过对定性划分和定量指标的综合分析,确定岩体基本质量级别。出现定性分级与定量分级不吻合的情况是经常发生的,也是正常的,应找出原因。必要时,应重新进行测试。这种定性分级与定量分级相互验证的方法,可以获得较准确的定级。

注:使用(9-9)式时,应遵守下列限制条件:

①当 $R_C > 90K_V + 30$ 时,应以 $R_C = 90K_V + 30$ 和 K_V 代入计算 BQ 值。

②当 $K_V > 0.04R_C + 0.4$ 时,应以 $K_V = 0.04R_C + 0.4$ 和 R_C 代入计算 BQ 值。

随着工程经验的积累,(9-9)式中的系数可能要作一定调整,但其数学模式、分级档数和分级界阶可维持不变。式(9-9)中规定了它的上、下限条件。条件①是对 R_C 过大的限制,当 R_C 过大,而 K_V 不大时,岩体的稳定性并不高,如果不作限制会作出错误判断,因此要对 R_C 进行修正,例如,当 $K_V = 0.55$ 时,实测 R_C 值大于79.5MPa,取用79.5MPa,而不能用实测值。条件②是对 R_C 下限的限制,当 R_C 很低,而相应岩体 K_V 值很高时,需对 K_V 进行修正,以免判断失误。例如,当 $R_C =$ 10MPa,实测 K_V 值大于0.8,计算时取0.8。如果实测 K_V 小于0.8,则取实测值。

在工程建设的不同阶段，地质勘察和参数测试等工作的深度不同，对分级精度的要求也不尽相同。可行性研究阶段，可以定性分级为主，初步设计、技术设计和施工设计阶段，必须进行定性和定量相结合的分级工作。在工程施工期间，还应根据开挖所揭露的岩体情况，补充勘察和测试资料，对已划分的总体等级加以检验和修正。由于岩体地质条件的复杂多变，一个工程所遇到的岩体往往要划分几个级别。

岩体初步定级后，岩体物理力学参数可按表 9-9 选用，结构面抗剪峰值强度参数可按表 9-10选用。

岩体物理力学参数 表 9-9

岩体基础质量级别	容重 γ (kN/m^3)	抗剪断峰值强度		变形模量 E (GPa)	泊松比 μ
		内摩擦角 φ(°)	粘聚力 C(MPa)		
I	>26.5	>60	>2.1	>33	<0.2
II		60~50	2.1~1.5	33~20	0.2~0.25
III	26.5~24.5	50~39	1.5~0.7	20~6	0.25~0.3
IV	24.5~22.5	39~27	0.7~0.2	6~1.3	0.3~0.35
V	<22.5	<27	<0.2	<1.3	<0.35

岩体结构面抗剪峰值强度 表 9-10

序　号	两侧岩体的坚硬程度及结构面的结合程度	内摩擦角 φ(°)	粘聚力 C(MPa)
1	坚硬岩，结合好	>37	>0.22
2	坚硬~较坚硬岩，结合一般； 较软岩，结合好	37~29	0.22~0.12
3	坚硬~较坚硬岩，结合差； 较软岩~软岩，结合一般	29~19	0.12~0.08
4	较坚硬~较软岩，结合差~结合很差； 软岩，结合差； 软质岩的泥化面	19~13	0.08~0.05
5	较坚硬岩及全部软质岩，结合很差 软质岩化泥化层本身	<13	<0.05

三、工程岩体级别的确定

1. 地下工程岩体基本质量指标的修正

岩体基本质量是对工程岩体的初步定级，它可以用于可行性研究和初步设计，也可以用于小型工程或不太重要的工程。但就一般工程岩体而言，岩体基本质量分级只反映了岩体质量的基本特性，它们远没有反映影响岩体稳定性的全部重要因素。例如地下水状态、初始应力状态、工程轴线或走向线的方位与主要软弱结构面产状的组合关系等，也都是影响岩体稳定的重要因素。这些因素对不同类型的岩石工程，其影响程度往往是不一样的。例如，陡倾角结构面走向近乎平行工程轴线方位，对地下工程来说，其稳定性是很不利的，但对路基抗滑稳定性的影响就不那么大。因此，对工程岩体详细定级时，应对岩体基本质量指标(BQ)按(9-10)式进行修正。获得岩体基本质量指标修正值[BQ]。

$$[BQ] = BQ - 100(K_1 + K_2 + K_3) \quad (9\text{-}10)$$

式中：$[BQ]$——岩体基本质量指标修正值；

BQ——岩体基本质量指标；

K_1——地下水影响修正系数；

K_2——主要软弱结构面产状影响修正系数；

K_3——初始应力状态影响修正系数。

K_1、K_2、K_3 值，可分别按表 9-11、9-12、9-13 确定。无表中所列情况时，修正系数取零。$[BQ]$出现负值时，应按特殊问题处理。

(1)地下水影响的修正

地下水影响修正系数 K_1 表 9-11

	>450	450～351	350～251	<250
潮湿或点滴状出水	0	0.1	0.2～0.3	0.4～0.6
淋雨状或涌流状出水，水压<0.1MPa 或单位出水量<10L/min・m	0.1	0.2～0.3	0.4～0.6	0.7～0.9
淋雨状或涌流状出水，水压<0.1MPa 或单位出水量>10L/min・m	0.2	0.4～0.6	0.7～0.9	1.0

目前国内外在围岩分级中，考虑水的影响时主要有四种方法：修正法、降级法、限制法、不考虑。这里用的修正法。确定修正系数时参考了国内近年的研究成果，不仅考虑了出水状态，还考虑了岩体基本质量指标。这是因为水对岩体质量的影响，不仅与赋存状态有关，还与岩石性质和岩体完整程度有关。岩石越致密，I、II 级岩体，且含水不多，无水压时，取修正系数 $K_1=0$；基本质量为 V 级岩体，呈涌水状出水，水压较大时，$K_1=1.0$(即降一级)，其他中间状态在 0～1 之间。

(2)主要软弱结构面产状影响的修正

主要软弱结构面产状影响修正系数 K_2 表 9-12

结构面产状及其与洞轴线的组合关系	结构面走向与洞轴线夹角<30° 结构面倾角 30°～75°	结构面走向与洞轴线夹角>60° 结构面倾角>75°	其他组合
K_2	0.4～0.6	0～0.2	0.2～0.4

表 9-12 考虑了主要软弱结构面不同产状与洞轴线不同组合对地下工程岩体稳定不同影响的修正。第一种情况为倾角 30°～75°结构面但与洞轴线夹角较小，容易产生沿层面过大变形，甚至产生拱顶坍塌或侧壁滑移，故修正系数较大；第二种情况为陡倾角结构面，且与洞轴夹角较大，对岩体稳定影响不大，故修正系数很小；第三种情况其他组合包括：①结构面倾角(β)<30°，夹角(α)为任意值；②倾角(β)为任意值，夹角(α)30°～60°；③倾角(β)<75°，夹角(α)>60°；④倾角(β)>75°、夹角(α)<30°四种情况的修正系数。

初始应力状态影响修正系数 K_3 表 9-13

	>550	550～451	450～351	350～251	<250
极高应力区	1.0	1.0	1.0～1.5	1.0～1.5	1.0
高应力区	0.5	0.5	0.5	0.5～1.0	0.5～1.0

需要指出，这里都是指仅有一组起控制作用的软弱结构面的情况。所谓起控制作用的软弱结构面，是指成层岩体的泥化层面、一组很发育的裂隙、次生泥化夹层、含断层泥、糜棱岩的

小断层等。若有两组或两组以上起控制作用结构面，组合情况要复杂得多，不能用修正岩体质量指标的方法，而需要通过稳定分析解决。

(3)初始应力状态影响的修正

岩体初始应力或称地应力，是天然状态下，存在于岩体内部的应力，是客观存在的确定的物理量，是岩石工程的基本外荷载之一。岩体初始应力是三维应力状态，一般为压力。初始应力场受多种因素的影响，一般来讲其主要影响因素依次为埋深、构造运动、地形地貌、地壳剥蚀程度等。当然，在不同地方这个主次关系可能改变。

初始应力对不同岩性的岩体，影响其稳定性的程度是不一样的。用岩石单轴饱和抗压强度(R_C)与最大主应力(σ_1)的比值作为评价岩爆和岩芯饼化发生的条件，进而评价初始应力对工程岩体稳定性影响的指标是比较适当的。考虑到空间最大主应力(σ_1)与工程轴线夹角的不同，对工程岩体稳定的影响程度也不同，只有垂直工程轴线方向的最大初始应力(σ_{max})对工程岩体稳定的影响最大，且荷载作用明确。因此，分级标准采用R_C/σ_{max}作为评价"初始应力状态"的定量指标。

获得岩体初始应力状态最有效的方法是现场实测，在无实测成果时，可根据地质勘察资料，按下列方法对初始应力场作出评估：

①较平缓的弧山体，一般情况下，初始应力的垂直向应力为自重应力，水平向应力不大于$\gamma H \cdot \mu/(1-\mu)$。

②通过对历次构造形迹的调查和对近期构造运动的分析，以第一序次为准，根据复合关系，确定最新构造体系，据此确定初始应力的最大主应力方向。一般认为自重应力是主应力之一，另一主应力与断层构造正交。对于正断层，σ_V为主应力，即$\sigma_1=\gamma H$，小主应力σ_3与断层带正交；对于逆断层，σ_V为小主应力，即$\sigma_3=\gamma H$，σ_1与断层面成30°～45°交角，且σ_1与σ_3均为水平方向。一般地讲，断层带附近应力低，随着远离断层，应力值增高，趋向稳定的初始应力值。

当垂直向应力为自重应力，且是主应力之一时，水平向主应力较大的一个，可取(0.8～1.2)γH或更大。

③埋深大于1000m，随着深度的增加，初始应力场逐渐趋向于静水压力分布，大于1500m以后，一般可按静水压力分布考虑。

④在峡谷地段，从谷坡至山体以内，可区分为应力释放区、应力集中区和应力稳定区。峡谷的影响范围，在水平方向一般为谷宽的1～3倍。对两岸山体，最大主应力方向一般平行于河谷，在谷底较深部位，最大主应力趋于水平且转向垂直于河谷。

⑤地表岩体剥蚀显著地区，水平向应力仍按原覆盖厚度计算。

⑥发生岩爆或岩芯饼化现象，应考虑存在高初始应力的可能，此时，可根据岩体在开挖过程中出现的主要现象，按表9-14评估。

注：H为工程埋深(m)，γ为岩体容重(kN/m³)，μ为岩体泊松比。

高初始应力地区岩体在开挖过程中出现的主要现象 表9-14

应力情况	主要现象	$\frac{R_C}{\sigma_{max}}$
极高应力	1.硬质岩：开挖过程中时有岩爆发生，有岩块弹出，洞壁岩体发生剥离，新生裂缝多，成洞性差；基坑有剥离现象，成形性差 2.软质岩：岩芯常有饼化现象，开挖过程中洞壁岩体有剥离，位移极为显著，甚至发生大位移，持续时间长，不易成洞；基坑发生显著隆起或剥离，不易成形	<4

续上表

应力情况	主要现象	$\frac{R_C}{\sigma_{max}}$
高应力	1.硬质岩：开挖过程中可能出现岩爆，洞壁岩体有剥离和掉块现象，新生裂缝较多，成洞性较差；基坑时有剥离现象，成形性一般尚好 2.软质岩：岩芯时有饼化现象，开挖过程中洞壁岩体位移显著，持续时间较长，成洞性差；基坑有隆起现象，成形性较差	4～7

注：σ_{max}为垂直洞轴线方向的最大初始应力。

岩爆和岩芯饼化产生的共同条件是高初始应力。一般情况下，岩爆发生在岩性坚硬完整或较完整的地区，岩芯饼化发生在中等强度以下的岩体。如二滩工程的正长岩、拉西瓦工程的花岗岩、秦岭铁路和公路隧道、甘肃金川矿等都有岩爆和岩芯饼化发生。

(4)对跨度等于或小于20m的地下工程，当已确定级别的岩体，其实际的自稳能力与表9-15相应级别的自稳能力不相符时，应对岩体级别作相应调整。调整时，需要特别慎重。跨度大于20m的工程，积累的资料还难于达到作出检验的尺度，有待进一步总结完善。

地下工程岩体自稳能力 表9-15

岩体级别	自稳能力
I	跨度＜20m，可长期稳定，偶有掉块，无塌方
II	跨度10～20m，可基本稳定，局部可发生掉块或小塌方； 跨度＜10m，可长期稳定，偶有掉块
III	跨度10～20m，可稳定数日～1月，可发生小～中塌方； 跨度5～10m，可稳定数日，可发生局部块体位移及小～中塌方； 跨度＜5m，可基本稳定
IV	跨度＞5m，一般无自稳能力，数日～数月内可发生松动变形、小塌方，进而发展为中～大塌方。埋深小时，以拱部松动破坏为主，埋深大时，有明显塑性流动变形和挤压破坏； 跨度＜5m，可稳定数日～1月
V	无自稳能力

注：①小塌方：塌方高度＜3m，或塌方体积＜30m^3；
②中塌方：塌方高度＜3～6m，或塌方体积30～100m^3；
③大塌方：塌方高度＞6m，或塌方体积＞100m^3。

2.地基岩体基岩承载力

工业与民用建筑地基岩体亦按表9-8划分基本质量级别，再根据基本质量级别按表9-16确定各级岩体基岩承载力基本值(f_0)

基岩承载力基本值 表9-16

岩体级别	I	II	III	IV	V
f_0(MPa)	77.0	7.0～4.0	4.0～2.0	2.0～0.5	＜0.5

考虑基岩形态影响时，基岩承载力的标准值(f_K)按下式确定：

$$f_K = \eta f_0 \tag{9-11}$$

式中折减系数η按表9-17选用。

基岩形态影响折减系数 η 表 9-17

基岩形态	平坦型	反坡型	顺坡型	台阶型
岩面坡度(°)	0～10	10～20	10～20	台阶高度<5m
η	1.0	0.9	0.8	0.7

注：基岩内结构面倾向与基岩面坡向大致相同为顺坡型；相反为反坡型。

四、国内几个有代表性的围岩稳定分级

1. GB50086—2001“锚杆喷射混凝土支护技术规范”围岩分级

“锚杆喷射混凝土支护技术规范”围岩分级见表 9-18，可以看出，它和 GB50218－94“工程岩体分级标准”的工程岩体级别的确定是一致的。但也存在一些小的差别：

(1)这个分级办法是一步到位，相当于工程岩体级别的确定。

(2)地应力对分级的影响，用岩体强度应力比(S_m)进行描述。

$$S_m = \frac{K_v R_c}{\sigma_{max}} \tag{9-12}$$

式中符号意义同前。

(3)岩石强度指标用了单轴饱和抗压强度和点荷载强度两个指标描述，两者有矛盾时以单轴饱和抗压强度为准。

(4)岩体完整性用了岩体纵波速度(V_{pm})和岩体完整系数(K_v)两个指标描述，没有说明两者有矛盾时的处理办法。

(5)作了围岩按定性分级与定量指标分级有差别时，一般以低者为准的规定。显然，不够严密。

围岩分级 表 9-18

围岩级别	主要工程地质特征							毛洞稳定情况
	岩体结构	构造影响程度，结构面发育情况和组合状态	岩石强度指标		岩体声波指标		岩体强度应力比	
			单轴饱和抗压强度(MPa)	点荷载强度(MPa)	岩体纵波速度(km/s)	岩体完整性指标		
Ⅰ	整体状及层间结合良好的厚层状结构	构造影响轻微，偶有小断层。结构面不发育，仅有 2～3 组，平均间距大于 0.8m，以原生和构造节理为主，多数闭合，无泥质充填，不贯通。层间结合良好，一般不出现不稳定块体	>60	>2.5	>5	>0.75	—	毛洞跨度 5～10m 时，长期稳定，无碎块掉落
Ⅱ	同Ⅰ级围岩结构	同Ⅰ级围岩特征	30～60	1.25～2.5	3.7～5.2	>0.75	—	毛洞跨度 5～10m 时，围岩能较长时间(数月至数年)维持稳定，仅出现局部小块掉落
	块状结构和层间结合较好的中厚层或厚层状结构	构造影响较重，有少量断层。结构面较发育，一般为 3 组，平均间距 0.4～0.8m，以原生和构造节理为主，多数闭合，偶有泥质充填，贯通性较差，有少量软弱结构面。层间结合较好，偶有层间错动和层面张开现象	>60	>2.5	3.5～5.2	>0.5	—	

续上表

围岩级别	主要工程地质特征							毛洞稳定情况
	岩体结构	构造影响程度，结构面发育情况和组合状态	岩石强度指标		岩体声波指标		岩体强度应力比	
			单轴饱和抗压强度（MPa）	点荷载强度（MPa）	岩体纵波速度（km/s）	岩体完整性指标		
III	同Ⅰ级围岩结构	同Ⅰ级围岩特征	20～30	0.85～1.25	3.0～4.5	>0.75	>2	毛洞跨度5～10m时，围岩能维持一个月以上的稳定，主要出现局部掉块、塌落
	同II级围岩块状结构和层间结合较好的中厚层或厚层状结构	同II级围岩块状结构和层间结合较好的中厚层或厚层状结构特征	30～60	1.25～2.50	3.0～4.5	0.50～0.75	>2	
	层间结合良好的薄层和软硬岩互层结构	构造影响较重。结构面发育，一般为3组，平均间距0.2～0.4m，以构造节理为主，节理面多数闭合，少有泥质充填。岩层为薄层或以硬岩为主的软硬岩层，层间结合良好，少见软弱夹层、层间错动和层面张开现象	>60（软岩，>20）	>2.50	3.0～4.5	0.30～0.50	>2	
	碎裂镶嵌结构	构造影响较重。结构面发育，一般为3组以上，平均间距0.2～0.4m，以构造节理为主，节理面多数闭合，少数有泥质充填，块体间牢固咬合	>60	>2.50	3.0～4.5	0.30～0.50	>2	
IV	同II级围岩块状结构和层间结合较好的中厚层或厚层状结构	同II级围岩块状结构和层间结合较好的中厚层或厚层状结构特征	10～30	0.42～1.25	2.0～3.5	0.50～0.75	>1	毛洞跨度5m时，围岩能维持数日到一个月的稳定，主要失稳形式为冒落或片帮
	散块状结构	构造影响严重，一般为风化卸荷带。结构面发育，一般为3组，平均间距0.4～0.8m，以构造节理、卸荷、风化裂隙为主，贯通性好，多数张开，夹泥，夹泥厚度一般大于结构面的起伏高度，咬合力弱，构成较多的不稳定块体	>30	>1.25	>2.0	>0.15	>1	

续上表

围岩级别	主要工程地质特征							毛洞稳定情况
	岩体结构	构造影响程度，结构面发育情况和组合状态	岩石强度指标		岩体声波指标		岩体强度应力比	
			单轴饱和抗压强度(MPa)	点荷载强度(MPa)	岩体纵波速度(km/s)	岩体完整性指标		
IV	层间结合不良的薄层、中厚层和软硬岩互层结构	构造影响严重。结构面发育，一般为3组以上，平均间距0.2～0.4m，以构造、风化节理为主，大部分微张(0.5～1.0mm)，部分张开(＞1.0mm)，有泥质充填，层间结合不良，多数夹泥，层间错动明显	＞30(软岩，＞10)	＞1.25	2.0～3.5	0.20～0.40	＞1	毛洞跨度5m时，围岩能维持数日到一个月的稳定，主要失稳形式为冒落或片帮
IV	碎裂状结构	构造影响严重，多数为断层影响带或强风化带。结构面发育，一般为3组以上。平均间距0.2～0.4m，大部分微张(0.5～1.0mm)，部分张开(＞1.0mm)，有泥质充填，形成许多碎块体	＞30	＞1.25	2.0～3.5	0.20～0.40	＞1	毛洞跨度5m时，围岩能维持数日到一个月的稳定，主要失稳形式为冒落或片帮
V	散体状结构	构造影响严重，多数为破碎带、全强风化带、破碎带交汇部位。构造及风化节理密集，节理面及其组合杂乱，形成大量碎块体。块体间多数为泥质充填，甚至呈石夹土状或土夹石状	—	—	＜2.0	—	—	毛洞跨度5m时，围岩稳定时间很短，约数小时至数日

注：1. 围岩按定性分级与定量指标分级有差别时，一般应以低者为准。

2. 本表声波指标以孔测法测试值为准。如果用其他方法测试时，可通过对比试验，进行换算。

3. 层状岩体按单层厚度可划分为：

厚层：大于0.5m；

中厚层：0.1～0.5m；

薄层：小于0.1m

4. 一般条件下，确定围岩级别时，应以岩石单轴湿饱和抗压强度为准；当洞跨小于5m，服务年限小于10年的工程，确定围岩级别时，可采用点荷载强度指标代替岩体单轴饱和抗压强度指标，可不做岩体声波指标测试。

5. 测定岩石强度，做单轴抗压强度测定后，可不做点荷载强度测定。

2. JTJ026—2004“公路隧道设计规范”，公路隧道围岩分级

公路隧道围岩分级的原则、步骤和办法均按GB50218—94“工程岩体分级标准”进行，考虑到公路隧道遇到软岩的情况较多，在具体的级别划分上有以下特点，如表9-19所示：

(1)在原V级中，增加了第VI级“软塑性粘土、饱和粉细砂层”；

(2)在原第V级中，增加了Q_3、Q_4黄土及卵石土等松散结构；

(3)在原第IV级中，增加了Q_1、Q_2黄土及压密或成岩作用的粘性和砂性土。

(4)新增加的部分，目前还没有对应的围岩质量指标(BQ)或修正指标[BQ]，只能采用定性的方法去划分级别。

公路隧道围岩分级 表 9-19

围岩级别	围岩或土体主要定性特征	围岩基本质量指标(*BQ*)或修正的围岩基本质量指标[*BQ*]
I	坚硬岩,岩体完整,巨整体状或巨厚层状结构	>550
II	坚硬岩,岩体较完整,块状或厚层状结构	550～451
	较坚硬岩,岩体完整,块状整体结构	
III	坚硬岩,岩体较破碎,巨块(石)碎(石)状镶嵌结构 较坚硬岩或较软硬岩层,岩体较完整,块状体或中厚层结构	450～351
IV	坚硬岩,岩体破碎,碎裂结构	350～251
	较软岩或软硬岩互层,且以软岩为主,岩体较完整～较破碎,中薄层状结构	
	土体:1.压密或成岩作用的粘性土及砂性土 2.黄土(Q_1、Q_2) 3.一般钙质、铁质胶结的碎石土、卵石土、大块石土	
V	较软岩,岩体破碎;软岩,岩体较破碎～破碎;极破碎各类岩体。碎、裂状、松散结构	≤250
	一般第四系的半干硬至硬塑的黏性土及稍湿至潮湿的碎石土,卵石土、圆砾、角砾土及黄土(Q_3、Q_4)。非黏性土呈松散结构、黏性土及黄土呈松软结构	
VI	软塑状黏性土及潮湿、饱和粉细砂层、软土等	

注:本表不适用于特殊条件的围岩分级,如膨胀性围岩、多年冻土等。

(5)VI级围岩自稳能力判别如表 9-20 所示。

隧道各级围岩自稳能力判断 表 9-20

岩体级别	自稳能力
I	跨度 20m,可长期稳定,偶有掉块,无塌方
II	跨度 10～20m,可基本稳定,局部可发生掉块或小塌方; 跨度 10m,可长期稳定,偶有掉块
III	跨度 10～20m,可稳定数日～1月,可发生小～中塌方; 跨度 5～10m,可稳定数月,可发生局部块体位移及小～中塌方; 跨度 5m,可基本稳定
IV	跨度 5m,一般无自稳能力,数日～数月内可发生松动变形、小塌方,进而发展为中～大塌方。埋深小时,以拱部松动破坏为主,埋深大时,有明显塑性流动变形和挤压破坏; 跨度小于 5m,可稳定数日～1月
V	无自稳能力,跨度 5m 或更小时,可稳定数日
VI	无自稳能力

注:1.小塌方:塌方高度<3m,或塌方体积<30m³。
2.中塌方:塌方高度 3～6m,或塌方体积 30～100m³。
3.大塌方:塌方高度>6m,或塌方体积>100m³。

(6)VI级围岩的力学指标标准值如表 9-21 所示。

各级围岩的物理力学指标标准值　　表 9-21

围岩级别	容重 γ (kN/m^3)	弹性抗力系数 K (MPa/m)	变形模量 E (GPa)	泊松比 μ	内摩擦角 φ(°)	粘聚力 c (MPa)	计算摩擦角 φ_c (°)
I	26～28	1800～2800	>33	<0.2	>60	>2.1	>78
II	25～27	1200～1800	20～33	0.2～0.25	50～60	1.5～2.1	70～78
III	23～25	500～1200	6～20	0.25～0.3	39～50	0.7～1.5	60～70
IV	20～23	200～500	1.3～6	0.3～0.35	27～39	0.2～0.7	50～60
V	17～20	100～200	1～2	0.35～0.45	20～27	0.05～0.2	40～50
VI	15～17	<100	<1	0.4～0.5	<20	<0.2	30～40

注：1. 本表数值不包括黄土地层；

2. 选用计算摩擦角时，不再计内摩擦角和粘聚力。

第三节　用工程类比法设计锚喷支护参数

用工程类比法设计锚喷支护参数的间接方法，是在围岩分级的基础上借助设计规范提供的锚喷支护参数表，基本按对号入座的方法选择锚喷支护类型和参数的一种方法。可以说"工程岩体分级"和"锚喷支护参数表"是工程类比间接设计法的两大支柱，缺一不可。

一、锚喷支护参数表

我国是个幅员辽阔，基建规模宏大的国家，锚喷支护设计积累了十分丰富的经验，但各个行业差别很大，目前国家建设部正在做逐步统一的工作。下面介绍几个有代表性的锚喷支护参数表。

1. GB50086—2001"锚杆喷射混凝土支护技术规范"提供的锚喷支护参数表，如表 9-22 和 9-23 所示。

隧洞和斜井的锚喷支护类型和设计参数　　表 9-22

	$B\leqslant5$	$5<B\leqslant10$	$10<B\leqslant15$	$15<B\leqslant20$	$20<B\leqslant25$
I	不支护	50mm 厚喷射混凝土	(1)80～100mm 厚喷射混凝土 (2)50mm 厚喷射混凝土，设置 2.0～2.5m 长的锚杆	100～150mm 厚喷射混凝土，设置 2.5～3.0m 长的锚杆，必要时，配置钢筋网	120～150mm 厚钢筋网喷射混凝土，设置 3.0～4.0m 长的锚杆
II	50mm 厚喷射混凝土	(1)80～100mm 厚喷射混凝土 (2)50mm 厚喷射混凝土，设置 1.5～2.0m 长的锚杆	(1)120～150mm 厚喷射混凝土，必要时，配置钢筋网 (2)80～120mm 厚喷射混凝土，设置 2.0～3.0m 长的锚杆，必要时，配置钢筋网	120～150mm 厚钢筋网喷射混凝土，设置 3.0～4.0m 长的锚杆	150～200mm 厚钢筋网喷射混凝土，设置 5.0～6.0m 长的锚杆，必要时，设置长度大于 6.0m 的预应力或非预应力锚杆

	$B\leqslant 5$	$5<B\leqslant 10$	$10<B\leqslant 15$	$15<B\leqslant 20$	$20<B\leqslant 25$
III	(1) 80～100mm厚喷射混凝土 (2) 50mm厚喷射混凝土，设置1.5～2.0m长的锚杆	(1) 120～150mm厚喷射混凝土，必要时，配置钢筋网 (2) 80～100mm厚喷射混凝土，设置2.0～2.5m长的锚杆，必要时，配置钢筋网	100～150mm厚钢筋网喷射混凝土，设置3.0～4.0m长的锚杆	150～200mm厚钢筋网喷射混凝土，设置4.0～5.0m长的锚杆，必要时，设置长度大于5.0m的预应力或非预应力锚杆	—
IV	80～100mm厚喷射混凝土，设置1.5～2.0m长的锚杆	100～500mm厚钢筋网喷射混凝土，设置2.0～2.5m长的锚杆，必要时，采用仰拱	150～200mm厚钢筋网喷射混凝土，设置3.0～4.0m长的锚杆，必要时，采用仰拱并设置长度大于4.0m的锚杆	—	—
V	120～150mm厚钢筋网喷射混凝土，设置1.5～2.0m长的锚杆，必要时，采用仰拱	150～200mm厚钢筋网喷射混凝土，设置2.0～3.0m长的锚杆，采用仰拱，必要时，加设钢架	—	—	—

注：1. 表中的支护类型和参数，是指隧洞和倾角小于30°的斜井的永久支护，包括初期支护与后期支护的类型和参数；
2. 服务年限小于10年及洞跨小于3.5m的隧洞和斜井，表中的支护参数，可根据工程具体情况，适当减小；
3. 复合衬砌的隧洞和斜井，初期支护采用表中的参数时，应根据工程的具体情况，予以减小；
4. 陡倾斜岩层中的隧洞或斜井易失稳一侧边墙和缓倾斜岩层中的隧洞或斜井顶部，应采用表中第(2)种支护类型和参数，其他情况下，两种支护类型和参数均可采用；
5. 对高度大于15.0m的侧边墙，应进行稳定性验算。并根据验算结果，确定锚喷支护参数。

竖井锚喷支护类型和设计参数表 表9-23

竖井毛径(m) 围岩级别	$D<25$	$5\leqslant D<7$
I	100mm厚喷射混凝土，必要时，局部设置长1.5～2.0m的锚杆	100mm厚喷射混凝土，设置长1.5～2.5m的锚杆；或150mm厚喷射混凝土
II	100～150mm厚喷射混凝土，设置长1.5～2.0m的锚杆	100～150mm厚钢筋网喷射混凝土，设置长2.0～2.5m的锚杆；必要时，加设混凝土圈梁
III	150～200mm厚钢筋网喷射混凝土，设置长1.5～2.0m的锚杆，必要时，加设混凝土圈梁	150～200mm厚钢筋网喷射混凝土，设置长2.0～3.0m的锚杆；必要时，加设混凝土圈梁

注：1. 井壁采用锚喷做初期支护时，支护设计参数可适当减小；
2. III级围岩中井筒深度超过500m时，支护设计参数应予以增大。

2. 国防工程锚喷支护技术暂行规定提供的锚喷支护参数表，如表9-24所示。

3. JTJ026—2004“公路隧道设计规范”提供的隧道复合衬砌设计参数表，如表9-25、表9-26所示。

锚喷支护类型及参数

表 9-24

围岩分级	毛洞跨度(m)	喷射混凝土支护	喷锚支护				喷网支护			喷锚网支护					
		喷层厚度(cm)	喷层厚度(cm)	锚杆			喷层厚度(cm)	钢筋网		喷层厚度(cm)	锚杆			钢筋网	
				直径(mm)	长度(m)	间距(m)		直径(mm)	网格(cm)		直径(mm)	长度(m)	间距(m)	直径(mm)	网格(cm)
I	<3.0	2～3(喷浆)													
	3.0～5.0	5(或喷浆 8)													
	5.0～8.0	5～7													
	8.0～12.0	7～10	5～8	14～16	1.8～2.2	1.2～1.5									
	12.0～16.0	10～13	8～12	16～18	2.0～2.6	1.2～1.5									
	16.0～20.0		12～16	18～20	2.4～2.8	1.0～1.2									
	20.0～24.0		15～20	20～22	2.8～3.5	1.0～1.2				14～18	18～22	2.5～3.2	1.2～1.5	6	(25～35)×(25～35)
II	<3.0	5(或喷浆 2～3)													
	3.0～5.0	5～7													
	5.0～8.0	7～9	5～7	14～16	1.8～2.2	1.0～1.2									
	8.0～12.0	9～12	7～10	16～18	2.2～2.6	1.0～1.2									
	12.0～16.0	12～15	10～13	18～20	2.4～3.0	1.0～1.2									
	16.0～20.0	12～15	13～16	20～22	2.8～3.5	1.0～1.2				12～15	18～22	2.5～3.2	1.2～1.5	6～8	(25～35)×(25～35)
	20.0～24.0									15～20	20～22	2.8～3.5	1.0～1.2	6～8	(25～30)×(25～30)
III	<3.0	6～8	5～7	14～16	1.8～2.0	1.0	5～7	6	(25～35)×(25～35)						
	3.0～5.0	8～10	6～8	16	2.0～2.2	1.0	6～8	6	(25～30)×(25～30)						
	5.0～8.0	10～12	8～10	16～18	2.2～2.5	1.0～1.2	8～10	6	(25～30)×(25～30)						
	8.0～12.0	12～15	10～13	18～20	2.4～2.8	1.0～1.2	10～13	6～8	(25～30)×(25～30)						
	12.0～16.0		13～16	20～22	2.6～3.2	1.0	13～16	6～8	(20～25)×(20～25)	12～15	18～22	2.4～2.8	1.0～1.2	6	(25～30)×(25～30)
	16.0～20.0									15～18	22～25	2.6～3.2	1.0～1.2	6～8	(20～30)×(20～30)
	20.0～24.0									18～22	25～28	3.0～3.8	1.0～1.2	8～10	(20～30)×(20～30)

续上表

围岩分级	毛洞跨度(m)	喷射混凝土支护	喷锚支护				喷网支护			喷锚网支护					
		喷层厚度(cm)	喷层厚度(cm)	锚杆			喷层厚度(cm)	钢筋网		喷层厚度(cm)	锚杆			钢筋网	
				直径(mm)	长度(m)	间距(m)		直径(mm)	网格(cm)		直径(mm)	长度(m)	间距(m)	直径(mm)	网格(cm)
	<3.0	8~11	7~10	16	1.8~2.0	1.0	7~10	6	(20~30)×(20~30)	7~9	14~16	1.8~2.0	1.0~1.2	6	(25~35)×(25~35)
	3.0~5.0	10~13	9~12	18	2.0~2.4	1.0	9~12	6~8	(20~30)×(20~30)	8~11	16~18	2.0~2.2	1.0~1.2	6	(25~30)×(25~30)
	5.0~8.0	13~16	11~14	18~20	2.4~2.8	1.0	11~14	6~8	(20~25)×(20~25)	10~13	16~18	2.2~2.6	1.0~1.2	6	(25~30)×(25~30)
IV	8.0~12.0		14~18	20~22	2.5~3.2	0.8~1.0	14~18	8	(20~25)×(20~25)	13~15	18~22	2.4~2.8	1.0	6~8	(20~30)×(20~30)
	12.0~16.0									15~20	22~25	2.6~3.2	1.0	8~10	(20~25)×(20~25)
	16.0~20.0									(待					定)
	20.0~24.0									(待					定)
	<3.0						11~14	8	(20~25)×(20~25)	10~13	16~18	1.8~2.2	0.8~1.0	6~8	(25~30)×(25~30)
	3.0~5.0		13~16	20~22	2.0~2.5	1.0	13~16	8~10	(20~25)×(20~25)	12~15	18~20	2.0~2.4	0.8~1.0	8	(25~30)×(25~30)
	5.0~8.0		16~20	22~25	2.5~3.2	0.8	16~20	10	(20~25)×(20~25)	15~18	20~42	2.4~2.8	0.8~1.0	8~10	(20~30)×(20~30)
V	8.0~12.0									18~22	22~45	2.6~3.2	1.0	8~10	(20~25)×(20~25)
	12.0~16.0									(待					定)
	16.0~20.0									(待					定)
	20.0~24.0									(待					定)

说明

1. 表中给出四种基本类型及参数。应先确定支护类型，后选用相应参数。不能理解为此四种类型及参数在相同条件下是等效的，而可任选一种。

2. 支护类型须根据围岩的结构类型而定：整体状结构宜选用喷射混凝土或喷锚支护；层状结构宜选用喷锚或喷射混凝土支护；块状结构宜选用喷锚或喷网支护；碎裂结构宜选用喷锚网或喷网支护；散块状结构宜选用喷锚网支护；散体状结构宜选用喷锚网或喷网支护。

3. 表中参数有上下限，一般工程或较次要部位取偏小值，重要工程或重要部位取偏大值；跨度小者取偏小值，跨度大者取偏大值；特殊工程另行考虑。

4. 当墙高度较大时侧墙部位的参数可取大些；当墙高度不大而相应跨度较大时，拱部参数可取大些。

5. 表中跨度×~×(m)系指含前者而不含后者，后者归入下一档中。

6. 加框之参数为参考值。

7. 对于V级围岩，必要时可作成仰拱型式。

8. 与预应力锚杆配合使用的支护类型及参数须另行考虑。

两车道隧道复合式衬砌的设计参数 表 9-25

围岩级别	初期支护							二次衬砌厚度(cm)	
	喷射混凝土厚度(cm)		锚杆(m)			钢筋网	钢架	拱、墙混凝土	仰拱混凝土
	拱部、边墙	仰拱	位置	长度	间距				
I	5	—	局部	2.0	—	—	—	30	—
II	5～8	—	局部	2.0～2.5	—	—	—	30	—
III	8～12	—	拱、墙	2.0～3.0	1.0～1.5	局部 @25×25	—	35	—
IV	12～15	—	拱、墙	2.5～3.0	1.0～1.2	拱、墙 @25×25	拱、墙	40	40
V	15～25	22	拱、墙	3.0～4.0	0.8～1.2	拱、墙 @20×20	拱、墙、 仰拱	45	45
VI	通过试验、计算确定								

三车道隧道复合式衬砌的设计参数 表 9-26

围岩级别	初期支护							二次衬砌厚度(cm)	
	喷射混凝土厚度(cm)		锚杆(m)			钢筋网	钢架	拱、墙混凝土	仰拱混凝土
	拱部边墙	仰拱	位置	长度	间距				
I	8	—	局部	2.5	—	—	—	35	—
II	8～10	—	局部	2.5～3.5	—	—	—	40	—
III	10～15	—	拱、墙	3.0～3.5	1.0～1.5	局部 @25×25	拱、墙	45	45
IV	15～20	20	拱、墙	3.0～4.0	0.8～1.0	拱、墙 @20×20	拱、墙 仰拱	55 钢筋 混凝土	55
V	20～30	15～25	拱、墙	3.5～5.0	0.5～1.0	拱、墙 (双层) @20×20	拱、墙、 仰拱	65 钢筋 混凝土	65 钢筋 混凝土
VI	通过试验、计算确定								

注:有地下水时,可取大值;无地下水时,可取小值。采用钢架时,宜选用格栅钢架。

二、锚喷支护参数表的使用

下面重点说明表 9-22 和表 9-23 的使用,因为它涵盖的工程面宽,跨度的涵盖面大,使用情况比较复杂,需要更多的关注。

(1)对 I、II、III 级围岩中一些不同跨度的隧洞,给出了两种支护参数,对于缓倾角围岩中隧洞拱部及急倾角围岩中的隧洞易失稳一侧的边墙,应优先采用锚杆支护类型,使支护设计既安全可靠,又经济合理。

(2)对于 II、III 级围岩中跨度大于 15m,小于 25m 的洞室工程、锚杆长度应大于 4m,或采用预应力锚杆。

(3)IV、V 级围岩和 III 级围岩中跨度大于 5m 的工程,因地质条件复杂,容易出现事故,单靠工程类比设计是不够的。IV 级以下围岩初期支护参数,可按表 9-22 确定,而后期支护应根据监控量测法设计确定。表9-22中的数值是初期支护与后期支护之和，故确定初期支护参数时，应小于表中数值。

(4)对于I、II、III级围岩中跨度大于15m的工程，可按表9-22初选锚喷支护参数，再对围岩稳定性进行力学分析。用特征线法或理论计算法最终确定支护参数。这是由于大跨度隧洞围岩不稳定性增大，为保证安全可靠和获得合理的支护参数，有必要对围岩稳定进行力学计算或通过模型试验进行验证。

(5)关于围岩整体稳定性验算，目前国内外尚无统一的标准。围岩应力状态计算方法也不统一，但主流意见认为，应以弹、塑性理论为计算依据，若只按弹性理论进行围岩失稳验算是不合理的。因为不让围岩进入塑性，违反了现代支护理论的基本原则，即无法充分发挥围岩的自承能力。事实也表明，围岩出现一定范围的塑性，并不会失稳，反而能充分发挥围岩的自承能力，从而节省了锚喷支护工程量。因此，GB50086—2001“锚杆喷射混凝土支护技术规范”规定，围岩稳定性验算可采用以弹塑性理论为基础的数值解法或解析解法。由于岩体参数难于准确确定，因此，计算中不必过于追求高精度的计算模型和计算方法。也准许采用将弹性应力代入莫尔——库仑准则求塑性区的计算方法，这样求出的塑性区范围一般偏小，可乘以1.1～1.4的系数。

围岩稳定性的评定，在目前缺乏统一标准的情况下，可参照表9-27“隧洞周边允许位移相对值(%)”进行控制，或用特征线法再结合过去的工程实例来确定。

隧洞周边允许位移相对值(%)　　表9-27

	<50	50～300	>300
III	0.10～0.30	0.20～0.50	0.40～1.20
IV	0.15～0.50	0.40～1.20	0.80～2.00
V	0.20～0.80	0.60～1.60	1.00～3.00

注：1. 周边位移相对值系指两测点间实测位移累计值与两测点间距离之比。两测点间位移值也称收敛值；
2. 脆性围岩取表中较小值，塑性围岩取表中较大值；
3. 本表适用于高跨比0.8～1.2的下列地下工程：
III级围岩跨度不大于20m；IV级围岩跨度不大于15m；V级围岩跨度不大于10m；
4. I、II级围岩中进行量测的地下工程，以及III、IV、V级围岩中在表注3范围之外的地下工程应根据实测数据的综合分析或工程类比方法确定允许值。

(6)对局部可能失稳的围岩块体可采用块体极限平衡理论进行稳定性验算。计算中只考虑不稳定块体的自重，不计由地应力作用引起的围岩应力。这是因为应力重分布导致不稳定块体周边的应力降低，同时，也由于地应力数值不易取得和不便计算。

拱腰以上部位不稳定块体，一般以塌落形式失稳，因而不计结构面上的c、φ值；拱腰以下部位的不稳定块体，则呈现滑落的形式失稳，应计自重引起的摩擦力作用，有时还考虑粘结作用。

三、锚喷支护设计的一般表达方式

用《围岩分级——锚喷支护总装图》作为锚喷支护设计的一般表达方式有以下好处：它既是地质平剖面图，又是围岩分级布局图；既是隧道轴线、平面里程的反映，又是锚喷支护全局布置和结构总装图的反映，便于各专业协作使用。

1.《围岩分级——锚喷支护总装图》的内容

(1)地质平、剖面图及主要软弱结构面的不稳定块体表示；

(2)隧道平面图或轴线图或毛洞图；

(3)围岩分级及划分区段表示；

(4)锚喷支护类型分布区段表；

(5)主要锚喷支护类型、参数复合式衬砌断面图等。

2.《围岩分级——锚喷支护总装图》的表达程序

(1)在工程岩体分级的基础上，于隧道轴线穿越范围的地质平剖面图(含主要结构面不稳定块体表示)上，标出围岩分级区段；

(2)将依据前述原则确定的锚喷支护类型和参数，以及防水隔离层和复合衬砌示于平、剖面图上。

第十章 锚喷支护监控设计

第一节 监控设计原理

与一般地面工程相比，地下工程的监控量测具有特别重要的作用。而对这一点并不是所有人都能认识到。地面结构工程的修建一般采用较为单纯的“调查——设计——施工”流程，设计的主要手段则是从“荷载——结构”模型出发而进行的力学计算。在隧道工程中，支护系统同围岩之间呈现着错综复杂的关系，这种关系并不总是能用“荷载——结构”这样一种力学模型加以描述的，特别是在采用密贴围岩、甚至深入围岩内部的锚喷支护，并按现代支护理念和原则修建隧道的情况下，“荷载——结构”模型显然不能正确地反映围岩与支护系统之间的相互关系。

事实证明，单独地孤立地使用力学计算方法或经验方法都不能取得好的效果。片面强调其中某一种手段而排斥另一种也是不正确的。对于工程岩体这样复杂多变的隧道工程，为了选择一条正确的设计途径，一方面要使经验方法科学化；另一方面还要使设计中所进行的力学计算具有实际背景。为了做到这一点，现场量测就不能不起到特别重要的作用。把施工监控、力学计算以及与经验方法相结合，从而建立了隧道工程特有的修建程序，如图 10-1 所示。同地面工程不同，在隧道工程修建过程中，调查、设计、施工等诸环节允许有交叉、反复。在初步地质调查的基础上进行工程岩体分级，按典型工程类比即可初选支护参数。然后，还须在施工过程中根据监测所获得的反映围岩与支护共同工作的动态信息，判断隧道的稳定性，并据此对施工方法和支护参数进行调整。实践证明，这种调整和修改是十分必要和有效的。

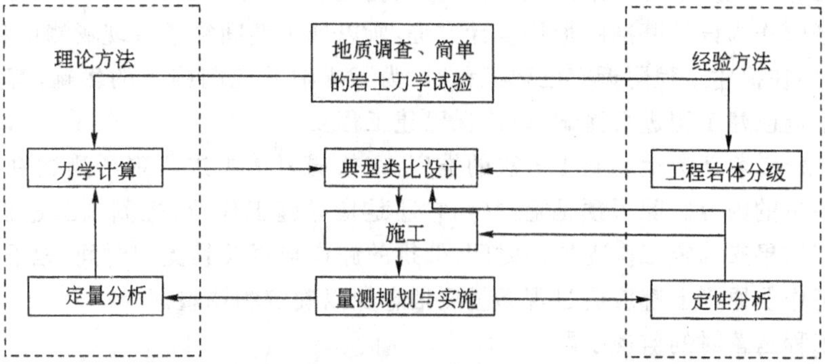

图 10-1 监控设计流程

监控设计是在工程类比设计的基础上进行的，它包括监控量测的规划与实施、量测数据的处理与信息反馈两个部分。现场量测包括选择量测项目、量测手段、量测方法及测点布置等内容。数据处理包括分析研究处理目的、处理项目和处理方法以及测试数据的表达形式。量测数据反馈一般有定性反馈（或称经验反馈）与定量反馈（或称理论反馈）。定性反馈是根据人们的经验以及理论上的推理所获得的一些准则，直接通过量测数据与这些准则的比较而反馈于设计与施工。定量反馈是以测试所得的数据作为计算参数，通过力学计算进行反馈。定量反馈也有两种方式：一种叫直接逼近法，它是直接以测试数据作为计算参数进行反馈计算；另一种叫逆过程法，它是根据测试数据反推出计算中所需的初始参数，然后再按一般计算方法进行反馈计算，即所谓反分析法。

第二节　现场量测的目的、内容和手段

一、现场量测的目的和意义

现场量测和监视是监控设计中的主要一环，也是目前国际上流行的新奥地利隧道施工法中的重要内容。归结起来，量测的目的是掌握围岩稳定与支护受力、变形的动态或信息，并以此判断设计、施工的安全与经济。具体来说，有如下几点：

1. 提供监控设计的依据和信息

建设地下工程，必须事前查明工程所在地的岩体的产状、性状以及物理力学性质，为工程设计提供必要的依据和信息，这就是工程勘察的目的。但地下工程是埋入地层中的结构物，而地层岩体的变化往往又千差万别，因此仅仅靠事前的露头调查及有限的钻孔来预测其动向，常常不能充分反映岩体的产状和性状。此外，目前工程勘察中分析岩体力学性质的常规方法是用岩样进行室内物理力学试验。众所周知，岩块的力学指标与岩体的力学指标有很大不同，因此，必须结合工程，进行现场岩体力学性态的测试，或者通过围岩与支护的变位与应力量测反推岩体的力学参数。为工程设计提供可靠依据。当然，现场的变位与应力量测不止是为了提供岩体力学参数，它还能提供地应力大小，围岩的稳定性与支护的安全等信息，为监控设计提供合理依据和计算参数。

2. 指导施工，预报险情

在国内外的地下工程中，利用施工期间的现场测试，预报施工的安全程度，是早已采用的一种方法。对那些地质条件复杂的地层，如塑性流变岩体，膨胀性岩体，明显偏压地层等，由于不能采用以经验作为设计基准的惯用设计方法，所以施工期间须通过现场测试和监视，以确保施工安全，此外在拟建工程附近有已建工程时，为了弄清并控制施工的影响，有必要在施工期间对地表及附近已建工程进行测试，以确保已建工程安全。

近 20 年来，随着新奥地利施工方法的推广，在软弱岩体中进行现场测试更成为工程施工中一个不可缺少的内容。除了预见险情外，它还是指导施工作业，控制施工进程的必要手段。如应根据量测结果来确定二次支护的时间、仰拱的施作与否及其支护时间、地下工程开挖方案等。这些施工作业原则上都应通过现场量测信息加以确定和调整。

3. 作为工程运营时的监视手段

通过一些长期的现场测试设备，可对已运营的工程进行安全监视，这样可对接近危险值的区段或整个工程及时地进行补强、改建，或采取其他措施，以保证工程安全运营，这是一个在更大范围内受到重视和被采用的现场测试内容。如我国一些矿山井巷中利用测杆或滑尺来测顶板的相对下沉，当顶板相对位移达到危险值时，电路系统即自动报警。

4. 用作理论研究及校核理论，并为工程类比提供依据

以前地下工程的设计完全依赖于经验，但随着理论分析手段的迅速发展，其分析结果越来

越被人们所重视,因而对地下工程理论问题的物理方面——模型及参数,也提出了更高的要求,理论研究结果须经实测数据检验。因此系统地组织现场测试,研究岩体和结构的力学形态,对于发展地下工程理论具有重要意义。

5. 为地下工程设计与施工积累资料

二、现场量测的内容和项目

1. 现场观测

现场观测包括开挖面附近的围岩稳定性、围岩构造情况、支护变形与稳定情况及校核围岩分类。

2. 岩体力学参数测试

岩体力学参数测试包括抗压强度、变形模量、粘聚力、内摩擦角及泊松比。

3. 应力应变测试

应力应变测试包括岩体原岩应力、围岩应力、应变、支护结构的应力、应变及围岩与支护和各种支护间的接触应力。

4. 压力测试

压力测试包括支撑上的围岩压力和渗水压力。

5. 位移测试

位移测试包括围岩位移(含地表沉降)、支护结构位移及围岩与支护倾斜度。

6. 温度测试

温度测试包括岩体温度、洞内温度及气温。

7. 物理探测

物理探测包括弹性波(声波)测试和视电阻率测试。

上述监测项目,一般分为必测项目和选测项目,如表 10-1 所示。表中 1～4 项为必测项目,5～11 项为选测项目。必测项目是现场量测的核心,它是设计、施工等所必要进行的经常性量测项目;选测项目是由于不同地质、工程性质等具体条件和对现场量测要索取的数据类型而选择的测试项目。由于条件的不同和要取得的信息不同,在不同的工程中往往采用不同的测试项目。但对于一个具体工程来说,对上述列举的项目不会全部应用,只是有目的地选用其中的几种。

隧道现场监控量测项目及量测方法 表 10-1

序号	项目名称	方法及工具	布　　置	量测间隔时间			
				1～15d	16d～1 个月	1～3 个月	大于 3 个月
1	地质和支护状况观察	岩性、结构面产状及支护裂缝观察或描述,地质罗盘等	开挖后及初期支护后进行	每次爆破后进行			
2	周边位移	各种类型收敛计	每 10～50m 一个断面,每断面 2～3 对测点	1～2 次/d	1 次/2d	1～2 次/周	1～3 次/月

续上表

序号	项目名称	方法及工具	布　置	量测间隔时间			
				1～15d	16d～1个月	1～3个月	大于3个月
3	拱顶下沉	水平仪、水准尺、钢尺或测杆	每10～50m一个断面	1～2次/d	1次/2d	1～2次/周	1～3次/月
4	锚杆或锚索内力及抗拔力	各类电测锚杆、锚杆测力计及拉拔器	每10m一个断面，每个断面至少做3根锚杆	—	—	—	—
5	地表下沉	水平仪、水准尺	每5～50m一个断面，每断面至少7个测点；每隧道至少两个断面；中线每5～20m一个测点	开挖面距量测断面前后＜2B时，1～2次/d； 开挖面距量测断面前后＜5B时，1次/2d； 开挖面距量测断面前后＞5B时，1次/周			
6	围岩体内位移(洞内设点)	洞内钻孔中安设单点、多点杆式或钢丝式位移计	每5～100m一个断面，每断面2～11个测点	1～2次/d	1次/2d	1～2次/周	1～3次/月
7	围岩体内位移(地表设点)	地面钻孔中安设各类位移计	每代表性地段一个断面，每断面3～5个钻孔	同地表下沉要求			
8	围岩压力及两层支护间压力	各种类型压力盒	每代表性地段一个断面，每断面宜为15～20个测点	1～2次/d	1次/2d	1～2次/周	1～3次/月
9	钢支撑内力及外力	支柱压力计或其他测力计	每10榀钢拱支撑一对测力计	1～2次/d	1次/2d	1～2次/周	1～3次/月
10	支护、衬砌内应力、表面应力及裂缝量测	各类混凝土内应变计、应力计、测缝计及表面应力解除法	每代表性地段一个断面，每断面宜为11个测点	1～2次/d	1次/2d	1～2次/周	1～3次/月
11	围岩弹性波测试	各种声波仪及配套探头	在有代表性地段设置	—	—	—	—

注：B为隧道开挖宽度。

在某些工程中，由于特殊需要，还要增测一些一般不常用而对工程又很重要和必须的测试项目。如底鼓量测，岩体力学参数量测，原岩应力量测等。

三、量测手段

现场量测手段，按其仪器(表)的物理效应的不同，可分为下述几种类型：

(1)机械式：如百分表、千分表、挠度计、测力计等。

(2)电测式：电阻型、电感型、电容型、差动型、振驰型、压电、电磁型等。

(3)光弹式：光弹应力计、光弹应变计。

(4)物探式：弹性波法——地震波、电火花、声波(超声波)、形变电阻率法。

第三节　围岩应力应变和围岩与支护间接触应力量测

一、测试原理

岩体作为大地的构造体来说，它的各部位都处在一定的应力状态下，这种应力一般称为原岩应力。由于洞室的开挖，改变了部分岩体的原岩应力状态，而把岩体中原岩应力改变的范围称为围岩，其应力称为围岩应力。在开挖前进行钻孔或在开挖后在洞室内紧跟开挖面钻孔，在孔中按要求埋设各种类型的应力计、应变计，对围岩应力、应变进行观测。能够及时、较好地掌握围岩内部的受力与变形状态，进而判断围岩的稳定性。围岩应力重分布与时间和空间有关——即时间效应与空间效应。及时地提供支护作用力，能有效地调整和控制应力重分布的过程和结果。支护与围岩间这种相互作用力通常称为接触应力。在围岩与支护间埋设各种压力盒等传感器，对接触应力进行观测，进而掌握围岩与支护间的共同工作情况、稳定状态及支护的力学性能等。

二、测试手段

1.围岩应力应变测试

围岩应力应变的观测方法较多，有电测类型的，也有机械测试类型的。依据工程的具体情况和对量测信息的要求与设备、仪器条件等，决定所采用的量测手段的类型。

(1)钢弦式应变计：把钢弦固定于一管体的两端，管体变化时，钢弦松紧程度随之变化，其钢弦的振动频率亦相应变化，用频率计测其频率值，按标定曲线(或标定系数)即能获得相应的应变值。钢弦的应变与其振动频率有下列关系：

$$f=\frac{1}{2l}\sqrt{\frac{E\varepsilon}{\rho}} \tag{10-1}$$

式中：f——钢弦的振动频率；

l——钢弦的长度(m)；

E——钢弦的弹性模量(MPa)；

ε——钢弦的应变值；

ρ——钢弦的密度(g/cm^3)。

钢弦式应变计种类较多，图 10-2 和图 10-3 分别示出了 SGY－135 型钢弦式应变计和 JD－1 型钢弦式钢筋计。

上述钢弦应变计，在使用中，把单个应变计与被测围岩刚度相匹配的钢管(钢筋)连接起来，用水泥砂浆埋入岩孔，用频率计进行激发、接收测试。钢弦式应变计不受接触电阻、外界电磁场影响，性能较稳定，耐久性能好，是地下工程测试中比较理想的测试手段。

本章第三、四、五、六节取自参考文献[29]、[33]特此致谢。

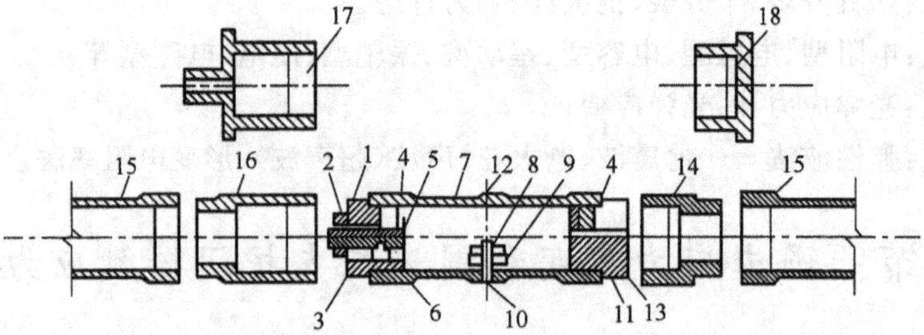

图 10-2　钢弦式应变计组装图

1-端头；2-调弦螺母；3-调弦螺杆；4-顶弦螺丝；5-固弦销；6-止旋螺丝；7-外壳；8-钢弦；9-线圈；10-线圈铁芯；11-端头$_2$；12-封固螺线；13-固弦销$_2$；14-连接套$_2$；15-连接杆；16-连接套；17-端套$_1$；18-端套$_2$

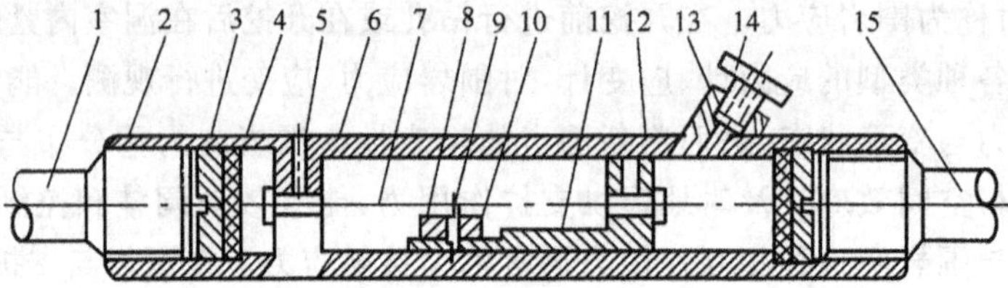

图 10-3　JD—1 型钢弦式钢筋计

1-拉杆；2-壳体；3-端封板；4-橡皮垫；5-定位螺丝；6-夹线柱；7-钢弦；8-线圈架；9-铁芯；10-线圈；11-支架；12-支承堵头；13-密封圈；14-—引线嘴；15-拉杆

(2)差动式电阻应变计：应用两个差动电阻 R_1 与 R_2，当有拉(或压)应变时，R_1 与 R_2 产生相反的电阻变化原理，而形成各种类型的应变计，如图 10-4 所示。

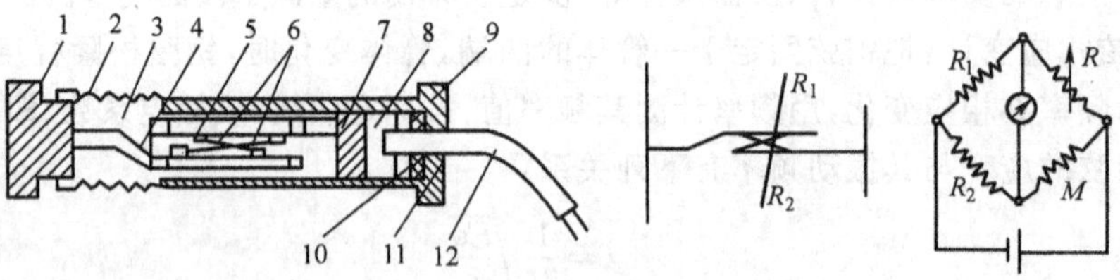

图 10-4　差动电阻式应变计

1-上接；2-波纹管；3-中性油室；4-方铁杆；5-高频瓷子；6-电阻钢丝；7-接线座；8-止水密封室；9-接座套筒；10-橡皮圈；11-压紧圈；12-引出电缆线；R-仪表内的可变电阻；M-仪表内的固定电阻；R_1、R_2-仪表外的两导线电阻

差动电阻式应变计，用水工比例电桥测其电阻比与电阻值——消除温度的影响，要求的应变值为

$$\varepsilon=f(Z-Z_0)+ba(R-R_0) \tag{10-2}$$

式中：Z——测试时的电阻比(R_1/R_2)；

Z_0——初始条件下的电阻比；

R——测试时的总电阻值(Ω)(R_1+R_2)；

R_0——初始条件下的电阻值(Ω)；

f——应变计的灵敏度；

b——应变计的温度补偿系数；

a——应变计的温度系数。

差动式应变计灵敏度较高，性能稳定，耐久性好。

(3)电阻片测杆(电测锚杆)：把电阻片按需要贴在一根剖为两半的金属或塑料管内壁上，再把两半合拢、并作好防水、防潮措施，用水泥砂浆固结在围岩测孔中。值得注意的是，测杆的刚度要尽量与被测围岩的刚度相匹配。用应变仪进行测试，测得围岩不同部位的应变值。

电阻片测杆简便经济，灵敏度高，但因防水、绝缘、接触电阻等因素的影响，在潮湿的地下工程中应用，尤其是长期应用效果不好，性能不稳定，有待进一步完善。

2. 接触应力量测

通常情况下，是指围岩与支护、或喷层与现浇混凝土间的接触应力的测试。它能反映出支护所承受的“山岩压力”(亦即支护给山体的抗力)，接触应力的量值和分布形态，除了同围岩与支护结构的特性有关外，又与两者间的接触条件有很大关系(如密贴、回填等)。

(1)钢弦式压力盒：利用钢弦张拉不同(应力不同)而它的自振频率也相应变化的原理，可由其钢弦的频率变化而得知引起钢弦应力变化的压力盒薄膜所受压力的变化，其关系为

$$f^2 - f_0^2 = KP \tag{10-3}$$

式中：f——压力盒受压后钢弦的频率(Hz)；

f_0——压力盒未受压时钢弦的初频(Hz)；

P——压力盒薄膜所受的压力(MPa)；

K——压力盒系数。

钢弦式压力盒，作为一种弹性受力元件，具有性能稳定，便于远距离、多点观测，受温度与其他外界条件干扰小的优点。但它也存在着工作条件与标定条件不一致的弱点，还存在着与埋设介质间的刚度匹配、压力盒的边缘效应等问题。因而，除了在软粘土介质中能测得较为满意的结果外，一般情况下都不理想。近年来，为了克服上述缺点，国内外都作了不少工作，改单膜为双膜式压力盒，或者在薄膜前设沥青囊。国内钢弦式压力盒品种很多。图 10-5 示出了 J_x 型压力盒。

(2)变磁阻调频式土压力传感器：采用变磁阻传感元件 L－C 振荡原理，薄膜混合集成振荡电路，体积小，与谐振电容一起装在传感器的后腔；同传感器元件合为一体，构成变磁阻调频式土压力传感器，如图 10-6 所示。

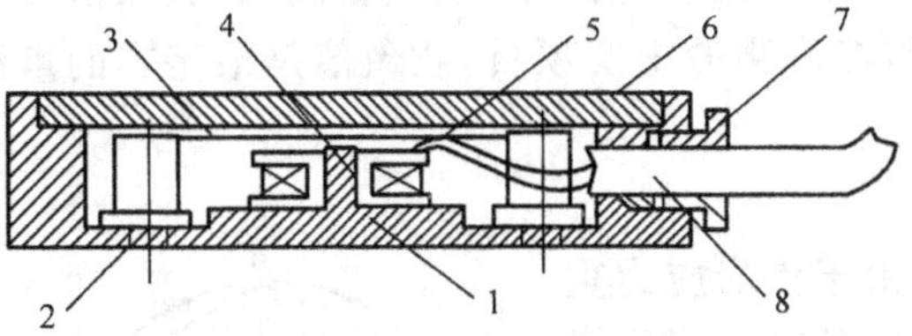

图 10-5 J_x 型压力盒

1-弹性薄板；2-钢弦柱；3-钢弦；4-铁芯；5-线圈；6-盖板；7-密封塞；8-电缆

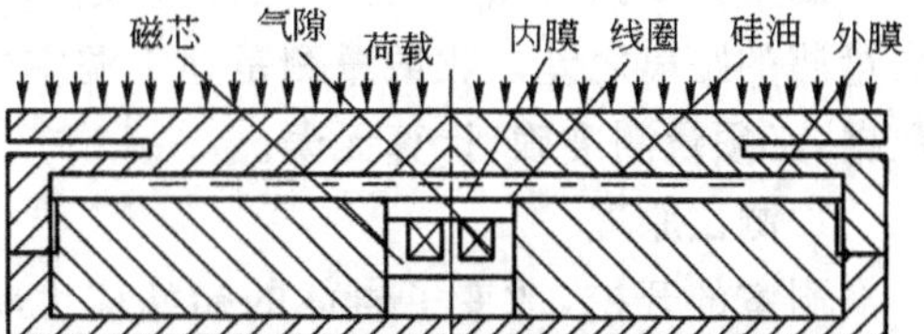

图 10-6 变磁阻调频式土压力传感器

其工作原理为：当压力作用于承压板上时，通过油层传到传感单元的二次膜上，使之产生变形，改变了磁路气隙、磁阻和线圈电感，从而改变了 L－C 振荡电路的输出信号频率，其转换

过程为：$\Delta p \rightarrow \Delta\delta \rightarrow \Delta R_m \rightarrow \Delta L \rightarrow \Delta f$。若制作工艺得当，$\Delta f$的变化与$\Delta p$成正比，其关系为

$$\Delta p = K\Delta f \tag{10-4}$$

式中：Δp——被测压力的变化值；

Δf——频率变化量；

K——传感器分辨力。

该传感器输出信号幅度大，抗干扰能力强，灵敏度高，适于遥测。但它也同钢弦式压力盒一样，在硬介质中应用，亦存在刚度匹配问题，效果不太理想。

(3)格鲁茨尔(Glözel)压力盒(应力计)：它是一种液压式压力计，传感元件为一扁平油腔，通过油压泵加压，由油压表可直接测得油腔的压力(应力)——即接触压力(应力)，如图10-7所示。

该种压力盒，不但用于接触应力测试，亦能用于同种介质内部应力测试，如图10-8所示。

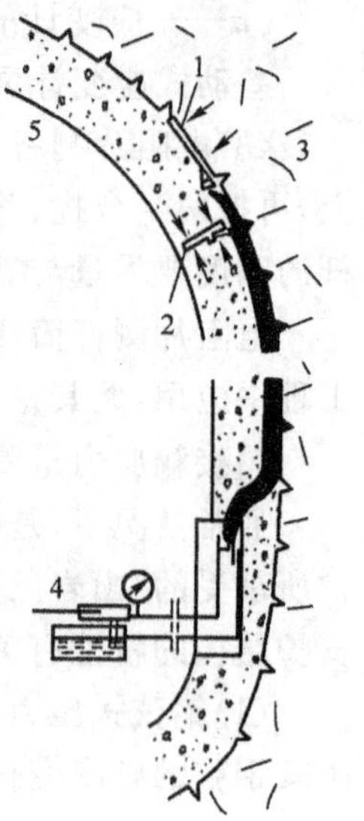

图10-8 衬砌内安装压力盒 1-油压盒(CR)用于量测径向压力；2-油压盒(CT)用于量测切向压力；3-表示岩体；4-安装压力盒；5-隧洞

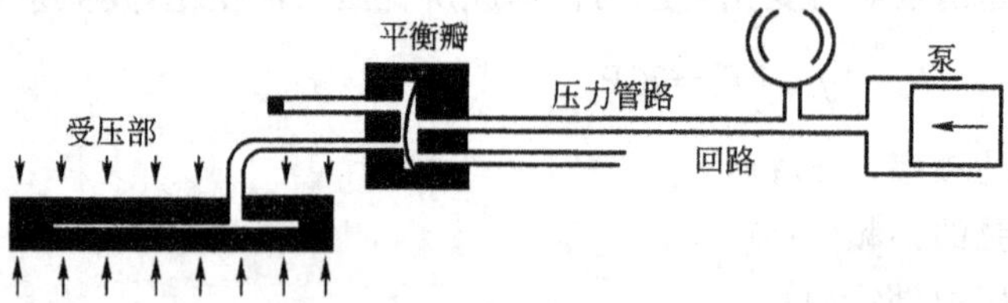

图10-7 格鲁茨尔压力盒

第四节 位移量测

在地下工程测试中，位移量测(包括收敛量测)是最有意义和最常用的项目，它稳定可靠，简便经济，测试成果可直接指导施工、验证设计、评价围岩与支护的稳定性。

一、净空相对位移测试(收敛测试)

洞室内壁面两点连线方向的位移之和称为"收敛"，此项量测称"收敛量测"。收敛值为两次量测的距离之差。收敛量测是地下洞室施工监控量测的重要项目，收敛值是最基本的量测数据，必须量测准确，计算无误。

1. 测试原理

洞室的开挖，改变了岩体的初始应力状态，由于围岩应力重分布的洞壁应力释放的结果，使围岩产生了变形，洞壁有不同程度的向内净空位移，我们在开挖后的洞壁(含顶、底)上，及时安设测点，采用不同的观测手段，观测其两测点的相对位移值，如图10-9所示。

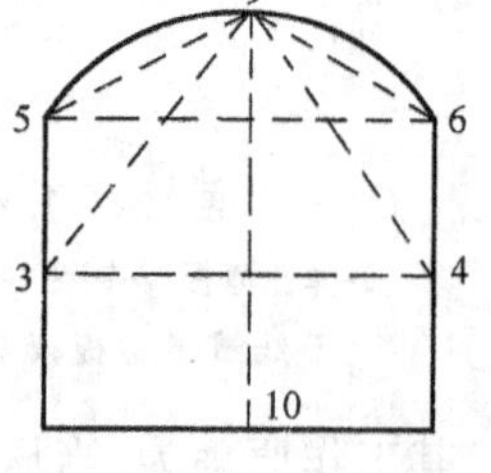

图10-9 净空位移测线示意图

2. 测试手段

净空相对位移测试观测手段较多，但基本上都是由壁面测点、测尺(测杆)、测试仪器和联结部分等组成。

(1)壁面测点：由埋入围岩壁面30～50cm的埋杆与测头组成，由于观测的手段不同，测头有多种形式，一般为销孔测头与圆球测头。它代表围岩壁面变形情况，因而要求对测点加工精确，埋设可靠，测头管理精心。

(2)测尺(测杆)：一般是用打孔的钢卷尺、或金属管对围岩壁面某两点间的相对位移测取粗读数。除对测尺的打孔、测杆的加工要精确外，在观测中，还要注意测尺(杆)长度的温度修正。

(3)测试仪器：是净空位移测试的主要构成部分，一般由测表、张拉力设施与支架组成。测表多为10、30mm的百分表或游标尺，用此对净空变化量进行精读数，张拉力设施一般采用重锤、弹簧或应力环，观测时由它对测尺进行定量施加拉力，使每次施测时测尺本身长度处于同一状态。支架是组合测表、测尺、张拉力设施等综合结构，在满足测试要求的情况下，以尺寸最小、重量最轻为宜。

(4)联结部分：是联结测点与仪器(测尺)的构件，一般采用单向(销接)或万向(球铰接)联结，它们的核心问题是既要保证精度，又要联结方便、操作简单，能作任意方向测试。

工程中常用的手段有如下几种：

(1)位移测杆：它是由数节可伸缩的异径金属管组成，管上装有游标尺或百分表，用以测定测杆两端测点间的相对位移。该位移测杆适用于小断面洞室观测，如图10-10所示。

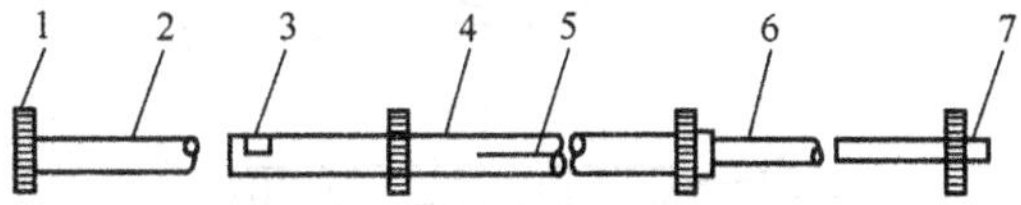

图10-10　位移杆构造示意图

1-平面接触端；2-杆身；3-游标；4-活动杆；5-读尺；6-接杆；7-球形接触端

(2)净空变化测定计(收敛计)：目前国内收敛计种类较多，大致可分为如下三种。

①单向重锤式：它主要由支架、百分表、钢尺(带孔)、连接销、测杆、重锤等部分组成。图10-11示出了SWJ－81型隧道净空变化测定计。

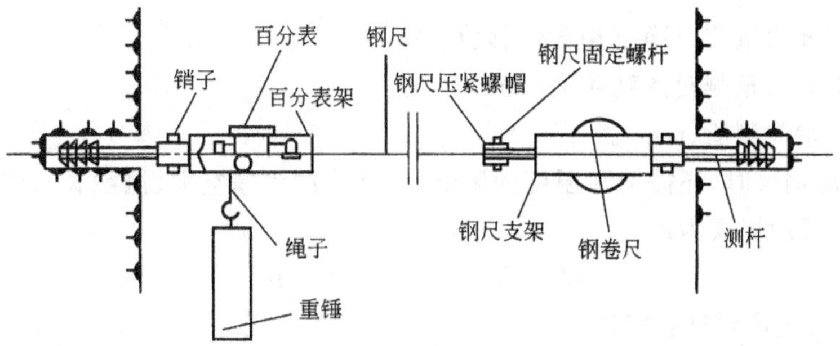

图10-11　SWJ－81型隧道净空变化测定计

②万向弹簧式：它主要由支架、百分表、带孔钢尺、弹簧、连接球铰、测杆等部分组成。图10-12示出了QJ－81型球铰式隧道净空变化测定计。

③万向应力环式：主要由应力环、带孔钢尺、球铰、测杆等部分组成。主要特点是对测尺加张拉力，不是用重锤或弹簧，而是用经国家标定的量力元件应力环，因此该类收敛计测试精度高、性能稳定、操作方便。图10-13示出了GSL钢环式收敛计结构示意图。

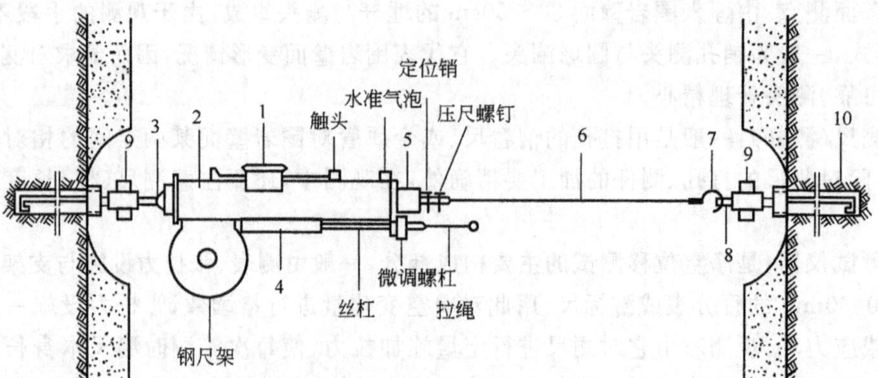

图 10-12　QJ－81 型球铰式隧道净空变化测定计

1-百分表;2-收敛计架;3-钢球;4-弹簧秤;5-内滑管;6-带孔钢尺;7-连接挂钩;8-羊眼螺栓;9-连接销;10-预埋井

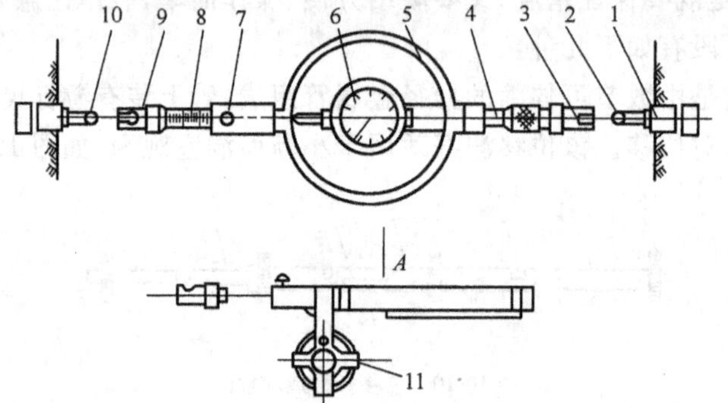

图 10-13　GSL 钢环式收敛计结构示意图

1-埋腿;2-测点;3-球铰接头;4-螺旋测微器;5-钢环测力计;6-百分表;7-定位按钮;8-钢带尺;9-球铰接头;10-测点;11-尺架

净空相对位移计算：

$$U_n = R_n - R_0 \tag{10-5}$$

式中：U_n——第 n 次量测时净空相对位移值(mm)；

R_n——第 n 次量测时的观测值(mm)；

R_0——初始观测值(mm)。

测尺为普通钢尺时，还需消除温度的影响，尤其当洞室净空大(测线长)，温度变化大时，应进行温度修正，其计算式为：

$$U_n = R_n - R_0 - \alpha L(t_n - t_0) \tag{10-6}$$

式中：t_n——第 n 次量测时温度(°)；

t_0——初始量测时温度(°)；

L——量测基线长(m)；

α——钢尺线膨胀系数(一般 $\alpha = 12\times10^{-6}/℃$)。

当净空相对位移值比较大，需要换测试钢尺孔位时(即仪表读数大于测试钢尺孔距时)，为了消除钻孔间距的误差，应在换孔前先读一次，并计算出净空相对位移值(U_n)。换孔后应立即再测一次，从此往后计算应以换孔后这次读数为基数(即新的初读数 R_{n0})，此后净空相对位移(总值)计算式为

$$U_k = U_n + R_k - R_{n0} (K > n) \tag{10-7}$$

式中：U_k——第 k 次量测时净空相对位移值(mm)；

R_k——第 k 次量测时的观测值(mm)；

R_{n0}——第 n 次量测时换孔后读数(mm)。

若变形速率高，量测间隔期间变形量超出仪表量程，可按下式计算净空相对位移值：

$$U_k = R_k - R_0 + A_0 - A_k \tag{10-8}$$

式中：A_0——钢尺初始孔位；

A_k——第 k 次量测时钢尺孔位。

二、拱顶下沉量测

隧道拱顶内壁的绝对下沉量称为拱顶下沉值，单位时间内拱顶下沉值称为拱顶下沉速度。

1. 量测方法

对于浅埋隧道，可由地面钻孔，使用挠度计或其他仪表测定拱顶相对地面不动点的位移值。对于深埋隧道，可用拱顶变位计，将钢尺或收敛计挂在拱顶点作为标尺，后视点可设在稳定衬砌上，用水平仪进行观测，将前后两次后视点读数相减得差值 A，两次前视点读数相减得差值 B，计算 $C=B-A$；如 C 值为正，则表示拱顶向上位移；反之表示拱顶下沉。图 10-14 示出了 A、B、C 三量间的几何关系。图中实线为前次观测时的情形，虚线为后次观测时的情形，P 为前次观测时标尺上的前视点，P' 为后次观测时 P 点在垂直方向上移到的位置。

2. 量测仪器

拱顶下沉量测主要用隧道拱部变位观测计。新奥法量测中，要求观察拱部下沉量。由于隧道净空高，使用机械式测试方法很不方便，使用电测方法造价又很高，铁道科研部门设计了隧道拱部变位观测计。其主要特点是，把锚头用砂浆固定在拱顶，钢丝一头固定在挂尺轴上，另一头通过滑轮可引到隧道下部，测量人员可在隧道底板上测量，如图 10-15 所示。测量时，用尼龙绳将钢尺拉上去，不测时收在边上，不致影响施工，测点布置又相对固定。

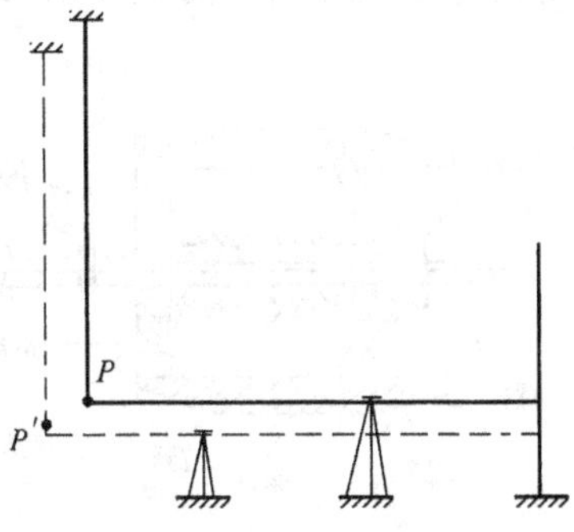

图 10-14　水平仪观测拱顶下沉

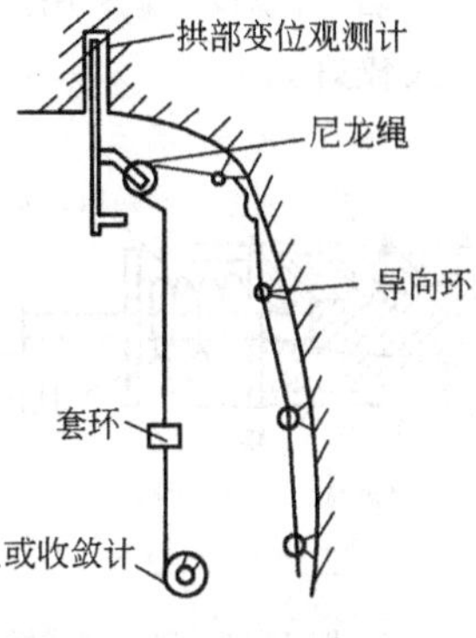

图 10-15　拱部变形观测图

三、地表下沉量测

洞顶地表沉降测试，是为了判定地下工程建筑对地面建筑物的影响程度和范围，并掌握地表下沉规律，为分析洞室开挖对围岩力学形态的扰动状况提供信息。一般是在浅埋情况下观测才有意义，如跨度 6～10m，埋深 20～50m 的黄土洞室，地表沉降才几毫米。

四、围岩内部位移量测

由于洞室开挖引起围岩的应力变化与相应的变形，距临空面不同深度处是各不相同的。围岩内部位移量测，就是观测围岩表面、内部各测点间的相对位移值，它能较好地反映出围岩受力的稳定状态，岩体扰动与松动范围。该项测试是位移观测的重要内容。

1. 测试原理

ni 埋设在钻孔内的各测点与钻孔壁紧密连结，岩层移动 0i 时能带动测点一起移动（图 10-16）。变形前各测点钢带在孔口的读数为 S_{0i}，变形后第 n 次测量时各点钢带在孔口的读数为 S_{ni}。测量钻孔不同深度岩层的位移，亦即测量各点相对于钻孔最深点的相对位移。第 n 次测量时，测点 1 相对于钻孔的总位移量为 $S_{n1}-S_{01}=D_1$，测点 2 相对于孔口的总位移量为 $S_{n2}-S_{02}=D_2$，测点 i 相对于孔口的总位移量为 $S_{ni}-S_{0i}=D_i$。于是，测点 2 相对于测点 1 的位移量是 $\Delta S_{n2}=D_2-D_1$，测点 i 相对于测点 1 的位移量是 $\Delta S_{ni}=D_i-D_1$。

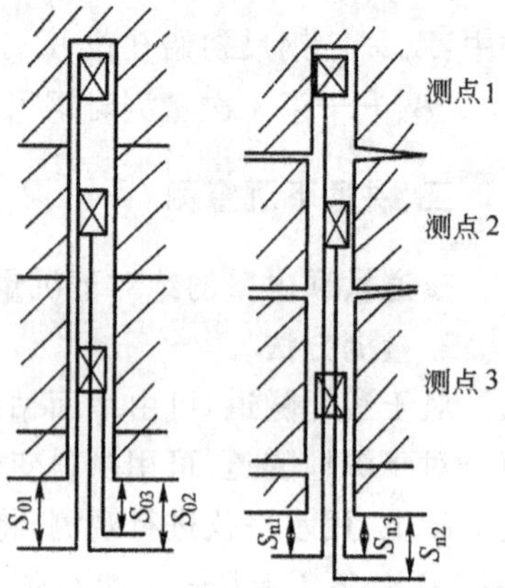

图 10-16　围岩内位移量测

当在钻孔内布置多个测点时，就能分别测出沿钻孔不同深度岩层的位移值。测点 1 的深度愈大，本身受开挖的影响愈小，所测出的位移值愈接近真值。

2. 量测手段

国内围岩内部位移测试类型、手段很多，通常采用钻孔伸长计或位移计，由锚固、传递、孔口装置、测试仪表等部分组成。

(1)锚固部分。把测试元件与围岩锚固为一整体，测试元件的变位即为该点围岩的变位。常用的型式有：楔缝式、胀壳式、支撑式、压缩木式、树脂或砂浆浇注式及全孔灌注式等，如图 10-17～图 10-19 所示。由于具体测试要求、使用环境的不同，采用的锚固方式也不尽相同，一般情况下，软岩、干燥环境采用胀壳式、支撑式、砂浆灌注式为好，而硬岩、潮湿环境采用楔缝式、压缩木式较好。

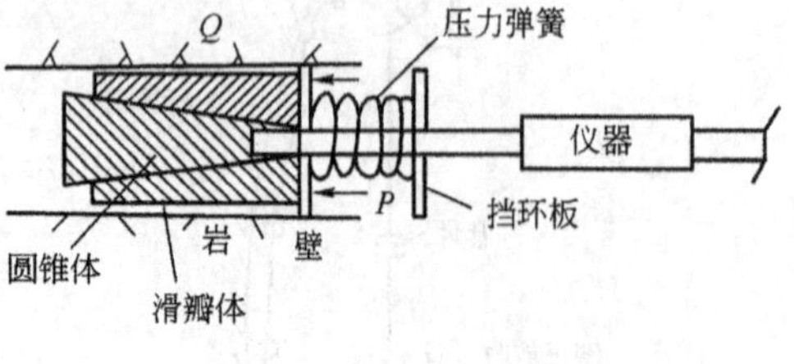

图 10-17　胀壳式锚固器

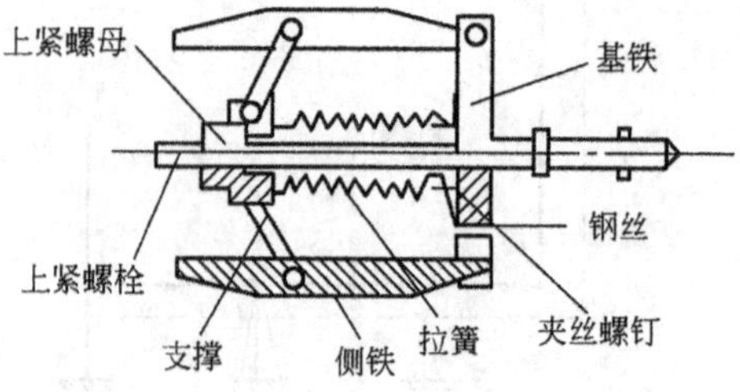

图 10-18　支撑式锚固器

(2)传递部分。把各测点间的位移进行准确的传递，从传递位移的构件可分为直杆式、钢带式、钢丝式等。从传递位移的方式可分为并联和串联式。

(3)孔口装置部分。为了量测的具体实施而在孔口处设的必要装置。一般包括在孔口设置基准面及其固定、孔口保护、导线隐蔽及集线箱等。如图 10-20～图 10-22 所示。

传感器与测读仪表——测读部分是位移测试的重要组成部分，所采用的仪表，通常分为机械式与电测式。

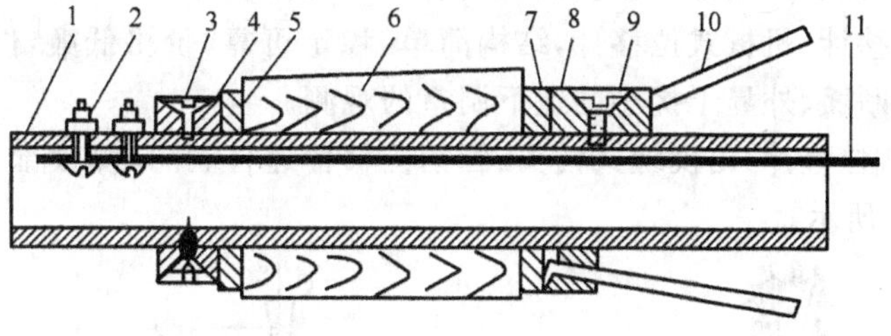

图 10-19　压缩木式锚头

1-内管；2-螺丝；3-固定垫；4-螺丝；5-垫片；6-压缩木；7-垫片；8-弹簧钢丝联结体；9-固定螺丝；10-弹簧钢丝；11-测量钢尺

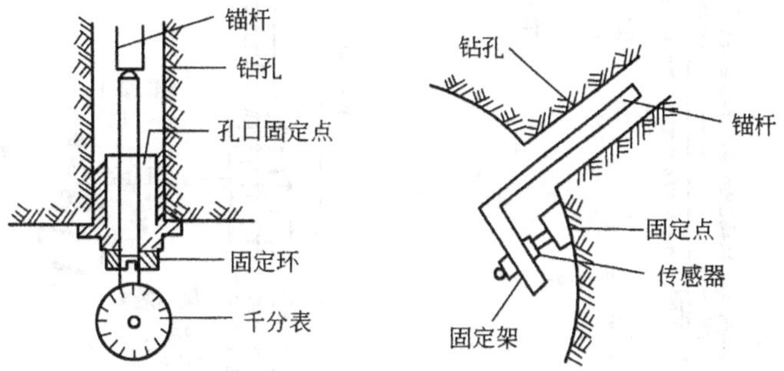

图 10-20　直杆式伸长计孔口固定装置图

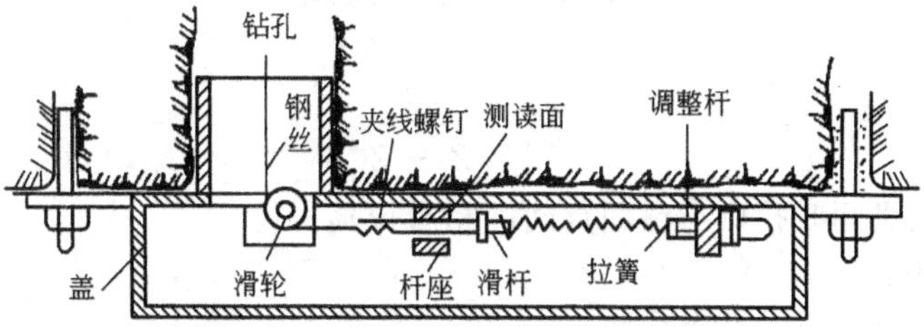

图 10-21　钢丝式伸长计孔口固定装置

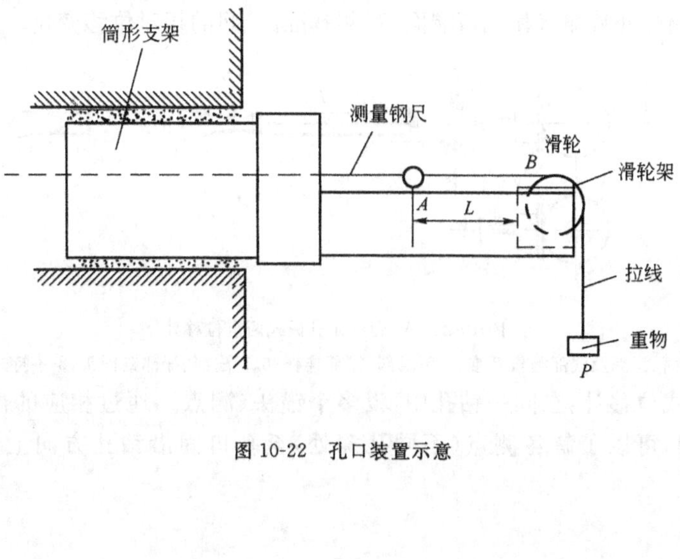

图 10-22　孔口装置示意

工程中常用的围岩的内部位移测试仪器有如下几种：

(1)机械式位移计：机械式位移计，结构简单，稳定可靠，价格低廉，但一般精度偏低，观测不方便，适用于小断面、外界干扰小的地下洞室的观测。

①单点机械式位移计：由楔缝式锚头、圆钢位移传递杆、孔口测读部分（百分表与外锚头）组成。如图 10-23 所示。

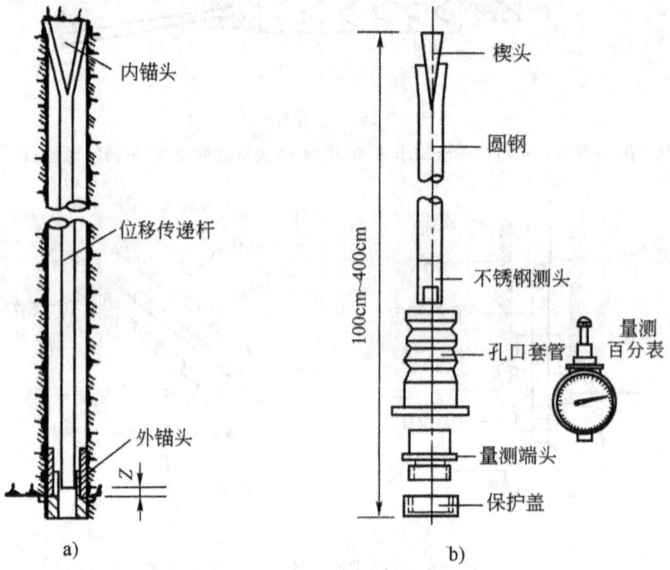

图 10-23　单点杆式位移计

a)原理图；b)构造图

其位移计算式为

$$U_i = Z_0 - Z_i \tag{10-9}$$

式中：U_i——第 i 次量测时孔口与锚固点间的相对位移；

Z_0——初读数；

Z_i——第 i 次测读时百分表读数。

当锚固点为不动点时，此时 U_i 即为孔口（壁面）的绝对位移值。

②机械式两点位移计：这种位移计有两个内锚头，两根金属测杆分别同两个锚头连接，用百分表分别量测两测杆外端测点和孔口端面（观测基准面）间的相对位移变化。如图 10-24 所示。

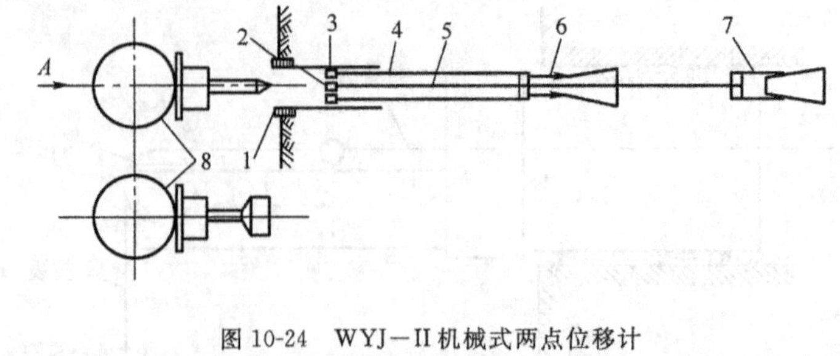

图 10-24　WYJ－II 机械式两点位移计

1、2、3-壁面、深部及浅部测量基准；4、5-浅部、深部连杆；6、7-浅部、深部锚固头；8-手持式百分表架

③多点机械式位移计：在同一钻孔中，设多个锚头（测点），通过相应的位移传递杆或传递钢丝、传递钢带等，可以了解各测点（不同孔深处）至孔口间沿钻孔方向上的位移状态，如图 10-25 所示。

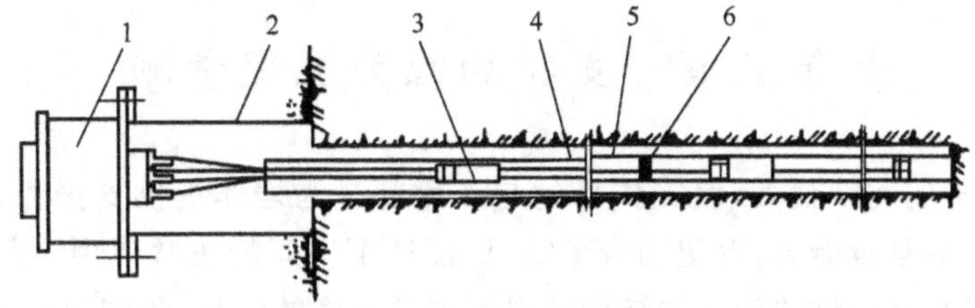

图 10-25　DWJ－I 型深孔六点伸长计结构原理示意图

1-位移测定器；2-圆形支架；3-锚固器；4-保护套管；5-砂浆；6-定位器

(2)电测式位移计：电测式位移计，是把非电量的位移量通过传感器（一次仪表）的机械运动转化为电量变化信号输出，再由导线传送给接收仪（二次仪表）接受并显示。这种装置施测方便，操作安全，能够遥测，适应性强。但受外界影响较大，稳定性较差，费用较高。

①电感式位移计：利用电磁互感原理，传感器在恒定电压情况下，铁芯的位移变化可由二次绕阻线圈的电压变化进行准确的反映，再由二次仪表测读。电感式位移计，因使用需要和不同的位移传递系统与孔口设施而制成单点或多点式。图 10-26 示出了 YJ－L 岩石位移测定仪与传感器。

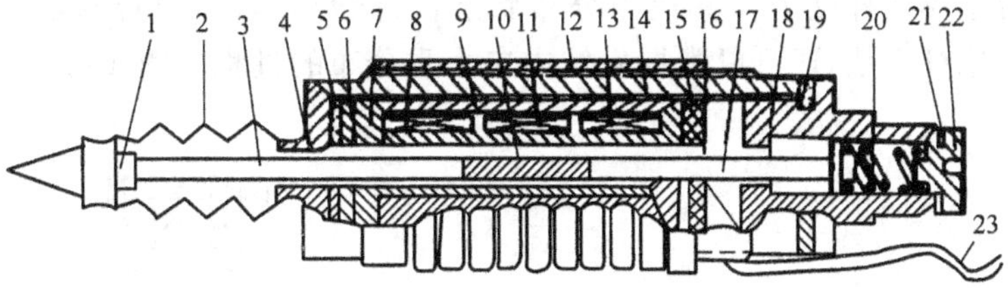

图 10-26　YJ－L 岩石位移传感器

1-测量头；2-防水胶套；3-上测杆；4-上盖套；5、19、21-密封胶垫；6-屏蔽圈；7-骨架；8、13-次级线圈；9-屏蔽套；10-铁芯；11-初级线圈；12-调整套；14-外壳；15-橡皮圈；16-印刷接线板；17-下测杆；18-下盖套；20-弹簧；22-下端盖；23-测量线

②差动式位移计：由差动变压器式位移传感器、电缆及位移测量仪组成，根据使用上的要求，可为单点式，也可经过系统构造上的组合为多点式。

③电阻式位移计：位移的变化是通过传感器的滑动电阻体的电阻变化来反映的，再由导线传给二次仪表，有的可经过仪表内部率定，直接读出位移测试值。电阻式位移计抗外界干扰能力强，性能稳定，价格便宜。但灵敏度差，在一般情况下能满足测试要求。如图 10-27 所示。

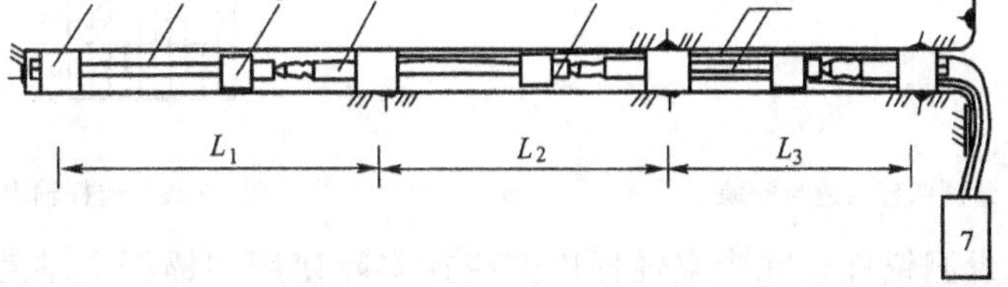

图 10-27　电阻式多点位移计

1-锚固压缩木；2-位移传递杆；3-硬杂木定位器；4-WY－40 位移传感器；5-位移测点；6-测试导线；7-WD－83A 位移测定仪

第五节　支护的应力应变量测

地下洞室支护的类型很多，但支护目的与作用都是为岩体提供支护力，调节围岩受力状态，充分发挥围岩的自承能力，促使围岩稳定，保证地下空间的正常使用。通过对支护的应力应变测试，不仅可直接提供关于支护结构的强度与安全度的信息，还能间接了解到围岩的稳定状态，并与其他测试手段相互验证。

一、锚杆轴力量测

锚杆轴力量测的目的在于掌握锚杆实际工作状态，结合位移量测，修正锚杆的设计参数。主要使用的是量测锚杆。量测锚杆的杆体是用中空的钢材制成，其材质同锚杆一样。量测锚杆主要有机械式和电阻应变片式两类。

机械式量测锚杆是在中空的杆体内放入四根细长杆，将其头部固定在锚杆内预计的位置上(图 10-28)。量测锚杆一般长度在 6m 以内，测点最多为 4 个，用千分表直接读数，量出各点间的长度变化，而后被测点间距除得出应变值，再乘以钢材的弹性模量，即得各测点间的应力。由此可了解锚杆轴力及其应力分布状态，再配合以岩体内位移的量测结果就可以设计锚杆长度及锚杆根数，还可以掌握岩体内应力重分布的过程。图 10-29 示出了一个量测实例。

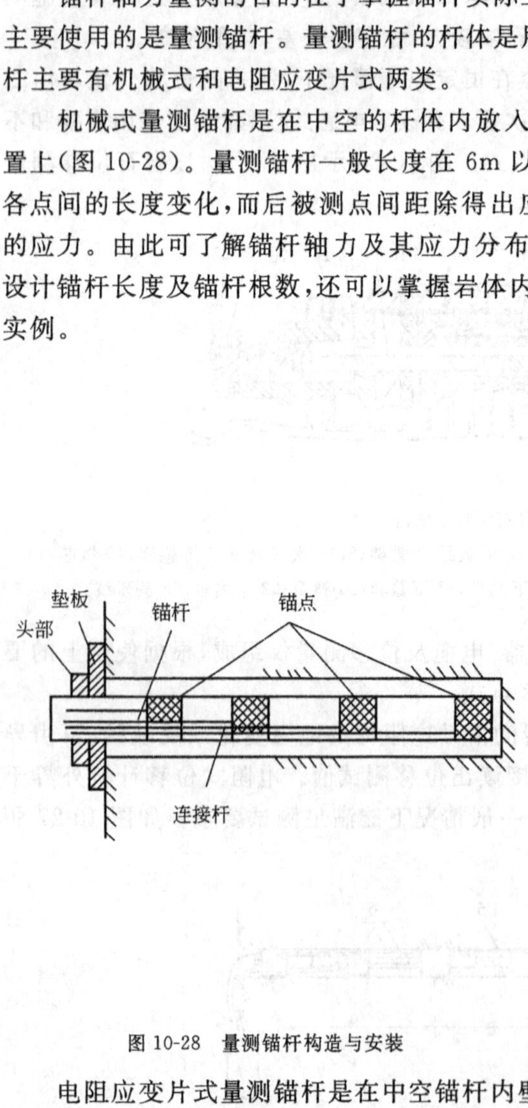

图 10-28　量测锚杆构造与安装

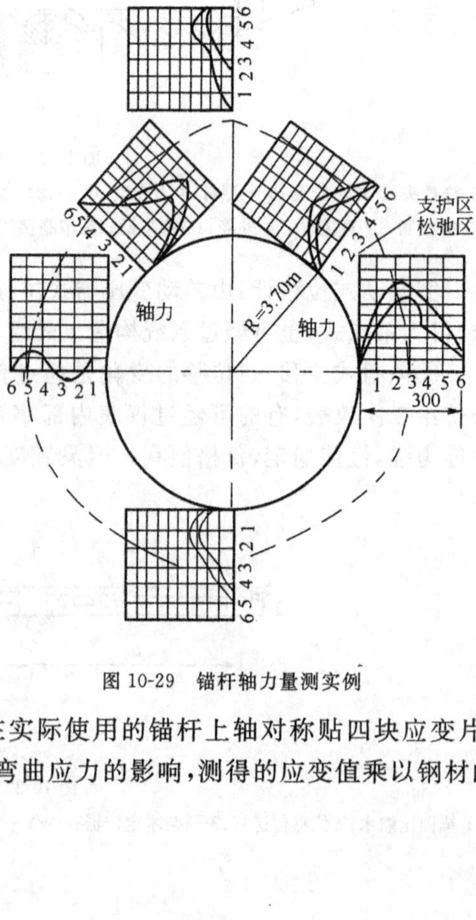

图 10-29　锚杆轴力量测实例

电阻应变片式量测锚杆是在中空锚杆内壁或在实际使用的锚杆上轴对称贴四块应变片，以四个应变片的平均值为量测应变值，这样可消除弯曲应力的影响，测得的应变值乘以钢材的弹性模量可得该点的应力。

二、钢支撑压力量测

如果隧道围岩类别低于Ⅳ类，隧道开挖后常需要采用各种钢支撑进行支护。量测围岩作用在钢支撑上的压力，对维护支架承载能力、检验隧道偏压、保证施工安全、优化支护参数等具有重要意义。例如，通过压力量测，可知钢支撑的实际工作状态，从钢支撑的性能曲线上可以确定在此压力作用下钢支撑所具有的安全系数，视具体情况确定是否需要采取加固措施。

1. 测力计分类

围岩作用于钢支撑上的压力可用多种测力计量测。根据测试原理和测力计结构的不同，测力计可分类如下：

- 测力计
  - 液压式
    - 液压盒
    - 油压枕
  - 电测式
    - 应变式
    - 钢弦式
    - 差动变压式
    - 差动电阻式

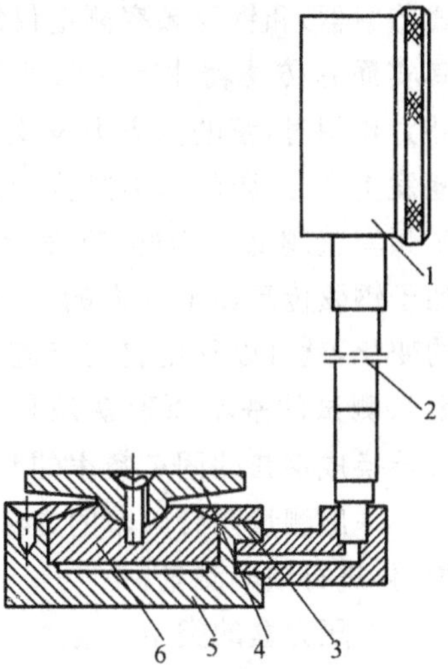

图 10-30 液压测力计结构

1-压力表；2-高压胶管；3-压盖；4-调心盖；5-油缸底座；6-活塞

液压式测力计的优点是结构简单、可靠，现场直接读数，使用比较方便。电测式测力计的优点是测量精度高，可远距离和长期观测。这里仅以液压式测力计为例，介绍测力计的结构原理和压力测试方法。

2. 液压测力计结构原理

液压测力计结构如图 10-30 所示，主要由油缸、活塞、调心盖、接管式高压软管、减震器和压力表组成。除此之外，为了在组装时排净系统中空气，在油缸壁上设有球形排气阀。在使用中突然卸载时，为了不使压力表损坏，还设有螺钉减震装置。表 10-2 为常用的 HC45 型液压测力计技术规格。

HC45 型液压测力计技术规格 表 10-2

额定载荷 (kN)	承载面积 (m^2)	额定油压 (MPa)	配用压力表规格 (MPa)	油缸内径 (mm)	压力表外径 (mm)	精度 (%)	允许偏心角 (°)	质量 (kg)	液压油型号
450	0.0135	57.3	0～60	100	100	5	5	12.5	≥30 号机油

图 10-31 和图 10-32 分别示出了测力计的布置及安装示意图。

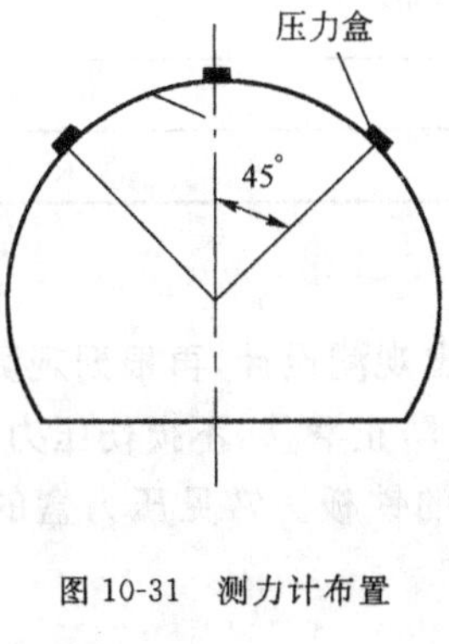

图 10-31 测力计布置

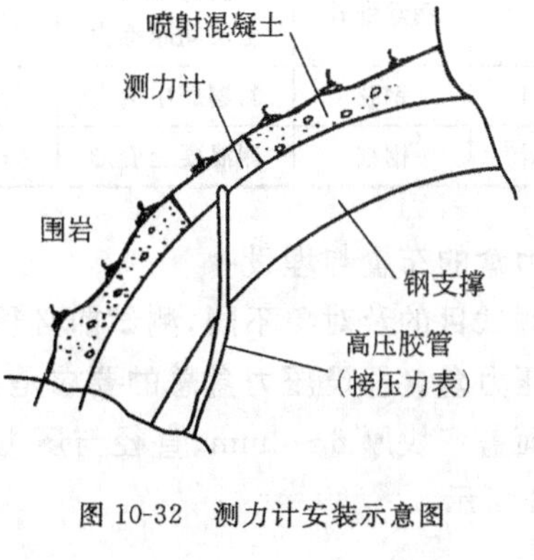

图 10-32 测力计安装示意图

三、衬砌应力测试

衬砌应力量测的目的在于研究复杂工作条件下的地压问题、检验设计、积累资料和指导施工，衬砌应力量测通常是压力量测。这里以钢弦式应力计为例介绍混凝土衬砌应力的量测。

1.弦测法的基本原理

钢弦式测试技术属“非电量电测法”的范畴，测试工作系统一般由钢弦式传感器(或调频弦式传感器)和钢弦频率测定仪组成，如图10-33所示。其实质是传感器中有一根张紧的钢弦，当传感器受外力作用时，弦的内应力发生变化，自振频率也相应地发生变化，弦的张力越大，自振频率越高，反之，自振频率就越低。因此，钢弦自振频率的变化反映了加于钢弦传感器上外力的变化。如能测出钢弦频率的变化，就可以利用它测定施加于传感器上的外力。钢弦测试的基本原理就是利用钢弦的这种性质，将力转换成钢弦的固有频率的变化而进行测量的。

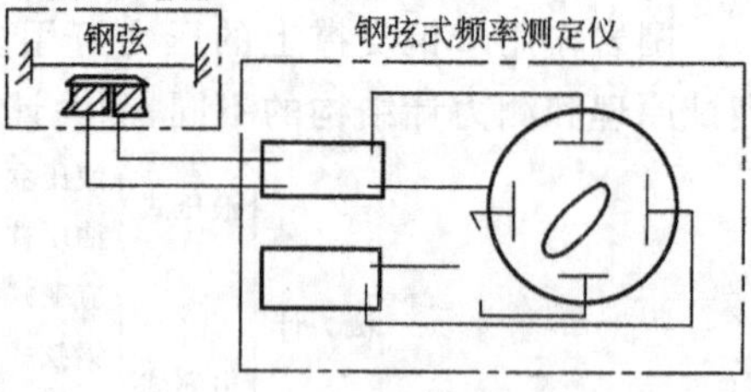

图10-33 钢弦式测试系统

一般测量钢弦频率的方法是使钢弦在电磁力的作用下激振，起振后将振动频率转换成电量，再进行频率测量。

2.压力盒的类型

钢弦式传感器根据它的用途、结构形式和材料不同，一般有多种类型。国产常用压力盒类型、使用条件及优缺点列于表10-3。

压力盒类型及使用特点　　表10-3

工作原理	结构及材料	使用条件	优缺点
单线圈激振型	钢丝卧式 钢丝立式	测土、岩土压力，测土压力	(1)构造简单； (2)输出间歇非等幅衰减波，故不适用动态测量和连续量，难于自动化
双线圈激振型	钢丝卧式	测水、土、岩压力	(1)输出等幅波，稳定，电势大； (2)抗干扰能力强，便于自动化； (3)精度高，便于长期使用
钨丝压力盒	钢丝立式	测水、土压力	(1)刚度大，精度高，线性好； (2)温度补偿好，耐高温； (3)便于自动化记录
钢弦摩擦压力盒	钢丝卧式	测井壁与土层间摩擦力	只能测与钢筋同方向的摩擦力
钢筋应力计	钢弦	测钢筋中应力	比较可靠
钢筋应变计	钢弦	测混凝土变形	比较可靠

3.压力盒的布置与埋设

由于测试目的及对象不同，测试前必须根据具体情况作出观测设计，再根据观测设计来布置与埋设压力盒。埋设压力盒总的要求是：接触紧密和平稳，防止滑移，不损伤压力盒及引线，且需在上面盖一块厚6～8mm、直径与压力盒直径大小相等的铁板。常见压力盒的布设方式如图10-34所示。

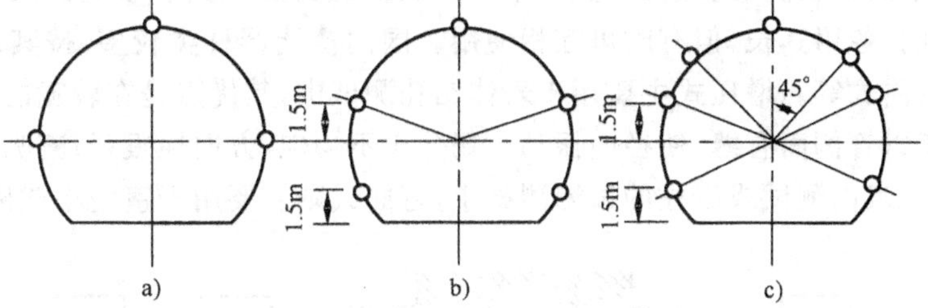

图 10-34　压力盒的布置

第六节　围岩声波测试

围岩声波测试，是地球物理探测方法中的一种，通常泛指声波（频率 2～20kHz）和超声波（20kHz 以上）测试，因目前国内岩体测试中激发的弹性波频率大都在声波范围内，故一般称为声波测试。声波测试，具有快速、简易、经济等特点，在地下工程测试中，被广泛地用来测定岩体物理性质（动弹性模量、岩体强度、完整性系数等），判别围岩稳定状态，提供工程围岩分类的参数，是一种应用很强、具有广阔发展前景的测试技术。

一、基本原理

岩体声波测试，是借助于对岩体（岩石）施加动荷载，激发弹性波在介质中的传播，来研究岩体（岩石）的物理力学性质及其构造特征，从波速、波幅、频谱等几个主要方面进行表征。岩体虽非理想弹性介质，但如果作用小且持续时间短，所产生的质点位移量也非常小，一般不超过其弹性变形范围，在这种特定条件下，则可把岩体视为弹性介质，这是之所以能用弹性波法对岩体进行测试的基础。目前在声测指标中应用较普遍的是纵波速度，次之为横波速度和波幅变化的观测。在岩体中，波的传播速度与岩体的密度及弹性常数有关，受岩体结构构造、地下水、应力状态的影响，一般说来有如下规律：①岩体风化、破碎、结构面发育则波速低衰减快，频谱复杂；②岩体充水或应力增加则波速增高，衰减减少，频谱简化；③岩体不均匀性和各向异性使波速与频谱的变化也相应地表现出不均一性和各向异性。

利用上述原理，在岩体中造成一小扰动，根据所测得的弹性波（声波）在岩体中的传播特性与正常情况相比，即可判定岩体受力后的形态。

二、测试仪器

声波测试的主要测试仪器是声波仪及换能器（亦称声测探头）。声波仪是进行声波测试的主要仪器设备，它的主要部件是发射机与接收机。发射机根据使用要求，能向声波测试探头输出一定频率的电脉冲，向探头输出能量。接收机将探头所接收到的微量讯号，经过放大，并在示波管上反映出来。接收机不仅要求能够正确显示声波波形，而且要求在测得声波时能直接测得发射探头发射后到达接收探头的时间间隔，以便计算波速。纵波与横波主要根据起始波到达的时间及其波形特性辨别。目前国内应用的声波仪主要有 SYC－Z 岩石参数测定仪及 YB4－四线岩体波速仪等。图 10-35 示出了声波测试仪器的工作原理。

声波测试探头（换能器），按其功能可分为发射换能器和接收换能器，其主要元件都是压电陶瓷，主要功能是将声波仪输出的电脉冲变为声波能，或将声波能变为电信号输送给接收机。

发射换能器要求具有较高的发射能量(效率),接收换能器要求具有较高的灵敏度。两种换能器通常是专用的,各用其长,但有时可互相使用。国内换能器种类较多,按其结构可分为增压式、喇叭式和弯曲式等。增压式主要用于岩体钻孔测试中,其优点是在较宽的频带内有较高的灵敏度,但由于钢管侧面有缝,使径向振动声场分布不均匀,方向性很强;喇叭式(夹心式)主要用于岩体(岩石)表面测试或岩柱的透测测试中;弯曲式则主要用于室内小试件高频超声测试。

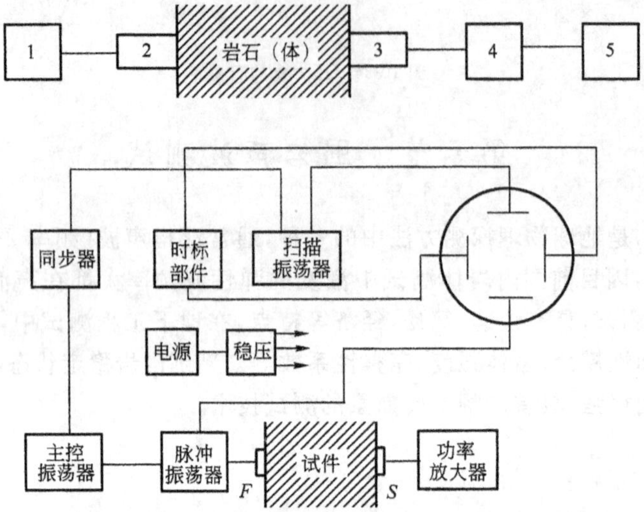

图 10-35　声波测试仪器工作原理图

1-振荡器;2-发射换能器;3-接收换能器;4-放大器;5-显示器

三、围岩声波测试项目及其测试方法

1. 测试项目

地下工程岩体中可采用声波测试的项目很多,主要有:①地下工程位置的地质剖面检测(声波测井),用以划分岩层,了解岩层破碎情况和风化程度等;②岩体力学参数测定,如弹性模量、抗压强度等;③围岩稳定状态的分析,如测定围岩松动圈大小等;④判定围岩的分类等级,如测定岩体波速和完整性系数等。后两者是围岩声测中的两个重要项目。

2. 测试方法

(1)围岩松动圈的测定。围岩松动圈是设计地下工程和评定围岩稳定性的重要参数之一。测定松动圈的原理主要是声波传播速度决定于岩体完整性程度。完整岩体的波速一般较高,而在应力下降、裂隙扩张的松动区波速相对下降,因而在围岩压密区(应力升高区)和松动区之间会出现明显的波速变化。应当指出,松动区不等于塑性区,它是塑性区中岩体松弛部分。

测试方法有单孔法(见图 10-36)和双孔法(见图 10-37)。

单孔测量是用风钻在岩体中打一小孔,将发射换能器和接收换能器组装在一起,放入充满液体的测孔中。换能器的组装有一发一收、一发二收、二发二收等。通常采用一发二收,如图 10-38 所示,该组合由一个发射换能器和两个接收换能器组成,固定三组相对位置,以两个接收换能器为实测距离。观察顺序为发射后,先读取至"收$_2$"的纵、横波走的时间 t_{p2} 和 t_{s2},再读取至"收$_1$"的 t_{p1} 和 t_{s1}。不难证明下式:

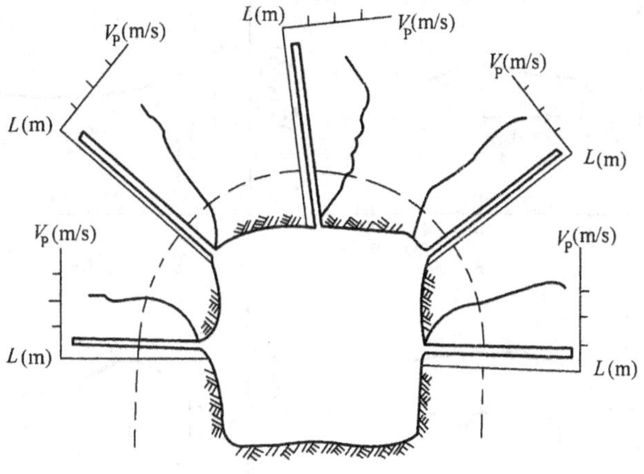

图 10-36 单孔测试

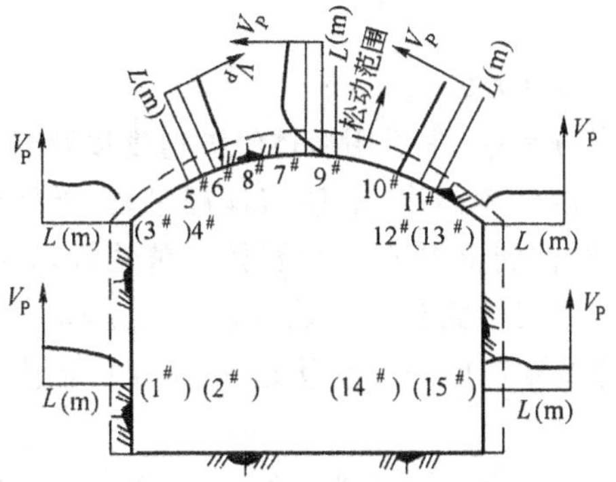

图 10-37 双孔测试

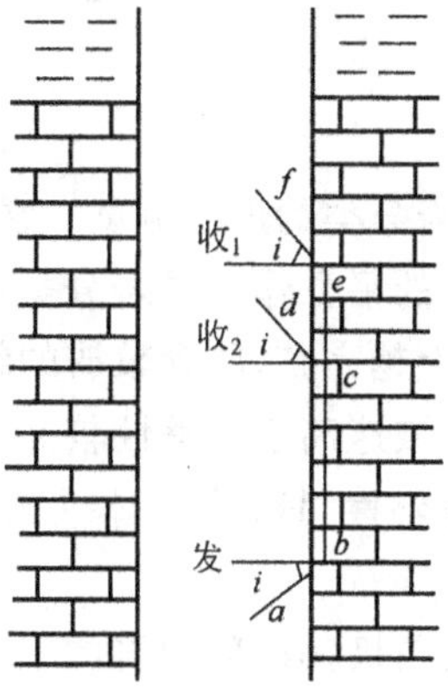

图 10-38 一发二收示意图

$$V_{\mathrm{p}}=\frac{\mathrm{d}f}{t_{\mathrm{p2}}-t_{\mathrm{p1}}}=\frac{\mathrm{d}f}{\Delta t_{\mathrm{p}}}=\frac{ec}{\Delta t_{\mathrm{p}}}$$

$$V_{\mathrm{s}}=\frac{\mathrm{d}f}{t_{\mathrm{s2}}-t_{\mathrm{s1}}}=\frac{\mathrm{d}f}{\Delta t_{\mathrm{s}}}=\frac{ec}{\Delta t_{\mathrm{s}}}$$

测试时，不断移动换能器，即可获得孔深与波速的关系曲线。

双孔测试是目前应用较广的方法，它受局部岩体的影响小，一般采用双孔同步，单发单收的方式。在测试断面的测试部位，打一对小孔，孔间距离一般为 1～1.5m，在一孔中放入发射换能器，另一孔中放入接收换能器，平行移动这两个换能器，即可得声波与孔深的曲线关系。

根据实测资料，波速与孔深关系曲线类型，如图 10-39 所示。

1)“—”型，无明显分带，表示围岩较完整。

2)“/”型，无松弛带，有应力升高，表示围岩较坚硬。

3)“┌”型，无应力升高带，有松弛带，但应分清是爆破松动还是围岩进入塑性松动。

4)“凸”型，松弛带、应力升高带均有。

实测的 $V_{\mathrm{p}}-L$ 曲线形态有时比上述四种曲线更为复杂，而且也不能单纯根据曲线形态来确定松动区范围，还必须考虑排除岩性及各向异性的影响。应当指出，若能在洞室工程开挖前后与支护前后作不同时期的声波测试，就能更加准确地判定围岩的稳定状态和松动区范围及其发展过程。

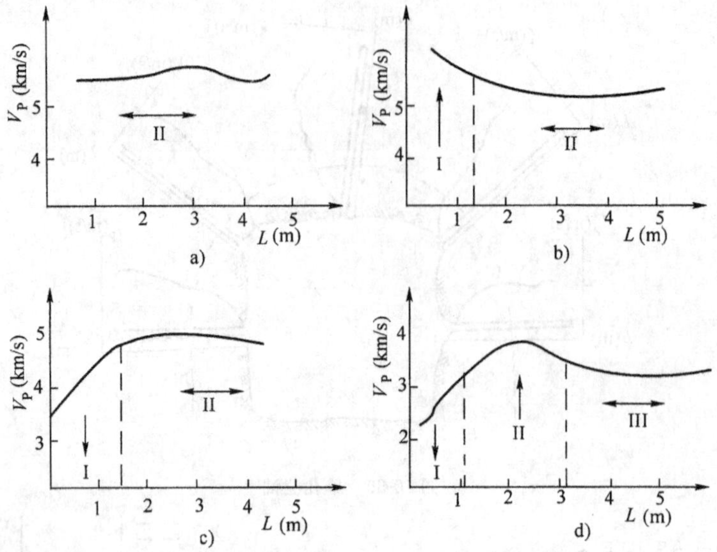

图 10-39　波速与孔深关系曲线类型

(2)围岩分类的声波测试。在当前国内外的围岩分类中，常引用岩体纵波速度以及岩体与岩块波速比的平方作为围岩分类的判据。通常，岩体的波速越高，表明岩体越坚硬，弹性性能越强，结构上越完整，所含较弱的结构面越少。但有时波速高并不反映岩体完整性好，如有些破碎硬岩的波速高于完整性较好的软岩，因此还要采用岩体完整性系数 $K_v=(V_{mp}/V_{rp})^2$ 来反映岩体的完整性，V_{mp} 为岩体纵波速度，V_{rp} 为岩块的纵波速度，K_v 愈接近于 1，表示岩体愈完整。

在软岩与极其破碎的岩体中，有时无法取出完整而扰动不严重的岩块，不能测取岩块的纵波速度，这时可用相对完整系数 $K_x=(V_{mp}/V_{zp})^2$ 代替 K_v 进行判断，V_{zp} 为岩体纵波速度最大值，在具体工程中，要结合岩体结构、岩体应力状况分析应用，如软弱完整岩体应力高的情况下，测出的 V_{zp} 偏高，K_x 值偏小。若岩体极破碎，岩体应力又小的情况下，测出的 V_{zp} 偏低，K_x 值偏高。

围岩分类中声波测试方法，除采用钻孔法外，还可采用锤击法。锤击法受开挖影响较明显，测得波速比用钻孔法测得的偏低。在围岩分类中，必须考虑不同情况下测取波速的差异，而应分别采用不同的标准。

(3)动弹性模量的测试。动弹性模量是用弹性波法求得的，在无限介质条件下：

$$E_d=\rho V_p^2\,\frac{(1+\mu)(1-2\mu)}{(1-\mu)}$$

或

$$E_d=\rho V_s^2\,\frac{3V_p^2-4V_s^2}{2V_p^2-V_s^2} \tag{10-10}$$

式中：V_s、V_p——横波与纵波的波速。

在有限介质条件下：

①棒($\lambda\geqslant(5\sim10)d, l/d>3$)：

$E_d=\rho V_b^2$，V_b 为细长杆的纵波速度。

②板($\lambda\leqslant0.1l, \lambda>10\delta$)：

$E_d=\rho V_e^2(1-\mu^2)$，V_e 为板中的纵波速度。

第七节　现场量测的规划与实施

现场量测计划是量测工作中的重要一环，它必须是在初步调查的基础上，依据地下工程的地质条件、工程概况、量测目的、施工进程和经济效果而编制。

一、量测项目的确定和量测手段的选择

量测项目的选择主要是依据围岩条件、工程规模及支护的方式。我国锚喷支护规范中规定，IV、V 类不稳定围岩及大跨度洞室 III 类围岩应进行监控量测。监控量测中的应测项目是必须量测的，选测项目则视工程要求及其具体情况择部分进行量测。通常，包括围岩内部位移、围岩松动区及锚杆轴力的量测等。在特殊地段或对一些重大工程还应进行喷层内切向应力或围岩与喷层间接触压力的量测。对特殊地段及特殊工程有时要求增测一些项目。如浅埋工程应增测地表沉降；塑性流变地层应增测底鼓位移；而对需要深入进行理论分析的重大工程，还需增测岩体力学参数及地应力等。表 10-4 列出了按围岩条件而确定量测项目的重要性等级，这种划分方法摘自日本《新奥法设计施工指南》，可供参考。表中 A 类为必须进行的量测项目，B 类是根据情况选用的量测项目。

各种围岩条件量测项目的重要性　　表 10-4

围岩条件 \ 项目	A 类量测					B 类量测				
	洞内观察	净空变位	拱顶下沉	地表和围岩内下沉	围岩内部位移	锚杆轴力	衬砌应力	锚杆拉拔试验	围岩试件试验	洞内测弹性波
硬岩（断层等破碎带除外）	◎	◎	◎	△	△*	△*	△	△	△	△
软岩（不发生强大塑性地压）	◎	◎	◎	△	△*	△*	△*	△	△	△
软岩（发生强大塑性地压）	◎	◎	◎	△	◎	◎	○	△	○	△
土砂	◎	◎	◎	◎	○	△*	△*	○	◎（土质试验）	△

注：◎：必须进行的项目；
○：应进行的项目；
△：必要时进行的项目；
△*：这类项目的量测结果对判断设计是否保守很有作用。

量测手段的选用，应根据量测项目及国内量测仪器的现状来选用。一般应选择简单、可靠、耐久、成本低的量测手段。要求选择的被测物理量概念明确、量值显著、便于进行分析和反馈。通常情况下，机械式手段与电测式手段相结合使用。

二、量测部位的确定和测点的布置

1. 量测间距

量测间距，在国家锚喷支护规范中，对应测项目与选测项目的量测间距已有规定，见表 10-5。在具体工程测试中，量测间隔还要根据围岩条件、埋深情况、工程进展等进行必要的修正。

选测项目的测点纵向间距一般为 200～500m，或在几个典型地段选取测试断面，增测项目

的测试断面应视需要而定。表 10-6 列出了地表下沉(隧道中线上)测点的纵向间距。

净空位移、拱顶下沉的测点间距 表 10-5

条　件	量测断面间距(m)	条　件	量测断面间距(m)
洞口附近	10	施工进展 200m 前	20(土砂围岩减小到 10)
埋深小于 2D	10	施工进展 200m 后	30(土砂围岩减小到 20)

注:D 为洞室跨度。

地表下沉量测的测点纵向间距 表 10-6

埋深 h 与洞室跨度 D 关系	测点间距(m)	埋深 h 与洞室跨度 D 关系	测点间距(m)
$2D<h$	20~50	$h<D$	5~10
$D<h<2D$	10~20		

2. 测点的布置

(1)收敛位移测线布置

收敛位移是反分析的基本数据,应给予更多的关注。反分析表明:对于横断面为马蹄形一类隧道,求解初始地应力垂直分量时的最佳三角形量测基线网为等腰三角形,其顶点在拱顶,底边为水平基线;而相应于初始地应力水平分量和剪应力分量的最佳基线布置则可有两个方案,两个方案的量测基线三角形对称于 y 轴,见图 10-40。

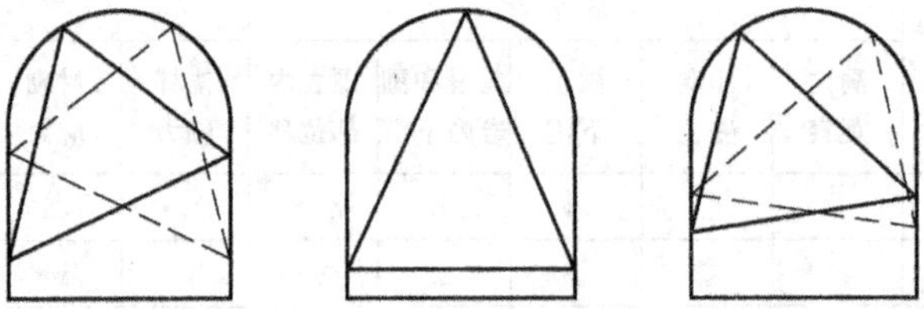

图 10-40 求解初始地应力各分量时的最佳基线布置

以往一些文献中所介绍的反分析法,建议采用量测基线数目大于 3 的净空变化量测网。这样,写出的方程式个数大于 3,可用最小二乘法来求得初应力的三个分量。这样做,虽然在用最小二乘法求算初应力分量时"全面"地利用了所有量测基线提供的信息,但由于量测基线布置较为复杂,难以对整个反分析精度有一个全面的估计。

而采用最佳三角形量测基线时,可以认为,在某一等同量测精度条件下,反分析结果具有最佳精度。因此,从实用性出发,可采用由三根基线组成的三角形净空变化量测基线网。对于三个应力分量可以布置三个最佳三角形量测基线网(在三个相互邻近的横断面上,或在同一断面上),用于分别求算初始地应力的三个分量。

拱顶下沉量测的测点,一般可与收敛位移测点共用,这样可节省安设工作量,更重要的是使测点统一在一起,测试结果能互相校验。

(2)围岩位移测孔的布置。围岩位移测孔布置,除应考虑地质、洞形、开挖等因素外,一般应与净空位移测线相应布设。

(3)锚杆轴力量测锚杆的布置。量测锚杆要依据具体工程中支护锚杆的安设位置、方式而定。如属局部加强锚杆,要在加强区域内有代表性位置设量测锚杆,若为全断面设系统锚杆(不含底板),在断面上布置位置可参见图 10-41 围岩位移测孔布置方式进行。

(4)衬砌应力量测布量。衬砌应力量测，除应与锚杆受力量测孔相对应布设外，还要在有代表性的部位设测点，如图 10-42 所示。

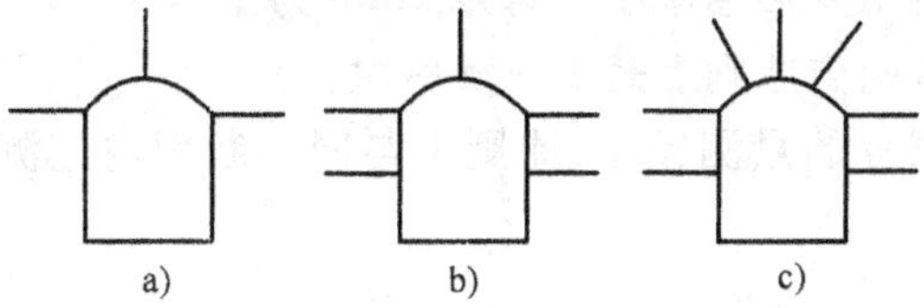

图 10-41　围岩内部位移测孔布置

a)三测孔；b)五测孔；c)七测孔

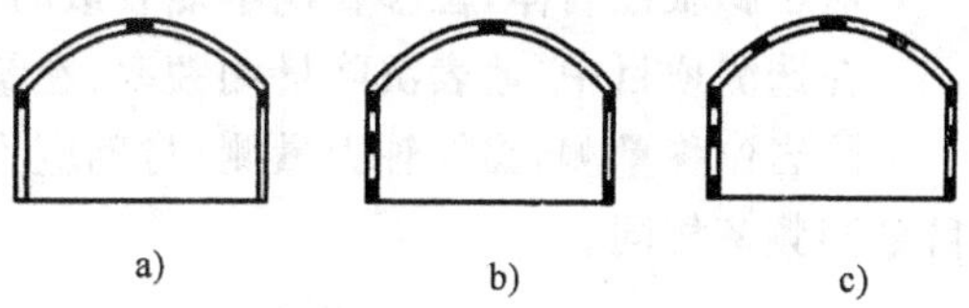

图 10-42　衬砌应力量测布置

a)三测孔；b)六测孔；c)九测孔

(5)地表、地中沉降测点布置。地表、地中沉降测点，原则上应布置在洞室中心线上，并在与洞室轴线正交平面的一定范围内布设必要数量的测点，见图 10-43。并在有可能下沉的范围外设置不会下沉的固定测点。

(6)声波测孔布置。声波测试的目的是测试围岩松动范围与提供分级参数验证围岩分级，要求测孔位置要有代表性，见图 10-44。在每个部位上，测孔位置要兼顾单孔、双孔两种测试方法，还要考虑到围岩层理、节理与双孔对穿测试方向的关系。有时在同一个部位上，可成直角形布设三个测孔，以便充分掌握围岩构造对声测结构的影响。

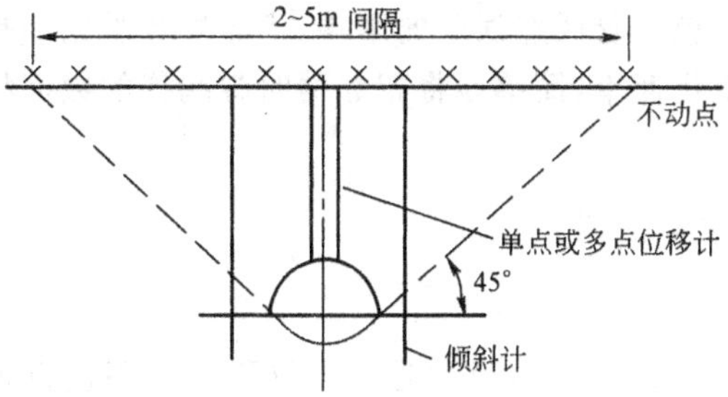

图 10-43　地表下沉测点布置

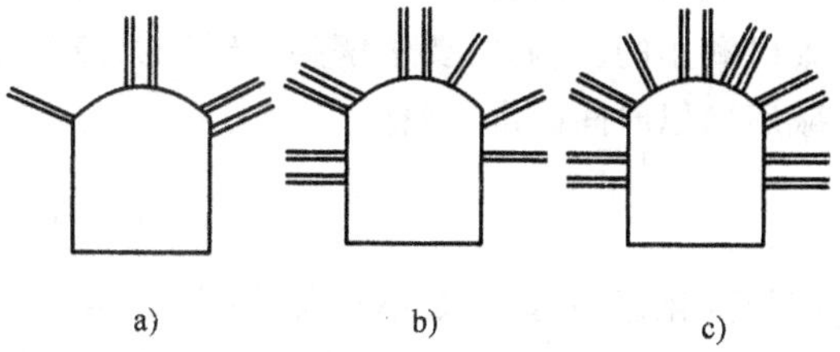

图 10-44　声波测试测孔布置

a)五测孔；b)九测孔；c)十三测孔

三、量测计划实施

测点安装应尽快进行，以尽量及早获得靠近开挖面的动态数据。一般规定，应测项目测点的初读数，应在爆破后 24h 内，并在下一循环爆破前取得。测读初读数时，测点位置距开挖工作面距离不应超过 2m，实际上有的已安设在距开挖面 0.5m 左右的断面上，观测效果更好，但需加强测点的保护。

量测频率主要根据位移速率和测点距开挖面距离而定，一般按表 10-7 选定，即元件埋设初期测试频率要每天 1～3 次，随着围岩渐趋稳定，量测次数可以减少，当出现不稳定征兆时，应增加量测次数。

位移量测频率表　　表 10-7

位移速率(mm/d)	距开挖工作面距离	测试频率(次/d)	位移速率(mm/d)	距开挖工作面距离	测试频率(次/d)
>5	(0～1)B	1～3	0.2～0.5	(2～5)B	1/(1～3)
1～5	(0～2)B	1	<0.2	(2～5)B	1/(7～15)
0.5～1	(2～4)B	1			

注：B 为开挖断面宽度(m)。

结束量测的时间：当围岩达到基本稳定后，以 1 次/3d 的频率量测 2 周，若无明显变形，则可结束量测。

对于膨胀性岩体，位移长期不能收敛时，量测主变形速率小于每月 1mm 为止。

在选测项目中，地表沉降量测频率，在量测区间内原则上是 1～2d 一次。

围岩位移量测，锚杆轴力量测、衬砌应力量测等的量测频率，原则上与同一断面内应测项目量测频率相同。

第八节　量测数据的处理

一、数据处理的意义

常常有这样的情况：工程师们在隧道工程中进行了一些测试，但是，他们或者对量测结果的可靠性发生怀疑，或者不能正确地解释这些量测结果的涵义，不知道应该如何去利用自己所得到的成果，这不能不认为是一件遗憾的事。

产生这种情况的原因，除了未能有的放矢地选择量测项目，做好量测规划外，对测得的原始数据未能用正确的方法进行处理和分析也是一个重要原因。

现场量测所得的原始数据具有一定的离散性，包含着偶然误差的影响，不经过数学处理是难以利用的。例如，要了解某一时刻某点位移的变化速率，简单地将相邻两时刻测得的数据相减后除以时间间隔，即把

$$R_t=\frac{u_2-u_1}{\Delta t}$$

作为变化速率，显然是不正确的(图 10-45)。

正确的做法是对所有数据进行回归分析，即用曲线 $u=f(t)$ 对时间—位移散点图进行拟合，然后计算时刻 t 的函数的一阶导数 $\frac{du}{dt}$ 值，即为该时刻位移速率。

总的来说，量测数据数学处理的目的是：

(1)将各种量测数据相互印证，确认量测结果的可靠性；

(2)根据量测数据随时间的变化规律，对最终值或变化速率进行预测预报；

(3)利用经过处理的量测数据对工程岩体的稳定性进行定性和定量分析。

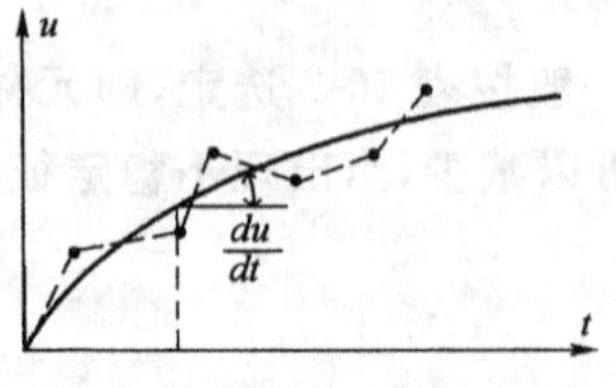

图 10-45　位移变化速率的确定

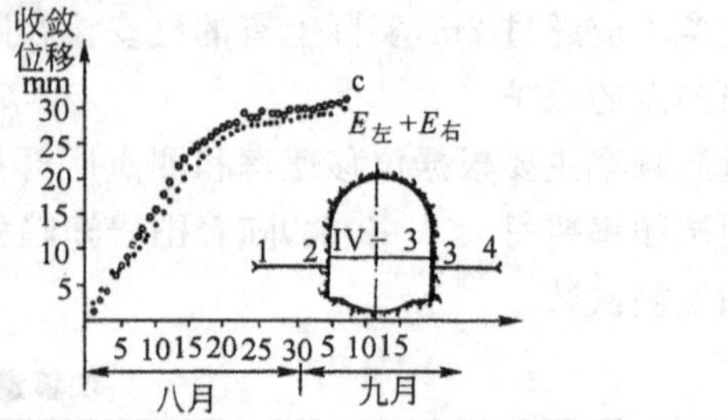

图 10-46　收敛位移数据与单点杆式位移计量得数据的比较

二、测量数据的检查与相互印证

收敛位移与单点位移计数据的比较。图 10-46 中 IV-3 为收敛位移测量基线，$E_{左}$、$E_{右}$ 分别为左右侧墙上安设的杆式位移计所量得的数据，d_1、d_2、d_3、d_4 分别为 1、2、3、4 各点的绝对

位移，△为基线的收敛位移，显然有

$$E_{左}=d_2-d_1$$

$$E_{右}=d_3-d_4$$

$$\triangle=d_2+d_3=E_{左}+d_1+E_{右}+d_4=(E_{左}+E_{右})+(d_1+d_4)$$

因此，可得出：
$$\triangle>E_{左}+E_{右} \tag{10-11}$$

当杆式位移计的端部深入到围岩松动区以外时，可以认为

$$d_1+d_4\approx 0，故\triangle\approx E_{左}+E_{右} \tag{10-12}$$

利用(10-11)式或(10-12)式可以作一个基本判定。图10-46表明：曲线 $E_{左}+E_{右}$ 在曲线 C 下方，彼此十分靠近。说明量测数据是可靠的。同时说明，位移计的端部已深入到围岩松动区以外，位移计长度为4m，说明松动区范围大致为4m。

设收敛位移任一测量基线 ij，从 i 点出发作一向右的水平向量，规定用从该向量逆时针转至 ij 所转的角度 θ_{ij} 来度量基线 ij 的倾角。对每一条基线都可以写出方程：

$$(u_i-u_j)\cos\theta_{ij}+(\nu_i-\nu_j)\sin\theta_{ij}=\Delta_{ij} \tag{10-13}$$

式中：u_i、ν_i、u_j、ν_j——分别为 ij 两点绝对位移的水平和垂直分量，其符号符合笛卡尔坐标系规则；

$\triangle_{ij}$——ij 基线上的收敛变化值，收缩为正，伸长为负。

使用(10-13)式是有条件的。因为在实际测量中，得到的是两测点距离的变化量 Δl_{ij} 而不是真正沿测线方向的分量 $\triangle_{ij}$，因为 i、j 两测点的位置也在变化。设已知两测点的坐标 $i(x_i$、$y_i)$、$j(x_j$、$y_j)$，则测线长 l_{ij} 为：

$$l_{ij}=[(x_j-x_i)^2+(y_j-y_i)^2]^{1/2}$$

变形后，两测点新坐标为 $i'(x_i+u_i,y_j+\nu_i)$，$j'(x_j+u_j,y_j+\nu_j)$，$\overline{i'j'}$ 的距离为：

$$\overline{i'j'}=[((x_j-x_i)+(u_j-u_i))^2+((y_j-y_i)+(\nu_j-\nu_i))^2]^{1/2}$$

由于收敛计量得的是两点距离的变化量，即：

$$\triangle l_{ij}=\overline{i'j'}-\overline{ij}$$

故
$$\overline{i'j'}=l_{ij}+\triangle l_{ij}$$

经整理，略去高次微量后得：

$$\triangle_{ij}=\triangle l_{ij}+\frac{\triangle l_{ij}^2}{2l_{ij}} \tag{10-14}$$

(10-14)式说明，当量测位移较大，在0.1m以上，或量测距离很短，$l_{ij}<1\text{m}$，亦即 $\triangle l_{ij}/2l_{ij}$ 大于仪器准确度时，实测收敛值 $\triangle l_{ij}$ 应按(10-14)式修正后，才能代入(10-13)式计算。

三、试验数据回归分析

测试数据是离散的，必须进行数学处理，找出其一般规律和数学表达式，才能为监控设计和预测、预报提供可靠信息。数据处理中常用的是一元线性和一元非线性回归。

1. 一元线性回归

一元线性回归是研究被测物理量随时间呈线性变化的规律。令被测量如位移为 y，观察时间为 x，则可用一直线函数式表示两变量的关系，即：

$$\hat{y}=a+bx \tag{10-15}$$

实测数据散点一般都不在一条直线上，要使选择的直线与实际散点相差最小，需用最小二乘法原理。若自变量 x 取某个值 x_i，对应的实测值为 y_i，回归计算所得的 y 值为 $\hat{y}_i$，则有

$\hat{y}_i = a + bx_i$，使平方和达到最小的回归是最好的，即：

$$\sum_{i=1}^{n}(y_i - \hat{y}_i)^2 = \sum_{i=1}^{n}(y_i - a - bx_i)^2 \quad (i=1,2,\Lambda,n)$$

由微积分中求极值的方法可得 a、b 值：

$$b = \frac{n\sum xy - \sum x\sum y}{n\sum x^2 - (\sum x)^2}$$

$$a = \frac{\sum y - b\sum x}{n} \tag{10-16}$$

由上述计算可以得出从数学意义上的最佳回归线，但任何两个变量 x、y 的一组实测数据 x_i、$y_i(i=1,2,\cdots,n)$之间不管是否存在线性关系，都可按上述计算步骤配出一条直线 $\hat{y}=a+bx$。但是实际上只有当 x、y 之间存在某种线性关系时，配出的直线才有意义。判别其有无意义，在实用上是靠专业技术人员的经验，但从数学上讲就是用一个相关系数 r 来表示。相关系数 r 的绝对值愈接近 1，数据 x 和 y 的线性关系越好，r 接近于 0，即说明数据 x 和 y 间没有线性关系或有非线性关系。一般情况 r 介于 0～1 之间。

$$r = \frac{n\sum xy - \sum x\sum y}{\{[n\sum x^2 - (\sum x)^2][n\sum y^2 - (\sum y)^2]\}^{1/2}} \tag{10-17}$$

在实际应用中，r 值究竟为多大时，才算线性较好，一般可用相关系数检验表(10-8)进行查对。表中 5％和 1％表示显著性水平，n 为观测点数。为达到线性要求，r 值应大于或等于表中所列数值。

相关系数 r 只揭示了两变量之间的相关性如何，为了掌握实测数据与回归线上相应值的波动状况，进一步了解用回归线来反映与预报实测数据的精度，尚需用剩余标准离差 S 来衡量，即

$$S = \sqrt{\frac{1}{n-2}\sum_{i=1}^{n}(y_i - \hat{y}_i)^2} \tag{10-18}$$

说明置信度为 95％的点散落范围为 $\hat{y} \pm 2S$，结合具体工程中观测数据的情况，由 $\pm 2S$ 的大小，可以判别回归线精度的高低。

相关系数检验表　　表 10-8

$n-2$	5％	1％	$n-2$	5％	1％	$n-2$	5％	1％
1	0.997	1.000	11	0.553	0.684	25	0.381	0.487
2	0.950	0.990	12	0.532	0.661	30	0.349	0.449
3	0.878	0.959	13	0.514	0.641	35	0.325	0.418
4	0.811	0.917	14	0.497	0.623	40	0.304	0.393
5	0.754	0.874	15	0.482	0.606	50	0.273	0.354
6	0.707	0.834	16	0.468	0.590	60	0.250	0.325
7	0.666	0.798	17	0.456	0.575	70	0.232	0.302
8	0.632	0.765	18	0.444	0.561	80	0.217	0.283
9	0.602	0.735	19	0.433	0.549	90	0.205	0.267
10	0.576	0.708	20	0.423	0.537	100	0.195	0.254

2. 一元非线性回归

在现场测试中，两个变量之间往往不是线性关系，而是某种曲线关系，此时可进行一元非线性回归分析，其步骤如下：

(1)根据测试值的散点图特征，选用某一曲线函数进行回归分析。

(2)将选定的曲线函数进行变换和取代，使其变为线性函数形式。

(3)仿照一元线性回归的方法求得回归曲线。

(4)如果选用的曲线函数剩余标准离差不理想，则可改用别的曲线函数按照上述步骤进行回归分析。

工程试验、观测数据回归分析常用的几种函数形式见表 10-9。

回归分析中常用的几种函数形式 表 10-9

函数类型	函数形式	常数	渐近线	线性函数	变换公式
双曲函数	$\frac{1}{y}=a+b\frac{1}{x}$	$a>0\quad b>0$	$y=\frac{1}{a}$	$y'=a+bx'$	$y'=\frac{1}{y}\quad x'=\frac{1}{x}$
对数函数	$y=a+b\lg x$	$a>0\quad b>0$	$x=0$	$y=a+bx'$	$x'=\lg x$
对数函数	$y=a+b\ln(x+1)$	$a>0\quad b>0$	$x=-1$	$y=a+bx'$	$x'=\ln(x+1)$
指数函数	$y=ae^{-\frac{b}{x}}$	$a>0\quad b<0$	$y=a$	$y'=a'+b'x'$	$y'=\ln y\quad x'=1/x$ $a'=\ln a\quad b'=-b$
指数函数	$y=a(1-e^{-x^2})$	$a>0$	$y=a$	$y'=ax'$	$x'=1-e^{-x^2}$
幂函数	$y=ax^b$	$a>0$ $b>0$		$y'=a'+bx'$	$y'=\lg y\quad x'=\lg x$ $a'=\lg a$

3. 一元非线性回归分析算例

某试验工程，进行了变形观测，其拱脚部位收敛位移观测数据见表 10-10。

拱脚处收敛位移实测值 表 10-10

x_i(d)	1.33	2	4	6	8	10	13	16	20	25	27	30	32
y_i(mm)	1.51	3.69	8.21	9.25	10.02	10.44	10.57	10.77	10.96	11.09	11.26	11.34	11.37

按上述步骤对该组观测数据进行回归分析。

(1)据实测数据作出散点图(见图 10-47)

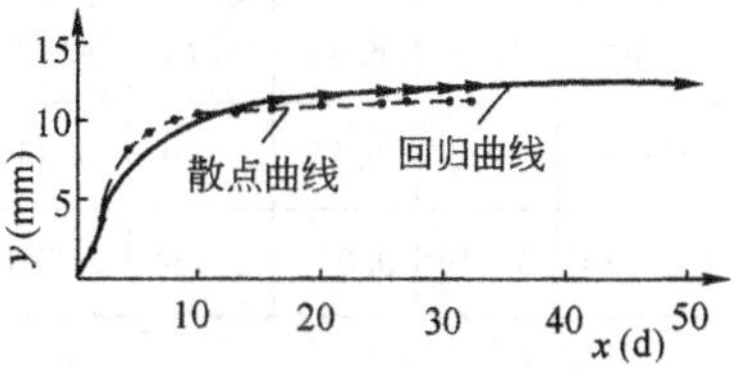

图 10-47 实测散点曲线及回归函数曲线

从散点图的分布形状看，开始一段时间位移增长速度很快，以后逐渐减速，直到基本稳定。又由具体工程情况知，经锚喷支护洞室能够达到稳定状态，即收敛位移有一渐近值，因而选择指数函数进行回归分析，即：

$$y=ae^{-\frac{b}{x}} \tag{10-19}$$

(2)求未知参数 a、b。对式(10-19)取自然对数，并令 $y'=\ln y, x'=\frac{1}{x}$，则

$$y'=a'+b'x' \tag{10-20}$$

其中 $a'=\ln a, b'=-b$

用列表计算方法，求出 a' 与 b'(见表 10-11)：

$$\overline{x'}=\frac{1}{N}\sum x'=\frac{2.2246}{13}=0.1711;\overline{y'}=\frac{1}{N}\sum y'=\frac{27.5136}{13}=2.1164$$

$$L_{x'x'}=\sum x'^2-\frac{1}{N}(\sum x')^2=0.9486-\frac{1}{13}(2.2246)^2=0.5619$$

$$L_{y'y'}=\sum_{x'x'}-\frac{1}{N}(\sum x')(\sum y')=3.1749-\frac{1}{13}\times 2.2246\times 27.5136=-1.5333$$

$$b'=\frac{L_{x'y'}}{L_{x'x'}}=-\frac{1.5333}{0.5619}=-2.6999$$

$$a'=y'-bx'=2.1164+2.6999\times 0.1711=2.5784$$

于是有

$$a=e^{a'}=13.1760$$

式(10-19)写为

$$b=-b'=2.6999$$

$$\hat{y}=13.1760e^{-2.6999/x} \tag{10-21}$$

收敛位移回归计算表　　表 10-11

编号	x	y	$x'=\frac{1}{x}$	$y'=\ln y$	x'^2	$x'y'$	编号	x	y	$x'=\frac{1}{x}$	$y'=\ln y$	x'^2	$x'y'$
1	1.33	1.51	0.7519	0.4121	0.5653	0.3099	8	16	10.77	0.0625	2.3768	0.0039	0.1485
2	2	3.69	0.5000	1.3056	0.2500	0.6528	9	20	10.96	0.500	2.3943	0.0025	0.1197
4	6	9.25	0.1667	2.2246	0.0278	0.3708	11	27	11.26	0.0370	2.4213	0.0014	0.0897
5	8	10.02	0.1250	2.3046	0.0156	0.2881	12	30	11.34	0.0333	2.4283	0.0011	0.0809
6	10	10.44	0.1000	2.3456	0.0100	0.2346	13	32	11.37	0.0313	2.4310	0.0010	0.0760
7	13	10.57	0.0769	2.3580	0.0059	0.1814	Σ	194.33	120.48	2.2246	27.5136	0.9486	3.1749

(3)将实测值与回归曲线上的对应值进行比较,并计算剩余标准离差,评价回归精度(见表10-12)。

回归分析计算值与实测值比较及剩余标准离差计算表　　表 10-12

X_i(d)	1.33	2	4	6	8	10	13	16	20	25	27	30	32	50
y_i(mm)	1.51	3.69	8.21	9.25	10.02	10.44	10.57	10.77	10.96	11.09	11.26	11.34	11.37	
$\hat{y}_i$(mm)	1.73	3.42	6.71	8.40	9.40	10.06	10.71	11.13	11.51	11.83	11.92	12.04	12.11	12.48
$y_i-\hat{y}_i$	−0.22	0.27	1.50	0.85	0.62	0.38	−0.14	−0.36	−0.55	−0.74	−0.66	−0.70	−0.74	
$(y_i-\hat{y}_i)^2$	0.049	0.075	2.254	0.720	0.382	0.146	0.018	0.130	0.305	0.544	0.439	0.493	0.548	Σ6.100

$$S=\sqrt{\frac{1}{N-2}\sum_{i=1}^{N}(y_i-\hat{y}_i)^2}=\sqrt{\frac{1}{13-2}\times 6.1}=0.7447$$

$$2S=0.7447\times 2=1.4894$$

从实测值与回归计算值相比较看出,除个别点外,大多数相差较小。一方面说明回归函数选择合适;另一方面也说明具体测试中观测误差小。由剩余标准离差分析得出,用指数函数预报拱脚收敛位移值,有95%的散点误差在1.49mm之间,满足工程应用精度要求。

四、位移测量值与全位移

由于不可能在开挖后立即紧贴开挖面埋设测量元件，因此量测零读数时，已有量值为 u_1 的围岩变形释放；事实上，在隧道开挖面尚未到达量测面时，已有量值为 u_2 的变形产生。这两部分变形加到变形量测值以后才是围岩的全部变形。即

$$u=u_1+u_2+u_m$$

式中：u_m——实际量测的变形。

设回归分析所得时态曲线为 $u=f(t)$，则 u_1 可用回归曲线外延的办法估算，即 $u_1=|f(0)|$。$u_2=\lambda_0 u_\infty$（$\lambda_0\approx0.265\sim0.33$），$u_\infty$ 为全位移。

$$u_\infty=\frac{u_m+|f(0)|}{1-\lambda_0} \tag{10-22}$$

如果回归曲线过原点，则按表 10-13 近似估算

u_m/u_∞ 与测点位置关系 表 10-13

测点相对位置（x/r_0）	弹性状态（$\sigma_0<R_c/2$）	弹塑性纯粘性材料（$\sigma_0>R_c/2$）
0	0.27	0.25～0.3
1	0.81	0.81～0.9
2	0.9	0.9～0.93

注：x：测点位置；$r_0=(F/\pi)^{1/2}$ 为毛洞断面半径；σ_0：原始地应力，如非静水压力，按应力椭圆面积换算；R_c：围岩饱和抗压强度。

第九节　量测数据的应用——反馈分析

监测所得到的信息对设计和施工的反馈可以通过两个途径来实现。定性的也称经验的，定量的也称理论的，如图 10-1 所示。两种方法是各自独立的，可以相互验证。

一、采用经验方法实现量测信息对隧道设计和施工的反馈——定性反馈

1. 工程实例

(1)某工程穿过红粘土层，单轴抗压强度 $R_c=0.6\sim2$MPa，变形模量 30～200MPa。每隔 10～25m 设一个监控断面。除用 SWJ 型收敛计进行量测外，并用引伸计测定岩体内部的点位移。

初期支护采用 50～100mm 厚喷层和长 2m，间距 1m×1m 锚杆支护。3 月 3 日从 I－3 断面向前推进，3 月 8 日量测发现变形速率骤然加大，当即预报。第二天果然发现拱顶开裂。遂决定停止掘进，于 3 月 12 日～15 日补打锚杆，挂钢筋网，复喷混凝土至 150mm。采取以上措施后继续开挖，量测数据表明速率明显下降，围岩趋于稳定。（图 10-48）

(2)某隧道通过宽度为 40m 的断层带。围岩呈泥包石和石夹泥松散状，含地下水。

9 月 28 日埋设净空测点，10 月 3 日继续向前掘进，实测变形速率高达 22.54mm/d。预报后不久即发现两墙开裂，拱顶钢筋有挤出现象。为了控制变形的发展，除再用一层喷射混凝土进行加固外，再用混凝土仰拱封底。量测数据表明，围岩得以稳定。（图 10-49）

(3)下坑隧道通过严重风化千枚岩。II－2 基线在量测过程中发现净空变化值增长速率达 565mm/d。对喷层进行了仔细的检查，发现有宽度达 1～2cm 的裂纹。当即进行了补喷并在

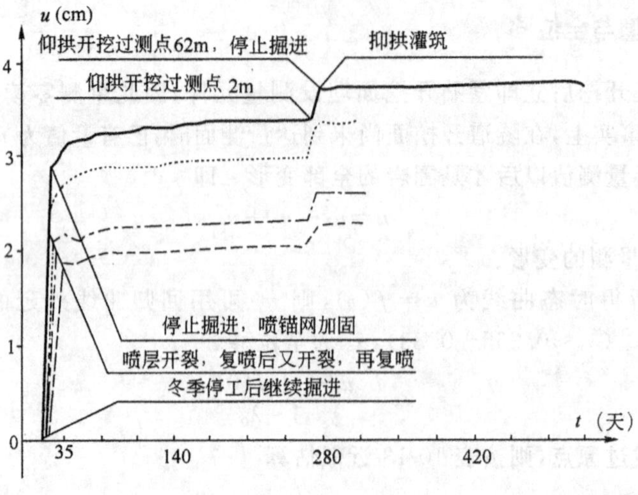

图 10-48　位移—时间曲线之一

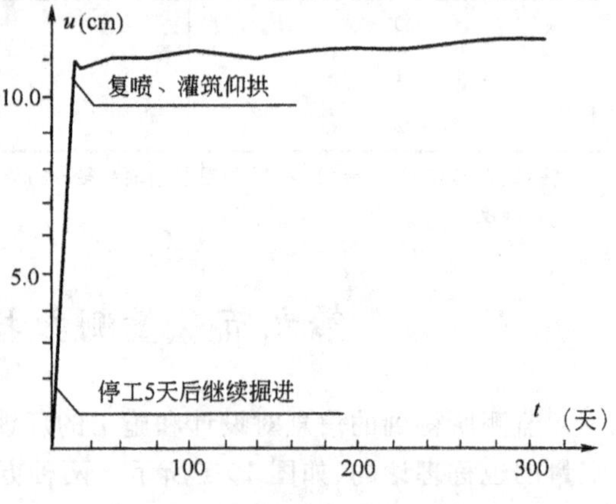

图 10-49　位移—时间曲线之二

周围增设了锚杆。以后的量测结果表明变形是趋于稳定的。

以上工程实例说明，在施工监测的过程中，数据“异常”现象的出现，可以作为调整支护参数和采取相应的施工措施的依据。然而，何谓“异常”？这就需要针对不同的工程条件(围岩条件、埋深、隧道断面形状等)建立一些根据量测数据对围岩稳定性和支护系统的静力工作条件进行判断的标准。“经验反馈”正是基于这些经验标准实现的。

2. 围岩稳定性的判断标准

(1)根据位移(或净空变化)量值或预计最终位移值来判断

在隧道开挖过程中，若发现量测到的位移总量超过某一临界值或者根据已测位移预计最终位移将超过某一临界值时，则意味着围岩不稳定，支护系统须加强。然而，该临界值的确定并不是一件容易的事。国内外并无统一标准。

法国 M. Louis 提出最大容许位移随埋深而异，约为埋深的 1/1000。

奥地利的阿尔贝格隧道，净空变化的允许值定为隧道半径的 10%或锚杆长度的 10%，最好控制在 30cm 以内。

当然，从防止围岩侵入净空出发，对最大位移值也得有个限制。

日本某公司提出根据岩石单轴抗压强度来确定拱顶下沉的临界值，如表 10-14 所示。

拱顶下沉临界值(cm)　　表 10-14

警戒水平	岩石单轴抗压强(MPa)		
	$R_c>100$	$R_c=5\sim100$	$R_c=0.5\sim5$
I	0.3～0.5	0.5～1	1～3
II	1～1.5	1.5～4	4～9
III	3～4	4～11	11～27

日本《新奥法设计施工技术指南草案》提出按测得的总位移量值（或根据已测得数据预计的最终位移值）给出围岩类别，然后据以确定与围岩类别相应的支护系统（表 10-15）。

净空变化值与围岩类别的关系 表 10-15

围岩类别	净空变化值（mm）	
	单线隧道	双线隧道
I_S－特 S	＞75	＞150
I_N	25～75	50～153
I_N-V_N	＜25	＜50

在参照国外有关资料并对我国一些工程的实测数据进行统计分析的基础上，国标 GB50086—2001 锚杆喷射混凝土技术规范提出了洞周允许相对收敛值的参考数据表，该表考虑了埋深和围岩类别两项因素（表 10-16）。

GB50086—2001 锚杆喷射混凝土技术规范隧洞周围允许位移相对值 表 10-16

国标分级	隧洞周边允许位移相对值（%）		
	埋深（m）		
	＜50	50～300	＞300
III	0.1～0.3	0.2～0.5	0.4～1.2
IV	0.15～0.5	0.4～1.2	0.8～2.0
V	0.2～0.8	0.6～1.6	1.0～3.0

表中的数字是以无量纲数$\left(\frac{\text{最大位移值}}{\text{洞径}}\right)$来表示的。数的上限表示硬岩，下限表示软岩。

事实上，位移临界值的确定并不是一件容易的事。每一具体工程条件各异，呈现十分复杂的情况。因此，上述建议绝不能随意套用。特别是对于破碎硬岩，失稳时围岩变形往往比表列小得多，要特别注意。

（2）根据位移速率来判断

位移速率也可以作为判断围岩稳定性的标志。日本《新奥法设计施工技术指南草案》提出，当位移速率大于 20mm/d 时，就需要特殊支护。

新奥法施工的一条原则是二次支护要在围岩变形基本稳定的情况下施作，以保证支护系统具有足够的安全度和耐久性。此处，围岩变形基本稳定时间主要是根据位移速率来确定的。在下坑隧道，我们规定，净空变化速率小于 0.2mm/d 时施作二次支护。对于膨胀性围岩，该标准应定得更严格一些。例如，当位移长期（开挖后两个月以上）不能稳定时则要等至净空变化率达到 1mm/30d 才能施作二次支护。

值得指出的是：二次支护施作时间选择的上述原则不一定能适用于埋置过浅的隧道。在那种情况下，围岩丧失稳定时的临界位移速率很小，尽快地施作二次支护往往是有利的。

（3）位移—时间曲线的形态

由于岩体的流变特性，岩体破坏前的变形曲线可以分成三个区段（图 10-50）。

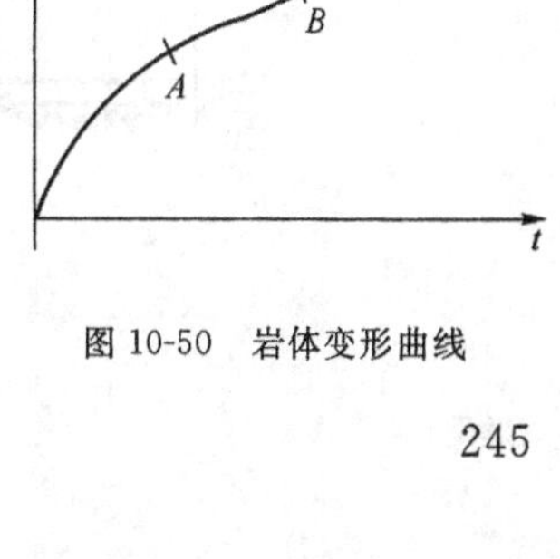

图 10-50 岩体变形曲线

I：基本稳定区，主要标志是变形速率不断下降，即 $d^2u/dt^2<0$。该区亦称“一次蠕变区”。

II：过渡区，变形速率长时间保持不变，即 $d^2u/dt^2=0$。该区亦称“二次蠕变区”。

III：破坏区，变形速率渐增，$d^2u/dt^2>0$。该区亦称“三次蠕变区”。

相应地，现场量测到的位移—时间曲线也可能呈现出以上三种形态。

对于隧道开挖后在洞内测得的位移曲线，如果始终保持 $d^2u/dt^2<0$，则围岩是稳定的。（图 10-51）。

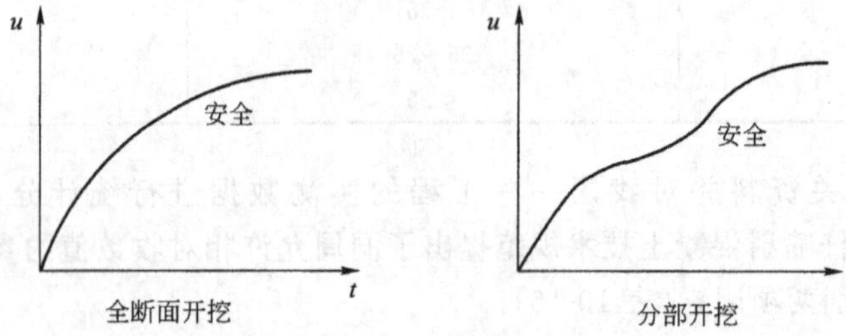

图 10-51　安全状态下的位移曲线

如果位移曲线随即出现 $d^2u/dt^2=0$ 情况，亦即变形速度不再继续下降，则说明围岩进入“二次蠕变”状态，须发出警告，及时加强支护系统。

一旦位移出现 $d^2u/dt^2>0$ 的形状，则表示已进入危险状态，须立即停工，进行加固。

值得指出的是：对于浅埋隧道，地表沉降随开挖面推进的发展曲线可用以判断围岩稳定性。理论分析表明，当开挖面通过测点所在位置时，曲线由上弯转为下弯，在该处应有 $\left.\frac{d^2u}{dt^2}\right|_{x=0}=0$。如果当开挖面已通过测点所在位置后，曲线仍保持上弯状态，则说明围岩不稳定，有坍塌的危险，须及时加强支护。

工程实例：南岭隧道通过一低洼地，围岩为风化严重的砂页岩和泥岩。洼地处埋深仅 6.5～8.1m。隧道跨度 12m 左右。采用锚喷支护。该隧道开挖即将进入洼地段曾发生大坍方（图 10-52）。

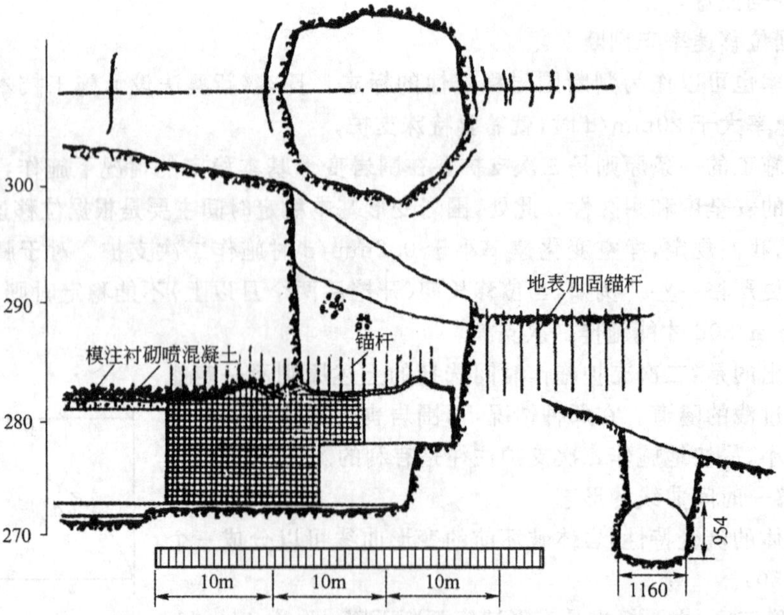

图 10-52　南岭隧道坍方

分析坍方区域地表沉降曲线如图 10-53 所示。从图中可知，当开挖面通过测点时，曲线继续上弯。坍方前的总沉降为 103mm。

在开挖洼地段前在地表钻孔预埋长锚杆，得以安全通过。而总沉降量则达 130mm 以上，大大超过坍方段坍方前的临界值。但是，在洼地段测得的地表沉降曲线如图 10-54 所示。由图中可知，在开挖面通过测点后，位移速率逐渐下降，趋于稳定。这说明在某些情况下，利用位移曲线形态来判断围岩稳定性比根据量测值要有效些。

二、量测数据反演——反分析设计

一般来说，如果表征某一系统力学属性的各项初始参数是确定的，那么该系统的力学行为也随之确定。反之，如果我们能通过现场量测获得反映该系统力学行为的某些物理量，那么从理论上说，可以通过力学计算反推该系统的各项初始参数。这就是岩土参数的反分析技术。利用反分析技术，我们有可能根据对隧道的监测段或试验洞室进行现场量测得到的数据(例如周边测点位移或周边收敛位移)推算出表征围岩特性及相关地质背景的初参数，作为对该隧道或地下洞室稳定性分析的基础数据。

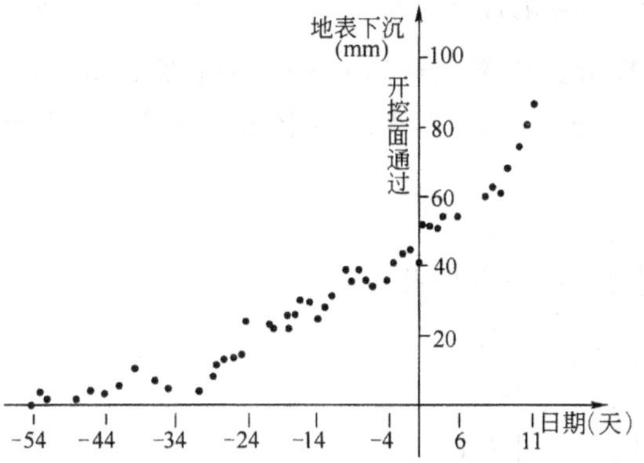

图 10-53　坍方地段测得的地表沉降

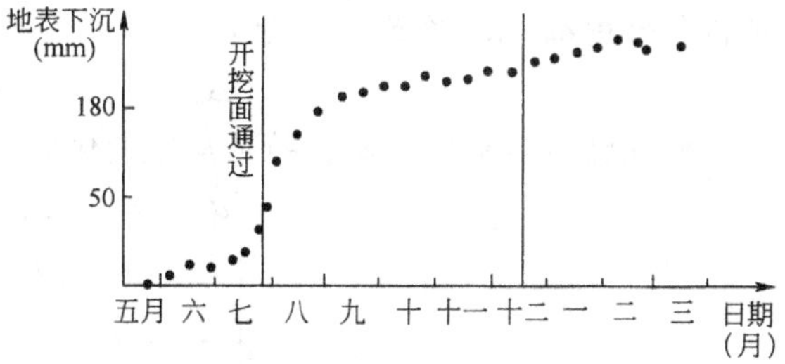

图 10-54　洼地段测得的地表沉降

显然，用反分析技术得到的这种参数，与施工前的地质勘察和有限的室内岩土力学试验所提供的试验数据相比，更能从宏观上反映围岩特性，据以进行的力学计算，应能较为接近实际结果。

反分析方法可以分为两类，即直接逼近法和逆过程法，下面分别阐述。

1. 逆过程法的原理

逆过程法采用同所谓“正分析”相反的计算过程来求解。而基于各向同性、均匀连续介质、和应力——应变关系的线弹性假定的所谓线弹性分析，从工程实用角度看仍不失是一种简单、有效的方法，能在一定程度上对围岩稳定性给出正确判断。由于反分析程序本身是按“线弹性”假定，平面应变问题编制的，所以可以说在所得的初始地应力和弹性模量中在一定程度上已综合地考虑了三维效应和岩体材料非线性特征和节理裂隙的影响。

在线弹性假定的基础上，可以比较方便地应用边界元技术来进行反分析计算。同有限元法相比，边界元法输入的信息量少，对计算机容量要求低，所编程序可在袖珍机上实现，使用简单、方便，适合现场使用。下面扼要介绍边界元法在逆过程中的应用原理。

(1)深埋隧道

假定在所讨论的范围内初应力为常量，记为

$$\{\sigma_0\} = [\sigma_x \sigma_y \tau_{xy}]^T$$

式中：σ_x、σ_y、τ_{xy}——相应于坐标系 XOY 的正应力和剪应力分量。

应力分量符号法则：某一平面的外法线指向同相应坐标轴一致时，该平面内方向同相应坐标轴一致的应力分量为负，否则为正；反之亦然。

根据弹性理论中的叠加原理，在初应力为$\{\sigma_0\}$的地层中开挖隧道所引起的围岩释放变形可由图 10-55 所示的 b)、c)、d)各初应力条件下求得的释放变形叠加而成。

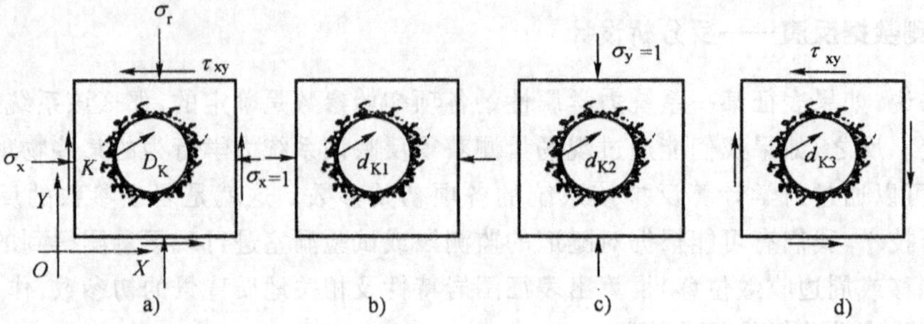

图 10-55　深埋条件下的初始地应力分量

为了求隧道周边某点 k 的某位移分量 Δ_k，可以分别假定 $\sigma_x=1,\sigma_y=\tau_{xy}=0$[图 10-55b)]；$\sigma_y=1,\sigma_x=\tau_{xy}=0$[图 10-55c)]及 $\tau_{xy}=1,\sigma_x=\sigma_y=0$[图 10-55d)]，先求得上述三种情况下 k 点的位移分量 d_{k1}、d_{k2} 及 d_{k3}。显然，

$$\Delta_k = \sigma_x d_{k1} + \sigma_y d_{k2} + \tau_{xy} d_{k3}$$

假如已测得 n 个位移分量(或净空变化值)则可得线性方程组

$$\begin{bmatrix} d_{11} & d_{12} & d_{13} \\ d_{21} & d_{22} & d_{23} \\ \vdots & \vdots & \vdots \\ d_{n1} & d_{n2} & d_{n3} \end{bmatrix} \begin{Bmatrix} \sigma_x \\ \sigma_y \\ \tau_{xy} \end{Bmatrix} = \begin{Bmatrix} \Delta_1 \\ \Delta_2 \\ \vdots \\ \Delta_n \end{Bmatrix}$$

记作

$$[\varDelta]\{\sigma_0\} = \{\Delta\} \tag{10-23}$$

当岩体的泊松比 μ 和弹性模量 E 已知时，系数矩阵$[\Delta]$中各元素可借助于边界元技术求得。

当 n≥3，可用最小二乘法解得最可置信的三个初始地应力分量即：

$$\{\sigma_0\} = ([\varDelta]^T[\varDelta])^{-1}[\varDelta]^T\{\Delta\}$$

所求得之$\{\sigma_0\}$也可表为主应力 σ_1、σ_2 及主应力偏角 δ。

鉴于 μ 值对计算结果的影响不大，可取一经验值。而弹性模量则是反分析的目标参数，其值未知。求$[\Delta]$各元素时可先以 $E=1$ 输入，此时(10-23)成为

$$[\varDelta]\cdot\frac{1}{E}\{\sigma_0\} = \Delta \tag{10-24}$$

令

$$\frac{1}{E}\{\sigma_0\} = \{\overline{\sigma_0}\}$$

称“标准初应力”。

式中：

$$\{\overline{\sigma_0}\} = [\overline{\sigma}_x \overline{\sigma}_y \overline{\tau}_{xy}]^T$$

其中：

$$\overline{\sigma}_x = \frac{\sigma_x}{E}, \overline{\sigma}_y = \frac{\sigma_y}{E}, \overline{\tau}_{xy} = \frac{\tau_{xy}}{E} \tag{10-25}$$

标准初应力的物理含义为假想岩体弹性模量为单位值时与变形量测值相应的初始地应力。对于探求围岩变形分布规律而言，求得标准初应力已经足够。

在根据反分析的结果进行围岩稳定分析时可将标准初应力$\{\overline{\sigma}_0\}$及$E=1$作为初始地应力和岩体弹性模量的初始信息输入。当然，计算所得的围岩二次应力状态是不真实的，其量值被缩小了E倍。但是，所得的围岩变形规律（应变场、位移场）则是真实的。在这种情况下，可以把整个过程理解为将量测到的若干个位移量在所研究的范围内外延成整个围岩变形场。

然而，在进行围岩稳定性计算时，常常有必要了解围岩应力状态。这时，须引进补充方程，据以确定弹性模量E。

通常假定初始地应力的垂直分量

$$\sigma_y = \gamma h \tag{10-26}$$

式中：γ——岩体容重（kN/m^3）；

h——埋深（m）。

考虑到（10-25）式，则得

$$\begin{aligned} E &= \gamma h \frac{1}{\overline{\sigma}_y} \\ \sigma_x &= E\overline{\sigma}_x \\ \tau_{xy} &= E\overline{\tau}_{xy} \end{aligned} \tag{10-27}$$

（2）浅埋隧道

浅埋隧道的特点是隧道开挖后应力扰动范围延及地表。在分析其围岩稳定性时，须考虑初始地应力在所研究范围内的变化和地表自由表面的影响并计及地表的倾斜度。如图 10-56所示，取地表线为 x 轴，地表外法线为 y 轴。

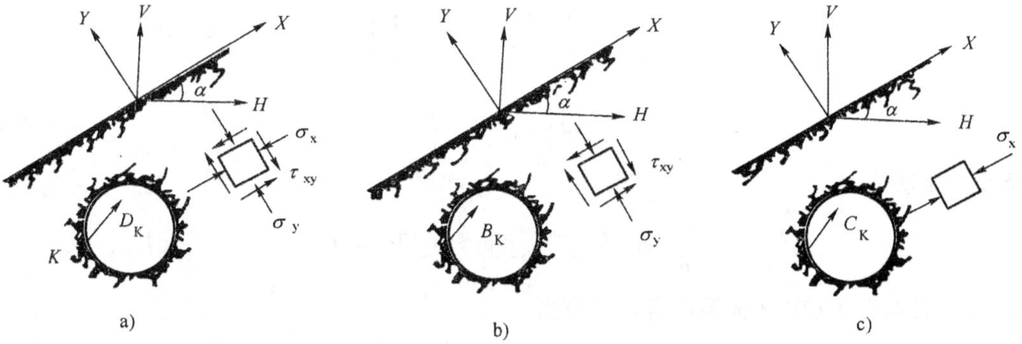

图 10-56　浅埋隧道初始地应力分量

根据弹性理论，围岩中某点的初始地应力为：

$$\begin{aligned} \sigma_x &= \lambda\gamma h = -\lambda\gamma y \\ \sigma_y &= \gamma h\cos\alpha = -\gamma y\cos\alpha \\ \tau_{xy} &= \gamma h\sin\alpha = -\gamma y\sin\alpha \end{aligned} \tag{10-28}$$

式中：α——地表倾角（°），以从水平坐标轴H正向逆时针转至x轴正向为正值；

γ——岩体容重（kN/m^3）。

从（10-28）式可知，当岩体容重γ已知时，σ_y和τ_{xy}可以确定。因此，在浅埋情况下，整个反分析问题可以归结为相应于 XOY 坐标系中"侧向"应力分量 σ_x 的"侧向应力系数"λ 和岩体弹性模量 E 的推求。

根据叠加原理,在(10-28)式中[图 10-56a)]所示的初应力条件下开挖隧道所引起的围岩释放变形可由图 10-56b)、c)两种初应力条件下求得的释放变形叠加而成。

欲求某位移分量 Δ_k,可分别假定[图 10-56b)]

$$\sigma_x = 0$$
$$\sigma_y = \gamma h \cos\alpha$$
$$\tau_{xy} = \gamma h \sin\alpha$$

以及[图 10-56c)]

$$\sigma_x = \lambda\gamma h$$
$$\sigma_y = 0$$
$$\tau_{xy} = 0$$

求得两种情况下相应的释放变形组分 b_k 及 c_k。在运用边界元计算上述变形组分时,令 $E=1$,$\lambda=1$。则位移分量 Δ_k 可表为

$$E\Delta_k = b_k + \lambda C_k$$

如已测得 n 个位移分量(或净空变化值)则有

$$\begin{aligned} c_1\lambda - \Delta_1 E &= -b_1 \\ c_2\lambda - \Delta_2 E &= -b_2 \\ \vdots \quad & \quad \vdots \\ c_n\lambda - \Delta_n E &= -b_n \end{aligned}$$

即

$$\begin{bmatrix} c_1 & -\Delta_1 \\ c_2 & -\Delta_2 \\ \vdots & \vdots \\ c_n & -\Delta_n \end{bmatrix} \begin{Bmatrix} \lambda \\ E \end{Bmatrix} = \begin{Bmatrix} -b_1 \\ -b_2 \\ \vdots \\ -b_n \end{Bmatrix}$$

表为

$$[\varDelta]\begin{Bmatrix} \lambda \\ E \end{Bmatrix} = \{-B\} \tag{10-29}$$

用最小二乘法

$$\begin{Bmatrix} \lambda \\ E \end{Bmatrix} = ([\varDelta]^T[\varDelta])^{-1}[\varDelta]^T\{-B\}$$

从(10-28)式求得 HOV 坐标系内各点主应力

$$\sigma_1 = A_1(H\sin\alpha - V\cos\alpha)\gamma$$
$$\sigma_2 = A_2(H\sin\alpha - V\cos\alpha)\gamma$$

式中:

$$A_1 = \frac{1}{2}\left[\lambda + \cos\alpha + \sqrt{(\lambda - \cos\alpha)^2 + 4\sin^2\alpha}\right]$$

$$A_2 = \frac{1}{2}\left[\lambda + \cos\alpha - \sqrt{(\lambda - \cos\alpha)^2 + 4\sin^2\alpha}\right] \tag{10-30}$$

主应力 σ_1 所在平面外法线同坐标轴 OH 夹角

$$\delta = \begin{cases} \delta_b & 当(\lambda - \cos\alpha)\cos 2\delta_0 + 2\sin\alpha\sin 2\delta_0 > 0 时 \\ \delta_0 + \dfrac{\pi}{2} & 当(\lambda - \cos\alpha)\cos 2\delta_0 + 2\sin\alpha\sin 2\delta_0 < 0 时 \end{cases}$$

式中：

$$\delta_0=\frac{1}{2}\arctan\frac{2\sin\alpha}{\lambda-\cos\alpha}\qquad -\frac{\pi}{2}\leqslant\delta_0\leqslant\frac{\pi}{2}$$

2.反分析计算图谱

从逆过程法的原理看出，反分析问题最终归结为(10-23)式，即

$$[\varDelta]\{\sigma_0\}=[\Delta_k]$$

的求解。假定弹性模量 E 为单位值，则未知数可表达为标准初应力，$[\Delta]\{\sigma_0\}=[\Delta_k]$，当采用图 10-40 所示的三角形收敛量测基线的情况下，上式可写成：

$$\begin{bmatrix}C_{11} & C_{12} & C_{13}\\ C_{21} & C_{22} & C_{23}\\ C_{31} & C_{32} & C_{33}\end{bmatrix}\begin{Bmatrix}\bar{\sigma}_x\\ \bar{\sigma}_y\\ \bar{\tau}_{xy}\end{Bmatrix}=\begin{bmatrix}\Delta_{1m}\\ \Delta_{2m}\\ \Delta_{3m}\end{bmatrix}$$

记为 $$[C]\{\bar{\sigma}_0\}=\{\Delta_m\}$$

式中 C_{i1}、C_{i2}、C_{i3} $(i=1\sim3)$ 分别为 $\bar{\sigma}_x=1$、$\bar{\sigma}_y=1$ 及 $\bar{\tau}_{xy}=1$ 单独作用下第 i 条基线上的收敛变化计算值，Δ_{im} 为第 i 条基线上量测得到的收敛变化值。

令

$$[B]=[C]^{-1}=\begin{bmatrix}B_{11} & B_{12} & B_{13}\\ B_{21} & B_{22} & B_{23}\\ B_{31} & B_{32} & B_{33}\end{bmatrix}\tag{10-31}$$

则

$$\begin{aligned}\bar{\sigma}_x&=B_{11}\Delta_{1m}+B_{12}\Delta_{2m}+B_{13}\Delta_{3m}\\ \bar{\sigma}_y&=B_{21}\Delta_{2m}+B_{22}\Delta_{2m}+B_{23}\Delta_{3m}\\ \bar{\tau}_{xy}&=B_{31}\Delta_{3m}+B_{32}\Delta_{2m}+B_{33}\Delta_{3m}\end{aligned}\tag{10-32}$$

上述$[B]$、$[C]$分别为应力系数矩阵和位移系数矩阵。

(10-32)式将分析的目标参数以一线性式加以表达。问题的关键在于应力系数矩阵$[B]$的计算，一旦$[B]$获得，即可通过简单的代数运算求得初应力分量。而应力系数矩阵$[B]$系通过位移系数矩阵$[C]$求逆而得。因此，问题最后归结为令某一初应力分量为单位值(其余初应力分量为零)时，各量测基线上净空变化值的计算。

可以证明，处于相同岩体及相同初始地应力状态下的两个几何形状完全相似的深埋洞室，在对应点上的对应位移分量与洞室的几何尺寸成正比(可称“相似定理”)。

如图 10-57 所示，若 $E_1=E_2$，$\mu_1=\mu_2$，$\sigma_{x1}=\sigma_{x2}$，$\sigma_{y1}=\sigma_{y2}$，$\tau_{xy1}=\tau_{xy2}$ 则

$$\frac{u_1}{u_2}=\frac{l_1}{l_2}$$

根据上述原理，我们可以针对几种常见的洞室形状(椭圆、直墙圆拱、落地拱和单、双线隧道)就某一特定跨度 l_0(一般取单位值)计算若干种净空变化量测基线布置情况下的计算表格。(如表 10-17)

对于具体工程，首先从图谱中找出同洞室几何形状相同或相近的图式以及相应的净空变化量测基线布置方案。查表得到应力系数矩阵$[B]$。然后将实际洞室中量测到的净空变化值“折算”为相应于图谱图式中洞室的值，即

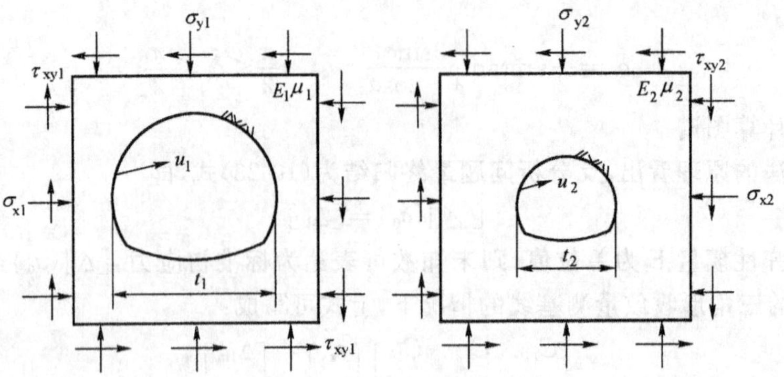

图 10-57 “相似定理”

$$\Delta_j = \frac{l_0}{l}\Delta_{jm}$$

式中：$\triangle_{jm}$——实际工程中量测到的净空变化值(m)；

$\triangle_j$——折算值(m)；

l_0——图谱中图式洞室的基准跨度(m)；

l——真实洞室的跨度(m)。

根据$\triangle_j$，即用

$$\{\bar{\sigma}\} = [B]\{\Delta_j\}$$

求得标准初始地应力。

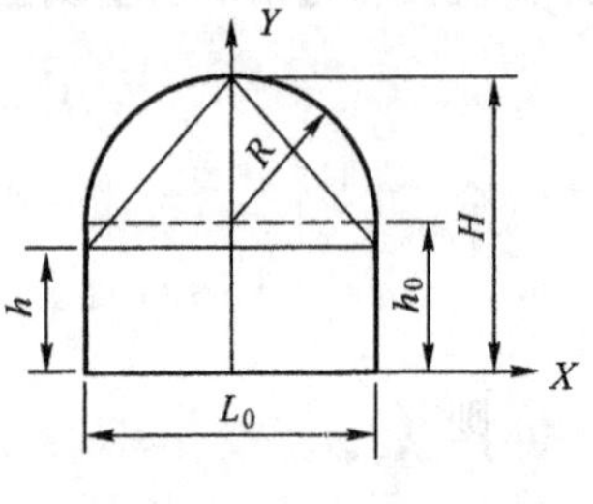

图 10-58　直墙半圆拱

下面是铁道部西南研究院王建宇先生根据直墙半圆拱(图 10-58)编制的直墙半圆拱，取基准跨度 $l_0=100$cm，考虑$\frac{h_0}{l_0}=0.1,0.2,0.3,\cdots,0.8$ 等几种情况；

在图谱计算表格中除考虑由底边为水平线的各种等腰三角形量测基线布置外，同时给出了相应的最佳基线布置。可以证明，当几何形状不变，洞室按某一比例放大或缩小时，最佳量测基线的相对位置不变。因此，图谱计算表也可用于确定最佳基线布置。位移反分析图谱计算表见表 10-17。

位移反分析图谱计算表(一)　　表 10-17a)

洞形：直墙圆拱 基准跨度 $l_0=100$

一般三角形量测基线(应力系数)				
$K=\frac{h}{H}$	B_{ij}　i / j	1	2	3
		求 $\bar{\sigma}_x$	求 $\bar{\sigma}_y$	求 $\bar{\tau}_{xy}$
0.2	1	1.02731$E-3$	5.84618$E-3$	$-2.11584E-3$
	2	1.02732$E-3$	5.84618$E-3$	2.11584$E-3$
	3	5.49637$E-3$	$-8.14474E-4$	2.21136$E-9$
0.25	1	1.05747$E-3$	6.18880$E-3$	$-2.14285E-3$
	2	1.05747$E-3$	6.18881$E-3$	2.14285$E-3$
	3	5.13408$E-3$	$-1.28756E-3$	1.68308$E-9$

一般三角形量测基线(应力系数)

$K=\frac{h}{H}$	B_{ij} j \ i	1 求 $\bar{\sigma}_x$	2 求 $\bar{\sigma}_y$	3 求 $\bar{\tau}_{xy}$
0.3	1	1.11386$E-3$	6.58126$E-3$	−2.18179$E-3$
	2	1.11386$E-3$	6.58127$E-3$	2.18179$E-3$
	3	4.85754$E-3$	−1.78883$E-3$	1.88196$E-9$
0.35	1	1.19853$E-3$	7.03464$E-3$	−2.23555$E-3$
	2	1.19853$E-3$	7.03464$E-3$	2.23555$E-3$
	3	4.63342$E-3$	−2.34202$E-3$	2.00226$E-9$
0.4	1	1.31378$E-3$	7.61497$E-3$	−2.30815$E-3$
	2	1.31378$E-3$	7.61497$E-3$	2.30815$E-3$
	3	4.43977$E-3$	−2.98340$E-3$	2.24936$E-9$
0.45	1	1.47998$E-3$	8.32384$E-3$	−2.40617$E-3$
	2	1.47998$E-3$	8.32385$E-3$	2.40617$E-3$
	3	4.25532$E-3$	−3.75517$E-3$	2.02909$E-9$
0.5	1	1.71639$E-3$	9.32889$E-3$	−2.54006$E-3$
	2	1.71638$E-3$	9.32889$E-3$	2.54005$E-3$
	3	4.04794$E-3$	−4.77889$E-3$	1.48176$E-9$
0.55	1	2.04940$E-3$	1.06711$E-2$	−2.72838$E-3$
	2	2.04940$E-3$	1.06711$E-2$	2.72839$E-3$
	3	3.81652$E-3$	−6.09841$E-3$	1.71375$E-9$
0.6	1	2.51350$E-3$	1.26113$E-2$	−2.96758$E-3$
	2	2.51349$E-3$	1.26113$E-2$	2.96758$E-3$
	3	3.49382$E-3$	−7.95190$E-3$	2.92562$E-9$
0.65	1	3.12518$E-3$	1.51874$E-2$	−3.28869$E-3$
	2	3.12517$E-3$	1.51874$E-2$	3.28868$E-3$
	3	3.10655$E-3$	−1.03897$E-2$	4.36645$E-9$
0.7	1	4.06061$E-3$	1.91198$E-2$	−3.73259$E-3$
	2	4.06061$E-3$	1.91198$E-2$	3.73256$E-3$
	3	2.48217$E-3$	−1.40902$E-2$	4.46395$E-9$
0.8	1	7.70987$E-3$	3.46880$E-2$	−5.29512$E-3$
	2	7.70988$E-3$	3.46880$E-2$	5.29508$E-3$
	3	−1.10988$E-3$	−2.88791$E-2$	1.89083$E-8$

位移反分析图谱计算表(二)　$h_0/L_0=0.5$　表 10-17b)

最佳三角形量测基线							
项目		考虑洞室底部能布测点			不在洞室底部布测点		
		求 $\bar{\sigma}_x$	求 $\bar{\sigma}_y$	求 $\bar{\tau}_{xy}$	求 $\bar{\sigma}_x$	求 $\bar{\sigma}_y$	求 $\bar{\tau}_{xy}$
基线测点坐标	X_1	0	0	−9.091	50	50	50
	Y_1	0	0	0	29.167	4.167	4.167
	X_2	50	26.209	39.731	33.541	0	9.148
	Y_2	37.5	92.330	80.003	86.793	100	98.939
	X_3	−50	−26.209	−50	−50	−50	−50
	Y_3	37.5	92.330	37.5	45.833	4.167	37.5
应力系数	B_{ij}	$i=1$	$i=2$	$i=3$	$i=1$	$i=2$	$i=3$
	B_{i1}	1.30648$E-3$	2.84867$E-3$	1.13071$E-3$	1.57670$E-3$	4.98189$E-3$	−1.27479$E-3$
	B_{i2}	3.98270$E-3$	1.04658$E-3$	8.35176$E-4$	2.42718$E-3$	4.98189$E-3$	2.25884$E-3$
	B_{i3}	1.30648$E-3$	2.84867$E-3$	−2.24498$E-3$	3.55686$E-3$	1.01133$E-3$	−1.09992$E-3$
最佳三角形量测基线网布置图		求 $\bar{\sigma}_x$ 基线图		求 $\bar{\sigma}_y$ 基线图		求 $\bar{\tau}_{xy}$ 基线图	
		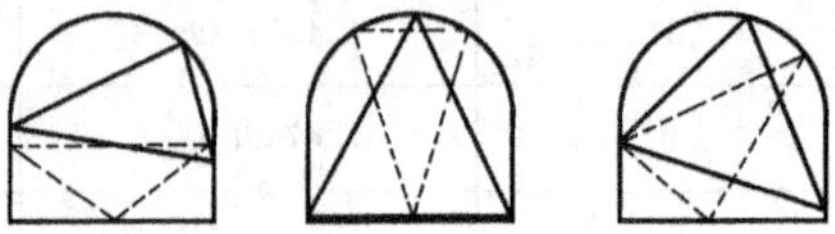					
备注		1. 图中虚实三角形分别为能否在洞底布置测点的两种情况。当二者重合时,只显示一个三角形的基线图。 2. 表中 $ME-n$,即 $M\times10^{-n}$。 3. 用表中数据计算时,要注意量测位移与洞室尺寸单位的一致性。					

下面,通过实例来说明如何利用图谱来进行初应力反分析的简捷计算。

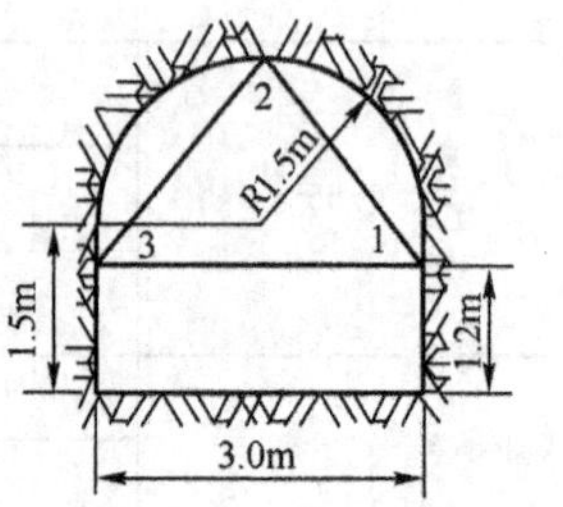

图 10-59　导坑断面和基线布置

例一　某隧道埋深 $H_0=100\text{m}$,围岩容重 $\gamma=2.5\times10^4\text{N/m}^3$,泊松比 $\mu=0.3$。为了了解初始地应力和岩体弹性模量,在导坑中布置一个如图 10-59 所示的三角形量测基线网,量测到的净空变化值为:$\triangle_{1m}=1.758\text{cm}$,$\triangle_{2m}=1.309\text{cm}$,$\triangle_{3m}=1.795\text{cm}$ 现利用图谱进行反分析计算。根据图谱计算表编制规则,$\triangle_{1m}$、$\triangle_{2m}$、$\triangle_{3m}$ 分别为基线 1-2、2-3 及 3-1 测得的净空变化量测值。

(1)确定洞室断面类型

由图 10-59 可知,断面属直墙圆拱型,洞形参数:

$$\frac{h_0}{l_0}=\frac{1.5}{3.0}=0.5$$

洞高 $H=1.5+1.5=3.0\text{m}$。

基线布置参数

$$K=\frac{h}{H}=\frac{1.2}{3.0}=0.4$$

(2)求折算净空变化值

从表 10-17 中查得，基准跨度 $l_0=100\text{cm}$。

$$\Delta_1=\frac{l_0}{l}\Delta_{1m}=\frac{100}{300}\Delta_{1m}=0.586\text{cm}$$

$$\Delta_2=\frac{l_0}{l}\Delta_{2m}=\frac{100}{300}\Delta_{2m}=0.436\text{cm}$$

$$\Delta_3=\frac{l_0}{l}\Delta_{3m}=\frac{100}{300}\Delta_{3m}=0.598\text{cm}$$

(3)根据洞形参数和基线布置参数查表得应力系数

$B_{11}=1.31378\times10^{-3}$　$B_{12}=1.31378\times10^{-3}$　$B_{13}=4.43977\times10^{-3}$

$B_{21}=7.61497\times10^{-3}$　$B_{22}=7.61497\times10^{-3}$　$B_{23}=-2.98340\times10^{-3}$

$B_{31}=-2.30815\times10^{-3}$　$B_{32}=2.30815\times10^{-3}$　$B_{33}=2.24936\times10^{-3}$

(4)标准初始地应力

$$\bar{\sigma}_x=\sum_{j=1}^{3}B_{1j}\Delta_j=0.004$$

$$\bar{\sigma}_y=\sum_{j=1}^{3}B_{2j}\Delta_j=0.006$$

$$\bar{\tau}_{xy}=\sum_{j=1}^{3}B_{3j}\Delta_j=-0.001$$

(5)估计初始地应力和岩体弹模 E

假定竖向初应力等于上覆岩体的重力，即

$$\sigma_y=\gamma H_0=2.5\times10^4\times100=2.50\text{MPa}$$

$$E=\frac{\sigma_y}{\bar{\sigma}_y}=\frac{2.5}{0.006}=416.67\text{MPa}$$

另外两个初始地应力分量为：

$$\sigma_x=E\bar{\sigma}_x=416.67\times0.004=1.667\text{MPa}$$

$$\tau_{xy}=E\bar{\tau}_{xy}=416.67\times0.001=0.417\text{MPa}$$

例二　图 10-59 所示洞室，为了通过反分析推算初始地应力的水平分量 σ_x，进行净空变化量测。今利用图谱计算表确定净空变化量测基线的最佳布置方案。

根据洞形参数查表(表 10-17a 及表 10-17b)，得到基准洞形室求 σ_x 时的最佳基线测点坐标为(洞底不考虑布置测点)：

$$x_1=50.000,\ y_1=29.167;$$

$$x_2=33.541,\ y_2=86.793;$$

$$x_3=-50.000,\ y_3=45.833;$$

实际洞室的测点坐标为：

$$x'_1=\frac{l}{l_0}x_1=\frac{3.0}{1.0}x_1=150\text{cm}$$

$$y'_1=\frac{l}{l_0}y_1=\frac{3.0}{1.0}y_1=88\text{cm}$$

$$x'_2=\frac{l}{l_0}x_2=\frac{3.0}{1.0}x_2=101\text{cm}$$

$$y'_2=\frac{l}{l_0}y_2=\frac{3.0}{1.0}y_2=260\text{cm}$$

$$x'_3=\frac{l}{l_0}x_3=\frac{3.0}{1.0}x_3=-150\text{cm}$$

$$y'_3=\frac{l}{l_0}y_3=\frac{3.0}{1.0}y_3=137\text{cm}$$

应力系数亦可查表得出

$B_{11}=1.576670\times10^{-3}$，$B_{12}=2.42718\times10^{-3}$，$B_{13}=3.55686\times10^{-3}$

3. 直接逼近法

直接逼近法是建立在迭代过程基础上的。通过迭代过程，利用最小误差函数逐次修正未知函数修正值，直至逼近最终解。直接逼近法所采用的计算过程和计算方法同已知初始地应力和物性参数求解位移的“正分析”是完全一致的。这种方法没有复杂的数学背景，可以考虑岩体材料的非线性和不连续性特征，可以采用较为复杂的计算模型和岩土本构关系。对于不连续面的接触特征、岩体流变参数等也都可以作为分析的目标。除了一般采用的二维模型外，也有不少人成功地按三维模型进行反分析。

工程兵三所李世辉先生等开发的 BMP90 位移反分析程序大体有以下特点：

(1)BMP90 程序是基于平面应变边界元法的正演程序，采用迭代法逼近。因而数据量较少，计算时间较短。

(2)输入的测量数据为经过处理的铅垂收敛位移值和 1/2 水平收敛位移值，因而只能获得两个待求量。

(3)待求量为水平地应力 σ_h 和等效弹模 E。垂直地应力 σ_v 按覆盖层重量计算。

程序全文、数据填写、输出结果请参阅参考文献[32]。

4. 围岩中塑性区范围的估算

分析洞室围岩塑性区的部位和范围不仅对评价围岩稳定有重要价值，而且对计算松弛荷载也有用处。因此，在反演分析中，估计塑性区的范围是一项不可少的重要工作。

(1)利用位移收敛曲线来估算塑性区半径

M · Paret 进行空间效应分析时发现，采用函数

$$C=B[1-(1/(1+x/r_0A))^2] \tag{10-33}$$

式中：r_0——隧洞半径；

x——开挖面延伸距离；

A、B——回归系数。

对计算所得收敛位移进行回归分析，都能取得较高精度。

当 $N_s=\sigma_0/C_u=1$，围岩为线弹性介质时，$A=0.84$，r_p(塑性区半径)$=r_0$，围岩中不出现塑性区。N_s 为其他应力状态时，有 $A/r_p=0.84/r_0\approx\text{const}$。其中 σ_0 为原始地应力，C_u 为不排水内聚力。

即
$$r_p=Ar_0/0.84$$

将其改写为 $A=0.84r_p/r_0$ 代入(10-33)式有

$$C=B[1-(1/(1+x/0.84r_p))^2]$$

式中系数 B 显然就是 $x\to\infty$时的最终收敛位移 C_∞，故回归方程可写成：

$$C=C_\infty[1-(1/(1+x/0.84r_p))^2] \tag{10-34}$$

如果位移测点不能紧贴开挖面设置，需离开开挖面 x_0，则(10-34)式可写成：

$$C=C_\infty[(1/(1+x/0.84r_p))^2-(1/(1+x_0/0.84r_p))^2 \tag{10-35}$$

式中，C_∞、r_p 即为回归系数。

算例：已知收敛位移测值采用 $C=B[1-(1/(1+at))^2]$作回归函数进行回归分析得

$B=46.279$，$a=0.049373$，$S_D=1.199$，开挖进尺为 $v=0.25\text{m/d}$，故

$$C=B[1-(1/(1+ax/v))^2]$$

与(10-34)式比较，显然有 $x/0.84r_p=ax/v$

故有 $r_p=1/0.84a/v=1/0.84\times0.049373/0.25=6.028\text{m}$

隧道半径 $r_0=3.5\text{m}$，塑性区深度 $r_p-r_0=2.4\text{m}$

(2)根据反分析结果估算塑性区范围

上面的估算只适于、或可以近似化为圆形隧道、静水压力的情况。对于非轴对称情况需要采用反分析法。其过程是：在位移反分析的基础上，直接用求得的标准初应力作为输入数据进行线弹性边界元分析，得到围岩应力分布规律。然后将计算所得最大剪应变和临界最大剪应变(弹塑性界面上的最大剪应变)进行比较，即可求出塑性区大致范围。

基本假定：

a. 岩体为均质、各向同性线弹性体；

b. 采用摩尔—库仑准则作为塑性判据，即

$$\sigma_1-\sigma_3=(\sigma_1+\sigma_3)\sin\varphi+2C\cos\varphi$$

①计算临界剪应变 $(\gamma_{max})_c$

根据虎克定律，在弹塑性界面上有

$$(\gamma_{max})_c=\varepsilon_1-\varepsilon_3=\frac{1+\mu}{E}(\sigma_1-\sigma_3)$$

引入单轴临界应变

$$\varepsilon_k=R_c/E$$

则上式可写为：

$$I_c=(\gamma_{max})_c=2(1+\mu)\frac{P}{E}\sin\varphi+(1-\sin\varphi)(1+\mu)\varepsilon_k \tag{10-36}$$

式中：R_c——岩体饱和单轴抗压强度(MPa)；

$P=(\sigma_1+\sigma_3)/2$——平均应力；

μ——岩体泊松比；

ε_1、ε_3——最大与最小主应变。

值得指出的是，由反分析得出的“弹性模量”实为将围岩的塑性变形计入在内的“等效变形模量”E^*。樱井春辅提出，等效变形模量 E^* 同岩体弹性模量 E 之间关系可表为：

$$E=\frac{E^*\sin\varphi}{[(2P/E\varepsilon_k)-1)\sin\varphi+1]^{-(\frac{1-\sin\varphi}{\sin\varphi})}-E^*\varepsilon_k(1-\sin\varphi)/2P} \tag{10-37}$$

②计算最大剪应变 γ_{max}

岩体总应变为开挖前初始地应力场作用时产生的围岩应变和洞室开挖释放应力引起的应变之和，故

$$\{\varepsilon\}=\{\varepsilon_0\}+\{\Delta\varepsilon\}$$

其中初始应变

$$\{\varepsilon_0\}=\begin{Bmatrix}\varepsilon_{0x}\\\varepsilon_{0y}\\\varepsilon_{0xy}\end{Bmatrix}=\begin{bmatrix}1-\mu & -\mu & 0\\-2\mu & 1 & 0\\0 & 0 & 2(1+\mu)\end{bmatrix}\{\bar{\sigma}\}$$

式中 $\{\bar{\sigma}\}$ 标准初始地应力。

求开挖引起的应变{Δε}时，可以将反分析求得的标准初始应力$\{\bar{\sigma}\}$作为输入数据，用边界元计算释放应力引起的围岩应变。则最大剪应变可由下式算出：

$$\gamma_{max}=\sqrt{[(\varepsilon_{0x}+\Delta\varepsilon_{x})-(\varepsilon_{0y}+\Delta\varepsilon_{y})]^{2}+(\gamma_{0xy}+\Delta\gamma_{xy})^{2}} \quad (10\text{-}38)$$

式中：$\Delta\varepsilon_x$、$\Delta\varepsilon_y$ 及 $\Delta\gamma_{xy}$——开挖引起的围岩应变。

③寻求塑性区边界

求得围岩内各点的 γ_{max}后，即可作出 γ_{max}等值线，其中与临界值 I_c 相应的那一条等值线，即为弹塑性区边界。

在用(10-36)、(10-37)式计算 E 及 I_c 时，可先假定垂直初应力 σ_{0y}等于上覆岩层重量，即

$$\sigma_{0y}=\gamma H$$

$$E^{*}=\sigma_{0y}/\bar{\sigma}_{y}=\gamma H/\bar{\sigma}_{y}$$

因此

$$\sigma_{0x}=E^{*}\bar{\sigma}_{x}$$

$$\tau_{0xy}=E^{*}\bar{\tau}_{xy}$$

这样平均应力为：

$$P=(\sigma_{0x}+\sigma_{0y})/2$$

P、E^* 求得后，可由(10-36)式求出 I_c，由(10-37)式求得 E，全部问题得以求解。

算例：某直墙圆拱隧道，埋深 100m，岩体特性参数泊松比 $\mu=0.3$，内摩擦角 $\varphi=30°$，临界应变 $\varepsilon_k=0.002$，围岩容重 $\gamma=25\text{kN/m}^3$。

经收敛位移反分析算得标准初应力为

$$\{\bar{\sigma}\}=\begin{Bmatrix}\bar{\sigma}_{x}\\ \bar{\sigma}_{y}\\ \bar{\tau}_{xy}\end{Bmatrix}=\begin{Bmatrix}0.004\\ 0.006\\ 0.001\end{Bmatrix}$$

则等效弹模 $E^{*}=\gamma H/\bar{\sigma}_{y}=2500/0.006=416.67\text{MPa}$ 初始地应力分量为：

$$\sigma_{0x}=1.67\text{MPa},\sigma_{0y}=2.5\text{MPa},\tau_{0xy}=0.417\text{MPa}$$

$$P=(\sigma_{0x}+\sigma_{0y})/2=(1.67+2.5)/2=2.085\text{MPa}$$

用(10-37)式经迭代求得实际弹模 $E=599.93\text{MPa}$，用(10-36)式求得临界剪应变 $I_c=0.0058144$。γ_{max}等值线如图 10-60 所示，图中斜线为塑性区。

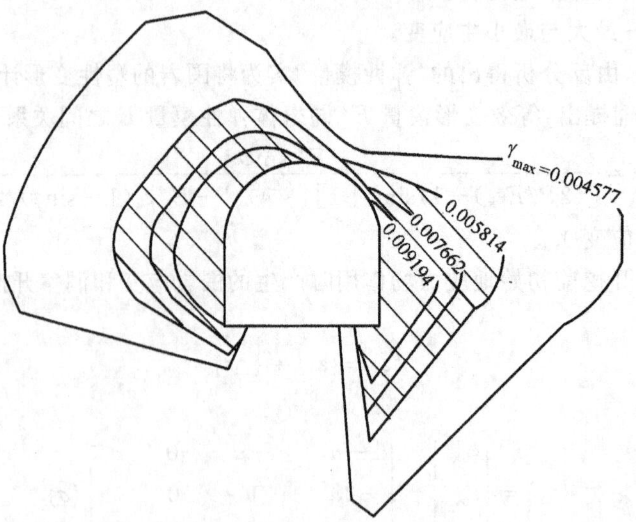

图 10-60　直墙圆拱隧道 γ_{max}等值线和塑性区

第十一章　按不稳定块体设计锚喷支护

第一节　局部不稳定性分析的原理与步骤

GB 50086—2001“锚杆喷射混凝土技术规范”明确规定，对局部可能失稳的围岩块体采用局部加固的设计原则。设计人员根据施工阶段沿洞轴线地质展示图上标出的围岩不稳定块体的边界，对所采用的锚喷支护参数，用块体极限平衡方法进行局部稳定性验算。荷载只考虑不稳定块体自重，一般不计由地应力引起的围岩应力。这是因为应力重分布导致不稳定块体周边的应力降低，同时，也由于地应力的数值不易取得和不便计算。

一般，围岩中被几组节理所切割成的小块岩体，由设计中用作整体加固的锚喷支护就足以承受，不需另行局部加固。当然，若施工过程中有可能出现坍塌，仍应施作临时支护。本章所研究的不稳定块体是指由软弱结构面、临空面以及新形成的切割面所组成的较大规模的不稳定块体。因为可能出现的新的切割面往往事先难以估计，因而需要人们事先作出准确判断才能确保安全。所以不稳定块体的锚喷支护计算绝不是单纯数学运算问题，而是一个复杂的工程问题。

为了说明问题的复杂性，下面给出一个某洞室围岩局部破坏塌落的实例。

某洞室工程总长220m，主洞毛跨13.7m，高9.5m。洞室最大埋深为152m，塌方段埋深由110m至125m。该洞在离口部60m至97m处的拱顶左侧发生了较大规模的塌方，其塌方部位详见图11-1及11-2，塌方总长度为37m，最宽处为6m，塌落体为一三棱形柱状体，总方量为300m^{3}左右。塌方界面在上部为炭页岩软弱结构面，在侧壁亦为一较平整的岩壁（在这个方向上存在着不连续的刚性结构面）。塌方从里向外，即先从97m处开始坍塌至60m处结束。

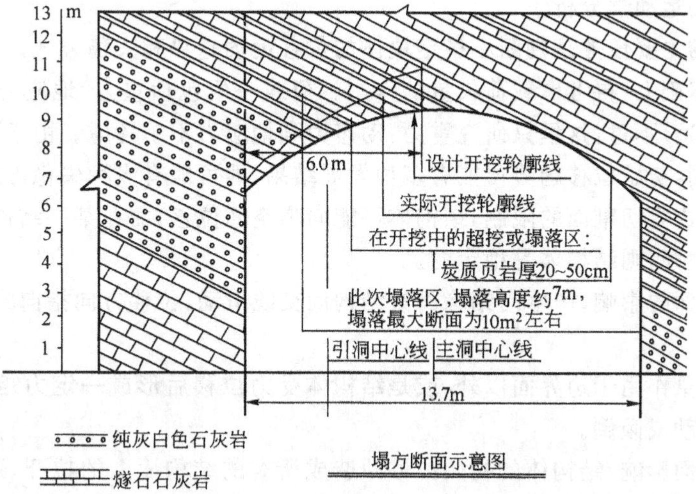

图　11-1

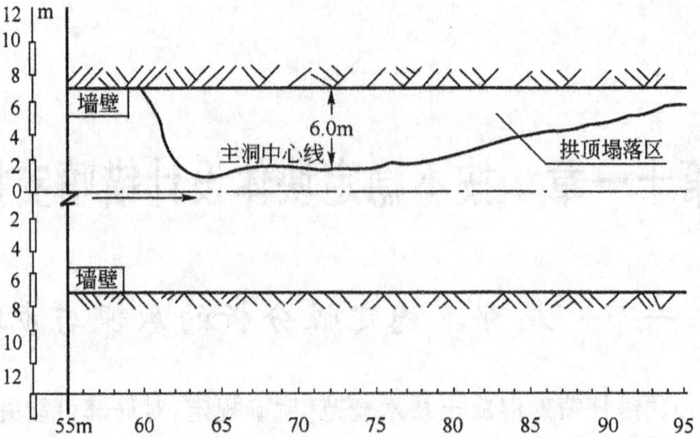

图 11-2

由图 11-1 可见，在灰页岩上部有一层厚度 20～50cm 的黑色灰质页岩，此种犹如煤炭状的页岩强度极低，遇水成黑色浆糊状，它将上下岩体分离成两部分。洞室开挖后，由于下部岩体临空，这就形成了由弱面切割的如图 11-2 所示的三棱形柱状不稳定块体。又因岩层呈单斜体构造，这就构成了犹如悬臂梁板的悬臂体，更增加了它失稳的可能性。加上施工质量差，锚杆没有起到悬吊作用，喷层没有达到预定的厚度；勘察工作不细，设计中没有对这一不稳定块体提出必要的加固措施，以致造成较大规模的塌方事故。从这一工程实例中，可以看到，不稳定块体并非全由软弱结构面规则地组成，而是应根据软弱结构面、节理裂隙、岩体强弱与临空面等情况，判断其可能失稳的几种情况，然后采取相应的加固措施。

通常，不稳定块体的计算与加固是通过下述步骤来进行的。

1.不稳定块体的几何分析

不稳定块体的几何分析是指确定结构面面积、结构体体积和重量等，这些都是稳定分析中的必要数据。不稳定块体的几何分析是以地质勘察工作所获得的地质结构面产状和测点坐标，以及工程设计开挖的几何参数为前提的，有了这些参数就可以通过解析法或图算法来确定不稳定块体的几何参数。

2.失稳方式的运动学分析

运动学分析的主要任务是判断不稳定块体的位移运动趋势和失稳方式。运动学分析是在上述几何分析的基础上，再考虑载荷矢量的作用。荷载一般包括重力、地应力及动态力（地震力、爆破松动力等）。不过，这里只研究重力，动态力和地应力不予考虑。由于不稳定块体边界切割面的情况不同，初始位移趋势可能有多种发展结果，即可能有多种失稳方式：

（1）由于受到边界切割面的限制，结构体不能向临空面位移，而在某一结构面上压紧，或者所有结构面不能脱开，则结构体是稳定的。

（2）由于切割面的影响，产生沿结构面或结构面交线滑动，位移方向指向临空面，这时形成滑动失稳。

（3）当合力矢量作用于边界面以外，或是结构体受力位移后形成一定力矩时，若指向临空面，则可能发生转动或倾倒。

（4）不受切割面影响，结构体的初始位移即造成所有的结构面上的拉开，这时形成崩落或抛出。

归纳起来，岩石结构体的运动状态可能为稳定、崩落、滑动、转动、倾倒等。常见的失稳运动方式是崩落和滑动，因而这里不考虑转动和倾倒的失稳方式。失稳方式不同，其稳定的评价和分析也就不同。可见运动学分析是进一步稳定分析的前提。

3. 稳定系数的计算分析

稳定分析是根据岩石结构体受力运动和阻滑力的对比关系，确定相对于极限状态时的稳定程度，作出稳定性评价。

当运动学解析指出有可能滑动时，应根据滑动面的构成，采用抗剪强度进行滑动稳定分析，求取滑动安全系数。

对于崩落或抛出的不稳定块体，则直接求其崩落力或抛出力。

4. 不稳定块体的加固计算和锚喷支护强度计算

锚喷支护是当前加固不稳定块体的主要支护方式。尤其是采用锚杆或锚索支护，其加固效果远优于其他支护型式。对可能失稳的不稳定块体需进行局部加固计算和锚喷支护的强度计算，以确定喷层厚度、锚杆根数和参数以及锚杆的布置方案。一般情况下，喷层厚度按整体加固要求确定，局部加固主要是计算锚杆的根数和参数。

常用的不稳定块体的稳定分析方法有图解法和数解法，图解法应用很广，既适用于手算，也适用于电算，还可图示不稳定块体。数解法计算量大，一般只在采用电算情况下才采用。图解法需要赤平极射投影及实体比例投影知识，因此我们先介绍这两种投影的原理和作图方法。

第二节　赤平极射投影与实体比例投影

一、赤平极射投影基本概念

赤平极射投影是表示空间的点、线、平面的方位和角距关系的一种图解方法，而不涉及面积的大小、线段的绝对长度和点与点之间的绝对距离。最早用于天文学，用于岩体工程还只有几十年的历史，但已显示出其生命力。

1. 基本原理

投影步骤是：

(1)将线段与平面平移到球心，从球心投射到球面，得到球面投影如图 11-3 中的 $\widehat{NAS}$(不包括 $\overline{NS}$)。

(2)由球极向球面发出射线(叫极射)，它们与投影球的赤道平面(赤平面)的交点，就是赤平极射投影，如图中的 $\widehat{SBN}$。

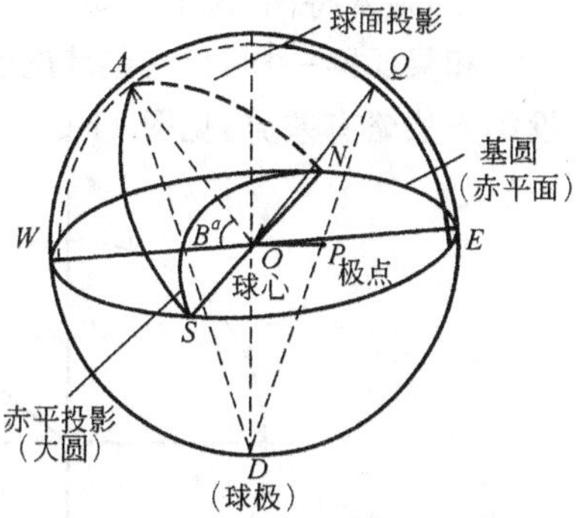

图 11-3　赤平极射投影

在这个投影上看出两点：

(1) NS 是该平面走向，BO 是该平面倾向。

(2)平面越陡，$\widehat{SBN}$ 弧越靠近圆心。

两个极端的情况：垂直时为 $\overline{NS}$；水平时为基圆。

注意：

①平面的法线投影得 P 点，P 点叫该平面的极点。由于其唯一性，故极点能代表该平面。

②球极在下的叫上半球投影，球极在上的叫下半球投影，两者相差 180°。我国多采用上半球投影，在本节中也都采用上半球投影。

2. 两种投影网

赤平投影分吴氏网与斯氏网，每种投影网都包括两张投影图，即经纬网与极坐标网。

(1)吴尔福(Wulff)网(苏)

经纬网:(参看图 11-4)

外圆代表赤道平面。

经纬：是走向南北、倾向东(或西)的一组平面的投影，因此经线所反映的是平面的倾角。

纬线：是走向东西的一系列面的投影(不通过球心)因此纬线将外圆等分为若干度，故平面的方位可从纬线上量得。

极坐标网(参看图 11-5)

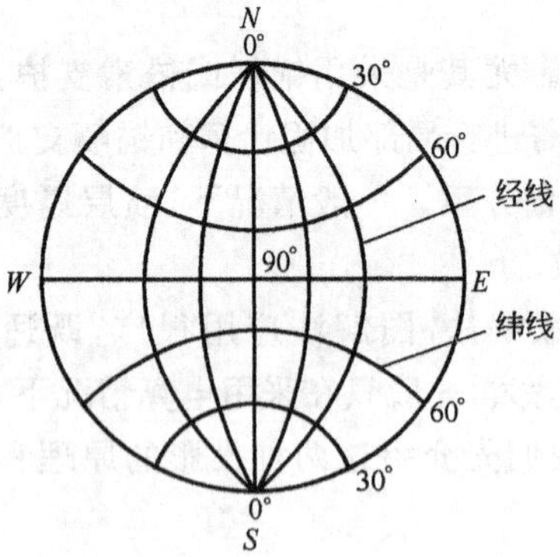

图 11-4 经纬网

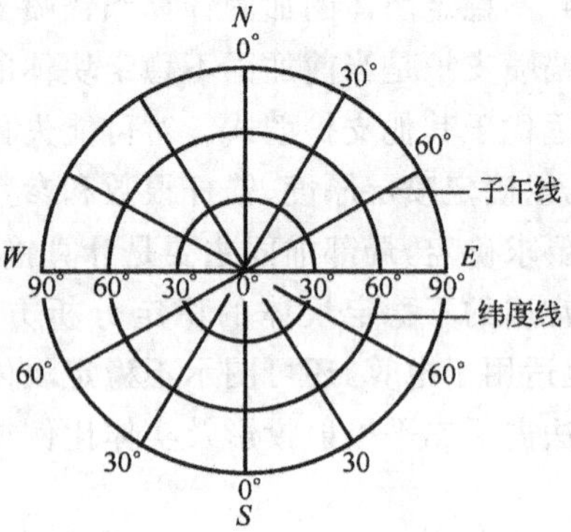

图 11-5 极坐标网

子午线：是一组过球心但走向各异的铅直平面与球面的赤平投影，利用它定极点的方位。

纬度线：是一组水平面与球面相切的小圆的赤平投影，利用它定极点的倾角。

有了经纬图，根据 *WE* 轴上的分度，就能作出极坐标网。

吴氏网的特点：

①投影从极点发射线，故空间两平面的夹角等于投影图上两平面的夹角，叫保角性。吴氏网为等角投影。

②随着球面位置的不同，其投影面积不等，中间密，边上稀，中央：边部＝1：1.88。

(2)斯米特网(Schmidt)

和吴氏网一样，也有经纬网和极坐标网两张图，参看本书附录 II 附图一、二。所不同的是投影方法略有差异，见图 11-6。

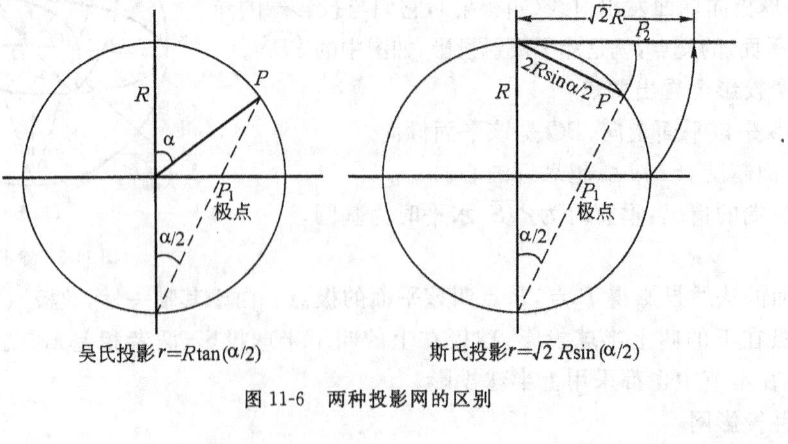

图 11-6 两种投影网的区别

吴氏投影的基圆半径为 R；斯氏投影的基圆半径为$\sqrt{2}R$（令 $\alpha/2=45°$，代入得 $2R\sin45° =2R\cdot\frac{\sqrt{2}}{2}=\sqrt{2}R$）。斯氏投影的实质，是使投影球面各部分之间保持一定的比例，因而网络较均匀，中央∶边部＝1.316∶1，网格的均匀性带来了统计方面的方便。故斯氏网也叫等面积网。

二、基本作图法

1.线的产状

已知直线产状为倾向 $N30°E$，倾角 30°，求作投影，如图 11-7 所示。

(1)在透明纸上作一基圆，直径同投影网，并标出 N(北)、S(南)、W(西)、E(东)方位，及圆心 O 点。

(2)在基圆上根据已知直线倾向($N30°E$)标出 A 点。

(3)将透明纸盖在投影网上使 AO 与投影网的 EW 重合从外圆数 30°得 P 点。

(4)连 PO 为已知线投影。

线投影要点：

①线投影的起始点(即 P 点)要在线的倾向的反方向去找，例如倾向 NE，就到 SW 去找。

②倾角从大圆向里量。

③方向永远指向 O 点。

2.面的产状

已知平面产状为走向 $N40°E$，倾向 NW，倾角 30°，求作投影，如图 11-8 所示。

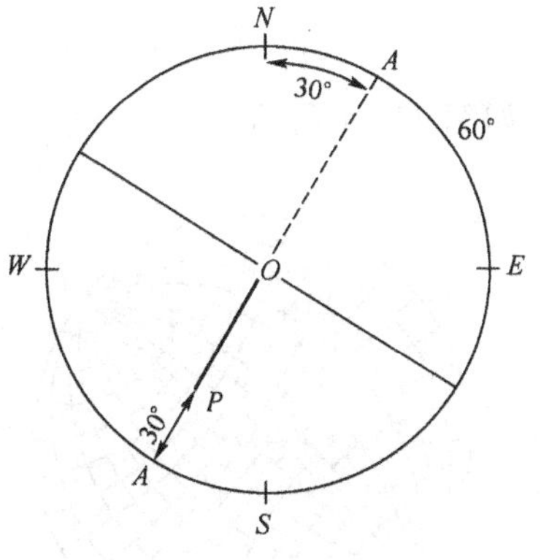

图 11-7　线的投影

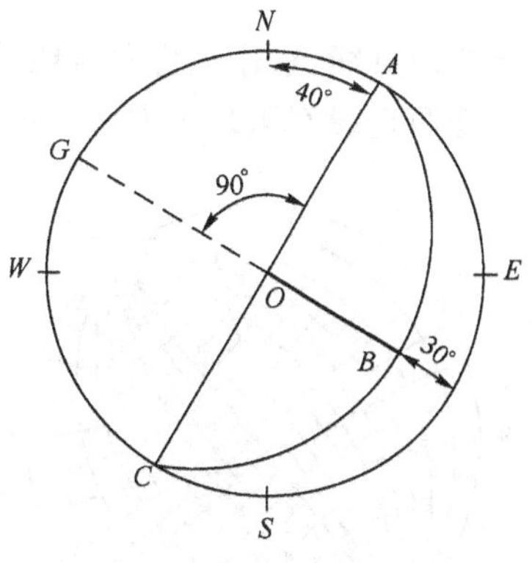

图 11-8　面的投影

(1)在透明纸上作一基圆，直径同投影网，并标出 E、S、W、N 及圆心 O。

(2)在大圆上标出走向方位点 A($N40°E$)和倾向方位点 G，G 和 A 相差 90°。

(3)将透明纸覆于投影网上，使 A 点与投影网 N 点重合则 G 点必与 W 点重合。

(4)从 G 点反方向的大圆向里量 30°得 B 点，按相应经线连$\overset{\frown}{ABC}$，即该面投影。

面的倾向线为$\overrightarrow{BO}$，即凹弧方向。

3.已知平面，求极点

已知平面产状为走向 $N40°E$，倾向 NW，倾角 60°，求极点，如图 11-9 所示。

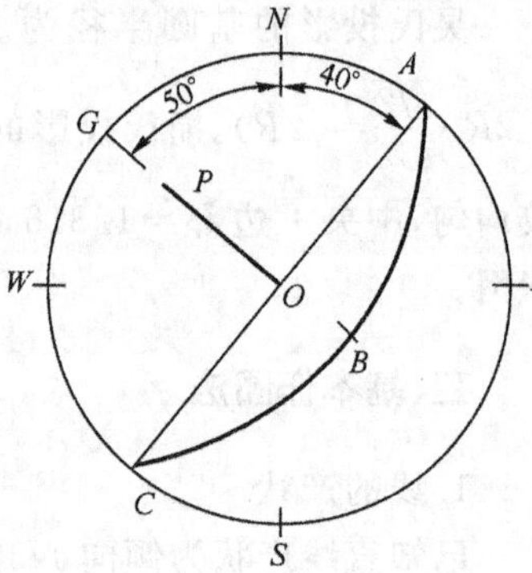

图 11-9　平面的极点

法一：

(1)在透明纸上按基本作图法画出该平面投影$\widehat{ABC}$。

(2)将投影图；覆于投影网上，使 A、C 两点与投影网的 N、S 重合，则 B 点落于 EW 线上。

(3)自 B 点顺凹弧方向量 90°得 P 点，P 点即平面极点。PO 为该平面法线，其产状为倾向 $S50°E$，倾角 30°。

法二：

(1)根据面的走向定走向点 A、C 和倾向点 G($N50°W$)。

(2)将投影图覆于投影网上，使 A、C 两点与投影网的 N、S 重合，则 G 点落在 W 上。

(3)自 O 点顺倾向量 60°得 P 点，P 点即所求极点，PO 即该面法线。

从这里看出所谓面的投影，可视为面的法线的投影，而法线总是位于面的投影的凹弧的一侧。

4.已知极点 P 求平面

如图 11-10 所示，设已知极点 P

(1)连 PO，得该平面法线。

(2)将投影图覆于投影网上，使 PO 与投影的 WE 重合。

(3)自 P 点向中心量 90°，得 B 点。

(4)将 B 点所在的经线描出得$\widehat{ABC}$，即所求面的投影。

5.已知两直线，求作包含两直线的平面

设已知两直线 CO、DO，求作一平面包含此两直线，如图 11-11 所示。

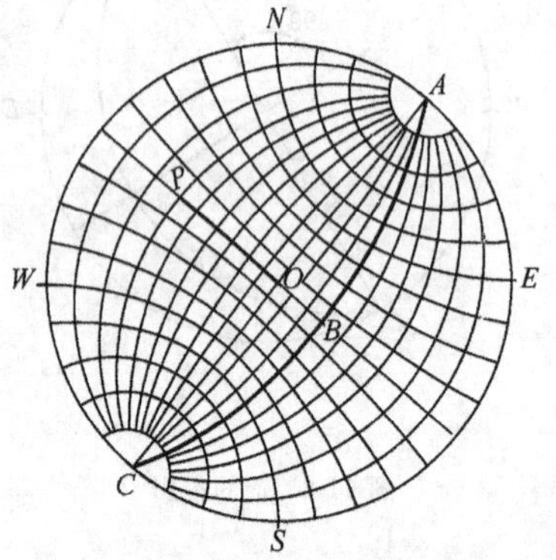

图 11-10　由极点求平面

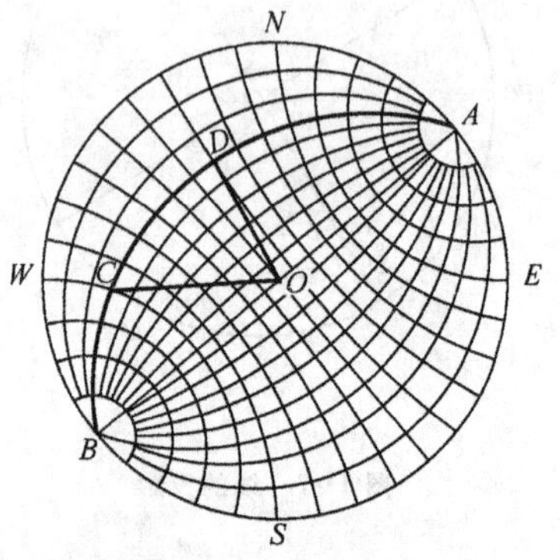

图 11-11　包含两直线作平面

(1)将透明纸覆于图上，使 C、D 两点落在同一经度线上。

(2)将包含 C、D 两点的经度线描出，得$\widehat{ABCD}$，即所求平面。

理由：CO、DO 是同一面上的两根线，因此它们的投影必落在同一面的投影上。

6.过一直线，求作一平面垂直另一平面

设已知平面$\widehat{ABC}$及已知直线 DO，如图 11-12 所示。

(1)作已知平面$\widehat{ABC}$的法线 PO。

(2)作包含 DO 和 PO 的平面，则 $GPOF$ 即所求平面。

理由：因为所作平面包含了已知平面法线，故该面必垂直于已知平面。

7.已知相交两直线，求它们的夹角

设已知相交两直线 CO 和 DO，如图 11-13 所示。

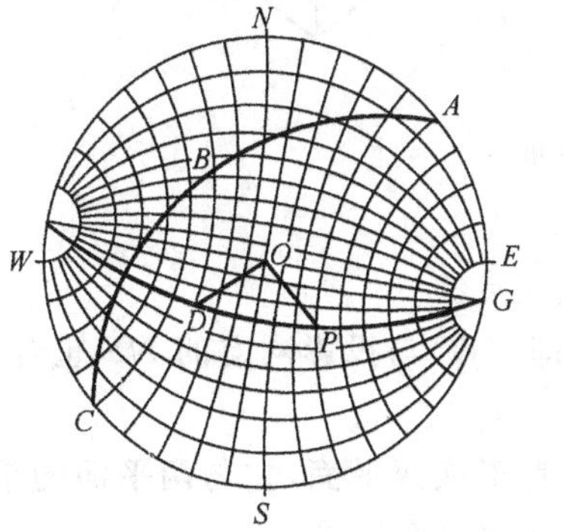

图 11-12　过一直线作一平面垂直另一平面

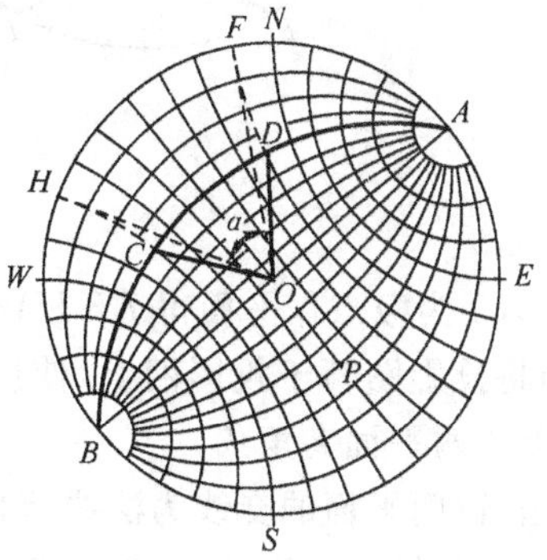

图 11-13　两直线的夹角

(1)作包含 CO、DO 的平面投影得 $ADCB$。

(2)将投影图的 AB 与投影网的 N、S 重合。

(3)该夹角有两种表达方式：

①D、C 所含纬度线即 CO 与 DO 夹角 α。

②将 D、C 顺纬度线延至外圆的 F、H，则$\angle FOH$ 即真实夹角。

此夹角 α 为两线同在上半球的夹角，其一在上半球，另一在下半球的夹角为 $\theta=180°-\alpha$。

理由：产生上述差别，是由于 $ADCB$ 不是水平面，因而角度产生了扭曲，若将该面转为水平面，则极点 P 移至 O，$AFHB$ 为水平面。因此，倾角 FOH 为两线真实夹角。

8.已知两平面，求它们的交线

设已知两平面 AC 和 DF 作交线，如图 11-14 所示。

(1)作出两平面得交点 B。

(2)连 BO 即它们的交线。

理由：

显然 B 是它们的一个交点，又两面均发自球心，故 O 也是它们的交点，显然 BO 就是它们的交线。倾向 BO，倾角自大圆向里量。

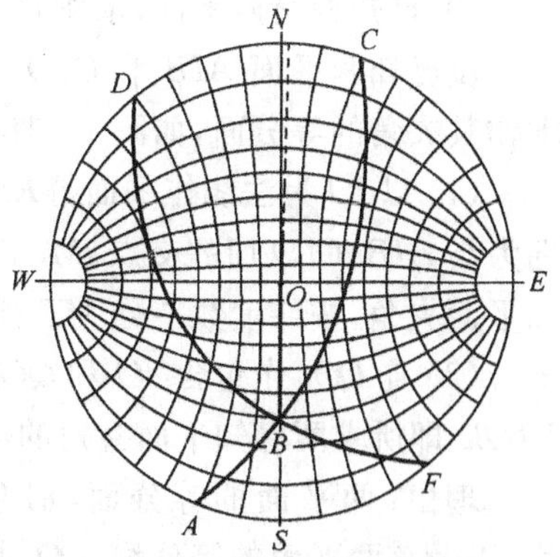

图 11-14　求两平面的交线

9.已知相交两平面，求它们的夹角

已知 AIB、CID 两面，I 是它们交点，求两面夹角，如图 11-15 所示。

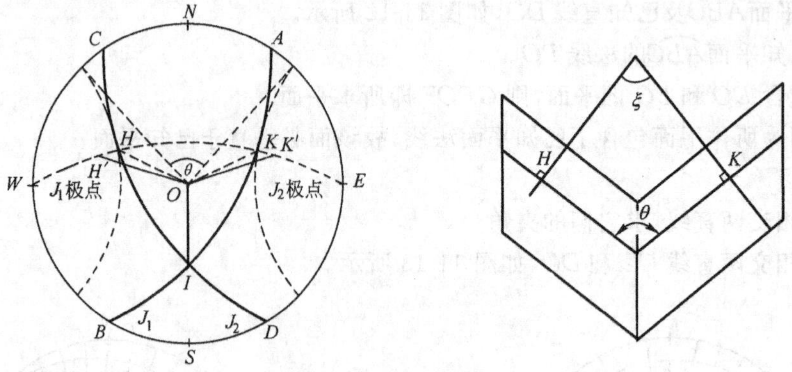

图 11-15　求两平面夹角

法一：

(1)以 I 为极点作平面得 $EKHW$，其 K 和 H 为两交点。

(2)将投影图覆于投影网上，使所作平面的走向(即 EW)与投影网上的 NS 重合，则 KH 所含纬度为两平面夹角 θ。

理由：以两平面的交线为法线所作平面，必同时垂直于该两平面，它与两平面的组合交线 KO、HO 的夹角，即两平面夹角。显然两平面的另一夹角为 $180°-\theta$。

法二：

(1)作 AIB 和 CID 的法线，得 $K'O$ 和 $H'O$。

(2)作包含 $K'O$ 和 $H'O$ 两法线的平面，得 EK'，$H'W$。

(3)使 EW 与投影网的 NS 重合，则 K'，H' 所含纬度线的角度即两平面夹角 ξ，它是 θ 的补角。

第二种作图法求得的为其补角。当一平面位于上半球，而另一平面位于下半球时，方法二求得的为其真正夹角。对于走向相同的互倾面，可以用第一个方法而不能用第二个方法求解。

10. 已知相交两平面，求作其夹角的等分面

设已知两平面 AIB 和 CID，IO 为它们的交线，求作其夹角的等分面，如图 11-16 所示。

(1) 以 IO 为法线作平面得 $RMTP$，其中 M、T 分别为与 AIB、CID 面的交点。M、T 所含纬度数为两已知平面夹角，按纬度数平分 MT 弧段得 Q。

(2) 连 QO，作包含 IO 和 QO 两直线的平面，得 $KIQL$ 即所求两已知平面夹角的等分面的投影。

理由：两平面的等分面，必包含该两平面的交线，以及该两平面的等分线。OQ 为等分线(等分面与法面的交线)。

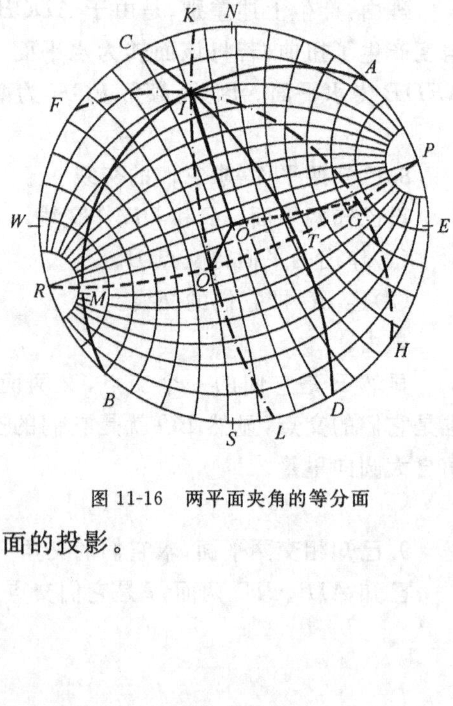

图 11-16　两平面夹角的等分面

另一等分平面的作法如下：

(1) 作 KIL 的法线 GO；

(2) 作包含 IO、GO 的平面，得 FGH，即另一等分面的投影。

理由：两等分面互相垂直，且都包含 IO 交线。

11. 已知平面绕某一水平轴旋转 α 角，求旋转后产状

先看球面上一点 P 绕 EW 旋转的情况，参看图 11-17。

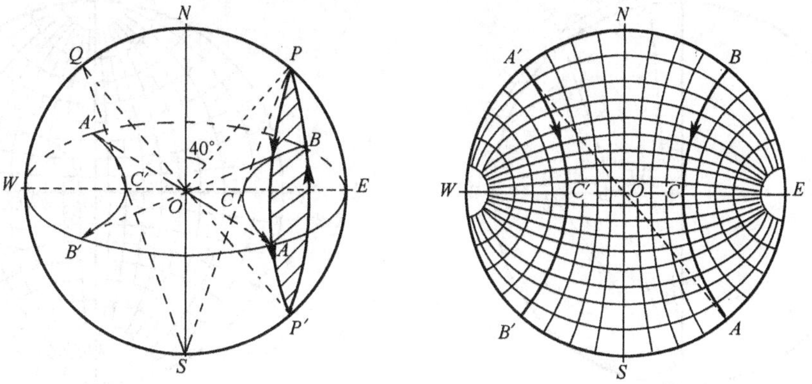

图 11-17　投影面绕水平轴旋转后的产状

设 P 点的方位为 E，距垂直轴的夹角为 40°，其赤平投影为 C，现设其绕 EW 向南旋转，当 P 点转至 A 点时，其投影由 C 移至 A。继续转动，P 点进入下半球，这时 P 点的投影可以其对蹠点表示。当 P 由 A 到 P' 时，投影由 A' 到 C'；P 点由 P' 到 B 时，投影由 C' 到 B'；P 点由 B 到 P，投影由 B 到 C，完成一周转动。

结论：当 P 点绕 EW 转动一周时，它在球面上的移动轨迹，恰为一距投影球中心垂直轴角距为 40°，并垂直于赤平面的一个平面的（阴影部分）球面投影。因此，其赤平投影的移动轨迹也恰好就是投影网上表示纬度为 40° 的一条纬线。当其在上半球时，投影在同侧；当其在下半球时，投影在对侧。

例一：参看图 11-18。

设已知一平面走向 $N50°E$ 倾向 SE，倾角 40°，其赤平投影为 ABC，求该平面绕 NS 水平轴向 E 旋转 38°后的产状。

(1)将投影图的旋转轴(此例为 NS)对准投影网的 NS 轴，叫旋转轴调中。

(2)求已知平面 ABC 的极点 P。

(3)将 P 点顺纬度线向东移动 38°，得 P' 点，则 P' 点的平面 DGF 的投影即所求。

旋转后的平面产状为 $N30°E$，倾向 SE，倾角 70°。

注意：当旋转角度很大时(本例如转角超过 60°)，应找其对蹠点。

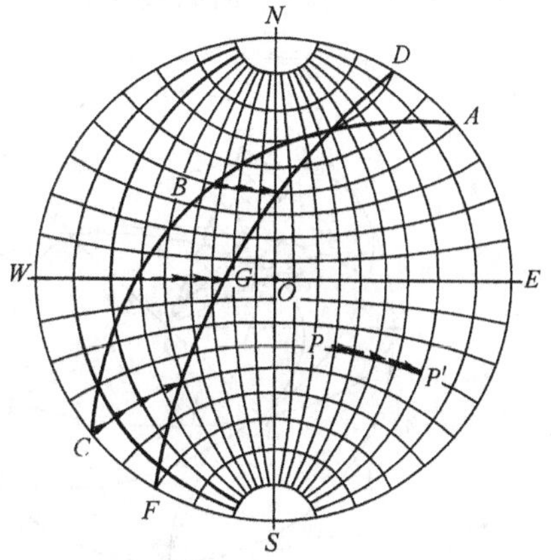

图 11-18　投影面旋转之例

12. 已知一不经过投影球心的倾斜平面与球面相切的圆的半径和中心，求作其投影。即已知中心和半径，求作小圆。

图 11-19 为通过已知斜面与球面相切的圆的中心点 P，并垂直于赤平面的剖面图，从图上看出 $\widehat{LP}=\widehat{MP}=30°$，它们在赤平面上投影分别为 A、B、C。AB 为小圆直径，平分 AB 线段即

得小圆圆心。故小圆作图步骤如下：

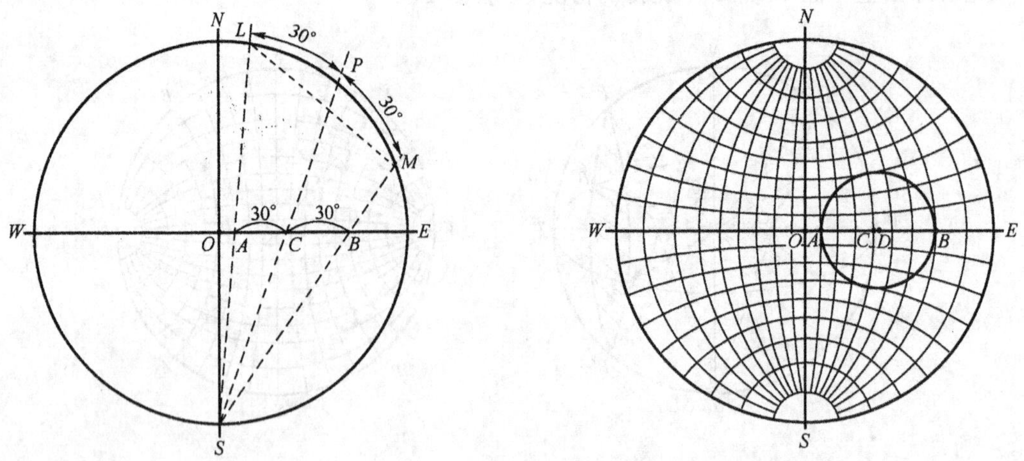

图 11-19　已知中心和半径求作小圆

(1)将绘有小圆圆心 C 的投影图覆于投影网上，并使 C 点落在投影网的 EW 线上。

(2)沿 C 点左右按径线各取 30°，得 A、B 两点，AB 即小圆直径。

(3)平分 AB 得 D，D 即作图圆心，以 D 为圆心，DA 为半径作圆，即所求小圆。

13. 已知一直线，求其在某一已知斜面上的投影及其夹角

见图 11-20a)，已知直线 AO，过 A 点向已知平面作垂线 AG，则 AOG 为一包含已知直线并垂直已知平面的辅助平面。显然，两平面的交线 GO 即 AO 在该平面上的垂直投影，GO 与 AO 的夹角，即 AO 与该平面的夹角。

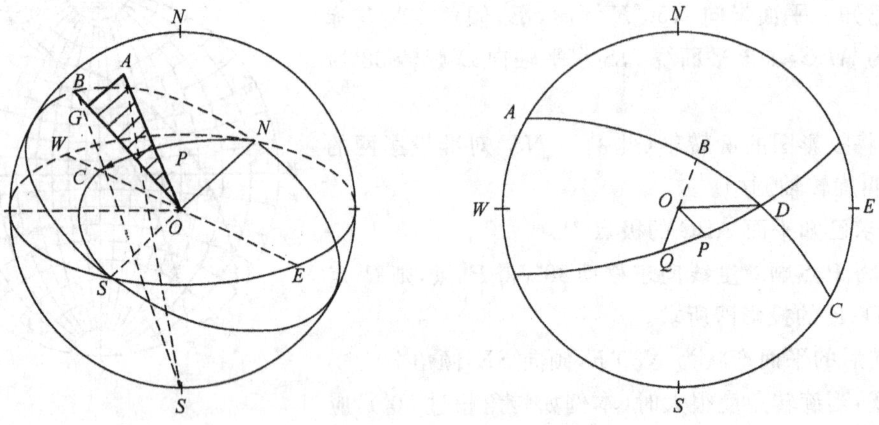

a)　　b)

图 11-20　求已知直线在某斜面上的投影及夹角

例二：

如图 11-20b)，已知直线 PO 和平面 ABC，求作直线 PO 在该平面上的投影。

(1)作 ABC 平面的法线 QO；

(2)作包含 QO 和 PO 两直线的辅助平面。

则交线 DO 即 PO 在 ABC 平面上的投影。

PO 与该平面的夹角(即 PO 与交线 DO 的夹角)即 $\widehat{DP}$ 弧包含的纬度数。

小结:

综合上面的作图方法,它们之间具有以下共同规律,如图 11-21 所示。

(1)在赤平投影图上,面的投影有三种表达形式

①面的投影,如图中的 $\widehat{ACB}$ 弧。

②倾向矢,图中的 CO(代表倾向)。

③极点(P) 或法矢 PO。

其中倾向矢与法矢共线,但指向相反,且

$$\alpha_{法矢} + \alpha_{倾向矢} = \pi/2$$

(2)面与线的投影均自其倾向的反方向、自大圆向里量倾角,唯独极点的投影是从圆心顺该面的倾向量取倾角。

(3)面的倾向为凹弧的指向。

(4)线的倾向永选指向 O 点。

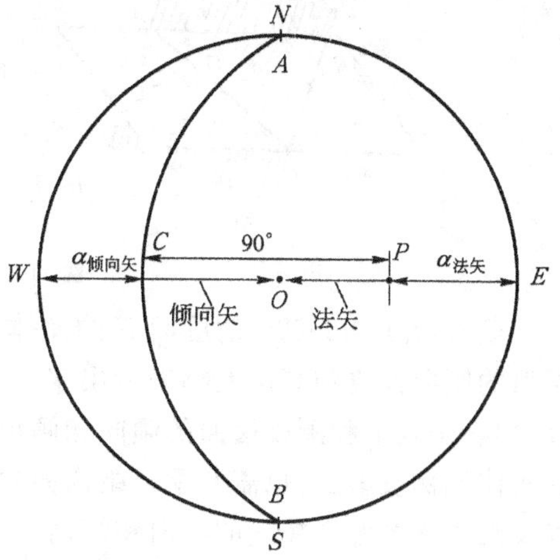

图 11-21 面的三种表达形式

三、实体比例投影的概念

赤平极射投影法只能反映平面和直线的方位以及它们相互的角距关系,不能反映平面大小,线段长短以及它们的具体位置。因此,必须将赤平极射投影与实体比例的垂直投影结合起来,相互配合,才能确定出露洞室临空面上的块体的空间位置和形状。

实体比例投影是研究直线、平面,以及由平面围成的块体在一定比例尺的平面图上构成影像的规律的一种图解方法。它应用正投影(垂直投影)的原理和方法,并与赤平投影图相配合,根据实测的结构面产状和分布位置,通过作图,求出结构面的组合交线、组合的平面,以及由组合的平面和直线围成的结构体的几何形状和规模、分布位置和方向,而且完全变立体表示为平面表示。

正投影主要应用于机械制图学,它根据机械零件的几何形状作出它在各投影面上的投影。投影图要求严格反映机械零件的面和线的尺寸大小,但不严格要求反映面和线的实际空间方向。实体比例投影与之不同,它主要是根据结构面在水平投影面上的投影求出其组合的实体(结构体)。投影图除了要求反映结构体的面和线的尺寸大小之外,还要求严格反映结构体的面和线的实际空间方向,包括面的走向、倾向、倾角和线的倾向、倾角。例如,一个作用于岩体上的作用力,除了应表示出其大小之外,还应表示出其作用方向。对于一个滑动面,为了计算其抗剪强度,也必须同时知道它的面积大小,以及它的倾斜方向和倾角。也就是说,实体比例投影既有尺寸大小的概念,又有方向的概念。

由于实体比例投影具有方向概念,所以,它的作图和表示方法与普通正投影有所不同。例如,一个岩层层面的实体比例投影用层面与水平投影面的交线(即层面的走向线)来表示,在图 11-22a)中,层面 F 与水平面投影面的交线为 AB,图 11-22b)为层面 F 的赤平面投影图,层面在水平投影面上的实体比例投影图则如图 11-22c)。实体比例投影图上 $A'B'$线段的方位应严格保持与层面的走向方位一致。若已知层面 F 与水平面交线 AB 的实际长度,则图 11-22c)中

$A'B'$线段的长度应按作图比例尺等于其实际长度 AB。

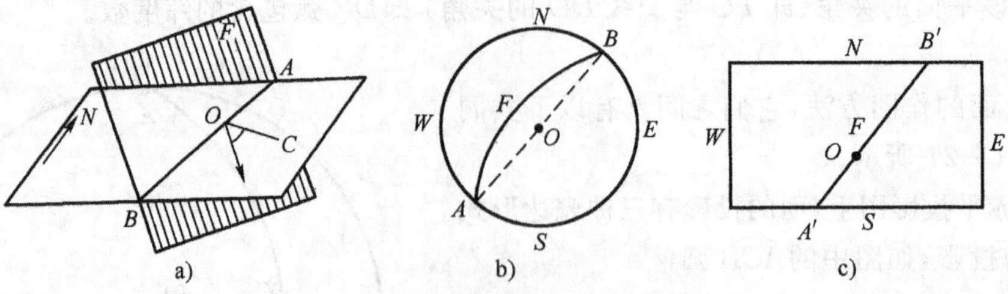

图 11-22　平面的实体比例投影

显然，在图 11-22c)的层面 F 的实体比例投影图上，只表示了层面的走向方位，还未能将层面的倾向方位和倾角大小表示出来。因此，需要有层面的赤平投影图[图 11-22b)]与之配合，用它来表示和测读层面的倾向和倾角。同样。对于一个由几条结构面组合构成的结构体的实体比例投影图，也需要配合结构面的赤平投影来表示结构体各个面的走向、倾向和倾角，以及结构体的各个棱线的倾向和倾角。此外，也正是借助于赤平投影图所表示的结构面的走向方位和它们的组合交线的倾向方位，才使结构体的实体比例投影的作图变得十分方便。

四、投影原理与作图方法

作空间上的点、平面、直线的实体比例投影平面一般为水平面。在实际作图时，它常是通过结构面实测点高程的一个水平面，或直接代表工程岩体的水平临空面，如地下洞室的洞顶面等。

在有些情况下，工程岩体的临空面不呈水平位置。如洞壁面为直立面。为了作图方便，也常常将这些临空面以其走向线为旋转轴，转至水平位置，然后再作出结构体在它上面的实体比例投影。

采用水平面作为实体比例投影平面，好处在于它与赤平投影的投影平面一致，因而在作实体比例投影图时，只要选取其方位表示与赤平投影图的方位表示一致，通过实体比例投影图上的已知点（如结构面的实测点），作赤平投影图上与之相应的直线（如结构面的走向线、结构面的组合交线等）的平行线即可，作图的过程非常简单。

（一）直线的投影

已知空间任意一直线 OA，倾向 W，倾角 α，长度为 l，如图 11-23a)（此图为通过直线 OA 的垂直剖面图），求作实体比例投影。作图步骤如下：

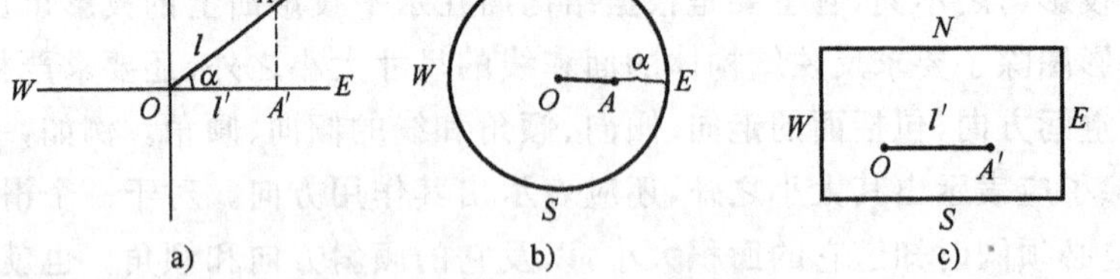

图 11-23　直线的实体比例投影

(1)根据直线 OA 的倾向和倾角，作赤平投影图，如图 11-23b)。

(2)通过直线 OA 的端点 O(或 A)作一水平面为投影平面，如图 11-23c)，其方位表示与赤平投影图相同。过 O 点作一直线 OA'' 平行于赤平投影图上的 OA，并取其长度等于图 11-23a)中的 OA'（为 l'），OA'' 即为已在直线 OA 的实体比例投影（这里，取图 11-23c)的比例尺与图 11-23a)相同）。

由图 11-23a)可见，$OA=OA'/\cos\alpha$ 即

$$l = l'/\cos\alpha \tag{11-1}$$

其中：l——已知直线的实际长度；

l'——已知直线的实体比例投影长度；

α——已知直线的倾角。

由此可以得出一个结论：空间任意直线的实际长度等于实体比例投影长度与倾角的余弦之比。在岩体结构分析中，经常是先知道空间直线的实体比例投影长度（在实际比例投影图上，根据作图比例尺直接量出）及其倾角（在赤平投影图上读出），反求直线的实际长度。

（二）平面的投影

在图 11-22 中已作出一个平面（层面）的实体比例投影，它的作图步骤如下：

1. 根据层面的产状作其赤平投影，为图 11-22b)。

2. 通过层面的实测点 O 作一水平面，为投影平面，其方位表示与赤平投影图相同，如图 11-22c)。过 O 点作一直线 $A'B'$ 平行于赤平投影图上的层面走向线 AB，$A'B'$ 即为层面的实体比例投影。

由于层面在这里没有限定大小，因而其实体比例投影不是一个限定大小的平面，而是一条没有限定长度的直线。

现设空间一倾斜平面 F，被 EW 直立平面、SN 直立平面和水平平面切割成一个 ABC 的三角形平面，如图 11-24a)。已知倾斜平面的产状和 AB 的长度，求作三角形 ABC 的实体比例投影。作图步骤如下：

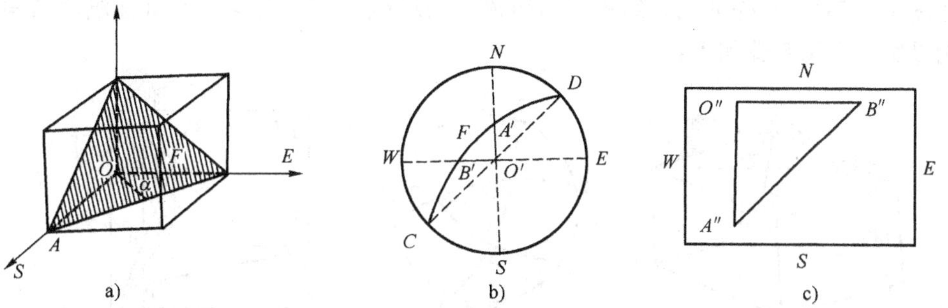

图 11-24　平面的实体比例投影

(1)根据平面 F 的产状作赤平投影为 $A'B'$ 大圆[图 11-24b)]。图中 EW 大圆和 SN 大圆，代表 EW 直立切割面和 SN 直立切割面。水平切割面即为赤道大圆本身。由赤平投影图得出平面 F 与 EW 直立切割面、SN 直立切割面、水平切割面的交线分别为 $B'O'$、$A'O'$ 和平面 F 的走向线 CD。

(2)作一水平面，代表投影平面，同时代表水平切割面。在此平面上，作一直线 $A''B''$ 平行于赤平投影图[图 11-24b)]上 F 平面的走向线 CD，并取其长度按作图比例尺等于图 11-24a)中的 AB，如图 11-24c)所示。过 A'' 点 B'' 点分别作 $A''O''$ 和 $B''O''$ 平行于图 11-24b)中的 $A'O'$ 和 $B'O'$，两者相交于 O'' 点，构成三角形 $A''B''O''$。这个三角形就是三角形平面 ABC 的实体比例投影。

同样，由图 11-24a)可见，实体三角平面 ABC 的面积等于其水平面上的投影（即实体比例投影）三角形 ABO（即 $A''B''O''$）的面积和倾角的余弦之比，即

$$S_{\Delta ABC} = S_{\Delta ABO}/\cos\alpha = S_{\Delta A''B''O''}/\cos\alpha \tag{11-2}$$

公式(11-2)可以推广到任意形状的平面的面积与其实体比例投影的面积的关系中去，即

$$S = S'/\cos\alpha \tag{11-3}$$

式中：S——已知空间任意形状的平面的实际面积；

S'——已知平面的实体比例投影的面积；

α——已知平面的倾面。

因此，在岩体结构分析和岩体稳定分析中，根据结构面的产状和它们的组合切割关系，按照实际出露位置作出实体比例投影后，就可以根据投影图求出结构体的各个面的实际面积，求出结构体的体积重量，进行稳定性的分析计算。

(三)结构体的投影

在岩体结构和岩体稳定分析中，经常是对由结构面和临空面组合切割成的具体结构体的稳定性进行分析计算。在各种不同几何形状的结构体中，由三个已知结构面和一个临空面或两个已知结构面和两个临空面组成的四面体(或四面锥体)比较常见。并且，这种几何形状的结构比较容易用赤平投影和实体比例投影方法作出图解。因此，这里只就四面锥体的实体比例投影图解的基本方法作一论述，五、六面锥体等的实体比例投影图解可以由此引伸推及。

地下洞室的临空面通常有两种产状情况，其一是洞顶面，在作图分析时常近似地视为水平临空面，其二是洞壁边墙和直立临空面。临空面的产状不同，结构体的实体比例投影的作图方法也略有不同。

1. 临空面为水平产状的实体比例投影

地下洞室的临空面为水平时，即以临空面作为实体比例投影的投影平面。将洞室拱顶上的结构体位于投影平面之上。其作图方法以例题说明如下。

例：在地下洞室洞顶的一条勘测线上，分别在 m、n、k 三点测得三条结构面，结构面的分布情况如图 11-25a)。求作此三条结构面和洞顶面(假设水平面)在洞顶上组合成的结构体的实体比例投影。作图步骤如下：

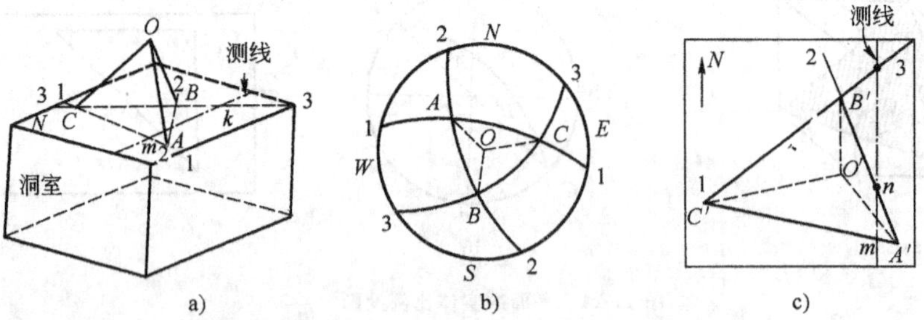

图 11-25 洞顶结构体的实体比例的投影

(1)根据结构面的产状作出它们的赤平投影图，并作出它们的组合交线，如图 11-25b)。

(2)作一水平面和投影平面，它同时代表洞顶平面，标出勘测线和结构面实测点 m、n、k 的位置[图 11-25c)]。

首先，过 m、n、k 三点分别作相应的结构面的走向线，三者分别相交于 A'、B'、C' 三点，构成三角形 $A'B'C'$，它就是该结构体在洞顶面的实际出露位置的几何图形。然后，过 A'、B'、C' 三点分别作图 11-25b)中结构面的组合交线 AO、BO、CO 的平行线，三者相交于一点 O'。A'、B'、C'、O' 即为所求结构体的实体比例投影。这个结构体是一个四面锥体，根据实体比例投影和作图比例尺，可求出它的体积和各个面的面积。

若视三角形 $A'B'C'$ 为结构体的底面积，则该结构体为 O' 为顶点的一个正锥体。它的体积：

$$V = \frac{1}{3}\Delta A'B'C' \cdot h \tag{11-4}$$

式中：$\Delta A'B'C'$为锥体底面积。由于洞顶临空面与投影平面一致。在实体比例投影图上根据比例尺直接从图 11-25c)上量出的三角形 $A'B'C'$的面积即为其实际面积。h 为锥体以 O'为顶点的高度，它可以由垂直投影关系求出：

$$h = A'O'\text{tg}\alpha_A$$

或
$$h = B'O'\text{tg}\alpha_B \tag{11-5}$$

$$h = C'O'\text{tg}\alpha_C$$

式中的 $A'O'$或 $B'O'$、$C'O'$的长度由实体比例投影图上根据作图比例尺直接从图 11-25c)上量出：α_A、α_B、α_C 为结构面组合交线 AO、BO、CO 的倾角。可以在赤平投影图[图 11-25b)]上读出。

结构体的各个面的实际面积可以根据公式(11-3)求出，即

$$S_{\Delta ACO} = S_{\Delta A'C'O'}/\cos\alpha_1$$
$$S_{\Delta ABO} = S_{\Delta A'B'O'}/\cos\alpha_2 \tag{11-6}$$
$$S_{\Delta BCO} = S_{\Delta B'C'O'}/\cos_3$$

式中：α_1、α_2、α_3 分别为结构面 1、2、3 的倾角。

通过分析图 11-25，可以发现，当结构体 $ABCD$ 位于投影平面(临空面)之上[图 11-25b)]时，呈倒锥体出现，而实际比例投影图上却是正锥体。其产生这种现象的根本原因是采用上半球赤平投影方法所引起的，赤平投影图上位于左侧的结构面，在实体比例投影图上位于右侧，而赤平投影图上位于右侧的结构面，在实体比例投影图上位于左侧。根据这一关系，按照结构面的产状和出露位置，作出它们的两种投影之后，就可以很容易判断洞顶结构的稳定性。正锥体出现在洞顶临空面之上易构成不稳定体。

2. 临空面为直立产状的实体比例投影

地下洞室的临空面为直立平面(如洞壁面)时，结构体位于临空面的左侧或右侧。由于直立平面在水平投影面上的垂直投影为一直线，位于直立平面上的所有直线的投影均与该平面的投影重合。因此，如果仍作结构体在水平投影面上的实体比例投影，则结构体与临空面重合的那个面的几何图形就不好观察和量度。因此，在实际作图时，往往是将临空面以其走向线为旋转轴，转至水平位置(所以结构面亦随之绕同一旋转轴转 90°)，得出以临空面为投影平面的结构面赤平投影图。然后可再按上述作图方法作出结构体在临空面上的实际比例投影。

例如：在某一地下洞室的左洞壁的一条测线上测得三条结构面 1-1、2-2、和 3-3，实测点分别为 m、n、k。求作结构面在左洞壁上构成的结构体的实际比例投影。作图步骤如下：

(1)作结构面和洞壁面的赤平投影图，如图 11-26a)。三结构面的投影分别为大圆 1-1、2-2 和 3-3，直径 NOS 为洞壁面的投影。

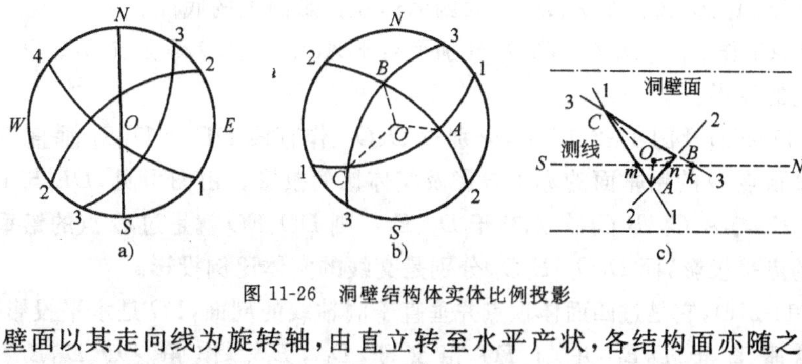

图 11-26 洞壁结构体实体比例投影

(2)将洞壁面以其走向线为旋转轴，由直立转至水平产状，各结构面亦随之旋转 90°变为水平。也可向左旋转 90°，变为水平。当洞壁面向右转至水平产状时，岩体在洞壁面(投影平

面)的上方。当洞壁面向左旋转至水平产状时,岩体位于洞壁面的下方。图 11-26b)为洞壁面向左旋转至水平产状时,结构面在洞壁面上的赤平投影图。

(3)根据图 11-26b)和结构面的实测点,即可作出结构体在洞壁面上的实体比例投影图,如图 11-26c)。

通过分析可知,左洞壁左旋转 90°后,结构体位于赤平投影平面的下方,呈倒锥体,在洞壁面上的实体比例投影图上仍为倒锥体,也就是说,实体比例投影的结构体的顶点位于洞壁围岩之内。故构成不稳定块体。

以上简要地阐述了空间上的直线、平面和结构体的实体比例投影的原理和作图方法。同时也说明了线段的实际长度与投影长度的关系,平面的实际面积与投影面积的关系,以及根据实体比例投影图计算结构体体积的方法。

第三节　隧道围岩不稳定块体稳定性分析手工图算法

隧道围岩中存在着各种形式的不稳定块体,有四面体、五面体、六面体等。其中,最常见的是由三组结构面及临空面所组成的四面不稳定块体。本节主要讲述四面不稳定块体的作图分析方法,其他形状的不稳定块体可由此类推。分析不稳定块体一般采用赤平极射投影及实体比例投影作图方法,通过图解求出不稳定块体几何形状、规模大小及其洞室中的位置,然后确定块体失稳形式、位移方向及作出稳定分析计算。

一、洞顶四面不稳定块体的稳定性分析

1.洞顶四面不稳定块体的几何解析

首先,我们取一水平面作为投影面,而把结构面与投影面的交线称为结构面的走向线。已知三组结构面 I、J、K 的走向、倾向,倾角及走向线上的某点位置 F_i、F_j、F_k,求在拱顶形成的切割块体的大小和形状。

作图步骤如下:

(1)如图 11-27a)所示作出三结构面 I、J、K 的赤平极射投影 I、J、K,它们的交线分别为 A、B、C。则 A、B、C 三点与基圆圆心 O 的联线 AO、BO、CO 分别是三结构面相互间交线的赤平极射投影。而 I、J、K 的弦 F_1F_1'、F_2F_2'、F_3F_3' 分别是三结构面的走向方向。

(2)如图 11-27b)所示过 F_i、F_j、F_k 作三直线分别平行于 F_1F_1'、F_2F_2'、F_3F_3'。所作的三直线分别相交于 A_1、B_1、C_1,则 $A_1B_1C_1$ 为四面体在投影面上的底面。

过 A_1、B_1、C_1 作 A_1O_1、B_1O_1、C_1O_1 分别平行于 AO、BO、CO 得交点 O_1。O_1 为四面体内顶点在投影面上的投影。

(3)在图 11-27a)及图 11-27b)中,分别过 O、O_1、作直线 DE 及 D_1E_1 垂直于洞室轴线,它们分别代表过顶点 O 的铅垂面的赤平投影及实体比例投影。由图可见,DE 与 I、K 分别交于 D、E 两点,D_1E_1 与 A_1C_1、B_1C_1 分别交于 D_1、E_1。则 DO、EO 就是过 O 点的铅垂面分别与 IK 结构面交线的赤平投影,而 D_1O_1、E_1O_1 分别是交线的实体比例投影。

(4)作图 11-27c),它是过四面体顶点并垂直于洞轴线的剖面,FG 是水平投影面。过 D_1、E_1 分别作直线垂直于 D_1E_1 并与 FG 相交于 D_1',E_1'。作角 $\angle Q'D'_1E_1'=Q_{DO}$,作角 $\angle Q'E'_1D_1'=Q_{EO}$,$D_1'O'$、$E_1'O'$ 相交于 O',O' 即是四面体内顶点,Q_{DO}、Q_{EO} 分别是 DO、EO 的倾角。

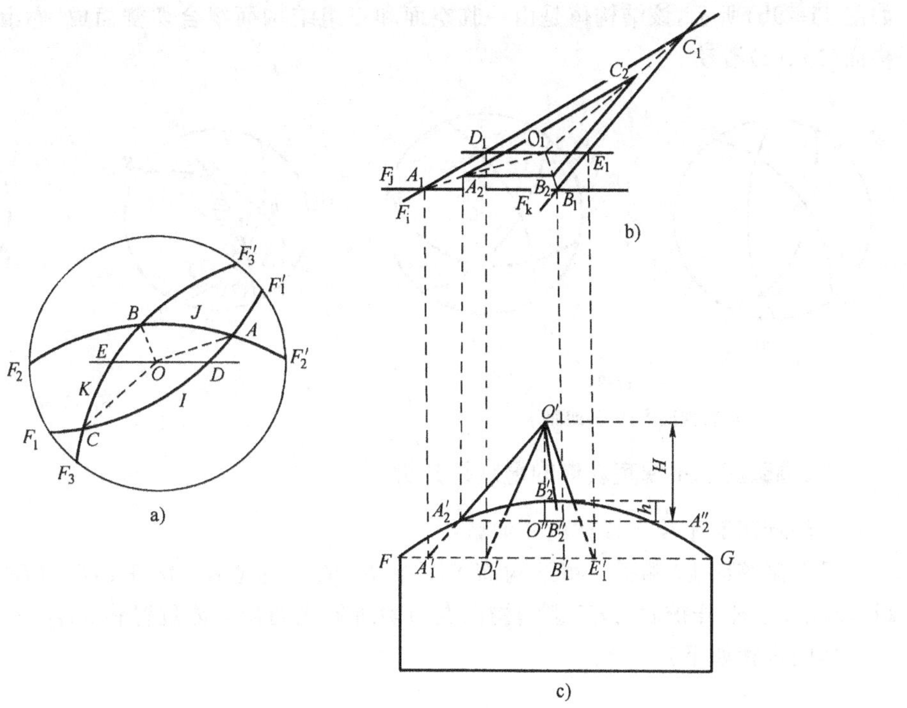

图 11-27

(5)过 A_1、B_1 点分别作直线垂直 FG，并与 FG 相交于 A_1'、B_1'。联 $A_1'O'$、$B_1'O'$ 分别与洞室拱顶相交于 A_2'、B_2'。

(6)过 A_2'、B_2' 中较低点（本图中为 A_2' 点）作直线垂直于 FG，并与 A_1O_1 相交于 A_2。

(7)过 A_2 作直线分别平行 A_1C_1、A_1B_1 并与 C_1O_1、B_1O_1 分别交于 C_2、B_2。连接 B_2、C_2，则所得 $A_2B_2C_2$ 便是四面体在洞顶上的出露点 A_2' 所在水平面上的底面。

(8)过 A_2' 作 $A_2'A_2''$ 平行于 FG，过 O'、B_2' 分别作 $O'O''$、$B_2'B_2''$ 垂直于 $A_2'A_2''$，并分别与 $A_2'A_2''$ 相交于 O''、B_{21}''，则 $O'O''$、$B_2'B_2''$ 分别为 O'、B_2' 点到过 A_2' 点的水平面的距离 H、h。

(9)量出三角形 $A_2B_2C_2$ 的面积 $\Delta A_2B_2C_2$。拱顶四面体的体积为：

$$V=\frac{1}{3}\Delta A_2B_2C_2\cdot(H-h) \tag{11-7}$$

式中：H——O' 点到过 A_2' 点的水平面的距离；

h——B_2' 点到过 A_2' 点的水平面的距离。

设滑动面为 ΔA_2B_2O，面积为 $S=S_{A_2B_2O}/\cos\alpha_{A_2B_2O}$，其中 $\alpha_{A_2B_2O}$ 为 A_2B_2O 平面的倾角。

2. 洞顶四面不稳定块体的滑移类型分析

如图 11-28 所示，假若基圆的圆心落在三结构面所围成的曲边三角形内部，则该四边体称为直四面体，直四面体的滑塌形式是直接塌落。反之，如果点 O 落在曲边三角形外部，称为斜四面体。它的滑移类型要进行如下分析：

如图 11-29 所示，在赤平投影图上，通过锥体的顶点 O（即圆心），作通过锥体并与洞轴线方向（TT）垂直的铅直剖面（MNO）。如果在近圆心侧，铅直剖面（MNO）只与某一组结构面相交，则这个锥体为单滑面锥体，并且近圆心侧的那组结构面即为滑动面。如图 11-29a）所示，该结构体是只沿结构面(2)滑动的单滑面锥体。如果在近圆心侧，铅直剖面（MNO）可以分别与某两组结构面相交，则这个锥体为双滑面锥体，近圆心侧的那两组结构面将同时作为滑动面。

如图 11-29b)所示，该结构体是由一临空面和三组结构面组合切割而成，它滑落时将同时沿结构面(1)、(2)滑动。

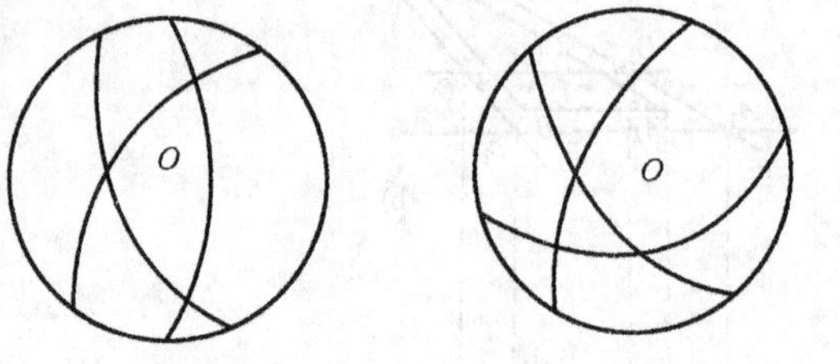

图 11-28

a)直四面体；b)斜四面体

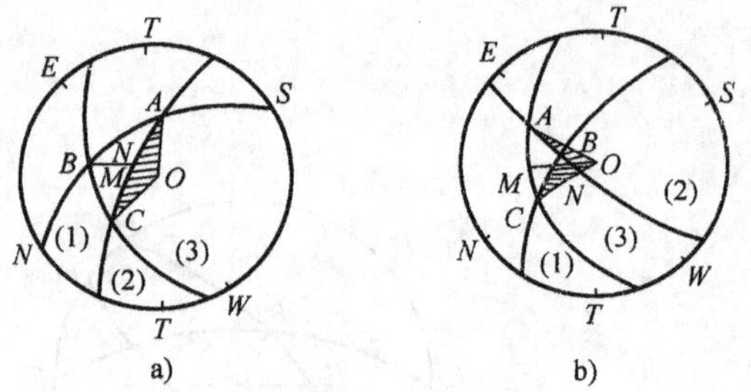

图 11-29

二、洞壁四面不稳定块体的稳定性分析

1. 洞壁四面不稳定块体的几何解析

设在洞壁面上，测得三组结构面 S_0、F_1、F_2 的出露位置 MSO、MF_1、MF_2 及其产状，如图 11-30 所示。求开挖后，该三组结构面在边墙所形成的切割体位置和大小。

作图步骤如下：

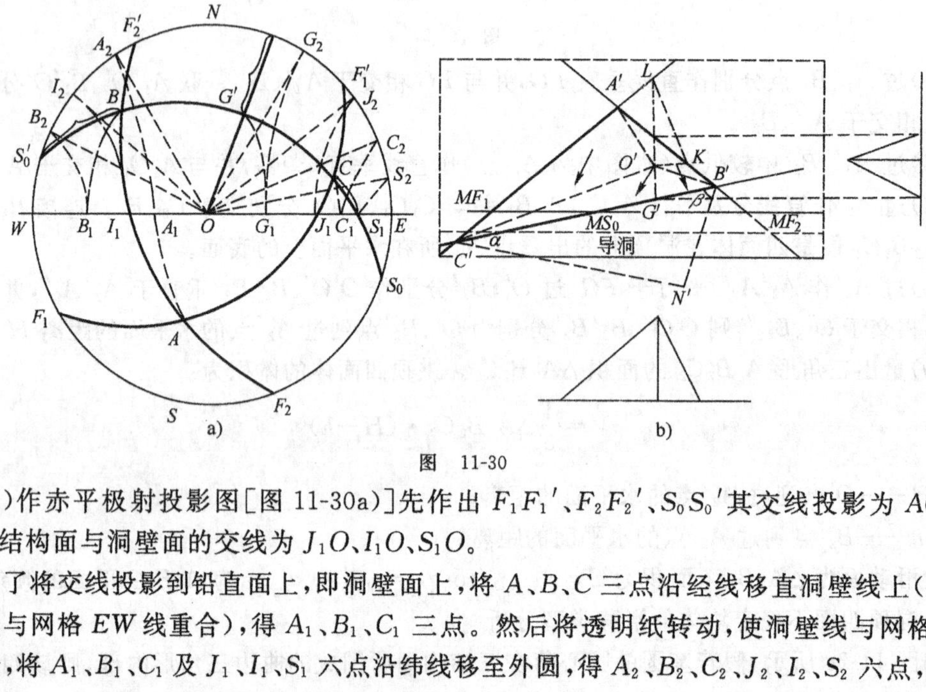

图 11-30

(1)作赤平极射投影图[图 11-30a)]先作出 F_1F_1'、F_2F_2'、S_0S_0' 其交线投影为 AO、BO、CO，而结构面与洞壁面的交线为 J_1O、I_1O、S_1O。

为了将交线投影到铅直面上，即洞壁面上，将 A、B、C 三点沿经线移直洞壁线上(作图时洞壁线与网格 EW 线重合)，得 A_1、B_1、C_1 三点。然后将透明纸转动，使洞壁线与网格的 SN 线重合，将 A_1、B_1、C_1 及 J_1、I_1、S_1 六点沿纬线移至外圆，得 A_2、B_2、C_2、J_2、I_2、S_2 六点，将它们与 O 相联。为了将 S_0 的倾向线 GO 投影到洞壁上，按上述方法将 G 移至外圆，得 G_2O。

(2)作实体比例投影[图 11-30b)]

实际就是将结构体按比例投影到边墙上来，为此作出边墙图，标出导洞位置及结构面向量测点 MF_1、MF_2、MS_0，过此三点作直线分别平行于 J_2O、I_2O 及 S_2O，相交于 A'、B'、C' 作 $A'O'$、$B'O'$、$C'O'$ 分别平行于 A_2O、B_2O、S_2O，相交于 O'，它为结构体在边墙围岩中的最深点，即顶点。

(3)求结构体顶点的深度、体积、重量

作 $O'K$ 为水平线，使它与 $B'A'$ 交于 K，过 K 作 KL 使平行于 F_2O 与铅直线 $O'L$ 交于 L，

则 LO' 为结构体在边墙围岩中的深度。

至此可求得结构体的体积为 $V=\frac{1}{3}\times\Delta A'B'C'\times O'L$，重量为 $Q=\gamma V$。

(4)求滑动面面积

求滑动面面积时，过 C' 作 $C'N'$，使 α 角等于 S。滑动面与洞壁交线和 F_1 与 S_0 交线之间的夹角，在赤平极射投影上为 C_1S_1 纬度数。同理作 $B'N'$ 使夹角 β 等于 S_0 面与洞壁交线和 F_2 与 S_0 交线之间的夹角(图 11-30 中 $\beta=\angle B_2OB_1+\angle S_2OS_1$)，在赤平极射投影上为 B_1S_1 间纬度数。$\Delta B'N'C'$ 为结构体中 S_0 面积，亦即可能滑动面面积。

2.洞壁四面不稳定块体滑移类型分析

洞壁四面不稳定块体滑移类型，由结构面的赤平投影进行判断，其步骤如下：

(1)作所有结构面的赤平投影，如图 11-31a)所示，共有三组结构面，大圆(1)、(2)、(3)分别为它们的投影。图上 TT 表示洞室轴线方向，并代表洞壁面。

(2)将洞壁面以洞轴线 TT 为旋转轴，由直立旋转至水平产状。为此，将投影图覆于投影网上，使 TT 线上各点沿纬线移动 90°，移至基圆，就将洞壁面变成了水平面。这时，洞壁面的投影即为基圆。与之相应，各结构面的投影均沿纬线按相同方向移动 90°，构成各结构面的新的投影大圆。这样，就得出了各结构面在洞壁面上的赤平投影，如图 11-31b)和图 11-31c)所示。

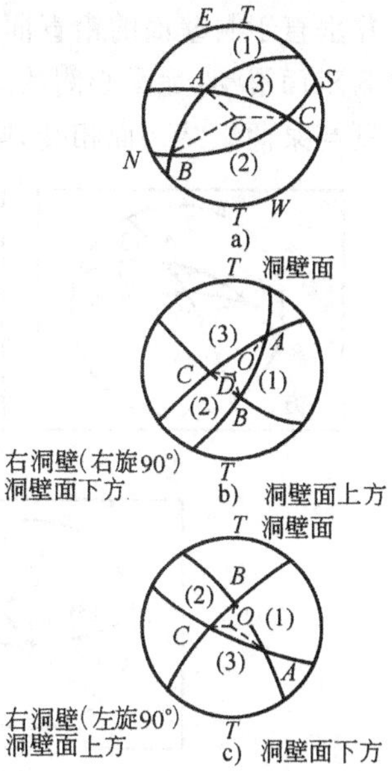

图 11-31

洞室有左、右两洞壁，同样产状的结构面在两壁上能分别形成不同滑移类型的不稳定块体，图 11-31b)为洞壁面向右旋转 90°变为水平面后的投影图，它代表结构面在左洞壁面上的赤平投影，投影图的右边代表洞壁面的上方，图的左边代表洞壁面的下方。图 11-31c)为洞壁面向左旋 90°变为水平面后的投影图，它代表结构面在右洞壁面上的赤平投影，右边代表洞壁面的下方，左边代表洞壁面的上方。在这两种投影图上，岩体均在投影平面(洞壁面)的上面。

(3)洞壁上的四面体分直四面体和斜四面体两种基本形式。洞壁上的直四面体都是可能不稳定块体，而洞壁上的斜四面体是否构成可能不稳定块体，则需要根据它们在洞壁面赤平投影图上的具体位置进行判断。

(4)洞壁直四面体滑移类型分析

洞壁上的直四面锥体，是属单滑面锥体，或双滑面锥体，可以简单地在结构面的赤平投影图[图 11-31a)]上，根据其倾向与洞壁所在方向相反的结构面将构成滑动面的原则进行判断，如结构面(1)倾向洞轴线右侧，它将在左洞壁面上构成滑动面。相反，结构面(2)和(3)倾向洞轴线左侧，它们将在右洞壁面上构成滑动面。如果在洞面赤平投影图[图 11-31b)、11-31c)]上判断，则倾向洞壁面下方的结构面就是滑动面。图 11-31b)中的结构面(1)倾向洞壁面下方，因此，结构体在左洞壁上沿结构面(1)滑动。同理，图 11-31c)的结构面(2)和(3)倾向洞壁面下方，故该结构体在右洞壁上将沿结构面(2)和(3)滑动。

(5)洞壁斜四面体的滑移类型分析

①稳定条件的判断

如图 11-32a)所示，在洞壁面赤平投影图上，位于表示洞壁上方的半圆内的斜四面体，是可能的不稳定块体。如图 11-32b)所示，位于表示洞壁下方的半圆内的斜四面体，却是绝对稳定体。如图 11-32c)所示，横跨洞壁上方和下方的半圆内的斜四面体，它也是一个可能的不稳定块体。

②滑动面的判断

洞壁斜四面体的滑动面的判别方法，与洞顶斜四面锥体的滑动面判别方法相同，但判据正好相反。如图 11-33 所示，在洞壁面赤平投影图上，通过斜四面体的顶点 O，作通过锥体顶点 O 并垂直于洞壁面的铅直面。如果在近圆心侧，铅直面只与某一组结构面相交，则这个斜四面体为双面滑动，远圆心侧的那两组结构面同时为滑动面。反之，如果在近圆心侧，铅直面可以分别与某两组结构面相交，则该斜四面体为单面滑动，远圆心侧的那组结构面为滑动面。

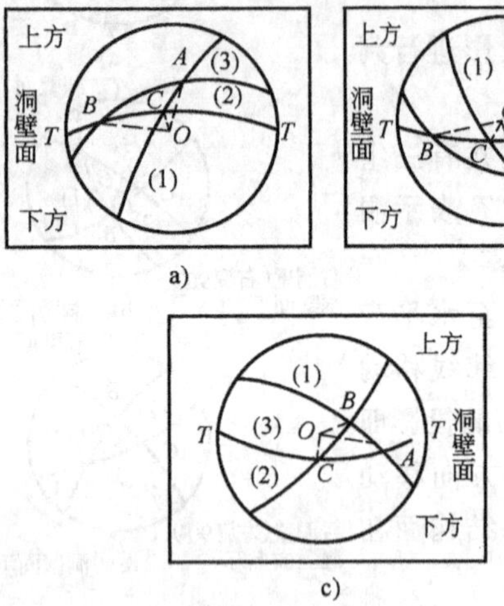

图 11-32

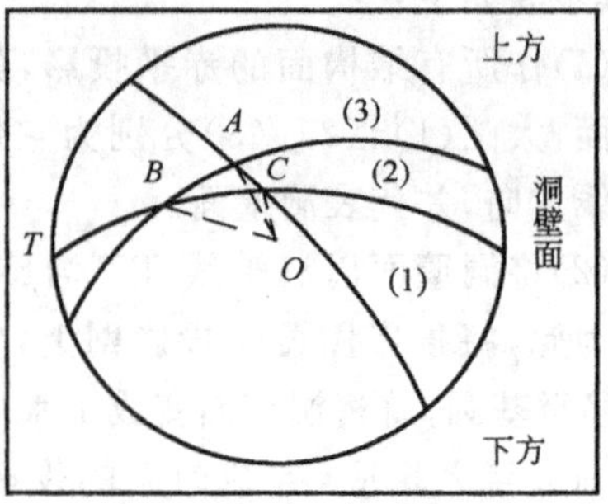

图 11-33

三、复合部位四面不稳定块体的图解分析

除了在洞顶和洞壁出露不稳定块体外，还可能有部分出露在洞顶，部分出露在边墙的不稳定块体。图 11-34 列出了位于右壁的拱墙复合部位的不稳定块体的形式。

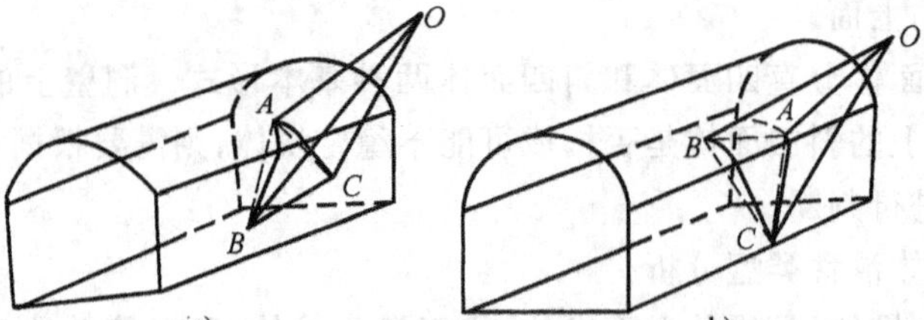

图 11-34

图 11-34a)在边墙有两个出露点，图 11-34b)中在边墙有一个出露点。

下面以图 11-34a)中，由(1)、(2)、(3)三组结构面和洞室临空面构成的锥体 $ABCO$ 为例，说明其图解步骤：

(1)作结构面(1)、(2)、(3)在左、右拱脚线所构成平面上的赤平投影图[图 11-35a)]。为此，将各结构面在水平面上的赤平投影绕洞轴线 TT 水平轴向左旋转 β 角(β 角为由左、右拱脚线所构成平面的倾角)，得图 11-35b)。如果在赤平投影图上，锥体位于洞轴线 TT 的左侧，则需作结构面在左、右拱脚线所构成平面上的赤平投影图，同时将结构面绕 TT 轴向右旋转 β 角。

(2)作四面锥体在投影面上的实体比例投影图和过锥体顶点 O 的垂直剖面图。

(3)作实体比例投影和作剖面图的方法，与上述洞顶不稳定块体的方法相同，如图 11-35c)和图 11-35d)所示。

四面体的体积为

$$V = \frac{1}{3}\Delta A_2 B_2 C_2 (H - h) \tag{11-8}$$

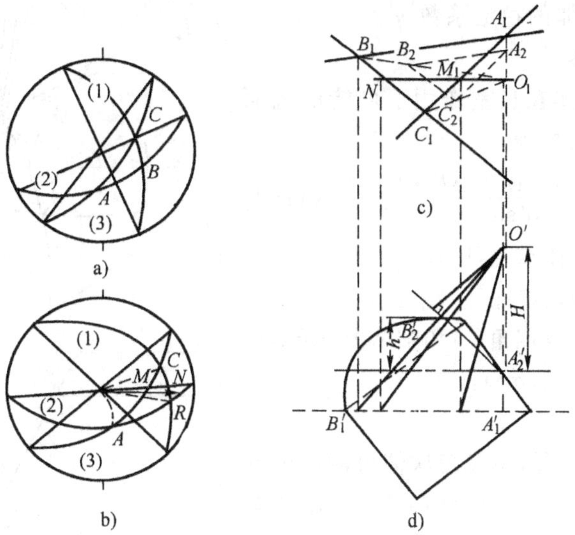

图 11-35

式中：H——O'点到过 A'_2 点且平行 $B'_1A'_1$ 的直线距离；

h——B'_2 点到过 A'_2 点且平行于 $B'_1A'_1$ 的直线距离。

判别拱墙复合部位不稳定块体滑移类型的方法与洞顶斜四面体的判别方法相同。

四、不稳定块体的稳定分析

上述作图中求得了洞顶、边墙上围岩结构体的形态、规模和位置，以及结构面尺寸。但在自重作用下，究竟是否会失稳，其稳定程度如何，尚须进行计算校验。

首先要通过岩石结构体运动学分析，判断其失稳方式。拱顶的不稳定块体多数是坠落形式，即不稳定块体重心铅直线与不稳定块体的临空面相交。边墙不稳定块体的滑落一般为滑塌形式，此时不稳定块体的铅直线不与不稳定块体的临空面相交。对四面体块体来说，在其自重力作用下可能有如下几种失稳方式：

(1)重力作用下在某一边界面上运动，即沿该面倾向滑动，在运动时沿另外两个边界面上拉开，这种情况为单滑动面塌落。

(2)重力作用下在两个结构面的交线上运动，则结构体沿交线方向滑动，沿另一结构面拉开，这种情况称双滑动面塌落。

(3)重力作用下先在某一边界面上运动，但沿该面倾向开始滑动后，即遇到另一边界面的阻拦，运动方向改变为沿两者的交线。虽然这种情况也叫作双滑动面塌落，但两者的作用有先后次序之分。

在判断失稳形式之后，需进一步确定不稳定块体的稳定系数，以判别其稳定程度。

1. 拱顶不稳定块体的稳定程度

当不考虑原岩应力时，坠落是自由的，稳定系数 $\eta=0$。一般以结构体重量作为锚喷支护设计的依据。在拱顶亦有可能出现单滑动面和双滑动面的状况时，按国家《锚杆喷射混凝土支护技术规范》的规定执行。不稳定块体位于洞顶拱腰以上部位时，不考虑抗滑摩阻力，位于洞顶拱腰部位以下时，可考虑抗滑摩擦力。单滑动面与双滑动面稳定系数的计算与边墙不稳定块体的计算相同。

2. 边墙不稳定块体的稳定系数 η

(1) 单滑动面塌落

单滑面不稳定块体在自重作用下可能沿底面积的倾向滑动，稳定系数为

$$\eta=\frac{W\cos\delta\tan\varphi+\Delta F\cdot C}{W\sin\delta} \tag{11-9}$$

式中：W——不稳定块体重量(kN)；

δ——滑动面倾角(°)；

φ、c——滑动面内摩擦角(°)和粘结力(kPa)；

ΔF——滑动面面积(m^2)。

(2) 双滑动面塌落

如图 11-36 所示情况，不稳定块体可能沿下部两结构面的交线（在洞壁投影为 $O'A'$）滑动。图 11-36 的作图与图 11-30 相同，为考虑两组结构面上的滑动，所以作出两滑动面积。此外，根据两滑动面的法线点 N_1、N_2 作一平面，此平面同时垂直于两滑动面，因而其交线的法线点投影 N 也在此面上，此一作图是为了将交线上的法向力分解为两滑动面的法向力而作的。稳定系数为：

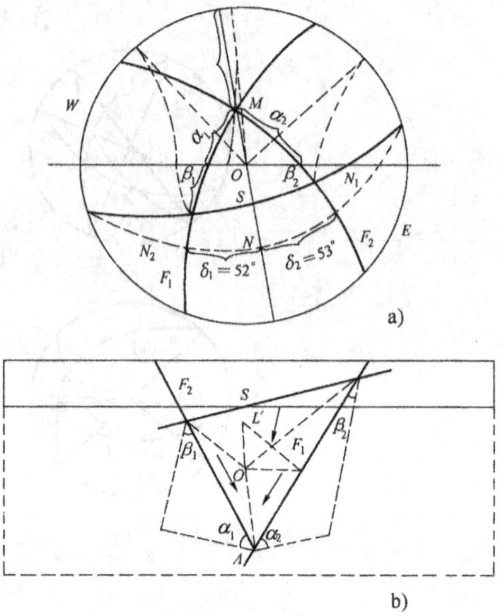

图 11-36　双滑动面塌落

$$\eta=\frac{W\cos\delta(\sin\delta_2\tan\varphi_1+\sin\delta_1\tan\varphi_2)+(\Delta F_1C_1+\Delta F_2C_2)\sin(180°-\delta_1-\delta_2)}{W\sin\delta\sin(180°-\delta_1-\delta_2)} \tag{11-10}$$

式中：W——结构体重量(kN)；

δ——结构面交线的倾角(°)；

δ_1——交线的法线与滑动面 F_1 的夹角(°)；

δ_2——交线的法线与滑动面 F_2 的夹角(°)；

φ_1、C_1、φ_2、C_2——相应的滑动面 F_1、F_2 的抗剪强度参数；

ΔF_1、ΔF_2——滑动面 F_1、F_2 的面积(m^2)。

第四节　不稳定块体的锚喷支护计算方法

一、锚喷支护的承载作用

锚喷支护是当前加固围岩不稳定块体的一种重要支护形式，尤其是锚杆或锚索，在加固围岩中大块不稳定块体中效果优于其他支护。它可靠、经济、使用灵活，适用于局部加固的特点。

1. 锚杆的承载作用

无论是不稳定岩块、层状岩体或是松散软弱岩体，锚杆都具有承拉和承剪两重作用，只在不同情况下，锚杆承拉和承剪作用发挥的程度不同。钢材具有极高抗拉能力，也有较高抗剪能力。一般来说，锚杆抗拉作用发挥越好，则其效用越高。

加固位于拱顶的不稳定块体，锚杆主要起悬吊作用，即承拉作用[图 11-37a)]，此时，锚杆宜垂直布置，这样能有效地发挥锚杆效用。加固拱顶不稳定块体，也有些锚杆起抗剪作用[图 11-37b)]。通常要求锚杆与节理面成较大角度，且逆着不稳定块体的滑落方向布设。位于边墙的不稳定块体，主要是沿着某一个或某两个节理面产生滑移塌落，这时锚杆起抗剪作用。[图 11-37c)]。

锚杆属于点加固，施加后，必须对岩块形成平衡力系，才能维持岩块的平衡。

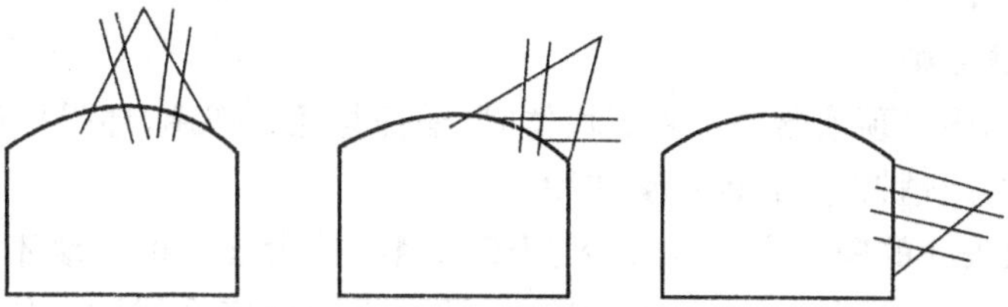

a)　　b)　　c)

图 11-37

2. 喷层的承载作用

无论是不稳定块体，还是松散软弱岩体，喷射混凝土都具有支承围岩和加固围岩的作用。一般情况下，喷层的支承作用是主要的，它向围岩提供抗力，从而起到加固围岩的作用。喷射混凝土也会直接渗入到岩体节理裂隙内而直接起到加固围岩的作用。如果采用岩体内充填压浆的方法，则加固作用就愈加明显。喷层不仅向围岩提供径向抗力，而且还提供切向抗力，这对改善围岩稳定性也有重要作用，试验证明，如果喷层与岩壁没有良好的粘结，则通过喷层加固不稳定块体的作用是不大的。

在不稳定块体作用下，喷层究竟如何发生破坏，应当如何合理计算喷层承载力呢？虽然这方面国内外曾作过不少研究工作，但至今仍未获得妥善的解决。

试验表明，在不稳定块体作用下，喷层破坏一般有两种形式：冲切破坏和粘结破坏(图 11-38)。

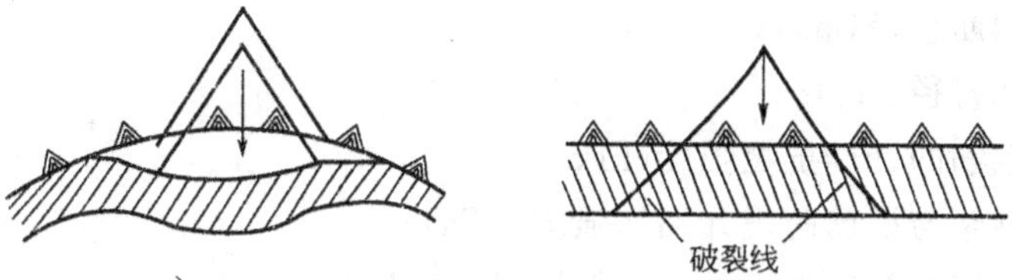

a)　　b)

图 11-38　喷层破坏形式

a)粘结破坏；b)斜拉破坏

在 20 世纪 70 年代，国内外曾作过一些喷层承载力的模型试验和现场试验。试验的结果可归纳如下：

(1)无论是平面状喷层还是拱状喷层，当喷层厚度小于 5 或 10cm 时，大都是冲切破坏，喷层承载力与厚度有关。当喷层厚度大于 5 或 10cm 时为粘结破坏和弯曲破坏，喷层承载力与厚度无关。

(2)上述结论都是在喷层与岩面粘结良好的情况下达到的，要求粘结强度为抗压强度的5%左右。

(3)拱状喷层承载力大大高于平面状喷层的承载力(约提高4倍左右)，而且此时喷层与岩面之间不再是拉破坏，而是剪破坏。考虑不稳定块体并非都位于拱顶中间位置，所以设计中仍应以平面状喷层的承载力为依据。

上述试验结果表明，当喷层厚度不大时，喷层的承载力应按喷层冲切破坏确定，而当喷层厚度较大时或喷层与岩面粘结力很差时应按喷层粘结破坏确定。

二、不稳定块体作用下锚喷支护的计算

1. 锚喷支护的计算原则

(1)锚杆的计算原则

由上所述，当加固拱顶崩落的不稳定块体时，锚杆起悬吊作用，即受拉作用；当加固边墙滑动的不稳定块体时，起销钉作用，即抗剪作用。

对于可能很快失稳的围岩或危石，以及用于加固有较大规模的边墙不稳定块体时可采用预应力锚杆。当具有更大规模的不稳定块体时，还可采用预应力锚索。位于拱顶的预应力锚杆不能起到提高锚杆承载作用，但却有抑制围岩变形的作用，因而有利用于维持结构面上的粘结力。加固边墙的不稳定块体宜采用预应力锚杆，它将使锚杆的效用提高，因为这时不是借助锚杆本身抗剪力来提高抗滑力，而是依靠锚杆上的预应力来提高抗滑力。

悬吊锚杆可采用砂浆锚杆和内锚头锚杆，但目前一些工程实践表明，有的砂浆锚杆作悬吊锚杆用，常难以保证伸入稳定岩体中的锚杆的锚固质量，有的甚至未灌入砂浆。因而有些锚喷支护规定建议悬吊锚杆以采用内锚头灌浆锚杆为宜。由内锚头承载，灌浆作用只是防止锚杆锈蚀。若采用砂浆锚杆，则要求伸入稳定岩体中的锚杆长度为

$$l_a \geqslant K\frac{d_1 f_{st}}{4f_{cs}} \tag{11-11}$$

$$l_a \geqslant K\frac{d_1 f_{st}}{4d_2 f_{ct}} \tag{11-12}$$

式中：l_a——锚杆体锚入稳定岩体的长度(cm)；

d_1——锚杆钢筋直径(cm)；

d_2——锚杆孔直径(cm)；

f_{st}——锚杆钢筋的设计抗拉强度(kPa)；

f_{cs}——水泥砂浆与钢筋的设计粘结强度(kPa)；

f_{ct}——水泥砂浆与孔壁岩石的设计粘结强度(kPa)。

K——安全系数，取1.2。

此外，施工中还应当采取相应措施，确保水泥砂浆在钻孔中充填密实，锚固质量合格。

悬吊锚杆一般应采用垂直布置的方式。

加固边墙不稳定块体的锚杆可垂直于滑动面布设，或者逆着滑动方向布置，以使锚杆所提供的切向分力有助于维持滑落体的稳定。

(2)喷层的计算原则

按上所述，在不稳定块体作用下喷层破坏有两种形式：冲切破坏和撕裂，所以应按冲切破

坏和粘结破坏两类公式验算。然而至今没有合适的按粘结破坏校核喷层承载力的公式。过去,曾采用按受拉的弹性地基梁为计算理论的校核粘结破坏的公式,但这一公式理论上十分粗糙,又无试验验证,同时受拉的弹性地基系数值也无法确定,因而逐渐被人们抛弃。目前,我国国家标准GB 50086—2001只按照冲切破坏校核喷层厚度。当喷层厚度小于10cm时,按冲切破坏公式验算,而当喷层厚度大于10cm时,仍按10cm厚度的冲切承载力计算。同时,对喷射混凝土的粘结力提出一定要求,如规定I、II类围岩中,喷射混凝土粘结力不低于0.8MPa,III围岩中不低于0.5MPa。

2.锚杆的计算

(1)拱顶锚杆计算

位于拱顶的局部锚杆,用来承受不稳定岩块的自重,因此可按悬吊理论计算。

①砂浆锚杆

锚杆间距:

$$e=\frac{d_1}{2}\sqrt{\frac{\pi f_{st}A}{K_1W_1}}=\sqrt{\frac{A_s f_{st}A}{K_1W_1}} \tag{11-13}$$

或锚杆根数:

$$N=\frac{W_1K_1}{A_s f_{st}} \tag{11-14}$$

②内锚头锚杆

锚杆间距:

$$e=\sqrt{\frac{RA}{K_1W_1}} \tag{11-15}$$

或

$$N=\frac{K_1W_1}{R} \tag{11-16}$$

③预应力锚杆(索)

锚杆根数:

$$N=\frac{A_y\sigma_{cox}}{K_1W_1}=\frac{P}{K_1W_1} \tag{11-17}$$

式中:W_1——危石自重(kN);

A_s——单根锚杆的截面积(m^2);

A_y——单根预应力锚杆的截面积(m^2);

A——危石出露底面积(m^2);

N——锚杆根数;

e——锚杆间距(建议e不小于50cm)(m);

f_{st}——锚杆材料的设计抗拉强度(kPa);

σ_{cox}——预应力锚杆张拉控制应力(kN);

R——单根内锚头的额定锚固力(kN);

P——单根预应力锚杆的极限张拉值(kN);

K_1——安全系数,K_1可取2;

d_1——锚杆直径(m)。

内锚头锚杆的预张拉力采用

$$Q_m=(0.5\sim0.8)R \tag{11-18}$$

锚杆长度：

$$L=L_{锚}+L_{危}+L_{外}\geqslant K\frac{d_1}{4}\frac{f_{st}}{f_{cs}}+L_{危}+L_{外} \tag{11-19}$$

式中：L——锚杆长度(m)；

$L_{锚}$——锚入稳定岩体的长度(m)；

$L_{危}$——锚杆通过危面的长度(m)；

$L_{外}$——锚杆外露部分长度(m)；

f_{cs}——水泥砂浆与锚杆钢筋(或锚索)的设计粘结强度(kPa)。

(2)边墙锚杆的计算

边墙锚杆主要通过锚杆的抗剪能力，以阻止不稳定块体的下滑，但预应力锚杆中还要计及预加荷载所产生的抗滑能力。

①普通锚杆

单面滑动：

$$N=\frac{K_1(W_1\sin\alpha_i-W_1\cos\alpha_i\tan\varphi_i-c_iF_i)}{f_{sv}A_s} \tag{11-20}$$

式中：K_1——安全系数，K_1 可取 2；

W_1——不稳定块体的重量(kN)；

a_i——滑动面的倾角(°)；

φ_i、c_i——滑动面的内摩擦角(°)和粘结力(kPa)；

F_i——滑动面面积(m^2)；

f_{sv}——锚杆钢筋的设计抗剪强度(MPa)；

A_s——一根锚杆的截面积(m^2)。

双滑动面：

两个滑动面上的锚杆根数：

$$N=\frac{K_1[W_1\sin\gamma-N_i\tan\varphi_i-N_j\tan\varphi_j-c_iF_i-c_jF_j]}{f_{sv}A_s} \tag{11-21}$$

$$N_i=W_1\frac{\cos\gamma}{\sin\beta_{ij}}\cos\beta_j \tag{11-22}$$

$$N_j=W_1\frac{\cos\gamma}{\sin\beta_{ij}}\cos\beta_i \tag{11-23}$$

式中：γ——结构面 i 和 j 交线的倾角(°)；

β_{ij}——结构面 i 和 j 的夹角(°)；

β_i——结构面 i 与通过交线的辅助垂直面的夹角(°)；

β_j——结构面 j 与通过交线的辅助垂直面的夹角(°)；

φ_i、φ_j、c_i、c_j——i,j 结构面上的内摩擦角(°)和粘结力(kPa)；

F_i、F_j——i,j 滑动面的面积(m^2)。

②预应力锚杆

当采用预应力锚杆时，一般考虑用锚杆预加荷载在滑动方向上的切向力及其法向力产生的抗剪力来维持块体的平衡。锚杆既可锚入滑动面，亦可锚入非滑动面，它们都对维持围岩稳定有作用。

a. 力在两平面上的分解

平面 P_i 和 P_j 相交，两平面的交线倾角 γ。设力 R 与交线呈任意角度，因此可分三个分力：R_δ、R_H、R_N。这三个分力分别沿交线方向，与交线垂直的水平方向和与前两方向正交的方向。现将这三个分力沿两平面的法线方向分解。

R_δ：在两平面法线方向分力为零。

$$\left.\begin{aligned} R_H{:}\ R_{N_1}^{H} &= \pm R_H \frac{\cos\beta_j}{\sin\beta_{ij}} \\ R_{N_2}^{H} &= \mu R_H \frac{\cos\beta_i}{\sin\beta_{ij}} \\ R_N{:}\ R_{N_1}^{N} &= R_N \frac{\sin\beta_i}{\sin\beta_{ij}} \\ R_{N_2}^{N} &= R_N \frac{\sin\beta_j}{\sin\beta_{ij}} \end{aligned}\right\} \tag{11-24}$$

算式中符号规定如下：R_H 使 P_1 和 P_2 面上呈大力，用正号；R_H 向 P_1 方向取第一组符号，即 $R_{N_1}^{N}$ 为压力而 $R_{N_2}^{N}$ 为拉力。若 R_N 向 P_2 方向则取第二组符号，即 $R_{N_2}^{H}$ 为压力而 $R_{N_1}^{H}$ 为拉力。

b. 沿单面滑动的加固计算

设预应力锚杆直接作用在滑动面上，锚固力合力 R 位于竖直平面内并与水平面成夹角 δ，则重力与锚固力同时作用下的抗滑安全系数为

$$K=\frac{[W_1\cos\alpha_i+R\sin(\alpha_i+\beta)]\tan\varphi_i+c_iF_i}{W_1\cos\alpha_i-R\cos(\alpha_i+\delta)} \tag{11-25}$$

从上式可见，锚固力可增大抗滑力并相应减小滑动力，起着主动加固作用。

实际计算可预先给定抗滑安全系数，再求需要的锚固力，即

$$R=\frac{(K\sin\alpha_i-\cos\alpha_i\tan\varphi_i)W_1-c_iF_i}{K\cos(\alpha_i+\delta)+\sin(\alpha_i+\delta)\tan\varphi_i} \tag{11-26}$$

c. 沿双面滑动的加固计算

设预应力锚杆直接作用在滑动面上，锚固力合力在竖直平面内分为力 R_δ，它与水平面呈 δ 角，在与 R_δ 正交的方向有分力为 R_H。若两滑动面交线倾角 γ 及夹角 β_{ij} 已求出，R 指向平面 P_i，则重力和锚固力在滑动面上的法向力为

$$N_i=[W_1\cos\gamma+R_\delta\sin(\gamma+\delta)+R_H\tan\beta_j]\frac{\sin\beta_i}{\sin\beta_{ij}} \tag{11-27}$$

$$N_j=[W_1\cos\gamma+R_\delta\sin(\gamma+\delta)-R_H\tan\beta_i]\frac{\sin\beta_j}{\sin\beta_{ij}} \tag{11-28}$$

抗滑稳定安全系数是

$$K=\frac{N_i\tan\varphi_i+N_j\tan\varphi_j+c_iF_i+c_jF_j}{W_1\sin\gamma-R_\delta\cos(\gamma+\delta)} \tag{11-29}$$

d.非滑动面的加固计算

预应力锚杆有时并不直接作用在滑动面上，但仍然可起到加固作用。这是由于锚固力在这些面上可以产生摩擦力，从而可减少滑移体的下滑力。对这种情况的加固计算，可用前述力的分解方法，求出非滑动面上的正压力，再根据具体情况推求减少的重力或滑动力，最后作单面滑动和双面滑动的加固验算。

至于加固边墙不稳定块体的锚杆长度至今并未有计算公式，一般根据滑移体的深度，再按经验确定。

(3)位于边墙与拱顶之间不稳定块体的锚杆加固计算

如图 11-39 所示，位于边墙与拱顶之间的不稳定块体，一边沿边墙上的滑动面下滑，一边与拱顶上的稳定岩块脱开，因此，一面可在拱顶用悬吊锚杆加固，一面可在侧墙沿滑动面加固。由于悬吊锚杆的作用，下滑的重量 W_1 将减小为 W'_1

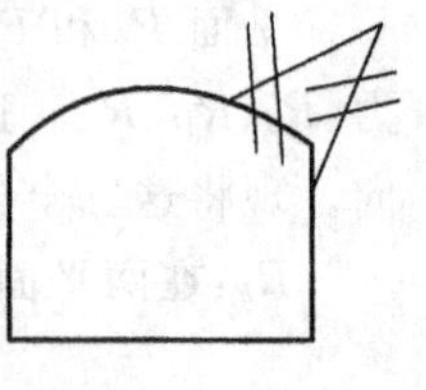

图 11-39

$$W'_1=W_1-\frac{NA_s f_{st}}{K_1} \tag{11-30}$$

式中：N——悬吊锚杆的根数；

A_s——一根锚杆的截面积(m^2)。

边墙锚杆根数的计算与式(11-20)及(11-21)相同，只是式中以 W'_1 代 W_1。

3.喷层的计算

由前所述，喷层具有承受不稳定块体的能力，但这种承载能力是很有限的，所以，对于一些巨大的不稳定块体主要由锚杆或预应力锚杆(索)来承受，单纯喷层只能承受不大的不稳定块体。

鉴于本节第一部分所述，建议当喷层与岩面粘结良好时，按喷层抗冲切破坏计算，但当喷层厚度大于 10cm 时，则喷层承载力仍按 10cm 厚时计算。

喷层厚度：

$$h=\frac{K_2W_1}{0.75u_t f_{ct}} \tag{11-31}$$

式中：K_2——安全系数；

u_t——危石与喷层接触面的周长(m)；

W_1——危石重量(kN)；

f_{ct}——喷层的设计抗拉强度(kPa)。

4.锚喷支护承载力的计算

当设有锚杆和喷射混凝土支护时，不稳定块体由锚杆和喷层共同承受。因此，在锚杆计算中，尚需扣去喷层的承载部分 W：

$$W=\frac{0.75u_t hf_{ct}}{K_2} \tag{11-32}$$

如计算拱顶锚杆根数，式(11-13)和(11-15)变为

砂浆锚杆：

$$N=\frac{K_1W_1-W}{A_s f_{st}} \tag{11-33}$$

内锚头锚杆：

$$N=\frac{K_1W_1-W}{R} \tag{11-34}$$

如计算边墙锚杆根数：

单面滑动：

$$N=\frac{K_1(W_1\sin\alpha_i-W_1\cos\alpha_i\tan\varphi_i-c_iF_i)}{A_s\ f_{st}} \tag{11-35}$$

双面滑动：

$$N=\frac{K_1[W\sin\gamma-N_i\tan\varphi_i-N_i\tan\varphi_j-c_iF_i-c_jF_j]-W}{A_s\ f_{cv}} \tag{11-36}$$

三、岩体结构面 c、φ 值

组成不稳定块体的岩体结构面多数属于软弱结构面，但也可能有部分软弱结构面和部分刚性结构面组成。所谓软弱结构面是指软弱夹层、破碎带、软弱泥化带等以及夹泥的 IV 结构面，而刚性结构面是指无充填，或层厚极小的 IV 级结构面。按中国科学院地质研究所谷德振的分类，IV 级结构面是指结构面层厚从零至 10cm 的小型结构面，它在实际工程中所遇最多，其结构面的 c、φ 值与不稳定块体作用下锚喷支护计算有直接关系，因而还需对 IV 级结构面，按其闭合和充填状态或结构面性质进行细分，以给出不同状态下的 c、φ 值。

国标 GB 50086—2001 中，根据我国实测的岩体结构面 c、φ 值的统计数据，划分为五级结构面，并给出了相应 φ、c 数值，可查表 9-10。

第十二章 用特征线设计锚喷支护的理论与方法

第一节 特征线理论概述

特征线的概念起源于支护与围岩相互作用的弹性、弹塑性、弹粘性解答。那时仅限于用来定性描述支护设置时机是否合适，支护刚度是否合理，岩层的自承自稳能力是否得到充分利用，如图 12-1 所示，当时还不能直接用于支护设计。到 1986 年法国地下工程协会由 P. Gesta 主持形成的正式文件《收敛——约束法的使用建议方法》[36]发布，才提出了这个理论在地下支护设计中的应用。由于研究仅限于轴对称情况下的一维解答，以及围岩特征线中很多参数不好确定，这个理论在实际中并没有得到应用。近年，由于反分析法的不断完善，使得通过简单的收敛位移监测数据的反演，就能获得相应背景的原始数据，从而使得特征线理论用于设计呈现出一线光明。特别是无量纲特征线的提出，极大地简化了围岩特征线的形式；截面特征线的提出，突破了轴对称的限制，使特征线理论用于设计成为可能。可以看出，特征线理论为现代支护理念用于锚喷支护设计奠定了理论基础，找到了可以操作的方法。通过特征线理论就把现代锚喷支护设计中的工程类比法、监控量测法、监测反演法和支护结构理论分析有机的整合到一起，形成一个较完整的比较符合客观实际的设计计算方法。不像现在，几种设计方法是彼此分割的。特征线理论为它们的整合搭建了一个技术平台，使这些方法各适其位、各得其所。

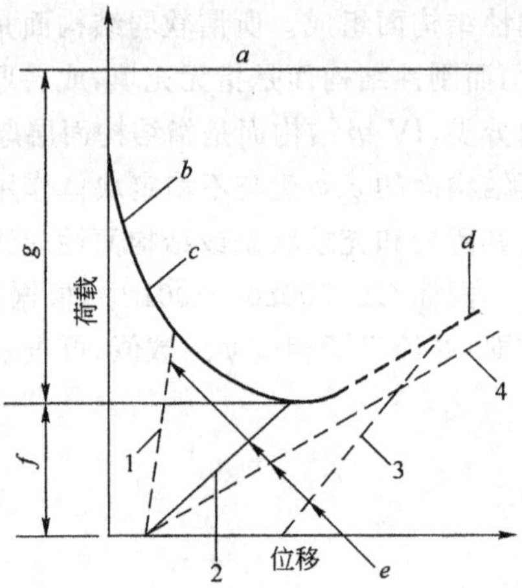

图 12-1 岩石特性曲线与支护特性曲线相互作用图

a-原始地应力；b-岩石特性曲线；c-岩石拱形成；d-岩石拱破坏；e-支护特性曲线；f-支护承受部分；g-岩石拱承受部分

1-太刚；2-适宜；3-太晚；4-太柔

第二节 轴对称条件下围岩特征线

在等围压条件下，一条足够长度的圆形隧道可视为轴对称情况，其力学模型可化为平面应变问题，下面的讨论均基于这一认识。

一、围岩特征线内涵

围岩特征线的一般数学形式可表达为：

$$\sigma_1^r = f\left(\frac{u_0^r + \Delta u^r}{R_0}\right) \tag{12-1}$$

式中：σ_1^r——支护径向反力(kPa)；

R_0——隧道半径(m)；

u_0^r——支护设置前围岩已产生的径向位移，即初始位移；

Δu^r——支护设置后围岩的径向位移增量。

测到 Δu^r 不难，要准确地量到 u_0^r 则十分困难。好在，通过对特征线内涵的分析可以克服这一困难。因此，下面先讨论围岩特征线内涵。

特征线的第一层含义：设想在岩体中瞬间开挖一个无限长的隧道，并瞬间分别给整个洞壁提供使洞室保持稳定的、不同大小的一系列虚拟支护反力，使洞室发生变形并保持稳定。则各平衡点(虚拟支护反力和径向位移)的几何轨迹就是该洞室的围岩特征线。用解析法建立特征线的力学模型就是基于这一认识。

特征线的第二层含义：设想在隧道中任一截面设置观察点，随着开挖工作面接近、超越和远离该观察点时，该截面岩体所释放的有效荷载数量及相应变形所连成的几何轨迹就是该截面的围岩特征线。因此图 12-2 中$\widehat{\sigma_0^r P}$为未扰动岩石的围岩特征线，$\widehat{SP}$为距开挖工作面某一距离 S 截面的围岩特征线。利用特征线的第二层含义将纵轴平移到 S 点，则新坐标系下特征线的函数形式改写为：

$$\sigma_1^r = f\left(\frac{\Delta u^r}{R_0}\right) \tag{12-2}$$

式中消除了初始位移确定的困难而它就是 S 截面的围岩特征线。

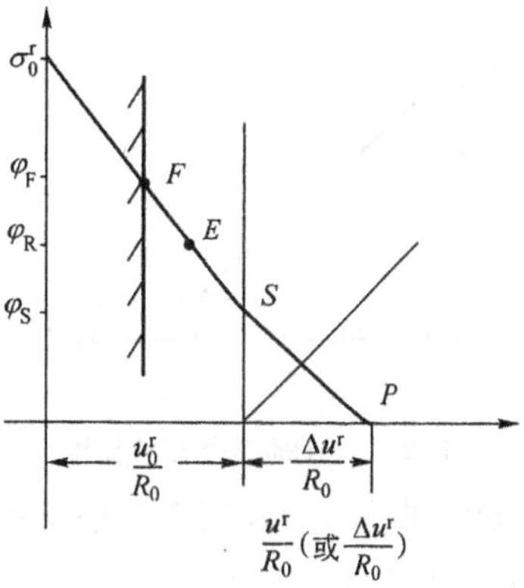

图 12-2 围岩特征线

二、建立围岩特征线的方法——虚拟荷载法

定义：$\Psi^r = \dfrac{\sigma_r\text{(虚拟荷载或支护反力)}}{\sigma_0\text{(原岩应力)}}$ 叫虚拟荷载系数或反力系数；

定义：$\lambda = \dfrac{u^r\text{(对应虚拟荷载岩壁径向位移)}}{u_\infty^r\text{(无支护条件下岩壁最终径向位移)}}$ 叫松弛系数。

那么：从力学观点看，在相当精确的程度上可以证明，隧道开挖面邻近处围岩的工作状态，亦即隧道开挖面对围岩的约束作用，等价于沿着洞壁一周作用数值 $\sigma_0\Psi$ 的虚拟支护反力。在未开挖地层距开挖面足够远处，因为它不受影响，故其初始状态仍保持原始的应力状态 σ_0，亦即对应的虚拟荷载系数 $\Psi=1$，由于没有扰动，故初始位移 $u_0^r=0$，亦即对应的松弛率 $\lambda=0$。当开挖面接近、到达和超越这个位置时，λ 由 0 增加到 1，Ψ 由 1 减少到 0，即随着荷载的释放，位移达到 u_∞^r，如图 12-3 所示。以 $\sigma_0\Psi$ 为纵坐标，以 λu_∞^r 为横坐标描述上述过程的函数就是围岩特征线，其一般形式为 $\sigma_0\Psi = f(\lambda u_\infty^r)$。对于一个特定的问题(假设介质是均匀的，局部应力场是不变的，隧洞是足够长的)，其原始地应力 σ_0 和无支护条件下的最终位移 u_∞^r 是一个特定的量，故上式可改写为 $\Psi=(u_\infty^r/\sigma_0)f(\lambda)$。显然，右端项中 u_∞^r/σ_0 只与坐标比例尺有关，将其写成

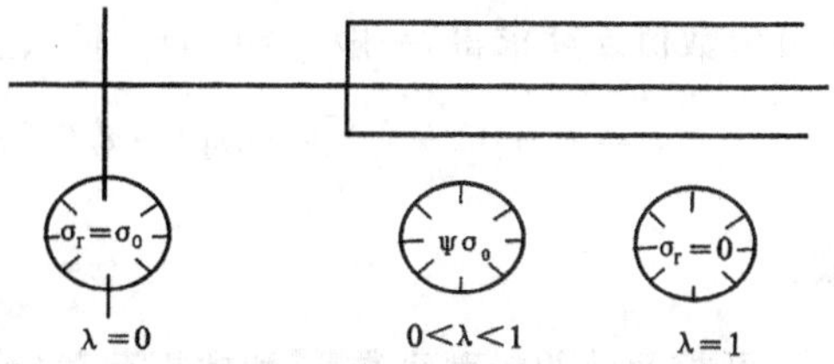

图 12-3 虚拟荷载

$$\Psi = f(\lambda) \tag{12-3}$$

不改变函数性质。(12-3)式即无量纲围岩特征线。

三、两类围岩特征线

1.弹性状态

在轴对称的情况下，如果原始地应力 σ_0 小于岩体单轴抗压强度 R_c 的一半，即 $\sigma_0 < R_c/2$[*]，岩体处于弹性工作状态。理论上可以证明，此时围岩特征线为一完整直线，即

$$\Psi = 1 - \lambda \tag{12-4}$$

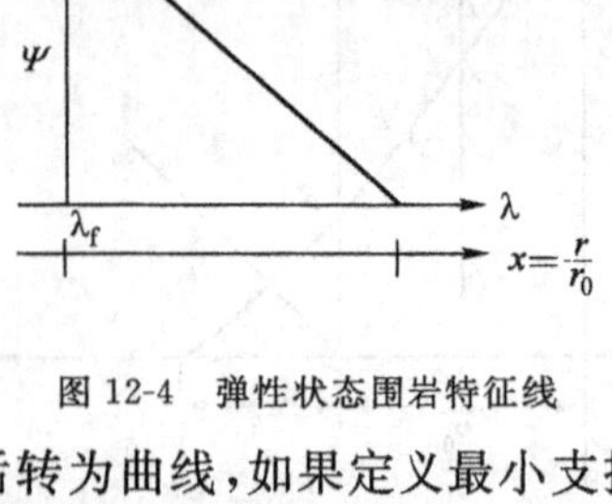

图 12-4　弹性状态围岩特征线

如图 12-4 所示。将纵坐标置于工作面，则曲线的两个端点坐标为(λ_f，Ψ_f)、(1，0)，λ_f 为开挖面的松弛系数，圆形隧道其值约为 0.27[19]，Ψ_f 为工作面的虚拟荷载系数，其值约为 0.73，λ 与 x 关系见(12-5)式。$x=r/r_0$，r_0 圆形隧道半径，r 离开挖面的距离。

2.弹塑性状态

在轴对称情况下，如果原始地应力 σ_0 大于岩体饱和单轴抗压强度的一半，即 $\sigma_0 \geqslant R_c/2$，岩体处于弹塑性工作状态。其无量纲围岩特征线，在岩体进入塑性以前仍为直线，进入塑性后转为曲线，如果定义最小支护抗力为极限松弛点，在该点以后岩体出现塌落。因此，特征线由两段组成。

(1)特征线的前段

以 Ψ 为纵坐标，以 $\lambda = u^r/u^r_\infty$，$x=r/r_0$ 双坐标为横坐标绘制围岩特征线，如图 12-5 所示。根据有限元空间效应分析有：

$$\lambda = \lambda_f + (1-\lambda_f)[1-\exp(-r/g)]$$

式中：$x=\dfrac{r}{r_0}$——研究截面距开挖面相对距离(m)

r_0——洞半径(m)

$$g = \left[\frac{1-\lambda_f}{(d\lambda/dL)_{L=0}}\right] r_0$$

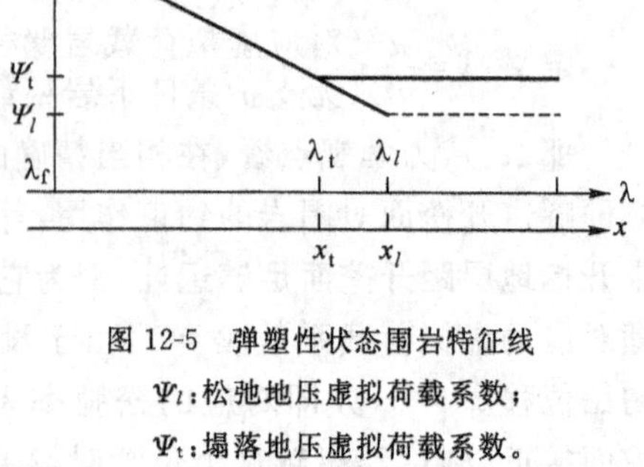

图 12-5　弹塑性状态围岩特征线

Ψ_l：松弛地压虚拟荷载系数；

Ψ_t：塌落地压虚拟荷载系数。

g 可由数值计算求得，一般 $g \approx 0.7r_0$，代入上式有：

$$\lambda = \lambda_f + (1-\lambda_f)[1-\exp(-x/0.7)] \tag{12-5}$$

或

$$x = -0.7\ln\left(\frac{1-\lambda}{1-\lambda_f}\right)$$

开挖面处的松弛系数 λ_f 和虚拟荷载(或有效荷载)系数 Ψ_f，可通过空间有限元分析求得，也可近似按表 12-1 选取[19]。

---

[*]式证明：轴对称条件下，洞周边界一点的应力为 $\sigma_\theta = 2\sigma_0$，$\sigma_r = 0$

当 $\sigma_\theta < R_c$，即 $\sigma_0 < R_c/2$ 时为弹性状态。当 $\sigma_\theta \geqslant R_c$，即 $\sigma_0 \geqslant R_c/2$ 时为弹塑性状态。

开挖面上的有效荷载系数 Ψ_f（$\Psi_f=1-\lambda_f$） 表 12-1

σ_0/c_u	1	2	2.5	≥3.0
λ_f	0.25	0.3	0.4	0.55
Ψ_f	0.75	0.7	0.6	0.45

注：表中 C_u 为软岩(土)非排水粘结力峰值，σ_0 为原始地应力。

(2)特征线的后一段

极限松弛，亦即岩体开始塌落的一点是个不稳定的点，塌落可能多次出现，如果支护不及时，不适当，塌落可直达地表。此时，处理这个问题可能有两种方案，或取最小支护抗力或取最小塌落荷载为特征线的后一段，用一条水平直线加以描述，不去深究从极限松弛到最小塌落荷载之间的过程。因为从安全考虑，极限松弛点是个不稳定的点，支护工作点不宜选在极限松弛点及其附近。故，特征线的后一段作上述简化，不仅是可以接受的，而且为特征线理论用于设计提供了极大的便利，而且与现行设计规范也是一致的。

①当虚拟荷载取最小支护抗力

对于轴对称问题，根据摩尔-库仑准则的弹塑性解，可求得支护抗力 σ_i 与塑性区半径 R 的关系

$$\sigma_1^l = -c\cot\varphi + (\sigma_0 + c\cot\varphi)(1-\sin\varphi)\left(\frac{r_0}{R}\right)^{\frac{2\sin\varphi}{1-\sin\varphi}} \tag{12-6}$$

而松弛区范围与围岩压力的关系有：

$$\sigma_2^l = \frac{r_0\gamma(1-\sin\varphi)}{3\sin\varphi-1}\left[1-\left(\frac{r_0}{R}\right)^{\frac{3\sin\varphi-1}{1-\sin\varphi}}\right] \tag{12-7}$$

支护的最小抗力，实际上就是围岩开始松动到松动塌落的边界抗力，数学上就是求 σ_1 和 σ_2 的交点，这一交点用图解法比较方便。

$$a_1 = c\cot\varphi$$

令

$$a_2=(\sigma_0+a_1)(1-\sin\varphi)$$

$$a_3 = \frac{\gamma r_0(1-\sin\varphi)}{3\sin\varphi-1}$$

$$n = \frac{2\sin\varphi}{1-\sin\varphi}, x = r_0/R$$

让 $\sigma_1^l=\sigma_2^l$，则 $-a_1+a_2x^n=a_3(1-x^{n-1})$

$$x^n + \frac{a_3}{a_2}x^{n-1} = \frac{a_1+a_3}{a_2} \tag{12-8}$$

设 $A=\dfrac{a_1+a_3}{a_2}$，$B=\dfrac{a_3}{a_2}$

则(12-8)式为：$x^n+Bx^{n-1}=A$

令 $M=x^{n-1}$（或 $x^n=M^{\frac{n}{n-1}}$），代入(12-8)式有：

$$M^{\frac{n}{n-1}} = A - BM \tag{12-9}$$

设

$$f_1(M)=M^{\frac{n}{n-1}} \tag{12-10}$$

将其绘成曲线，见图 12-6。

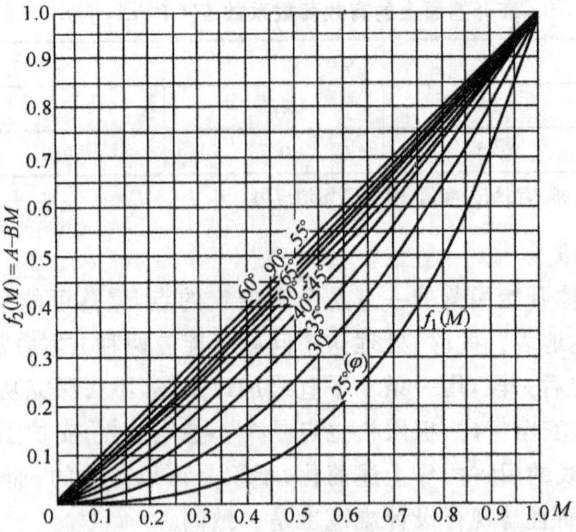

图 12-6　求 P_{imin} 曲线图

$$f_2(M)=A-BM \tag{12-11}$$

求曲线(12-10)与直线(12-11)交点的方法是：

令
$$M=0, f_2=A$$
$$M=1, f_2=A-B$$

将(0,A)、(1,A-B)连一直线，与相应 φ 值之曲线相交，则交点横坐标即所求之 M，而最小支护抗力为：

$$\sigma_{\min}^{l}=a_3(1-M) \tag{12-12}$$

相应的虚拟荷载系数为

$$\Psi_l=\sigma_{\min}^{l}/\sigma_0 \tag{12-13}$$
$$\lambda_i=1-\Psi_l$$

②虚拟荷载取最小塌落荷载

围岩松动以后，如果不加处理，开始塌落，塌落是一个发展过程。因此，塌落荷载应取其最小值，其值可按公路隧道规范(12-14)式计算，即

$$\sigma_t=0.45\times 2^{S-1}\gamma\omega \ (\mathrm{kN/m^2}) \tag{12-14}$$

式中：s——围岩级别；

γ——围岩容重($\mathrm{kN/m^3}$)；

ω——宽度影响系数 $\omega=1+i(B-5)$。

其中 B 为隧道毛跨(m)，i 系 B 每增减 1m，压力的增减率，以 $B=5$m 的围岩垂直压力为准，当 $B<5$m 时，取 $i=0.2$；$B=5\sim15$m 时，取 $i=0.1$。

同理，相应的虚拟荷载为：

$$\Psi_t=\sigma_t/\sigma_0 \tag{12-15}$$

由于极限松弛地压略小于最小塌落荷载，而且不稳定，因此取相应塌落地压的虚拟荷载系数 Ψ_t 更为安全合理。

第三节　轴对称条件下支护特征线

一、锚杆拉拔试验

1. 端头锚固型锚杆的荷载位移曲线

端头锚固型锚杆的荷载位移曲线取决于锚头、垫板、孔口找平处理及杆体的变形特征。图12-7曲线①为正向张拉锚具的荷载——位移曲线图。曲线的非线性影响，可通过预张拉消除，从而得到一条比较理想的直线，如图中曲线②。锚杆的反向张拉才能计入垫板、孔口找平层(或支墩)及孔口局部围岩的影响，计入这些影响后曲线的斜率下降，如图中曲线③。而锚杆的综合刚度可按下式计算：

$$K_g = \frac{P_2 - P_1}{u_2 - u_1} \text{ (kN/m)} \qquad (12\text{-}16)$$

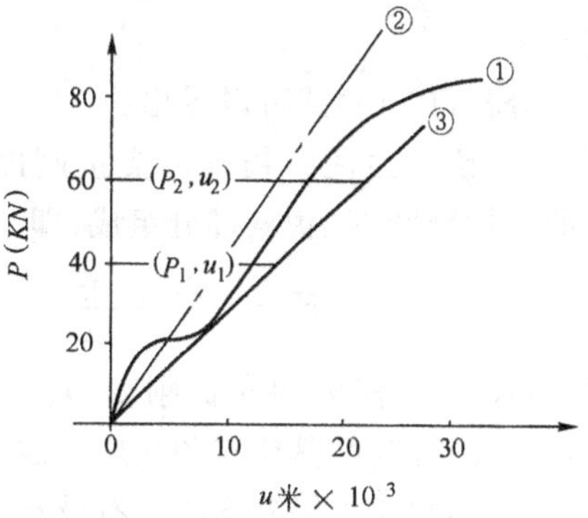

图 12-7 锚杆荷载——位移曲线

2. 注浆锚杆的荷载位移曲线

由于注浆锚杆不可能把岩石和锚杆的变形区分开来，目前只能定性研究。多数学者的意见认为，这种支护的基本作用是从内部增强岩体的稳定，改善了岩体的特征参数 c、φ，也就改变了岩层的特征曲线。因此，作为一种处理办法：注浆锚杆的刚度仍可采用端头锚固形锚杆的计算方法，而将注浆的影响计入围岩特征线。显然，这样做是偏于安全的。

二、锚杆支护特征线与锚杆无量纲支护特征线

1. 锚杆支护特征线

锚杆支护特征线可表述为：

$$\sigma_l^r = K_m \Delta u^r \qquad (12\text{-}17)$$

式中 $k_m = \frac{K_g}{e_a e_c}$ (kN/m^3)为锚杆支护刚度，而 K_g 为锚杆刚度。Δu^r 为锚杆的综合轴向位移，可通过孔内位移计算测到。σ_l^r 为支护作用到围岩每单位面积上的平均径向反力，简称支护反力。e_a、e_c 为锚杆沿隧道轴线和环向间距。

2. 锚杆无量纲支护特征线

将(12-17)式两边除以 σ_0，令 $\Delta u^r = \Delta\lambda u_\infty^r$ 代入得：

$$\Psi_m = \frac{K_m u_\infty^r}{\sigma_0}\Delta\lambda = S_m \Delta\lambda \qquad (12\text{-}18)$$

式中 $S_m = \frac{K_m u_\infty^r}{\sigma_0}$ 为锚杆无量纲刚度，σ_0 为原始地应力，u_∞^r 为洞室无支护条件下的全位移。(12-18)式为锚杆无量纲支护特征线。

三、预应力锚杆支护特征线与预应力锚杆无量纲支护特征线

1. 预应力锚杆支护特征线

在不考虑运转荷载和动力荷载的情况下，预应力锚杆支护特征线如图 12-8 所示，其特征线方程可表达为：

$$\begin{aligned}\sigma_l^r &= \sigma_R^r + K_m \Delta u^r \\ &= \frac{P_R}{x_a x_c} + \frac{K_M}{x_a x_c}\Delta u^r \qquad (12\text{-}19)\end{aligned}$$

式中第一项为预应力 P_R 产生的支护反力，x_a、x_c 为锚杆间距；第二项为锚杆随岩土变形引起的支护反力，它的作用机理与砂浆锚杆相同。这里清楚的看出，预应力锚杆反力由两部分组成，它们分别为张拉荷载和变形荷载，其中变形荷载是由地层压力所引起的。

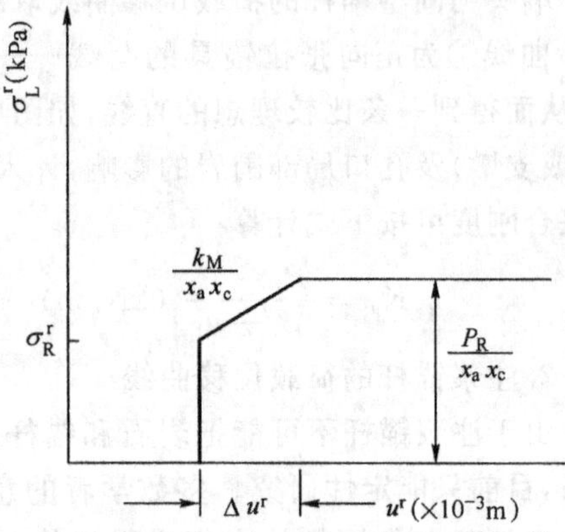

图 12-8　预应力锚杆支护特征线

分析(12-19)式可以看出：

(1)预应力注浆锚杆的支护刚度大，预应力锚杆的支护刚度 K_r 由两部分组成，即

$$K_r = K_m + \frac{\sigma_R^r}{\Delta u^r} \quad (12\text{-}20)$$

式中：K_m——杆体的支护刚度；$\sigma_R^r/\Delta u^r$——预应力提供的支护刚度，其值与预加应力成正比，可以达到很高的数值。

因此，预应力锚杆支护能有效地控制岩体变形，使从前办不到的事情，现在可以很方便地办到。例如长江三峡的船闸边坡高数百米，要求位移 0.5mm，这在过去是不敢想像的，现在用大吨位预应力锚索支护解决得十分漂亮。

(2)预应力锚杆的支护反力大

预应力锚杆的支护反力的两个部分中 $\sigma_R=P_R/x_a x_c$ 这一部分可以通过人们的努力，创造很大的变化范围，从而使预应力注浆锚杆达到很大的支护反力。表 12-2 列出了几种支护手段的极限支护反力。可以看出，预应力锚杆支护的反力强度可以和现有的任何一种支护手段媲美。因此，预应力锚杆支护能承受很大的地层压力，它是制服高地应力的首先技术手段。

几种支护的极限支护反力　　表 12-2

支护类型	砂浆锚杆支护	预应力锚杆支护	轻型钢拱架	重型钢拱架	4m 直径隧道喷层厚 0.05～0.2m	10m 直径隧道喷层厚 0.2m	块石砌拱
极限支护反力 σ_l^r(MPa)	0.05～0.2	0.2～2	0.05～0.1	0.1～0.2	<0.5	<0.2	1～2

2.预应力锚杆无量纲支护特征线

仿照(12-18)式办法，从(12-19)式得：

$$\Psi = \Psi_R + S_r \Delta\lambda \quad (12\text{-}21)$$

式中 Ψ_R——$\Psi_R=\sigma_R/\sigma_0$（$\sigma_R=P_R/x_a x_c$），张拉反力的虚拟荷载系数；

S_r——$S_r=\frac{K_m u_\infty^r}{\sigma_0}$，为预应力锚杆无量纲刚度。

四、网喷混凝土支护特征线

网喷混凝土支护可近似视为受外压的空心圆筒，和筒半径 r_0 相比，混凝土厚度很小，故喷层刚度 K_c 可表达为：

$$K_c = \frac{E_c\delta}{(1-\mu^2)r_0^2} \quad (\text{kN/m}^3) \quad (12\text{-}22)$$

式中：E_c——喷射混凝土弹模；

δ——喷网支护厚度(m)；

μ——喷射混凝土泊松比；

r_0——隧道半径(m)，指衬砌与岩石接触面处。直墙拱隧道可直接取拱半径，其它形状隧道可近似按(12-23)式计算

$$r_0 = (\frac{4F_S}{\pi})/2 \tag{12-23}$$

式中：F_S——未支护隧道横截面面积。

图(12-9)中 σ_u^r 为喷网支护极限承载力，按(12-24)式计算

$$\sigma_u^r = \frac{R_C\delta}{r_0} \tag{12-24}$$

式中：R_C——喷射混凝土单轴抗压强度。

这样网喷支护特征线可表达为：

$$\sigma^r{}_l = k_C\Delta u^r \tag{12-25}$$

网喷无量纲支护特征线为：

$$\Psi_c = S_c\Delta\lambda \tag{12-26}$$

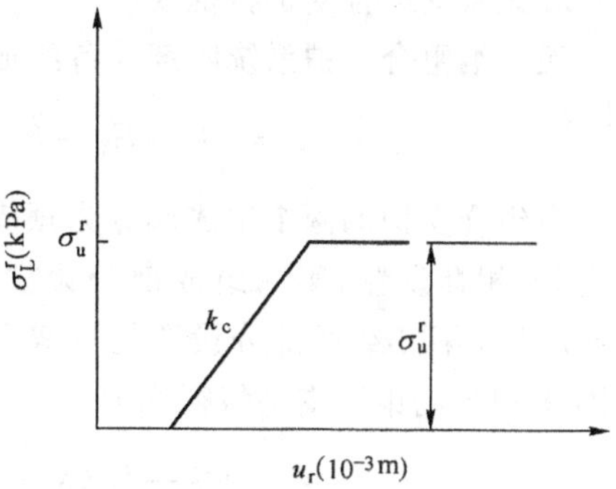

图 12-9 喷网支护特征线

式中：

$$S_c = K_c u_\infty^r/\sigma_0 \tag{12-27}$$

网喷无量纲支护极限反力系数为：

$$\Psi_{uc} = \sigma_u^r/\sigma_0 \tag{12-28}$$

五、组合支护特征线

1. 锚喷网组合支护特征线

锚喷网组合支护刚度 K 为各组成部分刚度之和，对于锚喷网支护有：

$$K = K_0 + K_c \tag{12-29}$$

式中：K_0——锚杆支护刚度；

K_c——喷网支护刚度。

若锚杆先于喷网支护安装，锚杆受力后才喷射混凝土，则联合支护特征线如图 12-10 所示。图中曲线①为普通锚杆支护特征线，曲线②为喷网支护特征线，曲线③为围岩特征线，曲线④为普通锚杆喷网联合支护特征线，曲线⑤为预应力锚杆喷网联合支护特征线。其中曲线⑤可分两段表达：

$$\triangle u^r < \triangle u_M^r, \sigma_l^r = \sigma_R^r + (\frac{K_0}{X^2})\Delta u^r$$

$$\triangle u^r > \triangle u_M^r, \sigma_l^r = \sigma_R^r + (\frac{K_0}{X^2} + k_c)\Delta u^r \tag{12-30}$$

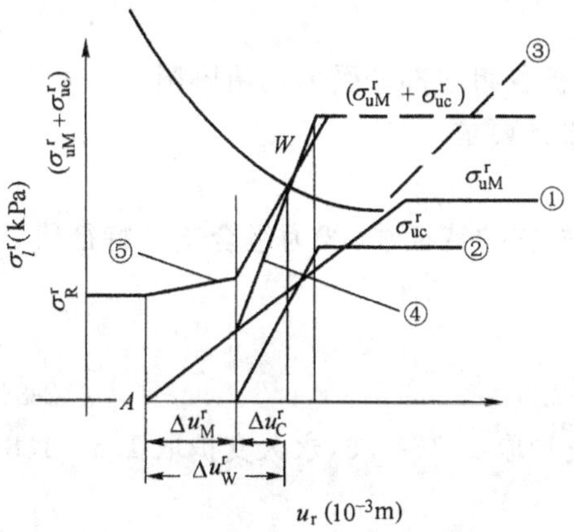

图 12-10 联合支护特征线

图中：Δu_M^r——混凝土喷射前锚杆已发生的轴向位移增量；

Δu_c^r——混凝土喷射并达到稳定后的径向位移增量。

曲线④的两段表达形式为：

$$\triangle u^{r} < \triangle u_{M}^{r}, \sigma_{1}^{r} = \frac{K_0}{e^2}\Delta u^{r}$$

$$\triangle u^{r} > \triangle u_{M}^{y}, \sigma_{1}^{r} = (\frac{K_0}{e^2} + k_c)\Delta u^{r} \qquad (12\text{-}31)$$

2.无量纲组合支护特征线

无量纲组合支护系统刚度为各组成部分刚度之和，即

$$S = S_1 + S_2 + S_i \qquad (12\text{-}32)$$

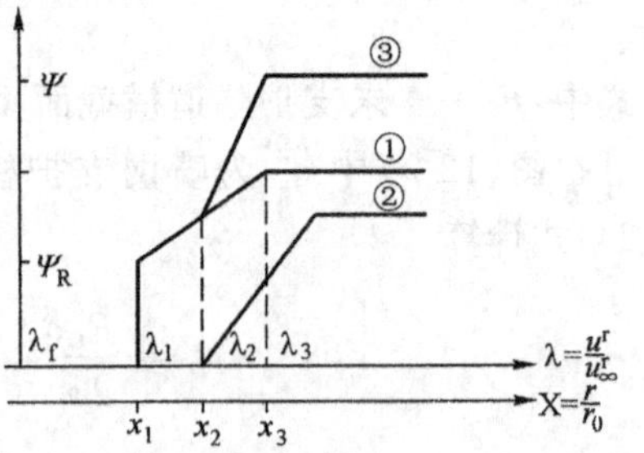

图 12-11　无量纲组合支护特征线

设组合支护的两个组成部分为预应力锚杆①和喷射混凝土②，相继设置，第一组成部分设置的位置离开挖面为 $x_1=r_1/r_0$，第二组成部分设置位置离开挖面为 $x_2=r_2/r_0$，见图 12-11，则组合支护特征线为：

$$\left.\begin{aligned} \Psi &= \Psi_R + S_1(\lambda - \lambda_1) & \lambda_1 < \lambda < \lambda_2 \\ \Psi &= \Psi_R + S_1(\lambda_2 - \lambda_1) + (S_1 + S_2)(\lambda - \lambda_2) & \lambda \geqslant \lambda_2 \end{aligned}\right\} \qquad (12\text{-}33)$$

可以看出，组合支护③的最大承载力，为首先达到极限承载力的组成部分所对应的系统承载力，而不是各组成部分极限承载力之和，它与各组成部分设置的先后次序、设置的位置有关。可以看出，如果只考察支护的受力状态，采用无量纲特征线十分方便。

第四节　轴对称条件下锚喷支护设计

现实工程中完全对称的情况几乎没有。对于那些几何轮廓截面高、宽差别不大，荷载相对比较均匀的地下工程，可以近似的视为轴对称问题处理。

一、组合支护的两种设计方法

1.以满足工程稳定性为基本要求的设计

对大多数地下工程均以满足工程稳定性为基本要求，对变形没有严格的限定。这类工程设计时应遵守以下原则：

(1)通过调整支护参数设置位置和先后次序，使支护各组成部分受力均衡协调。

(2)组合支护和支护各组成部分的安全系数满足设计要求。

(3)组合支护的变形满足使用要求。

图 12-12 中，①为网喷支护特征线，②为预应力锚杆支护特征线，③为组合支护特征线，W 为组合支护工作点，则有：

$S_F=\Psi_u/\Psi_w$ 为组合支护安全系数

$S_{F_c}=\Psi_{cu}/\Psi_{cw}$ 为喷网支护安全系数，通常取 1.5～2.0　(12-34)

$S_{F_r}=\Psi_{ru}/\Psi_{rw}$ 为预应力锚杆支护安全系数，临时支护取 1.2～1.5，永久支护取 1.5～1.8。

式中：$\Psi_w=\Psi_{cw}+\Psi_{rw}$，$\Psi_u=\Psi_{cu}+S_r\Delta\lambda+\Psi_R$

$\Psi_w=1-\Psi_0$，$S_r=K_r u^r_\infty/\sigma_0$，$S_c=k_c u^r_\infty$

$x_c=r_c/r_0$，$x_r=r_r/r_0$ 为喷网支护、预应力锚杆支护设备位置。

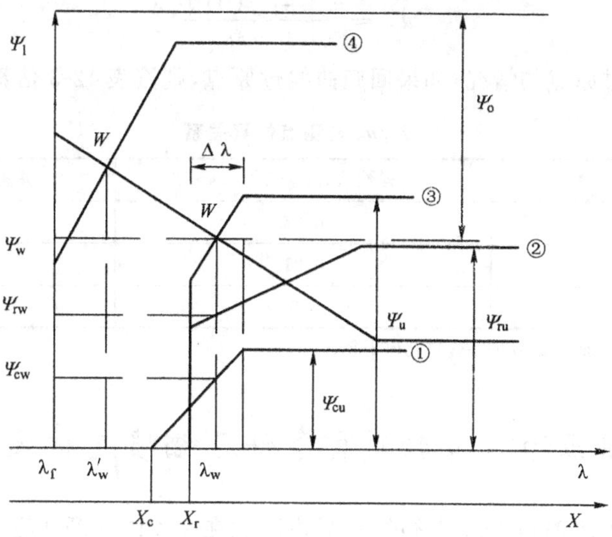

图 12-12　两种设计方法

2. 对位移控制有严格要求的设计

对于建筑物下、道路下、水体下等地下工程，或有特殊需要的工程，都要求严格控制开挖引起的位移，如图 12—12 曲线④所示，它的总位移可按 $\Delta u^r = \lambda'_w u^r_\infty$ 估算。支护设置后的位移增量可按 $\Delta u^r = (\lambda'_w - \lambda_f) u^r_\infty$ 估算。

二、设计中几个问题的处理

1. 非轴对称的近似处理

(1)截面几何图形的处理

截面长、宽相差不是很大的几何图形，可按面积 F 相等的原则按(12-35)式计算圆半径 r_0。

$$r_0 = (F/\pi)^{1/2} \tag{12-35}$$

(2)地应力的处理

根据自重应力、或实测应力、或位移反分析求得的地应力，计算出应力椭圆面积，按面积相等的原则，由(12-36)式计算相当应力 σ_0。

$$\sigma_0 = (ab)^{1/2} \tag{12-36}$$

式中：a、b——应力椭圆的两个半轴。

2. 估算全位移 u^r_∞

根据监测的时间位移曲线推断全位移。

由于测试元件不能紧贴开挖面，因此量测零读数时，已有量值 u_1 的围岩变形释放。另外，即使在开挖面，也有量值为 u_2 的变形产生。因此，围岩的全位移 u^r_∞ 应包括三部分，即

$$u^r_\infty = u_1 + u_2 + u_m \tag{12-37}$$

式中：u_m——实际量测到的变形。

设回归分析的时态曲线为 $u = f(t)$，u 可用回归曲线外延的办法估算，即 $u_1 = |f(o)|$，$u_2 = \lambda_f u^r_\infty$ ($\lambda_f = 0.265 \sim 0.33$)

故全位移为：

$$u_\infty^r = \frac{u_m + |f(0)|}{1-\lambda_f} \tag{12-38}$$

上面是回归曲线不过原点的情况，如果回归曲线过原点，则按表 12-3 估算。

u_m^r/u_∞^r 与测点位置关系 表 12-3

测点相对位置(r/r_0)	弹性状态($\sigma_0<R_c/2$)	弹塑性状态($\sigma_0>R_c/2$)
0	0.27	0.25～0.3
1	0.81	0.81～0.9
2	0.9	0.9～0.93

表中：r——测点距开挖面距离，r_0——隧道几何半径。

第五节　非轴对称条件下锚喷支护设计

实际隧道工程大多都是非轴对称的，如果高跨比在 2 以内的深埋隧道，可近似处理为轴对称，但是大多数地下工程都难以作这种简化处理。

一、基本思路

1. 设计截面和设计截面围岩特征线

对于非轴对称问题，围岩特征线是就隧道横截面上一点来说的，不同的点特征线有不同的参数。但是，最让我们关心的是最先破坏的那个点，或那个区域。如果通过这个点并垂直横截面轴线所作的截面，定义为设计截面，并称该截面的围岩特征线为设计截面围岩特征线。它的形状与图 12-5、12-6 完全相同。但是对处于弹塑性状态的围岩，其开挖面上的松弛率 λ_f 与隧洞形状和该点围岩所处的力学性状有关。

2. 设计截面的支护特征线

设某设计截面与过隧道横截面中心纵轴的夹角为 θ，对于该设计截面支护特征线仍然可以采用(12-18)、(12-21)式计算，不同的是需将无量纲刚度中的 σ_0 用 σ_θ^r，u_∞^r 用 $u_{\theta,\infty}^r$ 取代，其中

$$\left.\begin{aligned} \sigma_\theta^r &= \sigma_x \sin^2\theta + \sigma_y \cos^2\theta + 2\tau_{xy}\sin\theta\cos\theta \\ u_{\theta,\infty}^r &= u_{v,\infty}\cos\theta + u_{H,\infty}\sin\theta \end{aligned}\right\} \tag{12-39}$$

式中：σ_x、σ_y、τ_{xy}——原始地应力三个分量；

$u_{v,\infty}$、$u_{H,\infty}$——无支护隧洞垂直和水平最终位移，$u_{H,\infty}$ 对于无偏压的情况下就是它们相应收敛位移的一半。

3. 设计截面位置的确定

设计截面的位置可以用任何一种数值方法加以确定，也可以参考表 12-4 并结合工程经验予以确定。而围岩特征线所处的受力状态是弹性还是弹塑性，可根据设计截面处的应力用库仑准则并结合现场实际加以判别(参看第十章第四节)。

设计截面 θ 角 表 12-4

侧压系数	0.2～0.5	0.5～0.8
夹角	45°～40°	40°～35°

说明：θ 为隧道断面垂直对称轴与设计截面之间的夹角。

二、无量纲特征线法原始数据的确定

无量纲特征线法设计成功的把握取决于所用参数的代表性，以及根据监测结果的及时修正。因此，提供下面可靠的原始数据是成功地应用特征线法的基本条件：

1. 原始地应力。对没有量测数据的一般性隧道工程，垂直荷载可取覆盖层厚度，水平荷载根据公路隧道设计规范所提供的按表 12-5 所列侧荷载系数选用。重要工程应根据位移监测数据，按位移反分析图谱计算原始地应力。

围岩水平均布压力 表 12-5

围岩级别	I、II	III	IV	V	VI
水平均布压力	0	$<0.15q$	$(0.15\sim0.3)q$	$(0.3\sim0.5)q$	$(0.5\sim1.0)q$

注：$q=\gamma H$，H 为覆盖层厚度(m)。

2. 无支护条件下洞室的水平和垂直收敛位移。初步设计时可参考 GB 50086—2001[15]表 5.3.3 的允许收敛相对位移值(Δ/L)选用，Δ 为累计收敛位移，L 为测线长度；开工后根据监测数据的处理结果加以修正。

3. 主要不同洞形、跨度，不同侧荷载系数条件下组合支护各组成部分的刚度和极限承载力，可用工程力学的方法加以计算。

4. 各类组合支护与水泥龄期强度增长有关的滞后效应。

三、无量纲特征线法的工作步骤

1. 用工程类比法结合现场实际初选初期支护的设计参数

这些参数包括锚杆直径(d)、长度(L)、间距(e)，格构梁的结构形式和尺寸，或钢架的截面尺寸、间距，喷混凝土厚度、标号、钢网尺寸等。

2. 建立无量纲围岩特征线 $\Psi=f(\lambda)$

建立无量纲围岩特征线的实质是确定开挖面的有效荷载系数 Ψ_f，因此，首先要判断围岩所处的受力状态。粗略估算可借助判别式：

$\sigma_0<R_c/2$ 处于弹性，$\sigma_0\geqslant R_c/2$ 处于弹塑性，对于处于弹塑性状态的围岩，按表 12-1 选取开挖面的有效荷载系数 Ψ_f。

精确的计算要借助反分析技术，可以按以下步骤计算分析：

(1)用反演法或反分析图谱法计算原始地应力$\{\sigma_0\}$；

(2)用数值方法寻找设计截面，或参考表 12-4 确定设计截面；

(3)按(12-39)式计算设计截面的径向荷载 σ_θ^r 和径向位移 $u_{\theta\infty}^r$；

(4)用摩尔—库仑准则判断设计截面围岩所处的受力状态，对进入塑性状态的隧道截面按(12-14)式或(12-15)式计算松弛荷载或最小塌落荷载在该截面的径向分量 $\sigma_{\theta i}^r$ 或($\sigma_{\theta t}^r$)以及 $\Psi_{\theta i}$ 或($\Psi_{\theta t}$)；

(5)分析开挖面的空间效应，计算开挖面的有效荷载系数 Ψ_f；

(6)绘制无量纲围岩特征线 $\Psi=f(\lambda)$。

3. 建立无量纲支护特征线 $\Psi=S_i\Delta\lambda$

(1)计算各类支护在设计截面的支护刚度 k_i 和极限承载力 $\sigma_{\theta u}^r$(参看[36])；

(2)计算设计截面支护各组成部分无量纲刚度

$$S_i = k_i u_{\theta,\infty}^r / \sigma_\theta^r$$

(3)计算支护各组成部分极限承载力的相应有效荷载系数 Ψ_{ij}

$$\Psi_{ij} = \sigma_{\theta u}^r / \sigma_\theta^r (j = c、s、m、r)$$

4.根据支护各组成部分的设置位置、先后次序、锚杆的滞后效应等因素绘制无量纲支护特征线和按(12-33)式绘制无量纲组合支护特征线，确定组合支护的工作点 W。

5.计算组合支护的工作反力 $\sigma_{\theta w}$ 和安全系数 K

图 12-13中①为围岩特征线；②为预应力锚杆支护特征线；③为喷网支护特征线；④为组合支护特征线。x_2、x_3 为组合支护两个组成部分的先后设置位置；若 Ψ_t 为塌落地压有效荷载系数、Ψ_w 为组合支护工作点的有效荷载系数、Ψ_{ir}为预应力锚杆提供的反力系数、Ψ_{uc}为网喷支护提供的极限反力系数。

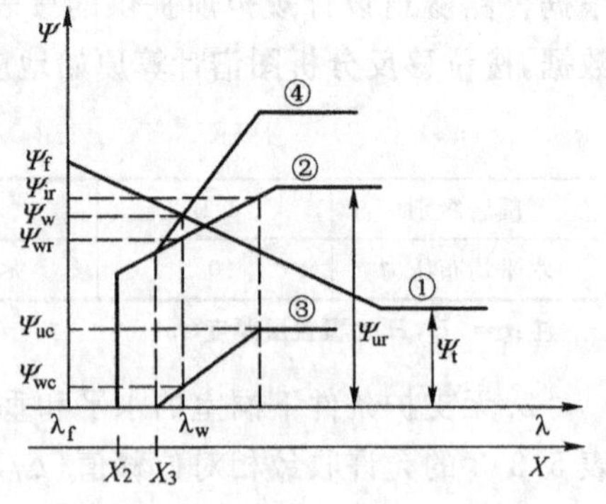

图 12-13 用特征线确定组合支护工作点

则组合支护的反力为：

$$\sigma_{\theta w}^r = \Psi_w \sigma_\theta^r \qquad (12\text{-}40)$$

组合支护的安全系数为：

$$S_F = (\Psi_{ir} + \Psi_{uc}) / \Psi_w \qquad (12\text{-}41)$$

喷网支护安全系数：　$S_{F_c} = \Psi_{WC} / \Psi_{uc}$

预应力锚杆支护安全系数：　$S_{F_r} = \Psi_{wr} / \Psi_{ur}$

设计截面的径向收敛位移为：

$$u_\theta^r = \lambda_w u_{\theta,\infty}^r \qquad (12\text{-}42)$$

开挖以后设计截面的径向位移增量为：

$$\Delta u_\theta^r = (\lambda_w - \lambda_f) u_{\theta,\infty}^r \qquad (12\text{-}43)$$

四、无量纲特征线法的计算实例

下面通过原始数据比较完整的几个典型工程，对无量纲特征线法的可信度进行验证。

1.小浪底试验洞隧道

(1)原始数据

围岩类别：红砂岩，单轴抗压强度 $R_c = 72.1$MPa，内聚力约 $c = 0.8$MPa，相当于 III 级围岩；

地压实测值：$\sigma_1 = 3.47$MPa，$\sigma_2 = 2.8$MPa，取拱顶 45°方向为设计截面，故 $\sigma_{45°}^r = 3.14$MPa；

断面尺寸：跨×高＝15m×6.35m，近似按圆形洞室估算的换算圆半径

$$R_0 = (\frac{F}{\pi})^{\frac{1}{2}} = (\frac{15 \times 6.35}{\pi})^{\frac{1}{2}} = 5.5\text{m}$$

位移值：取准许相对收敛位移为 1.2%，故 $u_{45°\infty}^r = 0.6\% R_0 = 0.033$m。

支护参数：喷射混凝土 C_{20}，厚度 0.2～0.25m；普通砂浆锚杆，ϕ22～25mm，长度为 3m，间距 1m；

预应力锚索：1×7 钢绞线 ϕ15 三根，长 15～17m，间距平均 4m，设计预应力 300～600kN，平均取 450kN；

(2)计算结果见表 12-6

支护各组成部分受力状态　表 12-6

支护类型	实际受力位置 $x_i=r_i/r_0$	维持稳定支护各组成部分需要的反力(kPa)	支护各组成部分实际提供的承载力(kPa)	安全系数 K
砂浆锚杆支护	0.75	94.1	150	1.59
喷网支护	1.0	143	375～468	2.6～3.2
预应力锚杆	1.0	34.5	40.6	1.18
组合支护	—	271.6	565.6	2.08

计算说明，上述组合支护能满足隧道稳定性要求，隧道营运证明上述组合支护是安全的。但是计算也说明，上述组合支护的参数搭配并不十分合理。

2. 金川二矿区斜坡道

(1)原始数据

围岩类别：二辉橄榄岩、呈破碎小块状，属 VI 类围岩；

地应力：水平应力 $\sigma_h=15.5\text{MPa}$，垂直应力 $\sigma_v=2.62\text{MPa}$，取 45°方向为典型截面，故 $\sigma_{45°}^{r}=8.85\text{MPa}$；

断面尺寸：5.2m×4.7m 近似按圆形洞室估算的换算圆半径 $R_0=2.79\text{m}$；

位移值：实测为 0.23m，考虑到量测前已有的损失等因素，取 $u_{45°\infty}^{r}=0.77\text{m}$；

支护参数：普通砂浆锚杆直径 ϕ18，长 3m，间距 1m；

喷混凝土：C_{20}，厚 0.2m。

(2)计算结果

①计算塌落荷载

$$q=0.45\times2^5\times18.5\times1=266.4\text{kPa}$$

②支护各组成部分受力状态如表 12-7 所示。

支护各组成部分受力状态　表 12-7

支护类型	实际受力位置 $\dot{x}_i=r_i/r_0$	维持稳定支护各组成部分需要的反力(kPa)	支护各组成部分实际提供的承载力(kPa)	安全系数 K
喷网支护	0.2	1.46	0.4	0.274
砂浆锚杆	0.2	0.177	0.127	0.717
组合支护	—	1.637	0.527	0.32

计算表明，上述组合支护不能满足斜坡道稳定要求，营运实践也证明，约 77%支护开裂破坏。

3. 商南隧道普通砂浆锚杆支护反力计算

商南隧道为双线公路隧道，毛跨 $L_0=12\text{m}$，实验段地层为夹有石棉的硅质大理岩，裂隙发育，属三类围岩，覆盖层厚度约 70m。采用上下台阶法开挖，曾用超前锚固剂锚杆护顶，效果很差，时有塌方，事故频发。原设计初期支护为普通砂浆锚杆格构梁喷网支护，锚杆长 3.5～4.0m，直径 22mm，间距 1m，距工作面约 6m 开始安设 4 筋格构梁，间距 1m，C20 模筑混凝土厚度约 0.2m。考虑到砂浆和混凝土强度的滞后性，锚杆和喷层的实际相对承载位置分别按 $\dot{x}_M=X_M/r_0=2$，$\dot{x}_c=X_c/r_0=2.5$，考虑。由于覆盖层较薄($P_v=1.47\text{MPa}$)，隧道围岩总体上还处于弹性工作状态，据此求得砂浆锚杆对应的虚拟荷载系数 $\Psi_M=0.0115$，故砂浆锚杆的平均支护反力为 16.9kN。实测结果锚杆轴力为 12.6～23kN，平均约 17.8kN，两者比较接近。

上述算例说明，无量纲特征线法可以帮助设计工作者优化支护设计参数，可以启发设计工作者寻求更有效的支护手段，即使粗略的估算也能帮助我们克服很多盲目性，避免不必要的损失。

第六节　系统预应力锚杆组合支护的简易设计方法——典型类比无量纲特征线法

长期以来，在隧道工程中大量采用普通锚喷支护，积累了丰富的工程实例，为普通锚喷支护的工程类比设计奠定了坚实基础。而预应力锚喷支护缺少工程实践，因此用特征线的方法比较预应力锚喷支护与普通锚喷支护的差异，有可能为地下工程预应力锚喷支护采用工程类比设计找到一条捷径。故称这个设计方法为典型类比特征线法。

一、典型类比特征线的理论基础

图 12-14 是任意弹塑性状态下的一般情况。图中曲线①为无量纲围岩特征线，曲线②为无量纲普通砂浆锚杆支护特征线，曲线③为无量纲预应力注浆锚杆支护特征线。图中 W 点为砂浆锚杆支护工作点，如果预应力锚杆支护与砂浆锚杆支护取同样的设计参数，则工作点移至 E 点。如果逐步增大预应力锚杆支护间距而其它参数与普通砂浆锚杆支护相同，使预应力锚杆支护与普通砂浆锚杆支护具有同一工作点 W，亦即让预应力锚杆支护效果与普通砂浆锚杆支护效果相当，如图12-14所示。分析△BWD 显然有下面的关系：

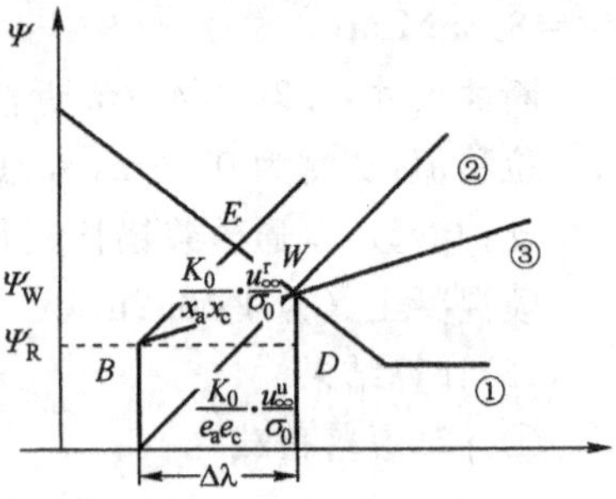

图 12-14　两类支护无量纲特征线

$$(\Psi_W - \Psi_R)/\Delta\lambda = \frac{K_0 u_\infty^r}{x_a x_c \sigma_0}$$

移项后有：$(\Psi_W - \Psi_R)\sigma_0 = (K_0/x_a x_c)(\Delta\lambda u_\infty^r)$

展开后：$\sigma_W - \sigma_R = (K_0/x_a x_c)(\Delta\lambda u_\infty^r) = P_W/x_a x_c$

其中：$\sigma_W = P_W/e_a e_c, \sigma_R = P_R/x_a x_c$

代入整理后有：$x_a x_c = (1 + P_R/P_W)^{1/2} e_a e_c$

当 $x_a = x_c = x, e_a = e_c = e$

上式简化为：
$$X = (1 + P_R/P_W)^{1/2} e \tag{12-44}$$

式中：

P_W——砂浆锚杆的变形荷载，大体与预应力注浆锚杆由于围岩变形引起的那一部分荷载相当。

二、典型类比特征线法的工作步骤

1. 用工程类比法初选锚喷支护的设计参数

2. 确定砂浆锚杆的变形荷载 P_w

由于地层压力引起锚杆变形的这一部分荷载 P_w 可以通过现场量测得到，量测时测力锚杆应尽可能紧贴开挖面。P_w 也可以通过特征线法的分析获得。

(1)Ⅲ类以下软岩公路双线隧道锚杆、喷网、格构梁支护，砂浆锚杆变形荷载 P_W 的分析值

分析条件：隧道毛跨 12m，锚杆支护刚度取 5.1MPa/m，格构梁喷网支护刚度取 12MPa/m（C_{20}喷层厚度约 0.2m），锚杆紧贴开挖面设置，格构梁喷网支护距开挖面 6m 设置。隧道相对收敛位移取(0.75～0.8)%，据此求得的砂浆锚杆荷载如表 12-8，这个结果与模型试验很接近。

III 级以下围岩砂浆锚杆变形荷载 P_W 建议值　　表 12-8

隧道埋深(m)	50	100	200～500	>500
砂浆锚杆变形荷载 P_W(kN)	40	45	47	50

以上建议值有助于减轻设计人员的计算工作量。

(2)III 类以上硬岩、12m 以上跨度地下峒室锚杆变形荷载建议值见表 12-9。

P_W 建议值　　表 12-9

跨度(m)	12～15	15～20	≤30
P_W(kN)	50	80	100

3. 选择预应力锚杆的张拉荷载 P_R

$$P_R = P_B - P_W \tag{12-45}$$

式中：P_B 为预应力锚杆的保证荷载：

$$P_B = P_u / K \tag{12-46}$$

K 为安全系数，取值见前。

4. 计算预应力锚杆间距 X

$$X = (1 + P_R/P_W)^{1/2} e$$

e 为用工程类比法确定的砂浆锚杆间距。对于系统预应力锚杆支护体系，为了在围岩中形成连续的承载环，预应力锚杆的最大间距 X_{max} 不宜超过 $(1/2 \sim 2/3)L_R$，即

$$x_{max} \leqslant (1/2 \sim 2/3) L_R \tag{12-47}$$

式中：L_R——预应力锚杆长度。

三、预应力锚杆经济效益分析

将(12-44)式作适当变化有：

$$x/e = (1 + P_R/P_W)^{1/2} \tag{12-48}$$

令 $\eta = (1+P_R/P_W)^{1/2}$ 为预应力锚杆间距扩大系数。其值随预应力设计值的增大而增加，锚杆用量显著减少。对于一般 III 级围岩的公路隧道，锚杆长度通常为 3m，砂浆锚杆的变形荷载取 50kN，砂浆锚杆的间距 e=1m，预应锚杆的最大间距 X_{max}≈2m。锚杆用量随预应力增加而减少的情况如表 12-10。

锚杆用量随 η 增大而减少的情况　　表 12-10

张拉荷载比 (P_R/P_W)	间距增大系数 $\eta=(1+P_R/P_W)^{1/2}$	锚杆用量减少百分比 $(1-1/\eta^2)$%	一根预应力锚杆可代替同规格普通砂浆锚杆数 $(1+P_R/P_W)$
0.35	1.162	25	1.35
0.5	1.22	33	1.5
1.0	1.41	50	2
1.5	1.58	60	2.5
2.0	1.73	67	3
2.5	1.87	69	3.5
3.0	2.0	75	4

可以看出，隧道支护系统采用预应力锚杆具有很好的经济效益。

第七节　无量纲特征线法设计预应力锚喷支护可靠性的实验验证

为了检验无量纲特征线法设计预应力锚喷支护的可靠性，在西安建筑科技大学陶纪南教授的主持下，对系统预应力锚杆支护和系统普通砂浆锚杆支护进行了模型对比试验和现场对比试验。

一、两类锚喷支护的现场对比试验

试验选在国道312线商南隧道内，岩石为硅质大理岩，单轴饱和抗压强度$R_c=52.92$MPa，围岩构造节理较发育，其间夹有石棉层，故拱顶坍塌事故频发。预应力锚杆试验段长度约60m，其他段为普通砂浆锚杆。锚杆长度3.5m，$e=1.0$m，$x=1.5$m，杆体采用ϕ22、HRB335带肋钢筋。试验内容包括：锚杆轴力、垫板反力测量，围岩孔内位移、表面收敛位移测试等。试验观察期6个月。主要试验结果如下：

1. 预应力锚杆的杆体轴力及预应力损失

(1)TZL预应力注浆锚杆杆体轴力分布均匀，锚杆轴力比较高，一般在30kN以上，最大轴力46.5kN，平均轴力33.5kN。锚杆沿杆体全长对围岩的控制效率高，有效加固范围大。

(2)在落底开挖期间，锚杆轴力有增载过程，最大值超过了初始预应力，说明预应力锚杆在隧道围岩变形期间具有增阻性质，体现了预应力锚杆的良好加固特性。

(3)杆体轴力的预应力在安设锚杆的前2d内损失比较明显，30d后基本稳定，杆体轴力预应力损失一般在6.5%以内。

2. TZL锚杆的垫板反力及其预应力损失

(1)隧道内锚杆垫板预应力为25～40.7kN，预应力损失主要发生在初期，预应力损失在2.3%左右。

(2)不注浆锚杆。不注浆锚杆的垫板预应力损失高达30%，为注浆锚杆的13倍。实测说明，注浆对于克服锚杆预应力损失具有明显作用。

(3)重视垫板安装质量是防止预应力损失的重要途径，通过改进垫板及其安装质量，在工程中可以将注浆锚杆的垫板预应力损失控制在5%以内。

3. 两类锚杆支护的围岩收敛特性

(1)TZL预应力锚杆支护段的围岩收敛特性

TZL预应力锚喷格构梁初期支护呈现出水平收敛，围岩稳定水平收敛位移约为13.6mm，说明围岩得到良好控制。隧道下台阶开挖后的近60d观测表明，下台阶三角形测线的两帮收敛位移很小。

(2)普通锚杆支护段的围岩收敛特性

普通锚杆支护段两帮收敛位移测试结果，垂直位移比较明显，水平收敛位移小。下台阶开挖后，下三角形测线仍然表现为垂直收敛，两帮收敛位移不明显。经过双曲线拟合，普通砂浆喷网格构梁初期支护围岩稳定垂直收敛位移约为195mm。

4. 主要结论

表12-11列出了TZL预应力锚杆与普通砂浆锚杆的支护效果比较。可以看出：TZL预应力锚杆轴力和垫板反力是普通砂浆锚杆的1.9和15.8倍，收敛位移只有砂浆锚杆支护的7%左右。6个月观测的预应力损失约6.2%。实验表明，在商南隧道III类围岩中TZL预应力锚

杆相对于普通砂浆锚杆扩大锚杆间距1.5倍，即用1根预应力锚杆代替2.25根普通砂浆锚杆的实验是成功的。

TZL预应力锚杆与普通砂浆锚杆的支护效果比较 表12-11

锚杆类型	轴力(kN)		垫板反力(kN)		预应力损失(%)		围岩变形(mm)	
	最大	平均	最大	平均	轴力	垫板反力	围岩收敛	孔内位移
TZL预应力锚杆	46.5	33.5	40.7	33.1	6.5	2	13.6	2.5
普通砂浆锚杆	23	17.8	6.1	2.1			195	5.8

二、两类锚喷支护的模型对比试验

1.实验的任务和要求

(1)对戴垫板和不戴垫板的普通砂浆锚杆进行模型对比实验研究，测量洞周围岩应力场，锚固范围内围岩的位移、杆体应力分布、洞室收敛位移以及极限承载力，并据此对垫板的效果作出评价。

(2)荷载比 P_R/P_W 分别为1、2、3时，对锚杆间距增大系数 $\eta=(1+P_R/P_W)^{1/2}$ 分别为1.41、1.73和2三种情况进行模型实验，测量围岩的应力场、杆体应力分布、孔内位移、垫板反力、洞室收敛位移和极限承载力等，据此对预应力锚杆支护效果作出评价。

(3)实验成果应能在总体上反映基本规律。

2.假设和简化

(1)从隧道中部截取一试验段，并视为平面应变状态。

(2)将地应力作用于模型边界，忽略模型内部重力场的影响。

(3)不考虑材料变形的时间效应。

(4)不考虑喷层和钢筋网格构梁的影响。

3.模型设计

(1)相似条件

几何相似比：$C_L=80$

应力相似比：$C_\sigma=C_E=2$

集中力相似比：$C_P=C_\sigma C_L^2=12800$

(2)模型材料和尺寸

模型尺寸为50cm×70cm×20cm，相似于原型40m×56m×16m。岩体和锚杆的注浆材料分别用低标号水泥砂浆和水泥浆模拟，根据相似要求，通过模型材料实验确定其相应的配比，其力学参数见表12-12，锚杆用铜棒模拟，其弹模为 $E=96.6$GPa与锚杆的弹模 $E=196\sim216$GPa之比约为2，满足相似要求。

力学参数表 表12-12

R	弹性模量 E(MPa)	抗压强度 R_c(MPa)	抗剪强度 R_t(MPa)	泊松比 λ	摩擦角 φ
原型	$(10\sim12)\times10^3$	20～25	0.25～0.3	0.25	45～50°
模型	6×10^3	5.1	0.2	0.2	

4.测试内容和方法

(1)张拉荷载

张拉荷载的大小采用测力环量测，测力环为ϕ15，壁厚 0.8mm 的弹簧钢圈，在测力环的两侧分别粘贴电阻应变片，测定其受力与应变关系，绘制荷载应变关系曲线，实验时根据张拉荷载的大小，查出相应的应变值。为了消除加载偏差，试验中对每个测力环分别进行了标定。

锚杆的张拉是通过焊接于锚杆端部的螺钉和螺母实施的，通过测力环控制张拉荷载的大小。由于受模型洞室尺寸小(17cm×22cm)，锚杆数量多，张拉工艺复杂的限制，实验采用了先开洞、装锚杆、张拉，后加载的工艺。这种加载工艺虽然会影响位移的绝对值，与实际情况会有些出入，但对所有的实验内容带来的影响是等量的，作为对比实验应能反映彼此的差异。如果坚持先加载工艺，不仅试验难度很大，而且所带来的误差将淹没试验的真实结果，最终无法分析。

(2)收敛位移

收敛位移采用同济大学研制的 YHD-10 型位移传感器量测，精度可达 2.5×10^{-3}mm。沿隧道横断面的水平和垂直方向各安装一个。

(3)围岩的应力

围岩的应力采用电阻应变片量测，在洞室周围布置了 42 个测点，126 个应变片，数据采用美制 7V08 多点循环数据采集仪，采集速度达每秒 10 个测点，量测精度为±1 微应变。

5. 加载装置与加载步骤

荷载施加采用 89002 部队研制的 PYD-50I 三向加载地质力学模型实验机，该设备曾获 1985 年国家科学技术进步一等奖，其性能在国内处于领先水平。模型室尺寸为 50cm×70cm×20cm，模拟洞室的最大尺寸为 17cm×22cm。可三个方向同时施加荷载，荷载精度及加载对称性偏差均小于 1%，荷载的稳定性可达每小时不大于 200kPa。

实验中分别对侧压系数 $\lambda=0.28$、0.35、0.49、0.98 四种情况进行了实验，荷载采用分级施加，其中 $\lambda=0.28$，直到破坏。

6. 实验成果对比分析

(1)实验成果

表 12-13 列出了 $\lambda=0.28$(相当原 III 类围岩)的试验结果，表中数值为与中轴线成 45°截面的情况。

垂直荷载 $P_v=2.52$MPa，水平荷载 $P_h=0.71$MPa($\lambda=0.28$)

普通砂浆锚杆与预应力锚杆支护模型对比实验特征参数　　表 12-13

锚杆支护类型	锚杆支护参数			锚杆支护效果				
	间距 e 或 x(m)	工作或变形荷载 P_w(kN)	预应力张拉荷载(kN)	孔内位移(mm)	收敛位移 0.707 (u_v+u_h) (mm)	锚杆轴力(kN)	垫板反力(kN)	破坏荷载 $\frac{1}{2}(p_v+p_h)$ (MPa)
不戴垫板的砂浆锚杆	1.00	32.12		1.72	19.64	32.20		5.37
戴垫板的砂浆锚杆	1.00	41.53		2.23	18.24	41.53	40.60	6.67
一代二预应力锚杆	1.41	33.50	41.53 45.20	1.80	16.59	78.70	88.50	7.46
一代三预应力锚杆	1.73	34.10	83.06 62.43	1.83	17.21	96.53	106.63	6.57
一代四预应力锚杆	2.00	33.81	124.59 131.62	1.81	16.57	165.43	173.33	7.83

(2)对比分析

表 12-14 列出了五种锚杆参数试验结果的对比分析。

模型试验结果对比分析 表 12-14

锚杆支护类型	径向收敛位移			极限承载力		
	实测值 $0.707(u_v+u_H)$ (mm)	与不戴垫板砂浆锚杆支护相差百分比(%)	与戴垫板砂浆锚杆支护相差百分比(%)	实测值 $(P_V+P_H)/2$ (MPa)	与不戴垫板砂浆锚杆支护相差百分比(%)	与戴垫板砂浆锚杆支护相差百分比
不戴垫板砂浆锚杆支护	19.64	——	——	5.37	——	——
戴垫板砂浆锚杆支护	18.24	↘7.1%	——	6.67	↗24.2%	——
一代二预应力锚杆支护	16.59	↘15.5%	↘9%	7.46	↗39%	↗11.8%
一代三预应力锚杆支护	17.21	↘12.4%	↘5.6%	6.57	↗22%	↗1.5%
一代四预应力锚杆支护	16.57	↘15.6%	↘9.2%	7.83	↗45.8%	↗17.4%

7. 系统预应力锚杆的社会效益

(1)两类普通砂浆锚杆支护，在同等条件下，戴垫板的砂浆锚杆支护比不戴垫板的砂浆锚杆支护收敛位移减少 7.1%，极限承载力增加 24.2%。充分说明不戴垫板的砂浆锚杆是一种十分落后的工艺，是导致隧道工程事故和支护质量低下的重要原因之一，应尽快淘汰。

(2)不同张拉荷载情况下的预应力锚杆支护比戴垫板的砂浆锚杆支护收敛位移约减少 9%，极限承载力约增加 14.6%。说明在增大锚杆间距的情况下，预应力锚杆支护质量仍优于戴垫板的普通砂浆锚杆支护的质量。

三、基本结论

1. 无论现场对比试验还是模型对比试验都证明：用无量纲特征线法设计预应力锚喷支护是实用的、可行的，能保证设计的可靠性和合理性。

2. 设计的有效性与原始数据的可靠性关系很大，为了获得具有可靠背景的原始数据，无量纲特征线法需要和现场监控反演技术结合使用，并根据现场监测结果加以修正。

3. 无量纲特征线法是一种图解分析法，它的优点是考虑的因素较多，而且形象、直观、能给人以启发，能得到设计者所需要的全部定量结果和设计判据。内容丰富、分析精细。

4. 无量纲特征线法简称 T 法，是一种新的锚喷支护设计方法，是隧道体现现代支护理念，实现新奥法作业较为简便的设计手段，目前还不十分完善，需要加以发展和完善。需要和计算机绘图技术、计算机界面技术结合起来，做到更加直观、实用和方便。

第十三章　边坡工程预应力锚固设计

第一节　概　　述

在公路建设中，线路穿行于高山、深谷，在隧道的出入口，常常形成高陡的自然或人工边坡，为了保证交通的安全运行，需要对它们进行加固。

对于边坡加固，采用预应力锚杆加固方案可节省50%的工期，同其他加固措施相比，还可节省投资20%～50%，而且对边坡的扰动最小。

一、边坡锚固技术的发展

岩土边坡失稳是公路建设经常遇到的重要问题之一。不论是岩质边坡还是土质边坡，按其性质可分为自然边坡和人工边坡。自然边坡滑动的原因是由于风化和水的作用使软弱结构面强度降低，或由于边坡上荷载的增加，导致抗滑稳定安全系数不足；而人工边坡的滑动，则是由于开挖引起的原有平衡的破坏。

国内外大量岩土边坡的失稳或滑动屡见不鲜，给工程建设带来了严重危害和人民生命财产的严重损失，已成为全球性的地质灾害，黄河小浪底进场公路开挖时发生30万m^3滑坡，造成公路改道，增开交通隧洞及桥梁工程大量投资。随着国民经济的快速发展，交通建设和西部大开发的实施，边坡治理问题更为突出。为此，国家在"七五"期间就着手边坡治理技术的研究，发展边坡的预应力锚固技术，并取得了较好的研究成果。

"八五"期间，国家专门立项开展了边坡登录、边坡分类、边坡稳定性分析研究、治理配套技术、预应力群锚机理、快速锚固施工配套技术和理论计算等研究工作，取得了丰硕成果，并在工程实践中得到了转化应用。

二、边坡分类

1.习惯的分类方法

边坡按成因分：可分为自然边坡和人工边坡；

边坡按介质分：可分为岩质边坡和土质边坡；

边坡按坡高分：可分为低边坡（土坡高 $H<5$m，岩坡高 $H<8$m）；

中高边坡（土坡高 $H=5\sim10$m，岩坡高 $H=8\sim15$m）；

高边坡（土坡高 $H=10\sim15$m，岩坡高 $H=15\sim30$m）；

超高边坡（土坡高 $H>15$ m，岩坡高 $H>30$m）。

边坡按坡度分：可分为缓坡（坡角 $\alpha<15°$）

中等坡（坡角 $\alpha=15°\sim30°$）

陡坡（坡角 $\alpha<30°\sim60°$）

急坡（坡角 $\alpha<60°\sim90°$）

反向坡(坡角 $\alpha>90°$)

边坡按岩层走向分:可分为顺向坡、逆向坡、切向坡。

2.按破坏形成分类

(1)国际滑坡分类

按边坡的破坏形态,国际上采用五级分类法,即:

①崩塌;

②倾倒;

③滑动;

④侧向扩展拉裂;

⑤流动。

(2)我国滑坡分类

“八五”期间,通过对全国滑坡登录分析,按变形破坏可分为七类,较国际分类增加了溃屈和复合两类,如表13-1。深入的解读表13-1,对于从总体认识边坡的破坏机制、破坏面形态并进而研究它们的计算方法大为有益。

边坡变形破坏分类　　表13-1

序号	变形破坏		变形破坏特征	变形破坏机制	破坏形态
	类型	亚类			
1	崩塌		边坡局部岩体松动、脱落,主要运动形式为自由坠落或滚动。	拉裂;岩体存在临空面,在结合力小于重力时,发生崩塌	无明显滑动面
2	滑动	平面型	边坡岩体沿某一结构面整体向下滑移	剪切—滑移; 结构面临空或坡脚岩层被剪断	层面或贯通性结构面形成滑动面
		弧面型	散体结构的边坡,沿圆弧形滑动面滑移,坡脚隆起	剪切—滑移; 内摩擦角偏低,坡高坡角偏大	圆弧形滑动面
		楔形体	两个或三个结构面组合而成的楔形体,沿两个滑动面交线方向滑动	剪切—滑移; 结构面临空	两个以上滑动面相结合
3	倾倒		在层状结构的反倾向边坡中岩层较陡时,表部岩层逐渐向外弯曲、倾倒、滑动等现象	弯曲—滑移; 由于层面密度大,强度低; 表部岩层在风化及重力作用下产生弯矩	无明显滑动面
4	溃屈		层状结构的顺层边坡,岩层的倾角与坡角大致相似,边坡岩层逐层向上鼓起,在鼓起变形的同时产生层面拉裂、脱层等现象	滑移—弯曲; 顺坡向剪应力过大,层面间的结合力偏小,上部坡体沿软弱面蠕滑,由于下部受阻而发生纵向弯曲	层面拉裂,局部滑移
5	侧向扩展拉裂		在双层结构的边坡中,下部为软岩,软岩产生塑性变形或流动,使上部岩层发生扩展、移动、下沉、拉裂等变形现象	塑流—拉裂; 重力作用下,软岩变形流动使上部岩体失稳	软岩中变形带
6	流动		崩塌碎屑类堆积在重力的作用下,向坡角或峡谷内流动,形成碎屑流滑坡,多发生在具较大自然坡降的峡谷地区	流动; 碎屑体饱水后,在重力作用下产生流动	碎屑体内流动无明显滑动面
7	复合		包含两种以上破坏形式的组合,包括不同部位的组合及不同发展阶段的组合		

3.边坡岩体分类

边坡岩体分类是边坡设计工程类比法的基础，对于中小型边坡很有实际意义，但目前远没有达到这个深度，需要在大量工程实例的基础上作出深入的分析。

(1)边坡岩体结构分类

我国把边坡岩体结构分为四类，大体与GB 50086—2001《锚杆喷射混凝土支护技术规范》的围岩结构分类一致，见表13-2。

边坡岩体结构分类　　表13-2

<table>
<tr><th rowspan="2">序号</th><th colspan="2">岩体结构</th><th rowspan="2">岩石类型</th><th rowspan="2">岩体特征</th><th rowspan="2">边坡稳定性特征</th></tr>
<tr><th>类型</th><th>亚类</th></tr>
<tr><td>1</td><td>块状结构</td><td></td><td>岩浆岩、中深变质岩、厚层沉积岩</td><td>岩体呈块状或厚层状，结构面不发育，间距在50～100cm以上，多为刚性结构面，贯穿性软弱结构面少见；
参照指标：$K_v=1\sim0.4$；
$RQD>50\%$</td><td>边坡稳定条件好，易形成高陡边坡，失稳形态多沿某一组结构面崩塌或沿复合结构面滑动；滑动稳定性受结构面抗剪强度与岩石抗剪强度控制</td></tr>
<tr><td rowspan="3">2</td><td rowspan="3">层状结构</td><td>层状同向结构</td><td rowspan="3">各种厚度沉积岩、层状变质岩和多次喷发的火山岩</td><td>边坡与层面同向，岩层倾向与边坡倾向基本相同，夹角小于30°，岩体多呈互层状，结构面发育，软弱夹层和层间错动带常为贯穿性软弱结构面；
参照指标：$K_v=0.7\sim0.3$；
$RQD>25\%\sim80\%$</td><td>层面或软弱夹层，形成滑动面，坡脚切断后易产生溃屈或倾倒；稳定性受岩层走向夹角大小、坡角与岩层倾角组合关系顺坡向软弱结构面的发育程度及强度所控制</td></tr>
<tr><td>层状反向结构</td><td>岩层倾向与边坡倾向基本相反，其夹角应大于150°，岩体呈层状或二元结构，结构面发育；
参照指标：$K_v=0.7\sim0.3$；
$RQD>25\%\sim80\%$</td><td>岩层较陡时易产生倾倒弯曲松动变形，坡脚有软层时上部易拉裂，局部崩塌滑动；稳定性由坡角与岩层倾角组合、岩层厚度、层间结合能力及反倾结构面发育与否所决定</td></tr>
<tr><td>层状斜向结构</td><td>层状岩石组成的边坡，岩层倾向与边坡倾向斜交，其夹角在30°～150°之间；
参照指标：$K_v=0.7\sim0.3$；
$RQD>25\%\sim80\%$</td><td>边坡稳定条件较好，不受层面及夹层控制</td></tr>
<tr><td>3</td><td>碎裂结构</td><td></td><td>各种岩石的构造影响带、破碎带、蚀变带或风化破碎岩体</td><td>岩体结构面发育，多短小无规则的分布，岩块存在有咬合力；
参照指标：$K_v=0.7\sim0.3$；
$RQD<25\%$</td><td>边坡稳定性较差，坡角取决于岩块间的镶嵌情况和岩块间的咬合力</td></tr>
<tr><td>4</td><td>散体结构</td><td></td><td>各种岩石的构造破碎带及其强烈影响带、强风化破碎带</td><td>由碎屑泥质物夹大小不规则的岩块组成，软弱结构面发育成网；
参照指标：$K_v<0.1$</td><td>边坡稳定性差，坡角取决于岩体抗剪强度，滑动面呈圆弧状</td></tr>
</table>

(2)边坡岩体分类——CSMR分类法

CSMR分类法是我国水利水电科学研究院对国际采用的SMR分类法的修正，如表13-3

所示。其中加固方式一栏只具参考意义

边坡岩体分类——CSMR 体系　　表 13-3

类别	V	IV	III	II	I
CSMR	0～20	21～40	41～60	61～80	81～100
岩体质量	很差	差	中等	好	很好
稳定性	很不稳定	不稳定	局部稳定	稳定	很稳定
破坏模式	平面滑动；类似土质滑坡	大规模的平面或楔形体滑动，严重倾倒	小规模的平面或楔形体滑动、浅层倾倒	掉块	无
加固方式	开挖	大规模减载与加固	小规模减载与加固	局部加固	无

第二节　影响边坡稳定性的因素分析

一、影响边坡稳定的主要因素

统计资料分析表明：大中型滑坡诱因多为水的作用，包括降水、各种原因引起的地下水位变化、水库泄洪及冲刷；中小型滑坡多由人员活动和开挖施工不当诱发，倾倒、崩塌、溃屈多为重力和降雨、地震诱发；岩质边坡因内部裂隙、节理、断层构造和地应力变化十分复杂，受诱因影响更为敏感，其规律更难掌握，其失稳机理也比土质边坡更为复杂。

边坡失稳的诱因大体有以下几方面：

(1)由于受水浸泡或地下水位升高，引起岩石力学强度指标降低。

(2)边坡开挖破坏了边坡原有岩体的力学平衡，或因开挖引起的应力重分布使岩体进入塑性状态，而又未能及时加固。

(3)人类活动的影响。包括施工用水、机械震动、爆破扰动、生态环境破坏等。

(4)自然灾害，如地震、洪水、泥石流等。

分析诱因，研究对策和解决办法是边坡稳定性分析和边坡加固设计要解决的课题。

二、地下水的影响分析

水不仅降低岩石和滑动面的强度指标 c、φ 值，而且是推动边坡滑体的滑动力，是边坡失稳的重要诱因。

1. 静水压力作用

在极限平衡分析时，水压会减轻滑体的自重产生所谓浮托力，其值为：

$$U_O = \gamma_w V \tag{13-1}$$

式：γ_w——水的容重(kN/m^3)，取 9.806kN/m^3；

V——浸入水中岩体体积(m^3)。

2. 动水压力作用

(1)边坡内地下水流网图(图 13-1)

水位线：它就是地下水的自由面，也叫浸润面，它代表最上一层地下水体的流动方向。

流线：表示水的流向。

等水位线(等势线)：即全压头等值线，在等水位线上各点的水位高度等于地下水自由面高

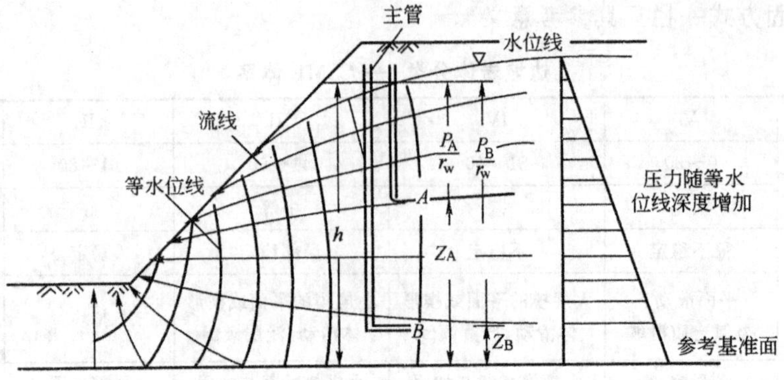

图 13-1　地下水流网图

度。层流时流线与等水位线垂直。

水头：即各点压强，A 点压强为 $P_A=\gamma_w(h-Z_A)$

渗流面：流线与空气连通之面，该面上静水压强为 0。

(2)动水压力的计算公式

在边坡上取一个微小单元，见图 13-2，设流线方向与边坡方向相同

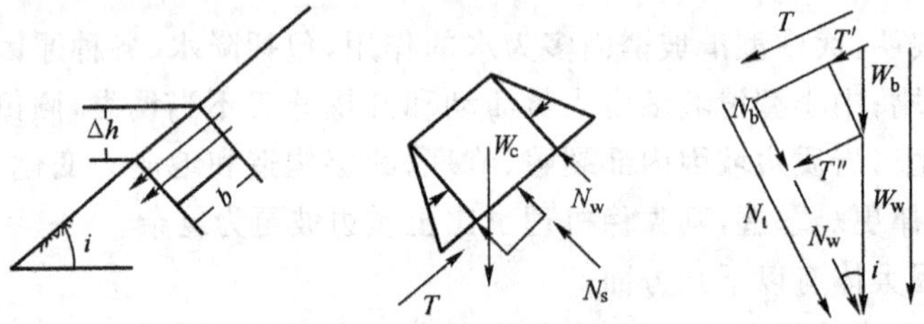

图 13-2　动水压力计算

$$W_t=W_b+W_w$$

式中：W_t——单元体总重(kN)；

W_b——浮重(kN)；

W_w——浮力(kN)。

又
$$N_t=N_w+N$$

式中：N_t——单元体总的法向反力(kN)；

N_w——浮力的法向分量(kN)；

N_b——浮重的法向分量(kN)。

又
$$T=T'+T''$$

式中：T——单元体总的下滑力(kN)；

T'——由浮重引起的下滑力(kN)；

T''——由浮力引起的下滑力(kN)。

令 $J=T'=W_b\cdot \text{Sin}i=\gamma_w\cdot V\cdot \Delta h/b$

$J=\gamma_w\cdot V\cdot \Delta h/b$ 叫动水压力，其方向为流线方向。

当单元体离开坡面稍远，流线方向接近水平时，见图 13-3，$\Delta h/b=\tan\alpha$

结论：动水压力为一体积力，其大小为

$$\left.\begin{aligned} D &= \gamma_w\cdot J^* \\ J^* &= \Delta h/\Delta s = \text{gtad}(U) \end{aligned}\right\} \quad (13\text{-}2)$$

式中：J^*——水力梯度；

U——水头，即压头差。

对于平面问题：$J^*=\partial U/\partial X$

上述计算公式在极限平衡分析时使用不方便，下面将其转化为面积力的形式。

在边坡体内取一条带，见图 13-4，作用在 $abcd$ 条带上的动水压力：

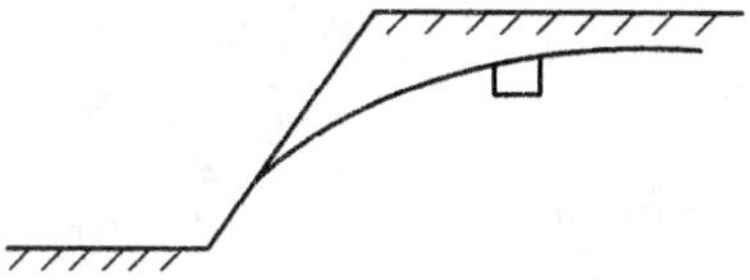

图 13-3 水位(浸润)线

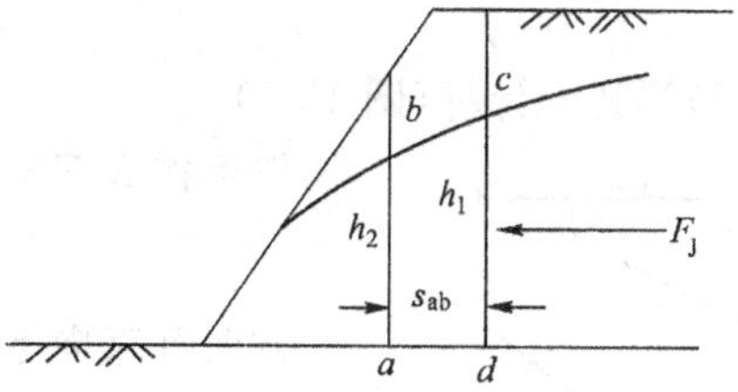

图 13-4 面力计算

$$F_J=D\cdot V=\gamma_w\cdot J^*V$$
$$=\frac{h_1-h_2}{s_{ab}}\cdot\frac{1}{2}(h_1+h_2)\cdot s_{ab}$$
$$=\frac{1}{2}(h_1^2-h_2^2)$$

取走向长度为 1，上式可写为：

$$F_J=\frac{1}{2}(s_1h_1-s_2h_2)$$
$$s_1=h_1\cdot 1,s_2=h_2\cdot 1$$

式中：s_1、s_2——条带上下两界面面积。

则总动水压力为：

$$\sum F_J=\frac{1}{2}(s_1h_1-s_nh_n)\tag{13-3}$$

式中：s_n——最后一个条带面积。

结论：

求边坡的动水压力时，不必划分条带逐条计算，只需按边界条件计算即可。

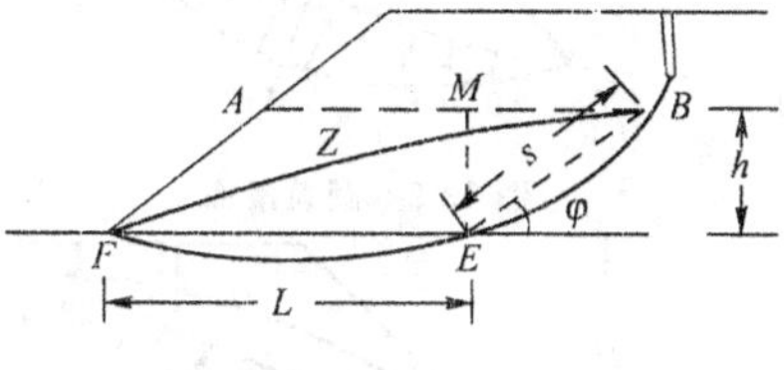

图 13-5 动静水压分析

3. 动静水压对边坡的影响

设有一水平渗流层 h，下面为隔水层，试分析动静水压力。

(1)动水压力计算

设滑动弧为 $\widehat{FEB}$，见图 13-5，将 $\widehat{BE}$ 弧简化为一段直线，故边界取 AF 和 BE，作用在 $AFEB$ 上的动水压力为：

$$F_J=\frac{1}{2}(s_1h_1-s_nh_2)$$
$$=\frac{1}{2}h^2$$

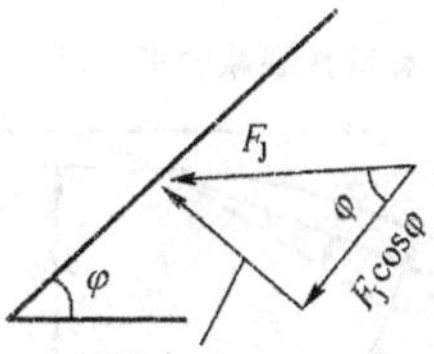

图 13-6 动水压计算

AF 面上水头为 0。

* 另一算法(见图 13-6)

$$F_J=J^*V\qquad J^*=h/L\qquad V=\frac{1}{2}L\cdot h$$

∴ $$F_J = h/L \cdot \left(\frac{1}{2}Lh\right) = \frac{1}{2}h^2$$

F_J 在滑面 BE 上的垂直分量为：

$$N_J = \frac{1}{2}h^2 \sin\varphi$$

F_J 在滑面 BE 上的水平分量为：

$$T_J = \frac{1}{2}h^2 \cos\varphi$$

(2)浮托力计算(图 13-7)

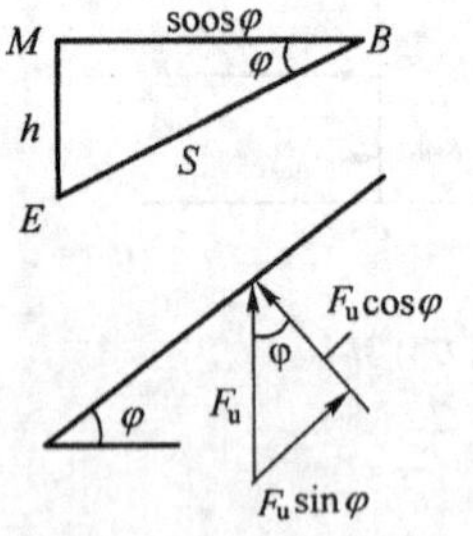

图 13-7 静水压计算

作用在 MEB 上的浮托力为

$$F_u = \frac{1}{2}hs\cos\varphi$$

方向垂直向上，其在 BE 面上的两个分量：

$$N_u = F_u\cos\varphi = \frac{1}{2}hs\cos^2\varphi$$

$$T_u = F_u\sin\varphi = \frac{1}{2}hs\sin\varphi\cos\varphi = \frac{1}{2}h^2\cos\varphi$$

(3)BE 面上动静水压之合力(图 13-8)

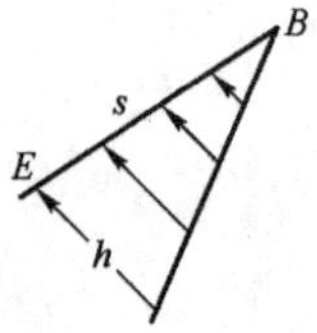

图 13-8 动静压合力

$$\begin{aligned} N = N_J + N_u &= \frac{1}{2}h^2\sin\varphi + \frac{1}{2}hs\cos^2\varphi \\ &= \frac{1}{2}h(h\sin\varphi + s\cos^2\varphi) \\ &= \frac{1}{2}h(s\sin^2\varphi + s\cos^2\varphi) \\ &= \frac{1}{2}\cdot hs \end{aligned} \tag{13-4}$$

方向指向 BE

$$T = T_J - T_u = 0$$

结论：作用滑面 BE 段的动静水压力，可以用静水压力表示，其任一点的水压，可以用该点的水压头表示(即该点标高与水位之高差)，方向指向 BE，即垂直滑面。

4.滑体对地下水压的几种处理情况

(1)匀质滑坡(图 13-9)

由于滑动面为一弧形，故需分条带计算，每一条带的水压为：

$$u_i = \gamma_w h_i l_i \tag{13-5}$$

条带平衡条件为：

$$T_i = \tan\varphi_i(N_i - l_i u_i) + c_i l_i$$

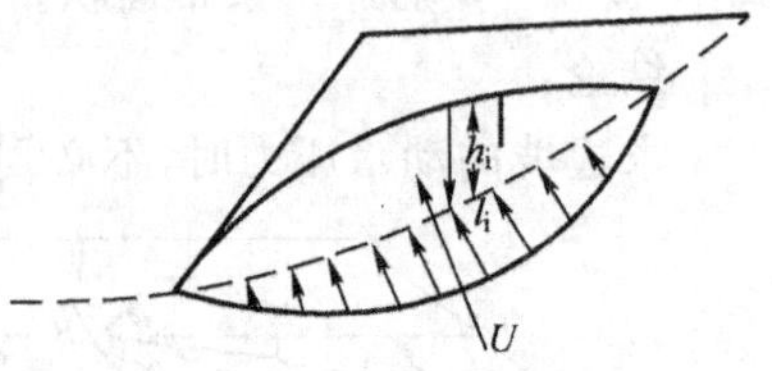

图 13-9 圆弧滑面

(2)有垂直裂隙的情况(图 13-10)

$$\left.\begin{aligned} V &= \frac{1}{2}\gamma_w Z_w^2 \\ U &= \frac{1}{2}\gamma_w Z_w(H - Z)\csc\alpha \end{aligned}\right\} \tag{13-6}$$

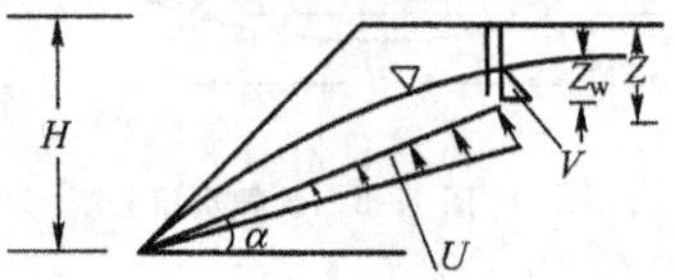

图 13-10 有垂直裂隙的平滑面

(3)无垂直裂隙的情况(图 13-11)

$$U = \frac{1}{2}\gamma_w H_w^2 \csc\alpha \tag{13-7}$$

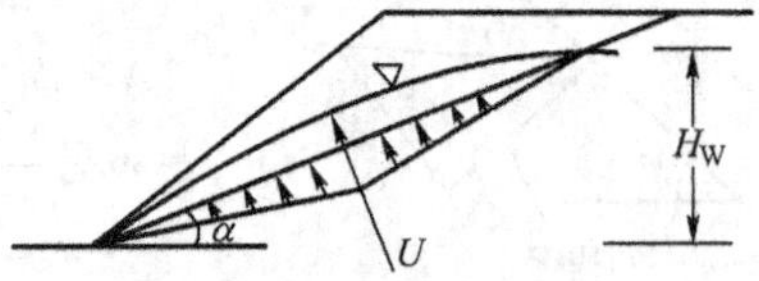

图 13-11 平滑面

上述处理综合考虑了动静水压的情况。显然，处理中作了一些简化，从工程观点看已经够用了。地下水压对边坡安全系数的影响约占 10%。

三、爆破震动的影响分析

1. 爆破等效静载的计算

爆炸波在岩体中传播产生横波和纵波，其中横波很弱，故主要考虑纵波，根据测定，纵波波速按下式计算：

$$V = K\left(\frac{Q^{1/3}}{R}\right)^{\alpha} \tag{13-8}$$

式中：V——质点震动峰值速度(m/s)；

Q——一次药量(kg)；

R——测点与爆源水平距离(m)；

K——与炸药有关的系数，长沙矿冶所测定硝铵类炸药为34.5；

α——与岩性有关的系数，长沙矿冶所测定为0.94。

当其视为正弦波时，其加速度按下式算

$$\alpha = 2\pi f \cdot V \tag{13-9}$$

式中：f——震动频率(赫兹)。

最近的研究表明：α不仅与水平距离有关，而且与高程有关。下面是马鞍山院的测试结果：

$$\left.\begin{aligned}\alpha_{水平} &= 81.868\times 10^3 Q^{0.7643}R^{-2.295}e^{0.00216H}\\ \alpha_{\perp} &= 502.2264\times 10^3 Q^{1.03548}R^{-3.10645}e^{0.0101H}\end{aligned}\right\} \tag{13-10}$$

式中：H——测点与爆心高程差(m)。测点高于爆心为正，低于爆心为负。

爆破动载在边坡上引起的等效静载

$$F = \left(\frac{\alpha}{g}\right)W\cdot\eta \tag{13-11}$$

式中：$\left(\frac{\alpha}{g}\right)$——地震系数，其中$g$为重力加速度(m/s^2)；

W——条带重(kN)；

η——动力系数，可以证明η最大为1，对于爆炸动荷载通常为0.1～0.3，一般取0.2，最多取0.25。

2. 爆炸荷载对边坡稳定性的影响(图13-12)

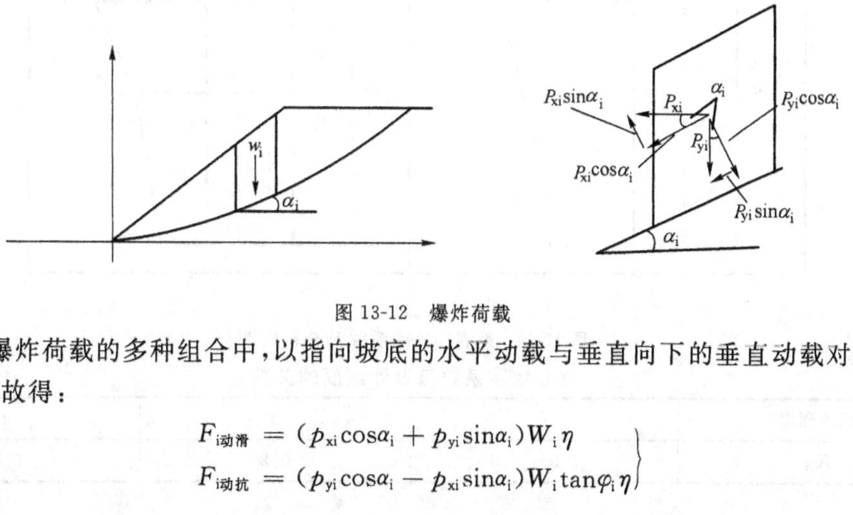

图13-12 爆炸荷载

考虑爆炸荷载的多种组合中，以指向坡底的水平动载与垂直向下的垂直动载对边坡稳定最为危险，故得：

$$\left.\begin{aligned}F_{i动滑} &= (p_{xi}\cos\alpha_i + p_{yi}\sin\alpha_i)W_i\eta\\ F_{i动抗} &= (p_{yi}\cos\alpha_i - p_{xi}\sin\alpha_i)W_i\tan\varphi_i\eta\end{aligned}\right\} \tag{13-12}$$

式中：$p_{xi}=\left(\frac{\alpha_{i水平}}{g}\right)$——水平地震系数；

$p_{yi}=\left(\frac{\alpha_{i上}}{g}\right)$——垂直地震系数；

W_i——条块重(kN)；

$F_{i动滑}$——条带动下滑力(kN)；

$F_{i动抗}$——条带动抗滑力(kN)；

计算表明，爆炸震动对边坡安全系数的影响约为10%。

也有一种意见认为，爆炸荷载只要考虑水平动载的影响，而无需同时考虑垂直荷载的影响。计算时只需令(13-12)式中的 $p_{yi}=0$ 即可。

四、地震的影响分析

地震对边坡稳定性影响与爆破震动相同，不过强度要大的多。在边坡上取一个竖向条带，见图13-13，作用在 i 条带上的地震力可以划分为水平地震力分量 Q_i 和垂直地震力分量 Q'_i，其大小与地震裂度有关，可表为：

$$\left.\begin{aligned} Q_i &= K_H C_Z \lambda_i W_i \quad (kN) \\ Q'_i &= \frac{2}{3} K_H C_Z \lambda_i W_i \quad (kN) \end{aligned}\right\} \tag{13-13}$$

式中：K_H——水平地震系数，见表13-4；

C_Z——综合影响系数，对于边坡一般取0.25；

λ_i——地震加速度分布系数，见图13-14；

W_i——i 条块重量(kN)。

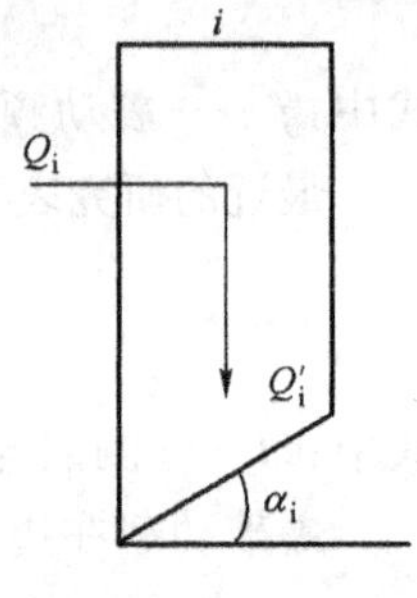

图13-13 地震影响

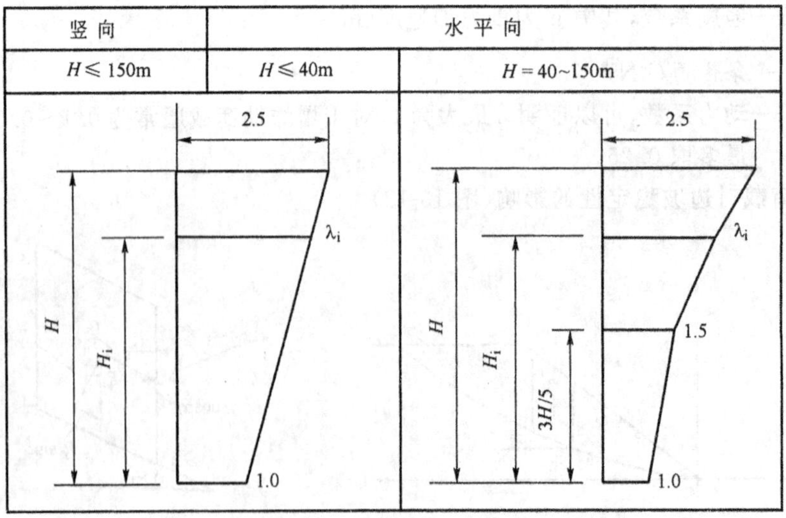

图13-14 地震加速度系数 λ_i 分布规律

水平地震系数与设计烈度的关系 表13-4

设计烈度	7	8	9
K_H	0.1	0.2	0.4

第三节　边坡稳定性分析方法

边坡稳定性的力学分析是在工程岩体地质调查、弄清了边坡的破坏形式的基础上进行的。对于不同的破坏类型，采用不同的分析方法，本节仅限于滑动破坏的分析，因为滑动破坏是边坡破坏的主要形式。

滑动破坏分析的核心是寻找滑动面的位置，计算滑动面上的滑动力和抗滑动力，评价边坡的稳定性。分析方法有极限平衡法、数值分析法、块体理论法和非连续变位分析法等。其中极限平衡法是应用最广的方法。

在极限平衡法中，刚体极限平衡法和极限平衡分析法本质上是塑性力学解的下限和上限，其中刚体极限平衡法在工程中应用最普遍，其基本假定是：

(1)将整个滑体视为刚体，不考虑其变形；

(2)沿边坡走向取单位长度，并将其简化为平面问题，不考虑两侧的影响；

(3)认为整个滑面的强度条件服从摩尔—库仑准则。

小型边坡的稳定性分析可以利用一些现成的计算图表快速的获得计算结果；大型边坡的稳定性可借助我国水利水电科学院等单位编制的计算机软件获得分析结果。但不论采用何种方法，都需要掌握它们的基本原理，才能正确的运用这些分析工具。

一、边坡岩体稳定性初步评价

用赤平极射投影的方法对边坡岩体进行稳定性的初步评价的目的在于：

在边坡不高，地质条件比较单一的情况下，其结果可以作为设计的依据。也就是说，比较简单的边坡问题，用图解分析法就能解决问题。

对于高边坡，地质条件复杂的情况，它可以作为一种筛选手段，初选后认为可能失稳的边坡，可以作为进一步分析的基础。

1. 滑动方向分析

(1)单滑面边坡

为层状结构边坡，其结构面倾向就是滑动方向。

(2)双滑面边坡(图 13-15)

在赤平图上作出结构面 J_1、J_2 和边坡面的投影，绘出两结构面的倾向线 AO 和 BO 及组合交线 IO，则滑动方向分以下三种情况：

①组合交线 IO 位于两倾向线 AO 和 BO 之间，且两结构面的力学特征相近时，IO 即滑动方向，这时两结构面都是滑动面；

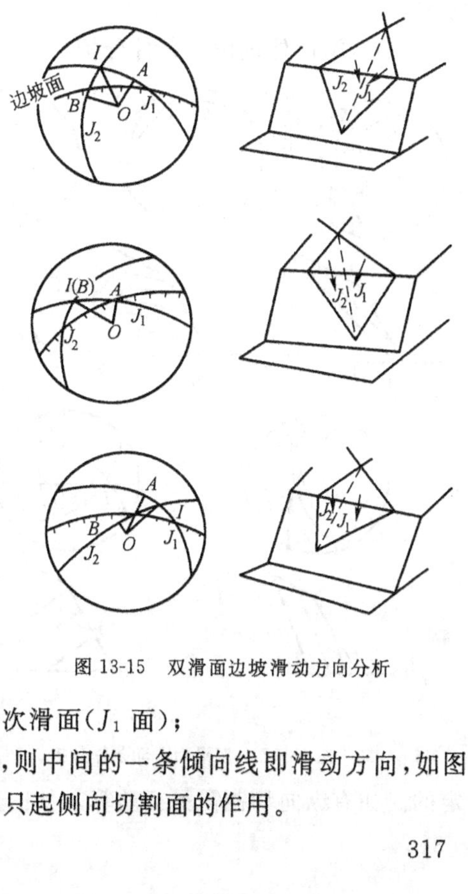

图 13-15　双滑面边坡滑动方向分析

②组合交线 IO 与某一结构面的倾向线重合时，IO 的倾向即滑动方向，这时一为主滑面(J_2 面)，一为次滑面(J_1 面)；

③组合交线 IO 位于倾向线 AO 和 BO 的一侧时，则中间的一条倾向线即滑动方向，如图中 AO 为滑动方向，这时滑体先沿结构面 J_1 滑动，J_2 只起侧向切割面的作用。

总的规律是：在自重作用下，滑体沿结构面倾向线和组合交线中倾角最缓的那个方向滑动。

2. 滑动条件分析

(1)单滑面体的滑动条件分析

单滑面边坡走向一致（或滑动方向垂直边坡走向）的条件下，见图 13-16，有以下四种情况：

①不稳定的

a. 层面与边坡倾向相同

b. α(边坡角)$>\beta$(层面倾角)

如图 13-16a)中 AB 面可能为滑动面，但在只有一个结构面的条件下，如层面不在边坡上出露（图 13-16 中 EF），则滑动条件得到改善也可能不是滑面。

②可能稳定的

$\alpha=\beta$，且小于临界滑动角 α_{cr}，边坡可能是稳定的。

③基本稳定的

$\beta>\alpha$，如果不出现溃屈破坏，边坡是稳定的。

④反倾向

层面与边坡反倾向，只要不出现倾倒，边坡是稳定的。

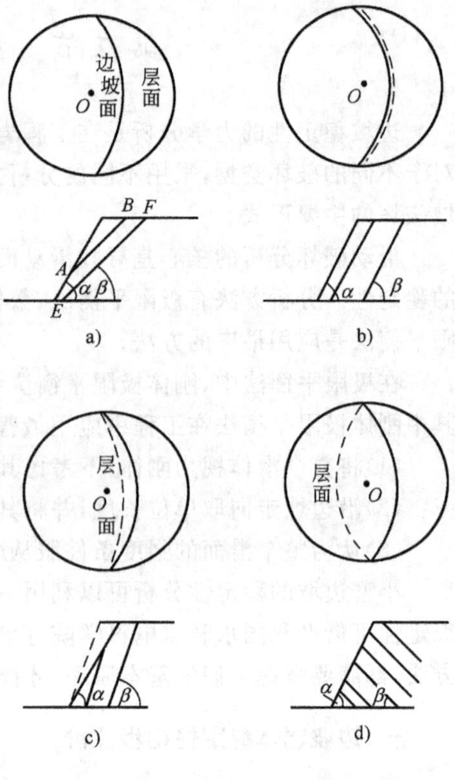

图 13-16　滑动条件分析

(2)双滑面体的滑动条件分析

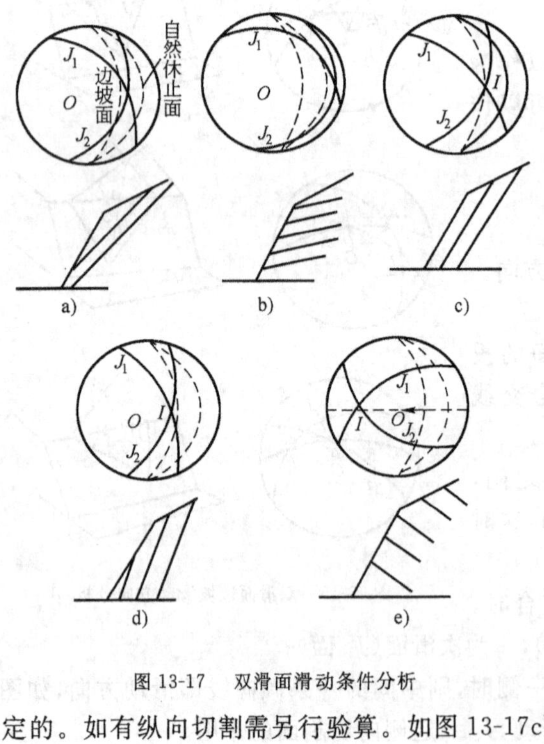

图 13-17　双滑面滑动条件分析

①不稳定的

结构面 J_1、J_2 的组合交点位于边坡面与自然休止面的投影弧之间，即组合交线的倾角小于边坡角，而大于自然休止角。当结构面在边坡上形成了分离体时是不稳定的；如结构面离边坡较远而没有形成分离体时（即组合交线在坡面和坡顶均未出露时，则属于基本稳定的）。如图 13-17a)所示。

②较不稳定的

结构面的交点 I 位于自然休止面投影弧的外侧，说明组合交线比自然休止面还缓，故一般是稳定的。但当坡顶上有纵向切割时（沿边坡走向的切割），由于分离体的形成，边坡是不稳定的。如图 13-17b)所示。

③基本稳定的

结构面的交点 I 位于边坡面的投影弧上，说明组合交线的倾角等于边坡角，故一般是稳定的。如有纵向切割需另行验算。如图 13-17c)所示。

④稳定的

结构面的交点 I 位于边坡的投影弧的内侧，因而组合交线比边坡面陡，分离体不致形成。如图 13-17d)所示。

⑤最稳定的

结构面组合交线与边坡面反倾向，边坡处于最稳定状态。

二、平面型滑动面的稳定性分析

1. 平面型滑动不考虑张裂隙的情况(图 13-18)

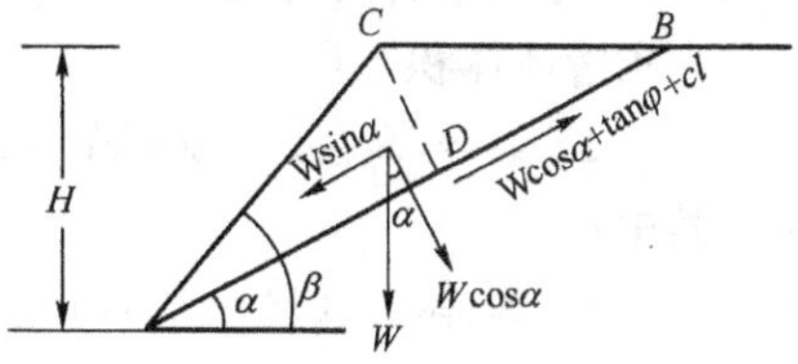

图 13-18 平滑面计算

$$F_{抗滑力} = W\cos\alpha\tan\varphi + cl$$

$$F_{下滑力} = W\sin\alpha$$

其中：

$$W = \Delta ABC \cdot \gamma = \frac{\gamma}{2} AB \cdot CD$$

$$= \frac{\gamma}{2} \cdot \frac{H}{\sin\alpha} \cdot AC \cdot \sin(\beta - \alpha)$$

$$= \frac{\gamma}{2} \cdot \frac{H}{\sin\alpha} \cdot \frac{H}{\sin\beta} \cdot \sin(\beta - \alpha)$$

$$= \frac{\gamma}{2} \cdot \frac{H^2 \sin(\beta - \alpha)}{\sin\alpha\sin\beta}$$

式中：γ——岩体容重(kN/m^3)。

则稳定系数为：

$$K = \frac{F_{抗}}{F_{下}} = \frac{\tan\varphi}{\tan\alpha} + \frac{2c}{\gamma H} \cdot \frac{\sin\beta}{\sin\alpha\sin(\beta - \alpha)} \tag{13-14}$$

临界滑动角的推导：

当处于极限状态时，$K=1$，有

$$W\sin\alpha = W\cos\alpha\tan\varphi + cl$$

将 W 和 $l = H/\sin\alpha$ 代入上式，整理后得

$$\frac{\gamma \cdot H}{c} = \frac{2\sin\beta\cos\varphi}{\sin(\beta - \alpha)\sin(\alpha - \varphi)} \tag{13-15}$$

用$\frac{dH}{d\alpha}$取代$\frac{dK}{d\alpha}$，因为 K 最小，相当于 H 最大，求取使 K 最小的临界角 α_{cr}，对(13-15)式求微分有：

$$\frac{dH}{d\alpha} = \frac{-2\sin\beta\cos\varphi[\cos(\beta - \alpha)\sin(\alpha - \varphi) - \sin(\beta - \alpha)\cos(\alpha - \varphi)]}{[\sin(\beta - \alpha)\sin(\alpha - \varphi)]^2}$$

令 $dH/d\alpha = 0$，

$\cos(\beta-\alpha)\sin(\alpha-\varphi) = \sin(\beta-\alpha)\cos(\alpha-\varphi)$，两边同除 $\cos(\beta-\alpha)\cos(\alpha-\varphi)$ 得

$$\tan(\alpha-\varphi) = \tan(\beta-\alpha)$$

$$\therefore \quad \alpha-\varphi = \beta-\alpha$$

$$\alpha_{cr} = \frac{1}{2}(\beta+\varphi) \tag{13-16}$$

α_{cr}为使 K 最小时的临界滑动角，在圆弧型滑动时将用到这一角。将(13-16)式代回

(13-15)式可求得极限边坡高度，由此看出，在自重条件下产生边坡滑动要有两个条件：一是边坡高必须超过极限坡高；二是边坡角必须超过极限边坡角，二者缺一不可。在均匀介质中，边坡沿极限坡角滑动。

2.平面型滑动含有张裂隙的情况(图 13-19)

在自然岩体中，表层的一定深度总是包含有风化裂隙，在开挖边坡后还会产生卸荷裂隙，这些裂隙都是垂直地表的，因此，平滑面的滑体应当考虑这些裂隙。

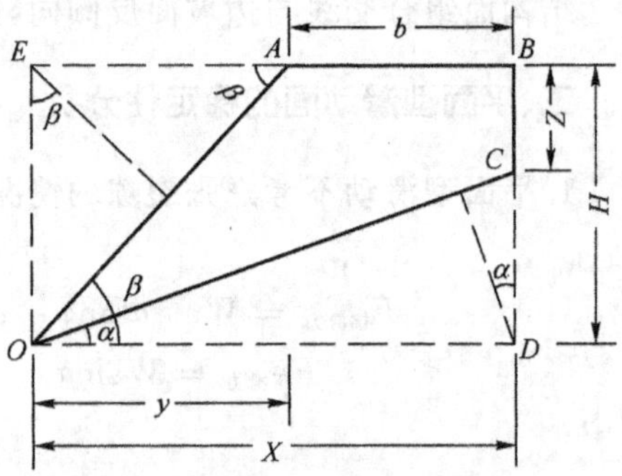

图 13-19 含垂直裂隙的平滑面

(1)只考虑重力的情况

先求滑体体积

$$S_{\mathrm{OABC}} = S_{\mathrm{OEBD}} - \Delta OEA - \Delta OCD$$

其中：

$$S_{\mathrm{OEBD}} = (H-Z)\cot\alpha \cdot H$$

$$\Delta OEA = \frac{1}{2}H \cdot EA = \frac{1}{2}H^2 \cdot \cot\beta;$$

$$\Delta OCD = \frac{1}{2}(H-Z) \cdot OD = \frac{1}{2}(H-Z)^2\cot\alpha$$

$$\therefore \quad S_{\mathrm{OABC}} = \frac{1}{2}H^2\left\{\left[1-\left(\frac{Z}{H}\right)^2\right]\cot\alpha - \cot\beta\right\}$$

故滑体重为：

$$W = \frac{1}{2}\gamma H^2\left\{\left[1-\left(\frac{Z}{H}\right)^2\right]\cot\alpha - \cot\beta\right\}$$

由前知安全系数 K 为：

$$K = \frac{W\cos\alpha \cdot \tan\varphi + cl}{W\sin\alpha} \tag{13-17}$$

将 W 代入得：

$$K = \frac{2c(H-Z)\csc\alpha}{\gamma H^2\left\{\left[1-\left(\frac{Z}{H}\right)^2\right]\cot\alpha - \cot\beta\right\}\sin\alpha} + \cot\alpha\tan\varphi \tag{13-18}$$

上述公式中 Z 应根据使 K 为最小时的临界值选取，即取 Z_{cr}，下面求 Z_{cr}。

令 $\xi = Z/H$，

$$P = (1-\xi)\csc\alpha,$$

$$Q = [(1-\xi^2)\cot\alpha - \cot\beta]\sin\alpha$$

则(13-17)式可改写为：

$$K = \frac{2c}{\gamma H} \cdot \frac{P}{Q} + \cot\alpha\tan\varphi$$

对上式求微分，显然有：

$$\frac{\mathrm{d}K}{\mathrm{d}\xi} = \frac{\partial K}{\partial p}\frac{\mathrm{d}p}{\mathrm{d}\xi} + \frac{\partial K}{\partial Q}\frac{\mathrm{d}Q}{\mathrm{d}\xi}$$

而 $$\frac{\partial K}{\partial p} = \frac{2c}{\gamma H} \cdot \frac{1}{Q}$$

$$\frac{\mathrm{d}p}{\mathrm{d}\xi}=-\csc\alpha=-\frac{1}{\sin\alpha};\frac{\partial K}{\partial Q}=-\frac{2c}{\gamma H}\cdot\frac{P}{Q^2};\frac{\mathrm{d}Q}{\mathrm{d}\xi}=-2\xi\cot\alpha\sin\alpha$$

代入得：

$$\frac{\mathrm{d}K}{\mathrm{d}\xi}=-\frac{2c}{\gamma H}\left\{\frac{1}{[(1-\xi^2)\cot\alpha-\cot\beta]\sin^2\alpha}-\frac{2(1-\xi)\cot\alpha}{[(1-\xi^2)\cot\alpha\cot\beta]^2\sin^2\alpha}\right\}$$

通分化简：

$$\frac{\mathrm{d}K}{\mathrm{d}\xi}=\frac{2c}{\gamma H}\left\{\frac{-[(1-\xi^2)\cot\alpha-\cot\beta]+2(1-\xi)\xi\cot\alpha}{[(1-\xi^2)\cot\alpha-\cot\beta]^2\sin^2\alpha}\right\}$$

令$\frac{\mathrm{d}K}{\mathrm{d}\xi}=0$，得 $-\cot\alpha+\xi^2\cot\alpha+\cot\beta+2\xi\cot\alpha-2\xi^2\cot\alpha=0$

通除$-\cot\alpha$，并按降幂排列，得

$$\xi^2-2\xi+1-\cot\beta\tan\alpha=0$$

求上述方程的最小根，得：

$$\xi=1-\sqrt{\cot\beta\tan\alpha}$$

即
$$\frac{Z_{cr}}{H}=1-\sqrt{\cot\beta\tan\alpha} \tag{13-19}$$

同理可求得 b_{cr}

设 $b_{cr}=x-y$，而 $x=(H-Z_{cr})/\tan\alpha$，$y=H/\tan\beta$，

$$\therefore \quad b_{cr}=\frac{H-Z_{cr}}{\tan\alpha}-\frac{H}{\tan\beta}=\frac{H\tan\beta-Z_{cr}\tan\beta-H\tan\alpha}{\tan\alpha\tan\beta}$$

$$\frac{b_{cr}}{H}=\cot\alpha-\frac{Z_{cr}}{H}\cot\alpha-\cot\beta$$

将(13-19)式代入，得：

$$\frac{b_{cr}}{H}=\sqrt{\cot\alpha\cot\beta}-\cot\beta \tag{13-20}$$

(2)同时考虑地下水和爆破震动影响的情况(图 13-20、图 13-21)

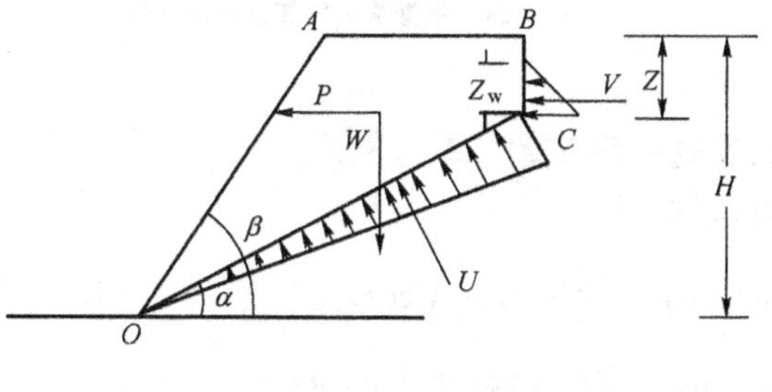

图 13-20　平滑面(含垂直裂隙)稳定性计算

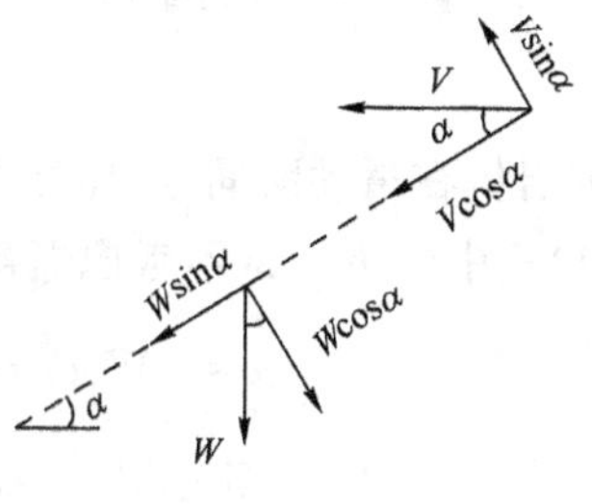

图 13-21　力的分解图

如图 13-20 所示，设 P 为爆破震动力，W 为重力，U 为底板水压力，V 为张裂隙水压力，则稳定系数为：

$$K=\frac{(W\cos\alpha-U-V\sin\alpha-P\sin\alpha)\tan\varphi+c(\overline{OC})}{W\sin\alpha+P\cos\alpha+V\cos\alpha} \tag{13-21}$$

式中：$U=\frac{1}{2}\gamma_w Z_w(H-Z)\csc\alpha$；

$V=\frac{1}{2}\gamma_w Z_w^2$；　　$\overline{OC}=\frac{H-Z}{\sin\alpha}$；

$P=\beta\cdot K_c\cdot W$。(其中动力系数 β 一般取 0.1～0.3；地震系数 $K_c=\frac{a}{g}$，a 为水平向最大加速度。)

图解方法(图 13-22)

假设一个边坡角 β，代入(13-19)式求得一个 Z_{cr}，再代入(13-21)式可求得一个 K 值。如此反复多次可求得多个 K 值，根据 K 和 β 画曲线，就可求得所选安全系数下的稳定坡角。

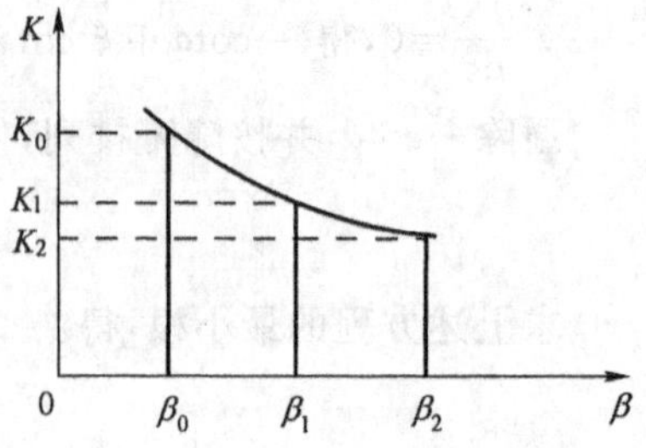

图 13-22　图解法求 β

(3)几点推论

①由(13-17)式看出，当 $c=0$ 时，$K=\cot\alpha\cdot\tan\varphi$，令 $K=1$ 得极限平衡情况，即

$$\tan\alpha_{cr}=\tan\varphi$$

$$\therefore \qquad \alpha_{cr}=\varphi \text{(图 13-23)}$$

说明当结构面的内聚力为 0 时，如果结构面的倾角大于结构面内摩擦角时($\alpha>\varphi$)结构面以上部分必然下滑，如不采取加固措施，必须彻底清除。

②当边坡内已有滑坡现象时，利用(13-21)式可反求岩体结构面强度指标(图 13-24)。

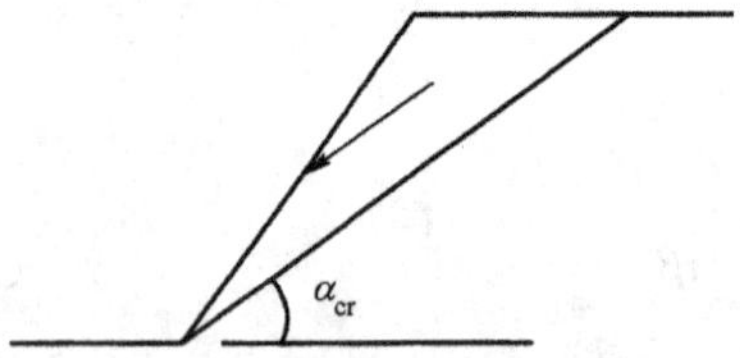

图 13-23　极限滑动角

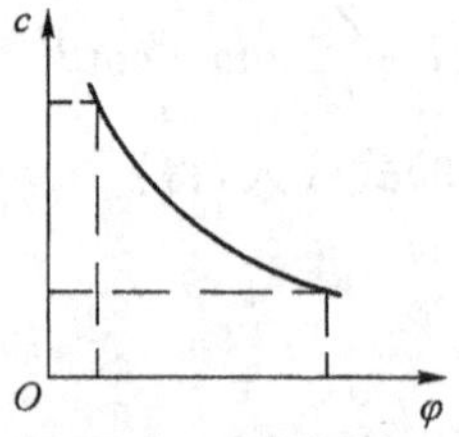

图 13-24　根据滑坡推算岩体的 c 值

根据岩体在滑动瞬间，滑体处于极限平衡状态这一事实。

令(13-21)式中的 $K=1$(不考虑爆破震动的影响)则有

$$cl+(W\cos\alpha-U-V\sin\alpha)\tan\varphi=W\sin\alpha+V\cos\alpha$$

$$c=\frac{W(\sin\alpha-\cos\alpha\tan\varphi)+U\tan\varphi+V(\sin\alpha\tan\varphi+\cos\alpha)}{l}$$

分子分母同乘 $\cos\varphi$，得

$$c=\frac{W(\sin\alpha\cos\varphi-\cos\alpha\sin\varphi)+U\sin\varphi+V(\sin\alpha\sin\varphi+\cos\alpha\cos\varphi)}{l\cos\varphi}$$

$$=\frac{W\sin(\alpha-\varphi)+U\sin\varphi+V\cos(\alpha-\varphi)}{l\cos\varphi} \tag{13-22}$$

然后分别假设干边坡、张裂隙充水，张裂隙及滑面均充水等数种情况，再假设不同的 φ 值可求得一系列 c 值，然后根据实际滑面的摩擦角，就可求得滑动面的 c 值范围。用这种方法求得的 c 值是相当可靠的。

三、楔型滑体稳定性分析

当边坡岩体受多组结构面切割时，按楔形滑体进行分析。

1.结构面内聚力为 0 的情况（图 13-25）

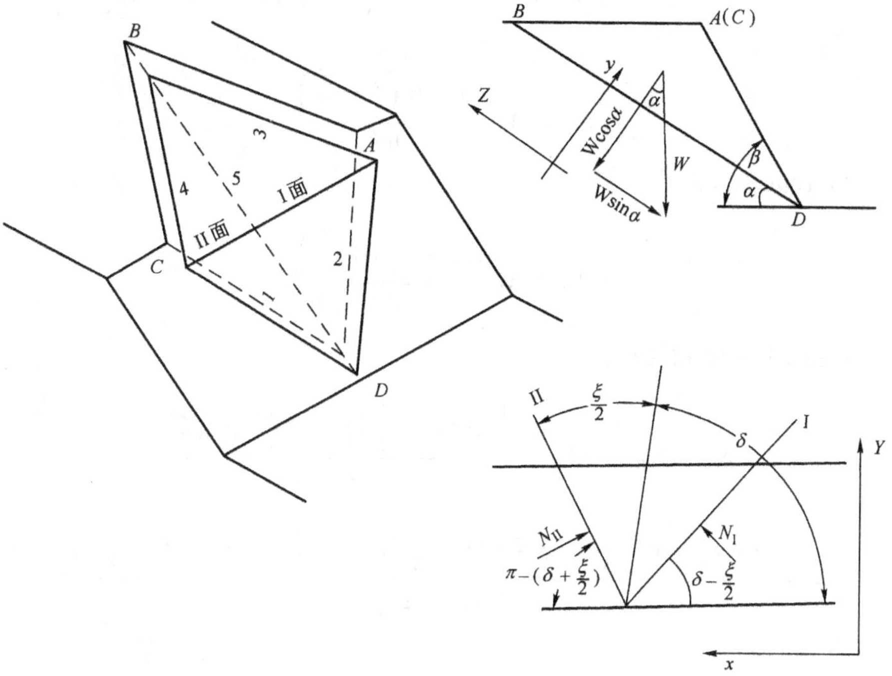

图 13-25　楔形滑体

X 向投影，即 $\Sigma X=0$

$$N_{\rm I}\sin\left(\delta-\frac{1}{2}\xi\right)-N_{\rm II}\sin\left[\pi-\left(\delta+\frac{1}{2}\xi\right)\right]=0$$

即 $N_{\rm I}\sin\left(\delta-\frac{1}{2}\xi\right)-N_{\rm II}\sin\left(\delta+\frac{1}{2}\xi\right)=0$　　(a)

又 Y 向投影，即 $\Sigma Y=0$

$$N_{\rm I}\cos\left(\delta-\frac{1}{2}\xi\right)+N_{\rm II}\cos\left[\pi-\left(\delta+\frac{1}{2}\xi\right)\right]=W\cos\alpha$$

即 $N_{\rm I}\cos\left(\delta-\frac{1}{2}\xi\right)-N_{\rm II}\cos\left(\delta+\frac{1}{2}\xi\right)=W\cos\alpha$　　(b)

(a)乘 $\cos\left(\delta-\frac{1}{2}\xi\right)$，得

$$N_{\rm I}\cos\left(\delta-\frac{1}{2}\xi\right)\sin\left(\delta-\frac{1}{2}\xi\right)-N_{\rm II}\sin\left(\delta+\frac{1}{2}\xi\right)\cos\left(\delta-\frac{1}{2}\xi\right)=0 \quad \text{(c)}$$

(b)乘 $\sin\left(\delta-\frac{1}{2}\xi\right)$，得

$$N_{\mathrm{I}}\cos\left(\delta-\frac{1}{2}\xi\right)\sin\left(\delta-\frac{\xi}{2}\right)-N_{\mathrm{II}}\cos\left(\delta+\frac{\xi}{2}\right)\sin\left(\delta-\frac{\xi}{2}\right)=W\cos\alpha\sin\left(\delta-\frac{\xi}{2}\right) \quad \text{(d)}$$

(d)减(c)得

$$N_{\mathrm{II}}\left[\sin\left(\delta+\frac{\xi}{2}\right)\cos\left(\delta-\frac{\xi}{2}\right)-\cos\left(\delta+\frac{\xi}{2}\right)\sin\left(\delta-\frac{\xi}{2}\right)\right]=W\cos\alpha\sin\left(\delta-\frac{\xi}{2}\right)$$

$$N_{\mathrm{II}}\sin\xi=W\cos\alpha\sin\left(\delta-\frac{\xi}{2}\right)$$

$$\therefore \qquad N_{\mathrm{II}}=W\frac{\cos\alpha\sin\left(\delta-\frac{\xi}{2}\right)}{\sin\xi} \tag{13-23}$$

将(13-23)代入(a),得

$$N_{\mathrm{I}}=W\frac{\cos\alpha\sin\left(\delta+\frac{\xi}{2}\right)}{\sin\xi} \tag{13-24}$$

将(13-23)和(13-24)两式相加得:

$$N_{\mathrm{I}}+N_{\mathrm{II}}=W\frac{\cos\alpha\left[\sin\left(\delta-\frac{1}{2}\xi\right)+\sin\left(\delta+\frac{1}{2}\xi\right)\right]}{\sin\xi}$$

$$=W\frac{\cos\alpha\left[2\sin\frac{1}{2}\left(\delta-\frac{1}{2}\xi+\delta+\frac{1}{2}\xi\right)\cos\frac{1}{2}\left(\delta-\frac{1}{2}\xi-\delta-\frac{1}{2}\xi\right)\right]}{2\sin\frac{1}{2}\xi\cos\frac{1}{2}\xi}$$

$$=W\frac{\cos\alpha\sin\delta}{\sin\frac{1}{2}\xi}$$

则稳定系数为:

$$K=\frac{(N_{\mathrm{I}}+N_{\mathrm{II}})\tan\varphi}{W\sin\alpha}$$

整理后得

$$K=\frac{\sin\delta}{\sin\frac{1}{2}\xi}\cdot\frac{\tan\varphi}{\tan\alpha} \tag{13-25}$$

式中:α——组合交线倾角(°);

ξ——两结构面夹角(°);

δ——两结构面夹角的等分面与水平面的夹角(°)。

上述各夹角均可从赤平投影上找到,如图 13-25 所示。

将(13-25)式改写为

$$K=K'\frac{\tan\varphi}{\tan\alpha},K'=\frac{\sin\delta}{\sin\frac{1}{2}\xi}$$

而 $\tan\varphi/\tan\alpha$ 为平滑面的稳定系数,故楔体的稳定系数可视为平滑面的稳定系数乘以 K'。

K'叫楔体系数，因为$\delta > \frac{1}{2}\xi$，故$K' > 1$。K'与ξ成反变，当$\xi = 180°$，$K' = 1$($\delta = 90°$，$\xi = 180°$代入)，即平滑面的情况，说明平滑面是楔型滑体的一个特例。

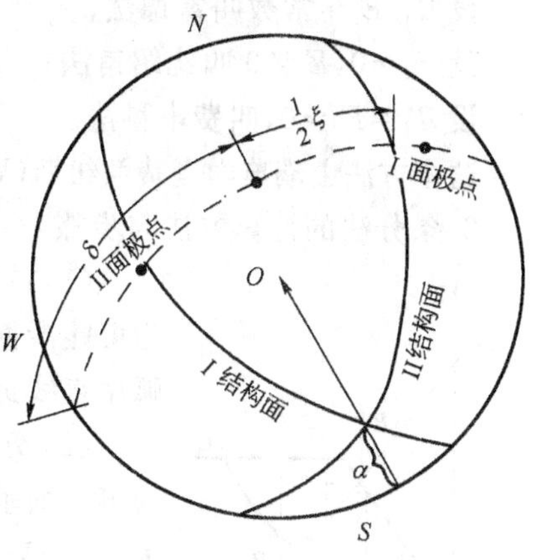

图 13-26 在赤平投影图上求各计算参数

计算公式的适用条件：

①滑体沿组合交线滑动，即赤平图上结构面的组合交线位于其倾向线之间的情况。

②组合交线与边坡走向基本正交。

③两结构面的内聚力为0，内摩擦角相等。

2.兼有摩擦力及内聚力的情况

设两滑面的内聚力分别为c_{I}、c_{II}，两滑面的摩擦角分别为ϕ_{I}、ϕ_{II}，则稳定系数为：

$$K = \frac{c_{\mathrm{I}}A_{\mathrm{I}} + c_{\mathrm{II}}A_{\mathrm{II}} + N_{\mathrm{I}}\tan\varphi_{\mathrm{I}} + N_{\mathrm{II}}\tan\varphi_{\mathrm{II}}}{W\sin\alpha} \tag{13-26}$$

式中：N_{I}、N_{II}——由(13-24)、(13-23)式计算；

A_{I}、A_{II}——滑面面积(m^2)，由实体比例投影求得；

W——滑体重量(kN)，由实体比例投影求算。

3.兼有地下水的情况(图13-27)

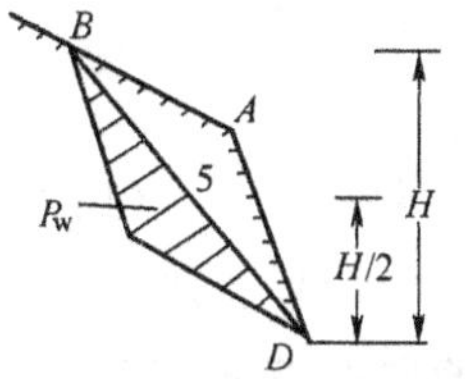

图 13-27 地下水压计算

设地下水自3、4交线注入，自1、2交线流出(参看图13-25)，则地下水压可假设为沿交线5呈三角形分布，而交线1、2、3、4处的压力为0，因此在两个滑面上，地下水压的分布为三角锥体，则稳定系数为：

$$K = \frac{c_{\mathrm{I}}A_{\mathrm{I}} + c_{\mathrm{II}}A_{\mathrm{II}} + (N_{\mathrm{I}} - U_{\mathrm{I}})\tan\varphi_{\mathrm{I}} + (N_{\mathrm{II}} - U_{\mathrm{II}})\tan\varphi_{\mathrm{II}}}{W\sin\alpha} \tag{13-27}$$

式中：$U_{\mathrm{I}} = \frac{1}{3}A_{\mathrm{I}}P_{\mathrm{W}}$；

$U_{\mathrm{II}} = \frac{1}{3}A_{\mathrm{II}}P_{\mathrm{W}}$；

$P_{\mathrm{W}} = \frac{H}{2}\gamma_{\mathrm{W}}$。

四、圆弧型滑动面的稳定性分析

土质边坡、强风化或严重破碎的岩质边坡，边坡滑动面多为圆弧型，故按圆弧型滑动面进行分析。

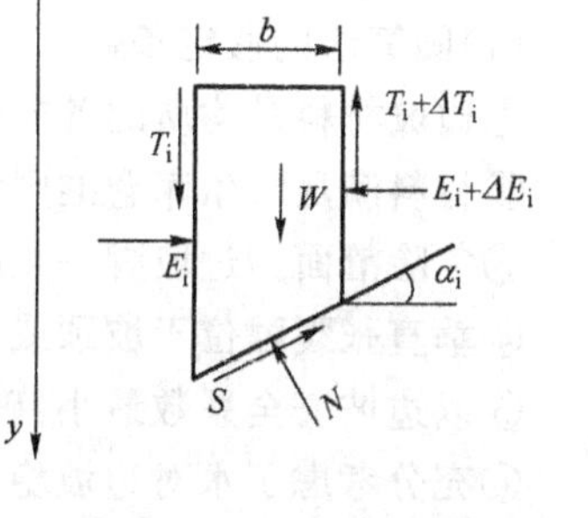

图 13-28 条块受力分析

1.计算原理与方法

分析步骤大体归纳为：假设滑面，分条计算，总和，求安全系数最小的滑动弧。由于对条块受力分析的不同，出现多种计算方法，如图13-28所示。T_i、E_i为条带间作用力，W为条带重，N为滑面上的垂直分量，S为滑面上的水平分量。

设$T_i/E_i = \lambda f(x)$叫摩尔根法；

设 T_i/E_i＝常数叫富德法；

设 $T_i=0, E_i\neq 0$ 叫比绍甫法；

设 $T_i=E_i=0$，叫费申科法。

这个方法由瑞典学者费兰纽斯(W · Fellenius)等人创立，故也叫瑞典法，下面简述这个方法。

2. 条分法的计算方法与步骤

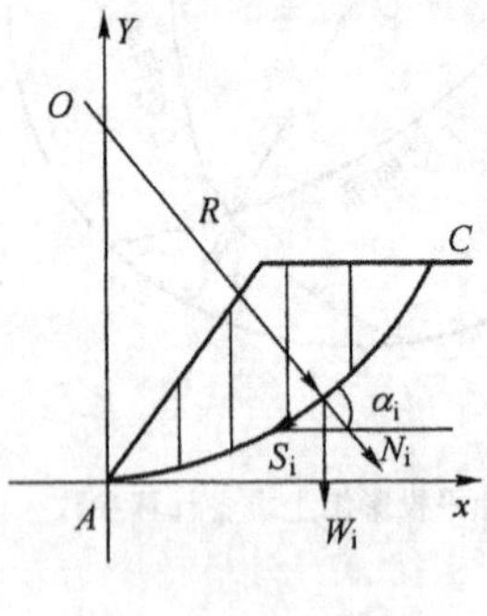

图 13-29　圆弧滑面

(1)在已知边坡上，过坡脚作任意圆弧$\overset{\frown}{AC}$，半径为 R，设此圆弧为可能滑面，将滑面以上土(岩)分为若干条带，见图 13-29。条带圆弧用直线近似。

(2)分析作用在每个条带滑面上的受力情况。若条带重力为 W_i，则垂直滑面的法向分量 N_i 和平行滑面的切向分量 S_i 分别为：$N_i=W_i\cos\alpha_i$，$S_i=W_i\sin\alpha_i$。若滑面长度为 L_i，则作用于滑面的下滑力 H_i 和抗滑力 F_i 分别为：$H_i=W_i\sin\alpha_i$；$F_i=W_i\cos\alpha_i\tan\varphi+cL_i$

式中 c、φ 为滑面上的内聚力和摩擦角，α_i 为条带圆弧与水平面夹角。

(3)计算各条带下滑力对圆弧中心 O 的下滑力矩之和 $M_{滑}$

$$M_{滑}=R\sum_{i=1}^{n}W_i\sin\alpha_i$$

(4)计算各条带的抗滑力矩之和 $M_{抗}$

$$M_{抗}=R\sum_{i=1}^{n}(cl_i+W_i\cos\alpha_i\tan\varphi)$$

(5)计算安全系数 K

$$K=\frac{cL+\sum\limits_{i=1}^{n}W_i\cos\alpha_i\tan\varphi}{\sum\limits_{i=l}^{n}W_i\sin\alpha_i} \tag{13-28}$$

(6)假设若干可能滑动面，重复上述计算步骤，将每个可能滑动面的安全系数都计算出来。

(7)比较上述一系列滑动面的安全系数 K 值，则其中 K 值最小的滑动面就是最危险滑面。如果 K 值小于设计要求的安全系数就需要对边坡进行加固设计。显然，边坡加固设计是以寻找最危险滑面为前提。

3. 圆弧型滑动面的图算法

寻找危险滑面的试算工作量很大，为了减轻设计者的工作量，英国伦敦皇家矿业学院 E · Hoek教授在其专著《岩石边坡工程》一书中提供了十分方便的图算法。

(1)图算法的假定条件

①边坡材料是均质的各向同性的；

②材料满足摩尔库仑准则强度条件 $\tau=c+\sigma\tan\varphi$；

③危险滑面为过坡脚一点的圆弧面；

④垂直张裂隙位于坡顶或坡面；

⑤以边坡安全系数最小，确定危险滑面和垂直张裂隙的位置；

⑥充分考虑了水对边坡稳定敏感性的影响。

(2)地下水流条件

将地下水划分为五种类型，见表 13-5：

地下水流条件　　　表13-5

地下水流条件	算图号
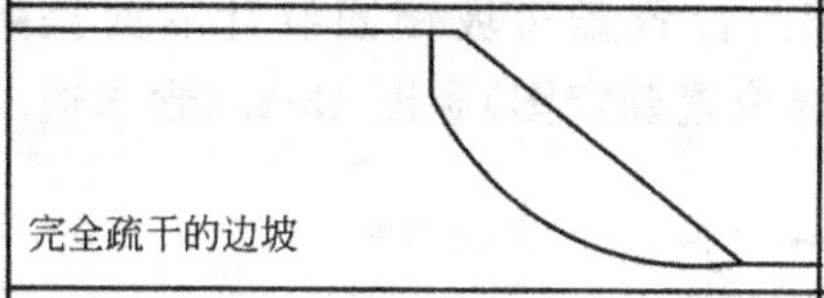	1
	2
	3
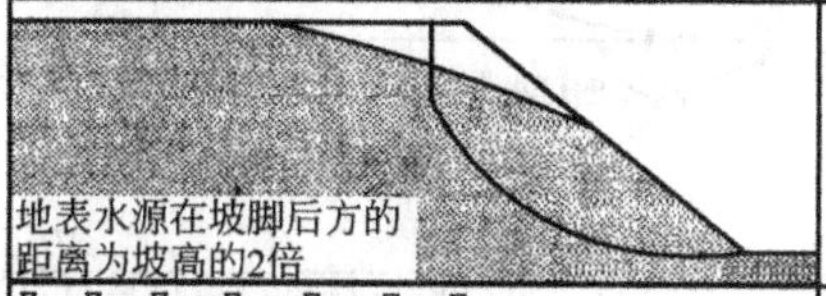	4
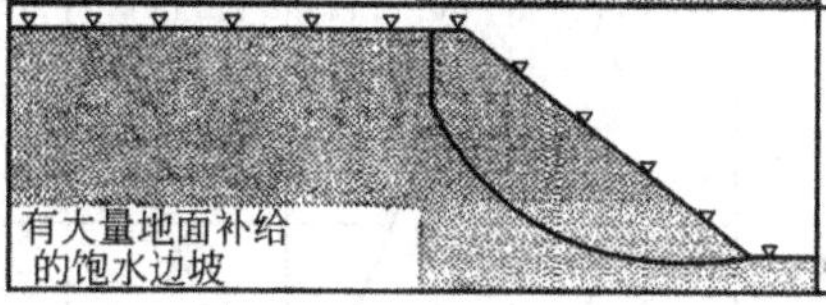	5

①为干边坡；

②为地表水源在边坡高 8 倍处的坡顶出露；

③为地表水源在坡高 4 倍处的坡顶出露；

④为地表水源在坡高 2 倍处的坡顶出露；

⑤完全充水边坡。

(3)图算法步骤(参看图 13-30)

图算的目的是确定一个特定的安全系数，用以评价边坡的稳定，对不稳定边坡进行加固设计。其步骤为：

① 按表 13-5 地下水条件选择算图号(算图号与地下水分类对应)；

②计算无量纲比值：$c/\gamma H\tan\varphi$，根据所选择的算图号的外圆标尺上查到该值；

③以上述查到的数值为起点与 O 点相连成一直线，寻找该直线与所研究的边坡角的曲线的交点。

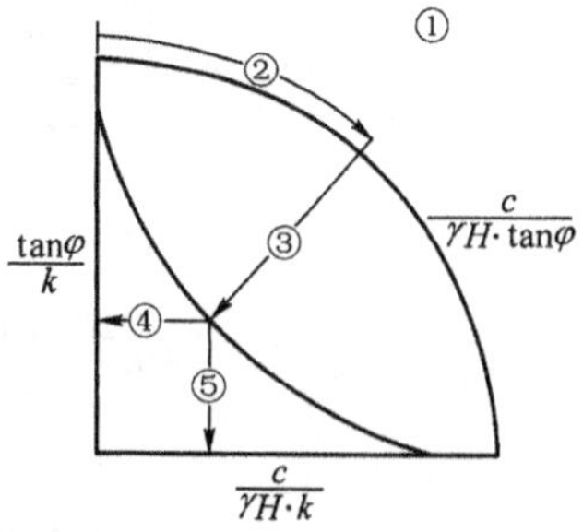

图 13-30　应用圆弧破坏算图求边坡安全系数的步骤

④查出该点在纵、横坐标上的对应值：$\tan\varphi/K$ 或 $c/\gamma HK$，并计算安全系数。

(4)算例一

设有一土质边坡，高 $H=15\text{m}$，边坡角 $\beta=80°$，容重 $\gamma=17\text{kN/m}^3$，粘聚力峰值 $c=44.63\text{kPa}$，摩擦角 $\varphi=24.5°$，求边坡安全系数 K。

①计算无量纲比值

$$c/\gamma H\tan\varphi = 44.63/17\times15\times0.5 = 0.35$$

②对于干边坡，从算图 1(列于本节末)查得 $\tan\varphi/K=0.48$，故 $K=1.04$，边坡处于临界状态；

对于完全充水边坡，从算图 5（见本节末）查得 $\tan\varphi/K=0.35$，故 $K=0.909$，边坡丧失稳定。

(5)危险圆弧滑动面和张裂隙的位置

确定圆弧危险滑动面和张裂隙的位置是边坡锚固设计的前提条件。它们可分别在图 13-31（疏干边坡危险破坏面与张裂隙位置确定图）和图 13-32（含水边坡危险破坏面与张裂隙

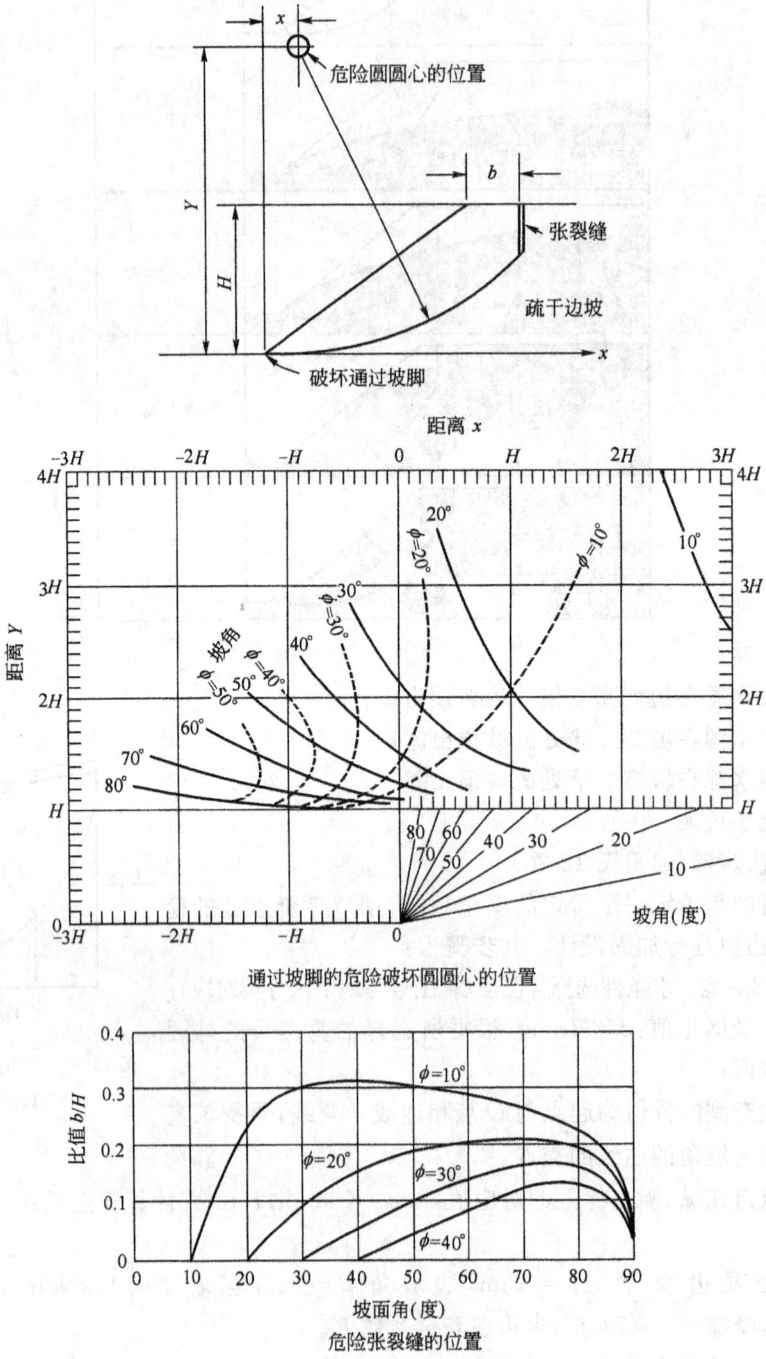

图 13-31 疏干边坡中危险破坏面与危险张裂缝位置的确定

位置确定图)中,根据边坡角 β 和内摩擦角 φ 直接找到。其中含水边坡不再细分,因为水对危险面的位置并不敏感,但对安全系数十分敏感。

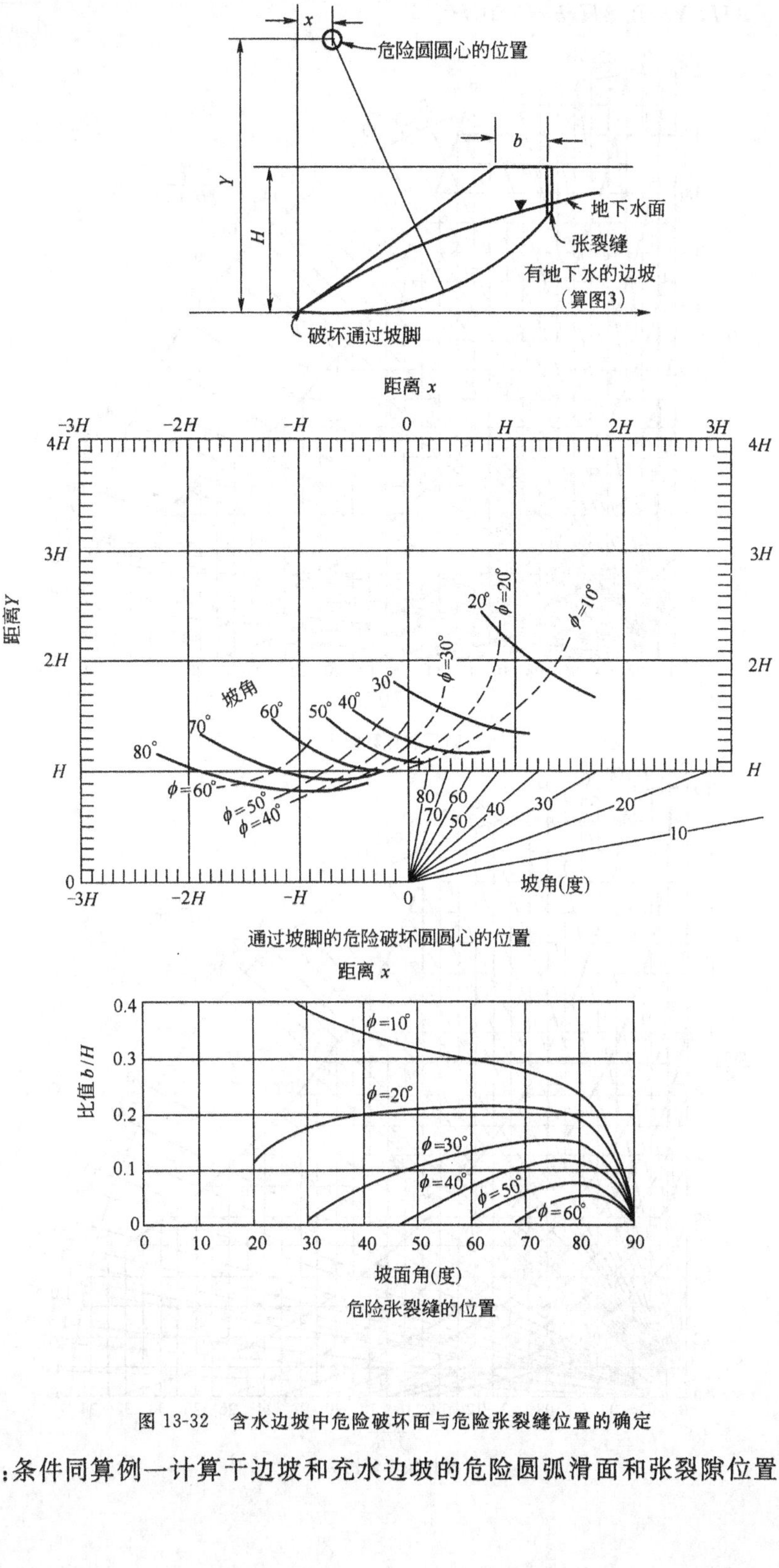

图 13-32　含水边坡中危险破坏面与危险张裂缝位置的确定

算例二:条件同算例一计算干边坡和充水边坡的危险圆弧滑面和张裂隙位置(图 13-33)。

①干边坡

$X=(-)0.7H, Y=H, b=0.17H$；

②充水边坡

$X=(-)0.6H, Y=0.8H, b=0.16H$。

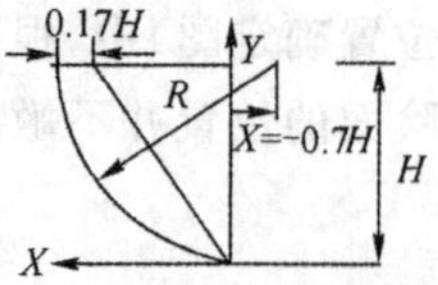

图 13-33　算例二图

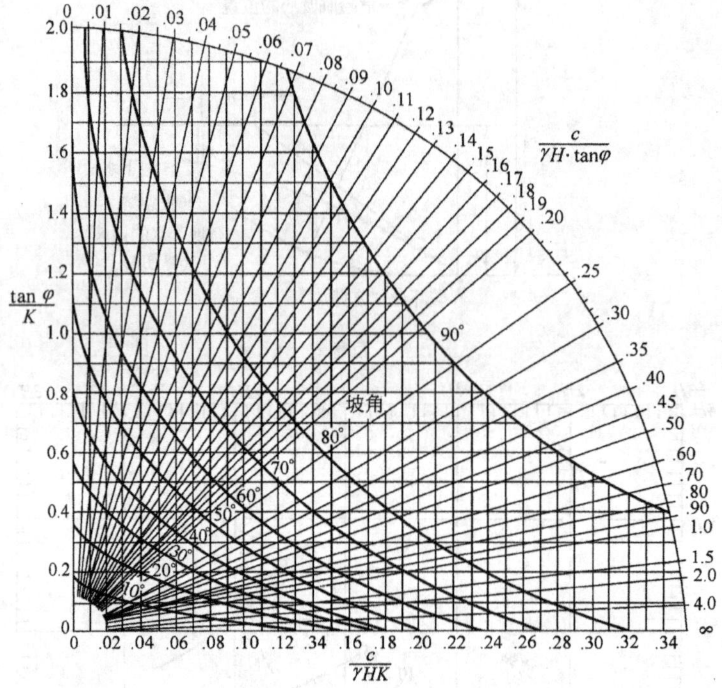

圆弧破坏算图 1

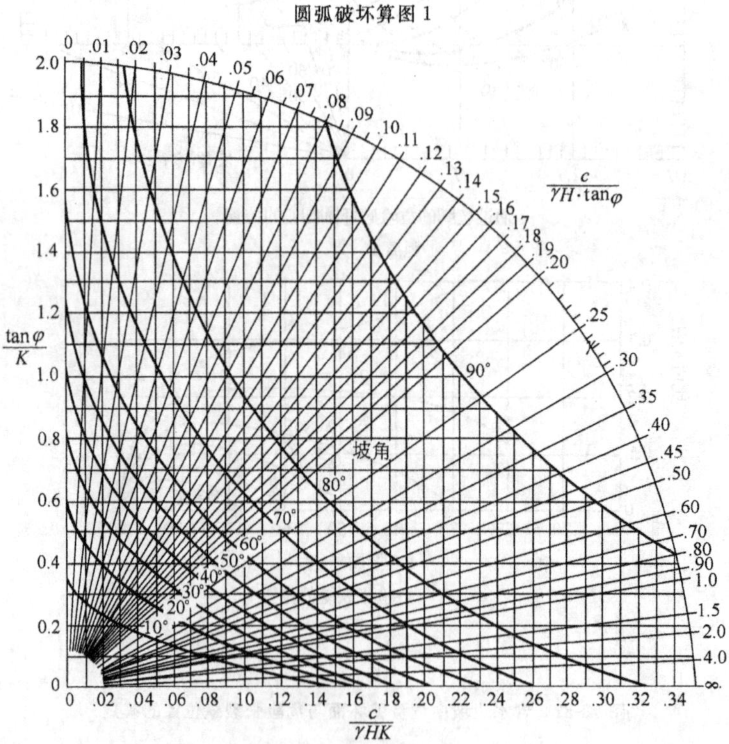

圆弧破坏算图 2

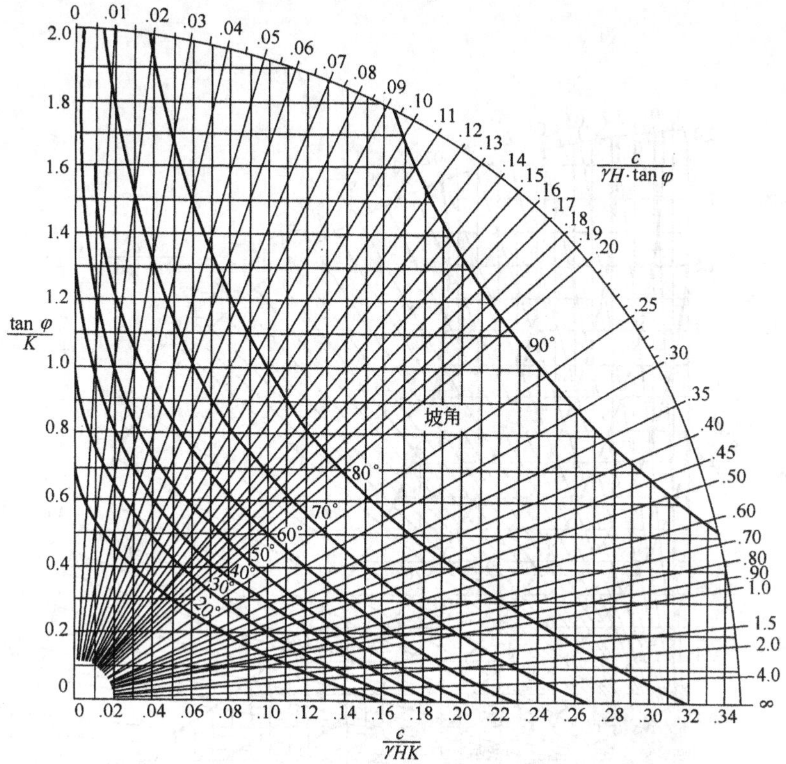

圆弧破坏算图 3

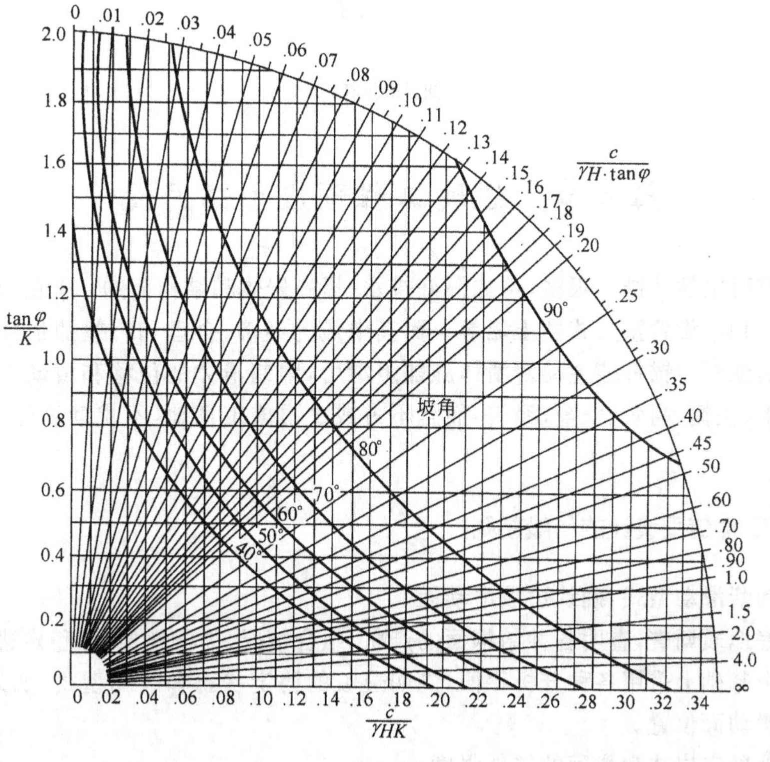

圆弧破坏算图 4

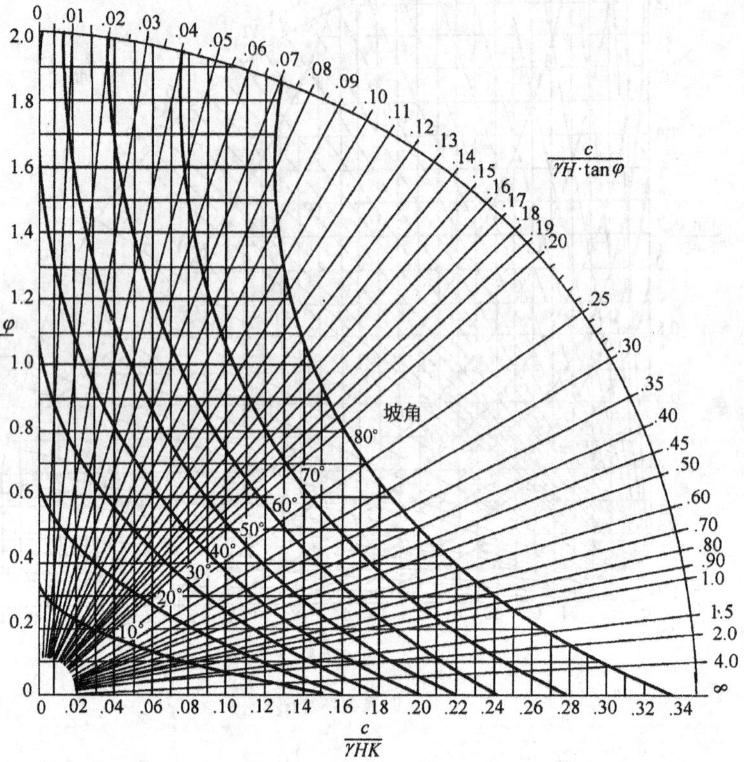

圆弧破坏算图 5

第四节　边坡工程预应力锚固设计

提高边坡稳定性的措施很多,例如搞好排水、提高岩体和结构面的 c、φ 值、增加阻滑力、设置阻滑桩、锚固洞、设置重力式挡土墙等。而其中最为经济、合理和有效的加固措施为预应力锚固。原因是预应力锚杆能主动对滑体施加阻滑力,限制滑体的位移和滑动。采用预应力锚固的方法简单、快捷、高效、安全、经济,而且不占或少占施工场地,不扰动岩体,故应用范围十分广泛。

一、边坡工程锚固设计的一般原则

1.分析判断滑动型式,确认边坡滑动面

认真做好地质调查,查明各种结构面的产状、组合情况、力学性质、不稳定边坡范围和边界条件。在这个基础上采用各种分析手段,判明边坡的稳定状态和破坏型式,如果是滑动破坏,要确认边坡滑动面位置。

2.审慎地确定岩体和滑面的抗剪强度

正确地确定岩体和滑面的抗剪峰值强度对边坡稳定分析的可靠性和合理性至关重要,要引起足够重视。为了获得可靠的抗剪强度指标，现场试验是必要的。进行工程类比，对现场滑坡体的反演分析也是行之有效的手段。如果是初步设计，在工程岩体分级的基础上，可以选用规范推荐的数据如表9-9、表9-10。

3. 要考虑足够的安全余度

由于各项力学指标很难十分准确，加上不可预见的因素，在边坡锚固设计时要有足够的安全余量。

GB 50086—2001，"锚杆喷射混凝土支护技术规范"中规定：抗滑稳定安全系数$K \geqslant 2$。

SL 212—98，"水工预应力锚固技术规范"中规定：永久性预应力锚固工程抗滑稳定安全系数$K=1.8 \sim 1.5$；临时性预应力锚固工程抗滑稳定安全系数$K=1.5 \sim 1.2$。

日本"VSL锚固工法设计施工规范"中规定：抗滑稳定安全系数，永久性工程$K \geqslant 2.5$，临时工程$K \geqslant 1.5$。

4. 最优锚固角

在边坡锚固设计中，预应力锚杆布置方向是个很重要的问题。最有效的布置方向为逆滑动方向布置。有时受施工条件、滑体边界条件限制，只能以一定的角度布置，因此需要综合比较，选择最优的锚固方向，达到最佳的锚固效果。

图13-34中为Ψ锚杆同滑动面夹角，β为锚杆同水平面夹角，仰角为正，俯角为负；α为滑面倾角，显然有：$\alpha=\Psi \pm \beta$，而锚杆提供的抗滑力$T_{抗}$为：

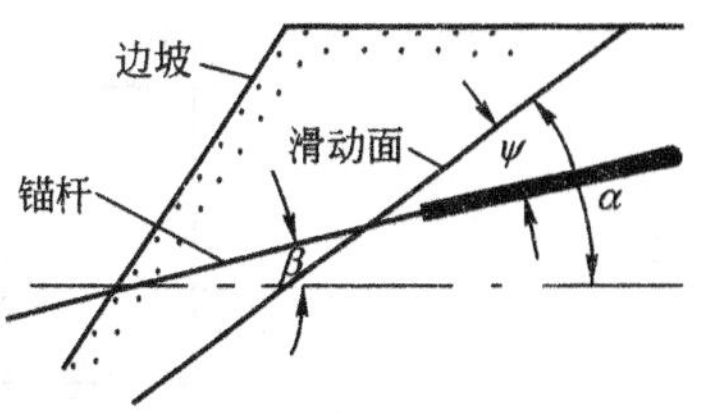

图13-34 最优锚固角

$$T_{抗} = T_R \sin\Psi \tan\phi + T_R \cos\Psi \tag{13-29}$$

式中：T_R——预应力锚杆设计锚固力(kN)。

将(13-29)式对Ψ求导，并令其为零，得$\Psi=\varphi$锚杆获得最大抗滑力$(T_{抗})_{max}=T_R/\cos\varphi$。设锚杆孔至滑裂面距离为$H$，锚杆自由段长度$L \geqslant H/\sin\alpha$；如果锚杆垂直滑面布置(即$\Psi=90°$)锚杆的抗滑力最小：$T_{抗min}=T_R\tan\varphi$，但锚杆所需长度也最小：$L=H$。因此：$\Psi$在$\varphi$和$\pi/2$之间存在一最优角，使锚杆不至太长，抗滑力也较大。比较计算证明，取它们的中间值最好，即

$$\Psi_{优} = (\pi/2 + \varphi)/2 \tag{13-30}$$

相应的最优倾角为：

$$\beta_{优} = \alpha - \Psi_{优} \tag{13-31}$$

5. 锚杆设置时间

陈旧边坡加固不存在锚杆安装时间问题。但是，新开挖的人工边坡，特别是那些高大陡峭的边坡加固，锚杆的安装、张拉、锁定应随着边坡的开挖尽早进行。这样，边坡岩体和滑动面的强度会损失最小，有利于充分发挥岩体和结构面自身的抗滑力，减少设计锚固力P_R，节省锚杆用量。还能抑制边坡岩体位移，有利于紧邻边坡对位移十分敏感的人工构筑物的安全运行和长期稳定。

二、边坡设计程序

边坡预应力锚固设计可参照图13-35所列程序进行，对于简单边坡，设计程序可以简化。

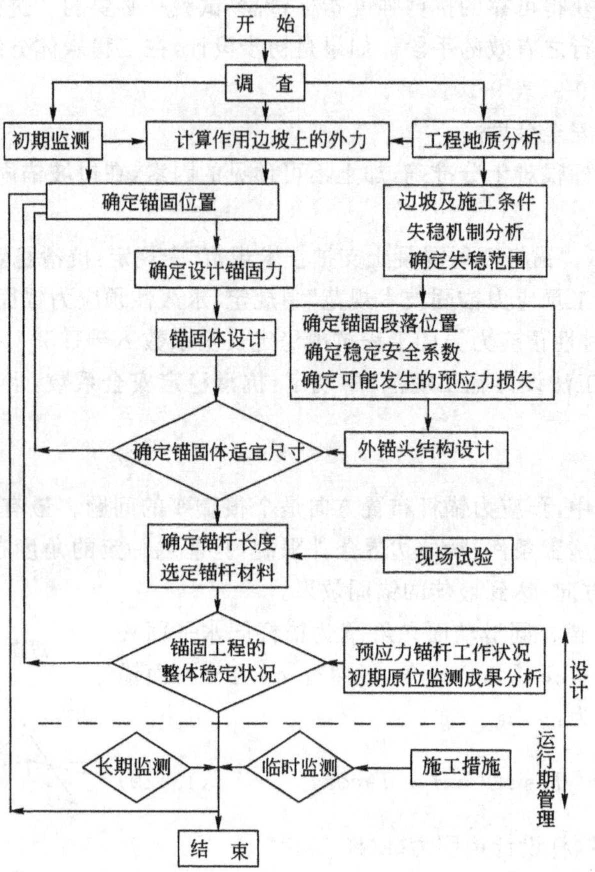

图 13-35 预应力锚固设计程序图

三、边坡设计主要内容

1. 确定锚固范围和所需总锚固力

(1)锚固力计算

在边坡稳定性分析中，确定了边坡的破坏形式和滑动面位置的基础上，对于滑动破坏的边坡，可分别按下列情况计算预应力锚杆所需锚固力。

①平面型滑动破坏所需锚固力 T_R(参见图 13-36)

$$T_R=\frac{KT_q-N_f\tan\varphi-cl}{K\sin\Psi+\tan\varphi\cos\Psi} \tag{13-32}$$

$$K=\frac{(N_f+T_R\cos\Psi)\tan\varphi+cl}{T_q-T_R\sin\Psi} \tag{13-33}$$

式中：K——锚固后边坡安全系数；

T_q——作用于滑动面上的下滑力(kN)；

N_f——作用于滑动面上的法向力(kN)；

φ——滑动面上的内摩擦角(°)；

c——滑动面上的粘结力(kPa)；

l——滑动面长度(m)；

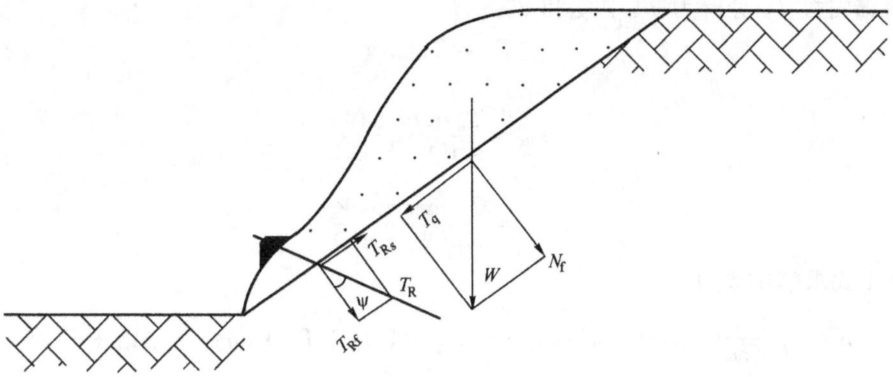

图 13-36　边坡直线破坏稳定性分析

Ψ——锚杆轴线与滑动面法线夹角(°)。

②楔形滑动所需锚固力 T_R

楔形滑体如图 13-37 所示，其计算过程为：

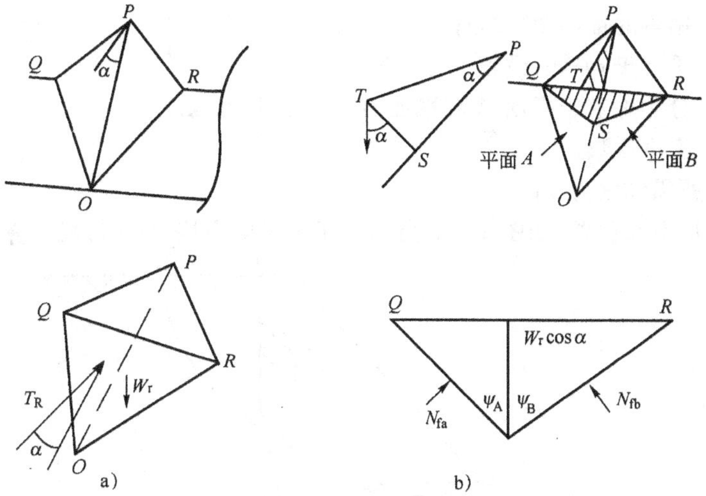

图 13-37　边坡楔形体加固稳定性分析

a)楔形不稳定体；b)几何形状和力系

a. 用赤平投影法求出 Ψ_a、Ψ_b 和 α；

b. 分别计算平面 A、B 的面积 A_{ga}、A_{gb} 和楔体的重量 W_r；

c. 分别计算未加固时作用在平面 A、B 上的法向力 N_{fa}、N_{fb}；

$$N_{fa}=\frac{W_r\cos\alpha\ \cos\Psi_a}{\sin(\Psi_a+\Psi_b)} \tag{13-34}$$

$$N_{fb}=\frac{W_r\cos\alpha\ \cos\Psi_b}{\sin(\Psi_a+\Psi_b)} \tag{13-35}$$

d. 按下式计算未加固时的安全系数 K_f；

$$K_f=\frac{1}{W_r\sin\alpha}(N_{fa}\tan\varphi_a+c_aA_{ga}+N_{fb}\tan\varphi_b+c_bA_{gb}) \tag{13-36}$$

e. 将锚固力 T_R 分解为 T_{R0}、T_{Ra} 和 T_{Rb}；

$$T_{R0}=T_R\cos\alpha \tag{13-37}$$

$$T_{Ra}=\frac{T_R\sin\alpha\ \cos\Psi_b}{\sin(\Psi_a+\Psi_b)} \tag{13-38}$$

$$T_{Rb}=\frac{T_R\sin\alpha\ \cos\Psi_a}{\sin(\Psi_a+\Psi_b)} \tag{13-39}$$

f. 按下式求解锚固力

$$K=\frac{1}{W_r\sin\alpha}[(N_{fa}+T_{Ra})\tan\varphi_a+c_aA_{ga}+(N_{fb}+T_{Rb})\tan\varphi_b+c_bA_{gb}+T_{R0}] \tag{13-40}$$

式中：Ψ_a、Ψ_b——平面 QRS 分别与平面 A 和 B 的夹角(°)；

α——OP 线的倾角(°)；

A_{ga}、A_{gb}——平面 A 和平面 B 的面积(m^2)；

W_r——滑动体重量(kN)；

N_{fa}、N_{fb}——分别作用于平面 A 和平面 B 上的法向力(kN)；

T_R——锚索的锚固力(kN)；

T_{R0}——平行于 OP 的锚固分力(kN)；

T_{Ra}、T_{Rb}——分别垂直于平面 A 和平面 B 的锚固分力(kN)；

K_f——安全系数。

③圆弧滑动所需锚固力 T_R

设已知圆弧形滑面位置，如图 13-38 所示。所需锚固力按(13-41)式计算。

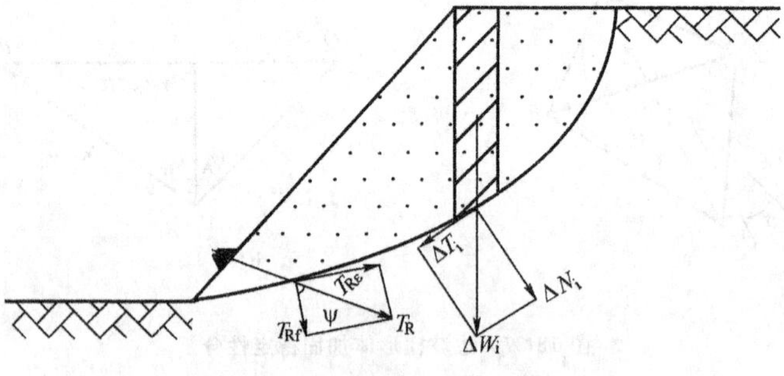

图 13-38 边坡圆弧破坏稳定性分析

$$T_R=\frac{K\sum\Delta T_i-\tan\varphi\sum\Delta N_i-\sum c\Delta l_i}{K\sin\Psi+\tan\varphi\cos\Psi} \tag{13-41}$$

$$K=\frac{\tan\varphi(\sum\Delta N_i+T_R\cos\Psi)+\sum c\Delta l_i}{\sum\Delta T_i-T_R\sin\Psi} \tag{13-42}$$

式中：K——锚固后边坡安全系数；

ΔT_i——作用于条块剪切面上的切向力总和(kN)；

φ——地层的内摩擦角(°)；

ΔN_i——条块剪切面上的法向分力总和 $\Delta N_i=\Delta W_i\cdot\cos\alpha$(kN)；

c——地层粘结力(kPa)；

Δl_i——条块宽度(m)；

Ψ——锚索轴线与剪切面法线之夹角(°)。

④圆弧滑动按抗震设计锚固后的安全系数验算圆弧滑面如图 13-39 所示，锚杆与第 i 条带滑面法线夹角为 β_j，锚固后的安全系数 K 按(13-43)式验算。

$$K=\frac{f\left[\sum_{i=1}^{n}(\Delta N_i-Q_i\sin\alpha_i\pm Q'_i\cos\alpha_i)\right]+\sum_{j=1}^{n}T_{Rj}\cos\beta_j\left]+\sum_{i=1}^{n}c_i l_i\right.}{\sum_{i=1}^{n}(\Delta T_i+Q_i\cos\alpha_i\pm Q'_i\sin\alpha_i)-\sum_{j=1}^{n}T_{Rj}\sin\beta_j} \tag{13-43}$$

$$Q_i=K_H C_z\lambda_i W_i \tag{13-44}$$

$$Q'_i=\frac{2}{3}K_H C_Z\lambda_i W_i \tag{13-45}$$

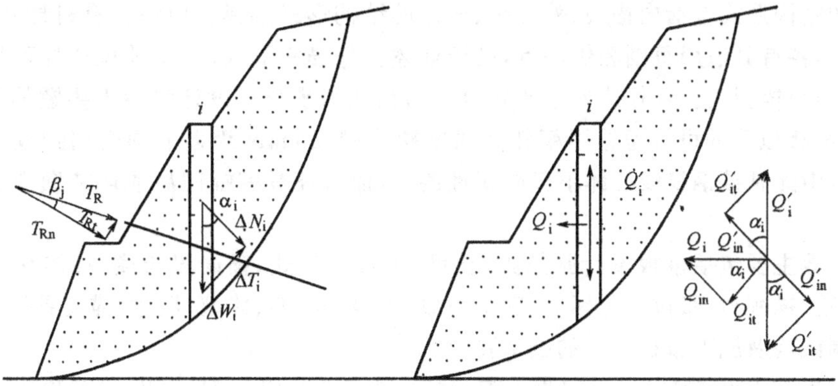

图 13-39 边坡抗震加固稳定性分析

式中：K——边坡安全系数；

f——滑动面摩擦系数，$f=\tan\varphi$；

ΔN_i——作用于条块剪切面上的法向力(kN)；

Q_i——作用于条块剪切面上的水平地震力(kN)；

Q'_i——作用于条块剪切面上的竖向地震力(kN)；

T_{Rj}——作用于条块上的锚杆锚固力(kN)；j 为锚固力计算编号；

l_i——条块宽度(m)；i 为条块编号；

ΔT_i——剪切面上的下滑力(kN)；

β_i——锚杆轴线与滑面法线夹角；

W_i——第 i 条块的重量(kN)；

K_H——水平地震系数(见表 13-4)；

C_z——综合影响系数，一般取 1/4；

λ_i——地震加速度分布系数(见图 13-14)。

(2)综合分析确定总锚固力

由稳定性分析、工程类比分析和试验法三种手段核算锚固范围内所需总锚固力及锚杆数量。为弥补后期施工锚杆对前期施工锚杆所造成的预应力损失，允许施工总锚固力比理论计算总锚固力增加一定的富余量，并布置于锚杆前期施工的部位。

2.选择锚固体系

确定单根锚杆设计张拉荷载。单根锚杆的张拉荷载多为 1000kN 级及其以下的，边坡的坡顶和坡脚也可用一些吨位较小、长度较短的锚杆，但必须保证能穿过滑面达到稳固地层。高大边坡也常常用到 2000kN 及 3000kN 级锚杆，岩石硬度高要求深层加固的也可用到 6000kN 级锚杆。

锚杆结构类型选择，1000kN 级及其以下的多为拉力型；2000kN 级以上锚杆或 III、IV 级围岩可采用压力型或混合型。

3. 确定锚杆的数量和布置形式

锚杆数量除满足总锚固力要求外，间距要合理，布置要均匀。对于重点部位则要集中分层分区布置。排列方式可用方形、梅花形、矩形或菱形。

4. 确定锚杆的结构形式及锚固参数

锚杆的结构形式包括内锚头、外锚头、杆体的结构形式选择。内锚头有机械式、注浆粘结式和混合式，各有其适用范围和优缺点，已于前述。外锚头形式，除小吨位锚杆可用三角形垫墩外，其他均为锚板式。锚板式外锚头要根据锚孔地基承载力设计混凝土垫墩的尺寸。杆体形式：500kN 级以下的可考虑选用精轧高强度螺纹钢，500kN 级以上均需用钢绞线或无粘结钢绞线。其中无粘结钢绞线杆体不仅防腐性能好，而且还具有锚固后能调节锁定的预应力的能力。

锚固参数主要包括单根设计张拉力、长度、内锚头型式、锚固段长度、杆体材料及编制数量、锚杆间距、锚固角、张拉工艺标准、安全系数、外锚头材料、体型、尺寸、锚夹具类型等。

5. 编制试验及施工张拉工艺的技术要求

GB 50086—2001“锚杆喷射混凝土支护技术规范”和 SL 212—98“水工预应力锚固设计规范”，以及日本 VSL 锚固协会出版的“VSL 锚固施工法设计施工规范”在锚固设计、施工中有较强的通用性。

6. 锚固效果评价

包括各设计阶段的张拉试验、模型试验、长期观测分析、验收试验总分析以及边坡稳定性评价。

第四篇

竖井设计与施工

第十四章 竖井井筒设计

第一节 概 述

竖井通常是指由地表竖直延伸到地中的筒形构造物。竖井有着在平原地区通达地下同一深度所有通道中距离最短的特点。竖井与基坑的区别是径深比远小于1。

竖井是为满足营运通风、逃生救灾等要求或增加施工开挖面要求而设置的辅助通道。为施工增加开挖工作面作用的竖井,改善了隧道施工条件,进而提高了施工进度、缩短了施工工期。在隧道施工完成后,竖井可作为通风井和管路井。

选择竖井应根据隧道长度、施工期限、地形、地质、水文等条件,结合通风、救灾用水及弃渣的需要,通过技术经济比较,合理地与斜井、平行导坑、横洞及风道等其他辅助坑道进行选设。长隧道无设置横洞可能,又不宜设置斜井。当洞顶局部地段覆盖层较薄、地质条件较好、位置合适时,可设置竖井。

竖井设计内容包括井筒数目、井筒位置、井筒深度、井筒形状和尺寸、井壁形式和支护厚度、井筒装备及断面布置形式、提升设备选型、井口的装备布置和井底车场设计。

竖井平面位置的选择应综合考虑施工与营运的需要。

竖井井筒从上到下由井颈、井身和井窝(底)三部分组成(图14-1),或者直接位于隧道上方或者通过联络通道与隧道相接。

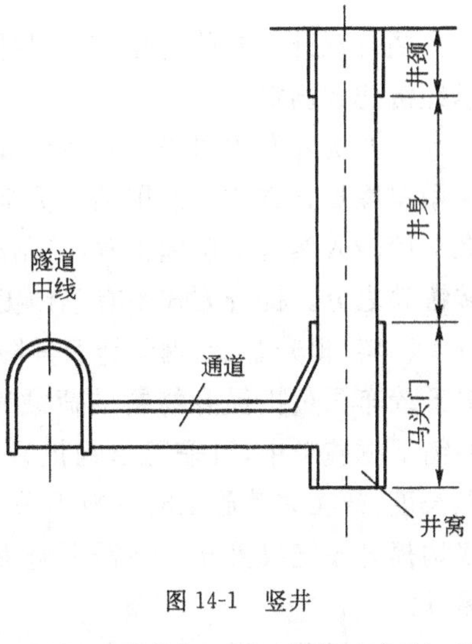

图14-1 竖井

竖井井筒位置根据所处隧道的位置、竖井的用途、井筒与隧道的联络关系、施工场地布置及弃渣处理等选择,应注意环境保护、少占耕地,防止弃渣堵塞河道、沟渠、道路交通,并应减少由于竖井的修建对农田、水利设施和生活用水的影响。应使井身尽可能避免穿过松软地层、断层破碎带和含水层等不良地质地段。竖井井口的位置不应设在可能被洪水淹没处,井口高程应高出洪水频率为1/100的水位至少0.5m。当洞口位于山沟低洼处时,须有防洪措施。井口地形应有适合布置提升设备、堆料和弃渣等场地。

竖井井筒的数目和位置根据隧道上方地质、隧道的施工组织、隧道与上方地表的高差、隧道施工工期、地面布置和通风要求等因素确定。

竖井深度根据提升容器的类别和井底水窝深度确定。

山区中为隧道施工和运营通风的竖井,开挖深度通常较大,一般情况下属深层开挖。竖井井筒工程施工技术复杂,作业场所狭窄,工作环境恶劣,且受地质条件变化(井下涌水,有时瓦斯涌出等)的影响大,井筒的横断面比隧道的横断面小许多,施工平均速度常不足普通隧道的

30%。因而井筒施工在隧道工程中虽然工程量不大但施工工期较长。

竖井的开挖方法与平洞隧道的开挖方法不同、施工的方向也不同，多数情况下，竖井是自上向下开挖，所以，除凿岩爆破近似相同外，其施工方案、装运方法等与平洞隧道差别较大。

竖井施工根据所穿过地层的地质条件分为表土施工和岩层施工两大类。

表土施工方法除了利用(木、钢)板桩墙支撑的普通挖掘法外，还有利用井点降水法、压气下开挖法、沉箱(井)法、地下连续墙法、冻结法、钻井法等辅助施工方法的井筒开挖法。

井筒在岩层施工的方法有自上向下钻眼爆破的普通施工法和钻井施工法，自下向上施工有普通施工法、反井施工法、深孔爆破法和钻井施工法。

大瑶山隧道的辅助坑道在山体最高处采用了竖井方案，竖井深度达440m(图14-2)。平原区的竖井在盾构法开挖隧道时可作为盾构的出发井和接收井。

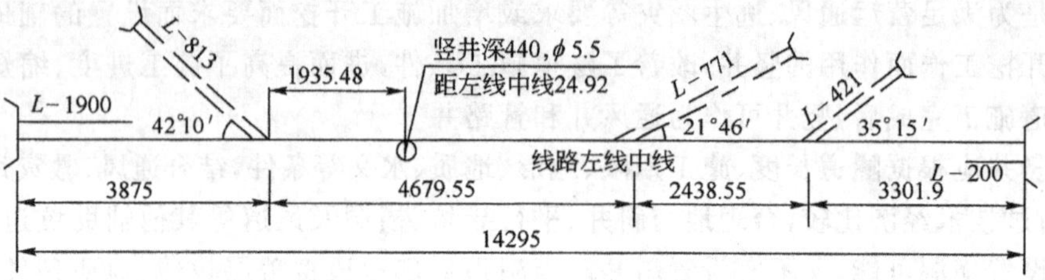

图14-2 大瑶山隧道辅助坑道平面布置示意图(尺寸单位:m)(虚线为副井)

第二节 井筒的提升方式

竖井提升方式的选择，应根据隧道施工对提升能力的要求以及投资、能耗等因素，通过技术经济比选确定。

竖井提升有单绳提升和多绳提升的区别，因竖井提升多只在隧道施工期间使用，目前主要采用单绳提升方式。选用的提升容器分别为吊桶、罐笼和箕斗。井筒施工中采用吊桶提升。在井筒转入隧道平洞施工时，采用罐笼提升或箕斗提升。罐笼提升方式中又有普通罐笼和翻转罐笼之分。提升方式中有单钩提升和双钩提升之分，单钩提升时提升绞车负担的荷载是提升的物料、提升容器、钢丝绳及其附件的全部荷载，用绞车的最大静张力来满足。双钩提升时提升绞车只负担提升物料的荷载和部分钢丝绳的荷载，用绞车的最大静张力差来满足。在井筒下掘施工中，可采用单钩提升也可采用双钩提升，但采用双钩提升时，需频繁调整钢丝绳长度，故在井筒施工时一般不采用双钩提升。当井筒施工完毕转入隧道平洞施工时，常采用双钩提升罐笼或箕斗。当需要竖井提升的隧道平洞开挖工程量不大时，也可继续使用吊桶提升。

箕斗提升有提升容量大、自重小、效率高，占用井筒横断面小，需用矿车少，矿车不用提升，可采用大容量矿车的优点；但其需要装、卸渣设备和渣仓，要求井架高，井底水窝深，因此具有初期投资大的缺点。

普通罐笼提升不需设渣仓，井架低，不但能提升渣石，还可方便地提升人员和材料。但罐笼自重大，在相同条件下，提升能力小于箕斗。

翻转罐笼结构复杂，初期投资大，设备运转效率低，目前较少使用。

第三节 井筒装备

竖井井筒中一般装备有罐道、罐道梁、井口和井底金属支承结构，还有防过卷装置以及梯子间、各种管路和电缆等设施。其中罐道和罐道梁是井筒装备的主要组成部分。

一、罐道

罐道是提升容器的导向装置，是竖向连续结构物。它消除了提升容器在上下运行时的横向摆动，保证了提升容器的高速、平稳、安全运行。

罐道分为刚性罐道和柔性罐道(即钢丝绳罐道)。刚性罐道要由固定安装在井壁上的罐道梁承托固定；柔性罐道通过地面和井底运行区间以外的拉紧装置固定。

(一)刚性罐道

刚性罐道的材质分为木罐道、钢罐道。在钢罐道中又分为钢轨罐道、型钢组合罐道。罐笼提升刚性罐道几种常用布置形式如图 14-3。

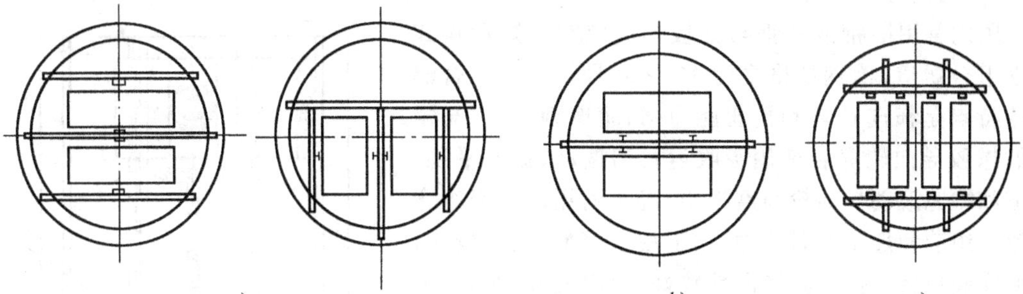

a)　　b)　　c)

图 14-3　罐道布置形式

a)双侧布置；b)单侧布置；c)端面布置

1. 罐道、罐梁荷载分析

作用在罐道、罐梁上的荷载分固定荷载与临时荷载两种。固定荷载主要是罐道、罐梁的自重(静荷载)。临时荷载包括提升容器传来的荷载、围岩变形或位移产生的荷载，以及温度和安装所造成的荷载等。

提升容器作用于罐道、罐梁上的荷载为动荷载，又可分为断绳荷载和运行荷载两种，可以是计算罐道、罐梁的主要荷载。其他荷载在主要荷载计算结果上乘以 1.1 超载系数即可。

断绳荷载是提升容器以最大速度下降而且发生断绳时防坠器闸住罐道所产生的制动阻力，其大小与防坠器的结构和罐道类型有关，其方向垂直向下。在装有木罐道防坠器的罐笼井中，罐道、罐梁通常以断绳垂直荷载进行计算。

运行荷载是提升容器在运行过程中摆动而产生的水平侧向力及容器对罐道阻力的上下交变负荷。在不设防坠器或采用 FS 型、FLS 型防坠器的井筒中，罐道、罐梁不承受断绳产生的垂直荷载，主要承受提升容器在运行过程中产生的水平荷载。

2. 罐道材料

(1)木罐道

木罐道的特点是强度低、服务时间短，但质量轻、便于加工，断绳保护器使用可靠，因此过

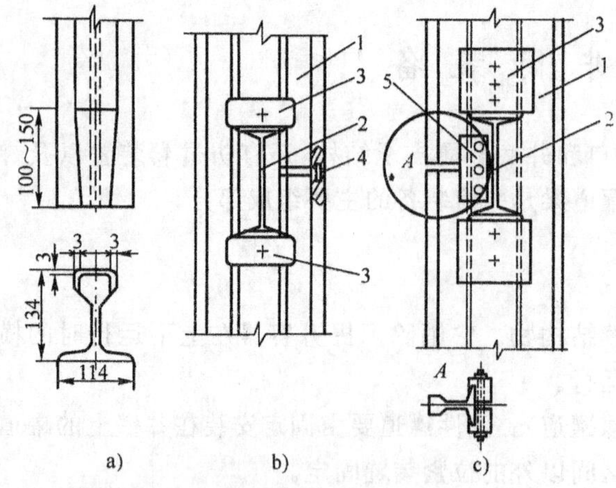

图 14-4 钢轨罐道的节点(尺寸单位:mm)

a)罐道头加工图;b)销子接头图;c)钢夹子接头图

1-钢轨罐道;2-罐道梁;3-罐道卡子;4-销子;5-钢夹子

去常被广泛用于升降人员的罐笼井。现木罐道常用于提升终端荷载不大、使用时间不长的竖井。常用截面尺寸:1t矿车罐笼为180mm×160mm,3t矿车罐笼为200mm×180mm或220mm×200mm。

(2)钢轨罐道

钢轨罐道因强度较高,寿命较长,多用于箕斗井或单侧布置两根罐道的罐笼井,也可在带有断绳保护器的罐笼井中使用。常用钢轨规格多为24~38kg/m。钢轨罐道的接头应放置在罐道梁与罐道的连接处,如图14-4所示。采用专用卡子和螺栓把接头固定在罐道和工字形罐道梁上,如图14-5所示。

(3)型钢组合罐道

国内常用槽钢或角钢与钢板焊接成空心矩形构成型钢组合罐道,槽钢规格多为16~20号。型钢组合罐道的特点是横向抗弯和抗扭能力强、罐道刚度大,与罐笼的橡胶导向轮联合使用吸收运行的振动、提升平稳,罐道和罐笼滚动导向轮间磨损小,经久耐用。然而组合罐道的组装和加工费时费力,加工后易变形,误差较大,影响安装质量。但因其导向性较好,应用较多,如图14-6、图14-7、图14-8所示。

(4)整体轧制罐道

它与型钢组合罐道相比,质量轻、造价低、导向性好。整体轧制罐道形状见图14-9。目前国外应用较多。

(二)钢丝绳(柔性)罐道

这是一种柔性罐道。钢丝绳罐道作为提升容器的导向装置,上端固定在井架上,下端在井底用液压或重锤拉紧,井内不需设置罐道梁。它与刚性罐道相比,具有结构简单、安装维修及更换钢丝绳方便的优点,此外,钢丝绳具有弹性、提升平稳、安全性好、改善提升系统受力状况、不易发生卡罐与断绳事故,钢丝绳罐道只在上下两端固定、不需罐道梁,这就减轻了提升荷载对井壁的影响,提高了井壁的整体性,减小了通风阻力,节约了大量钢材。施工中一般宜优先使用钢丝绳罐道。但要避免以下缺点:钢丝绳罐道要求提升容器之间以及提升容器与井壁之间的安全间隙比刚性罐道大、悬挂钢丝绳及重锤使井架负荷增大,井底水窝要求较深。当井筒中心偏移值较大或井窝水量大,无法安装拉紧装置时,不宜采用。

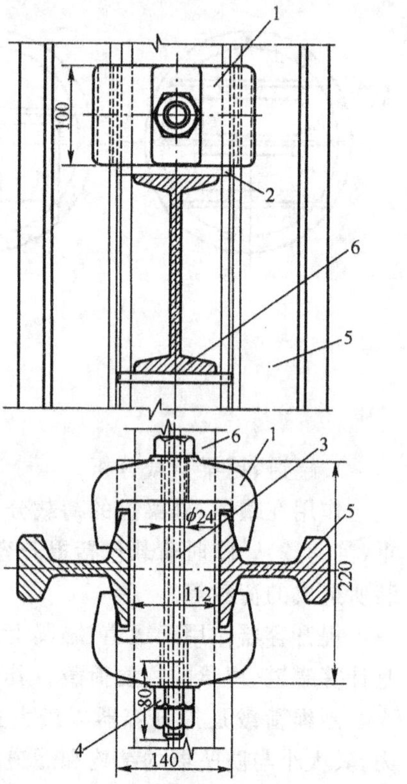

图 14-5 钢轨罐道与工字钢罐道梁的连接(尺寸单位:mm)

1-罐道卡子;2-金属垫板;3-螺栓;4-螺母;5-钢轨罐道;6-工字钢罐梁

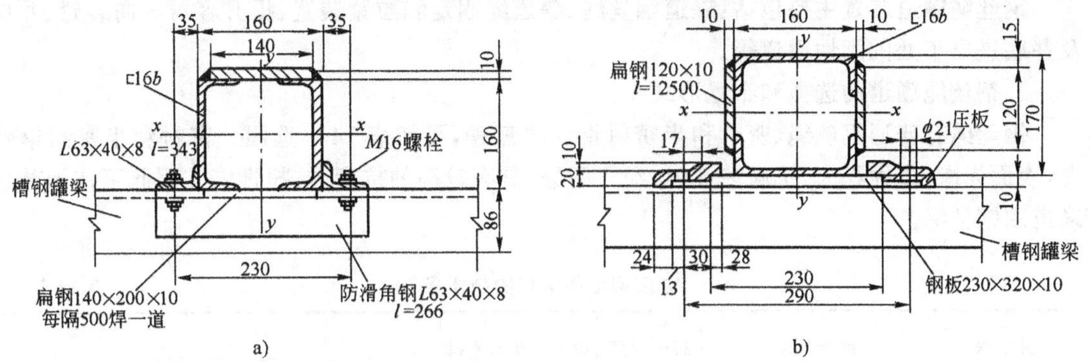

图 14-6 型钢组合罐道形式(尺寸单位:mm)

a)槽钢立放式;b)槽钢卧放式

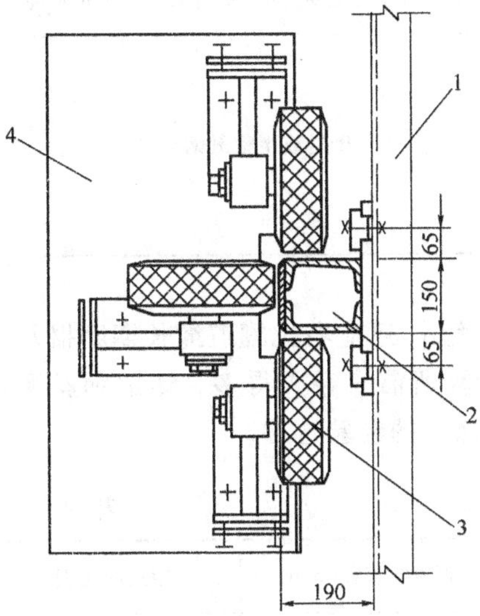

图 14-7 槽钢组合罐道与胶轮罐耳(尺寸单位:mm)

1-槽钢罐梁;2-槽钢组合罐道;3-胶轮罐耳;

4-罐笼的一部分

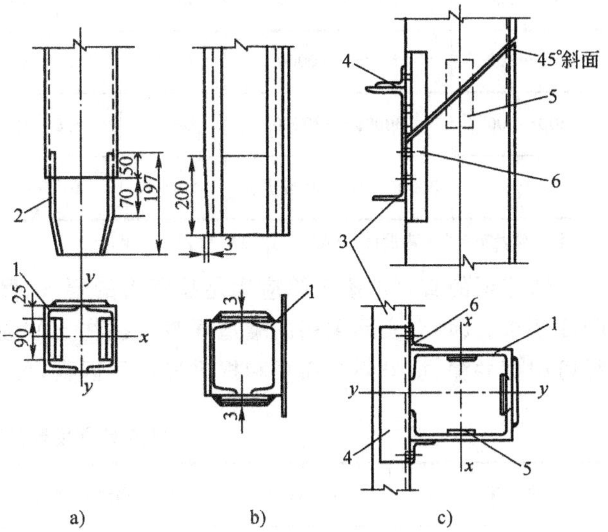

图 14-8 型钢组合罐道接头方式(尺寸单位:mm)

a)扁钢销子式;b)磨小罐道头式;c)斜面接头式

1-槽钢组合罐道;2-扁钢销子 90×200×6mm;3-槽钢罐梁;

4-防滑角钢;5-导向板;6-连接角钢

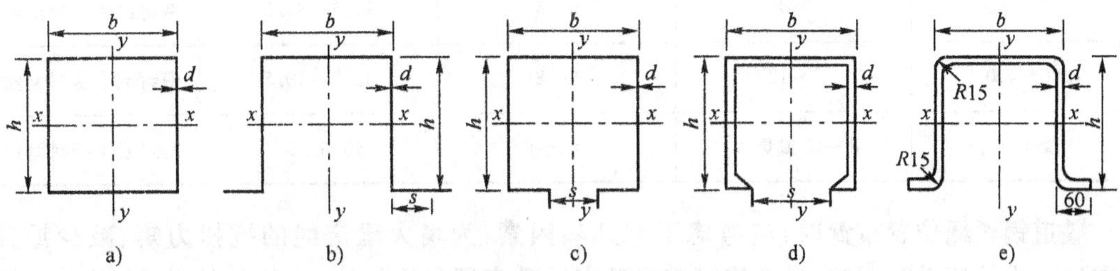

图 14-9 异型钢罐道的横断面(尺寸单位:mm)

a)方管形;b)盆形;c)内弯形;d)Π形;e)⎍⎍形

钢丝绳罐道装置主要包括:罐道钢丝绳、罐道绳固定和拉紧装置、提升容器导向装置、井口及井底进出车处的刚性罐道等。

1. 钢丝绳罐道的选择和布置形式

钢丝绳有普通钢丝绳、密封和半密封钢丝绳三种,可按表 14-1 选用。密封和半密封钢丝绳,表面光滑、表面积大、抗腐蚀性强、经久耐磨,具有较高的抗弯、抗扭性能。因此可作为首选罐道用钢丝绳。

罐道钢丝绳选用的技术条件 表 14-1

井 深(m)	终端荷载(N)	提升速度(m/s)	罐道钢丝绳直径(mm)	罐道钢丝绳类型
<150	<30000	2～3	20.5～25	6×7+1 普通钢丝绳
150～200	30000～50000	3～5	25～32	6×7+1 普通钢丝绳、密封或半密封钢丝绳
200～300	50000～80000	5～8	30.5～35.5	
300～400	60000～120000	6～8	35.5～40.5	密封或半密封钢丝绳
>400	80000～120000 或更大	>6～8	40.5～50	

注:本表摘自《井巷设计》,煤炭工业出版社,1983 年。

罐道绳的直径的确定除应满足拉紧力的要求、保证强度外,还应考虑罐道绳长期磨损及其刚度要求。因此,实际采用的罐道绳直径往往比按强度计算所需直径大得多。罐道钢丝绳直径可根据井深、提升终端荷重和提升速度等因素,参照表 14-2 的经验选取。

罐道绳直径经验数据 表 14-2

井 深(m)	终端荷载(t)	提升速度(m/s)	罐道绳直径(mm)	罐道绳类型
<150	<3	2～3	20.5～25	6×7+1 普通钢丝绳
150～200	3～5	3～5	25～32	6×7+1 普通钢丝绳 密封或半密封钢丝绳
200～300	5～8	5～6	30.5～35.5	密封或半密封钢丝绳
300～400	6～12	6～8	35.5～40.5	密封或半密封钢丝绳
>400	8～12 或更大	>6～8	40.5～50	密封或半密封钢丝绳

罐道钢丝绳位置布置时,应考虑下列几项因素:为增大罐道绳的抗扭力矩、减少提升容器在运行中的摆动和扭转,尽量使罐道绳远离提升容器的回转中心;不妨碍井底、井口设置刚性罐道和罐梁,并保证罐耳通过时有足够的间隙;便于布置和安装罐道绳的固定及拉紧装置等。

钢丝绳罐道的布置方式分为 4 根钢丝绳的四角对称布置,见图 14-10a)和单侧布置,见图

14-10b)；2 或 3 根绳的两侧非对称（对角或三角）布置，如图 14-10c)、d)、e)。

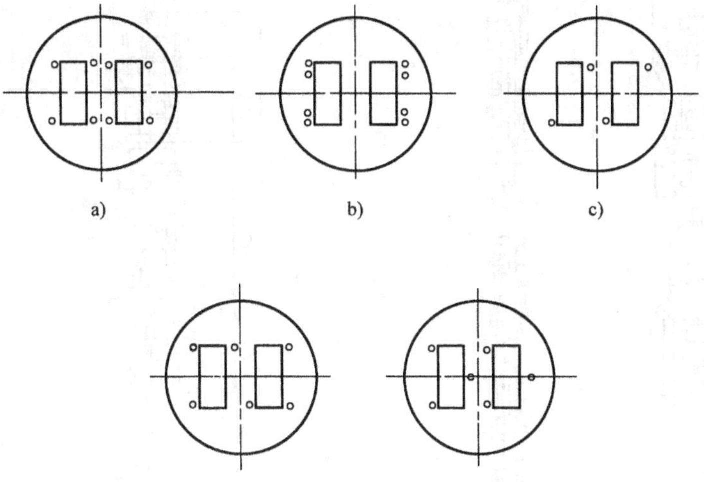

图 14-10　钢丝绳罐道位置

2. 罐道绳的拉紧及固定装置

（1）螺杆拉紧（见图 14-11）

一般多用于井深小于 200m 的竖井中。优点是结构简单、易于加工和安装、井窝不需加深。缺点是拉紧力有限。

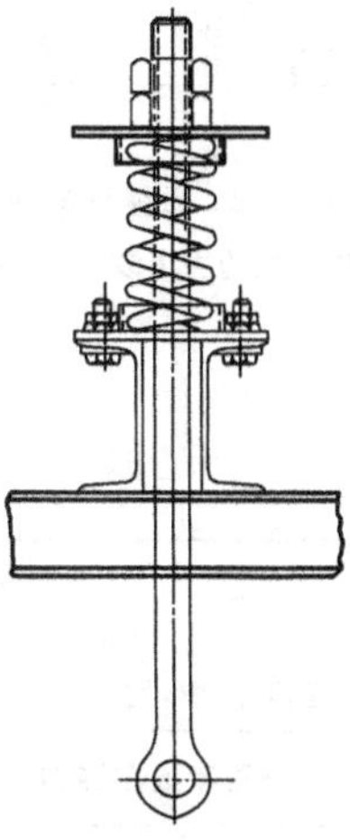

图 14-11　弹簧螺杆拉紧装置

（2）重锤拉紧（见图 14-12）

一般用于拉紧力较大、井深大于 200m 的拉紧力要求较大的竖井中。优点是罐道绳能获得较大的拉紧力，而且拉力保持不变。缺点是要求较深的井底水窝。

（3）液压螺杆拉紧（见图 14-13）

这种拉紧方式是将罐道绳下端用倒置的固定装置固定在井窝专设的钢梁上，上端用井架上的液压螺杆拉紧装置将罐道绳拉紧。

3. 钢丝绳罐道的辅助措施

（1）刚性罐道

为保证矿车进出罐笼或箕斗装、卸载时的容器稳定，在井口及马头门的罐笼进出口处，或箕斗装载洞室处的一段井筒，设置刚性罐道。其长度应能保证最大过卷时，罐耳不脱离刚性罐道。一般比过卷高度长 1～2m。过卷高度见井架高度计算公式。刚性罐道的布置形式，多采用两侧或四角形布置。罐道梁可采用工字钢或槽钢。

（2）导向装置（罐耳）

提升容器外壁上，沿每根罐道绳纵向设上下两个导向器。目前使用的有滚轮导向器和滑动导向器两种，后者使用较普遍。

（三）设备之间的安全间隙

为防止提升容器在运行中发生碰撞，无论采用刚性罐道或钢丝绳罐道，均须留有足够的安全间隙。设备之间的安全间隙可按表 14-3 选取。

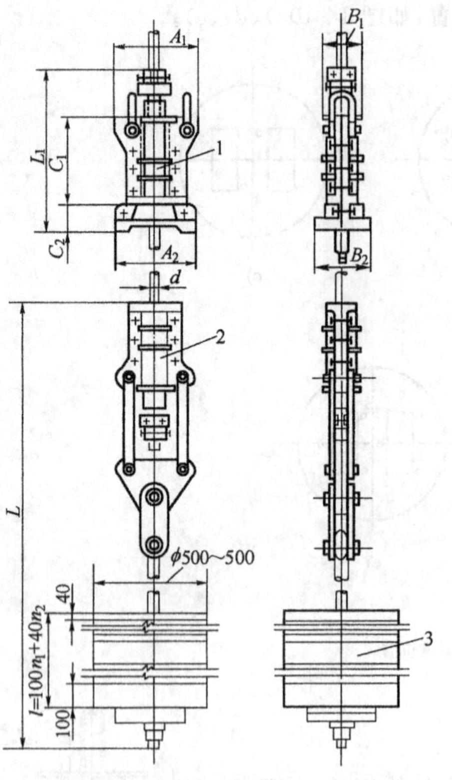

图 14-12　重锤拉紧钢丝绳罐道装置(尺寸单位:mm)

1-井架上的固定装置;2-井底固定装置(倒置);3-重锤铁块

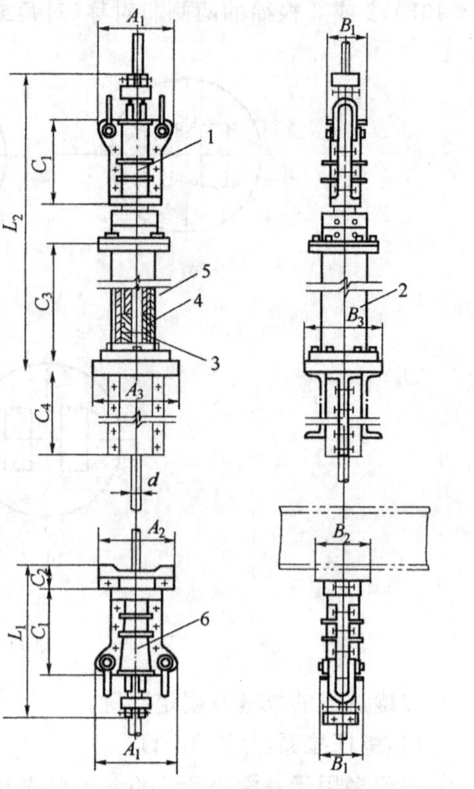

图 14-13　液压螺杆拉紧钢丝绳罐道装置

1-井上固定装置;2-液压油缸;3-活塞杆;4-活塞体;5-梯形螺纹杆;6-井底倒置的固定装置

设备之间最小安全间隙(mm)　　表 14-3

间隙类别 / 罐道和井梁布置		容器和容器之间	容器和井壁之间	容器和罐道梁之间	容器和井梁之间	备　注
罐道布置在容器一侧		200	150	40	150	罐耳和罐道卡子之间为 20
罐道布置在容器两侧	木罐道	—	200	50	200	有卸载滑轮的容器滑轮和罐道梁间隙增加 25
	钢罐道	—	150	40	150	
罐道布置在容器正面	木罐道	200	200	50	200	
	钢罐道	200	150	40	150	
钢丝绳罐道		450	350		350	设防撞绳时,容器之间最小间隙为 200

注:①凿井时,两个提升容器的导向装置最突出部分之间隙,不得小于 $0.2+H/3000$,m(H-提升高度,m)。井筒深度小于 300m 时,上述间隙不得小于 300mm。

②本表摘自《煤矿安全规程》,煤炭工业出版社,1986。

(四)各种类型井筒装备的关系

各种井筒装备的特点见表 14-4。

各种类型井筒装备的优、缺点 表 14-4

项目	罐道梁		罐道				
	空心矩形断面	型钢	柔性罐道	刚性罐道			
			钢丝绳	木	钢轨	型钢组合	空心矩形
加工复杂程度	一般	一般	简单	一般	一般	复杂、质量不易保证	一般
安装	不复杂	方便	快速、方便	不方便	方便	速度慢	不复杂
容器运行			平稳	较平稳	较平稳	平稳	平稳
使用寿命	是型钢梁的两倍	较长	长	短	较大	是钢轨的两倍	是钢轨的两倍
维护	简单	简单	量小	量大	量较大	量小	量小
通风阻力	较小	较大	小	大	较小	较小	较小
防火	防火	防火	防火	防火	防火	防火	防火
容器与罐道阻力			小	大	较大	小	小
抗水平力性能	好	很差		较差	差	好	好
井筒断面利用率	高	高	低	高	高	高	高
井底水窝			深度大				
井架负荷			增大		大		
发生事故可能		多	小	大		小	小
钢材消耗	少		少		较少	多	少
装备投资	较低	较高	最低	高	较低	较高	低

二、罐道梁(罐梁)

罐道梁仅当罐道为刚性罐道时使用。在井筒内呈水平布置,每隔一定的高度布置一层,用来固定罐道。罐梁主要承受提升容器作用于罐道正面和侧面的水平力。罐道梁按材质分金属、木材和钢筋混凝土三种。

罐梁的断面形式,除应满足强度、刚度和耐腐蚀的要求外,还应满足通风阻力小、钢材消耗少、节省投资、生产维护方便等要求。可采用梁端埋入或锚杆固定两种方式将罐梁固定于井壁上。前者要在井壁上预留或现凿梁窝,费工费料,后者施工简单,可首先选用。

(一)木罐梁

木罐梁一般用在提升量较小、使用年限短或竖井断面为方形的井筒。木罐道的长度为6m,将它固定在四层罐道梁上,则罐梁间距可取2m。

(二)金属罐梁

金属罐梁使用比较广泛,采用工字钢和槽钢的罐梁侧向抗弯和抗扭能力均较小,采用型钢(角钢或槽钢)焊成的闭合形空心断面罐梁,在强度、刚度、抗腐蚀和提高通风效果等方面均优于工字钢或槽钢。

罐梁型号大小,一般根据提升终端荷载按经验数据选取。直径4.5~5.5m的箕斗竖井,多采用 20 号工字钢作罐梁;罐笼井罐梁可根据罐笼类型,参照表 14-5 选取或自行设计。

罐笼井罐梁型号　　表 14-5

井筒净直径(m)	提升设备	罐梁型号				
		双侧罐道			单侧罐道	
		主梁	次梁	边梁	主梁	次梁
4.0	1t 矿车普通罐笼单层单车无梯子间 双层单车	I20b 22b		I18 20b	I20b 22b	
5.0	1t 矿车普通罐笼单层单车有梯子间 双层单车	I20b、 22b、24b	I20b、 22b、24b	I18 20b	I20b 22b、24b	槽钢 20a 或 I20b
6.0	2t 矿车普通罐笼单层单车有梯子间	I24b	I24b	I22b	I24b	槽钢 20a 或 I20b
6.5	3t 矿车普通罐笼单层单车有梯子间 双层单车	I24b、25b、27b I27b、28b、30a	I24b、25b、27b I27b、28b、30a	I22b 22b、24b	I25b 28b、30b	槽钢 22a

注:①表中主梁为靠近井筒中心两罐笼之间的梁,边梁为靠井筒另一边的梁;单侧罐道的次梁为梯子间、管子间梁,如管路较少或布置在别处,则次梁一般用槽钢 t6a;

②本表摘自《井巷设计》,煤炭工业出版社,1983 年 8 月。

罐梁的层间距,多由罐道的长度来定,尽量使罐道在罐梁上接头。钢轨罐道的钢轨标准长度为 12.5m,固定在四层罐道梁上,加上伸缩缝宽 2～4mm,因此层间距为 4.168m。

(三)钢筋混凝土罐梁

为节省钢材,在井深不大、提升量较小或有侵蚀性淋水的井筒中,采用钢筋混凝土罐梁较合适。但在井口和井底进出车水平的马头门处,宜改为型钢罐道梁,以免矿车经常碰撞罐笼。

三、梯子间和管子间

(1)梯子间(图 14-14)用作井下发生突然事故和停电时的安全出口,平时作检修井筒装备和处理卡罐事故之用。

为便于检修,管路、电缆尽量靠近梯子间位置安设。通常情况下,梯子间布置在与罐笼长轴平行(或箕斗长轴垂直)的一侧。平面尺寸一般不小于 1.2×1.6m。

梯子孔口不小于 0.6×0.7m,梯子宽不小于 0.4m,梯子斜度不得大于 80°;梯台层间距,木罐道、钢丝绳罐道一般为 4m,金属罐道一般为 4.5～5m 或 4.168m,但均不得大于 8m。每架梯子必须伸出平台 1m,否则要在梯子上方的井壁上安装铁把手。

(2)管子间用于布置排水管、压风管及供水管等管路。为便于检修,管子间一般紧靠梯子间,管路应尽量靠近梯子间主梁,与罐笼长轴平行,排水管位置视井下水泵房的位置确定。电力电缆、通讯及信号电缆,应分别布置于梯子间的两侧。

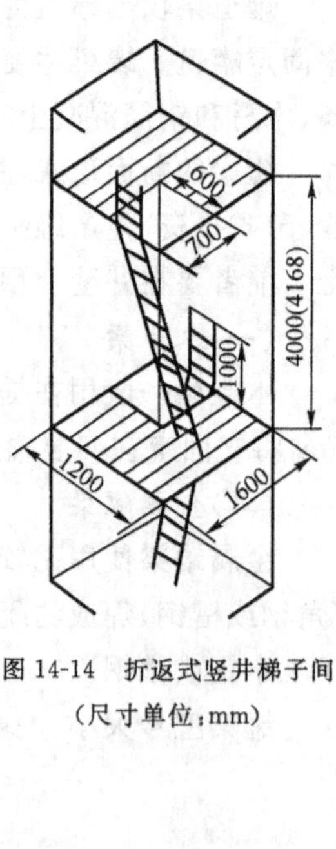

图 14-14　折返式竖井梯子间

(尺寸单位:mm)

第四节　竖井井筒断面设计

一、井筒的断面形状

为营运需要建造的竖井的断面尺寸应根据通风需要、管路布置、服务年限、逃生救灾要求确定。为增加隧道开挖工作面设置的竖井断面尺寸，应根据施工要求、穿过岩层地质条件、支护类型、设备技术条件及工作环境要求等因素确定。

由于圆形断面受力状况适合地下工程复杂的地质条件，通风阻力小，维护费用少和施工较方便，故竖井横断面宜采用圆形，井筒内应设置安全梯。在岩石或土体稳定或侧壁支撑可靠时，也可采用矩形或多边形断面。矩形或多边形的断面利用率高，但受力条件差，常用于在地压不大的围岩中修筑临时性的竖井或简易竖井。

竖井的断面尺寸根据竖井用途、提升能力、机具装备、铺设的管道、安全梯等设备和安全间隙并考虑通风要求确定。

提升容器与罐梁和井壁之间的最小间隙，是布置井筒、设计井筒断面的一项重要参数，可按表14-3选取。

二、井筒直径的确定

1.井筒直径的确定步骤

采用刚性罐道的井筒直径确定的步骤如下：

(1)按照确定的井筒断面布置形式，先初定罐梁型号和罐道规格。

(2)根据提升间、梯子间、管路、电缆占用面积和罐道厚度、罐梁宽度以及规定的间隙，用图解法或解析法求出井筒直径的近似值。然后以0.5m进级初步确定井筒直径。净直径在6.5m以上属于特殊布置的井筒，可根据实际需要确定，不受0.5m进级的限制。

(3)根据初步确定的井筒直径，验算罐梁型号及罐道规格。

(4)根据验算后确定的罐梁、罐道规格，重新作图和核算，检查提升容器与井壁和罐梁之间的间隙，作出必要的调整。

(5)根据通风要求，核算井筒断面。如果断面不能满足通风要求，则应按通风要求确定井筒断面。

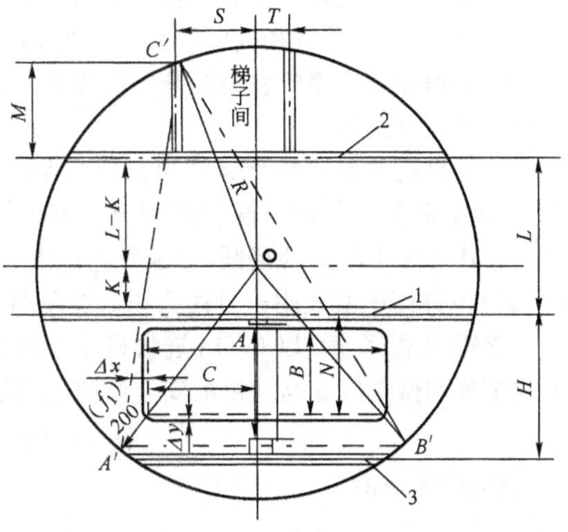

图14-15　普通罐笼井井筒断面计算图(尺寸单位:mm)

2.井筒直径

以罐笼井为例，见图14-15。

(1)罐梁中心线间距：

$$L = a + 2(h - \Delta) + \frac{b_2}{2} + \frac{b_1}{2} \tag{14-1}$$

$$H = a + 2(h - \Delta) + \frac{b_3}{2} + \frac{b_1}{2} \tag{14-2}$$

式中：a——两侧罐道之间的距离(mm)，根据设备选型手册查出；

h——木罐道的厚度(mm)；

Δ——钢罐梁卡入木罐道的深度，1t 矿车单层单车罐笼取 $\Delta=16$mm；对 1t 矿车双层单车及 3t 矿车单层单车罐笼 $\Delta=20$mm；

b_1、b_2、b_3——分别为 1 号、2 号、3 号罐梁的宽度，可根据经验数据预选。

(2)梯子间尺寸 M、S、T，可根据梯子间和管子间的布置和结构尺寸，按下列公式计算：

$$M = 600 + 600 + m + \frac{b_2}{2} \tag{14-3}$$

式中：600——两梯子的中心距(mm)；

600——梯子中心对壁板距离加另一梯子中心到井壁距离(mm)；

m——梯子间壁板厚度，一般木梯子间取 50mm，金属梯子间取 77mm。

如图 14-15 所示，左侧布置梯子间，右侧布置管路，通常取 $T=300\sim400$mm，梯子孔前方边线的前后宽度不得小于 700mm，加上梯子梁宽度 100mm，故取 $S+T=2(700+100)=1600$mm，此时，$S=1600-T=1200\sim1300$mm。

(3)罐笼转角。罐笼一般制作成图 14-16 所示圆角，拐角处收缩尺寸为：

$$\Delta x = \Delta y = 0.293r$$

$$\Delta r = 0.414r$$

式中：r——1t 矿车罐笼，$r=130$mm；3t 矿车罐笼，$r=180$mm。

根据以上所求得的提升间和梯子间断面布置尺寸等，用图解法可确定井筒的直径以及罐笼在井筒中的位置。

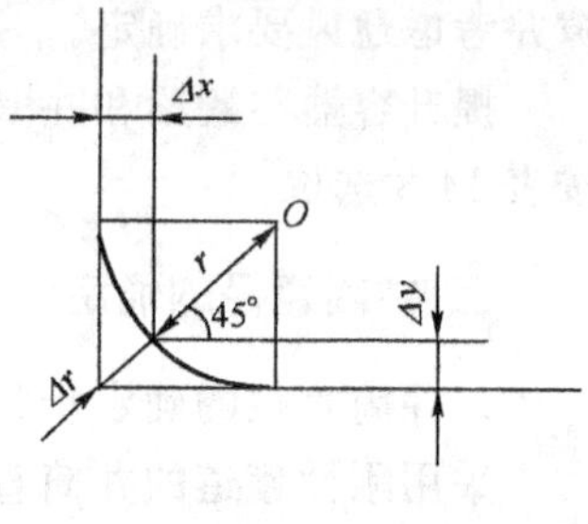

图 14-16 罐笼转角

3. 确定井筒直径的作图法

井筒直径的确定方法有解析法和图解法，但解析法计算烦琐，本书只介绍图解法。

(1)罐笼井井筒直径确定方法，由(图 14-15)：

①根据计算求得的井筒提升间和梯子间断面尺寸，用 1∶20 或 1∶50 比例画出罐笼提升间和梯子间布置图。

②从靠近井壁的两个罐笼拐角沿角平分线方向(即拐角圆弧的半径方向)，向外量距离 $200-\Delta r$，得 A'、B'两点，再根据 M、S 求得 C'点。

③作 $\Delta A'B'C'$的外接圆，可求得井筒中心 O，即可量得井筒近似半径 R($R=OA'=OB'=OC'$)以及井筒中心线距一号罐梁中心线距离 K。

求得 R 和 K 后，以 0.5m 进级确定井筒直径 D。为施工方便，K 应取整数。然后再根据下式核算和修正罐笼与井壁的安全间隙 f_1 及 M 值。

$$M_1 = \sqrt{R^2 - S^2} - L + K \tag{14-4}$$

要求 $M_1 \geqslant M$

$$f_1 = R - \sqrt{(K+N)^2 + C^2} \tag{14-5}$$

要求 $f_1 \geqslant 200$mm

图 14-15 和式中的符号意义如下：

式中：a——两侧罐道之间的间距(mm)；

h——罐道高度(mm)；

H——罐梁中心线间距：

$$H = a + 2h + S_0 \tag{14-6}$$

S_0——罐道与罐梁联接处凹槽垫板的宽度(mm)；

A、B——普通罐笼长和宽(mm)；

K——井筒中心线至罐道中心线的距离(mm)，此数可确定罐笼在井筒中的位置；

C——罐道中心线至罐笼一侧的距离(mm)；

Δx、Δy——普通罐笼角度收缩尺寸。

上述 A、B、C 均可由所选定罐笼产品规格中查得。

如不能满足要求，则应适当修正 K。然后再按上式核算和修正安全间隙 f_1 及 M，直到满足要求为止。

(2)箕斗井井筒直径的确定方法。图解法可按下列步骤进行(图 14-17)：

①根据计算求得的井筒提升间和梯子间的断面尺寸，用 1∶20 或 1∶50 比例画出箕斗提升间和梯子间的断面布置图。

②从靠近井壁两个箕斗的拐角，沿角平分线的方向，向外量距离 f_1，得 A'、B' 两点，再根据 M、S 得 C'点。

③作 $\Delta A'B'C'$ 的外接圆，即可求得井筒中心，并量出井筒近似半径 R 和尺寸 K。求得 R 和 K 后同样按 0.5m 进级，确定出井筒直径，且使 K 值取整数，然后再核算和修正 f_1 和 f_2。

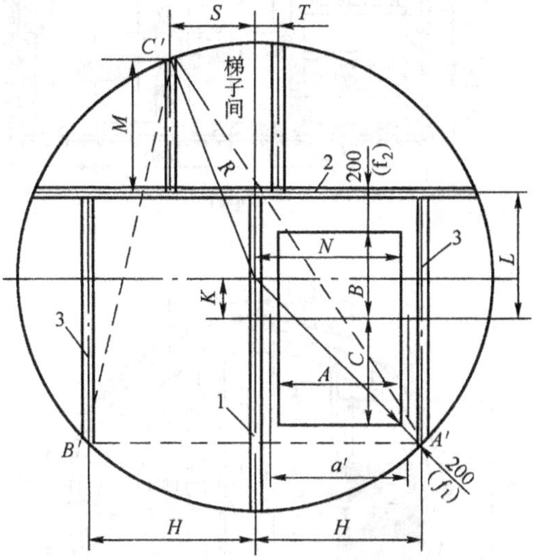

图 14-17　箕斗井井筒断面计算图(尺寸单位：mm)

$$f_1 = R - \sqrt{N^2 + (K + C)^2} \geqslant 200 \tag{14-7}$$

$$f_2 = \sqrt{R^2 - S^2} - (M + \frac{b_2}{2} + B - K) \geqslant 200 \tag{14-8}$$

图 14-17 和式中的符号意义如下：

S_0——罐道与罐梁联接处凹槽垫板的宽度(mm)；

A——箕斗宽度(mm)；

K——井筒中心线至罐道中心线的距离(mm)，此数可确定箕斗在井筒中的位置；

C——罐道中心线至箕斗一侧的距离(mm)；

B——罐道中心线至箕斗另一侧的距离(mm)。

$$H = a + 2h + S_0$$

a——两侧罐道之间的间距(mm)，由所选定箕斗产品规格中查得；

h——罐道高度(mm)；

H——罐梁中心线间距。

上述 A、B、C 均可由所选定箕斗产品规格中查得。其他符号同前。如果不能满足上述要求，则应适当修正 K，再重新核算，到满足要求时为止。

无论罐笼提升或箕斗提升，当竖井兼作通风井时，应按通风要求校核井筒净面积。

图 14-18～图 14-22 列出几种断面的布置形式。

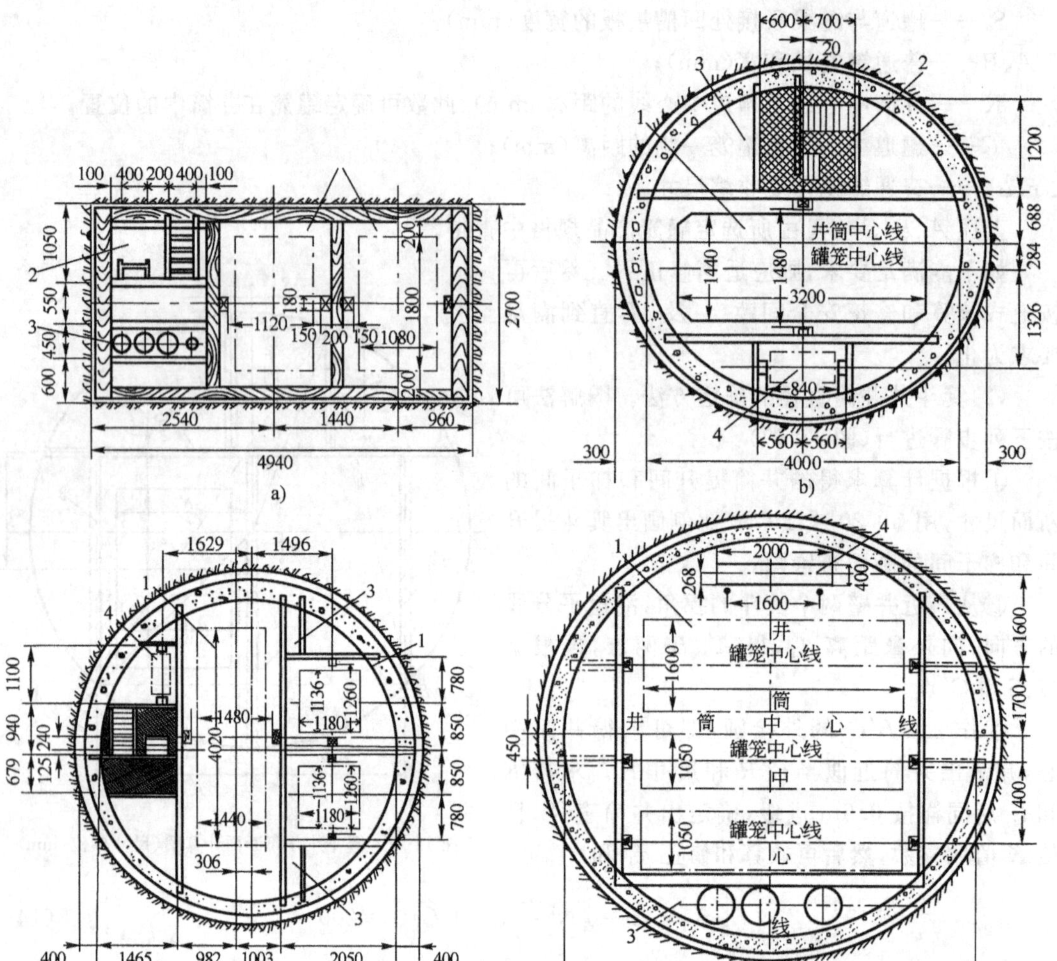

图 14-18 刚性罐道井筒断面示例(尺寸单位:mm)

a)矩形断面双罐笼;b)圆形断面单罐笼平衡锤;c)圆形断面罐笼、箕斗混合布置;d)圆形断面三罐笼平衡锤;e)圆形断面双罐笼

1-提升间;2-梯子间;3-管路间;4-平衡锤间

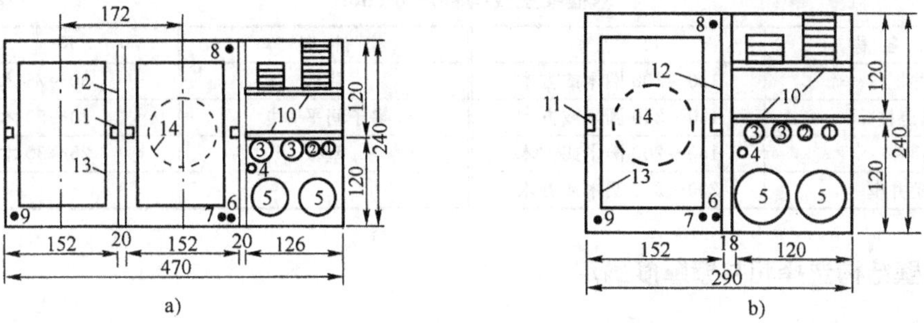

图 14-19　钢丝绳罐道矩形断面示例(尺寸单位:cm)

a)双罐笼矩形断面;b)单罐笼矩形断面

1～5 供水管、排水管、压风管、喷射混凝土管、通风管;6～10 信号电缆、照明电缆、动力电缆、放炮电缆、木梯梁;

11～14 木罐道、木罐梁、罐笼、吊桶

注:如加平衡锤须加大断面。

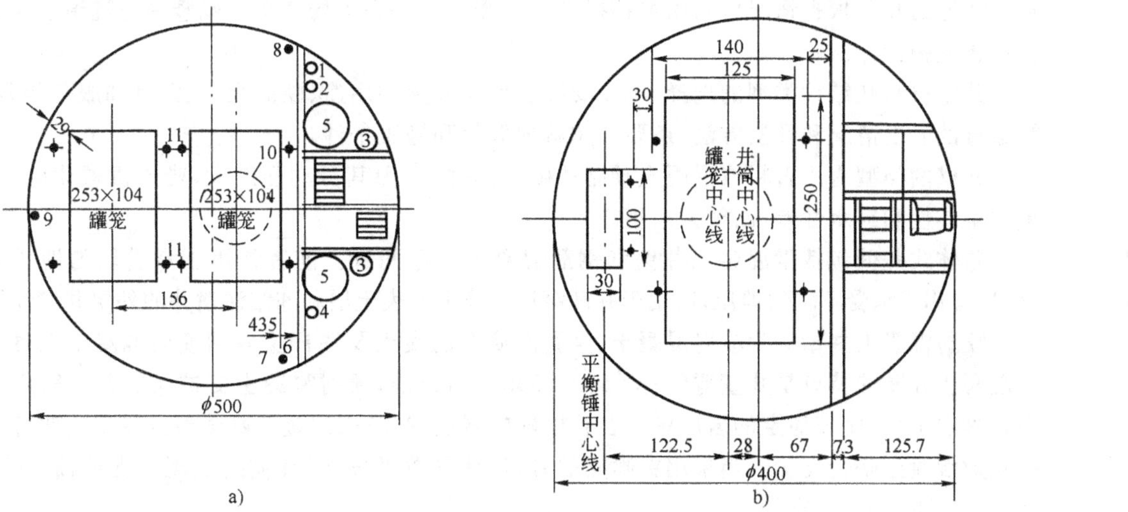

图 14-20　钢丝绳罐道罐笼圆形断面(尺寸单位:cm)

a)钢丝绳罐道双罐笼圆形断面;b)钢丝绳罐道单罐笼圆形断面

1～5 供水、排水、压风、喷混凝土、通风管路;6～10 信号、照明、动力、放炮电缆、吊桶;11-钢丝绳罐道

图14-21　钢丝绳罐道吊桶圆形断面(尺寸单位:cm)

1-吊桶;2-吊盘;3-通风管;4-安全梯

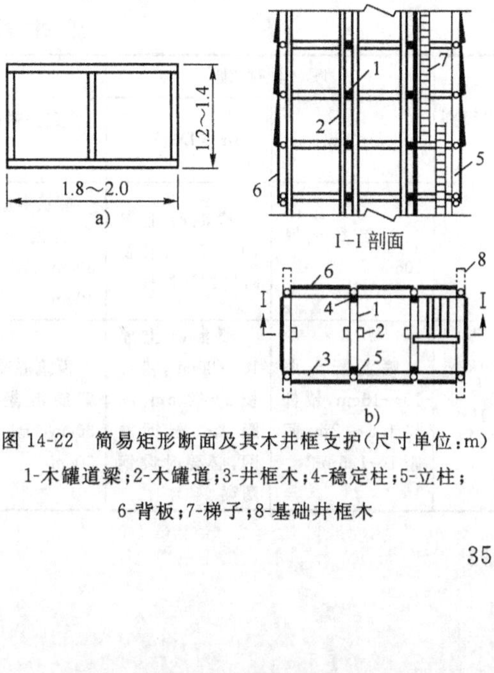

图 14-22　简易矩形断面及其木井框支护(尺寸单位:m)

1-木罐道梁;2-木罐道;3-井框木;4-稳定柱;5-立柱;

6-背板;7-梯子;8-基础井框木

木框架主要构件尺寸(mm)　　表 14-6

构件名称	尺寸	构件名称	尺寸
井框	180～200 圆木或方木	背板	50～75 木板
稳定柱	150～200 圆木或方木	梯子间平台板	40～50 木板
顶柱	150～200 圆木或方木	壁板	25～30 木板
基础井框	200～250 圆木或方木		

三、井壁结构选择和井壁厚度确定

1. 井壁结构选择

井壁的主要作用是承受地压、封堵涌水、防止围岩风化等。竖井井口应设混凝土或钢筋混凝土井颈。

主要用于营运期间服务的竖井一般应设模筑衬砌，并要求内壁面平滑；主要用于施工期间辅助通道的竖井根据情况可采用喷锚衬砌。在竖井与井底车场连接处或竖井与隧道连接处应作加强支护设计。

井壁材料和结构类型的选择，不仅要综合考虑井筒的用途、断面大小、深度和服务年限、井筒穿过的岩层情况和开凿方法，还要考虑就地取材和施工条件。

井壁的类型有用石料或混凝土预制块砌筑的井壁，因其劳动强度大，难于机械化施工，井壁的整体性和封水性差，已很少采用。

整体式井壁包括素混凝土井壁和钢筋混凝土井壁两种。前者常用于承受均匀地压的井筒，后者用于承受不均匀地压，适用于井筒穿过不稳定的表土层和冻结法凿井的外层井壁使用。

喷射混凝土井壁分为喷射混凝土、金属网喷射混凝土及锚杆金属网喷射混凝土三种。喷射混凝土井壁的特点是井壁薄(一般 50～200mm)，目前，喷射混凝土支护在竖井井筒中主要用在淋水不大、比较稳定的岩层中。在较松软的岩层中，应采用金属网喷射混凝土或锚杆金属网喷射混凝土联合支护。当采用锚喷支护时，设计参数可按《锚杆喷射混凝土支护技术规范》(GB 50086—2001)选用。

装配式弧板井壁是预先在地面制成一块块钢筋混凝土大型弧板，然后在井下装配起来，最后进行壁后注浆，目前国内应用不多。

几种井壁支护类型和参数可参照表 14-7 选用。

竖井衬砌参数　　表 14-7

围岩级别	喷锚衬砌		支护衬砌	复合衬砌		
				初期支护		二次衬砌
	$D<5$m	5m$\leqslant D\leqslant$7m		$D<5$m	5m$\leqslant D\leqslant$7m	
I	喷混凝土厚 10cm	喷混凝土厚 10～15cm，必要时局部设锚杆	模筑混凝土或钢筋混凝土厚 30cm，砌体厚 40cm	—	—	—
II	喷混凝土厚 10～15cm，锚杆长 1.5～2m，间距 1～1.5m	喷混凝土厚 15～20cm，锚杆长 2～2.5m，间距 1m，配钢筋网，必要时设钢圈梁	模筑混凝土或钢筋混凝土厚 30cm，砌体厚 50cm	—	—	—

续上表

围岩级别	喷锚衬砌		支护衬砌	复合衬砌		
				初期支护		二次衬砌
	$D<5$m	5m$\leqslant D \leqslant$7m		$D<5$m	5m$\leqslant D \leqslant$7m	
III	喷混凝土厚15～20cm，锚杆长2～2.5m，间距1m，配钢筋网，必要时设钢圈梁	喷混凝土厚20cm，锚杆长2.5～3m，间距1m，配钢筋网，加钢圈梁	混凝土或钢筋混凝土厚40cm，砌体厚60cm	喷混凝土厚5～10cm，锚杆长1.5～2m，间距1m必要时配钢筋网	喷混凝土厚10～15cm，锚杆长2～2.5m，间距1m必要时局部配钢筋网	30cm
IV	—	—	混凝土或钢筋混凝土厚50cm，砌体厚70cm	喷混凝土厚10～15cm，锚杆长2～2.5m，间距1m必要时配钢筋网	喷混凝土厚15～20cm，锚杆长2.5～3m，间距0.75～1m配钢筋网	40cm
V	—	—	混凝土或钢筋混凝土厚60cm，砌体厚80cm	喷混凝土厚15～20cm，锚杆长2.5～3m，间距0.75～1m配钢筋网，必要时配钢圈梁	喷混凝土厚20～25cm，锚杆长3～3.5m，间距0.5～0.7m配钢筋网，必要时配钢圈梁	50cm

注：①VI级围岩地段应采用特殊支护措施；

②D为竖井直径，直径大于7m的竖井应作专项设计。

2.砌筑或浇筑混凝土井壁厚度确定

各种支护类型的厚度多以经验数据确定。表14-8列出的数据供参考选用。衬砌背后与围岩之间的空隙必须回填密实。回填材料可根据地质情况和空隙大小，采用混凝土、片石混凝土或浆砌片石。

井壁支护厚度参考表　　表14-8

井筒净直径D_0(m)	井壁厚度(mm)			井筒净直径D_0(m)	井壁厚度(mm)		
	混凝土	混凝土块	料石		混凝土	混凝土块	料石
3.0～4.0	250	300	300	6.5～7.0	400	450	400
4.5～5.0	300	350	300	7.5～8.0	500	550	500
5.5～6.0	350	400	350				

采用砌筑方式衬砌的井壁，一般在每段井壁的下部先浇注一段高度为0.8～1.2m与井壁等厚的混凝土圈，作为砌体的基座及埋设吊钩之用。

四、竖井净断面尺寸设计步骤

竖井净断面尺寸主要依据提升容器的数量和规格、井筒装备、井筒布置以及有关的安全间隙等确定。具体步骤如下：

(1)根据井筒用途和所选定的提升容器的类型、规格尺寸、数量，选择井筒装备类型，确定井筒断面的布置形式。

(2)根据提升容器及断面布置形式，按设计参考资料或经验数据，初步确定罐道、罐道梁的型号及其连接尺寸。按参考选用的矿山安全规程的规定，确定提升容器与井壁或罐道梁等之间的安全间隙。

(3)按选定的断面布置形式作出井筒断面布置图，确定提升间和梯子间的断面尺寸等断面布置参数。

(4)根据断面布置参数，用图解法或解析法求出井筒的近似直径。净直径在6m以下的井筒均以500mm进级，净直径超过6m的井筒可不受此限制。矩形井筒的边长按100mm进级。

(5)按初步确定的井筒断面验算罐道、罐道梁，并根据验算结果调整断面内的安全间隙及梯子间的断面尺寸。当各处安全间隙都满足要求时，井筒净直径就基本确定。

(6)根据通风要求校核井筒断面。井筒中的风速不得超过表14-9所规定的允许最大风速，如不能满足要求，需加大井筒直径。

各种井巷中允许风速表 表14-9

井巷名称	允许最大风速(m/s)	井巷名称	允许最大风速(m/s)
专用风井、风洞	15	提升人员和物料井筒，主要进、回风道	8
专用物料提升井	12	运输巷道、采区进风道	6
风桥	10	采矿场、采准巷道	4

(7)根据计算或经验确定井筒支护厚度。

(8)按1∶20或1∶50比例绘制井筒断面图，如某内直径6m的井筒断面图，如图14-23所示。在绘制井筒断面图后还应附上工程量及材料消耗量表。

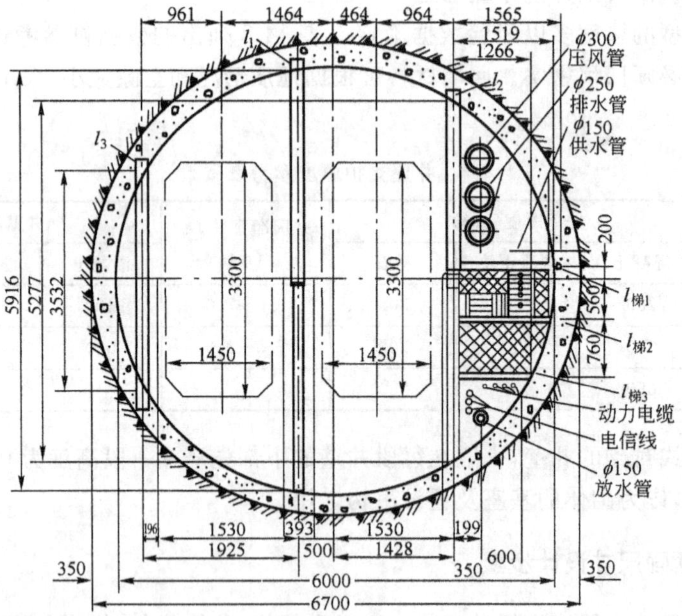

图14-23 竖井井筒断面图(尺寸单位：mm)

某竖井1t矿车的罐笼井井筒特征，如表14-10所示。

1t矿车的罐笼井筒技术特征 表 14-10

罐笼井筒特征	砌筑厚度(mm)		断面积(m^2)		每100m材料消耗量			
	砌体	充填	净	掘进	砌体(m^3)	充填(m^3)	钢材(t)	木材(m^3)
单侧钢轨罐道带梯子间	350	100 (50)	19.6	27.3 (26.4)	588	182 (92)	单层 29.98 双层 30.67	13.31
双侧木罐道带梯子间	350	100 (50)	19.6	27.3 (26.4)	588	182 (92)	单层 26.83 双层 30.74	27.31 27.41

注:括号内为混凝土井壁有关数据。

第五节 井筒锁口圈、井壁壁座和井底水窝

一、锁口圈

锁口圈(井颈)是接近地面出口的一段特殊形式的井筒井壁,由筒壁和壁座组成。它承受井口附近土层侧压力和井口附近建筑物和设备荷载的附加侧压力,施工挂钩悬吊的质量等。

锁口圈的材料是由混凝土或钢筋混凝土浇注而成。厚度一般不小于500mm,最上端的厚度有时达到1.0~1.5m,向下成台阶式逐渐减薄。第一阶梯深度要在当地冰冻线以下。整个井颈部分的深度可以等于浅表土的全厚,也可为厚表土的一部分,一般为8~15m。几种锁口圈的参考厚度见图14-24,参考形式见图14-25和图14-26。

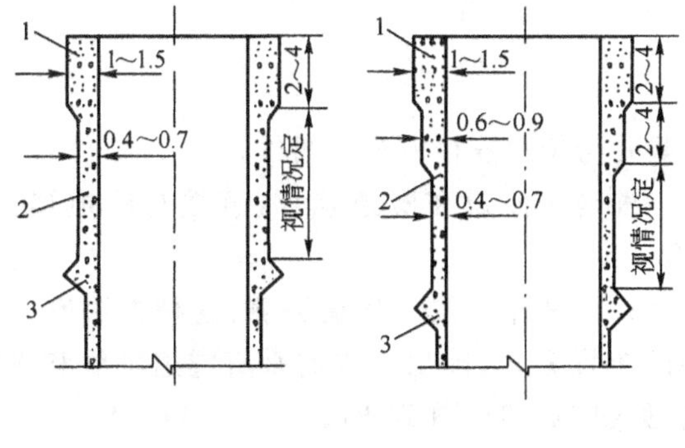

图 14-24 井颈的组成(尺寸单位:m)

1-加厚部分;2-筒壁;3-壁座

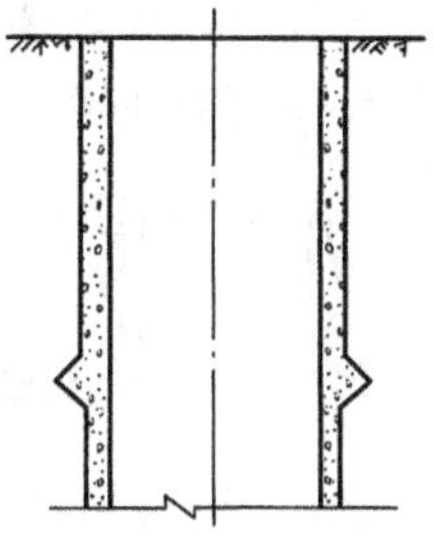

图 14-25 圆筒形井颈

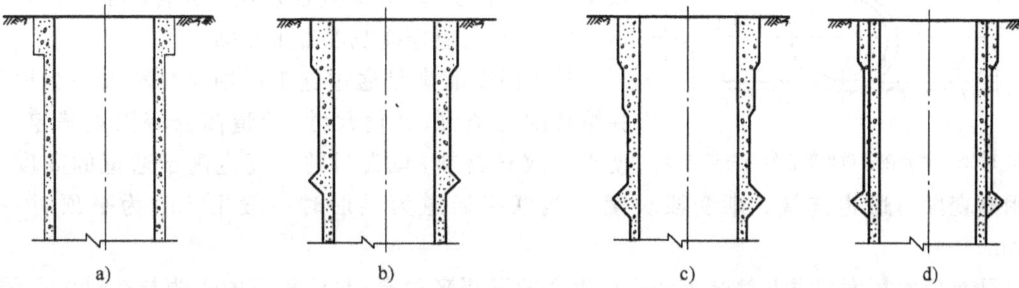

a) b) c) d)

图 14-26 台阶形井颈

圆筒形(图 14-25)适用于坚硬、稳定的浅表土(或岩层),且锁口圈上无井架或井塔等较大荷载设施。

图 14-26a)适用于浅表土,而且锁口圈上无井架设施的风井;

图 14-26b)适用于锁口圈穿过土层厚度不大,而且土层稳定;

图 14-26c)适用于岩层风化、破碎及有特殊外加侧向荷载;

图 14-26d)适用于地质条件复杂(如流沙层)的表土层,使用冻结法施工的双层井壁。

二、壁座

壁座的作用是支承正在向上砌筑施工段井壁的质量、悬挂向下掘进段的临时支架、封堵砌筑段的涌水、防止下部井壁围岩片帮垮落时向上扩展。因此,在井颈下部的井口段、厚表土下部基岩处、马头门的上方及地质较差的井身段宜设壁座。III 类及以下围岩,设置间距一般为 20～30m,III 类以上围岩可根据具体情况确定。

壁座用混凝土浇灌,形式有单锥形和双锥形两种,见图 14-27。单锥形壁座适用于上部垂直荷载不大或坚硬土及半坚硬土层中;双锥形壁座适用于上部荷载较大或粘土及砂土层中。一般常采用双锥形壁座。

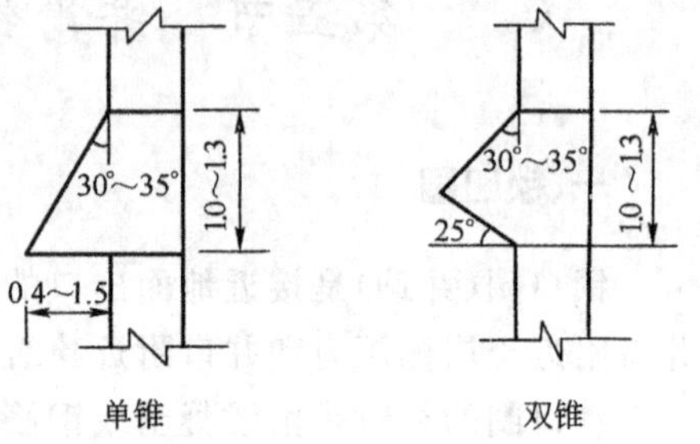

图 14-27 壁座类型(尺寸单位:m)

三、竖井与隧道的连接和马头门、井底车场

(一)竖井与隧道的连接和马头门

1.竖井与隧道的连接

竖井与隧道连接方式有两种。

一种是井筒设在隧道顶部,直接与隧道连接,见图 14-28。

另一种是井筒位于隧道旁侧,这种方法有两种井底车场的布置方式,即出车方向垂直隧道轴线和平行隧道轴线,见图 14-29～图 14-31。

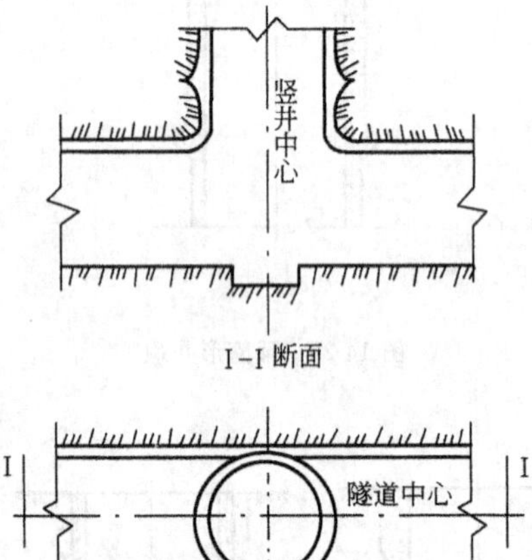

图 14-28 井筒在隧道顶部直接与隧道连接

2.竖井马头门

马头门是罐笼井与井底车场连接部分,其规格主要取决于罐笼的类型、井筒直径以及下放材料的长度,见图 14-32。马头门应作模筑混凝土衬砌。

马头门应能满足通过施工所用材料和设备为原则,并结合围岩类别、井筒尺寸、通道高低等因素确定。为便于下放长材料,马头门的高度应高于通道的高度,并采用渐变段与通道连接。渐变段长度 l,当联络通道为拱形时一般用 5m;为平顶时一般用 4m。

马头门的宽度根据井筒装备和安全生产的需要来确定,并按轨道中心线与轨道中心线至联络通道两帮的尺寸之和求算。当采用双罐笼提升时,轨道中心线的间距就是两罐笼的中心线间距。马头门两侧均应设置人行道。

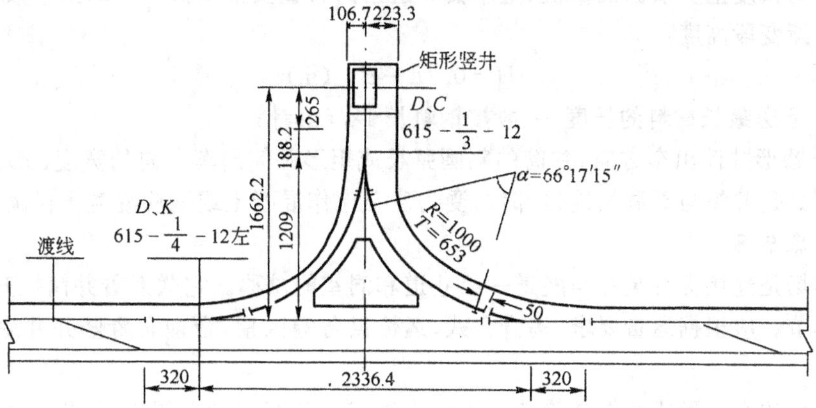

图 14-29 单向垂直通道单罐笼提升双连式井底车场布置(尺寸单位:mm)

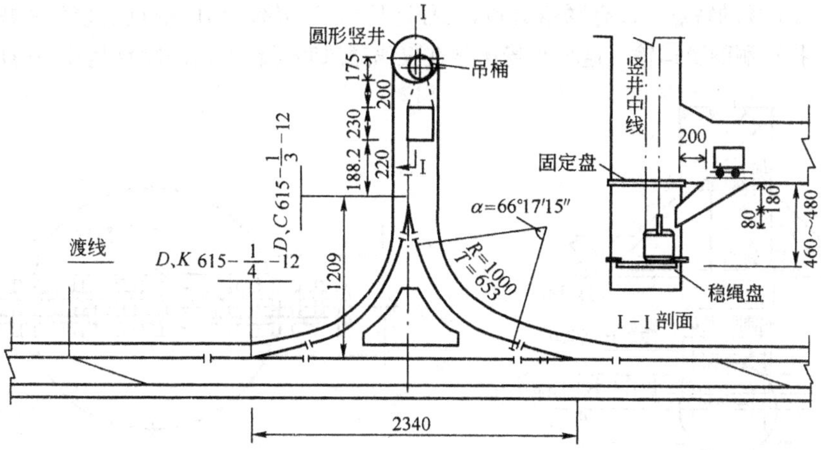

图 14-30 单向垂直通道单吊桶提升双连式井底

车场布置(尺寸单位:mm)

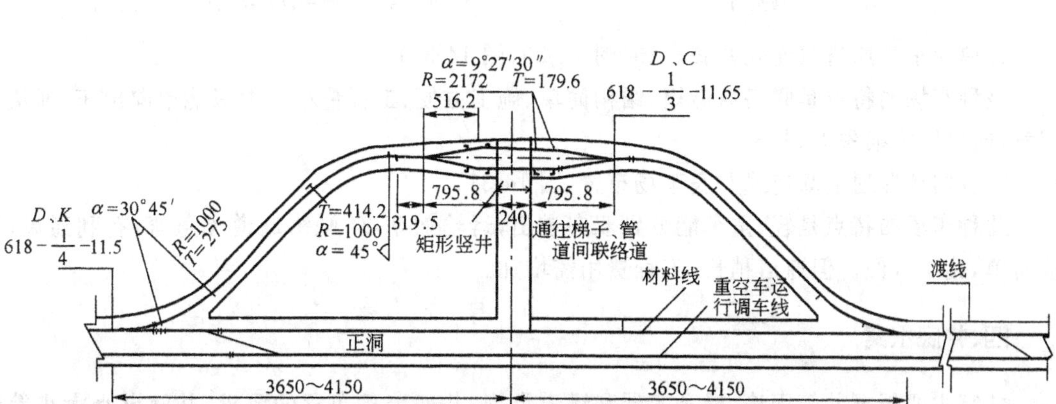

图 14-31 双罐笼双向环形通道井底车场布置(尺寸单位:mm)

马头门的长度主要根据推车机、阻车器和道岔的布置及推车机一次的推车数量确定。

马头门渐变段高度：

$$H=0.7L-B \quad (m) \tag{14-9}$$

式中：L——下送最长材料的长度，一般按钢轨长 12.5m 计；

B——圆形井筒出车方向，井筒的割圆弦长或矩形井筒出车方向的宽度(m)。

马头门处是井筒与平洞相连接部位，受力复杂应作混凝土或钢筋混凝土衬砌。

(二)井底车场

井底车场是连接提升竖井与隧道一组巷道和洞室的总称。它联系着井筒提升和隧道施工运输两大环节。应根据运量要求、提升方式、运输设备等因素，合理布置竖井井底的场地和相应洞室。

井底车场的布置形式根据井筒与隧道的连接方式共有三种布置方式，即竖井在隧道顶部井底车场、单向垂直通道和双向环形通道。

1.竖井在隧道顶部井底车场(图 14-33)

这种井底车场的特点是没有联络通道，工程造价低，通风效果好；缺点是接头处施工较困难和欠安全，还干扰正洞隧道运输。这种车场通常在仅作通风和运料专用的简易竖井中使用。

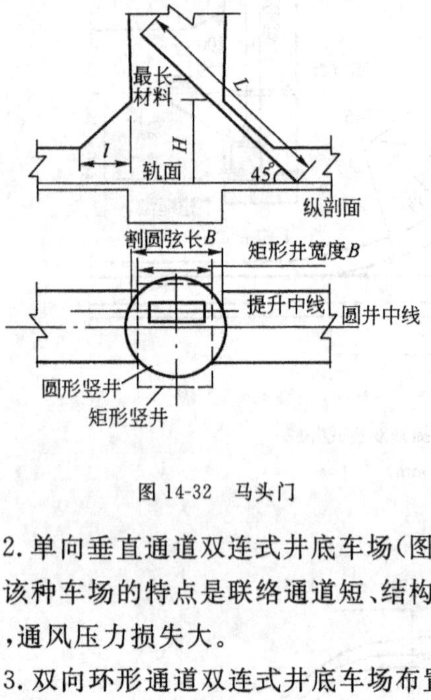

图 14-32　马头门

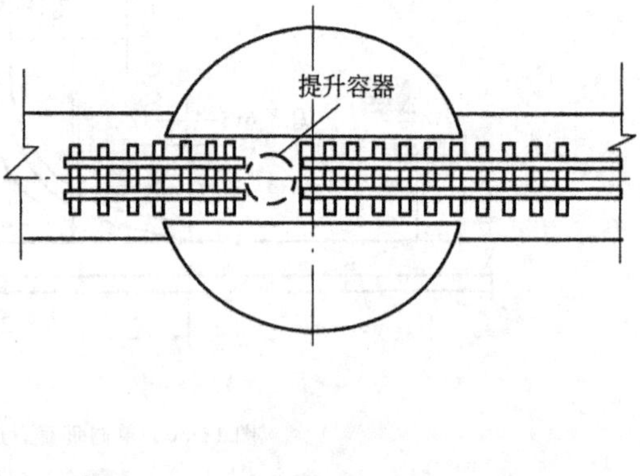

图 14-33　竖井设在隧道顶部井底车场

2.单向垂直通道双连式井底车场(图 14-29、图 14-30)

该种车场的特点是联络通道短、结构简单、施工方便、工程量小。但只能单向出车，通道拐弯急，通风压力损失大。

3.双向环形通道双连式井底车场布置(图 14-31)

此种车场的特点是轻、重车能分别双向进出，运输效率高；联络通道无急弯，有利通风；连接简单，施工方便。但通道稍长，工程费用需增加。

四、井底水窝

井窝主要根据井筒用途、提升容器和罐道类型、井底装备布置的要求、井筒淋水大小等因素设计。井底装备主要指井底金属支持结构的下部固定梁、托罐梁、楔形罐道、制动钢丝绳或罐道钢丝绳的固定或定位装置、钢丝绳罐道的拉紧重锤等。所有这些装备均应与水窝的水面保持 0.5m 或 1m 的距离。

（一）罐笼井井窝

1. 不提人的罐笼井井窝

不提人的罐笼井井底只要布置有承接罐笼的托罐座即可，井窝深度较浅，井窝内的水靠自溢流出。

2. 提升人员的罐笼井井窝

（1）钢罐道

提升人员的罐笼井井窝采用摇台在车场水平与罐笼相接，在摇台以下与过卷高度相等距离设置托罐梁，托罐梁下留 2～5m 深的水窝（图 14-34）。为了水窝清理方便，将底部用混凝土做成弧形，弧高一般不大于井筒内径的十分之一。

当采用双层罐笼单一水平出车时，井窝深度还应考虑存放下层罐笼的需要。

标准设计中升降人员的罐笼井井窝，如图 14-34 所示。其主要尺寸见表 14-11。

升降人员的罐笼井井底水窝主要尺寸表（mm）　　表 14-11

<table>
<tr><th>井筒名称</th><th>ϕ</th><th>h</th><th>h_1</th><th>h_2</th><th>h_3</th><th>h_4</th></tr>
<tr><td>一吨矿车单层单车普通罐笼木罐道井筒</td><td rowspan="2">5000</td><td rowspan="2">2500</td><td rowspan="2">1000</td><td rowspan="2">4300</td><td rowspan="2">5282</td><td>4600</td></tr>
<tr><td>一吨矿车单层单车普通罐笼钢轨罐道井筒</td><td>7100</td></tr>
<tr><td>一吨矿车双层单车普通罐笼木罐道井筒</td><td rowspan="2">5000</td><td rowspan="2">4780</td><td rowspan="2">1000</td><td rowspan="2">4300</td><td rowspan="2">7562</td><td>4600</td></tr>
<tr><td>一吨矿车双层单车普通罐笼钢轨罐道井筒</td><td>7100</td></tr>
<tr><td>一吨矿车单层双车普通罐笼钢轨罐道井筒</td><td>6000</td><td>4168</td><td>1240</td><td>4300</td><td>7350</td><td>5750</td></tr>
<tr><td>三吨矿车单层普通罐笼钢轨罐道井筒</td><td rowspan="2">6500</td><td rowspan="2">3000</td><td rowspan="2">1210</td><td>4300</td><td rowspan="2">8900</td><td rowspan="2">7200</td></tr>
<tr><td>三吨矿车双层普通罐笼钢轨罐道井筒</td><td>5000</td></tr>
</table>

图 14-34 与表 14-11 中的符号意义：

ϕ——井筒净直径；

h——井窝罐梁层间距；

h_1——马头门拱顶到金属支持结构顶梁中线距离；

h_2——马头门高度（进车方向）；

h_3——罐笼轨面水平（车场±0.00 水平）至托罐梁距离（包括井底过卷高度）；

h_4——水窝深度。

（2）重锤拉紧的钢丝绳罐道

当采用重锤拉紧的钢丝绳罐道，图 14-35。井窝的深度 H_0 按下式计算：

$$H_0 = h_1 + h_2 + h_3 + h_4 + h_5 + h_6 + h_7 \tag{14-10}$$

式中：h_1——井底车场进车侧轨面至罐笼底面的高度，mm；如为多层出车由出车方式确定；

h_2——井底过卷高度（mm），可参考《煤矿生产安全规程》（2005 年 01 月执行）查得；

h_3——托罐梁顶面至罐道绳定位架的距离，一般取 1000～2000mm；

h_4——罐道绳定位架至钢丝绳防坠器拉紧装置固定梁的距离，一般取 800～1000mm；

h_5——防坠器拉紧装置固定梁至罐道绳拉紧装置的距离，一般取 1200～2000mm；

h_6——罐道绳拉紧装置的长度（mm）；

h_7——水窝深度，根据井底清理方式确定，一般取 4000～8000mm。

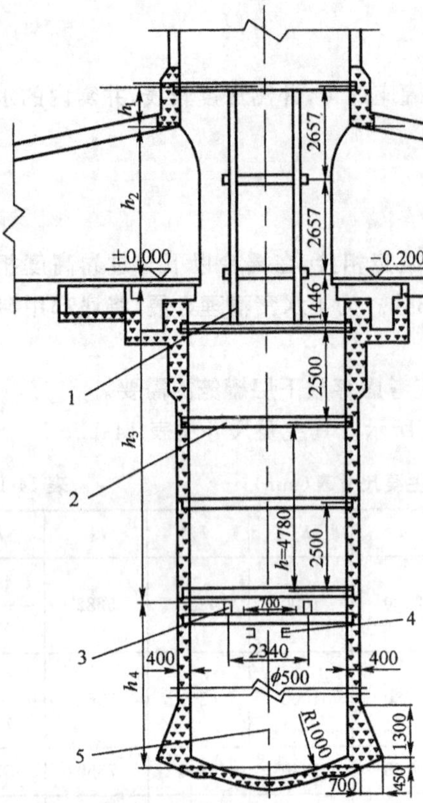

图 14-34　提升降人员的罐笼井井窝(尺寸单位:mm)

1-金属支持结构;2-井底罐梁;3-托罐梁;4-钢罐道防坠器钢绳拉紧装置固定梁;5-水窝

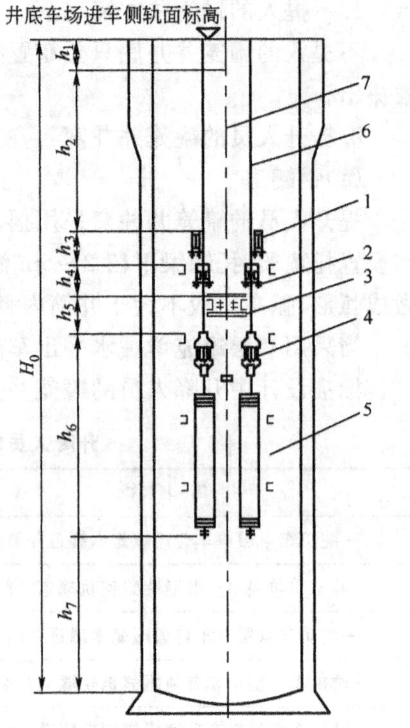

图 14-35　单绳提升钢丝绳罐道罐笼井井窝

1-托罐梁;2-罐道绳定位架;3-防坠器拉紧装置;4-钢丝绳重锤拉紧装置;5-重锤;6-钢丝绳罐道;7-防坠钢丝绳

井底水窝内的积水可由潜水泵或设于井窝壁龛中或简易平台上的专用水泵排出,当吸水高度小于7m时,可将水泵设在马头门的巷道内,可防止提升过卷时罐笼发生蹾罐事故或坠入水窝。

(二)箕斗井井窝

箕斗井的井窝,是指箕斗装载水平以下的一段井筒。主要包括井筒接受仓及水窝,见图14-36。

箕斗井在装、卸及提升过程中,会有少量渣石撒落井筒底部,需要及时清理出来,否则就会影响箕斗的正常提升。因此,箕斗井的井窝设计应与清理渣石系统一并考虑,其深度主要决定于清理方式。

竖井井底应根据坑道涌水量和施工组织安排,选定地下水的排出方式和相应的设施;还应根据井筒深度、提升方式、使用年限及便利施工等因素考虑各种洞室的设置。

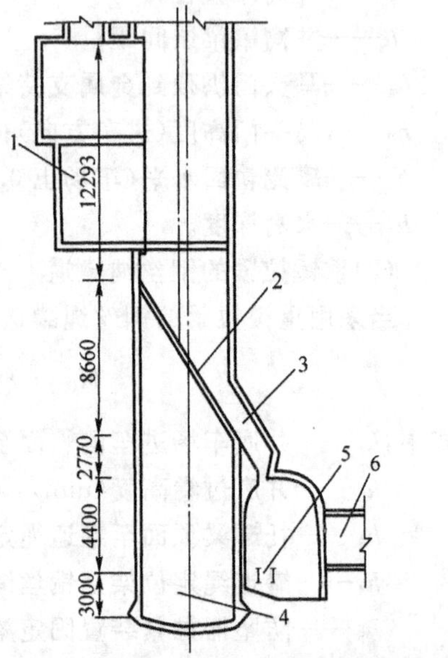

图 14-36　箕斗井斜式井筒接受仓井窝(尺寸单位:mm)

1-通过式箕斗装载洞室;2-斜式井筒接受仓钢筋混凝土板;3-斜式井筒接受仓;4-水窝;5-装载点;6-泵房

第六节　井下洞室设计

为满足井下隧道工程施工的需要，在竖井井底车场附近，应修建表 14-12 所列的井下主要洞室。

竖井井下主要洞室　　表 14-12

提升类别	洞室种类
罐笼竖井	信号洞室、水泵洞室、水泵房、水仓、变电洞室等
箕斗竖井	渣仓、装(卸)载洞室、信号洞室、水泵洞室、水泵房、水仓、变电洞室等

一、井底渣仓及装(卸)载洞室

在井下出渣作业过程中，需改换运渣机具时，应设置井底渣仓及装(卸)载洞室。卸载洞室是指在近似于井底车场水平设置的供隧道主洞运输设备卸渣用的洞室，根据翻车机的型号要求并考虑人员操作等因素确定。用渣仓作为贮渣洞室，它位于井底车场水平以下。装渣洞室是位于贮渣洞室下方与箕斗进行对接的洞室，装渣洞室内安装如闸门、溜槽等卸渣设备。卸、贮、装渣的洞室是自上而下连在一起的一个组合结构物。竖井渣仓及装(卸)载洞室，在结构上各有特点，但由于作用相同，结构设计的原则和要求也基本相同。为便于掌握箕斗的装渣量防止遗洒，在箕斗装载洞室需设置计量设备。

(一)渣仓及装(卸)载洞室设计的原则和要求

1.渣仓

渣仓容量 V 一般按斜、竖井的 0.5～1.0 小时提升量设计，但不得小于隧道正洞一列车的运渣量。渣仓的结构尺寸，应根据渣仓容量，装(卸)载设备规格和作业要求确定。双钩提升用的渣仓，其下口必须设分渣器，配置相应的闸门。渣仓和装(卸)载洞室的结构形式见图 14-37。

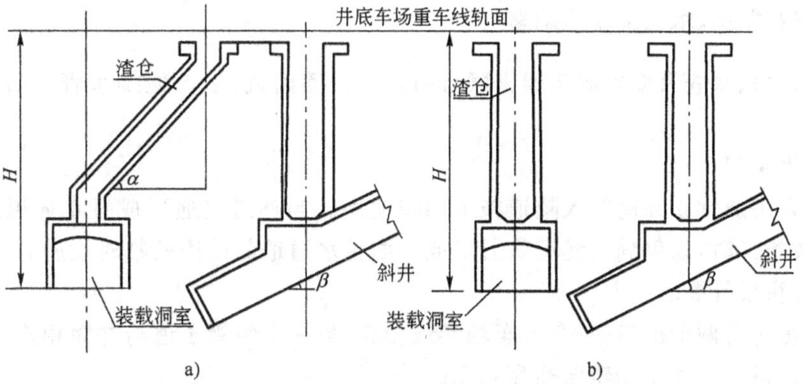

图 14-37　渣仓及装(卸)载洞室结构
a)斜渣仓；b)直渣仓

2.装载洞室

装载洞室的尺寸应根据装渣设备(闸门或给渣机)、运载容器的类型和规格及作业要求来确定。斜井的装载洞室本身即为斜井井筒的一部分，洞室顶部与渣仓底相接，为便于安装装载闸门，宜采用钢梁加固的平顶结构。

3.卸载洞室

卸载洞室设计中，应根据卸渣车辆的卸载方式，考虑设备安装、行人安全间隙（洞室段两侧均应有宽度不小于0.7m的人行道）及设备吊起检修等因素确定结构尺寸。

（二）箕斗井渣仓及装载洞室

渣仓与装载洞室紧紧相连，常用的渣仓形式有矩形（或拱形）断面斜渣仓及圆形断面直渣仓两种。除井底车场重车线与斜井井筒的平面投影方向平行时多用前者外，一般以采用后者为宜。图14-37为两种渣仓及其装载洞室的结构示意。

图中各部具体结构尺寸的拟算，可参考煤炭工业出版社1983年8月出版的《井巷设计》第270页至274页。

（三）箕斗竖井渣仓及装（卸）载洞室

箕斗竖井的井底渣仓为斜渣仓。渣仓及装（卸）载洞室的基本布置形式如图14-38所示。基本尺寸的拟算办法可参考煤炭工业出版社1983年8月出版的《井巷工程》第463页至466页。

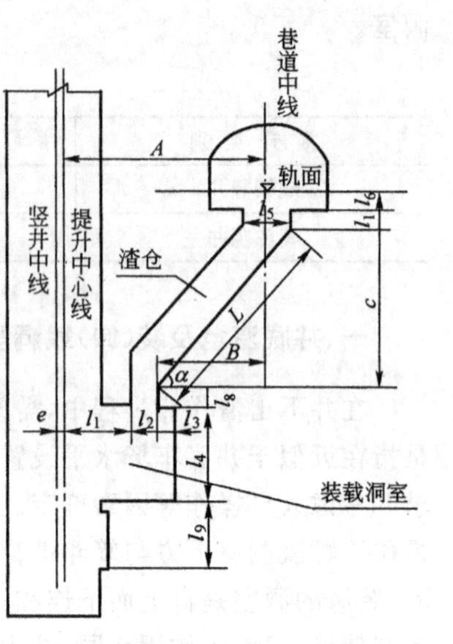

图14-38 渣仓和装（卸）载洞室的布置

二、井底信号洞室及水泵洞室

井底信号洞室位于装载洞室或摘挂钩处附近。一般为半圆拱形，其规格为2.0m×2.0m×2.0m（宽×高×深）洞室底板必须水平。

为了排出井底水窝的积水，在水窝上方设水泵洞室。其尺寸根据水泵的台数及型号而定。洞室底板应高于该处井筒的底板高程。

三、井底水泵房、水仓及变电洞室

井底水泵房、水仓及变电洞室通常联合布置在井筒附近，以方便排水管引出、电缆引入和泵房通风。

1.井底水泵房

井底水泵房通常在井筒转入隧道施工期间使用。当隧道贯通形成排水通道后，水泵房将失去效用，故施工时，以仅满足隧道贯通形成平面排水通道前使用的临时设施为主。

（1）水泵房设计要求

①水泵房应有两个出口，一个与车场巷道相连，另一个经管子道与井筒相连。其地坪标高应高于通道入口处井底车场轨面标高0.5m。

②水泵房与井筒之间的岩柱宽一般大于10m。

通常管子道出口标高高出水泵房底板7m以上，故管子道倾角一般为25°～30°，管子道内还应设人行踏步。图14-39为竖井管子道的立面布置图。

③水泵房通过吸水井与水仓相连。吸水井一般为长方形或圆形，其宽度或直径为1.0～1.5m，深5～6m。

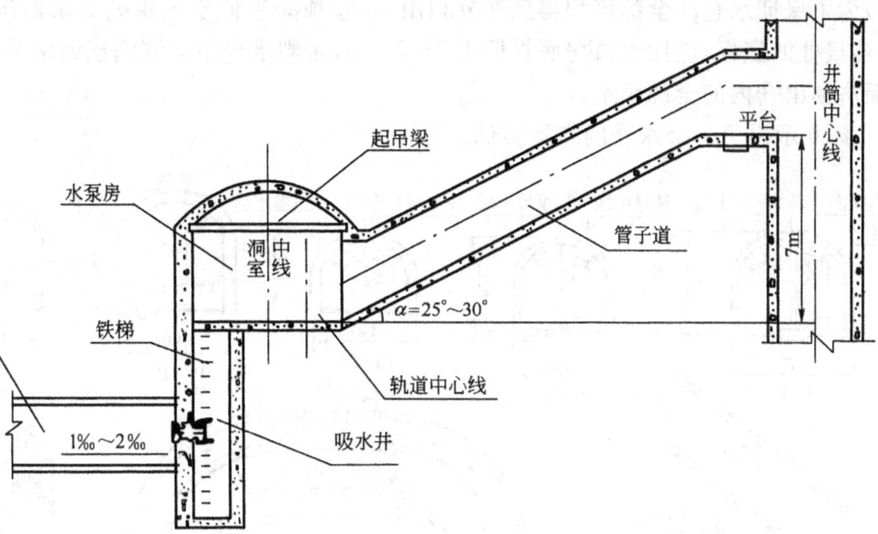

图 14-39　竖井管子道的立面布置

(2)水泵房主要尺寸的确定

应根据地下水水量和施工组织安排,选择竖井的排水方式和相应的设施。

水泵房尺寸应根据水泵房内排水设备的类型、数量和布置形式确定。

①水泵房长度 L 和宽度 B 确定。

水泵房内为多台水泵。一般都采用纵向排列式布置,泵房的长度 L 和宽度 B 按下式计算:

$$L=nb+a(n+1) \tag{14-11}$$

式中:n——选用水泵台数;

b——水泵及其电动机的基础总长度(m);

a——各基础间的距离。一般为 1.5~2.2m,最外侧基础至堵头墙的距离可适当加大。

$$B=B_1+B_2+B_3 \tag{14-12}$$

式中:B_1——水泵房基础宽度(m);

B_2——吸水井一侧水泵基础至墙的距离,可视吸水井规格而定,一般为 1.0~1.5m;

B_3——有轨道一侧基础至墙的距离,应根据运送设备车辆的尺寸确定,一般为 1.5~2.0m。

②水泵房高度的确定。

水泵房的高度应根据水泵、泵房顶部排水管及起重梁的安装高度而定,一般净高为 3.5~4.5m。

2.水仓设计

水仓设计注意事项:

(1)水仓入水口,宜设在所在汇水区段井底车场巷道或隧道坑道底面高程的最低处,以便坑道内的水能自动流入水仓。

(2)水仓向吸水井方向应有 1‰~2‰的上坡,以利于水中杂物沉淀。水仓通常采用单车道断面,其尺寸应适应清淤设备外形尺寸及便于操作。人工清淤时,其高度(自运输轨面算起)应不小于 1.8m。当竖井担负的隧道平洞施工任务时间较长时,为防止水仓淤积,可采用双巷道水仓,否则只需采用一条巷道作为水仓。

(3)为了保证水仓的全部容积得到充分利用，水仓顶必须低于入水处的水沟沟底；水仓与吸水井连接处的底板，应比水泵房底板低 4.5～5.0m，否则水仓不能装满或因水泵吸水高度的限制，无法抽出仓内的全部积水。

图 14-40 示出了一个水仓的布置实例。

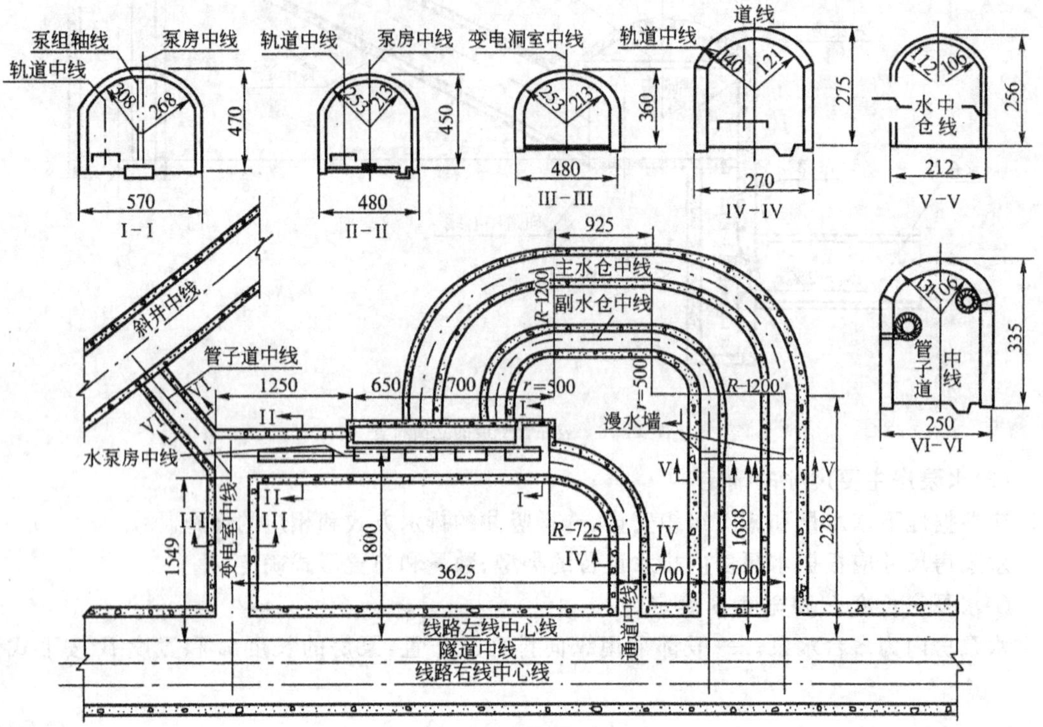

图 14-40　斜井井底水泵房、水仓、变电洞室布置图(尺寸单位：cm)

3.变电洞室设计

变电洞室是井下的总配电站。从地面引入的高压电，经配电、变压或整流以供给井下的动力和照明用电。

第七节　竖井功能终结处理

仅为增加开挖工作面之目的而设置的竖井，当隧道主体工程完工后，应在施工图设计阶段作出封闭处理方案设计。需在营运期间利用的竖井，按照使用要求装备井口设施。不予利用时，在保证隧道安全的条件下进行处理，处理的方式是使排水系统在隧道营运期间畅通；加强井口、软弱围岩段、车场与竖井和车场与隧道正洞连接段的衬砌；牢固封闭地面井口并设置安全提示，封闭方式可在竖井地面井口处采用钢筋混凝土盖板封闭，表面覆盖粘土，夯成龟背形并做好防排水处理，以免地表水下渗；封闭隧道正洞与井筒的连接。若井筒兼作避灾出口时，应在地面井口和隧道水平留设行人通过口，并需定期检查井筒及连接处的支护安全性和安全梯安全状态，亦应牢固封闭地面井口并设置安全提示。

已作支护的井筒及其连接地段，一般不再加强支护，未支护地段视其情况作必要的支护；但竖井与隧道间的连接通道，在靠近隧道 15～20m 范围内应做成永久支护。

第十五章 竖井设备

第一节 竖井凿井结构物

竖井开凿时，为了满足掘进提升、翻卸渣石、砌筑井壁和悬吊井内各种施工设施的需要，必须设置一系列的结构物，其中包括：竖井井口常装备有井架、提升绞车、悬吊绞车、天轮平台及天轮、卸渣台、井盖、运输轨道等设施。在井筒内常设置有固定盘、吊盘、吊桶（或用于隧道正洞运输的罐笼）、吊泵、通风管、供水管、排水管、压风管、混凝土输送管、动力电缆、信号电缆、安全梯等悬吊设备和悬吊钢丝绳，并有罐道作提升导向。下面分别介绍其作用及结构特点，以便选择和布置。

一、凿井井架

我国竖井施工的井内施工设备多用钢丝绳悬吊，并通过绳轮，固定在地面的提升机、凿井绞车（稳车）上。为此，在井筒井口的上方，必须设置一个凿井井架，布置相当数量的天轮以满足提升渣石、下放物料、升降人员和吊挂各种凿井设备的需要。

（一）钢管井架

井架通常由钢管、型钢及圆钢组合件焊接而成，为便于安装、拆卸和运输主要构件均用螺栓联结。井架的四个方向具有相同的稳定性，天轮平台允许四面出绳，可在井口相对的两侧或四周布置绞车。这种井架矿井使用较广，原煤炭部已作了系列定型设计，包括五个型号共七种，可满足井径 3.5～8.0m、井深 200～1000m 的竖井施工。各型井架的适用条件及主要尺寸如表 15-1 所示。图 15-1 为 II 型钢管井架的外形。

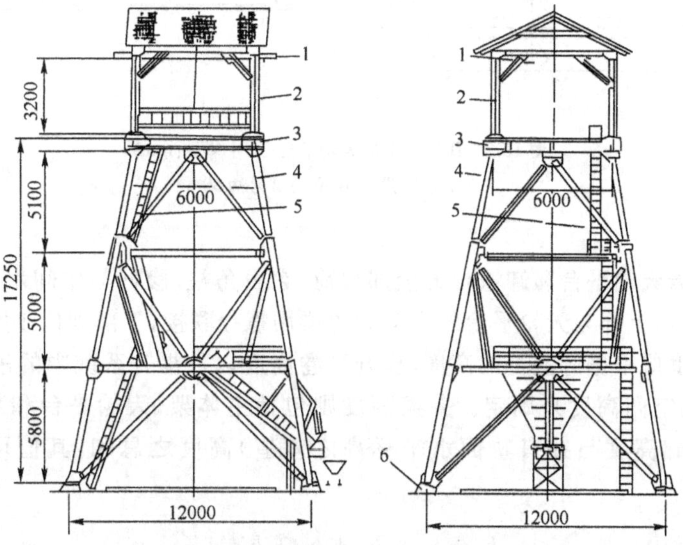

图 15-1　II 型钢管井架外形（尺寸单位：mm）

1-工字钢起重梁；2-天轮房；3-天轮平台；4-主体架；5-扶梯；6-井架基础

井架由天轮房、天轮平台、主体架、扶梯和基础等组成。

1. 天轮房

位于井架顶部，由角柱、上部系梁和水平联杆组成。系梁下方附设两根工字钢梁，用以安装和检修天轮。为防雨雪，上面应装设屋面和安设避雷针。

竖井钢管井架的适用及主要尺寸 表 15-1

井架型号	井筒深度(m)	井筒直径(m)	井架底部跨距(m)	天轮平台平面尺寸(m)	基础至天轮平台的高度(m)	基础至翻渣平台的高度(m)	井架金属结构质量(t)
I	200	3.5～5.0	10×10	5.5×5.5	16.242	5.0	25.094
II	400	4.5～6.0	12×12	6.0×6.0	17.250	5.8	30.623
III	600	5.5～6.5	12×12	6.5×6.5	17.346	5.9	33.067
III_G	600	5.5～6.5	12.83×12.83	6.5×6.5	19.846	8.4	39.473

注：井架所采用的钢管、型钢、圆钢、螺栓等均为 3 号普通碳素钢。

2. 天轮平台

天轮平台是凿井井架的重要组成部分，用于承担凿井时全部提升及悬吊设备的载荷，它是由四根边梁和一根中梁组成的"日"字形框架(图 15-2)。为能满足施工时天轮布置的要求，其规格需与井筒直径相适应。为了简化井架结构和使四个方向受力均衡，天轮平台取正方形，其规格见表 15-1。

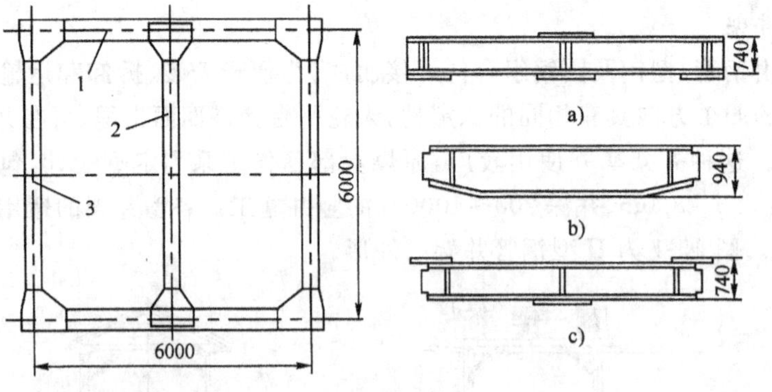

图 15-2 II 型井架的天轮平台(尺寸单位：mm)

1-1 号边梁；2-中梁；3-2 号边梁

3. 主体架

主体架承担着天轮平台和卸渣台的全部载荷，它由角柱、腹杆与中间水平联杆组成，呈正四棱台状空间结构，上部与天轮平台的中梁和边梁用螺栓联接，下部则位于井架基础之上。

主体架的高度应根据卸渣台的高度、提升过卷高度以及提升系统中的吊桶、钩头、联接装置、滑架等所占的空间高度来确定。井架高度则包括主体架、天轮平台和部分井架基础(露出地表部分的基础高度与井口轨面水平标高之差值)高度之总和，其值可按下式计算(图 15-3)：

$$h = h_1 + h_2 + h_3 + h_4 + \frac{D}{4} \tag{15-1}$$

式中：h——井架高度(m)；

h_1——自井口轨面水平至卸渣台的高度(m),见式(15-2);也可简取:吊桶提升 $h_1=5\sim6$m,罐笼提升 $h_1=0$;

h_2——吊桶必须离开卸渣台之高度,即井盖门或转动溜槽启闭必须占有的高度,其值应根据盖门结构形式及各种自卸装置的具体尺寸而定,以保证盖门启闭时不碰撞吊桶为限,采用人工挂钩翻罐时可取 1.5m;

h_3——吊桶、钩头、联接装置、滑架等所占空间的高度(m);

h_4——提升过卷高度,根据煤矿安全生产试行规程规定,提升速度≤3m/s 时,$h_4\geqslant4$m;提升速度≥3m/s 时,$h_4\geqslant6$m;吊桶提升的过卷不应小于 4m;

D——提升天轮的公称直径(m)。

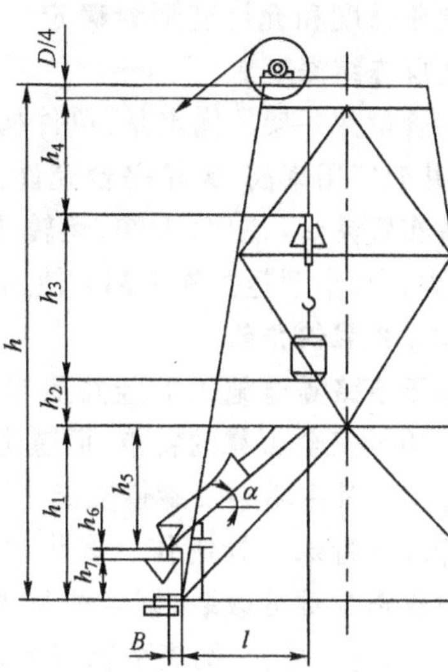

图 15-3　井架高度计算示意图

主体架角柱的跨距,在已知天轮平台的大小和主体架的高度后,再考虑井架的稳定性,使立柱倾斜角度在 80°左右确定。此外,还需考虑井口作业场地的大小和使排渣道设在井架外侧等因素。

若主体桁架采用双斜杆式,桁架节间划分应沿井架高度大致均等,使各节立柱的长度大致相近。最上节间的斜杆布置应给天轮平台边梁增加一个中间支点,使边梁在桁架平面内,由单跨变为双跨。在桁架下部第一层水平腹杆上,利用水平联杆组成平面桁架,以便支撑卸渣平台。

主体架的构件一般用无缝钢管制成,其直径自 140～325mm 不等,构件之间用法兰盘和螺栓联接(图 15-4)。

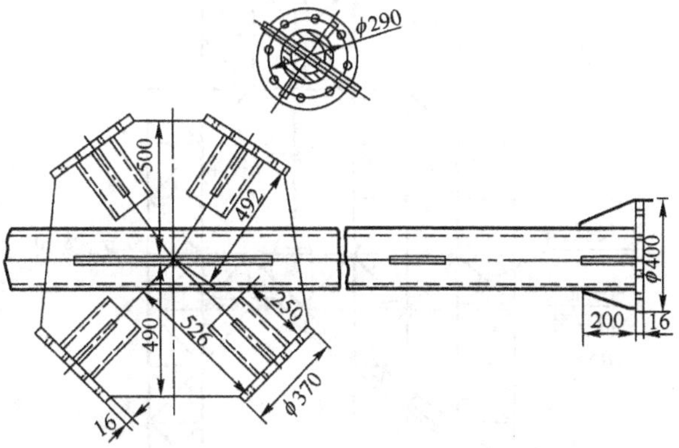

图 15-4　钢管井架用法兰盘联结的节点(尺寸单位:mm)

4.扶梯

用于井架上下各平台间的联系,由井口地面到卸渣台、天轮平台共设三段扶梯,第一层梯子平台设在卸渣台水平。扶梯用扁钢与圆钢焊制而成,两侧设有栏杆。

5.基础

井架基础可用 C20 号混凝土浇灌,顶面应与井架角柱的中心线垂直,而底面则应保持水平(图 15-5)。基础顶面面积,由井架角柱传给基础的载荷值确定。基础底面积由所在地土的允许抗压强度和允许变形量确定。基础的埋置深度应超过当地土层冻结深度。

钢管凿井井架的优点是：单件构件质量轻，便于装、拆和运输，井架复用率高，天轮平台允许四面出绳，天轮和地面提绞设备布置灵活，使用、拆卸、运输中的维修费用低，防火性能好，大、中、小型竖井施工都可使用。

(二)拼装钢井架

用于道路隧道施工的竖井要求具有投产快、使用期短、方便适用及安全可靠的特点，而隧道竖井施工中常常采用拼装钢井架。其主塔架及罐道支架主要部分由万能杆件拼装，个别杆件需特殊设计制作。该井架由井筒施工阶段转为使用阶段仅需少部分改装，即竖井井筒施工阶段的井架主要由天轮平台、过卷平台、倒渣系统等组成(图 15-6)，而竖井隧道施工阶段的井架主要由天轮平台、拉紧平台、串绳平台及罐道支架等组成(图 15-7)。

(三)斜撑式井架

斜撑式井架结构只适用于两个出绳方向。在布置提升绞车和稳车时，应使井架的两个出绳方向受力平衡。该种井

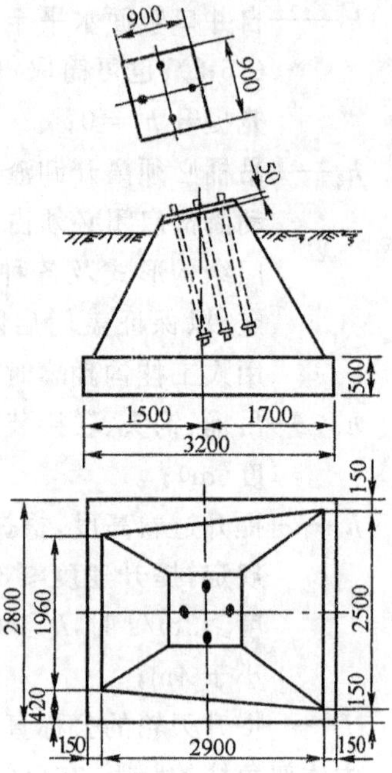

图 15-5 凿井井架的基础
(尺寸单位：mm)

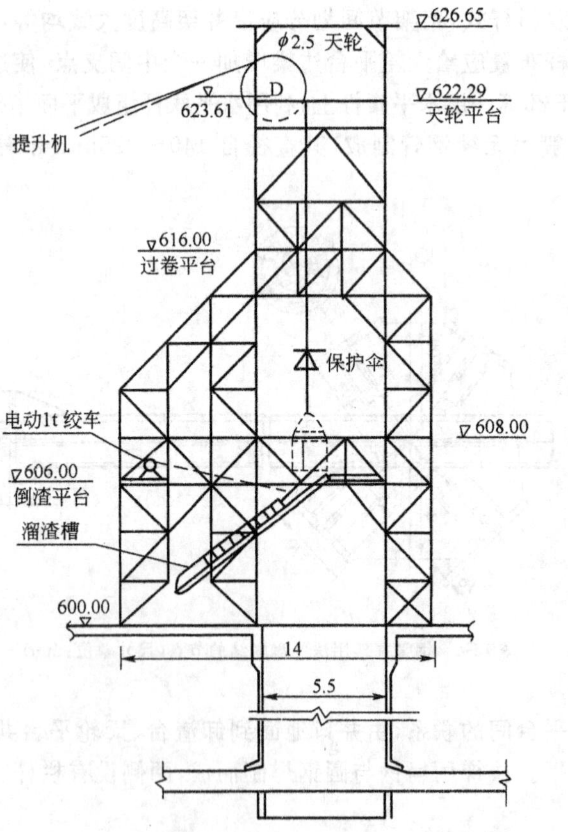

图 15-6 竖井建井施工阶段拼装钢井架示意图(尺寸单位：m)

架的提、稳车设备不多时地在竖井施工中常采用(图 15-8)。

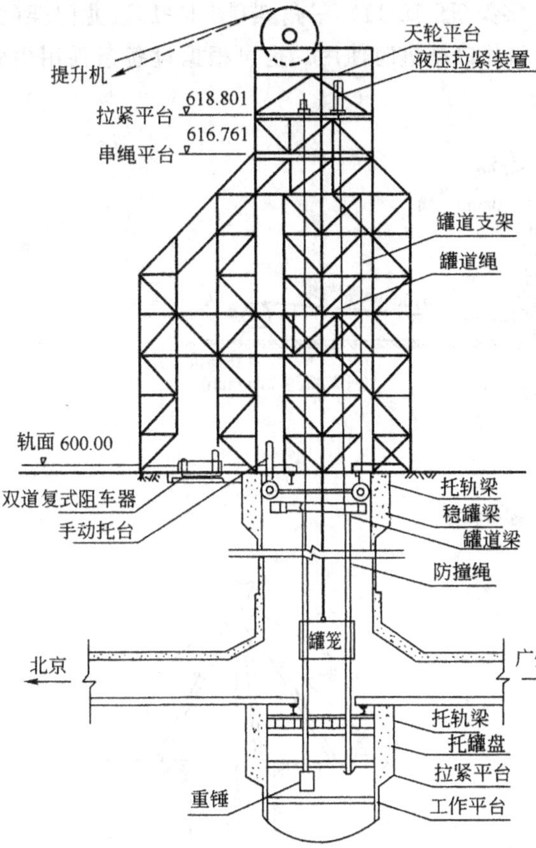

图 15-7 竖井隧道施工阶段拼装钢井架示意图(尺寸单位:m)

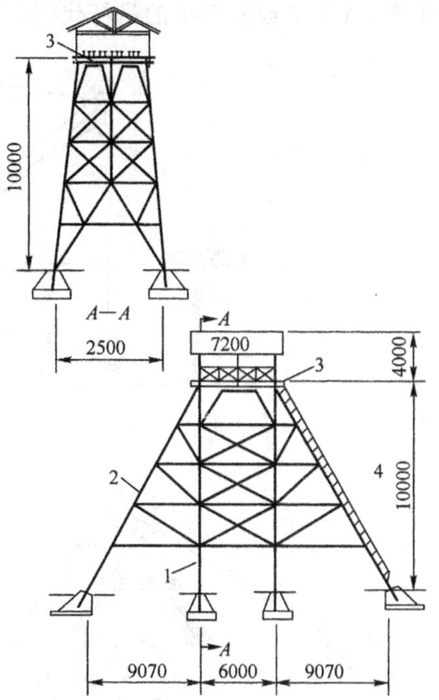

图 15-8 斜撑式钢井架示意图(尺寸单位:mm)

1-立体立架;2-斜撑;3-天轮梁;4-扶梯

(四)三腿式井架

三腿式井架是三个腿均由钢管组成的构件制作。井架无天轮平台,翻渣台设在井架外侧的独立渣石仓架上,井架头部只设置一个天轮。除吊桶稳绳挂在渣石仓架上外,其余设备均为井内吊挂或地轮吊挂。特点是结构简单、拆装容易、钢材消耗量小、复用率高。适用于悬吊设备少的竖井,不适用于大型竖井的快速施工。

(五)小型钢管亭式井架 SJ-1 型(图 15-9)

小型钢管亭式井架天轮平台四面出绳,因此天轮布置灵活。翻渣平台和渣仓为落地式,与井架不在一体,减轻了井架荷载和质量。每个井架斜脚均由三个小钢管和连接小钢管组成,制作起来较为复杂。这种井架内的立体空间较大,能适用机械化凿井的需要。此种井架适用于井筒直径≤5.5m,深度≤400m 条件下井筒的机械化施工要求。

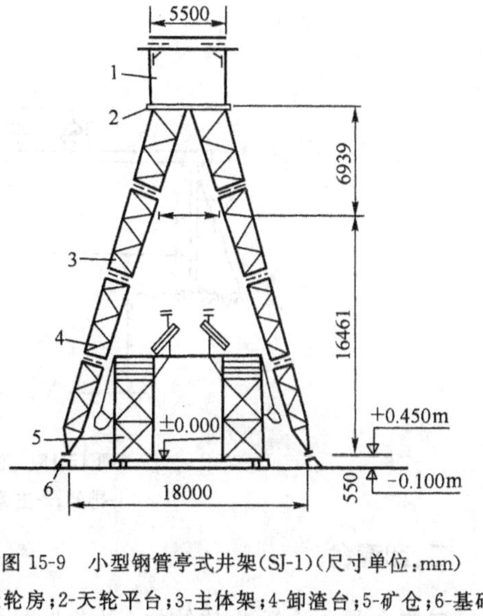

图 15-9 小型钢管亭式井架(SJ-1)(尺寸单位:mm)

1-天轮房;2-天轮平台;3-主体架;4-卸渣台;5-矿仓;6-基础

(六)简易井架

简易井架的类型有摇头扒杆(图 15-10)、人字架(图 15-11)、三角架(图 15-12)、龙门架(图 15-13)及临时木井架等几种。一般在浅井施工和井口掘进时使用。也可根据设备条件用少先式吊车、汽车吊或挖掘机的吊杆代替简易井架。

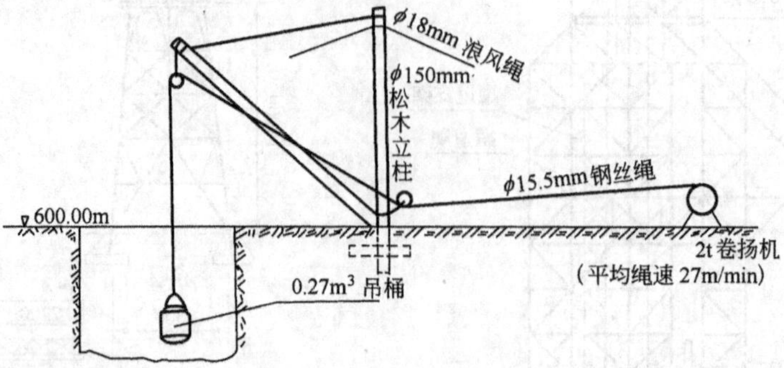

图 15-10 摇头扒杆

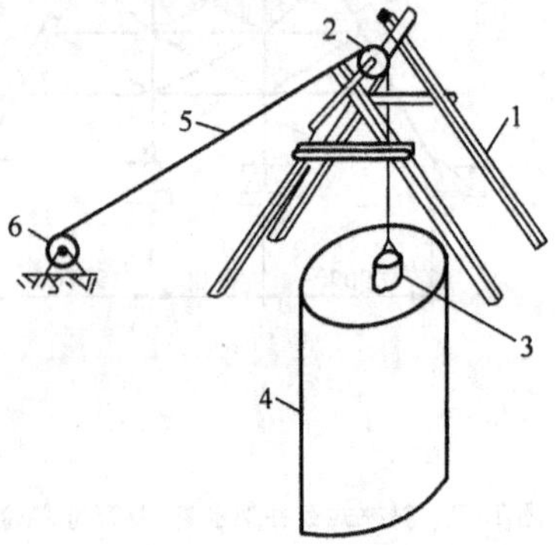

图 15-11 人字架井架

1-人字架;2-天轮;3-吊桶;4-井筒;5-提升绳;6-绞车

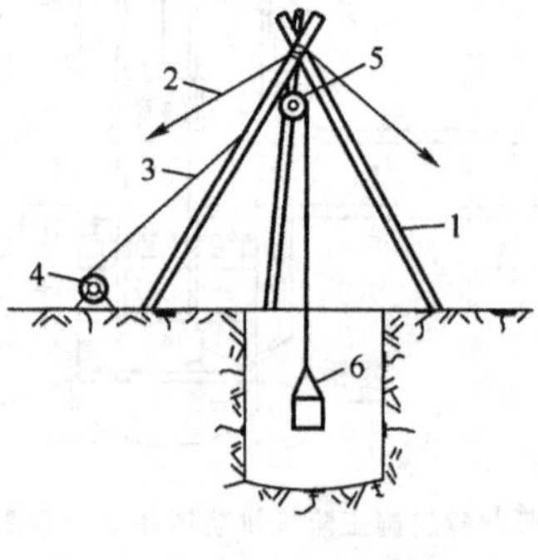

图 15-12 三角架井架

1-三角架;2-拉绳;3-提升绳;4-绞车;5-滑轮;6-吊桶

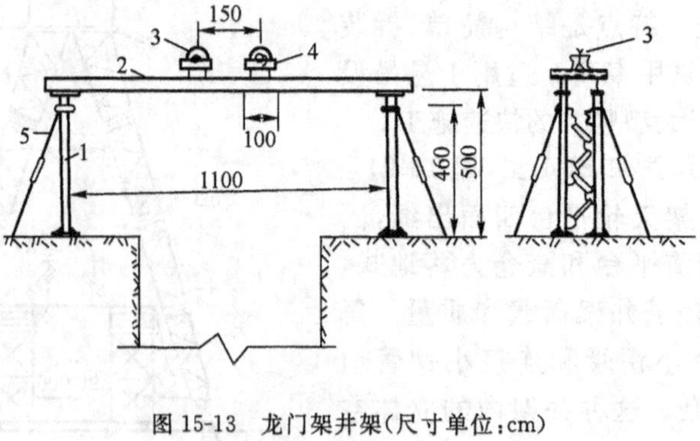

图 15-13 龙门架井架(尺寸单位:cm)

1-排架;2-主梁;3-天轮;4-天轮梁;5-拉绳

二、卸渣台

卸渣台是一个独立的结构,通常与凿井井架组装在一起。

竖井施工时，吊桶提出的渣石，要在地面转卸入矿车 然后运往排渣场。为此，在井口上方、提升容器通过处，设置卸渣设施用的卸渣台。卸渣台由操作平台、盖门、溜槽和卸渣装置等几部分组成。其外貌如图 15-14 所示。

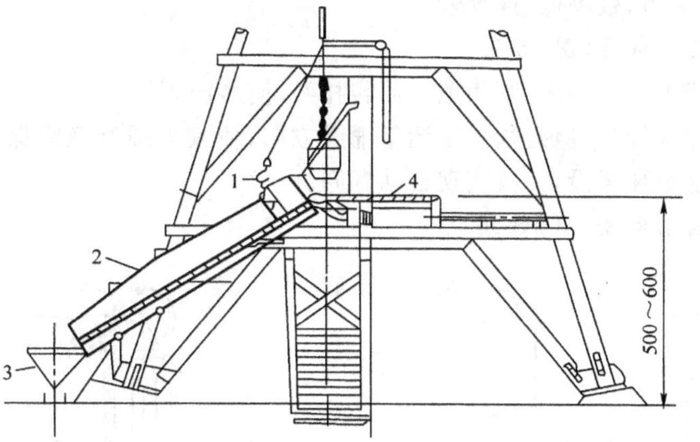

图 15-14 吊桶卸渣台示意图(尺寸单位：cm)

1-翻渣挂钩；2-溜槽；3-斗车；4-卸渣平台

操作平台为钢木结构。钢梁(主梁和副梁)固定在主体架的第一层水平联杆上，梁上设置方木，用 U 形卡连接，然后铺钉木板。架设平台时，应注意留出辅助提升和各管路的孔口，并在周围设置栏杆。

溜渣槽为钢结构，用型钢作骨架，侧帮和槽底铺设厚 6mm 的钢板，并用角钢和扁钢补强。槽口伸出在井架的主体桁架之外，并设溜渣闸门。闸门多采用气动启闭，也可用电动启闭。

卸渣台的高度与吊桶提升中心、轻便排渣线路轨道中心(汽车运输时，应为简易路面的中心)与井架基础间之水平距离、运渣车辆的厢体高度及溜渣槽的倾角有关。为便于装车和运输，排渣道设在井架主体架的外侧。溜渣槽的角度以渣石能顺利溜下为原则，在 36°～40°之间。采用 1t 矿车轨道运输，且轨道设在井架主体架外侧时，卸渣台高度可按式(15-2)计算，大致约为 6m(参看图 15-3)。

$$h_1 = h_5 + h_6 + h_7 \tag{15-2}$$

式中：h_5——翻渣水平至溜渣槽下缘的垂距，$h_5=(l+B)\tan\alpha$(m)；

l——活动溜渣槽边缘至井架角柱下端之水平距离(mm)；

B——溜渣槽下口伸入车辆厢帮边缘的水平距离，采用矿车装渣时，应不超过矿车宽度之半，一般取 0.2～0.3m；

α——溜槽倾角，36°～40°；

h_6——溜槽口至车厢上缘的垂距，$h_6>0.2$m；

h_7——自轨面水平起的矿车厢体高度(m)。

卸渣台盖门的结构形式与卸渣方式有关，采用金属凿井井架自动卸渣时，多半由活动溜槽代替卸渣台盖门。常用的卸渣方式有：

(一)人工卸渣

吊桶先提至卸渣台水平，关闭盖门，人工将卸渣吊钩挂住桶底铁环，然后放松提升钢丝绳，吊桶随之缓缓倾倒，待桶内渣石卸尽后，再提起钢丝绳，使吊桶复回原位，摘去卸渣吊钩，启开盖门，吊桶即可返回井底。

盖门采用钢木组合结构，木板厚 75mm，用扁钢、螺栓联接。这种卸渣方式稳妥可靠，但需设专人操作，耗费人力；效率低、速度慢。

（二）托架式自动卸渣（图 15-15）

在活动溜渣槽上设支架座，利用偏心回转托架，使吊桶倾覆。

该方式较翻笼式轻巧，但必须人工调整桶梁方向，使其与提升稳绳保持同一平面，否则托架受桶梁阻挡不能卡住桶沿，无法实现自动翻卸。

（三）链球式自动卸渣（图 15-16）

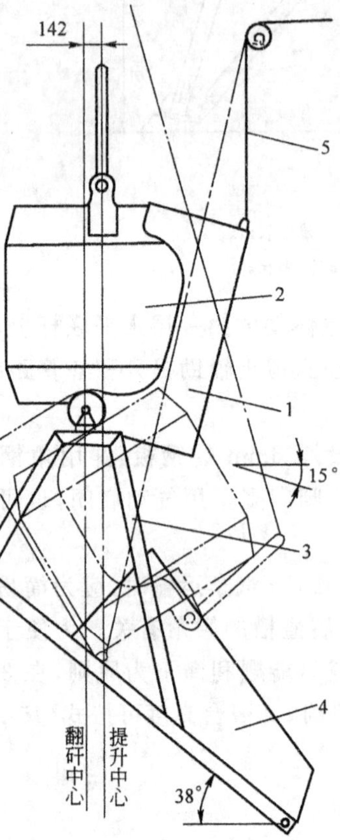

图 15-15　托架式自动卸矸示意图

1-托架；2-吊桶；3-支架座；4-溜矸槽；5-配重钢丝绳

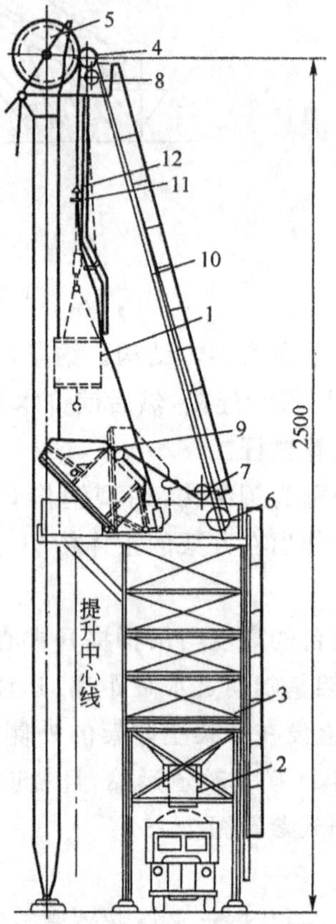

图 15-16　链球式自动卸矸示意图（尺寸单位：cm）

1-矸石吊桶；2-溜矸间闸门；3-矸石仓；4-稳绳天轮；5-提升天轮；6-稳升凿井绞车；7、8-滑轮；9-链球卡板；10-平衡滑块导向绳；11-滑架上动平衡滑块；12-滑道

在吊桶桶底固定一个链子，其末端系一钢球，卸渣活动溜槽上口设一卡板。当吊桶提升至卸渣台上方时，下放活动溜槽，封闭吊桶通过孔口，然后渐渐下放吊桶，桶底链球就进入卡板槽口，当提升钢丝绳继续放松时，吊桶受偏重作用，沿倾斜卡板的弧面下滑、倾覆，而吊桶桶底则被链球拉住。这种卸渣方式要求盖门结构坚固，因此也采用钢结构，但较翻笼式轻巧。活动溜槽亦可采用机械启闭。

（四）座钩式自动卸渣（图 15-17）

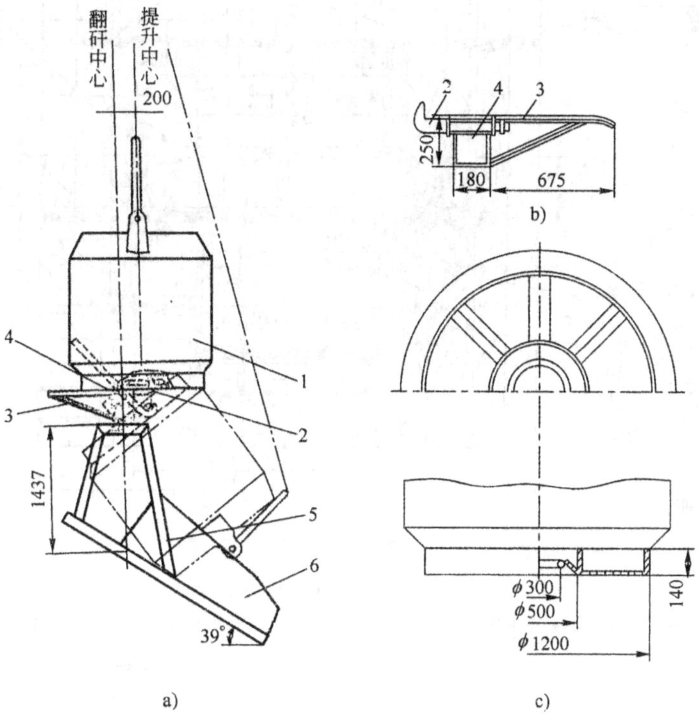

图 15-17　座钩式自动卸渣（尺寸单位：mm）

a）外貌图；b）钩头和平衡尾架；c）渣石吊桶桶底空穴

1-1.5m^3 吊桶；2-钩头；3-平衡尾架；4-偏心托梁；5-支架；6-活动溜渣槽

在活动溜渣槽上架设一个带钩子的偏心托梁，钩尖正对提升中心，与水平呈 20°角。用于卸渣的吊桶，在桶底须改装成一个直径 300mm 的中心圆形空穴。重桶下落时。桶底首先压迫钩身，使钩尖进入桶底空穴。当吊桶车完全在偏心托梁上时，立即随偏重倾覆。钩子钩住桶底，实现自动卸渣。空桶提起时，钩尖靠平衡尾架复位。总之应使自动卸渣工作既速度快、又可靠省力。

三、井盖（图 15-18）

井盖也称为封口盘，是防止从井口向下掉落工具杂物、保护井上井下工作人员安全的结构物，同时又是升降人员、上下物料、设备和装拆各种管路的工作平台。

井盖用钢梁和木梁骨架、上铺木板或钢板组成，钢梁嵌在井口的井壁上。井盖上设有井盖门和其他悬吊设备通过口，井盖门在吊桶通过前开启，通过后关闭。其他孔口不通过悬吊物时应用盖板盖严。当采用有轨运输时，井盖上铺设钢轨与井口运输轨道连接。

井盖门的开闭钢丝绳绕翻渣台上的导向滑轮固定在启闭装置上。井盖门的开启方式有杠杆式（图 15-19）、电动式（图 15-20）和气动式（15-21）几种。

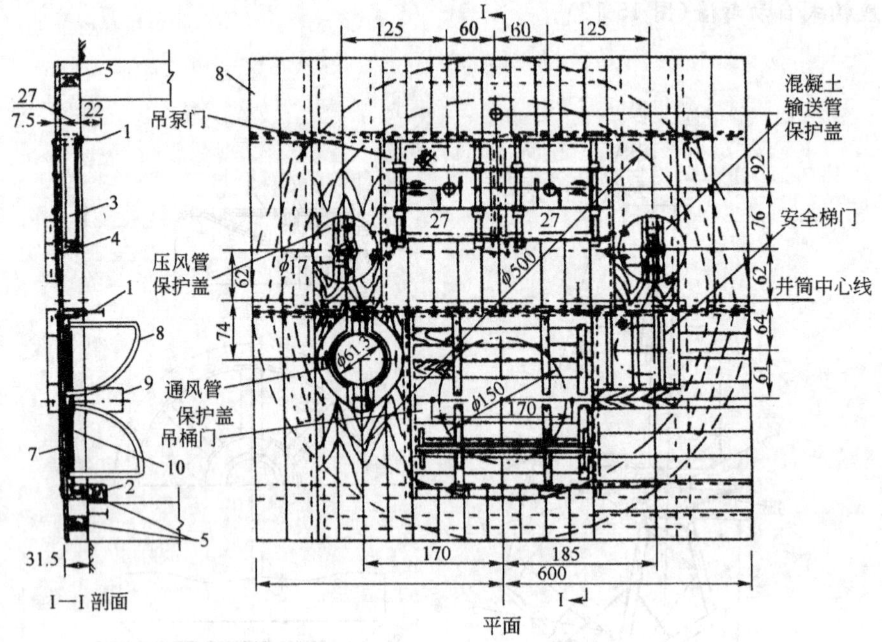

图 15-18　圆形竖井井盖图(单位:cm)

1-主梁;2-方木主梁;3-副梁;4-方木副梁;5-垫木;6-木盖板;7- 钢轨道;8-门弓子;9-导向板;10-井盖梁

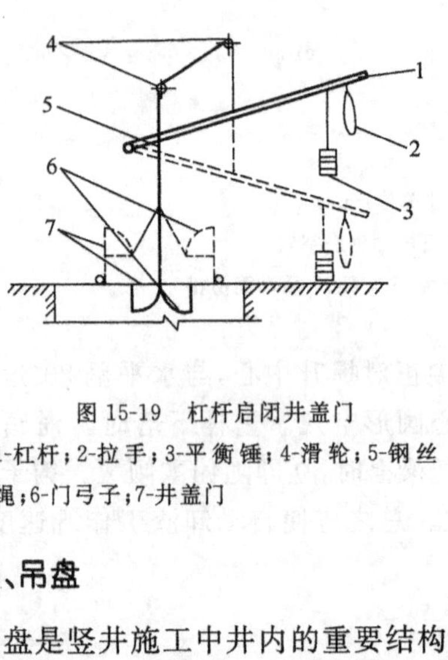

图 15-19　杠杆启闭井盖门

1-杠杆;2-拉手;3-平衡锤;4-滑轮;5-钢丝绳;6-门弓子;7-井盖门

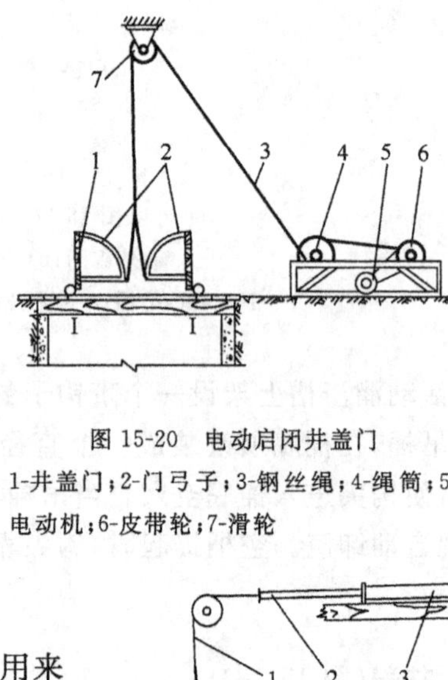

图 15-20　电动启闭井盖门

1-井盖门;2-门弓子;3-钢丝绳;4-绳筒;5-电动机;6-皮带轮;7-滑轮

四、吊盘

吊盘是竖井施工中井内的重要结构物。吊盘既可用来保护井底掘进工人的安全、拉紧吊桶提升稳绳和设置悬吊抓岩机的气力绞车,也可作拉紧稳绳的稳绳盘,还是井筒支护的工作平台。掘砌单行作业时,竖井掘砌施工完毕后,还可将吊盘用于安装罐道梁。吊盘一般由钢圈和钢梁作骨架、上铺木板或钢板组成,盘上布置有通过吊桶、吊泵、安全梯和各种管线路的孔口,其位置与井盖布置相对应。盘边设有可伸缩的插销以固定吊盘的位置,盘的直径一般比井筒直径小 100～200mm,盘与井壁间的间隙用麻袋或胶皮

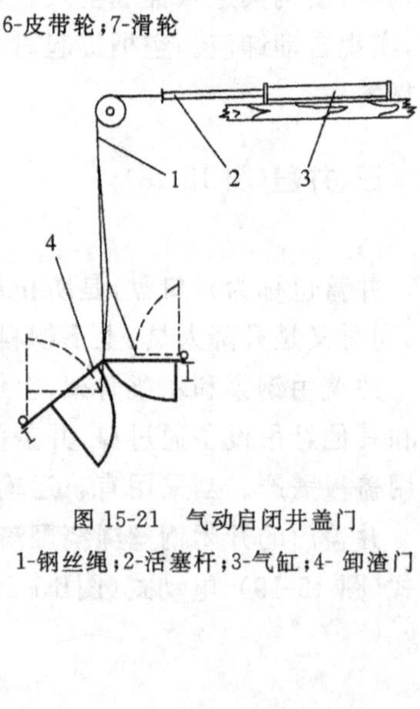

图 15-21　气动启闭井盖门

1-钢丝绳;2-活塞杆;3-气缸;4- 卸渣门

堵塞。矿井用的吊盘有单层、双层、三层等多种形式，其中双层吊盘应用较多。

由于吊盘要承受施工载荷(包括施工人员、材料和设备的质量)，且上下升降频繁，因而要求吊盘结构坚固耐用。

吊盘的盘架由型钢组成，一般用工字钢作主梁、槽钢作圈梁(图 15-22)，并根据井内凿井设备布置的需要，用槽钢或小号工字钢设副梁，并留出各通过孔口。盘面铺设防滑网纹钢板(图 15-23)。

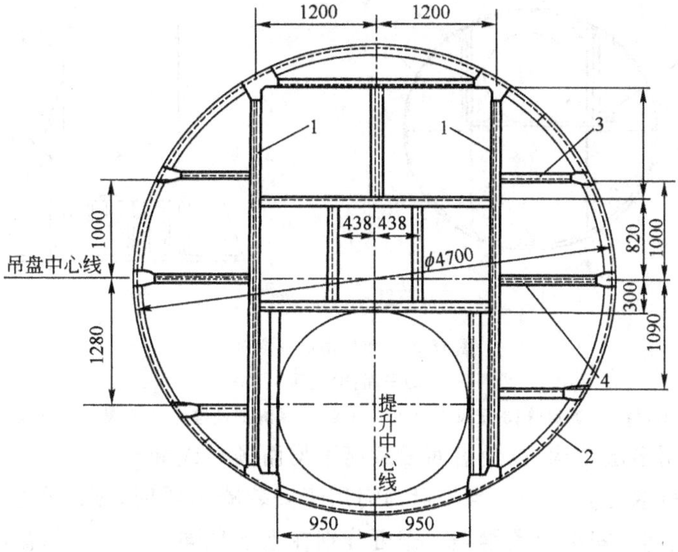

图 15-22　吊盘盘架钢梁结构(尺寸单位：mm)

1-工字钢主梁；2-槽钢圈梁；3-槽钢副梁；4-工字钢副梁

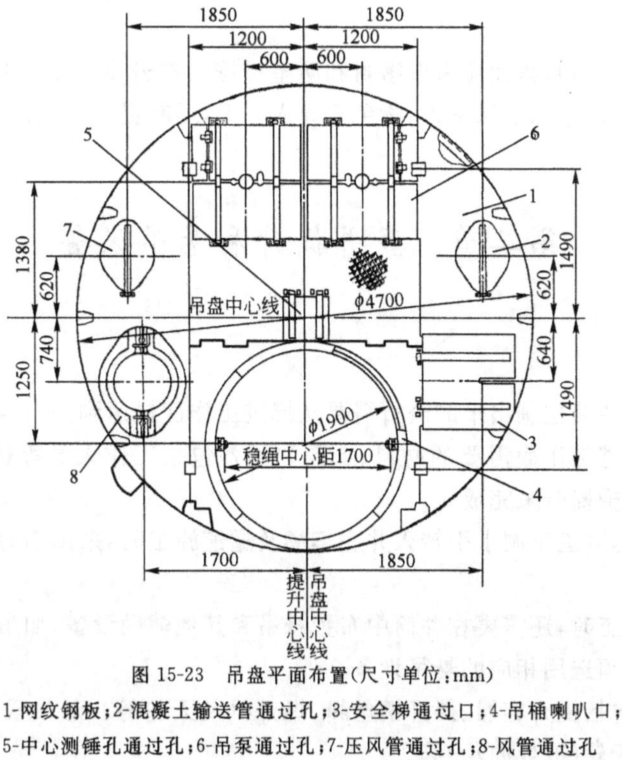

图 15-23　吊盘平面布置(尺寸单位：mm)

1-网纹钢板；2-混凝土输送管通过孔；3-安全梯通过口；4-吊桶喇叭口；

5-中心测锤孔通过孔；6-吊泵通过孔；7-压风管通过孔；8-风管通过孔

吊盘采用金属结构，可用单绳或双绳悬吊：单绳悬吊时，钢丝绳应离开井筒中心250～400mm；双绳悬吊时，两绳联线一般与稳绳联线平行。掘砌单行作业的竖井：在开挖时，吊盘位置距开挖面一般为25～40m；在支护时，吊盘位置随支护工作面而移动。

图15-24为竖井用的单层吊盘示意。吊盘面铺5cm厚木板；悬吊吊盘的两根钢丝绳，在距离盘面高约3m处与带有调整螺栓的悬吊绳连接，每边3根，共6根。

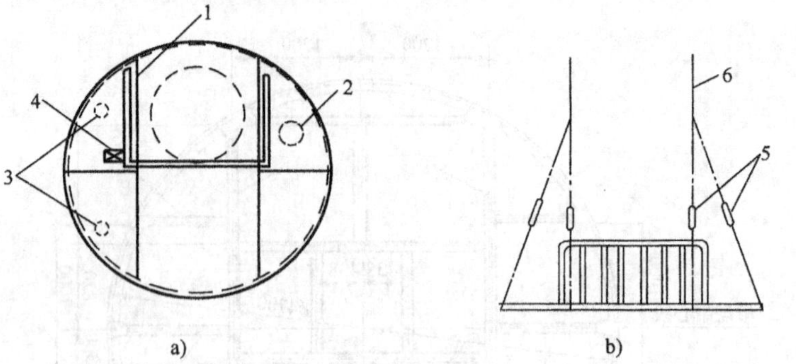

图15-24　单层吊盘示意图

a)平面；b)立面

1-木栏杆；2-通风管；3-压风管；4-信号位置；5-系绳的调整螺栓；6-悬吊钢丝绳

吊盘应尽量采用多层结构，以免盘面因载荷不均而倾斜或翻转。

吊盘层距一般可取为3～4m。当吊盘尚需用于安装罐道梁时，则吊盘层间距应与设计规定的罐道梁层距相适应，安设罐道梁等工作可分别在上下盘同时进行。吊盘可以是多层，其层数多达3～4层不等，盘体总高度达10～12m。使用多层吊盘，可以同时完成拆卸临时支护、砌筑井壁和拆装金属模板等项工作，但由于多层吊盘终端荷重增大，要求选用大吨位凿井绞车悬挂。

为防止吊盘坠人或物，盘面应采取密封和防坠措施。提升吊桶的孔口上下要用钢板围成圆筒，两端做成喇叭口，它除了保护人、物免于掉入井下，还起提升导利作用。喇叭口与盘面用螺栓联接。

第二节　竖井提升和悬吊设备

一、概述

竖井施工期间，井筒挖掘出来的渣石需要从掘进工作面提运到井口，再经矿车或其他运输工具运往排渣场；掘进工作面需要的材料、工具和设备包括工作人员等也需从井口运送到井下，这些任务要用吊桶提升来完成。

当井筒掘进到达隧道正洞水平转入井底车场及隧道施工时，采用临时罐笼提升渣石、升降人员及材料设备。

此外，在竖井施工时，还需要在井筒中布置悬吊和其他辅助设备，如吊盘、安全梯、吊泵、各种管路和电缆等，必须选用相应的悬吊设备。

竖井提升设备包括提升容器、提升钢丝绳、提升机及天轮等。悬吊设备包括凿井绞车（又称稳车）、钢丝绳及天轮（或导向轮）等。

竖井在凿井时期，提升容器用吊桶。竖井到底后，隧道出渣用罐笼。简易浅井的出渣也用吊桶。在采取安全措施后，也有用斗车直接提升的。

二、提升容器及其附属装置

(一)吊桶及其附属装置

1. 吊桶

吊桶有挂钩式、坐钩式和底卸式三种。前两种是用于出渣、排水（井内涌水量小于 $6m^3/h$）、升降人员和材料的主要容器，后者主要用于向井下运送混凝土。吊桶构造如图 15-25、图 15-26、图 15-27 所示，吊桶规格尺寸见表 15-2、表 15-3。

吊桶规格主要尺寸表 表 15-2

吊桶形式	吊桶容积 (m^3)	桶体外径 (mm)	桶口直径 (mm)	桶体高 (mm)	吊桶全高 (mm)	桶梁直径 (mm)	质量 (kg)
挂钩式	0.5	825	725	1100	1730	40	194
	1.0	1150	1000	1150	2005	55	348
	1.5	1280	1150	1280	2270	65	478
	2.0	1450	1320	1300	2430	70	601
坐钩式	2.0	1450	1320	1350	2480	70	728
	3.0	1650	1450	1650	2890	80	1049
	4.0	1850	1630	1700	3080	90	1530
	5.0	1850	1600	2100	3480	90	1690

底卸式吊桶规格尺寸表 表 15-3

特征及尺寸 \ 型号			TDX-1.2	TDX-1.6	TDX-2.0
1	容积(m^3)		1.2	1.6	2.0
2	出料口尺寸(mm)		400×400	400×400	400×500
3	自重(kg)		815	832	1066
4	尺寸	D_1	1320	1320	1450
5		D_2	1450	1450	1650
6		D_3	1454	1454	1463
7		B	1494	1494	1700
8		d	70	80	85
9		R	160	160	170
10		h_1	140	140	160
11		h_2	1485	1730	1965
12		h_3	110	110	120
13		H	2757	3004	3200

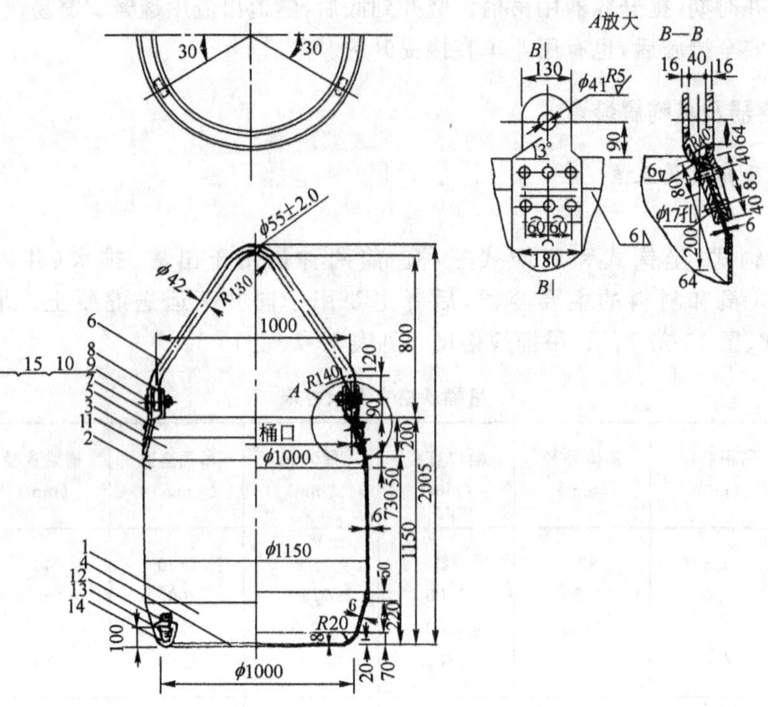

图 15-25　挂钩式吊桶(尺寸单位:mm)

1-下部桶身;2-中部桶身;3-上部桶身;4-桶底;5-桶口补强圈;6-桶梁;7-外耳环;8-内耳环;9-销轴;10-开口销 4×50;11-铆钉 ϕ16×65,ϕ16×79;12-铆钉 ϕ16×38;13-钩环板;14-螺母 M30;15-垫圈 30

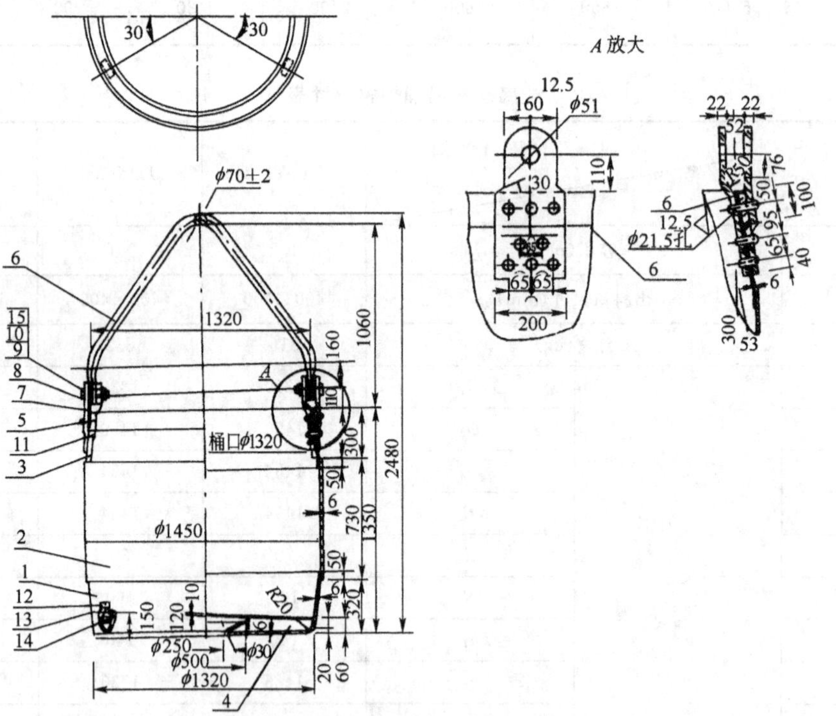

图 15-26　坐钩式吊桶(尺寸单位:mm)

1-下部桶身;2-中部桶身;3-上部桶身;4-双层桶底;5-桶口补强圈;6-桶梁;7-外耳环;8-内耳环;9-销轴;10-开口销 8×60;11-铆钉 ϕ20×107,ϕ20×86;12-铆钉 ϕ16×43;13-钩环板;14-钩环;15-垫圈 36

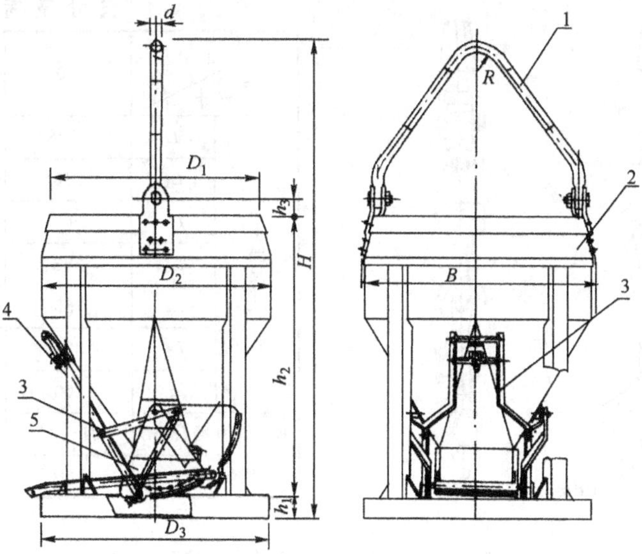

图 15-27　底卸式吊桶(TDX 型)

1-提梁;2-桶身;3-启闭手把;4-闭锁机构;5-闸门

2. 附属装置

竖井提升过程中悬挂吊桶用的钩头装置由钩头、连接装置和滑架组成,与吊桶配套使用。当吊桶小于 1.5 m^3 时,均选用 3.6t 钩头装置。其规格尺寸见表 15-4,表中 3.6t、5.0t、7.0t 钩头装置采用不偏心护绳环,板卡连接(图 15-28);7.0t、9.0t、11.0t 钩头装置采用锥形套筒连接器(图 15-29)。钩头连接装置要足够的强度;要摘挂方便而又不致自动脱钩。使用期间应有专职人员对吊桶桶梁、销轴、耳环、铆钉、焊缝及其钩头装置进行检查。发现有异常情况或磨损超限时,应立即更换。

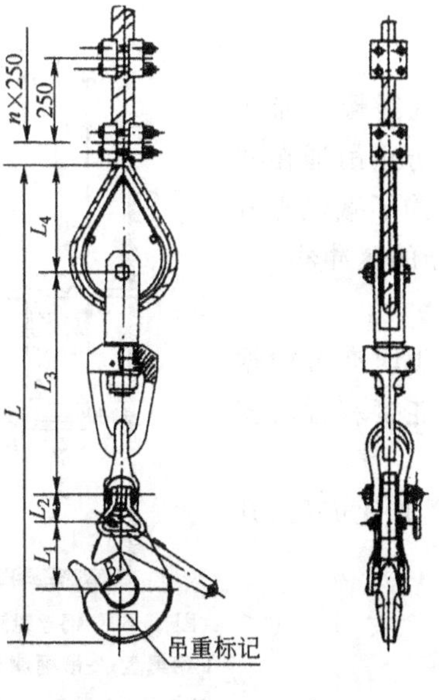

尺寸及质量表

尺寸 \ 规格		3.6t	5.0t	7.0t
主要尺寸	L	1200	1282	1493
	L_1	180	195	210
	L_2	80	85	90
	L_3	570	597	678
	L_4	240	265	355
	B	85	90	100
	n	5	6	7
钢丝绳直径(mm)		23～26	26～28	31～35
质量(kg)		87	110	145

图 15-28　钩头装置采用不偏心护绳环(Ⅰ型)

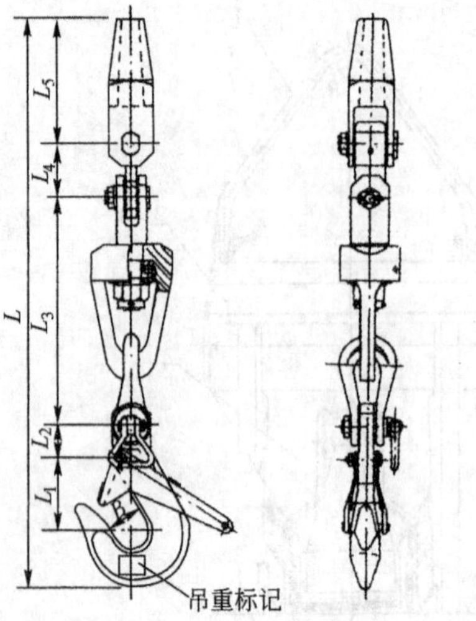

尺寸及质量表

规格 尺寸		7.0t	9.0t	11.0t
主要尺寸	L	1538	1733	1853
	L_1	210	225	240
	L_2	90	105	110
	L_3	588	701	737
	L_4	155	180	180
	L_5	335	360	405
	n	100	120	120
钢丝绳直径(mm)		31～35	37～40	40～43
质量(kg)		160	190	215

图 15-29 钩头装置采用锥形套筒连接器(II 型)

钩头装置规格尺寸表 表 15-4

规格(t)	钩头装置高度(mm)	板卡段高度(mm)	吊钩开口直径(mm)	吊钩及连接装置质量(kg)	板卡质量(kg)	总质量(kg)	推力轴承型号	适用吊桶(m^3)
3.6	1184.5	1250	85	69.5	17.5	87	8310	1.5 及以下
5.0	1282	1500	90	75.8	34.2	110	8311	2.0
7.0	1493	1750	100	89	56	145	8313	3.0
7.0	1538	—	100	160	—	160	8313	3.0
9.0	1733	—	120	190	—	190	8413	4.0
11.0	1853	—	120	215	—	215	8414	5.0

3.滑架

吊桶提升时，罐道装置如图 15-30 所示。两根钢丝绳罐道布置在吊桶的两侧，滑架(图 15-31)起到使吊桶平稳运行、防止吊桶在井筒中摆动的作用，位于吊桶上方，需与吊桶配套选用。为了减轻提升过程中滑架对钢丝绳的冲击作用，要设置提升绳与稳绳的缓冲器。

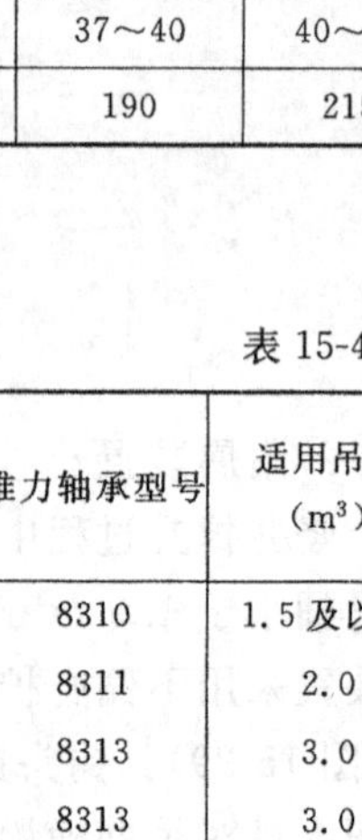

图 15-30 钢丝绳罐道悬吊
1-稳绳盘；2-吊桶喇叭口；3-插销装置；4-滑架；5-滑架缓冲器；6-钢丝绳罐道；7-系绳；8-提升天轮；9-悬吊天轮

(二)罐笼与罐座

图 15-32 为一吨矿车单层一车凿井罐笼结构。施工时亦可根据隧道中使用的斗车尺寸及罐道类型自行设计制作，其连接装置的安全系数不小于 10。

图 15-33 是与图 15-32 配套的罐笼罐座总图，当竖井建成后，开拓井底车场及隧道正洞采用罐笼时需用罐座来承托。

(三)竖井提升计算的有关规定

1.提升最大速度

(1)升降人员

用罐笼升降人员时，v_{max} 不得大于 12m/s。

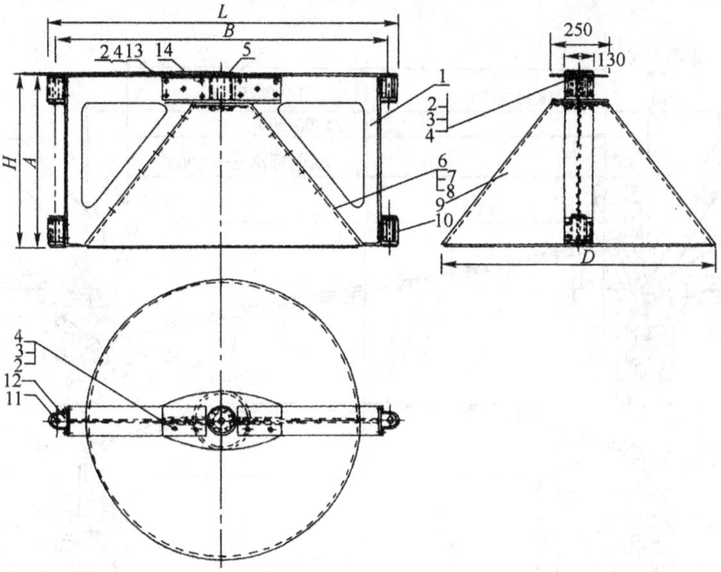

图 15-31 滑架

1-滑套；2-滑架体；3-滑套；4-保护伞；5-滑套盖

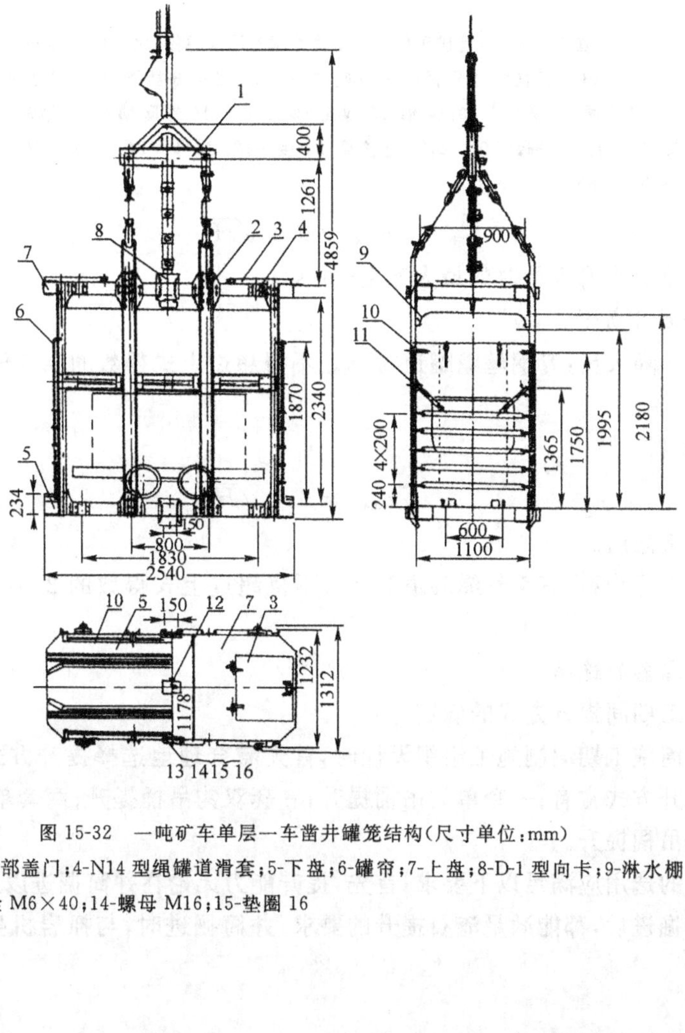

图 15-32 一吨矿车单层一车凿井罐笼结构(尺寸单位:mm)

1-悬挂装置；2-侧体；3-顶部盖门；4-N14 型绳罐道滑套；5-下盘；6-罐帘；7-上盘；8-D-1 型向卡；9-淋水棚；10-扶手；11-车档；12-底部活门；13-螺栓 M6×40；14-螺母 M16；15-垫圈 16

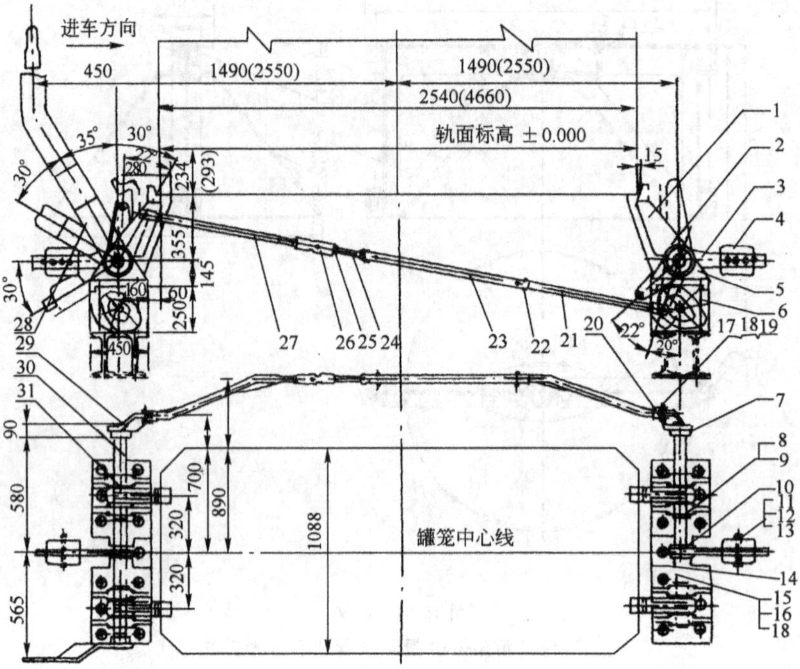

图 15-33 一吨矿车单层一车凿井罐笼罐座总图(尺寸单位:mm)

1-闸腿;2-油塞 M12×125;3-重锤杠杆;4-重锤;5-轴承座;6-垫木;7-杠杆;8-挡圈 80;9-螺钉 M12×11;10-键 A22×180;11-螺栓 M20×180;12-垫圈;13-螺母 M20;14-轴;15-螺栓 M24×350;16-螺母 M24;17-销轴 A20×60;18-垫圈;19-销 5×45;20-连接叉头;21-拉杆;22-铆钉 10×58;23-连接管;24-接头;25-螺母 M24;26-圆形紧头;27-拉杆;28-把手;29-键 20-90;30-轴;31-键 A22×80

$$v_{max} = 0.5\sqrt{H} \tag{15-3}$$

式中:v_{max}——罐笼提升人员时的最大速度(m/s);

H——提升高度。

当用吊桶升降人员:有钢丝绳罐道时,v_{max}不得超过上式得数的 0.5 倍;无罐道时 v_{max}不得超过 1m/s。

(2)升降物料

$$v_{max} = 0.6\sqrt{H} \tag{15-4}$$

符号的意义同前。

当用吊桶升降物料,有钢丝绳罐道时 v_{max}不得超过上式得数的 2/3;无罐道时 v_{max}不得超过 2m/s。

(四)提升容器的选择

1.井筒施工期间提升方式的确定

在确定井筒施工期编制施工组织设计时,首先需合理地选择提升方式。为隧道施工服务的竖井施工提升方式常有:一套单钩吊桶提升;一套双钩吊桶提升;两套单钩吊桶提升;一套单钩和一套双钩吊桶提升。

提升方式的选用应满足以下要求:首先,提升能力无论在井筒掘进以及从井筒转入车场巷道和隧道正洞掘进后,都能满足渣石提升的要求;井筒掘进时,与抓岩机生产率或快速施工的要求匹配。其次，设备安装时间短，操纵方便，经济效果好，且能保证安全生产。

从提升能力而言，在吊桶容积、最大提升速度和井筒深度（200～700m）相同的条件下，双钩吊桶提升的提升能力比单钩吊桶提升高15%～40%；在同样井深条件下，两套单钩吊桶的提升能力比一套双钩吊桶提升又要高35%～80%。但是，由于当井筒深度增加时，增加了一次提升循环时间，而休止时间和吊桶低速运行时间不变，因此，两套单钩吊桶提升能力比一套双钩吊桶提升能力的优越性，随井筒深度的增加而逐渐降低。只有在井深400～600m时采用两套单钩吊桶提升代替一套双钩吊桶提升才比较合适。提升方式选择时，因临时罐笼均采用双钩提升，考虑到在井筒转入井底车场和隧道正洞施工的提升要求，无论竖井施工是用单钩吊桶提升，还是双钩吊桶提升都必须选用一台双卷筒提升机。井筒深度小于100m时不采用双钩提升。

竖井提升系统如图15-34所示。提升方式分单钩和双钩提升。选择提升方式主要根据隧道施工对提升能力的要求，并应考虑提升电能消耗和调绳方便等因素。

2.渣石吊桶容积的选择计算

(1)根据抓岩机生产率选择吊桶容积

影响渣石吊桶选择的因素有：井筒直径、深度、施工作业方法、抓岩机台数及其生产能力、提升方式等。吊桶容积选小了，将影响井筒施工速度；吊桶容积选大了，提升钢丝绳及提升机将随之加大，造成设备能力浪费。

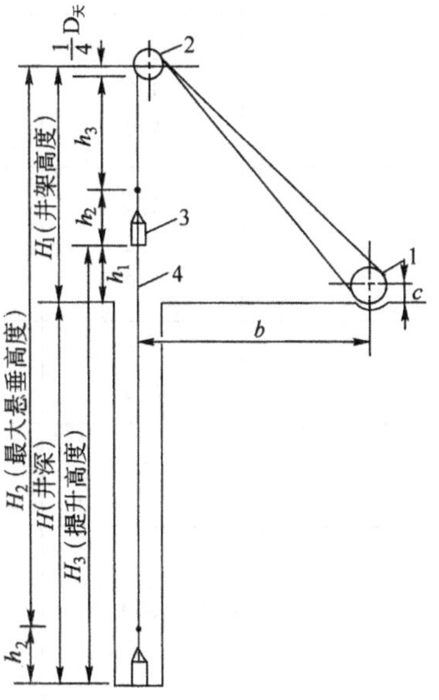

图15-34 竖井提升系统

1-绞车；2-天轮；3-提升容器；4-钢丝绳

设计凿井提升设备时，原则是使一次提升循环时间T_1小于或等于吊桶装满渣石的时间T_{zh}，即

$$T_1 \leqslant T_{zh} \tag{15-5}$$

渣石吊桶装渣时间T_{zh}按下式计算

$$T_{zh} = \frac{3600 \times 0.9 \times V_T}{A_{zh}} \tag{15-6}$$

式中：V_T——渣石吊桶容积(m^3)；

0.9——吊桶装满系数；

A_{zh}——井筒工作面抓岩机总生产率（松散体积）(m^3/h)。

将式(15-6)代入式(15-5)，得

$$V_T \geqslant \frac{A_{zh} T}{0.9 \times 3600} \tag{15-7}$$

由式(15-7)计算得到的V_T值选择容积为V_{TB}的标准吊桶，且使$V_{TB} \geqslant V_T$。吊桶提升一次循环时间T可先按下式估算。

$$T = T_1 + T_2 \tag{15-8}$$

式中：T_1——一次提升运行时间(s)；

T_2——一次提升辅助时间(s)。

单钩提升 $T_1 = 8\sqrt{H_4} + \frac{2H_5}{v}$

T_2取120～140s。

双钩提升 $T_1 = 4\sqrt{H_4} + \frac{2H_5}{V}$

T_2取140～160s。

式中：H_4——吊桶有稳绳段提升高度(m)；

H_5——吊桶无稳绳段运行高度(m)；

v——无稳绳段的提升速度，取 1～2m/s。

所选标准吊桶要在井筒布置之后才能最后确定，若在井筒断面上难以布置则需重选。

(2)根据井筒断面布置的可能性选用吊桶

可以根据井筒断面布置选择吊桶容积。在井筒掘砌的有限空间内，综合考虑布置吊桶和其他如吊泵、风管、压风管、混凝土输送管、安全梯、抓岩机等凿井设备。井筒可能容纳布置的吊桶数可参考表 15-5。

井筒内可能布置的吊桶数目　　表 15-5

<table>
<tr><th>井筒净直径
(m)</th><th>吊桶容积
(m³)</th><th>吊桶数目
(个)</th><th>井筒净直径
(m)</th><th>吊桶容积
(m³)</th><th>吊桶数目
(个)</th></tr>
<tr><td>4.5</td><td>1.0
1.5
2.0</td><td>2
1
1</td><td rowspan="2">7.0</td><td rowspan="2">2.0, 1.5
3.0, 1.5</td><td rowspan="2">2, 2
2, 1</td></tr>
<tr><td>5.0</td><td>1.0
1.5
2.0</td><td>2
1
1</td></tr>
<tr><td>5.5</td><td>1.5
2.0</td><td>2
1</td><td rowspan="2">7.5</td><td rowspan="2">2.0, 2.0
3.0, 2.0</td><td rowspan="2">2, 2
2, 1</td></tr>
<tr><td>6.0</td><td>2.0
3.0</td><td>2
2</td></tr>
<tr><td>6.5</td><td>2.0, 1.5
3.0</td><td>2, 1
2</td><td>8.0</td><td>2.0, 2.0, 1.5
3.0, 1.5</td><td>2, 2, 1
2, 2</td></tr>
</table>

注：带大括号的为一个组合方案，不带括号的为一个独立方案。

(3)根据已有的提升机选择提升吊桶

根据提升机选择吊桶，就是按提升机强度要求来确定吊桶最大容积。由于提升机是井筒施工中较重要、价值较高的提升设备，也可按施工单位现有的提升机进行吊桶布置以节省井筒建设费用。

3.罐笼的斗车(或箕斗)容积的计算

罐笼的斗车(或箕斗)容积按隧道每班出渣量 V_1(m³)选定。

单钩提升
$$V=\frac{k_2 T V_1}{1800 k_1 T_s} \qquad (15\text{-}9)$$

双钩提升
$$V=\frac{k_2 T V_1}{3600 k_1 T_s} \qquad (15\text{-}10)$$

式中：k_1——容器装满系数，取 0.9～0.95；

k_2——提升不均匀系数，取 1.2～1.25；

T_s——隧道每班出渣时间，按三班制，每班 5h；

T——一次提升时间(s),按下式计算

单钩提升 $$T=\frac{2H_3}{v_{max}/\alpha}+T_2$$

其中 T_2 取值为:双面进出车取 30s;单面进出车取 60s。

双钩提升 $$T=\frac{H_3}{v_{max}/\alpha}+T_2$$

其中 T_2 取值为:双面进出车取 15s;单面进出车取 30s。

式中:H_3——提升高度(m);

α——速度系数,取 1.2;

v_{max}——最大提升速度(m/s),按表 15-6 选取。

竖井最大提升速度 表 15-6

升降条件 / 竖井深度(m)	v_{max}(m/s)		备注
	罐笼	吊桶	
<40	2	0.75	无导向设备
40~100	3	1.50	沿导向设备
>100	6	3.00	沿导向设备

4. 提升能力 A_T 的计算

(1)吊桶提升能力

$$A_T=\frac{3600k_1V_{TB}}{k_2T} \tag{15-11}$$

(2)罐笼提升能力

$$A_T=\frac{3600k_1V_{KB}Z}{k_2T} \tag{15-12}$$

(3)箕斗提升能力

$$A_T=\frac{3600k_1V_{JB}}{k_2T} \tag{15-13}$$

式中: Z——一次提升的矿车数;

V_{TB}、V_{kB}、V_{JB}——分别是标准吊桶、标准罐笼、标准箕斗的容积(m^3);

其他符号同前。

(五)钢丝绳的选择和计算

1. 钢丝绳缠绕圈数

竖井在提升绞车卷筒上,缠绕的钢丝绳层数小于或等于下列数值:

(1)升降人员时为一层,在特殊情况下允许缠绕二层,但必须要有切实可行的安全措施;

(2)升降物料时为二层;

(3)在凿井期间,升降人员和物料,可允许缠绕二层;当井筒深度>400m 时,允许缠绕三层。

2. 钢丝绳的类型和规格

钢丝绳是先由一定数量的细钢丝(直径 0.4~4mm)捻制成绳股,再由若干绳股捻制而成。

钢丝绳的中间部分夹有含油麻芯，钢丝为优质碳素结构钢。

钢丝绳的钢丝按韧性分为特号、I号和II号三种。专为升降人员、升降物料和人员的钢丝韧性标准不低于特号；升降物料用的钢丝韧性标准不得低于I号钢丝。

提升和悬吊用绳不宜采用同向捻钢丝绳。提升吊桶和单绳悬吊设备宜使用多层股（不旋转）钢丝绳。双绳悬吊时应选用左捻和右捻各一条。

竖井提升和悬吊钢丝绳绳股多为圆形断面，6×19（股×丝）钢丝绳（表15-7）或6×37钢丝绳常用作提升和悬吊用绳；6×7钢丝绳（表15-8）常用于作稳绳。

6×19(1+6+12)=114 钢丝绳技术规格 表15-7

直径		钢丝总断面积 (mm^2)	参考质量 (kg/100m)	钢丝绳公称抗拉强度(MPa)				
钢丝绳 (mm)	钢丝 (mm)			1400	1550	1700	1850	2000
				钢丝破断拉力总和 N(不小于)				
6.2	0.4	14.32	13.53	20000	22100	24300	26400	28600
7.7	0.5	22.37	21.14	31300	34600	38000	41300	44700
9.3	0.6	32.22	30.45	45100	49900	54700	59600	64400
11.0	0.7	43.85	41.44	61300	67900	74500	81100	87700
12.5	0.8	57.27	54.12	80100	88700	97300	105500	114500
14.0	0.9	72.49	68.50	101000	112000	123000	134000	144500
15.5	1.0	89.49	84.57	125000	138500	152000	165500	178500
17.0	1.1	108.28	102.30	151500	167500	184000	200000	216500
18.5	1.2	128.87	121.80	180000	199500	219000	238000	257500
20.0	1.3	151.24	142.90	211500	234000	257000	279500	302000
21.5	1.4	175.40	165.8	245500	271500	298000	324000	350500
23.0	1.5	201.35	190.3	281500	312000	342000	372000	402500
24.5	1.6	229.09	216.5	320500	355000	389000	423500	458000
26.0	1.7	258.63	244.1	362000	400500	439500	478000	517000
28.0	1.8	289.95	274.0	405500	449000	4925000	536000	579500
31.0	2.0	357.96	338.3	501000	554500	608500	662000	715500
34.0	2.2	433.13	409.3	606000	671000	736000	801000	
37.0	2.4	515.46	487.1	721500	798500	876000	953500	
40.0	2.6	604.95	571.7	846500	937500	1025000	1115000	
43.0	2.8	701.60	663.0	982000	1085000	1190000	1295000	
46.0	3.0	805.41	761.1	1125000	1245000	1365000	1490000	

6×7(1+6)=42 钢丝绳技术规格 表 15-8

直径		钢丝总断面积 (mm^2)	参考质量 (kg/100m)	钢丝绳公称抗拉强度(MPa)				
				1400	1550	1700	1850	2000
钢丝绳 (mm)	钢丝 (mm)			钢丝破断拉力总和 N(不小于)				
3.8	0.4	5.28	5.04	7390	8180	8970	9760	10500
4.7	0.5	8.24	7.87	11500	12700	14000	15200	16400
5.6	0.6	11.87	11.34	16600	18300	20100	21900	23700
6.5	0.7	16.16	15.40	22600	25000	27400	29800	32300
7.5	0.8	21.10	20.15	29500	32700	35800	39000	42200
8.4	0.9	26.71	25.51	37300	41400	45400	49400	53400
9.4	1.0	32.97	31.49	46100	51100	56000	60900	65900
10.5	1.1	39.89	38.09	55800	61800	67800	73700	79700
11.5	1.2	47.48	45.34	66400	73500	80700	87800	94900
12.0	1.3	55.72	53.21	78000	86300	94700	103000	111000
13.0	1.4	64.62	61.71	90400	100000	109500	119500	129000
14.0	1.5	74.18	70.84	103500	114500	126000	137000	148000
15.0	1.5	84.40	80.60	118000	130500	143000	156000	168500
16.0	1.7	95.28	90.99	133000	147500	161500	176000	190500
17.0	1.8	106.82	102.0	149500	165500	181500	197500	213500
18.5	2.0	131.88	125.9	184500	204000	224000	243500	263500
20.5	2.2	159.57	152.4	223000	247000	271000	295000	
22.5	2.4	189.91	181.4	265500	294000	322500	351000	
24.5	2.6	222.88	212.9	312000	345000	378500	412000	
26.0	2.8	258.48	246.8	361500	400500	439000	478000	
28.0	3.0	296.73	283.4	415000	459500	504000	548500	
30.0	3.2	337.61	322.4	472500	523000	573500	624500	
32.0	3.5	403.88	385.7	565000	626000	686500		
34.5	3.8	476.09	454.7	666500	737500	809000		
36.5	4.0	527.52	503.8	738500	817500	896500		

3. 钢丝绳直径的确定

钢丝绳直径的确定常按最大静荷载并考虑一定的安全系数进行计算。

钢丝绳安全系数是钢丝绳中全部钢丝破断拉力总和与钢丝绳最大静负荷的比值，即

$$m_a = \frac{Q_d}{F_{zd}} \tag{15-14}$$

式中：m_a——安全系数，《煤矿安全规程》对钢丝绳安全系数的数值规定如下：

提人≥9；提人、提物≥9；提物≥6.5；悬吊吊盘、水泵、水管≥6；悬吊风管、压风管、混凝土输送管和拉紧装置≥5；悬吊安全梯≥9；稳绳≥5。

Q_d——钢丝绳全部钢丝破断力的总和(N)；

F_{zd}——钢丝绳的最大静负荷(N)。

图 15-34 是竖井钢丝绳的计算示意图。钢丝绳最大静负荷 F_{zd}可由式(15-15)计算。

$$F_{zd} = Q_0 + P_k H_2 \tag{15-15}$$

式中：H_2——钢丝绳最大悬垂高度，$H_2 = H_1 + H - h_2$(m)；见图 15-34；

其中：H_1——井架高度(m)；

H——井筒深度(m)；

h_2——提升容器和连接装置总高(m)。

Q_0——钢丝绳终端荷重(m)。

钢丝绳单位长度质量 P_k 由式(15-16)求得

$$P_k = \frac{Q_0}{\frac{\sigma}{\gamma m_a} - H_2} \tag{15-16}$$

式中：σ——钢丝绳钢丝抗拉强度，取 1.55GPa；

γ——钢丝绳的重度，取 $90kN/m^3$。

根据钢丝绳单位长度质量 P_k 值，从钢丝绳规格表中选取使

$$P_{KB} \geqslant P_K \tag{15-17}$$

式中：P_{KB}——所选标准钢丝绳单位长度质量(N/m)。

对所选取的钢丝绳型号验算安全系数，使下式满足

$$m = \frac{Q_{db}}{Q_0 + P_{KB} H_2} \geqslant m_a \tag{15-18}$$

式中：Q_{db}——所选标准钢丝绳所有钢丝破断力总和(N)；

其他符号同前。

若验算后不符合规定要求，应另选钢丝绳，直至符合规定要求。

钢丝绳终端荷重 Q_0 按三种情况分别考虑：

(1)提升钢丝绳

$$Q_0 = Q_1 + Q_2 \tag{15-19}$$

其中：Q_1——提升容器自重和附属装置质量之和(N)；

Q_2——提升物料质量，

吊桶提升：
$$Q_2 = K_1 V_d \gamma_1 + K_1 \left(1 - \frac{1}{K_s}\right) V_d \gamma_2 \tag{15-20}$$

罐笼或箕斗提升：
$$Q_2 = K_1 V \gamma_1 \tag{15-21}$$

式中：V_d——吊桶容积(m^3)；

γ_1——岩石散体重度(N/m^3)；

γ_2——水的重度(N/m^3)；

K_1——装满系数；

K_s——岩石松散系数，取 1.8～2.0；

V——提升容器总容积(m^3)。

(2)悬吊钢丝绳

$$Q_0 = \frac{1}{n} W_2 \tag{15-22}$$

式中：W_2——悬吊设备总质量(N)；

$$n=\begin{cases}1,\text{单钩提升时}\\2,\text{双钩提升时}\end{cases}$$

(3)稳绳钢丝绳

Q_0 值是罐道钢丝绳上的最小张力随井筒深度的增加而增大，Q_0 的数值见表 15-9。

罐道钢丝绳的最小拉力 表 15-9

井　深(m)	150～200	250～400	400～500	550～700
罐道钢丝绳最小拉力(kN)	20	30	40	50

(六)提升机

竖井使用的提升机多为缠绕式卷筒提升机，提升机尺寸不宜太大，拆、运、安装要方便。双钩提升用提升机，调绳要方便。

1.提升机构造

井筒施工用提升机都是缠绕式卷筒提升机。其中 JK 型双卷筒提升机的结构如图 15-35 所示。

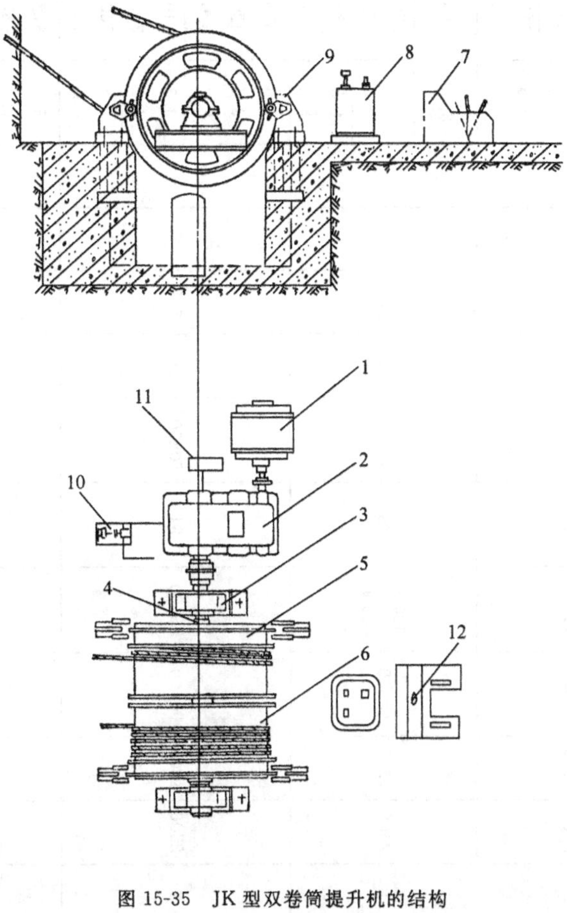

图 15-35　JK 型双卷筒提升机的结构

1-电动机；2-减速器；3-主轴轴承；4-主轴；5-死卷筒；6-活卷筒；7-操纵台；8-液压站；9-盘式闸；10-润滑油站；11-深度指示传动装置；12-深度指示盘

型号(卷筒直径 0.8～1.6m 的 JT 系列称为提升绞车)见表 15-10 和表 15-11。

JK 型新系列矿井提升机技术规格表　　表 15-10

型　号	卷筒 数量（个）	卷筒 直径（mm）	卷筒 宽度（mm）	钢丝绳最大静张力（N）	钢丝绳最大静张力差（N）	钢丝绳最大直径（mm）	钢丝绳各钢丝破断力总和（N）	最大提升高度或拖运长度(m) 一层	二层	三层	四层	钢丝绳最大绳速（m/s）	电动机 近似功率（kW）	电动机 转速（r/min）	减速器及传动比	外形尺寸 长×宽×高（m×m×m）	机器总质量（不包括电器）（kg）	两卷筒中心距（mm）	卷筒中心高（mm）
2JK-2/11.5 2JK-2/20 2JK-2/30	2	2000	1000	60000	40000	26	439500	180	388	610	840	6.55	300	720	ZHLR-115 1∶11.5	9500×9000 ×3500	27300	1132	650
												3.7 5.0	170 230	720 960	ZHLR-115 1∶20				
												2.5 3.3	115 153	720 960	ZHLR-115 1∶30				
JK-2/11.5 JK-2/20 JK-2/30	1	2000	1500	60000	60000 (40000)	26	439500	266	540	860	—	6.55	453	720	ZHLR-115 1∶11.5	9000×9000 ×3500	23100	—	650
												3.70 5.0	256 348	720 960	ZHLR-115 1∶20				
												2.5 3.3	174 207	720 960	ZHLR-115 1∶30				
2JK-2.5/11.5 2JK-2.5/20 2JK-2.5/30	2	2500	1200	90000	55000	31	608500	223	502	785	—	5.5 6.6 8.2	350 420 520	480 580 720	ZHLR-130 1∶11.5	10000× 9500×3500	37000	1350	650
												3.8 4.7	240 300	580 720	ZHLR-130 1∶20				
												2.5 3.14	160 197	580 720	ZHLR-130 1∶30				
JK-2.5/11.5 JK-2.5/20 JK-2.5/30	1	2500	2000	90000	90000 (55000)	31	608500	402	810	1285	—	5.5 6.6 8.2	575 687 850	480 580 720	ZHLR-150 1∶11.5	10000× 9500×3500	37300 4050	—	650
												3.8 4.7	394 487	580 720	ZHLR-150 1∶20				
												2.5 3.14	260 346	580 720	ZHLR-150 1∶30				

续上表

型号	卷筒			钢丝绳最大静张力(N)	钢丝绳最大静张力差(N)	钢丝绳最大直径(mm)	钢丝绳各钢丝破断力总和(N)	最大提升高度或拖运长度(m)				钢丝绳最大绳速(m/s)	电动机		减速器及传动比	外形尺寸长×宽×高(m×m×m)	机器总质量(不包括电器)(kg)	两卷筒中心距(mm)	卷筒中心高(mm)
	数量(个)	直径(mm)	宽度(mm)					一层	二层	三层	四层		近似功率(kW)	转速(r/min)					
2JK-3/11.5 2JK-3/20 2JK-3/30	2	3000	1500	130000	80000	37	876000	289	646	1010	—	6.0 8.0 10.0	610 740 924	480 580 720	ZHLR-150 1∶11.5	11000× 10000× 3500	53100	1628	650
												4.5 5.6	415 517	580 720	ZHLR-150 1∶20				
												3.0 3.7	277 342	580 720	ZHLR-150 1∶30				
2JK-3.5/11.5 2JK-3.5/15.5 2JK-3.5/20	2	3500	1700	170000	115000	43	1185000	336	745	—	—	7.65 9.25 11.4	1015 1225 1510	480 580 720	ZD_2R-180 (双机拖动)	13500× 12000× 3500	95000	1840	700
												5.67 6.85 8.5	755 910 1000	480 580 720	ZHLR-170III 1∶15.5	13500× 11000× 3550	74000		
												4.4 5.3 6.6	585 705 875	480 580 720	ZHLR-170III 1∶20				
2JK-4/10.5 2JK-4/11.5 2JK-4/20	2	4000	1800	180000	125000	47.5	1430000	351	753	—	—	9.6 11.6 8.7 10.5	1385 1675 1255 1515	480 580 480 580	ZD2R-180 (双机拖动)	13500× 13000× 3550	102000	1964	700
												5.1 6.1	735 880	480 580	ZLR-200 1∶20	14500× 13000× 3550	95000		

JT 型提升绞车技术性能

表 15-11

项目		单位	JT800×600-30	JT900×760-30	JT1200×1000-30	JT1600×1200-24	2JT900×760-30	2JT1200×1000-25	2JT1600×800-24	2JT1200×1000-24	2JT1200×800-24	2JT1600×1200-20	2JT1600×900-20
卷筒	直径	mm	800	915	1200	1600	915	1200	1600	1200	1200	1600	1600
	宽度		600	760	1000	1200	760	1000	800	1000	800	1200	900
	中心距						1535		920				
	中心高				370	450			450				
钢丝绳最大静拉力		kg	1500	1360	2500	4000	1360	3500	4000	3000	3000	4500	4500
钢丝绳最大静拉力差		kg			1500	2500			2500	3000 (2000)	2000	4500 (3000)	3000
钢丝绳最大直径		mm	15.5	16	18	25	16	21.5	25	19	19	22.5	22.5
缠绕长度	一层	m	90	95	195	160	95	140	95	145	110	231	165
	二层		185	220	400	385	220	305	240	335	260	478	340
	三层		280		620	605	350	475	390	530	420	735	539
	最大		480	450			450			690	550	960	700
减速机速比			1∶30	1∶29.96	1∶30	1∶24	1∶29.96	1∶25	1∶24	24	24	20	20
绳速		m/s	1.2 1.6	1.2	1.5 2.0	2.0 2.6 3.4	1.2	1.7 2.3	2.0 2.5 3.3	2.5 1.84	2.5 1.84	4.0 3.06 2.45	4.0 3.06 2.45
电动机	型号		JB32-8 JB32-6	JR82-8			JR82-8						
	最大功率	kW	20 25	28	40 55	95 110 155	28	60 75	55 70 95	75 55	55 40	185 130 115	130 95 80
	转速	r/min	735 980	710	720 960	585 730 980	710	720 960	580 720 975	970 720	970 720	980 730 585	980 730 585
机械旋转部分变位质量（不包括电机）		kg			7550	10460							
外形尺寸 长×宽×高		mm	2178× 1325× 1220	2470×1970 ×1815			3150× 2470× 1815		5840× 4840× 2330				
设备总重		kg	1450	2756	5160	10000	4200	9080	11860	4923.9	6944.8		10770.4

2. 提升机的选择

提升机选择的内容主要是确定卷筒直径 D_j 和卷筒宽度 B_j，同时要满足提升机的强度要求。

(1)卷筒直径 D_j 的确定

当提升钢丝绳选定后，提升机（绞车）的卷筒直径 D_j 按下式计算：

$$D_j = (60 \sim 80)d_s \tag{15-23}$$

或

$$D_j = (900 \sim 1200)d \tag{15-24}$$

式中：d_s——钢丝绳直径（mm）；

d——钢丝直径（mm）。

根据计算得出的 D_j 值，从表 15-10 和表 15-11 选择满足标准提升绞车的卷筒直径 $D_{jB} \geqslant D_j$ 的提升机。

（2）卷筒宽度 B_j 的确定

卷筒宽度根据需容纳的钢丝绳长度来确定，在提升机卷筒面上需要缠绕的钢丝绳长度包括：

①长度等于提升高度 H_3 的钢丝绳。

②供试验用的钢丝绳，一般取长 30～40m。

③卷筒表面应保留三圈摩擦圈，以减轻钢丝绳与卷筒固定处的拉力。

④在多层缠绕时，为了避免上下层钢丝绳总是在一个地方过渡，每季度应错动 1/4 圈。根据钢丝绳的使用年限，取错绳圈 $n'=2\sim4$ 圈。

由此，卷筒宽度为

单绳缠绕

$$B_j = \left(\frac{H_3 + L}{\pi D_j} + 3\right)(d_s + \varepsilon) \tag{15-25}$$

双绳缠绕

$$B_j = \left(\frac{H_3 + L + (3+4)\pi D_j}{n\pi D_{pj}}\right)(d_s + \varepsilon) \tag{15-26}$$

式中：H_3——提升高度（m），见图 15-34；

L——钢丝绳备用长度，常取 30～40m；

3——摩擦圈数；

4——每两月移动 1/4 圈的备用圈数；

n——钢丝绳缠绕层数；

ε——绳圈间距，取 2～3mm；

D_{pj}——平均缠绕直径（m），按下式计算：

$$D_{pj} = D_j + (n-1)d_s \tag{15-27}$$

其余符号同前。

若计算值满足 $B_j \leqslant B_{jB}$（B_{jB} 提升机的标准宽度）时，则所选提升机合适。当 $B_j > B_{jB}$ 时，可考虑多层缠绕，钢丝绳在卷筒上缠绕的层数 n 等于：

$$n = \frac{B_j}{B_{jB}} \tag{15-28}$$

煤矿安全规程对缠绕层数 n 的要求是：

竖井中升降人员或升降人员和物料的，只准缠绕一层；

井筒掘进和隧道的平洞施工期间，升降人员和物料的，准许缠绕两层。

（3）验算提升机强度

为了保证提升机有足够的强度，还必须验算所选提升机的钢丝绳最大静张力 F_j（它影响卷筒与主轴的强度）及钢丝绳最大静张力差 F_{ch}（它影响主轴强度），应使它满足下述条件：

$$F_j \geqslant Q_1 + Q_2 + P_{KB}H_3 \tag{15-29}$$

$$F_{ch} \geqslant Q_2 + P_{KB}H_3 \tag{15-30}$$

式中：Q_1、Q_2——分别是提升容器及其附属装置自重和提升荷载重(N)；

H_3——提升高度(m)；

F_j——提升机允许的钢丝绳最大静张力(由提升机规格表查得)(N)；

F_{ch}——提升机允许的钢丝绳最大静张力差(由提升机规格表查得)(N)；

其余符号同前。

经验算强度满足要求时，则所选提升机可用，否则应重选。

(4)电动机功率 N 的估算预选

提升电动机功率的详细计算，应根据提升动力学进行。井筒施工和相应隧道施工期的临时提升机，可按下式估算：

单钩提升
$$N = \frac{K_b F_j v_{max}}{1000\eta\alpha}\rho \tag{15-31}$$

双钩提升
$$N = \frac{K_b F_{ch} v_{max}}{1000\eta\alpha}\rho \tag{15-32}$$

式中：K_b——电动机功率备用系数，取 1.2；

η——传动效率，取 0.85；

ρ——动力系数，取 1.4；

v_{max}——最大提升速度(m/s)；

α——速度系数，取 1.2。

(七)凿井绞车(稳车)的选择

凿井绞车用来悬吊吊盘、吊泵、管道等凿井设备和拉紧提升容器的导向绳(稳绳)。表 15-12列出了 JZ 系列和 JZM 系列凿井绞车技术规格供选用。

选择凿井绞车主要是根据悬吊设备的总质量和悬吊方法来确定它的类型和能力。凿井设备的悬吊方法有两种：用一根钢丝绳的单绳悬吊，如安全梯、放炮电缆等的悬吊；用两根钢丝绳悬吊同一设备的双绳悬吊，如吊盘、风管、吊泵、混凝土输送管等的悬吊。

单绳悬吊选用单卷筒凿井绞车；双绳悬吊选用一台双卷筒凿井绞车或两台单卷筒凿井绞车。

卷筒直径 D_{wj} 按下列公式计算：

$$D_{wj} = (20 \sim 30)d_s \tag{15-33}$$

或
$$D_{wj} = (300 \sim 450)d \tag{15-34}$$

式中：d_s——钢丝绳直径(mm)；

d——钢丝绳中的钢丝直径(mm)。

根据计算所得 D_{wj} 从表 15-12 中选用稳车。须使所选稳车满足稳车的最大静张力大于或等于悬吊设备的总质量(含钢丝绳自重)和悬吊深度小于或等于稳车容绳量的要求。

(八)天轮

井筒施工用天轮有提升天轮和悬吊天轮。天轮材料有铸铁和铸钢两种。标准提升天轮构造如图 15-36 所示，其技术规格见表 15-12。提升天轮使用的钢丝绳直径不允许大于该天轮所允许的最大绳径。当提升钢丝绳的仰角大于 45°时，应重新核算天轮有关零件的强度。提升天轮直径(D_{TL})与钢丝绳直径(d_s)及其围包角 α 的关系见表 15-13。

凿井提升天轮主要技术参数　　表 15-12

天轮直径(m)	容许钢丝最大直径(mm)	钢丝绳全部钢丝破断力总和(N)	变位质量(kg)	轴承座中心距(mm)	轴承座主要尺寸(mm)							滚动轴承型号	天轮外形尺寸(mm)		总质量(kg)
					螺栓	A	B	A_1	C_1	H	h		D_0	B_0	
12	20	2840000	126	460	M20	130	400	60	340	140	50	3616	1310	647	518
16	26	4855000	224	500	M24	140	460	65	400	160	60	3618	1724	697	645
20	31	6725000	42.5	600	M30	165	530	80	460	180	70	3620	2169	834	1077
25	40	11350000	613.5	720	M40	185	680	92	600	240	90	3628	2700	982	1814
30	45	15100000	1202.5	850	M42	210	780	108	680	275	100	3632	3224	1141	3290

天轮直径与钢丝绳直径及围包角 α 的关系　　表 15-13

围包角 α	天轮直径 D
$>60°$	$>60d_s$
$60°\sim35°$	$>40d_s$
$35°\sim15°$	$>30d_s$
$<15°$	不受限制

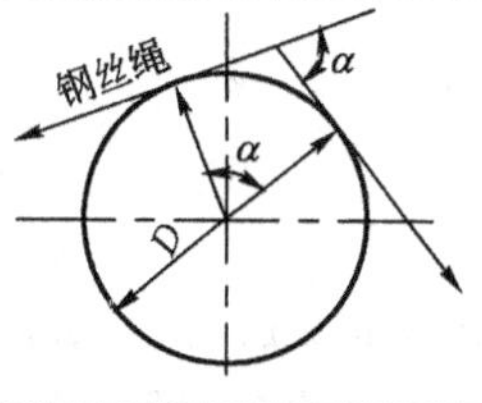

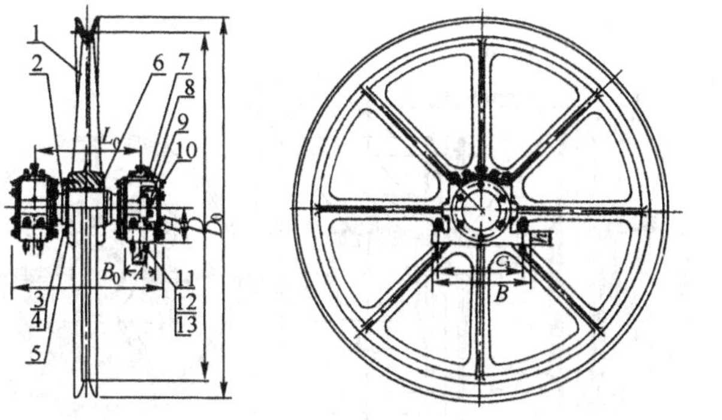

图 15-36　提升天轮的构造

1-轮子；2-轴；3-螺栓；4-垫圈；5-止动挡板；6-键；7-轴承；8-轴端挡板；9-止动垫片；10-螺栓；11-螺栓；12-螺母；13-垫圈

悬吊天轮分为单槽和双槽两种：单绳悬吊采用单槽天轮；双绳悬吊采用双槽天轮或两个单槽天轮。例如，吊泵的两根悬吊钢丝绳较近，可以选用双槽天轮；而吊盘的两根悬吊钢丝绳间距较远，只能用两个单槽天轮。

天轮根据其安全荷重，还可分为轻型和重型。轻型悬吊用于浅井或作导轮使用；重型天轮适用于深井或悬吊质量较大设备。单绳悬吊天轮构造如图 15-37 所示，其技术规格见表 15-12，双绳悬吊天轮构造如图 15-38 所示。

天轮一般安装在井架顶部的天轮平台上，由天轮梁承托，如布置不下全部天轮时，可分层布置。天轮位置应与井内设备悬吊点的位置相一致，天轮梁与天轮出绳方向平行，两天轮梁间的距离应满足天轮轴承的间距要求。当难以避免钢丝绳和井架相碰时，可架设导轮或将天轮垫高。

提升和悬吊天轮主要根据天轮直径进行选择，按下列关系式选取：

提升天轮　　$D\geqslant60d_s, D\geqslant900d$　　(15-35)

悬吊天轮　　$D\geqslant20d_s, D\geqslant300d$　　(15-36)

式中：D——天轮直径(mm)；

d_s——钢丝绳直径(mm)；

d——钢丝直径(mm)。

按计算结果选择标准天轮。

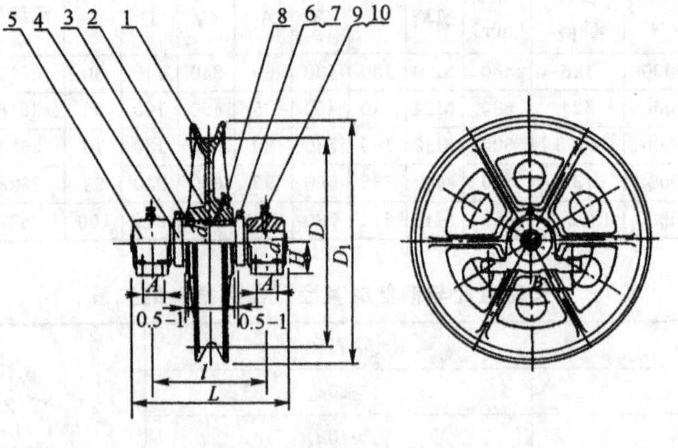

图 15-37 单槽悬吊天轮图

1-MZS2.2-0-2×0.5/270−320;2-MZS2.2-0-2×0.5/630−750;3-MZS2.2-0-2×0.65/270−420;4-MZS2.2-0-2×0.65/630−850;5-MZS2.2-0-2×0.8/270−420;6-MZS2.2-0-2×0.8/850−960;7-MZS2.2-0-2×1.05/850−960;8-MZS2.2-0-2×0.8W/400−540;9-MZS2.2-0-2×0.8W/400−540;10-MZS2.2-0-2×1.05W/500−640

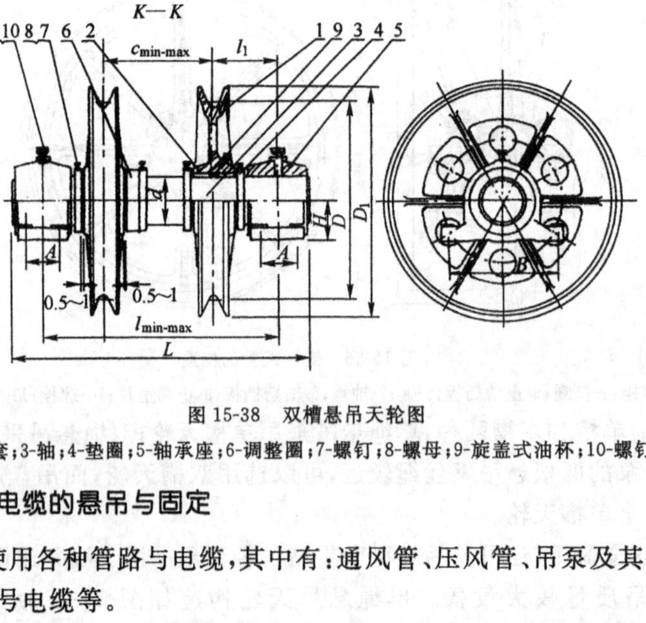

图 15-38 双槽悬吊天轮图

1-绳轮;2-轴套;3-轴;4-垫圈;5-轴承座;6-调整圈;7-螺钉;8-螺母;9-旋盖式油杯;10-螺钉;11-螺母

三、井内管路及电缆的悬吊与固定

竖井施工时要使用各种管路与电缆,其中有:通风管、压风管、吊泵及其排水管、混凝土输送管、放炮电缆及信号电缆等。

为不妨碍井筒掘进和井口装卸运输工作,压风管、排水管、给水管、通风管、混凝土输送管等管路和放炮电缆、信号电缆一般靠近井壁布置。管缆在井筒中的安装方法有钢丝绳悬吊法和井内固定吊挂法。前者可随着井筒不断加深,在井口封口盘或井口下面的固定盘上接长管路,工作比较方便,不影响竖井掘进时间,但使用绞车和钢丝绳较多;后者在井筒较深,且凿井绞车能力小,利用钢丝绳悬吊有困难时,可将管路卡固在井筒内的钢梁上或砌好的井壁上。此种方法可简化凿井设备布置,节省施工器材,但在井内接长管路需占用竖井掘进时间。采用此种方法卡固管路,接长管路就必须在井下吊盘上进行,检修工作不太方便。

(一)钢丝绳悬吊法(有单、双绳悬吊两种)

1.单绳悬吊

当井筒深度小于200～250m时，供水、压风管可以采用单绳悬吊，如图15-39所示。压风管一般悬吊至吊盘上方，吊盘以下用粗胶皮管延伸并配有分风器向工作面供风，如图15-40。单绳悬吊时，钢丝绳下端接双叉绳与呈折角形的始端连接卡子连接。管路上端装有平衡连结卡，下端装有始端连接卡，每隔4～6m设一副中间连接装置(图15-41)，把管路卡固在钢丝绳上。单绳悬吊压风管的始端卡子如图15-42所示。平稳装置如图15-43。

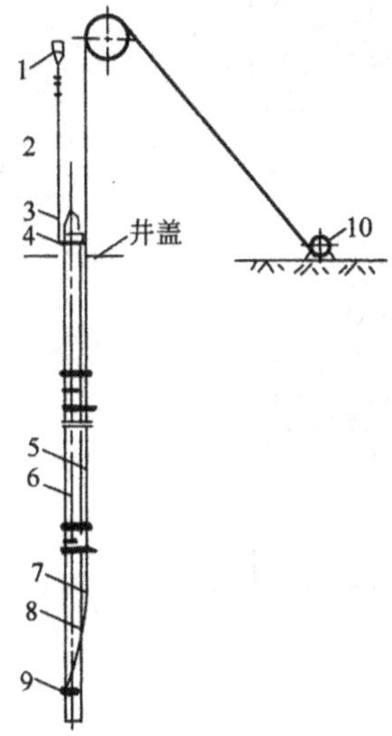

图15-39 单绳悬吊压风管示意图

1-V形卡；2-ϕ22平衡钢丝绳；3-松紧螺栓；4-上部平衡卡；5-悬吊钢丝绳；6-压风管；7-桃形环；8-裤衩绳；9-终端连接卡；10-绞车

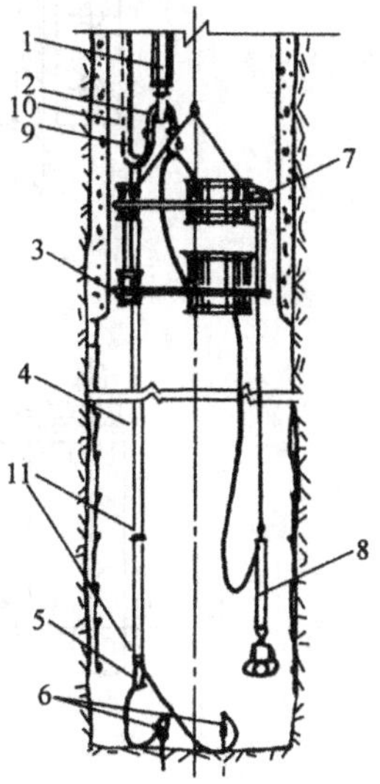

图15-40 高压粗胶皮管集中供风管路系统

1-压风干管；2-分风三通；3-双层吊盘；4-ϕ100mm高压粗胶皮管；5-分风器；6-凿岩机；7-气动绞车；8-抓岩机；9-粗胶皮管的悬吊钢丝绳；10-放炮时粗胶皮管吊起后的位置；11-悬吊粗胶管钢丝绳卡子

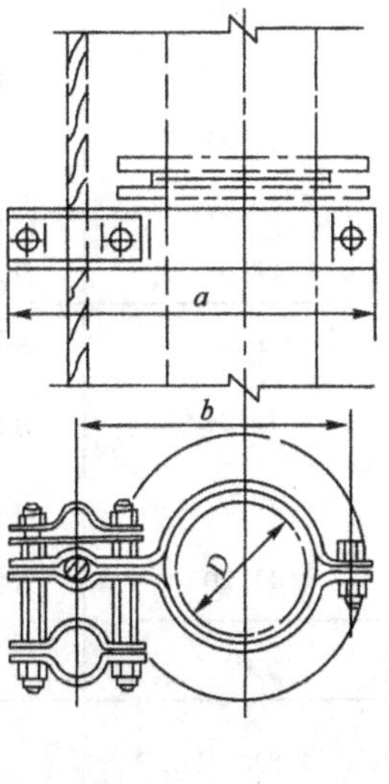

图15-41 单绳悬吊压风管中间连接装置

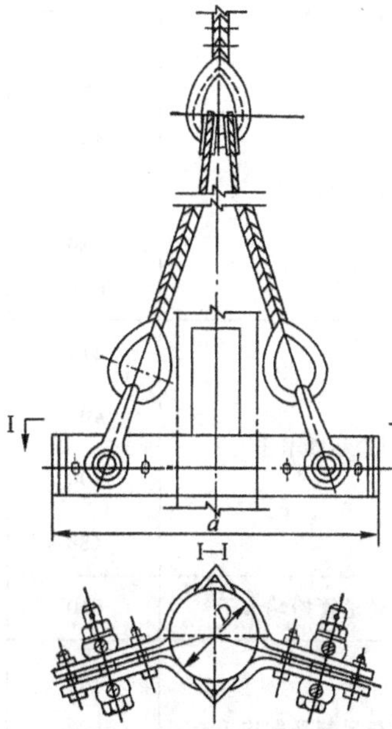

图15-42 单绳悬吊压风管的始端卡子

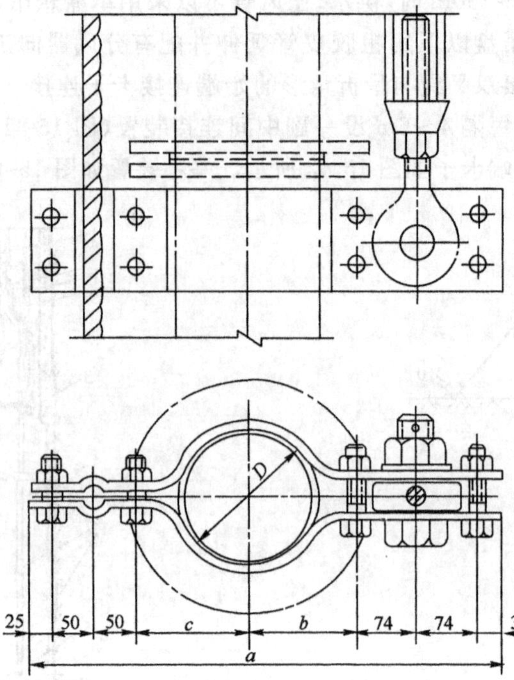

图 15-43　单绳悬吊压风管平衡连接装置

用于单绳悬吊压风管的始端卡子、中间连接装置和平衡连接装置规格见表 15-14 及表 15-15。

管路始端卡子　　表 15-14

名　称	a (mm)	b (mm)	D (mm)	质　量 (kg)	备　注
风管始端卡子	590	522	400	12.58	井深 200m 以内
	496	628	500	16.14	井深 200～300m
	812	744	600	18.33	井深 300～400m
	918	850	700	20.34	井深 400～600m
	1028	960	800	22.80	井深 600～800m
压风管始端卡子	374	360	133	9.30	井深 200～300m
	400	332	159	10.06	井深 300～400m
	400	332	159	10.06	井深 400～600m
	488	420	219	11.20	井深 600～800m
混凝土输送管始端卡子	510	350	160	20	—
单绳悬吊压风管平衡连接卡	496	94	114	—	—
	522	107	140	—	
	548	120	165	17	

各种管线卡子规格 表 15-15

名称	A	b	D	D_1	D_2	d	质量(kg)	备注
	(mm)							
单绳悬吊压风管、供水管、照明电缆卡子	344	244	108	48	31	23.5	8.18	井深 200m 以内
	370	270	133	48	31	25.0	8.47	井深 200m 以内
	395	295	159	48	31	26.5	8.77	井深 200m 以内
	344	244	108	—	31	23.5	4.85	井深 250m 以内
	370	270	133	—	31	25.0	5.14	井深 250m 以内
	395	295	159	—	31	26.5	5.44	井深 250m 以内
放炮、信号电缆卡子	130	50	16	—	—	9.3	0.33	200m 以内放炮电缆
	130	50	20	—	—	9.3	0.34	井深 200～400m
	130	50	23.3	—	—	9.3	0.34	井深 400～600m
	130	50	25.8	—	—	9.3	0.34	200～400m 信号电缆
管路、供水管、照明电缆卡子	446	306	133	45	30.8	22	6.41	井深 200～300m
	472	332	159	45	32.8	26.5	7.05	井深 300～400m
	472	332	159	45	36.6	31	7.08	井深 400～600m
	560	420	219	—	—	40.5	7.20	井深 600～800m
	400	270	108	—	43	31	4.67	—
风筒卡子	624	522	404	—	14	6	4.60	井深 200m 以内
	736	623	504	—	18.5	6	5.49	井深 200～300m
	864	744	604	—	25	6	8.37	井深 300～400m
	976	850	704	—	34	6	9.51	井深 400～600m
	1096	960	804	—	43.5	6	10.37	井深 600～800m

注：单绳悬吊压风管、供水管、照明电缆卡子的质量一栏，前三项为 I 型，带照明电缆及供水管；后三项为 II 型，只带照明电缆。

单绳悬吊在管路升降时，因悬吊点偏心，易发生扭转偏斜和位移，且容易与吊盘口相碰，拆接管路不方便。因此单绳悬吊的钢丝绳应尽量选用多层股(不旋转)钢丝绳。

2. 双绳悬吊

双绳悬吊是用两根钢丝绳对称布置在管路两侧，下端与管路始端卡子相接，始端卡子以上每隔 4～6m 设一副管卡，钢丝绳另一端经悬吊天轮缠绕在凿井绞车上。一般通风管、压风管、排水管、混凝土输送管等均可采用双绳悬吊，并且可将供水管与照明电缆等附在管路卡子上，悬吊照明电缆时，卡箍处应加胶质软垫。

图 15-44 为双绳悬吊用通风管卡子及始端卡子。每节通风管需有一副通风管卡子，使通风管的质量均匀地由钢丝绳承担；图 15-45 为双绳悬吊的管路卡子；图 15-46 为双绳悬吊的管路始端卡子。

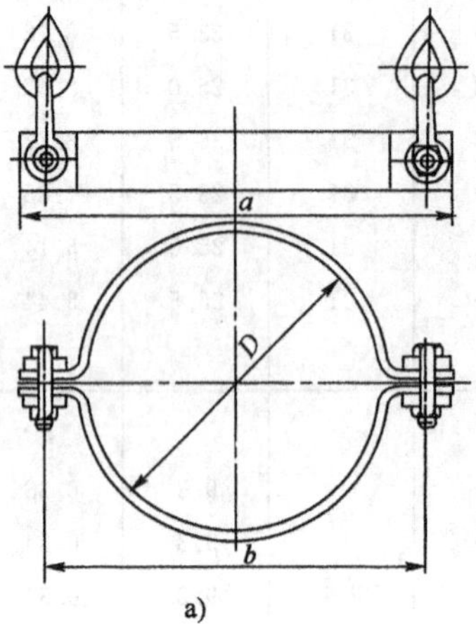

图 15-44 双绳悬吊用通风管卡子

a)始端卡子；b)风筒卡子

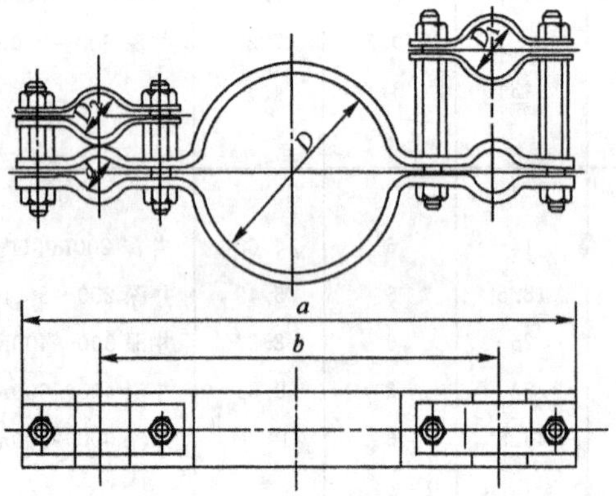

图 15-45 双绳悬吊的管路卡子

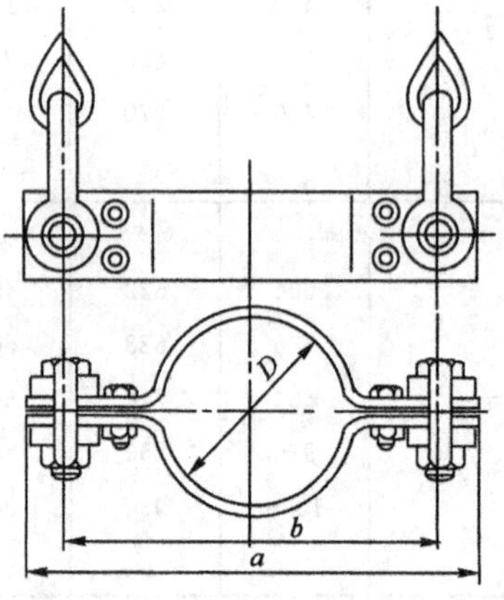

图 15-46 双绳悬吊的管路始端卡子

双绳悬吊具有稳定、安全可靠、拆接管路比较方便等优点，故使用比较普遍。两根钢丝绳要选用左、右捻各一根，以减少管路升降时的旋转。当选用两台单卷筒凿井绞车时，升降时要注意两台绞车同步，防止偏斜。

双绳悬吊的管路卡子规格见表 15-14 和表 15-15。

(二)井内固定吊挂法

当井筒很深时,为节约器材和简化布置,减少天轮平台天轮数量和井架负荷,可在井内预埋钢梁、螺栓(图 15-47)或采用锚杆固定管路,其动力、照明、信号电缆可单独吊挂(图 15-48)也可随同有关管路联合吊挂(图 15-49),但放炮电缆要单独吊挂;在有罐道梁、梯子梁的井筒中,可用罐道梁、梯子梁固定管路(图 15-50)。吊挂使用的锚杆应选用膨胀水泥锚杆和树脂锚杆。

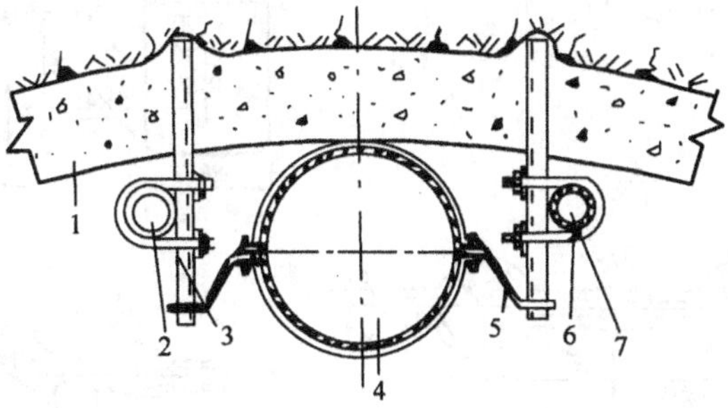

图 15-47 预埋悬臂梁

1-混凝土井壁;2-排水管;3-悬臂梁;4-通风管;5-通风管卡具;6-管路 U 形卡;7-压风管

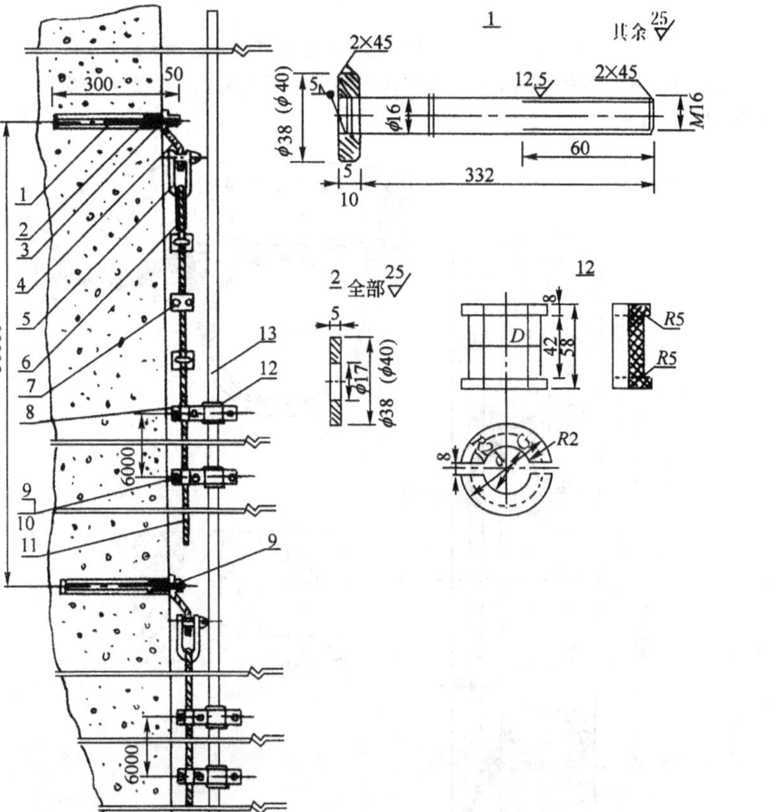

a)

图 15-48

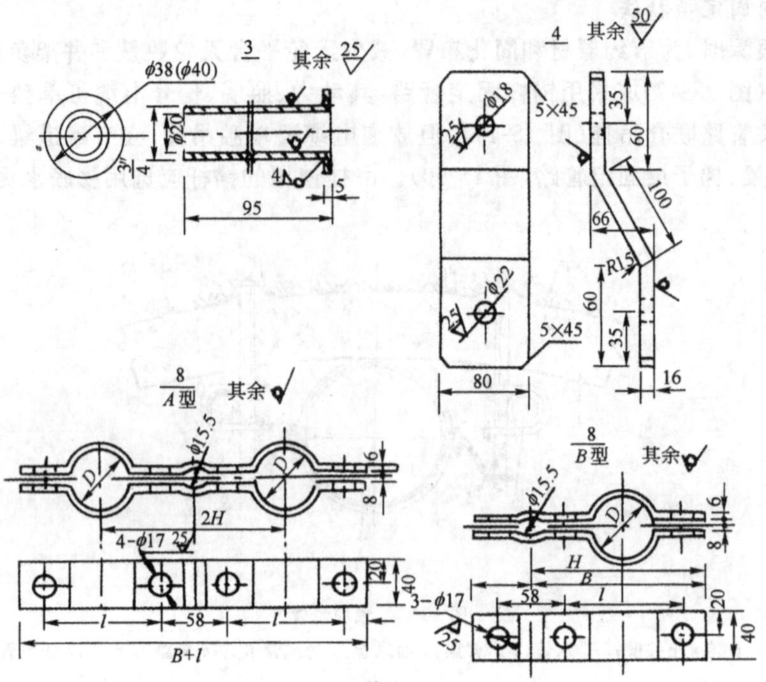

b)

图 15-48 锚杆固定井内电缆(尺寸单位:mm)

1-水泥锚杆;2-锚杆垫板;3-距离套;4-连接板;5-卸扣;6-护绳环;7-钢丝绳夹;8-电缆卡;9-螺母 M16;10-螺栓 M16×50;11-钢丝绳;12-卡胎;13-电缆

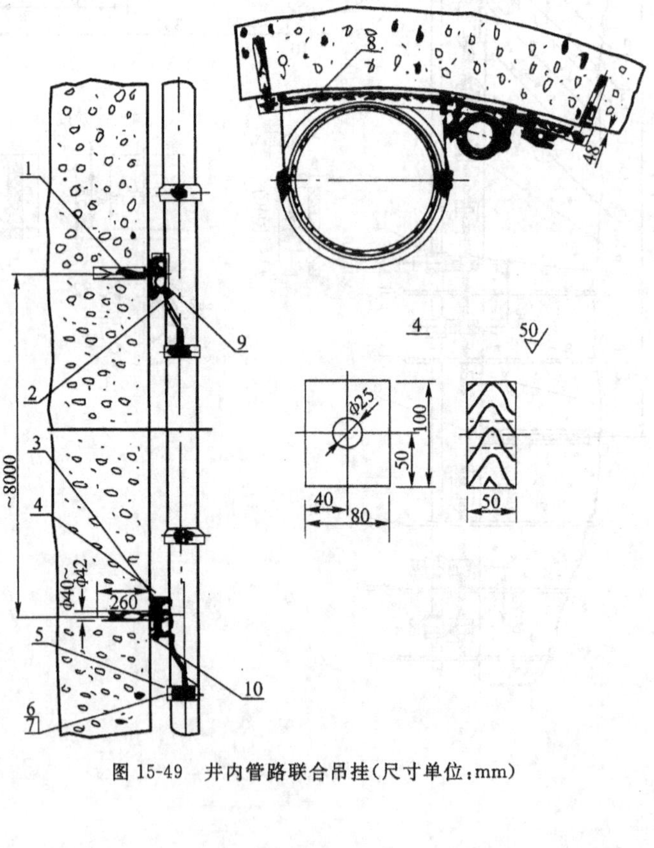

图 15-49 井内管路联合吊挂(尺寸单位:mm)

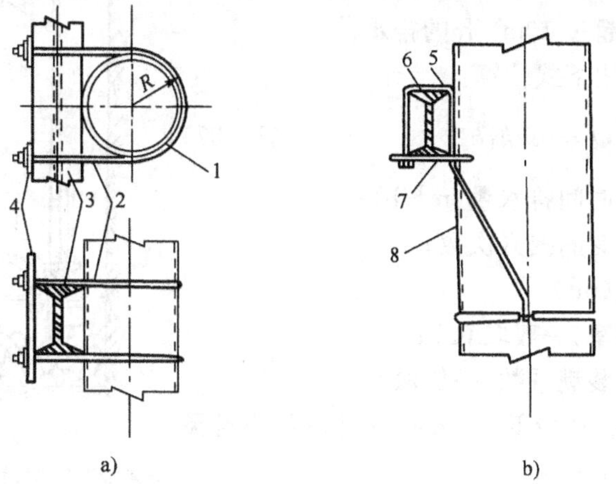

图 15-50 用罐道梁、梯子梁固定管路图
a)管路固定卡;b)通风管吊挂卡
1-管路;2-U形卡;3-梁;4-垫板;5-卡具;6-梁;7-豁口板;8-风筒

第三节 其他辅助设备

一、竖井排水

根据经验当井筒的涌水量超过 $5m^3/h$ 就会对井筒施工产生影响而需要采取排水措施,当井筒涌水量超过 $40m^3/h$ 且含水层较厚时,应采取注浆封水等辅助施工技术措施降低井筒涌水量。井筒施工期间的排水方案是根据井筒和隧道的水文地质资料、井筒深度、施工方法及各施工阶段井筒(隧道)涌水量大小等因素,结合井筒开凿时期排水工作的特点来考虑的。

1.井筒施工期间排水的特点

(1)由于井筒穿过的岩层含水情况不同,工作面涌水量经常发生变化,有时变化的幅度还比较大。

(2)随井筒下掘深度加大,水量不断变化,排水设备的扬程和排量逐渐增加。

(3)由于井筒断面有限,又布置较多设备,要求排水设备的横断面尺寸不宜太大。

(4)随工作面不断延伸及进行爆破工作需要,排水设备的位置要经常移动。

(5)当井筒掘进放炮时,需将水泵提离工作面,要停止一段时间排水,而放炮后又需及时将工作面积水排除,因此排水设备能力要大于正常工作面涌水量。

(6)工作面积水流经爆破后的渣石,含泥砂量较大,影响水泵的正常运行和使用寿命。

(7)水窝蓄水能力有限与水泵排量不相适应,水泵要频繁起动。

(8)井筒施工时往往湿度及淋水均较大,故排水设备不能用普通型的电气设备。

2.井巷施工期间的主要排水方法

(1)吊桶排水

利用压气泵将工作面积水直接排入吊桶,充满渣石空隙,随同渣石提升排出地面

(图 15-51)。该种方法简便,但排水量受提升能力限制,可用于井筒涌水量不超过 $10m^3/h$ 的排水。

吊桶排水能力可按下式估算:

$$Q = nVk_1k_2 \tag{15-37}$$

式中:Q——吊桶单位时间排水量(m^3/h);

n——吊桶单位时间提升次数;

V——吊桶容积(m^3);

k_1——渣石空隙率,一般取 0.5;

k_2——吊桶容许装满系数,一般取 0.9。

压气泵的排量和扬程较低,最大特点是体积小且灵活。其技术性能见表 15-16。

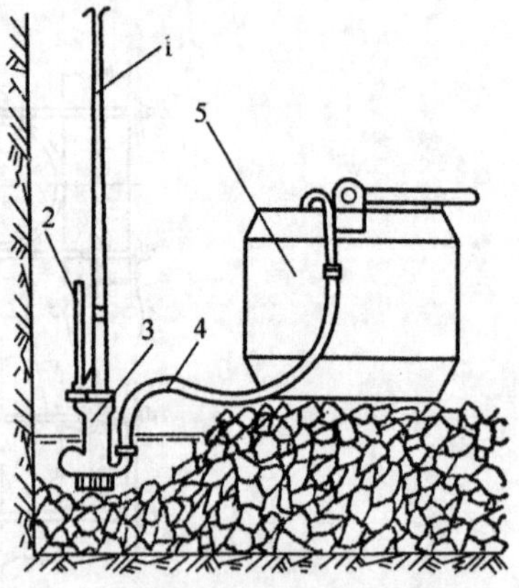

图 15-51 压气泵排水示意图

1-进气管;2-排气管;3-压气泵;4-排水管;5-吊桶

压气泵技术性能表 表 15-16

动力机功率(马力)	转速(r/min)	工作特性		效率(%)	工作气压(kg/cm)	压气消耗量(m/min)	排水管直径(mm)	质量(kg)	泵体外形 长×宽×高(mm)
		扬程(m)	流量(m/s)						
1.5	3000	15 11 5	7 18 36	50	5	1.5	63.5	27.1	295×231×605

(2)吊泵排水

工作面水量较大时,应采用吊泵排水。国产 NBD 系列吊泵(图 15-52)技术特征见表 15-17。

NBD 型凿井吊泵技术特征表 表 15-17

吊泵型号	排水量(m^3)	扬程(m)	电动机功率(kW)	转速(r/min)	工作轮级数	外形尺寸(mm)			质量(kg)
						宽	长	高	
NBD50/250	50	250	75	1450	11	950	1020	6940	3000
NBD30/250	30	250	45	1450	15	850	990	7250	3000

竖井施工时,通常将吊泵悬挂在吊盘以下。吸水管端头的滤水器,放于水窝之中,淹没在水面之下,底阀的埋水深度应在 300mm 以上,且与水窝帮、底保持 100~150mm 距离。排水管路随井筒工作面推进从地面逐根接长(当排水管路固定在井内永久罐梁上时,可在吊盘上接长管路)。这种布置方式,吊泵排送泥砂混水,工作面需有专人掏挖水窝、看管水笼头,而且工作面拥挤,影响装岩、凿岩等作业(图 15-53)。

当井筒工作面涌水量并不很大时,可在吊盘上设置水箱,用压气泵将水排至吊盘上的水箱,尔后再由吊泵排至地表。这种方式不仅克服了上述缺点,而且吊泵和管路无需经常上提、下放、接长,只是当压气泵扬程达不到水箱高度时,随吊盘下放同时下泵、接管,从而可节省不少辅助时间和工作量(图 15-54)。

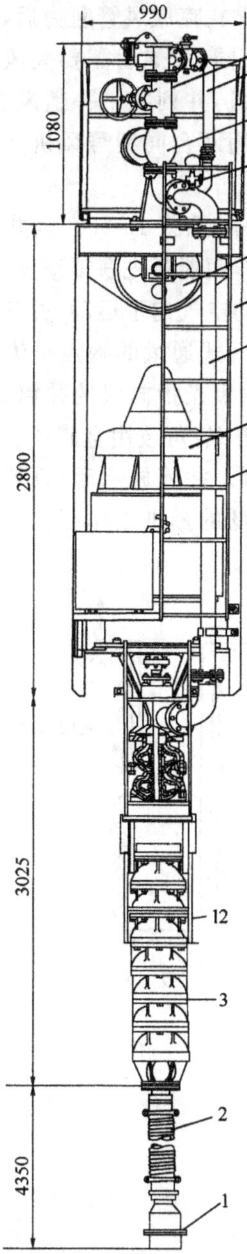

图 15-52　吊泵(尺寸单位:mm)

1-滤水器和底阀;2-吸水管;3-水泵机体;4-电动机;5-框架;6-滑轮;7-排水管;8-逆止阀;9-闸门;10-小闸门;11-灌泵旁路管;12-上段梯子;13-下段梯子

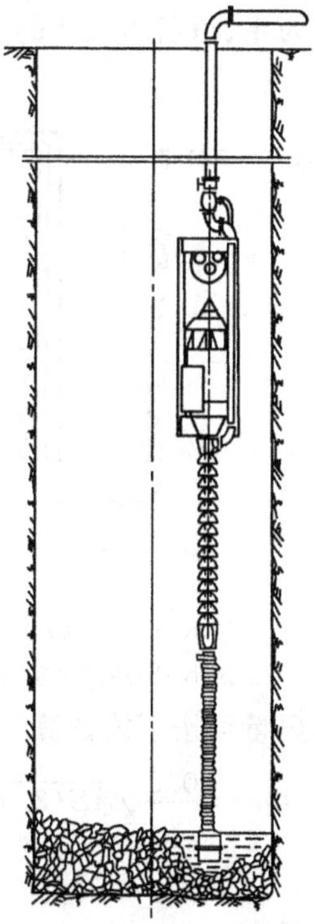

图 15-53　工作面吊泵排水

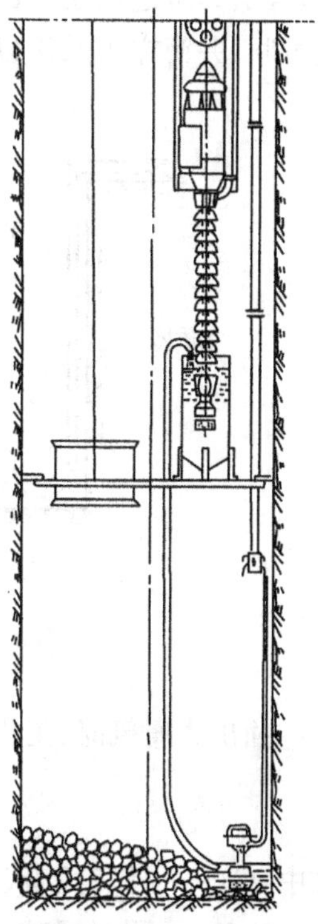

图 15-54　压气泵与吊泵联合排水

二、竖井掘进通风

竖井掘凿时,必须建立相应的通风系统以迅速排除工作面的炮烟、恢复正常作业环境,保证井底空气新鲜。对于深井来说,尚需保持适宜的气温,以抑制地温对施工所产生的不良影响。

竖井掘进通风由地面扇风机和井内悬设的风管共同完成，要求在克服风管阻力后，工作面确能获得足够的新鲜风量。而竖井各个施工工序对风量的需求不同，放炮后需要大风量排除炮烟，平时则只需较少的风量，因此，常选用两台轴流式局部扇风机，并列共用一趟风管，经常只由一台较小的扇风机供风。放炮后换用大扇风机供风，也可采用两台同型号风机并联同时工作。

利用局部扇风机通风的方式，有压入式、抽出式和混合式三种，见图 15-55。竖井施工多采用胶皮风管或帆布、塑料风管进行压入式通风。其优点在于工作面能最先获得新鲜空气，且风管的吊挂荷重较小。在有井筒淋水的井筒内，淋水使井筒周边的空气向下运动，井筒中心的空气向上流动，这种现象对压入式通风的井筒空气流动有利。压入式通风的缺点是炮烟较长时间滞留在井筒内，难以稀释，影响工人及时返回工作面。在使用激光指向仪的井筒施工中，也影响激光指向的效果。因此，在深井掘砌施工中不宜采用这种方式，可改用金属风管进行抽出式通风，全部炮烟经由风管排出地面，整个井筒可保持空气新鲜。井筒放炮后，只需短时间歇，人员即可返回工作面。这种方式只适用于无瓦斯或瓦斯含量低的掘进工作面。为缩短通风时间，井筒亦可采用以抽出式为主、辅以压入式的混合通风方式。

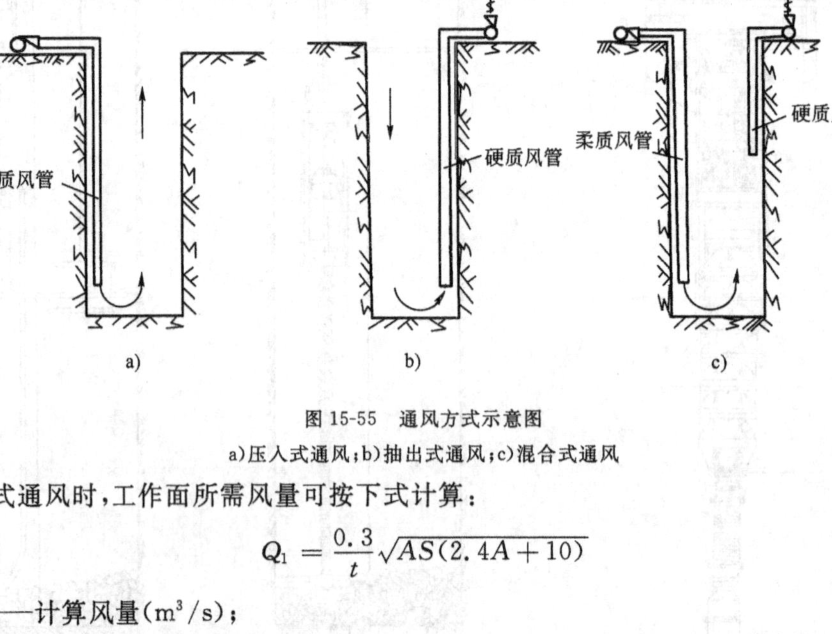

图 15-55　通风方式示意图

a)压入式通风；b)抽出式通风；c)混合式通风

抽出式通风时，工作面所需风量可按下式计算：

$$Q_1 = \frac{0.3}{t}\sqrt{AS(2.4A+10)} \tag{15-38}$$

式中：Q_1——计算风量(m^3/s)；

A——同时爆破的炸药量(kg)；

t——爆破后的通风时间(min)，一般取 15min 左右；

S——井筒掘进面积(m^2)。

采用上式计算风量时，风管终端距工作面的深度为

$$l \leqslant 3\sqrt{S} \tag{15-39}$$

压入式通风时，工作面所需风量可按下式计算：

$$Q_1 = \frac{0.13}{t}\sqrt[3]{A(SL)^2K} \tag{15-40}$$

式中：L——井筒纵深(m)；

K——与井深及井筒涌水量有关的系数；

$$K=\begin{cases}0.8, & H\leqslant 200\text{m}, \quad 0\\ 0.6, & H>200, q\leqslant 6, \quad \text{m}^3/\text{h}\\ 0.3, & 6<q\leqslant 15, \quad \text{m}^3/\text{h}\\ 0.15, & q>15, \quad \text{m}^3/\text{h}\end{cases}$$

式中：H——井深(m)；

q——井筒涌水量(m^3/h)。

其他符号与抽出式相同。

采用混合式通风时，工作面所需风量应比压入式风机大 20%。

风管连接中难以确保完全不漏风，通风机必需提供的风量应大于计算风量，按下式计算：

$$Q=pQ_1 \tag{15-41}$$

式中：Q——通风机供给风量(m^3/s)；

Q_1——计算风量(m^3/s)；

p——漏风系数，采用金属风管时，按下式计算：

$$p=\left(\frac{1}{3}dk\frac{l_1}{m}\sqrt{R}+1\right)^2 \tag{15-42}$$

式中：d——风管直径；

k——单位接头的透风系数，其值视风管接装质量而定，按良、中、劣划分三个等级，相应为 0.001～0.0005、0.003～0.001、0.01～0.003；

l_1——风管敷设长度(m)；

m——每节风管的长度(m)，一般取 2.0～3.0m，见金属风管规格表 15-18；

R——风管全部阻力，按下式计算：

$$R=6.5\alpha\frac{l_1}{d^5} \tag{15-43}$$

α——摩擦阻力系数，金属风管时(表 15-19)，$\alpha=0.0003\sim0.0005$；采用橡胶风管时，α 为不定值，与风压、风量、安装质量(尤为重要)相关，通常应实测确定，估算时可暂取 $\alpha=0.00025\sim0.00035$。

采用橡胶风管时，漏风系数 p 可按表 15-20 选取。

金属风管技术规格 表 15-18

风管直径(mm)	每节风管长度(m)	风管壁厚(mm)	法兰盘规格(直径×厚度)(mm×mm)	螺孔中心分布圆周直径(mm)	螺栓规格	螺栓数目	衬垫层厚度(mm)	单位质量(kg/m)
400	2.0,2.5,3.0	2.0	504×6	462	M12	6	8	23.4
500	2.5,3.0	2.0	604×6	562	M12	6	8	28.3
600	2.5,3.0	2.0	704×6	662	M12	6～8	8	34.8
700	2.5,3.0	2.5	805×6	762	M16	10	8	46.1
800	3.0	2.5	904×6	885	M16	10	8	54.5
900	3.0	2.5	1020×6	985	M16	12	8	60.8
1000	3.0	2.5	1120×6	1085	M16	12	8	68.0

金属风管的摩擦阻力系数 α 表 15-19

风管直径 d(mm)	300	400	500	600	700	800	900	1000
摩擦阻力系数 α	0.00045	0.0004	0.00035	0.00032	0.0003	0.00025	0.00024	0.00023

注:①金属风管凹凸不平、有铁锈,且悬吊不直时,表中数值应乘 1.25 系数;

②采用新风管,且内壁光滑时,表中数值应乘 0.75 系数。

橡胶风管漏风系数表 表 15-20

风管长度(m)	50	100	150	200	250	300	400	500	600	700	800
漏风系数 p	1.04	1.08	1.11	1.14	1.16	1.19	1.25	1.30	1.35	1.38	1.43

通风系统由通风机与风管组成,通风机必须给出的负压值是使风流经过风管时必须克服全部阻力所付出的能量损耗。通风机的负压可按下式计算:

$$h = RpQ_1^2 \tag{15-44}$$

式中:R——风管阻力(kμ);

p——漏风系数;

Q_1——计算风量(m^3/s)。

根据风管阻力 R,查找适宜的轴流式通风机,要使风机特性曲线(负压-风量曲线)和风管特性曲线(抛物线 $H=RQ^2$)的交点(工况点),位于该风机特性曲线的稳定区范围内(即轴流式通风机特性曲线最大值右侧部分),且使该工况点的风量和负压值大于计算所需的 h、Q 值。

局部扇(通)风机的功率可按下式求算:

$$N = \frac{h'Q'}{102\eta} \tag{15-45}$$

式中:h'——工况点的负压值(mmH_2O);

Q'——工况点的风量(m^3/s);

η——局部扇风机效率,可从风机特性曲线上查得,一般取 0.6~0.65。

竖井施工时常用的局部扇(通)风机为 JBT 系列轴流式通风机,其型号及技术性能见表 15-21。也可采用 G4-72-11 和 GA-73-11 离心式通风机,其性能见表 15-22。JBT 系列轴流式局部通风机特性曲线如图 15-56。

JBT 防爆型轴流式局部扇风机型号与技术性能 表 15-21

型号		JBT-51-2	JBT-52-2	JBT-61-2	JBT-62-2
电机形式		防爆型三相鼠笼异步电动机			
电机额定功率(kW)		5.5	11	14	28
电机额定电压(V)		380	380	380	380
额定	转速(r/min)	2900	2900	2900	2900
	电流(A)	11.30	21.80	27.40	54.20
	效率(%)	83	86	87	88
	功率因素 $\cos\phi$	0.89	0.89	0.89	0.89

续上表

起动电流/额定电流			7.0	7.0	6.5	7.0
局扇级数			1	2	1	2
局扇外径(mm)			508	508	600	600
工业应用范围内全风压风量曲线	点 1	风压(mmH_2O)	120	240	160	320
		风量(m^3/s)	2.41	2.41	4.17	4.17
	点 2	风压(mmH_2O)	100	200	140	280
		风量(m^3/s)	2.91	2.91	5.00	5.00
	点 3	风压(mmH_2O)	75	150	105	210
		风量(m^3/s)	3.21	3.21	5.55	5.55
	点 4	风压(mmH_2O)	50	100	70	140
		风量(m^3/s)	3.50	3.50	6.00	6.00
	点 5	风压(mmH_2O)	25	50	35	70
		风量(m^3/s)	3.75	3.75	6.50	6.50
气流效率(最大值) $\eta=\dfrac{全风压\times 风量}{102\times 电机额定功率}$			70			
总质量(kg)			180	240	—	

离心式通风机 表 15-22

型号	电动机		转速 (r/min)	全风压 (mmHg)	风量 (m^3/s)	效率 (%)	所需功率 (kW)
	型号	功率(kW)					
G4-72-11-NO.10D	JO-83-4	55	1450	322～255	11.2～16.2	94.3～88	45.6～53.8
G4-73-11-NO.10D	JO_3-225S-4	55	1450	330～234	9.2～17.1	83.7～93	41.5～55

三、竖井压气供应

开凿竖井时，井内空气潮湿或有涌水，施工机具多用压气作动力。为此，在地面设置压风站，集中供应压风。压风站应设在新鲜风流的上风方向，并应避免设在锅炉房、混凝土搅拌站等产生大量尘埃及有害气体的建筑物附近。

1. 压风站总容量设计

压风站的总供风量应按凿井和隧道施工阶段实际总耗风量及管路损耗风量之总和，并考虑足够的检修与备用能力估算。压风站总容量应为：

$$Q=1.5Q_i=1.5a_1a_2\gamma\sum n_iq_ik_i \tag{15-46}$$

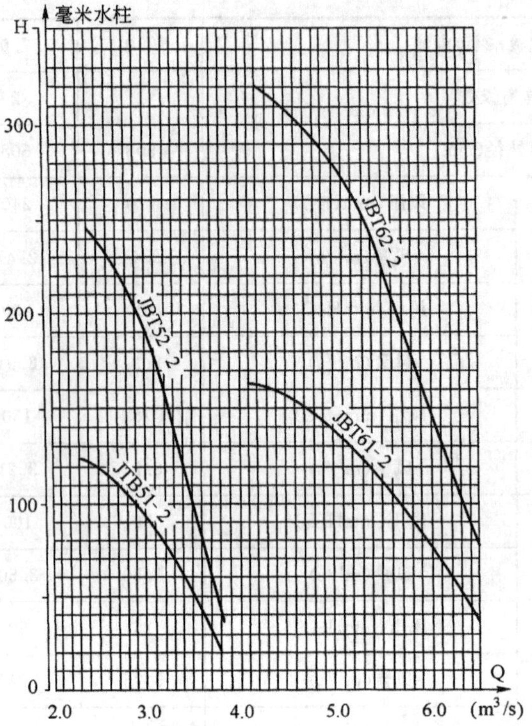

图 15-56　JBT 系列轴流式局部扇风机特性曲线图

式中：Q——压风站总容量（m^3/min）；

Q_i——施工需求的总风量（m^3/min）；

a_1——压风机工作件磨损而引起效率降低的修正系数，一般取 $a_1=1.1\sim1.2$；

a_2——管路全长的漏风系数，管路总长小于 1km 时，$a_2=1.1$；等于 1～2km 时，$a_2=1.15$；大于 2km，$a_2=1.2$；

γ——海拔高度换算系数，$\gamma=1+0.01h$；

h——海拔高度；

n_i——同类型施工设备同时工作台数；

q_i——各类风动机械单机耗风量，竖井施工时，包括凿岩机、抓岩机、混凝土喷射机、锻钎机、压气泵等（m^3/min）；

k_i——同类型施工设备同时工作系数，其中以凿岩机为主，数值按表 15-23。

多台凿岩机同时工作系数　　表 15-23

同型号使用台数（台）	≤10	11～30	31～60	＞60
工作系数	1.0～0.85	0.84～0.75	0.74～0.65	0.64

按求出的容量 Q，选择合适的压风机型号及台数。井筒施工期间，最常用的型号为 L 型。压风机的规格及技术特征见表 15-24、表 15-25。多台压风机选择时，尽可能选用相同型号设备，压风机的容量分配必须留有备用和检修的余地，备用风量应为计算风量的 20%～30%，备用压风机的台数不小于一台。

表 15-24

3～9m³/min 低压小型活塞式空气压缩机型号及主要技术特征[63]

型号	冷却方式	排气量 (m^3/min)	吸气压力 (MPa)	排气压力 (MPa)	曲轴转速 (r/min)	曲轴功率 (kW)	主机质量 (kg)	外形尺寸 (长×宽×高) (mm×mm×mm)	电动机或柴油机			生产厂
									型号	转速 (r/min)	功率 (kW)	
W-3/7	风冷	3	常压	0.7	1400	≤19	1440	2500×1550×1560	495K	1500	40	蚌埠空气压缩机厂
W-3/7G	风冷	3	常压	0.7	980	≤19		2480×1160×1140	JO_2-72-6	980	22	蚌埠空气压缩机厂
WG-3/7	风冷	3	常压	0.7	1470	≤19	900	1700×920×1270	JO_2-71-4	1470	22	柳州第二空气压缩机厂
W-6/7	风冷	6	常压	0.7	1225	≤37	483	3560×1840×2115	4135K	1500	59	蚌埠空气压缩机厂
W-6/7G	风冷	6	常压	0.7	980	≤37	483	2930×1200×1320	JO_2-82-6	980	40	蚌埠空气压缩机厂
2W-6/7	风冷	6	常压	0.7	980	37	650	1040×1300×1200	JO_2-81-4	1440	40	常州空气压缩机厂
2W-6/7	风冷	6	常压	0.7	1225	37		3600×1800×2800	4135K	1225	46.5	自贡空气压缩机厂
2WY-6/8	风冷	6	常压	0.8	1470	≤37	2500	3500×1800×2000	4135C-1	1500	59	柳州第二空气压缩机厂
2W-9/7	风冷	9	常压	0.7	1450	≤60	488	4120×1840×2170	6135C-1	1500	88.2	蚌埠空气压缩机厂
W-9/7G	风冷	9	常压	0.7	980	≤60	483	3560×1300×1360	JO_2-280-4	980	75	蚌埠空气压缩机厂
2Z-3/8	水冷	3	常压	0.8	730	19	1000	2660×1930×2080	JO_2-81-8	730	22	重庆空气压缩机厂
2Z-3/8-1	水冷	3	常压	0.8	730	18.53	1400	880×525×1425	JO_2-81-8	730	22	柳州第二空气压缩机厂
$2Z_2$-6/8	水冷	6	常压	0.8	730	37	2060	890×530×1890	JO_2-91-8	730	40	四川空气压缩机厂
2Z-6/8-1	水冷	6	常压	0.8	730	≤37	850	1000×700×1941	JO_2-91-8	730	40	沈阳气体压缩机厂
1V-3/8	风冷	3	常压	0.8	980	≤19	1038	1600×1185×1210	JO_2-72-6	970	22	沈阳气体压缩机厂
2VF-3/8	风冷	3	常压	0.8	980	18	450	2360×1450×1500		980	22	自贡空气压缩机厂
V_1-4/8-1	水冷	4	常压	0.8	730	≤26	1319	1850×1210×1320	JO_2-82-8	730	30	沈阳气体压缩机厂
BV-6/7	风冷	6	常压	0.7	1470	≤40	520	2500×1170×1445	JO_2-82-4	1470	40	柳州空气压缩机厂

$10\sim100m^3/min$ 低压活塞式空气压缩机型号及主要技术特征[63] 表 15-25

型号	冷却方式	排气量 (m^3/min)	吸气压力 (MPa)	排气压力 (MPa)	曲轴转速 (r/min)	曲轴功率 (kW)	主机质量 (kg)	外形尺寸 (长×宽×高) (mm×mm×mm)	电动机或柴油机 型号	电动机或柴油机 转速 (r/min)	电动机或柴油机 功率 (kW)	生产厂
2VY-10/7	风冷	10	常压	0.7	1500	60.2	2000	3800×1700×1950	6135C-1	1500	88.2	柳州空气压缩机厂
VY-12/7	风冷	12	常压	0.7	1500	77	680	4100×1700×1930	6135AK-1	1500	110	柳州空气压缩机厂
2V-12/7	风冷	12	常压	0.8	1470	75	1700	400×1170×1300	JO_2-250S-4	1500	75	都匀空压机厂
L_1-10/8-1	水冷	10	常压	0.8	980	52	1300	1592×835×1301	JO_2-81-6	980	55	西安压缩机厂
3L-10/8	水冷	10	常压	0.8	480	60	1700	1560×875×1830	JR-115-6	975	75	南京压缩机厂
4L-20/8	水冷	20	常压	0.8	400	120	2400	2260×1550×1930	JR-127-8	730	130	沈阳气体压缩机厂
L-20/8	水冷	20	常压	0.8	400	125	3100	2590×1255×2280	JR-127-8	725	130	重庆气体压缩机厂
5L-40/8	水冷	40	常压	0.8	428	220	5000	2500×2160×2430	TDK118/26-14	428	250	重庆、沈阳气体压缩机厂
L5.5-40/8	水冷	40	常压	0.8	600	210	3700	2580×1600×1880	TDK99/36-10	600	250	江西气体压缩机厂
L8-60/7	水冷	60	常压	0.7	428	306	7500	2485×1800×2400	TDK116/34-14	428	350	常德通用机械厂
L8-60/8	水冷	60	常压	0.8	428	320	9600	2500×1830×2390	TK350-14/1180	428	350	南京压缩机厂
7L-100/8	水冷	100	常压	0.8	375	530	12000	2950×1850×2890	TDK173/20-16	530	550	
L12-100/7	水冷	100	常压	0.7	428	486	10000	2860×2070×2660	TDK143/29-14	428	560	蚌埠第二空压机厂
2D3.5-20/8	水冷	20	常压	0.8	740	115	2500		JS-126-8	740	110	柳州第二空压机厂
BD-40/8	水冷	40	常压	0.8	730	230	4500	3000×1650×1000	JSL-400-8	730	245	蚌埠第二空压机厂
2D5.5-40/7	水冷	40	常压	0.7	485	210	4500	3700×1230×2115	YS-450-12	485	240	太原气体压缩机厂
2D3.5-17/10	水冷	17	常压	1	585	112	2600	3576×3005×2600	JR-127-10	585	115	沈阳气体压缩机厂
2D3.5-20/7	水冷	20	常压	0.7	585	98	3100	3550×3000×2100	DYB-110-10	588	110	沈阳气体压缩机厂
2D12-100/8	水冷	100	常压	0.8	500	540	10500	4480×2050×3000	TDK143/25-12	500	550	柳州空气压缩机厂
T12-100/8	风冷	100	常压	0.8	428	550	12800	5150×1520×1330	TDK173/20-14	428	550	沈阳气体压缩机厂

2. 风包容积

风包容积与压风站的总容量直接相关，可按下式估算：

$$V = KQ \tag{15-47}$$

式中：V——风包容积(m^3)；

Q——压风站的总容量。

$$K = \begin{cases} 0.2 \\ 0.15 \\ 0.1 \end{cases}$$

风包通常装设在压风机房外，距墙最远不超过 10～12m 阴凉和空气流通的地方，并固定在基础上。风包常与压风机配套使用，可参照表 15-26 选取。

井筒和隧道施工期间常用风包容积 表 15-26

压风机排气量(m^3/min)	10	20	30	40	50	60	80
风包容积(m)	1.2	2.5	3.7	4.6	5.6	7.0	8.5

3. 压气管路

井筒开凿期间通常采用内径 100～150mm、管壁厚 4～4.5mm 的无缝钢管向井内输送压风。为了避免压风在管路中的压降过大，管路直径可按其通过风量由下列经验公式选取：

$$d = 3.18\sqrt{Q_i} \tag{15-48}$$

式中：d——压风管路直径(mm)；

Q_i——管路输送的风量(m^3/min)。

通常压风在管路输送中的压力损失，可按 0.03～0.06MPa/km 折算。

4. 冷却水

压风机正常运转须设置循环冷却水系统。冷却水系统由水池、水泵管路等组成，布置在压风站户外一侧。

冷却水用量 q 可根据压风机台数确定：

$$q = nq_k \tag{15-49}$$

式中：n——压风机台数；

q_k——每台压风机冷却水消耗量，由压风机技术规格表查出(m^3/h)。

冷却水泵可选用 BA 型卧泵，流量应能满足压风站冷却水池量的要求，水泵扬程可取 20m 左右。

冷却水池容积，在缺水地区，应不小于半小时的冷却水量。一般井筒施工期间，当压风站总容量为 80m^3/min 时，取 50m^3；总容量为 150m^3/min 时，取 100m^3。当利用山坡地形，靠位能供水时，水池容积应不小于 1～2h 冷却水用量。为了达到循环水降温的目的，除增加补给水外，尚需采取搭设凉棚、设立冷却水塔和喷水等措施。

四、竖井施工照明、信号及安全梯

1. 井内照明

竖井施工时，井筒工作面及井内各盘台均需照明。掘砌工作面多采用伞形罩组合灯，也可采用防溅式 TG14 型探照灯，保证 20～30W/m^2 灯具容量。放炮时，需将灯具提到吊盘上。对于安装工作面，应取 40～60W/m² 灯具容量。在有瓦斯的井筒中，应采用防爆投光灯。

吊盘上可采用 KBT-125 型防爆投光灯或 KB-100 型矿用防爆白炽灯 1～2 盏照明。吊泵上方 2m 处亦应设置照明。为经常检查已砌好的井筒的进程及其悬吊装置，在井筒内每隔 20～30m 设置一个照明灯。

工作面常备 5 盏矿灯，供停电时照明。当采用电雷管起爆时，在装药联线时，必须切断一切井下电源，工作面改用矿灯照明。

照明线路通常采用 UH－3×4＋1×2.5 橡胶电缆，用卡子固定在悬挂吊盘的钢丝绳上，随同吊盘一起放送。

2. 信号

井筒开凿时，在一个铅垂方向上常同时进行多个工种的井筒掘砌工作，必须以井口为中心，建立可靠的信号联系，使掘进工作面、砌壁吊盘、腰泵房均能向井口独立发送信号。井口信号房除了能与井内发生信号联系外，还可向提升机房、卸渣台及各悬吊凿井绞车发送信号。此外，吊泵与地面电控室之间，也应设立信号联系。

五、竖井信号和安全设施

1. 竖井信号

信号设施主要有电铃和色灯信号两种。凡罐笼或吊桶的提升、下降、慢行、上人、下人、运长材料、运炸药以及井筒的闭塞或开通，均用明确的音响或色灯信号显示，同时加设专用电话。

信号系统以井口为中心，在井口设总信号显示，在井口与井底之间和井口与提升机房之间分别设信号电缆及装置。用铃声、色灯、电话联系井上、井下的作业。凿井时在吊盘上加设信号机。

最普通信号是声、光并用的电气信号。电气信号的电压不得超过 127V，操作电压为 36V。在有瓦斯的井筒内，井口及井内信号装置均应采用防爆型。除了灯光和声响信号外，井口与井筒工作面、井口与提升机房之间尚应设立通话联系。还可用扩音电话作井上、井下联系。

提升机房与卸渣台、井口、吊盘、井底掘进工作面和砌壁工作面还可安设闭路电视监控系统，使提升机驾驶员时刻注意到提升容器经过各个部位，上述各位置的电视摄像头采集的监控信号也可集中到中央调度室。有时还可在井口和提升机房之间建立直接的无线对讲通讯，在井口和井底工作面、吊盘之间也建立直接的无线对讲通讯。一般情况下井内信号不得直接向提升机房发送信号，必须经井口信号员转发至提升机房。

少数井筒在深度不超过 200～250m 时，还可采用人工锤击装置作为备用信号。

提升安全是竖井施工中最重要的一环。为了使吊桶提近井口时，能及时开启井盖门，防止滑架冲撞井盖酿成严重事故，除了井上井下及时准确地进行信号联系外，尚须设置井盖门安全信号。信号系统如图 15-57 所示。当吊桶距井盖 40～50m 时，提升机的深度指示器自动接通井口讯号回路，井口信号房内发出开启井盖门的声、光指示。当井盖门打开时，又能自动接通提升机房信号回路，提升机房内指示盖门已开的红灯点亮，即可继续安全提升。

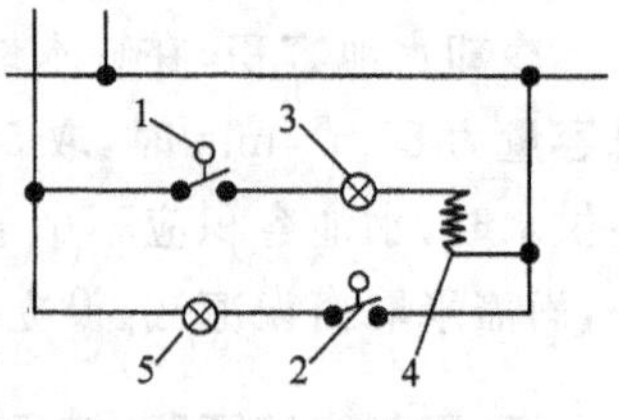

图 15-57　盖门安全信号系统

1-深度指示器控制的自动开关；2-井盖门控制的自动开关；3-井口指示灯；4-井口电铃；5-提升机房内指示红灯

2. 安全梯

安全梯的作用是当井筒停电或发生紧急情况等意外事故

时，工人应能借助安全梯迅速撤离工作面。安全梯用角钢制作，分成若干节挂接而成，其总高度应能使井底全部工人在紧急状态时，都能登在梯上用凿井绞车提升出井。为了安全起见，梯子应设有护圈。安全梯应靠近井壁悬吊，距井壁不得大500mm，通过各盘孔时，其周围间隙不应小于150mm。安全梯规格参见图15-58。应能用电动和手动两种方式提升安全梯，以保证地面和井筒同时停电时，仍能使工人安全出井。

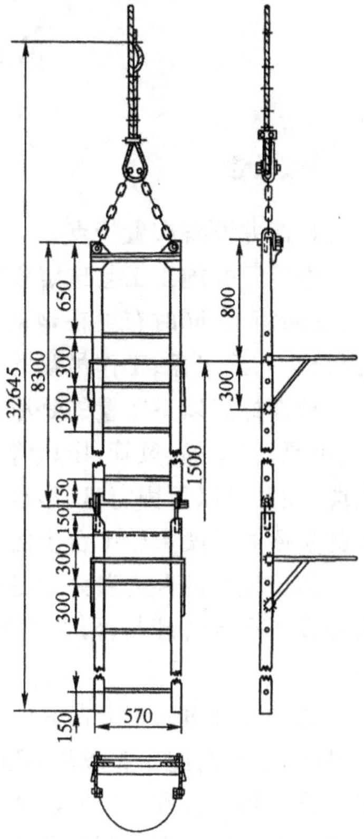

图15-58　安全梯(尺寸单位:mm)

3.竖井安全设施

(1)提升装置应有深度指示器和防过卷装置。必要时，在深度指示器和井架上设终端开关。当提升容器超过正常卸载位置50cm时，必须能自动断电和使保险闸发生作用。

(2)通向竖井的井口轨道设阻车器，防止车辆坠入井内。

(3)无论井上井下所用的电葫芦或绞车都必须配有限位器、限速器，防止过卷伤人、翻车。

(4)在由竖井转入隧道施工使用罐笼提升时，罐顶应设铁盖、罐底必须满铺钢板并不得有孔洞，如罐底下面有阻车器的连接装置时，必须设有牢固的检查门。在井口也需设置安全栅栏或安全门。

(5)若采用临时罐笼双钩单绳提升时，必须采用相同捻向的钢丝绳，以防两罐笼运行时，由于相对的扭转位移而发生撞罐事故。也可根据国标选用特制的不旋转钢丝绳。

(6)竖井井架天轮棚需加装避雷针装置，利用钢井架角柱作为引下线，为了搭铁安全可靠，引下线应设置两条。同时，防雷装置搭铁电阻不应超过10Ω，若实测超过此值，应增加搭铁极。

井架防雷装置如图15-59所示。

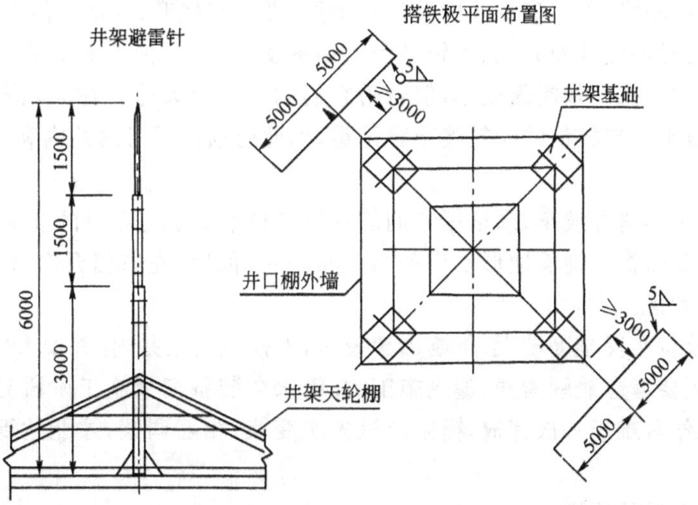

图15-59　竖井井架防雷装置图(尺寸单位:mm)

第四节　竖井凿井设备布置

一、概述

1. 凿井设备布置特点

根据竖井施工工艺选定各种凿井设备后，接下来是将这些设备合理地布置在有限的井筒横、立断面上，同时布置在地面的相应提绞悬吊设备。内容含天轮平台、卸渣台的布置，井盖(封口盘)、固定盘、工作吊盘的布置和地面提绞悬吊设备的布置。

地面标高以下布置的是渣石提升吊桶和材料吊桶、凿岩环架或伞形钻架、抓岩机、砌壁模板、吊泵、安全梯、风管、压风管、混凝土输料管、供水管以及各种缆线(动力、照明、信号及放炮电缆)在井口以下固定盘、吊盘上横断面上的位置和在井筒立断面上的位置。地面标高以上布置的是凿井井架天轮平台上的提升及悬吊天轮、提升机及凿井绞车、井口排渣线路和井盖等。

由于较多的井内凿井设备受井筒断面尺寸所限，使得井筒施工空间十分拥挤、狭窄。因此凿井设备布置合理与否，直接影响井筒施工进度、工作效率、井筒的成井成本，甚至危及施工安全。

诸如提升机及部分凿井绞车、压风及供水管路、吊泵及排水管路、风管和动力、照明、通讯等缆线，在井筒施工完成后，还将在隧道施工时继续使用，因此井筒施工装备布置得恰当与否，将影响车场施工和井筒向隧道施工转换过程中的改装工作量和改装期限，进而影响隧道工程施工的连续性。在编制竖井施工组织设计时，凿井设备布置是一项十分重要的工作。

井内的凿井设备中以吊桶和抓岩机的起落、移动最为频繁，因此，布置这些设备时，必须遵照《安全规程》和有关规定，使各项设备之间保持足够的安全距离。

目前凿井设备仍多采用钢丝绳悬挂，它们在起、落通过各道盘、台(工作吊盘、固定盘、井盖、卸渣台)时，受到盘、台孔口的制约，而且各盘、台的梁格也需占据井筒的有效断面，因此使设备之间保持安全间隙的同时，还必须在设备与盘、台通过孔口的梁格之间留足安全间隙。此外，设备布置尚须保证盘、台的结构合理。

井筒内的设备布置，除了满足井内掘进与砌壁、抓岩与提升、地面卸渣与运输等作业安全、方便和协调外，同时还应兼顾井架、天轮平台的结构受力特点，使布置更合理。其中尽管一些管路和缆线在井内占据有效断面较小，但悬吊它们的天轮及天轮梁在天轮平台上却占有相当面积，常造成其他平行或相汇的天轮梁布置困难，因此必须统筹考虑井内和天轮平台的布置特点。

地面的提升机和凿井绞车，须根据它们的规格和技术要求与各自的挂绳天轮相对应布置。地面大量凿井绞车需根据地面地形及设备相互间关系，前后、左右错开布置，还须与临时工业广场的布置综合考虑。

因此，凿井设备布置难度较大，影响因素较多，不仅应满足井内、井架天轮平台及地面设备布置协调一致，还要考虑兼顾凿井、隧道施工、井筒永久装备三个施工阶段充分利用凿井设备的可能。布置工作常难于一次完成，需要经过多次变换，相互调整，才能达到上下布置互相适应、合理可行。

2. 凿井设备布置的原则

首先考虑满足主要施工设备布置和主要施工项目的需要。具体注意以下几个方面：

(1)井筒施工期间，井内以吊桶布置为主。在所有悬吊设备中吊桶占井筒的有效面积最大，且升降快速、频繁。吊桶提升不仅服务于井筒、车场，有时还用于井筒安装阶段。

(2)在工作面与井口设备布置发生矛盾时，以井内工作面合理布置为主。凿井设备是为工作面服务的，井上、井下布置时应保证井内布置便于井筒施工。

(3)井筒开凿、隧道掘进及井筒设备安装等布置发生矛盾时，应以井筒开凿工作的要求为主。

(4)地面与天轮平台布置中，以天轮平台布置为主。由于天轮平台面积窄小，为井架主要荷载结构，地面与天轮平台布置时，应保证天轮平台的布置。

(5)凿井设备的合理布置，需了解和掌握各项装备的技术性能和规格，还须依据下列资料：

①井筒断面施工图；

②井底车场平面图；

③地面工业广场总平面图；

④工业广场地面地形图及井口标高。

3.凿井设备布置的步骤

(1)布置井内凿井设备，画出井筒凿井设备布置断面图。

(2)确定井架位置。

(3)布置天轮平台，选择天轮梁的截面，画出天轮平台上天轮和天轮梁的布置图。

(4)确定提升机和凿井绞车的位置，画出提升机和凿井绞车的平面和立面布置图。

二、井内凿井设备布置

(一)吊桶布置原则和要点

渣石吊桶是全部凿井设备布置的核心。吊桶位置一经确定，提升机的方位、井架的大体位置就基本确定，井内其他设备也将围绕着吊桶分别布置。

1.吊桶的布置原则

(1)保证与井内其他悬吊设备之间有安全规程所要求的足够的安全间距。

(2)兼顾转入井底车场和隧道施工阶段以及井筒安装阶段的施工需要，即当竖井到达设计标高转入隧道施工时，摘去吊桶改挂临时罐笼后的提升中心线必须与井下临时出车方向一致。如井筒装备刚性罐道，在永久设备安装期间，将吊桶改挂吊笼的工作量尽可能小，以便及时投入安装作业。

2.吊桶的布置要点

(1)隧道施工期间的罐笼井。吊桶应布置在永久提升间内，吊桶提升中心线方向与永久出车方向一致。

(2)隧道施工期间的箕斗井。井筒装备刚性罐道时，至少有一个吊桶布置在永久提升间内，吊桶的提升中心线可与永久提升中心线相平行，或取垂直布置，但必须与车场临时绕道的出车方向一致(图 15-60)。

(3)吊桶必须避开井筒中心。测量如采用普通锤球测中时，吊桶桶缘距井筒中心＞400mm；如采用激光指向仪测量井筒中心时，桶缘与井筒中心之间距＞500mm；如采用环轨型抓岩机时，还需考虑抓岩机中心轴的规格，桶缘距井筒中心≥800mm。

(4)吊桶靠拢地面卸渣方向一侧布置，卸渣台应少占井筒有效面积，吊桶桶缘与永久井壁间的最小距离≥500mm。

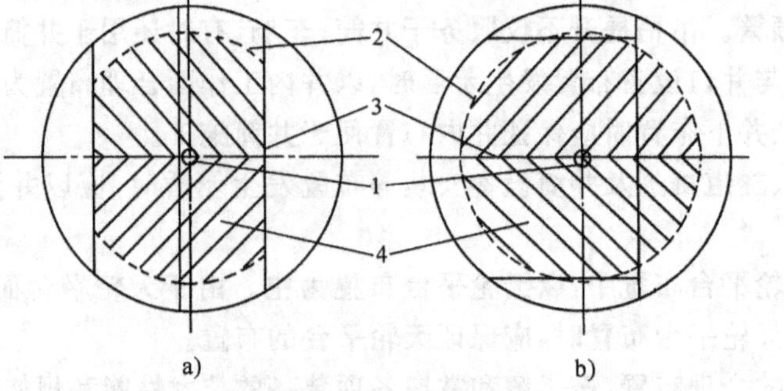

图 15-60　吊桶允许布置范围

a)罐笼井;b)箕斗井;

1-吊桶内圈布置界限;2-吊桶外圈布置界限;3-刚性罐道梁位置;4-永久提升间

(5)吊桶(包括导向滑架)避开永久罐道梁位置,当采用刚性罐道梁时,保证安装刚性罐道梁过程中,吊桶仍能上下起落。

(6)双滚筒提升机用作单钩吊桶提升时,吊桶应布置在提升机固定滚筒一侧。

(7)吊桶两侧稳绳的间距与选用的滑架匹配。稳绳与提升钢丝绳应布置在一个平面内,并与地面卸渣方向垂直。

(8)双钩提升时,中间相邻稳绳的间距 A 应保证吊桶运行途中两导向滑架互不碰撞。当井深<300m 时,$A \geqslant 300$mm;当井深>300m 时,A 值根据图 15-61 按下式计算:

$$A \geqslant 200 + \frac{H}{3} \tag{15-50}$$

式中:H——提升高度(m)。

两吊桶中心距:

$$B = A + C \tag{15-51}$$

式中:C——吊桶导向稳绳的间距(mm)。

为简化由井筒施工向隧道施工的过渡,吊桶提升钢丝绳的间距应与罐笼提升钢丝绳的间距取相同数值,当井内装备一套钢丝绳罐道提升时,罐笼之间的间隙为 $\Delta = 500$mm。因此,吊桶提升钢丝绳的间距为:

$$B' = a + \Delta \tag{15-52}$$

式中:a——拟采用的罐笼宽度。

布置吊桶时,应取 B 和 B' 中的较大数值。

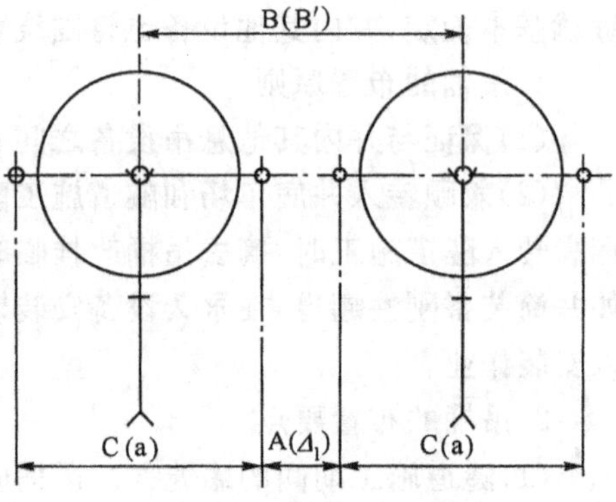

图 15-61　双钩提升的吊桶间距

(9)双钩吊桶提升时,可将上述规定加大 40～50mm。

(10)材料吊桶的布置要点和渣石吊桶基本相同。材料吊桶的提升中心线与永久提升中心线之间,无严格要求。当采用煤矿定型的装配式金属凿井井架时,辅助提升的吊桶提升中心线还可与井架呈斜角布置。

(二)其他凿井设备的布置原则

(1)井内各设备之间必须有足够的安全距离,并兼顾掘进工作吊盘、固定盘、井盖和卸渣台的结构合理。

(2)设备布置应使井架承载均衡。对于装配式金属井架,在地面地形和施工场地布置允许时，设备应尽可能围绕井筒四周布置，保持井架受力均衡。

(3)布置悬吊设备时，保证抓岩机在工作面不出现抓岩死角，还应使各台抓岩机的工作量大体均等。当井筒内装备一套双钩提升时，靠壁抓岩机宜布置在吊桶对侧；当装备一套或两套单钩提升时，靠壁抓岩机则可布置在吊桶提升中心线的旁侧。

(4)井内悬吊设备(除吊桶、工作吊盘和砌壁模板外)宜沿井筒周边布置，与井壁之间距≥300mm，各种管路、缆线以及悬吊钢丝绳均不得妨碍提升、卸渣和井盖上轨道运输线路的通行。

(5)吊泵应与吊桶对称布置，使井架受力均匀。使吊泵与抓岩机的吊挂布置相协调，既要防止操作抓岩机时碰撞吊泵，又不使吊泵下方出现抓岩死角，因此，吊泵应尽可能靠近井帮布置；吊泵通过各盘孔口时，其周围间隙不得小于50mm。

(6)安全梯应靠近井壁悬吊，与井壁间距≤500mm。要避开吊盘圈梁和环形钻架环道位置。安全梯通过各盘孔口时，与孔口边缘间隙≥150mm。

(7)风管、压风管及混凝土输送管应适当靠近吊桶布置，以方便管路检修。管路与各悬吊设备及固定设施的安全间距：

管路突出部分与提升容器之间，井深≤400m时，≥500mm；400～500m时，≥600mm；>500m时，≥800mm。管路之间≥500mm。另外，风管、压风管、混凝土输送管应分别靠近通风机房、压风机房、混凝土搅拌站布置，以简化井口和地面管线布置；采用混合式通风时，风管最好对称布置；同时在各管缆布置中应兼顾井架受力平衡。

(8)照明、动力电缆与信号、通讯、放炮电缆的间距≥500mm，信号与放炮电缆应远离压风管路，其间距≥1.0m，放炮电缆须单独悬吊。

(三)掘进吊盘、井盖(封口盘)、固定盘及卸渣台孔口布置

(1)吊盘突出部分与永久井壁(或壁模)的间隙≤100mm时，一般取100mm。

(2)吊盘的圈梁常为闭合圆弧梁，但使用靠臂式抓岩机时，其通过口或井壁吊挂管路通过口可为不闭合的圆弧梁。

(3)吊盘主梁(即吊盘悬吊绳生根梁)一般与提升中心线平行，两梁应尽量对称布置，两悬吊点一般在井筒中心线上，当吊盘悬吊点多于两点时，不受此限，但各悬吊点应受力均匀。

(4)吊盘悬吊绳应尽可能避开井内刚性罐道和罐道梁的位置。

(5)吊盘、稳绳盘各悬吊点之间及其与固定盘、井盖(封口盘)各梁之间应错开一定距离。

(6)各盘主、副梁具体位置，应根据吊桶、吊泵、安全梯和管线的位置及其通过口的大小确定，如盘面上设有抓岩机、环形钻架、悬吊绞车、稳盘液压千斤顶等设备时，则需结合这些设备布置的要求统一考虑。

(7)各盘主、副梁位置上，不得有任何设备和管线穿过，钢丝绳悬吊的主梁必须是一根完整的梁。

(8)吊盘的各悬吊钢丝绳，力求受力均衡，使吊盘起落时较为平稳。

(9)在吊盘、稳绳盘上须开设尺寸≥200×200mm^{2}的井筒中心测孔。采用单绳悬吊吊盘时，悬吊钢丝绳应离开井筒中心250～400mm。固定盘处的固定钢梁外缘距井筒中心≥100mm。如采用环轨型抓岩机时，回转中心应以空心轴代替测孔。固定盘处的固定钢梁应离开井筒中心100mm以上。

(10)各盘口、喇叭口，装有导向装置的井盖门及卸渣台盖门与吊桶最突出部分间隙≥200mm；与滑架最突出部分间隙≥100mm。

(11)风管等管路及其绳卡通过各盘孔口时的周围间隙≥100mm。

三、天轮平台布置

1. 天轮平台布置

天轮平台是凿井井架的主要承载结构，天轮台布置要点如下：

(1)对天轮平台中梁在中间的标准亭式凿井井架。

①天轮平台中梁应与提升中心线垂直，即与车场巷道出车方向垂直。

②天轮平台中心一般与垂直中梁的井筒中心线重合，也可错开一段距离(图 15-62)。

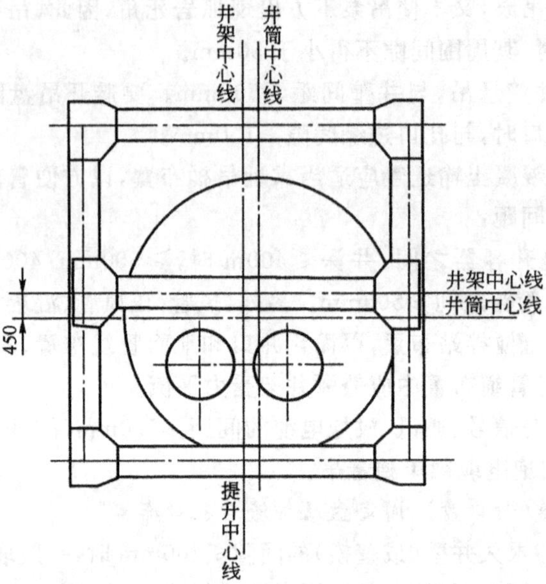

图 15-62　天轮平台与井筒的相对布置关系(尺寸单位：mm)

③天轮平台中梁一般应与平行中梁的井筒中心线错开一段距离，使吊盘绳与中梁边缘有50mm 以上的间隙。为防止临时罐笼提升时，主提升天轮骑在中梁上，导致天轮安装重心过高，天轮平台中梁中线与井筒中心线错位的方向应是主提升机安装位置的反方向。

(2)天轮平台的中梁不在井架中心线上或无中梁的非标准井架，其天轮平台中心十字线，应与井筒中心十字线重合。

2. 天轮的布置

(1)布置天轮的基础是平面布置图，各天轮的钢丝绳悬吊点，必须与井筒平面布置图中相应的悬吊设备钢丝绳悬吊点重合。

(2)天轮力求平行于井架中心线布置。

(3)出绳方向要兼顾到井口地形及凿井绞车布置的可能性和合理性，必要时也可与井架中心十字线斜交布置。

(4)悬吊钢丝绳与天轮平台各构件的间隙≥50mm。

(5)天轮与天轮平台各构件的间隙≥60mm。

(6)双绳悬吊的管路尽可能采用双槽天轮。

(7)使用两台铰车悬吊同一设备时，两天轮应布置在同侧，使出绳方向一致。为方便统一指挥地面凿井绞车，同步紧松吊桶两侧的稳绳，尽可能使稳绳天轮布置在提升天轮一侧，出绳方向与提升钢丝绳一致。

(8)天轮布置应使井架受力均衡，亭式井架可采用两面或四面对称布置，与地面提升机位置或凿井绞车在地面的布置综合考虑，并应兼顾设置天轮梁的可能性。

(9)提升天轮尽可能布置在同一水平。

(10)天轮轴线距天轮平台不宜太高，出绳不得摩擦边梁或其他构件，必要时可设导向轮或从天轮平台边梁下面出绳。

(11)考虑天轮出绳方向和副梁方向时，应尽可能使从井筒转入车场隧道和主隧道施工时的改装工作量最小。

(12)相邻两天轮共用一根天轮梁或两天轮梁需垂直和斜向搭接时，须注意两天轮中心前后的错距应能布置得下各自的轴承座。

3.天轮副梁的布置

(1)天轮副梁的中心线一般应与垂直天轮轴承轴线的中心线重合。

(2)天轮副梁尽可能与天轮平台中心十字线平行或垂直，必要时也可斜放，其夹角可取45°或30°。

(3)尽量减少天轮副梁的类型和规格，型号相近时可选用较大者或全部采用同一型号。

(4)尽量减少天轮副梁的数量，可能时在一根副梁上可布置几个天轮轴承，垂直中梁的天轮副梁尽可能采用通梁。

四、提升机和凿井绞车布置

1.提升机布置要点

(1)竖井使用的提升机应适应竖井施工和隧道施工两个施工阶段的需要。提升机布置的位置应视隧道开挖水平的车场绕道的出车方向而定，使提升中心线与井下出车方向一致，应避免形成提升机出绳方向垂直出车方向和提升天轮一上一下的布置方式。

(2)布置提升机的位置时，应根据提升钢丝绳的最大允许弦长 L(提升钢丝绳由天轮到提升机滚筒两切点之间的绳长)(图 15-63)、最大允许绳偏角 α(钢丝绳与天轮绳槽中线之间的夹角)(图 15-64)和最小允许绳仰角 φ(钢丝绳绳弦的水平夹角，根据不同系列的提升机规格要求确定)(图 15-65)三项指标综合确定。

最大允许弦长 L　提升钢丝绳弦长过长易使钢丝绳跳出天轮绳槽，弦长可按下式计算：

$$L=\sqrt{(b-R)^2+(H-c)^2}\leqslant 60 \tag{15-53}$$

式中：b——提升机主轴至吊桶悬垂钢丝绳的水平距离(m)；

R——提升天轮半径(至天轮绳槽中线)(m)；

H——提升天轮轴心距井口水平的高度(图 15-63)(m)；

c——提升机主轴距井口水平的高度(m)。

(3)最大允许钢丝绳偏角 α。提升钢丝绳偏角过大，提升钢丝绳易与天轮轮缘磨损严重，还易使滚筒缠绕钢丝绳互相咬绳。

采用双滚筒提升机时，绳偏角可按式(15-54)、式(15-55)两式计算：

①双滚筒提升时：

外偏角 α_1

$$\alpha_1=\tan^{-1}\frac{2B+a-s-2B_T}{2L} \tag{15-54}$$

内偏角 α_2

$$\alpha_2=\tan^{-1}\frac{s-a-2B_0}{2L} \tag{15-55}$$

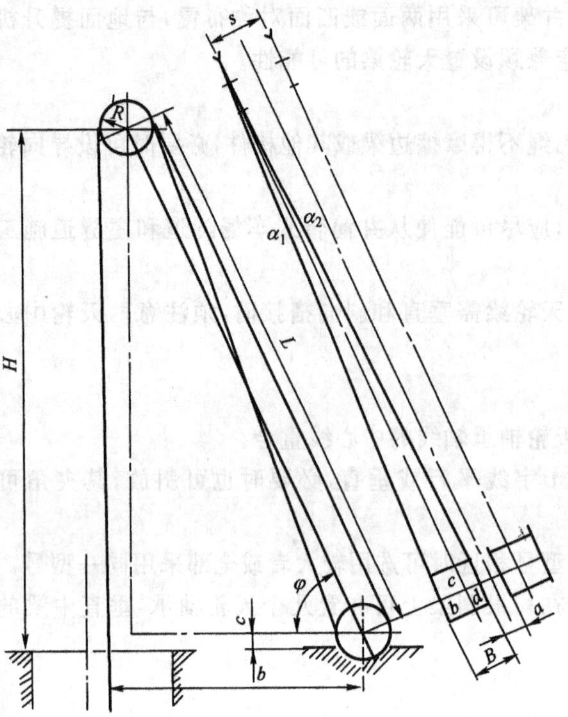

图 15-63　提升机与井筒的相对位置

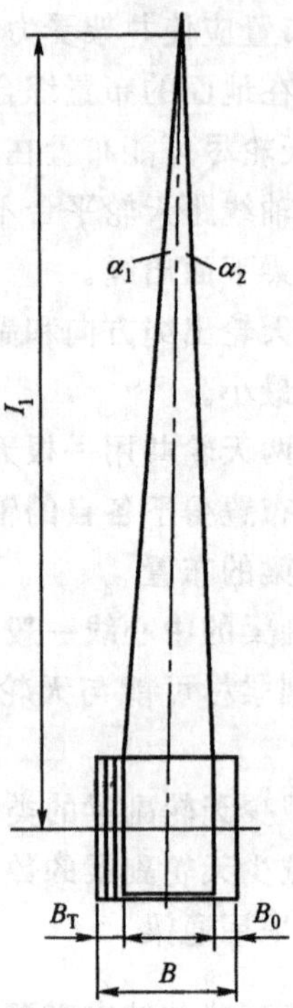

图 15-64　单滚筒绳偏角计算图

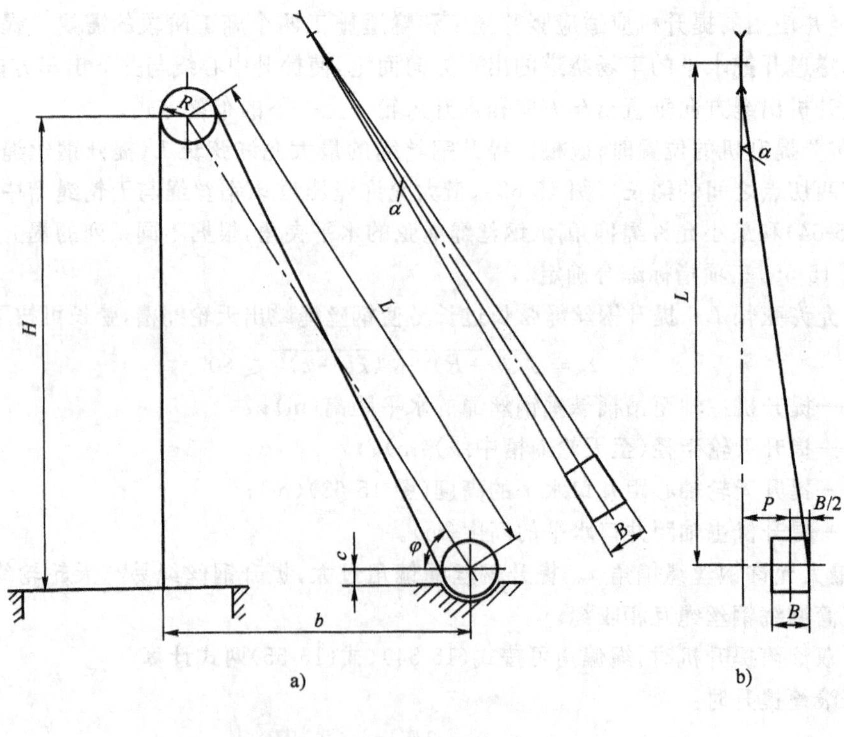

图 15-65　凿井绞车与井筒的相对位置

式中：a——两滚筒内缘间距离(m)，从设备图中查出；

　　s——两天轮绳槽中心线间距离(m)；

L——钢丝绳弦长(m)；

B——提升机滚筒的宽度(m)；

B_0——滚筒上单层缠绕时未缠满部分的宽度(m)，单层缠满时，$B_0=0$；

B_T——三圈摩擦圈的宽度(m)，$B_T=3(d_k+\varepsilon)$(m)，当缠满二层时，$B_T=0$；

d_k——钢丝绳直径(m)；

ε——钢丝绳在提升机滚筒上的缠绕间隙，一般取 0.002～0.003m。

②单滚筒提升时：

单滚筒作单钩提升、天轮绳槽中线与滚筒宽度的中线重合时(图 15-64)，绳偏角可按式(15-55)、式(15-56)两式计算：

外偏角
$$\alpha_1=\tan^{-1}\frac{B-2B_T}{2L} \tag{15-56}$$

内偏角
$$\alpha_2=\tan^{-1}\frac{B-2B_0}{2L} \tag{15-57}$$

当钢丝绳缠满一层后 $B_0=0$，$B_T\neq0$，式中符号同前。

(4)最小允许绳仰角 φ。仰角过小提升机基础将磨损提升钢丝绳，仰角可按下式计算：

$$\varphi=\tan^{-1}\frac{H-c}{b-R} \qquad 要求：\varphi\geqslant[\varphi] \tag{15-58}$$

式中：φ——实际出绳仰角(°)；

$[\varphi]$——提升机最小仰角的规定值，JK 系列$[\varphi]=15°$。

其他符号与式(15-53)相同。

实际使用中，可根据上述三项基本参数计算式算出提升绞车的布置范围，按比例画在图上，在此范围内根据其他影响因素和相关规定移动绞车的位置，即满足了对提升绞车布置的要求。

①钢丝绳的允许最小水平距离。

根据最大绳偏角(即 1°30′)时的钢丝绳弦的长度 L'，求出提升机主轴至吊桶悬垂钢丝绳的最小水平距离 b_1：

$$b_1\geqslant\sqrt{(L')^2+(H-c)^2}+R \tag{15-59}$$

式中符号同上述计算。

对双滚筒提升机：

当 $B>s-a$ 时，$L'\approx19(2B+a-s)$；

当 $B<s-a$ 时，$L'\approx19(s-a)$。

对单滚筒提升机，天轮绳槽中线与提升机滚筒宽度的中线重合时，$L'\approx19B$。

②钢丝绳的允许最大水平距离。

根据最大绳弦长度(即 60m)和最小允许出绳仰角$[\varphi]$，算出提升机主轴至吊桶悬垂钢丝绳的最大允许水平距离 b_2：

$$\frac{H-c}{\tan\varphi}+R\geqslant b_2\leqslant\sqrt{60^2-(H-c)^2}+R \tag{15-60}$$

具体确定提升机位置时，在 b_1 和 b_2 所确定的范围内，根据稳绳用凿井绞车、地面运输线路和地形等要求进行综合选定凿井提升机的位置。通常，提升机主轴到悬垂钢丝绳轴线的大约距离 $b\approx20$～40m，即满足了 $b_1\leqslant b\leqslant b_2$ 的要求。

2.凿井绞车(稳车)布置要点

(1)凿井绞车的布置方向应与天轮绳槽的方向一致。

(2)凿井绞车的位置应保证钢丝绳的绳弦长度≤55m(计算方法与提升机相同)。

(3)凿井绞车的位置应使绳偏角≤2°,当绞车滚筒中线与天轮绳槽中线重合时,偏角值 α 可按式(15-61)计算(图 15-65a):

$$\alpha = \tan^{-1} \frac{B}{2L} \tag{15-61}$$

式中:B——滚筒宽度(m);

L——钢丝绳弦长度(m)。

当凿井绞车偏移天轮绳槽一侧时,钢丝绳偏角值可按式(15-62)计算(图 15-65b):

$$\alpha = \tan^{-1} \frac{2P + B}{2L} \tag{15-62}$$

式中:P——凿井绞车滚筒中线与天轮绳槽中线间的偏移距离(m)。

(4)凿井绞车的位置需满足绞车对钢丝绳出绳仰角值的规定,其中 55 型凿井绞车钢丝绳最大和最小仰角的规定值见表 15-27;JZ_2 系列凿井绞车仰角值无规定;计算仰角的方法与提升机相同。

55 型凿井绞车特性 表 15-27

绞车型号	滚筒净半径 R_2(m)	滚筒缠满绳后半径 R_1(m)	滚筒中心离地基面高度 c_1(mm)	钢丝绳最大出绳仰角 φ_2(°)	钢丝绳最小出绳仰角 φ_1(°)
5t	0.220	0.500	472	<52	>19
8t	0.220	0.500	490	<50	>27

(5)凿井绞车集中布置时,绞车之间应留有足够的操作和检修间距。当两台凿井绞车串列布置时,应使前后绞车基础互不妨碍,两绞车滚筒轴线间最小距离应不小于表 15-28 的规定值;绞车上方跨越的钢丝绳与绞车顶部高差≥300mm。

55 型绞车串列布置间距 表 15-28

前　列(t)	5	5	8	8
滚筒轴线间最小距离 P_1(m)	2.7	2.3	2.39	2.61
后　列(t)	8	5	5	8

(6)钢丝绳与所跨越地面运输线路和运输工具顶部高差≥300mm。

各台凿井绞车位置应同时满足钢丝绳弦长度、绳偏角和出绳仰角等三项技术参数的要求。

①绞车最远布置界限 b_1。取由最大钢丝绳绳弦长度(55m)和最小出绳仰角(φ_1)求出的绞车的两个最远布置界限(b_1)中的小值,即:

$$\frac{H-c}{\tan\varphi_1} + R \geqslant b_1 \leqslant \sqrt{(55)^2 - (H-c)^2} + R \tag{15-63}$$

②绞车最近布置界限 b_2。取由最大仰角(φ_2)和最大绳偏角(α)求出的绞车两个最近布置界限(b_2)中的大值,即:

$$\frac{H-c}{\tan\varphi_2} + R \leqslant b_2 \geqslant \sqrt{\left(\frac{2P+B^2}{2\tan\alpha}\right) - (H-c)^2} + R \tag{15-64}$$

式中:P——两相邻并列布置绞车滚筒中线间距与对应两天轮绳槽中线间距差值之半,即:

$$P = \frac{a-s}{2} \tag{15-65}$$

式中：a——相邻绞车滚筒中线之间距(m)；

s——对应的两天轮绳槽中线间距(m)。

其他符号同前。

由于各凿井绞车的悬吊钢丝绳落绳点相对井筒中心的坐标各异，计算得到的 b_1 和 b_2 布置界限值，须变换成与井筒中心相对应的距离界限值，定出各台绞车位置。当使用JZ5/500和JZ8/500型凿井绞车、绞车基础与井架基础标高相同、滚筒中心线与天轮中心线重合时，绞车至井筒间的最大和最小水平距离见表15-29。

凿井绞车滚筒中心与钢丝绳悬垂线之间的距离 表15-29

井架类型	JZ 5/500 型凿井绞车		JZ 8/500 型凿井绞车	
	最小距离(m)	最大距离(m)	最小距离(m)	最大距离(m)
I	14	48	15	33
II	14.5	51	15.5	34
III	15	52	16	35
IV	18	50	19.5	44
新IV	21	48	23	48
V	21	48	23	48

凿井绞车位置经初步选定后，还需检验钢丝绳是否碰、磨天轮平台的边梁，必须分别计算钢丝绳的实际出绳仰角，即：

$$\varphi' = \tan^{-1}\frac{H-c}{b'-R} \tag{15-66}$$

式中：b'——凿井绞车滚筒轴线至悬垂钢丝绳的实际水平距离(m)。

当确定了凿井绞车实际位置和出绳仰角后，还应通过解析方法或精确的作图法检验钢丝绳是否与天轮平台边梁发生碰磨。若发生碰磨时，需进行调整。提升或悬吊钢丝绳与天轮平台主梁相碰时，可按下列方法调整：

a. 加垫梁，抬高天轮位置。

b. 加设导向轮。

c. 改变提绞设备的安装位置(包括抬高滚筒中心线的地面标高)。

d. 钢丝绳由天轮平台下面出绳。

e. 必要时改变井内悬吊设备的布置，移动天轮位置。

如仍不能解决时，则需重新从调整井内设备布置开始，使井内、天轮平台和地面绞车形成合理布置。

然后还须根据全面调整后的天轮平台布置，校核天轮梁的截面，确保天轮平台承重结构合理。

五、凿井设备布置方法及步骤

井内凿井设备、天轮平台及地面提绞设备布置项目繁多，布置断面有限，且上、下互相重叠。为了简化设备布置和便于调整，可用纸板将各种凿井设备、天轮、梁格按规定比例，制成平面纸板模型，然后上、下交替，按各自的布置原则，围绕有限的井筒断面进行摆布，并穿插必要的计算，最后绘制成图。纸板模型可按1∶20比例制作。

在熟悉有关设计资料（井筒永久断面施工图、井底车场平面图、地面工业广场总平面布置图、永久建筑物施工安排以及临时工业广场布置方案）之后，可参考如下步骤进行设备布置：

1.井内布置

(1)制作凿井工艺中选定的各项设备的硬纸板模型。

(2)按比例绘出井筒十字中心线和井筒净断面轮廓。

(3)根据井筒永久断面布置、隧道施工期间井下出车方向及井筒周围永久建筑物的位置和施工安排，确定凿井提升方位及卸渣方向。

(4)根据井筒凿井测量手段以及选定的凿岩、抓岩、永久支护等设备，按规定确定井筒内吊桶的布置界限。

(5)根据吊桶位置确定抓岩机位置，对于靠壁抓岩机尚须在吊盘上留出通过孔口，设置副梁。

(6)相对吊桶及抓岩机位置以及根据中间转水站方位，并兼顾天轮平台的荷载均衡等因素确定吊泵位置，并自下而上按规定在吊盘、封口盘上留出通过孔口，并各自设置吊泵盖门的副梁纸板模型。

(7)若选定的砌壁模板、凿岩环架为井内悬吊方式，在吊盘上设置悬吊装置。

(8)在剩余的断面内，按各自规定，布置安全梯及其他管路、缆线，可先在井筒断面图上画出离井壁及吊桶的布置界限圈。

(9)绘出井筒永久罐道梁位置，确定凿井提升中心线；计算吊桶、稳绳的安全间隔距离，摆放吊桶纸板模型（包括稳绳，滑架在内）。

(10)布置吊盘圈梁、吊桶稳绳梁、喇叭口梁及吊盘主梁纸板模型。

(11)以吊桶起落、稳绳及吊盘悬吊绳通过为原则，自下而上搁置固定盘主梁、激光仪安置梁、井盖主梁及井盖门副梁、卸渣台主梁的纸板模型。

2.天轮平台布置

(1)确定天轮平台中心线与井筒中心线的对应关系。首先布置吊盘天轮平台主梁；根据提升机位置，放置提升及稳绳天轮和与它们对应的天轮梁的纸板模型。

(2)从井内布置中导引吊盘悬吊绳点至天轮平台，拟定其出绳方向，布置吊盘天轮及天轮梁纸板模型。

(3)如选用长绳悬吊式抓岩机，从井内导引出抓岩机的悬吊点，在天轮平台上选定悬吊绳的出绳方向，并布置天轮及天轮梁纸板模型。

(4)将吊泵悬吊绳点引至天轮平台，选定出绳方向，搁置天轮及天轮梁纸板模型。

(5)若选定的砌壁模板、凿岩环架为井外天轮悬吊方式，将悬吊绳点引至天轮平台，选定出绳方向，并搁置天轮及天轮梁纸板模型。

(6)根据已经摆布的天轮和进行井上、下初步调整后的天轮平台，作天轮梁的验算校核工作，重新核实天轮梁的截面（同一型号的梁中，可只对受力最不利的梁进行验算），若通过计算所选的副梁比事先预选的副梁大，应按大号重新进行布置。

需要时调整梁位。

3.地面设施布置

根据初定的出绳方向及悬吊绳点的坐标，按对实际绳弦长度、绳偏角及出绳仰角的规定，计算和圈定提升机及凿井绞车的布置界限，作地面绞车群布置，一般基础间可连接。验算钢丝绳是否碰磨天轮平台边梁及井架主体架等其他承重构件，并采取措施，调整钢丝绳的出绳仰角。

4.最后进行全面检查

自下而上地由井内、天轮平台至地面，用透明纸绘制的井筒平面布置图，逐个覆盖在各盘（井盖（封口盘）、固定盘、吊盘）、各台（天轮平台、卸渣台）梁格及孔口平面布置图上，检查各图上的设备及悬吊点是否一致，孔口尺寸是否够大。然后把凿井设备、天轮、地面提升机及凿井绞车的位置固定到井筒十字中心线坐标系中，并标注相对尺寸。

5.绘制凿井设备布置图

(1)井筒凿井设备平面和纵断面布置图。

(2)吊盘平面布置及梁格图。

(3)天轮平台平面和立剖面布置图。

(4)井盖平面布置及梁格图。

(5)固定盘平面布置及梁格图。

(6)提升机及凿井绞车平面、立面布置图，并附上设计计算书。

以上所述，仅为凿井设备布置设计的参考步骤，在具体布置时，以达到少反复、少调整为目的。

六、竖井凿井设备布置示范

凿井设备平面布置、天轮平台布置等示范设计见图 15-66、图 15-67、图 15-68、图 15-69。

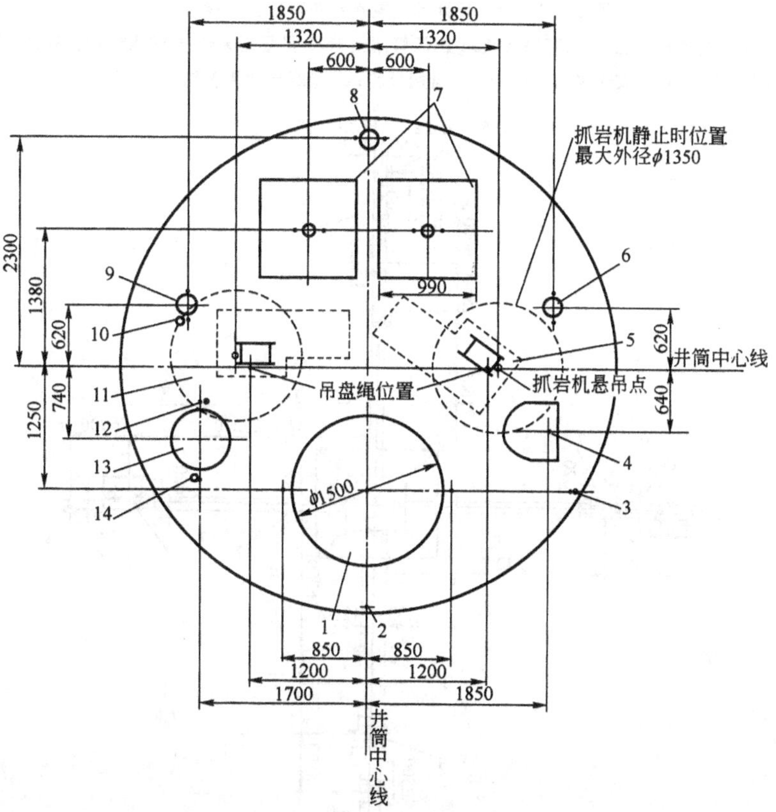

图 15-66　示范设计的竖井井筒凿井设备平面布置（尺寸单位：mm）

1-矸石吊桶；2-机械信号钢丝绳；3-放炮电缆；4-安全梯；5-气力绞车；6-混凝土输送管；7-吊泵；8-二级排水管；9-压风管；10-供水管；11-抓岩机；12-照明电缆；13-风管；14-信号电缆

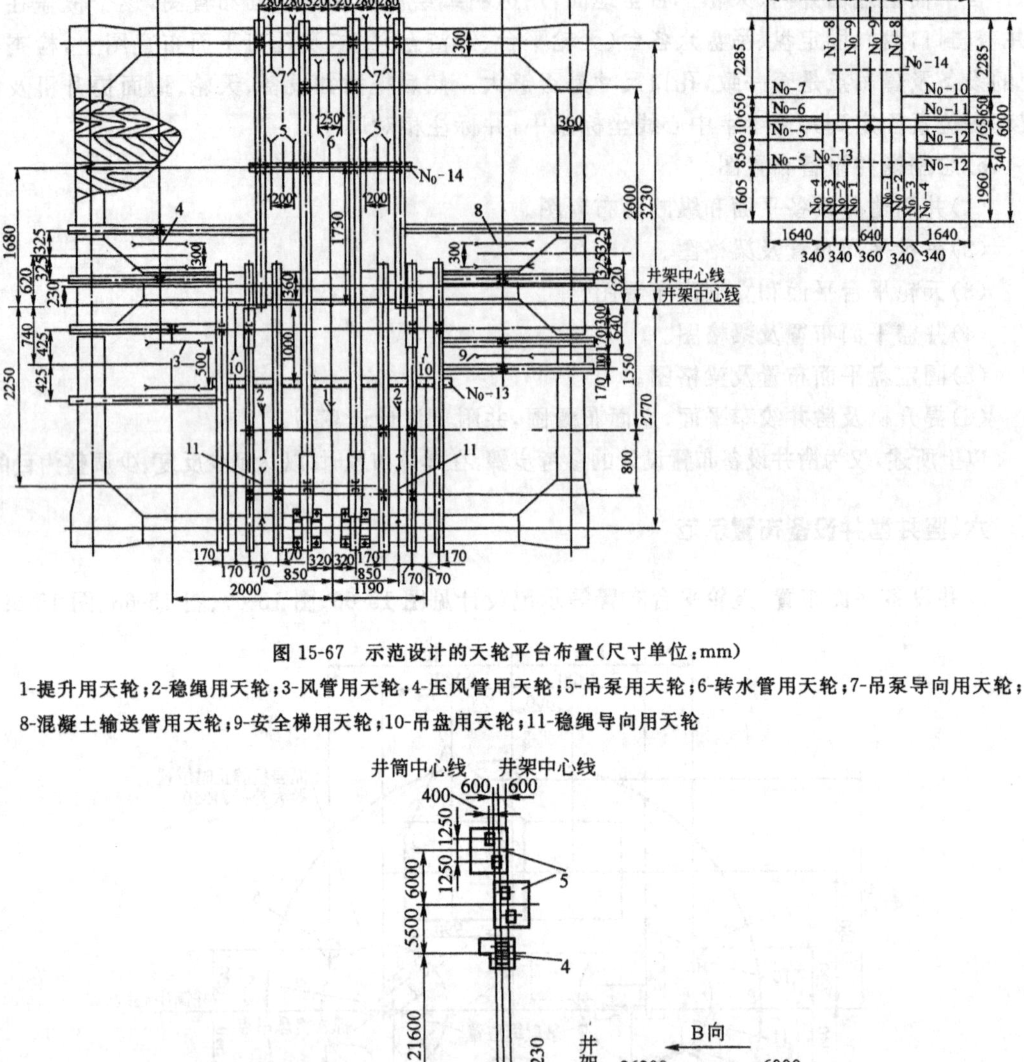

图 15-67　示范设计的天轮平台布置(尺寸单位:mm)

1-提升用天轮;2-稳绳用天轮;3-风管用天轮;4-压风管用天轮;5-吊泵用天轮;6-转水管用天轮;7-吊泵导向用天轮;8-混凝土输送管用天轮;9-安全梯用天轮;10-吊盘用天轮;11-稳绳导向用天轮

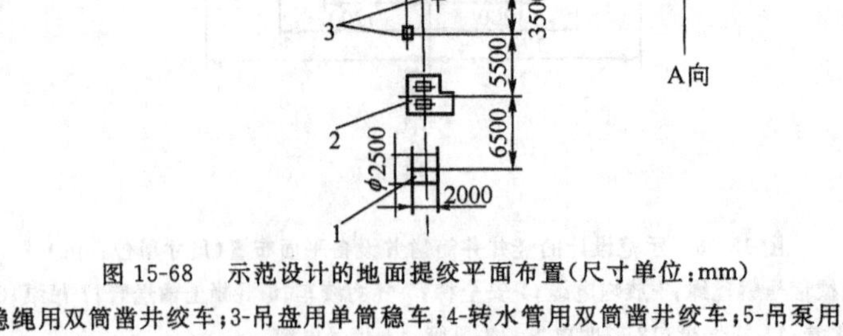

图 15-68　示范设计的地面提绞平面布置(尺寸单位:mm)

1-提升绞车;2-稳绳用双筒凿井绞车;3-吊盘用单筒稳车;4-转水管用双筒凿井绞车;5-吊泵用双筒凿井绞车;6-风管用双筒凿井绞车;7-压风管用双筒凿井绞车;8-混凝土输送管用双筒凿井绞车;9-安全梯用稳车

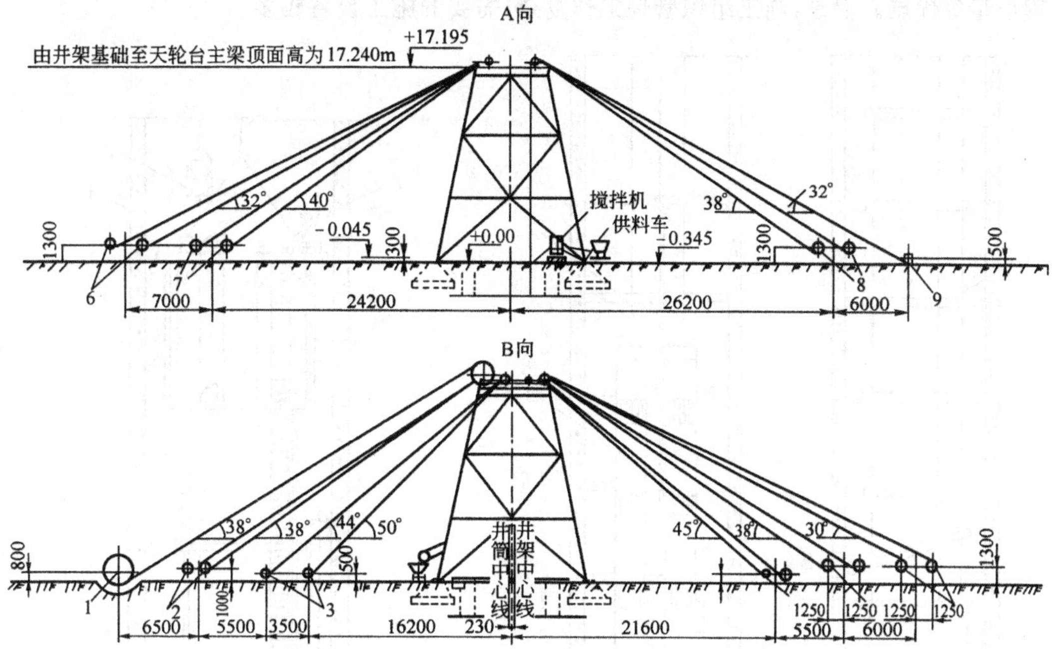

图 15-69 示范设计的地面提绞立面布置(尺寸单位:mm)

第五节 竖井永久设备安装

一、井筒安装的作业方式

当由竖井担负隧道施工任务较重和运输量较大时,为加大提升速度提高运输能力等原因,井筒布置中采用罐笼或箕斗提升的井筒,在掘砌施工完成后,应进行罐道和罐道梁,还包括梯子间、管路及电缆的安装和敷设。这些统称为井筒安装。井筒安装的安装质量将影响井筒装备使用的可靠性。

根据罐梁、罐道安装顺序和安装方向的不同,井筒安装分为分次安装和一次安装两种作业方式。

1. 分次安装

分次安装井筒装备,如图 15-70 所示。它是先在吊盘上从井口自上而下安装全部罐梁、梯子间和电缆卡子等,然后再自下而上在吊架上安装罐道,最后从井底向上安装管路。一般采用双层吊盘安装罐道梁,在下层盘上挖梁窝或打安装锚杆孔,在上层盘上安装罐道梁等装备。安装罐道的吊架的各层间设有梯子供人员上下。吊架每层平台上设有折页,工作时放开,提降时收起。

井筒装备的分次安装,组织管理工作比较简单,应用较多。但是需要对安装设施进行二次改装,因此井筒安装工作工期较长。

2. 一次安装

一次安装井筒装备,如图 15-71 所示。它是自井底向上利用多层吊盘一次将罐梁、罐道、梯子间、管路电缆等全部安装完毕。即在吊盘上层盘上开凿梁窝或打锚杆孔,在下层盘上安装罐梁和管路等,在吊架上安装罐道。这种安装方式有工时利用率高、施工速度快和有利于提高工程质量等优点。但是,施工组织管理工作复杂,需要的施工设备较多。

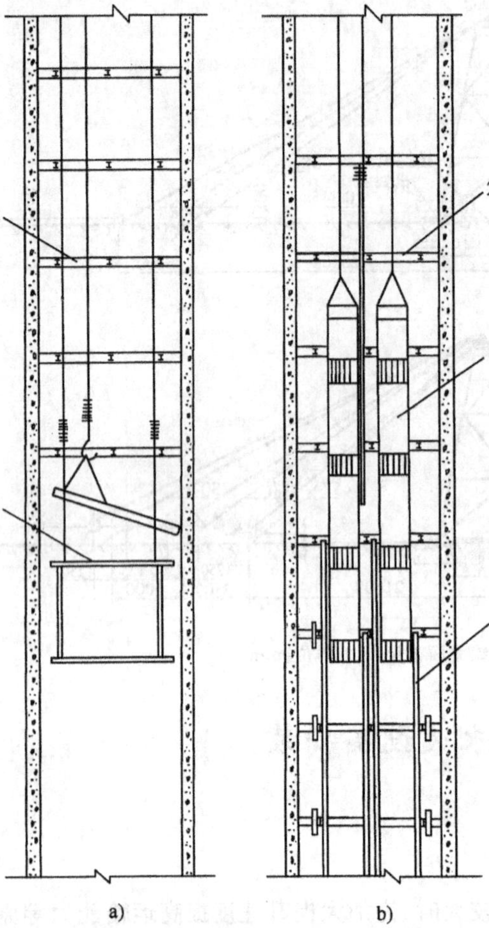

图 15-70 罐梁、罐道分次安装作业方式

a)罐梁安装示意图;b)罐道安装示意图

1-双层吊盘;2-罐梁;3-四层吊架;4-钢轨罐道

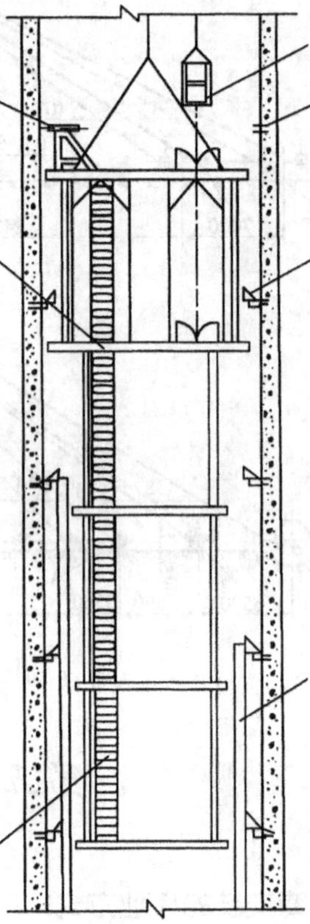

图 15-71 井筒一次安装作业方式

1-多层吊盘;2-钻锚杆孔;3-吊笼;4-安装锚杆;5-安装托架(和罐梁);6-罐道;7-梯子

3.掘、砌、安一次成井

这种安装方式是在井筒掘砌的同时,进行井筒装备的安装。它具有利用已安装的罐梁来固定施工管路,简化井内吊挂的优点。缺点是施工工序立体平行复杂,施工管理难度较大。

二、井筒设备安装的准备工作

井筒安装准备工作的时间和工作量决定于安装作业方式、井筒深度和断面大小、井内和地面掘砌设备的布置、罐梁、罐道的布置和数量等因素。井筒安装准备工作的内容包括井筒装备构件的加工、防腐处理、以及根据安装需要对井内及地面掘砌设施进行改装。

准备工作的内容主要有:

(1)预先加工井筒装备构件。

(2)井筒凿井设备布置时预先考虑到安装的需要。如天轮平台应预留增移天轮的位置;封口盘留有下放井筒装备构件的孔口;吊盘结构兼顾井筒安装等。

(3)井筒装备构件的加工和防腐处理。

(4)井内和地面掘砌设施的改装。如改装卸渣台妨碍装备构件的正常下放的部分；改装封口盘横梁影响吊桶、吊笼和测量垂线自由通过的部分；拆除安装工作不需的凿井设备。

(5)移改影响井筒装备安装的天轮平台及地面绞车布置。

(6)在封口盘或第一层罐梁上安设测量垂线绞车，下放测线。

1.罐梁安装

罐梁通常从井口自上而下在吊盘上安装，一般步骤是：

(1)确定安装罐梁所需的设备。如吊盘、吊桶、压风管路等。

(2)安装前，根据井筒罐梁平面布置及安装施工设备平面布置资料，在井筒内布置和挂设垂线。

(3)利用垂线摆正罐梁平面位置和方向，利用水平间距尺和罐梁间的间距尺确定罐梁的水平和垂直间距。

(4)开凿梁窝，按设计平面、水平间距和垂直间距安装罐梁。

(5)浇灌梁窝。

(6)梯子间和电缆支架与罐梁同时安装。

2.罐道安装

采用分次安装方式时，在罐梁安装结束后，拆除吊盘，然后从井底自下向上用二个(或一个)吊架(也称吊笼)安装罐道。

吊架在井筒内必须布置在井筒提升容器的位置，用提升机提升吊架，在吊架两侧需设稳绳。吊架也可用凿井绞车悬吊提升。在每个提升间内各安设一套运送罐道的提升钢绳，其位置与吊架相距约300～500mm。运送罐道的提升设备最好使用提升机，也可采用凿井绞车，但速度慢。

在四层吊架的最上层设置提升机升降信号及通讯设备，信号电缆可沿吊架提升钢绳敷设，也可临时绑扎在罐梁上。

安装罐道的吊架在安装钢轨罐道一般采用四层吊架。吊架横断面根据罐梁水平间距确定，一般为$1m^2$左右，每层可容纳2人。吊架最突出边缘距罐梁要有300mm以上的间隙。四层吊架的结构见图15-72。各层吊架的托板在进行安装时向上拆起，并用托板支架支撑住，吊架升降时，先把托板支架转动90°将托板放下，吊架就可顺利升降。

为提高安装速度，一般先安装中间并列的两行罐道，再分别安装两侧单列罐道。同一容器的两根罐道安装完成后，要用罐道间距尺检查罐道间距。全部罐道安装完成后，再进行一次全面检查，使之符合施工验收规范要求。

3.管路安装

安装完罐梁、罐道后，自井底由下向上利用永久罐笼或吊架安装管路。

安装管路时需准备运送管子的提升设备、承载安装人员的设备以及井上、下联系用的通讯设备。

应尽量使运送管子的提升钢丝绳设在管路位置的附近。管路可用提升机或凿井绞车运送。

管路在安装前要由下向上全面检查一次各管子梁的层间距离，然后按实际层间距确定法兰盘的位置，排列出各种管路的安装顺序。

管子用提升机经特制的带环螺栓和钢绳扣挂在钩头上运送下井。管子下放时在管子下端法兰盘上用螺栓连接一个导向罩，避免管子与管子梁碰撞。每次下送两节或多节管子时，除在第一节管子下端需装置导向罩外，在中间法兰盘上也应装中间导向罩(图15-73)。

管路安装后，应对排水管作排水试验，对压风管作压力试验。

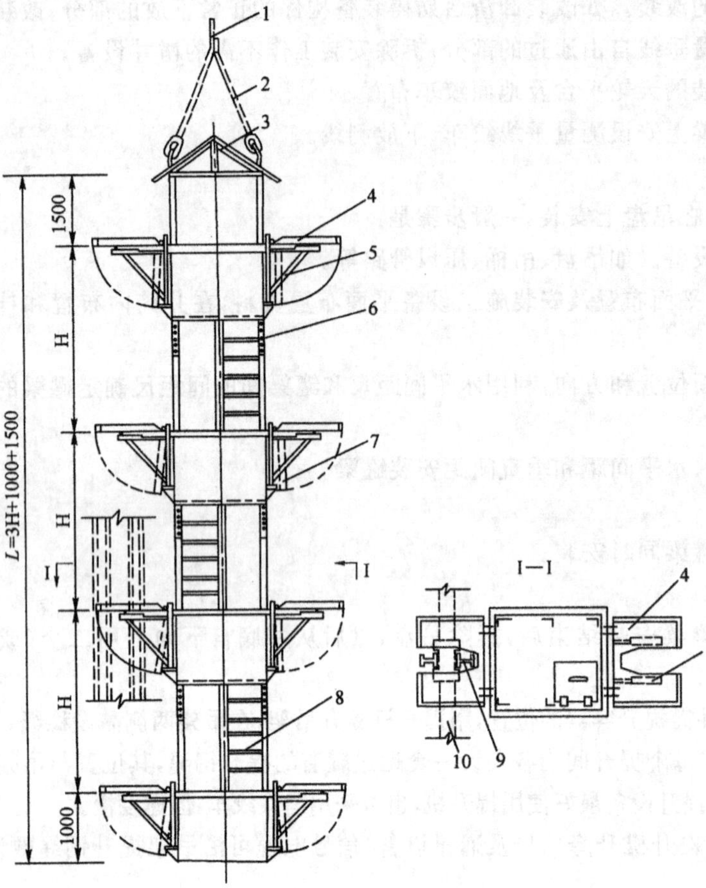

图 15-72　四层吊架结构图(尺寸单位:mm)

1-提升钢丝绳;2-连接钢丝绳;3-安全罩;4-托板(工作状态);5-托板支架;6-吊架接头;7-托板(吊架升降时的位置);8-梯子;9-钢轨罐道位置;10-罐梁位置

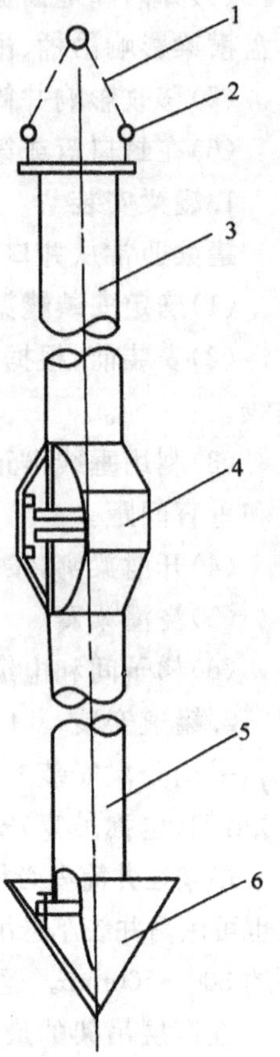

图 15-73　导向罩

1-绳扣;2-带环螺栓;3-第二节管子;4-中间导向罩;5-第一节管;6-端头导向罩

第十六章　竖井基岩施工

第一节　竖井施工工序及施工组织设计

竖井基岩施工多采用自上而下的独头开凿方法。施工方法目前绝大部分以钻孔爆破法为主，在某些行业也利用大型钻井机直接钻凿井筒。

一、井筒施工作业的工序内容

以单行作业方式为例，竖井施工常包括以下工序：

(1)交接班：竖井作业人员依次乘坐吊桶下入井内。当井筒较浅时，可由梯子上下人员，与前一班的人员在工作面交接。

(2)钻孔工作：下放凿岩机具和压风、供水管路，井筒中心定位，接好风、水管线，按岗位和钻孔位置开钻打孔。

(3)装药联线：利用压风扫孔，检查孔的实际深度，提钻，加固临时支护，提起供风、供水管路，除装药联线人员及信号工外，撤离其他工作人员，吊泵升起，切断井下一切电源。按安全规定用吊桶慢速分别运送炸药、雷管。按设计的爆破图表，分片分圈进行装药、联线，放炮员最后检查爆破网路，联好爆破母线后升井。

(4)放炮通风和安全检查：井内人员全部升井并离开井口棚后，打开井盖门。放炮员发出放炮信号后，用专用雷管激发装置激发雷管起爆。随即开启扇风机。向工作面强力送风排烟，然后专门人员先行下井检查爆破效果和排除工作面险情，并清扫吊盘、井圈和设备上的浮渣。

(5)排水：确认工作面安全后，下放吊泵排水。

(6)出渣：作业人员下井，修整工作面附近的临时支护，起动工作吊盘上的气动绞车，下放抓岩机，清理工作面碎渣。

(7)临时支护：当采用井圈背板式临时支护时，装渣至一节临时支护深度时，应及时下放井圈、背板，将岩帮支护起来。采用锚喷临时支护时，出渣与锚喷临时支护可交替进行。待工作面的渣石全部清完，即可转入下一循环的钻孔作业。

井筒掘进达到规定的井筒施工暴露高度后，改自上而下的掘进作业为自下而上的砌壁作业。砌壁多使用装配式金属模板，混凝土经混凝土输料管直接送至砌壁作业地点，砌壁时有井圈背板时，逐段拆除井圈背板，砌壁作业在工作吊盘上进行。当混凝土井壁与上段井壁接茬合龙后，井内施工再次转入下一段井筒的掘进作业，依次往复，直到达到井筒最终设计深度。

二、竖井施工组织设计的内容

竖井凿井工程是相对独立的结构较复杂、工程量较大、工期较长、需要采取特殊方法、新工艺新技术施工的工程。施工前必须经过周密部署、认真思考后选择合理的施工方案，采纳先进技术，编出一套较合理完整的施工组织设计方案。竖井单位工程施工组织设计是隧道工程施工组织设计的一个组成部分。它的编制步骤如下：

1.掌握编制施工组织设计的依据

(1)批准的设计文件,包括隧道初步设计、总概算、设备目录等。

(2)国家颁发的有关建设工程的技术政策、技术方向和企业管理方面的规章制度。如现行的安全规程、各种建筑工程施工及验收规范、质量标准、环保规定、各种技术经济指标及定额指标、操作规程、基本建设管理办法以及有关劳保文件等。

(3)施工图,包括竖井井筒施工图、地面工业广场总平面布置图、井底车场平面图等。

(4)竖井检查钻孔地质柱状图,有关工程地质资料及井筒水文资料等。

(5)隧道施工组织设计。

(6)主要凿井设备、材料目录和供货期限。

(7)施工单位现有资源情况,如可利用的设备、器材等。

(8)施工力量及技术水平(包括机械化程度)。

(9)购地、供电、供水、交通运输、物资供应等有关协议。

2.编写施工组织设计说明书的内容

(1)竖井工程概况。包括隧道位置、长度。竖井位置的工业广场地形、气候、工程内容、井口标高、井筒深度、井底标高等;竖井技术特征及工程量、井内永久装备布置、井筒净直径及断面、井壁结构类型及井壁厚度、涌水量。施工工期、施工速度及有关技术经济指标等。

(2)地质概况。包括井筒穿过地层的岩层岩性、层厚、构造特征,水文地质情况、地温、地压等。

(3)施工准备工作。包括场地平整,供水、供电系统,绞车、稳车、压风机位置及安装,井架组立,“三盘两台”安装,宿舍、食堂、锅炉房、办公室、车间等临时建筑,地面排水,地面排渣系统,炸药、雷管储存供应情况,照明、通风、通讯信号、测量、供料等辅助措施。

(4)施工方案。包括施工方案的选择,施工方法的确定。采用的新技术、新工艺、新材料、新设备和新经验的具体计划及科研项目的实施方法。

竖井施工技术措施包括：

①钻孔爆破设备、器材、爆破图表和说明书；

②机械化设备的选型；

③支护方式及说明书(包括支护方式及施工装备)；

④井内辅助作业方式,包括通风、排水、压风和供水等方式。

(5)灾害预防措施。包括井筒防治水、防瓦斯、地温、地压等,地面抗灾防洪,突发性停电措施。

(6)与井筒相连接的硐室施工。包括马头门及其他用途的硐室或巷口。施工方法有与井筒同时施工和井筒到底后单独施工两种。

(7)质量保证措施和安全措施。包括工程质量标准、质量保证体系和工程质量保证措施,安全保证措施,综合防尘措施。

(8)工期安排和保证措施。包括工程施工进度安排、提高工效和劳动生产率的措施。

(9)施工组织管理。包括现场指挥机构构成、劳动组织形式、作业方式、职责分配、劳动力配备。

(10)环保及文明施工措施。包括噪声控制、淋水控制、设备井口附近的整齐与清洁措施。

除说明书中的插图和插表外,主要附表有:井筒工程的工程量及逐月投资量计划表;施工设备及工器具计划一览表;施工材料预计及进场计划表;施工劳动力需用量计划表;质量检验仪器设备表;井筒工程技术经济指标。

主要插图有:井筒纵向施工工艺布置图;井内凿井设备布置平面图;天轮平台布置图;地面提升机及凿井绞车布置平面图和立面图;临时工业广场总平面布置图;卸渣平台、封口盘、固定盘、吊盘等布置图;凿井准备期、施工期、安装期工程施工进度图;井筒工程施工综合进度图。

需要时绘制施工组织设计附图。如凿井结构物非标准件加工图,包括工作吊盘、砌壁模板、固定盘、封口盘、卸渣台、井架天轮平台的加工图等。

竖井井筒施工总貌见图 16-1。

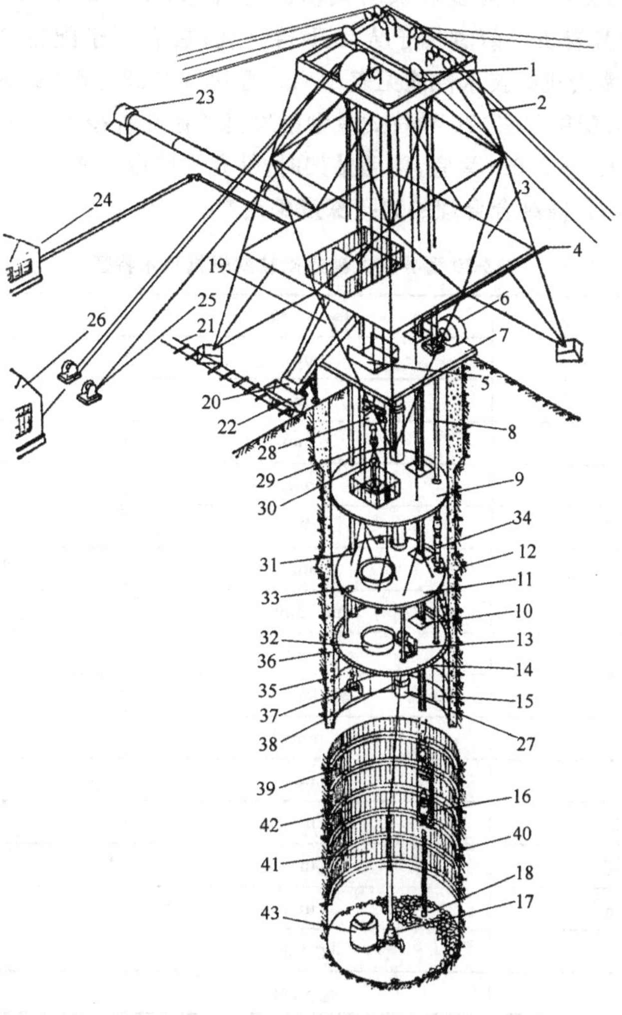

图 16-1 竖井井筒施工示意图

1-天轮;2-凿井井架;3-卸渣台;4-排水管;5-井盖门;6-混凝土搅拌机;7-封口盘;8-混凝土输送管;9-固定盘;10-吊泵通过口;11-吊盘上层盘;12-壁座;13-气动绞车;14-吊盘下层盘;15-金属模板;16-吊泵;17-抓岩机;18-吸水笼头;19-卸渣溜槽;20-溜槽闸门;21-轻便轨道;22-矿车;23-扇风机;24-压风机房;25-凿井绞车;26-提升机房;27-风管;28-滑架与保护伞;29-稳绳;30-提升钩头;31-吊盘裤叉绳;32-喇叭口;33-吊盘定位丝杠 34-输送混凝土的活节管;35-压风管;36-吊盘折页;37-分风器;38-风管卡子;39-挂钩;40-井圈;41-背板;42-撑柱;43-吊桶

第二节 钻孔爆破工作

在竖井基岩掘进中，钻孔爆破工作是一项主要工序，约占整个掘进循环时间的 20%～30%。钻孔爆破的效果直接影响其他工序及井筒施工速度、工程成本，必须予以足够的重视。

一、钻孔工作

(一)钻孔机具

竖井掘进的钻孔工作，目前多数采用风动凿岩机，如 YT-23 、YT-24 轻型凿岩机以及 YGZ-70 导轨式重型凿岩机。前者用于人工手持钻孔，后者用于配备伞形钻架钻孔。其中 YGZ-70 导轨式重型凿岩机的技术性能见表 16-1。配用 YT-23 、YT-24 轻型凿岩机的炮孔直径通常为 38～42mm，配用 YGZ-70 导轨式重型凿岩机的钻孔直径为 42～55mm。钻孔深度当使用人工钻孔时，取 1.5～2.0m 为宜，使用钻架时，钻孔深度取 3.0～4.0m 为宜。但计算出来的钻孔深度仅供参考，还需结合合理的炮孔深度确定。

YGZ-70 型导轨式独立回转凿岩机技术特征 表 16-1

项　目	单　位	指　标
活塞直径	mm	110
活塞冲程	mm	50
冲击频率	1/min	3000
钎子转速	r/min	0～350
回转风马达功率	kW	1.4
外形尺寸(长×宽×高)	mm	778×230×280
总耗风量	m^3/min	7.0
排粉方式	—	湿、干式
质量	kg	65
钎尾规格	mm	25×159
凿孔深度	m	5～8
风管规格：冲击	in	1.25
回转	in	0.75
排粉	in	0.5
冲击功	kg·m	10
扭力矩	kg·cm	800

1. 多台凿岩机钻孔

人工钻孔方式是在井筒有效掘进断面上，尽可能多地布置同时作业的凿岩机，缩短总的钻孔时间，配合使用有效的湿式钻孔方式，使得多台凿岩机同时操作时，粉尘含量维持在国家规定的卫生标准内。作业面上凿岩机的密度随组织管理水平及操作技能的提高而变化。每台凿岩机所占面积 2～3 m^2/台。现还有部分竖井采用手持或气腿中、轻型凿岩机钻凿炮孔。对每次掘进钻孔深＜2.5m 井筒，多机同时作业仍具有一定的应用。

2.凿岩钻架

目前采用的凿岩钻架有环形和伞形两种。

(1)环形吊架

FJH 型环形凿岩吊架(图 16-2)由环形滑道、外伸滑道、环形分风分水管、悬吊装置、撑紧装置、集中注油器和滑道小车等部件组成。

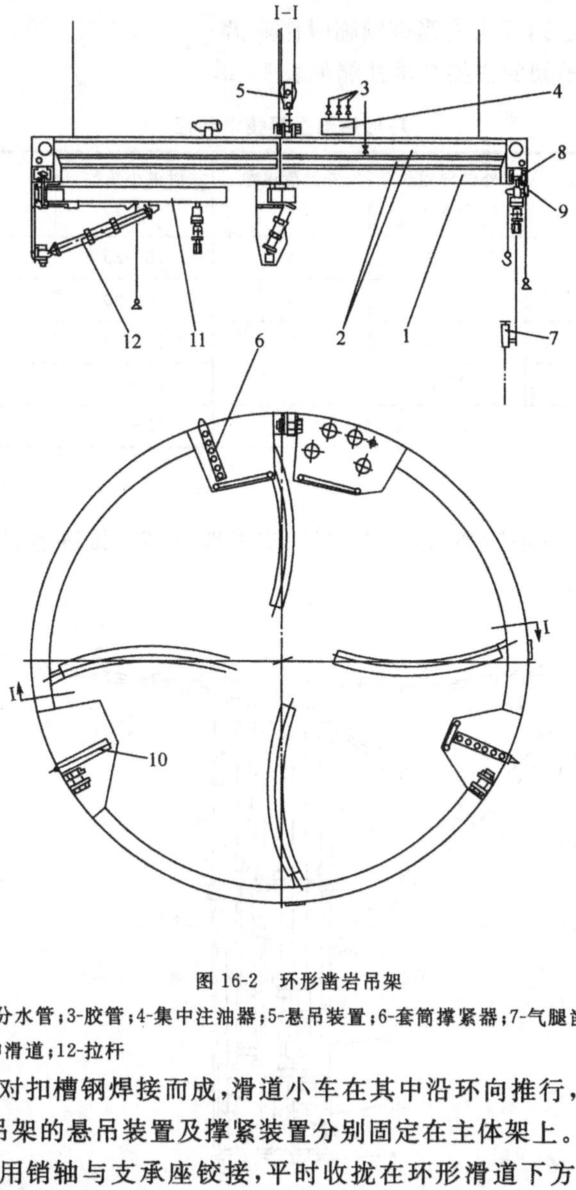

图 16-2 环形凿岩吊架

1-环形滑道;2-环形分风分水管;3-胶管;4-集中注油器;5-悬吊装置;6-套筒撑紧器;7-气腿凿岩机;8-滑道小车;9-定位销;10-撑紧气缸;11-外伸滑道;12-拉杆

环形滑道为两段对扣槽钢焊接而成,滑道小车在其中沿环向推行,外接环形分风分水管。外伸滑道的支撑座、吊架的悬吊装置及撑紧装置分别固定在主体架上。

外伸滑道的一端用销轴与支承座铰接,平时收拢在环形滑道下方,钻孔时根据孔位的要求,可向井筒中心自由摆伸,并借助定位销和支座下的曲口板,使其固定在所需的位置上。外伸滑道均匀布置在环形吊架的四周。

滑道小车分别布置在环形滑道和外伸滑道上(每个外伸滑道布置一台),便于多台凿岩机同时作业。钻孔时,使用 YT-24 凿岩机,借助气腿推进和拔钎。气腿倒悬于小车中心立柱上,由万向球头连接,可钻凿不同角度的炮孔。钻孔完毕用链条将凿岩机挂在滑车上。

为供给多台凿岩机钻孔，环架上设有由无缝钢管制成的环形分风分水管路。环形分风管成两路分别经集中注油器与吊盘上的三根供风胶管联通。供湿式钻孔用水的环形分水管则直接与吊盘上的供水胶管接通。

整个吊架由3根钢丝绳经主体架上三个的滑轮分别悬挂在吊盘上的气动绞车上，也可直接用地面凿井绞车悬挂吊架。钻孔时，根据气腿行程，将吊架放送至距工作面3～4m处，放炮前应将吊架升至距工作面25～30m的安全高度。

环形吊架铺设木板后，还可充当砌壁临时作业盘。

几种FJH型环形吊架的主要技术性能见表16-2。

环形钻架主要技术特征 表16-2

型　号	钻架直径(mm)	外伸滑道长(mm)	外伸滑道数(个)	滑道小车数(个)	质量(kg)	适用井筒直径(m)
FJH5	4700	1750	4	12～20	3100	5.0
FJH5.5	5200	2000	4	12～20	3400	5.5
FJH6	5700	2250	5	12～20	3900	6.0
FJH6.5	6200	2250	6	16～25	4600	6.5
FJH7	6700	2250	6	16～25	4900	7.0

(2)伞形钻架

伞形钻架FJD-6型伞型钻架，由中央立柱、支撑臂、动臂、推进器、操纵阀、液压系统及风动系统组成，见图16-3。

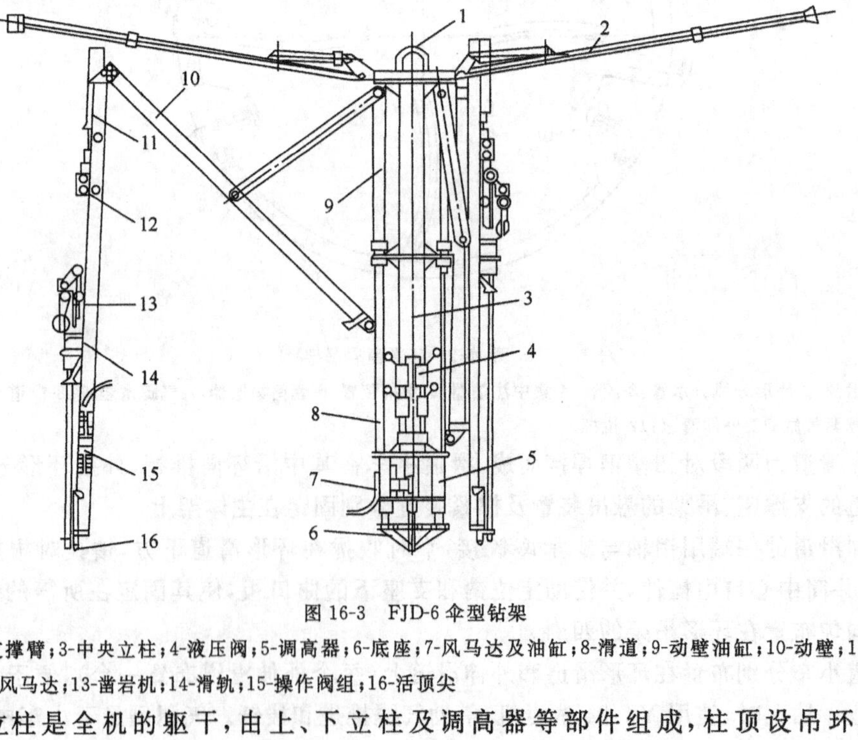

图16-3　FJD-6伞型钻架

1-吊环；2-支撑臂；3-中央立柱；4-液压阀；5-调高器；6-底座；7-风马达及油缸；8-滑道；9-动壁油缸；10-动壁；11-升降油缸；12-推进风马达；13-凿岩机；14-滑轨；15-操作阀组；16-活顶尖

中央立柱是全机的躯干，由上、下立柱及调高器等部件组成，柱顶设吊环，底部安支座。

伞钻有三个支撑臂，均布置于立柱周围。工作时，升降油缸把支撑油缸由收拢状态（垂直向下）撑起，呈水平向上仰起 10°，尔后支撑油缸将撑脚顶推到井帮，并撑紧，使中央立柱固定在井筒中心。

六组动臂均布置于中央立柱四周，它由油缸、滑道、摇臂和拉杆等部件组成。油缸推动滑块沿滑道上下行走，带动摇臂撑起或收拢。

伞形钻架钻孔深度一般为 3～4m。伞形钻架有 FJD-6 和 FJD-9 型，其主要技术特征见表 16-3。钻孔前用提升钩头将它从地面送到掘进工作面，然后利用支撑臂、调高器和底座固定在工作面上。钻孔工作实行分区作业，全部炮孔钻孔结束后收拢伞形钻，再利用提升钩头提到地面并转挂到井架卸渣平台下指定位置存放。用伞形钻架钻孔具有机械化程度高、劳动强度低、钻孔速度快和工作安全等优点。缺点是噪声较高，井口转挂、移位费时，钻孔辅助时间较长。

伞形钻架技术特征 表 16-3

名　称	单　位	FJD-6	FJD-9
支撑臂数量	个	3	3
动臂数量	个	6	9
钻眼范围	m	ϕ1.34～ϕ6.8	ϕ1.54～ϕ8.60
推进行程	m	3.0	4.0
配用凿岩机型号及数量	台	YGZ-70×6	YGZ-70×9
使用风压	MPa	0.5～0.6	0.5～0.7
使用水压	MPa	0.4～0.6	0.3～0.5
总耗风量	m^3/min	50	100
适用井筒直径	m	5～6	5～8
收拢后外形尺寸	m	高 4.5，直径 1.5	高 5.0，直径 1.6
总质量	t	5.0	8.5

（3）供风、供水系统

开凿竖井时，应使工作面有足够的压风和水。通常井内设直径 150mm 的无缝钢管作压风管。钢管末端经三通联接直径 50～100mm、长 40～50m 的高压胶皮软管，自吊盘将压风引至各压风作业点上。根据同时使用压风机械的数量，可在高压胶皮软管的末端联接分风器（图 16-4a），它由直径 150mm 的无缝钢管制成，其上引出 4～6 个风嘴，高压胶皮软管用细钢丝绳吊挂，由地面或吊盘上的专用小绞车提放。放炮前须提至安全高度或吊盘上，以免崩坏。高压胶皮软管可分两路、从井筒两侧将压风引至工作面，分别担任半个工作面的供风。这样可缩短联接凿岩机的压风管长度和防止压风软管干扰。

压风管路侧旁并列布置一条直径 50mm 的钢管，用于井内湿式钻孔。钢管末端经三通联接直径 25mm 的高压软管 2～3 根，自吊盘引到工作面，经分水器（图 16-4b）由直径 12mm 的橡胶软管接到各凿岩机上。

（二）钻孔工作

为了达到快速钻孔的目的，必须严格组织管理，提高操作技能，切实执行爆破图表的规定，其要点如下：

（1）作好钻孔准备工作，清理工作面底部浮渣；找正井筒中心，按图表规定量出圈距和孔距，并用黄泥标定眼位。

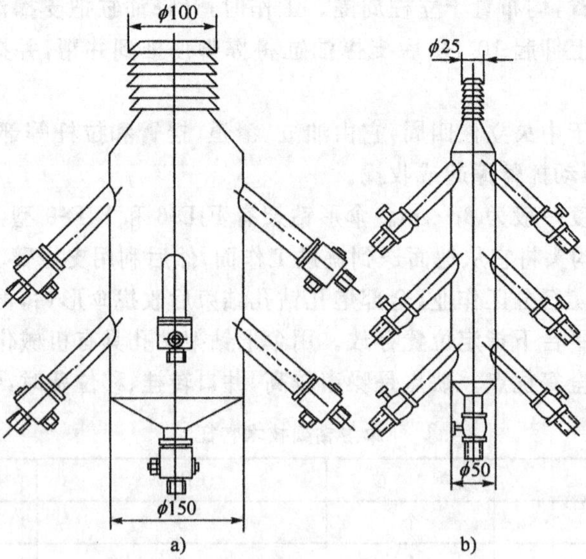

图 16-4　分风器与分水器(尺寸单位:mm)
a)分风器;b)分水器

(2)实行分区、分组、定人、定机、定位、分片包干的劳动组织,掏槽眼和周边眼应分配技术较熟练的工人完成。

(3)各分组内的钻孔顺序,可各圈同时进行,也可自井帮向井心推拢,根据工作面同时作业凿岩机台数而定,互不干扰。

(4)严格按标记孔位开孔,始终保持钎子符合设计的炮孔方向;严格控制钻孔深度,使孔底落在规定的平面内,以保证爆破后工作面平整;钻孔时,应根据岩石软硬施力,避免凿岩机跳动,遇较软岩时,尚需稍稍托住凿岩机,以免钎头推进过快,且应经常吹洗钻孔,防止夹钎;尽量避免沿岩石层理面或裂缝钻孔。

(5)注意操作安全,防止吊桶撞人、断钎和风管脱扣打人等事故。

二、爆破工作

爆破工作包括爆破器材的选择、确定爆破参数和编制爆破图表。

(一)爆破器材的选择

因在竖井施工中的工作面常有积水,要求采用抗水炸药。爆破器材的选择可参考表 16-4。

竖井掘进爆破器材的选择　表 16-4

爆破器材名称	品种或规格
炸药	硝化甘油炸药(高寒地区选用难冻硝化甘油炸药) 抗水岩石铵梯炸药 普通岩石铵梯炸药 乳化炸药 水胶炸药
雷管	国产 8 号秒延期或毫秒延期电雷管 秒延期、半秒延期或毫秒延期非电雷管

爆破器材名称	品种或规格
起爆源	电雷管用 220V 或 380V 交流电源 非电雷管用 220V 交流电源或用起爆器起爆电雷管、电雷管引爆导爆管
爆破电缆	放炮母线。10～18 号铁丝 吊盘以下的爆破干线。断面 4～6mm^2 的电缆 爆破电缆。断面 10～16mm^2

(二)爆破参数的确定

1. 炮孔深度确定

炮孔深度是根据岩石性质、钻孔爆破器材的性能以及合理的循环工作组织决定的。合理的炮孔深度，应能保证取得良好的爆破效果和提高竖井掘进速度。

(1)按计划的月掘进速度确定

$$l = \frac{L}{Nnm\eta} \tag{16-1}$$

式中：l——炮孔平均深度(m)；

L——计划月掘进速度(m)；

N——月掘进天数。锚喷永久支护单行作业取 25～27d，浇灌混凝土永久支护单行作业取 18～20d；

n——每日完成的循环数；

m——正规循环率，可取 0.85～0.9；

η——爆破效率，取 0.8～0.85。

上式计算得到的炮孔深度只能作为参考，还需结合合理的炮孔深度加以确定。

(2)按金属模板高度确定

最好使循环爆破进尺等于金属活动模板的高度，否则为其 1/2 或 1/3。

2. 炮孔数目

炮孔数目的确定可按经验类比法和估计法确定。

炮孔数目与岩石性质、井筒断面大小和炸药性能等因素有关。合理的炮孔数目和炸药消耗量，应该是在保证最优爆破效果下爆破器材消耗量最少。确定炸药消耗量的方法，可以采用工程类比法或参考《煤炭建设井巷工程基础定额》选取，见表 16-5。表中所用炸药为水胶炸药。

竖井掘进炸药和雷管消耗量定额(每立方米消耗量)　　表 16-5

井筒净直径(m)	浅孔爆破								中深孔爆破			
	$f<3$		$f<6$		$f<10$		$f>10$		$f<6$		$f<10$	
	炸药(kg)	雷管(个)	炸药(kg)	雷管(个)	炸药(kg)	雷管(个)	炸药(kg)	雷管(个)	炸药(kg)	雷管(个)	炸药(kg)	雷管(个)
4.0	0.81	2.06	1.32	2.33	2.05	2.97	2.68	3.62				
4.5	0.77	1.91	1.24	2.21	1.90	2.77	2.59	3.45				
5.0	0.73	1.87	1.21	2.17	1.84	2.69	2.53	3.36	2.10	1.09	2.83	1.24

续上表

井筒净直径(m)	浅孔爆破								中深孔爆破			
	$f<3$		$f<6$		$f<10$		$f>10$		$f<6$		$f<10$	
	炸药(kg)	雷管(个)	炸药(kg)	雷管(个)	炸药(kg)	雷管(个)	炸药(kg)	雷管(个)	炸药(kg)	雷管(个)	炸药(kg)	雷管(个)
5.5	0.70	1.68	1.14	2.06	1.79	2.60	2.43	3.17	2.05	1.07	2.74	1.20
6.0	0.67	1.62	1.12	2.05	1.75	2.53	2.37	3.08	2.01	1.01	2.64	1.14
6.5	0.65	1.55	1.08	1.96	1.68	2.44	2.28	2.93	1.94	0.97	2.55	1.10
7.0	0.64	1.53	1.06	1.91	1.62	2.34	2.17	2.78	1.89	0.93	2.53	1.09
7.5	0.63	1.49	1.04	1.88	1.57	2.27	2.09	2.66	1.85	0.90	2.47	1.06
8.0	0.61	1.43	1.00	1.84	1.56	2.23	2.06	2.60	1.78	0.86	2.40	1.02

(1)经验类比法

根据岩层性质、井筒断面大小、炸药威力和药包直径分别计算辅助和周边孔数目。一般辅助孔的抵抗线0.7～0.9m、孔距0.8～1.0m,装药系数0.5～0.7;周边孔的抵抗线(光面层厚度)0.5～0.75m、孔距0.4～0.6m、距井帮设计位置约为0.1～0.2m。掏槽孔的数目由掏槽方式确定,掏槽眼一般孔间距约为0.6～0.8m,装药系数取0.6～0.8。崩落眼的眼间距一般为0.8～1.0 m,装药系数取0.5～0.7。

(2)估计法

采用光面爆破时,炮孔数目按式(16-2)计算:

$$N=\frac{S_1 q}{r}+\frac{\pi(D-2a)}{b} \tag{16-2}$$

式中:S_1——掏槽孔和辅助孔负担的井筒面积(m^2);

r——每m炮孔的装药量(kg);

q——单位体积岩石炸药消耗量(kg/m^3);

D——井筒掘进直径(m);

a——周边孔到井壁距离,取$a=0.2$m;

b——周边孔间距(m)。

(3)按装药量计算法:

$$N=\frac{qSM\eta}{Gc} \tag{16-3}$$

式中:M——单个药包长度(m);

c——炮孔平均装药系数,一般取0.5～0.7;

G——单个药包质量(kg);

η——炮孔利用率;

S——井筒掘进断面面积(m^2)。

(4)炮孔排列布置

炮孔排列布置的关键是掏槽孔布置。掏槽孔布置形式有锥形斜孔掏槽和直孔掏槽两种类型,见图16-5。圆形竖井的炮孔均按同心圆布置,布置参数可参考下列数据进行。炮孔比较深时,为了钻孔方便和防止崩坏井内设备多采用直眼掏槽。其他炮孔的排列围绕掏槽孔经验数据进行。

(5)爆破网路

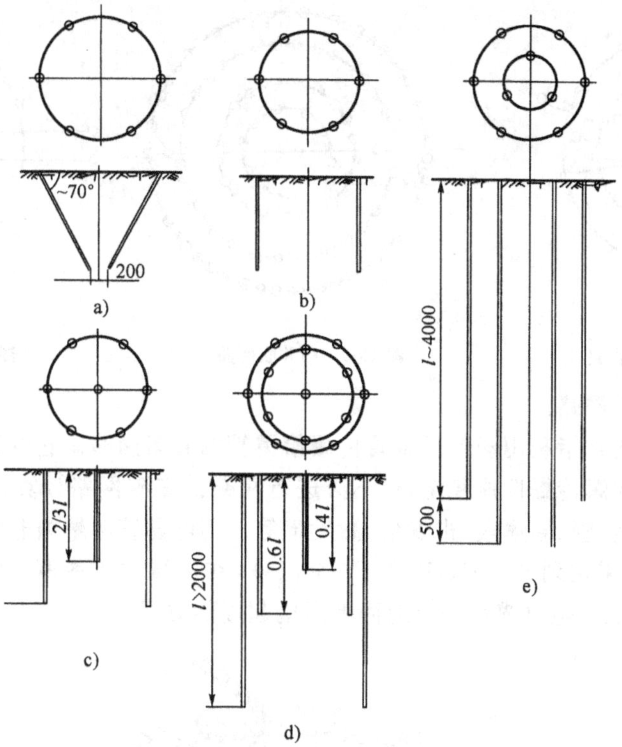

图 16-5 竖井掏槽方式(尺寸单位:mm)

a)锥形掏槽;b)直眼掏槽;c)带中心孔的直眼掏槽;d)复式直眼掏槽;e)超深空眼直眼掏槽

①电雷管的爆破网路见表 16-6。

爆破网路的选择 表 16-6

类型	并联网路			串并联网路	串联网路
	闭合反向	闭合正向	反向		
技术特征	由于闭合反向并联网路电流分布最均匀,起爆可靠,竖井爆破多采用	闭合正向并联网路电流分布较均匀,竖井爆破常采用	反向并联网路电流均匀分布较差,但布线简单,竖井爆破也有采用	串并联网路现场采用较少。采用时应注意选择合理的分组数,使串联组的线路电阻尽量相近	串联网路在竖井中使用较少。主要是由于竖井炮孔数目多,易发生拒爆事故
图示	图 16-6	图 16-7	图 16-8	图 16-9	图 16-10

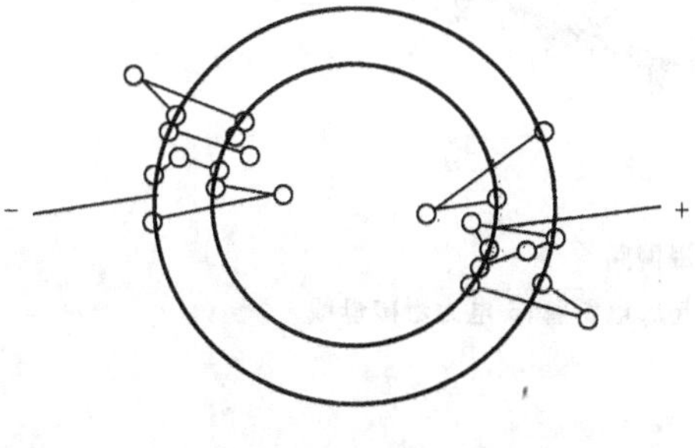

图 16-6 闭合反向并联网路

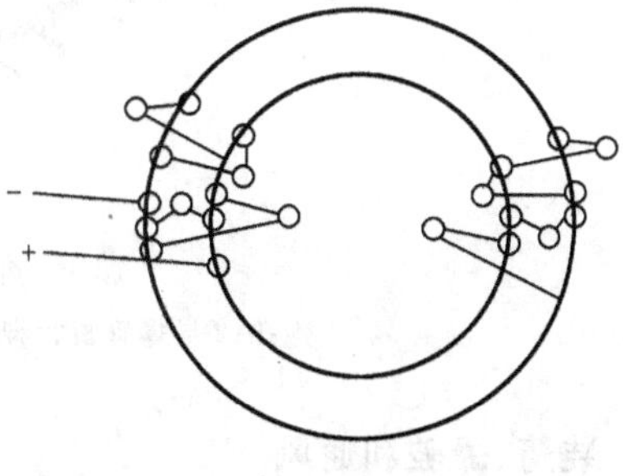

图 16-7 闭合正向并联网路

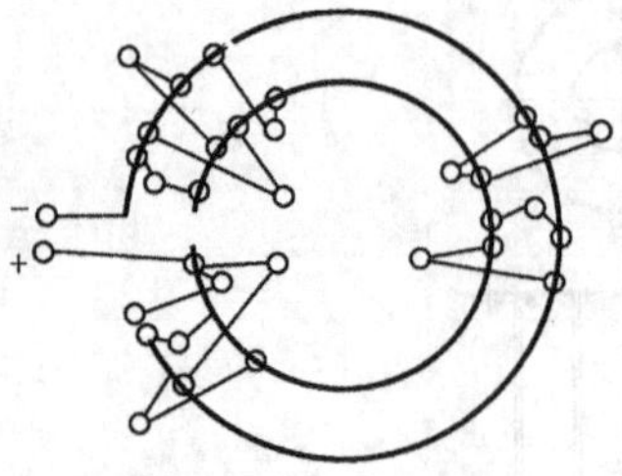

图 16-8　反向并联网路

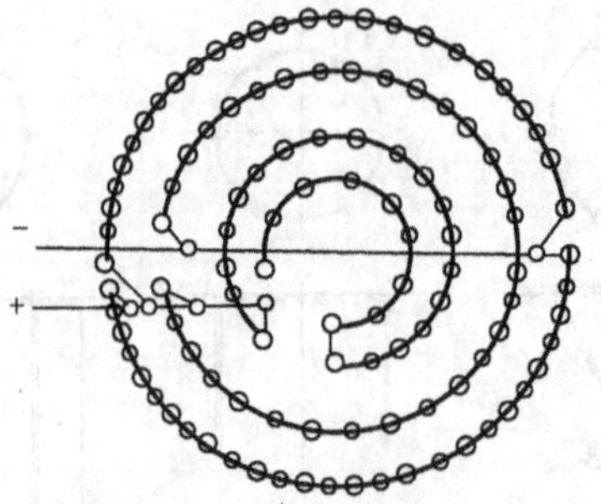

图 16-9　串并联网路

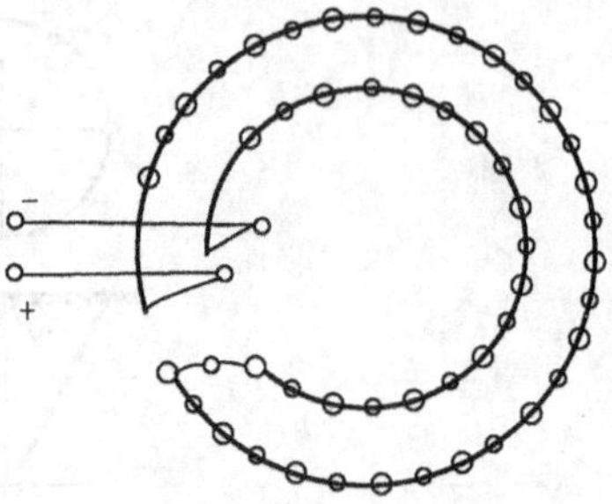

图 16-10　串联网路

②非电雷管爆破网路。

非电起爆网路通常指利用塑料导爆管传爆给雷管的起爆网路。它的特点是抗电、抗火、抗水、抗冲击性能好，起爆传爆性能稳定，也不必进行复杂的爆破网路计算。但导爆需用专用的击发元件起爆，如电雷管、导爆索、击发枪、激发笔等。用电雷管起爆由非电雷管组成的爆破网路见图 16-11。图中采用划分 I、II、III 和 IV 个区域，在区域内为簇联，簇联后通过联接块并联，再经 8＃电雷管经放炮电缆在井口地面上通电起爆的方式。

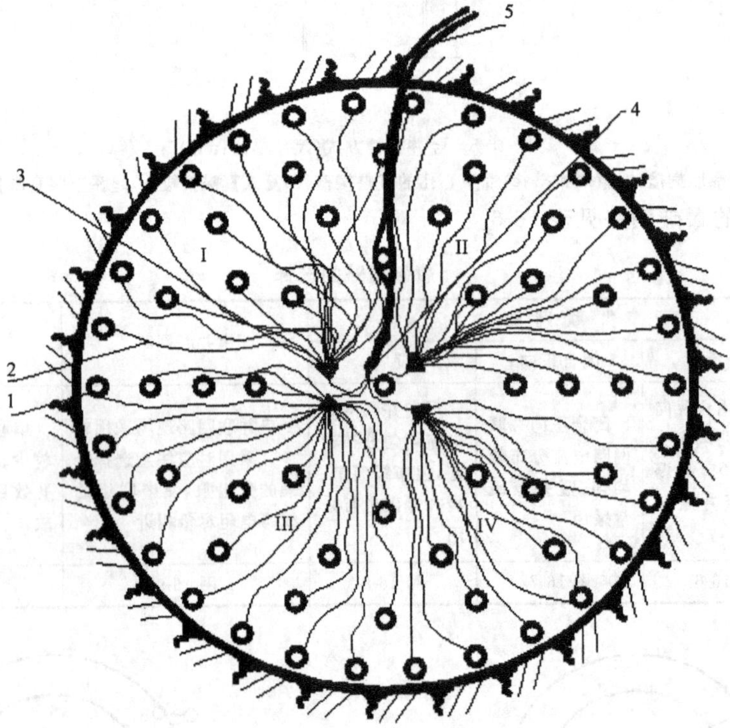

图 16-11　非电导爆网路

1-炮孔；2-导爆管雷管脚线；3-联接块；4-起爆电雷管；5-电力爆破母线

3.装药、爆破和通风

竖井掘进爆破使用防水药包或胶质炸药。装药时，禁止在两个吊盘上进行其他作业。装药结构可采用正向装药，炮孔用炮泥堵塞。装药结构见图16-12。

起爆时，禁止使用火雷管、导火索起爆。起爆雷管严格防水，起爆前严格检查，避免出现瞎炮。

竖井通风时一般采用压入式和压入、吸出混合式管道通风。通常根据井下工作人数、一次炸药用量、使用机具、最小风速和排烟时间等因素综合考虑所需风量。风机设于井口，以风管将风送入井筒内。

4. 爆破图表

爆破设计工作要形成爆破图表，分别绘出炮孔布置图、爆破参数表和爆破效果表。某竖井施工的爆破图表分别见图16-13、表16-7和表16-8。

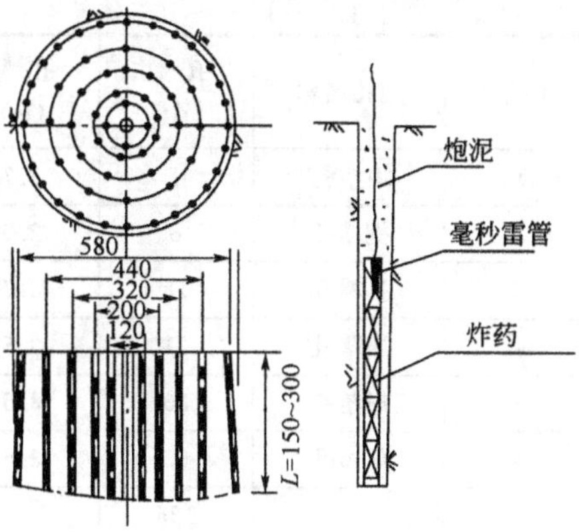

图16-12　炮眼装药结构（尺寸单位：cm）

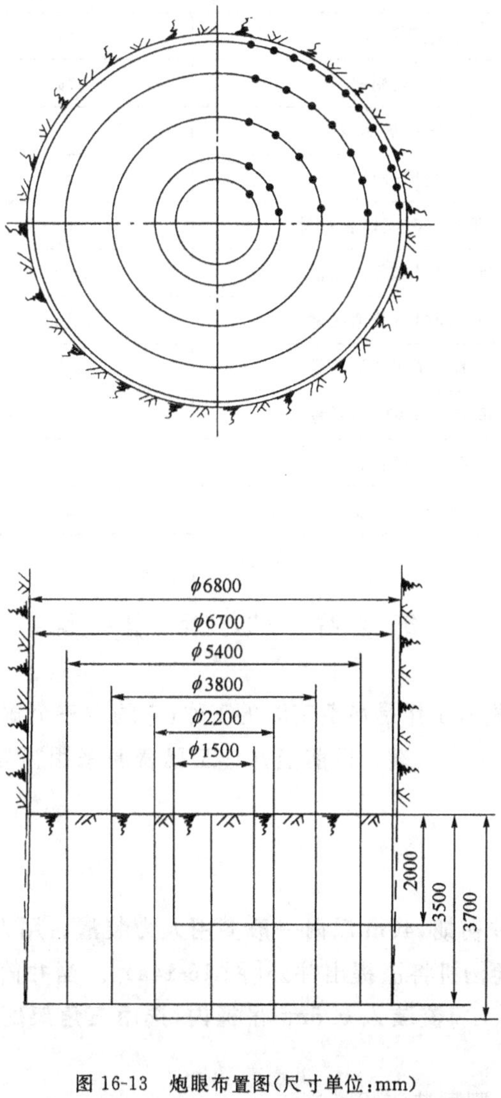

图16-13　炮眼布置图（尺寸单位：mm）

爆 破 参 数 表 　　表 16-7

序号	炮孔名称	孔 数（个）	孔 深（m）	圈 径（m）	孔 距（m）	装药量（kg/孔）	起爆顺序	联线方式
1	中空孔	1	3.7					串并联
2	掏槽孔	8	2.0	1.5	589	1.2	I	
3	掏槽孔	13	3.7	2.2	532	1.6	II	
4	崩落孔	21	3.5	3.8	568	2.4	III	
5	崩落孔	30	3.5	5.4	565	2.4	IV	
6	周边孔	52	3.5	6.7	405	1.2	V	
合计		125						

预期爆破效果表 　　表 16-8

序　号	指　　标	单　位	数　量
1	炮孔深度	m	3.5
2	炮孔利用率	%	91.4
3	井筒掘进面积	m^2	36.32
4	循环进尺	m	3.2
5	每循环爆破实体岩石量	m^3	116.2
6	单位原岩炸药消耗量	kg/m^3	1.85
7	单位原岩雷管消耗量	个/ m^3	1.08
8	每米井筒炸药消耗量	kg/m	67.2
9	每米井筒雷管消耗量	个/ m	39.2
10	单位原岩炮孔长度	m/ m^3	3.69
11	炮孔总长度	m	428.3

第三节　竖 井 装 渣

在竖井施工中,装渣提升工作是最费工时的工作,它约占整个掘进工作循环时间的 50%～60%,是决定竖井施工速度的关键。目前竖井施工已普遍采用抓岩机装渣,实现了装渣机械化。

一、浅井装渣方式

简易浅井或深井建井初期,40m 以内一般多用人力装渣。用人工将渣装入 0.27m^3 吊桶内,采用摇头扒杆配 2t 卷扬机将渣提出井外[图 16-14a)]。当井筒深度超过 10m 以上时,则需加设临时井盖,仍用人工将渣装入 0.5m^3 吊桶内,选用三角架配 5t 绞车将渣提出井外[图 16-14b)]。

当井深超过 40m 时,则用装渣机械装渣。

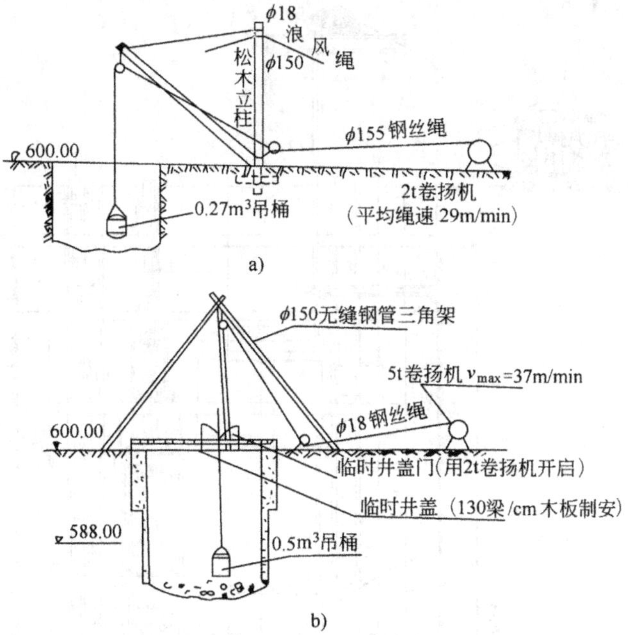

图 16-14　竖井人工装渣示意图

二、装渣机械的种类和特点

1. NZQ_2-0.11 型抓岩机（图 16-15）

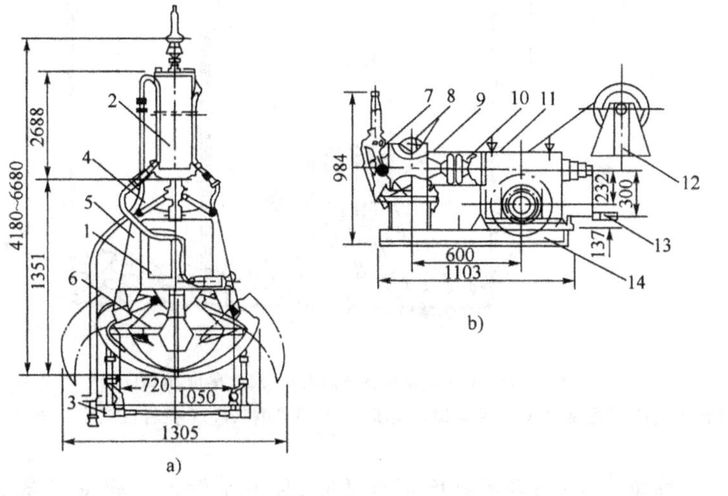

图 16-15　NZQ_2-0.11 型抓岩机（尺寸单位：mm）

a）抓岩机抓斗；b）绞车

1-抓取气缸；2-超重气缸；3-操纵架；4-悬吊装置；5-机体；6-铲片；7-操纵装置；8-气动机；9-弹性联轴器外罩；10-弹性圆柱器外销联轴器；11-带卷筒的蜗轮减速器；12-导向轮；13-手柄；14-底座

这种抓岩机采用人力推拉，抓斗容积小，仅有 0.11m^3，生产率低、劳动强度大。目前在直径较小、深度较浅的井筒中使用，或配合大抓岩机进行清底。

2. 长绳悬吊抓岩机（HS 型）（图 16-16）

长绳悬吊式抓岩机的抓斗容积为 0.6m^3，用增加抓斗悬吊高度的方法，使大抓斗摆动灵活省力，从而提高装岩效率。其优点是设备简单、易于挂装、动力单一、操作简单、适应性强。缺

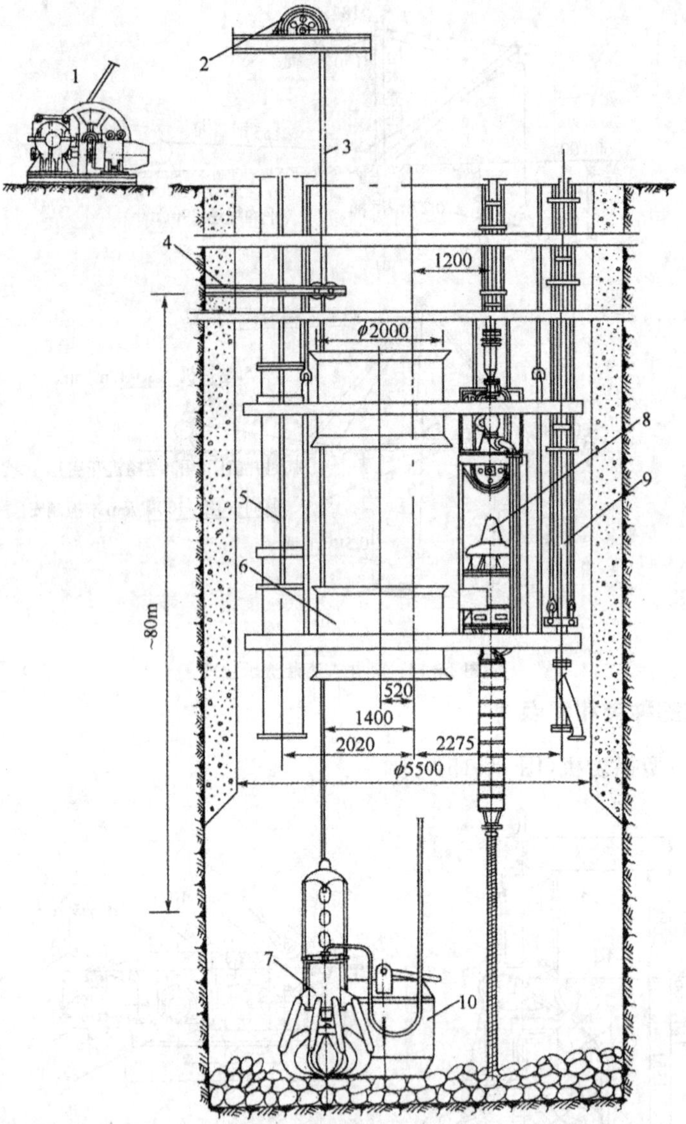

图 16-16　HS 型长绳悬吊抓岩机(尺寸单位:mm)

1-提升绞车;2-悬吊天轮;3-悬吊钢丝绳;4-导向架;5-通风管;6-吊盘喇叭口;7-抓岩机抓斗;8-吊泵;9-混凝土输送管;10-吊桶

点是仍然需要人工推拉抓斗;当悬吊高度不合适时,易发生钢丝绳碰撞设备的事故;当井内布置两台抓斗时,要互相干扰,如绞车安放在吊盘上。占用面积大,影响其他悬吊设备的布置;如专门搭设固定梁安放绞车,则费时费工且不便于检修;绞车与掘进工作面之间虽有信号联络,但难于协同。HS 型抓岩机的悬吊位置应靠近吊桶位置及井筒中心,悬吊高度以 80～100m 为宜,超过 100m 时可在井壁上安设导向架。

3. 环行轨道式抓岩机(HH 型)(图 16-17)

环形轨道式抓岩机有三种型号,其中 2HH-6 型是在 HH-6 型的基础上增加了一套悬臂及一台抓斗,为双悬臂双抓斗。HH-6A 则是第二次定型的产品。

抓斗的升降由提升绞车控制。当风动马达驱使环形小车沿着环形轨道运动时,将带动横

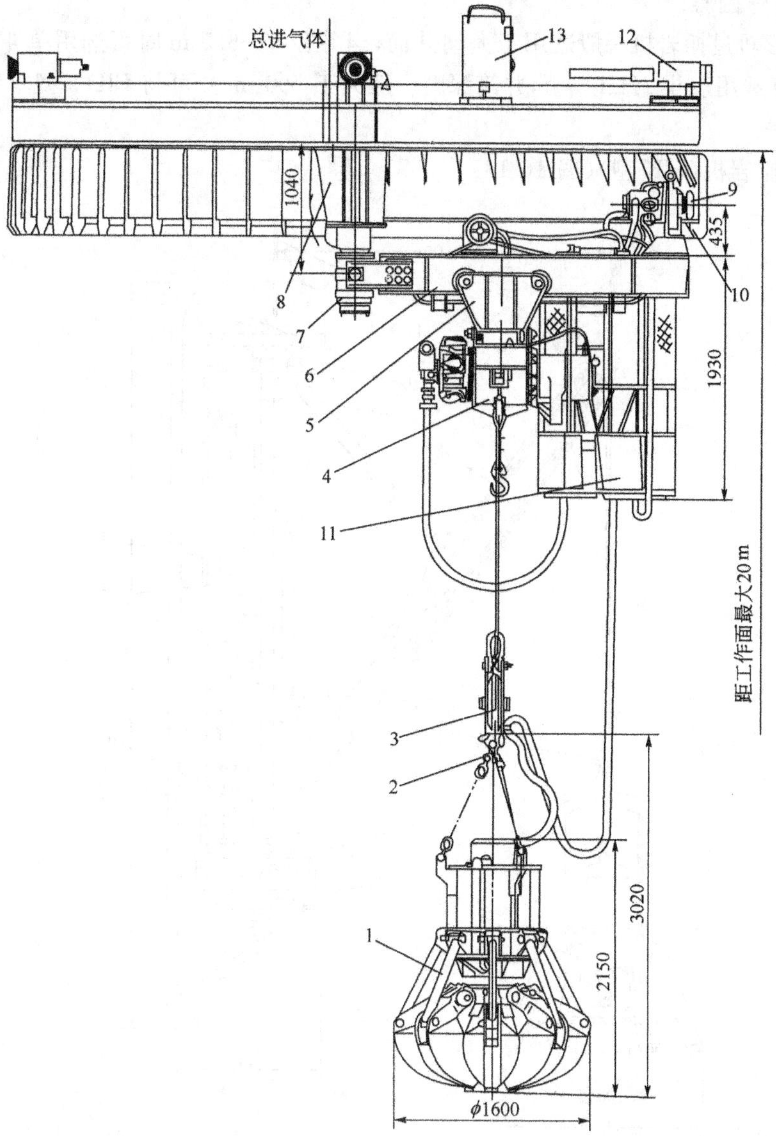

图 16-17　HH-6 型抓岩机(尺寸单位:mm)

1-抓斗;2-挂链;3-绳轮;4-提升风动绞车;5-径向行车;6-悬梁;7-中心轴;8-中心轴支架;9-环形行车;10-环形轨道;11-驾驶室;12-千斤顶;13-蓄能器

梁及其上面的行走小车、提升绞车连同抓斗一起绕中心轴做圆周运动;固定在横梁上的径向行走风动绞车通过横梁两端的滑轮,用钢丝绳牵引径向行走小车沿横梁来回运动,从而使抓斗做径向运动。这样,抓斗便可到达工作面的任意位置抓岩。环形轨道式抓岩机依靠环形轨道和中心轴悬吊在双层吊盘的下层盘之下。机组的固定则借助于吊盘周边上的液压千斤顶和螺旋千斤顶撑住井壁来实现。

环形轨道式抓岩机的优点是动力单一、使用可靠,操作系统结构较合理,压风消耗较低,生产能力较大,适应在大直径井筒内使用,井内悬吊设备布置受其牵连较小。其缺点是,横梁及环形轨道需随不同井径而变换;机组与吊盘连为一体后质量大且升降较频繁,费工费时;吊盘在掘进断面上或在喷射混凝土井壁上固定困难,吊桶与抓岩机横梁容易发生碰撞;井下维修条件较差，排除故障困难。

HH型环形轨道抓岩机一般适用于大型井筒，当井径5～6.5 m时可选用单斗HH-6型，井径大于7m时可选用双斗2HH-6型，井筒深度一般大于500 m，并可与FJD-9型伞钻和3～4 m^3大吊桶配套。

4.靠壁式抓岩机(HK型)(图16-18)

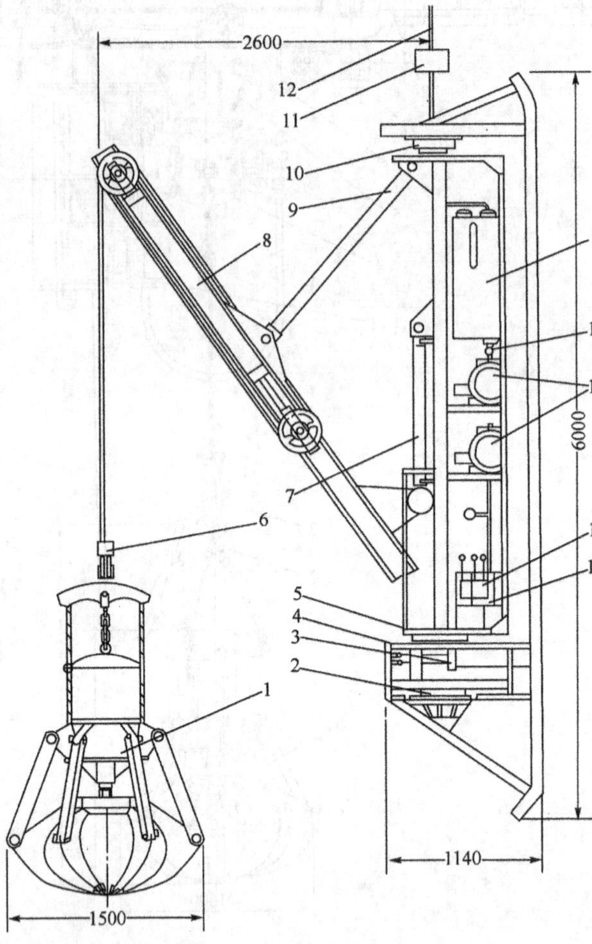

图16-18 HK-6型靠壁式抓岩机(尺寸单位:mm)

1-抓斗;2-下轴承座;3-回转油缸;4-外架;5-内架;6-联接器;7-折臂油缸;8-斜架;9-拉杆;10-上轴承座;11-旋转器;12-悬吊钢绳;13-油箱;14-逆止阀;15-电动机;16-操纵盘;17-驾驶室

HK-4型和HK-6型靠壁式抓岩机由地面10t和16t稳车单独悬吊。抓岩机不工作时，悬吊在吊盘下面。抓岩时首先将抓岩机下放到距工作面6m左右的高度处，利用支撑装置撑紧固定于井壁上，以便使设备工作时不晃动。HK-6型靠壁式抓岩机的结构如图16-18所示。

抓斗利用回转机构作圆周运动，利用变幅机构作径向运动。抓斗的升降靠固定于提升机构内的升降油缸。通过滑轮组和钢丝绳来完成;抓斗气缸带动抓斗叶片开闭;则可使抓斗抓卸岩渣。

靠壁式抓岩机的主要优点是，抓岩机距工作面较近，驾驶员视野清晰，抓岩时对桶比较准确;操作比较安全方便;该机采用液压传动，结构较紧凑，体积小，质量轻。缺点是，固定靠壁较困难、费时，压气消耗量也较大。靠壁式抓岩机有气动、电动两种可任意选择，HDK型以电动机代替 HK 的气动马达，其他技术特征与 HK 型均相同。

5. 中心回转式抓岩机(HZ 型)(图 16-19)

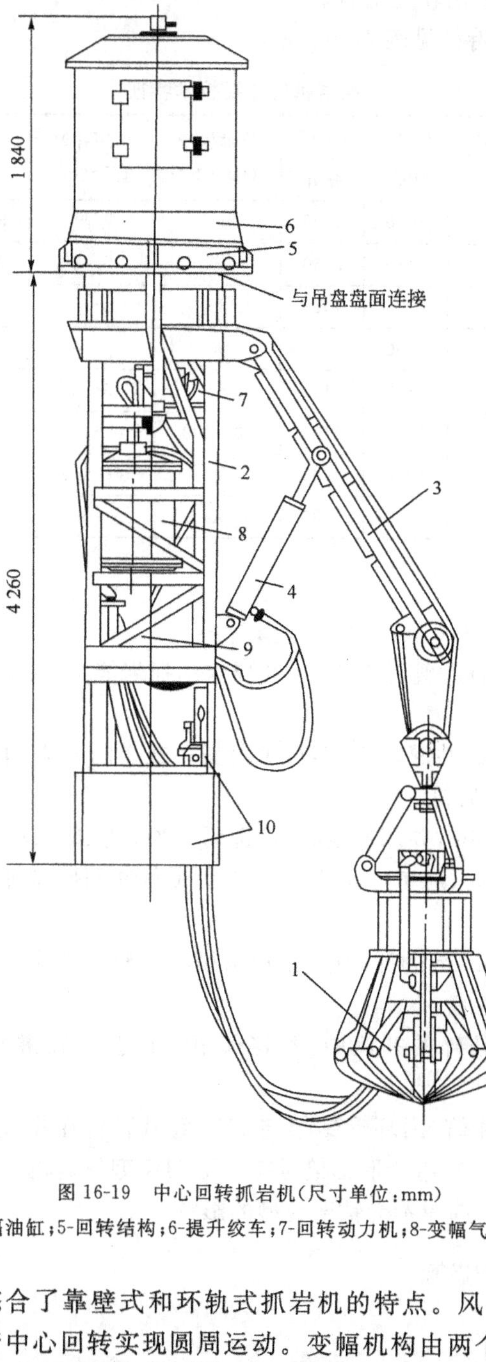

图 16-19 中心回转抓岩机(尺寸单位:mm)

1-抓斗;2-机架;3-臂杆;4-变幅油缸;5-回转结构;6-提升绞车;7-回转动力机;8-变幅气缸;9-增压油缸;10-操作阀和驾驶室

中心回转式抓岩机综合了靠壁式和环轨式抓岩机的特点。风马达驱动回转机构使主机架、臂杆、抓斗等共同绕着中心回转实现圆周运动。变幅机构由两个推力油缸、臂杆以及增压器等组成，它的作用是使抓斗在井筒中做径向移动。

中心回转式抓岩机的优点是动力单一、对井径的适用范围较大。压气消耗量及在井内布置的难易程度介于靠壁式与环轨式之间。主要缺点是:吊盘荷重大，升降频繁费工费时;抓岩机偏于吊盘的一侧布置，使盘面荷载不均，升降困难;主机架与回转机架在吊盘下方采用螺栓联接检查维修不便。HZ 型抓岩机的悬吊中心应距井筒中心 650～700mm，驾驶室距工作面的距离以 13～18m 为宜。

HZ 型中心回转抓岩机一般适用于井径 4～6 m、井深 400～600 m 的井筒，它与 FJD-6 型伞钻和 2～3 m^3 吊桶配套使用较为适宜。

6. 各种抓岩机的技术特征见表 16-9。

抓岩机的主要技术特征 表 16-9

机型		抓斗容积(m^3)	抓斗直径(mm)		技术生产率($m^3 \cdot h^{-1}$)	适用井筒直径(m)	外形尺寸(mm)(长×宽×高)	质量(kg)
			闭合	张开				
人力操作	NZQ2-0.11	0.11	1000	1305	12	不限	6780×6780×4180	655
	HS-6	0.6	1770	2230	50	5～8	3240×2907×1740	10290
中心回转	HZ-4	0.4	1296	1965	30	4～6	900×800×6350	7577
	HZ-6	0.6	1600	2130	50	4～6	900×800×7100	8077
环形轨道	HH-6	0.6	1600	2130	50	5～8	—	8580
	2HH-6	2×0.6	1600	2130	80～100	6.5～8	—	13636
靠壁式	HK-4	0.4	1296	1965	30	4～5.5	1190×930×5840	5450
	HK-6	0.6	1600	2130	50	5～6.5	1300×1100×6325	7340

三、抓岩机的选型

抓岩机的选型主要根据井筒深度、直径和要求的抓岩能力、悬吊设备和其他配套设备的要求等。

(1)井筒直径为 4～5m，井深较浅，实行短段掘砌或单行作业时，宜选用 HK-4 型；当井筒较深时，可选用 HZ-4 型抓岩机。

(2)井筒直径为 5.5～6m，井深较浅时，可选用 HK-6 型或 HZ-6 型抓岩机；当井深较大或要求达到较高的掘进速度时，应考虑选择 HH-6 型或两台 HK 型抓岩机；当采用平行作业时，最好采用 HH-6 型抓岩机。

(3)在井筒直径大于 6.5m 的深井中，不论采用哪种作业方式，为获得较高的成井速度、选用 2HH-6 型抓岩机较为适宜。

(4)围岩松软或岩层破碎的井筒中，不宜选用 HK 型。在淋水较大的井筒中不宜选用 HDK 型抓岩机。

(5)采用环形钻架的井筒，因环形钻架与 HK 型抓岩机在作业时经常相互干扰，应选用 HZ 型或 HH-6 型抓岩机。采用伞形钻架时应选用 HK 型抓岩机。当使用活动金属模板采用短段掘砌作业时，抓岩机的选择不受钻架类型的影响。

四、提高装渣生产率的措施

1. 装渣机的生产率

抓岩机的生产率可分为理论生产率、技术生产率及实际生产率三种。

理论生产率是取决于设备结构的理想生产能力，在施工中无应用价值。

技术生产率是指抓斗在单位纯工作时间内的实际装岩量，即不考虑抓岩过程中的工艺及其他因素的停顿时间。

实际生产率是指单位总工作时间的实际抓岩量。总工作时间是指在掘进循环中，从爆破通风后的抓岩准备工作开始至抓岩清底结束为止的时间。

单台抓岩机的实际生产率 P 可按下式估算：

$$P = K_1K_2K_3\frac{3600}{t}V \tag{16-4}$$

式中：K_1——抓岩机的工时利用率，取 0.6～0.9；

K_2——抓斗装满系数，与岩渣块度及坚硬程度有关，可取 0.9～1.2；

K_3——风压影响系数，风压从 0.5MPa 起，每增加 0.1MPa，生产率可提高 7%～8%；

V——抓斗容积(m^3)；

t——抓取一次的时间，一般可取 27～37s。

一些矿山井筒施工使用的部分抓岩机实际生产率的测定结果见表 16-10。

抓岩机实际生产率[69](m^3/h)　　表 16-10

机　型	技术生产率	实际生产率		测 定 井 筒	备　注
		最大	平均		
HK-4	30	46	36	铜山新大井	2 台 HK-4
HK-4	30	37.8	25.5	凡口新副井	1 台 HK-4
HK-6	50	80	27	凤凰山新副井	1 台 HK-6，1 台 HK-4
HZ-4	30	40	16～20	平顶山二处	工业试验指标
HH-6	50	30～33	17.8	大屯孔庄副井	1.5m^3 吊桶，一次爆破渣石量 92m^3
HH-6A	60	80	48	大厂铜坑矿副井	1 台 HH-6A
HS	50	48	35	杏花主井	清底包括回弹清理
HS	50	38.03	21.57	万年二号风井	双机

2.提高装渣生产率的措施

为缩短装渣工序时间，提高装渣生产率，在竖井掘进施工中应注意以下几点：

(1)合理的爆破设计含加大炮眼深度，提高爆破效果，增加一次爆破的岩石量，这些可增加抓岩阶段的装岩量，降低清底在总装岩量中所占的比重。合理的凿岩爆破参数，不仅能提高爆破效率，而且使爆下的岩块适当而均匀、井底比较平整，有利于提高抓斗的抓满系数并便于清底。

(2)注意抓岩机的维修保养，使之经常处于良好的工作状态。

(3)提高操作技术，使抓斗抓取渣石和向吊桶投放动作准确。

(4)吊桶直径应与抓斗张开直径相适应，并力争提升渣石能力满足抓岩能力的要求。

(5)提高清底效率。可采用抓斗容积为 0.11m^3 的小抓岩机配合人工清底，也可采用风镐清底。

(6)适当加大提升能力和吊桶容积。提升能力不应小于抓岩机的技术生产率，以保证抓岩工作持续进行。为减少抓斗向吊桶卸载时的撒出量，提高抓斗容积的利用率，吊桶直径一般以抓斗张开直径的 0.6～0.8 倍为宜。

第四节　支 护 工 作

为了支承井筒施工段的地压、固定井筒装备、封堵涌水以及防止岩石风化破坏，在井筒向下掘进一定深度后，需及时进行井筒的支护工作。根据岩石的条件和井筒掘砌的方法，可掘进1～2个循环即进行永久支护工作，也可以往下掘进一定的深度后再进行永久支护工作。此时为保证掘进工作的安全，须及时进行临时支护。

支护作业占掘砌循环作业时间15%左右，尽管涉及的工程量和占用工时不是很多，但它是工程顺利进行和井筒长期使用的保证。

竖井支护涉及砌壁质量、速度、造价及劳动繁重程度和井壁的成形质量。

一、临时支护

采用短段掘砌作业方式施工的井筒，因围岩暴露高度不大、暴露时间不长，在保证永久支护施作之前不会片帮时，可不采用临时支护。通常情况下，为了确保掘进工作的安全都需要进行临时支护。井筒掘进的临时支护形式有锚喷支护、锚杆金属网、柔性掩护网和井圈背板式等多种。

1.锚喷支护

井筒基岩段施工时，采用锚喷支护作为临时支护具有很大的优越性，现已被广泛采用。竖井施工采用的锚喷支护，根据井筒围岩条件有：喷射砂浆或喷射混凝土、锚杆喷混凝土、锚喷网等多种形式。支护参数可根据井筒围岩稳定性、岩层倾角、井筒直径等因素确定。喷射混凝土的强度≥20MPa，混凝土与岩石粘结力(抗拉)≥0.5MPa。锚杆采用金属锚杆，排列的方式，围岩好时可用矩形或三花形，围岩差的一般选五花形。

竖井锚喷临时支护方式，一般采用短段掘喷，即井筒掘出一个小段高后，随即在该段高内进行锚喷，维护井帮稳定。为便于工人操作，每一掘喷循环段高不宜超过2.0m，依此循环掘喷够一个永久筑壁大段高后，即可由下而上地进行永久支护。

图16-20为喷射混凝土施工示意图。喷射机设在井口搅拌机处。开挖段高度因围岩稳定程度而异，一般为2～3m。在放炮后先不出渣，整平浮渣后，喷射手站在浮渣上喷射井壁。如遇破碎岩层，可用锚、喷、网联合支护，技术要求参见有关章节。喷混凝土井壁施工，工序简单、速度快、效率高，在井帮淋水不大时，宜优先采用。

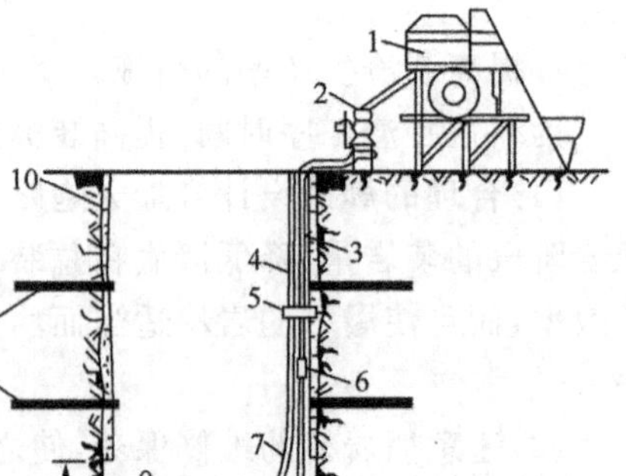

图16-20　喷射混凝土示意图

1-混凝土搅拌机；2-混凝土喷射机；3-输料管；4-供水管；5-预埋管卡子；6-缓冲器；7-供水高压胶管；8-输料高压胶管；9-喷头；10-喷射混凝土；11-锚杆

2.柔性金属掩护筒

这是一种用钢丝绳网加角钢圈制成的柔性圆筒形金属结构物，吊挂在掘进盘与工作面之间，并随着井筒下掘，同时向下移动。它基本不起支护作用，只是隔离吊盘下方的岩帮，避免向工作面掉落碎石，只能保护吊盘以下掘进工作面的安全。当吊盘以上的掘进井段能逐段及时得到永久支护时，掩护网才允许下放，因而它只适用于深井掘、砌平行作业，并且要求岩层稳定、掘进速度快、段高小，否则网筒易被岩帮垮脱的碎石卡住，影响正常作业。采用这种掩护网时，尚需解决重型悬吊设备。目前，仅个别竖井成功地采用了这种掩护网，逐渐被喷射混凝土临时支护所代替。

掩护筒的结构见图16-21。

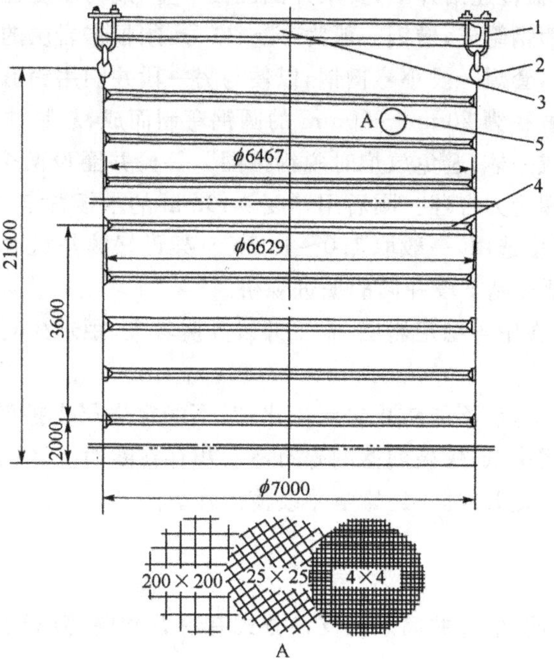

图 16-21　柔性金属掩护网(尺寸单位:mm)

1-U形卡;2-拉线绝缘子;3-吊盘;4-圈架;5-金属网

3.井圈背板支护

20世纪70年代前,在我国井筒施工采用长段单行作业为主时,临时支护主要采用井圈背板方式。随着锚喷支护的推广,井圈背板形式已很少使用,但在井筒涌水量大且采用长段单行作业或表土层中施工时,仍有采用,其结构见图16-22所示。

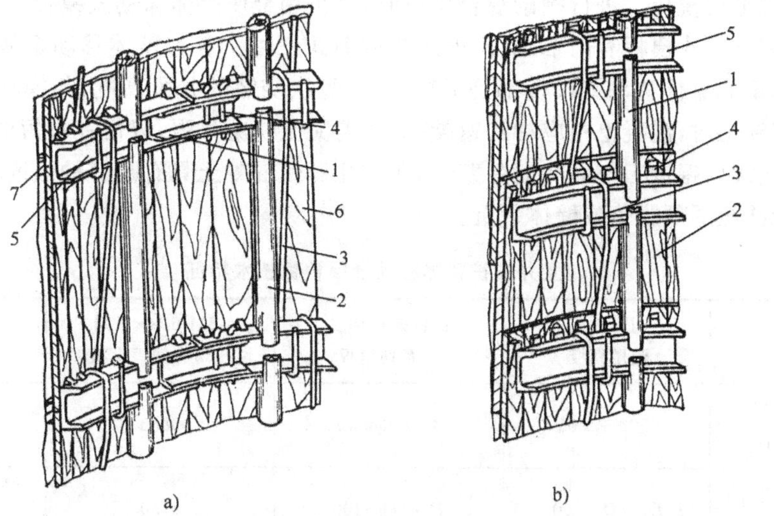

图 16-22　挂圈背板临时支护

a)对头型:1-小号联接槽钢;2-顶柱;3-Z形挂钩;4-销钉;5-槽钢井圈;6-对头背板;7-木楔

b)搭接型:1-顶柱;2-搭接背板;3-Z形挂钩;4-楔子;5-槽钢井圈

岩帮的压力经背板传递给井圈，要求井圈圈面平整，成为承受径向载荷的稳定圆环受力结构。井圈由 6～8 段槽钢组成，槽钢一般为 14～20 号，须根据岩层的稳定程度及井筒的直径选用。每段井圈的一端，套焊一段小号槽钢，以便与另一段井圈用销钉联接。上下井圈之间用 Z 形挂钩挂接，挂钩用直径为 20mm～30mm 的圆钢弯制而成，靠紧挂钩处还须撑上方木或圆木顶柱，使上下井圈联成一体，避免放炮时脱钩掉圈。每段井圈设两个挂钩，上下挂钩及顶柱必须垂直对正，保持井圈受力合理。圈后用厚度≥40mm 的木板背牢，并用木楔刹紧。上下井圈的层距随岩层稳定程度选用，一般取 1.0～1.5m 。架设好的井圈中心与井筒设计中心的误差应不超出 50mm，以便控制下段井筒的掘进规格。

这种临时支护常在中等稳定岩层、施工井段高度较大、距永久支护间隔时间较长的竖井中使用。

这种临时支护的缺点：不能防止岩层风化，对不稳定岩层支护能力不易保证；井圈、背板、装拆费工时；重复利用率低；爆破崩落的碎石渣易积存在圈面上，增加了安全检查的时间；架圈时运送材料量大，占用提升时间，还影响了装渣工作。

二、永久支护

根据所用材料不同，竖井井筒永久支护方式有料石井壁、混凝土井壁、钢筋混凝土井壁和锚喷支护井壁。

砌筑料石井壁劳动强度大，不易实现机械化施工，而且井壁的整体性和封水性都很差。目前除小型矿井井筒涌水量不大，而又有就地取材的条件时采用料石井壁外，多数采用整体式混凝土井壁。

（一）浇灌混凝土支护

1. 模板

浇注混凝土井壁的模板有多种。进行长段掘砌单行作业和平行作业时，多进行液压滑升模板或装配式金属模板。进行掘砌混合作业时，都采用金属整体移动式模板。

金属整体移动式模板有门轴式、门扉式和伸缩式三种。各种整体移动金属模板技术特征见表 16-11。金属整体移动式模板都是下行模板，每次浇灌的井段高度，与模板高度一致。因此，组织快速施工时，混凝土中应掺加速凝剂，使混凝土快凝早强，以便在较短的间隔时间内便能脱模。在直接由掘进工作面浇灌井壁时，尤应注意使混凝土具有足够的强度，以免壁体受炮震产生裂缝，甚至局部脱落或壁体下沉。

竖井支护整体移动金属模板技术特征　　表 16-11

名　称	YJM 系列液压模板	机械式自动脱支系列模板	JSM-6.8×3 同步增力伸缩模板	ZYJM-5×5 型模板
模板加工系列直径 D(mm)	4500～8500	4500×8500	6830	5040
模板收缩后系列直径 D_1(mm)	$D_1=D-100$	$D_1=D-100$	6730	4940
模板有效筑壁高度(mm)	2500～5000	3500～4200	3080(总高 3330)	5450(总高 6360)
总质量(t)	7.0～24.8	20.0～35.0	11.0	12.0

续上表

名　　称	YJM系列液压模板	机械式自动脱支系列模板	JSM-6.8×3同步增力伸缩模板	ZYJM-5×5型模板
悬吊方式	3台凿井稳车地面悬吊	3台JZ-16/600型凿井稳车地面悬吊	3台JZ-10/600型凿井稳车地面悬吊	3台凿井稳车地面悬吊
收模方式	风动油泵、水平油缸驱动	双曲面滑槽与滚轮压缩式	同步增力连杆加棘轮扳手	立式手动液压
接茬方式	窗口式或环口浇筑接茬	全环口式浇筑接茬	合页压接	环形槽配刃脚
模板结构	单缝筒壳式	3扇组合外模加内套架	槽钢组合模块3扇搭接	3扇3块小模板搭接
适用范围及优缺点	适用于混合作业、短段掘砌，优点是脱立模机械化，快速省力，一模三用，但制费高	适用于短段掘砌混合作业，脱立模机械化，并自动对中找正，但结构复杂，质量大，制费高	适用于短段掘砌混合作业，结构较简单，制费较低，不需动力，但脱模时间略长，较费力	适用范围和优缺点与JSM-6.8×3型模板类似

(1)伸缩式金属整体移动式模板

这种模板具有受力合理、结构刚度大、立模速度快、脱模方便、易于实现机械化等优点，目前已在竖井井筒施工中得到广泛的应用。伸缩式模板根据伸缩缝的数量又分为单缝式、双缝式和三缝式模板。目前使用最为普遍的YJM型金属伸缩式模板，其结构如图16-23所示。它由模板主体、刃脚、缩口模板和液压脱模装置等组成，其结构整体性好，几何变形小，径向收缩量均匀，采用同步增力单缝式脱模机构，使脱模、立模工作容易。

这种金属整体移动式模板用钢丝绳悬吊，立模时将它放到预定位置，用伸缩装置将它撑开到设计尺寸。浇注混凝土时将混凝土直接通过浇注口注入，并进行振捣。当混凝土基本凝固时，先进行预脱模，在强度达到0.05～0.25 MPa时，进行脱模。金属整体移动式模板的高度，一般根据井筒围岩的稳定性和施工段高来决定，在稳定岩层中可达到3～4m。

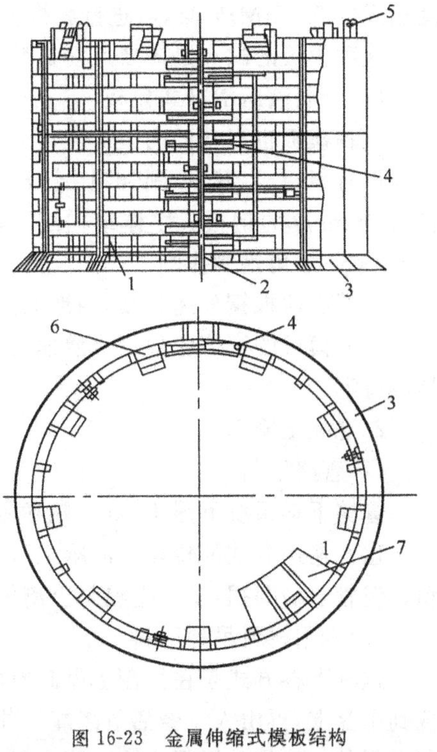

图16-23　金属伸缩式模板结构

1-模板主体；2-缩口模板；3-刃脚；4-液压脱模装置；5-悬吊装置；6-浇注口；7-工作台

(2)装配式金属模板

这种金属模板由若干块弧形板装配成圈，相互间用螺栓联接。弧板由钢板和型钢组焊而成。为了便于拼装和拆卸，每圈模板中，有一块楔形小弧板(图16-24)。圈内弧板块数根据井筒直径而定，每块质量不宜超过60kg，以便搬运。模板高度多取1.0m。

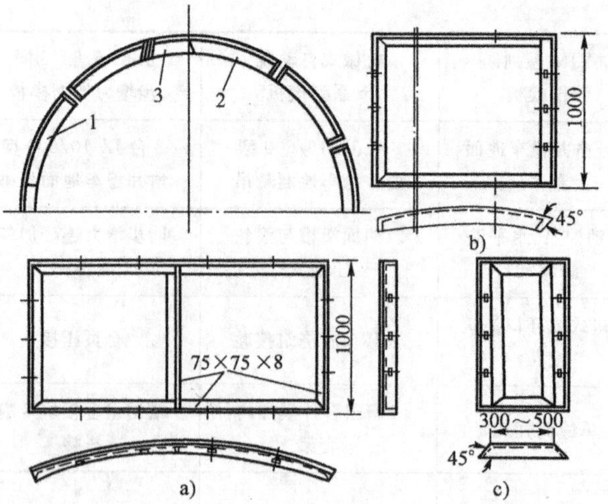

图 16-24　装配式金属模板(尺寸单位:mm)

1-弧形板;2-单斜面弧形板;3-楔形小弧板

这种金属模板适用于自下而上浇灌井壁,施工井段高度一般较大。为了节约钢材,模板套数可根据浇灌速度和混凝土允许拆模强度选定,周转复用于整个施工井段。混凝土强度增长的速度愈快,模板配备的套数可以减少,而浇灌速度愈快,所需配备的模板数则需增多。在强度达到约 0.25 MPa 时,可进行脱模。

这种模板的缺点是需要反复拆装、提放,劳动强度大,所需消耗的钢材也较多。

(3)金属液压滑升式模板

这种模板也在井壁内一次性再套壁施工中使用。模板的主体结构(见图 16-25)由两个半圆柱形骨架组成,其主、副骨圈由[18～14 号槽钢制成,主、副钢梁采用 I 20～16 号工字钢,围板为 4mm 厚的钢板。主体结构配有横、竖撑和斜撑,前者采用 I12 号工字钢和槽钢,后者用∟75×75×8 角钢制作。

模板由四根钢丝绳悬吊,用地面的凿井绞车牵引滑升。悬吊立柱为 I 20 工字钢。

滑升模板的高度应根据浇灌速度、滑升间隔时间以及壁体脱模时的强度要求确定,不能过早或过迟。

2.混凝土输送

(1)管路下料

管路下料系统见图 16-26。输送管可直接经活节入模,也可溜放到分料管入模。

这种输送方式的特点是混凝土可连续浇灌,施工速度快,效率高,安全可靠,可减轻体力劳动。但管子易磨损,易产生混凝土离析。

(2)专用材料吊桶下料

这种下料方式是在吊盘上设卸料溜槽、分灰器、活节管等。用材料吊桶下放混凝土料,卸载到吊盘上,再由人工经活节浇灌到井壁模板中浇灌井壁。这种下料方式混凝土无离析现象,节省了井内悬吊的混凝土输送管。但占用提升位置和时间,在井口、吊盘上装、卸料费力,不能连续供料,翻桶时困难且安全条件不好。

(3)混凝土井壁接茬

井筒漏水情况决定于各个浇灌混凝土段高之间的接缝质量,因此,井壁接茬缝须躲开含水层,并应严格掌握接茬质量。

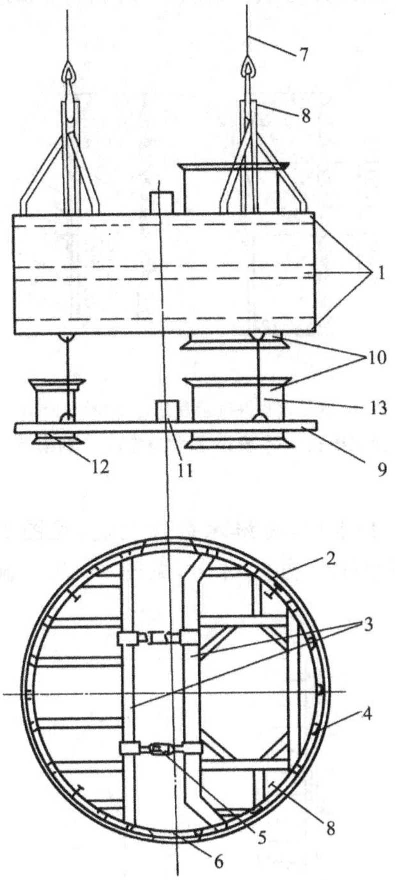

图 16-25　整体滑升模板

1-模板骨圈；2-围板；3-模板主梁；4-模板竖撑；5-伸缩螺杆；6-脱模小门；7-悬吊绳；8-悬吊立柱；9-滑模检查盘；10-喇叭口 11-中心激光孔；12-风管口；13-挂绳

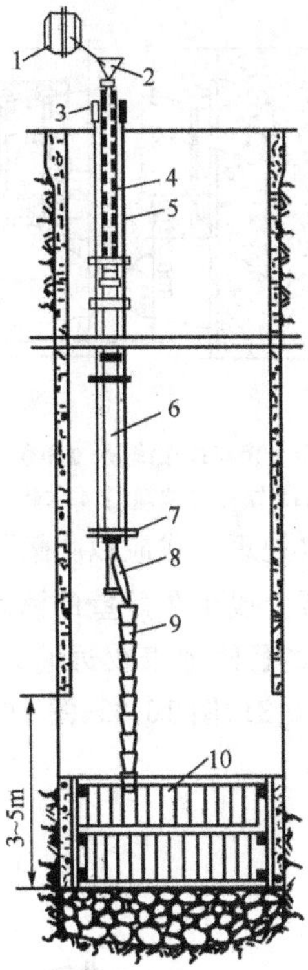

图 16-26　混凝土筑壁施工

1-搅拌机；2-漏斗；3-悬吊天轮；4-ϕ125mm 套管；5-悬吊钢绳；6-ϕ150mm 输料管；7-终端绳卡；8-ϕ150mm 缓冲器；9-溜筒；10-模板

采用整体金属移动模板时，沿井筒四周，可在模板斜底上方留设几个马蹄形浇灌口，并在其相应位置的模板上口，设浇灌门。浇灌口的间距，应以浇灌、捣固方便为原则。接茬时，应使模板上口压住上段井壁(约 100mm)，然后由窗口灌入混凝土，并仔细捣固。待窗口注满混凝土时，推紧浇灌门，再用铁销卡严(图 16-27)。

此外，也有采用全面斜口接渣的(图 16-28)。模板上口与上段井壁之间留有 100mm 间隙，充当浇注口。待混凝土浇满模板高度时，架设 12 号槽钢井圈，作为接茬模板的碹胎，并用插销与金属模板连接好。然后逐块斜插接茬模板，随插随灌混凝土，并仔细捣固，待灌满后，用力推直接茬模板，将它与上段井壁贴严，并用木楔刹紧。

(4)井壁水的处理

混凝土井壁的强度虽然与配料、搅拌以及捣固质量有关，往往也受井筒淋水的影响，使混凝土强度大幅度减弱。因此，井壁浇灌时应认真处理井帮淋水、涌水，不使水泥浆流失。

水的来源是由上段井筒淋水和本砌壁井段含水层涌水所组成。除事先进行注浆封水外，还应注意处理井筒剩余淋水。

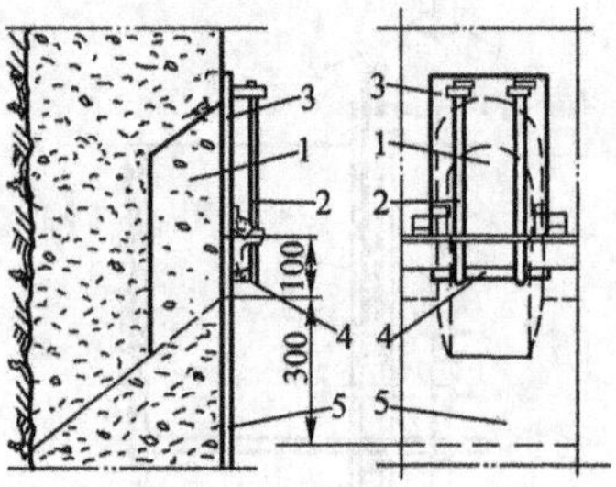

图 16-27 窗口接茬法(尺寸单位:mm)

1-浇注窗口;2-铁销;3-浇灌门;4-木垫块;5-金属模板

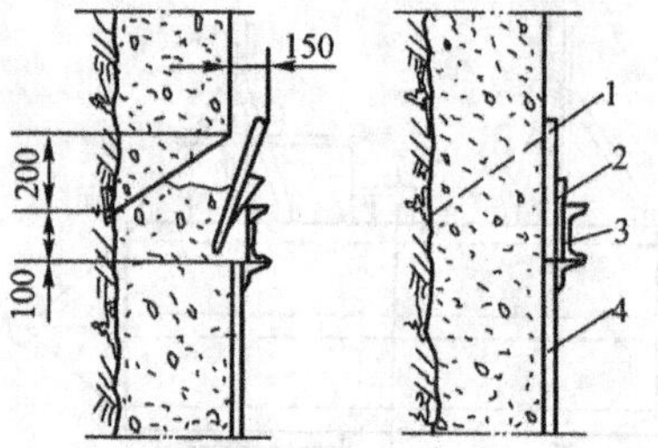

图 16-28 全面斜口接茬法(尺寸单位:mm)

1-接茬模板;2-木楔;3-接茬碹骨;4-金属模板

井帮淋水处理方式应以“截”为主。

对于井帮上段永久井壁的渗水，可在含水层下方设截水槽，将淋水截住引走，见图 16-29。井帮淋水不大，且距地表较远时，可将截水导至工作面由排水方式排出，见图 16-30。截水方式还可见图 16-31、图 16-32、图 16-33。

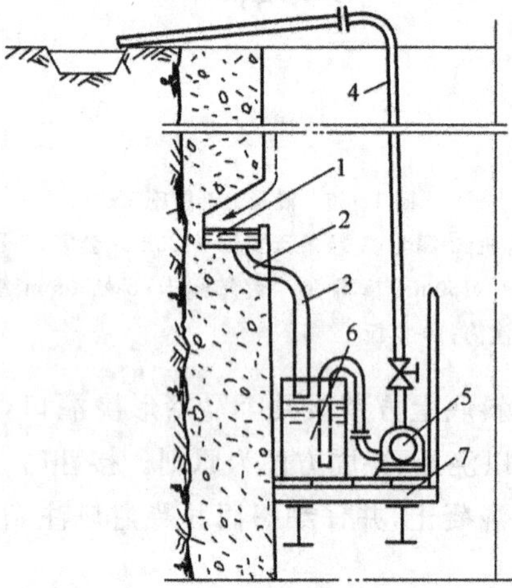

图 16-29 井壁永久截水槽

1-混凝土截水槽;2-导水铁管;3-胶皮管;4-排水管;5-卧泵;6-贮水桶;7-固定盘

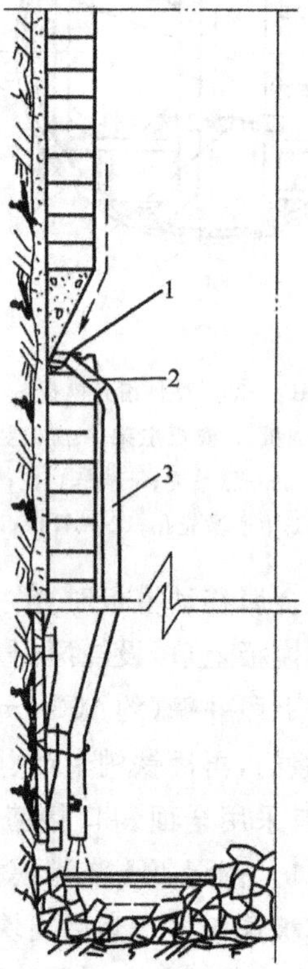

图 16-30 永久截水槽截挡淋水

1-截水槽;2-导水铁管;3-导水胶管

井壁涌水处理方式应以“导”为主，导水方式见图 16-34。

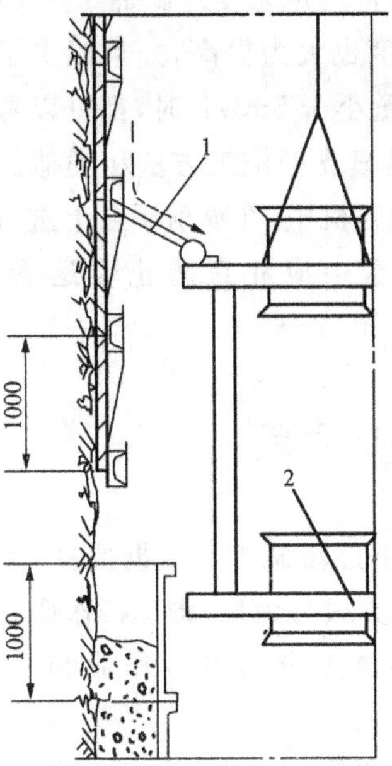

图 16-31　吊盘折页截挡水(尺寸单位:mm)
1-折页;2-吊盘

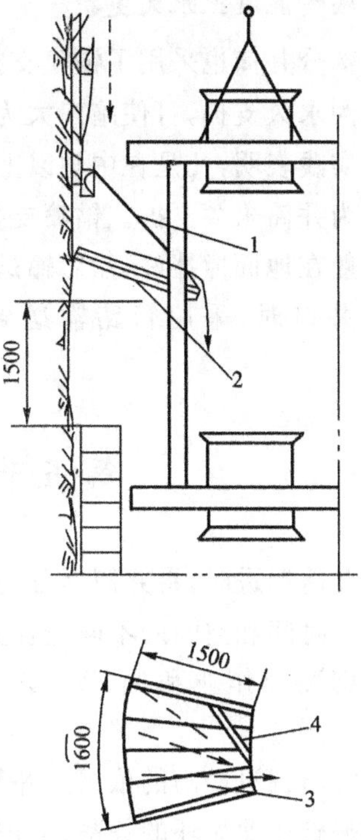

图 16-32　挡水板截挡水(尺寸单位:mm)
1-铁丝;2-挡水板;3-木板;4-导水条

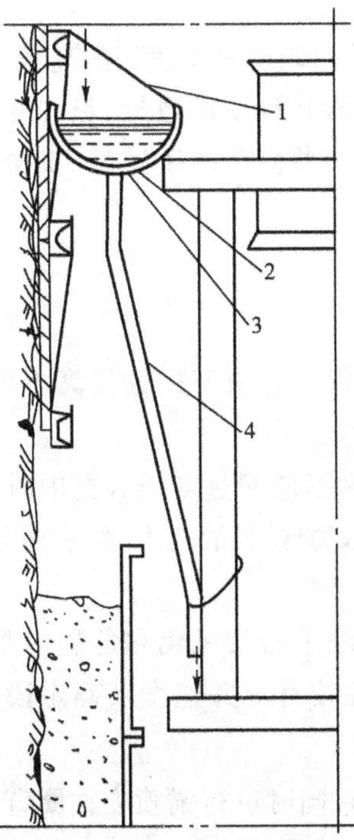

图 16-33　截水槽截挡淋水
1-铁丝;2-截水槽圆钢骨架;3-帆布水槽;4-橡胶水管

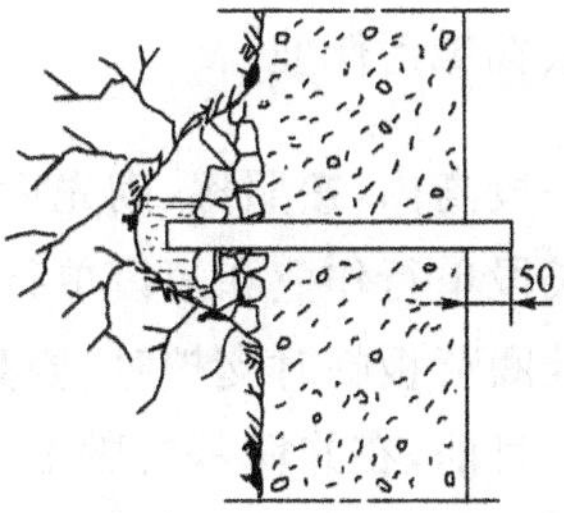

图 16-34　导管泻水(尺寸单位:mm)

(二)锚喷混凝土永久支护

我国部分井筒也采用了锚喷支护作为井筒永久支护，特别是无提升设备的井筒中，采用锚喷支护作为永久支护，可使施工大为简化，施工机械化程度也大为提高，并且减少了井筒掘进工程量。实践表明，凡是在中硬以上稳定的岩层中，涌水量小于 $5m^3/h$ 时，都可以考虑采用锚喷支护作为井筒永久支护。锚喷支护的施工中，与临时锚喷支护施工方法相类似。喷射混凝土材料一般在地面搅拌好，然后输送到井口或吊盘上的喷射机中，在喷射平台上进行喷射。喷射机设在井口时，采用管路输送到井下喷射地点，输送中应注意防止输送管路的堵塞问题。

第五节　竖井掘砌作业方式

竖井井筒掘进时，将井筒划分为若干个段高，自上而下逐段施工。根据掘进、砌壁和安装三大工序在时间和空间的不同组合方式，将竖井井筒施工方式分为掘、砌单行作业，掘、砌平行作业，掘、砌混合作业和掘、砌、安一次成井等几种。总体上分为单行作业和平行作业两大类。

确定井筒掘进段高的依据是井筒穿过岩层的性质、涌水量大小、临时支护形式、井筒的有效进尺和掘砌作业循环的关系、支护整体性和封水性、各种支护材料和周转性材料的用量等因素等。段高的大小关系到施工速度、井壁质量和施工安全。由于影响段高的因素很多，必须根据施工条件，全面分析、综合考虑、合理确定。较大段高有减少掘、砌工序转换所消耗的无效工时的优点。

当井筒穿过岩层地质变化较大或遇到大含水层时，应及时调整施工段高的高度。

合理的竖井施工掘砌作业方式将影响到井内井上所需凿井设备的数量、竖井井筒的有效作业空间和作业时间、掘进提升设备的能力，进而影响到竖井井筒的施工速度、安全、质量、效率和成本。

一、掘、砌单行作业

在同一段高内，按照掘、砌先后交替顺序作业称为单行作业。由于掘进段高不同，单行作业又分为长段单行作业和短段单行作业。

采用挂圈背板临时支护时，段高以 30～40 m 为宜，最大不应超过 60 m，支护时间不得超过一个月。目前，在井筒基岩段施工中，由于挂圈背板临时支护材料消耗大，经济效益不明显，已很少采用。

采用锚喷临时支护时，由于井帮围岩得到及时封闭，消除了岩帮风化和危岩垮帮等现象，宜采用较大段高。现场为了便于成本核算和施工管理，往往按月成井速度来确定段高。锚喷临时支护的结构应根据井筒岩性区别对待，见图 16-35。

长段单行作业是在规定的段高内，先自上而下掘进井筒，同时进行锚喷或挂圈背板临时支护，待掘至设计的段高时，即由下而上砌筑永久井壁，直至完成全部井筒工程。这种作业方式的最大优点是工序单一、管理方便、井内装备简单。一个双层工作吊盘即可兼顾掘、砌作业使用。

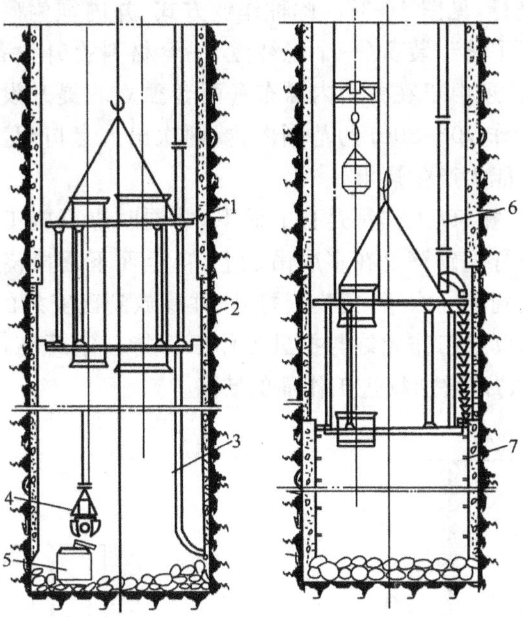

图 16-35 锚喷临时支护掘砌单行作业

1-吊盘;2-临时支护;3-喷射混凝土管;4-抓岩机;5-吊桶;6-混凝土输送管;7-模板

二、短段掘砌单行作业

短段掘、砌单行作业则是在 2～4m(应与模板高度一致)较小的段高内,掘进后,即进行永久支护,不用临时支护。为便于施工,爆破后,渣石暂不全部清除。砌壁时,立模、稳模和浇灌混凝土工作都在浮渣上进行,如图 16-36。这种作业方式,也可与所使用的金属移动模板相配合,采用浅孔爆破一掘一砌、二掘一砌或三掘一砌。这种作业方式的优点是工序单一、管理方便、装备简单等。缺点是掘、砌交替频繁,井壁接茬多,使井壁的整体性和封水性减弱。

当井筒穿过松软、破碎或含水丰富岩层,并用整体浇灌混凝土作井壁的永久支护时,短段单行作业是主要的施工方法,但必须加强施工的管理工作减轻所引起的井壁接茬质量和漏水问题。

短掘、短喷单行作业与短段掘、砌单行作业基本相同,只是用喷射混凝土代替现浇混凝土,喷射段高一般为 2m 左右。

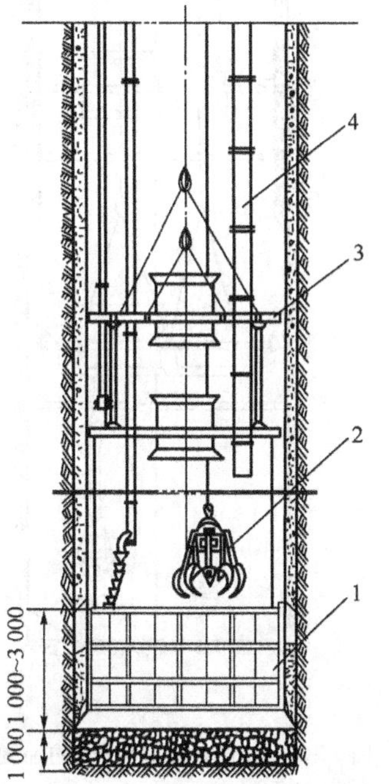

图 16-36 井筒短段掘砌单行作业施工示意图

1-模板;2-抓岩机;3-吊盘;4-风管

三、掘、砌平行作业

掘、砌平行作业也有长段平行作业和短段平行作业之分。长段平行作业,是在工作面进行掘进作业和临时支护,而上段,则由吊盘自下而上进行砌壁作业,砌壁和掘进在两个相邻井段上反向进行,即砌壁工作以稳绳盘所在高度为界,自下向上进行;掘进工作以稳绳盘以下

15～20m处，自上而下进行，见图16-37。此种作业方式，井内须为砌壁、掘进分别设置作业盘和独立的提升系统，增加了施工装备(一个稳绳盘、一套材料提升设备)，也增加了井内设备布置和施工管理的复杂性。还由于在井筒内需布置两套独立的提升设备，出渣的吊桶容积受到限制，加之掘进吊桶在工作70～80m的范围内，要两次出入盘口(稳绳盘和砌壁工作吊盘)必须低速运行，对掘进提升能力产生影响。

短段掘、砌平行作业，掘、砌工作都是自上而下，并同时进行施工。掘进工作在掩护筒(或锚喷临时支护)保护下进行。砌壁是在多层吊盘上，自上而下逐段浇灌混凝土，每浇灌完一段井壁，即将砌壁托盘下放到下一水平，把模板打开，并稳放到已安好的砌壁托盘上，然后进行下一段的混凝土浇灌工作，砌壁工作始终与掘进工作面保持一定距离，自上而下短段并进，见图16-38。这种作业方式不妨碍增加掘进工作面的装备。

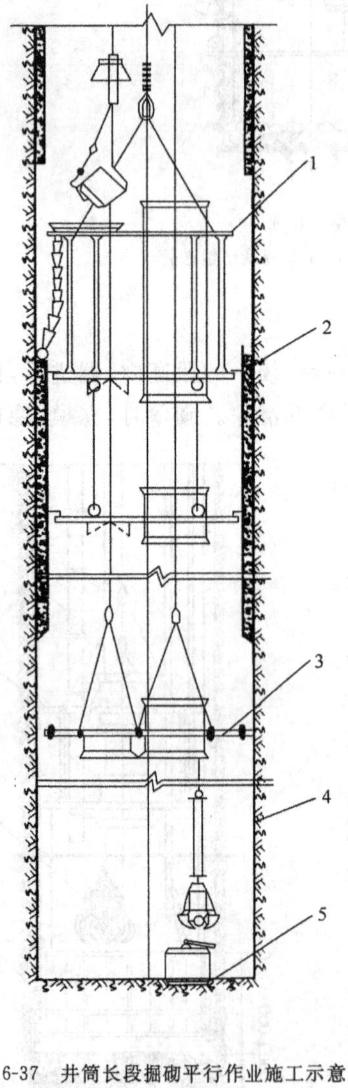

图16-37 井筒长段掘砌平行作业施工示意图
1-砌壁吊盘；2-井壁；3-稳绳盘；4-临时支护；5-工作面

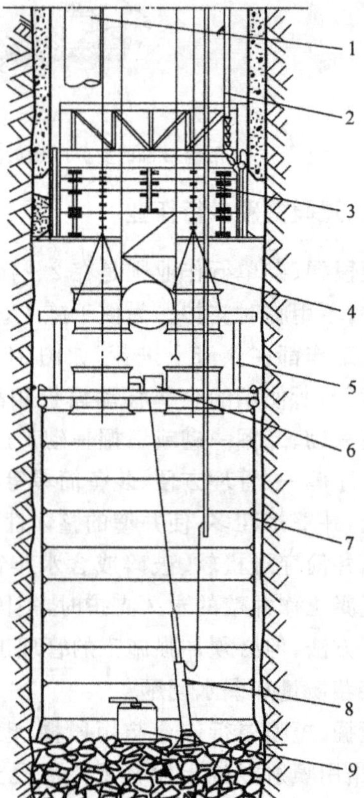

图16-38 井筒短段掘砌平行作业施工示意图
1-风管；2-混凝土输送管；3-模板；4-压风管；5-吊盘；6-气动绞车；7-金属掩护网；8-抓岩机；9-吊桶

四、掘、砌混合作业

井筒掘、砌工序在时间上只有部分平行时称混合作业。它既不同于单行作业(掘、砌顺序完成),也不同于平行作业(掘、砌平行进行)。混合作业随着凿井技术的发展而产生。对于短段单行作业,掘、砌工序顺序进行,而混合作业,是在向模板浇灌混凝土达1m高左右时,在继续浇注混凝土的同时,即可装渣出渣。待井壁浇注完成后,作业面上的掘进工作又转为单独进行,依此往复循环。

这种作业方式的优点是不需临时支护,降低了施工成本,安全性较好,施工速度快,能充分发挥综合机械化配套能力。缺点是井壁接茬较多,掘砌工序交替频繁,施工组织较复杂。

五、掘、砌、安一次成井

井筒永久装备的安装工作与掘、砌作业同时进行时,称为一次成井。根据掘、砌、安三项作业安排顺序的不同,又有三种不同形式的一次成井施工方案,即掘、砌、安顺序作业一次成井,掘砌、掘安平行作业一次成井和掘、砌、安平行作业一次成井。

掘、砌、安顺序作业一次成井,是在一个大循环中掘、砌、安三项工序按顺序作业。而掘砌、掘安平行作业一次成井是在两个井段内,下段掘进与上段砌壁、安装相平行,而砌壁和安装工序则按先后顺序进行,砌壁自下而上,安装自上而下,段高一般为30~40 m。掘、砌、安平行作业一次成井可充分利用井内有效空间和时间,在深井工程中,掘进工作面采用短段掘、砌平行作业的同时,利用双层吊盘的上层盘进行井筒安装工作,每班可安装4m,与掘、砌协调一致,除在下放模板、浇灌0.5~1.0m高混凝土时,装渣工作暂停一段时间外,在整个循环时间内都是平行作业。

掘砌、掘安平行作业一次成井和掘、砌、安平行作业一次成井,能保持掘进不停,井内支护和安装同时施工。但这两种方式施工设备多,布置复杂,施工组织复杂,多工序平行交叉作业,施工安全要求高。

六、影响作业方式选择的因素

(1)井筒穿过的岩层性质,涌水量的大小。

(2)井筒直径和基岩部分的长度。

(3)可能采用的施工工艺及技术装备条件。

(4)施工队伍的操作技术水平和施工管理水平。

所选作业方式应技术先进和安全,便于采用新型凿井装备,既能取得单月最高纪录,又能取得较高的平均成井速度,且应有明显的经济效益。

第六节　竖井施工机械化配套

竖井施工机械化配套,就是根据竖井工程条件、施工队伍素质和技术装备情况将凿井各主要工序用的施工设备进行优化,使设备能力匹配,前后衔接组成一条工艺系统完整的机械化作业线,并与各辅助工序设备相互协调,充分发挥各种施工机械的作用和效能,快速、高效、优质、低耗、安全地共同完成作业循环。竖井井筒施工是技术复杂、工况条件差、速度慢、占用工期长的关键性工程。因此,世界各国都把提高凿井机械化程度和设备的配套,作为提高竖井施工速度和工效的突破口。

一、竖井施工机械化配套的原则

竖井施工机械化作业线及其配套设备在设计时，应遵循以下原则：

1.工程条件

工程条件是井筒工程的工程地质、水文地质、地形条件、井筒设计的结构工程特点、施工作业方式、工期要求等客观因素，再综合考虑施工队伍的素质和已具有的设备条件等因素，选定设备配套类型。例如，井筒直径、深度较大，施工队伍素质较好，应尽量选择重型或轻型机械化配套设备。否则应考虑选用轻型或半机械化设备。

2.设备能力的匹配

主要应保证提升能力与装渣能力、一次爆破碎石量与装渣能力、地面排渣与提升能力、支护能力与掘进能力和辅助设备与掘砌能力的匹配。

3.配套方式与作业方式的适应

例如采用重型或轻型机械化作业线时，一般采用短段单行作业或混合作业。若采用长段单行作业，则凿井设备升降、拆装频繁，设备能力受到很大的影响。

4.配套方式与设备技术性的适应

要选用寿命长、性能可靠的设备。

5.配套方式与施工队伍素质的适应

要培训能熟练使用和维护机械设备的队伍，保证作业线正常运行。同时还应该解决好凿井设备与凿井方式及工艺的配套。

二、竖井施工机械配套方案

目前我国竖井井筒施工已基本实现机械化。竖井井筒施工机械化作业线的配套主要根据设备条件、井筒条件和综合经济效益考虑，主要有重型设备机械化作业线、轻型设备机械化作业线和半机械化作业线3种。

1.轻型设备机械化作业线

轻型设备机械化作业线配套主要是由6臂伞钻和中心回转抓岩机组成，见表16-12。这种方案应用最广，并且取得了良好的经济技术效益。该方案机械化程度高，设备轻巧、灵活方便，主要适用于井筒直径5～6.5 m、井筒深度500～600 m的井筒施工。

轻型设备配套方案是竖井施工中应用最广泛的一种。这种作业线机械化程度高，设备能力和施工技术配套性能好，机动灵活，操作使用方便，工效高，速度快，在新井建设中为加快建井速度、缩短建井工期曾发挥了积极的作用。在井径6～6.5m的井筒工程中仍将作为主要机械化作业线及其配套方案而被推广使用。

轻型设备机械化作业线及其配套设备内容 表16-12

序号	设备名称	型号	单位	数量	主要技术特征
1	凿岩钻架	FJD-6型	台	1	动臂6个，推进行程3m，重5t，高4.5m
2	抓岩机	HZ-4型	台	1	斗容0.4m^3，生产能力30m^3/h，重8t，适用直径5m

续上表

序号	设备名称		型号	单位	数量	主要技术特征
3	提升机	副提	2JZK3/15.5	台	1	最大静张力17t，最大静张力差14t，绳速5.88m/s
		主提	JZK2.5/11.5型	台	1	最大静张力9t，绳速8.2m/s
4	吊桶	副提	3 m^3	个	2	桶径1.65m，重1.05t
		主提	$2m^3$	个	2	桶径1.45m，重0.7t
5	凿井井架		新IV型	座	1	天轮平台尺寸7.0m×7.0m，高度25.870m，卸矸台高度10.8m
6	凿井绞车		JZM25/800	台	2	钢丝绳径拉力25t，容绳量800m
			JZA-5/1000	台	1	钢丝绳径拉力5t，容绳量1000m，多种动力
			JZ系列	台	12～14	钢丝绳径拉力10t、16t，容绳量800m
7	活动模板		YTM系列	个	1	直径5.5～6.5m，高度3～4m
8	吊泵		80DGL系列	台	2	扬程750m，流量$50m^3/h$，重4t
9	通风		4-58-11No.11.25D	台	1	最高转速1370r/min，风压3650Pa，风量12 m^3/s
			2BKJ56No.6	台	1	最高转速2900r/min，风压2400Pa，风量4.11 m^3/s
10	通信、信号		KJTX-SX-1型	台	1	传送距离大于1000m
11	照明		Ddc250/127型	台	1	每台容量250W，光通量20500lm，距工作面16m
12	测量		DJZ-1型	台	1	指向精度12″

2. 重型设备机械化作业线

重型设备机械化作业线及其配套设备内容见表16-13。这种配套方式设备能力相互匹配，工艺也较合理，可以满足大型井筒快速施工的要求。

重型设备机械化作业线及其配套设备内容 表16-13

序号	设备名称		型号	单位	数量	主要技术特征
1	凿岩钻架		FJD-9型	台	1	动臂9个，推进行程4m，收拢直径1.6m，高5m，重8.5t
2	抓岩机		2HH-6型	台	1	抓斗2个斗容2×0.6m^3，生产能力80～100m^3/h，重10t，
3	提升机	副提	2JZK3/15.5	台	1	最大静张力17t，最大静张力差14t，绳速5.88m/s
		主提	JZK2.8/15.5型	台	1	最大静张力15t，绳速5.48m/s
4	吊桶	副提	渣石吊桶	个	2	吊桶容积$5m^3$，桶径1.85m，重2t
		主提	渣石吊桶	个	1	吊桶容积$3m^3$，桶径1.65m，重1.05t
5	凿井井架		V型	座	1	天轮平台尺寸7.5m×7.5m，高度26.364m，卸渣台高度10.3m

续上表

序号	设备名称	型号	单位	数量	主要技术特征
6	凿井绞车	JZM40/1000	台	2	钢丝绳径拉力 40t,容绳量 1000m
		JZM25/800	台	2	钢丝绳径拉力 25t,容绳量 800m
		JZA-5/1000	台	1	钢丝绳径拉力 5t,容绳量 1000m
		JZ 系列	台	12～14	钢丝绳径拉力 10t、16t,容绳量 800m
7	活动模板	YTM 系列	个	1	直径 7.5～8.0m ,高度 3.5m
8	吊泵	80DGL 系列	台	2	扬程 750m,流量 $50m^3/h$,重 4t
9	通风	4-58-11No. 11. 25D	台	1	最高转速 1370r/min,风压 3650Pa,风量 $12\ m^3/s$
		BKJ56No. 6	台	1	最高转速 2900r/min,风压 1600Pa,风量 $4.17\ m^3/s$
10	通信、信号	KJTX-SX-1 型	台	1	传送距离大于 1000m
11	照明	Ddc250/127 型	台	2	每台容量 250W,光通量 20500lm,距工作面 16m
12	测量	DJZ-1 型	台	1	指向精度 12″

重型设备配套机械化作业线及其配套方案适用于井筒直径 7～8 m、井筒深度 800 m 的大型凿井工程。方案中多数配套设备都是按照 1km 井筒的施工条件设计的,设备能力、施工技术及辅助作业等相互都很协调,配套性能较好,装备水平与国际水平接近,在深井工程中具有发展和使用前景。

3.半机械化作业线

半机械化作业线是以手持式凿岩机、人力操纵的抓岩机为主要设备组成的作业线。它设备轻小,生产能力低,靠人力操纵,机械化程度低,劳动强度大,多用于井筒直径较小的浅井,但从施工速度方面看仍有潜力。最近几年,在一些大直径深井工程中,选用斗容 0.6 m^3 长绳悬吊抓岩机,配用多台手持式凿岩机、段高 3～5m 液压金属整体活动模板,采用短段单行作业或混合作业,曾先后创造竖井月进 100m 以上的好成绩。

半机械化作业线主要特点是作业灵活,能实现多台凿岩机同时作业,充分发挥小型抓岩机的优点,设备简单,操作容易,但机械化程度低,工人劳动强度大,生产能力小,安全工作要求高。这种设备配套方案,由于设备轻便,操作、维修水平要求不高,设备费用省,施工组织管理简单等优点,目前仍有不少竖井工程采用。

表 16-14 列出了凿井机械化作业线的几种配套方案,供编制竖井机械化施工方案时选择参考。两种典型的机械化作业线示意见图 16-39 和图 16-40。

竖井机械化施工方案　　表 16-14

井筒净径(m)	5.0～6				6.5～7.5			>7.5	
井筒深度(m)	300～500				500～700			≥700	
机械化施工方案									
方案编号	1	2	3	4	5	6	7	8	9

续上表

凿岩钻架型号		FJD-6	HD1	FJD6 或 HD1	FJD6	FJD9A	FJD9A	FJD9A	FJD9A	FJD9A
抓岩机型号		HZ-4 或 HK-4	HK-4 或 HZ-4	HH-6	HS-4 或 HS-6	HH-6,HZ-6 或 HK-6	HH6 或 HH6A	2HH6 或 HH-6A	2HH-6	2HH-6
吊桶容积 (m^3)		2～3	2～3	2～3	2～3	3(双钩) 2(单钩)	3(双钩) 2(单钩)	3(双钩) 2(单钩)	3(双钩) 2(单钩)	3(双钩) 2(单钩)
提升	提升方式	两套单钩	两套单钩	两套单钩	两套单钩	一套双钩和一套单钩	一套双钩和一套单钩	一套双钩和一套单钩	一套双钩和一套单钩	一套双钩和一套单钩
	提升能力 (m^3/h)	34～38	34～38	34～38	34～38	41～45	41～45	41～45	≈41	≈41
翻渣方式		自动翻渣	自动翻渣	自动翻渣	自动翻渣	自动翻渣	自动翻渣	自动翻渣	自动翻渣	自动翻渣
适用条件		井筒涌水量 $<30\ m^3/h$，无较大破碎带	同方案 1	井筒涌水量 $<30\ m^3/h$	同方案 3	同方案 1	同方案 3	岩层稳定，无破碎带，涌水量小	同方案 3	同方案 7
防、排水		地面预注浆或 80DGL 50 型(6～8级)吊泵	同方案 1	地面预注浆，80DGL 50 型吊泵	同方案 3	地面预注浆或 500m (700m)吊泵	同方案 5	地面预注浆或吊桶排水	地面预注浆；750m 吊泵或两段排水	地面预注浆，吊桶排水
作业方式		短掘、短喷单行作业		短段掘砌单行作业	锚喷临时支护长段单行作业	短掘短喷单行作业	短掘砌单行作业	锚喷临时支护或掩护筒短段平行作业	短掘短砌或短掘短喷单行作业	锚喷临时支护或掩护筒短段平行作业
方案评述		机械化水平高，设备能力及工艺配套好，设备间干扰较少，各工序劳动力均衡，劳动组织简单	设备能力及施工配套较好，钻孔设备简单，维护容易，成本低，环钻与靠壁抓岩机在工作时易产生干扰	机械化程度高，设备能力配套好，环钻成本低，加工维修容易，采用环钻时钻孔与装岩两工序劳动力不够平衡，伞钻打周边孔困难	设备能力配套好，抓岩设备简单，维修容易，成本低	机械化程度高，设备能力及工艺配套好，净径大于 6.5m 时一台靠壁抓岩有死角不能利用伞钻凿靠壁抓岩机的固定孔，净径 7.5m 时中心回转抓岩机抓岩可能出现死角	机械化程度高，设备能力配套好，打周边孔困难，凿岩时，由于中心回转转轴座影响，伞钻不易靠井筒中心作业	机械化程度高，施工速度快，设备能力及施工工艺配套好，施工管理技术要求高，掩护筒易被岩块卡住	机械化程度高，工艺配套好，吊桶容积偏小，提升能力不够，短段掘砌时，打周边孔困难	机械化程度高，施工速度快，施工工艺配套好，提升能力不够，施工管理技术要求高

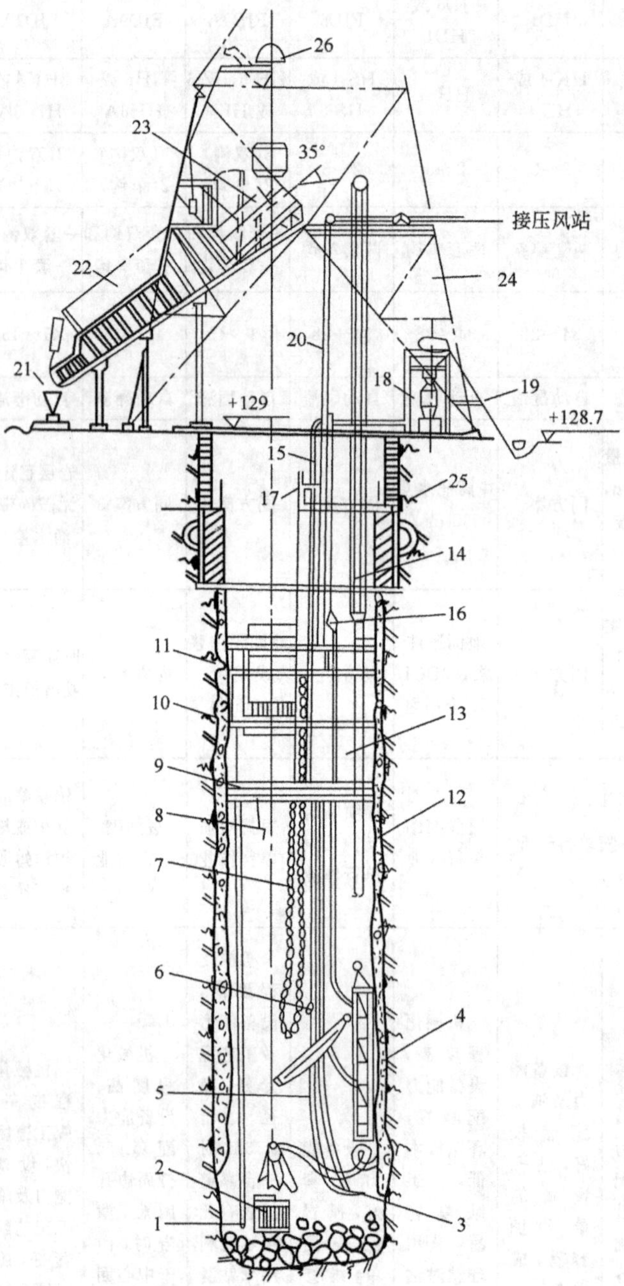

图 16-39　环形钻架-靠壁抓岩机-锚喷支护机械化作业线

1-风动潜水泵；2-1.86m³ 链球式吊桶；3-喷头；4-HK—4 抓岩机；5-喷射混凝土输料管；6-缓冲器；7-50mm 胶管；8-YT-30 型凿岩机；9-环形钻架；10-双层吊盘；11-环形供气供水管；12-穿过吊盘的风管；13-接大抓岩机压气管；14-ϕ600mm 风管；15-喷射混凝土下料管；16-吊盘供气伸缩管；17-激光指向器；18-喷射机；19-上料装置；20-供气供水管；21-0.75 m³ 矿车；22-废石仓；23-链球式自动翻灌装置；24-III 型井架；25-测量平台；26-过卷开关装置

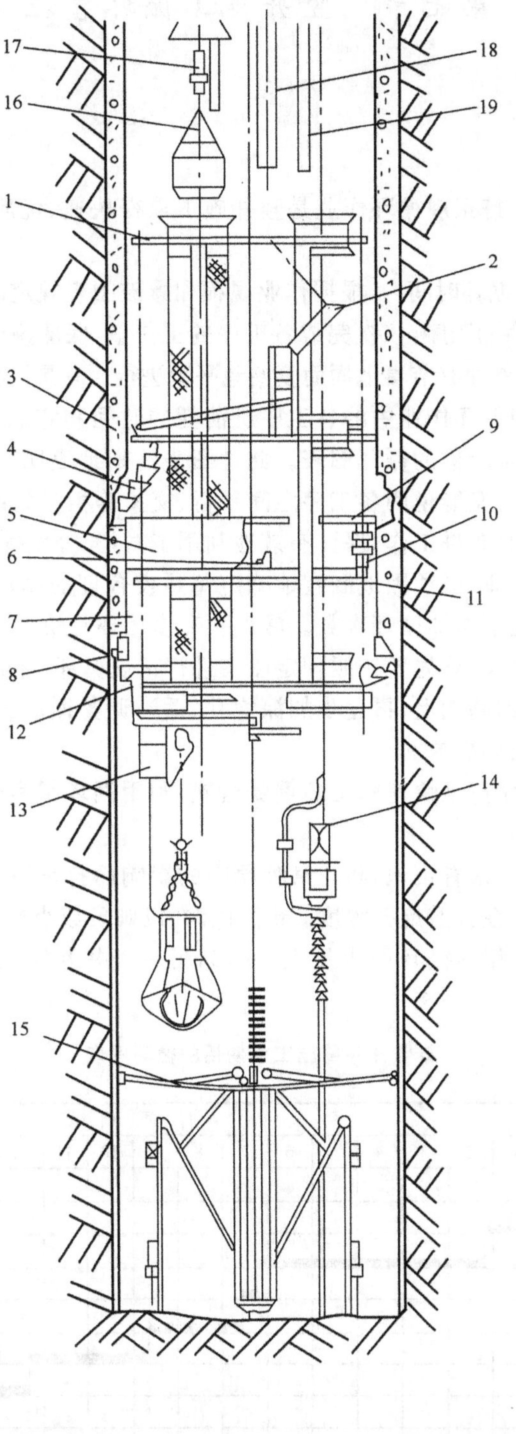

图 16-40　伞形钻架-环形轨道抓岩机-浇灌混凝土机械化作业线

1-保护盘；2-分灰系统；3-上层盘；4-活节溜管；5-模板；6-控制柜；7-抓杆；8-刃脚模板；9-操作盘；10-千斤顶；11-辅助盘；12-下层盘；13-2HH—6 抓岩机；14-吊泵；15-伞形钻架；16-座钩式自翻吊桶；17-喷射混凝土输送管；18-铁风管；19-压风管

第七节　竖井施工循环管理

一、正规循环

(一)正规循环作业

竖井施工实践表明坚持正规循环作业是竖井施工取得快速、优质的诸因素中最为重要因素之一。

正规循环指在规定的循环时间内，根据作业规程和爆破图表规定的要求，以一定的人力、设备，按照规定的各施工工序的顺序，依次完成各工序的工作量，保证掘进工作面(或井壁砌筑)向前推进一个进尺，使掘、砌作业有节奏地周而复始地平稳进行。它是一种科学的作业方式。

为了直观地显示正规循环作业中的各工序所消耗的时间和它们之间的相互关系，常以图表形式来表示，这就是通常所称的循环图表。此种图表清晰地表明了组成一个作业循环的各工序施工顺序及所需工时，又能说明各工序之间平行、交叉等相互关系，与实际工作相对照，也很容易发现问题，以便及时改进工作，保证有效地利用工时，充分发挥人力和设备的潜力。

为了实现正规循环作业，必须因地制宜地确定每昼夜合理的循环次数和循环进尺。一般应在保证循环进尺的前提下增加循环次数。深炮孔和多循环是快速掘进的基本因素。通常在开始阶段孔深不要定得过高，首先要按照预定图表进行正规循环。随着操作熟练程度增加，在掌握图表、缩短循环时间的基础上，再逐步加深炮孔，适当调整循环工作量，待它逐步稳定后，再提高循环进尺或增加循环次数。

由此可见，正规循环作业是快速施工的重要措施，利用循环图表管理施工的方法，是一种行之有效的科学管理方法。

在编制循环图表时，要留有余地，防止某种原因的影响而打乱正规循环，应按每昼夜的时间是循环时间的整倍数。在目前炮孔深度 3m 以内时，以圆班或小班(8h 或 6h)一循环为宜。

某竖井井筒施工中使用的循环图表见表 16-15，另一竖井井筒施工中使用的循环图表见表 16-16。

某竖井井筒施工中使用的循环图表　　表 16-15

工　序	工时		时间顺序																	
	h	min	1	2	3	4	5	6	7	8	9	10	11	12	13	14	15	16	17	18
通　风		20																		
抓岩准备		50																		
抓　岩	5	10																		
喷混凝土准备		20																		
打锚杆孔挂钢筋网	2																			
喷混凝土	2	40																		
清　底	2																			
凿岩准备		30																		
凿　岩	1	30																		
凿岩收尾		20																		
装药爆破	1	30																		
落吊盘，接管		20																		
其　他		30																		

另一竖井井筒施工中使用的循环图表 表16-16

序号	工序名称	工时		小时							
		时	分	1	2	3	4	5	6	7	8
1	交接班		15								
2	下放设备		15								
3	装岩	4	30								
4	临时支护	1	30								
5	测量		15								
6	钻眼	1	30								
7	提升设备、人员		25								
8	装药、联线、放炮		50								
9	通风、排烟		15								
10	安全检查		15								
11	机动		30								

(二)多工序、平行交叉作业

竖井施工工序多、工种复杂,工具、材料、设备种类繁多,且工作面狭小、人员集中,因此在组织施工时,必须抓紧各工序的衔接,尽可能平行安排各工序的作业,充分利用空间和时间;以达到快速、高效、安全施工。

1.注意原则

(1) 必须以凿岩和装岩两项主要工序为中心组织平行交叉作业。其他辅助工序围绕这两项主要工序相互配合进行,才能较大幅度缩短循环时间。

(2)许多工序要立体交叉进行,所以要加强安全工作、制定好安全措施。

(3)必须采取相应的技术措施,给平行交叉作业创造必要的时间和空间条件。

(4)各工种工序间应团结配合、互相创造协作条件。

2.常采用的平行作业工序

现场常采用的平行作业工序,有以下几项:

(1)排放炮烟与提升机调绳(指采用双钩提升时)平行。

(2)清理吊盘、扫圈与下放抓岩机、接长排水管路、接长或下放喷射混凝土管路平行。

(3)下放吊盘、处理井帮松石与接长管线平行。

(4)出渣与临时支护平行。

(5)井底工作面找平、立模板与接长溜灰管平行。

(6)凿岩准备、接长和下放压风管路与清底平行。

(7)钻凿周边眼与清底平行。

(8)钻眼与扫眼平行。

(9)钻眼与检查抓岩机平行。

(10)日常检修,如检查钩头、绳头、悬吊设备、管线,在不影响正常工序情况下,穿插进行。

二、编制循环图表

1.编制前的具体工作

编制循环图表之前，应了解和掌握井筒工程的特征，其内容有：

(1)井筒的技术规格。

(2)井筒穿过岩层的地质及水文地质条件。

(3)井筒施工工艺。

(4)现有或可能供应的设备和材料性能。

(5)工人的技术水平和施工习惯等。

2.适合综合工作队循环图表编制的步骤和方式

了解和掌握以上内容之后着手进行正规循环作业图表的编制。适合综合工作队循环图表编制的步骤和方式有：

(1)根据计划要求和具体情况，初定月进度 L。

(2)根据选用的竖井施工工艺的作业方式，确定每月用于掘进的天数 N。采用平行作业或短段单行作业时，每月掘进天数为30日；采用单行作业时，按掘砌比例确定，一般说来，掘进占掘砌总工期的3/5～7/10，根据砌壁所用材料而定，采用混凝土作永久支护时，可取7/10，即月掘进天数 N 为21日。

(3)根据钻孔爆破技术、机械性能和使用台数，综合选择日循环数 n 和炮孔深度 l，其值可按式(16-1)求算。

(4)根据施工队伍的操作技术熟练程度，施工管理水平及施工设备等具体条件，进一步确定各工序的时间。

由于钻孔和装渣时间是影响掘进循环进尺的主要工序，应科学合理地确定钻孔和装渣时间。

①钻孔时间 t_1。

$$t_1 = \frac{N_1 l}{k_1 v} \tag{16-5}$$

式中：t_1——钻孔时间(h)；

N_1——炮孔数目(个)；

k_1——同时工作的凿岩机台数(台)；

l——炮孔平均深度(m)；

v——每台凿岩机的平均钻速(m/h)，包括开孔、换钎及凿岩机移位所耗时间，其值应根据本施工队伍实测确定。

②装渣时间 t_2。

$$t_2 = \frac{Sl\eta}{k_2 P} \tag{16-6}$$

式中：t_2——装渣时间(h)；

S——井筒掘进断面积(m^2)；

k_2——同时工作的抓岩机台数(台)；

P——每台抓岩机的平均生产率(m^3/h)，包括多台抓岩机同时工作的影响、吊桶摘挂钩、等桶、换桶等工时所耗时间，其值应根据本施工队伍实测确定；

η——炮孔利用率。

在采用短段掘砌单行作业施工工艺时，总循环时间内还须包含永久支护占用的时间。

③辅助时间 t_3。

除主要工序外，在辅助施工工序中有一些工序不能平行交叉作业，要占用一定的循环时间，如交接班、装药联线、放炮通风、安全检查、下放吊盘和部分临时支护工作等，而其中下放吊盘占用月循环时间。这类辅助作业的时间 t_3 约占用循环时间的 15%～20%。其他辅助作业工序尽量与钻孔或出渣工作平行。

④循环总时间 T。

$$T = t_1 + t_2 + t_3 = \frac{N_1 l}{k_1 V} + \frac{Sl\eta}{k_2 P} + t_3 \leqslant \frac{24}{n} \tag{16-7}$$

式中：n——每日的循环次数。

⑤从上列计算得出的参数 S 为不变值，N_1、l、η、t_3 在整个施工过程中会有变化而幅度不大，而 k_1、V、k_2、P 为机械设备参数，还具有调整、挖掘潜力的可能。计算所得的总循环时间 T 值应稍小于或等于规定的循环时间，否则应从提高操作技术、改进工作组织或适当增加施工设备等方面进行调整。当计算与预设的时间值相差甚为悬殊时，就必须重新对日循环数及炮眼深度进行综合调整。

长期井筒工程的施工实践表明，较适宜的工序循环是采用班初装渣、班末放炮的方式，这样可以在执行循环图表过程中，根据占工时最长的装渣工作完成的情况，随时调整炮孔深度，确保正规循环正常完成，且作业人员可在班末放炮前提升出井，避免人员多次升降而影响工时利用。班末放炮还可利用交接班加强井筒通风，改善井筒作业环境。此外，循环结构中还需留出备用时间，以备不可预见的影响，不使打乱正规循环，或即使打乱循环，也能及时调整回来。

以上列举的循环图表中，循环时间大多与作业班制相吻合，即小班循环前一种适用于综合工作队，在我国竖井施工中普遍采用。由于每个作业成员所需完成的工作单一重复，便于提高操作技术，有助于不断缩短循环周期和逐步加大循环进尺，而且便于组织管理和班组间竞赛，是一种较为合理的形式。

3. 适合专业工作队循环图表编制的步骤和方式

以大抓岩机为主体的竖井机械化作业线，循环进尺加大到 2.5～3.0m，使每个循环需要跨越若干作业班来完成。此时，必须进一步加强班组间的协作，使正规循环作业得以顺利推进。即使在这种施工条件下，仍然应该以班组任务明确的小班循环制为主。

这一种循环方式，即根据施工技术的可能性规定循环进尺及循环时间，它不受班制限制约束，适合于专业工作队施工，它的管理工作复杂，不宜普遍采用。

三、砌壁循环图表编制

砌壁循环图表可根据定额和实际工效编制。表 16-17 列出了一个砌壁循环图表。

砌壁循环图表 表 16-17

序号	工序名称	工时 时	工时 分	小时 1	小时 2	小时 3	小时 4
1	交接班		10				
2	提盘		5				
3	拆临时支架		45				
4	绑扎钢筋	1	00				
5	立模找正		45				
6	浇灌混凝土	1	15				

第十七章　竖井表土施工

某些地层的上部覆盖有由第四纪、第三纪风化沉积的土、砂、砾石构成的表土层。竖井表土层的厚度从几米至几十米、甚至达数百米。井筒穿过表土层时的特点是地层稳定性较差且变化复杂，还因表土层将直接承受井口结构物的荷载，所以，表土中的施工比较复杂和困难，常成为竖井施工的关键工程。因此必须确定合理的施工方法，确保安全经济地通过表土段。

井筒表土段施工方法取决于表土层的地质及水文地质条件。竖井井筒穿过的表土层，按其掘砌施工的难易程度分为稳定表土层和不稳定表土层。

掘砌施工中井帮较稳定，用井筒普通掘砌施工方法能够较顺利通过的表土层为稳定表土层，包括含非饱和水的粘土层、含少量水的砂质粘土层、无水的大孔性土层和含水量不大的砾(卵)石层等。掘砌施工中井帮很难维护，用普通方法难以通过而需借助于其他井筒特殊施工方法才能顺利通过的表土层为不稳定表土层，其中包括含水较多的卵、砾石层及砂土层、淤泥层，含饱和水的粘性土层，浸水的多孔性土以及膨胀土等。

根据表土的性质及其所采用的施工措施，井筒表土施工方法可分为普通施工法和特殊施工法两大类。稳定表土层一般采用普通施工法，不稳定表土层可采用特殊施工法或普通与特殊相结合的综合施工方法。

第一节　井筒表土普通施工法

竖井井筒的表土施工与基岩施工很相似。仅就其特点进行叙述。井筒表土普通施工主要有采用井圈背板普通施工法、吊挂井壁施工法和板桩施工法。

一、井圈背板施工法

(一)锁口施工

表土施工前，需筑砌锁口，锁口的作用是确定井筒中心位置，吊挂临时井圈或钢筋，封闭井口，安装井盖，防止地面水流入井筒。

锁口分锁口圈和锁口框两部分。锁口圈即井颈上部的井壁，深度达当地冻结线以下，一般为 2～4m 。它起维护井帮、固定井位作用。

用十字标桩法精确标定出井筒中心后，井筒开始破土。为固定和保护井口位置以及吊挂临时支架，在先向下挖掘 1～2m 后，安设临时锁口。锁口形式和材料有以下三种：

1.木质临时锁口(图 17-1)

它用扒钉或螺栓将方木或圆木互相联结组成八角框，八角框的内切圆直径与吊挂井圈相等，其圆心与井筒中心相重合。锁口上面搭设锁口梁和铺设木板，地板高度要求与井口封口盘的预定标高相符合。

木质锁口质量较轻，对井口荷载较小，但强度低，支撑能力也较小。

2.临时钢结构锁口(图 17-2)

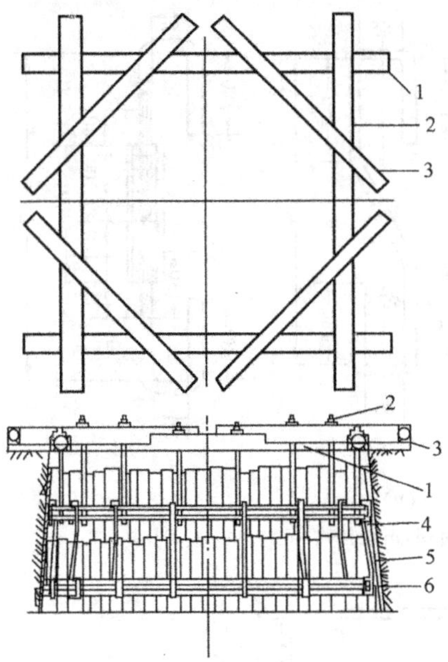

图 17-1　木质临时锁口和井圈背板

1-方木；2-生根钩；3-方木；4-挂钩；5-背板；6-槽钢井圈

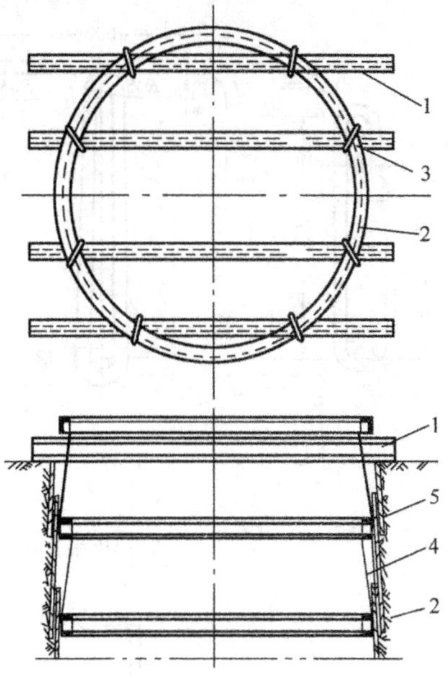

图 17-2　临时钢结构锁口

1-钢轨或工字钢；2-井圈；3-U 形卡子；4-挂钩；5-背板

它由相互间用 U 形钢卡卡住四根工字钢或重型钢轨组成的平行钢架置于井口，其上安放一道井圈，用于吊挂临时支架。钢结构锁口形式简单，钢材可重复使用，承载能力强，使用较为普遍。

3. 永久混凝土锁口

为简化施工程序，有时可以一次砌筑永久混凝土锁口。这种方式适用于比较稳定的表土层，尤其是在采用短段掘砌吊挂井壁施工时用得最多。施工时要预留出有关通道的孔口。

（二）井圈背板结构

表土施工中多采用由井圈、背板、挂钩、顶柱和木楔组成的临时支架。井圈一般用 14～20 号槽钢，每圈由 6～8 节组成，节与节之间用小号槽钢制作的连接板和插销相连。井圈间距根据表土侧压一般取 0.5～1m。背板多为厚 50mm、宽 150mm 的木板，其长度根据圈距而定，一般为 600～1000mm。挂钩多为“Z”字形（图 17-3c）），多用直径为 20～30mm 的圆钢制成，其长度也根据圈距而定。顶柱（图 17-4）多用直径为 80～100mm 的圆木或 80×100mm 的方木做成，也可用直径为 100mm 的钢管制成。

第一圈井圈是用挂钩悬挂在临时锁口的井圈上。以后每一掘进段最上一个临时井圈均悬挂在上段混凝土井壁（或壁座）中预留的生根钩（图 17-3a）、b））上。每节井圈至少有两根挂钩。架设井圈时应尽量使井圈呈水平放置，为了使同一圈水平高差不至过大，每挂 20 圈左右，需用正距挂钩（图 17-3d））调整一次井圈水平。各节井圈之间接好接头后，应校正中心，楔紧背板，最后打顶柱并用木楔楔紧。背板方式多采用图 17-5 所示的倒鱼鳞式，在坚实稳定无水的表土层中可采用对头式背板。

（三）井圈背板法施工

井圈背板施工法采用人工或抓岩机（土硬时可放小炮）出土，下掘一小段后（空帮距不超过 1.2 m），即用井圈、背板进行临时支护。使用大段高（20～40m）掘砌交替作业时，在同一段高内，先自上而下掘进，后自下而上砌永久井壁。土层稳定性稍差可缩小段高至 0.5～6m。如此周而复始，直至基岩，见图 17-6。

这种方法的优点是可一次竖立凿井井架，提升能力大，可用凿井设备施工，掘进速度快，工

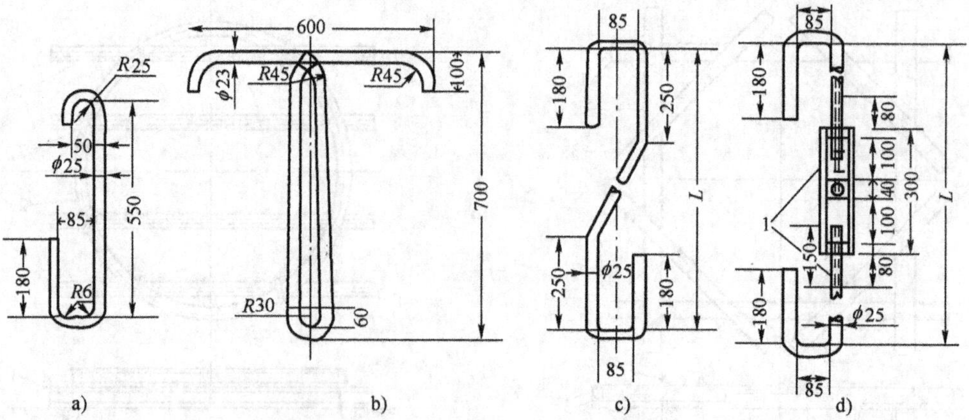

图 17-3　挂钩(尺寸单位:mm)

a)生根钩;b)生根环;c)Z 形挂钩;d)正距挂钩

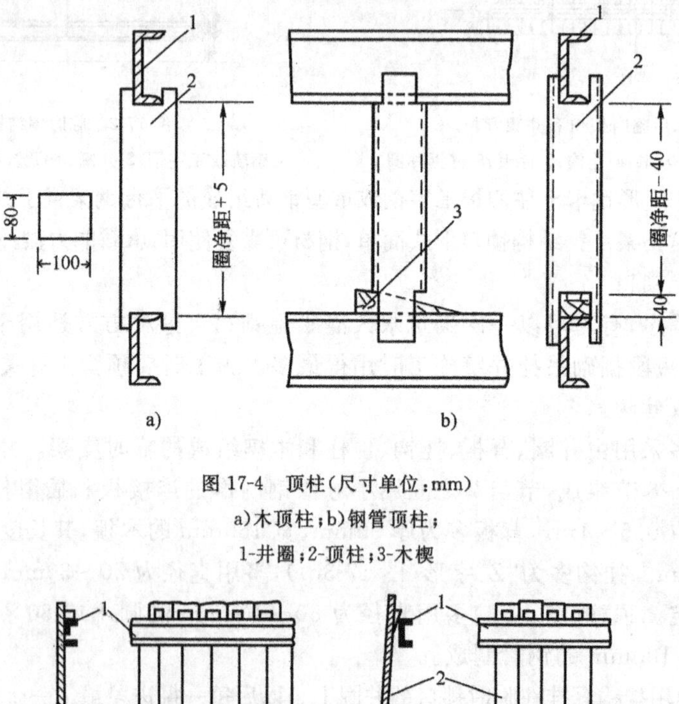

图 17-4　顶柱(尺寸单位:mm)

a)木顶柱;b)钢管顶柱;

1-井圈;2-顶柱;3-木楔

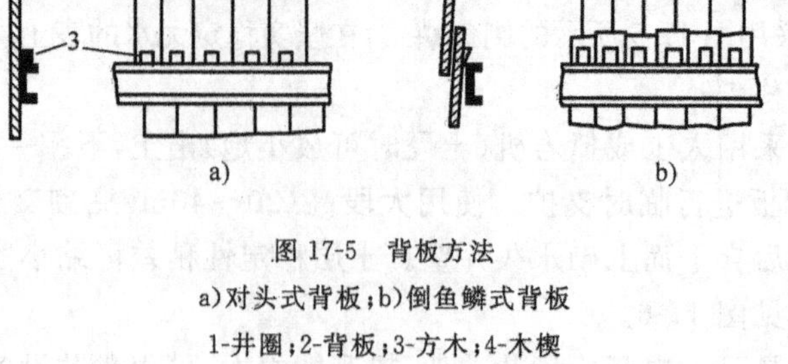

图 17-5　背板方法

a)对头式背板;b)倒鱼鳞式背板

1-井圈;2-背板;3-方木;4-木楔

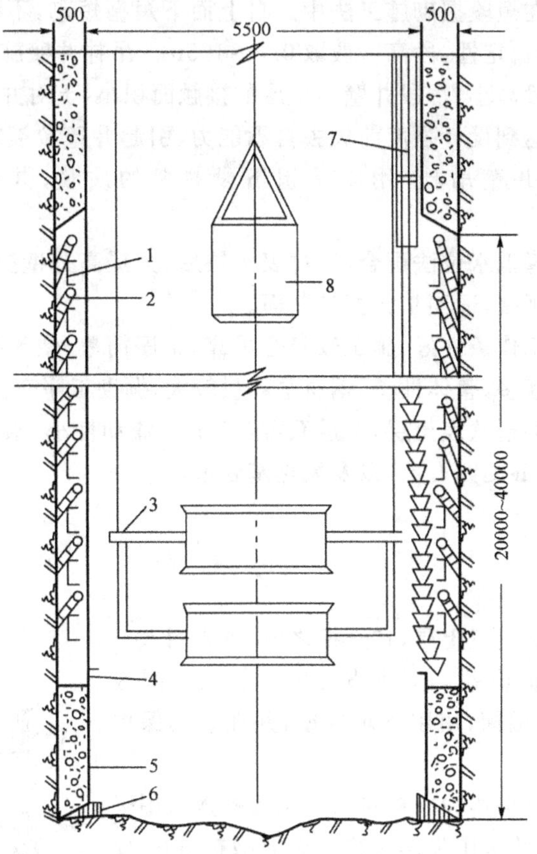

图 17-6　井圈背板法施工(尺寸单位:mm)

1-井圈;2-倒鱼鳞背板;3-吊盘;4-砌壁井圈;5-模板;6-垫木;7-溜灰管;8-吊桶

期短。缺点是施工准备时间长,井口荷重大。

主要适用于粘土和砂质粘土层,土质结构均匀,压缩性低,抗压强度＞0.25MPa,孔隙率小,塑性大,且涌水量小于 $10m^3/h$ 的较稳定表土层。

二、吊挂井壁施工法

吊挂井壁施工法,如图 17-7 所示。

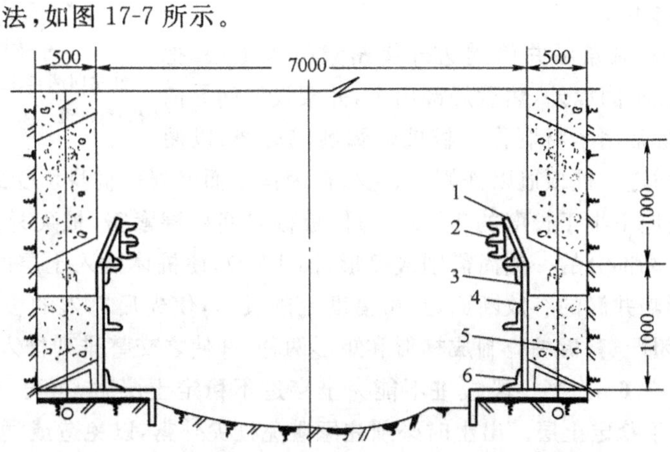

图 17-7　吊挂井壁施工(尺寸单位:mm)

1-接茬板;2-井圈;3-金属模板;4-钢筋棒;5-吊挂钢筋;6-托盘

吊挂井壁施工法用在短段掘砌施工法中。自上而下短掘短砌，不用临时支护。为减少土层的裸露时间，保持土的稳定性，段高一般取 0.5～1.5m。吊挂井壁施工法，因段高小，不必进行临时支护。但也由于段高小，每段井壁与土层的接触面积小，土对井壁的围抱力亦小。为了防止井壁在混凝土尚未达到设计强度前失去自承能力、引起井壁拉裂或脱落，各段井壁内，均设有吊挂钢筋，与上段井壁吊挂，用以承担下段井壁的质量，井壁可按轴心受拉构件计算。

施工时常与工作面降低水位法配合，通过表土层后，为提高井壁整体性，常需自下而上复壁，为此，应按井筒设计规格，适当扩大掘进断面。

这种方法的优点是工作条件好，施工较安全可靠，工序简单，便于操作，速度较快，井口布置简单。缺点是井壁接茬多，整体性差，钢材消耗量较大，掘砌工序交换频繁。

适用于稳定性稍差的松软表土层，渗透系数≥5m/d、流动性小、水压≤0.2MPa、厚度不大的砂层及涌水量≤30m³/h 的卵石层，以及风化基岩带。

三、板桩施工法

（一）直板桩施工法

对于厚度不大的不稳定表土层，在开挖之前，可先用人工或打桩机在工作面或地面沿井筒掘进直径依次打入一圈板桩，形成一个四周密封的圆筒，用以支承井壁，并在它的保护下进行掘进，图 17-8。

可采用木材和金属材料作为板桩材料。木板桩多采用坚韧的松木或柞木制成，彼此采用尖形接榫。金属板桩常用 12 号槽钢相互正反扣合相接。根据板桩入土的难易程度可逐次单块打入，也可多块并成一组，分组打入。木板桩一般比金属板桩取材容易，制作简单，但刚度小，入土困难，板桩间连接紧密性差，故用于厚度为 3～6m 的不稳定土层。而金属板桩可根据打桩设备的能力条件，适用于厚度 8～10 m 的不稳定土层，与其他方法相结合，应用深度更大。

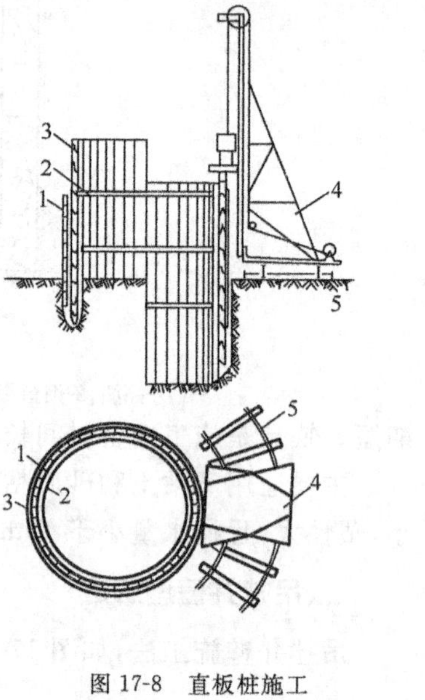

图 17-8　直板桩施工

1-外导向圈；2-内导向圈；3-板桩；4-打桩机；5-轨道

（二）斜板桩施工法

先将板桩按 70°倾角沿井筒周边外缘密集打入土层，把不稳定土层隔绝在桩圈以外，然后局部出土，并架设中间导向井圈加固。斜板桩常用木材制作。板桩端脚削成刃锋，以便劈开土壤向深部插进。桩顶冠以铁帽，以免板桩因锤击而劈裂。桩身承受地压，应具备相当强度和刚度，其厚度应不小于长度的 1/50。为使板桩之间接榫紧密，桩尖外侧外面应比内侧斜面陡；每个桩尖尖端部分的一侧尚需削成孤形（图 17-9），使桩体插入土层时，不因外侧受压而将其挤向井筒，影响井筒的有效断面，且可借助土的反力，使先后打入的板桩相互挤紧、贴严。为了保持桩圈封闭严实，板桩应制成梯形和矩形两种，并使之交替排列楔入土层。斜板桩的桩身长度可取 1.2～1.6m。当一段板桩不能完全穿过不稳定土层时，可再打入另一圈板桩（图 17-10），直至通过不稳定土层。出土时必须注意避免桩尖外露，以免造成涌砂冒泥。一旦板桩封闭不严，出现窗口，涌入水和泥砂时，可随即补打板桩或填塞草袋滤水。

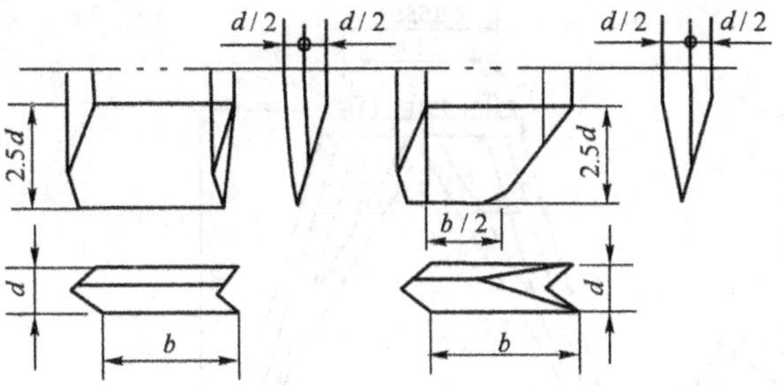

图 17-9 板桩桩尖

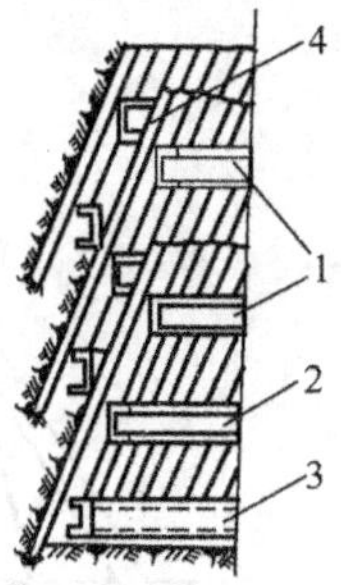

图 17-10 斜板桩施工

1-初导向圈；2-中间导向圈；3-副导向圈；4-倾斜板桩

四、提升方式

表土施工时可以使用基岩掘进的凿井井架和提升机，也可根据不同条件选用下列几种简易的临时提升设备：

1. 汽车起重机

它是一种移动方便的提升设备，因为它的滚筒直径和提升能力限制，只能用于深度≤30m 的浅部井筒和采用很小的吊桶，且吊桶在升降时摆幅较大，因而提升速度也慢。

2. 三角架与凿井绞车提升

它适用于深度不超过 20m 的浅部井筒。它的效率也很低，但设备简单。三角架构件可用直径 200～300mm 的圆木，也可用直径 100～150mm 的钢管，图 17-11。也可用双面三角架。

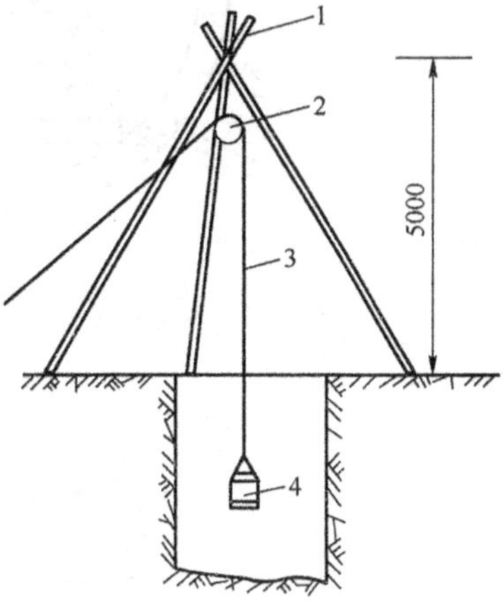

图 17-11 三角架(尺寸单位：mm)

1-圆木或钢管；2-滑轮；3-提升钢丝绳；4-吊桶

3. 简易井架与小绞车提升

简易井架有人字形、帐幕式(图 17-12)、一面坡、龙门架(图 17-13)等几种。分为木质和钢材两种。配以小绞车和小吊桶，可用于 20～50m 深的表土施工。其中应用较多的为简易帐幕式龙门井架和龙门架。

五、表土掘砌

(一)井筒的开挖顺序

1. 利用简易设备施工法

这种方法是先利用汽车起重机或三角架、简易井架进行表土掘砌直至基岩。如土层比较稳定，可一次掘完表土层，然后砌筑壁座，自下而上砌筑井颈和永久锁口，在井颈段留出各通道的洞口，并向口内砌好 2～3m 永久支护，洞口暂用砖石垒墙。

如土层稳定性差，则可先砌筑锁口，然后向下一短段掘砌表土。

这种方法的优点是所需设备简单，制作安装方便，特别是在设备器材缺少的新区，可利用此法提前开工。由于设备质量轻，对井口的压力较小，在土层松软的条件下，有利于安全施工。缺点是提升速度慢、效率低，特别是在稳定性较差的土层中，掘砌速度缓慢，将延长土层的暴露时间，影响土的稳定性和施工安全。另外，它的开凿深度也受限制。

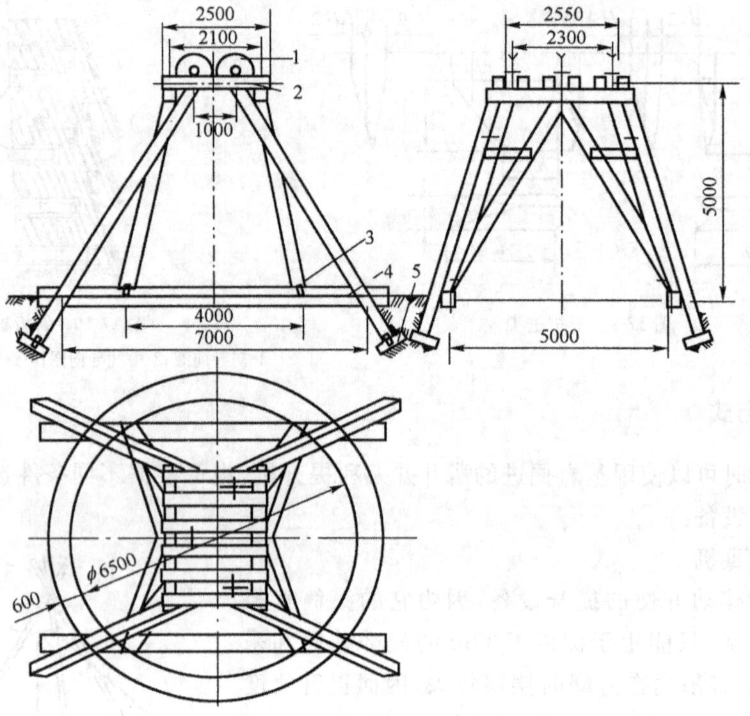

图 17-12 简易龙门架(尺寸单位:mm)

1-天轮;2-300×300×2500mm 方木;3-螺栓;4-木锁口梁;5-柱脚基础

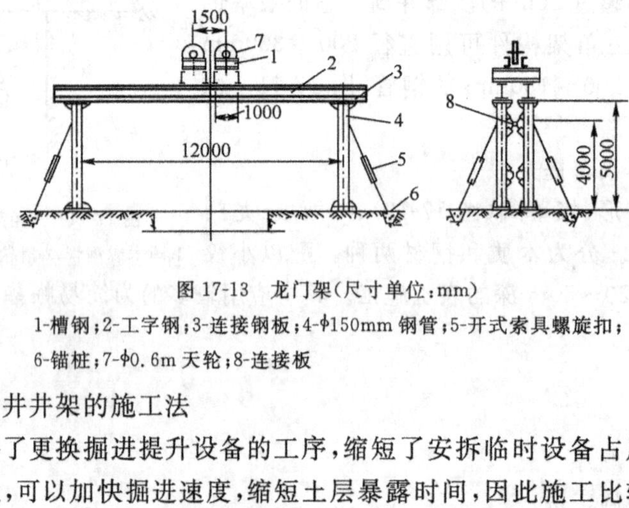

图 17-13 龙门架(尺寸单位:mm)

1-槽钢;2-工字钢;3-连接钢板;4-φ150mm 钢管;5-开式索具螺旋扣;6-锚桩;7-φ0.6m 天轮;8-连接板

2.直接利用凿井井架的施工法

这种方法省略了更换掘进提升设备的工序,缩短了安拆临时设备占用井口的时间。由于此法提升能力较大,可以加快掘进速度,缩短土层暴露时间,因此施工比较安全。但它要求设备供应及时。由于井架施加于井口的荷重较大,故只适用于稳定坚实的土层,土的抗压强度应大于 0.25MPa,否则可能发生地表沉陷,影响井架的稳定性,因而有时还采用井架立柱下端铺设钢托梁的办法,分散井架对土壤的集中荷载作用。总之,采用这种方法好处较多,条件允许时应尽量采用。

3.先简易设备后凿井井架的施工法

这种方法是在厚表土施工中,如凿井设备不能及时供应,这时不论其设备供应是否及时,为争取时间,井筒可先采用简易设备开工,然后再改装凿井设备,转用凿井井架施工,以便充分利用这段时间进行隧道的全面施工准备。

(二)井筒掘砌

表土的掘砌方法与土层性质及涌水量大小密切相关。在涌水量不大的稳定粘土或大孔性黄土层中，掘砌施工段高可取 20～40m。而对于松软土层，则需采用短段掘砌的施工方法，段高为 1～6m。施工段高需结合土层性质、施工程序、提升方式和井颈结构等因素综合考虑选取，以安全、快速通过表土为主要原则。段高过小，掘砌工作转换频繁，降低施工进度和效率。段高过大，易引起片帮等事故。

1. 掘进

在无水而稳定的土层中，井筒可全断面分层向下挖掘，并随时跟进架设临时支架。挖土可用镐、锹，应尽可能选用抓斗直接取土。当土层坚硬时，可配合使用风镐与风铲。必要时，可以浅眼、小炮破土。

表土侧压力随着井筒开挖深度而增大，可缩小井圈间距，并对井圈作横向或纵向加固。

对施工有小量涌水的工作面或在松软的粘土层中，为减少土层的暴露时间，可采用阶梯式环挖法或分块对称开挖法，将水汇集到井底临时水窝后排出(图 17-14)，避免井帮土层浸泡而丧失稳定。土层涌水量较大时，应采用超前小井降低水位、疏干井帮土层、增强土层的自承能力(图 17-15)。在临时支护的背后还应填塞草袋滤水，以防砂土随水流失而造成壁后空洞。一旦发现壁后已形成空洞，应立即用砖石等填实，严防空洞继续扩大。

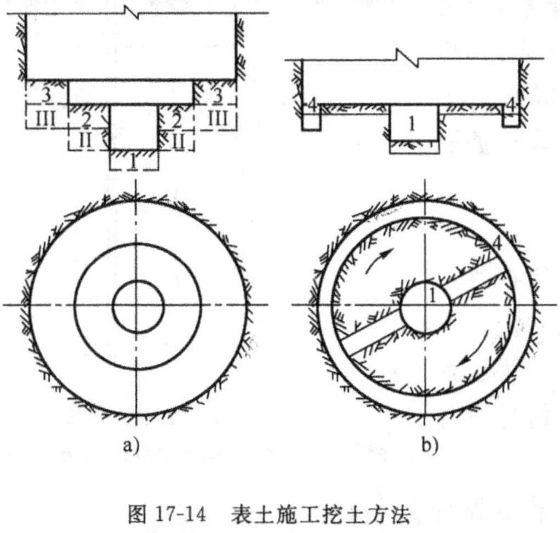

图 17-14　表土施工挖土方法

a)阶段式环挖法；b)分块对称开挖法

1-水窝；2、3-II、III 开挖顺序；4-环形集水沟槽

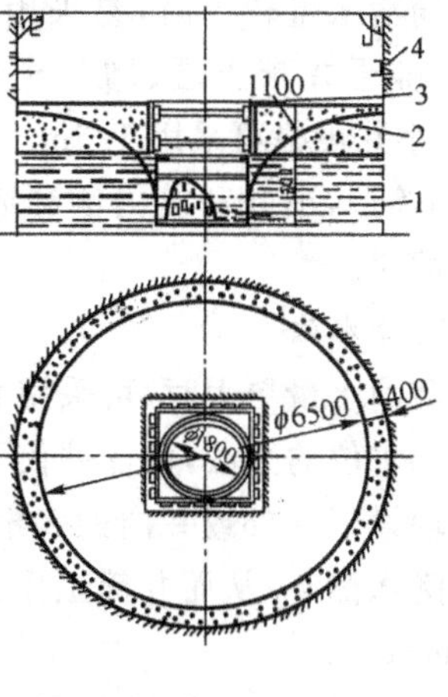

图 17-15　超前小井(尺寸单位：mm)

1-超前小井(滤水筒)；2-曲线；3-临时木支撑；4-井圈

当土层中含有薄层流砂或淤泥等不稳定层时，可采用倾斜板桩法强行通过。

2. 砌壁

表土砌壁方法与基岩施工差别不大，只是当遇松软、稳定性极差或浸水后稳定性变差的土层时，应及时封堵暴露面积，保证施工安全，可采用挖一段砌一段或挖一块砌一块的吊挂井壁施工法。

采用吊挂井壁施工法时，井筒先沿净断面向下掘进，以保持在混凝土养护期间，土层对上段井壁有一定的支撑力。挖掘够一个段高后，逐步扩大挖掘至井筒的掘进断面。

为使接茬严密，在每段井壁的下部用底托盘作成斜坡面。吊挂钢筋必须上下紧密连接。钢筋上端作成开口钩形，下端作成环圈，并使之深入托盘下的土层内，以便下段井壁吊挂。钢筋中部加焊两小段钢筋棒，以增加混凝土与钢筋间的摩擦阻力，防止因混凝土下沉而导致井壁接茬缝开裂。金属模板之间用螺栓连接，模板上口用井圈加固。为了便于拆模，模板之间可夹入一根100mm宽的立木，拆模时先拆去立木，全部模板即可拆落。接茬板倾斜倚在井圈上，操作时，先灌满混凝土，推动接茬板，尔后用木楔楔紧。接茬处的混凝土应采用小粒径的粗骨料配制，水灰比也要控制得当，这样才能使茬面平齐，保证施工质量。

此外，为了确保井壁质量，砌壁时要认真处理井内涌水，对含水层要及早砌壁封闭；上部的井帮淋水要截住排走或用帆布管引至井下，以免冲刷正在浇灌的混凝土。地面也应沿井筒周围挖环形防水沟槽，严防地面水倒灌入井。

砌壁时，如井帮很不稳定，临时支架可不拆除，直接砌入井壁外侧。使用简易设备施工时，可在井内搭设临时工作台，进行长段砌壁。

六、水处理方法

水对井筒表土普通施工法中影响很大，施工中应高度注意，及时清除工作面积水。如果工作面有积水，可采用降低水位法增加施工土层的稳定性。施工中为了防止片帮应开挖一超前小井降低水位并汇集涌水，然后排到地面。如果井筒工作面涌水较大影响正常施工，可在井筒周围打降低水位钻孔进行抽水，以保证井筒顺利施工。

（一）超前小井降水

井筒涌水量较大时，易采用超前小井排水，以降低水位、疏干井帮土层、增强土层的自支承能力，图17-15。小井规格可采用1.5m×1.5m矩形或ϕ1.5～2.0m圆筒形，小井和筒内侧和底部均需设置过滤孔和滤水填料。

（二）降水法

井筒涌水量更大时，可采用泵吸降低井筒掘进工作面下部水位的方法，保证井筒开挖工作面稳定。它是利用埋设于井外或井内的多根抽水管，用泵将水抽出形成降水漏斗，从而井筒工作面在疏干的情况下开挖，图17-16。

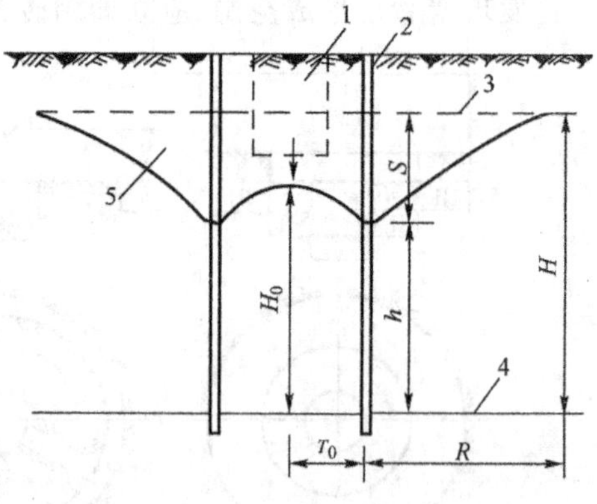

图17-16　抽吸降水法

1-井筒；2-抽水孔；3-地下水位；4-隔水层；5-理想降水漏斗

当不稳定表土层厚度和涌水量的加大、采用普通施工和斜板桩局部特殊处理也难于通过时，应采用其他如：沉井、冻结、钻井和注浆等特殊方法施工。

第二节　井筒表土特殊施工法

在不稳定含水表土层或涌水量较大（≥30m³/h）的裂隙岩层中施工竖井井筒，必须采取特殊的施工方法，以加固围岩、隔绝地下水源和改善施工条件，如冻结法、钻井法、沉井法、注浆法和帷幕（地下连续墙）法等。目前竖井井筒施工以冻结法和钻井法为主。

一、冻结法

冻结法凿井就是在井筒掘进之前，在井筒周围钻冻结孔，用人工制冷的方法将井筒周围的不稳定表土层和风化岩层冻结成一个封闭的冻结圈（图 17-17），以阻止地下水或流砂涌入井筒并抵抗地压，然后在冻结圈的保护下掘砌井筒。待掘砌到预计的深度后，停止冻结，进行拔管和充填工作。

冻结法凿井的主要工艺过程有冻结孔的钻进、井筒冻结和井筒掘砌等。

（一）冻结孔的钻进

为了形成封闭的冻结圈，先要在井筒周围钻一定数量的冻结孔，以便在孔内安设带底锥的冻结管和在管内安装底部开口的供液管。

冻结孔等距离地布置在与井筒同心的圆周上，其圈径取决于井筒直径、冻结深度、冻结壁厚度和钻孔的允许偏斜率。冻结孔间距一般为 1.2～1.3m，孔径为 200～250 mm，孔深应比冻结深度大 5～10m。

（二）井筒冻结

在井筒周围的冻结圈上的冻结管里，流动循环着由冷冻站制出的低温盐水，不断吸收冻结孔壁周围岩土层的热量，使管周围岩土逐渐冷却形成冻土柱。随着冻结时间的延长，冻结管布置圈上的相邻冻结管周围冻土柱的扩展交汇形成能抵御地层压力和阻水的冻结圈墙，在此冻结圈墙的围护下，即能安全地进行井筒掘砌。盐水在冻结圈墙形成进程中起传递冷量的作用，故称为冷媒剂。盐水的冷量是利用液态氨气化时吸收盐水的热量而获取的，所以氨称为制冷剂。吸收盐水箱内热量汽化后的氨气，经压缩机压缩成过热蒸气状态，再经过冷凝器把其中的热量通过冷却水带走后形成液态氨。由此可知，整个冻结法凿井系统的制冷系统包括氨循环系统、盐水循环系统和冷却水循环系统三部分，图 17-18。

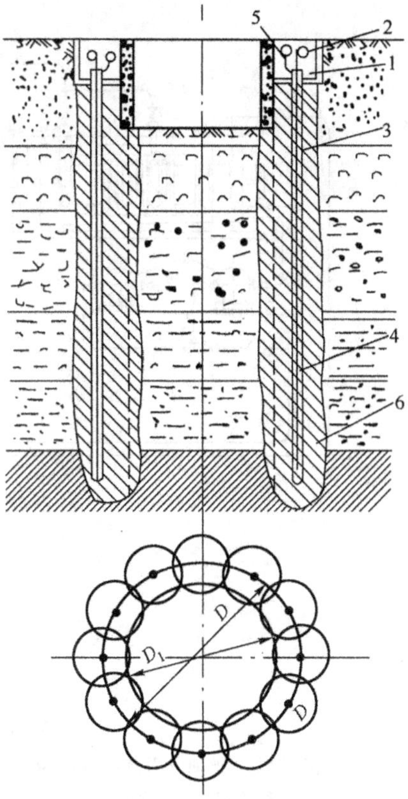

图 17-17　冻结法凿井示意图

1-冷冻沟槽；2-配液管；3-冻结管；4-供液管；5-回液管；6-冻结圈墙；

说明：D 为冻结孔布置直径；D_1 为井筒掘进直径

1. 氨循环系统

经盐水箱汽化后的气态氨在压缩机中被压缩到 0.8～1.2 MPa，温度升高到 80～120 ℃，处于过热蒸气状态。高温高压的氨气经管路进入氨油分离器，除去从压缩机中带来的油脂后进入冷凝器，在 16～20℃冷却水的淋洗下被冷却到 20～25℃而变成较高压力的液态氨（多余液态氨流入贮氨器贮存，不足时由贮氨器补充）。液态氨经过调节阀使压力降到 0.155MPa 左右，温度相应降低到蒸发温度－25～－35℃。液态氨进入盐水箱内的蒸发器中后便全面蒸发，大量吸收盐水箱内盐水的热量，使盐水降温。蒸发后的氨进入氨液分离器进行分离，使未蒸发的液态氨再流入蒸发器继续蒸发，而气态氨则回到压缩机中重新被压缩，完成氨的循环。

2. 盐水循环系统

在设有蒸发器的盐水箱中，盐水被制冷剂（氨）冷却到－20～－25℃以下的低温盐水，用盐水泵经配液管输送到各冻结管内。盐水在埋于土体冻结钻孔内的冻结管中沿供液管流至孔底，然后沿冻结管徐徐上升，吸收周围岩土层的热量后经集液管返回盐水箱，完成盐水循环，此为正循环方式，其冻结壁厚度上下比较均匀，却常被采用。而反循环方式，区别在于盐水由原

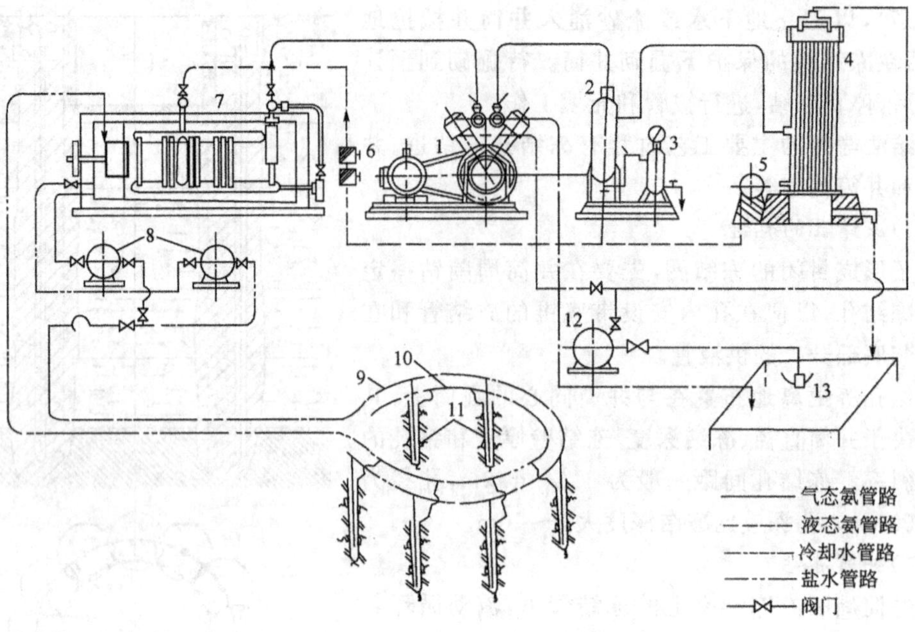

图 17-18 冻结法凿井的三大循环系统

1-氨压缩机；2-氨油分离器；3-集油器；4-冷凝器；5-贮氨器；6-节流阀；7-蒸发器；8-盐水泵；9-配液管；10-集液管；11-冻结管；12-冷却水泵；13-水池

回液管进入冻结管缓缓下流，然后从原供液管返回集液管。反循环方式可加快含水层上部冻结壁的形成。

3.冷却水循环系统

用水泵将贮水池或地下水源井的冷却水压入冷凝器中，吸收过热氨气的热量后从冷凝器排出，水温升高 5～10℃。为节约用水时，排出的水也可经自然冷却后再循环使用。

（三）冻结方案

冻结方案有一次冻全深、局部冻结、差异冻结和分期冻结等几种。

一次冻全深方案是冷却盐水在冻结管内全长流动冷却冻结孔周围土层，它的适应性强，应用比较广泛。局部冻结是只在涌水部位循环冷却盐水而冷却冻结孔周围土层，其冻结器结构复杂，但是冻结费用低。差异冻结，也称长短管冻结，冻结管有长短两种，间隔布置，在冻结的上段冻结管排列较密，可加快冻结速度，使井筒早日开挖，并可避免下段井筒冻实，影响施工速度，浪费冷量。分期冻结，是指当冻结深度很大时，为了避免使用过多的制冷设备，可将全深分为数段（通常分为上下两段），从上而下依次冻结。为提高冻土圈墙抵御地压的能力和加快冻结圈墙形成过程，还有采用双排管的冻结方案。

冻结方案的选择，主要取决于井筒穿过的岩土层的地质及水文地质条件、需要冻结的深度、制冷设备的能力和施工技术水平等。

（四）冻结段井筒的掘砌

采用冻结法施工，井筒的开挖时间要选择适时，最佳时机是当冻结壁已形成达到设计强度而又尚未冻至井筒范围以内时。此时，既便于掘进挖掘又不会造成涌水冒砂事故，但是很难保证冻结段井壁施工中均处于最佳时机，往往部分井段整个井筒被冻实。对于这种冻土挖掘，可采用风镐或浅眼小药量短循环的钻眼爆破法施工，防止崩坏冻结管流出盐水融化冻结圈墙。

冻结井壁一般都采用钢筋混凝土或混凝土双层井壁。外层井壁厚度为 400mm 左右，随掘随进行浇注。内层井壁厚度一般为 600 mm 左右，在通过冻结段后自下向上一次施工到井口。用冻结法施工井筒的永久井壁，由于承受的地压及水压较大，施工条件恶劣，接茬多，因而井壁结构已由浅井时的单层井壁发展为双层井壁、夹层井壁和各种材料组成的复合井壁等。其中双层井壁的优点是：内壁无接茬，井壁抗渗性好；内壁在消极冻结期施工，混凝土养护条件较好，有利于保证井壁质量。

二、钻井法

钻井法凿井是利用钻井机（简称钻机）将井筒全断面一次钻成，或将井筒分次扩孔钻成。它实现了竖井掘砌的机械化。我国目前采用的钻井机多为转盘式钻井机。其类型有 ZZS-1、ND-1、SZ-9/700、AS-9/500、BZ-1 和 L40/800 型等。

钻井法凿井的主要工艺过程有井筒的钻进、泥浆洗井护壁、下沉预制井壁和壁后注浆固井等。

（一）井筒钻进

井筒钻进是个关键的工序。钻进方式有一次钻全深和分次扩孔钻全深两类，以分次扩孔钻全深为多，即首先用超前钻头一次钻到基岩。井筒在基岩部分占的比例不大时，也可用超前钻头一次钻到井底，然后分次扩孔至基岩或井底。超前钻头和扩孔钻头的直径一般是固定的，但有的钻机（如 BZ-1 钻机）可在一定范围内调整钻头的钻进尺寸。这样就可以选择扩孔的直径和次数。选择的原则是，在转盘和提吊系统能力允许的情况下，尽量减少扩孔次数，以缩短辅助时间。

根据岩石性质选用合适的破岩刀具，是提高钻进速度、降低成本的关键。表土层应采用刮刀和长齿滚刀钻头。软岩用楔齿滚刀钻头。硬岩用盘形滚刀或球齿滚刀钻头。影响钻进速度的因素除岩性、钻头构造和刀具类型外，还与钻压、转速、洗井程度有关。

（二）钻机

图 17-19 展示了 AS-9/500 型转盘式钻井机的工作全貌。目前应用最广的仍是地面动力转盘型钻机。它由下列各部分组成：钻具系统（钻头和钻杆），旋转系统（方钻杆和转盘、转台车），提吊系统（钻塔、绞车、复滑轮组和大钩），洗井系统（水龙头、压气排液器、排浆管等）以及辅助设备、工具等。

钻井机的动力设备多数设置在地面。钻进时由钻台上的转盘带动六方钻杆旋转，进而使钻头旋转，钻头上装有破岩的刀具。为了保证井筒的垂直度，都采用减压钻进，即将钻头本身在泥浆中质量的 30%～60%压向工作面，刀具在钻头旋转时破碎岩石。

（三）泥浆

1. 泥浆的洗井作用

泥浆洗井是指在泥浆液位下一定深度的钻杆上有一通有压风的混合器，在此处与压风混合后的泥浆比重低于钻杆外井内泥浆的比重，在此重力差的作用下，裹携着从钻头工作面冲洗来的钻渣的泥浆经钻杆与压气管之间环状空间上升排往地面，经泥浆池沉淀后，沉渣被清除废弃，泥浆被调节到合适的参数后，经泥浆的进浆槽返回到井筒内复用。

钻头破碎下来的岩屑必须及时用循环泥浆从工作面清除，使钻头上的刀具始终直接作用

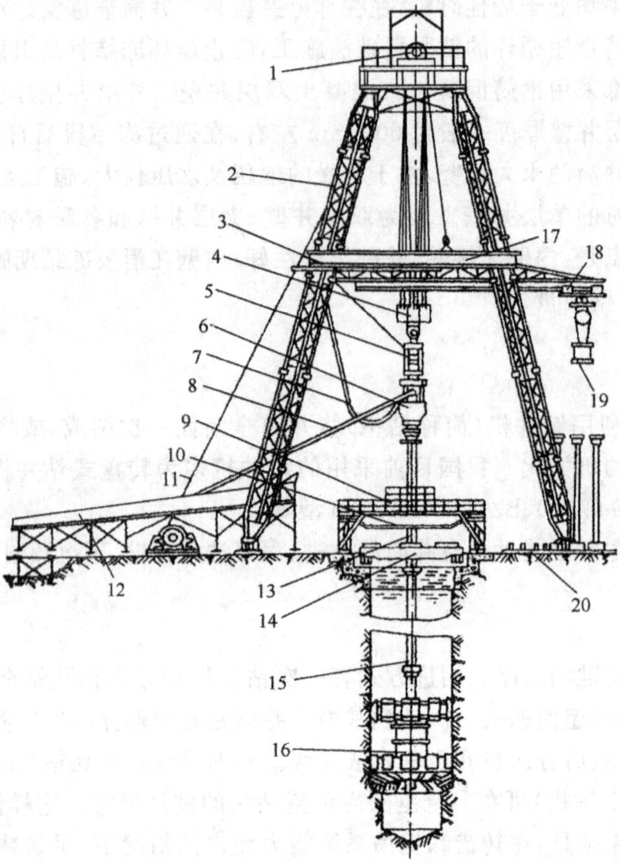

图 17-19 钻井机及其工作全貌

1-天车；2-钻塔；3-吊挂车；4-游车；5-大钩；6-水龙头；7-进风管；8-排浆管；9-转盘；10-钻台；11-提升钢丝绳；12-排浆槽；13-主动钻杆；14-封口平车；15-钻杆；16-钻头；17-二层平台；18-钻杆行车；19-钻杆小吊车；20-钻杆仓

在未被破碎的岩石面上，提高钻进效率。泥浆量的大小，应保证泥浆在钻杆内的流速大于0.3m/s，使被破碎下来的岩屑全部排到地面。泥浆沿井筒自上向下流动，洗井后沿钻杆内的空间上升到地面，这种洗井方式叫做反循环洗井(图 17-20)。

2.泥浆的护壁作用

泥浆的护壁作用一方面是借助泥浆的液柱压力平衡地压，另一方面是在井帮上形成泥皮，堵塞裂隙，防止片帮。为了利用泥浆有效地洗井护壁，要求泥浆有较好的稳定性，不易沉淀。泥浆的失水量要比较小，能够形成薄而坚韧的泥皮。泥浆的粘度在满足排渣要求的条件下，要具有较好的流动性和便于净化。

洗井介质除泥浆外还有清水：适用于基岩；空气泡沫洗井：即将膨润土、洗涤剂和化学药剂的混合液送入压气管内形成泡沫流送往工作面，以增强其携带和冲洗能力。

(四)支护

采用钻井法施工的井筒，其井壁多采用管柱形预制钢筋混凝土井壁。井壁在地面制作，待井筒钻完，提出钻头，用起重大钩将带底的预制井壁悬浮在井内泥浆中，利用其自重和适量注入井壁内的水重控制下沉速度的下沉。同时，随着井壁的下沉，在井口不断接长预制管柱井壁。在井口接长井壁，井壁接长时，要注意测量，以保证井筒的垂直度。图 17-21 为常用预制管状钢筋混凝土井壁漂浮下沉施工工艺。各节井壁间用特制法兰盘和螺栓联接。法兰盘外侧焊接并涂防水材料。在预制井壁下沉的同时，要及时排除泥浆，以免泥浆外溢和沉淀。为了防止片帮，泥浆面不得低于锁口以下 1m。当井壁下沉到距设计深度 1～2m 时，应停止下沉，测量井壁的垂直度并进行调整，然后再下沉到底，并及时进行壁后充填。最后把井壁里的水排净，通过预埋的注浆管进行壁后充填、注浆，以置换泥浆、充填空隙、固定井壁、封闭和隔绝含水层。目的是提高壁后充填质量和防止开凿隧道破底时发生涌水冒砂事故。

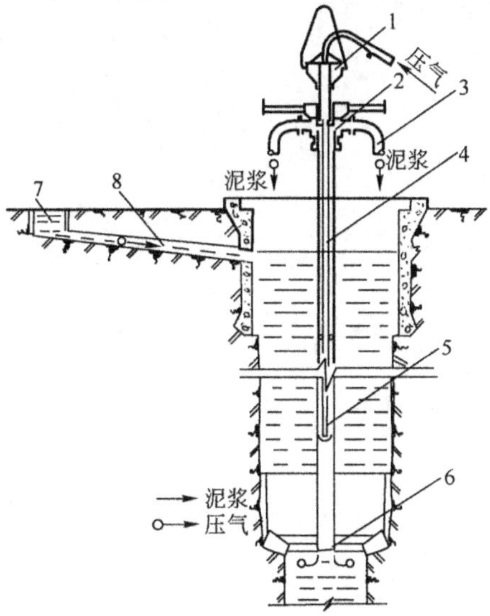

图 17-20 反循环洗井方式示意图

1-水龙头；2-三通；3-排浆管；4-压风管；5-混合器；6-吸收口；7-沉淀池；8-回浆槽

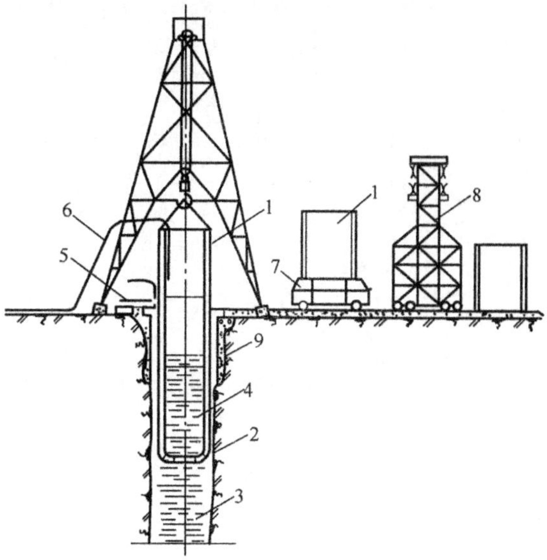

图 17-21 永久井壁漂浮下沉施工示意图

1-钢筋混凝土管柱井壁；2-底座；3-泥浆；4-水；5-压气排浆器；6-水管；7-钻台；8-龙门吊车；9-临时锁口

第五篇

公路隧道的防、排水设计与施工

第十八章　公路隧道的防、排水设计

第一节　概　　述

防排水工程是公路隧道工程的重要组成部分之一。防止地下水侵入隧道内部，保持隧道内干燥是保证隧道结构安全和运营安全的重要前提。然而，由于隧道修建在地表之下，地层中存在各种不同类型的地下水，这些地下水总是试图通过各种孔隙侵入隧道内部，从而造成隧道渗漏水。隧道渗漏水对隧道的不良影响是全方位的，主要包括：

（一）对隧道结构安全构成威胁

一方面由于地下水对隧道围岩的浸泡、冲蚀，地下水可以使软弱围岩的强度显著降低，使膨胀性围岩发生膨胀，在黄土地区还可能使黄土发生湿陷，这些变化都使隧道围岩压力增大，隧道结构所要承受的荷载也增大，从而使隧道结构安全受到影响。另一方面，一些侵蚀性地下水的存在，也会侵蚀隧道结构，破坏混凝土结构，锈蚀钢筋，从而降低隧道结构强度。此外，由于隧道渗漏水而引发的寒区隧道冻害，也增大了隧道结构荷载，降低隧道结构强度，对隧道结构安全构成威胁。

（二）对隧道运营环境构成威胁

地下水的侵入可以使隧道运营环境严重恶化。渗漏水使隧道内潮湿，降低隧道内的舒适度，给隧道管理工作人员和通行人员的身体带来不良影响；渗漏水使隧道内道路湿滑，雾气增加而能见度降低，给行车安全带来威胁；渗漏水对隧道内大量的运营设施也构成威胁，不仅使电气设施运营效率降低、寿命缩短，还可能引发火灾等安全事故。

目前，渗漏水已经成为我国公路隧道的最主要病害之一。在地下水发育地区修建的隧道，运营若干年后，大部分都出现不同程度的渗漏水情况，有些还相当严重。例如，新疆的天山二号隧道，建成后渗漏严重，反复冻融使衬砌破坏，该隧道几近报废。

鉴于隧道渗漏水可能引发的严重后果，防排水设计成为隧道工程（尤其是公路隧道工程）设计的重要组成部分。

第二节　隧道防排水设计原则与要求

隧道防排水工程是一个复杂的有机联系的系统工程，无论是设计、施工还是运营过程中的任何细小的疏忽或缺陷，都可能造成隧道防排水失败。因此，隧道防排水工程应当合理设计、精心施工和有效养护。其中合理设计是做好隧道防排水的前提条件。

为了保证公路隧道结构安全和必需的运营条件，我国《公路隧道设计规范》（JTG D70—2004）规定公路隧道应达到下列防水要求：

（1）高速公路、一级公路、二级公路隧道防排水应做到拱部、边墙、路面、设备箱洞不渗水，有冻害地段的隧道衬砌背后不积水，排水沟不冻结，车行横洞、人行横洞等服务通道拱部不滴水，边墙不淌水。

(2)三级公路、四级公路隧道应做到拱部、边墙不滴水，路面不积水，设备箱洞不渗水，有冻害地段的隧道衬砌背后不积水，排水沟不冻结。

针对公路隧道的防排水要求和目前公路隧道普遍出现的渗漏水情况，隧道防排水应遵循“防、排、截、堵结合，因地制宜，综合治理”的原则，保证隧道结构物和运营设备的正常使用和行车安全。“防”是指采取防水混凝土或附加防水层等措施，使隧道工程具有一定防止地下水渗入的能力，防止地下水透过防水层、衬砌结构渗入洞内。隧道工程设计时应优先考虑采用防水混凝土提高隧道结构的自防水能力。“排”是指对已经渗入隧道区域的地下水采取自流排水或机械排水的方式排出隧道区域，以减小渗水压力，防止积水和冻害发生，创造良好的防水环境和隧道运营环境。“截”是指采用截水沟、截水导坑等措施，截断流向隧道区域的水流，即把所有可能流向隧道的地表水、地下水的通道截断，减轻隧道防排水压力。“堵”是指采用注浆或嵌填等各种方法对隧道围岩裂隙、隧道结构本身存在的渗漏水路径进行封堵。防、排、截、堵应有机结合，达到排水通畅、防水可靠、经济合理、不留后患的防水目的。

进行隧道防排水设计时，应根据隧道所处的地下水环境、结构特点和施工特点，因地制宜地采取各种有效的防排水措施，对地表水、地下水妥善处理，形成完整洞内外防排水系统，使隧道取得良好的防排水效果。对于地表水，主要采用截排和封堵措施，即对地表水进行截流和疏导，尽量使地表水不进入隧道区域，同时，对于地表存在的坑洼、钻孔、裂隙等容易使地表水下渗的通道进行填平封闭。对于地下水，按照新奥法设计施工的隧道一般都采用复合式衬砌结构。复合式衬砌结构的防排水体系具有典型的圈层构造，可用“一堵两排两防”来概括，即：一圈围岩注浆堵水，喷射混凝土与防水层间、防水层与衬砌间两圈排水，专用防水层和衬砌混凝土两层防水。

一般山岭隧道防排水设计的具体要求为：

(一)防水要求

隧道防水设计应根据地下水的渗流路径层层设防，在不同的位置进行不同的防水设计。越靠近渗水上游的防水措施越重要，也越有效。上游防水成功，对减少地下水排泄，减轻下游防水压力有重要意义。而下游防水措施是对上游防水措施的补充和预防。

1. 在隧道地表，对洞顶的坑洼地区进行整平、充填或开挖排水沟槽，使洞顶不积水；对洞顶存在的塌穴、地裂缝、钻孔等地表水下渗通道进行充填和封闭，防止地表水下渗。

2. 对围岩破碎地段、断层破碎带、涌水易坍塌地段等地下水丰富区段，应首先选用注浆堵水，防止地下水过度排泄，破坏环境，影响施工。注浆堵水可在开挖后向隧道围岩压注浆液，必要时也可以通过洞内超前注浆或地表注浆等方法进行预注浆加固。

3. 隧道开挖后，采用喷射防水混凝土的方法封闭围岩表面，减小渗水压力，为隧道防水创造有利条件。如隧道围岩存在较集中的裂隙渗水，可先用Ω形弹簧排水管进行排水，以免喷射混凝土在水压力作用下开裂。

4. 在隧道初期支护与二次衬砌之间全断面设置专用防水层进行隧道防水。

5. 采用满足结构抗渗要求的混凝土进行隧道二次衬砌，寒冷地区冻害地段和严寒地区所采用混凝土的抗渗等级不低于S8，其余地区不宜低于S6。

6. 对隧道衬砌中不可避免的施工缝、变形缝等，应进行专门的防水设计。

(二)排水要求

隧道排水系统应当设计成为一个完整的排水体系。整个体系应连接可靠、排水通畅，其中任何一个环节的排水不畅，都会导致整个排水系统排水失效，从而使水压升高，发生渗漏事故。

1.隧道首先应当设计完善的地表及洞口排水管沟，使隧道具有一个良好的水流外排环境。

2.采用复合式衬砌的隧道，应当设计完整的排水系统："环向排水盲管→纵向排水管→横向排水管→路面排水沟(或路基中央排水管)→洞外"。

3.对于具有明显渗水裂隙、渗水点的隧道，在喷射混凝土初期支护之前，应采用Ω形弹簧排水管或软管引排渗水，减轻防水压力。

4.对于被防水层封堵的地下水，应采用环向盲管、土工布垫层等措施将其通畅的排入隧道排水系统。

5.对于透过隧道防水层，被衬砌混凝土及其止水带封堵的渗水，应采用可排水止水带等措施，将其引排到隧道排水系统，以避免水压力的升高。

6.隧道排水系统不同位置的排水能力应根据水力计算确定。排水管沟应设置必要的沉砂井、检查井，便于检查、维修和疏通。寒区隧道的排水出口应做好防寒抗冻措施。

此外，可持续发展和环境保护的理念正越来越受到工程界的重视。在进行隧道防排水设计时，也应当重视隧道工程中的环境保护问题。隧道防排水工程中可能遇到的环境问题主要有：(1)过分排泄地下水，导致地下水资源大量流失，隧道区域地下水位下降，植被枯死，工农业生产受到影响；(2)隧道内因冲洗、维修而产生的污染废弃水可能造成水污染。在进行隧道防排水设计时，应充分考虑这些问题，采取合理有效的解决措施。

第三节　一般公路隧道防排水设计

一、洞外防排水设计

洞外防排水设计是指设计合理的隧道洞外地表水防排水措施，防止地表水下渗或向隧道洞口汇集。隧道洞顶地表水下渗会大量补充地下水，使隧道围岩内地下水增加，水压升高，水量增大，给洞内防排水带来不良影响，因此，应采取措施防止地表水下渗。在隧道洞口区域，地表水容易通过边、仰坡向洞门汇集，地表水的浸泡、冲刷容易引起边、仰坡失稳滑塌、洞门失稳或开裂等事故，因此，也应该采取措施防止地表水向洞口汇集。常用的洞外防排水措施有：洞顶地表处理、洞顶截水沟、明洞防排水措施、洞门排水和洞口路堑排水等。

(一)洞顶地表处理

隧道要求重视防止地表水的下渗，其处理措施为填充、铺砌、勾补、抹面等。对洞坑穴、钻孔等均应采用防水材料充填密实封闭，隧道进出口段一定范围地表采用注浆加固措施。

1.洞外排水应根据地形、地质、气象等情况，结合环境保护全面规划，综合治理，因地制宜地设置疏水、截水、引水设施。

2.隧道洞顶及其附近有井、泉、池塘、水库、水田等，要考虑因修建隧道而造成地表水和地下水位降低、流失、井泉干枯，影响居民生活和农田灌溉的可能，应采用相应措施防止水土流失，注意不要将水源截断和堵死。

3.当洞顶有沟谷通过，且沟底岩石节理裂隙发育，确认地表水对隧道影响较大时，可采用浆砌片石铺砌沟底，铺砌厚度不小于30cm。当沟底岩石破碎和隧道埋深较浅时，应结合隧道支护设计采用注浆加固措施。

（二）洞顶截水天沟

洞顶截水天沟是修筑在距洞门边仰坡一定距离外，环抱隧道洞门的截水沟。洞顶截水天沟的主要目的是截断洞口边仰坡地表水来源，防止地表水冲刷边、仰坡和洞门区域。水沟一般采用浆砌片石铺砌，厚度不小于30cm，断面形式以梯形为主，石质地段可采用矩形。

截水天沟设计应满足以下要求：

1.天沟设于边仰坡坡顶以外不应小于5m，黄土地区不应小于10m。天沟一般沿等高线向路线一侧或两侧排水。

2.天沟坡度根据地形设置，但不应小于0.5%，以免淤积。当纵坡过陡时，应设置急流槽或跌水连接。一般在地面自然坡度陡于1∶1时，水沟应做成阶梯式，以减少冲刷。土质地段水沟纵坡大于20%或石质地段水沟纵坡大于40%时，应设置抗滑基座，以确保纵向稳定。

3.天沟断面应根据流入截水沟的汇水区流量确定。水沟深度应高出计算水位20cm，一般底宽和深度均不小于60cm。

4.天沟长度应使边仰坡坡面不受冲刷为宜，下游应将水引至适当地点排泄，避免冲刷山体。流量较大时，不宜将水引入路基排水边沟排泄，应根据地形将水引至附近沟谷或涵洞排泄。

（三）明洞防排水

相对于隧道暗洞，明洞防排水条件要优越得多。一方面，明洞属于明挖回填结构，可以在渗水迎水面（衬砌结构外侧）设置防水层，其施作条件和防水效果要好得多；另一方面，明洞回填材料和方式可以人为控制，从而也能控制回填后明洞洞周的地下水流量和路径。

在控制明洞洞周地下水方面，防排水措施主要有：

1.明洞开挖边坡以外应设置天沟。路堑对称型、路堑偏压型应于洞顶设置纵向排水沟，其沟底坡度与路线一致且不小于5%，条件允许时可在山坡较低一侧拉槽排水。洞顶排水沟一般采用矩形或梯形断面，浆砌片石厚度不小于30cm，以防冲刷。

2.洞顶回填土石表面一般应铺设粘土隔水层，且应与边坡搭接良好，以防地表水渗入。隔水层表面种草防护，可防雨水冲刷。

3.明洞回填前和回填过程中，可在回填土石底层或层间埋设排水盲管（盲沟），引流渗水，防止地表水下渗后在回填土石中滞留积蓄，增大水压和明洞荷载。

在结构性防水方面，明洞防排水应采取以下措施：

1.明洞外缘防水采用全断面铺设宽幅高分子柔性防水卷材。为了防止回填土石损坏防水层，防水卷材采用两布一膜，接缝采用双焊缝热融粘结技术。

2.在明洞与洞门、明洞与暗洞搭接处，采取可靠的变形缝防水措施，一般采用中埋式止水带防水，搭接结构外缘铺设防水层。

（四）洞门截排水

洞门截排水的主要目的是截流洞口边仰坡漫流下来的地表水，防止水流在洞门处下渗或冲刷洞门结构，影响洞门结构安全、行车安全和美观，采取的主要措施为：

1.削竹式洞门应沿洞脸环向设置高度不小于30cm厚的钢筋混凝土帽石，沿洞门环框内侧隧道壁面设置滴水线，以防雨水漫流影响美观。

2.对于带有翼墙的各类隧道洞门及明洞洞门，洞口仰坡坡脚至洞门墙背的水平距离不应小于150cm，洞门翼墙与仰坡之间水沟的沟底至衬砌拱顶外缘的高度不应小于100cm，洞门墙顶应高出仰坡坡脚0.5m以上。

二、洞内防排水设计

隧道洞内防排水设计可以分成洞内防水设计和洞内排水设计。隧道洞内防水措施主要包括围岩注浆堵水、复合防水层防水和衬砌混凝土防水；洞内排水措施主要有紧贴岩面和初支表面的Ω形弹簧排水管排水、环向排水盲管、纵向排水管、横向排水管和路基路面排水系统。

(一)洞内防水材料

1.防水卷材

主要用于防水层、防腐层、建筑防潮、简易防水及临时性建筑防水等，目前防水卷材主要为沥青系防水卷材、高聚物改性系防水卷材、合成高分子防水卷材三大系列，若干品种规格，分类如图18-1。

- 防水卷材
  - 沥青系防水卷材
    - 纸胎石油沥青油毡
    - 玻璃胎布沥青油毡
  - 高聚物改性沥青系防水卷材
    - SBS改性沥青柔性油毡
    - 铝箔塑料油毡
    - 化纤胎改性沥青油毡
    - 废胶粉改性沥青耐低温油毡
    - 塑料沥青聚脂胎弹性体油毡
    - 彩砂石聚脂胎弹性油毡
    - PVC改性煤焦油沥青耐低温油毡
  - 合成高分子防水卷材
    - 硫化型合成橡胶防水卷材
      - 三元乙丙橡胶防水卷材
      - 氯磺化聚乙烯防水卷材
    - 硫化型橡—塑共混防水卷材
    - 氯化聚乙烯—橡共混
    - 非硫化型塑—橡共混防水卷材
    - TPO防水卷材
    - 合成树脂系防水卷材
      - 氯化聚乙烯防水卷材
      - 聚氯乙烯防水卷材

图18-1　防水卷材分类

2.结构自防水材料

结构自防水材料又统称刚性防水材料，是指以水泥、砂石为原料，掺入少量外加剂、高分子聚合物等材料，通过调整配合比，抑制或减少孔隙率，增加材料界面间密实性，形成的具有一定抗渗能力的水泥砂浆、混凝土类防水材料，可达到增强混凝土结构自身防水性能的目的。

水泥砂浆类防水材料多作为附加防水层，用于有防水、防潮等要求的地下工程的迎水面和背水面，弥补工程中出现的蜂窝、麻面等缺陷。

混凝土类防水材料是一种既可防水又可兼作承重围岩结构的材料，可用于地下工程及各种防水、输水、贮水结构工程中。

这种材料具有较高的抗压(抗拉)强度，耐久性、抗冻、抗老化性能较好，一般为无机材料，不燃烧、无毒、无异味，有透气性，材料易得，造价低廉，施工方便，便于修补，综合经济效益好，因此结构自防水材料在国内外防水领域中均是发展方向。

3.防水涂料

防水涂料主要用于构筑物内外墙防水、装饰工程的防渗、堵漏。防水涂料一般按涂料的类型和成膜物质的主要成分进行分类，按涂料类型分为溶剂型、水乳型、反应型三类；按成膜物质的主要成分可分为五类，见图18-2。

- 合成树脂类
  - 单组分型
    - （溶剂型）丙烯酸酯类
    - （水乳型）丙烯酸酯类
  - 双组分型
    - 环氧树脂类等
    - 焦油环氧树脂类等
- 橡胶类
  - 单组分型
    - （溶剂型）氯磺化聚乙烯橡胶类、氯丁橡胶类
    - （水乳型）氯丁橡胶、丁苯胶乳、丙乙酸酯胶
    - （反应型）单组分聚氨酯类
  - 双组分型——（反应型）聚氨酯类、焦油聚氨酯类、聚硫橡胶类、硅酸胶类等
- 橡胶沥青类
  - （溶剂型）氯丁橡胶沥青类、再生橡胶沥青类等
  - （水乳型）水乳型氯丁橡胶沥青类，水乳型有再生胶沥青类等
- 沥青类
  - （溶剂型）沥青涂料等
  - （水乳型）石灰膏乳化沥青、水性石棉沥青、乳化沥青、粘土乳化沥青等
- 水泥类　聚合物——水泥类、无机物——水泥类等

图 18-2　防水涂料分类

4. 嵌缝密封材料

建筑工程用密封材料，主要用于填充构筑物接缝、裂缝、镶嵌部位等，能起到水密、气密性作用。嵌缝材料与密封材料在狭义上有所不同，嵌缝材料只用于裂隙填充，密封材料用于设计上有意安排的接缝，在广义上两者统称嵌缝密封材料，可分为不定型密封材料和定型密封材料，前者是膏糊状材料，后者指按工程要求制成的带、条、垫一类材料。根据物理性能分类如图 18-3 所示。

- 不定型密封材料
  - 弹性型
    - 单组分型
      - 非溶剂型
        - 硅酮系
        - 改性硅酮系
        - 聚硫化物系
        - 聚氨酯系
      - 溶剂型
        - 硅酮系
        - 丙烯酸系
        - 丁烯橡胶系
      - 乳液型
        - 丙烯酸系
        - 丁苯橡胶系
    - 双组分型
      - 硅酮系
      - 改性硅酮系
      - 聚氨酯系
  - 非弹性型
    - 环氧系
    - 油灰
    - 油性嵌缝材料（有模型、无模型）
    - 沥青型
- 定型密封材料
  - 弹性型（条状）
    - 聚乙烯系
    - 聚丙烯系
    - 丁基橡胶系
    - 橡胶沥青系
  - 弹性型（密封垫）
    - 聚氯乙烯系
    - 氯丁橡胶系
    - 氯磺化聚乙烯系
    - 三元乙丙橡胶系
    - 沥青聚氨酯系

图 18-3　嵌缝密封材料分类

(二)洞内防水设计

1.围岩注浆

围岩注浆堵水即在隧道围岩的富水区段向地层灌注浆液,封堵地层中的渗水裂隙,减少流向隧道的渗水。围岩注浆堵水既可在隧道开挖前从地表钻孔实施,也可在隧道开挖后通过径向或超前向围岩钻孔注浆来完成。在我国,由于经济上的原因,在有水区段用向围岩注浆的方法进行堵水常常被放弃。放弃围岩注浆堵水,放任地下水外泄会导致多方面的不良后果:(1)洞内排水会破坏地下水的原有平衡,造成地下水资源流失;(2)地下水外泄可能冲蚀围岩裂隙和软弱夹层,不利于围岩稳定;(3)地下水携带大量泥沙,不利于隧道排水通畅。而采用围岩注浆堵水的好处在于:(1)围岩注浆充填围岩裂隙,封堵渗水通道,在隧道周围形成隔水保护圈,防止地下水外泄并减轻隧道结构防水压力,创造良好的防排水条件;(2)注浆是较锚喷更为积极主动的加固围岩措施,通过注浆,岩层中的裂隙被浆液充填胶结,强度增加,抵御地压的能力增加,减小了作用在衬砌结构上的永久荷载。因而,随着我国经济技术水平的提高和环保意识的增强,围岩注浆堵水应成为我国隧道防水的第一道防线,成为优先选用的主要防水措施。

(1)注浆材料分类及材料选择

注浆材料的分类情况如图 18-4。

- 注浆材料
  - 水泥浆
    - 水泥浆液
    - 水泥砂浆
    - 水泥粘土浆液
  - 水泥系浆液
    - 水泥—水玻璃系
    - 水玻璃—矿渣+水泥系
  - 药液系
    - 水玻璃系
      - 酸性系(酸性浆液材料)
      - 金属盐类系(瞬时凝胶化)
      - 碱性系
      - 丙烯酰胺系
    - 高分子系
      - 尿素系
      - 尿烷系
        - 水溶性系
        - 非水溶性系

图 18-4 注浆材料分类

一种性能良好的注浆材料应具有以下特征:良好的渗入性,良好的流动性,较好的强度和粘结力,较高的结石率和良好的稳定性。

一般情况下应尽可能采用固体颗粒材料(水泥浆液、水泥玻璃浆液)。水泥类浆液可以压入颗粒不小于 0.6mm 的粗砂;水玻璃类可压入颗粒不小于 0.10mm 的粉砂;木质素类可压入颗粒不小于 0.03mm 的泥土;丙烯酰胺类粘度近似水,可压入颗粒不小于 0.013mm 的泥土。只有在固粒材料浆不能达到压浆处理的要求,如岩层裂隙细微注浆困难或涌水量大、流速大时,才考虑采用化学浆液。

压浆所用材料尚应根据地层条件选择,具体要求如下:

①断层破碎带和砂卵石地层,当裂隙宽度(或粒径)大于 1mm,或渗透系数 $K \geqslant 5 \times 10^{-4}$m/s 时,加固或堵水压浆宜优先选用料源广、价格便宜的单液水泥浆和水泥—水玻璃浆。

②断层泥带,当裂隙宽度(或粒径)小于 1mm,或渗透系数 $K \geqslant 1 \times 10^{-5}$m/s 时,加固压浆宜优先选用水玻璃类。

③中、细、粉砂层及细小类型岩层,断层泥段堵水压浆宜选用渗透性好、低毒、遇水膨胀的化学浆液,如聚氨酯类。对于颗粒更小的粘土层,采用水泥浆、水泥—水玻璃类,可在水泥浆中

加入膨润土、粉煤灰等填料，将使浆液具有触变性能，并能防止材料的分离和水泥颗粒的沉淀。具有触变性能的浆液，其水分不易析出，始终保持很好的流动性，能够有效地扩散浆液。浆液的配方应根据地层情况和凝胶时间要求经试验而定。

④岩溶地段突泥、突水和裂隙较大的地质构造中，为堵塞突泥、涌水通道，在适应压浆设备的条件下，可用劈裂法代替渗透注浆。劈裂法对注浆材料种类、粘度、颗粒性等方面的要求，不如静压渗透注浆严格。

浆液的压注性和应用范围，不仅取决于浆液本身性能（渗透性、粘度、固体颗粒的粒径和含量、凝胶时间等）和岩层的渗透系数、裂隙大小或岩体颗粒尺寸（如砂层），和注浆压力、泵量和压注方式等注浆工艺也有关。因此，选择时应根据各种因素综合考虑，选用一种或几种最合适的注浆材料和配方，配合使用以充分发挥各种材料的特点，达到合理的技术经济指标。

(2)注浆参数确定

围岩注浆设计需要确定的注浆参数主要有：扩散半径、注浆压力、浆液浓度和注浆量。

①注浆扩散半径 R(m)

浆液扩散半径（浆液的有效范围）与岩石裂隙大小、浆液粘度、凝固时间、注浆速度和压力、压注量等因素有关。在孔隙性岩层比较规则、均匀，在岩层裂隙中是不规则的。在其有效扩散范围内浆液充塞、水化后的固体能有效地封堵涌水。浆液的扩散半径随岩层渗透系数、压浆压力、压入时间的增加而增大；随浆液浓度和粘度的增加而减少。施工中对压浆压力、浆液浓度、压入量等参数可以人为控制与调整，对控制扩散范围可以起到一定调节作用。

②注浆压力

注浆压力大小影响注浆效果，其大小决定于涌水压力（开挖工作面静水压力、突水的动压力）、裂隙大小和粗糙程度、浆液的性质和浓度、要求的扩散半径等。一般压力越高，浆液充填饱满，结石体强度高、不透水性好，并能增大扩散半径以减少注浆孔数。但压力过高，会使裂缝扩大，浆液流失过远以及工作面冒浆等。注浆最大压力（终压）通常根据经验确定，一般比水压高 0.2～0.4MPa。如量测水压有困难或不要求准确的终压值，亦可参考下列压浆压力经验公式：

地表注浆 $$P=(0.2\sim0.5)H_1 \tag{18-1}$$

洞内注浆 $$P=(0.2\sim0.5)H_1K \tag{18-2}$$

式中：H_1——孔位至静水位高度(m)；

K——洞内修正系数，$K=1.2\sim2.0$；

P——注浆压力(MPa)。

③浆液浓度

围岩裂隙越大，用浆也越浓。在每段每次压浆时应先稀后浓，同一分段多次压浆时，则先浓后稀。浆液浓度的选择根据岩层的吸水率 q 来确定。吸水率越大，岩层透水层越强，则浆液宜浓，吸水率 q 为单位时间内每米钻孔在每米水压作用下的吸水量，可通过压水试验按下式计算。

$$q=\frac{Q}{H\cdot h}\quad(\mathrm{L/min\cdot m\cdot m}) \tag{18-3}$$

式中：Q——单位时间内钻孔吸水量(L/min)；

H——试验时所使用的压力(10kPa)；

h——试验钻孔长度(m)。

一般水泥浆液起始浓度很少采用较稀配比，特别在初期压浆阶段，因稀释浆液结石率低，并增大扩散半径，延长压浆时间。常用的水泥浆液浓度为1.5∶1～0.5∶1。采用浓浆、高压力，堵水效果好，并能缩短压浆时间。

水泥浆液压浆过程中，某一种浓度级的吸浆率约为吸水率的80%～85%时，可以认为浓度适宜。在某一种浓度级压浆压力保持不变，吸浆量随压浆时间延长逐渐减少时，或当吸浆量不变而压力却逐渐升高时，均属浓度适中，不需改变浆液浓度。如果当某一种浓度级连续压入20～30min后，压浆压力和吸浆量均无改变和改变不大，即可换用较浓一级的浆液。遇有冒浆或岩层破碎带、大裂隙、岩溶发育地层时，应越级加浓，或采用间歇压浆、水泥—水玻璃双液压浆等措施。

④浆液注入量

为获得良好的堵水效果，必须注入足够的浆液量，确保一定的有效扩散范围。但浆液注入量过大，扩散范围太远，就浪费浆液材料。

浆液压入量Q，可根据扩散半径及岩层裂隙率进行粗略估算，作为施工参考。

$$Q = \pi r^2 H \eta \beta \ (\mathrm{m^3}) \tag{18-4}$$

式中：r——浆液扩散半径(m)；

H——压浆段长度(m)；

η——岩层裂隙率，一般取1%～5%；

β——浆液裂隙内的有效充填系数，约0.3～0.9，视岩层性质而定。

对于大的溶裂、大的溶洞，η(裂隙率)＞5%时，浆液注入量难以计算，因此，在这种情况下，宜用注浆压力控制注浆量，注浆量只能按注浆终压规定值时的注浆总量来决定。

(3)注浆结束标准

注浆结束标准，一般以两个指标表示：一是最终吸浆量；另一个是达到预定设计压力(即终压)时的持续时间。从理论上讲最终吸浆量是越小越好，最理想的情况是压至完全不吸浆，但在实际施工中，特别在高压注浆的情况下，是难以做到的，也无此必要。一般结束标准是：注浆压力达到设计终压；吸浆量、双液(水泥—水玻璃浆液)为50～100L/min，单液(水泥浆)为20～60L/min，稳定约20min即可结束。

在正常的情况下，一般采用定压注浆，当注浆压力达到或接近设计终压时结束注浆，而当压力接近终压或达到终压的80%时，如出现较大的跑浆，经间歇注浆后达到或接近终压也可结束注浆。整治涌水突泥，其终压值根据客观条件的变化，可选择合理的上限值和下限值与导坑突水量作为终止标准。

2.复合式防水层

采用复合式防水层是复合式衬砌隧道防排水的核心内容。防水层由防水板及其垫层组成。防水板的作用是将地层渗水拒于二次衬砌之外，以免水与二次衬砌接触并通过二次衬砌中的薄弱环节渗入隧道。垫层的主要作用是保护防水板，使防水板免遭尖锐物的刺伤。复合防水层的设计要点如下：

(1)隧道初期支护与二次衬砌间的防水层，应选用耐老化、耐细菌腐蚀、易操作且焊接时无毒气的高分子柔性防水卷材。防水层在拱部和边墙全断面铺设，对环境要求高、不适宜排水的隧道应采用全封闭的防水衬砌结构。

(2)采用高分子柔性防水卷材防水层时，其背面也应铺设排水盲沟或各种排水板。

(3)采用高分子柔性防水卷材防水层时，初期支护表面的各种突出物和二次衬砌中预埋的各种构件不能凿穿防水层，必须采用“无钉铺挂”工艺。当无法避免时，该处需作特殊的防水处理。

(4)隧道防水层采用在初期支护与二次衬砌之间铺设 300～500g/m² 夹 1～2mm 高分子柔性防水卷材。土工布在施工中不但能保护防水板，而且起到毛细渗水作用。

(5)防水层必须符合国标(GB 12952—2003)中各项指标的要求，尽量采用宽幅高分子柔性防水卷材，幅宽 5～8m 为宜，以减少接缝。主要指标：抗拉强度纵横向≥14MPa，断裂伸长率≥300%，硬度≥40 部氏度。

(6)防水层搭接宽度≥100mm，采用自动爬焊机械双焊缝热融粘结技术，结合部位采用真空加压检测，标准是 0.2MPa 压力作用下 5min 之内不得小于 0.16MPa。

3.防水混凝土

混凝土衬砌是隧道防水的最后一道防线。由于种种原因，总是有不同程度的地下水穿透隧道防水层，为了防止渗水穿透混凝土衬砌进入隧道洞内，隧道衬砌一般宜选用防水混凝土作为二次衬砌材料。常用的防水混凝土有以下几种：

(1)普通防水混凝土

普通防水混凝土是指以控制水灰比，适当调整含砂率和水泥用量的方法来提高其密实性及抗渗性的一种混凝土。其配合比须经过抗压强度及抗渗性能试验后确定。在有冻害地区或受侵蚀介质作用的地区应选择适宜品种的水泥，此种混凝土应严格按有关规定要求施工。

(2)外加剂防水混凝土

在混凝土中掺入适量的外加剂，如引气剂、减水剂或密实剂等，使其到达防水的要求。这种防水混凝土施工较为方便，若使用得当，一般能满足隧道衬砌的防水要求。

①引气剂防水混凝土

常用的引气剂有松香酸钠、松香热聚物等。松香酸钠引气剂在混凝土中产生的气泡数量多、均匀而细小、间距小、质量好，其抗渗性等级可达 1.2 MPa，抗冻性比普通混凝土提高 3 倍，抗侵蚀性和抗碳化能力亦有提高。但是，掺有引气剂的防水混凝土强度及弹性模量均有所下降，因此，使用时应先做试验。

②减水剂防水混凝土

减水剂防水混凝土工程中广泛应用。混凝土使用减水剂可增加密实性，提高混凝土的抗渗能力和抗压强度。引气型减水剂混凝土的抗渗性较好；非引气型减水剂混凝土强度较高。混凝土使用减水剂除可得到高强度、高抗渗性和大流动度外，还可以影响其凝结时间。除普通型外还有缓和型，可使混凝土缓凝 3～6h，速凝型可使混凝土早凝 1～2h。如采用适当配制的复合减水剂，还可配制高强、缓凝高强或早强混凝土。

③密实剂防水混凝土

(a)氯化铁防水混凝土是在混凝土中加入氯化铁防水剂制成的，具有高密实度、高抗渗性(可达 1.2MPa 以上)；抗压强度可比普通混凝土增加 13%～40%，并有早强作用；可耐碱性腐蚀，但不耐酸；有直流电源时对钢筋有锈蚀作用，故不宜采用。此种混凝土凝结时升温快，故应注意早期养护以防干缩裂缝。氯化铁防水混凝土性能好、造价低、施工方便，可以在适宜场合广泛使用。

(b)三乙醇胺防水混凝土是在混凝土中掺入少量(占水泥的 0.05%)三乙醇胺制成的，有抗渗和早强作用。其强度在前两天提高60%,28d提高10%;对铜、铝破坏性大,对铁、镍腐蚀不明显,在有高压、直流电源的场合应慎重使用。

④膨胀水泥防水混凝土

用膨胀水泥配制的混凝土,其孔隙率减小,毛细孔径缩小,因而提高了抗渗性,按施工情况可用于隧道衬砌的拱墙接缝处。

4.变形缝和施工缝处理

一般情况下,只要衬砌混凝土施工质量达到要求,渗漏水一般不容易直接穿透混凝土而进入隧道洞内。因此,混凝土衬砌中的各类缝隙构造就成为隧道渗漏水的主要发生位置。在隧道衬砌中,为了使混凝土衬砌满足变形要求,需要设置变形缝;由于施工停顿,也会产生大量的施工缝,这些缝隙构造往往是防水薄弱环节,因而需要进行特殊处理。目前常用的处理措施是在变形缝设置止水带,在施工缝处设置膨胀橡胶条或止水带(如图18-5)。止水带、膨胀橡胶条应尽量安装在衬砌厚度的中间。止水带安装应平直垂直于工作缝,两端埋设牢固、可靠,膨胀橡胶条在安装前应采取缓膨胀处理措施,避免施工过程中提前膨胀导致防水失败,安装应牢固可靠。

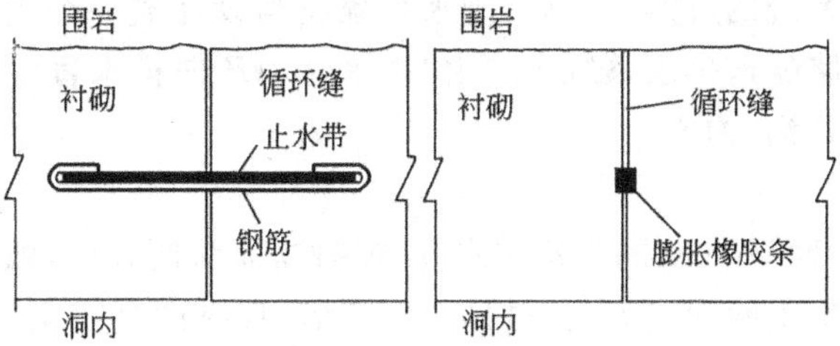

图18-5　止水带与膨胀橡胶条防水构造

应当指出,止水带、膨胀橡胶条在地面建筑内应用效果较好,然而,在隧道工程中的应用效果并不理想。其主要原因是隧道衬砌的变形缝、施工缝大多为竖直方向,止水带和膨胀橡胶条安装固定困难,安装缺陷较普遍,封堵的地下水缺乏排泄通道,当水压升高时,地下水总能通过缺陷位置等薄弱环节渗出。这也是导致隧道渗漏病害多发的重要原因。因此,目前工程界一直在尝试一些新的工作缝处理方法。

可排水复合橡胶止水带是一种新型止水带,能对渗水进行"先排后堵"。它由绕道、翼缘、膨胀橡胶条和止浆滤水带组成(如图18-6),其中绕道和翼缘构成止水带主体,止浆滤水带粘贴在翼缘上并与绕道形成排水通道。可排水复合橡胶止水带为内置式止水带,设置在衬砌厚度的中间,横断衬砌环向施工缝。当环向施工缝内出现渗水时,渗水沿环向施工缝流至止浆滤水带,由于止浆滤水带可透水,渗水很容易进入排水通道,并由其排入隧道的下部排水系统。如果部分渗水在穿越止浆滤水带时沿止水带与混凝土之间的间隙横向流动,则会遇到粘贴在止水带翼缘上的遇水膨胀橡胶条的阻挡,遇水膨胀橡胶条遇水后膨胀,使止水带翼缘与混凝土之间的间隙密实,渗水沿横向流动阻力增大,从而提高了止水带的止水能力。

为了使可排水复合橡胶止水带的下排水顺畅流入隧道的排水系统,衬砌环向施工缝下部必须有相应的排水构造(图18-7)。在衬砌基础内,每道环向施工缝的下方设置一条弹簧排水管,弹簧排水管的下端与纵向排水盲管相通,上端弯折在止水带安装槽内。当止水带下端与弹簧排水管接通后,止水带内的下排水就会顺利流入隧道的纵向排水盲管,并由其排出。从而可实现止水带的无压止水。

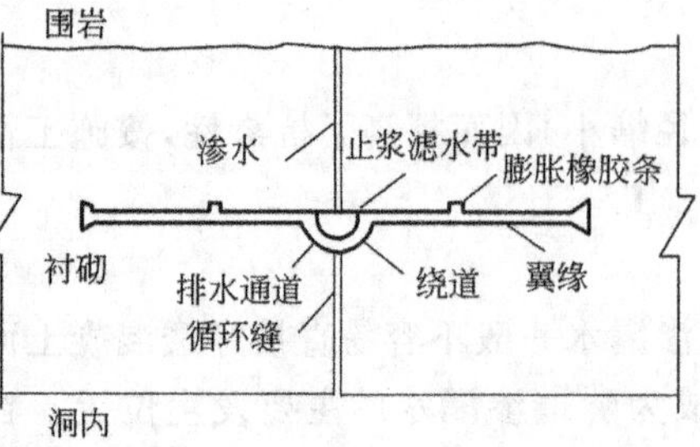

图 18-6 可排水复合橡胶胶止水带

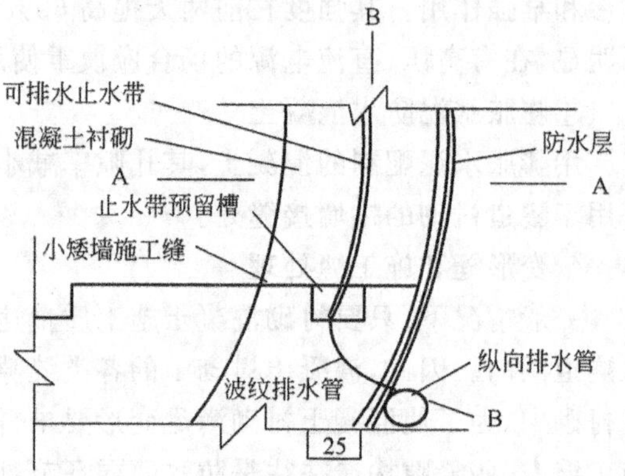

图 18-7 环向施工缝下部排水构造

(三)洞内排水系统设计

隧道防水措施是层层设防,每一道防水措施都是作为前一道防水措施失效的补救措施,同时也为后续防水措施减轻压力。而排水系统则是一个互相关联的整体系统,系统的每一个环节都能决定整个排水系统的成败。因而,排水系统应当设计成一个完整的、搭接可靠的、排水通畅的系统。山岭公路隧道排水系统主要由"排水管和环向排水盲管→纵向排水管→横向排水管→路基路面排水管沟"构成。

1. 排水管

所谓排水管,即断面呈 Ω 状的弹簧排水管,弹簧断面弦侧开口,弧侧粘贴有塑料膜。要求其强度能承受喷射混凝土的冲击力而不损坏,不变形,且纵向具有柔软可弯折的特点,以适应围岩变形及喷射混凝土表面不平整的要求。用这种特殊的弹簧排水管,可以方便地实现喷层内排水。

Ω 形弹簧排水管适用于岩面、喷射混凝土表面具有比较集中的渗水裂隙或渗水点的情况,在实际施工中可根据渗水情况分层铺设排水管和喷射混凝土,在同一层面内,也可安装成树枝网状结构(如图 18-8)。Ω 形弹簧排水管将渗水引排至墙脚排入纵向排水管(如图 18-9)。

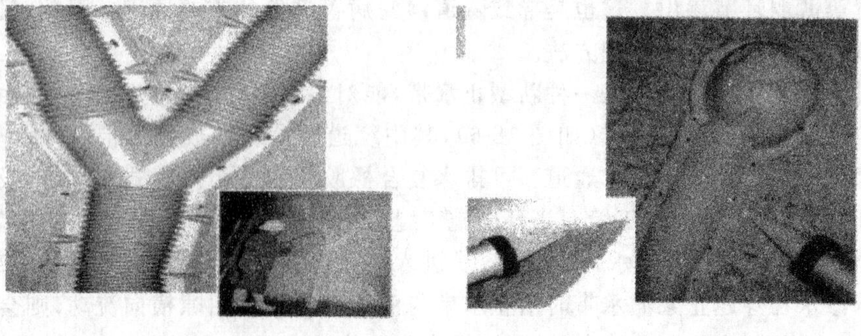

图 18-8 Ω 形排水管铺设固定工艺

2. 环向排水盲管

环向排水盲管的作用是在岩面与初期支护喷射混凝土之间、初期支护喷射混凝土与防水板之间提供过水通道(如图 18-10),并使之下渗汇集到纵向排水管。环向排水管的设置视地下水施工渗漏情况具有较大灵活性,表现为:(1)当围岩渗水严重时,岩面与初期支护喷射混凝土之间、初期支护喷射混凝土与防水板之间都应当设置环向排水盲管,渗水较少时,只在初期支护喷射混凝土与防水板间设置，如果没有渗水或渗水极少，则可以不设；(2)当围岩渗水严重时，环向排水盲管的纵向间距小，渗水量小时，纵向间距加大。

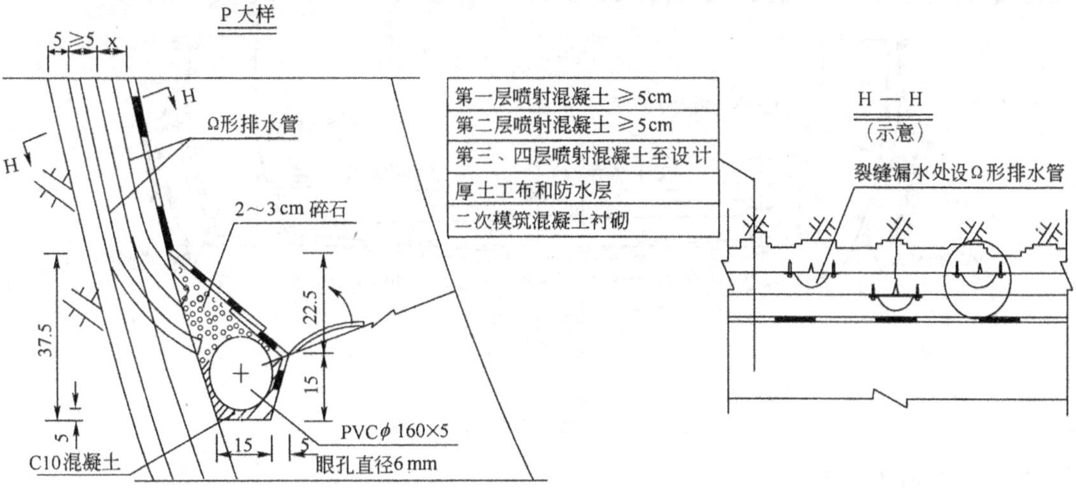

图 18-9　Ω形排水管铺设固定工艺(尺寸单位：cm)

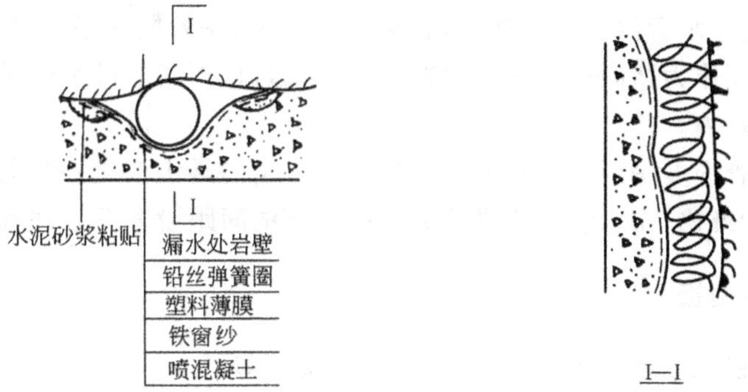

图 18-10　环向排水盲管

3. 纵向排水管

纵向排水管是沿隧道纵向设置在衬砌外侧的透水管。纵向排水管的作用是将环向排水管和防水板垫层排下的水汇集并通过横向排水管排出。

分离式隧道内沿全长在二次衬砌两侧边墙脚外侧设置 PVC 纵向排水半花管，上半断面眼孔直径 6～8mm，间距 10cm，并用 PVC 排水管横向连通至中心排水沟或排水边沟，PVC 管径根据水力计算确定。

连拱隧道沿全长在中隔墙顶部两侧拱脚和边墙脚附近各设一道 PVC 纵向排水半花管，并用 PVC 排水管横向、竖向连通至中心排水沟或排水边沟。PVC 管径根据水力计算确定，一般采用 10cm。

4. 横向排水管

横向排水管位于衬砌基础和路面的下部(如图 18-11)，布设方向与隧道轴线垂直，是连接纵向排水盲管与中央排水管的水力通道。横向排水管通常为硬质塑料管，施工中先在纵向盲管上预留接头，然后在路面施工前接长至中央排水管。对横向盲管的检查，主要是接头应牢靠、密实，保证纵向盲管与中央排水管间水路畅通，严防接头处断裂，由纵向盲管排出之水在路面下漫流，造成路面翻浆冒水，影响行车安全；其次是在横向盲管上部应有一定的缓冲层，以免路面荷载直接对横向盲管施压，造成横向盲管破裂或变形，影响其正常的排水能力。

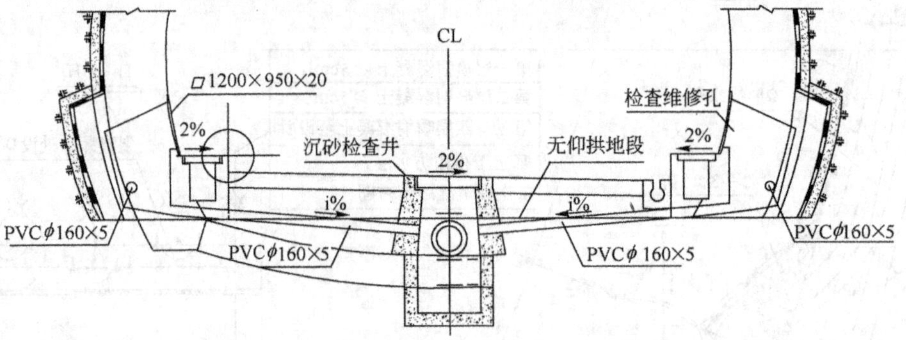

图 18-11　隧道内纵横向排水系统

5. 路基路面排水管沟

路基路面排水管沟是将隧道内各种渗水、清洗废水、消防水排出洞外的通道。在南方，由于不考虑管沟抗冻结作用，一般在道路两侧设计路面排水沟作为各种水流共用的外排通道。而在北方，为了防止排水管沟在冬季冻结，影响排水效果，一般同时设置路面排水沟和路基排水管。路面排水沟仅作为路面清洗水、消防水的排泄通道，而路基排水管设置在隧道路面中心以下一定深度的路基内。

路基路面排水管沟多采用预制混凝土管段按照一定的排水坡度拼装而成。为了便于排水管沟的检查、疏通和维修，排水管沟应当按照规范规定的间距设置沉砂井和检查孔。

三、洞内外排水衔接

洞内外排水衔接是隧道排水的最后环节，设计要点如下：

(1)洞内外连接水沟应设钢筋混凝土盖板，其连接水沟长度应使盖板为整数，计算时盖板间的缝隙可考虑为 1 cm。

(2)洞外路基排水边沟至汇水坑以外不小于 2m 范围内，除石质坚硬、不易风化者外，均应采用浆砌片石铺砌。

(3)连接水沟的侧墙应预留泄水孔，其间距为 50～100cm。

(4)为保证水流通畅，洞内中心排水沟与路基排水边沟或适当排水沟连接的斜水沟与线路中线的夹角以 45°为宜，斜水沟应采用内径不小于 40 cm 的预制钢筋混凝土圆管，出口设八字墙或端墙。

(5)在寒冷或严寒地区设置保温水沟，出水口采用保温出水口。洞口检查井与洞外暗沟连接时，其连接暗沟应采用内径不小于 40 cm 的预制钢筋混凝土圆管，为加大水流速度并防止水流冻结，暗沟坡度不小于 1%，沟身应设置在当地冻结线以下。

(6)当隧道进出口为反坡排水时，路基两侧排水边沟应在洞门位置处采用钢筋混凝土横向排水沟连接，盖板采用铁篦子与横向排水沟连接牢靠，以免水流进入隧道和影响行车安全。路基两侧排水边沟其中一侧应沿线路方向设反坡排水，边沟采用浆砌片石或混凝土预制块铺砌。

第四节　寒区隧道防排水设计

第三节讲述了一般山岭公路隧道防排水设计的基本方法和要点，具有一般通用性。在实际工程中，还经常会遇到寒冷地区、严寒地区的隧道，寒冷地区是指历年最冷月平均气温在－5～－15℃的地区。严寒地区是指历年最冷月平均气温低于－15℃的地区。这些地区的隧道除了按一般地区进行防排水处理外，还应考虑排水设施的防寒保温措施，保证水流畅通，减免冻害。

（一）隧道防水措施

在寒冷和严寒地区的隧道，必须加强隧道的防水工作，方能消除地表水和地下水对隧道的危害。根据青海大坂山公路隧道与东北严寒地区隧道防水的实践经验，在通常几种防水措施（外贴、内贴、压浆防水及防水混凝土等）中，以采用防水混凝土效果较好，但需与其它防排水措施密切配合，使大部分地下水汇集导引至排水系统内排出。此外，要做好衬砌接缝的防水处理，注意施工质量才能充分起到防水的作用。

（二）隧道保温排水措施

隧道排水系统冻结是导致寒区隧道渗漏的重要原因之一。由于排水系统冻结，隧道渗水下排不畅，上游水压升高。在高水压作用下，渗水总是能从衬砌结构的薄弱环节渗出。有关研究表明，春融期是寒区隧道渗漏水的主要发生季节，其主要原因就是春融期隧道围岩内冻结线外移，当冻结线外移至防水层附近时，往往由于防水层局部接触到液态水，而大部分防水层（常为下部防水层）和渗水下排通道仍然冻结，此时上游液态水无法排泄，造成渗漏。此外，隧道排水管沟的冻结也会给隧道防水带来不良影响。因此，在寒区隧道防排水中，往往要设计专门的保温排水措施，保证排水系统在冬季不冻结（见图 18-12）。

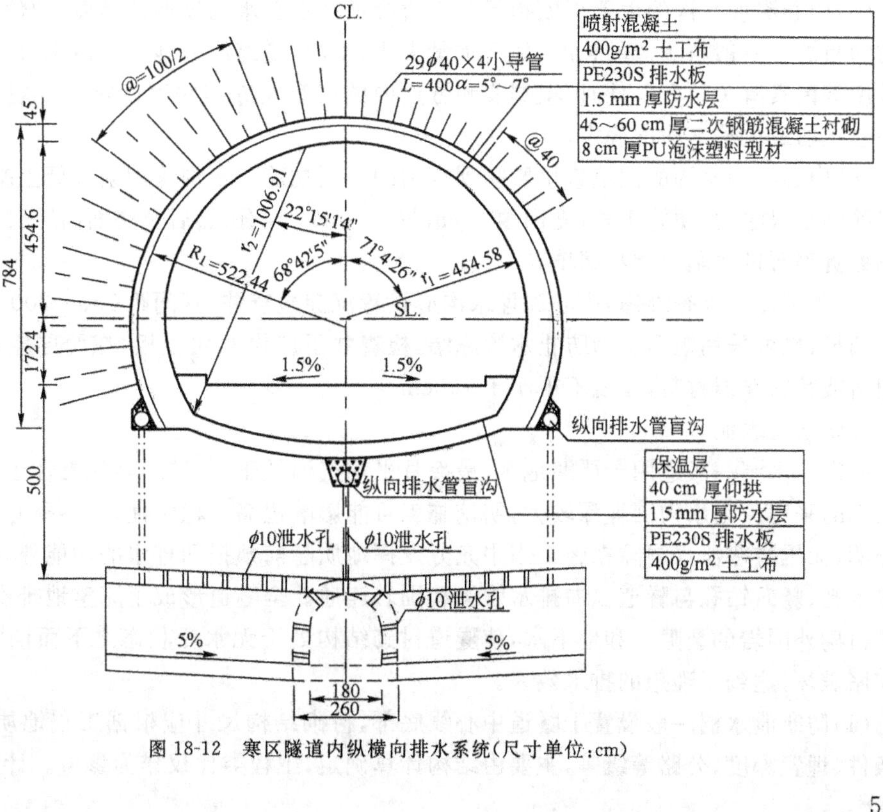

图 18-12　寒区隧道内纵横向排水系统（尺寸单位：cm）

1.保温水沟

保温水沟采用浅埋形式,也就是浅埋于隧道内的最大冻结深度。在水沟内采用保温措施,达到冬季水流不冻结的目的。

(1)保温水沟一般适用于寒冷地区,最冷月平均气温在－10～－15℃之间,隧址区域当地粘性土的冻结深度在1～1.5m范围内,且冬季有水或可能有水的隧道。

(2)保温水沟的设置长度应根据隧道的长度、地下水量大小、水温、隧道所处地区寒冷季节的主导风向、水沟坡度等因素综合确定。隧道长度小于1000m以下全洞设置,隧道长度大于1000m时,进出口300～400m范围内均设置保温水沟。

(3)保温水沟一般采用侧沟式,其结构形式应结合隧道衬砌断面设计。水沟上部设双层盖板,在上下两层盖板之间充填保温材料,厚度不小于35cm,下部为排水沟。水沟断面要求不小于30cm×30cm,沟底纵坡应与隧道纵坡一致。

(4)保温材料一般采用PU泡沫塑料、沥青玻璃棉、矿渣棉等,并应有防水、防潮措施。常规措施是将保温材料四周用塑料薄膜或沥青玻璃布包裹封闭,其长度以经常维修方便为宜。

(5)保温水沟一般每隔50m设置检查井,检查井内设置沉淀池,以方便检查和清淤。

2.中心深埋水沟

中心深埋水沟是将水沟埋置于洞内相应的冻结深度以下,充分利用地温达到水沟内水流不冻结的排水目的。一般情况下水沟埋置深度根据计算确定。

(1)中心深埋水沟常规适用于严寒地区,隧道所处地区粘性土的冻结深度在1.5～2.5m范围内,且冬季有水的隧道。

(2)中心深埋水沟断面形式的选择,主要根据隧道地质条件确定,其断面尺寸应根据水利计算确定。一般情况下采用内径不小于40cm的预制钢筋混凝土圆管。

(3)中心深埋水沟的埋置深度指行车道边缘最低点至水沟顶面的高度,应使其沟内水流不冻结为目的。一般与隧道的长度、地下水量大小、水温、隧道所处地区寒冷季节的主导风向、水沟坡度等因素有关。有条件时,根据实测隧道内的气温及冻结深度确定。常规按隧道所处地区粘性土的最大冻结深度确定。

(4)中心深埋水沟的回填直接影响到水沟的使用功能。水沟采用素混凝土基座固定,回填材料除满足保温、方便施工外,先回填50cm厚3～5cm碎石,然后至路面面层底面以下均采用水泥处置碎石排水基层材料回填。

(5)为了便于检查维修,中心深埋水沟应设置沉淀检查井,其间距150～200m,断面形状一般为圆形,也可采用矩形。为防止水流冻结,检查井下应设双层盖板,在两层盖板之间填塞泡沫塑料或其它保温材料,厚度不得小于100cm。

3.防寒泄水洞

防寒泄水洞一般适用于严寒地区,最冷月平均气温低于－25℃,当地粘性土的冻结深度大于2.5m,采用深埋水沟因埋深较大,明挖施工可能影响边墙的稳定性,且冬季有水的隧道。实践证明,无压防寒泄水洞除在施工当中充分发挥地质超前预报和排水的功能外,还有效地通过各泄水孔、竖向钻孔与隧道纵向排水管沟和围岩连通。全隧道形成了完整地排水系统网络,疏通了衬砌外围岩的裂隙水和地下水,使隧道衬砌结构处于无水压状态之下而消除或尽可能减小冻胀破坏,达到了理想的排水效果。

(1)防寒泄水洞一般设置于隧道中心线底部,衬砌结构尺寸应根据工程地质条件、水文地质条件、埋置深度、公路等级等,主要由结构计算确定,工程类比仅作为参考。计算时可参照隧道的计算方法，特别注意要考虑洞内活荷载和冻胀力的作用。

(2)防寒泄水洞的埋置深度指行车道边缘最低点至泄水洞顶面的高度，应使其沟内水流不冻结为目的。青海省高寒区大坂山隧道防寒泄水洞的成功实践证明，防寒泄水洞的埋置深度应不小于隧址区当地围岩最大冻结深度为宜；其次，应满足暗挖时不至于引起隧底坍塌的要求；此外，应特别注意不要埋置太深，以免造成不必要地延长防寒泄水洞的长度和增加工程造价。

(3)防寒泄水洞的断面尺寸根据实际泄水量及施工条件等综合确定，一般不小于1.8m×1.8m，防寒泄水洞的纵坡与隧道纵坡一致。一般情况下应作模注混凝土衬砌或混凝土预制块衬砌，I～III级围岩可采用锚喷混凝土作为永久衬砌。

(4)防寒泄水洞衬砌上应设置足够的泄水孔或较深的泄水钻孔，以充分排出地下水。如果围岩中有细小颗粒可能流失时，衬砌背面应设置反滤层。一般泄水孔直径为100mm，环向间距50～80cm，梅花状布置。泄水钻孔的深度、角度、位置应根据地下水量的大小及围岩的具体情况确定。一般间距8～10m左右，应沿隧道中心线纵向每10m间距设ϕ100mm的钻孔，将隧道仰拱底部排水盲沟与泄水洞连通。

(5)一般情况下，隧道进出口各300m范围内防寒泄水洞应设置横导洞，横导洞纵向间距30～50m，衬砌背面盲沟与横导洞以ϕ100mm的钻孔连通。

(6)为了便于检查维修，防寒泄水洞应设置检查井，其间距150～200m，断面形状一般为圆形，也可采用矩形。为防止水流冻结，检查井下应设双层盖板，在两层盖板之间填塞泡沫塑料或其它保温材料，厚度不得小于150cm。

(7)寒冷和严寒地区的隧道，深埋水沟、防寒泄水洞、洞外暗沟均应设置保温出水口。出水口处地形较陡且地质条件较好时采用端墙式；地形平坦时应采用圆端掩埋保温包头式。

4.洞壁保温

寒冷或严寒地区隧道的水害、冻害的影响因素十分复杂，防排水除遵循“以防为主，以排为辅，防、排、截、堵相结合”的综合治理原则，要达到排水畅通、防水可靠、经济合理、不留后患的目的外，保温设计至关重要。

(1)为确保隧道衬砌背面排水系统在冬季排水通畅，复合式衬砌在初期支护与二次衬砌之间设计一定厚度硬质泡沫塑料保温层，由于泡沫塑料保温层设在两层衬砌之间无法维修更换，因此，隧道应加强、加大初期支护的力度，控制限定围岩的变形，应设置双层防水层。保温层的厚度应根据结构计算确定，可按离壁式衬砌结构进行计算。

(2)隧道内轮廓线表面全断面铺挂PU硬质泡沫塑料型材(主要保温)、干法硅酸铝纤维板(复合保温及防火层)和玻璃钢(保护层)复合保温结构。保温层的厚度应根据结构计算确定，根据建成后类似隧道通过地温观测孔得到的数据验证，冬季保温层背面衬砌温度在0℃以上。

(3)根据隧道贯通后洞内年平均气温下降3～5℃，以及《高海拔寒冷地区隧道冻害防治技术研究》课题推算，隧道建成后围岩周围将逐渐形成多年冻土，保温层的设计只能推迟形成的年限和缓解冻融过程。对于交通量较小的隧道而言，可在隧道进出口设置自动隔风保温门，冬季夜间无行车时关闭隧道，以减少冷空气对流，提高洞内温度。该新技术也属首次在国内公路隧道中应用。实践证明，隧道贯通后洞内温度急剧下降，进出口洞门关闭后洞内温度可回升到0℃以上，完善了保温设计，取得了良好效果。

(4)保温层的固定应采用安全可靠的施工工艺。设在初期支护与二次衬砌之间的硬质泡沫塑料保温层可借鉴参照防水层无钉铺挂工艺固定，隧道内轮廓线表面全断面铺挂PU硬质泡沫塑料型材采用膨胀锚栓和龙骨压条固定。

表 18-1 所示为保温材料的主要性能指标。

保温材料主要指标

表 18-1

材 料	工 艺	主 要 指 标			外 观 检 测
		导热系数(W/m·k)	吸水率(v/v)%	阻燃性	
PU	喷涂发泡	0.016～0.083	39.6	自熄	大面积脱落
PU	型材铺挂	0.0241	2.8	自熄	螺栓、压条固定良好
PEF45 倍	型材铺挂	0.028	0.01	自熄	强度不足、吸潮产生

第十九章　公路隧道的防、排水施工

第一节　概　　述

防排水施工是整个防排水工程中最重要的环节。如果人们把竣工后的防排水工程看成是一个最终产品,那么设计图、防排水材料等只不过是中间产品,只有通过精心的防排水施工才能得到最终产品。正如前文所述,合理的设计是防排水成功的前提,而科学、精心地施工则是保证防排水成功的关键。隧道防排水工程是一个隐蔽工程,一旦施工完毕,难以检查和维修,发生渗漏后的治理也非常困难。此外,防排水工程还要经受数十年运营服务期的考验,很多隧道在竣工时不渗漏,而经过几年的运营期,或者进入雨季,就出现不同程度的渗漏。这就是隧道防排水施工质量经不起时间的考验,也经不起高水压、大水量的考验。

为了确保隧道防排水质量,防排水施工应当做好以下几点:

(1)在施工前应充分熟悉设计文件和相关勘察资料,掌握隧道围岩地下水情况、防排水设计方案及其设计意图和施工要领。

(2)在施工前充分掌握防排水施工工艺,充分准备防排水材料和施工器械,严把材料质量关。

(3)在隧道开挖后,及时掌握实际揭露的围岩渗漏水情况,根据需要调整防排水施工方案。

(4)在施工中,严格按照防排水施工方案和相关工艺流程进行操作,严把施工质量。

(5)施工中和施工后,加强防排水系统的质量检查和工后防排水系统的保护,对检查发现的施工缺陷、破损情况及时修补。

(6)进行其它施工操作时,注意保护已经施工完毕的防排水系统,防止破损、淤堵。

进行隧道防排水施工,掌握各种主要防排水措施的施工工艺很重要。只有熟悉施工工艺,严格按照施工工艺操作,才能保证施工质量。本章将重点介绍围岩注浆堵水、防水板与止水带防水和排水系统的施工工艺。

第二节　围岩注浆堵水施工

一、注浆孔的布置

注浆孔数目及其布置直接影响注浆效果和成本。布孔时应根据地下水情况、岩层裂隙状态、设备能力、浆液有效扩散半径、注浆孔密度和偏斜率等条件,采用计算和做图相结合的方法,反复比较确定。

注浆孔宜长短结合并呈伞形辐射状,其倾斜角度随注浆段长度而异,在孔的终端断面,注浆孔距开挖轮廓距离一般为隧道开挖高度的0.5～1.0倍,如图19-1所示。具体布置时,应根据涌水方向及地质情况进行调整。一般在水流方向及岩层倾斜上方,钻孔可距隧道远些,孔适当密些,其它方向应距隧道近些,孔距大些(在注浆顺序上也应首先压注水流方向和岩层倾斜上方的钻孔)。裂隙愈密小,孔数应增多;反之,可减少。注浆泵压力低,孔数也应适当增多。

采用大功率注浆泵，提高注浆压力和采用压注性好的注浆材料，以及提高钻孔质量，降低钻孔偏斜率，可减少注浆孔数。

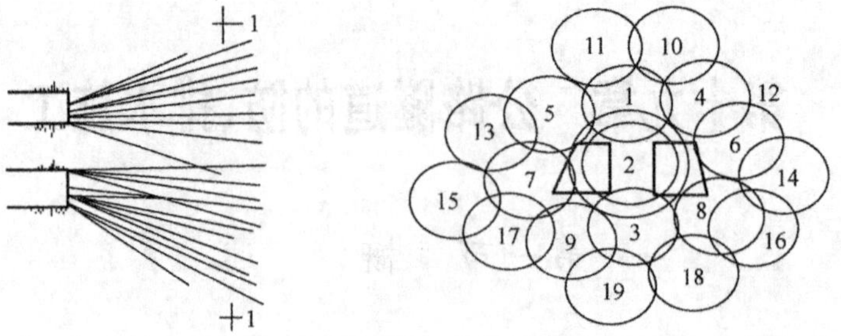

图 19-1　注浆管布置图

二、注浆孔的钻进

(一)钻机及钻头

钻机及钻头选型应根据注浆孔深度、围岩条件等来确定。在土层进行地面注浆，可以采用冲击钻进、回转钻进的方法；在岩层中进行钻孔，一般采用硬质合金或金刚石回转钻进或冲击回转钻进。

(二)钻孔

钻孔必须按孔眼方向、结构设计要求进行，否则容易造成钻孔的过大偏斜而影响注浆质量。为缩短钻孔时间，可采用多机同时作业。为防止窜浆，钻进顺序应按上、中、下、左、右孔错开，长短孔错开。

1. 钻孔形式：钻孔形式要力求简单、不宜过多改变钻孔直径。孔径宜尽可能大些，因孔径越大，钻孔与岩层接触面大，揭露岩石裂隙的几率也越多，对注浆越有利。钻孔构造如图 19-2 所示。

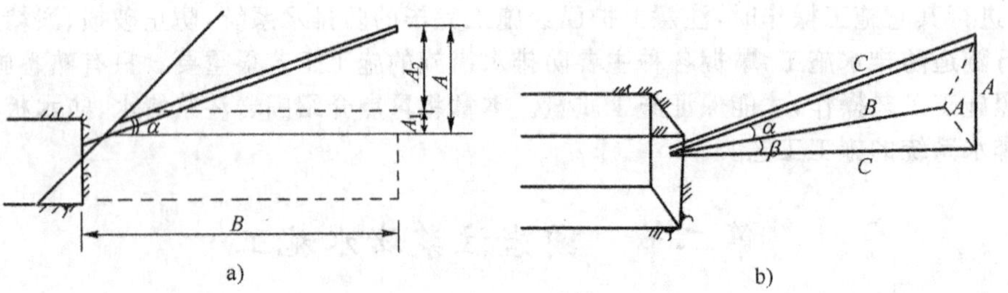

图 19-2　注浆孔构造

a)带倾角的钻孔图；b)有倾角、偏角钻孔图

孔口管的作用是为钻进导向并防止塌孔。一般用与钻孔的钻头直径相同的钢管制成，一端焊上卡盘。装管前缠 1～2mm 厚的麻丝或麻袋片，并用 22 号铁丝缠紧，用手锤打入或用钻机压入钻孔中。管口外露出 10～15cm，用塑胶泥固结在岩壁上。在石质较好的情况下，也可以不用孔口管。

2. 钻孔技术要求

(1)钻机定位是决定钻进速度的重要因素。一般可将钻机高度和到作业面的距离定为常数，钻机在机高的水平面上呈辐射状分布。将钻孔方位计算好，在支撑梁上相应定好位置，固定好钻机即可开钻。

(2)按设计要求准确定孔位，开孔时要轻加压、慢速、大水量，防止把孔开斜，钻错方向。

(3)钻进，一般先用比开孔直径较大的钻头钻进一定深度，安装孔口管，再用相同开孔直径的钻头钻进一定深度，最后改用较小直径钻头钻至终孔。

(4)钻凿深孔应防止压弯钻具甩打孔壁，造成塌孔或断杆事故。

(5)钻孔中如遇到破碎带，可停止钻进，先行压浆，再继续钻进。

(6)为了取得破碎岩层或软泥夹层的地质资料，可采用干钻、小水量或双层岩芯管钻进。钻孔后必须将岩粉冲洗干净。

(7)详细做好钻孔记录。其内容为：钻进进尺、起止深度、钻具尺寸、变径位置、岩石名称、裂隙发育程度及分布位置、出水量、出水位置、处理事故和时间、终孔深度等。岩芯应按顺序做好编号并记录。

三、注浆方式

注浆方式有分段注浆和全段注浆。分段注浆的顺序有上行式和下行式。施工时应根据钻孔涌水情况、裂隙发育程度和注浆设备能力等确定注浆方式。

(一)分段注浆

1.分段上行式注浆：注浆孔一次钻到设计全深，使用止浆塞由孔底分段向外注浆。其优点是无需重复钻孔，能加快注浆进度；但须使用性能良好、工作可靠的止浆塞。一般在岩层较稳定和裂隙、节理不甚发育的条件下采用。

2.分段下行式注浆：注浆孔钻进一段压一段，由外向里反复交替，直至全深。其优点是上段注浆后，下段注浆时获得复压，堵水效果较好。但交替进行，加大了钻孔工作量，影响注浆速度。一般在岩层破碎或裂隙极发育的条件下采用。

(二)全段一次注浆

注浆孔一次钻至设计全深，一次完成注浆。其优点是工艺简单，由于减少装拔止浆塞的工作，因而可缩短注浆施工时间，其缺点是由于一次注浆孔段增长，难于保证质量，因而要求严格掌握注浆技术；岩层吸浆量大时，要求使用能力大的注浆设备；易出现不均匀扩散，影响堵水效果。一般在注浆孔不太深，且岩层裂隙较均匀的条件下采用。全段一次注浆较分段注浆简易，条件适宜时应优先考虑采用。

四、注浆工艺系统及流程

注浆分为单液注浆与双液注浆。其注浆工艺系统如下图示。

(一)双液注浆工艺系统

如图 19-3 所示。

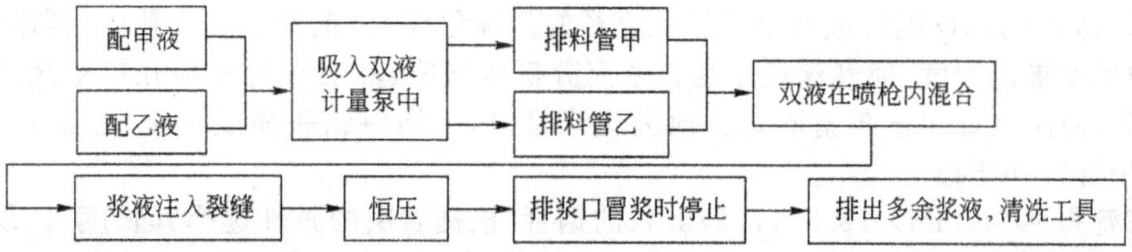

图 19-3 双液注浆工艺流程

(二)单液注浆工艺流程

如图 19-4 所示。

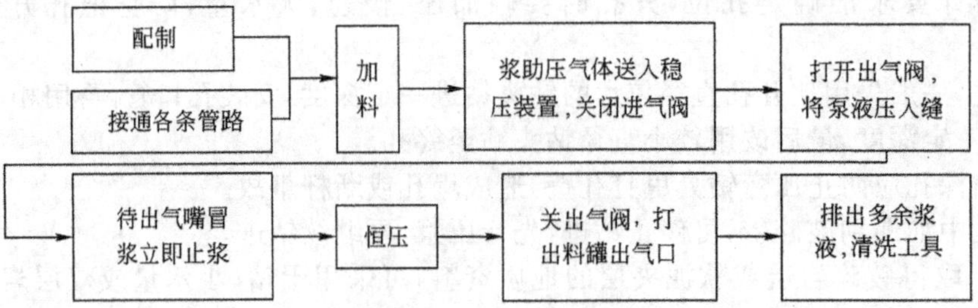

图 19-4　单液注浆工艺流程

五、注浆施工

注浆施工前,除根据注浆工艺要求(单液或双液)配备应有的机具设备外,应视工作条件,做好注浆站的选址与布置,进行试泵与注水试验,安装注浆管路和止浆塞、止浆岩盘,然后制浆,开始压注。

(一)注浆站的选址与布置

注浆泵站应尽量靠近工作面。泵站布置不仅要考虑紧凑、操作方便,并应加强通风、防尘,其场地布置如图 19-5 所示。若在隧道内进行,场地狭窄,应采用移动式的注浆站。

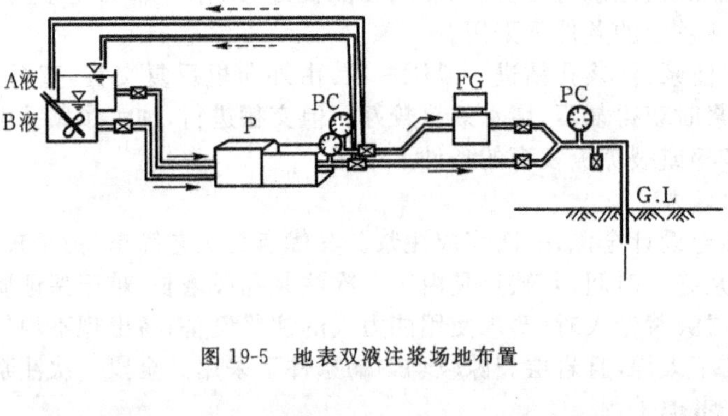

图 19-5　地表双液注浆场地布置

(二)试泵

开泵前先将三通转芯阀调到回浆位置,待泵吸水正常时,将三通回浆口慢慢调小,泵压徐徐上升,当泵压达到预定注浆压力时,持续二、三分钟不出故障,即可结束。

(三)安装注浆管和止浆塞

钻孔完毕,应进行掏孔检查。在确认没有坍孔和探头石的情况下,方可下管。如有坍孔或探头石,必须用钻机进行扫孔。注浆管的安装方法是:根据确定的注浆方式确定止浆塞位置。用沾有 CS 胶泥的麻丝绳绕成不小于钻孔直径的纺锤形柱塞,把管子插入孔内,再用台车把管顶入孔内到要求的深度,使麻丝柱塞与孔壁充分挤压紧实,然后在麻丝与孔口空余部分,填充 CS 塑胶泥,使注浆管和止浆塞固定。顶进注浆管时,必须将钻头换成冲套,注浆管须带护丝箍,以保护管口外丝扣。

注浆管为 $\phi_{外}$ 42mm×(3.5~7.5)m 长的钢管(根据岩层的条件选择其长度)。顶进时,外露的长度一般不小于 30~40cm,以便连接孔口阀门和管路,胶泥凝固到有足够的强度后(2~4h),方可注浆,这样才能有效地注浆。

注浆孔口封堵结构如图 19-6 所示。

(四)压水试验

压水的目的在于测定岩层的吸水性,核实岩层的透水性,为注浆时选取泵量、泵压及浆液

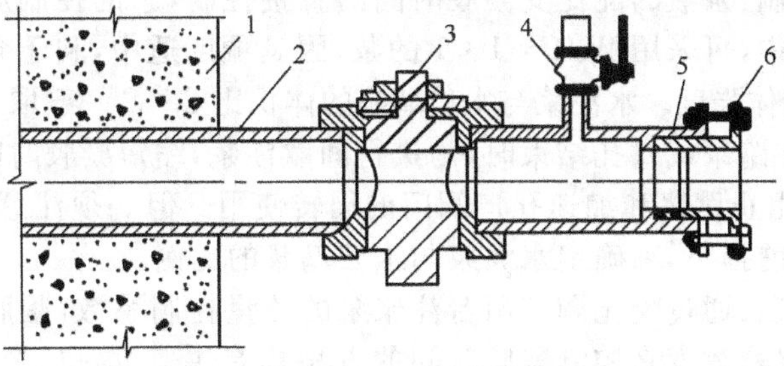

图 19-6　注浆孔封堵构造

1-止浆墙(岩层或混凝土);2-密封胶圈;3-放水闸门;4-转芯阀;5-孔口管;6-密封压盖

配方等提供参考依据，同时冲洗钻孔，检查止浆塞效果和注浆管路是否有跑、漏水现象。并通过压水将裂隙中松软的泥质充填物推送到注浆范围以外，使浆液进入裂隙后增加充塞的密实性和胶结强度。压水时，先开单泵压水，然后再开另一单泵压水，测定混合器是否窜水。混合器工作正常，即可双泵压水。压水压力应有小逐渐增大到预定注浆压力，并持续几分钟。压水时间，视岩层破碎程度和裂隙大小而异，对于破碎岩层及大裂隙约需 10～20min，对中小裂隙约需 15～30min。

(五)止浆盘范围外的加固

止浆盘的作用是防止未注浆地段地下水涌向作业面及防止下段注浆时跑浆。根据注浆终压和岩层的情况，可在预留的岩盘，加喷 15～25mm 厚 C20 混凝土加固岩壁。喷混凝土的范围是整个开挖面 3m 地段，特别是在注浆孔周围 3m 范围以内及钢拱和有管棚出露处附近，必须反复加喷，保证喷射厚度。喷混凝土前，先清理落在作业面的松动岩石，然后分层喷，最好使用机械手和三联机作业。必须注意，由于喷混凝土是在注浆管装好后进行，所以喷混凝土时注浆管应带上防护套帽，以保护注浆管丝扣和避免喷混凝土堵塞注浆管。

(六)注浆

1. 注浆管路系统的试运转：当上述工作完成后，按注浆站布置图和工艺流程图，安排设备就位，接好管路系统，作注浆前的试运转。用 1.5～2 倍于注浆终压对系统进行吸水试验检查，并接好风、水、电；检查管路系统能否耐压，有无漏水；检查管路连接是否正确；检查设备机况是否正常；使设备充分“热身”。试运转的时间一般为 20min。

2. 注浆药液：注浆药液，根据主材浓度反应剂种类，具有特定的配合比。一般可按每 1000L 混合液的标准配合比，注浆作业是分盘进行混合。分成 A、B 液的配合比按总量 200L 或 400L 进行混合。为实现连续注浆，必须配备 1～2 个贮浆桶。

3. 注浆顺序：一般先压注内圈孔，后压注外圈孔(在双排孔或多排孔的条件下)，先压注无水孔，后压注有水孔。根据降水漏斗的原理，一般是从拱顶顺序向下压注，如遇窜浆或跑浆，则间隔一孔或几孔灌压。

4. 注浆压力的控制：由于注浆管路一般都短于 20m，且弯头少，进出浆口的高差也在 6m 以内，因此，注浆压力的管路损失很小，在 0.1MPa 以内，可以认为注浆就是显示的泵压值，由注浆泵的油压控制调节。

具体调法是：启动注浆泵，正常运转后关闭泵口阀门，泵停止运转后，旋转压力调节旋钮，将油压调在要求的油压刻度值上。随着注浆阻力的增大，泵压随之增高，当达到调定值时，会自动停泵，十分安全，不至于发生超压，注浆泵的排量调节控制按钮和排量记录仪加以监控。为防止由于压注速度过大，造成上压过快返浆、漏浆等异常现象，影响注浆质量，在压注 3min 的单液水泥浆后，检查止浆情况，测定钻孔吸浆率，再行确定双液压入速度进行双液注浆。

5. 浆液配比的控制：浆液的配比受凝胶时间的直接控制，它的控制原则一般是先稀后浓，逐级变换。若在断层中，可采用 $W/C=1:1$ 的浆，因其稠度适中，利于泵压，能压入较小的裂隙，亦具有足够的结石体强度。水泥浆与水玻璃浆的体积比 $C:S$ 一般取 1：1、1：0.8、1：0.6，多用 $C:S=1:1$。在跑浆或封孔结束时，为进行间歇注浆，缩短凝胶时间，用 $C:S=1:0.6$，甚至用到 1：0.3，以阻止跑浆和加速孔口阀门的周转使用。但必须注意应在保证钻孔有足够的进浆量和不堵管的前提下，来确定水泥浆与水玻璃浆的比例。

6. 凝胶时间的控制：通过配比调节两台注浆泵的流量控制系数，凝胶时间的变化由 $C:S$ 来控制，它比用调节浆液浓度来控制凝胶时间的方法具有快速、简单、容易、有效，只需操作泵上的两个按钮就可实现，如需 2min 以上的凝胶时间，再掺加缓凝剂来控制。为了确保凝胶时间的准确，在注浆过程中，须经常测试，一般每拌一筒浆或变换一级浓度或配比时，需要取样实配，测定凝胶时间，同时，在泄浆口接浆测定通过混合器混合后的浆液实注凝胶时间，通过对比，检查配浆是否准确，泵的操作是否正常，吸浆是否正常，混合器的混合是否均匀，从而有助于监控注浆情况（如压力变化），避免异常故障的发生。

7. 按注浆结束标准，结束注浆。

六、注浆设备

注浆设备见表 19-1、表 19-2。

工作面预注浆主要设备及材料一览表 表 19-1

序号	名称	规格型号	单位	数量
1	注浆泵	YSB-250/120	台	2
2	泥浆泵	TBW-250/40	台	1
3	搅拌机	有效容积 $1m^3$	套	2
4	止浆塞	双管型	套	12
5	混合器	T 型	个	2
6	轴流式抽风机		个	2
7	高压球阀	D50、D100 耐压均为 16MPa	个	16,12
8	抗震压力表	YK-(0.1～16)MPa	块	5
9	高压胶管	D25 耐压 16MPa	根	6
10	无缝钢管	D50×4mm	m	800
11	导向管	D108×6mm 无缝钢管	m	46
12	电话	防爆型	个	2
13	电铃		个	2
14	法兰盘			
15	快速接头			
16	导向管闷盖法兰	与导向管配置	个	12
17	钻机	TXU-200	台	3
18	钻杆	D42mm	m	150
19	钻杆接头	D42mm	个	75

续上表

序　号	名　称	规格型号		单　位	数　量
20	芯心管	D89×1.5m/节		个	20
		D75×1.5m/节		个	20
		D58×1.5m/节		个	20
21	钻头	筒状	D89mm	个	20
			D75mm	个	20
			D58mm	个	20
		三翼状	D89mm	个	10
			D75mm	个	10
			D58mm	个	10
22	套管	D89mm		m	156
23	套管接头	与 D89mm 配套制作		个	86
24	螺丝头	D89mm		个	4
		D75mm		个	4
		D58 mm		个	4
25	水葫芦	D42mm		个	4～6
26	输水胶管	D50 长 10m		根	3
27	供水管	D50mm		m	350

注浆施工所需设备品一览表　　　表 19-2

序　号	名　称	规格型号	数　量	备　注
1	钻机	TXB-1000A	2 台	包括钻塔、钻具等配套
2	泥浆机	TBW-250/40	4 台	其中一台搅拌水玻璃
3	注浆泵	HFV-C 或 YSB－250/120	2 台	缸套、活塞和拉杆备用
4	搅拌机	1.5m³	2 套	自制，包括计量水桶
5	异径止浆机		10 套	自制，胶塞有备用
6	三爪止浆机		10 套	自制
7	混合室		3 个	自制（单液浆不需要）
8	快速接头		10 个	自制
9	逆止阀		5 个	自制
10	泄压阀		5 个	自制
11	高压胶管接头	与泵连接配套	5 个	自制
12	输浆管	D63.5×6mm		
13	套管	D159、D127mm		视需要确定
14	水管			视需要确定
15	轴流式抽风机		2 台	视需要确定
16	测斜仪	JJX-3	1 套	抽水用
17	压风机	W9/7-1	1 台	

续上表

序 号	名 称	规 格 型 号	数 量	备 注
18	汽水分离器		1个	抽水用
19	三角堰箱		1个	抽水用
20	抗震压力表	YK-1	2块	抽水用
21	车床	普通	1台	
22	砂轮机		1台	
23	电气焊		1套	
24	钳工台		1张	
25	高压阀门	D50mm	3个	
26	电铃		2个	
27	开口滑轮	3t	2个	
28	记录台		1张	

第三节 防水板与止水条带防水

一、防水板施工

(一)喷射混凝土基面处理

由于喷射混凝土基面粗糙、凹凸不平,以及锚杆头外露等对铺设防水层质量有很大影响。因此,防水层铺设前必须对喷射混凝土基面进行处理,处理要求及要点如下:

1.基面要求

(1)喷射混凝土平整度要求:$D/L \leqslant 1/6$,拱顶 $D/L \leqslant 1/8$(如图 19-7 所示),否则要进行基面处理。

(2)基面不得有钢筋、凸出的管件等尖锐突出物。否则要进行割除,并在割除部位用砂浆抹成圆曲面,以免防水层被扎破。

(3)隧道断面变化或转弯时的阴角应抹成 $R \geqslant 5$cm 的圆弧。

(4)底板基面要求平整,无大的明显的凹凸起伏。

(5)喷射混凝土强度要求达到设计强度。

(6)防水层施工时基面不得有明水,如有明水应采取封堵或引排措施。

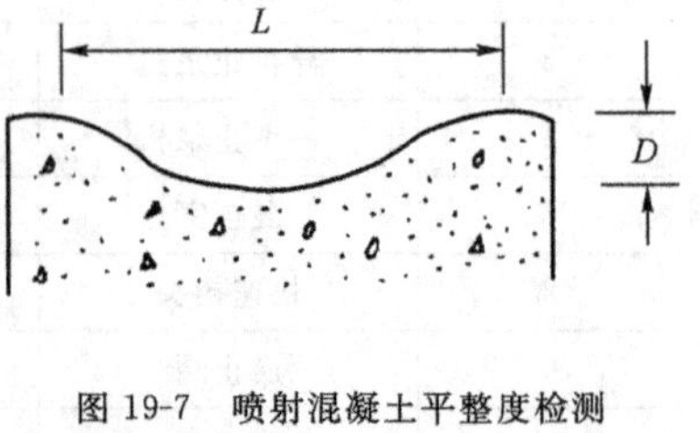

图 19-7 喷射混凝土平整度检测

L-喷射混凝土相邻两凸面的间距;D-喷射混凝土相邻两凸面间凹进去的深度

2.处理要点

(1)有突出钢筋、铁丝时,则应按如图 19-8 所示施工顺序进行处理。

(2)当有钢管突出时,则按如图 19-9 所示施工顺序进行处理。

(3)当金属锚杆端部外露较长时,则应从螺帽开始留 5mm 切断后,再用砂浆进行覆盖处理,按如图 19-10 所示要求施工。

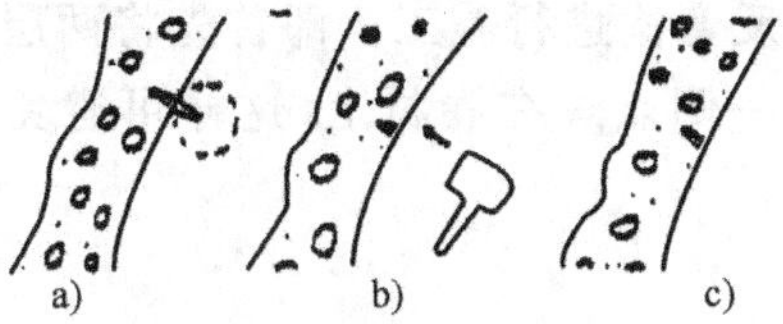

图 19-8　基面处理之一

a)切断；b)铆平；c)砂浆抹平

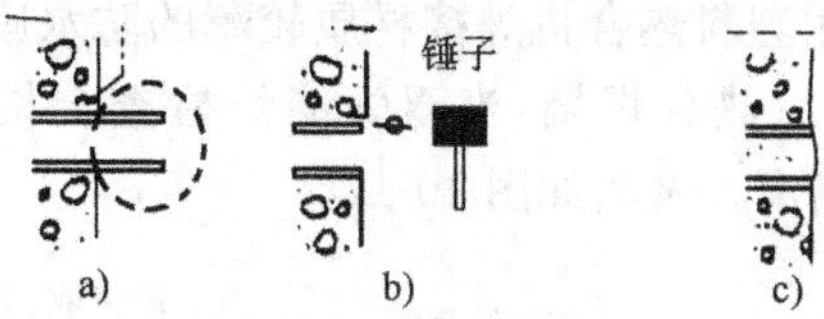

图 19-9　基面处理之二

a)切断；b)表面处理；c)砂浆抹平

(二)防水卷材施工

在初期支护施工完毕并达到要求的平整度后，就可以进行防水卷材的铺设。目前防水卷材的铺设工艺有三种：一是无钉热合铺设法，二是有钉冷粘铺设法，三是多点复合免钉穿铺设法。

1.无钉热合铺设法

为了防水可靠和便于施工，先将 PE 泡沫塑料(或土工布)垫衬用机械方法铺设在喷射混凝土基面上，然后用“热合”方法将 EVA、LDPE 或其它卷材粘贴在固定 PE 泡沫塑料(或土工布)垫衬的圆垫片上，从而使 EVA、LDPE 或其它卷材无机械损伤。其施工程序如下：

(1)垫衬的施工

垫衬的常用材料有土工布和 PE 泡沫。施工时，在喷混凝土隧道拱顶正确标出隧道纵向的中心线，再使垫衬的横向中心线与喷混凝土上的这一标志相重合，从拱顶开始向两侧下垂铺设。用塑料胀管、木螺丝或射钉枪和塑料垫片将垫衬卷材固定在已达基面要求的喷混凝土上。有时也可用热风塑料焊枪将垫衬热粘在基面上，翘边处及其它必要点用射钉枪按上法加强固定。垫衬卷材间接缝用热风塑料焊枪粘结或专用胶粘结。

(2)热塑性塑料圆垫片的施工

热塑性塑料圆垫片是隧道复合式衬砌防水层施工的必要零部件。用塑料胀管和木螺丝或射钉枪、射钉将其覆盖在垫衬上，每隔 50～150cm 梅花形布设(拱顶 50cm、边墙 100cm、底板 150cm)，构造如图 19-11。

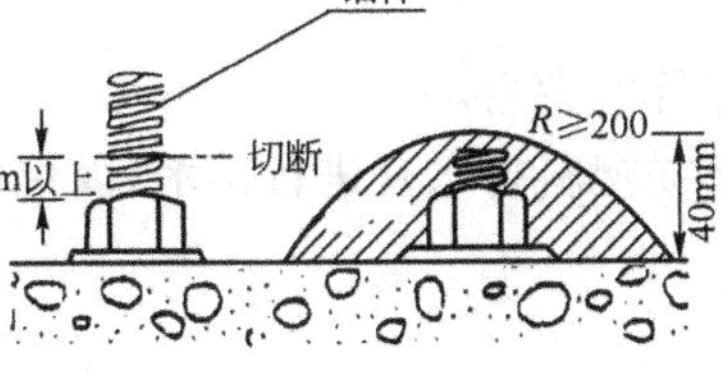

图 19-10　基面处理三

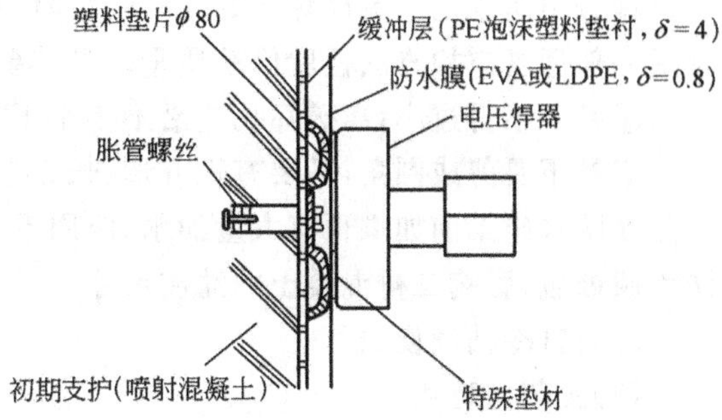

图 19-11　防水卷材固定方法(尺寸单位：mm)

(3)防水卷材(防水膜)的铺设

首先裁剪卷材，要考虑搭接在底板上，高边墙＞30cm。先在隧道拱顶部的垫衬上正确标出隧道纵向中心线，再使防水膜的横向中心线与这一标志相重合，将拱顶部与塑料圆垫片热熔焊接，与垫衬一样从拱顶开始向两侧下垂铺设，边铺边与圆垫片热熔焊接。铺设时要注意与喷射混凝土凹凸不平相密贴，不宜拉得太紧，一定要注意留出搭接余量。

PVC、EVA 或 LDPE 膜在与圆垫片用压焊器进行热合时，一般 10s 多即可。

用塑料热合机焊接材质较薄的防水膜时，还可采用反弯法进行施工。即首先将两层膜对接，然后热合焊接，当双焊缝经检查合格后，将其弯向一侧点焊在卷材上，这样可避免焊缝180°剥离。做法如图19-12。

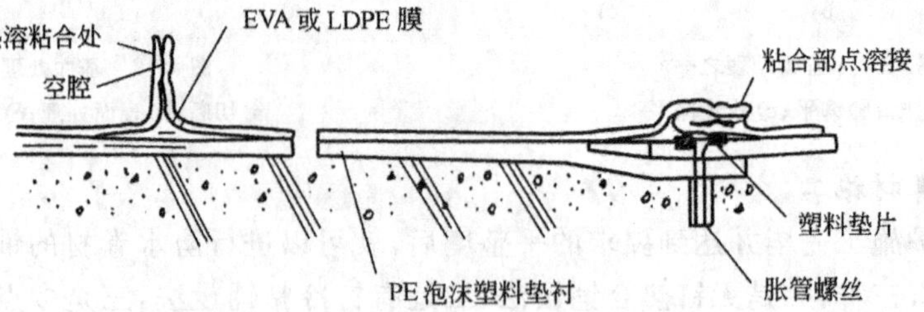

图19-12 反弯法接缝处理

(4)焊缝质量检测

防水膜间用热合机进行焊接，接缝为双焊缝，中间留出空腔以便充气检查，如图19-13。

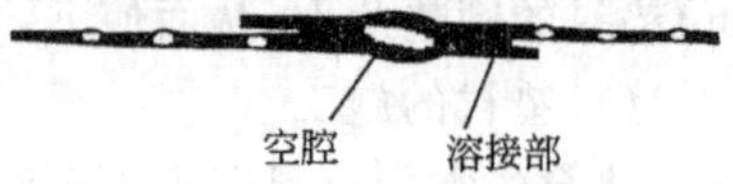

图19-13 双焊缝焊接

检查方法：用5号注射针与压力表相接，用打气筒充气(脚踏式或手动式皆可)，充气时检查孔会鼓起来，当压力达0.1～0.15MPa时，停止充气。保持该压力时间不少于1min，说明焊接良好；如压力下降，证明有未焊好之处，用肥皂水涂在焊接缝上，产生气泡地方为焊接欠佳之处。重新焊接可用热风焊枪或电烙铁等补焊，直到不漏气为止。检查数量，焊接1000延长米抽检1处焊缝；为切实保证质量，每天、每台热合机焊接均应取一个试样，注明取样位置、焊接操作者及日期。

(5)防水层破损的检查与修补

防水层施工必须精心，防水层质量检查必须认真。但破损有时是难免的，如正在工作的塑料热合机突然停电不能前进，此时会很快将防水层烧破。

检查出防水层上有破坏之处，必须立即做出明显标记，以便毫不遗漏地把破损处修补好。补后一般用真空检查法检验修补质量。具体要求：

①补丁不得过小，离破坏孔边沿不得小于7cm。

②补丁要剪成圆角，不要有正方形、长方形、三角形等的尖角。

在防水施工前如拱顶有大量涌水，应用不透水薄膜或塑料排水盒进行排水，以免因涌水使防水膜鼓包，影响二衬混凝土的灌注尺寸。

2.有钉冷粘铺设法

(1)工艺与特点

为了施工方便，目前已开发出防水板与土工布复合在一起的专用防水卷材，在这种卷材的纵向边缘留有10cm的粘接带，在此区内无土布层。施工中，先将初期衬砌基面整平，割除锚杆头等金属突出物。接着根据防水卷材的铺设方向(纵向或环向)截取相应的卷材段，擦干净粘接带内的灰尘与水滴，将防水卷材自下而上或自外而内边涂胶边固定。固定时采用射钉枪固定塑料垫片，塑料垫片外压防水卷和卷材片间的粘接采用卷材厂家提供的专用胶，可冷涂施工。最后用比固定塑料垫片稍大的卷材块涂胶后修补射钉孔。这种工艺的特点是防水卷材铺成的表面留有钉疤，接茬时用胶冷粘。

(2)施工检查

有钉冷粘法施工质量的检查方法主要是直观检查。具体方法是：

①用手托起塑料板，看其是否与喷射混凝土密贴。在拱顶，在 $1m^2$ 范围内塑料板不得下凹或呈水平状。

②看塑料板是否有被划破、扯破、扎破等破损现象。

③看接缝处是否胶合紧密，有无漏涂胶现象，搭接宽度必须大于 5cm。

④检查射钉补块是否严密，胶结强度能否满足施工要求。

3. 多点复合免钉穿铺设法

垫层与防水板的复合方式又有 2 种：一种是面复合，即除拼幅接茬外，垫层——土工布与防水板完全粘结在一起，这种产品的代表为工程上广泛应用的 PVC＋土工布复合防水卷材；另一种是多点复合，即将防水卷材与土工布卷材有规律地在若干点上用专用胶复合在一起，这种产品的代表是工程用量相当大的 EVA＋土工布复合防水卷材，如图 19-14。前者由于防水板与垫层紧密结合，施工时只能有同样的松铺系数，而后者的两种材料仅在若干点上复合，可在工厂生产中有意为变形能力相对较差的垫层——土工布事先提供一定的松铺系数。在现场施工时，实际为防水板与垫层提供的松铺系数是不一样的，从而减少了土工布在施工与服务期间的撕裂机会，进而保护防水板免遭喷射混凝土的损伤。

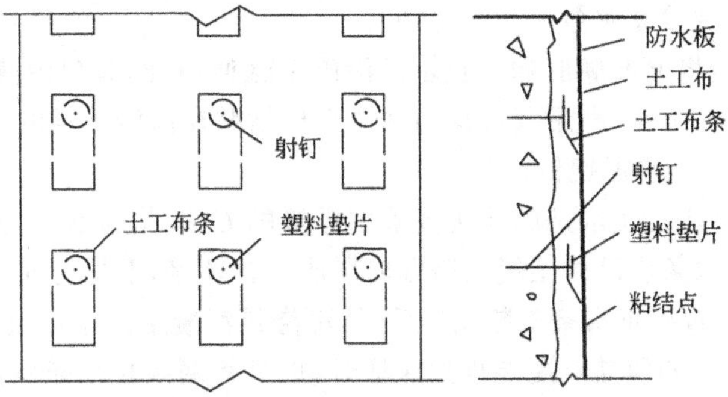

图 19-14　多点复合免钉穿防水层铺设工艺

二、止水条带施工

（一）膨胀橡胶止水条施工工艺

1. 用 SPJ 型遇水膨胀橡胶对施工缝进行防水处理

SPJ 型遇水膨胀橡胶除了具有一般橡胶制品的性能外，还具有遇水后自行膨胀的特征。在膨胀率 100％～200％的范围内将混凝土裂缝堵塞而起到止水作用。具体施工方法如下：

(1)清理混凝土施工缝基层。混凝土浇筑完并脱模后，用钢丝刷、凿子、扫帚等工具将基础不平整的部分凿平，扫去浮灰等杂物。

(2)涂刷粘结剂。将粘结膨胀橡胶的粘结剂均匀地涂刷在清理干净的待粘结基层部位。

(3)在遇水膨胀橡胶止水条表面涂刷缓膨剂。遇水膨胀橡胶在浇筑下一流水段混凝土的过程中为不影响其使用性能，应避免碰到水。但在浇筑混凝土时，不可避免地会遇到拌和水。为了在混凝土凝固前，不使其因遇到拌和水促使其预先膨胀而失去止水效果，应在粘结安装 SPJ 型遇水膨胀橡胶条时，在其周身表面涂刷一层缓膨剂。待到浇筑完混凝土约 24h 后，膨胀橡胶条外层缓膨剂会自动失效，遇水膨胀橡胶就会逐渐恢复其遇水膨胀止水性能。

(4)固定遇水膨胀橡胶条。遇水橡胶粘结安装后，如不进一步加以固定，很有可能会脱落，特别是位于垂直施工缝和侧立面施工缝的胶条，在浇筑混凝土时，由于振捣而将其震落。所以，还需用水泥钢钉将其钉压固定，水泥钢钉的间隔宜为1m左右。

(5)遇水膨胀橡胶条的连接方法。遇水膨胀条用重叠的方法进行搭接连接，搭接处应用水泥钢钉固定。安装路径应沿施工缝形成闭合环路，不得留断点。其作用与闭合回路电流相类似。

2.用膨胀止水条或BW膨胀橡胶止水条对施工缝进行防水处理

BW膨胀橡胶止水条是由聚氨酯和膨润土等材料混合加工制成，其横截面宽为30mm，高为20mm。当抗水压力指标为1.5MPa时，吸水膨胀率大于300%，故能在施工缝中遇水膨胀，形成胶粘性密封膏，堵塞渗水孔缝，从根本上截断压力水而起到防止渗漏的效果。BW膨胀止水条在水泥砂浆中吸收拌和水的膨胀率很小，若将其埋在现浇混凝土中，24h后打碎混凝土取出止水条，再测其吸水膨胀率，结果证明几乎没有膨胀。所以，不会出现由于吸收现浇混凝土中的拌和水，产生预先膨胀而丧失其阻水抗渗能力的现象。BW膨胀橡胶止水条的施工方法如下：

(1)清理基层。与SPJ型遇水膨胀橡胶清理基层方法相同，露出坚硬的基底。见图(膨润土止水条或BW膨胀橡胶止水条安装示意图)。

(2)粘贴止水条。将BW膨胀橡胶止水条沿施工缝伸展开，有包装隔离纸的一面朝上，通过隔离纸向止水条均匀施压，利用其自身的粘性直接粘贴在清洁干净的基面上。粘贴应牢固，且每隔1m左右加钉一个水泥钢钉。

(3)止水条连接方法。止水条的连接应采用搭接的方法，搭接长度在50mm以上，搭接头应用水泥钉钉牢。止水条应沿施工缝回路方向形成闭合环路，不得有断点处。

(4)浇筑混凝土。BW止水条安装完毕后，即可浇筑混凝土。止水条四周被混凝土覆盖的宽度应在50mm以上。如覆盖宽度能得到保证时，也可将两条止水条紧靠在一起用拼接的方法连接，两个拼接头分别用水泥钉固定。

3.施工注意事项

用SPJ型遇水膨胀橡胶或BW遇水膨胀橡胶止水条对施工进行防水处理，应在晴天无雨、无雪的天气施工。如在粘贴完至浇筑混凝土前的一段时间内估计会下雨、下雪时，应停止粘贴。混凝土的浇筑应在止水条未受雨水、地下水浸泡的条件下进行。如在浇筑前，止水条已遭受雨水、地下水或其他水源的浸泡，则应揭起重新粘贴新的止水条。

(二)可排水复合橡胶止水带施工工艺

衬砌混凝土的施工缝和沉降缝，采用止水带防水时，施工中必须符合下列要求：

(1)止水带不得被钉子、钢筋和石子刺破。如发现有割伤、破裂现象，应及时修补；

(2)在固定止水带和灌筑混凝土过程中，应防止止水带偏移；

(3)加强混凝土振捣，排除止水带底部气泡和空隙，使止水带和混凝土紧密结合；

(4)根据止水带材质和止水部位，可采用不同的接头方法。对于橡胶止水带，其接头形式应用搭接或复合接；对于塑料止水带，接头形式应采用搭接或对接。止水带的搭接宽度可取10cm。冷粘或焊接的缝宽不小于5cm。

止水带在端头模板上的固定是止水带安装的关键。止水带固定的好坏直接关系到止水带在衬砌中能否垂直于工作缝，是否能使排水通道与工作缝相通。

具体安装工艺如下：

(1)用 $\phi 8$ 钢筋卡间隔 1m 固定在止水带上。

(2)用穿板铁丝固定钢筋卡与板外钢筋段(如图 19-15)；

(3)将 $\phi 10$ 背托钢筋穿于止水带和钢筋卡之间，并用扎丝绑扎在钢筋卡上；

(4)先浇衬砌段拆模后，先将钢筋卡外露段扳直，并用其将自然伸直的止水带外露部分卡紧。

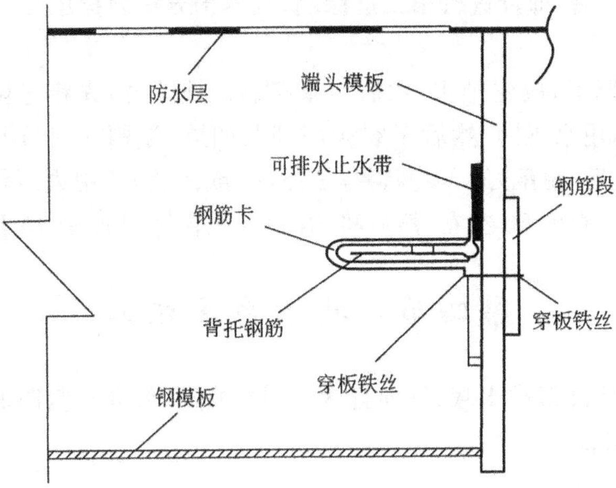

图 19-15 可排水止水带在端头模板上的固定

安装注意事项：

(1)止水带的中央排水通道应与工作缝对齐，这样才能保证工作缝中的渗漏水被止水带堵住并通过排水孔流入隧道排水系统。

(2)止水带的下部必须与排水管的下部连接牢靠、畅通，只有这样才能保证渗漏水顺畅进入纵向排水管并排出洞外。

(3)避免在施工时截断止水带，尽量做到一条工作缝一条止水带，避免搭接，这样可避免接头位置的安装缺陷。

三、防水涂料施工

(1)涂料配制

应根据涂料出厂使用说明现场配制。防水涂料可以单组份，也可以双组份。无论采用何种配合比，均应在容器内先放入规定量的稀释剂，例如水、酒精等，然后把粉料(塑料袋包装，净重 15kg)徐徐放入水中，边搅拌边放入粉料，持续 10min，使其成为均匀糊状物。然后，静置 30min，使其充分化合作用(温度较低时，静置时间要适当延长)，施工时仍需搅拌，以防沉淀。

(2)施工要点

①抹压法施工

在已充分湿润的基层上，将已配好的第一遍涂料用钢抹子或硬胶板均匀抹压。抹压时要按顺序操作，紧密搭接，避免漏抹。

刮压时，当涂层开始收水，手指轻压没有印痕时，应即开始喷雾(或轻轻洒水)，进行湿润养护。养护时间一般要求在 6～8h，此段时间的养护是保证防水效果的关键，切勿令其早期失水干燥，否则将出现粉化现象，损害防水效果。

在养护后，即可进行第二遍施工。将调好的涂料用毛刷或毛辊子涂刷在第一层涂层上，待收水后并用手指轻压不出现印痕时，再用水湿润养护 24h。

②涂刷法施工

用刷子将配好的第一遍涂料均匀涂刷在充分湿润的基面上，然后按上述抹压法的养护要求进行 6～8h 的湿润养护。

待第一遍涂层养护后，即可进行第二遍涂刷，其养护方法同抹压法。

③填塞法施工

在大量漏水的情况下，应先排水，然后堵塞缝洞。施工时，先将缝凿宽至 20mm、深 15～20mm，清除缝内浮灰，用水湿润，然后于裂缝底部及四周，涂刷涂料(配合比按涂刷法第一遍涂料)配制，待干燥 1h 后，将配好的填塞料搓成条状(或团状)。用力压填于裂缝或孔洞内、填塞料要与基层面齐平。养护 6h 左右，然后将稀涂料(配合比同前)涂刷于表面，并洒水养护。

第四节　排水系统施工

隧道排水系统包括 Ω 形排水管、纵向排水管、横向排水管和路基路面排水管沟。

(一)Ω 形排水管安装

1. 砂浆喷埋法

砂浆喷埋法的操作步骤是：

(1)用长柄钢叉将 Ω 形弹簧排水管管下端按在待装位置。钢叉前端与 Ω 形排水管断面相适应。

(2)调整砂浆的喷射压力与含水量等，在 Ω 形排水管两侧试喷。

(3)分层将砂浆在 Ω 形排水管两侧堆积，然后由下向上逐段埋设 Ω 形弹簧排水管。

(4)用普通喷射混凝土将 Ω 形排水管周围填平。

经试验，砂浆喷埋法存在以下问题：一是当喷射压力较大时，高速喷出的砂粒会击破 Ω 形弹簧排水管的塑料膜，使 Ω 形弹簧排水管失效；二是水量调整不妥时，砂浆与 Ω 形排水管塑料膜不粘合，造成喷层反复脱落。

2. 射钉固定法

射钉固定法的操作步骤是：

(1)用带小塑料垫片的射钉将 Ω 形排水管固定在待装位置，射钉在 Ω 形排水管两侧交错布置。

(2)用灰浆给 Ω 形排水管封边，并在塑料膜上抹一薄层灰浆，以增加与喷射砂浆的粘结力。

(3)用低风压喷砂浆封闭 Ω 形排水管。

(4)用普通喷射混凝土整平 Ω 形排水管周围。

试验表明，射钉固定法比较可靠、可行。但是这种方法也存在明显的不足，即安装工艺复杂，工效低，费用高。

(二)排水管材施工

排水管材包括环向排水盲管、纵向排水管和横向排水管，这些管材在施工时应特别注意相互间的搭接。搭接应牢固，不漏水，排水通畅，优先选用专用搭接接头。各部分管材施工时应注意：

1.环向排水盲管

目前工程上使用的环向排水管通常为涂塑弹簧外裹玻璃纤维布或塑料滤布构成，称为弹簧排水管，直径为5～8cm。施工前，应检查弹簧管质量。首先检查玻璃纤维布或塑料滤布是否套紧；其次检查弹簧涂塑层是否均匀，涂层有无老化；然后用直尺量测弹簧管的直径，检查其是否与设计尺寸一致；最后从轴向和横向用力压弹簧管，观察其是否有较大的塑性变形，孔径是否有异常变化。

施工时应做到：①按要求布设环向弹簧排水管，要保证基本间距，局部涌水量大时还应适当加大其密度。②安装时弹簧排水管应尽量紧贴渗水岩壁，尽量减小地下水由围岩到弹簧排水管的阻力。③弹簧排水管布置时沿环向应尽量圆顺，尤其在拱顶部位不得起伏不平。④弹簧排水管安装时应先用钢卡等固定，再用喷射混凝土封闭。⑤应检查弹簧排水管与下部纵向排水盲管的连接，确保弹簧排水管下部排水畅通。

2.纵向排水管与横向排水管施工

纵向排水管应按一定的排水坡度安装，中间不得有凹陷、扭曲等，以防泥砂在这些位置淤积、堵塞排水管。在安装前，用素混凝土整平安装基面。

纵向排水管施工前应进行以下检查：

(1)排水管材质及规格检查。塑料制品若保存不当极易发生老化，可目测管材的色泽和管身的变形；轻轻敲击观察管体是否变脆；用卡尺或钢尺量管径与管壁，检查其是否与设计要求相符。

(2)管身透水孔检查。纵向排水管主要有两个作用：一是将环向排水管下流之水经其排至横向排水管；二是将防水卷材阻挡之水经纵向排水管上部透水孔向管内疏导。为了实现其第二项功能，排水管上的透水孔必须有一定的规格并保证有一定的间距。在纵向管安装前，必须用直尺检查钻孔的孔径和孔间距。

施工时应进行以下检查：

(1)安装坡度检查。纵向排水管通常位于衬砌的两下角，需要从路面水平下挖一定深度才能达到设计标高。有时施工条件极为不利，施工较易出现管身高低起伏不定，平面上忽内忽外的现象。在这种情况下，隧道建成后纵向排水管容易被淤砂封堵，或被冰冻封堵，造成纵向排水不畅。因此，施工中一定要为纵向排水管做好基础，用坡度规检查、测定纵向排水管的坡度，使地下水进入纵向排水管后在一定的坡度下按指定的方向流动。

(2)包裹安装检查。纵向排水管在布设时必须注意其细部构造。首先应用土工布将纵向排水管包裹，使泥砂不得进入纵向排水管。其次，应用防水卷材半裹纵向排水管，使从上部下流之水在纵向盲管位置尽量流入管内，而不让地下水在排水管位置纵横漫流。因此，施工时要认真检查纵向排水管的包裹安装情况，杜绝粗放施工，为隧道后期排水创造条件。

(3)与上下排水管的连接检查。纵向排水管在整个隧道排水系统中是一个中间环节，起着承上启下的作用。施工中应注意检查上部环向Ω形弹簧排水管与纵向排水管的连接。一般采用环向排水管出口与纵向管简单搭接的方式，避免两管之间被喷射混凝土隔断。其次还应注意检查纵向排水管与横向排水管的连接。一般采用三通管连接；三通管留设位置应准确，接回头应牢靠，防止松动脱落。

横向排水管的施工与纵向排水管施工工艺相同，但应注意：对横向排水管的检查，主要是接头应牢靠、密实，保证纵向排水管与中央排水管间水路畅通，严防接头处断裂，由纵向排水管排出之水在路面下漫流，造成路面翻浆冒水，影响行车安全；其次是在横向排水管上部应有一定的缓冲层，以免路面荷载直接对横向排水管施压，造成横向排水管破裂或变形，影响其正常的排水能力。

(三)路基路面排水管沟施工

路基排水管一般采用预制管段在现场拼接的方法施工。因此，在施工时首先要重视管段的预制，确保管段的尺寸、材料质量和施工质量。

在现场拼接前，应再次检查管段质量：

(1)预制管段的规整性。用钢尺量测管段直径，观察管身是否变形或有严重裂缝；检查管身部透水孔是否畅通。

(2)管壁的强度。用石块轻敲管壁，检查混凝土强度是否满足设计与施工要求；对酥松掉块者，必须弃之不用。

施工时先挖基槽，整平基础，然后再铺设管段，最后回填压实。其中最重要的一个环节是处理管段基础。在软岩或断层破碎带区段施工中，应将不良岩(土)体用强度较高的碎石替换，并用素混凝土找平基面，使基础既平整又密实，为管段顺利敷设创造条件。施工中应特别注意检查基础的坡度，不仅总体坡度应符合要求，而且局部的几个管段间也应符合要求，尽量避免高低起伏。管段铺设时，首先要保证将具有透水孔的一面朝上。管段逐个放稳后，再用水泥砂浆将段间接缝密封填实。待砂浆凝固后，应逐段进行通水试验，发现漏水，及时处理。之后用土工布覆盖管段透水孔，在横向排水管出口处注意与中央排水管的连接方式。回填时注意保护管段的稳定及其上部透水性。

路面两侧排水沟一般采用现浇方法施工，也有少数采用预制管段现场拼接方法施工。施工时应注意：(1)侧沟与侧墙应连接牢固，必要时可在墙部加设短钢筋，使墙与沟壁联为一体。(2)侧沟进水孔的孔口端应低于该处路面标高，路面铺筑时不得堵塞孔口。(3)隧道内侧沟旁设有集水井时，宜与侧沟、路面同时施工。(4)应当保证按照设计的结构尺寸、排水坡度进行施工，保证横向排水管与排水沟的顺畅连接。

第五节　隧道渗漏治理

渗漏水是隧道最为常见的病害之一，由于防排水观念和经济技术水平的原因，在很长一段时间里，我国隧道渗漏水现象十分严重，素有“十隧九漏”之称。随着电气化铁路和公路隧道的大量修建，隧道防排水问题越来越受到重视，隧道防排水技术取得了长足的进步，我国隧道渗漏水问题大为改观。但是，截至目前，渗漏水仍是困扰隧道的一大难题。许多公路隧道在竣工后不久就出现渗漏水问题，有些还十分严重，影响了隧道运营环境和结构安全。这使得渗漏水治理成为隧道工程中的一大热点研究问题。

一、渗漏水治理要点

(一)渗漏治理的一般规定

依照《地下工程防水技术规范》(GB 50108—2001)，隧道渗漏水治理应符合以下规定：

1. 地下工程渗漏水治理应遵循“堵排结合、因地制宜、刚柔相济、综合治理”的原则。

2. 渗漏水治理时应掌握工程原防排水系统的设计、施工、验收资料。

3. 治理施工时应按先顶(拱)后墙而后底板的顺序进行，应尽量少破坏原有完好的防水层。

4. 有降水和排水条件的地下工程，治理前应做好降水和排水工作。

5. 治理过程中应选用无毒、低污染的材料。

6. 治理过程中的安全措施、劳动保护必须符合有关安全施工技术规定。

7. 地下工程渗漏水治理，必须由防水专业设计人员和有防水资质的专业施工队伍完成。

(二)治理步骤

隧道渗漏治理应按照以下顺序进行：

1. 隧道与地下工程渗漏水治理前，应调查下列内容：

(1)渗漏水的现状、水源及影响范围；

(2)渗漏水的变化规律；

(3)衬砌结构的损害程度；

(4)结构稳定情况及监测资料；

2. 渗漏水的原因分析应从设计、施工、使用管理等方面进行

(1)掌握工程原设计、施工资料(包括防水设计等级、防排水系统)及使用的防水材料性能、试验数据。

(2)工程所在位置周围环境的变化。

(3)运营条件、季节变化、自然灾害对工程的影响。

3. 渗漏水治理过程中，应严格每道工序的操作，上道工序未经验收合格，不得进行下道工序施工。

4. 随时检查治理效果，做好隐蔽施工记录，发现问题及时处理。

5. 竣工验收应符合下列要求：

(1)施工质量应符合设计和规范要求。

(2)施工资料齐全(包括施工技术总结报告、所用材料的技术资料、施工图纸等)。

(三)一般治理措施

1. 大面积严重渗漏水可采用下列处理措施：

(1)衬砌后和衬砌内注浆止水或引水，待基面干燥后，用掺外加剂防水砂浆、聚合物水泥砂浆、挂网水泥砂浆或防水涂层等加强处理。

(2)引水孔最后封闭。

(3)必要时采用贴壁混凝土衬砌加强。

2. 大面积一般渗漏水和漏水点，可先用速凝材料堵水，再做防水砂浆抹面或防水涂层加强处理。

3. 渗漏水较大的裂缝，可用速凝浆液进行衬砌内注浆堵水，渗水量不大时，可进行嵌缝或衬砌内注浆处理，表面用防水砂浆抹面或防水涂层加强。

4. 结构仍在变形、未稳定的裂缝，应待结构稳定后再进行处理，处理方法按前面第 3 条的措施治理。

5. 有自流排水条件的工程，除应做好防水措施外，还应采用排水措施。

6. 需要补强的渗漏水部位，应选用强度较高的注浆材料，如水泥浆、超细水泥浆、环氧树脂、聚氨酯等浆液处理，必要时可在止水后再做混凝土衬砌。

7. 锚喷支护工程，可采用引水带、导管排水，喷涂快凝材料及化学注浆堵水。

8. 特殊部位渗漏水处理可采用下列措施：

(1)变形缝和新旧结构接头，应先注浆堵水，再采用嵌填膨润土止水条、遇水膨胀止水条、密封材料或设置可卸式止水带等方法处理。

(2)穿墙管和预埋件可先用快速堵漏材料止水后，再采用嵌填密封材料、涂抹防水涂层、水泥砂浆等措施处理。

(3)施工缝可根据渗水情况采用注浆、嵌填密封防水材料及设置排水暗槽等方法处理，表面增设水泥砂浆、涂层防水层等加强措施。

二、公路隧道常见渗漏水现象及治理措施

(一)蜂窝、孔洞渗漏水

混凝土衬砌出现蜂窝麻面、孔洞渗漏水的主要原因是：1)在钢筋密集处或预埋件处，混凝土浇筑不畅通，不能充满模板；2)未按顺序振捣混凝土而漏振；3)混凝土离析，砂浆分离，石子成堆，或严重跑浆；4)有泥块等杂物掺入混凝土。5)将混凝土卸入模板内时，一次卸料过多，下部因振捣器振动作用半径达不到，形成松散状态。

蜂窝、孔洞渗漏水治理方法为：

1.堵漏处理。根据蜂窝、孔洞及渗漏水情况，查明渗漏水部位，然后进行堵漏处理。堵水材料一般为各种类型的速凝防水材料，如五矾胶泥、水泥速凝浆材、水玻璃浆材以及各种专用堵漏材料。

2.修补处理。在修补处理前，先将基层松散不牢的石子剔凿掉，用钻子或剁斧将表面凿毛，清理后用马连根地板刷冲水刷干净。

(1)水泥砂浆抹面法。如蜂窝不深，在基层处理后，用水泥素灰打底，然后用1：2.5水泥砂浆找平，抹压密实。如蜂窝、孔洞面积大而稍深，在基层处理后，用水泥素灰和1：2.5水泥砂浆交替抹至与基层面相平。

(2)水泥砂浆捻实法。如有面积不大而较深的蜂窝、孔洞，在基层处理后，可先抹一层水泥素浆，然后用1：2干硬性水泥砂浆边填边用木棍和锤子用力捣捻严实，至稍低于基层表面时，再在表面抹水泥素浆和1：2.5水泥砂浆找平。

(3)混凝土浇捣法。如蜂窝、孔洞较严重，在基层处理后，可在蜂窝、孔洞周围先抹一层水泥素浆，再用比原混凝土强度等级高一级的细石混凝土或补偿收缩混凝土填补并仔细捣实，经养护后将表面清洗干净，再抹一层水泥素浆和一层1：2.5水泥砂浆，找平压实。

(4)水泥压浆法。对较深的蜂窝、孔洞，如进行基层处理，会加大其尺寸，会使结构受到影响，因此可用水灰比为0.7～1.1的水泥浆液进行压浆补强。必要时可在水泥浆液中掺入一定量的水玻璃溶液作促凝剂。压浆孔的位置、数量及深度，应根据混凝土蜂窝、孔洞的实际情况和浆液扩散范围而定，孔数一般应不少于两个。

(二)混凝土裂缝渗漏水

1.混凝土裂缝产生原因

(1)混凝土搅拌不均匀，或水泥品种混用，因其收缩不一产生裂缝。

(2)大体积混凝土施工时，由于温度控制不严而产生温度裂缝。

(3)设计时，由于对土的侧压力及水压力作用考虑不周，结构缺乏足够的刚度导致裂缝。

(4)由混凝土收缩、温度伸缩以及结构受力和地基不均匀沉降产生的裂缝，都有可能导致防水混凝土结构的渗漏。

2.治理方法

(1)根据裂缝渗漏水量和水压大小，采用速凝胶浆或氰凝灌浆堵漏。

(2)对不渗漏水的裂缝可采用以下方法处理：

① 沿裂缝剔成八字形凹槽，遇有松散部位，将松散石子剔除，刷洗干净后，用水泥素浆打底，然后抹 1∶2.5 水泥砂浆，找平压实。

② 采用水泥压浆法，工艺如前所述。

(3)对于已经渗漏的裂缝，一般应采用降低地下水位、注浆等措施，在无水情况下进行治理。当水压较大或渗水量较大时，应采取排水治理的办法，其工艺见接缝渗漏水治理。

(三)衬砌接缝渗漏水处理

公路隧道衬砌中的变形缝、伸缩缝和施工缝是隧道渗漏最经常发生的部位。事实上，只要衬砌材料和施工质量达到要求，渗水一般难以从混凝土表面渗出，而接缝部位是防水最薄弱、最容易存在施工缺陷、耐久性最差的部位，在高水压下，渗水一般都从这些部位渗出。

由于变形缝、伸缩缝和施工缝等在隧道长期运营过程不可避免的发生变形，因而，除非接缝渗漏水压很低、渗水量极小时，可以采用直接堵水治理措施外，一般都应采取疏导排水治理措施。因为即使堵水治理后暂时不出现渗漏水现象，但随着季节变化和时间推移，接缝变形后，堵漏材料必然与混凝土发生分离，从而诱发渗漏。

疏导排水将接缝渗水通过排水管排入隧道排水系统，按照排水管埋设位置可以分为暗排法和明排法。暗排法需要沿环向施工缝凿槽、埋管和表面封堵，一般来说，费工费时，治理费用较高，并且由于接缝的变形，表面封堵难以严实，治理的效果通常不甚理想。明排法实施比较简单，排水管(槽)不易受环向施工缝变形的影响，通常治理效果较好。但是暗排法治理后比明排法要美观。排水治理所采用的排水管一般为 PVC 管，也有采用铝膜等其它材料制成的半管(槽)，下文以 PVC 管为例说明两种排水治理的工艺流程。

1. 接缝暗排水渗漏治理

暗排法沿衬砌接缝凿槽后，在槽内安装排水管将渗水排下引至排水系统。安装槽经过防水处理后用砂浆填平至与原衬砌表面一致，因而不影响衬砌美观。

(1)材料准备

①PVC 管。选用适当长度的 PVC 管，内径 7cm，厚 2mm，将其锯成 2 个半圆形半管。

②环氧树脂涂料配制。用 JS 聚氯酯道路嵌缝胶专用底涂料甲组料(也称环氧树脂)和乙组料配制，配制比例，按体积比甲料∶乙料＝1∶2。

③环氧树脂砂浆配制。按体积比细砂∶环氧树脂涂料＝2∶1。

(2)施工工艺(如图 19-16 所示)

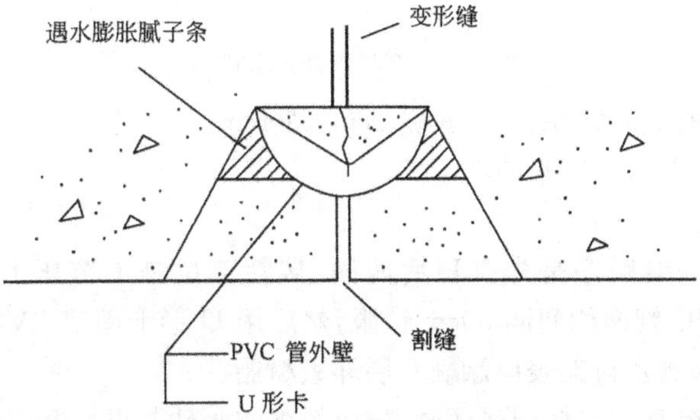

图 19-16 暗埋 PVC 管排水法

①凿梯形槽，槽上底宽 5cm，下底宽 6cm，高 4cm。

②用钢丝刷刷除浮碴，并用水清洗干净。

③用砂浆敷设引水舌片。

④安装 PVC 管。安装顺序是先拱顶后两侧。接茬部位是下节压上节，接茬长度 10～15cm，用 U 形卡和胀管螺丝固定 PVC 管，间距 50cm。

⑤在 PVC 管外壁及槽的两侧涂刷一层环氧树脂。

⑥待环氧树脂涂层有一定粘结强度时，在 PVC 管两侧挤压一层遇水膨胀腻子条，然后抹纤维防水砂浆，抹至与衬砌混凝土表面齐平。

⑦待纤维防水砂浆有一定强度后，沿变形缝割缝。

⑧涂刷 2 遍 SWF 混凝土密封剂或 XYPEX 浓缩剂灰浆。

2. 接缝明排水渗漏治理

明排法是在衬砌表面沿接缝安装排水半管将渗水排下引至排水系统。经治理后的衬砌表面高出原表面，因而影响衬砌美观。

(1)材料准备

①PVC 管。选用适当长度的 PVC 管，内径 7cm，厚 2mm，将其锯成 2 个半圆形半管。

②环氧树脂涂料配制。用 JS 聚氯酯道路嵌缝胶专用底涂料甲组料(也称环氧树脂)和乙组料配制，配制比例，按体积比：甲料：乙料＝1：2。

③环氧树脂砂浆配制。按体积比细砂：环氧树脂涂料＝2：1。

(2)施工工艺(如图 19-17 所示)

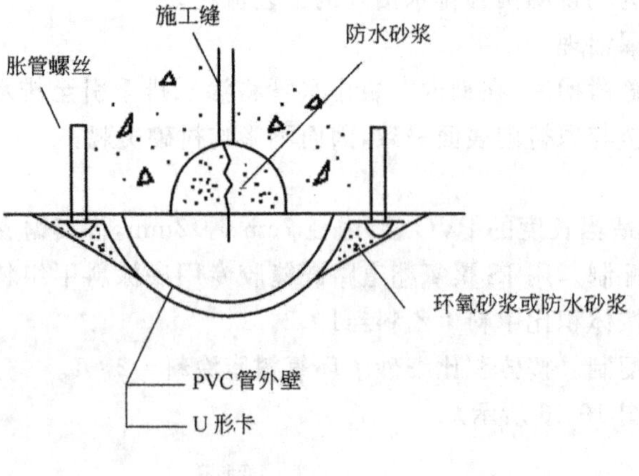

图 19-17　PVC 管外排施工工艺

①凿梯形型槽。槽上底宽 5cm，下底宽 6cm，高 4cm。

②用钢丝刷刷除浮碴，并用水冲洗干净。

③敷设引水舌片。

④安装 PVC 管：安装顺序是先拱顶后两侧，接茬部位是下节压上节，接茬长度为 10～15cm，用冲击钻沿 PVC 管两侧间隔 50cm 钻眼，然后用 U 形卡固定 PVC 管。

⑤在 PVC 管壁两侧及衬砌表面涂刷一层环氧树脂。

⑥待环氧树脂刷层有一定粘结强度时，抹压纤维防水砂浆以堵塞 PVC 管两侧与衬砌表面之间的缝隙，以防止水从此缝隙溢出。

⑦在纤维防水砂浆表面涂刷两遍SWF混凝土密封胶或XYPEX浓缩剂灰浆。

三、隧道渗漏水治理注意事项

(一)查找渗漏点

隧道内渗漏较为严重的部位用肉眼很容易观察出来。对细微不易查找的渗漏点，一般采取以下方法查找：

1.首先将隧道内墙壁或地面擦干，然后进行通风，以判断是否为因洞内外温度差或潮湿引起的结露；

2.如果不属于上述情况，即可在潮湿面擦干后，均匀地撒一层干水泥粉，观察有无湿点或印湿线，如果有即可确定渗漏水的孔、缝部位，此法适宜大面积渗漏水部位的检查。

3.如果第二种方法不易实现时，可用速凝水泥胶浆(水泥：促进剂=1：1)，在基层表面均匀涂抹一层，再撒干水泥粉一层，如发现湿点或湿线，即为渗漏水裂缝。

4.对于大面积慢渗漏水部位，可用喷灯烘烤，渗漏水孔、缝亦容易被发现。

5.用毛笔或毛刷查漏。此法适用于渗水和滴水。例如在有渗水的内壁上，将一支毛笔的笔头贴壁面压开，笔杆稍向下倾斜，水就会沿笔流淌，慢慢移动笔杆，观察沿笔头流淌的水量，水量最大的地方，就是渗漏水的滴水处。用毛刷沾吸工程漏水处表面水珠，在漏水处很快就会出现亮光，亮光处就是渗漏点。

(二)确定渗漏水情况，制定渗漏水方案

1.查找并隔离水源，尽量使治理渗漏施工在无水的状态下进行。

2.从结构上分析渗漏原因。治理渗漏水必须先治理好结构渗漏水，结构治水是根本，一般情况下应先补强结构，然后做防水堵漏。

3.确定方案时，必须对施工过程中搅拌、浇筑、振捣、养护等各个环节以及施工缝及变形缝的留设位置、处理方法等进行了解，以判断工程渗漏水的原因。还可以通过工程蜂窝、麻面和孔洞的数量间接了解施工质量对工程渗漏的影响。

4.检查防水材料是否选择不当或质量不好。

5.按照现场实地勘察结果，确定采用堵、注、涂、抹中的哪些施工方法，以达到治漏和防水的综合功能。地下工程渗漏水治理一般都无法在迎水面施工，而应在背水面处理，大都需要多道设防。

6.堵漏时本着大漏变小漏，线漏变点漏，片漏变孔漏，使漏水汇集一点或数点，最后集中堵塞渗漏点的原则。堵漏程序应采用先大漏后小漏，先高处后低处，先拱顶后墙身的做法，注浆堵漏，应由下而上进行。

(三)刚柔结合

多道防线、刚柔结合中的多道防线，并不是指防水层的层数愈多愈好，而是要把回填土、结构自防水和附加柔性防水层、地面排水等措施，都看成防水的防线，来认真对待，严格施工以减弱地下水的危害。所谓“刚柔结合”是将结构自防水混凝土作为主要防水屏障，同时以柔性防水材料予以补充和完善，以适应各种外力和内力可能带给混凝土结构的不利影响，尽量不使混凝土结构产生有害裂缝而导致渗漏水。

目前隧道与地下工程堵漏材料及堵漏技术有很大的发展，只要对各种堵漏材料的性能及作用认真了解，再结合具体渗漏水情况，采用恰当的堵漏技术措施，就能达到理想的效果。

第六篇

公路隧道营运通风与营运照明

第二十章 公路隧道的营运通风

第一节 概 述

汽车所排除的废气，含有多种有害成分，如一氧化碳、烟、氮氧化物、铅、二氧化硫、磷化物等，是气态和浮游固态微粒的混合物。汽车还能携带尘土和卷起尘埃。这些物质造成了隧道内的空气污染。而隧道是个闭塞空间，一般只有进出口与大气相通，污染物不能很快扩散，所以隧道内污染空气的浓度会逐渐积累。当浓度很小时，通常影响不大。但是，剧毒性的CO浓度增加时，会使人体产生不同程度的中毒症状，直至危及生命。空气中的烟雾可以影响能见度，含烟(尘)量达到一定程度后，即可使能见度下降到妨碍行车安全的程度。总之，隧道内的空气污染，既会造成对人体的危害，又会影响行车安全。

改善隧道内空气污染的途径大体上有三种，即：生产无公害汽车；使用滤毒装置还原被污染的空气；把污染空气的有害物稀释到容许值以下。无公害汽车现在仍为有待解决的重大课题，随着对新能源的开发和对公害问题的深入研究，这个问题已经得到某种程度的解决，不过还没有达到实用化的程度。目前用滤毒装置已经可以还原像CO之类的有害气体，但在效率上和经济上还没有达到实用化的程度。现阶段实用的方法是从洞外引进新鲜空气，冲淡隧道内的有害物质浓度，有的使用静电吸附办法减少过量尘埃，使空气质量满足卫生标准和能见度方面的要求。

公路隧道的通风设计是隧道总体设计的重要环节之一。通风设计是从隧道调查时开始入手的，其中一般性调查工作已在第一章中做过介绍。为进行通风设计，设计者还应做许多补充调查，如交通状况的调查、环境调查、地形、地质调查等。

关于交通量和交通流组成的调查，实际上是根据原有交通状况对未来可能发生的交通状况的一种推算。推算并不意味着不重要，恰恰相反，只有对原交通状况充分了解以后，才能做出近乎实际的推算。新设隧道或改建隧道都会产生吸引交通量，这是交通工程学要解决的问题，这里不过多的去讨论它。隧道通风设计者直接关心的是怎样取值，交通量与交通流组成是计算通风量的基础资料，这些资料越详细就越有利于做好设计。具体的交通量调查一般是由规划部门完成的，对隧道设计直接有用的是路段(线)平均交通量。仅仅知道总的车辆数是不够的，还应该知道车种组成，上下行数量(比例)、变化规律、汽车发动机种类和实载率等。作为一项系统的调查，希望能进行全年365d每天24h的观测。根据这样具体的调查资料和合理推断才能做出即实用又经济的通风设计。

车种，根据《公路隧道通风照明设计规范》可以粗略分为小客车、旅行车与轻型货车、中型货车、大型客车与拖挂车。车种不同，它的污染物基准排放量也不同，所以有必要这样粗略分类，设计中没有必要按照实际调查车型分别计算详细结果，尽管上述各类中还可以有许多具体的车型和不同的基准排放量。上下行数量是需要分开的，因为上下行数量不一定是均衡的，而上下坡车辆的排放量是不同的。变化规律是指一天24h内每小时车流量分布情况，设计中需要的是最大小时交通量。发动机种类是指汽油机车和柴油机车各占多少比例，它们分别属于不同类型的计算范围。实载率是指车辆的实际装载率，装载率不同，汽车的实际吨位也不同，从而影响到排污量的变化。

环境调查的目的是：了解隧道通风排放有害成分对周围环境的影响，扩散的范围，居民区分布、建筑物分布以及重要设施等，规划排风塔的位置和高度，评估是否可能造成恶果等。此外还应研究控制通风机噪声的办法等。

地形、地质调查主要是为设置通风站、通风竖井、斜井等提供所需要的地形、地质资料。

通风设计需要考虑的主要问题是：隧道内空气中有害物质的容许浓度；新风量的确定方法；判断自然通风的能力；机械通风方式的讨论；通风设备的选择以及经济性等。

与通风相关联的气象资料调查（详见第一章第一节）。

第二节　空气中有害物质的容许浓度

对汽车排出的废气中的有害物质的研究是在20世纪第二个十年末期至二十年代中期，美国修建横穿纽约的哈德逊河的厚兰德[①]隧道时开始的。当时（1919～1920年）以美国矿山局为中心，并得到大学和研究所协助，比较彻底的对那个年代美国汽车的CO发生量进行过研究。同时还研究了人体承受CO浓度能力的容许值。后来人们逐渐认识到，在CO浓度问题以外还有视界内的空气透明度问题存在。尤其是大功率汽车在交通流组成中所占比例增大以后，排烟量大大增加，稀释烟雾浓度所需新风量有时超过稀释CO浓度所需新风量。20世纪60年代以后在新建和改建隧道时，通常按上述两项分别计算，并取其较大值作为设计新风量。

实际上，汽油机汽车（以下简称汽油车）和柴油机汽车（以下简称柴油车）排出的废气中，既有CO又有烟雾，并伴随着其它有害物质。瑞士学者研究，柴油车排出的CO仅为汽油车的1/10～1/100。但它排出的有强烈刺激性臭味的丙烯醛和二氧化硫却达到汽油车的3倍以上，而且伴有浓烟。影响柴油车的排烟因素很复杂，发动机构造、负荷状态、调节程度、保养水平以及燃烧质量等，均可影响到排烟量，甚至影响到烟的颜色。而汽油车的排烟却很少。所以需要分别讨论CO和烟雾的容许浓度。

随着汽车工业的发展，轻型车辆引擎越来越多的使用柴油机，而且载重汽车也有大吨位化的趋势，柴油车可能成为交通流的主力，所以不能忽视柴油机排烟以及其它有害物的影响。在以下的叙述中可以知道：CO影响卫生标准，其毒性直接危害人的健康；烟雾影响能见度，涉及交通安全；而其它有害物的异味，则影响到舒适性。过去，围绕稀释隧道内污染空气有害物的标准问题，从不同角度出发有过不同的认识，这在某种程度上反映了科学技术和社会需求的发展。随着汽车工业技术的不断发展和社会需求欲的膨胀，今后还会继续改变认识。

一、CO容许浓度

在前述厚兰德隧道（单向2车道，合计最大交通量为2371辆/h，其中小轿车占98%）的通风设计中，由美国矿山局根据研究结果，将CO的容许浓度给定为400ppm[②]。并据此设计出

---

① 厚兰德(Holland)隧道，建成于1927年，用盾构法施工，由两条单向2车道隧道组成，它们的延长分别为2608m和2551m，采用全横向通风。

② ppm是Parts Per million的缩写，是百万分之一的意思，以$1m^3$空气中存在的CO的cm^3数表示。

通风量为 626.4 $m^3/h \cdot km$(米^3/小时·公里)。通风设备启用后作过系统的观测。通风机全负荷运转,CO 浓度不超过 160ppm,一般情况下仅为 100ppm,发生交通阻塞时最大浓度为 250ppm。当时完全由巡道员担任隧道内的巡视,在发生交通阻塞时仍能坚持进行工作。

后来把在交通阻塞条件下(CO 浓度为 250ppm)的安全工作时间定为 15min。厚兰德隧道最早采用了人工通风,也是最先使用全横向通风的隧道。新鲜空气从车道两侧下方吹入,污染空气由车道中央的顶棚抽出。隧道内,在 CO 下降到容许浓度以下的同时,视界也变得好起来。这种通风方式在大交通量的长大隧道中,至今仍在使用。

关于 CO 的毒性本来是医学领域的研究课题,由于在特定的隧道环境中的实际需要,通风设计者对 CO 等的毒性也颇为关注。红血球中的血红蛋白(Hemoglobin,简称 Hb),正常情况下在经过肺时与氧气(O_2)结合,并把 O_2 输送到人体的各个器官。由于 CO 对血红蛋白的亲和力比 O_2 大 200～300 倍,所以一旦 CO 与血红蛋白结合生成碳氧血红蛋白(CO—Hb),分解即非常缓慢,它能使红血球失去输送 O_2 的能力。若为深度中毒时,则会因缺氧死亡。CO 为无色、无味的气体,密度也几乎与空气相等,人的感觉器官又不能分辨它,所以是非常危险的。

20 世纪 40 年代初,德国人 May 氏发表了更加深入的研究结果,证明人对 CO 的中毒程度与人的活动状态有关。他把 CO 浓度、吸入时间以及活动状态与 CO—Hb 的饱和率之间的关系绘制成曲线,见图 20-1。

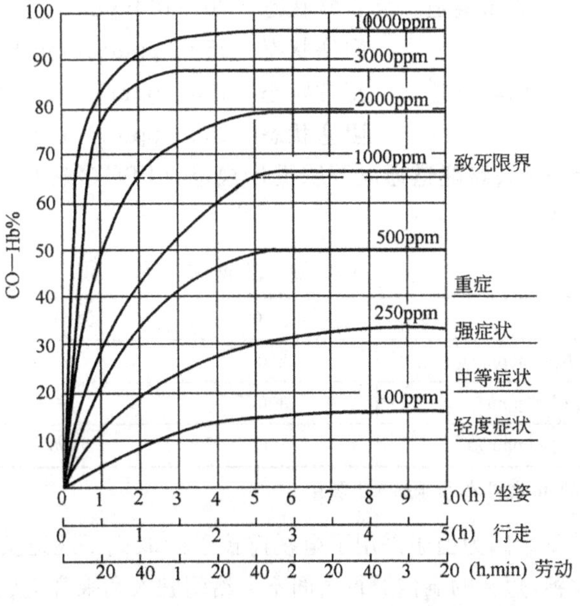

图 20-1 空气中的 CO 浓度,吸入时间以及活动状态与 CO-Hb 饱和率间的关系

曲线表明健康成年人受 CO 浓度的影响程度与呼吸量有关,“静坐”时影响最小,“劳动”时影响最大,“步行”时居中。患有呼吸器官障碍和贫血病的人,所受影响更大。

曲线还表明,CO—Hb 饱和率与逗留时间、CO 浓度有关。如果把 CO-Hb 饱和率为 10% 作为标准,那么 CO 浓度分别为 100ppm 或 250ppm 时,“静坐”者可分别逗留 2.5h 或 45min,“步行”者可以分别逗留 1h20min 或 25min,“劳动”者可分别逗留 50min 或 15min,而不会发生中毒现象。CO—Hb 饱和率不同,引起的中毒症状可参见表 20-1。

血液中 CO—Hb 饱和率与中毒症状的关系 表 20-1

CO—Hb 饱和率(%)	中毒症状
0～10	无症状
10～20	头微痛，皮肤血管扩张
20～30	前头部痛
30～40	剧烈头痛，衰弱、眩晕、视觉模糊不清、呕吐、虚脱
40～50	虚脱、可能出现昏迷，呼吸与脉搏增加
50～60	断续的痉挛性昏睡，呼吸与脉搏增加
60～70	断续的痉挛性昏睡，心脏活动以及呼吸作用弱且少，偶有死亡
70～80	脉搏、呼吸微弱，致死

上述研究均集中在 CO 的浓度和危害上面，似乎忽略了其它有害成分。事实上，在稀释 CO 的同时，其它有害物的浓度也在相应地下降。研究表明，CO 浓度的测定远比其它有害物的测定容易得到正确值。因而将 CO 浓度作为隧道内污染空气的代表，其容许浓度用 δ_{CO} 表示。其数值主要考虑维修和管理人员、隧道中的行人以及因交通阻塞而长时间在隧道内滞留的驾驶人在健康上所要求的安全值和汽车驾驶人的舒适性两个因素。但舒适性主要由烟雾浓度和其它有害物决定。1971 年国际道路协会常设委员会(PIARC)推荐的 δ_{CO} 如下：

城市隧道	正常状态	70～100ppm
	阻塞状态	250 ppm(15min)
山岭隧道	正常状态	150 ppm
	阻塞状态	250 ppm(15min)

我国首次在行业标准《公路隧道通风照明设计规范》(JTJ 026.1—1999)中规定出自己的国家行业标准(见表 20-2)。

CO 设计浓度 δ 表 20-2

隧道长度(m)	≤1000	≥2000	≥3000
采用全横、半横向通风时 δ(ppm)	250	—	200
采用纵向通风时 δ(ppm)	300	—	250
人车混合交通时 δ(ppm)	150	100	—

注：隧道长度在 1000～3000m 之间时，可按插入法取值。

该标准有明显的减低。因为由于采用了电视监控手段取代了巡道员的工作，加上车速的提高和汽车密闭性能的改善，短暂的洞内通行时间不会给驾驶人和乘客造成危害，所以适当减低标准是可能的。从目前情况看还不能减低太多，因为一旦发生交通事故，就会发生许多新问题。

二、烟雾容许浓度

为了保证停车视距，必须控制烟雾浓度。隧道内的停车视距不仅取决于车速，而且与路面亮度、路面材料的种类、烟雾浓度有关，通常需要综合考虑。随着对道路服务水平的要求的不断提高，在保证停车视距的同时，还要求保证舒适性，因而需要把烟雾浓度控制在容许标准之下。

浓度有多种表示方法，通常有两种方法，即质量浓度和体积浓度。前者是用单位体积空气所含溶质(这里指有害物质)的质量表示(g/m^3 或 mg/m^3)；后者是用单位体积空气中有害气体的体积所占百分比(%)或 ppm 表示。体积浓度已用于表示 CO 浓度了,但它不能用来表示烟雾的浓度。质量浓度固然可以表示烟雾浓度,但用起来不直接、不方便。实用的方法是用光的透过率表示烟雾浓度。

透过率是光线在污染空气中的透过量与在洁净空气中的透过量之比。一般用下式表示:

$$\tau = \frac{E}{E_0} \tag{20-1}$$

式中:E、E_0——分别为同一光源光通过污染空气和洁净空气后的照度。

透过率随光源与受光部之间的距离而改变,同时还因烟雾浓度不同而不同。所以把光源光通过单位距离(1m)后受光部所接受到的光通量减至光源光通量的 1/10 时,定义作烟雾浓度为 1。当然其余光通均被烟雾吸收和散射了。如果假定烟雾浓度为 1,则经过 1m 时光通量减至$(\frac{1}{10})^1$,再经过 1m 时光通量减至$(\frac{1}{10})^2$。同理,经过 lm 时,则光通量减至$(\frac{1}{10})^l$。若假定烟雾浓度是变化的,如浓度为 2 时,则在 1m 距离处光通量减至$(\frac{1}{10})^2$;同理,浓度为 k 时光通量减至$(\frac{1}{10})^k$。因此,光源光穿过 lm 厚的烟雾浓度为 1 的污染空气后,透过率 $\tau=(\frac{1}{10})^{1\times l}$,光源光穿过厚为 lm 浓度为 k 的污染空气后,透过率

$$\tau=(\frac{1}{10})^{k\cdot l}(\%) \tag{20-2}$$

式中:k——烟雾浓度(m^{-1});

l——烟雾层厚度(m)。

式(20-2)还可以表示为:

$$k = -\frac{1}{l}\lg\tau \tag{20-3}$$

式中:τ——光源光穿过 lm 后的容许透光率,在隧道通风与照明中,取 $l=100$m,故其容许浓度 $k=-\frac{1}{100}\lg\tau$。

当烟雾浓度、透过率($l=100$m)和车速不同时,对舒适程度的感觉也不同,表 20-3 是行车速度为 40km/h 时,驾驶人对舒适水平的主观评价。

舒适水平的主观评价 表 20-3

烟雾浓度 k(m^{-1})	$l=100$m 处的透过率 τ_{100}(%)	舒适水平的主观评价
5×10^{-3}	60	空气洁净
7.5×10^{-3}	48	稍有烟雾
9×10^{-3}	40	舒适度下降
12×10^{-3}	30	不愉快的环境

世界上一些国家各自规定的隧道内烟雾浓度的容许值为:

法国	5×10^{-3}(m^{-1})
日本	$(7.5\sim9)\times10^{-3}$(m^{-1})
瑞士	9×10^{-3}(m^{-1})
英国	10×10^{-3}(m^{-1})

透过率与隧道照明水平有关，随着路面照度的增加，透过率可乘以修正系数，其修正值如表 20-4 所示。

透过率与照明水平的影响关系　　表 20-4

路面照度(lx)	透过率修正系数	路面照度(lx)	透过率修正系数
30	1	60	0.80
40	0.93	70	0.73
50	0.87	80	0.67

烟尘不仅影响舒适度，而且也影响健康，只不过在一般情况下不会立即致病而已。烟尘通常按粒径大小可区分为降尘和飘尘。前者粒径大于 10μm，因自身重力较大，在空气中容易降落，危害相对较小；后者粒径小于 10μm，能在空气中长时间飘移，称为飘尘，容易被吸入呼吸道系统。吸入飘尘后，大部分被鼻咽、气管等粘膜吸附，长期刺激容易导致鼻咽发炎，气管发炎等。极少部分更细小的颗粒，可以吸入肺泡组织，并引起各种病理反应。烟尘对于驾驶人和行人的作用时间，通常是短暂的，其危害相对较小。但是对于长期从事维修管理人员的影响则相当大。

由于空气透明度对行车速度有直接影响，车速越高对透明度的要求也越高，所以随着设计车速的提高，烟雾设计浓度也相应不同。

油烟是隧道内烟雾的主要部分，据国外资料介绍，油烟中含有致癌物质，其成分十分复杂，目前有关资料较少，是尚待研究的课题。

三、其它有害物

1. 氮氧化物

氮氧化物是柴油机排出的主要有害成分之一。主要来源于空气中的氮和氧，在爆燃条件下，产生的瞬时高温、高压能使空气中的氮与氧化合，生成 NO，是吸热反应。爆燃温度越高，反应越快，生成的 NO 也越多。但在汽缸内，正常燃烧的温度条件下，氮与氧不发生化合反应。当温度下降后，汽缸内生成的 NO 遇 O_2 即可生成 NO_2。

NO 为无色气体，可以使血液中的血红蛋白成为变性血红蛋白，对中枢神经系统也有影响。

NO_2 为黄色或棕色气体，有强烈刺鼻气味，剧毒。由于对空气的相对密度为 1.58，所以经排气管排出后，多集聚在下层空气中，在隧道内尤其不易扩散，对人体健康的威胁很大。一部分进入肺泡的 NO_2，遇水后可以水解成硝酸及亚硝酸，产生强烈的刺激和腐蚀作用，可以造成支气管及喉部出血。

根据铁道部的现场调查，在隧道内接触氮氧化物的平均浓度为 19.4mg/m^3（接触 45min）时，只有少数人出现不适感，平均浓度为 54.4mg/m^3 时，全部作业人员都有主观不适感，其中以胸闷、呼吸困难为最多，其次为头晕、粘膜刺激等症状。

2. 丙烯醛

丙烯醛为无色挥发性液体，相对密度 0.841，易燃。由于它具有强烈的辛辣刺激窒息性气味，所以容易引起警觉，在正常情况下很少发生严重中毒现象。

丙烯醛对眼睛和呼吸道粘膜有剧烈刺激作用，并可产生全身性中毒症状，如流泪，鼻刺痛，咽喉干涩，严重时可有恶心，呕吐，腹泻等症状。

3. 二氧化硫

SO_2 为具有强烈的辛辣刺激性气味的气体，相对密度 2.264，易溶于水。它进入呼吸道后大部分在上呼吸道上生成亚硫酸和硫酸，被气管吸收，对上呼吸道产生强烈刺激性引起各种炎症。能分布至全身组织，破坏细胞。二氧化硫对人体健康状况的影响因其浓度不同而有所不同，见表 20-5。

SO_2 浓度对人体健康的影响 表 20-5

SO_2 浓度(mg/m^3)	中 毒 症 状	SO_2 浓度(mg/m^3)	中 毒 症 状
3	引起咳嗽	100	咽喉痛，胸痛，呼吸困难
8～13	不能较长时间坚持工作	130～260	最高容许浓度限界(30～60min)
20	流泪，咳嗽	400～500	迅速窒息死亡
28～80	呼吸道灼热痛，胸部压抑感		

此外，还有剧毒的铅和致癌的苯并芘等有害物，这里不再一一叙述。

近年来，世界各国都在努力使汽油无铅化，以减低对大气环境的破坏。目前我国已基本上实现了汽油无铅化，交通环境大大改善。

第三节 新风量计算

一、交通量和交通流组成

1. 交通量

国际上使用的交通量取值法，是 PIARC 推荐的第 30h 交通量。即统计全年 365d 每天 24h 共有 8760h 交通量，排序后采用第 30h 交通量作为依据，用来作为具体通风量计算的交通量。这是个经验数据，全年当中交通量超过此值的仅 29 个，据此得出的计算数据已经足以满足需要。很明显，8760h 交通量是逐个测得的，因此只有在老路改建时才有可能获得这些数据。

作为新路，便不可能获得这些资料。此时，为了进行通风量计算，只得采用年平均日交通量的 16%作为通风量计算的小时交通量。不过我国目前还缺乏这方面的经验和资料，在《公路隧道通风照明设计规范》中回避了这个取值标准问题，在实际设计中更多的是采用简化方法——工程类比法取值。

作为一种取值的基本方法，是寻找一种能解决实际问题的可操作的途径，而随着技术的不断发展，解决问题的相对标准可能会作适当的修正。例如，关于汽油车 CO 的排放量，近几十年来汽车引擎在不断的优化，CO 的排放量在逐渐减少。不过，就目前来说，还是把 CO 作为卫生标准的代表，把烟作为行车安全标准。尽管现在有的为了解决“异味”，而给以 CO 为代表的卫生标准赋予新的含义，使其脱离原来的卫生标准而转变为舒适性标准。实际计算中还是通过改变 CO 的标准数值来实现，究竟怎样解决这个问题，那是专家们的责任。目前，仍然把排放 CO 的汽油车作为一大类，把以排烟为主的柴油车作为另一类。

在取值时，有些具体问题还是应该仔细推敲，通风量还是应该尽量减小，以减低通风所需功率，这样就可以减少安装通风机的数量，达到降低固定投资的效果。一般情况下，除非有计算错误，按照现行的计算方法进行通风设计，效果是有保证的。如前所述，总的趋势是随着汽车工业的发展和技术上的不断革新，车辆的排污量是日益减少。所以如果设计过程中安装了过多的通风机，它可能永远是多余的。

目前根据日本资料，小时交通量与年平均日交通量的比率，第30小时交通量在山岭地区占14%、在平原区占12%、在城市占9%，这些资料在国内尚无系统调查之前，不妨作为参照。从已发表的资料看，过去国内还没有作过全年365天的小时交通量调查结果。而交通规划部门在作某个路段交通量调查时，在时间上具有随意性，几乎完全是根据任务需要的缓急确定何时调查，给出的是实时调查结果和推算的年交通量，这样给设计者取值带来很大困难。所以众多的设计者，只好脱离国际上通行的取值方法，不得已采用“工程类比法”。

规划部门提供的交通量是通过测量断面车辆总数，既包括上行也包括下行。关于上下行交通量的分割，通常不会是均衡的，除有足够的依据或者有极特殊的条件，才会出现各占50%的情况外，一般情况下可以参考采用四六分成的比例。分配上下行交通量时，在不利方向采用较大者，例如上坡方向按60%计。

2.交通流组成

世界上的汽车种类数以百计，粗略地可按使用的燃油区分为汽油车和柴油车，按车辆的用途区分为卡车和轿车，按车辆的大小区分为大型车、小汽车和摩托车等。从通风的角度看，区分汽油车和柴油车的比例十分重要，汽油车以排出CO的数量作为计算新风量的依据，而柴油车则以排烟量作为依据。另外，小汽车和摩托车的CO排放量与大型车显然不同，应加以区分和折减。通常把摩托车换算为0.5辆小轿车。而小汽车与大型车的CO排放量按不同标准计算。

交通流的组成问题非常复杂，受多种因素的影响，不能按照某一模式套用。这是交通工程学要解决的问题，确定它需要作许多实际调查。对某一地区而言，又不是一成不变的。不过，在实际设计中没有必要也不可能按照将来在公路上出现的车种类别，逐个种类详细区别计算。只能按比较大的类别加以分门别类，相对的比较粗线条的归类计算。然后再以统计学的方法给出各大类车型的污染物(CO，烟)基准排放量，进行实际计算。根据实测，汽油车只排放CO，它排放的烟是很少的，可以忽略不计；而柴油车主要是排放烟，同时也排放CO，虽然数量很少但不能忽略不计。按排放CO可以分为：各种柴油车；各种汽油车又可分为小汽车、旅行车与轻型货车、中型货车、大型客车与拖挂车。按排放烟可以分为：轻型货车、中型货车、中型货车与大型货车及拖挂车、集装箱车。

二、按稀释CO计算新风量

1.在基准状态下的CO发生量

所谓基准状态是指海拔高度在400m以下的水平路段上，小汽车以40～60km/h、大型车以40～50km/h的速度行驶的状态。

CO的排放量，是1辆车在1 km路段上的CO基准排放量与换算交通量、隧道长度以及各种修正系数的乘积。

CO基准排放量是在基准状态下汽油车(小客车)行驶1km所排放的CO量，其单位为：m^3/辆·km。以q_{co}表示，作为标准车型，其值可以取为0.01 m^3/辆·km。

过去曾经对主要典型车型测定各自的基准排放量，然后分别计算，有些繁琐。现在把不同车型的影响统统以车型系数处置，使计算得到简化。这些是以大量的统计数据为基础，分类归纳得出的。经过大量统计认为，以小汽车为标准较为适宜。

由于小型车与大型车排放量有很大差异，必须根据车型不同，粗略地制定出相应的排放量的比较标准，并制定出考虑 CO 的车型影响系数表，见表 20-6。

考虑 CO 的车型影响系数 f_m 表 20-6

车　型	各种柴油车	汽　油　车			
		小汽车	旅行车、轻型货车	中型货车	大型客车、拖挂车
f_m	1.0	1.0	2.5	5.0	7.0

汽车在不同等级道路上行驶时会有不同的行驶速度，引擎的工作状态也不同，越接近最佳转速其油料燃烧越完全，或者说效率越高；反之则引擎的工作效率越低。因此，显然高等级公路上引擎容易进入最佳状态，低等级公路上引擎难以进入最佳状态。这反映了汽车的工作状况，或者说反映了路况，不过其基础还是车况。为此制定了考虑 CO 的车况影响系数，见表 20-7。

考虑 CO 的车况影响系数 f_a 表 20-7

适用道路等级	f_a	适用道路等级	f_a
高速公路、一级公路	1.0	二、三、四级公路	1.1～1.2

随着海拔高度的增加，空气渐渐稀薄，气压和温度均逐渐降低，影响 CO 的发生量，因而应对上述状态下的 CO 产生量加以修正。

考虑 CO 的海拔高度修正系数可以用下式计算：

$$f_h = 1 + 0.9 \times (\frac{H - 400)}{1600} \tag{20-4}$$

式中：H——海拔标高(m)。

另一方面还受坡度影响，大型车的载重量比小汽车大，上坡时对车速的影响比小汽车也大。上坡时加速与平坡时加速相比较，车速越高、坡度越大影响也越大。考虑 CO 的纵坡—修正系数 f_{iv}，见表 20-8。

考虑 CO 的纵坡—车速影响系数 f_{iv} 表 20-8

v_t(km/h) \ i (%)	−4	−3	−2	−1	0	1	2	3	4
100	1.2	1.2	1.2	1.2	1.2	1.4	1.4	1.4	1.4
80	1.0	1.0	1.0	1.0	1.0	1.0	1.2	1.2	1.2
70	1.0	1.0	1.0	1.0	1.0	1.0	1.0	1.2	1.2
60	1.0	1.0	1.0	1.0	1.0	1.0	1.0	1.0	1.2
50	1.0	1.0	1.0	1.0	1.0	1.0	1.0	1.0	1.0
40	1.0	1.0	1.0	1.0	1.0	1.0	1.0	1.0	1.0
30	0.8	0.8	0.8	0.8	0.8	1.0	1.0	1.0	1.0
20	0.8	0.8	0.8	0.8	0.8	1.0	1.0	1.0	1.0
10	0.8	0.8	0.8	0.8	0.8	0.8	0.8	0.8	0.8

行车密度当然是影响 CO 排放量的重要因素之一，而行车密度又与车速有直接关系，车密度影响系数 f_d，可见表 20-9。

车密度影响系数 f_d 表 20-9

工况车速(40～60km/h)	100	80	70	60	50	40	30	20	10
f_d	0.6	0.75	0.85	1	1.2	1.5	2	3	6

所以 CO 排放量 Q_{CO} 应按式(20-5)计算：

$$Q_{CO} = \frac{1}{3.6 \times 10^6} \cdot q_{co} \cdot f_a \cdot f_d \cdot f_h \cdot f_{iv} \cdot L \cdot \sum_{m=1}^{n} (N_m \cdot f_m) \tag{20-5}$$

式中：q_{co}——CO 基准排放量，取 0.01(m^3/辆·km)；

L——隧道长度(m 或 km)；

f_a——考虑 CO 的车况修正系数(表 20-7)；

f_d——车密度修正系数(表 20-9)；

f_h——考虑 CO 的海拔高度修正系数，可查《公路隧道通风照明设计规范》海拔高度修正系数图，也可按式(20-4)计算；

f_m——考虑 CO 的车型修正系数；

N_m——相应车型的设计交通量(辆/h)；

n——车型类别数。

其中：设计交通量 N_m 的单位为辆/h，应按高峰小时交通量计算，还应考虑到上下行的分配比例；n 为车型类别数，计算时既不要遗漏某种车型，也不要重复；笼统地说，$\sum_{m=1}^{n}(N_m \cdot f_m)$ 是各种车型折算交通量的总和。

2. 稀释 CO 的需风量

现阶段改善隧道内环境的主要手段，仍然是以吹入新鲜空气稀释洞内污染空气为主的方法。由上述已经得到隧道内污染空气的总量 Q_{CO}，已经制定了 CO 的设计(容许)浓度，所以在标准大气压条件下稀释 CO 的需风量 $Q^0_{req(CO)}$ 就是一个简单算式：

$$Q^0_{req(CO)} = \frac{Q_{CO}}{\delta} \tag{20-6}$$

考虑到隧道所在地的大气压力和气温的影响，按气体状态方程换算后，实际需风量为：

$$Q^0_{req(CO)} = \frac{Q_{CO}}{\delta} \cdot \frac{p_0}{p} \cdot \frac{T}{T_0} \times 10^6 \tag{20-7}$$

式中：$Q_{req(CO)}$——稀释隧道内 CO 所需新风量(m^3/s)；

p_0——标准大气压(kN/m^2)，即海平面大气压，取 101.325kN/m^2；

p——隧道所在地设计气压(kN/m^2)；

T_0——标准气温(K)，取 273K；

T——隧道所在地区夏季(6～8 月)日平均气温(K)。

计算中隧道所在地设计气压应按气象学方法计算，隧道所在地区夏季(6～8 月)日平均气温(K)应取得连续三年的系统平均资料。

三、按稀释烟雾计算新风量

1. 烟雾排放量的计算

烟雾由未完全燃烧形成的游离碳、汽车行驶卷起的扬尘以及空气中弥散的水汽和油颗粒组成。其中，路面不洁造成的扬尘应当由隧道养护和保洁工作解决，水汽大多受气象条件影响，悬浮油颗粒受车况影响，它们都是没有办法计算的。然而作为影响隧道内能见度的主要因素，可以通过"烟雾透过率检测计"进行宏观检测，也可以通过"闭路电视系统"进行监控。稀释烟雾影响的主要手段同稀释 CO 影响的主要手段是类似的，都是通过引入新鲜空气冲淡已污染空气，使其达到容许标准。有资料表明，国外早已使用了静电集尘的方法，降低烟雾浓度，使烟雾浓度达到容许标准。它是在隧道内部烟雾浓度较大处设置一段旁洞，旁洞内设置静电集尘器，过滤掉一部分烟雾，把"干净的"空气重新送回隧道。不难想象，空气中水雾很大时，也可以采用类似的方法除湿，再把"干燥的"空气重新送回隧道。就目前来讲，这些设施价格都是很高的。下面仅对汽车排放的煤烟部分进行计算。它以大量检测的统计数据为基础，粗线条的归纳分类，形成以下较为简单的可操作的算式。烟雾排放量 Q_{VI} 可按式(20-8)计算：

$$Q_{VI}=\frac{1}{3.6\times10^{6}}\times q_{VI}\times f_{a(VI)}\times f_{d(VI)}\times f_{h(VI)}\times f_{iv(VI)}\times L\times\sum_{m=1}^{n}(N_{m}\times f_{m(VI)}) \tag{20-8}$$

式中：Q_{VI}——隧道内烟雾排放量(m^2/s)；

L——隧道长度(m)；

q_{VI}——烟雾基准排放量(m^2/辆·km)，可取 2.5m^2/辆·km；

$f_{a(VI)}$——考虑烟雾的车况修正系数，按表 20-10 取值；

f_d——车密度修正系数，按表 20-9 取值；

$f_{h(VI)}$——考虑烟雾的海拔高度修正系数，可查规范考虑烟雾的海拔高度系数，也可按式(20-9)计算：

$$f_{h(VI)}=1+0.55\times\frac{H-400}{1800} \tag{20-9}$$

式中：H——海拔高度(m)；

$f_{iv(VI)}$——考虑烟雾的纵坡—车速修正系数，按表 20-11 取值；

$f_{m(VI)}$——考虑烟雾的车型影响系数，按表 20-12 取值；

N_m——相应车型的设计交通量(辆/h)；

n_D——柴油车车型类别数。

考虑烟雾的车况修正系数 $f_{a(VI)}$ 表 20-10

适用道路等级	$f_{a(VI)}$	适用道路等级	$f_{a(VI)}$
高速公路、一级公路	1.0	二、三、四级公路	1.2～1.5

考虑烟雾的纵坡—车速修正系数 $f_{iv(VI)}$ 表 20-11

i(%) / v_t(km/h)	−4	−3	−2	−1	0	1	2	3	4
80	0.3	0.4	0.55	0.8	1.3	2.6	—	—	—
70	0.3	0.4	0.55	0.8	1.1	1.8	3.1		—
60	0.3	0.4	0.55	0.75	1.0	1.45	2.2	—	—
50	0.3	0.4	0.55	0.75	1.0	1.45	2.2	—	—
40	0.3	0.4	0.55	0.7	0.85	1.1	1.45	2.2	—
30	0.3	0.4	0.5	0.6	0.72	0.9	1.1	1.45	2.0
10-20	0.3	0.36	0.4	0.5	0.6	0.72	0.85	1.03	1.25

考虑烟雾的车型修正系数 $f_{m(VI)}$ 表 20-12

柴油车			
轻型货车	中型货车	重型货车、大型客车、拖挂车	集装箱车
0.4	1.0	1.5	3～4

2.稀释烟雾的需风量

在基准状态下稀释烟雾的需风量 $Q^0_{req(VI)}$ 可按式(20-10)计算：

$$Q^0_{req(VI)} = \frac{Q_{VI}}{K} \tag{20-10}$$

式中：Q_{VI}——隧道内烟雾排放量(m^2/s)；

K——烟雾设计浓度(m^{-1})。

按气体状态方程换算后稀释烟雾的需风量 $Q_{req(CO)}$ 可按式(20-11)计算：

$$Q_{req(CO)} = \frac{Q_{VI}}{K} \cdot \frac{p_0}{P} \cdot \frac{T}{T_0} \times 10^6 \tag{20-11}$$

式中符号意义同前。

四、交通阻滞条件下稀释 CO 浓度的检算

交通阻滞是隧道通风设计中的一种常见的也是特殊的工况，该工况的特点是：全隧道中某个特殊路段，因某种随机的原因而发生车速缓慢(10～20km/h)，但尚未中断行驶，其余路段仍在正常运行中。

交通阻滞条件下稀释 CO 浓度的检算过程与正常营运条件下稀释 CO 浓度的计算过程是相同的，其不同点是交通量的取值应按“规范”规定的阻滞段的计算长度不宜大于 1km。这种规定的前提是有良好的交通管理设施和到位的服务，这样才能保证在 20min 内得到疏导，恢复正常交通。在这种条件下才可以把阻滞段的平均 CO 设计浓度放宽到 300 ppm。

烟雾浓度，主要是影响能见度，当烟雾浓度达到 $0.012m^{-1}$ 时，被认为是影响能见度的限界，应采取交通管制措施。“规范”中并未规定需要对交通阻滞路段的烟雾影响进行计算。不过说到底还是个通风问题。

实际上这里面存在一个容易被忽略的问题，就是在 1km 以外地段正常的交通还在继续进行着，不能忘记 1km 以外地段的需风量 $Q_{req(CO)}$。

1km 阻滞段的交通流量可以按交通工程学的计算方法进行计算，不妨参考交通工程学的相关资料。为方便读者查找 1km 阻滞段的交通流量，可以参考表 20-13。

一条车道的理论通行能力计算表(节录) 表 20-13

车速(km/h)	80	70	60	50	40	30	20	10
车头空距(m)	94.6	74.6	57.8	43.98	32.71	23.7	16.71	11.53
理论通行能力(辆/h)	846	939	1038	1137	1223	1266	1197	867

从表中可以查到在阻滞状态(10km/ h、20km/ h)时的交通量(辆/ h)，计算出该 1km 阻滞段的需风量，再加上剩余路段维持正常交通工况的需风量，就是在阻滞状态下全隧道的需风量。

20min 的限制是指交通阻滞时间不得超越的限界，如果超过这个时间，在这个环境里的所有人，将会开始出现不同的中毒症状。另一方面，也给交通管理提出了问题，必须在 20min 内完成疏导，否则就是没有达到“规范”规定的服务水平。

顺便说明一下，在隧道内交通阻滞的位置在一般情况下，它是随机的、不确定的。除非在设计上存在重大缺陷，不会在某个位置反复地出现交通阻滞。因此，不妨把交通阻滞条件下的需风量，看作是整个隧道正常通风的需风量和因交通阻滞段而发生的“超量”部分的叠加。或者说可以按以下组合方式计算：

隧道长度(km)－1(km)＝剩余长度(km)，按正常路段计算需风量 $L_{正}$；

1km 交通阻滞路段，按交通阻滞工况计算需风量 $L_{阻}$；

最后求二者之和：

$$L = L_{正} + L_{阻}$$

五、关于安全通风

所谓“安全通风”是一种并不确切的提法，其本来含义是在隧道内发生火灾的工况条件下的通风控制。其目的有二：一是防止发生火灾时烟雾在隧道内弥漫；二是风速必须在可控范围内，具体地说是控制在较低的水平上，目前“规范”上还没有明确的规定。风助火势，大风不利于灭火，一般风速宜控制在 2～2.5m/s 为好。

该工况的突出特点是没有交通风，火灾时隧道内的正常交通已不复存在，所有车辆都已停止(关闭引擎)下来等待疏导和救援。因此，安全通风时的风压 $\Delta P_{升(安)}$ 应按下式计算：

$$P_{升(安)} = \Delta P_{r} + \Delta P_{m} + \Delta P_{消} \tag{20-12}$$

式中：$\Delta P_{消}$——满足火灾时的控制风速为 2.5m/s 所需的风压，因为自然风的风速按 2～2.5m/s 计算，所以在数值上刚好与 ΔP_{m} 相等；

ΔP_{r}——满足消防风速为 2.5 m/s 所需克服的隧道洞内通风阻抗力：

$$\Delta P_{r} = (1 + \zeta_{e} + \lambda_{r} \cdot \frac{L}{D_{r}}) \cdot \frac{\rho}{2} \cdot Vr^{2} \tag{20-13}$$

其中：V_{r}——按消防时要求风速 2.5m/s 代入计算；

其余符号意义同前。

隧道内一旦发生火灾，必然要产生大量的烟雾，烟雾在遂道内的弥漫是极有害的，所以必须加以控制，让它沿着有利于救灾的方向流动。有的试图在纵向通风工况条件下，把烟雾压缩到一个小的范围内，限制其扩散，这或许能依靠调整火场两侧射流风机的射流方向，在一个很短的时间内得到控制，但随着烟雾的大量产生，最终不可避免地还是要向外扩散。如果在半横向或横向通风工况条件下，则会变得容易得多。

六、稀释空气中异味的需风量

这是一项舒适性标准，用隧道空间不间断换气频率次数度量。规范所给定的换气次数是不低于每小时 5 次，其含义是每小时有等于隧道内 5 倍空间的新鲜空气通过隧道。交通量较小或特长隧道，可采用每小时 3～4 次。关于异味问题，规范中没有具体规定适用于何种场合。稀释异味是比较高的要求，一般情况下适用于行人与汽车混合交通的隧道。汽车专用隧道无须进行异味检算，尤其在山岭隧道设计中更不必把此标准提得过高。

第四节 通风方式的选择

一、综述

隧道通风方式的种类很多，选择时最主要的是考虑隧道长度和交通条件，同时还要考虑气象、环境、地形以及地质等条件。在充分考虑各种因素后，选择既有效又经济的通风方式。

按车道空间的空气流动方式，大体上可以粗略的区分如下：

- 自然通风
- 机械通风
  - 纵向式
    - 射流式
    - 风道式和喷嘴式
    - 带竖井的纵向式
  - 半横向式
    - 送风式
    - 排风式
  - 全横向式
  - 混合式

水底隧道的通风要求比较高，从重要性和安全上都希望用可靠性高的全横向式通风方式。水底隧道采用圆形断面，尤为适宜。可以利用车道板下面的空间送风，利用顶棚以上的空间排风，其可靠性相当于两套半横向式通风。也有采用半横向式通风的。

城市隧道，一般交通量较多，交通流也不稳定。而全横向式通风及半横向式通风不受交通状况的影响，所以可以考虑这两种方式。如果在隧道内设置人行道和自行车道时，从安全和舒适的角度考虑，全横向通风最为理想。全横向通风的送风口通常设在两侧距车道面约 1m 高的位置上，行人能最先呼吸到新鲜空气。另外，这种通风方式，沿隧道纵向几乎没有风流动，可以保证自行车的稳定和安全。

山岭隧道的通风方式要更多的考虑经济性，多半采用纵向式通风和带竖井的纵向式通风，也有采用半横向式的。车道空间因纵向通风或半横向通风而引起的沿隧道纵向流动的风速过大时，对车辆和行人均有影响，使人有不快感。万一发生火灾，烟火迅速蔓延，危及下风方向的车辆和行人。所以风速应当有一定的限制。“规范”规定：单项交通的隧道设计风速不宜大于 10 m/s，特殊情况可取 12m/s；双向交通的隧道设计风速不应大于 8m/s，人车混用的隧道设计风速不应大于 7m/s。如果因隧道纵坡大或长度大，通风量很大时，风速可能超过风速限制，此时应考虑改变通风方式或进行分段通风。对于风速的大小，往往没有数量级的印象，但从阅读表 20-14 却可以得到较为直接的量的印象。

风力等级 表 20-14

风的等级	风的名称	地面现象	风速 (km/h)	风速 (m/s)
1	软风	风向标不能转动；烟能显示风向	1～5	0.3～1.5
2	轻风	风向标能转动；树叶微响；面部有风感	6～11	1.7～3.1
3	微风	树叶与微枝摇动；旗帜被风展开	12～19	3.3～5.3

续上表

风的等级	风的名称	地面现象	风速	
			(km/h)	(m/s)
4	和风	树的小枝摇动;吹起地面灰尘和纸张	20～28	5.5～7.8
5	清劲风	有叶的小树摇动,水面有小波纹	29～38	8.0～10.6
6	强风	大树枝摇动;举伞困难,电线有哨音	39～49	10.8～13.6

从表中可知,大于10m/s的风速不可取,洞内的各种电线支架、灯具及其它设备都被风吹出哨音,既不安全也很恐怖。

单向交通时,车速越大,交通风作用越显著。例如车速为50～60km/h,大约可以有6m/s的交通风。这种情况以纵向式通风为宜。不过车速和交通量有密切关系,随着交通量的增大车速会降低,也会影响到交通风作用的效果。因为交通量大,往往容易发生交通阻滞(见表20-13),这时交通风处于不稳定状态,所以最好改用全横向式或半横向式通风。交通风作用和车辆的平均截面积与隧道的过风面积的比值有关。所以,大型车所占百分比大时,交通风作用相对较大。对向交通的隧道的交通风是不稳定的,随着两个方向交通流量的变化而不停的改变。

良好的地质条件给开挖大断面隧道提供了可能性,此时可以把通风道修得足够大;使选择全横向或半横向式通风能够变成现实可行的方案。竖井和斜井在长大隧道通风中有特殊作用,它可以把隧道分割成小的通风区段。为了减小竖井和斜井的埋置深度,有的将坑口设置在鞍部或低洼处,此时对地质和水文地质条件要特别注意。

从营运通风的观点看,要求尽量节省费用,如果能获得全年稳定的自然风供通风使用,是最理想的。不过,自然风往往是不稳定的。通风设计应当从最不利的气象因素去考虑。在实际设计中不是考虑怎样充分利用自然风的通风效应,而是把它看作阻力。地表自然风速的大小,受地形、方向、大气环流等气象条件的影响而有很大差异,不过在隧道通风计算中,一律按其在隧道方向的速度分量为2.5m/s考虑。

对于通风方式的选择,应从不同方案的工程费、维护管理费上进行经济比较。这里,不应局限于成本比较,而是包括通风质量在内的综合性比较。

在选择通风方式时,首先需要决定隧道内所需通风量,然后讨论交通风和自然风(阻力)能否满足需要,如果不能满足需要就应当采用机械通风。

二、自然通风

目前还没有可靠的计算自然通风的隧道最大容许长度的一般算式。因为,由隧道两个洞口的大气条件(气压、温度、风等)和高差引起的压差,所引起的隧道内自然风是不稳定的。隧道内自然风的阻力,可由下式计算:

$$\Delta P_m = (1 + \zeta_e + \lambda_r \cdot \frac{L}{D_r}) \cdot \frac{\rho}{2} \cdot v_n^2 \qquad (20\text{-}14)$$

式中:ΔP_m——洞口间的自然风阻力(N/m^2);

ζ_e——隧道入口阻力系数,按0.6取值;

λ_r——隧道墙面摩阻损失系数,按0.02取值,其它通道按规范取值;

L——隧道长度(m);

D_r——隧道断面当量直径(m)，$D_r=\frac{4\times 车道空间断面积}{同一面积的周边长}\approx 6\sim 8m$(2 车道隧道时)；

v_n——自然通风引起的隧道内平均风速，可取 2～3m/s；

ρ——空气密度(=1.20 kg/m³)。

自然风的变化是复杂而不稳定的，用它来作为通风计算的依据，其可靠性自然很差。但是作为机械通风时的辅助作用，却不应忽视，至少可以调节通风机的转数，有利于节能。不过，这样只能提供给车道空间 2～3 m/s 左右的自然风的风压，随着隧道长度的增加，洞壁的沿途阻抗也相应增加，达到某个长度后，自然风的作用就很小了。

另一方面，对向交通时，机械通风装置应为可逆式。即使单向交通，考虑到安全通风需要，也应为可逆式。

不稳定的自然风对单向交通的隧道影响较小。不过，如前所述，若车速能稳定在 50～60km/h，则交通风可以达 6m/s，就不能忽视。车行道空间约 40～45m²，交通风的风量可达 240～275m³/s。这样大的通风量完全可以满足数百米长的隧道的通风需要。这里重要的是隧道长度和交通量，前提是保证设计车速。

从世界各国的隧道实例看，长度在 200m 以下，甚至 200～500m 的对向交通隧道，在一定的交通量以下可以考虑用自然通风，大体上可以用下列经验公式作为区分自然通风与机械通风的限界：

$$L\cdot N\geqslant 6\times 10^5 \tag{20-15}$$

式中：L——隧道长度(m)；

N——设计交通量（辆/h）。

这是一个粗线条的估算公式，只适用于可行性研究阶段。而且是对向交通条件下的平均值，对每个具体的隧道要作具体分析，不能一概而论。另外根据对世界上一些有名的隧道的统计数据绘制的自然通风限界，大体上可以用图 20-2 中的虚线表示，图中的交通量是交通流中以小轿车为准计算的。

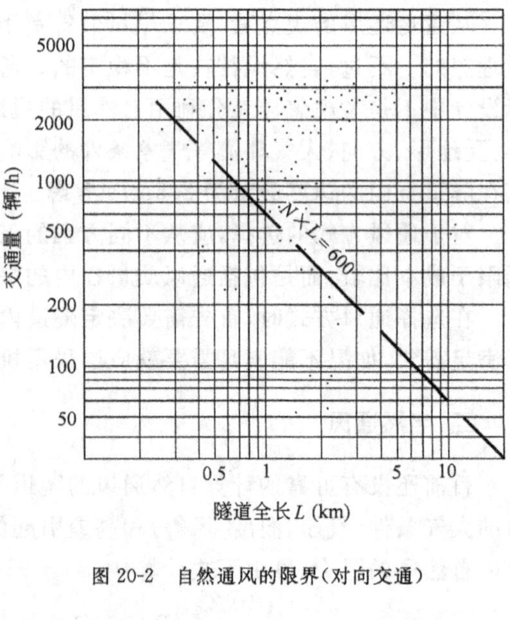

图 20-2 自然通风的限界(对向交通)

上述限界指正常交通情况，如果考虑到可能发生的交通阻滞情况，当乘积 $L\cdot N$ 比较大时，作为一种弥补措施可以考虑使用后面将要叙述到的射流式通风。

实际上，除水底隧道外，在洞口或多或少的要受自然风的影响。自然风虽然往往不够稳定，对于对向交通的隧道多少总是有利的。但对于单向交通的隧道，如果风是从出口吹进隧道，必然要削减交通风的风速；反之如果风是从入口吹进隧道，则有利于通风。

三、交通风的作用

交通风，通俗地说是指汽车在行驶过程中所携带的风。不论在什么地方都会存在这种现象。在隧道内这种效应特别明显，运动中的汽车很像一个活塞，所以又称为活塞风，而把这种效应称为活塞效应。

行驶中的汽车，在其正面形成一个超压区，而后面形成一个负压区，由于空气有一定的附着力，所以汽车的侧面也会携带一定量的空气。实测表明，单台汽车在隧道内行驶过程中，部分空气围绕汽车形成一个小的环流，超压区的空气会流向负压区。由于汽车正面投影面积远远小于隧道断面积，其活塞效应并不明显，其正面推动力、后面吸引力和侧面的携带作用是形成交通风的主要原因。一台汽车行驶过程中形成的有效超压很小，远不足以推动隧道内整个空气柱及其摩阻，无法形成交通风。只有足够数量的汽车组成的车队才可以形成。很明显，汽车的正面投影面积越大，其推动力也越大；汽车的行驶速度越大，其推动力也越大；汽车的数量越大其推动力也越大。所以，交通风的大小与汽车的数量、汽车的正面投影面积、大型车的混入率以及行驶速度有密切关系。

交通风力可按下式计算：

$$\Delta p_{t}=\frac{A_{m}}{A_{r}}\cdot\frac{\rho}{2}\cdot n_{+}\cdot(v_{t+}-v_{r})^{2}-\frac{A_{m}}{A_{r}}\cdot\frac{\rho}{2}\cdot n_{-}\cdot(v_{t-}+v_{r})^{2} \tag{20-16}$$

式中：Δp_t——交通风风力(N/m^2)；

n_+——隧道内与 v_r 同向的车辆数(辆)，$n_+=\dfrac{N_+\cdot L}{3600\times v_{t+}}$；

n_-——隧道内与 v_r 反向的车辆数(辆)，$n_-=\dfrac{N_-\cdot L}{3600\times v_{t-}}$；

v_r——隧道设计风速(m/s)，一般情况 $v_r=\dfrac{Q_{req}}{A_r}$；

v_{t+}——与 v_r 同向的各工况车速(m/s)；

v_{t-}——与 v_r 反向的各工况车速(m/s)；

A_r——隧道净空断面积(m^2)；

A_m——汽车等效阻抗面积(m^2)；

$$A_{m}=(1-r_{1})\cdot A_{CS}\cdot\xi_{CS}+r_{1}\cdot A_{C1}\cdot\xi_{C1} \tag{20-17}$$

其中：

A_{CS}——小型车正面投影面积(m^2)，可取 2.13 m^2，或参照“规范”相关表取值；

ξ_{CS}——小型车空气阻力系数，可取 0.5，或参照“规范”相关表取值；

A_{C1}——大型车正面投影面积(m^2)，可取 5.37m^2，或参照“规范”相关表取值；

ξ_{C1}——大型车空气阻力系数，可取 1.0，或参照“规范”相关表取值；

r_1——大型车混入率。

上式适用于对向、单向交通隧道。在通风计算中交通风是一项不可忽视的因素，尤其是在单向交通隧道中更是如此。

四、关于空气气流的假定条件

在通风过程中的气流，其细部是相当复杂的，但宏观的可以看作是稳定流。在隧道内流动的空气，其流速一般在 25m/s 以下，可以不考虑其压缩作用。污染过的空气与新鲜空气的组成有所不同，但是在计算时，可以忽略这些不同。因此，对空气作如下假定：

1. 把气流看作是非压缩性流体；

2. 把气流看作是稳定流；

3. 无论进气或排气均看作是普通空气，其容重为 1.2N/m^3(在标准大气压，20℃，相对湿度

75%的条件下)。

五、洞内空气柱运动中与周边洞壁的摩阻力

洞内空气柱自身有一定的质量,在运动中与周边洞壁有一定的摩阻力,把它称之为通风阻抗力ΔP_r(N/m^2)。运动中的空气在入口的阻力系数为ξ_e,通常取值0.6;在出口的大气压力为1;阻抗力与隧道的沿途阻抗$\lambda_r \cdot L$成正比,与隧道当量直径D_r成反比,与设计速度的平方成正比;可按下式计算:

$$\Delta P_r = (1 + \zeta_e + \lambda_r \cdot \frac{L}{D_r}) \cdot \frac{\rho}{2} \cdot v_r^2 \tag{20-18}$$

式中:V_r——洞内设计车速(m/s);

其余符号意义同前。

六、纵向式通风

纵向式通风是从一个洞口直接引进新鲜空气,由另一洞口把污染空气排出的方式,或者说,在隧道内空气的流动方向与隧道纵轴一致,与自然通风的原理是相同的。此时,隧道内沿纵向流动的空气速度,可以认为从入口至出口都是匀速的。这种方式,空气污染浓度,由入口向出口方向呈直线增加,入口污染浓度最小,出口内侧污染浓度最大。

单向交通时自然风从入口吹入隧道,洞内浓度会逐渐增大。对向交通自然风吹入隧道进行自然通风时,在下风方向空气污染浓度也会增加。既没有自然风也没有交通风时,为了使隧道有风速为v_r的空气流动,则需要进行机械通风,其所需风压ΔP可按下式计算:

$$\Delta P = (1 + \zeta_e + \lambda_r \frac{L}{D_r}) \frac{\rho}{2} v_r^2 \quad (N/m^2) \tag{20-19}$$

式中符号意义同前。

纵向通风有多种形式,如射流式通风、风道式通风和集中排气式通风,根据交通方式不同又可以有不同的具体设计,见图20-3。

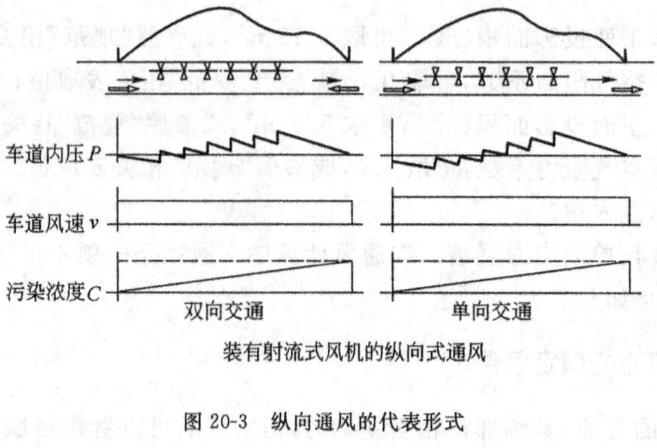

装有射流式风机的纵向式通风

图20-3 纵向通风的代表形式

1.射流式通风

射流式通风是在车道空间上方直接吊设射流式通风机,用以升压,进行诱导通风的方式,见图20-4。

通常根据需要,沿隧道纵向以适当的间隔吊设数组,每组为1至数个射流式风机。这种通风机,具有体积小、风量大的特点,其喷射口的风速能达到25~30m/s。每台射流通风机产生

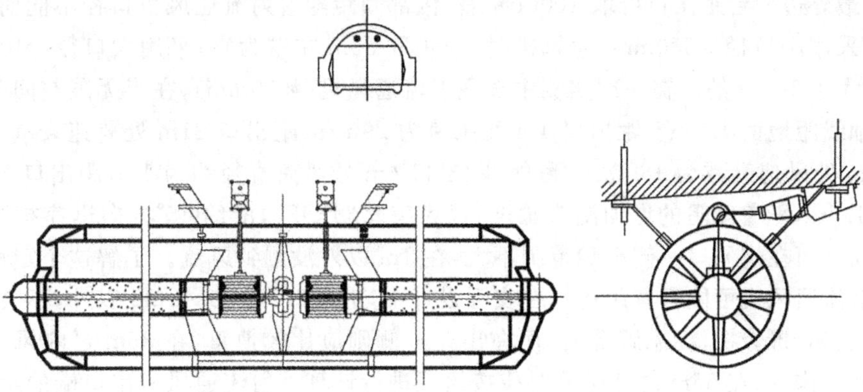

图 20-4　射流通风机的形状

的升压值 ΔP_j 可按下式概算：

$$\Delta P_j = \rho \cdot v_j^2 \cdot \frac{A_j}{A_r} \cdot (1 - \frac{v_r}{v_j}) \cdot \eta \qquad (20\text{-}20)$$

式中：v_j——射流通风机出口的吹出风速(m/s)；

A_j——射流通风机出口的面积(m^2)；

η——射流通风机安装位置摩阻损失折减系数，可按表 20-15 取值。

射流通风机安装位置摩阻损失折减系数　　表 20-15

Z/D_j	1.5	1.0	0.7	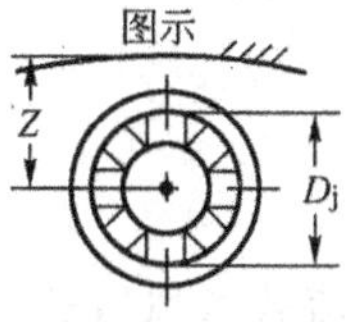
η	0.91	0.87	0.85	

由所需风压和每台射流通风机产生的升压值，可以求出射流风机的台数 i。

$$i = \frac{\Delta P_Z}{\Delta P_j} \qquad (20\text{-}21)$$

式中：ΔP_Z——隧道内所需总风压(N/m^2)；

ΔP_j——每台射流通风机产生的升压力(N/m^2)。

其中，如果在单向交通时，自然风向与交通方向及隧道内风向一致，自然风有利于通风，则：

$$\Delta P_Z = \Delta P_r - \Delta P_m - \Delta P_t \qquad (20\text{-}22)$$

如果单向交通时，自然风向、交通方向及隧道内风向有不同的组合方式，式(20-22)将有不同的表达方式。

对向交通时，上下行的交通量比值经常变化，但是，气流又具有一定的惯性，为了避免交通量变化的影响，应该有一定的备用系数，一般取为 1.2。但不宜频繁改变风向。

射流通风机的安装位置，当然应当在限界以外，并且，喷出的气流对交通无不良影响。若为拱形顶棚时，拱部均可吊设，平顶时应安装在墙顶角部。射流通风机距墙面越近，其摩阻越大，损失也越大，折减系数则越小，见表 20-15。

射流通风机的安装间隔，要考虑到射流的能量和气流的搅动状况，使空气能充分混合。通常，沿纵向最外边一台距洞口可取 100m 左右，内部间距随着射流通风机口径不同而不同。有资料表明：采用小口径（ϕ630mm）通风机时，间距取 80m 左右为宜；采用大口径（ϕ1030mm）通风机时，应大于 140m 的。在一次实测中发现射流通风机（ϕ900mm），在半无限空间条件下，射流通风机轴线距地面 1.2m。距出口 4m 处风速为 29m/s，距出口 21m 处风速衰减为 20m/s，距出口 34m 处风速衰减为 18m/s。另外，距出口 4m 处风束直径约为 1m，距出口 8m 处风束直径约为 1.5m，随着摩阻的增加湍流骤增，风束突然“炸开”，沿约 45°方向迅速扩张，形成气团向前运动。而在进风口一侧影响范围不大，在 1m 以外没测到风流。了解这个定性的情况，对于布置射流通风机可能很有用途。在实际设计中，进风口一侧 5～10m 以外，不会对其它构件有影响（例如，摄像机、标志牌等）。而在出口一侧则应比较慎重，在 35m 之内风速较高，一般不宜有悬吊构件，在 35m 之外必要时应按风载进行计算。射流通风机出口端的距离—风速关系见图 20-5。据试验资料，射流通风机的设置间距以 80～140m 为宜。

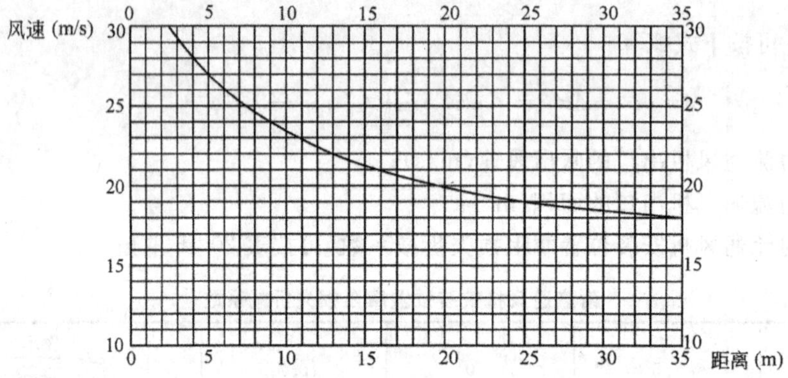

图 20-5　射流通风机出口端的距离 —风速曲线图

射流式通风方式，有资料表明，对向交通时一般适用于 1000m 以下的隧道，单向交通时，可达 2000m 左右。这种资料仅适用于可行性研究阶段，在设计阶段通常要根据实际初始条件进行计算。如果交通量小，即使隧道很长仍可运用。

选择射流通风机时应注意到以下几个问题，最主要的是出口面积（出风断面）和出口风速，从算式（20－20）可以知道，对每台射流通风机产生的升压力 ΔP_j 影响程度，与出口风速 v_j 的平方和出口面积 A_j 的大小成正比。可以通过调整 v_j、A_j 的不同值，以及调整洞内风速 v_r，得到所需的恰当的升压值 ΔP_j，并进一步得到所需射流通风机数量。通风机的功率主要是由以上 A_j、v_j 两个参数决定的。选择通风机型号时，要注意到各种型号机型的性能，通风机还有其它厂方给出的参数。市售的射流通风机，其型号的含义应该是能反映通风机代号、表示序列的机号（一般多为表示叶轮直径，其单位为 cm 或 mm，计算中作为出口直径），此外还应有代表双向通风型或单向通风型的代码，反映电机性能的指标一般应给出电机转速（电机极数）和电机功率（kW）。一般在产品目录上还可以看到：外形尺寸，可以用来确定所需安装空间的大小；机体总质量，可用来设计安装时的预留预埋件的大小和结构构造。此外还有噪声等级等指标。

双车道隧道一般选用出口直径为 1120mm 以下的较为合适，否则拱部空间可能偏小，三车道以上隧道拱部空间较大，可考虑采用出口直径为 1250mm 以上型号。

射流式通风设备费用少、经济、便于管理，但噪声较大。国内一些产品说明书上注明的噪声级为 82～85dB，日本的资料上标明的是 85～90dB。

2. 有竖井的纵向式通风

纵向式通风是最简单的通风方式，它以自然通风为主，不满足需要时，用机械通风加以补充，是最经济合理的。但是，通风所需动力与隧道长度的立方成正比，所以用机械通风时，隧道越长消耗的功率就越多，隧道过长就不经济。如果在隧道中间设置竖井就可以弥补这个缺点。因而，常常用竖井对长隧道进行分段。竖井通风方式多用于对向交通隧道。用于排气（排出式）时，有烟囱作用，能收到好的效果。不过受大气影响，通常不很稳定，通常仍需安装通风机，进行机械通风。对向交通的隧道，竖井宜设置在中间，多数情况下受地形条件限制，很难刚好在中间有竖井位置。当被竖井分割的两段长度不等时，将会出现两段隧道通风阻抗不等的情况，此时需要用射流通风机调整两段压力，使其在竖井底部进风口处的负压达到所需要的平衡状态，从而使两段的需风量刚好满足要求。此时，需要采用试算法逐步趋近。

单向交通时，则竖井应设在靠近出口侧，见图 20-6。新风是从两个洞口进入的，车辆在出口一侧将逆风行驶。当在出口一侧有居民区或有较严格的环境要求，不允许洞内污染空气吹出时，也可以采用该通风方式。这种情况下，计算时应谨慎。单向交通隧道采用这种通风方式并不理想，仅在不得已时采用。

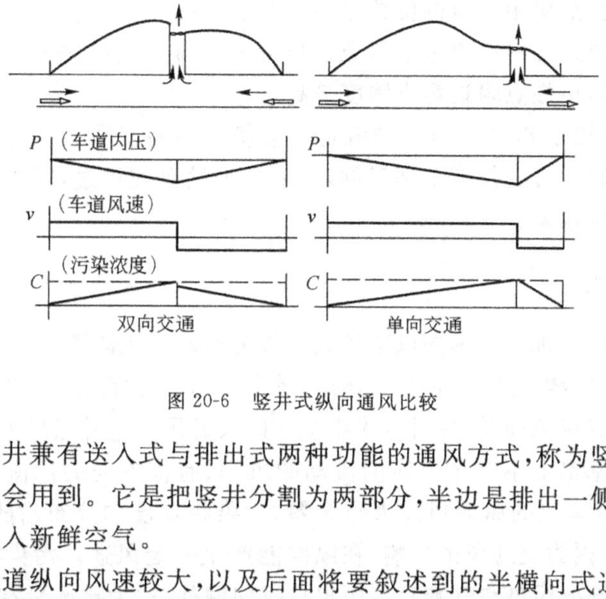

图 20-6　竖井式纵向通风比较

另外还有一种竖井兼有送入式与排出式两种功能的通风方式，称为竖井送排式纵向通风。这在长大隧道中经常会用到。它是把竖井分割为两部分，半边是排出一侧隧道的污染空气，另外半边是向隧道内送入新鲜空气。

纵向式通风沿车道纵向风速较大，以及后面将要叙述到的半横向式通风，在发生火灾时，对下风方向的车辆威胁很大。不过这种威胁对单向交通的车将小得多，因为火点以下虽然是下风方向，但车辆可以先于浓烟驶出洞外。

七、半横向式通风

纵向式通风的污染浓度不均匀，进洞口处最低，出洞口内最高。为使出口处的浓度保持在容许限度以下，只好加大通风量，但此时其它地方的污染浓度则相当低。这样既不经济，又使隧道内风速过大。而半横向式通风，可使隧道内的污染浓度大体上接近一致。送入式半横向通风是半横向通风的常用形式，新鲜空气经送风管直接吹向汽车的排气孔高度附近，对排气直接稀释，这对后续车很有利。如果有行人时，人可以吸到最新鲜的空气。污染空气是在隧道上部扩散，经过两端洞门排出洞外，见图 20-7。

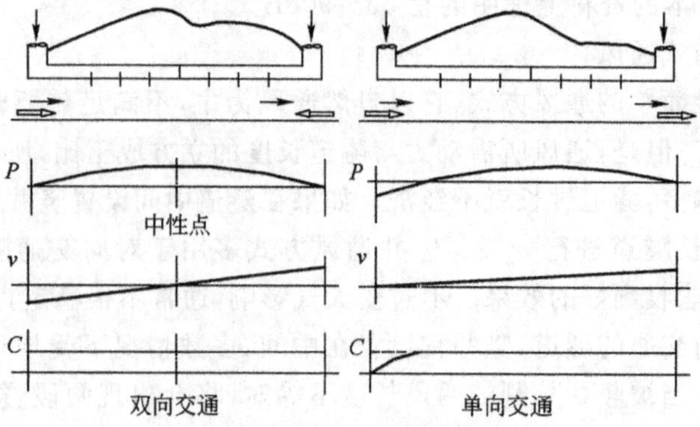

图 20-7　半横向式通风

对向交通时，不论送入式还是排出式，如果交通流的强度相等，两洞口的气象条件也相同时，隧道内的风压分布为中央最大(排出式为负压)，两洞口排出或送入等量的空气。因此在隧道中点，空气是静止的，风速为零。这一点称为中性点。除这一点以外，风速向两洞口呈直线增加。污染浓度，送风式各处是相同的，排风式中性点处最大。如果交通流强度不等，或两洞口的气象条件发生变化，则中性点的位置也随之变动。

单向交通时，送风式的中性点多半移至入口之外。排风式的中性点，则靠近出口，污染浓度和对向交通时一样，中性点附近污染浓度最高。

半横向式通风适用于 3000m 以下的隧道。即使是单向交通，也不能有效利用活塞作用。排风式的半横向式通风，过去仅有个别工例，后来几乎没有使用过，因为除了污染浓度非常不均匀以外，通风效率也很差。

八、全横向式通风

上述几种通风方式，都存在纵向风速较大和火灾时对下风侧不利，以及火灾发生点下风方向的隧道区间过长的问题。所以，在长大隧道、重要隧道、水底隧道中，为了使隧道内不产生过大的纵向风速，仍然像厚兰德隧道一样，采用全横向式通风。这种通风方式同时设置送风管道和排风管道，隧道内基本上不产生沿纵向流动的风，只有横方向的风流动。见图 20-8。这种方式，在对向交通时，车道的纵向风速大致为零，污染物浓度的分布沿隧道全长大体上均匀。但是，在单向交通时，因为交通风的影响，在纵向能产生一定风速。污染浓度由入口至出口有逐渐增加的趋势，一部分污染空气能直接由出口排向洞外，这种排风量有时占很大比例。但通常情况下，可以认为送风量与排风量是相等的，因而设计时也把送风管道和排风管道的断面积设计成同样的。

全横向式及半横向式通风系统中的环节比较多。一般的，送风系统是由送风塔吸入新鲜空气，经过通风机升压，然后通过连接风道将空气送入隧道的送风管道，再经过通风孔将空气送入车道空间。污染后的空气由洞口或排风孔排出洞外。因而计算通风机压力时是比较繁琐的。若送风时的通风机全压用 $P_{送}$ 表示时，则

$$P_{送}=1.1\times(\text{车道空间所需最大内压}+\text{送风管道末端压力}+\text{管道静压差}+\text{管道始端的动压}+\text{连接风道压力损耗})$$

式中的 1.1 为备用系数。

排风系统是把车道空间的污染空气，经排风孔、排风管道、连接风道由通风机加负压经排

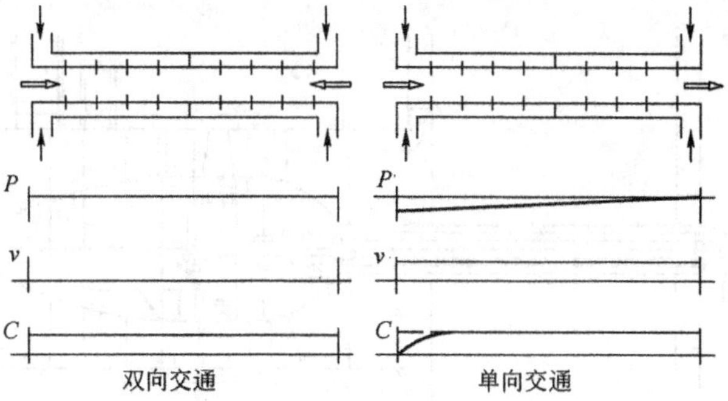

图 20-8 全横向式通风

风塔排入大气。如果排风时通风机全压用 $P_{排}$ 表示，则

$$P_{排}=1.1\times(\text{排风管道始端压力}+\text{管道静压差}-\text{管道末端动压}+\text{连接管道压力损耗})$$

隧道通风计算中的各种系数，确定时比较困难，必要时应作一系列的实验，甚至整个通风系统的模拟试验，才能得到正确的数据。作这些实验是很合算的，因为运营是长期的，不合理的设计会造成浪费及通风质量的低劣。

横向式通风造价很高，设计时一般需要调整通风道断面积，反复试算，才能得到经济的设计。

排风塔是一个特殊构造物，用以排出污染空气。通常排出的污染空气浓度都很高，在居民区或其它对环境要求严格的地方，不是可以任意排放的。主要是限制排风口的高度，根据被保护的目的物的范围、高低、气象条件的影响(例如气压、风速、风向等)，以及其它因素，进行综合考虑确定。一般认为：排出的污染空气是以 30°角向外扩散，在接触到被保护目的物时，其浓度应达到环保要求。

九、混合式通风

混合式通风没有固定的格局，它是根据某些特殊的需要，由上述几种基本通风形式组合而成的。世界上用组合式通风的隧道不乏先例，是可以利用的方式。其组合方式有许多种，但应符合一般性的设计原则，既经济，又实用。

第五节 通风机的选择

一、通风机的类型

通风机有两类，即离心式通风机和轴流式通风机。隧道通风中，一般需要大风量，低风压的通风机。轴流式通风机符合这种要求，其体积较离心式通风机小，效率也高，所以通常使用轴流式通风机。但轴流通风机的价格较高，而且噪声较大。离心式通风机升压容易，当隧道需要 4.90MPa 以上压力时；才比较选择轴流式或离心式通风机。但一般情况下不需要这样高的风压，所以只需在轴流通风机的各种规格中选取合适的型号。轴流式通风机又有立式与卧式之分，见图 20-9。

另外轴流式通风机可以倒转，这在火灾时排烟很有用。但离心式通风机不能倒转，只能通过风道转换阀门改变风向，使风道构造复杂化。

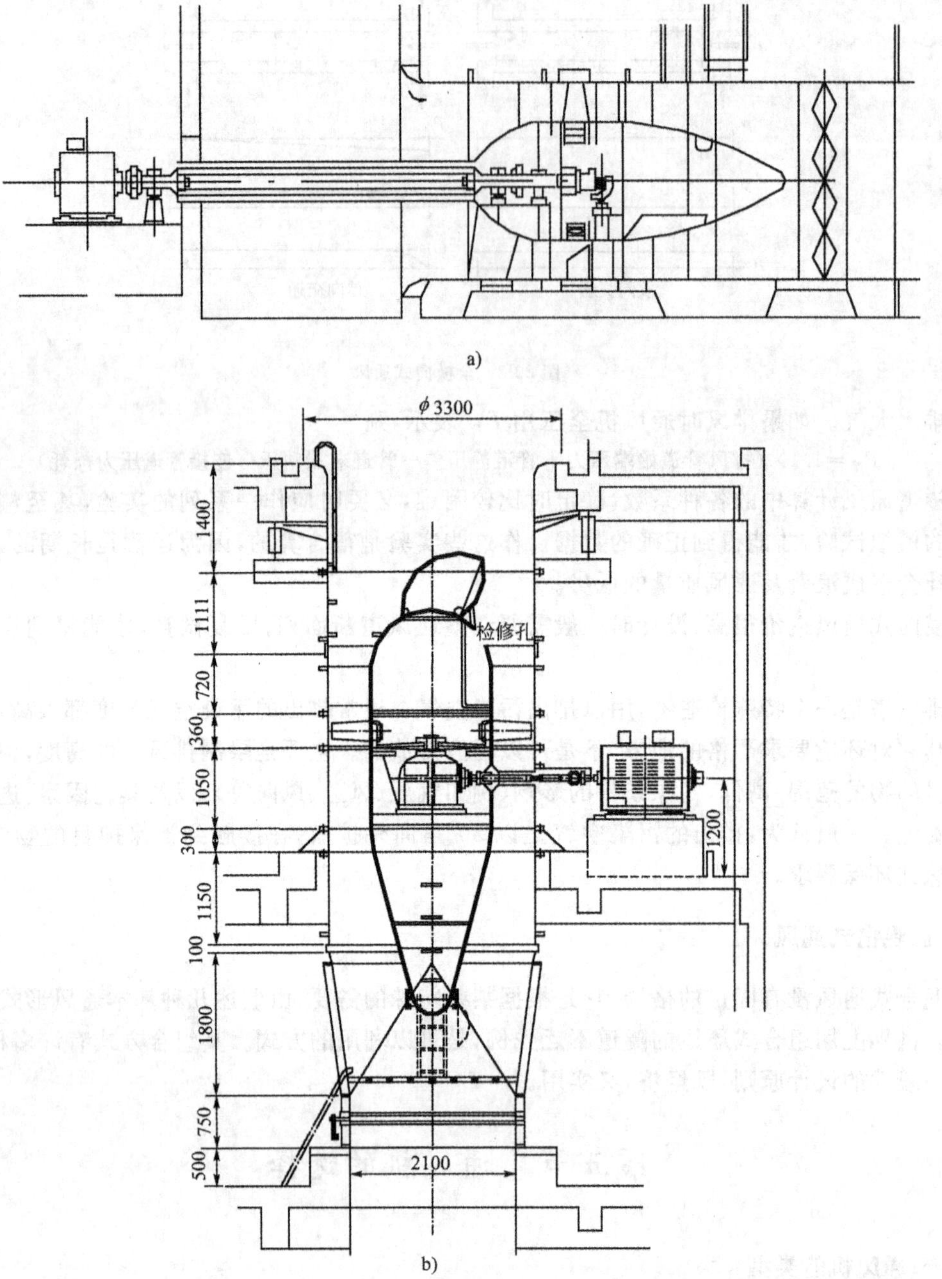

图 20-9　立式轴流通风机与卧式轴流通风机(尺寸单位:mm)

二、通风机的台数

正确选定通风机台数,可以提高通风的可靠性。如果按照计算结果,选用 1 台通风机负担全部通风需要,发生故障时,就失去了通风能力。如果使用 2 台通风机并联时,一台发生故障时,另一台仍可正常工作,所以较使用 1 台时可靠性增加了。但此时要求并联中每一台通风能力应达到总通风能力的 65%。使用 3 台并联时,2 台合计通风能力为 80%。但并联后运转时容易发生脉动现象,台数越多,这种趋势越大。在一般情况下,一个通风系统应由 2～3 台通风机并联运转。重要隧道有时需要设置两个通风系统，那时可以考虑适当的转换装置互相支援。

三、通风机的选择

目前，通风机生产已系列化。在风量、风压已知后，即可由图 20-10 查出通风机的口径、转数和功率等概略数据。

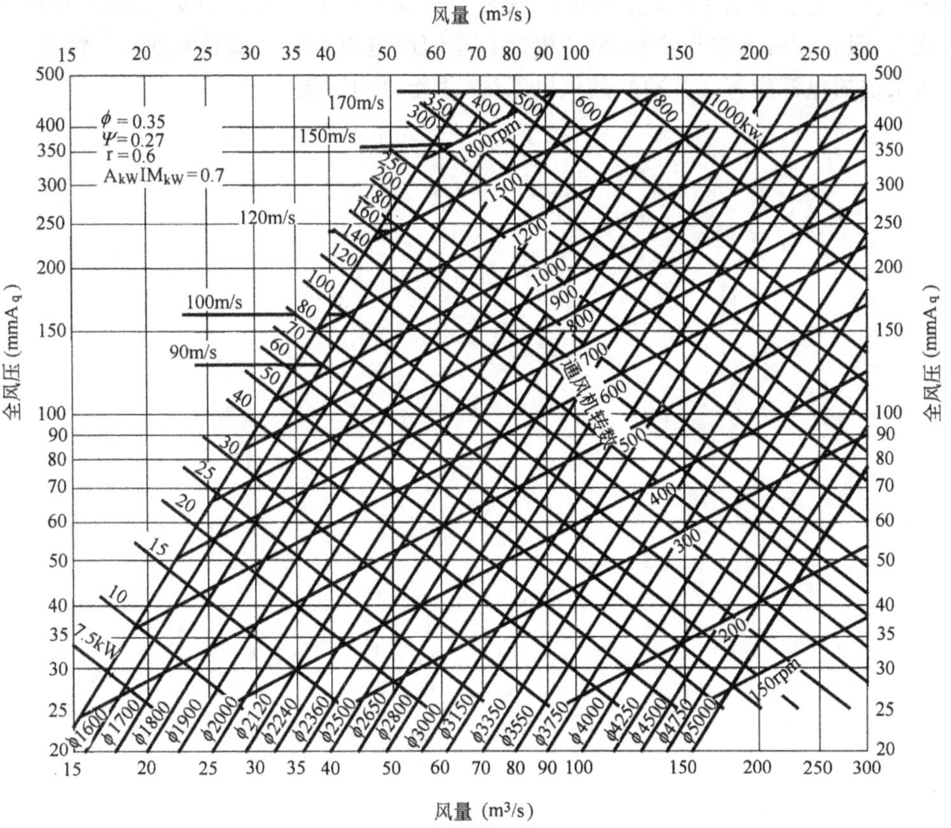

图 20-10 轴流式通风机诸元

通风机所需轴功率可用下式算出：

$$N = \frac{QH}{102\eta} \quad (\text{kW}) \tag{20-23}$$

式中：Q——所需风量（m^3/s）；

H——全风压（Pa）；

η——通风机效率（约 80%）。

如果温度和气压改变，还可以修正其轴功率。

四、通风机的运转等级

隧道内的交通量经常改变，但进行通风设计时是按高峰小时交通量进行的。平时在交通量较少时，全负荷运转当然不经济。一般的将通风量区分为若干级，根据需要调整通风量，使之适合实际需要。但启动和停止不宜太频繁，否则容易引起故障。现在有一种通风机的叶片角度可以调整，能在一定范围内调整风量。如果配合转速的变化进行适当的组合，可以实现风量的连续调整。

五、通风用附属设施

通风时，除通风机外，还有电动机、供电、变电设备、控制转换风路的风门、CO 检测计以及烟雾透过率计等。

通风系统不是孤立的系统，它与照明、安全设施等有密切联系。例如发生火灾时，需要调整通风状态，但必须有火灾报警器、紧急电话直至闭路电视等设备及时发现异常情况。

通风系统的电源应有 2 套独立的供电系统，并能自动转换。

第二十一章　公路隧道的营运照明

第一节　概　　述

公路隧道的照明，是为了把必要的视觉信息传递给驾驶人，防止因视觉信息不足，出现交通事故，提高驾驶的安全性和舒适性。隧道照明与道路照明的显著不同是昼间需要照明，而且昼间照明问题比夜间更加复杂。从理论上讲隧道照明与明线道路照明的共同点是，需要考虑路面应具有一定的亮度水平。然而隧道照明还应进一步考虑设计车速、交通量、线形等影响因素，并从驾驶的安全性和舒适性等方面，综合确定照明水平。主要的困难问题是在隧道入口段及洞内相邻区段需要考虑人的视觉适应过程。

进行照明设计时，应考虑以下事项：

隧道状况：隧道长度、线形、净空断面、建筑限界等与照明的关系。照明器的选择、安装位置、照明器效率、维修率；路面、墙壁和顶棚的种类及反射率等。

隧道附近的环境：隧道洞口与附近的野外亮度，隧道方位及附近地形，进出引线及附近的视野状况和线形（曲线与坡度等）状况，气象状况（晴、阴、云、雨、雾、烟尘、霾、风及携带物等）。

交通状况：单向交通还是对向交通、汽车专用还是混合交通、设计交通量和远期计划交通量等对照明设计的影响。

附属设备状况：电源状况、配电线路、照明器材、道路标志、通风装置等。

维护管理状况：为保持照明水平，需要对路面污染及墙面清洁状况等进行维护管理的程度。

根据上述情况，进行综合分析后才能作具体照明设计。

在洞内没有照明设施时，驾驶人一般都会情绪紧张。汽车在经过隧道进出口时，通常都会降低速度，参见图 21-1。通过隧道内部时也小心翼翼，惟恐发生冲撞，所以汽车行驶速度一般都比较低，只有 30～40km/h。特别是会车时会降低车速，会车后又要重新换档加速，从而排出大量废气，对通风产生不良影响。较短的自然通风良好的隧道，当交通量很小时影响尚小，否则隧道内常常烟雾弥漫，令人窒息。一旦发生交通事故时，车辆阻塞，往往导致严重后果。另一方面，依靠汽车前大灯照明很不可靠，如果有穿暗色衣服的人通过，因为背景也是暗色，往往反差不够难以发现，极易发生事故。

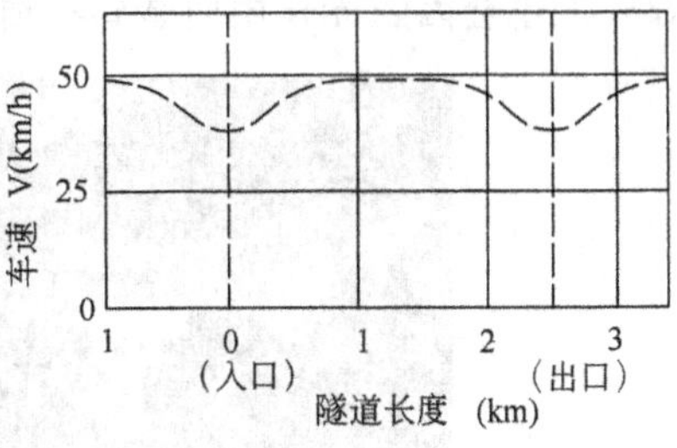

图 21-1　隧道进出口对车速的影响

汽车驶近没有适当照明的隧道时，因隧道长度不同，驾驶员会产生不同的反应。这里有个专用名词“临界长度”需要引入，广义地说是指一个隧道如果短于这个临界长度，通常无须设置照明。此时自然光照亮了的出口占据了视场中的绝大部分，这是一个含糊的概念。比较明确的概念应该是从入口处能看到 100～160m 距离上的障碍物，这就需要在障碍物的后面背景上有足够的亮度。此时进出口应能提供足够的亮度。当隧道的长度小于临界长度时，就可以起到这种作用。反之，如果隧道长度大于临界长度，那么从同一距离观察时，会发现围绕着明亮的出口形成一个“黑框”。一般临界长度都定为40m左右。意思是白天通过隧道入口进入的自然光，把入口处的路面照亮，真正能有效看清入口物体时所需长度约为25m(schreuder，1964;成定康平及吉川孝次郎，1974)。理论上这个长度是15.4m。临界长度为40m是指直的、水平的和交通负荷不太大的隧道。如果隧道是弯曲的、或者隧道入口前的道路是弯曲的、或者刚好是下坡、或者看不见出口等，为了能看到突然出现的汽车或其它障碍物，则需要设置特殊的隧道照明。我国“公路隧道通风照明设计规范”给出了长度大于100m的隧道应设置照明，这与如上所述的20世纪60～70年代一些专门从事隧道照明研究的学者的结论有明显不同。

关于这个长度的准确值究竟是多少，则很难给定，因为具体的隧道可能受隧道所在位置、环境和洞口方位以及季节和气候等的制约而有较大的差异。所以设计者应该在具体条件下作具体判断，不过作为隧道规范还是应该给出一个相对的界定值。

还有一种说法，是在进入隧道之前，当隧道内没有车辆时，能看见隧道出口及其洞外景物的，称为短隧道。汽车驶入隧道后，驾驶人所看到的隧道出口外的亮度很高，而隧道内的亮度很低，由于对比度过大在出口处会造成眩光。如果在隧道周边阴影里有障碍物存在，则往往难以辨认，甚至不能察觉。由于阴影酷似“黑框”，故将这种现象称为“黑框”效应，这种情况容易造成严重的交通事故。在驾驶人的视野里常有许多亮度不同的景物同时出现，如果反映到视网膜的各物象之间亮度差异过于悬殊，就会发生无法详细观察亮度较低部分的景物的现象，称为“感应现象”。如何消除它，目前仍为公路隧道照明中需要解决的重要课题之一。另一种情况是看不见隧道出口及其洞外景物的较长隧道，汽车驶近隧道洞口时，在驾驶人视野中的天空、露天路面、附近建筑物等的亮度，远较隧道洞口的亮度高。在感应现象的作用下，虽然实际上洞口也有相当的亮度，但驾驶人仍然感到洞口很黑，像个“黑洞”，如图21-2，以致无法辨认洞口附近的情况，连障碍物也难以发现，这种现象称为“黑洞”效应，称这种隧道为长隧道。“黑洞”的存在必然会危及行车安全，应当进行照明设计，以消除这种效应。夜间，当汽车穿过较长的有照明的隧道之后，接近出口时同样可以产生黑洞效应，所以在洞口外部一定范围内也应进行适当的照明。白天，汽车穿过较长隧道后，由于外部亮度极高，出口看上去是个“白洞”，这时驾驶人也会因眩光作用而感到不适。

图21-2 “黑洞效应”(左)与“白洞效应”(右)

隧道洞外的野外亮度一般都很高，即使在洞内进行照明，由于考虑经济问题，其亮度也只能维持在较低的水平上，洞内外的亮度差异是极悬殊的。另一方面，人的眼睛由于视觉机能的缘故，在视野景物中，如果亮度发生明显的变化，眼睛瞳孔会自然地调节孔径，以求适应。这个过程需要一定的时间，这段时间称为适应时间。由亮到暗则瞳孔直径发生扩大，称为暗适应。暗适应过程较长，一般约需 10s 时间。由暗到亮则瞳孔直径缩小，称为亮适应。亮适应过程较暗适应短得多，只需 1～3s 时间即可完成。亮度变化的速率越高，所需要的反应时间越长。另外视觉机能，还有视网膜感度上升和在网膜上反映残像时间的适应两个作用，完成它需要数分钟到 30min 时间。如果亮度变化过快，视觉会产生障碍，使人蒙受不快感和不安全感。暗适应时亮度变化速率与适应时间相协调后，情况将会得到改善。暗适应是公路隧道照明设计中需要考虑的主要问题之一。

人工照明可以提高背景的亮度，增加障碍物与背景的反差，是常用的办法。与过去使用汽车前大灯照明相比，安全程度明显提高。在黑暗中前大灯射出的光束强烈耀眼，使人不敢直视。为了克服这个缺点，过去人们曾在车灯罩和风挡玻璃上使用光轴相互正交的偏振片滤光，这种方法仅对装有这种偏振片的车辆有效。如果相对行驶车辆的任何一方不完全具备时，均可漏光，失效。另一方面，人的眼睛不具有偏振片的功能，装有偏振片的车灯对行人来说仍然会受到强光刺激，使行人失去前进方向，同样是危险的。会车时采用关掉前大灯的办法必然影响车速。只有在单向交通的隧道里，当车速不十分高，交通量也比较少时，靠前大灯照明才不致有严重危险。即使在这种情况下，前车背后的反光也会使驾驶人感到耀眼和闪烁。

公路隧道照明，以昼间照明为研究对象，以保证设计交通量用设计车速安全舒适行驶为目的。由通风知识可知，为减少废气排出量，车速以 50km/h 以上为宜。随着汽车性能的改善，高速公路的增多，隧道的设计速度也在相应提高。不过从安全角度看，目前设计车速还不宜超过 80km/h，进行隧道照明设计时应以此为限度。

隧道照明，受设计车速影响，有发展成强照明的趋势。不过这只能在大交通量的高速公路隧道才有可能，在这种情况下，照明费用会比通风费用大得多。

综上所述，尽管野外亮度和洞内照明后的亮度差异悬殊，驾驶人心理上或多或少的有减速行驶的影响。但是在洞口内外作适当的处置以后，使驾驶人眼睛适应能力与亮度变化速率相协调时，对安全驾驶不会产生影响。虽然进行适当照明后的隧道仍存在噪声大、反差也不太好、四周闭塞等问题，但是至少可以缓和驾驶人的紧张程度。另外，隧道内温度湿度较洞外均高，还不可避免的要在四周墙壁附着油垢尘埃，需要经常使用洗涤剂等化学制品清洗，因而要求照明设施应具有抗蚀能力，这是计划照明时应当考虑到的问题。

第二节　照 明 质 量

在隧道内要保证驾驶人以设计车速、安全舒适的行驶，就要首先保证照明质量，其质量以能获得多少视觉信息评价。由于外界信息的大部分是通过驾驶人的眼睛传输到脑中枢的，所以具备良好的必要视觉条件就成为获得视觉信息的基本条件。在隧道内良好的视觉条件有赖于照明设计。另一方面，正确发挥视觉生理和心理过程的作用（见图 21-3），使照明维持在较低水平上，将有利于照明经济。

一、驾驶人的视觉

1.视野

人的眼睛，视野是比较广的，但也有一定的范围，双眼视线左右各约 100°，上约 50°，下约 75°。在注视一个方向物体的形状、色彩、亮度时，能看清楚的范围仅为视线中心 1°～2°，要感

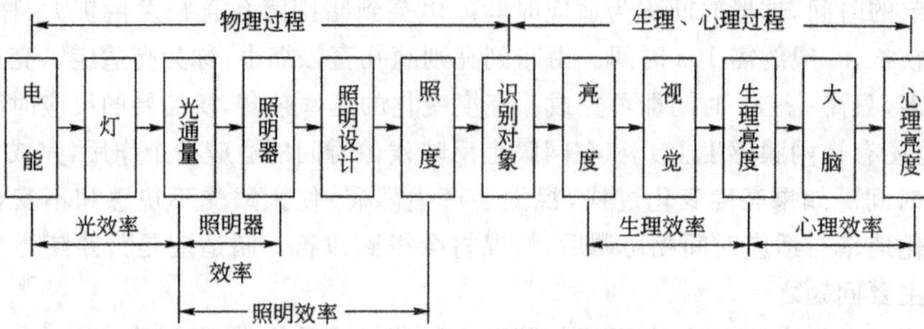

图 21-3

知该范围以外的物体，视线需要在那个方向上固定 0.1～0.2s。

2. 可见光

肉眼所能感觉到的光，即可见光，仅是电磁波中的一小部分，其波长约为 380～760nm① 之间，不同波长的光给人们以不同颜色的感觉，各种颜色是逐渐过渡的，没有截然分开的界线。波长大于 760nm 和小于 380nm 的电磁波不能引起视觉。

在可见光中，人眼对不同波长的光的感觉，具有不同的灵敏度。在亮环境中，亮视觉对波长为 555nm 的黄绿光线最敏感。即各种辐射能量相同而波长不同的光，给人的感觉是黄绿光最亮。利用这个特性，用它来作为交通标志的背景板色彩亮度，很容易引起驾驶人的注意。波长偏离 555nm 越远，则感觉越暗。在光线很弱的环境中，暗视觉对绿光最敏感，它与亮环境相比，最灵敏处向短波方向偏移。

3. 人的视觉

视网膜是人眼感觉光的始端，上面分布着两种感光细胞：锥状体细胞和杆状体细胞。锥状体细胞多位于视网膜的中心，在黄斑（中心凹）上特别密，直径约为 1.5mm（对应的角度约 5°）。它对光亮的敏感性较小，需要较强的光刺激才兴奋。但对不同长度的光波具有不同的感觉能力，专管明亮时的视力，称为亮视觉。柱状体细胞多在视网膜的周边，具有感觉弱光的能力，专管暗时的视力，强光反而会破坏它。但是它不能辨别颜色，在黑暗环境中观察到的景物是灰色的，它只能分辨亮度的大小。

眼睛对于外界的亮度变化，能适当地调节锥状体细胞和柱状体细胞，使之具有合适的感度，这种现象叫做“亮度适应”。对暗环境的适应（视野内的亮度在 0.01cd/m² 以下，如夜间，室外）主要是柱状体细胞呈工作状态。相反，对亮环境的适应（视野内的亮度约在 2cd/m² 以上，如白天，室外）主要是锥状体细胞呈工作状态。如第一节所述，暗适应过程很缓慢，而亮适应过程则快得多。介于两者之间的称为中间视觉。

4. 驾驶人的注视范围

由于视觉取决于亮度，所以隧道照明质量以视场内的亮度为依据。国际照明委员会（CIE）建议：驾驶人观察路面的平均视点高度为 1.5m，大体相当于汽车驾驶人的人眼高度，若向前注视的视角约为 1°。则注视的范围约为正前方 60～160m 左右，在此范围内的路面亮度分布状况，对驾驶人视觉直接起作用，如图 21-4 所示。在此范围内视看条件的好坏，对驾驶人辨认障碍物的可靠性和保持视觉的舒适性起决定作用。有良好的视看条件，才能保证驾驶人

① 1nm（纳米）$=10^{-9}$m。

准确了解路上交通状态及其变化情况，做出及时的判断和采取正确的机动动作。

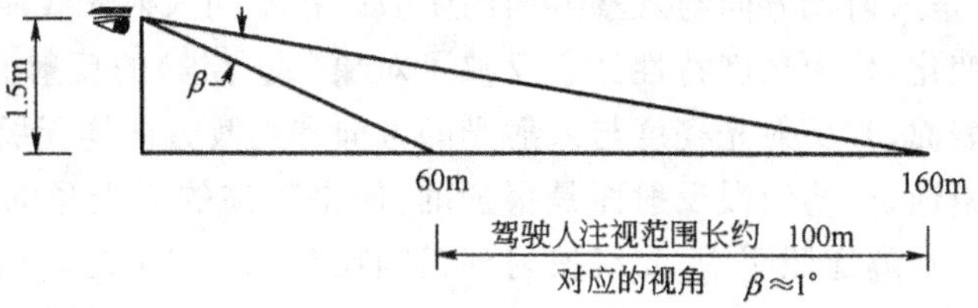

图 21-4 驾驶人视觉的注视范围

5.驾驶人的看视条件

驾驶人的看视条件与一般人不同，几乎完全是在动态条件下进行的，比静态条件的观察困难得多。由静态观测所得实验数据不能直接引用到动态条件中，一般应提高数倍至数十倍。通常影响驾驶人视看条件的基本点是：

1)路面平均亮度，对隧道来说还有作为背景的墙面亮度；

2)路面的亮度均匀度；

3)物体的亮度；

4)物体与背景的亮度对比；

5)观察物体时的有效时间；

6)眩光程度等。

此外还与物体的形状、轮廓的清晰度、在视野中的位置以及是否出现在预料的位置上，或是突然出现在非预料位置上等有关。视觉是以生理量度量的，受观察者的精神、视力、身体状况的影响。此外，还受气象(如阴、雾等)和空气混浊程度的影响。

二、影响视觉的主要因素

1.适宜的亮度

适宜的亮度是物体在视网膜成像引起视觉的基本条件。物体表面亮度大，视网膜上像的照度就高，就看得清楚，视觉与亮度的对数成正比关系。通过试验知道，人眼可以感觉到亮度为$\frac{1}{\pi}\times10^{-5}$ cd/m^{2}①的物体，称为“最低亮度阈”。当亮度为$\frac{1}{\pi}\times10^{-4}$ cd/m^{2}时，人眼识别物体的灵敏度最高，超过此值后，灵敏度开始下降。亮度超过10^5 cd/m^{2}时，则视力极度下降，甚至引起视觉损伤，该值称为视觉上限。这种刺眼的视觉状态称为眩光。

亮度(L)是一个具有方向性的物理量，当人眼从不同的方向观察同一对象(或背景)时，能感觉到在不同的观察方向，对象(或背景)的亮暗程度是不相同的。决定亮暗程度的并不是对象在发光面上的发光强度，而是垂直于视线方向上的单位投影面积($dA\cdot\cos\theta$)的发光强度(I_θ)，见图 21-5。用式(21-1)表达：

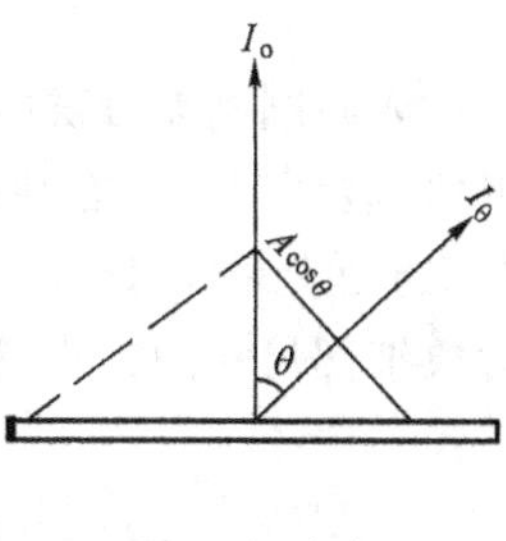

图 21-5 亮度

① cd/m^2(坎德拉/米^2)是亮度单位。国际照明委员会提议给予专门名称 nt(尼特)，但国际计量大会还没有批准采用。旧的光亮度单位用 sb(熙提)，它与国际单位制中的光亮度单位 cd/m^2 的换算关系为：1sb=10^4 cd/m^2。有的还用旧单位 asb(阿熙提)作亮度单位，与 cd/m^2 的换算关系为：1cd/m^2=πasb。

$$L = I_\theta / dA \cdot \cos\theta \tag{21-1}$$

一般情况下，它是入射光方向与观察方向的函数。在不同入射光线照射下，对象（或背景）亮度随观察方向而变化，称为亮度特性。它反映了对象（或背景）的反射光通在空间的分布情况。如果被观察的表面，其反射光亮度与入射光的方向和观察方向均无关时，则称这种表面为均匀漫反射面。严格地讲，均匀漫反射面是很少的，但是粗糙的无光泽的表面，可以近似地看作为均匀漫反射面。在隧道照明中，光线投射到粗颗粒路面材料上时，可看作漫反射面。投影到具有光泽的墙面材料上时，可观察到定向漫反射。实用上没有100%的反光材料，任何表面上的反射亮度，在数值上永远小于投射到同一表面上的照度。路面和墙面是隧道中的背景，改善路面和墙面的反射率在照明效果上是非常有益的。

2.对象的大小

“对象”的定义就是能够看到的事物或者事物的一部分。能否看清对象，除了依赖于照明条件外，还决定于对象的大小。由日常经验知道，当观察距离很近时，对象的外形轮廓及细部都是清晰的，但是随着观察距离的增大，就会逐渐变得模糊不清，并且失去楞角，产生显著的变化，如图21-6所示。眼睛分辨对象细部的能力是由它所能区别出相近两点的能力决定的。

对象上两点对人眼的视角大，在视网膜上成像也大，看得就清楚，如图21-7所示。

图21-6 观察距离增大时，对象发生变形的现象

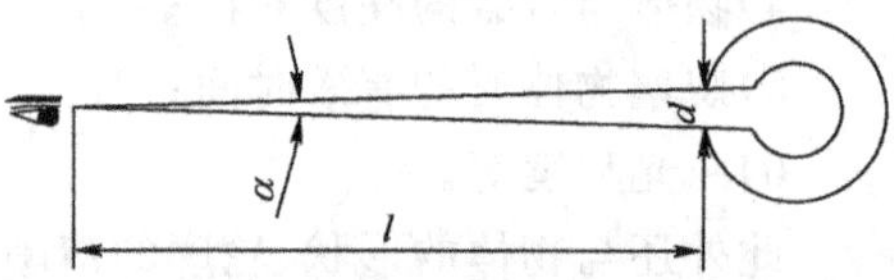

图21-7 视角示意图

视角 α 一般用分表示，符号为“′”。若圆环视标的缺口尺寸为 d，视距为 l，眼睛的视角为 α，则

$$\alpha = \frac{d}{l} \cdot \frac{60 \times 360}{2\pi} = 3440\,\frac{d}{l} \tag{21-2}$$

在对比度相同的条件下，视角越小就越难识别。眼睛分辨最小尺寸的能力，用可分辨的最小视角 α_{min} 的倒数衡量，即

$$视力 = \frac{1}{\alpha_{min}}$$

人眼刚刚能分辨出的两点的视角 α_{min} 称为视角阈。正常人的视力，可以分辨出相当于 $1'$ 视角，这个 $1'$ 角度在视网膜上的成像约为 4.9μm，相当于一个锥体细胞的直径，即相当于眼睛在5m远处的1.46mm对象所形成的视角，把这个视力定为1.0。视角阈决定了可以分辨出的对象细部尺寸的大小，称为对象的最小可见尺寸，用 d_{min} 表示

$$d_{min} = \frac{l \cdot \alpha_{min}}{3400} \tag{21-3}$$

在照明设计中，假定 l 为停车视距(m)，则在该距离上的最小可见尺寸即可用式(21-3)求得。由计算知道，视力为1.0的观察者可以看到的60m、100m、160m处对象的最小尺寸分别为0.02m，0.03m和0.05m。

3.对象和背景的亮度对比

在观察方向上，若对象的表面亮度为 L_o，背景亮度为 L_b，则对象与背景的亮度对比 C 可

用式(21-4)表示。

$$C=\frac{L_b-L_0}{L_b} \tag{21-4}$$

C 值表示对象与背景亮度差别的大小，C 值越大，可以识别得越清楚。C 值小到某一值以下时就不能识别对象了，当人眼开始不能分辨对象与背景时的亮度对比值，称为亮度对比阈，以 ε 表示。当 $L_b>L_0$ 时，C 为正值，称为正对比度；$L_b<L_0$ 时，C 为负值，称为负对比度。无论对比度为正或为负，效果是相同的。但是识别对象时，必须满足 $C\geqslant\varepsilon$。亮度对比是决定对象可见性的主要因素。

实验(静态条件下)表明，亮度对比阈与背景亮度之间存在着一定的关系：如图 21-8 所示，当背景亮度 L_b 在 10^2～10^4nt 这样大的范围内变化时，亮度对比阈 ε 接近一个常数(约 0.02)，并且与对象的视角和形状有关。对象的视角越大，对应的亮度对比阈就越小，但是当视角 $\alpha>30'$时，ε 近似为一常数。无论视角再怎样增大，ε 值也不再减小。对于正常人的眼睛，该值约为 0.02。换句话说，亮度对比越小，对应的视角阈就越大。但当亮度对比 $C\leqslant0.02$ 时，对象的视角阈将趋于无穷大，即无论怎样增大对象的视角，也无法满足可见性的要求了。另外，在同样的视角条件下，线状对象的亮度对比阈要比非线状对象小得多。换句话说，在亮度对比相同时，线状对象的视角要比非线状对象小得多。

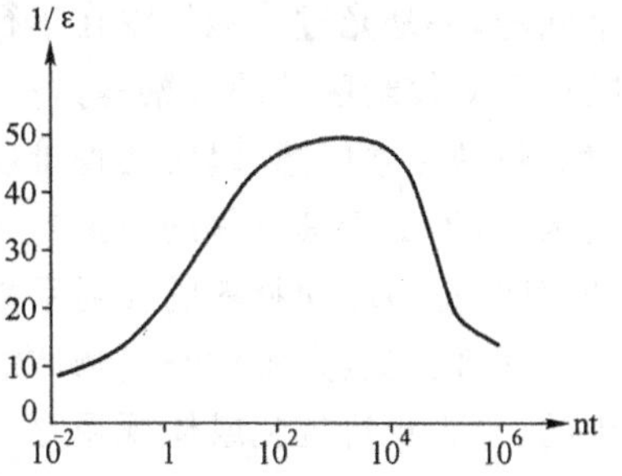

图 21-8　亮度对比阈与背景亮度的关系

了解上述特点在隧道照明中的实际意义在于：背景亮度需要保持在 10^2～10^4cd/m^2 之间，至少也要达到 10^2cd/m^2 时 ε 才能达到常数值(最小)，事实上是不可能的。另外亮度对比不宜太小，否则对象(例如道路的诱导标志)需要很大才能看清，而且明显的线状标志较非线状容易识别。由图 21-8 可以知道，当背景亮度为 1nt 时，ε 为 0.04，明显的变大，或者说对比度变大了。这里容易说明，为什么在背景很暗，如果障碍物(对象)的亮度也很暗时，或者说 C 很小时，则障碍物与背景可以融合的道理了。因此隧道内作为背景的路面和墙应当用明亮的颜色。

4.颜色对比的影响

人的眼睛所观察到的世界，暗视觉时色调是灰色的。只要有适当的亮度，亮视觉发挥作用之后，世界就不再仅仅是灰色的，而是五彩缤纷的了。所以在大多数情况下，对象与背景之间不会单纯地存在亮度对比，而是伴随着颜色对比，即存在着颜色上的差别。

颜色可以分为非彩色和彩色两大类。非彩色是指由白色、浅灰、中灰、深灰、直到黑色，称为白黑系列。彩色是指白黑以外的各种颜色。颜色是各种波长不同的可见光在人眼中产生的感觉。例如波长为 580～595nm 的是黄色，480～580nm 的是绿色，620～760nm 的是红色等单色光。但通常各种对象和背景反射到人眼中的光线都是各种波的组合，此时颜色是各种单色光所引起的综合感觉。但是人眼不能一一区分光谱的组成。例如波长 700nm 的红光和 540nm 的绿光按一定比例混合在一起，人眼的感觉是与 580nm 一样的黄光。

亮度对比是识别对象的主要因素，颜色对比则为辅助因素。实际观察表明，一个亮度与背景相同，仅仅存在颜色对比的斑点，只能在距离很近时才能把它和背景区分开，而在不远的距离上它就和背景发生混色现象而融合到一起了。当它和背景既存在颜色对比又存在亮度对比时，混色现象就不会很快发生，并且与亮度对比相同的黑白斑点的视角阈几乎相等。另外，在彩色斑驳的背景上，人眼的视角阈将要加大，这主要是背景亮度不均匀造成的，这个特性被用作光学伪装，例如士兵穿的迷彩服。而颜色的作用是非常次要的。在道路照明中“光斑效应”不仅影响到驾驶人视觉的舒适性，更重要的是影响到识别对象的能力。从这个观点上看，隧道内不能有斑驳状图案及“光斑”，即使在露天道路上的交叉口、弯道上也不应当有斑驳状图案，以免引起交通事故。另外，设置的道路标志图案，只有颜色差别是不够的，更重要的是亮度对比。

5. 环境亮度的影响

用照明器照明的目的是既照明对象，又照明对象所在环境或对象的背景。这里主要是两个问题，一是光过分地集中在车行道上，驾驶人的眼睛就会变得只能适应这个亮度水平，从而减弱了对较暗区域的观察能力；二是观察对象时需要有背景衬托，如果背景没有足够的照明，对象将缺乏立体感，因而变得难以发现。前者可选择合适的照明器，使道路外延约5m处的照明水平，不少于其毗邻的车道内5m处的亮度值的50%。在隧道内谈不上外延，但应加强墙面的照明，提高墙面材料的反射系数。后者可通过体视阈的概念理解。

体视视觉：人眼对空间物体的立体形状及其在空间相对位置的分辨能力，是由双目观察产生的，称为双目视觉或体视视觉。

用双目同时观察A点时，两条视线会交成一个角度β_A，称为视差角，如图21-9所示。若B点到眼睛的距离S_T与A点的距离S不等，则在B点交成的视差角为β_B，人是根据视差角的差异分辨物体远近的。人眼能分辨的最小视差角之差，称为体视阈，用δ表示。它和背景亮度、对象与背景的亮度对比、对象的形状以及观察者的生理、心理因素有关。例如白天背景亮度较大，亮度对比较明显，观察者的体视能力较好时，体视阈可达10″。亮度对比不明显，观察者体视能力较差时，约为30″。对训练有素的驾驶人来说，约为10″～15″。人眼能分辨出A、B之间的最小纵向距离，称为体视极限距离，用N表示。设双目瞳孔的距离(简称瞳距)为b，一般为60～65mm。由于视差角很小，所以

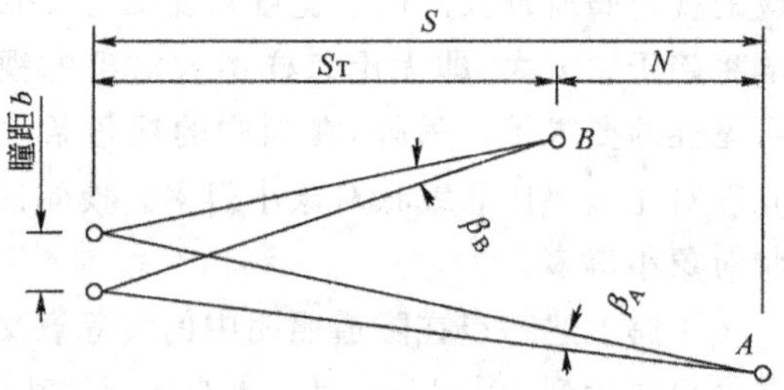

图21-9 体视视觉

$$\beta_A = \frac{b}{S_T + N}$$

$$\beta_B = \frac{b}{S_T}$$

∴
$$\Delta\beta = \beta_B - \beta_A = \frac{b}{S_T} - \frac{b}{S_T + N}$$

故
$$N = \frac{S_T^2 \Delta\beta}{b - S_T \Delta\beta} \tag{21-5}$$

若使$\Delta\beta = \delta = 10''$，$S_T = 100$m处的$B$点具有体视视觉，取$b = 0.065$m，则

$$N = \frac{(100)^2 \times 10'' \times \dfrac{\pi}{180 \times 60 \times 60}}{0.065 - 100 \times \dfrac{10\pi}{180 \times 60 \times 60}} = 8.06\text{m}$$

即，观察100m处的对象，背景应大于8.06m，小于8.06m的背景在视觉上与对象在同一平面内。因此在8.06m以后的背景，应该具有足够的亮度和与对象的对比度，见图21-10。

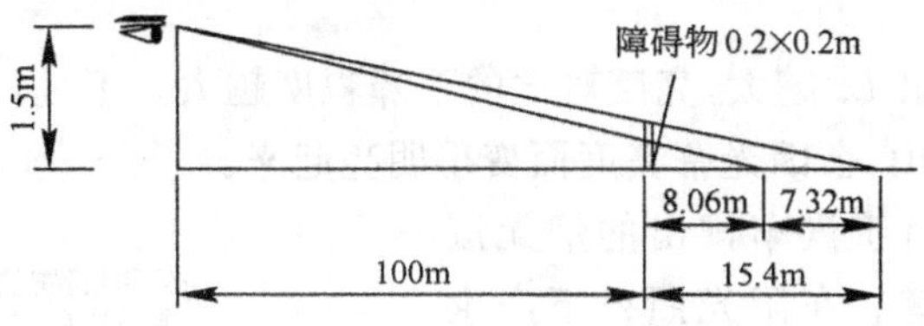

图 21-10 体视对背景极限长度的要求

若 S_T 为停车视距，则与设计车速对应的体视极限距离如表 21-1 所示。

极 限 体 视 距 离 表 21-1

设计车速(km/h)	80	60	50	40	30
行驶车速(km/h)	68	54	45	36	30
停车视距 S_T(m)	105.8	72.2	54	38.3	29.9
极限体视距离 N^* (m)	9.1	4.11	2.27	1.13	0.68

注：* 是把 S_T 视作静态观察距离换算得到的。未考虑动态条件影响。

如果 $S \to \infty$，则 $\beta_A = 0$，若 $\Delta\beta = \beta_B - \beta_A = \frac{b}{S_T} = 10''$，可求得 $S_T = 1340$m。该值表示：背景为无穷远时，距离大于该值的任何物体，不再具有体视感了，这个距离称为体视半径。它对于后面将要讨论的诱导性有一定的影响。

由上述体视视觉概念可知，对背景亮度的要求是足以识别背景。隧道内的背景主要是路面和墙面，顶棚也可以是背景。从这个角度上讲，顶棚应该是浅颜色的，但是顶棚很容易脏，所以清洗工作负担较大，有一定的困难。足够亮的背景，才能衬托出对象的轮廓和相对位置，使驾驶人作出准确的判断，保证行车安全。

6. 空气对能见度的影响

(1)空气对光通的衰减作用和光幕

发光(或反光)物体的光通，必须经过空气才能到达人的眼睛。在传播的过程中必然受到两种作用：一种是吸收作用，即空气把其中一部分光通转换成其它形式的能量；另一种是散射作用，即空气使其中另一部分光通偏离了原来的传播方向，散向任意方向。空气的散射是造成定向传播的光通衰减的最主要原因。

空气不仅会把来自对象的光通散射出去，使对象的亮度降低，而且会把日光散射到观察方向上来，使对象与观察者之间形成一层明亮的光幕，使对象的亮度得到增强。光幕亮度 L_V 可按下式计算：

$$L_V = \frac{i}{\alpha}(1 - e^{-\alpha s}) \tag{21-6}$$

式中：i——与空气透明度及照明情况有关的系数；

α——消光指数；

s——空气光幕的厚度。

光幕还影响到对象和背景的亮度对比，假设因光幕作用亮度对比由 C 变化为 C'，则

$$\left.\begin{aligned} C &= \frac{L_b - L_0}{L_b} \\ C' &= \frac{(L_b + L_v) - (L_0 + L_v)}{L_b + L_v} = \frac{L_b - L_0}{L_b + L_v} \end{aligned}\right\} \tag{21-7}$$

显而易见 $C' \leqslant C$。

由式(21-7)可以看出 L_v 越大，亮度对比的下降程度越大。不过，当空气透明度很大，以明亮天幕为背景的远处的山，会因光幕亮度而变得明亮起来。

在隧道洞口，往往由于汽车排出的烟无法消散，涌出洞口形成烟雾。在阳光照射下产生光幕亮度，见图 21-11。若洞内路面亮度为 L_2，由式(21-7)可以得出：

$$C' = \frac{(L_2 + L_v) - (L_0 + L_v)}{L_2 + L_v} = \frac{L_2 - L_0}{L_2 + L_v}$$

如果烟雾很多，亮度对比下降很大，势必影响到障碍物的可见性。为消除这种影响，日本建议在入口上方设置排烟通道，使大部分烟雾不再涌向洞口，而由通道排出。

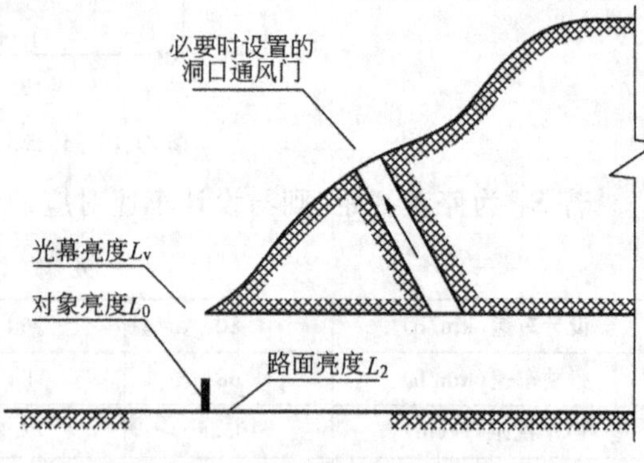

图 21-11　洞口光幕造成亮度对比降低

(2)空气的散射作用

散射是指空气组成成分把原来向一个方向传播的光变成向各个方向传播，使原来光线减弱的现象。不同的组成成分对不同波长光线的散射作用不同。可以分为两种情况：

①分子散射

它的散射源是气体分子，其尺寸比可见光的波长小得多。这种散射的特点是散射光的强度与波长的 4 次方成反比。所以波长越短的光线，受到的散射效应也越强，而长波则不易被散射。

②悬浮粒子的散射

它的散射源是悬浮于空气中的各种固态和液态微粒，如烟、雾、尘埃等。这些散射粒子的大小很不规则，其半径分布在 10nm～100μm 这样广阔的范围内。它们对各种波长的光线的散射作用因微粒大小而不同，当散射粒子比可见光波长小得多时，其散射作用与分子散射相同；当散射粒子的半径与波长相近时，其散射作用为最大；当散射粒子比可见光波长大得多时，其散射作用与波长无关，此时散射光谱与入射光谱相同，称为漫射。

雾粒子半径通常大于 3～5μm，所以它对可见光的散射无选择性。雾越大，散射性也越强，雾的颜色也就越白，也越不透明。由于雾粒子的影响，一部分光向驾驶人方向散射，结果可以看到雾中出现的光幕。要通过光幕看到观察对象，驾驶人要经过相当的努力才能作到。如果驾驶人在雾中打开前大灯，会出现“白壁现象”。

空气中的悬浮粒子越少越小，与波长的关系越大，成为有选择性的散射。对于下层空气分子来讲，主要是波长较短的蓝色光被散射出来。由于这种有选择性的散射作用，来自对象(或背景)的不同波长的光线将受到不同程度的散射。另外，在对象(或背景)与观察者之间的气幕主要是短波散射光幕。这样对象(或背景)即会改变亮度，也会改变颜色，最终与蓝色气幕相融合。由此可见，亮度对比是决定对象可见性的主要因素，颜色是次要的。

(3)透过率

在隧道中的空气里，或多或少的存在着污染物质。如汽车卷起的尘埃，柴油车引擎产生的煤烟，氮氧化物所构成的烟雾，水蒸气及其凝结而成的雾等，其中最主要的是尘埃和烟。光通过污染空气时，入射光通中的一部分被吸收，一部分被散射，其余部分得以通过。这三部分之和等于入射光通，分别把这三部分光通量和入射光通量之比称为吸收系数(α)、反光系数(ρ)和透光系数(τ)。显然，$\alpha+\rho+\tau=1$，所以 τ 是小于 1 的系数。在隧道中，为了描述光透过空气的能力，用 E、E_0 分别表示同一光源所发出的光线、通过100m的污浊空气和清洁空气后的照度，用 τ_{100} 表示光通过100m的透过率，则：

$$\tau_{100}=\frac{E}{E_0} \tag{21-8}$$

行驶速度不同时，对 τ_{100} 有不同的要求，PIARC提出：

$v=80\text{km/h}$ 时，$\tau_{100}=0.6$

$v=60\text{km/h}$ 时，$\tau_{100}=0.48$

$v=40\text{km/h}$ 时，$\tau_{100}=0.4$

并指出 $\tau_{100}<0.3$ 是不允许的。有的国家，如日本，把 $\tau_{100}=0.5$ 作为国家标准。由于烟雾的浓度不同，同一光源的透过率也不同。烟雾浓度相同时，不同类型光源的效果不同，其视距也不同，如 $\tau_{100}=0.5$ 时，钠灯视距为80m，荧光灯视距为45m。

7. 观察时间的长短

观察尺寸大的物体只需要很短的时间，在驾驶人眼睛不停地注视视野内的物体时，发现视野内的障碍物的时间不少于0.1～0.2s。同一物体，照度越高（背景亮度越大），识别时间越短。对处于运动状态的驾驶人来说，辨别障碍物的时间受到限制，驾驶人从发现障碍物后，直到进行判断和制动的反作用时间，总共只有2.5s，是相当短的，所以应该保证有足够的照度。

识别时间还受视觉适应的影响，不论是暗适应还是明适应，识别时间都受到影响。急剧和频繁的适应会增加眼睛的疲劳，使视力迅速下降，忽明忽暗的路面墙面亮度改变是应该受到限制的，即后面将要讨论到的均匀度问题。

三、道路照明的质量

1. 路面平均亮度（L_{av}）

驾驶人观察障碍物的背景，在道路照明中主要是路面，在隧道照明中墙面也作为背景，但路面仍然是主要的。只有当路面亮度达到一定值以后，驾驶人才能获得立体感，在此基础上，亮度对比越大越容易察觉障碍物。但是正如前面已经叙述过的，路面（背景）亮度越高，眼睛的对比灵敏度越好（亮度对比阈 ε 越小）。

Dunbar实验（实际道路上的运行实验）表明：平均亮度升高时，察觉障碍物所必要的亮度对比 C 变小。即，障碍物变得更容易看清楚，见图21-12。国外一些国家的路面平均亮度一般取1～2cd/m²。

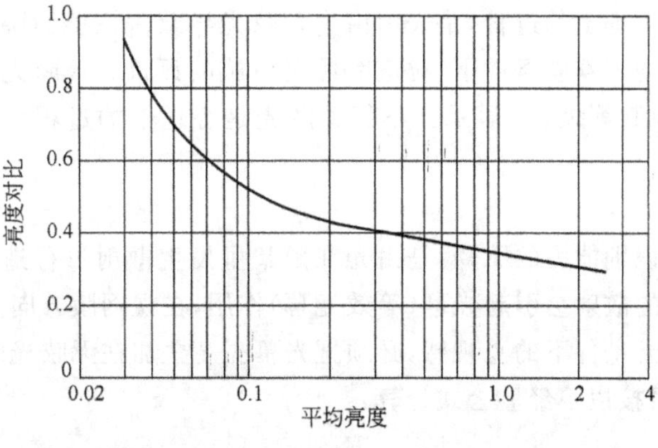

图21-12 察觉障碍物的平均亮度 L_{av} 和亮度对比关系

2.路面亮度均匀度

保证亮度均匀度是为了给驾驶人提供良好的能见度和视觉上的舒适性。如果亮度高，则均匀度要求可以不很严格。干燥路面和湿路面的路面亮度有很大变化，均匀度也相应有很大变化。严格的均匀度要求，一般限于干燥路面和路面平均亮度较低的情况。

(1)总均匀度(U_0)

照明装置保证提供良好的路面平均亮度后，路面上一些局部区域还可能出现最小亮度L_{min}。通常较差的亮度对比都发生在路面较暗的区域，往往影响到对障碍物的辨认。为了使路面上所有区域都有足够的亮度和对比度，提供令人满意的能见度，需要规定路面最小亮度和平均亮度比值的范围。

$$U_0 = \frac{L_{min}}{L_{av}} \tag{21-9}$$

式中：L_{av}——距车道边缘1/4宽度处(左或右)测得的路面平均亮度；

L_{min}——距车道边缘1/4宽度处(左或右)测得的路面最低亮度。

对于隧道总均匀度包括路面和两侧2m高范围内的墙面，昼间$U_0 \geqslant 0.7$；夜间$U_0 \geqslant 0.5$。对于露天公路一般不低于0.4。

(2)纵向均匀度(U_l)

为了提供视觉舒适性，要求沿各车道线中心线有一定的纵向均匀度。纵向均匀度是沿中心线的局部亮度的最小值和最大值之比。

$$U_l = \frac{L'_{min}}{L_{max}} \tag{21-10}$$

式中：L_{max}——从车道线中心线上测得的最大亮度；

L'_{min}——从车道线中心线上测得的最小亮度。

隧道纵向均匀度包括路面两侧2m高范围的墙面，昼间$U_l \geqslant 0.8$，夜间$U_l \geqslant 0.6$。露天道路依公路等级不同，不低于0.7或0.5。

连续的路面(墙面)上光线忽明忽暗对驾驶人干扰很大，称为“光斑效应”，当隧道较长时，驾驶人眼睛会很疲劳，影响发现障碍物。

3.眩光限制

道路照明的眩光可以分为两类：失能眩光和不舒适眩光。前者表示对照明设施造成的能见度损失方面的评价，用被试对象物体的亮度对比的阈值增量(TI)表示，是典型的驾驶人视觉作业。失能眩光是生理上的过程，是表示由生理眩光导致辨识能力降低的一种度量。后者表示在眩光感觉中的动态驾驶条件下，对道路照明设施的评价。该眩光减弱驾驶人驾驶运行的舒适程度，用眩光控制等级(G)表示。不舒适眩光是心理上的过程。视觉的不舒适性取决于灯具的设计。

(1)失能眩光

这种眩光导致的识别能力的下降，是由光在眼睛里发生散射过程造成的。来自眩光光源的光在视网膜方向上的散射会引起光幕(等效光幕)作用，在视网膜方向上的散射程度越大，光幕作用也越大。在眩光条件下的总视感，必须把光幕亮度叠加在无眩光时景物成像亮度之上。等效光幕亮度(L_{veil})可按以下经验公式计算：

$$L_v = k\left\{\frac{E_{眼1}}{\theta_1^2} + \frac{E_{眼2}}{\theta_2^2} + \cdots\right\} = k\sum_{i=1}^{n}\frac{E_{眼i}}{\theta_i^2}$$

式中：$E_{眼i}$——第 i 个眩光源在眼睛(与视线相垂直的平面)上产生的照度；

θ_i——视线与第 i 个眩光光源入射到的眼睛的光线之间形成的夹角；

k——年龄因素(平均值为 10)。

该光幕会使驾驶人视觉感受到的障碍物与背景的亮度对比比实际低得多，因此用光幕亮度的方法处理。把对象(障碍物)亮度和背景亮度两者都加上光幕亮度，此时，有效的背景亮度(L_{beff})由 L_b 增加为 L_b+L_v(即，对比灵敏度增加)。故有效对比为：

$$C_{有效} = \frac{|L_{beff} - (L_0 + L_v)|}{L_{beff}} = \frac{|(L_b + L_v) - (L_0 + L_v)|}{L_b + L_v} = \frac{|(L_b - L_0)|}{L_b + L_v} \tag{21-11}$$

式中：L_{beff}——有效背景亮度，$L_{beff}=L_b+L_v$；

L_v——等效光幕亮度；

其余符号意义同前。

由式(21-11)可以看出，只要 $L_v \neq 0$，即，存在眩光时，$C_{有效}<C$。但通过增加亮度对比又能重新看到物体，这种刚刚能重新看到的物体所需要的对比增加量与原来的对比有关，是表达因失能眩光导致识别能力降低的一种度量。这种量，CIE 规定由视对象的视角为 8°时所必须的相对阈对比增量来获得，并将这个量命名为阈增量 TI，以%表示。为了限制眩光对辨认能力的干扰效果，对阈增量作出必要的限制，就不会引起障碍物能见度的降低。其中：

$$TI = \frac{C_{有效} - C}{C} \times 100\%$$

通常的道路照明中，对 0.05～5cd/m² 之间的平均亮度，阈增量 TI 可由光幕亮度的数值和平均路面亮度值结合对比灵敏度确定：

$$TI = \frac{65L_v}{(L_{av})^{0.8}}(\%) \tag{21-12}$$

(2)不舒适眩光

眩光造成的不舒适感，目前还没有专门的测量仪器，是用眩光控制等级(G)表示所感到的不舒适程度的主观评价。这种主观评价取决于各种照明器和其它照明装置的特性，可以用下列经验关系式描述：

$$G = f(I_{80}, I_{88}, F, \Delta C, L_{av}, h', P)$$

式中：I_{80}、I_{88}——照明器在同路轴平行的平面内，与垂直轴呈 80°、88°角度方向上的光强值(cd)；

F——照明器在同路轴平行的平面内，投影在 76°角方向上的发光面积(m²)；

ΔC——光的颜色系数，$\Delta C=+0.4$，用于低压钠灯；

L_{av}——平均路面亮度(cd/m²)；

h'——水平视线距灯的高度(m)，h'=灯的安装高度－1.5m；

P——每 1km 安装的照明器个数。

计算的经验公式为：

$$G = 13.84 - 3.31\lg I_{80} + 1.3\left(\lg\frac{I_{80}}{I_{88}}\right)^{\frac{1}{2}} - 0.08\lg\frac{I_{80}}{I_{88}} + 1.29\lg F + 0.97\lg L_{av} + 4.41\lg h' + 1.46\lg P + \Delta C \tag{21-13}$$

公式中各参数的调研范围是：

$50 \leqslant I_{80} \leqslant 7000(\mathrm{cd}), 1 \leqslant \frac{I_{80}}{I_{88}} \leqslant 50(\mathrm{cd}), 0.007 \leqslant F \leqslant 0.4(\mathrm{m}^2), 0.3 \leqslant L_{av} \leqslant 7(\mathrm{cd/m}^2), 5 \leqslant h' \leqslant 20(\mathrm{m}), 20 \leqslant P \leqslant 100$,灯的行数为 1 或 2。

眩光等级 G 与主观上对不舒适感觉评价的相应关系为：

$G=1$:无法忍受

$G=3$:干扰

$G=5$:允许的极限

$G=7$:满意

$G=9$:无影响

在照明质量方面,介绍了三个基本照明参数,通常用来表述照明的综合质量的基本状态,即:平均路面亮度 L_{av}(照明水平),纵向均匀度 U_t(均匀度),眩光控制等级 G(不舒适眩光)。

4.诱导性

为了保证交通安全,道路的走向、道路的界限、道路交叉点以及特殊地点都应该清晰可见,这就要求有良好的诱导性。诱导性一般来自两个方面:即视见诱导性和光学诱导性。诱导性通过各种诱导标志和照明设施获得,与照明设施等一起,共属交通安全设施范围。

(1)视见诱导性

道路视见诱导标志,是沿行车带标明道路边缘和线形的一种设施,以便昼夜诱导驾驶人的视线,并根据需要设在某一路段上,如路面中心线、路缘或两侧路面标志、道路护栏与护桩、积雪地区设置雪标杆等。在隧道内墙面也可以起诱导作用。但隧道内的诱导作用首先要求有足够的照明,使诱导标志成为可以视见的。夜间,洞外的诱导性和洞内类似,也受照明系统的影响。道路轴线方向投光角度受到一定的限制。例如采用低角度 I_{80} 和 I_{88} 的较低亮度值的灯具,以及主要光束与行车方向成垂直交叉的照明系统,对看清楚道路诱导设施有利,尤其在恶劣气候条件下有利。道路标志的能见度,还同本身的反射特性和路面反射特性之间的差异有关。道路标志所用的材料,既要"亮"又要有良好的漫反射特性,所以其表面应为粗料结构。在不设路灯的路段上可以考虑使用有鲜明颜色的逆反射材料,例如晚上在车灯照射下,能激发出一块块红颜色(或其它色)的红色逆反射材料。其诱导性很好,引人注目,车就不会开到路以外的地方去了。有的还在不设照明的隧道入口处装设这种材料,以便使隧道洞口轮廓十分明确。另外,有的用不同颜色的路面显示其不同的用途,如把自行车道做成暗红色以示区别。

(2)光学诱导性

在道路照明设施中,排列成行的照明器可以指示出道路走向、弯道、交叉和各种特殊场合,再配合其它视线诱导标志,能在远距离上使驾驶人明显地注意到有危险性的地段。在隧道内的紧急停车带、方向转换场等特殊场合。照明器在排列、光色、光强以及设置的方位和间隔的变化,会有效地起到光学诱导作用。如在洞内分区接头的横通道处、紧急停车带,为了标明其位置,应设置视线诱导标志。又如广场、停车道、回车道等应有明显的诱导标志,同时,还应辅以光学诱导。在同一区段内应注意保持照明的一致性(照明系列及光色等),以及在不同区段,尤其不同等级的道路,采用不同类型的光源、不同的格调等,都会有效地起到光学诱导作用。

不过,在规模大、线形复杂、多层次的立体交叉场合大量装设路灯,反而会由于光点太多,给驾驶人以"灯海"的感觉,造成混乱,失去了光学诱导作用。这种场合采用高杆照明,在照亮道路的同时也照亮环境,可以获得与白天相似的良好诱导性。在隧道出入口附近有广场时,可以考虑这种方式。

第三节 亮度曲线的组成

白天，汽车驾驶人在接近、进入和通过隧道时，会遇到各种视觉问题。汽车以 50km/h 的设计速度行驶时，通过洞门附近(例如内外各 10m)时，时间是非常短的，约需 1.5s，但是由洞外亮度(约 4000cd/m²)降到洞内中间段亮度(山岭隧道为 2～3cd/m²，城市隧道为 5～10cd/m²)，亮度相差很大，眼睛的视觉状态由亮视觉到接近薄明视觉(介于亮视觉与暗视觉之间的中间视觉状态)，这时锥状体细胞和柱状体细胞同时对应着新的环境亮度而适当的工作。由于亮度的变化速率太快，眼睛的适应迟缓，对物体的视见能力极度下降，尽管洞内有一定的亮度，但驾驶人的视觉感觉仍然很黑，隧道里像个黑洞，即“黑洞效应”。这时驾驶人就会失去获得视觉信息的能力，道路的走向，是否有障碍物存在，是否有其它车辆等，总之，几乎所有的视觉信息都暂时中断了。这种状态要持续一个暗适应过程所需的时间，其长短与洞外亮度和洞内亮度的大小等有关。视觉信息不足是发生交通事故的条件，但是这不等于必然。照明的任务是不间断地为驾驶人获得足够视觉信息提供照明条件。人的视觉生理机能是不容易改变的，只能顺应它，这就需要弄清楚人的视觉适应规律。这里大体上应满足两点，即视觉信息的不间断性和照明的经济性，前者要求有较高的亮度，后者要求用较低的亮度，照明设计者则应该把它们统一起来。

提高洞内亮度水平的方法，是最简便的、却是过时的，而且也是争议最大的方法。由本章第二节已经知道，在道路照明的各种质量指标中，亮度是基础。有了亮度以后，才能进一步谈均匀度、亮度对比、眩光以及诱导性等，才能谈最低亮度阈、视角阈、亮度对比阈、相对阈值增量以及体视阈等。有了充足的、甚至是较高的亮度水平，那么其它问题比较好解决。但是最大的问题是投资费用高、营运费用高、耗能大。另外，没充分利用人的视觉适应规律，把本来有可能节省的亮度也浪费掉了。所以从这个意义上讲，也是最浪费的方法。

充分考虑视觉适应规律，可以把亮度维持在一个较低的水平上，根据情况，甚至可以维持在最低的水平上。这个方法的目的是在各照明区段上把亮度维持在一个实际情况所容许的最低极限水平上。其要点是：根据现场调查确定洞外亮度；根据设计车辆、交通方式、交通流量、空气透过率等确定中间段的所需亮度水平；根据视觉适应规律、洞外与中间段亮度差、亮度减低的速率等，确定入口段和过渡段的亮度水平和长度。由于入口段和过渡段需要一定的长度，加上出口眩光的影响，所以隧道长度在 200m 以下时，不存在中间段照明，称为照明上的短隧道。短隧道的照明问题比较复杂，本教材不作专题讨论。长度在 200m 以上的隧道，称为照明上的长隧道，本教材将要着重讨论。长度很短的隧道，受进、出口入射自然光影响较大，所以长度小于 70m 的汽车专用隧道，一般白天可以不考虑照明，但需要有诱导标志。

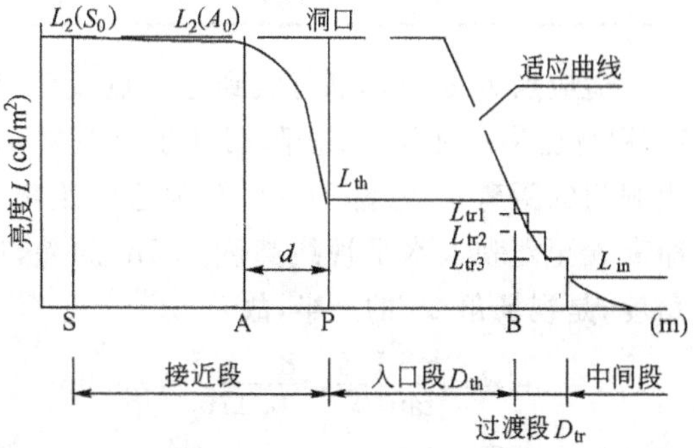

图 21-13 各照明段亮度与长度

一、照明区段的划分

长隧道照明基本上可以按接近段、入口段、过渡段、中间段和出口段五个区段划分。见图 21-13。

1. 接近段

在公路隧道各照明区段中，在洞口(设有光过渡建筑时，则为其入口)前，从驾驶人的精力被完全吸引到隧道的那一点到适应点之间的一般道路，在照明上称为接近段。关于这一段的起点，目前没有明确的定义，一般是按停车视距计算，其理由还是出于保证安全这一根本目的。确定这一点的实际意义是为了测定洞外亮度。所谓洞外亮度是指在接近段起点处，距地面1.5m，高正对洞口方向20°视场实测得到的平均亮度。是驾驶人驾车驶入隧道洞口前面所看到洞口环境的平均亮度。洞外亮度不等于野外亮度，因为在洞外不同距离上的野外亮度不同，所以必须明确在哪一点和在什么方向上测定。另外，在隧道施工前后，洞口环境往往变化很大，施工会不同程度的改变环境，施工前所测得的某点亮度，常常与施工后的该点亮度不同。所以应作设计中和土建完工后的实测比较，如果相差过大则应重新进行照明设计。

在照明设计中，车速与洞外亮度是两个主要基准值，车速已由公路等级限定，洞外亮度值要由公路照明设计者进行实地测定。洞外亮度的正确取值对工程投资和营运费用都将产生很大影响，因而需要采取适当措施降低洞外亮度，以便减少造价和节能。其取值的大小，对确定入口段、过渡段以及出口段亮度有很大影响，因此要求尽量符合实际情况，不宜偏高。

影响洞外亮度的因素很多。首先是在“起点”面向洞口的20°视场内的天空面积所占百分比，越大则亮度越高；其它因素还有洞口朝向(或车辆行驶方向)，面向朝北的洞口车辆是向南行驶的(面向强光)，就应该取较高亮度值；是亮环境还是暗环境(植被或裸露，岩土的颜色)，亮环境就应该取较高亮度值；季节(冬夏)、气象(阴晴)、纬度(高低)、雨雪等；车速的大小，车速高则应取较高亮度值；另外还与交通方式(单向或对向)及交通量等有关，单向交通比对向交通时低，交通量较小比较大时低。在没有实测资料时，可以按表21-2取值。

洞外亮度 L_{20}(S)(cd/m^2) 表21-2

天空面积百分比	洞口朝向或洞外环境	v_t(km/h) 40	v_t(km/h) 60	v_t(km/h) 80	v_t(km/h) 100
35%~50%	南洞口	—	—	4000	4500
	北洞口	—	—	5500	6000
25%	南洞口	3000	3500	4000	4500
	北洞口	3500	4000	5000	5500
10%	南洞口	2000	2500	3000	3500
	北洞口	3000	3500	4000	4500
0%	南洞口	1000	1500	2000	2500
	北洞口	2500	3000	3500	4000

适应点A是指车辆行驶到这一点以后，驾驶人的20°视场已集中在洞口内部，洞外景物基本消失，车辆距洞门的距离d(见图21-14)即为适应距离。因洞顶净高h至驾驶人水平视线高度1.5m的差，所对应的角度，是视场角20°的一半，故：

$$d=\frac{h-1.5}{\tan10^\circ}=\frac{8-1.5}{0.176}=36.9\text{m}$$

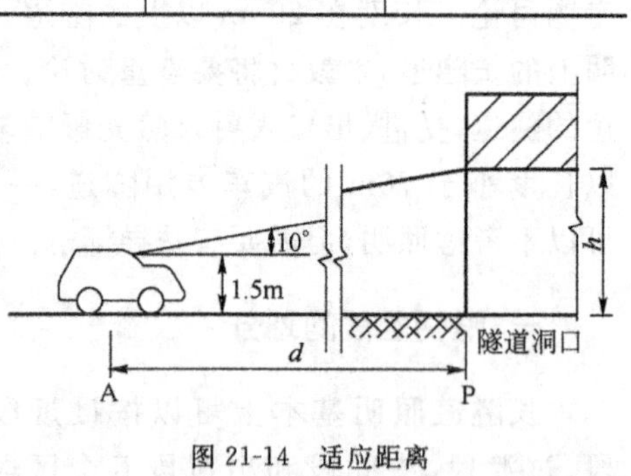

图21-14 适应距离

2. 入口段

在隧道照明区段中，进入洞口(设置光过渡建筑时，则为其入口)的第一段。驾驶人在接近段行驶时，已经适应了那里的亮度水平，当他处于适应点 A 位置观察隧道内部时，至少应当满足在停车视距以远处能识别 20cm×20cm 的正方形障碍物(实换算长度、与背景间的亮度对比 $C=20\%$)。由眼睛适应能力方面的知识联想到，入口段亮度 L_{th} 受洞外亮度 L_{20} 值大小的影响，换句话说，由洞外亮度 L_{20} 到入口段亮度 L_{th} 的减小速率受眼睛适应能力的限制。减小速率过快眼睛将产生不适现象，出现黑洞效应，这是不能容许的。因为降低亮度的速率太快，视觉适应仍跟不上。

因为定义在适应点 A，应该具备观察洞内障碍物的能力。以 80km/h 车速行驶的车辆，其停车视距为 100m，在体视视觉中已经知道在 100m 距离上，识别目的物需要 15.4m 的背景长度。所以要求距适应点 A 不小于 100+15.4=115.4m 的地方，为了识别目的物，该点应具有能识别目的物的足够亮度，这个亮度就是入口亮度。入口段的长度为：

$$115.4-36.9=78.5\text{m}$$

这是入口照明段需要的最小长度，设计时应适当加长。要知道 80km/h 的车速就是 22.22m/s，那是很快的。由洞外亮度降低到入口段亮度是个很大的突变，是大幅度视觉暗适应作业，完全靠眼睛的适应能力。

按什么速率降低才是合理的，是不同学派争论的主要问题，不过都是以实验为基础的。设计上把这个降低速率以折减系数 k 表示，不同的国家、不同的学派在这个系数的取值上相差很大，从 0.015 到 0.06 的均有。中国的“规范”上采用了它们的中间值，见表 21-3。

入口亮度折减系数 表 21-3

设计交通量 N(辆/h)		计算行车速度 v(km/h)		
双车道单向交通	双车道对向交通	80	60	40
≥2400	≥1300	0.035	0.022	0.012
≤700	≤360	0.025	0.015	0.01

注：按表中折减系数计算后可以发现入口段的亮度仍然是很高的，布灯的数量很多，所消耗的功率必然会很大，有的地方会发生经营不下去的情况。所以，减小洞外亮度是需要认真对待的问题。

在同一距离内，车速越快驾驶人所能适应的亮度降低速率越慢，折减系数越大；车速越慢，则相反。入口亮度可以按下式计算：

$$L_{th}=k\cdot L_{20}(S) \tag{21-14}$$

式中：L_{th}——入口段亮度(cd/m^2)；

k——入口段亮度折减系数；

$L_{20}(S)$——洞外亮度(cd/m^2)。

通过隧道群时，如果前一个是长隧道(通过时间为 30s 以上)，在立即进入后续隧道的情况下，后续隧道入口照明亮度可以适当折减，参考表 21-4。

隧道群的亮度折减系数 表 21-4

由前一隧道出口到后一楼隧道入口所需行驶时间(s)	后一隧道入口照明所需亮度折减系数(较正常值)	由前一隧道出口到后一楼隧道入口所需行驶时间(s)	后一隧道入口照明所需亮度折减系数(较正常值)
<2	0.5	<15	0.8
<5	0.7	<30	0.85
<10	0.75	<60	0.9

白天由入口进入自然光的影响范围约为入口高度的2倍，通常入口高度约为6～8m，影响范围约为10m。在此范围内白天可以省略人工照明，但在夜间为了保持照明的连续性，仍应进行照明。

洞外亮度发生变化时，如每日早、中、晚，天气与季节变化时，洞外亮度可以按相应比例折减。为此，在公路隧道照明系统中，应设有调光设备，使隧道入口段亮度能随洞外亮度变化而自动调节。过渡段和中间段一般可不作调整。调光设备有两种：(1)不连续调光；(2)连续调光。通常按“强烈日光”、“有云”、“阴天”、“黎明或傍晚”、“夜间”等5级进行不连续调光。

3. 过渡段

在公路隧道照明中，介于入口段与中间段之间的照明区段。其任务是解决从入口段高亮度 L_{th} 到中间段低亮度 L_{th} 的剧烈变化(常数十倍)给驾驶人造成的不适应现象，使之能有充分的适应时间。该适应时间取决于中间段亮度 L_{in} 与入口段亮度 L_{th} 之比，图21-15所示的适应曲线是经过反复测定得到的，可以用下式表示：

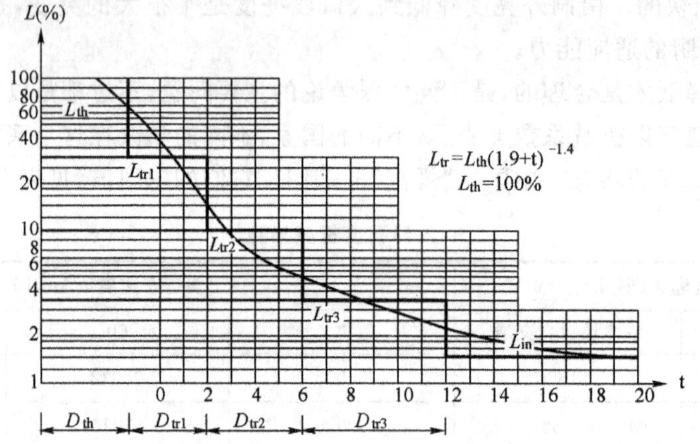

图21-15 过渡段CIE适应曲线

$$L_{tr}=L_{th}(1.9+t)^{-1.4} \qquad (21\text{-}15)$$

实用上不能把照明器的亮度作成上述曲线所描述的那种理想形状，而是用一组 n 个台阶状折线形取代它，台阶的数量越多当然就越趋近于曲线，但是设计上也就越难以适应它。如果只用一个台阶就必然会形成突变，没有适应的过程，自然不是实际运用上所需要的结果。另一方面这个过程所需要的时间并不很长，所以用一个基本上可以满足视觉适应需要的最少台阶数，就被认为是合理的。经过测试，三个过渡台阶基本上能符合要求，把它称为过渡照明的三个过渡段 TR_1、TR_2、TR_3，其亮度比取为3∶1。通过作图，大体上得到三个分段长度，使各个过渡段长度基本上是沿着CIE适应曲线分割。三个过渡段长度分别按下列各式计算：

$$\begin{cases} D_{tr1}=\dfrac{D_{tr}}{3}+\dfrac{v}{1.8} \quad (\text{m}) \\ D_{tr2}=\dfrac{2v}{1.8} \quad (\text{m}) \\ D_{tr3}=\dfrac{3v}{1.8} \quad (\text{m}) \end{cases} \qquad (21\text{-}16)$$

式中：D_{th}——入口段的长度(m)；

v——计算行车速度(km/h)；

$\frac{v}{1.8}$——2s 内的行驶距离(m)。

过渡段的长度与计算行车速度有关,见表 21-5 所示:

过渡段长度 D_{tr} 计算表 * 表 21-5

计算行车速度 V(km/h)	D_{tr1}(m)	D_{tr2}(m)	D_{tr3}(m)
80	70	89	133
60	42	67	100
40	26	44	67

注:* 表中未给出 100km/h 时的计算结果,因为在前面已经提到由于种种原因,隧道内的行车速度不宜超过 80km/h。

过渡段亮度是按适应曲线的简化台阶递减的,可按表 21-6 取值。

过 渡 段 亮 度 表 21-6

照明段	TR_1	TR_2	TR_3
亮度	$L_{tr1}=0.3L_{th}$	$L_{tr2}=0.1L_{th}$	$L_{tr3}=0.035L_{th}$

4. 中间段

在道路隧道完整照明过程中,中间段是基本部分。中间段照明的基本任务仍是保证停车视距,中间段的照明水平与空气透过率(即通风条件)、行车速度以及交通量等因素有关。在正常通风条件下(参见本章第二节中 PIARC 关于 τ_{100} 的建议值)中间段的亮度 L_{tr} 可按表 21-7 取值。

中 间 段 亮 度 表 21-7

计算行车速度(km/h)	L_{in}(cd/m²)	
	双车道单向交通 $N>2400$ 辆/h 双车道对向交通 $N>1300$ 辆/h	双向车道单向交通 $N\leqslant700$ 辆/h 双向车道对向交通 $N\leqslant360$ 辆/h
80	4.5	2
60	2.5	1.5
40	1.5	1.5

表中所列数值是现行隧道通风照明规范给出的取值范围,其中还指出了其它问题,例如人车混合交通的隧道中间段亮度不得低于 2.5cd/m,仅仅是圈定一个范围,实际设计中还要根据具体环境和人流等综合确定。至于隧道两侧墙面 2m 高范围内宜铺设反射率不小于 0.7 的墙面材料的说法,目的是强调墙面反射的重要性,而如果选择有眩光效应的白色釉面瓷砖,那会适得其反,造成更坏的结果。可以通过提高饰面高度和增加顶棚亮度等手段灵活设计。

中间段灯具布置方法很多,根据隧道宽度不同,交通状况不同,可以选择单行、双行、三行等。需要注意的问题主要有两点:一是不能产生阴影,所以不能把灯具完全摆放到一侧,那样必然的会产生阴影;二是不要产生强烈的“斑马效应”,因此中间段的灯具功率宜小不宜大,避免发生均匀度达不到要求的现象。

5. 出口段

出口段在单向交通的隧道中,需要对出口段作适当的处理,以便缓和白洞现象带来的不利影响。例如,出口洞外为空阔环境、面向大海、面对雪山等高亮度并能形成眩光时,出口则应加强照明。

在对向交通的隧道中,两端均为入口,同时也均为出口,两端的照明情况完全相同,也就不存在出口段的处理问题。

从出口段的眩光问题上看,朝东或朝西的出口,在日出或日落时阳光可能直接贯入隧道,形成强烈直接眩光。为了避免发生这种现象，出口则应作适当的处理。其方法主要有两个：即在洞内出口段设置曲线，或在洞外设置曲线段并作遮挡。前者在出口段设曲线后阳光不会直接贯入隧道，即使有射入的阳光也会照射在墙上，经反射后可以增加出口段亮度，使驾驶人有亮适应的亮度条件和时间。如果设置曲线后，出口方向刚好对正一座山时，最为理想。后者在出口引道上设置曲线，并在曲线外侧设置挡墙、种植高大常青乔木等，挡住直射的阳光。

二、亮度曲线

沿道路轴线，由入口洞外的接近段经入口段、过渡段、中间段直到出口段，驾驶人在白天所需要的路面亮度变化曲线，称为亮度曲线。其中的入口段亮度包括自然光在路面反射引起的亮度和人工照明在路面反射引起的亮度，是综合的亮度。前者有可以利用的亮度和需要限制的亮度两部分；后者是因自然光不足或根本影响不到而需用人工照明加以弥补的亮度，人工亮度沿路轴的变化曲线称为人工亮度曲线。由于自然光的影响范围很小，一般仅为2倍隧道入口高度(约10m)的范围，除洞外散射光较强时，可以考虑不作人工照明外，在10m以后因自然光影响很小，不再考虑它的影响，所以只按人工亮度计算，这样做能使设计得到简化。

荷兰阿姆斯特丹飞机场跑道下的Schiphol隧道照明设计如图21-16所示。该隧道洞口外部设置了减光建筑，照明设计条件为 $L_1=8000\text{cd/m}^2$，设计车速 $v=100\text{km/h}$，亮度对比 $C=20\%$。建成后的亮度实测值和计算值见图所示的实细线和粗线。设计中接近段的减光建筑物为遮阳棚，其长度见图。如果由 BC 的延长线上的 A 点算起到 B 点止需要的时间为12s。DB 段需8s，为增灯区，长度为220m，是相当长的。这是一例耗资很大的设计方案。

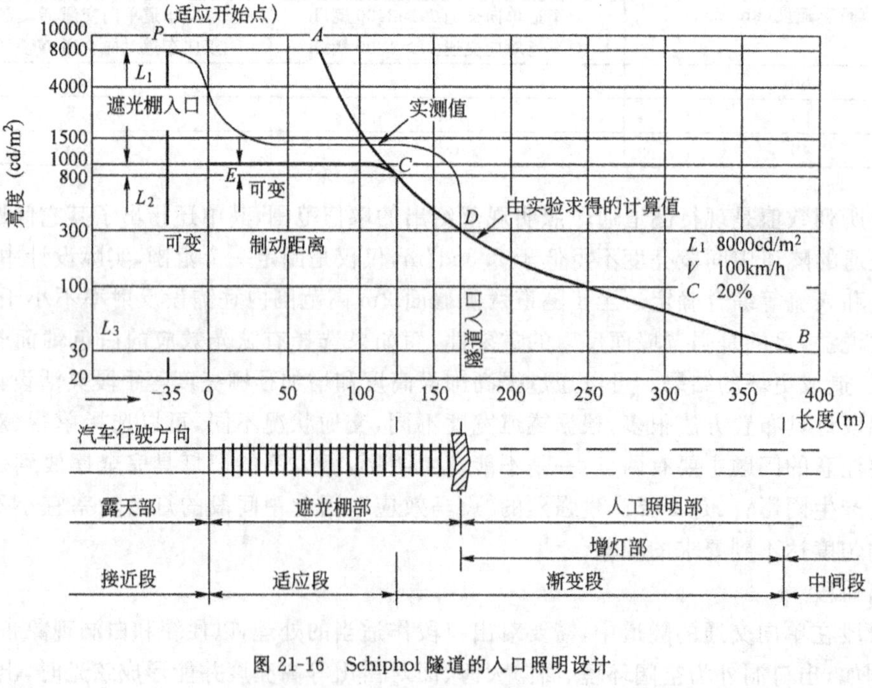

图21-16 Schiphol隧道的入口照明设计

隧道长度与 L_{in} 有一定关系：隧道长，适应时间也长，L_{in} 可以适当的降低；反之 L_{in} 就高。从安装闭路电视的角度上看，要求 L_{in} 稍高，但一般情况下，照度达到30lx也足够了。

关于舒适性标准，难以用一个数值界限表示，影响舒适性的因素除亮度之外还有许多其它因素，如光色、灯具布置、点光源还是线光源等都能影响到驾驶人的主观感觉。

夜间没有白天那样强烈的暗适应问题，交通量也大大减少，所以照明标准可以适当降低。其减少的程度以不会因此而导致交通事故为限度，一般折减系数可以取0.5。夜间沿隧道全长按同一标准照明，但为了使出口处不产生黑洞效应，洞外接续道路应设计相应照明。

通过自行车和行人的隧道，在保证路面亮度的同时，还要保证侧墙有足够的亮度，避免形成自行车和行人在暗带中通行的现象和可能因此导致的危险。

由于人们对视觉适应能力的估算不一致，所以在入口(包括入口段和过渡段)亮度曲线的画法上相差甚远，各个国家都是根据各自的情况，作了不同的选择。

第四节　减光建筑与植被的减光作用

隧道洞外亮度随季节、时间而变化，并且因隧道所处环境(如山区、平原区、建筑物密集区等)和所在地区而不同。如前所述，希望能把洞外亮度降低到较低的程度，使驾驶人在进入洞内时感受到的亮度变化较为缓和。可以用建筑构造物达到减光目的，这类建筑称为减光建筑，常用的有遮阳棚和遮光棚。

一、遮阳棚

遮阳棚设置在洞口外，是为减弱自然光亮度而建筑的棚状构造物。其顶棚为透光构造，但不准阳光直接投射到路面上。设计遮阳棚时以当地日照图为依据，由太阳的高度角和方位角计算出遮阳板的尺寸、间隔和倾斜角度。遮阳板一般设置两组：一组为以遮挡东西向阳光为目的南北方向放置的挡板，因为太阳位于东西方向时高度角较小，所以挡板只需垂直放置；另一组为以遮挡东南、南、西南向阳光为目的的东西方向放置的挡板，因为太阳位于这些方位时高度角较大，例如在南方的北回归线附近修建隧道，夏至时太阳高度角可达90°，显然挡板不应垂直放置。所以，需要根据太阳高度角调整挡板的尺寸、倾角和间隔。两组挡板形成网状结构，网孔大多为透空的，称为开放式构造；也有用玻璃或透明塑料嵌砌的，称为封闭式构造，但这种工例甚少。挡板宜用轻质材料制作，并应具有足够的刚度。遮阳棚的减光效果不是恒定的，烈日条件下效果较差。

二、遮光棚

遮光棚是另一种减光建筑物，也是棚状构造物，但构造较简单。其主要特点是允许日光直接投射到路面上，这是与遮阳棚的根本区别。

另外，还有在入口上面做悬臂式棚盖的先例，有的伸出很长，如勃朗峰隧道入口的棚盖伸出长度达30m。

减光建筑物一般很长，沿整个适应区段设置时，长度可达百米以上，荷兰的Schiphol隧道的遮阳棚长达160m以上，其造价也很昂贵，长度过短时又起不到应有的适应作用，所以除非重要的大交通量隧道，否则采用减光建筑是不经济的。

三、植被的减光作用

较为简便、经济的降低洞外亮度的方法是种植常绿植被，人类对植被的反射光有舒适感，植被反射光比裸露的岩石、土坡、建筑物墙面等的反射光柔和得多。植被大致可以分为草地、农作物类和树木类。前者表面为毛状结构，由很多垂直面组成，所以在光线的入射方向上亮度最大，在反射方向上反而很小，而在法线方向上则为最小。后者可以视为更大的毛状结构，亮度特性与前者大体相似。由此可见，在入口附近种植具有垂直表面的植被较为有利。如果洞门岩体基本稳定，不设洞门挡墙，改作保持原地形的有绿色植被坡面反而更好，参见图 21-17。

图 21-17　不设洞门挡墙而保持原地形的有绿色植被坡面的隧道入口

不过应当注意到，同为绿色植物的阔叶树与针叶树的光谱反射曲线，虽然大体相似，却又略有不同。由图 21-18 可以知道针叶树比阔叶树好些。

秋季或农作物成熟时，大部分植物将变为黄色，不再是绿色，其光谱反射产生一些变化，见图 21-19。与图 21-18 比较反射能力明显增大，因此，种植常绿植被比较理想，在南方种植像塔松那样具有水平成层枝叶的乔木是最理想的。另一方面，高大乔木可以投下浓重的阴影，避免或减弱了阳光对路面的照射，对降低路面亮度十分有益。

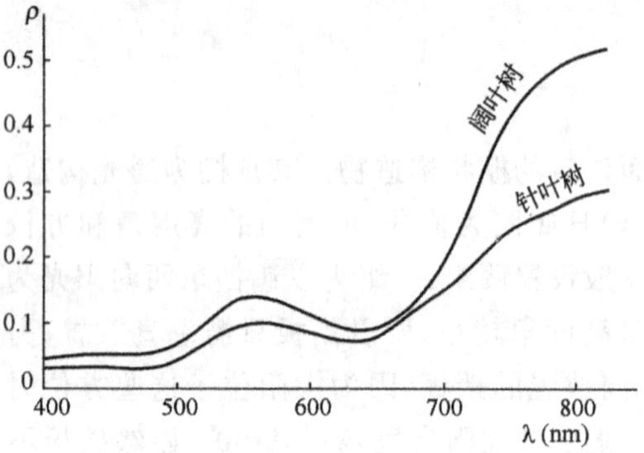

图 21-18　绿色植物的光谱反射曲线

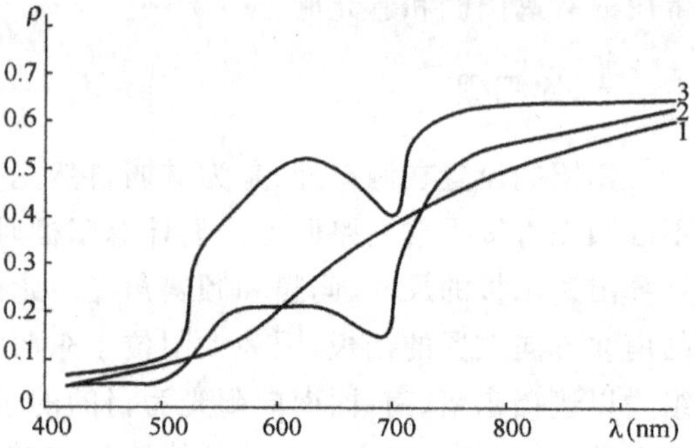

图 21-19　树叶变黄时的光谱反射曲线

1-带红的黄色；2-带绿的黄色；3-鲜黄色

四、遮光板（光学遮障）

这是一个遮挡失能眩光光源问题，遮障原是伪装学的一种对目的物进行技术性遮挡的固定式结构物，其本来作用是遮挡从某个方向上对目的物进行的光学侦察，达到隐蔽目的物的目的。如果反其道而行之，则可以用这个原理设计靶场的遮弹板。在隧道照明设计中，为了克服来自太阳的耀眼眩光，可以使用遮障挡住强光（太阳）的直射。

为了统一评价眩光的目的，CIE 把影响驾驶人产生失能眩光的仰角统一规定为 20℃。以遮挡仰角在 20°以内的阳光为目的遮障称之为垂直遮光板；遮挡来自水平方向和侧向阳光的称之为水平遮光板。当驾驶人从 1.5m 高的视平线上，自距出口一定距离上（假定洞口高度为 8m）向洞外（以 20°仰角）观察洞外交通状况时，在遮光板的保护下看不到强光（阳光、天空）。每一块板高不宜太大，否则板架会太高，给支撑架带来过大负担，一般以不超过 1.5～2.0m 为宜。为了遮挡更多的强光面积，可以采用多层次敷设的方法。通过作图和计算可以找出每块挡板的位置。设置遮光板有以下两个方法。

第一种是在洞口顶部边缘与驾驶人视平线构成 20°仰角的位置（相当于 L_{20} 的起点）时，强光不能直接射入眼部，可以计算出第一块遮光板的位置 L_{Z1}，如果板高以 2m 计，进而可以计算出第一块板的下沿位置，其下沿与视点的连线和视平线构成一个小于 20°的新视角 α_{z1}，为遮挡强光直接射入眼部可以在下一个新位置 L_{Z2} 设置第二块遮光板，板高 2m 的下沿与视点的连线和视平线又构成另一个新视角 α_{z2}，以此类推可以计算出以下若干个遮光板的位置 L_{zi}…。该方法的目的是在接近洞口的相当于 L_{20} 起点位置上，驾驶人不会受到强光刺激发生眩光现象，但是只要再向前一步就会遭遇强光。不过此时驾驶人已经接受到洞外散射光的刺激，散射光作用的结果是提高了驾驶人的亮适应能力，所以该法对于减轻洞口眩光影响是有一定作用的。因为洞口高度假定为 8m，而道路限界高度仅为 5m，设计者应该逐次把遮光板的高度降低下来。如图 21-20 所示。

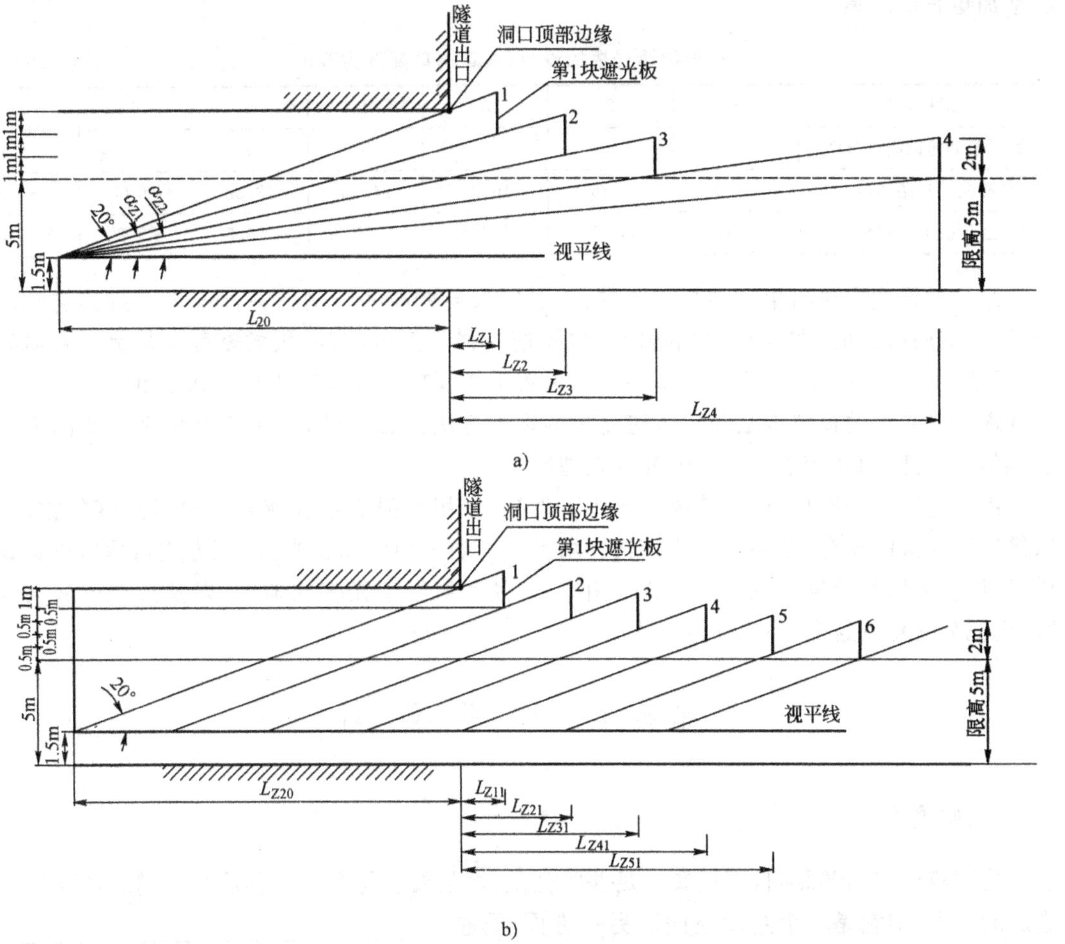

图 21-20　垂直遮光板的设法

下面是假定洞口高度为 8m、板高 2m 时的遮光板设置位置计算结果。

(1)视平线与洞口顶部构成 20°夹角时，$L_{20}=\frac{8}{\tan 20^\circ}=21.98\approx 22\text{m}$。

(2)第 1 块遮光板距洞口的间距 L_{z1}，应该在保证没有强光射入的同时有较多的散光射入，以提高驾驶人的亮适应能力，所以它不能紧贴洞门。现在假定用三个台阶把光板下沿从 8m 降低到 5m，即第一次降为 7m，第二次降为 6m，第三次降为 5m。

故，
$$L_{20}+L_{z1}=\frac{7}{\tan\alpha_{z1}},\tan\alpha_{z1}=\frac{7}{L_{20}+L_{z1}}$$

另，
$$L_{20}+L_{z1}=\frac{9}{\tan 20^\circ},L_{z1}=\frac{9}{\tan 20^\circ}-L_{20}$$

代入 $L_{20}=22\text{m}$ 后，得 $L_{z1}=24.73-22=2.73\text{m}$。

相应地 $\tan\alpha_{z1}=\dfrac{7}{L_{20}+L_{z1}}=\dfrac{7}{22+2.73}=0.2831$，$\alpha_{z1}=15°48'$

(3)第 2、3…i 块遮光板距洞口的间距 L_{z2}、L_{z3}、…、L_{zi}，按同样方法求得，见表 21-8。

(4)第 3 块以后的各块板高与下沿均应与第 3 块板高与下沿相同。

板高和位置都是可以改变的，其总数量应根据具体环境有针对性的确定，一般情况下是以汽车在出洞以后 3s 驶过的距离计算，例如车速为 80km/h 时其总长度约为 67m 或稍长，而无需增加更长的距离。

第一种遮光板的设置(假定洞口高度为 8m)　　表 21-8

遮障板编号	1	2	3	4	5	6	7
板下沿到地面高度(m)	7	6	5	5	5	5	5
各板到洞口距离(m)	2.73	6.26	10.97	24.16	42.62	68.47	104.66
视点至各板下沿仰角(α_{zi})	15°48′	11°59′	8°37.4′	6°11′	4°25.5′	3°9.8′	2°15.6′

第二种设置方法与第一种是相同的，不过要求会更高些。例如在面向大海或其它空旷场合，眩光威胁很大时，在 3s(或更长)时间内不能有强光射入眼部，板的密度应加大。具体要求是，保证在要求的时间内，汽车不论在什么位置上都要确保强光不直接射入眼部。

水平遮光板的设置方法与垂直遮光板的设置方法是相同的，它是为避免来自侧向强光的直接射入眼部，而在弯道上遮挡强光的构造物。

由于遮光板的面积较大，其风载已不可忽视，采用加强支架和遮光板自身强度的方法，可以保证遮光板的安全，但势必造成结构物增大。不妨试用活动遮光板，其方式当然可以各式各样，设计者可以充分发挥想象力。这在南方，尤其台风经常光临的地区，以及其它风载大的地区，应充分注意到这个特点。

第五节　照 明 设 计

一、概述

公路隧道的内部照明，不仅要有足够的亮度，而且要有符合要求的质量。同时还要注意到隧道的特点，即它是一个封闭空间。另一方面，驾驶人在动态条件下观察障碍物时，需要更长的背景，即在增加的背景长度上要保证亮度和亮度对比。见图 21-21。

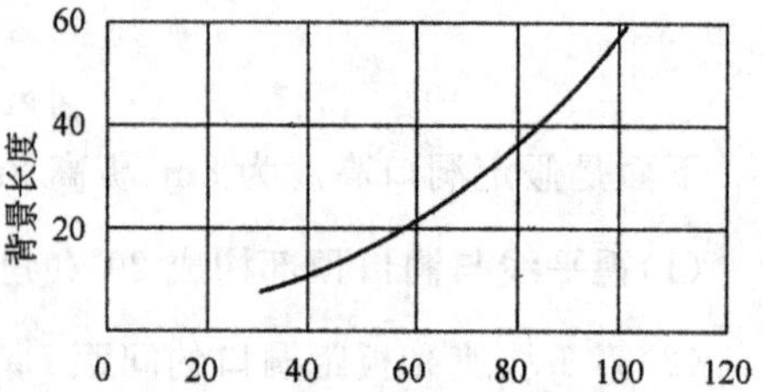

图 21-21　不同的车速对背景长度的要求

隧道照明必须不分昼夜的连续进行，仅在点灯率上有变化。为了使照明可靠，确保连续性，必须保证有两个以上独立电源供电，并要求它能有效地自动转换。为了避免瞬间停电或转换电源时发生短暂的黑暗，应当设置瞬时启动(1/5～1/10s 以内)的辅助电源电池组作为瞬间照明配套设备。事故照明与正常照明应分别接在不同的供电线路上。

隧道照明的效果，不仅取决于电灯的亮度，而且与背景空间的反射率密切相关。为此，墙面和路面宜用反射率高的材料，一般隧道墙面反射率应大于 0.7，明亮的混凝土路面反射率为 0.24～0.31，明亮的沥青路面反射率为 0.18～0.21，很深的黑色路面反射率为 0.11～0.14。为了使路面明亮，以前多半使用水泥混凝土铺路，最近开始改用加入浅色石子和氧化钛填料的沥青路面改善路面亮度，提高了效果。提高墙面的反射率，对改善照明效果十分有益，一般均采用明亮的颜色作为内部装饰的基本色调。白色墙面极易弄脏，比较理想的是淡黄色和浅绿色，眼睛对它们的感觉灵敏度也很高。另一方面，墙面应当平滑，容易清洗，并且难以附着尘埃和油污。墙面装饰材料可用瓷砖和建筑饰面材料，最近有的开始使用加入氯化橡胶的油漆作涂料。顶棚在装修方法上曾有过反复，过去美国改造旧隧道时，为了利用顶棚的二次反射增加路面亮度，采用过贴瓷砖的办法。虽然反射率得到提高，但经验证明瓷砖污染很快，为了保证明亮必须每周清洗两次，增加了保养所需时间和工作量。另外明亮的顶棚还产生闪烁，在驾驶人的视野里，顶棚反光角处于视角的中等眩光区以下，甚至极强烈的眩光区。顶棚也是背景的一部分，尤其在坡道上作用更明显。所以如何解决耐脏和削弱眩光作用就是需要研究的问题了。

为了增加诱导性，早期发现障碍物和看清车道界线，除了保证亮度、均匀度以外，车道的分隔线、路缘石应该是反射率最高的白色线条标志或反光标志。

二、光源

用来作为采光和照明的电发光体称为电光源，可分为热辐射光源和气体放电光源两大类。白炽灯是灯丝通电后产生高热而发光的，属于热辐射光源，主要有普通白炽灯泡和卤钨灯；气体放电灯分为低压灯和高压灯，低压灯又分为低压钠灯和低压汞灯（荧光灯），高压灯又分为高压钠灯和高压汞灯。高压汞灯又分为高压汞荧光灯（改善显色性的汞灯）和金属卤化物灯。此外还有混光灯（自镇流高压汞灯）。照明常用电光源种类和主要特性见表 21-9。

隧道常用电光源的主要特性　　表 21-9

光源名称	白炽灯	荧光灯	荧光高压汞灯	高压钠灯	低压钠灯
额定功率范围（W）	10～1000	6～125	50～1000	100～400	18～180
光效（1m/W）①	6.9～19	25～67	30～50	90～100	100～175
平均寿命（h）②	1000	2000～3000	2500～5000	3000	2000～3000
一般显示指数 R_a	95～99	7～80	30～40	20～25	—
启动标定时间	瞬时	1～3s	4～8min	4～8min	7～15min
再启动时间	瞬时	瞬时	5～10min	10～20min	>5min
功率因数 $\cos\varphi$	1	0.33～0.7	0.44～0.67	0.44	0.06
频闪效应	不明显	明显	明显	明显	明显
表面亮度	大	小	较大	较大	较大
电压变化对光通影响	大	较大	较大	大	大
环境温度对光通影响	小	大	较小	较小	小
耐震性能	较差	较好	好	较好	较好
所需附件	无	镇流器、启辉器	镇流器	镇流器	漏磁变压器

注：①光效是发光效率的简称，指光源每消耗 1W 所发出的光通量，单位：1m/W（流明/瓦）。

②光源的寿命分为全寿命、有效寿命和平均寿命。全寿命指光源不能再启动发光的使用时间；有效寿命是指光源的发光效率下降到初始值的 70%时的使用时间；平均寿命是指每批抽样试验产品有效寿命的平均值。

隧道照明对照明质量要求较高，所以选择光源时对于额定功率起步高、局部亮度过大的光源不宜选用，同时对光源的颜色也有一定的要求。光源的颜色有两个基本含义：一个是光源发出的光给人眼造成的色感，称为色表；另一个是被照物体所显现出的颜色，称为显色性。不同的光源对有色表面的照射显现出的颜色不同，这对于正确识别隧道内的信号标志等有很大影响。它关系到能否确保交通安全，特别是在隧道内有烟雾存在时，就更应充分注意。为了增加照明效果和节能，在隧道内的灯具不太讲究显色性，多半采用钠灯。而在公园、餐厅、居室、办公场所以及娱乐场所等才对显色性和色表有较高要求。

从光电源诞生起，到现代已有三代光源：

1. 第一代光源

第一代光源的代表是白炽灯。从 1879 年第一只白炽灯出现到如今已有一百多年的历史，其间在设计和工艺上做过很多改进。它具有使用方便、价格便宜、显色性一般很好，便于调光，灯泡额定功率范围大（目前可以生产的范围为 0.11～50000W）等特性，尤其具有瞬时启动和启动后立即稳定是最大优点，目前任何别的光源都取代不了它。但白炽灯的发光效率很低，以 100W 的灯泡为例，约为 12.5lm/W，即只有 2%～3%的电能变为可见光，其它电能都以热辐射的形式散失了。充入惰性气体的灯泡可以提高光效，但价格昂贵。在隧道照明中除在停电时做应急照明以外，现在已不再使用它。

2. 第二代光源

第二代光源的代表是低压水银荧光灯，简称荧光灯，是 20 世纪 30 年代出现的光源。荧光灯是一种线（管）状光源，其工作原理是它的两端各封装了一个电极，而在管内充填了处于低压状态的汞蒸汽，同时还装入少量惰性气体使其易于启动。通电加热灯丝后，使涂有氧化钍的螺旋钨丝发射电子，冲击汞原子并使之电离，电离时发射出大量紫外线刺激管壁上的荧光粉发出可见光。荧光粉的成分不同获得的可见光的色表和显色性能也不同，国产的荧光灯有四种，即日光色、冷白色、白色和暖白色，统称日光灯。荧光灯的功率与管长成比例，管子越长功率越大。相对其它品种的放电灯来说其光效低得多，这就决定了它不适合用于公路照明上。

荧光灯的优点是：其一，显色性能较好，尤其日光色荧光灯的光谱曲线与天然光的光谱曲线非常接近；其二，表面亮度低，有利于削弱眩光效应；其三，荧光灯是线状光源，可以连续设置，在现有各种光源中，它产生的均匀度最好。荧光灯是现有气体放电灯中最成功最广泛使用的一种。其结构适于大量生产，价格较低、光效较白炽灯高。尽管存在闪烁效应①明显的缺点，仍然是隧道内最适用的光源之一。在气温经常会大幅度下降的地区，荧光灯的光通量会大幅跌落，设计时要注意到这一点。荧光灯通常应用范围 100～10000lm（相当于 4～110W）。

高压汞荧光灯是另一种荧光灯，简称高压汞灯，因它的内管工作气压为 1～5 个大气压而得名。因为它是强点光源，存在耀眼和闪烁等缺点，所以在满足均匀度和眩光等方面的要求上有些困难。高压汞灯是在低压下起燃，汞蒸气在高压下工作的，起燃后经 4～8min 灯管才进入正常工作状态。灯管熄灭后不能立即启动，必须等 5～10min 以后灯管冷却、放电管内气压下降才能重新启动。另外，发光效率虽然高，但闪烁效应显著，显色性也差，而且受电压波动影响很大。在高大拱形顶棚隧道里，或需要高亮度的入口照明区间可以考虑使用。高压汞灯的应用范围为 2000～25000lm（相当于 50～2000W）。

---

① 荧光灯随着交流电流的变化，其发光也有周期性明暗变化，这称为“闪烁”现象，对运动物体有明显的闪烁效应。

3. 第三代光源

第三代光源的种类很多，是近年来研制的新产品，例如金属卤化物灯，我国已有小批量生产。它光色很好，接近天然光，是很理想的光源。

高压钠灯问世仅几十年，其发光效率较高，约为高压汞灯的 2 倍。在正常运行条件下，放电管内的气体气压在 13.3～39.9kPa 之间，其气体是钠与汞的混合物，并充填了微量其它气体，以便于启动。高压钠灯的表色和显色性特别适合于在道路照明上使用，透雾性好，寿命也长，其舒适性比高压汞灯好得多，预计在未来很长一段时间内室外照明都会采用这种光源。高压钠灯的应用范围为 3000～130000lm(50～1000W)。

低压钠灯(放电管内气压为 300MPa 气化了的钠，并混入了一些惰性气体以便于启动)是一种高光效灯，可超过 200lm/W，是目前各种灯中光效最高的一种。发出 589nm 线光谱，接近人眼最敏感的 555nm 黄绿色，这种光穿透烟雾的能力强，但光色差，钠灯的灯光颜色与自然光明显不同。在这种黄色光照射下，特别在洞内伴有烟雾时，对准确识别信号灯不利，所以在低压钠灯照明条件下，必须提高信号灯的亮度。另一方面，钠灯属于强点光源，不能连续设置，在本身外壳和前车背后的反射会产生闪烁现象，当隧道很长时，能将驾驶人的眼睛弄得非常疲劳。所以，使用钠灯时应选用功率小，布置时用小间距等办法，以弥补点光源造成的缺陷。还有一点值得注意，钠灯发出的光强在空间分布上不均匀，具有方向性，所以在选择和安装时要考虑到这个特点。

三、灯具

灯具是光源和照明附件(灯罩等)的总称。其作用是将光源的光通量进行控制和重新分配，提高光源所发出光通量的利用率，达到合理利用光通量和避免光源引起的眩光、保护视觉、保护光源等目的，此外还可以起到装饰美化的效果。

用于道路照明的灯具主要有：普通灯具，它是安装在灯杆、墙壁或挂在拉线上，光的主要部分是朝着道路轴线方向辐射的；投光灯具，其光的投向可以自由的固定在任何方向；链式灯具，它是专为悬挂在钢丝绳上而设计的，它发射的光是横跨道路的。

1. 道路照明灯具的主要性能指标

不同的灯具分配光通量的特性不同。根据灯具在各个方位和角度的发光强度，可以得到光强体，并进一步通过灯具轴线的一个截面得到配光曲线。大部分灯具的形状都是轴线对称的旋转体，所以发光强度的空间分布也是轴线对称的，这种配光称为对称配光。另一部分灯具的形状是不对称的，此时需要做出一组曲线来表示不同方位和角度的配光情况，这种配光称为非对称配光。在隧道照明中，根据灯具的种类和设置位置，可以有不同的选择。例如适于隧道照明的线光源——荧光灯灯具即属于非对称配光。灯具通常设置在顶棚或顶棚与墙顶隅角处。

隧道照明毫无疑问地要选择光效高、透雾性能好的光源；城市或靠近城市的隧道最好能选择显色指数较高的光源；其使用寿命应不小于 10000h。

隧道照明灯具的防护等级，参照 CIE《隧道和地下通道照明指南》(1990 版)的要求，不应低于 IP65。即防尘达到 6 级，确保无尘进入；防水达到 5 级，任何方向喷水均无有害影响。以便适应恶劣环境下的使用要求。

2. 国际照明委员会(CIE)的分类体系

为了能给出灯具合适的应用范围，就需要根据其光度性能进行某种体系的形式进行分类，

CIE 曾在其出版物中提出了基于三个光度功能特征的灯具分类方法。

1)在道路的长度方向上灯具发光的"投射"程度，称为这一灯具的"射程"。是用灯具正下方垂直线与光束轴形成的夹角 r_{max} 来定义的，见图 21-22。射程原理图见图 21-23。

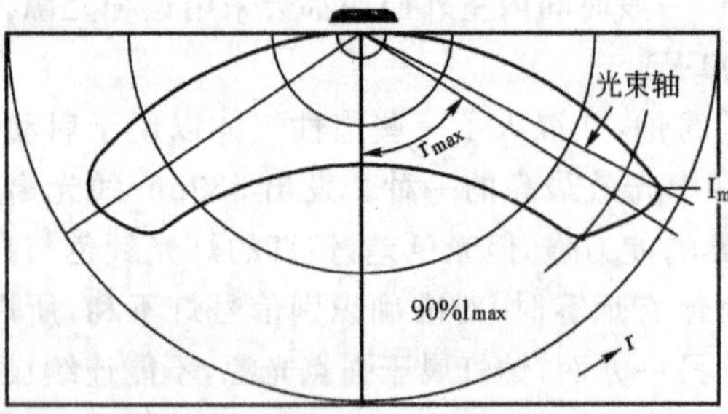

图 21-22　道路照明灯具的光强分布图

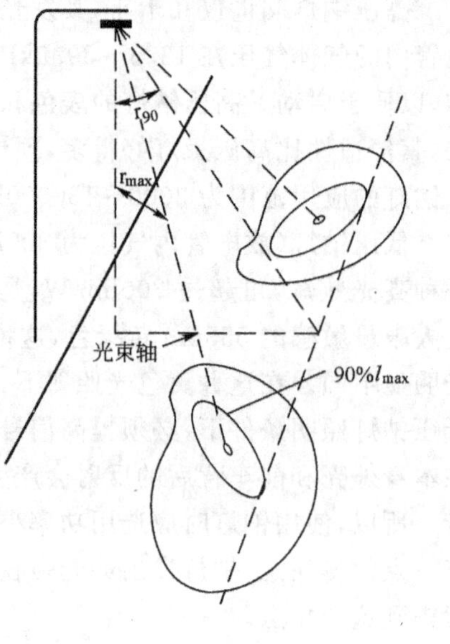

图 21-23　在道路上以角度 r_{90} 确定的等坎德拉(cd)图

2)在道路的横方向上，灯具发出的 90% I_{max} 的轮廓线能扩散到什么地方，称为该灯具的"扩散"，是指切在路面上 90% I_{max} 等坎德拉(cd)轮廓线远侧点的一条与道路轴线平行走向的直线，该线的位置以角度 r_{90} 表示。

3)灯具控制眩光的方便程度称为该灯具的"控制"。"控制"是由前面提到的眩光控制指标 G 中的灯具性能来确定的，而以特定灯具指数 SLI(与眩光有关的指数)表示。

CIE 给出了与"射程""扩散"和"控制"相关的命名和范围，见表 21-10。

CIE 按灯具光度特性规定的分级系统　　表 21-10

射　程	扩　散	控　制
短 $r_{max}<60°$	窄的 $r_{90}<45°$	有限的 SLI<2
中 $60°\leqslant r_{max}\leqslant 70°$	平均的 $45°\leqslant r_{90}\leqslant 55°$	中等的 2⩽SLI⩽4
长 $r_{max}<70°$	宽的 $r_{90}>55°$	严格的 SLI>4

灯具的"射程"和"扩散"能从等坎德拉(cd)图上很容易的确定下来，而这个等坎德拉(cd)曲线的轮廓是由灯具所照亮的平面上投射出来的。

等坎德拉图是把灯具发出的光，先投射到在它周围的一个理论曲面上，然后再投射到一个平面上(就像地图投影一样)，在这个平面投影图上光强相等的各点连线即为等光强曲线，又称为等坎德拉曲线，它是极坐标曲线。此外还有几种不同的投影方法，读者可以查找相关的参考资料①。

① 见《道路照明》[荷兰]范・波莫，德・波尔著　林贤光，李景色译。

3. 灯具的保护角与限制眩光的措施

光源亮度超过 $16\times10^4 cd/m^2$ 是眼睛所不能忍受的，太阳亮度高达 $2\times10^9 cd/m^2$，更是不可直视。功率 100W 的白炽灯钨丝亮度也高达 $3\times10^6 cd/m^2$。由光源的高亮度或高亮度对比直接射入眼睛所造成的眩光称为直接眩光。随着视线从眩光源移开的角度不同，对视力的影响程度也相应变化，见图 21-24。在一些表面光滑的反光面上，如果反光强烈还能造成反射眩光。

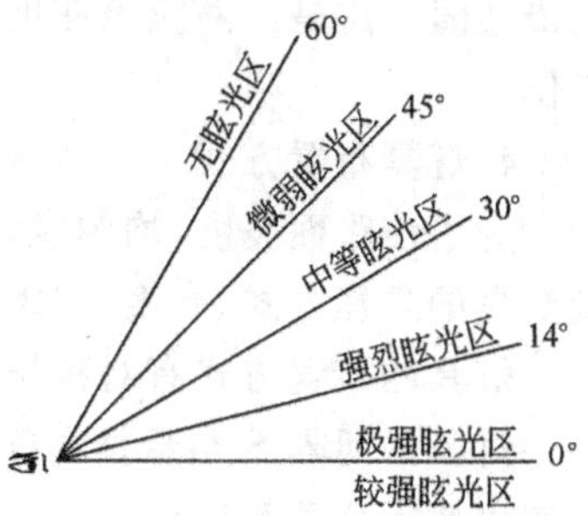

图 21-24　眩光强弱与视角的关系

眩光对视力危害很大，轻则使人产生不快感和降低视度，严重时可使人眩晕，甚至造成事故，为道路照明所不允许，尤其隧道照明更不能允许。即使轻微眩光，长时间照射也会使视力降低，在静态条件下目标与背景亮度对比超过 1/100 时，就能引起眩光。所以眩光限制是衡量道路照明质量的重要指标之一。

影响眩光作用强弱的因素，除上述与视角相对位置、眩光光源的亮度有关外，还与光源尺寸、背景亮度有关。光源尺寸小，眩光作用就小。因此在强眩光视角区内光源面积较小时眩光可以相应小些。背景亮度较大时眩光作用相对减小；背景亮度很小(很昏暗)时，即使不大的眩光亮度也可引起眩光。

通常采用的限制眩光措施是：限制光源亮度；选择适当的悬挂高度和必要的保护角；适当提高环境亮度；合理布置光源等。

在隧道照明中，应当避免光源亮度过大。从这一点看，低功率的线光源——荧光灯较其它光源适宜。当光源亮度较大时，应考虑用半透明材料或不透明材料制成的灯罩减少亮度或遮挡强光直射眼睛。半透明材料如乳白玻璃、毛玻璃、花纹玻璃或塑料制品等，不透明材料如搪瓷灯罩、金属材料灯罩等。

经过灯具的透射和反射，光源的光通量必然要损失一些，所以灯具的效率总是小于 1 的。由于隧道内空气中含有油污、尘埃以及其它有害物质的附着和腐蚀。灯罩很快变脏，因而需要经常清洗，洞内空气往往是潮湿的。所以，除上述要求的防尘防潮外，灯具的整体和各零部件还必须具有良好的防腐性能。灯具应当是封闭式的，隧道内使用的灯具应当在工厂组装成套。当光源的发光效率下降到初始值的 70%时，就整套更换。然后回收到车间，进行清洗和更换灯泡，从结构上应保证便于更换和安装。灯具配件的安装应易于操作并能根据需要调节安装角度。

灯具的设置位置，当然应该选择在行车限界之外，并能对墙面和路面进行最有效照明的位置上，同时还应考虑到检修也方便。另外，隧道的空间高度受到限制，这个特点对处理眩光和均匀度不利。

灯具有外露式和嵌入式之分。外露灯具的表面亮度不宜过大，否则将导致眩光。

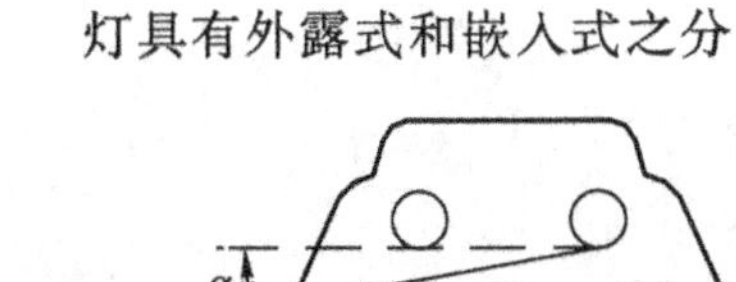

图 21-25　灯具的保护角

为了避免直接眩光，要求灯具有一定的保护角，所谓保护角是指灯具的开口边缘至发光体最边缘的连线与水平线(人眼通常是平视状态)所成的夹角，以 α 表示，如图 21-25 所示。α 角通常不应小于 20°(驾驶人在驾驶位置上从车窗望出去，由于车窗的遮挡，形成的可视上限与视平线的夹角为 20°)。

灯具中的反射板与灯之间的位置关系，应该是可调节的，以便把照射在路面上的亮度调节到最佳值。这是厂商应该在出厂前完成的工作，这里强调可调性是指在维修过程中能方便的工作。

4.灯具布置方式

为了使路面亮度、均匀度、眩光及诱导性等照明基本光度参数较好，应该在选择灯的类型及灯具的悬挂方式、高度、间距等各方面作综合考虑，以便获得最佳效果。

灯具的布置方式有对称排列、交错排列和中间排列等，见图 21-26。

灯具的间隔 S 与悬挂高度 H 之间，如果组合得好，则路面亮度均匀度能较好的得到满足。一般可按下列关系组合：

对称排列　　$S \leqslant 2.5H$

中间排列及交错排列　　$S \leqslant 1.5H$

频闪现象对驾驶人眼睛可以产生不正常的刺激、很快疲劳，因此在照明设计中应避免有害的频闪，其频率为 5～10Hz(赫兹)时，对人眼产生的频闪效应最大，而在 2.5Hz 以下或 15Hz 以上时，几乎不产生频闪效应。频闪效应还与车速、亮度以及隧道长度有关。参见图 21-27。

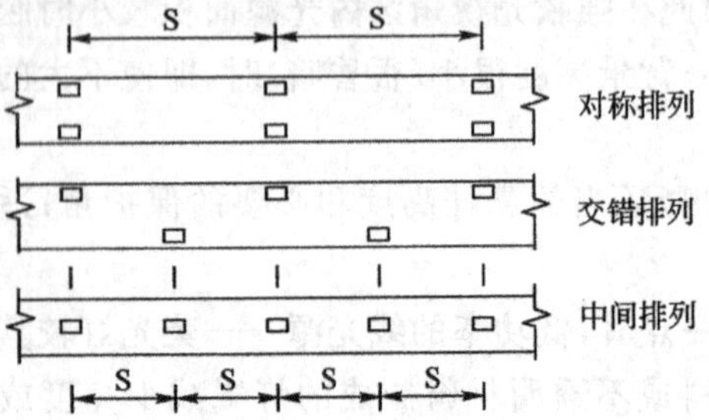

图 21-26　灯具的布置方式

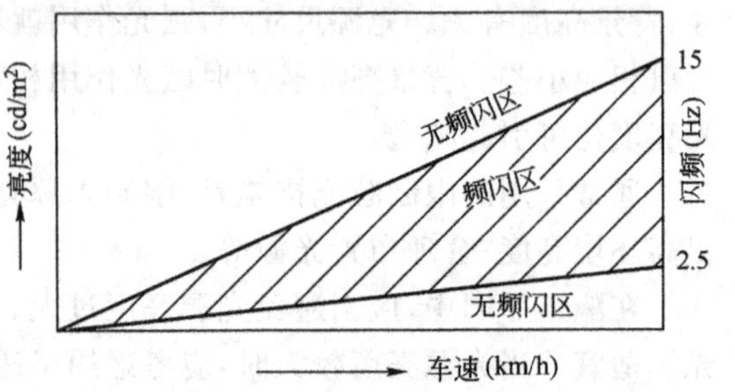

图 21-27　频闪效应与车速及亮度的关系

5.交通照明灯具的防护等级

隧道灯具的防护等级为：IP65。

灯具应按“IP 数字”标明分类。按《灯具外壳防护等级分类》(GB 7001—86)，其包括的防护形式有：

(1)防止人体触及或接近外壳内部的带电部分，防止固体异物进入外壳内部；

(2)防止水进入外壳内部而达到有害程度；

(3)防止潮气进入外壳内部而达到有害程度。

防护等级“代号”的说明：表示防护等级的“代号”通常由特征字母“IP”和两个特征数字组成。第一位特征数字是指防护形式(1)项中的防护等级；第二位特征数字是指防护形式(2)项中的防护等级。见表 21-11、表 21-12。

代号举例：

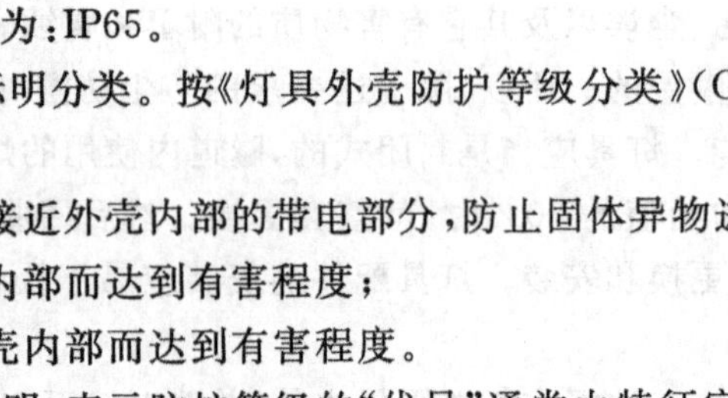

第一位特征数字所表示的防护等级 表 21-11

第一位特征数字	防护等级	
	简单说明	含义
0	无防护	没有特殊防护
1	防大于 50mm 的固体异物	人体某一大面积部分，如手（但对有意识的接近并无防护）、固体异物直径超过 50mm
2	防大于 12mm 的固体异物	手指或类似物，长度不超过 80mm、固体异物直径超过 12mm
3	防大于 2.5mm 的固体异物	直径或厚度大于 2.5mm 的工具、电线等及固体异物直径超过 2.5mm
4	防大于 1mm 的固体异物	厚度大于 1mm 的线材或片条、固体异物直径超过 1mm
5	防尘	不能完全防止尘埃进入，但进入量不能达到妨碍设备正常运转的程度
6	尘密	无尘埃进入

第二位特征数字所表示的防护等级 表 21-12

第二位特征数字	防护等级	
	简单说明	含义
0	无防护	没有特殊防护
1	防腐	滴水（垂直滴水）无有害影响
2	15°防腐	当外壳从正常位置倾斜 15°以内时，垂直滴水无有害影响
3	防淋水	与垂直成 60°范围以内的淋水无有害影响
4	防溅水	任何方向溅水无有害影响
5	防喷水	任何方向喷水无有害影响
6	防猛烈海浪	猛烈海浪或强烈喷水时，进入外壳水量不致达到有害程度
7	防浸水影响	浸入规定压力的水中经规定时间后进入外壳水量不致达到有害程度
8	防潜水影响	能按制造厂规定的条件长期潜水

注：表中第二位特征数字为 7，通常指水密型；表中第二位特征数字为 8，通常指加压水密型。水密型灯具未必适合于水下工作，而加压水密型灯具应能用于这样的场合。

四、照明计算

1. 概述

道路照明计算包括：路面任一点的照度，平均照度，照度均匀度；任一点的亮度，平均亮度，亮度均匀度；眩光等计算。

照度计算通常进行路面上任一点的照度和路面平均照度计算，在此基础上进行均匀度计算。

任一点的照度计算可以根据等光强图（正弦等光强图或平面投影等光强图）或光强表进行，也可以根据等照度曲线图进行。

路面平均照度计算有两种方法，即数值计算法和根据利用系数曲线计算法。

照度均匀度计算，首先需要找出最大照度点和最小照度点。如果照明器在各个垂直截面上的光强分布均满足不等式 $I_0 \geqslant I_v \cos^3\gamma$（其中 I_0 为照明器垂直向下光强，I_v 为垂直角为 γ 方向上的光强)，则最大照度点通常在灯下。如果某一垂直截面上 $I_0 < I_{(c,\gamma)}\cos^3\gamma$，则可以预计最大值就在该截面附近。最小照度点，对于旋转对称光分布的照明器，可能出现在图 21-28 中的 A、B、C 各点，实际的照明器光分布往往不对称，而可能有些偏离。

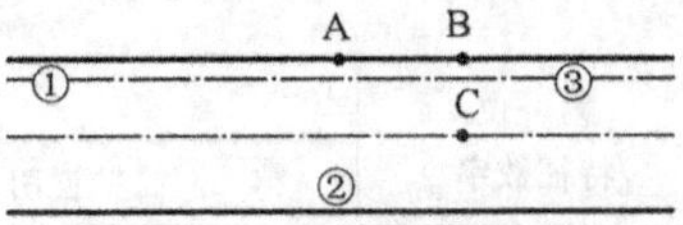

图 21-28　最大、最小照度点的可能出现位置

亮度与照度既有联系又有不同，它是入射方向与观察方向的函数。路面上 P 点的照度与照明器的光特性以及被照射点的几何位置有关，而路面上 P 点亮度除与上述因素有关外，还与路面的反光特性有关。照射到路面 P 点的光，通常只有一部分被路面反射，反射光使观察者的眼睛产生明亮的感觉，其亮度与该点的照度及路面反射特性有如下关系：

$$L_p = q_p E_p \tag{21-17}$$

式中：q_p——亮度系数，为路面上 P 点亮度 L_p 与该点水平照度 E_p 之比。

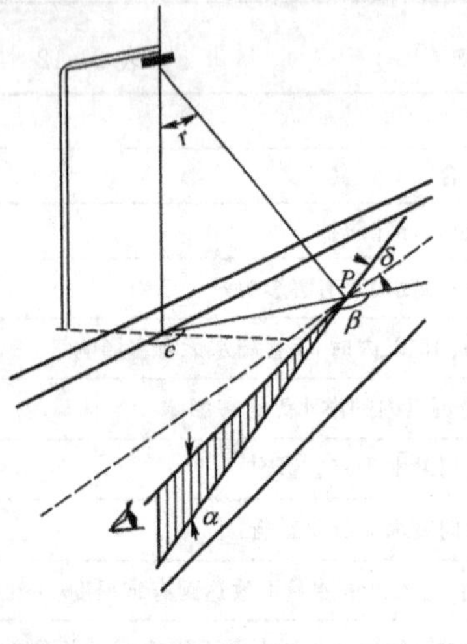

图 21-29　测定反射特性的几何位置关系

当路面为完全散射面时，$q_p=\rho/100\pi$，其中 ρ 为路面的反光特性。通常，路面兼有散射和镜面反射两种特性，因而 q_p 值可因光源、测定点和观察者的几何位置不同而不同。参见图 21-29。图中：o 为观测点；p 为测定点；α 为(与水平面的)观测角；β 为光的入射面和观测面的夹角；γ 为光的入射角；δ 为观测面和道路轴线的夹角；c 为光线投射的水平角；h 为照明器安装高度。

前面已经叙述过，驾驶人在驾驶时注视的范围为前方 60～160m 左右，而驾驶人观察位置的高度与车型又很大的关系，不过设计中不会同时满足各种不同高度观察者的需求，在 CIE 的出版物中推荐的平均高度为 1.5m。此时所对应的 α 角约为 0.5°～1.5°之间，实测表明，在此范围内 α 对 q 的影响可以忽略。一般情况下，q 与 δ 无关。因此，从道路上的几何关系看 q 仅与 β 及 γ 有关，即 $q=q(\beta,\gamma)$。p 点的照度为：

$$E_p(c,\gamma) = \frac{I(c,\gamma)}{h^2}\cos^3\gamma$$

故

$$L_p = \frac{q(\beta,\gamma)\cdot I(c,\gamma)}{h^2}\cos^3\gamma$$

$$= R(\beta,\gamma)\cdot\frac{I(c,\gamma)}{h^2} \tag{21-18}$$

式中：$R(\beta,\gamma)=q(\beta,\gamma)\cos^3\gamma$。

$R(\beta,\gamma)$或 $q(\beta,\gamma)$值一般可以用表给出。精确值通常在实验室条件下测定，但这是一项相当复杂、费时的工作。实用上，路面反射特性可以准确地用如下三个容易测量的值①确定，即平均亮度系数 q_0，镜面系数 S_1 和 S_2。q_0 决定反射水平，S_1、S_2 决定光泽度。

① 参见(日)成定康平.井上猛合著的《道路照明》(技术总论)。

$$q_0=\frac{\int^{\Omega}q_p\mathrm{d}\omega}{\int^{\Omega}\mathrm{d}\omega};S_1=\frac{R(0,63.4°)}{R(0,0)};S_2=\frac{q_0}{R(0,0)}$$

其中：$R(0,63.4°)$为在 $\beta=0°,\gamma=63.4°$时的值。

$R(0,0)$为在光源正下方 $\beta=0°,\gamma=0°$时的值。

路面反射特性可以用 S_1 分类，表 21-13 给出了 CIE 规定的各类标准路面的反射特性及 S_1 的范围。

路面反射特性　　表 21-13

标准路面	S_1 范围	标准值		q_0	反射类型
		(S_1)	(S_2)		
R_1	$S_1<0.45$	0.25	1.53	0.10	接近扩散
R_2	$0.45\leqslant S_1<0.85$	0.58	1.80	0.07	轻微扩散
R_3	$0.85\leqslant S_1<1.35$	1.11	2.38	0.07	轻微定向反射
R_4	$1.35\leqslant S_1$	1.55	3.03	0.08	定向反射

CIE 技术报告中称为 R 系列标准路面，此外还有 N 系列标准路面。在亮度计算中推荐使用 R 系列路面。

不具备实测条件时，可以用表 21-14 确定路面类型。

路面类型　　表 21-14

路面类型	特征
I	至少含有 15%的人造发亮材料或 30%的异常发亮的钙长石的柏油路面； 含有碎料的筛面材料盖住 80%的路面，碎料主要由人造发亮材料或 100%由异常发亮的钙长石组成； 混凝土路面
II	筛面纹理粗糙，且含有通常的集料； 包含 10%～15%人造发亮材料的柏油路面； 富含(>60%)尺寸为≥10mm 的砾石的粗糙柏油混凝土； 新铺设的胶粘柏油路面
III	含有尺寸为≤10mm 的砾石的柏油混凝土(冷柏油，胶粘柏油)，但纹理粗糙(和砂纸类似)； 表面层已经磨光，但纹理粗糙
IV	使用了几个月以后的胶粘柏油路面； 路面相当光滑或纹理经过加工

2. 亮度计算

1)路面上任一点亮度的计算

根据表 21-13 和光强曲线图(或光分布表)，对路面上任一点 $p(c,\gamma_i)$处所有照明器产生的各部分亮度总和进行计算时，可用式(21-19)表示：

$$I_p=\sum_{i=1}^{n}\frac{I(C_i,\gamma_i)}{h^2}\cos^3\gamma_i\cdot q(\beta_i,\gamma_i)=\sum_{i=1}^{n}R(\beta_i,\gamma_i)\frac{I(C_i,\gamma_i)}{h^2}\tag{21-19}$$

式中：$I(\beta_i,\gamma_i)$——第 i 个照明器向 p 点方向的光强，可由通过配光测量得到的等光强图(或光分布表)读得；

$R(\beta_i,\gamma_i)$——标准反射系数，可以由专用的表格查得。

由(21-19)式可以计算出路面上任一点的亮度值，在平面图上把计算出若干等亮度点用曲线连接起来，即为等亮度图。这种计算颇为费时，需要用电子计算机才能得出大量计算点的数据。如果使用光度测试报告预先提供的某种灯具的标准等亮度图进行计算时，则可大大减少工作量。此外，还可以运用 E、p(等效位置图)进行计算。

2)路面平均亮度计算

如果某一区段路面上若干个分布规则点的亮度已经算出，则该区段上的平均亮度可按(21-20)式进行数值计算：

$$L_{av}=\frac{\sum_{i=1}^{n}L_i}{n} \tag{21-20}$$

式中：L_i——为规则布点的路面上第 i 点的亮度值；

n——计算点总数。

使用亮度输出曲线进行计算是最简捷的方法，所依据的公式是：

$$L_{av}=\eta_1 q_0 \frac{\phi_1}{SW} \tag{21-21}$$

式中：η_1——亮度输出系数；

ϕ_1——光源光通量(lm)；

S——照明器的间距(m)；

W——路宽(m)；

q_0——路面平均亮度系数(cd/m²/lx)。

考虑维护系数 M 后，(21-21)式可以写为：

$$L_{av}=\eta_1 q_1 \frac{\phi_1}{SW} \tag{21-22}$$

照明器安装在不同路面上，其亮度输出曲线不同，一般按上述四种标准路面给出各自的亮度输出曲线图，图中有三条曲线分别对应不同的观测位置(A、B、C)，见图 21-28。照明器的投影点取作横坐标的零点。观测位置为所计算的该段路面的末端 $10h$ 处。

3.实用计算

在实用工程设计中，设计者不会愿意去做那些非常精确但却十分繁琐计算工作，那样做并不是非常必要，因为观察位置本身就是采用了平均值。

关于计算灯具选取数量 n 的范围，即使用计算机计算也无须把范围扩大，因为照度(或亮度)与光强成正比，而与距离的平方成反比，所以当距离增加一倍时其影响为 1/4，当距离增加二倍仅为 1/9，已经足够近似，对于工程应用来说计算一倍距离就可以了。

从纵向观察，在 60～160m 的路面，是驾驶者的注视范围。设计者和制造商应当保证灯具和安装高度的配合，能保证光源不会进入眩光区，CIE 把它定为 20°。它有两个含义，一是灯具的保护角必须满足该要求；二是从车辆的驾驶位置上注视前方时车辆顶棚所形成的遮光角必须满足该要求。

横向位置，CIE 根据需要进行计算的类型来确定横向观察点，除纵向均匀度之外，对于其它所有参数的计算和测量，均认定观察者的观察位置为靠近路缘侧的 1/4 车道宽度的点上。而纵向均匀度则被认定为各车道的中心线上。

Van Bommel(1977)按不同的横向位置计算了以上各值，其结果表明对于观察者来说，在相对于认定的标准位置而言的其它位置上观察，亮度水平和均匀度的偏差不大于 10%，影响不大。由于改变横向观察位置而引起的视角变化，对眩光有较大的影响，可达 60%之多。

有了以上分析，计算者就进一步了解了计算结果的适用程度。

1)利用光强表的数值计算方法

(1)单个灯具在路面某计算点所产生的水平照度：

$$E_{pi} = \frac{I_{cr}}{H^2}\cos^3\gamma \cdot \frac{\Phi}{1000} \cdot M \tag{21-23}$$

式中：E_{pi}——单个灯具在路面某计算点 p 产生的水平照度(lx)；

γ——p 点对应的灯具光线入射角(°)；

I_{cr}——灯具在计算点 p 的光强值(cd)，按灯具光强表(I 表)取值；

M——灯具的养护系数，无资料时可取 0.6～0.7；

Φ——灯具额定光通量(lm)；

H——灯具光源中心至路面的高度(m)。

(2)多个灯具在路面某计算点 p 所产生的水平照度：

$$E_p = \sum_{i=1}^{n} E_{pi} \tag{21-24}$$

式中：E_p——p 点的水平照度(lx)；

n——灯具数量，计算时可取计算区域前后各一组灯，约 2～4 个。

(3)路面平均水平照度可按下式计算：

$$E_{av} = \frac{\sum_{i=1}^{m} E_p}{m} \tag{21-25}$$

式中：E_{av}——路面水平照度(lx)；

m——计算区域内计算点的总数。

2)利用系数曲线图计算方法

在道路照明中，灯具射出的光只有一部分能直接落到路面上，其数量可以由利用曲线图提供的利用系数来确定，见图 21-30。它是按道路宽度编制的，并以灯具的、安装高度为基数来制成的能适应各种安装高度的图。道路照明灯具的利用系数 η 定义为可利用光通量 Φ_u(到达路面的光通量)与光源所发出的光通量 Φ 之比。

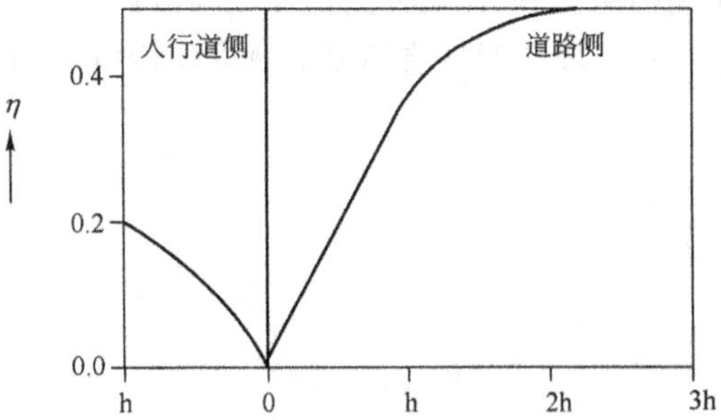

图 21-30　典型的利用曲线图

因此　　$\eta = \frac{\Phi_u}{\Phi}$

道路断面的 η 值，可由图中读得，知道 η 后，即可按下式算出道路的平均照度

$$E_{au} = \frac{\Phi_u n}{A} = \frac{n\eta\Phi}{w \cdot s \cdot n} = \eta\frac{\Phi}{w \cdot s} \tag{21-26}$$

式中：η——被考察道路断面的灯具的利用系数；

Φ——灯具内光源的光通量(lm)；

w——道路的宽度(m)；

S——灯具的安装间距(m)；

N——灯具的数量；

A——道路面积(m^2)。

其中

$$\eta_1 = sL_{av}\frac{x}{q_0\Phi}$$

式中：η_1——道路上纵向条带上的亮度产生系数；

s——灯具间距(m)；

L_{av}——为纵向条带上的路面平均亮度(cd/m^2)；

x——纵向条带的宽度(m)；

q_0——道路的平均亮度系数；

Φ——裸灯光通量(lm)。

五、关于进出口段的照明

隧道照明的主要任务是解决汽车白天驶入隧道时产生的一系列因感应现象而引起的照明问题，这仅是同一问题的一个方面。另一方面，在夜间的照明过程几乎与白天完全相反。

在进口端，在夜幕背景下隧道洞口形成一个耀眼的亮点，随着车辆的逐渐靠近亮点也在扩大，所以尽管相对地洞内亮度比较大，一般情况下驾驶人是不会有不适应感觉的。如果驾驶人不能在远处瞭望到洞口，或者说当线形很差，刚好在洞门附近是急转弯的话，也有可能出现亮适应问题。此时不得不在洞外设一段照明，通常是无须设置照明的。在对向交通或连拱隧道情况下，一般在进行出口照明的同时都会兼顾到入口照明。

在出口端，尽管洞内出口段夜间没有加强照明，洞内亮度还是比较大的，在洞外背景很黑的情况下，仍然会出现黑洞效应，此时洞外需要进行照明。从驾驶人的习惯上看，在即将到达洞口时，不但会打开前大灯，而且还会减速，因为驾驶人担心不太明了的路况。在洞内的亮环境条件下看出去，洞外不很亮的路灯只是一些光点，所以出口段的照明亮度应当比一般明线道路照明略高，以使洞外路面亮度与洞内亮度不形成过大的反差。洞外照明段的长度应因地而异。这一段照明还有明显的诱导作用，特别是有急弯的地方可以适当的延长照明长度。

第七篇

公路隧道交通工程设施

第二十二章 概 述

在交通运行中，有害的或危险的事件是客观存在的，并且发生的原因复杂，具有随机性和突发性，是难以预防的。隧道作为公路的瓶颈路段，一旦发生事故和火灾，救援、维修以及选择可替代道路都极为困难，其后果远较一般路段的同类事故严重。因此，在隧道中设置相应的安全防灾设施，对于减少事故所造成的人员伤亡与经济损失、预防连锁事故的发生都极为重要。

第一节 隧道路段特性

隧道是一个狭窄的交通孔道，在营运过程中，除了车辆故障等意外事件，不安全因素主要指两个方面，即火灾和交通事故，以及由此产生的再生性灾害。例如先行车辆发生火灾，后续车辆来不及绕行、避让及减速而产生冲撞；先行车辆发生事故，可能形成更多后续车辆接连冲撞甚至引起火灾等。隧道内一旦发生火灾，后续车辆想脱离现场是非常困难的。

1949 年，横穿美国纽约市哈得逊河底的霍兰隧道发生火灾，造成 9 辆大卡车被烧毁的重大损失。这引起了世界各国对隧道安全的巨大关注。1967 年日本铃鹿隧道因汽车发动机过热起火而导致了烧毁 13 辆大卡车的重大事故，使人们深刻认识到隧道内汽车火灾的恐怖性。1979 年，日本坂隧道因大客车撞上卡车起火，酿成了 7 人死亡，173 辆车被烧毁的惨剧。1982 年 4 月，美国加利福尼亚州奥克兰的科尔德科特隧道发生火灾，造成 7 人死亡，仅隧道的维修费用估计就超过了 300 万美元。1999 年 3 月，位于意大利和法国之间的勃朗峰隧道发生火灾，大火持续了三天，高温和浓烟夺去了 39 人的生命。2001 年世界上第二长公路隧道——瑞士圣哥达公路隧道发生大火，大火持续了几十个小时，数十人丧生，损失惨重。

在我国，随着山区高等级公路建设步伐的加快，公路隧道无论从长度还是数量上都有很大的发展。目前国内已建成及在建的长度超过 4000m 的隧道就有湖北的龙潭隧道和夹活岩隧道、甘肃新七道梁公路隧道、四川二朗山隧道和华蓥山隧道、陕西李家河隧道、秦岭 I 号、秦岭 II 号和秦岭 III 号隧道、山西雁门关隧道等，此外福建美菰岭隧道长度超过 5500m，湖南雪峰山隧道长度已超过 7000m，而陕西终南山隧道长度已达到约 18000m。

为了保证隧道行车的安全，最大程度地避免灾害的发生，就需要在隧道内设置必要的安全防灾设施。为使采取的各项安全防灾措施更具有针对性，能够更有效地提高隧道的安全性，首先就要了解隧道的特性。

一、环境特性

1. 空间有限

隧道侧向及高度均有限，驾驶员进入隧道后，因视距受限，心理上易产生不安与压迫感，从而降低操作的自由度。

2. 空气污染严重

隧道内主要空气污染物种类包括：悬浮颗粒、一氧化碳（CO）、二氧化硫（SO_2）、碳氢化合物(HC)、氮氧化物(NO_x)以及铅(Pb)。隧道中车辆排放物形成的高浓度黑烟会造成驾驶员视线障碍、影响行车安全。一氧化碳被吸入人体后易破坏血液的带氧能力,引起反应迟钝、紧张等症状。

3. 环境照度低

隧道内照度一般在5～100lx范围内。白天驾驶员从明亮的环境接近、进入和通过隧道时,将会产生种种特殊的视觉问题。由于隧道内外亮度差别极大,从隧道入口会看到黑洞(长隧道)及黑框(短隧道)现象。进入隧道后,因急剧的亮度变化,人的视觉不能迅速适应而看不清隧道内的情况。隧道内由于汽车排出的废气无法迅速消散,形成烟雾,对汽车头灯和道路照明器发出的光产生吸收和散射,从而降低能见度。在隧道出口,白天外部亮度高,看上去是个亮洞,夜间看到的又是黑洞,因而驾驶员不能很快看清外部道路的线形及路上的障碍物。

4. 环境噪声大

隧道内噪声较洞外高出很多,尤其是在未装吸声板的隧道内更突出,以至影响到驾驶人员正常的思维判断和反应能力。

二、隧道火灾特性

引起隧道火灾的原因是多种多样的,但概括起来主要集中在以下方面:

(1)车辆电气线路短路、汽化器失灵、载货汽车气动系统故障等引发火灾;

(2)车辆碰撞事故引发隧道火灾;

(3)隧道内通行车辆所载货物可能有易燃易爆物品,遇明火(或热源)发生燃烧或自燃;

(4)隧道电气线路或电器设备短路起火。

隧道火灾不同于一般的火灾事故,具有以下特征。

1. 浓烟高温、火灾蔓延速度快

火灾时发烟量主要与可燃物化学、物理特性,燃烧状态和供气程度有关。由于隧道内部空间较小,基本处于密闭状态,火灾发生时,隧道中空气不足,多产生不完全燃烧,发烟量一般较大,而且产生的热烟难以扩散,导致隧道火灾初期升温迅速,并产生较强的热冲击。

2. 疏散困难

隧道发生火灾时主要依靠事故照明和疏散指示标志来保证安全疏散,燃烧产生的大量烟气使能见度急剧下降,加之隧道横断面小,道路狭长,不仅人员难以疏散,而且由于阻塞车辆的影响,物资疏散也极其困难。

3. 扑救难度大,易造成重大损失

由于能见度低,救援面窄,火灾扑救路线单一,且可能与人员车辆疏散路线、烟气流动方向发生冲突,加之火灾类型、发展蔓延规律不确定,消防水源有限,隧道内车辆堵塞状况不可预见,且火场温度过高时,隧道拱顶混凝土有烧塌崩落的危险,这些都给灭火救援增添了巨大难度。

第二节　隧道设施的种类

世界各国对隧道安全防灾设施的定义和包含范围的规定不尽相同,但一般都包括以下设施。

1. 隧道营运管理设施

隧道营运管理设施，也称为隧道中央控制管理设施，一般包括计算机系统、闭路电视系统、大屏幕投影系统、地图板显示系统、LED显示系统、紧急电话和有线广播综合应用系统等。建立隧道管理站(所)是隧道营运管理的常用方式。

2. 监控设施

监控设施主要用于收集和处理各类信息，并传送给隧道管理站计算机，同时接收隧道管理站计算机传来的有关信息或命令，按照预定的方案或控制指令，实现对隧道内交通流量、交通状态，以及外场设备的有效控制。从信息处理的角度，监控设施可分为监测设施、控制及诱导设施等。按照控制对象的不同，监控设施还可以分为交通监控设施、环境监测及通风照明控制设施等。

(1)监测设施主要包括车辆检测器、摄像机、视频监视设备、一氧化碳/能见度检测器、风速风向检测器、光强检测器、火灾报警器、火灾检测器等设备。监测设施主要用于检测隧道内交通信息、环境信息、监视隧道营运状况、控制通风照明系统。

(2)控制及诱导设施主要包括交通信号灯、车道控制标志、可变标志、有线广播以及交通区域控制器等设备。有线广播设施包括有线广播控制器、扬声器以及传输介质。在隧道内出现异常情况时，管理人员通过有线广播设施，向隧道内人员发布信息，对车辆及人员进行疏导。

3. 安全设施

隧道区段的安全设施主要包括标志、标线、视线诱导设施等。

4. 消防设施

消防设施主要包括灭火器、消火栓、固定式水成膜泡沫灭火装置、隧道消防给水及管道等。

5. 供配电设施

隧道供配电设施，主要用于隧道区段的机电设备(包括风机、照明灯具、消防水泵及监控设备等)所需电能的供应和分配。

第三节　隧道的等级划分

由于隧道的地理位置、长度、坡度、横断面形式、隧道的交通量、车辆运输货物的类型等方面存在差异，隧道内事故发生的概率、事故产生的灾害大小也不相同。如果所有公路隧道均设置相同的较高等级安全防灾设施，必定会加大隧道的建设与营运成本，如果所有公路隧道采用相同的较低等级安全防灾设施，某些重要隧道一旦发生事故，则损失难以估量。因此需要对隧道进行合理地等级划分，设置与之相应的安全防灾设施。

一、国外隧道等级划分

对于隧道等级的划分，不同国家的划分依据和标准不尽相同。在美国的《NFPA 502: Standard for Road Tunnels, Bridges, and Other Limited Access Highways》(2001 Edition)中，根据隧道长度，将隧道安全防灾设施的设置划分为四个等级；同样，德国也将隧道划分为四个等级，但具体的划分标准与美国有较大差异(见表22-1)。

日本根据铃鹿、日本坂等隧道火灾事故的经验、教训，以及原建设省、日本道路公团等单位多次火灾试验的数据，对公路隧道安全防灾设施进行了持续地研制和改进，逐渐形成了健全的隧道安全体系。由于隧道越长、交通量越大，发生火灾的几率越高、人员逃生越困难，故日本按照隧道长度和交通量把隧道分成 AA、A、B、C、D 五个等级(见图 22-1),按等级设置防灾设施。

隧道等级划分标准比较　　表 22-1

	日 本	德 国	美 国	中 国
1 级	>5000(AA)	>1050	>300	>10000(A)
2 级	3000~5000(A)	700~1050	240~300	5000~10000(B)
3 级	1000~3000(B)	350~700	90~240	1250~5000(C)
4 级	500~1000(C)	<350	<90	<1250(D)
5 级	<500(D)	—	—	—

注:①表中未列出隧道等级划分标准中的交通量因素;

②括号中为该等级名称。

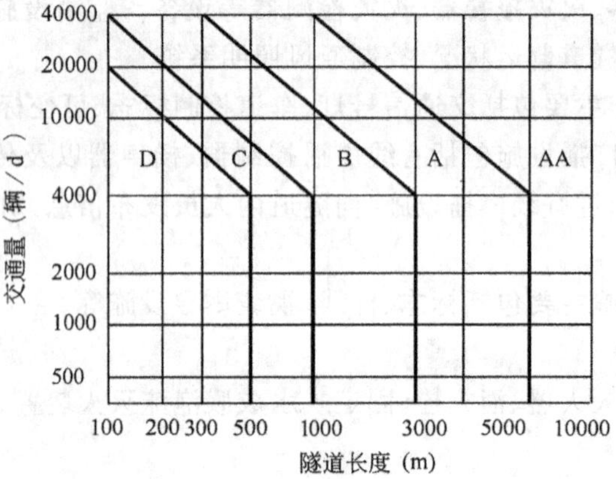

图 22-1　日本隧道等级划分图

二、我国隧道设施等级划分方法

我国《高速公路隧道监控系统模式》(GB/T 18567)中根据隧道的长度、交通量和事故率(事故数/百万车公里)等要素,将隧道从高到低依次划分为 A、B、C、D 四个等级,具体确定方法如下。

(1)计算法

$$P=365\times10^{-9}\times\alpha\times L\times q \tag{22-1}$$

式中:P——隧道内年事故概率估计值(当 P 的计算值>1 时,取值 1);

L——隧道长度(m);

q——隧道单洞年平均日交通量(pcu/d);

α——事故率(事故数/百万车公里),可取值 0.1。

根据 P 的计算值,隧道监控等级划分见表 22-2。

隧道监控等级划分表　　表 22-2

P	等级	P	等级
$P>0.55$	A 级	$0.18>P>0.05$	C 级
$0.55\geqslant P\geqslant0.18$	B 级	$P\leqslant0.05$	D 级

(2)图解法

根据隧道长度 L 和设计年度隧道单洞年平均日交通量 q，可以利用图 22-2 确定隧道等级。

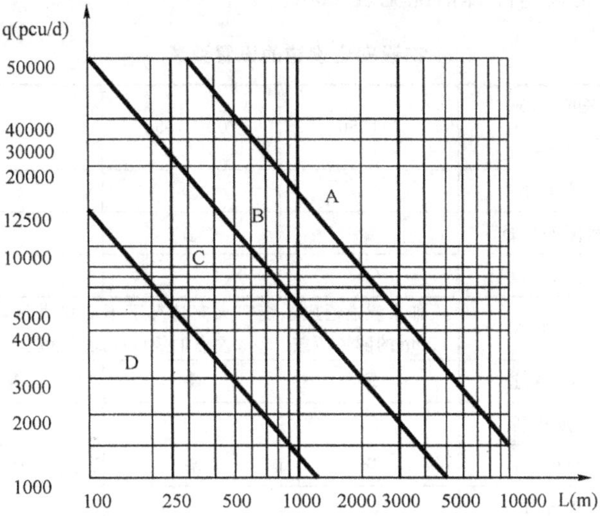

注：1.计算法和图解法是等效的。

2.对于长度小于100m或年平均日交通量小于1000辆的隧道一般可不设监控系统，特殊情况除外。

图 22-2 隧道设施等级划分图

第四节 隧道设施的设置标准

隧道安全防灾设施设置的基本目的主要有如下两个：①在正常交通状况下，为车辆提供安全、舒适的行驶环境；②在事故发生时，将隧道内发生的紧急事态迅速通知中心控制室和后续车辆，控制事故避免其扩大。

不同国家对各级隧道的安全防灾设施的配置标准不尽相同。美国《NFPA 502：Standard for Road Tunnels，Bridges，and Other Limited Access Highways》(2001 Edition)中规定，长度介于 90m 和 240m 之间的隧道，应设置储水塔和交通控制系统；隧道长度超过 240m 且从隧道内任意一点到达安全区域的最大距离超过 120m 时，应设置储水塔、手提式灭火器、火灾检测器和闭路电视系统；隧道长度超过 300m，以上所有设备均应设置。在隧道内至少应使用两种方法(包括一种人工手段)来发现、识别并确定火灾发生的位置。闭路电视系统(CCTV)应 24h 监视、识别隧道内火灾。隧道内未实施 24h 监控的区域应设置火灾自动报警系统，火灾自动检测应能够确定 15m 以内的火灾。

德国对公路隧道也进行了较多的研究，规定隧道的交通安全设施主要包括建筑设施、通信设施、火灾报警装置、消防设施，并且要有引导措施与之相辅。德国《公路隧道设施与营运规范》(RATB)中，对不同长度隧道交通安全设施设置的规定见表 22-3。

日本隧道内安全防灾设施主要包括：通信、报警设备(紧急电话、报警按钮、火灾检测器等)、消防设备(灭火器、消防栓)、避难诱导设备(紧急通道指示标志灯、排烟设备、安全通道)、其他设备(给水栓、无线通信辅助设备、无线电广播和扩音设备、水喷雾设备、监视装置等)。其防灾系统应具备如下功能：探测隧道内以火灾为主的异常状态，把信号传递给防灾信号接收器、隧道监视控制器，以确认灾害位置；同隧道管理所或消防、警察等单位联系；向隧道内或隧道口发出警报，用无线电通信设备进行应急广播，对火灾应急设备实施控制，如启动风机等。日本部分隧道安全防灾设施配置情况见表 22-4。

交通安全设施的设置要素 表 22-3

安全设施 \ 隧道长度（m）		>1050	700～1050	350～700	<350
建筑设施	停车带	○	○	○	○
	故障停车处	●	○		
	掉头处	○			
	疏散通道	如果隧道通风系统在火灾情况下不能提供足够的安全保证，对长度大于700m 的隧道应按 350m 左右的规则间距设置疏散通道			
	安全人行道	●	●	●	●
	高度控制	○	○	○	○
通信设施	紧急电话柜	●	●	●	○
	扩音器	○			
	摄像机	○			
	无线电台	●			
火灾报警装置	火灾人工报警装置	●	●	●	○
	火灾自动报警装置	●	●	●	
消防设施	手提式灭火器	●	●	●	○
	带消防栓的水管	●	○		
引导措施		●	●	●	○

注：①●-标准设备，○-特殊需要设备（比如在交通量特别大时）；

②在隧道内每隔 175m 左右设置一处紧急电话、摄像机间距为 100～300m。

日本部分隧道安全防灾设施配置情况 表 22-4

隧道名称	长度（m）	通报·警报设备					消防设备		避难诱导设备	其他设备					
		紧急电话	报警按钮	火灾检测器	隧道口情报板	信号机	灭火器箱	消火栓	紧急通道	扬声设备	监视用摄像机	通风设备	水喷雾设备	消防水池（t）	水喷雾水池（t）
饭仓	106	1	9	—	1	—	10	2	—	有	—	—	—	69	—
汐留	270	4	12	22	2	—	12	12	—	有	18	—	—	19	—
花园桥	470	16	30	54	3	—	36	30	5	有	25	有	有	90	270
飞鸟山	605	20	29	60	2	有	29	27	6	有	16	有	有	303	消防兼用
八重洲	1400	33	61	116	2	有	71	61	14	有	45	有	有	190	199
千代田	1900	40	40	117	3	有	76	79	6	有	81	有	有	51	265
多摩川	2170	46	90	185	2	有	178	90	68	有	46	有	有	379	消防兼用

注：表中数据除已注明单位外，均指设备数量。

在我国，与隧道等级相适应的最低响应的设施配置要求见表 22-5。

高速公路隧道设施配置表 表 22-5

设施名称		隧道等级			
		A	B	C	D
标志标线	标志	●	●	●	●
	标线	●	●	●	●
交通监控设施	车辆检测器	●	■	▲	—
	摄像机	●	●	▲	—
	可变限速标志	●	■	▲	—
	可变信息标志	●	■	▲	—
	交通信号灯	●	■	▲	—
	车道指示器	●	■	▲	—
通风与照明控制设施	VI 检测器	●	■	▲	—
	CO 检测器	●	■	▲	—
	风速风向检测器	●	■	▲	—
	亮度检测器	●	■	▲	—
紧急呼叫设施	紧急电话	●	●	▲	—
	有线广播	●	■	▲	—
火灾报警、消防与避难设施	火灾探测器	●	■	▲	—
	手动报警按钮	●	●	▲	—
	灭火器	●	●	●	●
	消火栓	●	●	▲	—
	固定式水成膜泡沫灭火装置	●	■	▲	—
隧道中央控制管理设施	计算机设备	●	■	▲	—
	显示设备	●	■	▲	—
	控制台	●	■	▲	—

注：●-必选设施，■-应选设施，▲-可选设施，—-不作要求。

第二十三章　隧道营运管理机构

第一节　概　　述

隧道营运管理机构主要指隧道管理站，隧道管理站主要用来接收隧道区段监控设备采集的各种信息，综合分析、处理并形成控制方案由隧道管理站控制室向隧道区段的控制设备下达控制命令。在事故发生时，除隧道管理站各部门及时进行事故处理外，隧道管理站还应负责与就近的交警、消防、医疗等部门联系，尽快完成救援和事故处理工作。隧道管理站分为有人管理站和无人管理站，对于无人管理的隧道管理站，日常管理业务由上级管理机构（一般为路段监控分中心）完成，在交通异常情况下，可由上级管理机构派员现场指挥。

隧道管理站除配备完善的机电设备外，还应配置与管理、养护、抢险救援相适应的工具、设备，包括交通工具、维修工具、应急设备等，以备发生交通事故、火灾时疏导交通、抢险救援。

第二节　隧道管理站设置原则

隧道管理站一般要根据隧道的长度、交通量大小、隧道集中度（即隧道群）、隧道的位置、管理站建设运营成本以及是否方便管理人员生活等综合因素来决定是否设置或设置地点。

一般设置原则：

(1)隧道监控等级为 A 的特长隧道，原则上要求设置隧道管理站；

(2)隧道比较集中的区段（隧道群）可考虑在隧道群居中点设置隧道管理站；

(3)原则上隧道管理站设置在隧道洞口，如果离隧道口比较近的地方设有收费站或服务区或监控（分）中心，可考虑隧道管理站与之合建，便于集中管理；

(4)隧道管理站的设置还应考虑周围的环境方便管理人员生活。

第三节　系统控制方式

根据隧道的长度、交通量大小、隧道设备多少、隧道设备位置等，隧道系统的控制方式分为三种：集中控制方式、多级控制方式和混合控制方式。

一、集中控制方式

集中控制方式是指隧道设备实时、直接通过传输设备（调制解调器、光端机、光收发器、SDH 等）将原始数据传输到隧道管理站，隧道管理站将采集到的原始数据进行分析、处理，形成控制方案，然后由计算机直接向隧道控制设备发送控制命令，如图 23-1 所示。

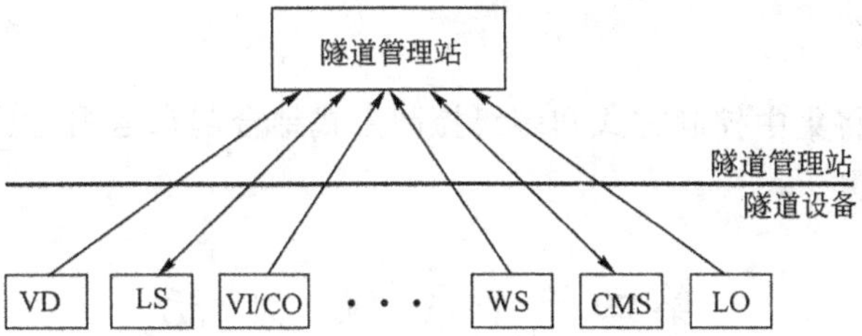

图 23-1 隧道集中控制方式

集中控制方式的优点是向隧道管理站传输数据的传输设备出现问题，不会导致整个隧道设备的数据无法上传，另外隧道管理站的工作人员能随时了解现场的实际情况。缺点是控制室的计算机或多串口设备出现故障时，会造成整个系统瘫痪，此外控制室的计算机处理的信息量比较大。

集中控制方式比较适合于长度比较短、设备比较少、传输的信息量不大，传输这些设备所需要的通信缆、传输设备等费用不大的隧道。

二、多级控制方式

多级控制方式是将隧道按照一定的距离分成若干个区域，每个区域设置一台区域控制器（即本地控制器），区域内的所有监控设备数据直接传输到区域控制器，每个区域控制可自动或手动控制本区域，区域控制器还可将各种原始数据经过预处理后再传送到隧道管理站，隧道管理站将采集到的预处理后的数据进行分析、处理，形成控制方案，然后由计算机向区域控制器发出各种控制命令，经区域控制器驱动各种控制设备，如图 23-2 所示。

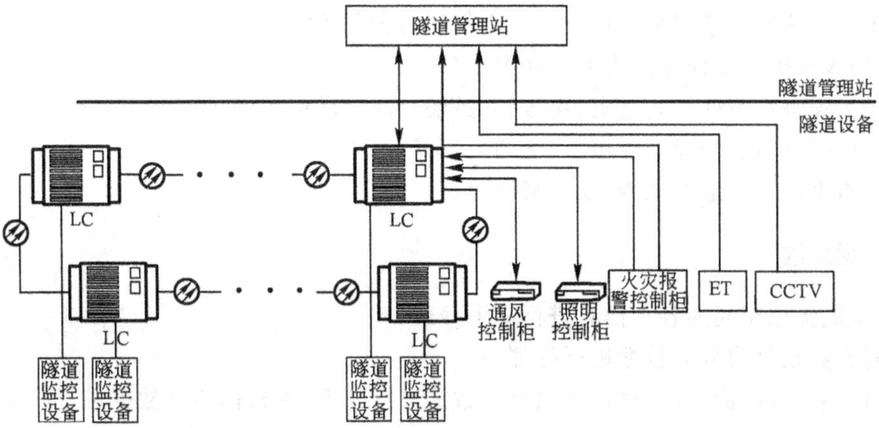

图 23-2 隧道多级控制方式

多级控制方式的优点是提高了通信传输效率、节约了控制线；特别是对于控制室的计算机或传输出现故障，能降级在区域控制器构成的网络上继续自动工作，工作人员也能到隧道现场的区域控制器上通过触摸屏进行人工操作。其缺点是如果区域控制器到隧道管理站的传输出现故障，隧道管理站将基本失去对隧道的监控，但近年来隧道内区域控制器组成的光纤环网弥补了此缺陷，即使与隧道管理站的传输中断，隧道内光纤冗余环网的结构也可保证隧道本地控制功能的实现（参见传输系统章节）。

多级控制方式比较适用于隧道较长、设备较多、传输的信息量较大的情况。

三、混合控制方式

混合控制方式是将集中控制方式和多级控制方式结合起来运用，主要用于隧道比较集中，而且长短不一的隧道群。

第四节　系　统　功　能

隧道监控系统一般具有如下功能：

一、信息采集

系统应能接收隧道内的设备传送来的检测数据、视频图像、反馈信息、语音信息等，以及上级管理机构下达的命令，并且通过用户接口将事故信息输入计算机系统。

系统接收的信息分为如下几类：

(1)检测设备检测的信息，如：一氧化碳检测器、能见度检测器、风速风向检测器、光强检测器等检测的环境信息，车辆检测器检测的交通信息，火灾报警系统检测的火灾信息等。

(2)设备的状态反馈信息，如：情报板、车道控制标志、信号灯的显示内容、工作状况反馈信息，风机、照明的工作状况反馈信息，消防水池水位反馈信息，防火卷帘门的开关状态反馈信息等。

(3)视频图像信息，如：洞口带云台彩色摄像机、隧道内固定摄像机的图像信息。

(4)人工输入信息，如：巡逻车报告的信息、紧急电话报警确认信息、通过其他途径报告的信息等。

(5)上级下达的信息，如：监控(分)中心下达的全局控制方案等。

事故输入根据紧急程度分为如下几类：

(1)重大灾害性事件，如：火灾、塌方、人员伤亡的交通事故。

(2)一般事件，如：一般交通事故、交通阻塞等。

(3)日常事件，如：道路维修、设备维修等。

二、数据处理

系统应能将采集到的各种信息进行如下处理：

(1)对火灾报警信号的数据进行处理；

(2)对一氧化碳、能见度、风速风向检测数据进行处理，并根据检测数据进行门限报警；

(3)对光强检测数据进行处理；

(4)对车辆检测器检测数据进行处理；

(5)对超高报警信号进行处理；

(6)对设备的状态反馈信息进行处理。

三、实时控制

系统应具有自动控制和人工干预控制两种方式。

1. 自动控制方式

正常情况下，系统应根据数据处理结果，选用系统内已配备的通风、照明、交通等控制方案,实行对全线的自动控制。

2.人工干预控制方式

在紧急情况下(如事故),系统一方面向操作员报警,一方面迅速向操作员显示相应的控制方案,待操作员根据巡逻车、紧急电话、摄像机等确认或修正后,再下发控制指令(包括通知消防、医疗、抢险等部门),完成控制功能,其中对隧道交通信号、通风、照明等子系统应联合协调控制,以保证整体最佳效果。另外,紧急情况下,操作员可通过隧道有线广播直接指挥。

在隧道清洗、道路维修、设备维护等情况下,系统应根据不同的情况下发不同的控制方案。

隧道管理站与区域控制器通信中断时,区域控制系统应能实现降级处理,包括对通风、照明、交通等的自动控制,同时也能通过区域控制器实现人工手动控制。

四、信息显示

1.控制室的信息显示

隧道管理站控制室内一般设置有大屏幕投影、地图板、闭路电视、LED室内屏、计算机等显示系统,能显示隧道区段地形状况、交通运行情况、交通事故、火灾现场、设备状态、视频图像以及各种图表等信息。

2.外场设备的信息显示

隧道内外的可变情报板、可变限速标志、车道控制标志等设备能显示交通、气象、路况、事故等信息,包括警告、禁止、诱导等内容。

五、统计查询

1.统计查询和报表生成

系统应能进行统计、查询,形成并打印需要的各类中文报表。一般报表应包括如下内容:

(1)交通流信息报表:包含15min、1h、日、周、月、季度、年的交通量,车速、占有率、车行方向及其日期等。

(2)环境信息报表:包含一氧化碳、能见度、风速风向等的曲线报表。

(3)信息显示报表:包含车道控制标志、可变情报板、可变限速标志等的显示内容报表。

(4)通风控制方案报表:包含风机的开启时间、运行时间、运转方向等。

(5)照明控制方案报表:包含照明各回路的开启时间及运行时间。

(6)设备工作状态报表。

(7)各种事故、事件、火灾报警信息报表。

(8)操作命令报表。

2.数据存储

系统应能实现每日数据、语音、图像的备份及重要文档(包含数据、语音、图像)的存盘,并带有时间记录,以便在需要时复制或调出历史信息进行各种分析工作。

每一事故事件(包含火灾、设备故障、交通事故等)的详细情况,如发生时间、地点、涉及对象、环境信息、事故类型、持续时间、处理措施、处理方法、值班人员、处理人员等均应记录并保存。

六、系统监测

系统应能不间断地定时检测各设备的工作状态,并对非正常情况通过人机接口报警。

七、系统联网

为加强隧道的运营管理，隧道监控系统应与上级管理部门实现数据、图像连接，实现数据、视频共享。在特殊情况下（如火灾），上级管理部门可直接下达关闭隧道或恢复运营的指令。

第五节　系 统 构 成

隧道管理站主要由计算机系统、闭路电视系统、大屏幕投影系统、地图板显示系统、LED显示系统、紧急电话系统、有线广播系统（目前，绝大部分隧道使用有线广播系统和紧急电话系统合用的综合系统）、电源系统以及综合控制台等设备构成，如图 23-3、图 23-4 所示。

图 23-3　隧道管理站效果图

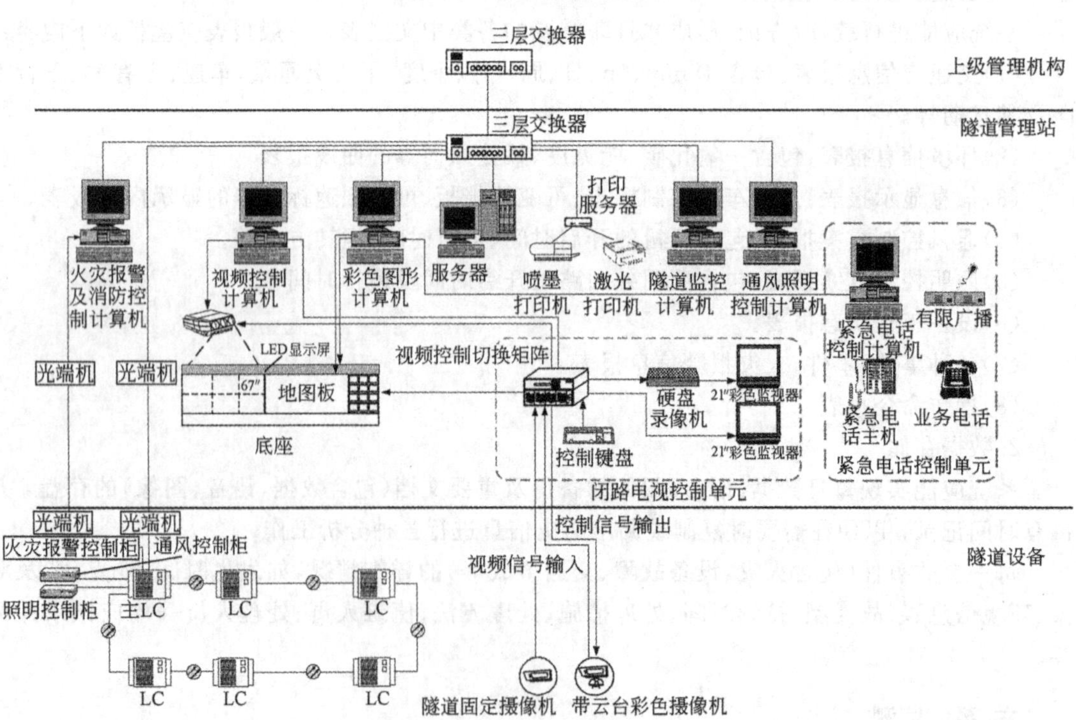

图 23-4　隧道管理站系统构成图

一、计算机系统

计算机系统一般分为系统主机、隧道交通监控计算机、火灾报警及消防控制计算机、紧急电话计算机(含有线广播系统的控制)、彩色图形计算机、视频控制计算机和通风照明控制计算机,另外还包含激光打印机和彩色喷墨打印机。计算机系统通过交换机构成星型局域网络。

隧道管理站的计算机系统主要分为集中式和分散式两种。集中式是由系统主机、图形计算机以及紧急电话计算机来集中完成隧道的所有功能;分散式是由系统主机、各功能计算机(一般为交通监控、通风、照明、火灾报警、紧急电话、视频控制、彩色图形等计算机)构成。集中式主要应用于无人值守或功能弱化或隧道较短的隧道管理站;分散式主要应用于功能完善、规模较大或隧道集中的隧道管理站。在我国实际应用中,隧道管理站计算机系统一般都采用"功能相对分散、系统相对集中"的方式,而并非严格意义上的集中式或分散式。

1.各计算机主要功能

(1)系统主机

①网络服务:负责整个局域网的管理功能,维持整个网络的正常运行,管理网络资源、操作和通信,实现资源共享,并提供网络测试和故障报警功能等。

②数据库服务:负责数据库的生成、编辑和管理。

③数据日常管理:对原始数据和处理后的数据进行分类统计、存储并形成报表,能根据不同需要备份、查询数据信息。

④网络安全管理:除具有分级保密、管理功能外,还应具有抗病毒功能。

(2)隧道交通监控计算机

隧道交通监控计算机接收并处理交通数据、交通控制和诱导设备的反馈信息,向交通控制、诱导设备下发控制命令,并为其他显示设备提供交通参数和交通控制、诱导设备状态信息。事件输入也由该计算机完成。

(3)彩色图形计算机

彩色图形计算机运行图形应用软件,形成隧道区段的全部路况和局部细节图形,外场设备以图标的形式按照位置比例分布在图形上,能显示设备的运行状态以及交通运行状态,操作简单易行。彩色图形计算机负责地图板的显示控制。

(4)火灾报警及消防控制计算机

火灾报警及消防控制计算机负责管理火灾报警及消防设备,主要接收火灾检测器及火灾报警按钮上传的检测信息,判断火灾事故,并向系统发出报警信息;接收消防水池水位、防火卷帘门的状态信号,并能控制水泵及防火卷帘门的开关。

(5)紧急电话计算机

紧急电话计算机负责管理隧道区段的紧急电话和有线广播系统。能详细记录紧急电话的使用信息,包括紧急电话的呼叫时间、地点、内容和次数、紧急电话的工作状态等。能管理隧道有线广播的应用,包括有线广播的群播、组播等功能。

(6)视频控制计算机

视频控制计算机主要负责闭路电视系统(如:视频显示的切换、硬盘录像的控制、隧道口彩色摄像机的遥控、矩阵的联网等)、大屏幕投影系统的控制(如:图像在大屏幕上的显示)。

(7)通风照明控制计算机

依据隧道内检测的CO/VI、风速风向值和进入该隧道的交通量，自动控制风机的运转；依据隧道内外光照度值，自动控制隧道照明。在火灾、事故情况下，应根据控制方案开启风机和照明。

2.系统配置

计算机系统的配置一般如下：

(1)系统主机

CPU：不低于3.0GHz的Xeon MP处理器；

内存：2GB内存(PC2100 DDR SDRAM)，可扩充到4GB；

二级高速缓存：≥1M；

硬盘：2×36.4GB SCSI总线 最大可支持6块硬盘；

软驱、CD-ROM、显示器、标准键盘、鼠标、网卡、内置式光盘刻录机；

预测故障分析(PFA)支持：硬盘驱动器、CPU、VRM、风扇、电源及内存。

系统主机也可以使用双机热备份服务器。

(2)客户机

CPU：≥3.05GHz；

内存：≥512MB；

硬盘：120G；

17寸液晶显示器，点距0.264，响应时间(全过程)16ms，分辨率最大1280×1024；

CD-ROM、标准键盘、软盘驱动器、鼠标、以太网卡。

(3)交换机

一般采用12个10M/100M自适应端口；

支持快速以太网IEEE802.3u，100Base-Tx；

快速以太网半双工：100Mbps，全双工：200Mbps；

模块式、可扩充。

二、闭路电视系统

1.系统功能

闭路电视系统主要负责对隧道内的交通流量、车流密度及道路使用状况进行监视，及时直观地得到交通阻塞的现场情况和原因的画面，辨认事故严重程度、事故类型；负责对隧道显示设备(如车道灯、交通信号灯、可变限速标志、可变情报板等)进行直观确认；负责配合CO检测器、能见度检测器等对隧道内空气质量进行监视；负责对隧道内火灾报警予以确认，自动显示报警区段及相邻区段的图像并录像，为值班人员提供处理事故的直接依据。

2.设备组成

隧道管理站闭路电视系统主要由视频切换控制器、控制键盘、录像机、监视器、视频分配器、多画面分割器以及机架、监视墙架等构成。隧道口设置带云台彩色摄像机，隧道内设置固定焦距摄像机，如图23-5所示。

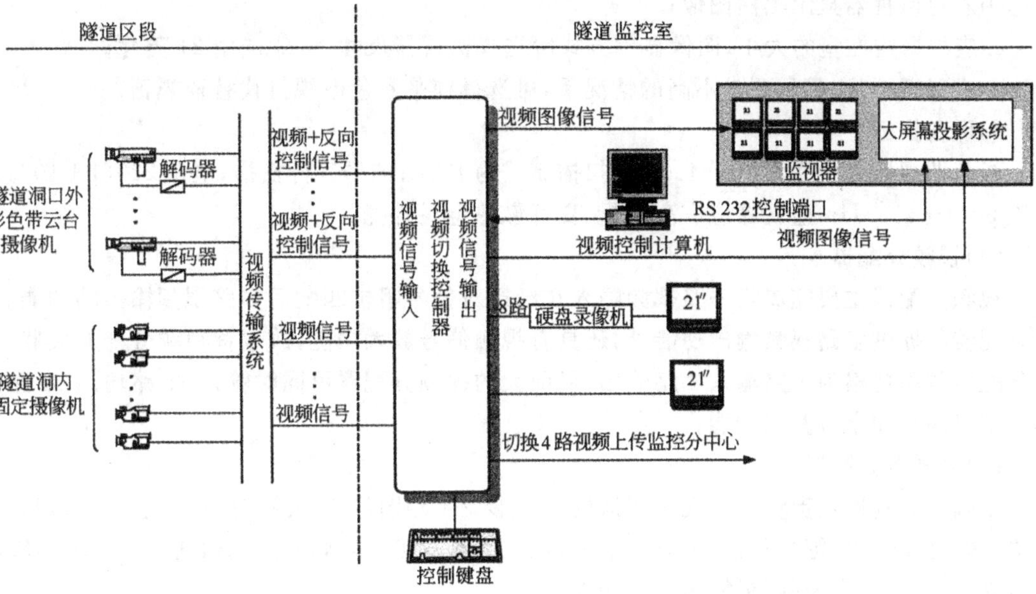

图 23-5 闭路电视系统构成图

(1)视频切换控制器

①功能要求

视频切换控制器是闭路电视系统的核心设备，一般为插卡式箱体结构，带有电源模块、CPU 和可以扩充的视频输入板、视频输出板、报警接口板等。主要功能如下：

a. 接收各种视频装置(如摄像机、录像机等)的视频输入，并根据操作键盘或计算机或报警信号的控制将视频图像按要求输出到相应的输出接口，并连到其他设备处理或显示；

b. 接收控制键盘、计算机的命令，完成对外场彩色摄像机的控制(包括云台、镜头、防护罩、雨刷、加热器等)。

(2)录像机

高速公路应用的录像机主要有长延时录像机和数字硬盘录像机。随着数字时代的到来，数字硬盘录像机已取代长延时录像机。

数字硬盘录像机按录制视频路数分为 1 路、2 路、4 路、8 路、16 路、32 路等型号；按照外形分为工控机和嵌入式两种；按录制图像格式分为 MPEG-1、MPEG-2、MPEG-4、H. 261、JPEG 等。硬盘录像机能按管理要求录制 7～30 天的视频图像，并且还具有视频图像网络调用等功能。

(3)监视器

监视器是用来显示图像的终端设备。监视器按照色彩分为彩色、黑白两种；按照尺寸分 9 英寸、10 英寸、12 英寸、14 英寸、15 英寸、17 英寸、20 英寸、21 英寸、29 英寸等，常用的是 21 英寸；按照扫描制式分，有 NTSC、PAL 两种，我国和欧洲多为 PAL 制式；另外还可以分为普通、纯平两种。

①监视器的选择原则：

a. 应选择合适的分辨率，一般应与摄像机的分辨率相匹配或高于摄像机分辨率；

b. 应根据视频图像的种类选择黑白或彩色监视器，为便于黑白和彩色图像切换显示，也可选用彩色监视器显示黑白图像；

c.应根据监控室的大小、图像显示方式等选择监视器尺寸，一般选用21英寸；

d.在经费不足、显示要求不高的情况下，可选择纯平彩色电视机代替监视器。

②设备指标

彩色监视器分辨率不低于450线；扫描制式为PAL；纯平逐行扫描；电源220(1±10%) V交流50(1±4%) Hz；监视器应有高质量、良好散热金属外壳。

(4)视频分配器

视频分配器主要完成将一路视频输入在经过对信号阻抗匹配后多路视频输出的功能。视频分配器除提供多路视频输出功能外，还具有视频信号放大功能，故也称视频分配放大器。视频分配器常用规格为1路输入4路输出；目前大的视频分配器可同时输入16路输出64路，还具有键盘编程和字符叠加功能。

(5)多画面分割器

多画面分割器负责将多路视频图像处理后形成1路图像全部或多路同时显示。多画面分割器一般有4、9、16等几种，也可分为单工、双工和全双工。多画面分割器通常具有环路输出、画面灵活显示、远程控制、报警输入等功能。

3.系统连接

正常情况下，视频切换控制器输入板口接收外场视频图像(如果要求视频图像直接显示在监视器上，则需要通过视频分配器将图像分成进入监视器和视频切换控制器两路)，通过控制键盘将切换命令发给视频切换控制器，视频切换控制器切换一定数量的图像从输出板口连到硬盘录像机录像或到大屏幕投影系统显示或到监视墙上的监视器显示或通过传输系统传送到上级管理机构。通过控制键盘还能对外场带云台的彩色摄像机进行遥控。异常情况下，视频切换控制器报警模块接收报警信号，并根据报警信号自动切换需要显示的图像到终端设备显示或录像，完成报警自动显示功能。

三、大屏幕投影系统

1.系统功能

大屏幕投影系统主要用于动态、直观、形象地显示高速公路运行信息，包括闭路电视摄像机视频图像、计算机输出的VGA信号以及通过网络传输的信号等。

主要功能如下：

①投影屏幕具有高分辨率、高亮度、高对比度等特点，在正常办公环境下，屏幕能够显示清晰明亮的图形/图像。

②拼接系统支持图形拼接，组合屏幕图像的物理拼接间隙小于1mm，全屏范围内显示的图像无非线性失真，整个屏幕亮度均匀，无"暗角"或"亮角"现象，画面稳定无闪烁，图像拼接完整，无错位。

③支持以太网及TCP/IP协议，可显示各种数据信息，实现网络信息的实时监控。

④支持各种视频图像、不同分辨率(640×480～1280×1024)的非网络信号(计算机信号、影碟机、录像机、摄像机等)、不同分辨率(800×600～1280×1024)的计算机信号以及网络环境下计算机的各种应用程序窗口的显示。

⑤屏幕上的各种应用窗口(如：计算机窗口、RGB窗口、视频窗口)可以任意同图片文字窗口叠加显示，并且可任意缩放和移动。

⑥大屏幕投影系统可以连接显示电视会议、工业电视、DVD和录像机等设备播放的PAL/NTSC/SECAM制式的图像。

2.设备组成

大屏幕投影系统目前主要分为单机单屏单画面系统、单机单屏多画面系统和多机多屏拼接系统。大屏幕投影系统主要由投影机、投影屏幕、RGB切换矩阵等构成，多机多屏拼接系统应配备拼接控制系统(一般包含拼接控制器、处理软件)；单机单屏多画面系统应配备多画面图像处理器。多机单屏系统由于屏幕容易出现太阳效应，故高速公路一般不使用。目前我国高速公路绝大多数都使用多机多屏拼接系统。

(1)投影机

投影机主要分3种投影技术实现，即阴极射线管(Cathode Ray Tube，CRT)、液晶设备(Liquid Crystal Device，LCD)及数字光处理(Digital Light Process，DLP)投影技术，如表23-1所示。

三种投影技术优缺点对比表　　表23-1

投影技术	优　点	缺　点	交通行业应用情况
CRT	色彩丰富、还原性好、几何失真调整能力强	图像分辨率和亮度互相制约、操作复杂	早期应用较多 目前已不应用
LCD	体积小、重量轻、携带方便	光源寿命短、分辨率低、响应速度慢	很少应用
DLP	灰度性能高、图像色彩丰富、无图像噪声、对比度高、亮度均匀性好、亮度高、调整便利	维修难度大、维护费用高	目前应用广泛

CRT投影技术采用阴极射线管作为成像器件，使用内光源，为主动式投影。输入信号源控制红绿蓝3个CRT管的阴极射线束，投射到荧光屏，荧光粉在高压作用下发光，再经光学系统放大、汇聚、在投影屏显示彩色图像。

LCD投影技术采用液晶作为成像器件，外光源发出的强光分成RGB3束光分别经过RGB3块液晶板透射；信号源经过模数转换和调制加到液晶板上，控制液晶单元的开闭，从而控制光路的透射率，再经合光、放大，显示到投影屏上。

DLP投影技术以数字反射器(Digital Micromirror Device，DMD)作为光阀成像器件。投影机采用数字光学处理技术调制视频信号，驱动DMD光路系统，通过投影透镜形成图像，投射到投影屏上。

DLP投影机的主要技术指标：

①光输出：指投影机输出的光能量，单位为流明(lm)。一般投影屏幕越大，要求亮度越高。隧道管理站若使用单机则亮度要求3000ANSI流明以上，多机拼接要求单机亮度750ANSI流明以上。

②扫描频率：包括水平扫描频率(行频)和垂直扫描频率(场频刷新频率)。行频指每秒电子束在屏幕上从左至右的运动次数；场频指每秒电子束在水平扫描的同时，从上向下运动的次数，垂直扫描一次形成一幅图像。行频分3档：行频固定在15.625kHz(PAL制)或15.725kHz(NTSC制)为视频投影机；15～60kHz为数据投影机；超过60kHz为图形投影机。场频一般不低于50Hz，否则会有闪烁感。隧道管理站投影机行频范围为15～120kHz，场频范围为25～120Hz。

③分辨率：包括输出分辨率和输入分辨率。输出分辨率指投影机投影图像的分辨率，也称物理分辨率或实际分辨率，目前分 SVGA（800×600）、XGA（1024×768）、SXGA（1280×1024）几种。输入分辨率指投影机输入信号时可达的最高像素数，也称兼容分辨率。输出分辨率越高，投影机显示精细图像的能力越强。隧道管理站投影机输出分辨率一般要求达到 1024×768，输入分辨率达到 1600×1280。

④对比度：指投影机屏幕上最亮（全白）和最暗（全黑）光输出的比较。对比度越高，亮度变化范围越宽，图像冲击力越强。隧道管理站投影机 ANSI 对比度要求大于 250∶1。

⑤光源：光源是投影机的唯一耗材，是选择投影机必须考虑的重要因素。其最重要的性能指标是半衰期，即亮度相当于原来一半时的使用时间。目前投影机普遍采用金属卤素灯、氙弧灯、UHE（ultra-high efficiency，超高效率）灯、UHP（ultra-high performance，超高性能）灯，如表 23-2 所示。

各种灯泡的比较表　　表 23-2

名　称	优　点	缺　点	寿　命	使用情况
金属卤素灯	价格便宜	半衰期短、发热高、色彩稳定性差、缺乏产生真实红色能力	2000h	几乎不用
氙弧灯	环境适应性强、光谱接近自然光、稳定性强、色温稳定		1000h 以上，部分达到 6000h	应用广泛
UHE	价格适中、发热量低、冷光源		2000h 以上	中档投影机少量应用
UHP	寿命长、亮度衰减小、在较低功率下达到很高的亮度、冷光源		4000h 以上	中高档投影机应用广泛

(2)投影屏

屏幕按照功能分为反射式和透射式两种，反射式用于正投，透射式用于背投，目前隧道管理站主要采用背投幕。背投幕包括多种规格的硬质背投幕和软质背投幕，硬质幕的画面效果要优于软质幕，目前主要采用硬质背投幕。投影屏幕的尺寸主要有 50 英寸、67 英寸、72 英寸、84 英寸、100 英寸、120 英寸，另外个别厂家还有 60 英寸、80 英寸非标准尺寸。硬质背投屏幕通常分为树脂屏幕、玻璃屏幕和具有保护层的玻璃屏幕，具体性能参数比较如表 23-3 所示。

各种硬质屏幕比较表　　表 23-3

性　能	具有保护层的玻璃屏 (Vtron GUCS)	树　脂　屏 (DNP UCS)	玻　璃　屏 (Jenmar)
图像增益	高	高	较低
图像对比度	高	高	较低
图像及亮度均匀性	好	好	较低
屏幕厚度	较厚（包括玻璃层）	薄	较薄
组合屏物理拼缝	小于等于 1mm	大于等于 1mm	小于 1mm
热膨胀系数	小	较小	小
玻璃层	Vtron 特种玻璃	无	玻璃
反光性	不反光	不反光	反光

续上表

性　　能	具有保护层的玻璃屏 (Vtron GUCS)	树　脂　屏 (DNP UCS)	玻　璃　屏 (Jenmar)
变形	无	严重	无
耐磨性及维护	好	差	差
尺寸	67 英寸以下	各种尺寸	84 英寸以下
应用情况	应用广泛	早期主流产品目前仍有应用	应用广泛

投影屏的主要参数：

①增益：直接在屏幕前方正中某点测量的屏幕反射率，即屏幕入射光能力。入射光角度一定、光通量不变时，屏幕此方向亮度与理想状态下亮度之比，为该方向亮度系数，其最大值为屏幕增益。通常将无光泽白墙增益定为 1，若增益小于 1，将削弱入射光；增益大于 1，将反射或折射更多入射光。目前，隧道管理站使用的屏幕增益通常要求达到 1.7 以上，GUCS 屏甚至可达到 3.7。

②视角：可视图像能被观众接受的区域。屏幕在所有方向上的反射是不同的，在水平方向离屏幕中心越远，亮度越低，将亮度降到 50% 时的观看角度定义为视角。通常增益越大，视角越小；增益越小，视角越大。通常隧道管理站使用的屏幕水平视角要求达到 160°以上、垂直视角达到 80°以上。

(3)拼接控制系统

拼接控制系统是多机多屏组合大屏幕投影系统的核心。拼接控制系统主要分为 3 种：硬件拼接系统、软件拼接系统和综合拼接系统。硬件拼接系统可实现图像分割、分屏显示、开窗口、任意显示独立画面，但系统拼接规模小，只能四屏拼接，扩展不方便，所开窗口固定为单屏大小，不可放大、缩小或移动；软件拼接系统采用应用软件分割图像，可灵活地对图像进行特技控制，如任意位置开窗、任意放大、缩小、任意拖动，但系统只能在 Unix 系统上运行，拼接数量多时，硬件部分繁杂；综合拼接系统综合了上述两方案的优点，克服了缺点，可实现多个 RGB 模拟信号及 X-windows 的动态图形，专为多通道实时显示设计，可实现上千个投影拼接。目前，隧道管理站主要使用综合拼接系统。

拼接控制系统主要由拼接控制器、应用软件组成。一般拼接控制要求处理器为市场主流产品，Windows 操作平台，支持中文，具有至少组合屏数量的视频输入口，具有 10/100M 网络接口，具有串行、并行、键盘等标准接口，输出通道分辨率应与投影机匹配，支持网络管理功能等。

(4)RGB 切换矩阵

RGB 切换矩阵负责完成将一路或多路计算机及其他 RGB 信号切换输出多路或一路。

3. 系统连接

视频切换控制器切换出的视频图像、录像机录制的图像以及其他视频设备的视频图像能进入大屏幕投影系统的拼接控制器进行处理，然后通过拼接控制器的图形输出接口将处理后的图像输入到每个拼接组合单元进行显示，另外视频控制计算机通过串口与拼接处理器、投影单元连接，可控制视频的各种显示方式，如移动、放大、缩小等；计算机的显示信号通过 RGB 分配器将信号输入 RGB 切换矩阵，通过 RGB 切换矩阵可以直接将计算机信号切换输出到各拼接组合单元显示计算机信息，也可以通过 RGB 切换矩阵切换 1 路 RGB 信号到拼接处理器处理后，到组合屏幕上进行各种显示；局域网、广域网的计算机信号、视频信号也能通过交换机与拼接处理器连接，然后实现网络计算机和视频信号到拼接组合屏幕的显示，如图 23-6 所示。

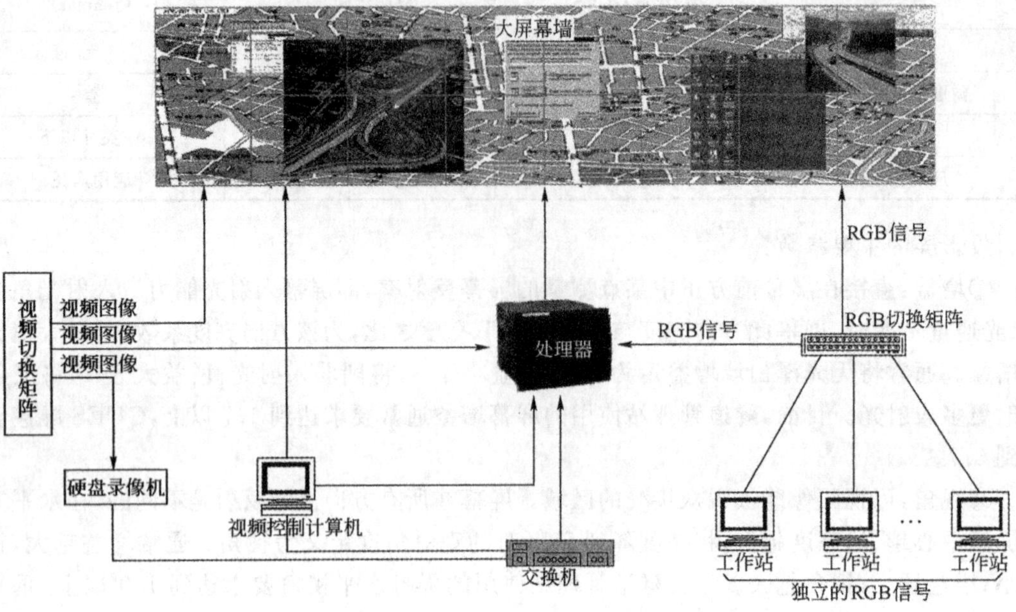

图 23-6 多机多屏幕拼接系统构成图

4. 技术发展

随着技术发展，目前大屏幕投影系统已出现数字大屏幕处理系统，通过视频网关将模拟视频图像数字化处理，然后通过图像集线器投影到大屏幕上；另外，2004 年，等离子拼接技术也取得了飞速发展，已具备单屏 42 英寸组合拼接功能，能实现 2×2、3×3、4×4 等组合拼接。

四、地图板显示系统

1. 系统功能

地图板显示系统用来显示有关系统运行的动静态总体信息，包含提供隧道区段全貌及周围环境条件，动态显示隧道区段交通运行状态、设备运行状态以及相关报警信息。地图板显示系统不仅仅为系统运营提供直观显示，而且对于系统的安装、调试、故障诊断和维修也是非常重要的。

(1)静态显示内容

静态显示整个隧道区段的平面图形（包括隧道区段周围的城镇、河流、公路、铁路、医院、消防、公安、交警、隧道区段道路出入口等、隧道洞口交叉道路、紧急停车带、人、车避难通道等）以及设备位置、图例等。

(2)动态显示内容

动态显示隧道区段的交通状态、设备工作状态以及监控系统控制状况等。动态显示及状态包括如下内容：

①交通状态显示：用绿、黄、红三种色带分别表示每一车道交通正常、拥挤、阻塞状态。

②设备工作状态：绿灯表示设备工作状态正常；红灯表示设备故障、通信失败或异常报警。

③交通参数显示：以 4 位数字显示车辆数，单位辆/h；车辆速度，以 3 位数字显示车速平均

值，单位 km/h；占有率，以两数字显示车辆占有率，单位%。

④一氧化碳浓度值显示：以 3 位数字显示某点检测到的 CO 浓度值，单位 ppm。

⑤隧道内能见度值显示：以 6 位数字显示某点检测到的 VI 值，单位 m^{-1}。

⑥隧道洞外能见度值显示：以 4 位数字显示某点检测到的 VI 值，单位 m。

⑦洞外光强检测器的亮度值显示：以 4 位数字显示光强检测器的亮度值，单位 cd/m^2。

⑧洞内光强检测器的照度值显示：以 4 位数字显示光强检测器的照度值，单位 lx。

⑨隧道风速风向检测器：以 2 位数字显示风速值，单位 m/s；以 1 个 16 点阵汉字显示风向。

⑩用红、绿、黄显示交通信号灯状态；用红“×”、绿“↓”表示车道控制标志工作状态。

⑪紧急电话显示：绿色表示工作正常，无电话；绿色闪烁表示电话正常通话；黄色表示电话故障报警；红色表示通信故障。

⑫大型可变情报板为 1×12 字的 16 点阵的室内 LED 双色显示，一般字高为 15cm。小型可变情报标志中的立柱式小型可变情报标志为 2×2 字的室内 LED 双色显示，LED 尺寸为 20cm×20cm；“F”形单悬臂小型可变情报标志和隧道内的情报标志为 2×4 字的室内 LED 双色显示，LED 尺寸为 20cm×40cm。

⑬火灾报警信号显示：红灯闪烁。

⑭时间、天气显示：日期、时间、天气情报显示小区安装于地图显示板左或右上方。

⑮风机运行状态显示：正转、反转、停机。

以上凡用 7 段数字显示的单元，在该设备故障时，每位数字显示单元均显示简单字母“E”，以表示该设备工作状态异常。

2. 设备组成

地图板显示系统主要由显示面板和驱动器组成。显示面板主要由屏架、马赛克单元、LED 灯光和显示器组成。屏架一般采用冷轧板制作，内外经酸洗、磷化、除锈工艺处理后，上防锈漆烘烤，静电喷塑，颜色为灰色；马赛克单元采用 PPO 或 ABS 阻燃工程塑料，尺寸为 12.5mm×12.5mm、25mm×25mm、50mm×50mm 多种规格，屏面中的汉字、编号均采用凹型仿真刻制。驱动器以微处理器为核心，有输入接口，与彩色图形计算机连接。

3. 系统连接

彩色图形计算机通过 RS232 或 RS485 接口与地图板连接，实现对地图板的控制。

五、LED 室内屏显示系统

LED 室内屏一般安装在监视墙的地图板上方，主要用来显示隧道区段情报标志的显示内容、显示设备状态文字信息、向隧道监控室监控人员发布信息等。

LED 显示系统一般要求像素点直径为 5mm，点间距约 6.35mm；可视距角 100°；显示模块 8×8 点阵；刷新速度，每秒大于 100 帧。

LED 显示系统主要由显示屏（包括各种显示器件）、控制器、驱动器、电源系统、系统软件等构成，其控制主要由彩色图形计算机完成。LED 显示系统按使用环境分为户内、户外两种，按照颜色分为单色、彩色（双基色）、全彩（三基色）三种，隧道管理站一般采用双基色户内屏。

六、紧急电话、有线广播综合应用系统

1. 系统功能

隧道有线广播系统主要在隧道内及隧道口阻塞、交通事故、火灾等情况下通过隧道监控室

的控制台向隧道区段进行广播，指挥调度、疏导交通和组织救援等，正常情况下可以播放交通法则、行车注意事项等背景声音。

隧道紧急电话系统主要供行驶在隧道区段的驾驶员紧急呼叫用，当路上发生异常事件时(包括交通事故、医疗救助等)，驾驶员通过紧急电话机呼叫，报告事故情况，值班人员经过确认，组织调度救护、排障，以减少事故损失。

目前，隧道区段主要采用紧急电话系统和有线广播系统合一的综合应用系统。因为隧道区段的紧急电话、有线广播都采用光缆作为传输媒质，而且两套系统可共用一个控制主机，节省系统投资。

该系统主要有如下功能：音区多路切换选择功能，可进行单音区、多音区、单扬声器、多扬声器广播；信源多路切换选择功能；音量调节功能；循环广播功能；广播信息数字录音、录时功能；计算机控制和管理功能；隧道监控系统信息联网功能，根据监控系统的信息启动隧道广播；广播监听功能；远端功放和扬声器工作状态检测功能；远程隧道广播系统接入功能；远程有线电话接入广播功能；系统显示等功能。

2. 系统组成

综合应用系统主要由控制台、远端功放设备、远端控制模块、传输电缆、扬声器、广播电缆和隧道紧急电话等组成。控制台主要包括控制主机、播音设备和录音设备，如图 23-7 所示。

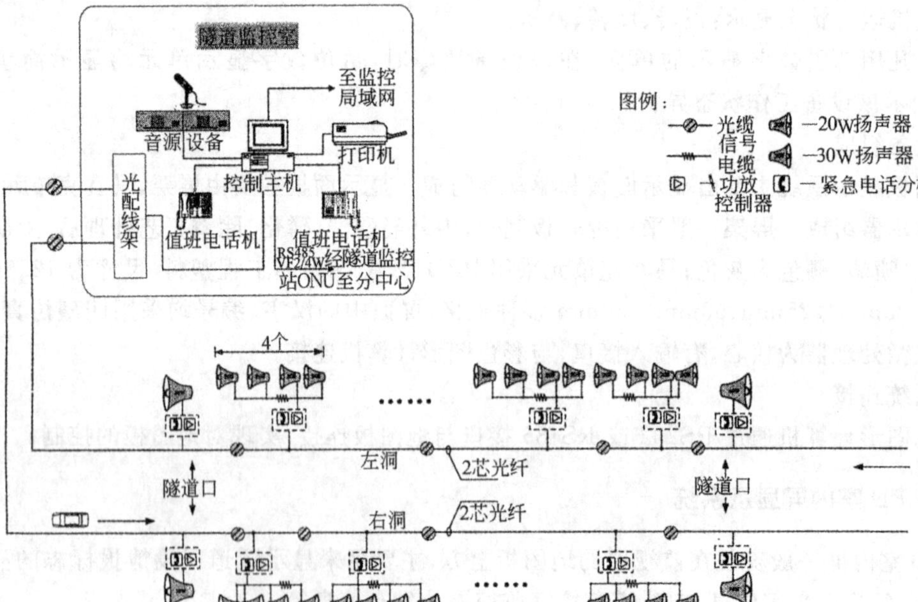

图 23-7　隧道紧急电话、有线广播综合应用系统构成图

七、电源系统

隧道管理站控制室的电源系统主要由 UPS 和参数稳压电源组成。220V 交流电源引入控制室后，首先经过参数稳压电源稳压，一路接入控制室的普通设备；另一路接入 UPS，由 UPS 输出接入 24h 不能断电的设备。

UPS 的功能是确保负载供电的不间断，并改善供电电源质量，使电源的各种干扰与负载彻底隔离，保证在任何情况下均能供给负载稳定可靠的交流电源。

计算机系统、交换机和闭路电视系统的视频切换控制器、控制键盘、硬盘录像机、控制台上的主监视器等满足隧道基本功能实现的设备需要接入UPS。其他设备接参数稳压电源。

UPS一般要求为在线式，容量应根据实际所带设备的负荷计算并至少预留20%的余量，放电持续时间至少30min，输入功率因数大于0.95，输出功率因数大于0.7，掉电转换时间为0，具有远程监控端口。

参数稳压电源一般要求稳压精度小于等于1%，总恢复时间10～40ms，功率因子大于0.95，并具有过压保护功能。

八、综合控制台

综合控制台放置在隧道管理站监控室中央，距离电视墙3～5m左右，宽1.4m，高0.74m，长度根据设备数量、控制室大小确定。操作人员通过综合控制台实施对隧道管理区段日常运行操作管理，并进行交通控制和异常情况的处理。

综合控制台主要由主体骨架、下框、底座、台板、侧帮、侧板等组成，除台板外其余部分材料均为冷轧钢板，控制台桌面为耐火阻燃材质；控制台上放置的计算机等设备应尽量减少对观察监视墙的影响，控制台下部设有滑轨托盘，安放计算机主机及其他设备；控制台后部要为绑线柱、面板预留走线孔；控制台应当保证电气安全，同时设计应考虑美学、视觉特性、颜色搭配、亮度对比等要求。控制台的机械设计应当适合中国人的身体特点及人机工效的要求；控制台的设计可参照《电子设备控制台的布局、型式和基本尺寸》(GB 7269—82)中的有关规定。

综合控制台一般按照功能区分为监视控制单元、紧急电话(有线广播)控制单元、闭路电视控制单元和打印机单元。

第六节　房建要求

隧道管理站房建规划的好坏对于隧道机电系统的施工、后期的运营管理有非常大的影响，而一般房建设计或施工单位对机电需求不够了解，要为隧道机电系统作好预留也非常困难，下面就机电系统对房建的各方面要求予以说明。

一、房建结构要求

隧道管理站一般设置有隧道监控室、无人通信站、电源室和进线室等。根据隧道管理站的规模，如果隧道管理站为楼层结构，则一般电源室和进线室在一楼合用一间，正上方二楼为通信机房，隧道监控室在通信机房旁(建议在楼道的同一侧)。如果隧道管理站为平房结构，则一般进线室和电源室合用一间，旁边为通信机房、隧道监控室(建议在同侧)。

一般电源室和进线室合用一间，主要放置UPS和稳压电源，合建面积建议为$15m^2$(3m×5m)，屋外的电缆井应与进线室内的电缆沟相通；无人通信站的通信机房要求$15m^2$(3m×5m)，楼层净空高度建议大于3.2m；隧道管理站监控室建议大于120 m^2(12m×10m)(一般根据设备数量、设备布置来确定监控室的大小)，中间无柱子，楼层净高建议大于4.5m。如果电源室在二楼与进线室分开，则要求电源室的楼板荷载达到$10kN/m^2$，其他机房楼板荷载要求$6kN/m^2$。

二、机房装修要求

机房装修应满足(GB 50174—93)电子计算机机房设计规范的要求，根据隧道管理站监控室的特点提出如下要求：

(1)地面：活动静电地板，并应符合现行国家标准《计算机机房用活动地板技术条件》的要求。具有防静电性能，采用阻燃材料，并能防止工作时产生的振动。为满足敷设电缆要求，地板离地面距离一般为 300mm。

(2)墙面：采用不能燃烧的材料，平整、光洁、无裂缝、不反光、不积灰尘。

(3)顶棚：吊顶选用不起尘的吸声材料，装烟雾探测报警器，并符合现行国家标准《火灾自动报警系统设计规划》的规定。

(4)门窗：控制室为内开双扇门，门宽不小于 1.8m，高 2.15m；当有外窗时应采用双层金属密闭窗，并避免阳光直射；当采用铝合金窗时，可采用单层密闭窗，单玻璃应为中空玻璃。

(5)照明：要求有足够的照明，光线分布均匀，照度≥200lx。

(6)插座：单相 5A 插座 6 个(两极单相插座 3 个，三极单相插座 3 个)，三相 10A 插座 2 个。

(7)温度：全年控制在 18～28℃；湿度：40%～70%；温度变化小于 10℃/h 时不得结露。

(8)机房应考虑通风、消防设施。

三、配套设施要求

隧道机电系统除了对房建结构、装修有要求之外，还应满足信号、电源线缆能从室外进入室内，以及防雷要求。

1. 走线要求

进线室外应分开设置强电管道井和弱电管道井，两井相邻边间距不小于 1m，尺寸不小于 0.8m×0.6m，主线通信管道应引入弱电管道井内，强电应从配电房引入强电管道井内，两井通过 4×ϕ114mm 的钢管与进线室(电源室)内的电缆沟相连，进线室内的电缆沟应使用木板盖住。进线室至二楼机房的竖井内应设置桥架，规格采用 200mm×100mm 的金属线槽，槽体厚度为 2mm，盖板厚至少 1.5mm，如图 23-8。

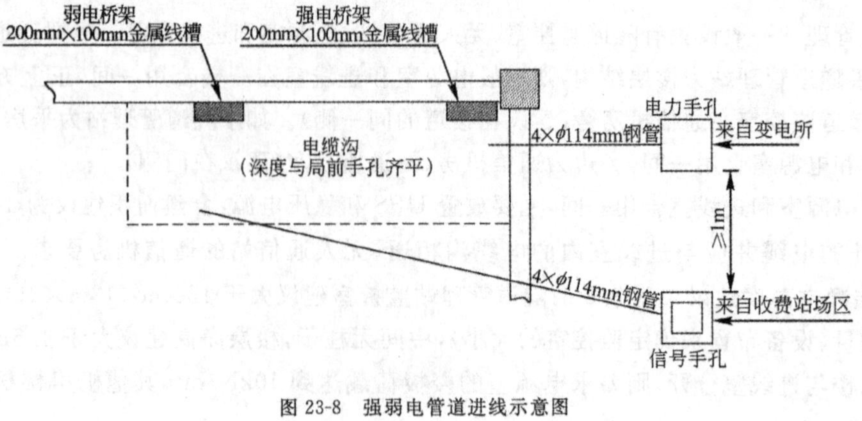

图 23-8 强弱电管道进线示意图

同一层的机房之间为了强、弱电缆走线方便，应在静电地板以下的墙上预留 200mm×100mm 的洞口，静电地板下的强、弱电缆应分别放在 200mm×100mm 的镀锌金属槽内走线。

2. 防雷要求

隧道管理站机房接地装置的设置应满足人身安全及机房设备正常运行和系统设备的安全要求。一般要求房建为各机房预留 1m 长的 40mm×4mm 的镀锌扁钢接地排，接地排应与接地网相连，电阻小于等于 1Ω。

第二十四章 监控设施

第一节 概 述

隧道作为高速公路的重要组成部分，其环境与普通路段相比明显不同，它具有空气污染严重、隧道内外照度差异大、空间有限、环境噪声大等特点。随着交通量的迅速增长，隧道的通行能力、行车速度、交通安全以及对突发事件的应急能力受到很大影响。

隧道监控系统能对隧道区段的交通流、环境和路况进行实时监视，提取交通流及环境特征值，在交通拥挤未发生时，及时采取措施，调整交通量，防止交通事故发生；在发生偶然事件时，能及时检测并发出报警信号，通知有关部门进行事件处理，同时利用各种信息发布手段，通知道路使用者，避免发生二次事故，减少交通延误和交通阻塞。要完成以上功能，隧道区段的监控设施是必不可少的。

第二节 监控设施构成

隧道区段的监控设施主要由监测设备、控制及诱导设备构成。监测设备主要包括车辆检测器、洞口外彩色摄像机、隧道内固定摄像机、隧道外能见度检测器、光强检测器、一氧化碳(CO)/能见度(VI)检测器、风速风向检测器、火灾检测器(含火灾报警按钮)、隧道口超高检测器和紧急电话等组成。隧道控制及诱导设备主要包括区域控制器、大型可变情报板、小型可变情报板、可变限速标志、车道控制标志、交通信号灯、标志灯、隧道广播等。

第三节 设备功能及指标

一、监测设备

1. 车辆检测器

车辆检测器的种类很多，工作原理各异，主要为检测车辆的出现或存在，检测车辆的运动或通过。车辆检测器主要分为感应(环形)线圈检测器、磁性检测器、地磁检测器、微型线圈检测器、磁成像检测器、雷达(微波)检测器、红外线检测器、超声波检测器以及视频检测器等。目前，隧道主要应用感应(环形)线圈检测器，少量使用视频检测器。

(1)感应(环形)线圈检测器

①设备功能及组成

感应线圈检测器的工作原理为当车辆通过埋设在道路表面以下由几匝金属线绕成的环形线圈时，引起线圈中的磁通量变化，从而检测到交通量、平均速度、占有率、密度、车行方向等各种交通参数。

感应(环形)线圈检测器主要由探头(包括环形线圈)、处理器两部分构成,处理器包括检测信号放大单元、数据处理单元、通信接口等,如图 24-1 所示。

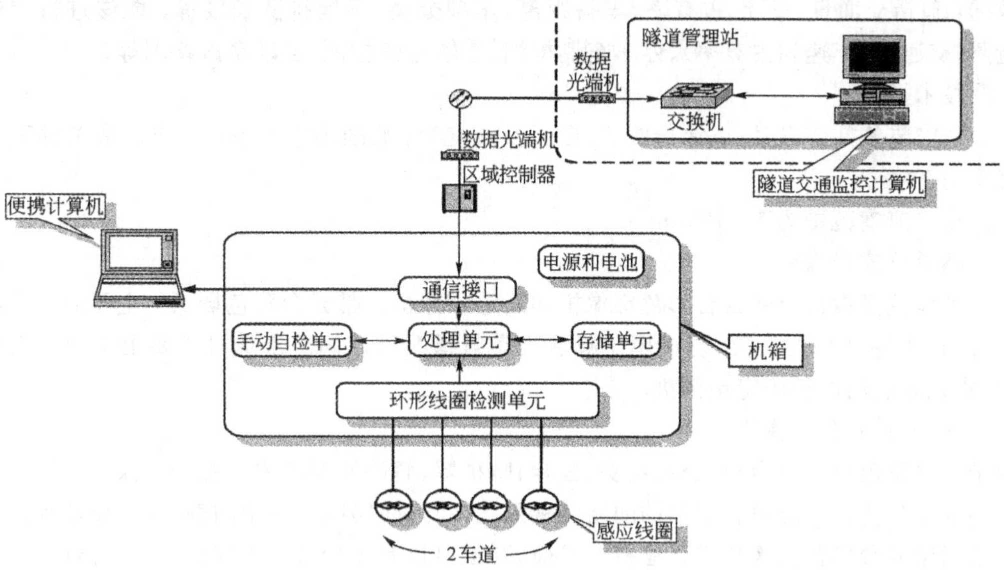

图 24-1 环形线圈车辆检测器构成图

②技术指标

感应(环形)线圈车辆检测器应满足标准《环形线圈车辆检测器》(JT/T 455—2001)的要求,特别要求如下:

a. 检测精度:二轮以上机动车辆数量精度≥98%。

b. 检测车辆速度范围为 0~160km/h,检测精度:≥95%。检测车辆占有率精度:≥95%。

c. 具有能维持 48h 工作的后备电池。

d. 具有预处理功能,能按 1min、5min、15min、30min 和 1h 进行处理。

e. 具有存储功能,能存储 7~30 天的检测数据。

f. 同一车辆作用在相邻车道上的环形线圈上时,能进行分析处理,并只检测到一辆车的信息。

(2)视频检测器

①设备功能及组成

视频车辆检测系统由摄像机、视频处理器、计算机及传输设备组成。其摄像机与隧道内监视摄像机共用;计算机采用隧道管理站的隧道交通监控计算机来完成,如图 24-2 所示。

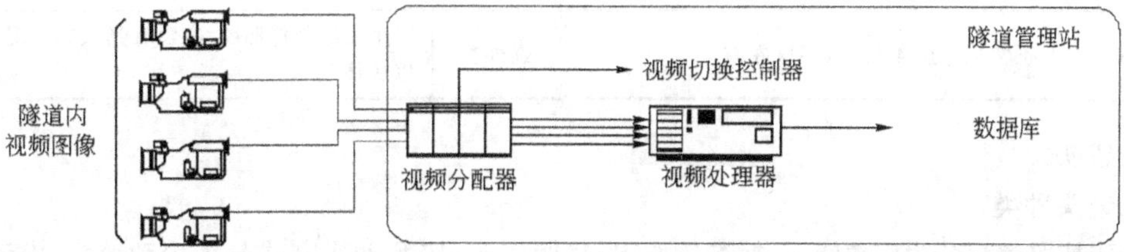

图 24-2 视频车辆检测器构成图

隧道内摄像机图像传输到隧道管理站后，经过视频分配器分配1路到视频车辆处理器；视频处理器将视频图像数字化，利用图形识别技术分析检测器代表区域的图像变化，从而得到交通数据，包括交通量、车速、占有率、车头距离、车型分类、车辆排队长度等，能够进行交通参数检测（交通量、车速和占有率）、停车车辆检测、车辆排队检测、自动事故检测等。

②技术指标

a. 在安装条件合格时，正常条件下（白天及夜晚）计数准确率为96%，非正常条件下计数准确率为93%。

b. 检测速度范围为1～180km/h。

2. 隧道监控摄像机

隧道监控摄像机分带云台彩色摄像机和固定摄像机。带云台彩色摄像机主要应用在隧道洞口外，监视隧道口的情况，也可用于隧道内车行横洞处。固定摄像机主要用于隧道内的监视，分彩色和黑白两种固定摄像机。

(1)带云台彩色摄像机

带云台彩色摄像机由摄像头、镜头、云台、防护罩、解码器等组成。视频图像以及控制信号通过传输系统传送到隧道管理站的闭路电视系统，通过闭路电视系统的键盘、视频控制计算机能完成对带云台彩色摄像机进行遥控。目前，隧道口也有极少量采用球型一体化摄像机。

①摄像头

摄像头又称CCD(Charge Couple Device)即电荷耦合器件。摄像机是摄像头和镜头的总称。CCD工作原理是：被摄物体反射光线，传播到镜头，经镜头聚焦到CCD芯片上，CCD根据光的强弱积聚相应的电荷，经周期性放电，产生表示一幅幅画面的电信号，经过滤波、放大处理，通过摄像头的输出端子输出一个标准的复合视频信号。CCD主要考虑如下方面：

a. 制式

我国采用隔行扫描(PAL)制式（黑白为CCIR），标准为625行，50场。另外，日本为NTSC制式，525行，60场（黑白为EIA）。

b. CCD芯片

CCD尺寸比较多，有2/3寸(8.8mm×6.6mm)、1/2寸(6.4mm×4.8mm)、1/3寸(4.8mm×3.6mm)和1/4寸(3.2mm×2.4mm)等几种。目前，隧道口的摄像机主要采用1/3寸，也有采用1/2寸的；CCD的分辨率一般要求500线左右；最低照度一般为月光型0.1lx，如表24-1所示；信噪比一般要求大于48dB；电源一般要求交流220V、24V，直流12V或9V。

照度等级对照表 表24-1

照度等级	照度描述	照度等级	照度描述
普通型	正常工作所需照度1～3lx	星光型	正常工作所需照度0.01lx以下
月光型	正常工作所需照度0.1lx左右	红外型	采用红外灯照明，在没有光线的情况下也可以成像

②镜头

a. 镜头种类

镜头按照焦距分为广角镜头、标准镜头、长焦距镜头；按照动作方式分为手动镜头、电动镜头；按照安装方式分为普通安装镜头、隐蔽镜头（针孔镜头）；按照光圈分为手动光圈、自动光圈；按照聚焦方式分为手动聚焦、电动聚焦、自动聚焦；按照聚焦倍数分为2倍、6倍、10倍、16倍、20倍等。

隧道带云台彩色摄像机一般采用电动变倍、变焦、自动光圈镜头。

b. 镜头指标

焦距一般选用10～200mm，焦距计算公式为：

$$f = vD/V \text{ 或 } f = hD/H \tag{24-1}$$

式中：f——焦距；

v——CCD靶面垂直高度；

V——被观测物体高度；

h——CCD靶面水平宽度；

H——被观测物体宽度；

D——被摄物体至镜头的距离。

光圈镜头一般分视频(VIDEO)驱动型和直流(DC)驱动型，隧道一般采用直流(DC)驱动型。

一般采用16倍以上的电动镜头，建议采用20倍的电动镜头。电动镜头的控制电压一般是直流8～16V。

镜头安装方式为C或CS两种，两者螺纹均为1in32牙，直径为1in，差别是镜头距CCD靶面的距离不同，C式安装座从基准面到焦点的距离为17.562mm，比CS式距离CCD靶面多一个专用接圈的长度，CS式距焦点距离为12.5mm。具体采用何种方式应与摄像头配套，目前一般采用CS安装方式。

③解码器

解码器的功能是把视频切换控制器的控制码转换成模拟信号输出，还提供云台24V或220V交流电压，镜头12V直流电压，辅助24V交流电压，2个辅助开关，有的还提供12V直流供电。

解码器分室内型和室外型两种。隧道采用室外型，并需要一个机箱来放置解码器，机箱防护等级要求至少IP65。

解码器到云台、镜头的连接线不能太长，因为控制镜头的电压为12V左右，传输太远电压降太大，会导致镜头不能控制。另外，解码器应与视频切换控制器相匹配，才能识别视频切换控制器的控制命令。

④云台

能够承载摄像机进行垂直及水平移动的装置称作云台。云台根据负重分为轻载云台，最大负重20lb(9.08kg)；中载云台最大负重50lb(22.7kg)；重载云台最大负重100lb(45kg)；另外还有防暴云台(可负重100lb)。根据使用环境分室内云台和室外云台。云台的使用电压有交流型和直流型，交流云台适用于定速操作，直流型适用于变速操作，速度快，隧道口的摄像机一般使用交流云台，也可选择直流云台。

⑤防护罩

防护罩的作用是用来保护摄像机及镜头不受诸如有害空气、天气及人为有意破坏等环境条件的影响。防护罩分室内型、室外型、防暴型以及高度安全型等。隧道洞口带云台彩色摄像机采用室外型防护罩，并且防护罩带有风扇、加热器、窗口除霜器、遮阳罩、清洗器等，能承受一般程度的温度、湿度、雨水及日照。

(2)固定摄像机

隧道内采用固定摄像机进行监控，固定摄像机分为彩色固定摄像机和黑白固定摄像机。

固定摄像机主要由摄像头、镜头、防护罩、支架等组成。隧道内视频图像通过传输系统传送到隧道管理站的闭路电视系统，然后在监视器、大屏幕投影上显示，录像机切换录像。

固定摄像机的摄像头与带云台彩色摄像机的摄像头一样，如果采用固定黑白摄像机，摄像头的分辨率一般要求570线左右，照度一般为0.1lx，也有0.01lx。

固定摄像机使用固定焦距自动光圈镜头，镜头的大小依摄像机的设置间距而定，间距在100～200m，一般使用8～50mm的镜头。

固定摄像机的防护罩一般不带风扇、窗口除霜器、遮阳罩、清洗器等，但要求密封性好，防护等级达到IP66，在寒冷地带应配置加热器。

固定摄像机的支架一般采用铝或钢制支架，也可根据现场实际情况自制支架，但应考虑支架的承重。

3. 隧道外能见度检测器

(1)设备功能及组成

隧道外能见度主要依据对大气消光系数(或大气的光衰减系统)的精确测量，根据柯西米德(Koschmieder)定律，气象光学视距 V 与消光系统 σ 之间的关系为：

$$V=\frac{1}{\sigma}\ln\frac{1}{0.05} \tag{24-2}$$

隧道外能见度是根据以上机理，并选择合适的光源(波长、光强)和光路结构，通过检测专用光源在指定大气体积中的前向散射强度，以求得其散射系统，并计算出大气能见度值，如图24-3所示。

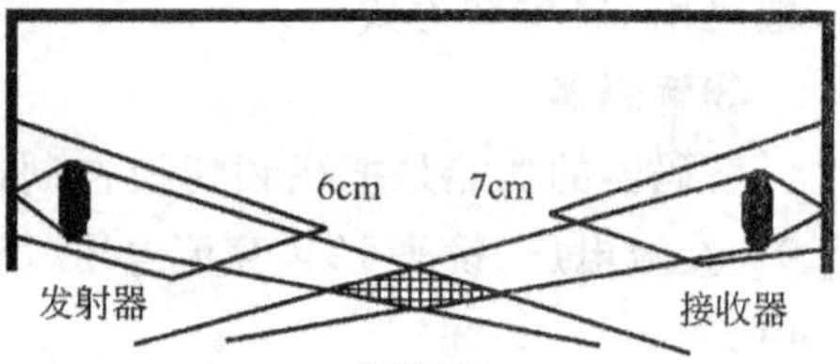

图24-3 能见度原理构成图

隧道外能见度是由发射光源的发射器、散射光接收器、处理器组成。

(2)技术指标

隧道洞外能见度测量范围一般要求1～1000m，有的能达到1～20000m；精度要求±2%(1～1000m)；通信接口为RS232/RS422或模拟电隔离输出4～20mA，防护等级IP65。

4. 光强检测器

(1)设备功能及组成

光强检测器主要由布置在隧道口外的辉度计以及布置在隧道口内的照度计组成，如图24-4、图24-5所示。

图24-4 辉度计

图24-5 照度计

辉度计是用来检测隧道口外物体反射光的强度，能够在20°范围内对照度平均值进行连续测量，亮度等级是由一个嵌在金属或玻璃中的硅光电池来确定的，传感器的使用与温度无关。辉度计还可配置有云台、清洗过滤元件和加热元件。

照度计是用来记录在水平表面的照明强度（入射光），它主要是由一层防水瓷漆金属机壳并在上部表面内嵌硅二极管。光电管已进行校准，可用于测量符合人类对光谱响应的照明强度（符合CIE标准）。

(2)技术指标

辉度计的检测范围为0～6500cd/m^2，信号输出4～20mA，防护等级IP65，利用云台可调整角度。

照度计的检测范围为0～20000lx，信号输出4～20mA。

5.一氧化碳(CO)/能见度(VI)检测器

(1)设备功能及组成

一氧化碳(CO)/能见度(VI)检测器负责检测隧道内一氧化碳的浓度以及能见度值。目前检测器分为一体化检测器（CO和VI检测为一套设备）和分体检测器（CO和VI检测为两套独立的设备）。

分体检测器中的一氧化碳(CO)检测器又分两种：一种利用电化学检测，它通过检测器将取样点过滤器、电化学传感器以及电子元件装于同一箱体，为整体型电化学分析连续测定方式，该设备需定期更换过滤器，增加一定的维护量；另一种为红外检测，基于CO分子对红外光特征波长的选择吸收原理。

分体检测器中的能见度(VI)检测器基于光束在空气中传播的衰减来测量能见度值。

一体化检测器是指一氧化碳(CO)和能见度(VI)检测器设计在一套设备中实现。主要由发射/接收单元、反射单元、处理单元以及安装支架等组成。根据原理不同分为两种：一种是发射/接收头发射特定的红外线，由反射头反射回发射/接收头，通过测量红外波的衰减测量CO浓度；能见度测量是通过另一分离通道，由发射/接收头发射光波，到达反射头内的接收部分，通过测量光波的衰减测量能见度值，发射/接收与反射单元之间要求距离3m。另一种是发射/接收单元发出一束红外光源到达发射单元内的红外接收器，由于CO分子对红外光特征波长的选择吸收，在波长范围4.5～4.9μm，CO具有特别的吸收光谱构成吸收峰，吸收峰的形状和位置显示CO浓度；能见度测量是通过发射/接收单元发射一束光，通过反射单元反射回发射/接收单元测量其衰减来测量能见度值，接收/发射单元于反射单元之间要求距离10m。

我国早期采用过电化学型的CO检测器，目前几乎全部采用一氧化碳(CO)/能见度(VI)一体的检测器，如图24-6所示。

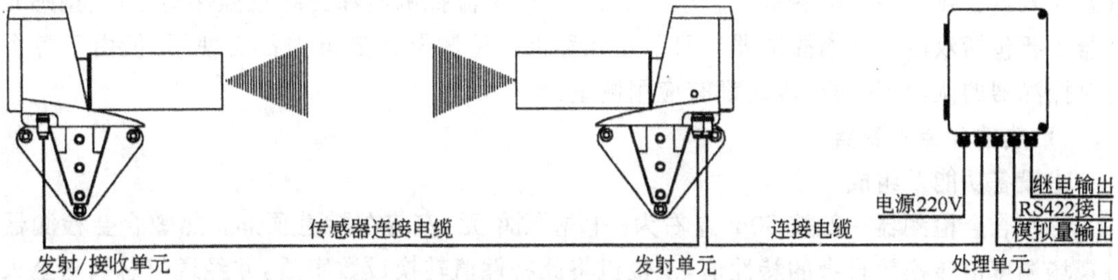

图24-6 一氧化碳(CO)/能见度(VI)检测器构成图

(2)技术指标

测量距离:3m/10m;

测量范围:CO为0～300ppm;VI为0～0.015m^{-1};

测量精度:CO为±1ppm;VI为±0.0002 m^{-1};

模拟输出:4～20mA隔离输出;

接口输出:RS232/RS485标准接口;

防护等级:至少IP65。

6.风速风向检测器

(1)设备功能及组成

隧道风速风向检测器使用超声波技术测量空气流速及方向。目前,有两种风速风向检测器在国内广泛应用:一种由一个传送器和四个接收器安装在一个探头内,安装在隧道内一侧,如图24-7所示;另一种安装在隧道的两侧,由两套发射/接收单元和一套处理器构成,如图24-8所示。

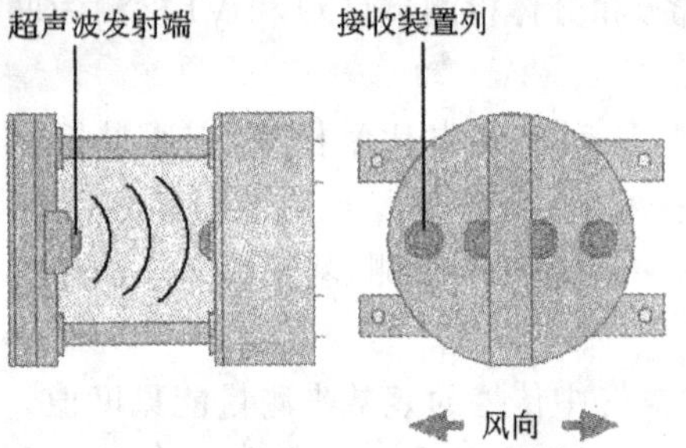

图24-7 风速风向检测器(一侧安装)

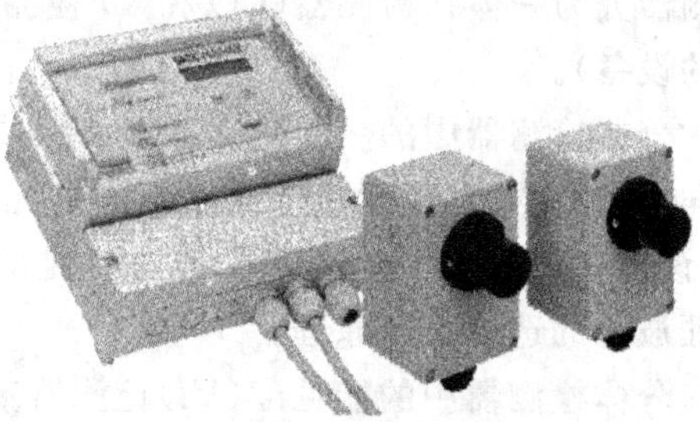

图24-8 风速风向检测器(两侧安装)

(2)技术指标

测量范围:－20～＋20m/s;

测量精度:±0.1m/s;

反应时间:10s～5min;

模拟输出:4～20mA隔离输出;

接口输出:RS232/RS485标准接口;

防护等级:至少IP65。

7.火灾检测器

在隧道中常用的火灾探测器按原理分为两类:线型感温探测器和点型感光探测器。线型感温探测器主要产品包括热敏合金检测器、空气管差温探测器和光纤感温探测器;点型感光探测器主要包括双波长火焰探测器。目前这几种火灾检测器在隧道内都有使用,但由于各个省份对探测器的认识不一样,因此都有应用侧重。

(1)热敏合金检测器

①设备功能及组成

热敏合金检测器一般按50m左右为一段检测单元,安装在隧道顶部。热敏合金检测器可将现场温度值转换为自身的特性值,下位机将此特性值转换成数字量,并经通信总线送至火灾报警控制器,控制器将收到的数字量还原成温度值,进行显示、分析和处理。

热敏合金检测器主要由火灾报警控制器、下位机、线型感温火灾探测器、中继器、分支器、手动报警按钮等组成。

②技术指标

测量精度±1℃，测温分辨率 0.1℃，火灾报警反应时间（从隧道内产生火灾起到隧道管理站产生报警信号止所需时间）<60s，系统标准测量距离 12.5km，单回路测量范围纵向 50m、横向 11m；标准容量，控制器 1 台、下位机 125 台、探测器 250 根/只、检测单元 250 个。

（2）空气管差温探测器

①设备功能及组成

空气管差温探测是利用温度上升使铜管内空气膨胀产生推力，压力变送器将该推力转化为开关量信号报警。

空气管温差型火灾检测器主要由火灾报警控制器、下位机、铜管探测器、手动报警按钮等组成。

②技术指标

工作电压 DC28V，响应时间<30s，寿命不应低于 10 年。

（3）光纤感温探测器

①设备功能及组成

光纤感温探测器主要依据是光纤的光时域反射（OTDR：Optical Time Domain Reflectometry）原理以及光纤的后向拉曼散射（Raman Scatforing）温度效应，激光光源沿着光纤注入光脉冲，脉冲大部分能传到光纤末端并消失，但一小部分拉曼散射光会沿着光纤反射回来，对这一后向散射光进行信号采集并在光电装置中进行分析，从而提供给用户有关温度的信息。目前也有光栅光纤探测器。

光纤感温型火灾检测器主要由火灾报警控制柜、手动火灾报警按钮、光纤式温度探测系统（软件）、探测光缆及连接电缆、配线及必要的附件等构成，如图 24-9 所示。

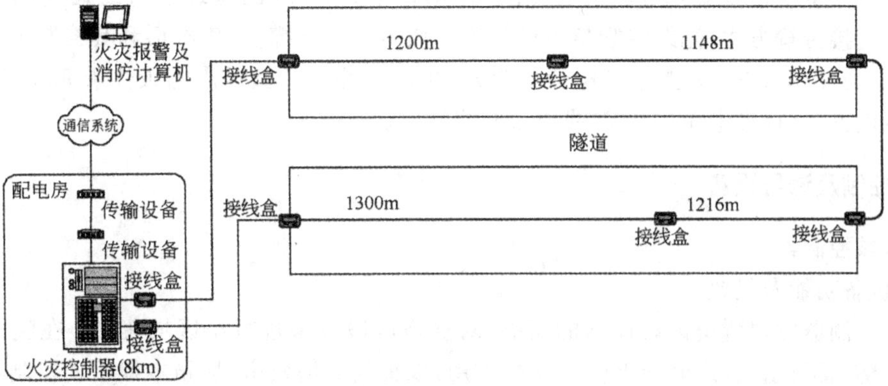

图 24-9　光纤感温型火灾检测器构成图

②技术指标

工作电压 DC24V，能在 30～60s 内对火灾进行报警，温度分辨率<2℃，定位精度为1.25m 最大报警分区 100 个，继电器输出 24（或 32）路。探测光缆使用说明可达 30 年，能在 −40～+90℃下长期工作，150℃下可工作 48h。

（4）双波长火焰探测器

①设备功能及组成

双波长火焰探测器利用火的特定波长及火焰闪烁频率判定火灾，不受隧道内风速影响，响应速度快，但烟大无火焰的火灾不易及时发现。

双波长火焰型火灾检测器主要由报警主机、综合盘、手动报警按钮、转换器Ⅰ型箱、转换器Ⅱ型箱、模块箱、避雷箱、接线盒等构成。

②技术指标

火灾探测器输入电压为DC48V，监视范围受光窗口的正面左右各90°，宽25m及半径30m，灵敏度为30s内发现0.5m^{2}的汽油火灾(燃烧时风速12m/s)。火灾报警按钮为可重复使用型。

8.隧道口超高检测器

超高检测器设置在隧道入口，可防止超高车辆损害隧道。超高检测器分为机械式和自动检测两种：

(1)机械式为在隧道口门架上用钢绞线悬挂到限高高度上的钢板阻止车辆进入。

(2)自动超高检测由红外线发射器、接收器及多个环形线圈组成。红外线发射器发射的光束定位在隧道限高上，由接收器接收，如果超高则光线被遮挡，为避免误报，设置环形线圈校验。另外还有利用超声波和微波原理制造的自动超高检测器。

实际使用中由于收费站天棚起到限高作用，一般隧道口都不设置超高检测器；但对于没有任何限制超高车手段的道路，应在隧道口设置超高检测器。

9.紧急电话

紧急电话按照传输媒质、传输方式、结构、材料分为：电缆紧急电话、光缆紧急电话和无线紧急电话三种，隧道主要采用电缆和光缆两种。一般隧道采用光缆型紧急电话和有线广播系统合成。目前，有些无线通信公司承诺隧道内实现无屏蔽，隧道内也有使用无线紧急电话的例子。

电缆型紧急电话传输介质可采用线径0.7mm和0.5mm的星绞或对绞铜缆(充油膏)，4线制多机复接传输方式；光缆型紧急电话传输介质可采用光缆；紧急电话和其控制主机之间的传输损耗≤30dB，3000Hz；距紧急电话机前方40cm处测得的额定声能级优于90dBA；采用低压集中供电方式(标准电压－48V)或由太阳能供电。

二、控制及诱导设备

1.区域控制器

(1)设备功能及组成

区域控制器完成隧道区段控制的功能，对隧道区段设备进行小区域集中，在隧道管理站计算机和隧道区段设备之间起上传下达的作用，以提高通信效率，加强本地手动控制功能。

区域控制器由CPU模块、电源模块、通信模块、输入模块、输出模块、触摸屏等构成。区域控制器一般采用冗余光纤环结构，目前采用的总线协议有Controller link、Profibus、Modbus等，另外还有工业以太网。

(2)技术指标

一般采用32位RISC可编程序控制器，配至少128k快闪存储卡；基本指令速度不低于0.1μs，每块模块都有指示灯指示模块的工作状态；带I/O功能。总线结构传输速率大于1.5M；以太网传输速率可达10/100M。

2.大型可变情报板

(1)设备功能及组成

大型可变情报板一般设置在隧道口，以便在天气、交通等异常时及时向驾驶员提出建议，如图 24-10 所示。一般根据隧道长度、交通量大小在隧道口设置大型可变情报板、小型可变情报板或可变限速标志。

大型可变情报板由显示屏体、控制器(内含软件)、驱动器、配电箱、龙门架等组成。大型可变情报板根据显示颜色分为全彩色、双基色和单色三种形式。

(2)技术指标

大型可变情报标志应满足交通行业标准《高速公路 LED 可变信息标志技术条件》(JT/T 431—2000)。

一般大型可变情报板有 10～11 个显示单元，第一个单元为全彩色，其他为双基色，每个单元显示尺寸 1m×1m，每个汉字一般由 32×32 点阵组成，汉字显示大小也可自由编辑。整屏亮度＞8000cd/m^2，至少 4 档亮度自动调节，可视距离≥200m，视角度为 30°，失效点＜1‰，外壳防护等级达 IP65。

3.小型可变情报板

(1)设备功能及组成

小型可变情报板用来根据外场、隧道内的环境、交通实际情况及时向驾驶员提供信息，包括显示车辆速度限速值，如图 24-11 所示。

图 24-10　大型可变情报板

图 24-11　小型立柱式可变情报板

小型可变情报板分为小型立柱式可变情报板、悬臂式可变情报板以及隧道内可变情报板。根据显示颜色分为全彩色、双基色和单色三种形式。双基色小型可变情报板应用较多。

小型可变情报板由显示屏体、控制器(内含软件)、驱动器、配电箱、立柱或支架等组成。

(2)技术指标

小型立柱式可变情报板：显示面积 1.6m×1.6m，外形尺寸 2m×2m；整屏分辨率为 48×48；一般能显示汉字(4 个汉字或更多)、字母、图案、限速值及全黑等，可全屏编辑，每个汉字分辨率为 24×24；亮度≥8000cd/m^2；可视距离至少 200m(车速 100km/h)，可视角 30°。

悬臂式可变情报板：一般显示尺寸 1.2m×2.4m。分辨率为 48×96；可全屏编辑，能显示汉字(8 个汉字或更多)、字母、图案、限速值及全黑等；每个汉字的分辨率为 24×24；亮度≥8000cd/m^2；可视距离至少 200m(车速 100km/h)，可视角 30°。显示面积也可使用其他尺寸。

隧道内可变情报板：一般悬挂在隧道顶部，可显示两行 8 个 24×24 的汉字，也可整屏编辑，显示尺寸 1.2m×2.4m。整屏亮度≥3500cd/m^2；可视角度 30°；防护等级 IP65。

4. 可变限速标志

可变限速标志用来进行速度限制，使隧道内行使车辆的平均速度与车道占有率适应，避免或缓解隧道内的交通拥挤、阻塞。

可变限速标志由标志板、控制箱、安装连接件等组成。标志板由显示屏、机壳组成，其中显示屏由图形外圈、数字字符及其支撑底板构成。可变限速标志可以在隧道口使用也可在隧道内使用。

可变限速标志应满足交通行业标准《高速公路 LED 可变限速标志技术条件》(JT /T 432—2000)。

可变限速标志分为方形和圆形两种，按图形外圈尺寸分为 ϕ1200mm、ϕ1400mm、ϕ1600mm 三种。

视认角不小于 15°，动态视认距离不小于 210m，应至少显示 5、10、15、20、30、40、50、60、80、90、100、120 等内容，且能控制全亮与全灭。

5. 车道控制标志

车道控制标志设在隧道入口处及隧道内，每车道的上方由红“×”或绿“↓”灯表示车道封闭、开启，为使隧道在异常情况下能安全反向行车，车道控制标志采用双面式。

车道控制标志一般由显示屏、灯箱以及安装连接件等组成。一般采用 600mm×600mm、600mm×700mm、700mm×700mm 等尺寸。车道控制标志分为 LED 和光纤两种型号。目前多采用 LED 型。

6. 交通信号灯

交通信号灯设置在进入隧道匝道路口(即由整体式路基变为分离式路基的路口)及隧道入口前。交通信号灯用来控制隧道口的交通流的流向、流速以及起停等。

交通信号灯由显示灯、立柱、安装支架等构成。隧道口的交通信号灯一般由红、绿、黄灯以及左转向箭头组成显示灯。显示灯有灯泡和 LED 两种，高速公路交通信号灯一般采用 LED 像素组成。

每个信号灯的直径为 300mm，光源采用 LED，接口为 RS232/RS485，最远可见度≥200m。

7. 隧道广播

(1)设备功能及组成

隧道广播为在紧急事故或火灾等情况下，值班员向隧道口及隧道内驾乘人员喊话，向隧道区段传递信息、进行避难导向。平时也可用来传递公路养护施工状况或交通信息。

隧道广播分为有线广播和无线广播。目前，国内隧道基本使用有线广播。

有线广播通常和紧急电话合用成为一套综合系统。隧道区段的有线广播一般采用强指向号角扬声器，功率为 30W。隧道内(单洞)按每 100m 设置一个扬声器，每 100m 为一个音区。国内有的隧道选择每 50m 设置一个扬声器。

无线广播一般采用中波无线广播。但考虑隧道内信号非常微弱甚至无法接收，故在隧道内侧壁上方敷设一根漏泄电缆或在隧道口和隧道内适当位置纵向架设定向天线来解决隧道内无线信号传输问题。驾乘人员通过车载接收器收听隧道区段消息。

(2)技术指标

语音频带 300～3400Hz；单个广播额定声压级强度≥110dBA(广播正前方 100cm 处测得)；非线性失真≤5%；控制台信号发送电平≥0dB；广播模块信号接受灵敏度≤－38dB；扬声器为强指向扬声器，扬声器功率 30W；广播功放模块功耗 1 个功放驱动 1 个或 2 个扬声器；最大允许线路衰耗 30dB(3000Hz);声音清晰,无混响;录音存储时间≥500h。

第四节　监控设施布置原则

高速公路隧道监控设施除根据隧道等级划分来分期布置外,还应考虑隧道的坡度、平曲线半径、卡车占的比率等因素。一般隧道设施的布置原则如表 24-2 所示。

隧道监控设施布置一览表　　　　表 24-2

设备名称		布置原则	备注
监测设备	车辆检测器	隧道内 300～500m 间距布置 隧道口外 50～100m 处	
	彩色摄像机	隧道洞口外 100～200m 处	
	固定摄像机	隧道内 100～200m 间距布置	
	外场能见度检测器	隧道洞口外能见度差的地方	
	CO/VI 检测器	隧道内距出口 100～150m 处开始向洞内以 800～1000m 间距设置 有竖井通风的在竖井排风口前设置	
	风速风向检测器	隧道内距出口 100～150m 处开始向洞内以 800～1000m 间距设置 有竖井通风的在竖井处设置	
	火灾自动检测器	根据各检测器类型连续设置	
	手动报警按钮	每 50m 一个,与消防设备同址	
	超高检测器	隧道入口外 150～200m 设置应与标志配合使用	
	紧急电话	洞口外各设置一台紧急电话,洞内从入口 200m 处开始以 200m 间距设置	
控制及诱导设备	区域控制器	隧道口配电房设置一套,洞内入口 200m 处开始以 600～1000m 间距设置	
	大型可变情报板	隧道入口外 150～300m 设置	
	小型可变情报板	隧道入口外 150～300m 设置	
	隧道内情报标志	隧道内以 800～1000m 间距设置	
	可变限速标志	隧道入口外 150～300m 设置 隧道内以 800～1000m 间距设置	
	车道控制标志	隧道口开始以 300～500m 间距设置 在弯道及车行横洞处调整	
	交通信号灯	隧道入口前转向车道处	
	隧道有线广播	隧道内 100m 间距设置一个音区 隧道口外 100～200m 设置一个扬声器	

第五节　监控设施防护

一、概述

隧道监控设备无论设置在隧道内还是隧道外，均处在恶劣的工作环境下，隧道外受夏日高温、冬季严寒、雷电、雨雪、大风及灰尘影响；隧道内，更有其特殊性，如汽车排放的油烟污染，修建多年后有的隧道可能会出现由于渗水、漏水而导致的潮湿，清洗时隧道会受水的强力喷射等。因此要求隧道区段设备具有较强的防护能力。

二、防护等级

防护等级 IP(International Protection)是由 IEC(International Electro Technical Commission)所起草。将设备依其防尘、防止外物侵入、防水、防湿气的特性加以分级。这里所指的防止外物侵入是指使外物包含工具、人的手指等均不可接触到设备内的带电部分，以免触电。防护等级的代号通常由特征字母 IP 和两个特征数字组成。第一位数字指防止人体触及或接近外壳内部的带电部分和触及运动部件(光滑的旋转轴和类似部件除外)，防止固体导物进入外壳内部。第二位数字指防止水进入外壳内部达到的有害程度。数字越大，表示其防护等级越高，两个数字所表示的防护等级如表 24-3、表 24-4 所示。隧道区段的设备由于其恶劣的工作环境，一般要求防护等级达到 IP65，“6”是指防尘度要求达到尘密级，即完全防止外物侵入，且可完全防止灰尘侵入；“5”是指防水度要求达到防止喷射的水侵入等级，即防止来自各方向由喷嘴喷射出的水进入设备造成损坏。

第一个号码(数字)所指的防护程度　　表 24-3

数字	防护等级	定义	备注
0	无防护	对外界的人或物体无特殊之防护	IP0-
1	防止大于 50mm 的固体物体侵入	防止较大尺寸(直径大于 50mm)的外物侵入，防止人体(如手掌)因意外而接触到物体内部之零件	IP1-
2	防止大于 12mm 的固体物体侵入	防止人的手指接触到物体内部之零件。防止中等尺寸(直径大于 12mm，长度大于 80mm)的外物侵入	IP2-
3	防止大于 2.5mm 的固体物体侵入	防止直径或厚度大于 2.5mm 之工具、电线或类似的细小的外物侵入而接触到物体的内部零件	IP3-
4	防止大于 1.0mm 的固体物体侵入	防止直径或厚度大于 1.0mm 之工具、电线或类似的细小的外物侵入而接触到物体的内部零件	IP4-
5	防尘	完全防止外物侵入。虽不能完全防止灰尘侵入，但侵入的灰尘的量并不会影响物体的正常操作	IP5-
6	尘密	完全防止外物侵入，且可完全防止灰尘侵入	IP6-

第二个号码(数字)所指的防护程度　　表 24-4

数字	防护等级	定义	备注
0	无防护	对外界的人或物无特殊之防护	IP-0
1	防止滴水侵入	垂直滴下的水滴(如凝结水)不会造成有害影响	IP-1
2	倾斜 15°时仍可防止滴水侵入	当外壳由垂直倾斜至 15°时,滴水不会造成有害影响	IP-2
3	防止喷洒的水侵入	防雨或防止与垂直的夹角小于 60°之方向所喷洒的水进入造成损坏	IP-3
4	防止飞溅的水侵入	防止各方向飞溅而来的水进入造成损坏	IP-4
5	防止喷射的水侵入	防止来自各方向由喷嘴喷射出的水进入造成损坏	IP-5
6	防止大浪的侵入	装设于甲板上的灯具,防止因大浪的侵袭而浸水造成损坏	IP-6
7	防止浸水时的水侵入	浸在规定压力的水中经规定的时间后能确保不因进水而造成损坏	IP-7
8	防止沉没时的水侵入	无限期的沉没在指定水压的状况下,能确保不因进水而造成损坏	IP-8

三、接地保护

1.接地分类

隧道的接地保护主要分为防雷接地、保护接地和联合接地三种,联合接地为防雷接地与保护接地共用一个接地。防雷接地是指将雷电导入大地,防止雷电流使人身受到电击或财产受到破坏的接地,一般要求电阻为 10Ω。保护接地是指为了防止电气设备绝缘损坏或产生漏电流时,使平时不带电的外露导电部分带电而导致电击,将设备的外露导电部分接地,这种接地还可以限制线路涌流或低压线路及设备由于高压窜入而引起的高电压,当产生电器故障时,有利于过电流保护装置动作而切断电源,一般要求电阻为 4Ω。联合接地一般要求电阻为 1Ω。

2.接地解决办法

(1)隧道外设备

隧道外的设备要求具有防雷接地和保护接地,也可做联合接地。一般在设备基础旁采用 50mm×50mm×5mm 的角钢作为接地极,并利用 ϕ8mm 的镀锌圆钢(也可利用 40mm×4mm 的扁钢)作为接地引线。

(2)隧道内设备

隧道内的设备只要求保护接地。一般在隧道口外采用 50mm×50mm×5mm 的角钢作为接地极,利用 40mm×4mm 的扁钢作为接地引线,沿隧道内电缆沟拖架引入隧道内。如果隧道较长,则接地引线会随着长度增加电阻增大,电阻计算公式如下:

$$R=\rho\times l/a \tag{24-3}$$

式中:R——电阻(Ω);

l——导线长度(m);

a——横截面面积(m^2);

ρ——电阻系数,电阻系数的单位由电阻和长度单位来表示。

这里需要注意的是电阻系数随温度变化，通常所给的电阻系数为20℃时的电阻系数。一般2500m长的隧道电阻衰减2.29Ω左右，所以要让隧道内设备保护接地达到4Ω，则要求隧道口的接地极能达到1.71Ω以下。如果隧道口的接地极达到1Ω仍然不能满足要求，则应采用电阻系数更小(如铜线等)或横截面面积更大的金属作为接地引线，来降低电阻衰减；另外对于长隧道最好在主体施工时每隔一定间距打入一接地极，以保证接地电阻值。

(3)接地解决方法

如果由于条件所限，接地极达不到所需的阻值要求，则应采用其他办法。

①更换土壤

这种方法是采用电阻率较低的土壤(如：粘土、黑土及砂质粘土等)替换原有电阻率较高的土壤，置换范围在接地体周围0.5m以内和接地体的1/3处。但这种取土置换方法对人力和工时耗费都较大。

②人工处理土壤(对土壤进行化学处理)

在接地体周围土壤中加入化学物，如食盐、木炭、炉灰、氮肥渣、电石渣、石灰等，提高接地体周围土壤的导电性。采用食盐，对于不同的土壤其效果也不同，如砂质粘土用食盐处理后，土壤电阻率可减小1/3～1/2，砂土的电阻率减小3/5～3/4，砂的电阻率减小7/9～7/8；对于多岩土壤，用1%食盐溶液浸渍后，其导电率可增加70%。这种方法工程造价较低且效果明显，但土壤经人工处理后，会降低接地的热稳定性、加速接地体的腐蚀、减少接地体的使用年限。因此，一般来说，只有在万不得已的条件下才建议采用。

③深埋接地极

当地下深处的土壤或水的电阻率较低时，可采取深埋接地极来降低接地电阻值。这种方法对含砂土壤最有效果。据有关资料记载，3m深处的土壤电阻系数为100%，4m深处为75%，5m深处为60%，6m深处为60%，6.5m深处为50%，9m深处为20%。这种方法可以不考虑土壤冻结和干枯所增加的电阻系数，但施工困难，土方量大，造价高，在岩石地带困难更大。

④多支外引式接地装置

如接地装置附近有导电良好及不冻的河流湖泊，可采用此法。但在设计、安装时，必须考虑到连接接地极干线自身电阻所带来的影响。

⑤利用接地电阻降阻剂

在接地极周围敷设了降阻剂后，可以起到增大接地极外形尺寸，降低与周围大地介质之间的接触电阻的作用，因而能在一定程度上降低接地极的接地电阻。降阻剂用于小面积的集中接地、小型接地网时，其降阻效果较为显著。

降阻剂是由几种物质配制而成的化学降阻剂，是具有良好导电性能的强电解质和水分。这些强电解质和水分被网状胶体所包围，网状胶体的空格又被部分水解的胶体所填充，使它不至于随地下水和雨水而流失，因而能长期保持良好的导电作用。这是目前采用的一种常用的方法。

⑥利用水和水接触的钢筋混凝土体作为流散介质

充分利用水工建筑物(水井、水池等)以及其他与水接触的混凝土内的金属体作为自然接地体，可在水下钢筋混凝土结构物内绑扎成的许多钢筋网中，选择一些纵横交叉点加以焊接，与接地网连接起来。

当利用水工建筑物作为自然接地体仍不能满足要求，或者利用水工建筑物作为自然接地体有困难时，应优先在就近的水中（河水、池水等）敷设外引（人工）接地装置（水下接地网），接地装置应敷设在水的流速不大之处或静水中，并要回填一些大石块加以固定。

⑦采取伸长水平接地体

结合工程实际运用，经过分析，结果表明，当水平接地体长度增大时，电感的影响随之增大，从而使冲击系数增大，当接地体达到一定长度后，再增加其长度，冲击接地电阻也不再下降。一般说来，水平接地体的有效长度不应大于表24-5所示值。接地体的有效长度根据土壤电阻率确定，如表24-5所示。

在不同土壤电阻率下的水平接地体有效长度 表24-5

土壤电阻率（Ω·m）	500	1000	2000
水平接地体有效长度（m）	30～40	45～55	60～80

⑧采取污水引入

为了降低接地体周围土壤的电阻率，可将污水引到埋设接地体处。接地体采用钢管，在钢管上每隔20cm钻一个直径5mm的小孔，使水渗入土壤中。

⑨采取深井接地

有条件时还可采用深井接地。用钻机钻孔（也可利用勘探钻孔），把钢管接地极打入井孔内，并向钢管内和井内灌注泥浆。

在确定降低高土壤电阻率地区接地电阻的具体措施时，应根据当地原有运行经验、气候状况、地形地貌的特点和土壤电阻率的高低等条件进行全面、综合分析，通过技术经济比较来确定，因地制宜地选择合理的方法。这样，既可保障线路、设备的正常运行，又可避免接地装置工程投资过高情况的发生。

第六节　监控设施预留预埋及安装

一、概述

隧道区段监控设施预留预埋分为隧道口外和隧道内两种情况。隧道内由于其空间有限的特点，一般设备需嵌入隧道壁内，这必然要求主体施工单位在做二次衬砌时完成隧道监控设施设置所需的各种预埋管线和洞室；隧道口一般由路基施工单位完成基础、管线预留预埋。预埋管线、洞室、基础是否合格直接影响后期机电安装。隧道口外一般预埋钢管，隧道内一般预埋PVC或钢管，目前在隧道预留预埋中也使用可扰性金属软管，尤其在一些弯曲段，但价格较贵。

二、隧道内监控设施预留预埋及安装

隧道内设备的预留预埋各不相同，同一个设备根据不同型号预留预埋也不相同，本书给出隧道设备常用预留预埋及安装方案。

1.环形线圈车辆检测器

在隧道左右洞外侧壁，离检修平台1.25m的高度预留90cm（宽）×70cm（高）×35cm（深）的掘洞，从掘洞到通信电缆沟预埋4根ϕ50mmPVC或钢管；另外从通信电缆沟至路缘角留1根ϕ50mmPVC或钢管用来穿感应线圈。车辆检测器放置在掘洞内，通过预埋的管道与电源、

环形感应线圈以及区域控制器相连，如图 24-12 所示。

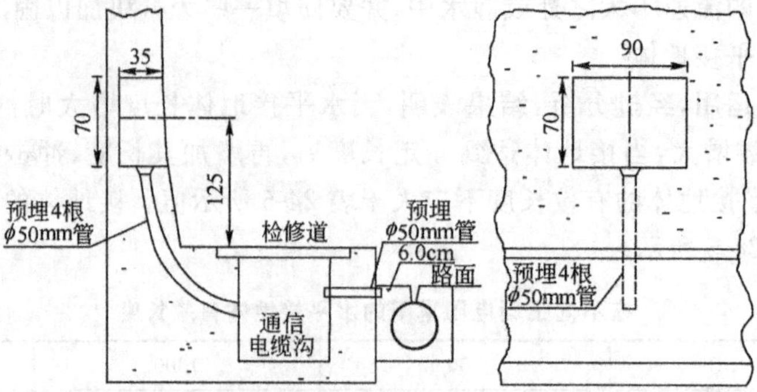

图 24-12 车辆检测器预留预埋图(尺寸单位：cm)

2. 隧道内固定摄像机

在隧道左右洞外侧壁，离检修平台 1.4m 的高度预留 40cm(宽)×80cm(高)×35cm(深)的掘洞；从掘洞到通信电缆沟预埋 2 根 ϕ50mm 的 PVC 或钢管；另外从掘洞至建筑界限顶(检修道上部)，离路面约 5m 处预埋 2 根 ϕ50mm 的 PVC 或钢管。摄像机安装在隧道外侧离地面 5m 高的支架上，解码箱(含光端机、电源等)放置在掘洞内，通过预埋的管道连接电源和视频信号，如图 24-13 所示。

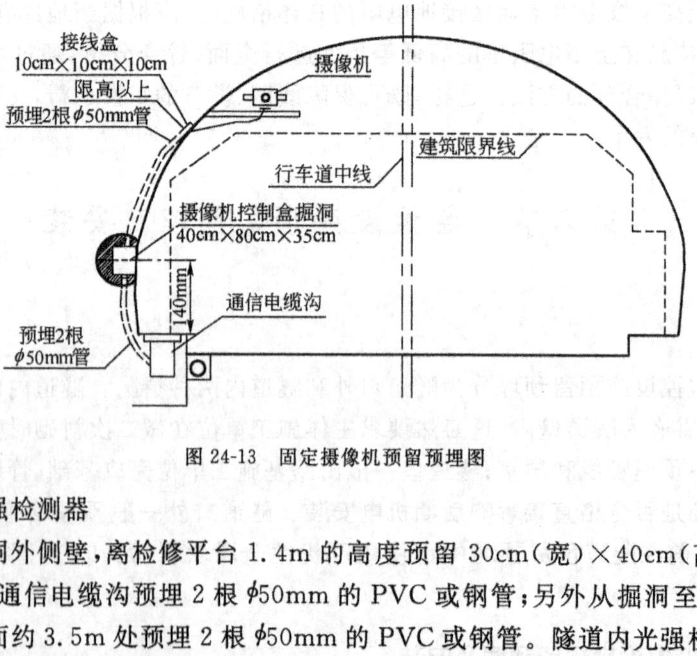

图 24-13 固定摄像机预留预埋图

3. 隧道内光强检测器

在隧道左右洞外侧壁，离检修平台 1.4m 的高度预留 30cm(宽)×40cm(高)×30cm(深)的掘洞；从掘洞到通信电缆沟预埋 2 根 ϕ50mm 的 PVC 或钢管；另外从掘洞至建筑界限顶(检修道上部)，离路面约 3.5m 处预埋 2 根 ϕ50mm 的 PVC 或钢管。隧道内光强检测器安装在隧道外侧离地面 3.5～5m 高的支架上，处理器放置在掘洞内，通过预埋的管道连接电源和信号。

4. 一氧化碳/能见度检测器

在隧道左右洞外侧壁，离检修平台 3.2m 处相距 3m 或 10m 至通信电缆沟预埋 2 根 ϕ50mm 的 PVC 或钢管。检测器两个探头安装在隧道外侧壁离检修平台 3.2m 高的支架上，两个探头相距 3m 或 10m，另外通过预埋的管道连接电源和信号。

5. 风速风向检测器

在隧道左右洞内、外侧壁，离检修平台 4.2m 高预留 20cm×25cm×16cm 的掘洞，并预埋

2 根 ϕ50mm 的 PVC 或钢管至通信和电力电缆沟；左右两侧两个预埋管道前后相距 1m。两个预留掘洞通过 1 根 ϕ50mm 的 PVC 或钢管相连。风速风向检测器的两个探头分别安装在隧道两侧壁离检修道 4.2m 高，探头相对照，通过预埋的管道连接电源和信号。

6. 火灾检测器

双波长火灾检测器在隧道左右洞外侧壁离检修道 1.25m 高处预留 40cm(宽)×70cm(高)×25cm(深)的掘洞，从掘洞至通信电缆沟预埋 2 根 ϕ50mm 的 PVC 或钢管，检测器安装在掘洞内，探头外漏，通过预埋的管道连接电源和信号，火灾检测器报警控制柜放置在隧道口站房内。光缆火灾检测器无需预留预埋，光缆直接通过支架安装在隧道洞壁顶上，火灾报警控制器放置在隧道口站房内，如图 24-14 所示。

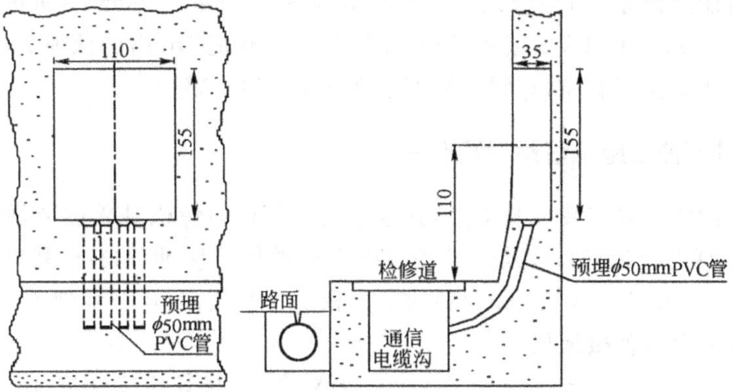

图 24-14　区域控制器预留预埋图(尺寸单位:cm)

7. 区域控制器

在隧道左右洞外侧壁离检修道 1.1m 高处预留 110cm(宽)×155cm(高)×35cm(深)的掘洞，从掘洞至通信电缆沟预埋 4 根 ϕ50mm 的 PVC 或钢管。区域控制器安装在掘洞内，通过预埋管道与各区域内的设备相连，如图 24-15 所示。

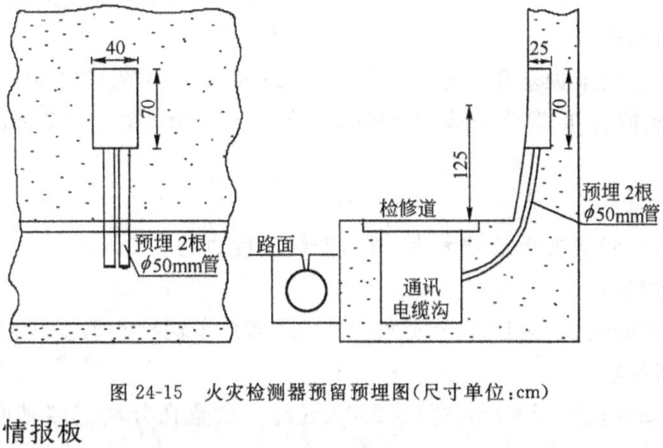

图 24-15　火灾检测器预留预埋图(尺寸单位:cm)

8. 隧道内可变情报板

在隧道左右洞外侧壁离检修道 1.4m 高处预留 60cm(宽)×50cm(高)×35cm(深)的掘洞；从掘洞至通信电缆沟预埋 2 根 ϕ50mm 的 PVC 或钢管，至隧道洞顶预埋 2 根 ϕ50mm 的 PVC 或钢管；另外在隧道洞顶相距 2m 预埋设备安装的支架。隧道内可变情报板安装在隧道洞顶，挂在预埋的支架上，设备控制器放置在掘洞内，通过预埋管道连接电源和信号。

9. 车道控制标志

在隧道左右洞洞顶、各车道中间正上方沿隧道外侧壁至通信电缆沟预埋 2 根 ϕ50mm 的 PVC 或钢管。车道控制标志用膨胀螺栓固定在车道中间正上方，通过预埋管道连接电源和信号。

10. 标志灯

在隧道左右洞内侧壁，离检修道 3m 或 2m 高处预留 20cm×25cm×16cm 接线盒掘洞，从掘洞至电力电缆沟预埋 1 根 ϕ50mm 的 PVC 或钢管。横洞标志灯安装在 3m 高的支架上，通过预埋管道连接电源。疏散标志安装在 2m 高的支架上。

11. 隧道紧急电话和有线广播

在隧道左右洞外侧壁，与检修道同一高程处预留 100cm×190cm×90cm 的掘洞，至通信电缆沟预埋 2 根 ϕ50mm 的 PVC 或钢管；从掘洞至离检修道 3m 高处预埋 2 根 ϕ50mm 的 PVC 或钢管。紧急电话安在掘洞内，有线广播安装在 3m 高的支架上。

三、隧道口外监控设施预留预埋及安装

隧道口外的设备一般安装在基础上，并且带云台彩色摄像机基础需要做防雷接地(10Ω)、保护接地(4Ω)或联合接地(1Ω)，其他设备基础需要做保护接地(4Ω)。基础两侧一般设置有一个 96cm(长)×96cm(宽)×120cm(高)的电力和信号手孔，手孔至基础预埋有管道。

1. 洞口外带云台彩色摄像机

基础一般为 160cm(长)×160cm(宽)×140cm(高)。摄像机安装在 12m 高的立柱上，解码箱一般安装在立柱上。

2. 洞外光强检测器

基础一般为 120cm(长)×100cm(宽)×120cm(高)。洞外光强检测器安装在 5m 高的立柱上。

3. 交通信号灯

基础一般为 120cm(长)×100cm(宽)×120cm(高)。交通信号灯安装在 5m 高的立柱上。

4. 小型可变情报板

小型立柱式可变情报板基础一般为 240cm(长)×160cm(宽)×200cm(高)，安装高度为 2.5m。悬臂式可变情报板基础一般为 310cm(长)×190cm(宽)×230cm(高)，安装高度为 5m。

5. 可变限速标志

与小型立柱式可变情报板基础大小一样，安装高度也为 2.5m。

6. 洞外车辆检测器

基础一般为 180cm(长)×120cm(宽)×120cm(高)，车辆检测器安装在基础上。

7. 大型可变情报板

基础一般 420cm(长)×290cm(宽)×230cm(高)，放置在分离式路基两侧，龙门架跨路面安装在两个基础上。

四、施工注意事项

1. 隧道内预留预埋

隧道内管道预埋、掘洞预留应严格按照图纸施工，避免漏埋、错埋现象；隧道内预埋管道应

保持有效的弯度，管道内预留钢丝，将两端堵塞好，并固定好钢管，避免阻塞管道不能穿线或管道位移；洞室应作加固处理，统一完成防水处理，避免脱模后出现胀模变形。

2.隧道外预留预埋

隧道洞外设备的预留预埋主要指基础、管道、接地预留预埋。除严格按照图纸施工外，还应特别注意基础接地的施工方法以及应达到要求的电阻值。

五、施工整改措施

隧道洞外设备预留预埋出现问题整改比较容易，可直接进行。隧道内如果出现漏埋、错埋或者预留预埋达不到要求时，要进行整改是一件非常困难的事情，目前主要有如下两种方式进行整改：

1.反开挖法

隧道二次衬砌的厚度一般从几厘米到几十厘米不等，反开挖时应在主体工程设计单位对开挖的地方、面积进行重新核实的基础上进行，应注意只能在二次衬砌范围内进行，而且开挖面积不能太大，不能破坏防水层和隧道的钢筋结构。该方法需慎重进行，不能破坏隧道主体结构。

2.明敷法

明敷法就是设备管道直接固定在隧道侧壁上或者敷设电缆桥架，设备都安装在隧道侧壁的支架上。该方法比较容易实现，也不会对隧道安全构成威胁，但美观性及防火性比较差。

第二十五章 安全设施

第一节 隧道段交通安全设施的主要类型与设置方法

隧道段的交通安全设施主要包括标志、标线(含突起路标)、轮廓标等。

一、标志

1. 标志的设置地点

驾驶员在读取标志信息时,要经历发现、认读、理解和行动等过程,判读标志并采取相应行动的过程需要花费一定的时间,行驶一定的距离。因此,在确定标志的设置位置时,应考虑驾驶员的行动特性。

如图 25-1 所示,驾驶员发现标志后,在 B 点开始读取标志信息,到 C 点可以把标志内容完全读完,B、C 之间的距离称为读信息距离(p)。读完之后,应作出采取行动的判断,此间车辆行驶距离为判断距离(q)。然后,驾驶员开始行动。从行动点 D 到隧道入口的距离称为行动距离(l),驾驶员在这段距离内必须安全顺畅地完成必要动作,如减速等。

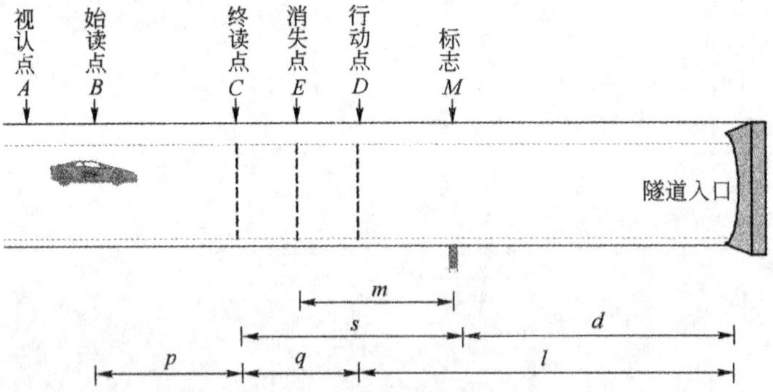

图 25-1 标志的认读过程

为保证驾驶员既能从容地辨读各类信息,又能及时地采取有效措施,标志设置应满足以下条件:

(1)从 C 点到标志 M 的距离(s)应大于消失距离(m),否则就意味着驾驶员不能从容读完标志上的信息。

(2)标志与隧道入口之间的距离(d)应满足式(25-1)。

$$d \geqslant \frac{1}{2}a(v_1^2 - v_2^2) + t'v_1 - s \tag{25-1}$$

式中:a——加速度(m/s^2);

v_1——接近速度(即相邻路段运行速度)(km/h);

v_2——隧道安全限速值(km/h);

t'——判断时间，取 2～2.5s；

s——终读点至标志的距离，根据标志的设置形式、文字大小及复杂程度确定。

2.隧道区段标志的主要类型

(1)隧道标志

隧道标志宜设置在隧道入口标志群的最前方，用于指示隧道名称和长度。隧道内与其他路段在行驶条件上有些不同，主要是照明、通风、视野及横断面等的变化，所有这些均可能会对行驶安全产生影响。应在隧道入口前方设置隧道标志，指示隧道名称和长度，以便提醒驾驶员从心理和驾驶行为上做好准备。对于长大隧道及其他位于视距不良路段的隧道，还可设置隧道预告标志(见图 25-2)。

图 25-2　隧道预告标志 a)和隧道标志 b)

(2)禁令标志

隧道区段常设的禁令标志主要有限速标志、禁止超车及解除禁止超车标志，有时还用到限高标志。当隧道内的设计车速低于相邻路段的设计车速或运行速度时，应在进入隧道前设置限速标志。隧道内通常不允许超车，还应设置禁止超车标志。限速标志和禁止超车标志可合并设置[见图 25-3a)]。

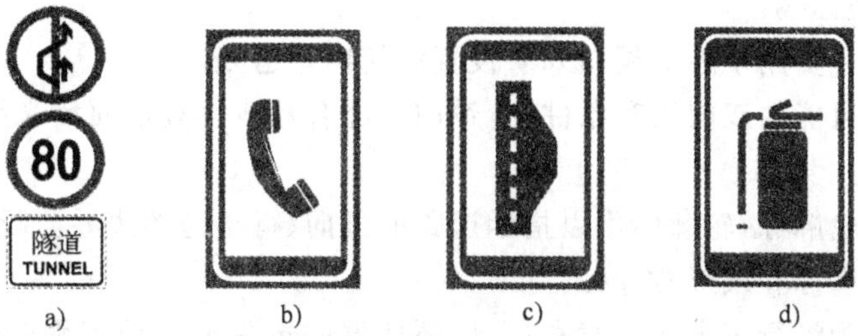

图 25-3　部分标志版面

(3)紧急电话指示标志

紧急电话标志设置在紧急电话箱上[见图 25-3b)]。为了便于指示距出事地点最近紧急电话的方向和距离，在沿隧道右侧各紧急电话之间应设电话位置指示标志。

(4)紧急停车带标志

隧道内设置紧急停车带时，应在紧急停车带前端适当位置设置紧急停车带标志，用于指示其位置[见图 25-3c)]。

(5)紧急出口、避难通道标志及疏散指示标志

紧急出口、避难通道标志用于指示紧急出口、避难通道的位置。疏散指示标志用于指示该点与紧急出口、避难通道的距离及方向，在隧道内发生紧急情况时，指示行人、车辆迅速离开(见图 25-4)。疏散指示标志应设置于隧道侧壁上，间距应不大于 50m。

a)

b)

图 25-4　疏散指示标志

(6)消防设备指示标志

消防设备指示标志用于指示隧道内消防设备位置[见图 25-3d)]。

有关标志的字高选取、材料和结构设计可参见《道路交通标志和标线》(GB 5768—1999)。

二、标线及视线诱导设施

驾驶员在公路上安全、快速地行驶,有赖于道路线形轮廓分明。只有在路面标线和视线诱导设施的指引下,建立了行进方向的参照物,驾驶员对其视野范围内更远的道路走向才有直观感知。因此,路面标线及视线诱导标是引导驾驶员视线,诱导驾驶员驾驶的重要手段,它可以确保车辆分道行驶,指示行驶方向,指引车辆在汇合或分流前进入相应的车道,加强车辆行驶的纪律和秩序。此外,正确设置交通标线,也有助于合理地利用道路有效面积,改善车流行驶条件,提高道路使用效率,减少交通事故。

1. 标线

隧道区段道路标线主要分为三类:

(1)纵向指示类标线,包括双向车道路面中心线、车行道分界线和车行道边缘线等;

(2)横向减速类标线;

(3)渠化标线,主要用于隧道洞口外所设置的转向车道处。

考虑到隧道内可能的双向通车条件,隧道内宜配合标线设置双面反光型突起路标。

2. 视线诱导标

隧道内须设置轮廓标,轮廓标用以指示道路的方向、行车道的边界。隧道段常用的视线诱导设施主要包括轮廓标和线形诱导标。

轮廓标的颜色为沿行车方向左黄右白,以便使驾驶员更清楚地识别公路隧道的线形及轮廓。轮廓标逆反射材料应采用反射器或反光膜,其中反射器有微棱镜型和玻璃珠型两种类型。

当隧道接线段曲线半径较小时,可设置线形诱导标。线形诱导标可单独使用,也可以把几个基本单元组合使用(见图 25-5),其数量应根据曲线半径、曲线长度、偏角大小确定。在曲线半径较小的路段,应保证驾驶员在曲线范围内连续看到不少于 3 块诱导标。

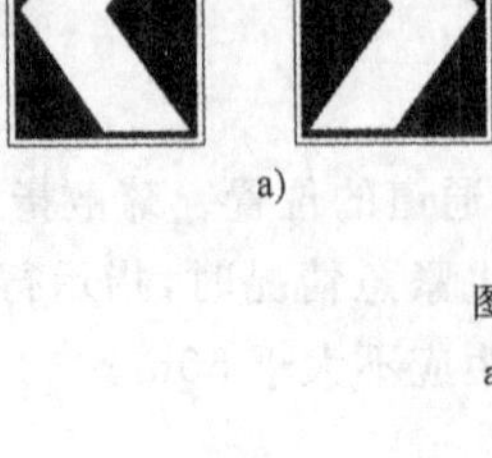

a)

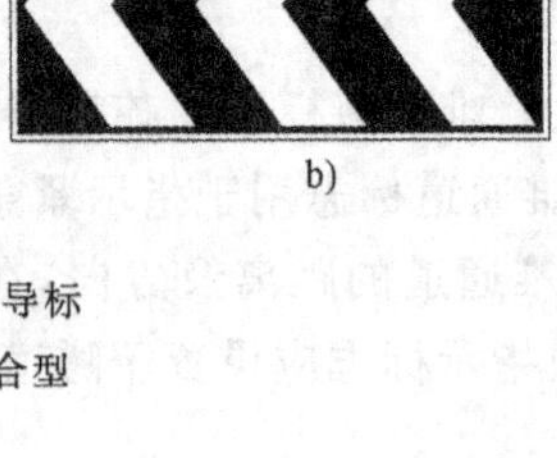

b)

图 25-5　线形诱导标

a)基本型;b)组合型

第二节 隧道段交通安全设施的设置重点

由于隧道与其他路段存在诸多不同之处，因此隧道段安全设施的设置也具有一定的特点，尤其是在以下方面，更需要给予足够的重视。

(1)由于隧道外标志、信号灯、可变标志等设施较为集中，应对各类设施的设置位置统筹考虑，避免标志与机电设备之间的遮挡，充分发挥其各自的功能。

(2)在隧道口附近，应根据隧道段的线形、交通、环境等条件，在隧道口附近设置适宜的减速设施，如减速标线、减速防滑铺装等，促使驾驶员保持安全的行驶速度，使之与道路条件相一致，减少因车速过快而造成的安全隐患(参见图 25-6)。同时，所设置的各类减速设施本身对行车来说应是安全的，不能成为安全的隐患。对于可能会对行车顺适性产生较大影响的强制减速设施，应与其他类型减速设施相配合，实施多级减速。

a) b)

图 25-6 隧道前的减速设施

a)振动型减速标线；b)减速防滑铺装

(3)在一般情况下，隧道横断面形式与路基(路堑)段不同，因此应对隧道两端的护栏进行端部过渡设计，避免车辆撞击隧道壁、检修道或冲出路外，同时避免护栏端头对车辆和人员可能造成的伤害(参见图 25-7)。

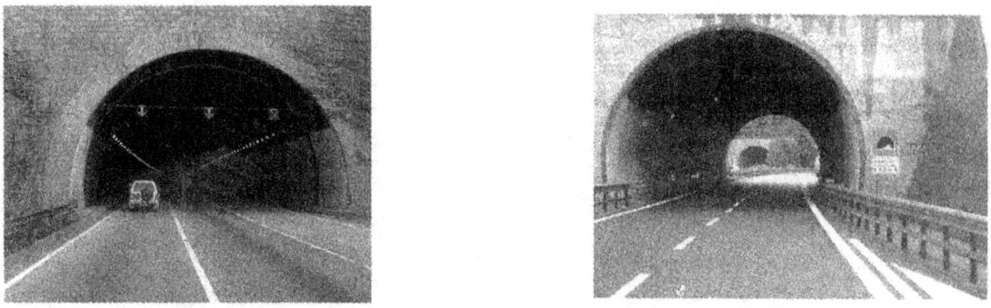

a) b)

图 25-7

a)无端部过渡护栏的隧道口；b)设置端部过渡护栏的隧道口

(4)设置隧道内轮廓标时，应充分考虑到隧道的特点，在设置位置、尺寸、形式等方面均应具有针对性，使之能够清晰显示隧道内的行车轮廓，避免错误诱导。隧道内能见度较低，且污染物较多，车道边缘线和突起路标易受污损而降低反光效果，轮廓标成为隧道内视线诱导的重要设施。但目前，隧道内轮廓标多固定于隧道侧壁，虽然安装方便，但容易给驾驶员造成错觉，误以为轮廓标所指示的为行车道边缘，而造成事故和二次事故。为了避免视线诱导的不当，除了在隧道侧壁设置附着式轮廓标外，还应在检修道边缘设置反光标记，或者设置弹性柱式轮廓标，向驾驶员提供更为完善的视线诱导(参见图 25-8)。

图 25-8　国外某隧道内的轮廓诱导

(5)隧道内指示标志宜采用内部照明，以解决标志可视性问题。

(6)对于双向通行的隧道，应在道路中心设置分道体或弹性警示柱，分隔对向车辆，保障隧道内的安全畅通。

第二十六章 消防设施

第一节 概 述

随着我国公路建设的发展，长隧道及特长隧道不断增多，隧道自身的结构特点和以往隧道火灾的特点以及隧道的消防安全设计已成为新的研究课题。公路隧道是为使公路从地层内部通过而修建的建筑物，是一种与外界直接连通的有限的相对封闭的空间，属于封闭式的地下建筑，隧道内有限的逃生条件和热烟排除出口使得隧道火灾具有燃烧后周围温度升高较快、持续时间长、着火范围往往较大、消防扑救与进入困难的特点，增加了疏散和救援人员的生命危险，故一旦发生火灾，往往会造成不同程度的人员伤亡、车辆烧毁、结构及各种设施的损坏，隧道衬砌和结构也受到破坏，其直接损失和间接损失巨大。对于隧道火灾，据国外统计，隧道内火灾频率达 10～17 次/亿车·km。国外经济发达国家在近二三十年来都投入了相当力量进行研究和实地模拟试验，我国在这方面研究有些滞后。近年来随着公路建设的迅速发展，国内已涌现出大量的隧道工程，特别是长大隧道及特长隧道的不断出现，对隧道的营运安全构成威胁，对隧道消防设施提出了更高的要求。

一、公路隧道发生火灾的主要原因

隧道发生火灾的主要原因有：

(1)车辆的电气线路发生短路等意外事故导致火灾。1976 年 3 月 8 日在上海某隧道中，大客车油箱与地面露出的钢筋相撞，摩擦起火，死亡 5 人，重伤 2 人。由于公路隧道通车流量较大，对于车辆自身的日常安全检查、维修保养，需要驾驶人员予以高度重视。

(2)车辆驾驶员的违规操作等因素导致火灾。1999 年 3 月 24 日，意大利、法国交界处的勃朗峰隧道一辆载满油的卡车，因驾驶员的违规操作引起隧道大火，殃及前后车辆，大火持续燃烧了 48 小时，41 人死亡，其中消防队员 1 名，20 多辆车被毁，交通中断 3 天。从此类隧道火灾中可以看出，加强车辆驾驶人员的消防安全意识，以及提高其对紧急事故的处理能力的重要性。

(3)车辆之间不慎碰撞、挂擦等事故导致火灾。2000 年 5 月 29 日清晨，奥地利阿尔卑斯山的一条隧道发生一起汽车连环相撞事故，造成至少 2 人死亡，71 人受伤，总共有 60 辆汽车卷入了这场事故，67 人弃车逃离了灾难现场。隧道内由于油漆燃烧所产生的浓烟和上千摄氏度的高温，给灭火和营救伤员的工作造成了巨大困难，也造成了重大的经济损失。

(4)车辆装载的货物发生自燃等导致火灾。由于自燃物品有遇高温空气积热自燃的特性，对运输车辆要求不宜采用金属车厢，以防摩擦、振动，必须采用时应落实可靠防护措施，并配置灭火器材，定期检查、保养，发现问题应立即更换或修理；应悬挂公安消防机构统一规定的危险物品运输标志。在运输时应有专人押运，随时注意检查运输物品的状态，确保安全。

(5)隧道工程发生塌方等意外事故导致火灾。

以上发生火灾的主要原因也可说明需切实加强公路隧道消防安全的重要性。

二、公路隧道火灾的特点及危害

公路隧道火灾危险性大，一般的隧道工程中，消防器材严重匮乏，有些长隧道无消防灭火系统，一旦发生火灾，不仅会使交通发生堵塞，往往给扑救工作带来很大困难。

1. 隧道火灾的特点

(1)由于隧道空间狭长，如发生火灾，很容易发生连环爆炸，火势发展迅猛，烟雾笼罩，能见度差，燃烧温度高、易形成“温室效应”，给消防人员的及时扑救工作带来较大的困难，易造成人员伤亡和重大的经济损失，给隧道造成极大的危害。

(2)人员、车辆的疏散工作十分困难。由于发生火灾时，造成交通堵塞，进退两难，且燃烧产生的有毒性的烟雾，浓度大，对受害人造成致命的第二次“打击”，对工作人员、消防人员的抢险救援、疏散工作带来负面影响。

(3)需投入的消防灭火力量多，扑救难度大。

(4)遇液化槽车泄露、塌方等严重事故，极易造成重大的经济损失，政治影响大。

2. 隧道火灾的危害性

隧道内一旦发生火灾，既不容易控制火势，隧道内人员、车辆又不易逃生，其结果往往惨重，损失巨大。2001 年 10 月 24 日，世界上最长的公路隧道之一，穿越阿尔卑斯山、连接欧洲南北的瑞士圣哥达(St. Gotthard)公路隧道因两辆载货卡车在隧道南端一公里处相撞引起大火，当局出动了 150 名消防队员前往救火，但因浓烟滚滚无法接近出事地点，火势未能得到及时控制，致使 11 人死亡。

由于隧道都是狭长型的，空间小、道路窄、通风条件差，一旦发生火灾，可燃物产生的浓烟将从起火部位以 1m/s 的速度向四处对流扩散，直至充满整个空间，呈现聚集不散的状态。公路隧道内发生火灾后将会有较多的车辆和随车人员堵在隧道内，既不能前进又不能后退，而且受隧道宽度的限制，绝大多数车辆更不能在隧道内掉头，人员、车辆、物资疏散困难，这种情况为火势蔓延、扩大人员伤亡和财产损失创造了条件。

较长隧道近似于密闭状态，自然排风几乎不可能，因此较长隧道内设有专用通风和照明设备，但一旦发生火灾，这些设备即被烧毁，极易造成隧道内烟雾大、温度高的局面，尤其是浓烟对人的生命构成严重威胁，消防施救较为困难，后果难以预料。

公路隧道的火灾，由于其发生的时间、地点均不可预测，所以很难完全杜绝。加之隧道内空间狭小，灾害发生时常伴随严重的交通阻塞，如果施救不及时和方法不当，必然会造成严重的人员伤亡和财产损失。

3. 隧道的防火措施

有许多研究都表明，大火中人的死亡原因大都是浓烟导致的窒息，而非被火直接烧死。各国在隧道防火的研究工作中，针对不同情况提出了相应的防火措施。

(1)比较长的隧道应划分防火分区。《公路隧道通风照明设计规范》(JTJ 026.1—1999)建议防火分区长度取 1000m，是基于与避难横通道所处位置基本对应而提出来的。各个防火分区应有相应的排烟要求及人车逃离方案。长隧道的通风井与隧道之间的所有相通的门均应做成甲级防火门，耐火极限达 1.2h。

(2)隧道所用的材料耐火极限应为 1.5～2h。隧道内的灯具、电话箱和灭火器箱体等亦应用不燃材料制成。电缆应用阻燃电缆或耐火电缆，各类电气线路均应穿管保护。

(3)设置机械通风的隧道，应视隧道内火灾点的位置确定送排风风向，应尽量缩短火灾烟雾在车道内的行程。

(4)通风设备在设计选型时，必须考虑到发生火灾时排烟的要求，具备高温情况下能维持一定工作时间的功能，并可远距离遥控启动。排烟风机应按重要负荷供电，设两个互为备用的电源，末端应能自动切换。

(5)设置疏散避难设施，如避难通道、隧道两端的诱导路、定点急救避难场所等，对于双孔隧道，可把联络通道作为避难设施。同时，还应设置带蓄电池的事故照明灯、紧急广播、灯箱式疏散诱导标志。

隧道消防设计贯彻“以防为主、防消结合”的方针。要做到立足于防灾进行设计，同时隧道内一旦出现火灾，必须做到早发现，及早扑灭，避免小火酿成大灾。对于隧道内发生的初期火灾，采取“自救为主，外援为辅”的原则，确保使隧道使用者能够方便地使用隧道内的消防报警和灭火设备。一旦发生较大火灾，应为隧道内人员提供基本的逃生手段。

消防设施主要是指隧道内发生火灾时提供给行车人员、隧道管理及消防人员的灭火设施及辅助设施。

第二节　灭 火 设 施

隧道灭火设施的种类很多，主要包括灭火器、消火栓、固定式水成膜泡沫灭火装置和消防车等。根据隧道火灾的起因和物质燃烧的特性分析，隧道可能发生的火灾种类大致有 A、B、C、D、E 5 类。

A 类：指可燃固体燃烧的火灾或常温下呈半凝固状态的重油燃烧的火灾；

B 类：指可燃液体燃烧的火灾或汽车本身的油箱燃烧的火灾；

C 类：指可燃气体燃烧的火灾；

D 类：指可燃金属，如钾、钠、镁、钛、锆、锂、铝镁合金等燃烧的火灾；

E 类：为带电物体燃烧的火灾。

其中以汽车相撞引发的 A、B 类火灾最为常见。这些火灾由于受隧道空间的限制，火焰和烟雾无法向上发展，迫使其往纵向扩散，并且很快充满隧道。据资料报道，两辆货车或公共汽车相撞酿成的火灾，在起火 25s 后就充分发展，3min 左右火源上方顶部温度已达到 1000℃左右。如此迅猛的火势给人员疏散和灭火造成很大的困难。

隧道内的火灾情况既不属于露天场所，也不属于密闭房间类型，是一种介于两者之间的特殊场所。所以在选择灭火剂时，不能像露天场所那样无所顾忌，也不必像密封房间那样担心二氧化碳会使消防人员窒息。由于建筑上要求隧道横断面必须尽可能小，以减少土木工程费用，所以隧道里面空间相对狭小。大多数高等级道路隧道和某些城市道路隧道都是全封闭交通方式，不设人行道。即使有维修道也是窄小的，这就限制了诸如推车式灭火器的运动能力。这些使用环境上的特点，也是选用灭火设备时必须要考虑的。

一、灭火剂

灭火剂应选用满足对汽油火灾灭火能力强、不产生有害气体、不因温度和湿度的影响而变质、储存期长以及容易管理等要求的品种。

常用的灭火剂主要有水、润湿剂、泡沫、卤代烷干粉和二氧化碳等。

1. 水

水是最常用的灭火剂，既可单独使用，也可与化学添加剂混合使用。水的主要灭火作用是冷却，燃烧中的可燃物能在水的冷却下，使温度降到燃点以下，火点释放的热可被水吸收并以蒸汽的形式带走。水的耐寒性、抗腐能力、灭火效能以及在灭火过程中与可燃物发生的化学作用等，对灭火作业具有重要意义。

为了提高水的耐寒性，可在水中添加防冻剂，如无机盐类和有机物质酒精等。经常用作防冻添加剂的物质有碳酸钾（K_2CO_3）、氯化镁（$MgCl_2$）、氯化钙（$CaCl_2$）和乙二醇（$HO—CH_2—CH_2—OH$）等。这里要注意氯化镁和氯化钙能引起严重的腐蚀性。

金属容器盛水时，如不经处理金属会发生腐蚀。如果水中添加了润湿剂、泡沫剂和防冻盐类时，腐蚀会加剧。在水中添加腐蚀抑制剂或在金属容器内壁涂上塑料保护层，就能防止腐蚀。腐蚀抑制剂有三种，无机的阳性腐蚀抑制剂，是能形成氧化保护层的固体盐类，如碱金属的磷酸盐、碳酸盐和硅酸盐，或铬酸钠、铬酸钾及亚硝酸钠等氧化剂；无机的阴性腐蚀抑制剂，它能在阴极区同[OH]离子相互作用形成保护层，如碳酸氢钾形成碳酸钙保护层；有机的腐蚀抑制剂，如能吸收氧的单宁酸的混合物，苯酸钠和带长链的脂肪酸铵等。

水能与燃烧物钾、钠、镁、铝、铁、炭、碳化钙、油、脂肪等发生化学反应，使水的灭火范围受到限制，能与水发生化学反应的还有金属的有机化合物、金属的氢化物，以及水解时能分解出可燃气体的其他物质。

水的灭火效率取决于水滴的大小（密集水流还是喷雾水流）、水的消耗量、各种添加剂的影响和燃烧介质的性质。灭火时最有效的水滴直径为 100～1000um，效果最差的水滴直径为 1～10um。水滴的大小在很大程度上取决于水枪喷嘴的结构，水枪喷嘴通常能使水雾化成 5040～15000um 的水滴。

2. 润湿剂

润湿剂是一种表面活性物质，可以分成：阴离子表面活性剂，如肥皂、洗涤剂、有机硫酸盐、有机磺酸盐；阳离子表面活性剂，如高分子含氮有机化合物的盐；非离子表面活性剂，如多氧化物、普通的聚酯和聚酰胺等；两性表面活性剂，如三甲基胺内脂和硫酸三甲基胺内脂。

润湿剂水溶液最重要的物理性质是能降低表面张力，提高水的润湿能力。由于表面张力作用，水总是力图缩小自己的表面，所以水滴呈球形。如果在水中添加了润湿剂，水的表面张力被减小了，水滴便不再呈球形。润湿剂的分子在水表面被吸附，并在形成单一分子层的同时发生收缩。即一部分被水排斥的分子，分布在水的表面并形成单分子层，另一部分分子被水吸引，这样就降低了表面张力。

润湿剂极易与水混合并变为液态、浆糊状或固态（呈鳞状）。润湿剂和无机盐类都含有腐蚀性强的氯化物，因而具有强腐蚀性。阴离子润湿剂是高毒物，不能用来灭火，在灭火作业中必须使用无害的阴离子活性润湿剂和非离子润湿剂。

对于橡胶、炭灰、锯末、纤维织物、泥煤等物质，如果不使用含润湿剂的水灭火，即使消耗大量的水，也难以灭火或者根本不能灭火。含有润湿剂的水溶液只有渗透到火焰中去，才能生效。所以只有在火焰已被冷却，含有润湿剂的水才不会被蒸发掉。否则其灭火效率与纯水没有什么不同。

3. 泡沫

泡沫是泡沫剂的水溶液与空气或二氧化碳混合后的产物。其质量取决于泡沫剂的性能和泡沫设备的技术特性。按制取的方法可以分为化学泡沫、空气机械泡沫（低倍数泡沫）、高倍数泡沫。

化学泡沫:配置复杂而且价格较高,近年来几乎很少使用。

空气机械泡沫:用空气泡沫管枪制取。其过程是利用喷射方法把浓缩的泡沫剂与水混合,同时通过泡沫管枪吸孔,用水流把发泡所需空气吸进。由于水流压力、发泡剂种类、泡沫管枪种类不同,形成的泡沫种类也不同。强制鼓风时便可获取高倍数泡沫,高倍数泡沫的发泡倍数为20～1000倍。在没有强制鼓风的设备上,可制取发泡倍数为20～200的泡沫,在有强制鼓风的设备上,可制取发泡倍数为200～1000的轻质泡沫,蛋白泡沫剂被用来制取低倍数泡沫。

重质泡沫(低倍数泡沫)的灭火能力,取决于冷却作用和隔绝作用。按火灾的发生条件的不同,可能是二者之一起主导作用,他们并非同时发挥同样程度的作用。例如扑救阴燃火灾(木材、纸张、纺织品等)和石油等可燃液体火灾时,冷却作用占优势。一旦形成泡沫层,即可起隔绝作用。

高倍数泡沫:主要是抑制作用,能迅速扑灭阴燃火灾,原因是它能覆盖整个火焰区,造成一个贫氧层,从而使燃烧变慢并使其停止。高倍数泡沫还有隔热性能和阻止火灾向邻近可燃物蔓延的性能。高倍数泡沫的冷却作用是很小的。

4.卤代烷灭火剂

饱和碳氢化合物中的氢原子,完全或部分被卤族元素取代,生成的化合物即为卤代烷。在灭火技术上使用的卤族元素只有氟(F)、氯(Cl)、溴(Br)。

卤代烷灭火剂主要用来扑灭易燃物质(如汽油、石油、油漆等)、电气设备等。卤代烷灭火剂的优点是灭火后能全部汽化,这就避免了灭火剂本身参与燃烧的可能性。另外,由于卤代烷灭火剂的沸点较低,所以能在低温条件下使用。卤代烷灭火剂的重大缺点是毒性较高,在狭窄的、通风条件不好的环境中使用时很危险。道路隧道内,视通风条件好坏,可慎重选择那些被视为无毒的卤代烷灭火剂,这种条件下,建议使用诸如泡沫、干粉等无毒灭火剂。

5.干粉灭火剂

干粉是微细的固体颗粒。具有不导电、不腐蚀、扑救火灾迅速等特点,能扑救流散的易燃(或可燃)液体、气体火灾和电气火灾。按用途,干粉灭火剂可分为三类,即碳酸氢钠(或钾)干粉(又称BCE——干粉)、磷酸二氢胺干粉(又称ABCDE——干粉)、扑灭金属火灾的M——干粉。我国目前有前两类干粉灭火剂生产,其灭火原理主要是:干粉在高温作用下可以分解,分解时能吸收大量的热,从而起到冷却和稀释可燃气体的作用;反应中还有抑制燃烧的作用;加上喷洒时的机械冲击作用等,使火焰熄灭。

6.二氧化碳

二氧化碳是无色无味的气体,是一种很好的灭火剂,能用于移动式和固定式灭火设备。它不导电、化学上是中性、无腐蚀性的惰性气体。二氧化碳对人体有窒息作用。

二氧化碳主要用于扑救各种电气火灾和实验室火灾。其优点是灭火后能迅速风干,与其他灭火剂相比较,二氧化碳价格低廉。缺点是冷却作用较差、对阴燃火灾无效、必须用厚壁钢瓶储存、充满二氧化碳的密闭房间可使操作人员窒息等。

二、灭火器

1.灭火器的分类

灭火器是火灾扑救中常用的灭火工具,在火灾初起之时,由于范围小、火势弱,是扑救火灾的最有利时机,正确及时使用灭火器,可以挽回巨大的损失。灭火器结构简单,轻便灵活,稍经学习和训练就能掌握其操作方法。目前道路隧道内经常使用的灭火器，主要包括以下几种类型：

(1)泡沫灭火器

泡沫灭火器的灭火作用表现在：在燃烧物表面形成的泡沫覆盖层，使燃烧物表面与空气隔绝，起到窒息灭火的作用。由于泡沫层能阻止燃烧区的热量作用于燃烧物质的表面，因此可防止可燃物本身和附近可燃物的蒸发。泡沫析出的水对燃烧物表面进行冷却，泡沫受热蒸发产生的水蒸气可以降低燃烧物附近的氧的浓度。

泡沫灭火器的灭火范围：适用于扑救A类火灾，如木材地、棉、麻、纸张等火灾，也能扑救一般B类火灾，如石油制品、油脂等火灾，但不能扑救B类火灾中的水溶性可燃、易燃液体的火灾，如醇、酯、醚、酮等物质的火灾。

(2)干粉灭火器

干粉灭火器的作用表现在：一是消除燃烧物产生的活性游离子，使燃烧的连锁反应中断；二是干粉遇到高温分解时吸收大量的热，并放出蒸汽和二氧化碳，达到冷却和稀释燃烧区空气中氧的作用。

干粉灭火器的灭火范围：适用于扑救可燃液体、气体、电气火灾以及不宜于用水扑救的火灾。ABC干粉灭火器可以扑救带电物质火灾和A、B、C、D类物质燃烧的火灾。

(3)二氧化碳灭火器

二氧化碳灭火器的灭火作用表现在：当燃烧区二氧化碳在空气的含量达到30%～50%时，能使燃烧熄灭，主要起窒息作用，同时二氧化碳在喷射灭火过程中能吸收一定的热能，也就有一定的冷却作用。

二氧化碳的灭火范围：适用于扑救600V以下电气设备、精密仪器、图书、档案的火灾，以及范围不大的油类、气体和一些不能用水扑救的物质的火灾。

(4)1211灭火器

1211灭火器的灭火作用表现在：主要是抑制燃烧的连锁反应，中止燃烧。同时兼有一定的冷却和窒息作用。

1211灭火器的灭火范围：适用于扑救易燃、可燃液体、气体以及带电设备的火灾，也能对固体物质表面火灾进行扑救(如竹、纸、织物等)，尤其适用于扑救精密仪表、计算机、珍贵文物以及贵重物资仓库的火灾，也能扑救飞机、汽车、轮船、宾馆等场所的初起火灾。

国家标准规定，灭火器型号应以汉语拼音大写字母和阿拉伯数字标于筒体，如“MF2”等。其中第一个字母M代表灭火器，第二个字母代表灭火剂类型(F是干粉灭火剂、FL是磷铵干粉、T是二氧化碳灭火剂、Y是卤代烷灭火剂、P是泡沫、QP是轻水泡沫灭火剂、SQ是清水灭火剂)，后面的阿拉伯数字代表灭火剂质量或容积，一般单位为每千克或升。

2.灭火器的选用

灭火器类型的选择应符合下列规定：

(1)扑救A类火灾应选用水、泡沫、磷酸铵盐干粉、卤代烷型灭火器；

(2)扑救B类火灾应选用干粉、泡沫、卤代烷、二氧化碳型灭火器，扑救极性溶剂B类火灾不得选用化学泡沫灭火器；

(3)扑救C类火灾应选用干粉、卤代烷、二氧化碳型灭火器；

(4)扑救带电火灾应选用卤代烷、二氧化碳、干粉型灭火器；

(5)扑救A、B、C类火灾和带电火灾应选用磷酸铵盐干粉、卤代烷型灭火器；

(6)扑救D类火灾的灭火器材应由设计单位和当地公安消防监督部门协商解决。

中短隧道中灭火设备的设置水平，多数情况下只需设置手提式灭火器，重要的是设置密度要大、取用速度快、使用方便。灭火器对扑灭可燃液体、可燃气体火灾有很好的效果。隧道灭火器一般可按下列条件选用：

(1)要针对隧道火灾的特殊性，尤其对B类火灾的灭火能力要大，并能适应其他类型火灾；

(2)搬运、操作容易；

(3)不产生有害气体；

(4)灭火剂不能因温、湿度而变质，且存放期长。

灭火器充装量各国规定不一，美国规定不大于9.0kg，日本为6.0kg，考虑到我国成年人的身材及隧道火灾的特点，《公路隧道交通工程设计规范》规定最大为8.0kg(实际总重达到12.0kg以上)。因为太重手提搬运不便，但太轻充装量少，喷射时间短，会影响灭火效果，一般可选择5.0～8.0kg，以6.0kg为宜。

从国内外使用情况来看，多数选用干粉灭火器，而以磷酸铵盐干粉灭火器为首选，它能够适用于A、B、C类火灾及电气火灾。

灭火器的设置间距是关系到灭火人员能否及时地取用灭火器，考虑到隧道与地面建筑物内有所不同，隧道内取用灭火器可以直线到达，参考日本规定，所以灭火器洞室间距取最大为50m。每个洞室宜设置3～4具灭火器。灭火器洞室可以和消火栓洞室合并，也可单独设置。

灭火器箱门上应注明“灭火器”字样。

灭火器的其他配置要求应按现行国家标准《建筑灭火器配置设计规范》的规定执行。

3.灭火器的使用方法

(1)手提式灭火器的使用

①机械泡沫、1211、二氧化碳、干粉灭火器

上述灭火器一般由一人操作，使用时将灭火器迅速提到火场，在距起火点5m处，放下灭火器，先撕掉安全铅封，拔掉保险销，然后右手紧握压把，左手握住喷射软管前端的喷嘴(没有喷射软管的，左手可扶住灭火器底圈)对准燃烧处喷射。

灭火时，应把喷嘴对准火焰根部，由近而远，左右扫射，并迅速向前推进，直至火焰全部扑灭。

②化学泡沫灭火器

将灭火器直立提到距起火点10m处，使用者的一只手握住提环，另一只手抓住筒体的底圈，将灭火器颠倒过来，泡沫即可喷出，在喷射泡沫的过程中，灭火器应一直保持颠倒和垂直状态，不能横式或直立过来，否则，喷射会中断。

(2)推车灭火器的使用

①机械泡沫、1211、二氧化碳、干粉灭火器

推车灭火器一般由两人操作，使用时，将灭火器迅速拉到或推到火场，在离起火点10m处停下。一人将灭火器放稳，然后撕下铅封，拔下保险销，迅速打开气体阀门或开启机构；另一人迅速展开喷射软管，一手握住喷射枪枪管，另一只手勾动扳机，将喷嘴对准燃烧场，扑灭火灾。

②化学泡沫灭火器

使用时两人将灭火器迅速拉到或推到火场，在离起火点10m处停下，一人逆时针方向转动手轮，使药液混合，产生化学泡沫；另一人迅速展开喷射软管，双手握住喷枪，喷嘴对准燃烧

场，扑灭火灾。

三、消火栓

消火栓是为了在初期火灾时灭火和防止火灾扩大的设备。消火栓实际上是一种截止阀的阀门，是一种固定式消防供水设备。消火栓分室内消火栓和室外消火栓两种，室内消火栓可设在隧道边墙上，室外地上消火栓可设在隧道洞口间绿地上。

室内消火栓主要由阀体、密封垫、阀门、阀杆、阀盖、手轮、进出水接口等部件组成。室内消火栓配合水带、水枪使用。水带是连接消火栓或消防泵与水枪等喷射装置的输水管线。按材料分麻织、棉织涂胶、尼龙涂胶三种；按口径可分为 50mm、65mm、80mm、90mm 四种；按承受压力可分为甲、乙、丙、丁四级，承受最大工作水压分别为≥1MPa、0.8～0.9MPa、0.6～0.7MPa、≤0.6MPa。选择水带时要注意到各种接口的型号、规格与性能，以便配套使用，如图 26-1 所示。

图 26-1 消火栓布置图

水枪是增加水流速度、射程和改变水流形状的射水灭火工具，按喷射水流不同，可分为直流水枪、开关直流水枪、开花直流水枪、喷雾水枪、带架水枪等。直流水枪是用来喷射密集充实水流的水枪；开关直流水枪是在直流水枪上安装控制开关，能控制水流大小和增加水枪射程的水枪；开花直流水枪是一种既可喷射充实水流，又可喷射伞形开花水流的水枪，开花水流能隔离辐射热，能掩护消防员以充实水流灭火；喷雾水枪是在直流水枪的枪口上安装一个双级离心喷雾头，使水流在离心力作用下，将压力水变成雾状水流，可适应于扑救油类及电器设备火灾。雾状水流能吸收大量辐射热，可以掩护消防员接近火源，提高灭火效率；带架水枪由枪管、旋转盘、操纵杆、底架等主要部件构成，适用于大面积火场及高层建筑等。

隧道内消火栓设置间距可参照现行国家标准《建筑设计防火规范》的方法，但不应大于 50m。计算如下：

消火栓保护半径：

$$R=L_d+L_s \tag{26-1}$$

消火栓间距：

$$S_1\leqslant\sqrt{R^2-b^2} \tag{26-2}$$

式中：S_1——消火栓间距(m)；

R——消火栓保护半径(m)；

b——消火栓的最大保护宽度(m)；

L_d——水带敷设长度(m)，考虑到水带的转弯曲折，应乘以折减系数0.8；

L_s——水枪充实水柱在平面上的投影长度(m)；水枪的上倾角一般按45°计算，则

$$L_s = S_k \cdot \sin 45° \tag{26-3}$$

式中：S_k——水枪充实水柱长度(m)。

消火栓口所需的水压：

$$H_{xh} = H_q + h_d + H_k \tag{26-4}$$

式中：H_{xh}——消火栓口的水压(kPa)；

H_q——水枪喷嘴处的压力(kPa)；

h_d——水带的水头损失(kPa)；

H_k——消火栓栓口水头损失，按20kPa计算。

由于消防队通常所用的消防水龙带口径为65㎜，故隧道内所配置的消火栓栓口直径应选为65mm。

为扑救大火的需要，应采用较大口径的水枪，所以水枪喷嘴口径不应小于19㎜。

国内规定水带每根长度不应超过25m，是考虑在火场使用不便，而隧道与地面建筑不同，故取30m为限。而且消火栓间距为50m，正好可以保证有两支水枪的充实水柱同时到达隧道内任何部位。隧道消防的消火栓宜采用双出口双栓，配置两条水龙带和两支水枪。其中一条用来灭火，另外一条用来保护消防员，冷却其周围环境。

隧道拱顶高一般7m左右，由于消防人员在狭窄空间内灭火需一定的安全距离和一定强度的密实水流才能有效地扑灭火灾。水枪射流中在26～38mm直径圆断面内、包含全部水量75%～90%的密实水柱长度称为充实水柱长度。隧道消防规定充实水柱长度不小于10m。

水枪的充实水柱长度可按下式计算：

$$S_k = \frac{H_1 - H_2}{\sin\alpha} \tag{26-5}$$

式中：S_k——水枪的充实水柱长度(m)；

H_1——隧道高度(m)；

H_2——消火栓安装高度(m)；

α——水枪喷射角，一般取45°。

例如：某隧道拱顶高为7m，试求水枪充实水柱的长度。水枪喷射角为45°，如图26-2所示，图中S_k按式(26-5)计算有：

$$S_k = \frac{7-1.1}{\sin 45°} = \frac{5.9}{0.707} = 8.3\text{m} \tag{26-6}$$

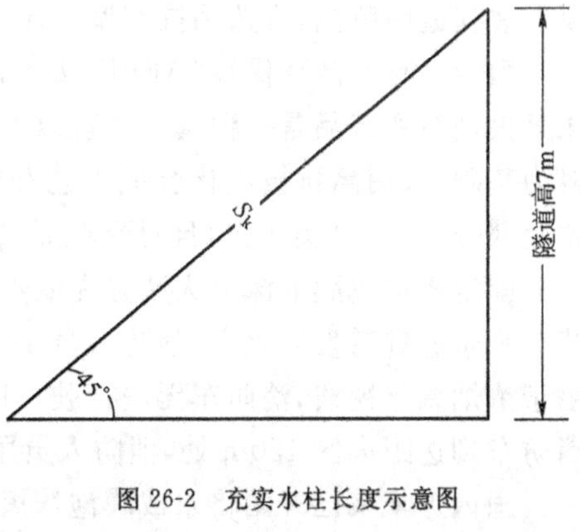

图26-2 充实水柱长度示意图

经计算水枪充实水柱需要8.3m，而《建筑设计防火规范》要求不应小于10m水柱，故应采用10m水柱。

当消火栓栓口出水压力大于50m水柱时，由于水枪的反作用力，难以一人操作，为此应设减压装置。减压装置可采用减压消火栓、在支管上设置减压孔板及在干管上设置减压阀等，减压后的消火栓处压力仍应满足水枪充实水柱的要求。设有管道加压系统的每个消火栓处，应

设置直接启动消防水泵的按钮。消火栓箱门上应注明“消火栓”字样。

四、固定式水成膜泡沫灭火系统

隧道火灾主要是以汽车火灾为代表，也就是油类火灾。在 20 世纪 60 年代初美国 3M 公司生产出水成膜泡沫灭火剂(Aqueous Film Forming Foam)，是专门为油类火灾而研制的一种高效灭火剂。水成膜泡沫，又称“轻水”泡沫，英文简称 AFFF，主要由氟碳表面活性剂组成，并添加泡沫稳定剂、防腐剂等成分，是一种无毒、无味不易腐败的高效灭火剂，存放期可达 10 年以上。水成膜泡沫灭火剂除含有普通水成膜泡沫液的成分外，还添加有高分子聚合物。氟碳表面活性剂具有显著降低表面张力的能力，具有高耐热、耐化学制剂的性能，与碳氢表面活性剂复配使用，表现出良好的协同效应，既能有效降低溶液的表面张力，也能降低油的界面张力。

水成膜在水溶液中能起泡，其水溶液比水轻，所以它能浮在燃液表面，因此被称作“轻水”。它对石油类和 B 类火灾的灭火作用优于蛋白泡沫和氟蛋白泡沫。它的灭火原理，除具有一般泡沫灭火剂的作用外，还有当它在燃烧液表面流散的同时析出液体冷却燃液表面，并在燃烧液面上形成一层水膜与泡沫层共同封闭燃液表面，隔绝空气，形成隔热屏障，吸收热量后的液体汽化稀释燃液面上空气的含氧量，对燃烧液体产生窒息作用，阻止了燃液的继续升温、汽化和燃烧。它和其他灭火剂的根本区别是“轻水”泡沫具有泡沫和水膜的双层灭火作用，这是它灭火效率高、时间短的原因。

固定式水成膜泡沫灭火装置是由压力水、泡沫液容器、比例混合器、软管、泡沫枪及箱体等组成的灭火设备。

水成膜泡沫浓度为 3% 是欧洲各国常用浓度，喷射时间不应小于 22min，主要考虑在消防队到场之前群众的灭火时间。另外，水成膜的供水压力一般为 0.4～1.0MPa。压力过小则泡沫液喷射不出或者喷射高度不够，压力过大则管道上阀门等附件承受不了。

固定式水成膜泡沫灭火箱门上应注明“泡沫灭火栓”字样。箱内设有给水检修阀门及泡沫液开关阀门等。泡沫液的阀门平时是关闭的，由于火灾时操作者的心理原因，如不及时打开，会导致延误灭火的最佳时间，所以阀门应有明显的启闭标志。寒冷地区使用水成膜泡沫液，必须考虑其适用范围，可选用抗寒型泡沫。

国内已有生产环保型“AFFF”灭火剂，有取代美国 3M 公司技术之势。环保型的水成膜泡沫灭火剂系列产品是一种真正体现以人为本的消防产品，它以食品添加剂和表面活性剂等原料为基础，采用高科技生化合成工艺和定量分级磁化技术进行生产。它适用于扑灭 A 类、B 类及部分 C 类、D 类火灾，且对环境无二次污染。

固定式水成膜泡沫灭火装置在欧美公路隧道中已被广泛采用，效果很好。如 1978 年 8 月荷兰凡尔逊隧道发生火灾，消防人员 4min 后赶到洞口，此时隧道内已浓烟滚滚，爆炸声不断。由于浓烟恶化视线，消防车无法行驶，只得由消防人员带着压缩空气罐在车前摸索前进，诱导消防车到达距火区 150m 处，消防人员用两股水成膜泡沫灭火，20min 内火势得到控制。

国内近年来已开始将水成膜泡沫灭火装置用于隧道上，该系统使用方便，火灾时由使用者首先拉出喷枪(在拉出喷枪的同时，引起导向架摆动，自动打开供水阀)，再将软管拉至需要的长度，对准火源即可灭火，是一种高效泡沫固定灭火装置。目前国内生产有 20L 与 30L 二种规格，喷射时间分别为 22min 和 30min，软管长度有 25m、30m 和 50m。固定式水成膜泡沫灭火装置应注明泡沫液的有效使用期，防止出现发生火灾时泡沫液已失效的情况。

水成膜泡沫灭火剂与其他灭火剂相比，从产品性能、生产工艺和环保要求上都属于国际先进技术：

(1)它将四种灭火机理集于一身，同时作用，灭火迅速、不复燃；

(2)灭火剂浓缩液、预混液凝固点可低达－50℃；

(3)全部产品都采用定量分级交变磁化技术生产；

(4)全部产品的毒理(口服、皮肤)实验属无毒级、无刺激性；

(5)获得绿色环境标志认证产品等。

在隧道消防设施中还有两种方式就是泡沫喷淋和自动喷水灭火系统。

泡沫喷淋就是用喷头喷洒泡沫的固定式灭火系统。对于隧道泡沫喷淋灭火问题，本书未详细列入，其原因有二：

其一，国内此项技术尚未成熟。隧道泡沫喷淋与地面建筑物泡沫喷淋工况不同，建筑物内喷淋无风流动的影响，而隧道内要考虑自然风和机械通风的影响，风将泡沫吹跑，灭火效果大打折扣；

其二，泡沫喷淋系统投入较大，造价高。

但是有条件的，特别在特长隧道的出入口、车行、人行横洞、配电柜等地段可考虑设置，这样才能确保隧道的营运安全。

对于隧道的自动喷水灭火系统，在隧道中的使用效果各国持有争议。美国 NFPA502(1998 版)消防法规中提出宜考虑 AFFF(水成膜泡沫)喷淋系统，不提倡使用自动喷水系统。

美国法规认为，喷水不仅无效，而且还有助于火灾的传播或加重火灾的危害，将其有利条件转化为不利条件，主要理由有：

(1)典型的火灾通常发生在车辆下部或车厢内部，顶部喷水没有灭火效果；

(2)如在火灾开始和喷头动作之间发生延误，在巨热火焰上喷一层薄水雾，实质上压不住火焰，反而将产生大量过热蒸汽，蒸汽比烟雾更具有危害性；

(3)隧道是狭长的，其横向和纵向有坡度，且是强制通风，又无防火分隔，因此热量不会局限于着火点；

(4)因为热气层流沿着隧道顶部运动，火灾点之外的喷头动作后产生冷却效果，致使烟雾层下降，影响逃生及消防人员视线；

(5)喷水会引起烟雾分层，导致紊流，将空气和烟雾混合，威胁隧道中人员的安全。

日本的隧道已有 5 座安装自动喷水灭火系统，根据 1960～1980 年近 20 年的统计，共发生火灾 6 起，自动喷水系统使用仅有日本坂隧道 1 次，起火后 1min 系统自动投入运行，喷水 25min 后火灾继续扩大，现场接连发生爆炸，喷水失败。该隧道火灾共烧毁汽车 174 辆，死伤多人，150m 天花板崩落。

日本坂隧道火灾后，为了研究隧道内使用自动喷水灭火的效果及对火灾的影响，1982 年日本建设省土木所在一座隧道之内进行火灾试验，用 $2m^2$ 火盆装入 144L 汽油点燃，结果表明：无自动喷水系统条件下路面附近透光率为 31.5%，当设有适当照明及诱导灯，避难条件可改善；但若使用自动喷水系统则热的烟气温度下降，向路面附近压下，恶化避难环境。结论是“喷水对汽油火盆不能起到灭火作用，只能降低周围温度”。

尽管自动喷水灭火在隧道使用中有许多问题，不过日本的《隧道设计要领》(1997)中还是规定了其可在防火特别重要的长大隧道和长度大于 3000m、交通量大于 4000 辆/日的双向行驶隧道中使用，他们认为自动喷水灭火系统还有下列 4 个优点：

(1)抑制火源;

(2)防止火源附近的延烧;

(3)保护隧道主体结构;

(4)保护隧道内设施。

而美国近年在3座隧道中也设置了自动喷水灭火系统,它们是北部地区中央大道、波士顿第一隧道、西雅图 Mercer 岛和 Baker 岛之间隧道,其设置目的是因为这些隧道中允许装运危险品车辆在无人护送的情况下通过。

自动喷水灭火系统在隧道内使用,国外均持"不推荐"态度,我国在目前的情况下有上海的复兴路隧道和大连路隧道采用了这种系统。

五、消防专用车

1.普通消防车

水是最常用的灭火剂,它来源广泛、价格便宜。以水为灭火剂的消防车是很普通的消防专用车,在一般中小公路隧道配备这种消防车已经足够了。目前的消防体制是由消防警察承担灭火作业和管理使用消防专用车辆。所以在进行隧道安全设计,需要配备消防车时,可以同消防单位协商建立某种联系。在城市道路的安全设计中,一般无须单独设置旨在专门为隧道消防服务的专门机构,或指定专门为隧道服务的专用的消防车辆,所有灭火作业都可以在消防单位的主持下开展工作。这里应当说明的是隧道火灾的灭火作业方案都是预先制定好的。在远离城市的重要公路隧道,有时需要考虑设立专门的消防编制,有专门担任消防作业的人员和专用车辆,以应急需。不过在这种情况下,要求在编人员除担负灭火作业外,还要完成各种救援作业,从事清理火灾现场和清扫工作到日常的维护修理工作等。总之是一个综合性服务队伍,一般情况下应纳入管理所编制。

2.专用消防车

在长大公路隧道、重要城市道路隧道、专运线公路隧道等场合,有时可能需要考虑扑灭车载可燃气体、可燃液体火灾,此时采用专用消防车比较方便,这类消防车机动性好,具有相当好的灭火能力,价格相对便宜,是一种较好选择方式。一般长度超过5000m远离城市的特长隧道要考虑配备专用消防车,专用消防车可选用干粉泡沫联用车。

第三节 辅助设施

一、隧道消防给水

1.隧道消防用水量的确定

《公路隧道交通工程设计规范》中规定,对不同长度隧道火灾时需水量的确定,为了节省投资,同一时间内发生火灾次数定为一次。隧道内消火栓同时使用水枪数量,500~1000m隧道规定为3支,这是参考日本做法;大于1000m的隧道为4支,这是为了安全起见。隧道火灾延续时间较难确定,从世界各国发生的火灾来看,一场大中型火灾延续时间在几小时至几十小时不等,火灾的规模与延续时间无一定规律可循,一般与隧道的管理水平、设施完善程度及驾乘人员的素质有关。表26-1中的火灾延续时间是为确定隧道消防总用水量提供依据,在确定总用水量时还应根据当地具体情况,若隧道附近缺水,应适当增加储水量,以避免消防车从远处运水而影响灭火。

隧道消防用水量 表 26-1

隧道长度 L(m)	隧道内消火栓一次灭火用水量(L/s)	同时使用水枪数量(支)	火灾延续时间(h)
$500 \leqslant L < 1000$	15	3	2
$1000 \leqslant L < 3000$	20	4	4
$L \geqslant 3000$	20	4	6
注:每支水枪最小流量为 5L/s			

隧道消防用水在没有市政自来水可利用时,可采用地下水或天然水源。当利用天然水源时,应确保枯水期的最低水位时的消防用水,且应设可靠的取水设施。公路隧道一般都远离城市,水源可采用溪水、河水、隧道涌水及地下水等。当取用地下水时可设管井取水,设备、管理较简单,造价也不高。采用管井取水应按现行国家标准《供水管井设计、施工及验收》规范执行。

福建飞鸾岭隧道长 3000 多米,原设计在进口处山涧里设滚水坝蓄水,当隧道贯通后,原来山涧丰富的水源不见了,在枯水季节甚至出现断流。后改取用隧道涌水,在隧道出口处设 200t 集水池,将集水池的水抽至高位水池备用,解决了水源问题。

2. 隧道消防供水方式

(1)当有地形可利用时,一般情况下将消防水池设于高处,利用重力流供水,对消防供水较为安全,也可减少用泵加压造成运行费用增加及维护工作量。当无地形可利用时可考虑采用自动加压供水方式,供给隧道消防用水的加压水泵宜采用自灌式引水。

将消防水池设于高处时,可根据水源的不同而采取不同的方式供水到消防水池。若采用收集山上渗水、隧道涌水或利用溪水、河水的方式时,最好在水源处建一集水池,然后通过水泵把水提升至高位水池。若水源来自地下水,可通过管井取用地下水,在管井内直接设置一潜水泵,直接把水打到高位消防水池,若之间的高差超过潜水泵的扬程,还要考虑二次提升。消防水泵最好设在泵房内,易于管理和维护,而深井潜水泵直接放到深井内。若没有以上水源时,可以考虑用水车从他处拉水来补充水池需水。

消防水泵房最好设在隧道洞口或距离变电所较近处,便于水泵的供电。消防水泵房应采用一、二级耐火等级的建筑。附设在建筑内的消防水泵房,应用耐火极限不低于 1h 的非燃烧体墙和楼板与其他部位隔开。

消防水泵房应设直通室外的出口。设在楼层上的消防水泵房应靠近安全出口。

一组消防水泵的吸水管不应少于两条。当其中一条损坏时,其余的吸水管应仍能通过全部用水量。

高压和临时高压消防给水系统,其每台工作消防水泵应有独立的吸水管。消防水泵房应有不少于两条的出水管直接与环状管网连接。当其中一条出水管检修时,其余的出水管应仍能供应全部用水量。出水管上宜设检查用的放水阀门。

固定消防水泵应设有备用泵,其工作能力不应小于一台主要泵。消防水泵应保证在火警后 5min 内开始工作,并在火场断电时仍能正常运转。设有备用泵的消防泵站或泵房,应设备用动力,若采用双电源或双回路供电有困难时,可采用柴油发电机作动力。消防水泵与动力机械应直接连接。消防水泵房宜设有与本单位消防队直接联络的通信设备。

(2)消防水池内的水一经动用,应尽快补充,以便在短时间内可能发生第二次火灾时使用。《公路隧道交通工程设计规范》中规定消防水池的补水时间不宜超过 48h。但缺水地区可延长到 96h。附近无水源可利用时可考虑通过消防水车从远处运水来。

3.水泵

1)泵的种类

泵是利用外加能量输送流体的流体机械。根据泵的工作原理，通常可以将他们分类如下：

(1)容积式

容积式泵在运转时，机械内部的工作容积在不断发生变化，从而吸入或排出流体。按其结构不同，又可再分为：

①往复式

这种机械借活塞在汽缸内的往复作用使缸内容积反复变化，以吸入和排出流体，如蒸汽活塞泵等。

②回转式

机壳内的转子或转动部件旋转时，转子与机壳之间的工作容积发生变化，借以吸入和排出流体，如齿轮泵、滑板泵等。

(2)叶片式

叶片泵的主要结构是可旋转的、带叶片的叶轮和固定的机壳。通过叶轮的旋转对流体作功，从而使流体获得能量。

根据流体的流动情况，可将它们再分为下列数种：

①离心式泵；

②混流式泵；

③贯流式泵。

(3)其他类型的泵

如引射器、漩涡泵、真空泵等。

2)泵系列

隧道消防工程中常用的就是离心式泵，主要用来输送液体。离心式泵的主要结构部件是叶轮和机壳。机壳内的叶轮固装于由原动机拖动的转轴上。当原动机带动叶轮旋转时，机内流体便获得能量。

离心式泵属叶片式泵，根据泵转轴的位置不同可以分为卧式和立式泵两类。再可按机壳形式、吸入方式、叶轮级数等分成若干种类，见表 26-2。

水泵分类 表 26-2

泵轴位置	机壳形式	吸入方式	叶轮级数	泵类举例
卧式	涡壳式	单吸	单级 多级	单吸单级泵、屏蔽泵、自吸泵、水轮泵、涡壳式多级泵、两级悬臂泵
		双吸	单级 多级	双吸单级泵、高速大型多级泵(第一级双吸)
	导叶式	单吸 双吸	多级 多级	分段多级泵、高速大型多级泵(第一级双吸)
立式	涡壳式	单吸	单级 多级	屏蔽泵、水轮泵、大型立式泵、立式船用泵
		双吸	单级	双吸单级涡轮泵
	导叶式	单吸	单级 多级	作业面潜水泵、深井泵、潜水电泵

最常遇见的离心式泵是单吸单级泵。这种泵广泛用于国民经济中各个部门。所能提供的流量范围约为4.5～300m^3/h,扬程约为8～150m。而隧道消防还常用到深井泵和潜水电泵。

3)泵的选用原则

由于泵装置的用途和使用条件千变万化,而泵的种类也十分繁多,正确选择泵的类型和大小来满足各种不同的工程实践要求是非常必要的。泵的选用工作实际上包括选定泵的种类或形式以及决定它们的大小两项。选用的程序和方法可以列举如下:

(1)充分了解整个装置的用途、管路布置、地形条件、被输送流体状况、水位以及运输条件等原始资料。

(2)根据工程要求,合理确定最大流量与最高扬程(用 Q_{max} 及 H_{max} 表示)。然后分别加10%～20%作为不可预计(如计算误差、漏耗等)的安全量作为选用泵的依据,即:

$$Q=1.1Q_{max} \tag{26-7}$$

$$H=1.1\sim1.2H_{max} \tag{26-8}$$

(3)根据已知条件选用适当的设备类型。制造厂提出的样本中通常都列有该类型泵的适用范围。表26-3是我国生产的某些泵的性能范围和主要用途表,可供参考。

部分国产水泵性能及主要用途 表26-3

型　号	名　称	扬程范围(m)	流量范围(m^3/h)	电机功率(kW)	适 用 范 围
B	离心式清水泵	9～98	4.5～360	1.5～55	工矿企业城市给排水
BA	离心式清水泵	8～98	4.5～360	1.5～55	输送清水或理化性质类似的液体
6BA2－8	离心式清水泵	25～36	126～238	17～22	
BAZ(BZ)	直联式离心泵	10～200	8～62	1.5～22	输送清水或理化性质类似的液体
BL	直联式离心泵	8.8～62	4.5～120	1.5～13.5	输送清水或理化性质类似的液体
Sh	双吸离心泵	9～140	126～12500	22～1150	输送清水、也可作热电站循环泵
D,DG	多级分段泵	12～1528	12～700	2.2～2500	输送清水或理化性质类似的液体
DA	多级分段泵	14～351	10.8～350	2.8～500	输送清水或理化性质类似的液体
TSW	多级分段泵	20～369	15～260	3～500	输送清水或理化性质类似的液体
J,SD	深井泵	24～120	35～204	10～100	深井提水
JQ	深井潜水泵	30～204	10～1200	4～265	

(4)泵的类型确定以后,要根据已知的流量、扬程或压头选定其大小。

现行的样本上有好几种不同的表达泵的图表。一般可以先用综合的"选择性能曲线图"进行初选。这种选择性能曲线将同一类型的各种大小设备的性能曲线绘在同一张图上,所以用起来比较方便。然后再用个别的性能曲线图作出决定。

应使工作点处在高效率区域。所谓高效率区域一般是指最高效率点的±10%的区间。还要注意泵的工作稳定性,也就是应使工作点位于 $Q—H$ 曲线的最高点的右侧下降段。样本中以表格形式提供数据的性能表上的数据点,都是处在上述高效率区域而又稳定工作的工况点,可以直接选用。

泵的类型与大小结合起来按照规定编成型号,叫做命名方法,可以参考有关样本和手册。

(5)应结合具体情况,考虑是否采用并联或串联的工作方式,是否应有备用设备。

(6)确定泵型号时,同时要确定其转速、原动机型号、传动方式、皮带轮大小。性能表上有的列有所配用的电机型号和配用件型号可以直接套用。泵进出口方向应注意与管路系统配合。

二、消防给水管道

1. 消防给水管网分类、系统结构及组成

$\frac{\rho v^2}{2}$——专业中习惯称为动压。它反映断面流速无能量损失地降低至零所转化的压强值。

水头损失:流体克服阻力做功所损失的能量。

隧道内消防给水管道内平时应保持常有水状态,一旦发生火灾,可以立即投入使用。相邻双孔隧道的消防管道布置成环状管网可增加管网供水的安全性。联通可通过在横洞内预埋钢管连接。联通间距宜取 1000~1500m。水成膜的供水压力一般为 0.4~1.0MPa,而消火栓的供水压力一般为 0.2~0.8 MPa,故隧道内消防管道的压力应控制在 0.4~0.8MPa,超过 0.8MPa 时管道上阀门、压力表等附件承受不了,故要采取减压措施。减压可以采用减压稳压消火栓,也可以设置减压阀或设置减压孔板减压。

目前国内的隧道纵向坡度一般有两种:单向坡和人字坡。单向坡隧道宜在高海拔的洞口端山上设置高位消防水池 1。如图 26-3 所示,高位消防水池的设置高度应满足隧道洞口 1 或 2 点(选海拔高的)消火栓栓口出水动压不小于 0.4MPa。这样沿着水流方向随着消火栓和高位消防水池的高差逐渐增加,消火栓出水口处动压会逐渐增大,一旦动压达到 0.8MPa 时,要考虑分区供水,即在海拔低处的隧道洞口上方的山上设置消防水池 2,两侧分别向隧道内消防管道供水,这样可以大大提高消防系统的安全性。但从高位消防水池 2 向隧道内供水,管道长度有个极限条件,即高位消防水池 2 既应满足最不利消火栓的出水点(3 或 4 中的海拔高的点)动压不小于 0.4MPa,又要满足海拔低处隧道洞口消火栓出水口(5 或 6 中海拔低的点)的水压不超过 0.8 MPa,即高位消防水池 2 和隧道洞口处(5 或 6 中海拔低的点)之间高差减去这一段的水头损失后不超过 0.8MPa,然后消防管道沿着前进方向把 0.4MPa 的水头损失消耗掉,即保证最远处的消火栓出口(3 或 4 点)动压不小于 0.4MPa,3 或 4 点即为极限最远点,而相应的管道长度即为极限可用长度。这样隧道内其余管道的供水只能采用从另外一侧(海拔高处的洞口上方)的高位消防水池 1 供水,如果管道过长超压,则要采取合适的减压措施。因为这一段沿着水流方向隧道为下坡,理论上这段管道没有极限长度,超压即减压,但是管道还是尽量不要太长,否则不但不利于维护,而且一旦着火,管道内没水,水池内水要好长时间才能流到,非常不利于灭火。

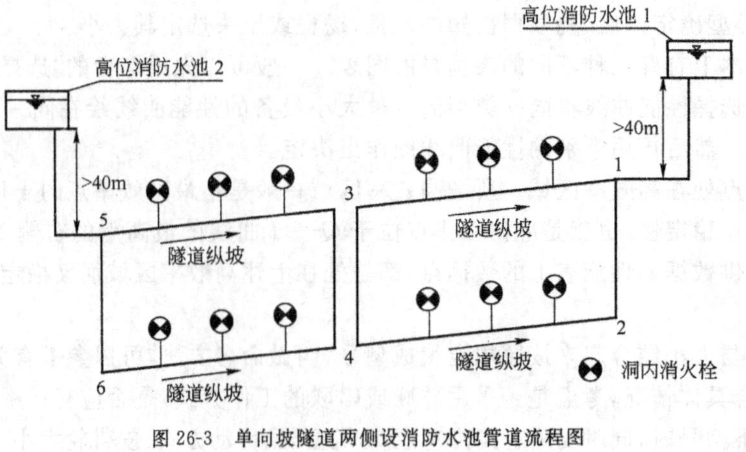

图 26-3 单向坡隧道两侧设消防水池管道流程图

因为隧道联通以 1000～1500m 为宜，故如果隧道长度不超过 1500m，可以考虑只是单侧设置消防水池，若长度超过 1500m，最好两侧均设置，但如果低端实在没有水源，可考虑在高端只设置一个消防水池，管道超压通过减压阀 5 或 6 减压。如图 26-4 所示。

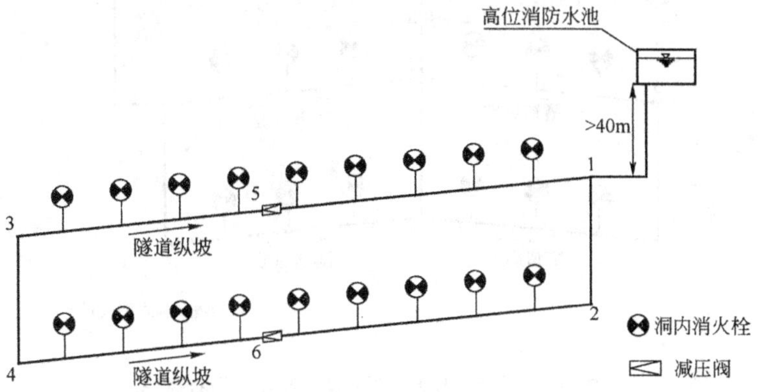

图 26-4　单向坡隧道一侧设消防水池管道流程图

人字坡隧道也要保证最不利消火栓栓口处动压不小于 0.4MPa，长度超过 1500m 可以考虑两侧设置高位消防水池。如图 26-5 所示，应保证 3 或 4 中海拔较高点消火栓栓口处动压不小于 0.4MPa，而关于超压问题的解决方法同单向坡隧道图 26-4。

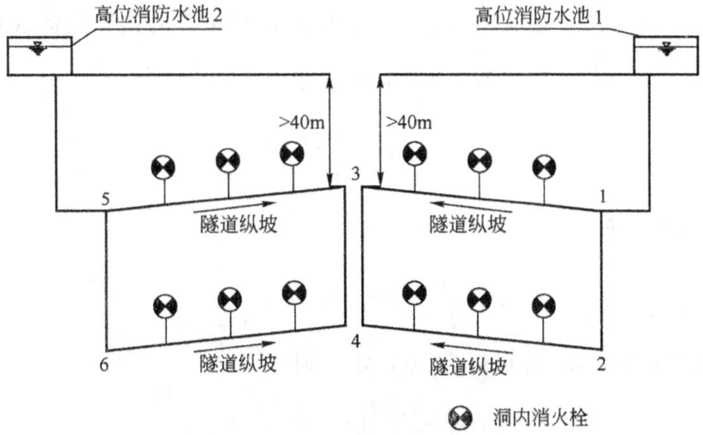

图 26-5　人字坡隧道两侧设消防水池管道流程图

图 26-6 为人字坡隧道设置一个消防水池图，管道 1～3 和 2～4 段超压和最不利点消火栓出水口动压的解决方法同图 26-5 人字坡一样，而管道 3～5 和 4～6 段若超压则采取合适的减压方法减压。

2. 管网水力计算

管道最不利点的动压为高位消防水池与最不利点之间的高差减去这之间管道的水头损失。其中水头损失的计算方法如下：

(1)按水力坡降计算水头损失

水管的水力计算，一般采用以下公式：

$$i=\lambda \frac{1}{d}\frac{v^2}{2g} \tag{26-9}$$

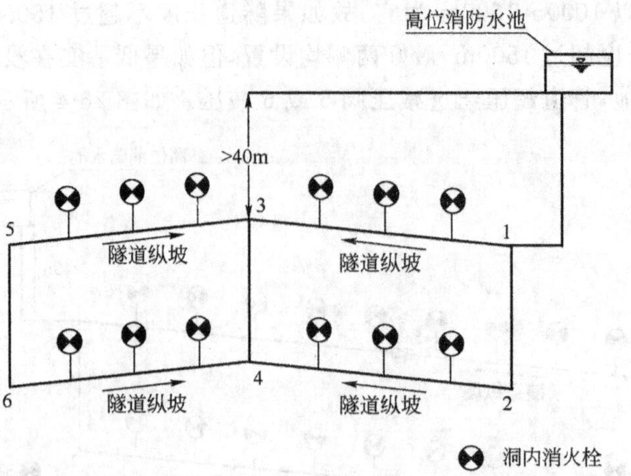

图 26-6　人字坡隧道一侧侧设消防水池管道流程图

式中：i——水力坡降；

λ——摩阻系数；

d——管子的计算内径(m)；

v——平均水流速度(m/s)；

g——重力加速度，为 $9.81m/s^2$。

应用公式(26-9)时，必须先确定求取 λ 值的依据。对于旧的钢管和铸铁管：

当 $\frac{v}{\nu} \geqslant 9.2\times10^5 \frac{1}{m}$ 时(ν——液体的运动粘滞度，m^2/s)

$$\lambda=\frac{0.0210}{d^{0.3}} \tag{26-10}$$

当 $\frac{v}{\nu} < 9.2\times10^5 \frac{1}{m}$ 时

$$\lambda=\frac{1}{d^{0.3}}(1.5\times10^{-6}+\frac{v}{\nu})^{0.3} \tag{26-11}$$

或采用 $\nu=1.3\times10^{-6}m^2/s$(水温为 10℃)时，则

$$\lambda=\frac{0.0179}{d^{0.3}}(1+\frac{0.867}{\nu})^{0.3} \tag{26-12}$$

管壁如发生锈蚀或沉垢，管壁的粗糙度就增加，从而使系数 λ 值增大，式(26-10)和式(26-11)适合于旧钢管和铸铁管这类管材的自然粗糙度。

将式(26-10)和式(26-12)求得的 λ 值代入公式(26-9)中，得出的旧钢管和铸铁管的计算公式：

当 $v \geqslant 1.2m/s$ 时

$$i=0.00107\frac{v^2}{d^{1.3}} \tag{26-13}$$

当 $v<1.2m/s$ 时

$$i=0.000912\frac{v^2}{d^{1.3}}(1+\frac{0.867}{\nu})^{0.3} \tag{26-14}$$

钢管和铸铁管水力计算表按式(26-13)和式(26-14)制成，需要时可以直接查表。

(2)按比阻计算水头损失

由公式(26-12)求得比阻公式如下：

$$A=\frac{i}{Q^2}=\frac{0.001736}{d^{5.3}} \tag{26-15}$$

根据隧道内实际情况，消防用水量有5L/s、10L/s、15L/s、20L/s、25L/s几种可能，然后按管径的不同把水力计算表列出如表26-4所示。

部分流量水力计算表　　表26-4

Q		D_N									
		100		125		150		175		200	
(m^3/h)	(L/s)	v	1000i	v	1000i	v	1000i	v	1000i	v	1000i
18	5	0.58	7.49	0.38	2.63	0.265	1.12	0.21	0.659		
36	10	1.15	26.9	0.753	9.23	0.53	3.87	0.42	2.25	0.32	1.17
54	15	1.73	60.2	1.13	19.6	0.79	8.12	0.64	4.70	0.49	2.41
72	20	2.31	107	1.51	34.5	1.06	13.8	0.85	7.98	0.65	4.07
90	25			1.88	53.9	1.32	21.2	1.06	12.1	0.81	6.14

上表摘自《建筑给水排水设计手册》，若需详细的水力计算表可查阅之。

3.消防设备器材

(1)管道

钢管常分为无缝钢管、有缝钢管(分直缝及螺旋缝焊接管)及铸铁管三种：

无缝钢管采用碳素钢制造，一般以10号、20号、35号及45号低碳素钢用热轧或冷拔两种方法生产钢管。一般压力在0.6 MPa以上的管路都应采用无缝钢管，但它所能承受的最大压力不超过40MPa。

焊接钢管常称为有缝钢管，材质采用易焊接的碳素钢。焊接管按生产方法的不同，分为对焊、叠边焊和螺旋焊接管。有缝钢管根据它的壁厚可分为一般管及加厚管，一般管所能承受的水压试验压力为2 MPa，加厚钢管为2.5 MPa。

铸铁管是采用铸造生铁(灰口铸铁)以离心浇铸法或砂型法铸造而成。由于铸铁管焊接、套丝、煨弯等加工困难，因此它采用承插口及法兰连接两种方式。

隧道内的消防给水管道宜采用内外壁热镀锌钢管或无缝钢管。

管件按照用途可分为以下几种：

①管路延长连接用配件：管箍、外丝(内接头)；

②管路分支连接用配件：三通(丁字管)、四通(十字管)；

③管路转弯用配件：90°弯头、45°弯头；

④节点碰头连接用配件：根母(六方内丝)、活接头(由任)、带螺纹法兰盘；

⑤管子变径用配件：补心(内外丝)、异径管箍(大小头)；

⑥管子堵口用配件：丝堵、管堵头。

(2)管道连接

在管道安装过程中，螺纹连接、焊接、法兰连接及卡箍式连接是几种常用的连接方法。

①钢管螺纹连接

钢管螺纹连接是在管段端部加工螺纹，然后拧上带内螺纹的管子配件(如管箍、三通、弯头、活接头等），再和其他管段连接起来构成管路系统。一般管径在100mm以下，尤其是管径为15～40mm的小管子都采用螺纹连接。定期检修的设备也采用螺纹连接，使拆卸安装较为方便。

②钢管焊接

钢管焊接是将管子接口处及焊条加热，达到使金属熔化的状态，而使两个被焊件连接成一整体。焊接的方法很多，但一般管道工程上最常用的是手工电弧焊及氧—乙炔气焊，尤其是电焊用的最多。焊接接口牢固严密、不用填料、减少维修工作，焊缝强度大，焊接系管段间直接连接，构造简单，管理美观整齐，节省大量定型管件（管箍、三通等），也减少了材料管理工作。

③钢管法兰连接

高压管路系统中，凡经常需要检修或定期清理的阀门、管路附属设备与管子的连接，一般采用法兰连接。法兰连接结合强度高、严密性好、拆卸安装方便。从外形上法兰盘分为圆形、方形和椭圆形几种，其中圆形法兰用的最多。法兰盘接口是依靠螺栓的拉紧将两个法兰盘紧固在一起。法兰盘接口比其他接口耗钢材多、用人工多、造价较高。

④钢管卡箍式连接

卡箍式连接在国外已有70多年的生产和应用历史了，广泛应用于消防系统。其操作方法简单，用滚动或切割的方法在工厂或现场开槽，并容易拆装和检修，工期短，安全可靠，寿命超过管材本身可达30年以上，管理维修也方便，密封橡胶圈耐腐蚀，耐老化并有隔振性能。

镀锌钢管的连接，首选为沟槽式连接件（卡箍），这种连接在国外使用较为普遍，特别用在消防管道上，不易漏水，承压大，安装方便，是消防管道连接的理想接头。

(3)阀门

在各种管道系统中，都有开启和关闭以及调节流量、压力等参数的要求，这个要求是靠各种阀门来控制的，所以阀门是用于控制各种管道及设备内流体工况的一种机械装置。一般它是有阀体、阀瓣、阀盖、阀杆及手轮等部件组成。

阀门的种类很多，但按其动作特点分成两大类，即驱动阀门和自动阀门。

驱动阀门：是用手操纵或其他动力操纵的阀门。如截止阀、节流阀（针型阀）、闸阀、悬塞阀等，均属于这类阀门。

自动阀门：是借助于介质本身的流量、压力或温度参数发生的变化而自行动作的阀门。如止回阀（逆止阀、单流阀）、安全阀、浮球阀、减压阀、跑风阀、输水阀等，均属自动阀门。

阀门按承压能力可分为：低压阀门≤1.6MPa；中压阀门2.5～6.4MPa；高压阀门≤10～80MPa；超高压阀门>100 MPa。消防工程中所采用的阀门多为低压阀门。

下面介绍几种隧道消防系统中常用的阀门：

①截止阀

截止阀主要用于热水供应及高压蒸汽管路中，它结构简单，严密性较高，制造和维修方便，阻力比较大。流体经过截止阀时要转弯改变流向，因此水阻力较大，所以安装时要注意流体"低进高出"，方向不能装反。

②闸阀

闸阀又称闸门或闸板阀，它是利用闸板升降控制开闭的阀门，流体留过阀门时流向不变，因此阻力小。它广泛用于冷、热水管道系统中。

闸阀和截止阀相比，在开启和关闭时闸阀省力，水阻较小，阀体比较短，当闸阀完全开启时，其阀板不受流体介质的冲刷磨损。但是闸阀也有缺点：严密性较差，尤其启闭频繁时，由于闸板与阀座之间密封面受磨损；不完全开启时，水阻仍然较大。因此闸阀一般只作为截断装置，即用于完全开启或完全关闭的管路中，而不宜用于需要调节开度大小和启闭频繁的管路上。无安装方向，但不宜单侧受压，否则不宜开启。

③止回阀

止回阀又名单流阀或逆止阀，它是一种根据阀瓣前后的压力差而自动启闭的阀门。它有严格的方向性，只许介质向一个方向流通，而阻止其逆向流动。用于不让介质倒流的管路上，如用于水泵出口的管路上作为水泵停泵时的保护装置。

④减压阀

减压阀又称调压阀，用于管路中降低介质压力。各种减压阀的原理是：介质通过阀瓣通道小孔时阻力大，经节流造成压力损耗从而达到减压目的。减压阀的进、出口一般要伴装截止阀。

隧道内消防给水管道应设检修阀，当管径≥100mm 时，宜采用软密封闸阀。隧道内管道阀门（包括洞外的阀门）选用必须考虑长期使用开关自如，避免出现开关不灵、漏水现象。国内软密封闸阀生产技术已经成熟，可选用。

(4)管道布置

隧道内的消防管道敷设国内各单位做法不一，有设在检修道下方沟内的，也有设在检修道上方靠侧墙明设的。设在沟内往往会与其他管线（如通信电缆）争夺空间，要相互协调，合理布置；而对于明设管道，则应考虑火灾时管接头的密封材料的适用温度。设有固定水成膜泡沫灭火装置的隧道，在给水管道引入隧道前宜设置管道过滤装置。设置过滤器目的是排除水中杂质，避免堵塞水成膜泡沫灭火系统的比例混合器等配件。隧道内消防给水管道可根据需要设置管道伸缩器。如为刚性连接须设置管道伸缩器，伸缩器选用应根据温差计算。消防管道穿越路面必须设套管等其他保护措施，以防车辆压坏，影响正常供水。横穿管应和套管一起预埋于路面下。

寒冷地区的消防给水设施应设防冻措施，目的是火灾时能够正常工作。

有些地方采取的管道防冻措施是将管道内水全部放掉，这种方式存在很大的风险，一旦隧道内发生火灾，而没有可以灭火的水源，将给灭火带来巨大的难度，故此种方式不推荐采用。

给水管道防冻常规做法是在管道外面覆盖保温层，保温层材料主要有玻璃棉制品、超细玻璃棉制品、泡沫橡塑制品、酚醛泡沫制品、复合硅酸盐制品、聚氨酯制品、聚乙烯泡沫制品、岩棉制品、泡沫玻璃制品、硅酸铝制品、微孔硅酸钙制品、憎水珍珠岩制品等。保温材料的选用，应因地制宜，就地取材，同时结合使用要求和现场环境，考虑经济因素，合理选用。保温层厚度的计算与当地的气象参数、保温层的外表面放热系数，管道单位热损失等因素有关。保温层外要覆盖相应的保护层，常用的保护层材料有镀锌铁皮、玻璃钢薄板、铝箔玻璃钢薄板、玻璃布、玻璃钢、玻璃布乳化沥青、PVC 防水卷材、油毡玻璃布保护层等。对于玻璃布、镀锌钢板等外保护层，可根据设计要求或环境需要，涂刷各色油漆，用以防护或作识别标记。

另外，电伴热作为一种有效的管道保温及防冻措施也逐渐被广泛地采用。电伴热 20 世纪 70 年代兴起于美国，它的工作原理是通过伴热媒体散发一定的热量，通过直接或间接的热交换补充被伴热管道的热损失，以达到升温、保温或防冻的正常工作要求。电伴热技术发展至今已由传统的恒功率伴热发展到以导电塑料为核心的自控温电伴热。

自控温电伴热主要是通过自控温电伴热电缆自动控温来完成。自控温电伴热线由导电线芯和 2 根平行母线挤制外加绝缘层、金属屏蔽层、防腐护套层构成。其中由树脂加导电碳粒混合各种添加剂，经特殊加工而成的导电芯带是发热核心。当某一环境温度下导电碳粒经化合键连接形成导电网络供电流流过，接通电源后伴热线便开始发热；而温度较高时，导电碳层产生微分子膨胀，碳链逐渐分开，导致网络变小，电阻急剧上升，导通电流变小，伴热线功率减小，发热量便降低，整个体系处于一个稳定状态也就是相对平衡状态。当周围温度下降时，塑料又恢复到微分子收缩状态，碳粒相应连接起来形成电路，伴热线发热功率又自动上升。由于整个温度控制过程是由材料本身自动调节完成的，其控制温度不会过高也不会过低。因此电伴热所具有的良好特性是其他系统所无法比拟的。

图 26-7 为隧道消防管道系统图。

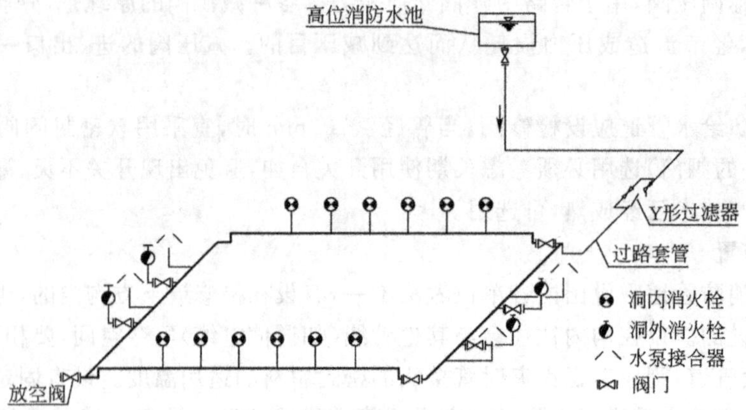

图 26-7　隧道消防管道系统图

三、其他设施

高位水池应设水位遥测装置。高位水池设水位遥测装置的目的，是使值班人员能随时直接观察到水池水位情况，避免由于管道、水池漏水、自动抽水失灵造成水池无水的现象。水池水位、泵的监控可通过远距离水位显示仪传到中控室进行远程遥测、遥控。设有消防给水的隧道在洞口附近，应设置室外消火栓和消防水泵接合器。每个室外消火栓、水泵接合器流量均按10～15L/s 计算。水泵接合器是连接消防车向消防给水系统加压供水的装置，一端由消防给水管网水平干管引出，另一端设于消防车易于接近的地方。设有通风竖井的隧道，在联络风道口处设火灾时热空气降温措施，可采用安装水喷淋头等方法，以保证通风机的正常运转。在隧道管理用房内应设有消防器材储藏间，存放备用的灭火器材等。

第二十七章　供配电设施

第一节　概　　述

隧道供配电设施包括供电系统、配电系统以及电力监控系统，主要是为设置在隧道区段的机电设备(包括风机、照明灯具、消防水泵及监控外场设备等)所需电能进行分配供应，是保证上述机电设施正常运转的必要条件。

第二节　供 电 系 统

供电系统，顾名思义就是指电源的提供，主要包括外电源、电力变压器及高低压开关柜。外电源指隧道所处地区就近的能够提供电能的10kV或35kV及以上等级的高压输电网及变电站(如图27-1所示)；电力变压器是能够将交流电压升高或降低(我们通常使用的是将高压电转换成低压电的降压变压器)并保持其频率不变的电气设备；高低压开关柜(或称配电柜)是保证用电设备获得电能并正常工作的装置，在供电系统正常工作状态时，起着接收和分配电能的作用，当系统发生故障时，又可以保护并切断故障点，同时迅速恢复系统的正常运行。

图27-1　高速公路附近的高压电网

一、供电系统的原则

供配电系统设置的基本要求是安全、可靠、经济、合理。

1. 安全

所谓安全用电就是指电力资源在使用过程中，不应发生任何的人身伤亡、设备损坏及由电能引起的其他事故。

2. 可靠

供配电系统的可靠性是指为机电设备提供的电能的质量应满足所有用电设备的额定要求，尤其是隧道区段一级负荷的用电需求(应有两个独立的电源供电)。

3. 经济

供配电系统的经济性是指在满足机电设备用电要求的前提下，尽量减小投资，节约能源，降低营运管理成本。

4. 合理

供配电系统的合理性是指在满足机电设备用电经济运行的前提下，接线简单，减少回路，同时还要为今后的发展扩容预留一部分容量。

二、负荷分类

根据用电负荷的性质以及由于断电在政治经济上造成损失和影响的程度，一般将用电负荷分为三级。

1. 一级负荷

中断供电将造成人身伤亡、重大社会影响以及重大政治、经济损失的。针对高速公路隧道而言，隧道内的通风、消防、应急照明以及隧道横洞处设置的电动卷帘门等设施属于一级负荷。

2. 二级负荷

中断供电将造成较大社会、经济影响以及公共场所秩序混乱的。如隧道内的基本照明设施、监控外场设备等属于二级负荷。

3. 三级负荷

不属于一级负荷和二级负荷的其他负荷为三级负荷。

三、供电方式

一般情况下，隧道区段内的机电设备均为低压用电设备，即额定工作电压为 220/380V 的用电设备(仅在特长隧道内设置的轴流风机属于高压设备)，而公用电网的电压等级却均在 10kV 以上，因此，为保证这些低压设备的正常运行，需要先将 10kV(或 35kV)的高压电降至 380/220V 后，再提供给低压用电设备。

根据隧道所在地区的电网情况及用电设备的实际需要，一般将供电方式分为二次降压供电方式和一次降压供电方式两种。其中二次降压供电方式是当就近存在 35～110kV 的电网时，先将其降至 10kV 的电压，再由 10kV 降至 380/220V，供给低压电气设备使用；而一次降压供电方式是将就近存在 10kV 的电网电压直接降至 380/220V，供给低压电气设备使用。对于隧道而言，较多采用一次降压方式。图 27-2 为输变电单线原理图。

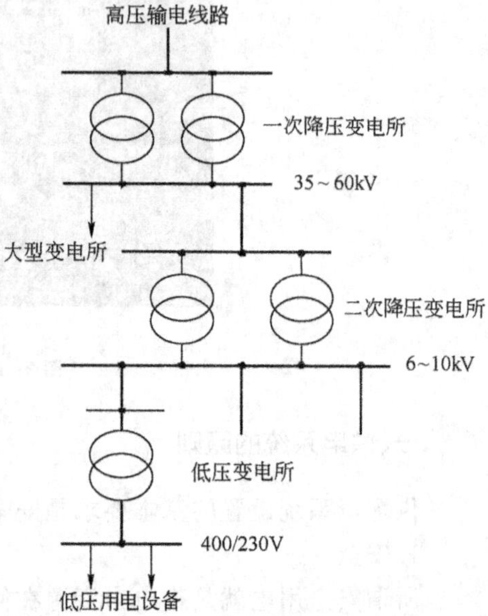

图 27-2　输变电单线原理图

由于一级负荷的重要性，高速公路隧道的供电系统原则上应设有两路外电源(在外部条件无法满足要求的情况下，可采用一路外电源和配备一套自备电源的方式供电)，以保证供配电系统的安全性、可靠性。外电源可引自就近的10kV高压输电网，也可根据需要从上一级变电站引专线供电。一般情况下，在隧道口设置10/0.4的变配电所或箱式变电站(长大隧道可在隧道两端洞口分别设置，甚至在隧道内设置变配电所；但主变配电所应尽量和隧道的消防水泵房同址建设；两条相邻且较短的隧道可以考虑仅在两条隧道的中间设置一座变配电所或箱式变电站)，为隧道区段的用电设备提供220/380V的低压电，当外供电发生故障而造成停电时，变配电所配备的自备电源(即柴油发电机组)将自动启动运转发电，为一级负荷及部分二级负荷供电。一般情况下二级负荷则直接由变配电所或箱式变电站供电，而三级负荷对供电无特殊要求。图27-3和图27-4所示为变配电所和箱式变电站。

图27-3　变配电所

图27-4　箱式变电站

目前，国内已经投入营运的高速公路隧道普遍采用的是在隧道口设置变配电所或箱式变电站的供电方式，但是，也有个别隧道将变配电所设在隧道内，如：北京八达岭高速公路的潭峪沟隧道(单洞长超过3000m)就在隧道内设置了有人值守的变配电所。

近年来，隧道供电系统中还引进采用了中压供电系统(介乎于220/380V低压系统～10kV高压系统之间的一种电压等级)，主要用于长大隧道的供电，即在隧道口设置一处大容量的变配电所，内设中压升降压变电站，在隧道内结合机电设备的分布情况布置若干个小容量的中压埋地式变压器，电能通过中压传输系统引至埋地式变压器后，将电压降至220/380V，分别供通风、照明、消防及监控设施使用。此种供电方式可以克服低压系统由于距离远而带来的压降损失问题。目前，京珠国道主干线粤境北段的隧道部分、浙江省杭金衢高速公路的新岭隧道以及福建省高速公路的部分隧道就采用了此种供电方式。

四、备用电源

隧道区段能够提供二路外电源时，供电系统则采用两路独立电源供电(电源应来自不同的区域变电站)，一路为主电源，另一路为备用电源，当主电源失电时，电力监控系统(后面将给予介绍)发信号，使备用电源合闸，保证隧道区段的用电。

在无法引入第二路外电源的情况下，为保证由于外电源故障中断供电时高速公路隧道区段的一级负荷仍能够正常工作，供电系统应配备备用电源(即柴油发电机组，见图27-5)。当外供电停电时，柴油发电机组能够在很短的时间(15～30s)内自动启动发电和自动实现电源的切换，确保供电系统电源的不间断要求。

图 27-5　柴油发电机组

此外，变配电所内还配置不间断电源 UPS（Uninterruptible Power Supply）为应急照明供电（一般可维持约一个小时的时间）。考虑到 UPS 造价较高，特别是在线式 UPS，其转换效率较低，长期连续运行，必然造成电能浪费，因此，有些地方也有采用 EPS（Emergency Power Supply）供电的。应急电源（EPS）系统主要由整流器、静态开关模块/手动旁路开关、控制单元及逆变器、机架、蓄电池组组成。整流器的作用是将交流电变换成直流电，实现对蓄电池充电及向逆变模块供电；逆变器的作用则是将直流电变换成交流电，供给设备稳定持续的电力；静态开关器可以设定系统工作的方式，并可调整逆变器的输出与外电源同步，保证负荷在外电源及逆变器输出间的顺利切换。手动旁路开关可将负荷切换至外电源并与系统隔离，这样，当系统进行维护时，设备仍然可以正常工作。

第三节　配 电 系 统

一、变配电所

由于《公路隧道通风照明设计规范》中明确要求长度超过 100m 的隧道需设置照明设施，长大隧道还设有通风、消防及监控设备，因此，每条隧道必然要设置配套的供配电设施。根据设备的相对位置，一般采用局部集中供电的方式为隧道区段用电设备进行配电。

一般情况下，变配电所（或箱式变电站）内均选用干式变压器作为降压设备将 10kV 外电降至 380V，按照相关技术规范的要求，在变配电所内设置高压开关柜和低压配电屏（每一面低压配电屏内将按实际需要配置若干个用电回路），为隧道内的通风、照明、消防及监控等设备供电。

为了合理地分配用电负荷，提高故障情况下配电系统的可靠性，低压系统采用母线分段方式供电，母线之间通过母联开关进行联络。隧道内的通风、照明、消防、监控设备及事故用电将各自设置单独的回路。

变配电所低压母线段还将设置电容补偿柜，对无功功率进行补偿，补偿后的功率因数应不低于 0.9。

二、低压配电

在隧道内应根据不同用电设备的布置情况，合理设置相应的配电回路。

1.通风设施

隧道内的通风设备主要是射流风机(仅有个别超长隧道采用竖井通风,需设置轴流风机),射流风机采用的电源为三相380V,每台射流风机需单独从变配电所的低压出线回路引一路电源,在射流风机附近设置风机配电箱,内设负荷开关,用于风机检修时切断电源,以确保安全。

轴流风机一般分为低压和高压两种,低压轴流风机用电与射流风机类似,高压轴流风机(目前国内尚未使用)则需由变配电所为其提供满足运行条件的高压电源。

2.照明设施

隧道区段的照明一般分为入口段照明、过渡段照明、基本段照明、出口段照明、应急照明、横洞照明及洞外引道照明。

隧道照明普遍采用四级控制,即按晴天、傍晚(或阴雨天、浓雾天)、夜间和深夜(24:00以后)四种情况进行控制。

为保证隧道照明灯具有稳定的电源电压,避免由于风机启动引起的电压波动对照明的影响,隧道照明应采用独立的电源回路供电,在隧道内设置多个照明配电箱,按照不同的控制方式为各种照明灯具配电,同时,也有利于提高照明灯具的使用寿命和保证隧道内各路段照度的稳定。

3.消防设施

一般情况下,长度超过1000m的隧道均设有水消防设施(有些高速公路的隧道长度不足1000m,也设有水消防设施),消防设施中的用电设备主要包括消防水泵及泵房的照明等。

多数情况下,隧道消防水泵房和设在隧道口处的变配电所同址建设,这样既可以适当减少土建工程的规模,又有利于配电系统的实施。在水泵房内设消防配电箱,电源直接引自变配电所的专用回路,除为消防水泵和泵房照明配电外,还需设置一些检修插座,以便于消防设备的维护和检修。

4.监控外场设备

隧道区段布置的监控外场设备主要有隧道本地控制器(PLC)、闭路电视摄像机、交通信号灯、可变情报板、车道控制标志、车辆检测器、光强检测器、一氧化碳及能见度检测器、火灾检测器、风速/风向检测器,这些设备能够正常运行,高质量的电源必不可少。

监控设备多数是单相负荷,且分散布置在整条隧道的不同路段(包括隧道外),因此,配电系统是既要满足每个设备的用电要求,又要根据整个配电系统的负荷分配情况,保持三相平衡。较常见的做法是在隧道内设置监控配电箱(尽量设在负荷较集中的位置),根据不同的设备需求为其配电。由于大型门架式可变情报板需要三相电源,因此,需从变配电所的低压配电柜或从监控配电箱直接引三相电。

5.其他设备

除上述机电设备外,隧道内还布置有诸如交通诱导标志和紧急疏散标志等用于提示的灯箱,当隧道发生火灾或其他异常事件事故时能够醒目地提示人员安全撤离的最佳路线。它们对电源的要求以及配电方式与隧道照明相同。

三、低压配电线路

(1)低压配电线路可采用放射式配电方式,配电干线从隧道口的变配电所至隧道内一般可采用交联电缆以直埋的方式或在隧道外沿电缆沟、电力管道敷设至隧道内的电缆沟。隧道内敷设的电缆多采用阻燃型或耐火型的聚氯乙烯绝缘电力电缆，在隧道内电缆的敷设可以采用以下两种方式：穿管暗敷、电缆桥架。

穿管暗敷：在隧道主体工程施工时，将预埋一些电力管线，埋在隧道内侧壁的二次衬砌内，两端连接电缆沟及用电设备的接线盒。电力电缆敷设在预埋管内。

电缆桥架：电缆桥架安装在隧道内侧壁的墙上，应不侵占隧道的建筑限界，电力电缆铺在桥架上至每一个设备处。

(2)由变配电所引至隧道内供风机用电的主电缆由隧道电缆沟敷设至风机控制箱，由风机控制柜引至风机的电缆穿管在隧道拱壁内暗敷。

(3)由变配电所引至隧道内照明配电箱的电缆由隧道电缆沟敷设至各配电箱，由照明配电箱引至各灯具的电缆穿镀锌钢管在隧道壁内暗敷至各灯具(或采用电缆桥架的方式敷设)。

(4)隧道照明、动力电缆及接照明灯具的导线沿电缆沟或电缆桥架敷设，应采用耐火电缆和导线，穿镀锌钢管敷设时采用阻燃电缆和导线。

四、防雷与接地

为保证供配电设施安全、可靠地运行，在变配电所处应建设一套完整的防雷接地系统：

(1)变配电所建筑物外侧设置一组人工接地装置，做电气工作接地和保护接地，此人工接地装置应与防雷接地至少有两处以上连通，接地电阻小于1Ω。变压器中性点、发电机中性点及PE干线必须与接地装置连接，变配电设备及发电机组的金属外壳、进出的金属管道，均应与PE线可靠连接。

(2)接地系统多采用TN-C-S系统，由变配电所或箱式变电站引至隧道内的供电线路采用低压电力电缆，并由变配电所低压配电屏的PE母线引接一根120mm^{2}单芯电缆作为隧道的专用PE干线，此电缆在隧道入口处与隧道电缆沟内40mm×4mm镀锌扁钢连通，此扁钢在电缆沟内通长敷设，其两端应与隧道的接地网连通并与隧道洞外的路灯的接地线焊接连通，总接地电阻不大于1Ω。隧道内各照明配电箱的PE线均由此镀锌扁钢引接。

(3)配电箱应装有与出线回路同等数量的PE端子，凡需进行保护接地的用电设备，必须用单独的保护线与接地体相连。不应把几个预保护接地的部分互相串联后，再用一根接地线与接地体相连。

第四节　电力监控

从营运管理的角度考虑，变配电所应能够对隧道通风、照明、消防设施及监控外场设备等进行控制，但是，以往的变配电所其高低压设备运行状态的监测与控制均需要人工干预，变配电所需要有人值守，增加了变配电所营运管理的成本，且达不到科学管理的目的。因此，设置一套完善的电力监控系统势在必行。

通过设置电力监控系统，值班人员可在高速公路的监控、通信、收费(分)中心及时发现供配电系统的故障或事故，因而也能够迅速进行判断和处理，既实现了变配电所的无人值守，减少了值班人员，降低了营运管理费用，又避免了由于人工(监控)疏忽引起的问题，提高了工作效率。

一、系统构成

电力监控系统可采用全分布开放式结构，完成对所辖范围内各变配电所(或箱式变电站)

数据交换、能源管理及实时监控。电力监控系统具有较高的可靠性和扩充性。

(1)整个电力监控系统分为两个部分,即现场信息采集设备和监控室设备。

(2)在每个变配电所内安装测控保护装置,对母线、变压器、各种开关等设备的运行数据进行采集。同时在变配电所内设置一台总控单元,由其汇总全部数据后,再通过光纤收发器上传至监控室。现场部分的设备与监控室之间的通信可采用光纤传输,监控室以轮询方式采集现场各设备的数据。

(3)在监控室设置电力监控计算机,负责处理各变配电所上传的数据,该计算机将被并入监控室的计算机局域网,其数据与道路监控系统共享。

(4)电力监控系统的信息(数据)上传,可以采用两种方式:一种是利用隧道区段现有的监控及通信系统的传输网络;另一种是电力监控系统自身再构筑一个传输通路。

二、系统功能

电力监控计算机通过现场设备和通信系统的协助,完成对所属变配电所和各变压器的状态和温度等的数据采集,信息进入监控系统后,经处理、分析、保存,以图形或报表等形式供值班员参考,使值班员能够便捷的掌握供电系统的运行状况,包括相关设备(如照明、风机、消防水泵等)的运行状况,在需要时,还可提供快捷的远程控制手段,完成对设备运行状态的改变以及事故情况的处理。

在高压开关处装设保护测控单元,测量线路的三相电流、三相电压、有功功率、无功功率、功率因数、频率、相序等数据,同时检测断路器状态信号;在测量的基础上实现接地保护、过流保护、速断保护、欠压/过压保护、断路器失灵保护、缺相保护等保护功能。

为电力变压器配置温控装置,使系统可以获得变压器当前温度以及风扇的状态,该装置既可以自动根据预设参数实现风扇的自动启停,又可根据控制命令完成操作。

在低压开关柜上安装保护测控单元,测量母线的三相电压、三相电流、有功功率、无功功率、频率等,测量各馈线的电流、电压及相关的状态信号等,同时实现母线和母联开关的接地保护、过流保护、速断保护、欠压/过压保护、断路器失灵保护等功能。

系统可保存所有电力设备的信息,并可结合其状态信息将其反映在监控分中心专用地图板或大屏幕投影屏上,供值班人员使用。系统还可以自动统计设备的运行信息,包括负荷等值的极值、平均值;母线的电压合格率;馈电线路的运行率等。

第二十八章 传输系统

第一节 概 述

隧道传输系统主要分为数据传输和视频传输。数据传输负责将隧道区段的各种数据上传到隧道管理站或将隧道管理站的数据下传到相应的设备；视频传输负责将隧道区段的视频图像传输到隧道管理站，一般视频反向控制信号（云台、雨刷等控制信号）的传输归入视频传输范畴。隧道传输系统方案的优劣直接影响到整个隧道监控系统的性能以及后期的运营管理。

第二节 数据传输

目前，隧道区段的数据传输方式很多，按照网络拓扑结构一般分为星形、总线形、环形和组合形。

一、星形拓扑

1.系统组成

星形拓扑结构主要分为两种，一种是指隧道区段的设备直接通过调制解调器或数据光端机与隧道管理站的多串口设备相连，如图 28-1 所示。另一种是指隧道区段的设备就近分区段与区域控制器（LC）相连，然后区域控制器通过调制解调器或数据光端机与隧道管理站的多串口设备相连，如图 28-2 所示。

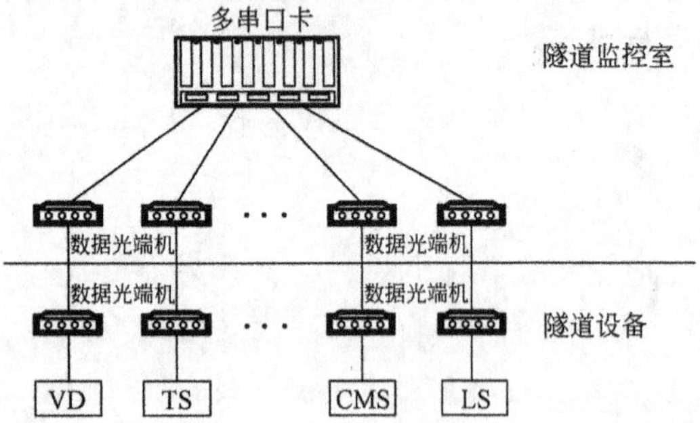

图 28-1 星形拓扑结构方案一

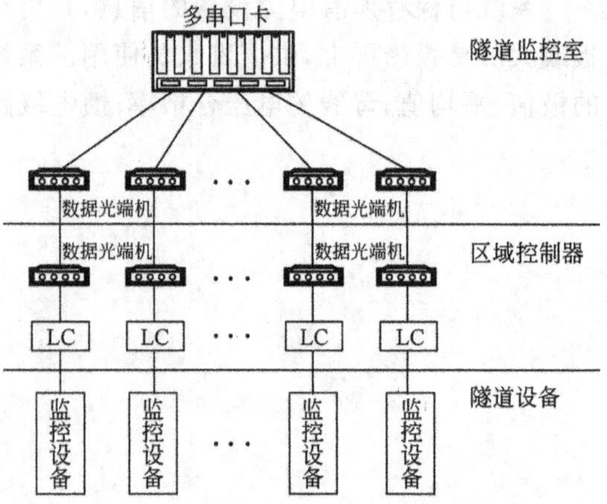

图 28-2 星形拓扑结构方案二

2.系统性能

星形拓扑结构的优点是每个设备单独与隧道管理站通信，如果一个设备传输出现故障不会影响到其他设备的数据传输；隧道管理站能实时了解隧道区段设备工作情况。缺点是传输设备(光端机等)和缆线数量非常多，整个系统造价较高；系统传输的数据量相对较大。

3. 应用情况

早期国内隧道都使用如图 28-1、图 28-2 星形拓扑结构的数据传输方案；目前只在区域控制器非常少或不必设区域控制器的短隧道使用星形拓扑结构。

二、总线形拓扑

1. 系统组成

总线形拓扑结构是指隧道区段的设备就近分区段与区域控制器相连，各区域控制器之间通过总线结构连接，由配电房内的区域控制器(也可以任意选择其他区域控制器) 通过调制解调器或数据光端机与隧道管理站多串口卡或交换机相连，如图 28-3 所示。

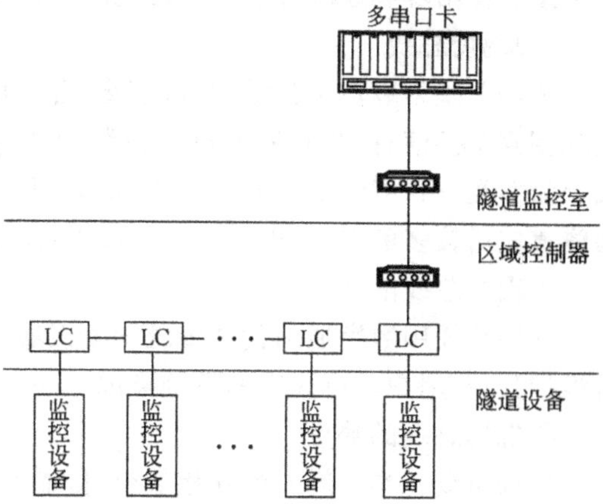

图 28-3　总线形拓扑结构图

总线形拓扑结构主要有 RS485 总线、Controller link 总线、Profibus 总线等。

2. 系统性能

总线形拓扑结构的优点是隧道区段的设备只需通过其中一个区域控制器上传隧道管理站；上传信息量不大；各隧道区段的设备可通过区域控制器实现直接通信，即可以实现本地降级控制或本地自动控制。缺点是安全性不太好，如与隧道管理站连接传输通道出现故障，整个隧道将与隧道管理站失去联系；如果总线形上的某个节点出现故障，节点之后的设备都将失去联系。

3. 应用情况

国内隧道基本不使用总线形拓扑结构。

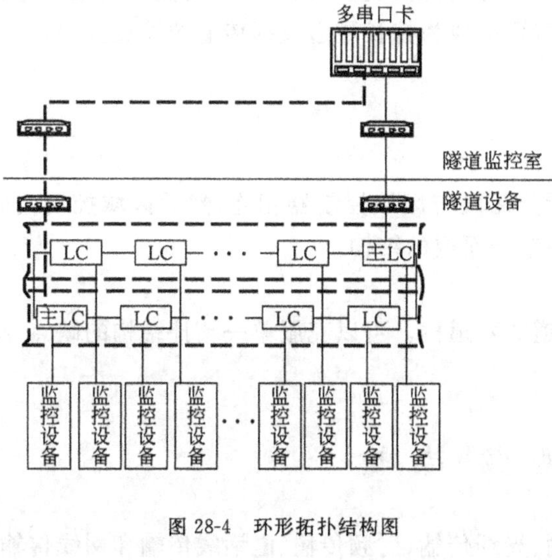

图 28-4　环形拓扑结构图

三、环形拓扑

1. 系统组成

环形拓扑结构是指隧道区段的设备就近分区段与区域控制器相连，然后区域控制器之间连接成环形结构，隧道口或配电房内的区域控制器设置成主区域控制器，主区域控制器通过数据光端机与隧道管理站交换机相连。根据隧道长度，整个隧道可以构成一个环或隧道左右洞分别构成一个环。为加强数据系统的性能，可以将环上靠近洞口的区域控制器都设置成主区域控制器，并分别上传隧道管理站，如图 28-4 所示。

环形拓扑结构应用较多的设备厂家有西门子(Profibus)、欧姆龙(Controller link)、施耐德(Modbus Plus)以及罗克韦尔(Control Net)等。

2. 系统性能

环形拓扑结构的优点是系统安全性高,环形拓扑结构上的任意节点出现故障不会导致节点之后的设备通信中断;上传信息量不大;环形拓扑结构的区域控制器具有本地自动控制的能力。

3. 应用情况

目前,国内隧道大部分使用环形拓扑结构,尤其是长大隧道。通常采用隧道左右洞构成1个环,这样充分利用隧道双洞的特点构成了具有真正物理意义的环,加强了安全性,环形拓扑结构主要使用现场总线,随着科技的发展,近年来工业以太网开始得到应用。

(1)现场总线

现场总线是以单个分散的、数字化、智能化的测量和控制设备作为网络节点,用总线相接,实现相互交换信息,共同完成自动控制功能的网络系统与控制系统。根据 IEC/ISA,现场总线分为8类:FF、ControlNet、ProfiBus、P-Net、HSE、SwiftNet、WorldFIP、Interbus-S。目前我国隧道应用较多的有 ProfiBus、ControlNet,另外还有 Modbus Plus 等。

①现场总线的优点

现场总线用数字通信代替传统的模拟通信传输,节省硬件数量与投资;节省安装费用、节省维护开销;用户具有高度的系统集成主动权;提高了系统的准确性与可靠性。

②现场总线的缺点

现场总线各类之间不能互相兼容,传输速率低,且因其不开放不能直接与上层计算机局域网进行信息传递,需增加总线提供商提供的专用板卡才可互通信息。

(2)工业以太网

工业以太网是将以太网技术应用在工业控制中。

①工业以太网的优点

工业以太网应用广泛;成本低廉,具有开放性,易于组网,易于与 Internet 连接;通信速率高;软硬件资源丰富,受到广泛的技术支持;发展潜力大。

②工业以太网的缺点

工业以太网通信的确定性、稳定性、可靠性稍差是目前工业以太网正在解决的问题。随着工业以太网技术的不断完善,工业以太网将来有可能成为特长隧道数据传输的发展方向。

四、组合形拓扑

1. 系统组成

组合形拓扑结构是指隧道区段的设备就近分区段与区域控制器相连,然后区域控制之间按环形、总线形、星形结构中的任意两种或多种组合而成的结构。

2. 系统性能及应用

组合形拓扑结构适用于包括长、短不同隧道的隧道群。可以克服单一拓扑结构的缺点,继承其优点。

第三节　视 频 传 输

视频传输按照传输介质分为同轴电缆传输、光纤传输、射频传输、电话线传输和网线传输;

按照传输信号分为模拟方式和数字方式，数字方式又可分为非压缩方式、压缩方式，压缩方式又分为 M-JPEG、H. 261、H. 263、MPEG1、MPEG2、MPEG4 等。根据二十四章介绍，长隧道中一般全程覆盖设置摄像机，其间距在 100～200m 之间，且数量较多，隧道视频传输应根据隧道内视频数量、传输距离等工程实际情况来确定一个能保证视频质量的传输方案。

一、模拟视频传输

1. 点对点传输方案

点对点的模拟视频传输方案通过模拟视频光端机将单路模拟视频信号转换成光信号，通过光纤进行传输，然后再通过模拟视频光端机将光信号还原为单路模拟视频信号，如图 28-5 所示。点对点传输方案一般适用于视频较少、传输距离较近的短隧道。

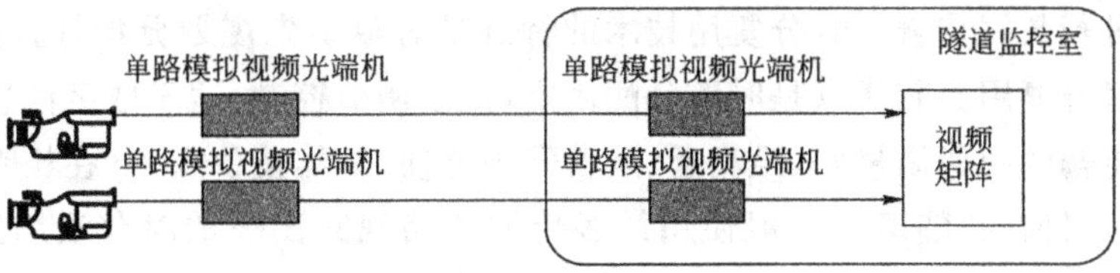

图 28-5　点对点传输方案

2. 多点复用传输方案

多点复用模拟视频传输方案通过模拟视频复用光端机将多路模拟视频信号转换成光信号，通过光纤进行传输，然后再通过模拟视频复用光端机将光信号还原为多路模拟视频信号，如图 28-6 所示。由于这种传输方式可以在满足光端机传输距离的前提下可得到可靠的图像质量，工程造价较低，但远距离传输图像质量相对较差，以前在交通行业得到广泛的应用，但随着数字视频传输的出现，远距离图像传输一般采用数字视频传输方式。

图 28-6　多点复用传输方案

3. 多节点传输方案

多节点的模拟视频传输是近年出现的新技术，它同样利用光纤的宽带宽资源，采用在单芯光纤上传输 1～64 路或更多路的视频信号。该方案不仅大大地提高了光纤的利用率，而且在保证图像质量的前提下增长了一定的视频图像传输距离。另外，部分此类产品还可以特别提供网络管理功能，加强了系统的运营管理。模拟的多节点传输方案主要节省了光纤，但模拟多节点传输方案传输距离有限，维护困难，整体造价较高。

二、数字视频传输

1. 非压缩数字视频传输

非压缩数字视频传输方式是以光纤的带宽资源为保证，将模拟信号通过模数转换设备变成数字视频信号，经由光纤进行传输，在目的地再经数模转换还原成模拟视频信号。通常隧道采用的非压缩数字视频传输方案有点对点传输方案、时分复用传输方案和粗波分复用传输方案。

(1)点对点传输方案

点对点传输方案是利用非压缩数字光端机将1路模拟图像转换成数字非压缩图像直接传输到就近的管理机构。一般点对点的视频传输方案只适用于图像非常少或只在隧道口设置摄像机的短隧道。

(2)时分复用传输方案

时分复用(TDM，Time Division Multiplexing)就是将提供给整个信道传输信息的时间划分成若干时间片(简称时隙)，并将这些时隙分配给每一个信号源使用，每一路信号在自己的时隙内独占信道进行数据传输。时分复用技术的特点是时隙事先规划分配好且固定不变，所以有时也叫同步时分复用。其优点是时隙分配固定，便于调节控制，适于数字信息的传输。时分复用传输方案传输的图像质量好、距离远、运营管理方便、整体造价适中(在长距离图像传输中性价比非常高)，目前，在隧道内一般使用最多传输9路视频图像的时分复用方案。TMD传输方案见图28-7。

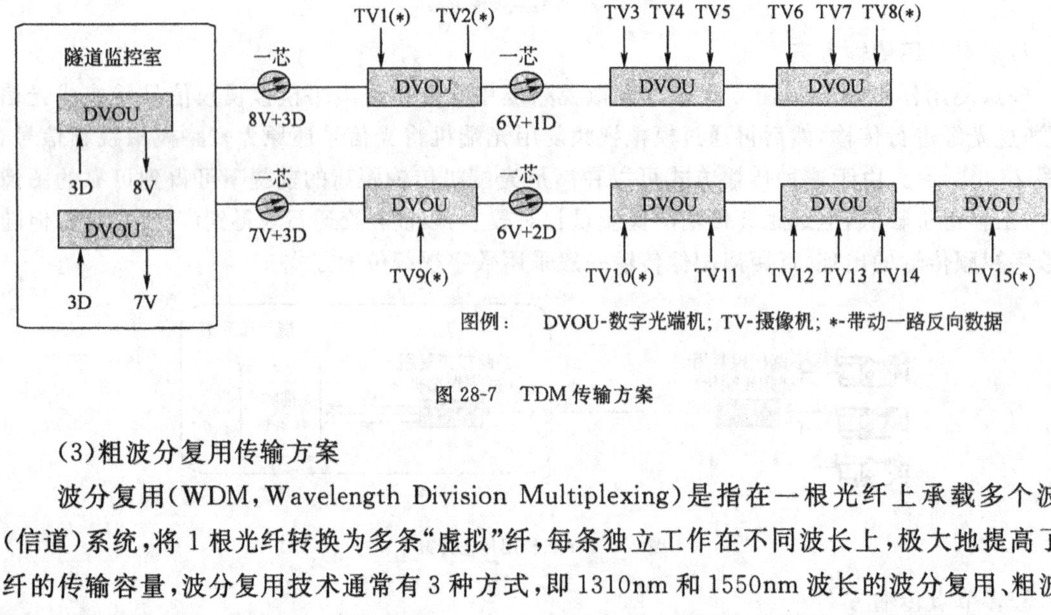

图28-7 TDM传输方案

(3)粗波分复用传输方案

波分复用(WDM，Wavelength Division Multiplexing)是指在一根光纤上承载多个波长(信道)系统，将1根光纤转换为多条“虚拟”纤，每条独立工作在不同波长上，极大地提高了光纤的传输容量，波分复用技术通常有3种方式，即1310nm和1550nm波长的波分复用、粗波分复用(CWDM，Coarse Wavelength Division Multiplexing)和密集波分复用(DWDM，Dense Wavelength Division Multiplexing)。

1310nm和1550nm波长的波分复用技术在20世纪70年代初仅用两个波长，这是最初的波分复用技术。

粗波分复用技术(CWDM)(见图28-8)使用1200～1700nm的宽窗口，相邻信道的间距一般≥20nm，波长数目一般为4波或8波，最多16波。目前隧道采用的粗波分复用技术(CWDM)，一芯光纤可同时传送1470nm、1490nm、1510nm、1530nm、1550nm、1570nm、1590nm、1610nm等八种不同波长，每一波段可时分复用1～10路视频信号，一芯光纤的传输带宽可达10.3G，一个波段的传输带宽可达1.3G。在传输视频信号的同时，还可以传输多路数据，音频信号。系统采用全数字化通信方式，在发送端将视频信号进行复用和编码，在接收端对视频信号进行解码和解复用，还原成视频信号。系统具有抗干扰性强、传输距离可达近百公里、图像分插（上、下）方便、图像质量优、节省光纤、性价比优等特点。一个波段同时传输1～8路视频时，图像质量可达到广播级标准；一个波段同时传输1～10路视频时，图像质量可达到工业级标准，如图28-6所示。但粗波分复用技术的可靠性仍然存在很大争议，隧道区段的图像传输较少采用该方案。

密集波分复用(DWDM)技术可以承载8～160个波长，而且随着DWDM技术的不断发展，其分波波数的上限值仍在不断地增长，间隔一般≤1.6 nm，主要应用于长距离传输系统。在所有的DWDM系统中都需要色散补偿技术（克服多波长系统中的非线性失真——四波混频现象）。目前，隧道不采用该技术方案，但随着技术的发展，密集波分复用技术也将是隧道图像传输的发展趋势。

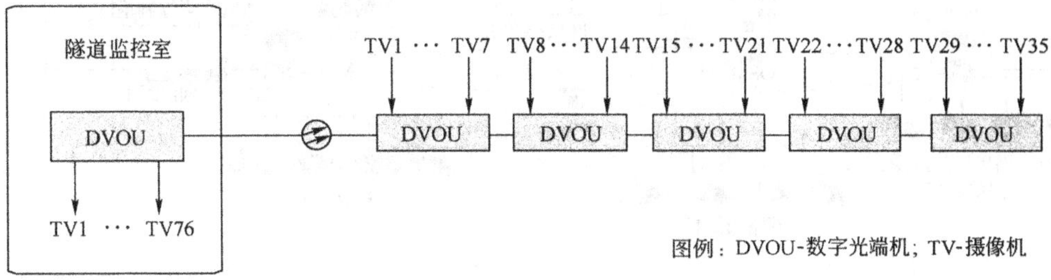

图 28-8　CWDM 传输方案

2. 压缩数字视频传输

压缩数字视频传输方案则是将模拟视频信号按视频压缩标准(M-JPEG、MPEG1、MPEG2、MPEG4、H.261、H.263等)进行压缩编码后在以太网(LAN/WAN/INTERNET)、光纤以及E1信道(G.703)上实现图像传输，对带宽的要求也从几十千到几兆不等。

压缩数字视频传输方案造价高、在国内隧道区段图像传输中很难发挥其优势，一般不采用该方案，但从隧道管理站切换图像传输到上级管理机构一般采用压缩数字视频传输方案，随着技术发展，隧道内IP摄像机(MEPG4)将是一个发展趋势。

(1)IP摄像机的设计方案

IP摄像机内置有IP服务器(Web Server)和CCD，并且内部还增加了对模拟视频进行数字化的处理芯片(DSP芯片)，将数字化的视频信号转换成符合网络传输协议(如TCP/IP协议)的数据码流在网络上传输，因此可以将IP摄像机直接挂接在现场工业以太网网络上，实现与隧道管理站网络互联，在指定隧道内各网络摄像机IP地址后，授权的用户就可以在隧道管理站、分中心或省中心，甚至网络上任何位置通过浏览器(如MS IE或Netscape浏览器)调阅图像(包括多个用户可以同时调阅同一图像)，图像传输速率可以达到每秒25～30帧，调阅的图像既可以在监控室PC机屏幕上显示，也可以在监视墙的监视器上显示。远程还可通过其串口对网络摄像机云台、镜头等进行控制，实现隧道数字视频监控，如图28-9所示。

(2)IP摄像机的压缩格式

如表28-1所示，MPEG4的压缩格式采用小波变换技术(Wavelet Transform)，获得了更高的压缩比、更低的压缩码流和较好的图像质量，但目前价格较高。

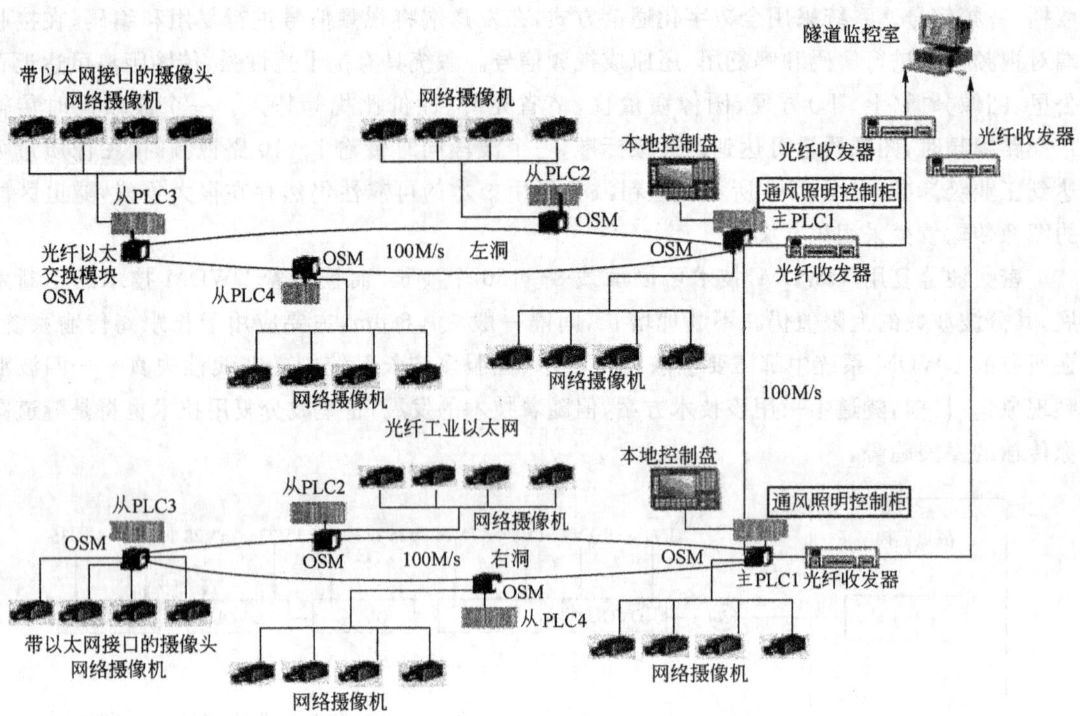

图 28-9　IP 摄像机视频信号传输图

图像压缩编码技术比较　　表 28-1

压缩标准类别	M-JPEG	MPEG1	MPEG2	MPEG4
压缩率	6	20～30	30～40	200～500
空间分辨率	352×288	352×288	720×576	720×576
时间分辨率	25～30 帧/s	20～30 帧/s	50～60 帧/s	25～30 帧/s
传输速率	1.5Mbps	1.5Mbps	4～15Mbps	10k～1Mbps
图像质量	一般	一般	很好	VCD 到 DVD
主要应用	视频编辑系统	VCD	DVD	交互式多媒体
标准化年代	1992	1992	1994	正在制定中

第二十九章 运 营 管 理

第一节 概 述

虽然修筑高等级公路隧道的一次性投资较大，运营费用也较高，但它从根本上提高了公路等级，是提高山区公路运输快捷性的重要措施之一，这一点已被许多省份的经验所证明。公路隧道除了产生缩短里程、提高车速、降低油耗、减少事故等直接效益外，还能带来若干间接的社会经济效益。

从近年来国内外隧道发生的火灾事故中可以得到启示，公路隧道交通确实存在潜在的危险性，只有加强软环境的建设，才能发挥硬环境的作用，才能有效地达到防灾和减灾的目的。因此，非常有必要提高隧道运营管理技术、加强隧道运营管理。

虽然近十年来，我国公路隧道在建设方面取得了长足的进步，但从运营上还是适应不了公路交通发展的要求，与国外先进水平相比，还存在着很大的差距，重要的原因是对公路隧道运营设施的资金投入不足，重于建设，疏于运营管理。因此，在公路隧道建设完成投入运营后，要加强运营管理、养护维修工作，充分认识公路隧道运营管理的重要性。特别是在交通量较大的隧道段，要进行定期的养护与维修，提高应对突发性灾害的抢险能力。加大对公路隧道照明、通风、防灾和监控等方面设施的投入，同时完善管理机制，全面提高我国公路隧道运营管理水平。

第二节 运营管理系统

运营管理系统有两方面的含义：一是指日常运营管理，也可理解为非事故时的运营管理；二是应急状态下的运营管理，也就是发生事故时的运营管理。运营公司应制订日常运营管理计划并使之制度化以保证正常情况下的交通运营、设施运营。在正常情况下，隧道的运营是按部就班的程式化管理，一般不会出现大的决策性问题。因此，本章主要阐述应急状态下的隧道运营管理。

随着现代化生产技术的发展及人们对环保意识的转变等，隧道在公路中的应用越来越多，但是隧道作为特殊的交通环境也存在着比其他路段更多的安全隐患，一起比较小的隧道意外事件很可能在短时间内引发或演变为一场非常严重的灾害性事故。由于隧道的封闭性，紧急事件发生后现场人员逃生困难，必须依靠及时有效的外部救援。因此，除加强日常运营管理外，还需要制订紧急事故发生后所应采取的紧急措施和应急方法，即应急预案。通过事前计划及应急措施的制订，充分利用一切可能的条件，在事故发生后迅速控制事故发展并尽可能排除事故，保护现场人员和场外人员的安全，将事故对人员、财产和环境造成的损失降低至最低。

中华人民共和国《安全生产法》中关于应急救援系统作了如下描述：应急救援系统是保证

生产安全事故应急救援工作顺利实施的组织保障，主要包括应急救援指挥系统、应急救援日常值班系统、应急救援信息系统、应急救援技术支持系统、应急救援组织及经费保障。

一、采用现代化的管理手段和科学的管理方法

随着防止隧道事故意识的增强及对发生紧急事件后快速处理要求的提高，人们开始追求在最短的时间检测到事件的发生，并且要判断和确认信息的准确性和事件的种类，以便快速、准确开展应急救援工作。为达到这一目的，需要设置快速、准确、有效的检测、监视和控制系统。

中华人民共和国行业标准《公路工程技术标准》(JTG B01—2003)中关于监控设施的规定：监控设施分为A1和A2两类。A1类适用于：八车道高速公路；四、六车道高速公路的特长隧道、特大桥、服务水平低于二级的路段。A2类适用于四、六车道高速公路的其他路段。A1类应配置完善的信息采集、交通异常自动判断、交通监视、诱导、主线及匝道控制、信息处理及发布设施。

由此可以看出隧道是公路上的特殊路段，为保障隧道区段交通的安全、畅通需要设置较完善的监视控制系统。

隧道应急救援技术支持系统包括隧道监控系统、通风系统、照明系统、安全设施和通信系统等系统。

根据《高速公路隧道监控系统模式》(GB/T 18567～2001)可将隧道监控系统根据隧道长度、交通量及隐含事故率划分为A、B、C、D四个等级，不同的监控系统等级对应不同的系统设备配置。布设在隧道内的车辆检测器、一氧化碳检测器、能见度检测器、风向风速检测器、自动火灾检测器、手动火灾报警按钮可以检测隧道内实时的交通流量、火灾信息、环境信息，系统通过对这些数据的分析，判断隧道内交通、环境等的状态是否正常。通常系统具有自动控制和人工干预控制两种方式。正常情况下，系统处于自动控制状态执行正常控制程序。在紧急情况下，系统一方面向监控值班操作人员发出声、光、电报警信号，一方面迅速中断正常程序，进入应急救援处理程序，提供预先编制存储在系统内的控制方案，待系统操作员综合闭路电视图像、紧急电话等信息对现场情况确认后执行控制指令，启动控制方案。这些方案包括可变信息标志的显示内容、风机的启动、照明灯的点亮、横洞卷帘门的打开等。

在此要特别指出，隧道运营控制方案应是一个综合控制方案。隧道的运营控制包括交通控制、火灾控制、通风控制、消防控制和照明控制等几个部分，这几个部分是密切相关的，不能将它们硬性分割成完全独立的系统进行控制，应全面考虑隧道内交通、火灾、环境监测值、紧急避难通道等各种情况后形成多个系统，即通风、照明、交通、消防等系统的联动协调控制，同时根据隧道现场情况一起作出反应动作，以保证最佳效果。

在前面章节中已经讲到不同种类的监控设备、通风设备、消防设备，在越来越迫切的市场需求下，许多设备厂商都相继推出具有高科技含量的新型隧道设备使得我们在构建隧道应急救援系统时更简单易行，同时系统也具有更高的实时性和可靠性。比如车辆检测器除了传统的环形线圈检测器外，出现了将图像工程学、视频图像和电脑化模式识别技术应用于车辆识别中的视频车辆检测器；火灾检测器更是打破了感温铜管火灾检测器独占市场的单一格局，引入了感温线缆、感温光缆、双波长火灾检测器等产品；消防设备也在逐步尝试水喷淋、水泡沫喷淋系统的使用。系统构成由最初的分布式网络发展到现在的双光纤环网、工业以太网等高可靠性的网络为实现系统的性能奠定坚实的基础。

二、隧道事件的种类

隧道事件的起因和种类是比较多的，而且在大多数情况下，事件发生后会引起不同程度的交通阻塞、延误或更大的事故。隧道应急救援系统的首要任务就是要能自动、及时地检测到事件信息，快速地反映、判断和处理事件。为此，首先要对交通事件进行分析，了解和掌握事件的起因、种类、影响的区域等各种相关情况，为判断和处理事件做好准备。

异常事件大致可分为常发性事件和偶发性事件。常发性事件具有一定的规律性，如上班时进城方向的高峰交通量、下班时出城方向的高峰交通量；偶发性事件的起因比较复杂、随机，没有规律。由于常发性事件的可预测性，人们可以通过事先计划来避免事件造成的交通延误或损失。然而，对于偶发性事故却无法事先预测，因此，这种偶发性事件对于人员和财产方面的影响比常发性事件的影响更大。随着交通量的持续增长，偶发性事件发生的频率越来越高，造成的影响也越来越大。本章主要讨论减少偶发性事件。

隧道意外事件的种类大致可分为以下几类：交通事故、车辆故障、不正当驾驶行为、货物洒落、火灾以及意外产生的烟雾等。

现按照下列内容描述和分析道路上所发生的事件：

(1)事件的起因：是独立事件还是由其他事件引起的；

(2)影响区域：小区域或大区域；

(3)检测方法：自动检测和人工检测。

事件分类见表 29-1。

事件分类表 表 29-1

事件分类	事件起因		影响区域		检测方法		计量法
	独立	关联	小	大	自动	人工	
交通事故	√	√	√	√	√	√	影响车道数量
车辆故障	√		√			√	影响车道数量
不正当驾驶行为	√		√			√	影响车道数量
货物洒落	√		√			√	影响车道数量
火灾	√			√	√	√	影响车道数量
结冰	√		√		√		影响车道数量
烟雾		√		√	√		能见度、一氧化碳
风	√			√	√		风向风速
道路施工	√		√	√		√	影响车道数量

三、事件管理策略

偶发性事件比常发性事件更难控制一些。这是因为偶发性事件发生的时间、地点是随机的、不可预测的，但它们的影响有时却很大。本章主要讨论减少偶发性事件。事件管理的主要目标之一是减小事件造成的影响。

小事件的处理与清除由交警、路政利用清障车和救险车等完成，把事故车辆拖走，将现场清理后恢复正常交通。

严重事件尽管发生次数少，但影响重大，并且应急救援工作复杂得多。人员伤亡事故、货物洒落、翻车、火灾和有害物质泄漏等紧急事件都可能需要大量的有关人员参与应急救援工作，事件管理需要采用协调合作方式。对于这类事件应急预案的制订是必须的，以确保一旦发生严重事件应急救援机构和人员能够及时响应。

应急预案是应急救援系统的重要组成部分，针对各种不同的紧急情况制订有效的应急预案，不仅可以指导应急人员的日常培训和演习，保证各种应急资源处于良好的备战状态，而且可以指导应急救援行动按计划有序进行，防止因行动组织不力或现场救援工作混乱而延误事故应急救援，从而降低人员伤亡和财产损失。应急预案对于如何在事故现场组织开展应急救援工作具有重要的指导意义，它有助于实现应急行动的快速、有序、高效。因此，如何制订有效完善的应急预案具有重要的现实意义。

为了减少火灾或其他交通事故的危害，尽可能把损失降到最低限度，应针对隧道内可能出现的事故及灾害，设置监视、检测、控制设备，同时还应制订切实可行的应急预案。应急预案应提供关键设备故障和发生灾害性事故时的处理方法，包括：事故现象、危险情况、事故处理、现场处理等内容，并有直观的工艺处理图或平面布置处理图。特别应制订火灾应急预案，该预案应考虑到隧道的通风设备和火灾报警设备和消防装置的配置。隧道消防设施应符合国家或行业相关标准要求，并通过消防部门的验收。火灾应急预案应制订各类火灾状况下的灭火方法、实施战术，包括火灾发生的位置、出动车辆类型与数量、要求的水量及供水压力等内容，其中也包括和交警、医疗、消防以及救援人员的配合。并应根据演练情况和实际事件对应急预案不断进行修正完善。

运营管理系统在道路畅通，无火灾报警，无隧道内环境指标超标报警，无巡逻车、紧急电话报警的情况下，运行正常控制程序。其中：隧道口外的交通信号灯显示绿色，隧道内各车道上方的车道控制标志显示绿色“↑”，表示可以正常通行。

运营管理系统应根据隧道区段设置的车辆检测器采集的交通流数据及检测器的布设状况制定交通异常自动判断的算法，用于分析交通流是否处于异常状态。交通异常自动判断的算法有许多种，应根据实际情况制定。交通异常等级阀值的确定应做成可由专职人员调整设置的方式，以便在道路开通后根据实际发生的交通状况调整判断交通异常等级的阀值。

当系统判断出交通异常时自动报警。报警内容包括交通异常等级（交通流是缓慢、拥挤、还是阻塞）和发生地点。系统一方面向操作员报警，一方面迅速中断正常程序进入紧急处理程序。系统根据异常等级、地点提供交通控制、诱导方案，准备好相应的控制指令，待操作员综合电视图像、巡逻车等对报警信号确认后，向相关设备发出控制指令。

当交通流行驶缓慢时，系统向有关的情报显示设备发出显示前方道路情报、限速等信息。在交通流拥挤时，向拥挤区段和拥挤区段前方的可变情报板、交通信号灯等发布控制指令，启动设备显示前方道路信息、警告、限速、诱导分流等信息。当交通流发生阻塞时，向阻塞区域及阻塞区域前方的可变情报板发布显示前方道路信息、警告、限速、禁止通行、强制分流等信息。操作员还可通过隧道内有线广播发布道路情况，并向路政、交警等有关单位通报，从而完成实时控制。

在隧道运营管理中不可能一有事故就采取关闭隧道的做法，应根据不同的情况采取不同的措施，最大可能地发挥道路的服务水平。

当隧道内部分车道阻塞，如车辆故障抛锚或追尾，导致一条车道的交通中断，而另一条车道畅通时，系统操作员由驾驶员紧急电话告知、巡逻车报告、监控设备自动检测报警及闭路电视图像等途径得知事故情况，确认后，应依照下列步骤进行应急处理：

(1)系统操作员立即报告上级负责人，并指示最近的巡逻人员、救援人员赶赴现场。

(2)通知警察、消防、救护、清障等有关部门按救援路径赶赴现场。

(3)现场救援人员应优先处理抢救伤亡人员。

(4)在警方尚未到达前，现场救援人员在进行救援工作时应尽量保护现场。

(5)变换监控系统有关控制信号：事故隧道入口外可变情报板显示事故内容，交通信号灯为黄色。阻塞车道事故点上游的车道控制标志显示红色"×"使事故车道中后续阻塞的车辆并入相邻车道行驶。原则上车行横洞不用于疏导交通，而是给救援车辆使用。救援车辆由隧道管理指挥人员指挥进入现场。系统操作员借助有线广播系统协助疏导工作。

(6)现场救援人员应尽快排除现场障碍，若有设备损坏应尽快修复。

(7)阻塞排除后，现场人员回报监控分中心事故处理完毕，系统操作员确认车道及各设备均已恢复正常功能后，经上级负责人批准，系统恢复正常运行程序，可变情报板、交通信号灯及车道控制标志恢复正常显示。

(8)系统操作员记录事故发生的经过与处理情况，输入计算机作为历史档案储存。

当隧道发生重大事故，单洞全部车道受阻时应立即关闭发生事故的隧道，不让后续车辆继续驶入该隧道。系统操作员应依照下列步骤进行应急处理：

(1)～(4)同前部分车道阻塞的步骤。

(5)变换监控系统有关控制信号：上、下行隧道入口外的可变情报板显示事故内容。隧道外交通信号灯显示红灯，禁止车辆入内。事故上游的车道控制标志显示红色"×"，禁止前行；事故下游的车道控制标志显示绿色的"↓"使车辆按正常方式离开隧道。开启距事故点最近的上游车行横洞，供事故隧道内受阻塞车辆进行逆向行驶疏散使用。非事故隧道外交通信号灯显示黄色，非事故隧道位于事故点下游内侧车道上方的车道控制标志正面显示红色"×"，禁止车辆通行，反面显示绿色"↓"，以供事故隧道事故点上游的受阻车辆疏散。救援人员尽快于非事故隧道完成布置交通锥等分隔障碍物，指挥人员尽快就位。

(6)在事故点与用于疏导交通的车行横洞之间的车辆由于无法直接经由其下游的车行横洞进行疏散，并且这些车辆最接近事故现场，受到的影响最大，同时还影响着救援工作的进行，因此在完成对向隧道疏散车道的布置后，应优先在现场人员的指挥下以倒车等回转方式经由车行横洞进行疏散。

(7)事故点上游已进入隧道的车辆在现场人员的指挥下，离入口近的退出事故隧道，不能退出的沿已开启的疏散用车行横洞进入对向隧道的内侧车道驶出隧道。也可根据不同的现场情况采取逆向行驶过事故点后，再经车行横洞折回原隧道。救援车辆进入隧道进行救援工作。无论采取哪种措施都要求指挥人员具有丰富的经验、沉着冷静。待逆行车辆全部驶出非事故隧道后将非事故隧道的逆行车道关闭，逆行车道上方车道控制标志反面显示红色"×"，正面显示绿色"↓"，恢复非事故隧道的正常交通。

(8)如果事故现场清理出部分车道可供使用，经由现场人员报经监控中心或隧道管理站上级负责人认可后可先行恢复部分正常交通。相应交通控制信号也应作出调整。

(9)事故现场全部清理完毕，现场人员回报监控中心或隧道管理站经操作员再报上级负责人确认同意后，事故隧道外的交通信号灯转为绿色，可变情报板显示前方交通畅通信息，车道上方的车道控制标志由红色"×"转为绿色"↓"，恢复事故隧道的车辆通行。

(10)系统操作员记录事故发生的经过与处理情况，输入计算机作为历史档案储存。

隧道内的火灾一般是由车的引擎、车上的货物起火、车与车相撞或危险品的运输等引起的，火灾一旦发生，首先应救援波及的人员，并制止火灾和烟雾的扩散，这与通风系统的控制关系密切。火灾时何如组织通风方案，包括风机启动的地点、风速控制等至关重要。

当系统接到火灾报警信号并通过闭路电视等手段确认后，发生火灾的隧道必须关闭。因此，其具体控制流程一般与单洞全部车道受阻处理情况相同。但在火灾严重时，火灾产生的烟雾会环流到邻洞，此时，应关闭横洞卷帘门，甚至酌情禁止另一洞的交通。火灾时，为方便救援照明需开启到最大亮度。火灾处理完毕后，照明控制、通风控制恢复正常。

交通控制的方案组合是很多的，如隧道有无车行横洞、关闭不同的车道等的交通控制，应针对不同的情况确定。应注意的是方案越简单越可行，切忌复杂化，尤其是在严重火灾的情况下，大多数人均十分恐慌，现场混乱，过于复杂的方案不易实现。

四、建立健全完善的隧道管理机构及严格的管理制度

隧道运营管理应吸取国内外好的管理方法，如 ISO 9002 质量管理体系，采用“计划——实施——分析、处理——持续改进”的四阶段管理方法。第一阶段是计划，要制订隧道运营管理工作计划，提出紧急救援系统目标和措施；第二阶段是实施，将制订的计划和措施组织具体实施；第三阶段是分析、处理，把计划的执行情况与预定目标对比，从中发现问题；第四阶段是持续改进，针对系统运行中发现的问题制订预防、纠正措施，并实施。从而达到不断提高和自我完善的目标。

由于隧道大多所处位置偏僻，其生活和地形条件的不便使得在隧道口设置隧道管理站的可能性受到极大的限制，因此，在隧道区段发生事故或火灾时，救援人员不可能立即到达现场。但有时火势的发展十分迅猛，所以应重视并强调公众的自救意识。勃朗峰隧道火灾中成功逃生的人员中靠自救逃生的占有相当大的比例。隧道运营管理部门在车辆进入道路行驶时应向驾驶员发放印有隧道行驶安全注意事项的宣传册，增加隧道使用者的自救知识和意识。

对于长、特长隧道应设立专业的管理机构——隧道管理站负责隧道日常管理及养护工作。隧道管理机构应设置监控班、机电维修班、安保消防班。监控班负责监视、控制隧道运行，对监控及诱导系统、火灾检测系统、通风系统、照明系统、传输系统、紧急避难设施等进行监控，掌握隧道的运营状况，及时向上级管理部门发送运营信息。其工作重点是预防事故发生和消除潜在的安全隐患，确保隧道安全运营。机电设施维修班负责隧道区域机电设施的检修工作。安保消防班负责消防系统的运营状态监控及检修工作，并应定期与消防部门演练防火救火技能。

同时，要加强隧道管理救援人员队伍的建设，提高救援人员的技术水平与救援队伍的整体能力，以便在事故的救援行动中达到快速、有序、高效的效果。经常性地开展应急救援培训、训练或演练应成为管理救援队伍的一项重要的工作。应急培训与演练的基本任务是锻炼和提高队伍在突发事故情况下的快速抢险堵源、及时营救伤员、正确指导和帮助群众防护或撤离、有效消除危害后果、开展现场急救和伤员转送等应急救援技能和应急反应综合素质，有效降低事故危害，减少事故损失。尤其是火灾培训以及危险品事故培训，因为火灾和危险品事故是常见的事故类型，因此培训中要加强与灭火操作有关的训练，强调事故的不同应急水平和注意事项等内容。

应急训练的基本内容主要包括基础训练、专业训练和综合训练。基础训练是应急队伍的基本训练内容之一，是确保完成各种应急救援任务的前提基础。基础训练主要是体能训练、防护装备和通信设备的使用训练等内容。训练应使应急救援人员熟练掌握个人防护装备的穿戴、通信设备的使用等。专业训练主要包括专业知识、堵源技术、抢运和清理消毒，以及现场急

救等技术，通过训练使救援队伍具备一定的专业救援技术，有效地发挥救援作用。综合训练是提高救援队伍实践能力的必要措施，通过训练使各级管理人员和救援人员具备良好地组织指挥能力和实际应变能力。

由于隧道内的应急设备大多数时间处于备用状态，为保证设备和人员的快速投入及迅速反应，要求制订演练计划并每年组织实地演练。

为确保各项工作有效进行，保证系统的联动性，还应建立健全严格的管理制度及岗位职责，使各部门分工协作，当隧道区段发生突发事件时能够按照拟订的应急预案有序实施救援行动。

第三节 机电设施的养护与维护

隧道机电系统维护就是要通过各种手段，运用先进的技术，对系统在运营过程中存在的故障隐患做到有效预防，对出现的故障及时排除，确保系统的正常、稳定运行，最大限度地发挥机电系统在隧道运营管理中应有的作用。

由于隧道环境十分恶劣，机电设施受恶劣环境的影响需要进行经常性的维护。隧道内的各种突发事件也会造成隧道内设施的损坏，需要及时修复。运营管理机构应根据机电系统的特点，制订有针对性的维护方案，编制周、月、季度以及年度维护计划，制订突发事件的处理方案，配备常用的易损易耗品，并保持设备维护、维修记录档案。

机电设施的养护与维护包括：日常清洁、例行检测、设备维修、突发故障处理等。通过行之有效的一系列养护与维护工作的实施可以大大减少机电设施的故障率，节省系统维修成本。、

目前，国内机电设施的养护与维护一般有以下两种情况：一是由运营管理部门独立完成日常的养护与维护；二是运营管理部门只负责日常运营管理，而将技术要求较高的机电设施维护检修等工作通过签订服务合同委托给相关的专业公司。后者能使管理部门集中精力做好安全运营管理工作，减少维护人员及维修设备的投入，降低运营成本。但是，由于专业公司并不能满足隧道这种随叫随到的维修服务需要，而隧道运营又要求哪怕是很小的设备故障或损坏都要得到及时的处理，因此这种管理养护与维护的模式尚存在一定的缺陷。

隧道运营管理系统技术先进，结构复杂，对操作维护人员的专业性、系统操作维护的熟练性要求较高。因此，要制订严格的规章制度、科学的维护计划，通过对值班操作员进行上岗培训、提高专业技能等各手段来加强管理，确保隧道的安全运营。

附 录 I

表 1-1

α_x	ϕ_1	ϕ_2	ϕ_3	ϕ_4	ϕ_5	ϕ_6	ϕ_7	ϕ_8
0.00	1	0	0	0	1	1	1	0
0.05	1.00000	0.10000	0.00250	0.00008	0.90250	0.95004	0.99758	0.04754
0.10	0.99998	0.20000	0.01000	0.00067	0.80998	0.90032	0.99065	0.09033
0.15	0.99992	0.29999	0.02250	0.00225	0.72242	0.85104	0.97967	0.12862
0.20	0.99973	0.39998	0.04000	0.00533	0.63975	0.80241	0.96507	0.16266
0.25	0.99935	0.49993	0.06250	0.01042	0.56191	0.75459	0.94727	0.19268
0.30	0.99865	0.59984	0.08999	0.01800	0.48880	0.70773	0.92666	0.21893
0.35	0.99750	0.69965	0.12248	0.02858	0.42033	0.66196	0.90360	0.24164
0.40	0.99573	0.79932	0.15995	0.04266	0.35637	0.61741	0.87844	0.26103
0.45	0.99317	0.89877	0.20241	0.06074	0.29680	0.57415	0.85150	0.27734
0.50	0.98958	0.99792	0.24983	0.08331	0.24149	0.53228	0.82307	0.29079
0.55	0.98475	1.09665	0.30219	0.11087	0.19030	0.49186	0.79343	0.30156
0.60	0.97841	1.19482	0.35948	0.14391	0.14307	0.45295	0.76284	0.30988
0.65	0.97026	1.29227	0.42166	0.18293	0.09966	0.41559	0.73153	0.31594
0.70	0.96001	1.38880	0.48869	0.22841	0.05990	0.37981	0.69972	0.31991
0.75	0.94731	1.48419	0.56052	0.28083	0.02364	0.34563	0.66761	0.32198
0.80	0.93180	1.57817	0.63709	0.34067	−0.00928	0.31305	0.63538	0.32233
0.85	0.91311	1.67044	0.71831	0.40840	−0.03902	0.28209	0.60320	0.32111
0.90	0.89082	1.76067	0.80410	0.48448	−0.06575	0.25273	0.57120	0.31848
0.95	0.86451	1.84847	0.89434	0.56937	−0.08962	0.22496	0.53954	0.31458
1.00	0.83373	1.93342	0.98890	0.66349	−0.11079	0.19877	0.50833	0.30956
1.05	0.79800	2.01505	1.08762	0.76729	−0.12943	0.17412	0.47766	0.30354
1.10	0.75683	2.09284	1.19034	0.88115	−0.14567	0.15099	0.44765	0.29666
1.15	0.70971	2.16622	1.29683	1.00548	−0.15967	0.12934	0.41836	0.28901
1.20	0.65611	2.23457	1.40688	1.14064	−0.17158	0.10914	0.38986	0.28072
1.25	0.59546	2.29721	1.52020	1.28696	−0.18155	0.09034	0.36223	0.27189
1.30	0.52722	2.35341	1.63649	1.44478	−0.18970	0.07290	0.33550	0.26260
1.35	0.45079	2.40238	1.75542	1.61435	−0.19617	0.05678	0.30972	0.25295
1.40	0.36558	2.44327	1.87659	1.79593	−0.20110	0.04191	0.28492	0.24301
1.45	0.27099	2.47518	1.99959	1.90973	−0.20459	0.02827	0.26113	0.23286
1.50	0.16640	2.49714	2.12395	2.19590	−0.20679	0.01578	0.23835	0.22257
1.55	0.05119	2.50811	2.24912	2.41455	−0.20779	0.00441	0.21662	0.21220
1.60	−0.07526	2.50700	2.37456	2.64573	−0.20771	−0.00590	0.19592	0.20181
1.65	−0.21359	2.49266	2.49960	2.88944	−0.20664	−0.01520	0.17625	0.19145
1.70	−0.36441	2.46387	2.62358	3.14562	−0.20470	−0.02354	0.15762	0.18116
1.75	−0.52835	2.41934	2.74573	3.41410	−0.20197	−0.03097	0.14002	0.17099
1.80	−0.70602	2.35774	2.86523	3.69467	−0.019853	−0.03756	0.12342	0.16098
1.85	−0.89802	2.27766	2.98119	3.98703	−0.19448	−0.04333	0.10782	0.15115
1.90	−0.10492	2.17764	3.09266	4.29076	−0.18989	−0.04835	0.09318	0.14154
1.95	−1.32728	2.05616	3.19860	4.60538	−0.18483	−0.05267	0.07950	0.13217
2.00	−1.56563	1.91165	3.29789	4.93026	−0.17938	−0.05632	0.06674	0.12306
2.05	−1.82046	1.74248	3.38935	5.26469	−0.17359	−0.05936	0.05488	0.11423
2.10	−2.09224	1.54699	3.47170	5.60783	−0.16753	−0.06182	0.04388	0.10571
2.15	−2.38137	1.32346	3.54359	5.95869	−0.16124	−0.06376	0.03373	0.09749
2.20	−2.68822	1.07013	3.60355	6.31615	−0.15479	−0.06521	0.02438	0.08958

续上表

α_x	ϕ_1	ϕ_2	ϕ_3	ϕ_4	ϕ_5	ϕ_6	ϕ_7	ϕ_8
2.25	-3.01308	0.78521	3.65007	6.67895	-0.14822	-0.06621	0.01580	0.08201
2.30	-3.35618	0.46690	3.68152	7.04566	-0.14156	-0.06680	0.00796	0.07476
2.35	-3.71768	0.11336	3.69618	7.41469	-0.13487	-0.06720	0.00084	0.06785
2.40	-4.09766	-0.27725	3.69224	7.78428	-0.12817	-0.06689	-0.00562	0.06128
2.45	-4.49609	-0.70678	3.66780	8.15246	-0.12150	-0.06647	-0.01143	0.05504
2.50	-4.91284	-1.17708	3.62088	8.51709	-0.11489	-0.06576	-0.01664	0.04913
2.55	-5.34770	-1.68996	3.54938	8.87581	-0.10836	-0.06481	-0.02127	0.04354
2.60	-5.80028	-2.24721	3.45144	9.22607	-0.10193	-0.06364	-0.02536	0.03829
2.65	-6.27012	-2.85059	3.32389	9.56508	-0.09563	-0.06228	-0.02894	0.03335
2.70	-6.75655	-3.50179	3.16529	9.88981	-0.08948	-0.06076	-0.03204	0.02872
2.75	-7.25881	-4.20243	2.97289	10.19701	-0.08349	-0.05909	-0.03469	0.02440
2.80	-7.77591	-4.95404	2.74420	10.48317	-0.07767	-0.05730	-0.03693	0.02037
2.85	-8.30671	-5.75806	2.47661	10.74455	-0.07203	-0.05540	-0.03877	0.01663
2.90	-8.84988	-6.61580	2.16749	10.97711	-0.06659	-0.05343	-0.04026	0.01316
2.95	-9.40387	-7.52840	1.81412	11.17657	-0.06135	-0.05138	-0.04142	0.00997
3.00	-9.96691	-8.49687	1.41372	11.33837	-0.05631	-0.04929	-0.04226	0.00703
3.05	-10.53700	-9.52202	0.96349	11.45766	-0.05149	-0.04716	-0.04283	0.00433
3.10	-11.1188	-10.60443	0.46057	11.52931	-0.04688	-0.04501	-0.04314	0.00187
3.15	-11.68905	-11.74447	-0.09792	11.54792	-0.04249	-0.04285	-0.04321	-0.00036
3.20	-12.26569	-12.94222	-0.71484	11.50778	-0.03831	-0.04069	-0.04307	-0.00238
3.25	-12.83874	-14.19749	-1.39310	11.40291	-0.03435	-0.03855	-0.04274	-0.00420
3.30	-13.40480	-15.50974	-2.13554	11.22702	-0.03060	-0.03642	-0.04224	-0.00582
3.35	-13.96015	-16.87809	-2.94501	10.97356	-0.02707	-0.03433	-0.04158	-0.00726
3.40	-14.50075	-18.30128	-3.82427	10.63569	-0.02374	-0.03227	-0.04079	-0.00853
3.45	-15.02220	-19.77761	-4.77602	10.20629	-0.02061	-0.03025	-0.03988	-0.00964
3.50	-15.51973	-21.30492	-5.80288	9.67798	-0.01769	-0.02828	-0.03887	-0.01059
3.55	-15.98822	-22.88059	-6.90732	9.04313	-0.01495	-0.02636	-0.03777	-0.01141
3.60	-16.42214	-24.50142	-8.09169	8.29386	-0.01241	-0.02450	-0.03659	-0.01209
3.65	-16.81556	-26.16366	-9.35815	7.42206	-0.01005	-0.02270	-0.03536	-0.01265
3.70	-17.16216	-27.86297	-10.70867	6.41942	-0.00787	-0.02097	-0.03407	-0.01310
3.75	-17.45518	-29.59431	-12.14498	5.27746	-0.00586	-0.01930	-0.03274	-0.01344
3.80	-17.68744	-31.35198	-13.66854	3.98752	-0.00401	-0.01769	-0.03138	-0.01369
3.85	-17.85132	-33.12952	-15.28051	2.54081	-0.00231	-0.01616	-0.03000	-0.01385
3.90	-17.93876	-34.91970	-16.98171	0.92844	-0.00077	-0.01469	-0.02862	-0.01392
3.95	-17.94126	-36.71444	-18.77256	-0.85852	0.00063	-0.01330	-0.02722	-0.01392
4.00	-17.84985	-38.50482	-20.65308	-2.82906	0.00189	-0.01197	-0.02583	-0.01386
4.05	-17.65514	-40.28097	-22.62280	-4.99211	0.00302	-0.01071	-0.02445	-0.01374
4.10	-17.34728	-42.03028	-24.68076	-7.35656	0.00403	-0.00953	-0.02309	-0.01356
4.15	-16.91599	-43.74631	-26.82540	-9.93115	0.00493	-0.00841	-0.02174	-0.01334
4.20	-16.35052	-45.41080	-29.05456	-12.72446	0.00572	-0.00735	-0.02042	-0.01307
4.25	-15.63976	-47.01157	-31.36542	-15.74479	0.00640	-0.00636	-0.01913	-0.01277
4.30	-14.77213	-48.53352	-33.75440	-19.00015	0.00699	-0.00544	-0.01787	-0.01243
4.35	-13.73570	-49.96037	-36.21718	-22.49813	0.00749	-0.00458	-0.01664	-0.01207
4.40	-12.51815	-51.27463	-38.74857	-26.24587	0.00791	-0.00377	-0.01546	-0.01168
4.45	-11.10684	-52.45755	-41.34246	-30.24993	0.00825	-0.00303	-0.01431	-0.01128
4.50	-9.48879	-53.48910	-43.99180	-34.51621	0.00852	-0.00234	-0.01320	-0.01086
4.55	-7.65076	-54.34797	-46.68849	-39.04987	0.00872	-0.00171	-0.01214	-0.01043
4.60	-5.57927	-55.01147	-49.42334	-43.85518	0.00886	-0.00113	-0.01112	-0.00999
4.65	-3.26066	-55.45559	-52.18598	-48.93546	0.00895	-0.00060	-0.01014	-0.00954
4.70	-0.68111	-55.65491	-54.96482	-54.29292	0.00898	-0.00011	-0.00921	-0.00909

续上表

α_x	ϕ_1	ϕ_2	ϕ_3	ϕ_4	ϕ_5	ϕ_6	ϕ_7	ϕ_8
4.75	2.17327	−55.58265	−57.74695	−59.92854	0.00897	0.00033	−0.00832	−0.00865
4.80	5.31638	−55.21063	−60.51809	−65.84195	0.00892	0.00072	−0.00748	−0.00820
4.85	8.76207	−54.50929	−63.26252	−72.03127	0.00883	0.00107	−0.00668	−0.00775
4.90	12.52405	−53.44767	−65.96301	−78.49299	0.00870	0.00139	−0.00593	−0.00732
4.95	16.61582	−51.99348	−68.60075	−85.22178	0.00855	0.00167	−0.00522	−0.00688
5.00	21.05056	−50.11308	−71.15526	−92.21037	0.00837	0.00191	−0.00455	−0.00646
5.05	25.84103	−47.77151	−73.60437	−99.44932	0.00817	0.00212	−0.00392	−0.00605
5.10	30.99947	−44.93260	−75.92412	−106.92692	0.00795	0.00230	−0.00334	−0.00564
5.15	36.53746	−41.55897	−78.08872	−114.62897	0.00771	0.00246	−0.00280	−0.00525
5.20	42.46583	−37.61210	−80.07047	−122.53858	0.00746	0.00258	−0.00229	−0.00487
5.25	48.79445	−33.05246	−81.83972	−130.63598	0.00719	0.00269	−0.00182	−0.00451
5.30	55.53218	−27.83957	−83.36482	−138.89838	0.00692	0.00277	−0.00139	−0.00415
5.35	62.68661	−21.93213	−84.61210	−147.29969	0.00664	0.00283	−0.00099	−0.00382
5.40	70.26397	−15.28815	−85.54576	−155.81035	0.00636	0.00287	−0.00062	−0.00349
5.45	78.26891	−7.86508	−86.12793	−164.39713	0.00607	0.00289	−0.00029	−0.00318
5.50	86.70434	0.37999	−86.31857	−173.02289	0.00578	0.00290	0.00001	−0.00288
5.55	95.57117	9.49017	−86.07551	−181.64639	0.00549	0.00289	0.00029	−0.00260
5.60	104.86818	19.50856	−85.35442	−190.22206	0.00520	0.00287	0.00053	−0.00233
5.65	114.59174	30.47802	−84.10880	−198.69979	0.00492	0.00284	0.00075	−0.00208
5.70	124.73561	42.44092	−82.29006	−207.02472	0.00464	0.00279	0.00095	−0.00184
5.75	135.29067	55.43886	−79.84746	−215.13701	0.00436	0.00274	0.00112	−0.00161
5.80	146.24469	69.51236	−76.72824	−222.97166	0.00409	0.00268	0.00127	−0.00141
5.85	157.58204	84.70058	−72.87765	−230.45828	0.00382	0.00261	0.00141	−0.00121
5.90	169.28345	101.04090	−68.23898	−237.52092	0.00356	0.00254	0.00152	−0.00102
5.95	181.32571	118.56863	−62.75376	−244.07786	0.00331	0.00246	0.00161	−0.00085
6.00	193.68135	137.31650	−56.36178	−250.04145	0.00307	0.00238	0.00169	−0.00069
6.05	206.31840	157.31429	−49.00128	−255.31793	0.00284	0.00229	0.00175	−0.00054
6.10	219.20003	178.58834	−40.60908	−259.80732	0.00261	0.00221	0.00180	−0.00041
6.15	232.28425	201.16105	−31.12080	−263.40322	0.00240	0.00211	0.00183	−0.00028
6.20	245.52359	225.05037	−20.47103	−265.99276	0.00219	0.00202	0.00185	−0.00017
6.25	258.86477	250.26917	−8.59360	−267.45650	0.00199	0.00193	0.00187	−0.00006
6.30	272.24837	276.82474	4.57817	−267.66834	0.00181	0.00184	0.00187	0.00003
6.35	285.60853	304.71807	19.11118	−266.49549	0.00163	0.00174	0.00186	0.00012
6.40	298.87253	333.94325	35.07218	−263.79850	0.00146	0.00165	0.00184	0.00019
6.45	311.96054	364.48672	52.52748	−259.43124	0.00130	0.00156	0.00182	0.00026
6.50	324.78527	396.32659	71.54247	−253.24101	0.00114	0.00146	0.00179	0.00032
6.55	337.25161	429.43184	92.18123	−245.06862	0.00100	0.00137	0.00176	0.00038
6.60	349.25634	463.76154	114.50606	−234.74856	0.00087	0.00128	0.00172	0.00042
6.65	360.68782	499.26401	138.57693	−222.10921	0.00074	0.00121	0.00167	0.00046
6.70	371.42565	535.87599	164.45096	−206.97307	0.00063	0.00113	0.00162	0.00050
6.75	381.34046	573.52172	192.18177	−189.15712	0.00052	0.00105	0.00157	0.00053
6.80	390.29357	612.11204	221.81888	−168.47316	0.00042	0.00097	0.00152	0.00055
6.85	398.13677	651.54345	253.40700	−144.72830	0.00032	0.00089	0.00146	0.00057
6.90	404.71210	691.69714	286.98527	−117.72542	0.00024	0.00082	0.00141	0.00058
6.95	409.85166	732.43802	322.58651	−87.26381	0.00016	0.00075	0.00135	0.00059
7.00	413.37744	773.61369	360.23633	−53.13982	0.00009	0.00069	0.00129	0.00060

表 1-2

α_x	ϕ_9	ϕ_{10}	ϕ_{11}	ϕ_{12}	ϕ_{13}	ϕ_{14}	ϕ_{15}
1.00	1.33651	0.67939	1.13404	0.83651	1.04459	0.50278	1.01114
1.05	1.40987	0.78966	1.22127	0.90987	1.16229	0.61187	1.17330
1.10	1.49485	0.91215	1.31640	0.99485	1.28910	0.73802	1.35273
1.15	1.59274	1.04781	1.42067	1.09274	1.42587	0.88302	1.55055
1.20	1.70489	1.19769	1.53542	1.20489	1.57359	1.04878	1.76801
1.25	1.83279	1.36293	1.66217	1.33279	1.73336	1.23732	2.00642
1.30	1.97803	1.54481	1.80256	1.47803	1.90647	1.45081	2.26720
1.35	2.14235	1.74472	1.95841	1.64235	2.09439	1.69156	2.55190
1.40	2.32763	1.96423	2.13173	1.82763	2.29874	1.96204	2.86220
1.45	2.53591	2.20508	2.32470	2.03591	2.52139	2.26491	3.19994
1.50	2.76942	2.46919	2.53975	2.26942	2.76441	2.60301	3.56714
1.55	3.03059	2.75872	2.77951	2.53059	3.03016	2.97940	3.96599
1.60	3.32209	3.07606	3.04688	2.82209	3.32124	3.39735	4.39893
1.65	3.64682	3.42391	3.34503	3.14682	3.64059	3.86041	4.86863
1.70	4.00798	3.80523	3.67746	3.50798	3.99138	4.37240	5.37803
1.75	4.40909	4.22335	4.04796	3.90909	4.37732	4.93745	5.93040
1.80	4.85401	4.68199	4.46073	4.35401	4.80238	5.56003	6.52933
1.85	5.34698	5.18528	4.92036	4.84698	5.27103	6.24500	7.17880
1.90	5.89270	5.73782	5.43189	5.39270	5.78819	6.99762	7.88320
1.95	6.49635	6.34472	6.00083	5.99635	6.35932	7.82363	8.64741
2.00	7.16365	7.01168	6.63328	6.66365	6.99047	8.72927	9.47681
2.05	7.90090	7.74503	7.33590	7.40090	7.68831	9.72136	10.37738
2.10	8.71510	8.55181	8.11602	8.21510	8.46023	10.80734	11.35573
2.15	9.61397	9.43982	8.98174	9.11397	9.31437	11.99534	12.41916
2.20	10.60606	10.41772	9.94192	10.10606	10.25973	13.29428	13.57580
2.25	11.70083	11.49514	11.00637	11.20083	11.30623	14.71391	14.83461
2.30	12.90876	12.68271	12.18586	12.40876	12.46483	16.26494	16.20554
2.35	14.24144	13.99224	13.49228	13.74144	13.74763	17.95912	17.69959
2.40	15.71171	15.43681	14.93873	15.21171	15.16796	19.80936	19.32895
2.45	17.33378	17.03090	16.53968	16.83378	16.74053	21.82987	21.10713
2.50	19.12340	18.79053	18.31107	18.62340	18.48157	24.03625	23.04908
2.55	21.09799	20.73343	20.27052	20.59799	20.40901	26.44569	25.17134
2.60	23.27685	22.87920	22.43748	22.77685	22.54259	29.07713	27.49224
2.65	25.68132	25.24954	24.83341	25.18132	24.90413	31.95144	30.03208
2.70	28.33504	27.86843	27.48205	27.83504	27.51769	35.09159	32.81333
2.75	31.26417	30.76237	30.40960	30.76417	30.40983	38.52298	35.86087
2.80	34.49765	33.96066	33.64502	33.99765	33.60987	42.27356	39.20224
2.85	38.06752	37.49568	37.22034	37.56752	37.15017	46.37423	42.86795
2.90	42.00920	41.40322	41.17092	41.50920	41.06644	50.85908	46.89177
2.95	46.36190	45.72281	45.53587	45.86190	45.39816	55.76577	51.31110
3.00	51.16895	50.49814	50.35844	50.66895	50.18887	61.13586	56.16733
3.05	56.47832	55.77748	55.68640	55.97832	55.48668	67.01532	61.50631
3.10	62.34302	61.61415	61.57260	61.84302	61.34475	73.45490	67.37880
3.15	68.82168	68.06706	68.07546	68.32168	67.82175	80.51073	73.84102
3.20	75.97913	75.20128	75.25956	75.47913	74.98254	88.24483	80.95517
3.25	83.88704	83.08874	83.19630	83.38704	82.89875	96.72578	88.79019
3.30	92.62463	91.80884	91.96461	92.12463	91.64951	106.02942	97.42235
3.35	102.27947	101.44936	101.65178	101.77947	101.32228	116.23963	106.93614
3.40	112.94840	112.10724	112.35430	112.44840	112.01370	127.44915	117.42509
3.45	124.73839	123.88960	124.17882	124.23839	123.83053	139.76059	128.99275

续上表

α_x	ϕ_9	ϕ_{10}	ϕ_{11}	ϕ_{12}	ϕ_{13}	ϕ_{14}	ϕ_{15}
3.50	137.76773	136.91478	137.24327	137.26773	136.89078	153.28746	141.75377
3.55	152.16712	151.31353	151.67802	151.66712	151.32485	168.15534	155.83510
3.60	168.08102	167.23033	167.62716	167.58102	167.27685	184.50316	171.37726
3.65	185.66909	184.82479	185.25001	185.16909	184.90605	202.48465	188.53582
3.70	205.10776	204.27330	204.72265	204.60776	204.38849	222.26993	207.48301
3.75	226.59203	225.77073	226.23973	2256.09203	225.91871	244.04721	228.40946
3.80	250.33736	249.53244	250.01640	249.83736	249.71173	268.02480	251.52620
3.85	276.58190	275.79640	276.29048	276.08190	276.00521	294.43322	277.06680
3.90	305.58878	304.82556	305.32483	305.08878	305.06181	323.52755	305.28978
3.95	337.64883	336.91051	337.40998	337.14883	337.17183	355.59009	336.48124
4.00	373.08341	372.37236	372.86704	372.58341	372.65616	390.93326	370.95783

注：该表选自《铁路隧道》1981年4月第一版的附录。

表中：$\phi_5=\phi_1-\phi_2+\phi_3=(\mathrm{ch}\alpha_x-\mathrm{sh}\alpha_x)(\cos\alpha_x-\sin\alpha_x)$；

$\phi_6=\phi_1-\frac{1}{2}\phi_2+\frac{1}{2}\phi_4=\cos\alpha_x(\mathrm{ch}\alpha_x-\mathrm{sh}\alpha_x)$；

$\phi_7=\phi_1-\phi_3+\phi_4=(\mathrm{ch}\alpha_x-\mathrm{sh}\alpha_x)(\cos\alpha_x+\sin\alpha_x)$；

$\phi_8=-\frac{1}{2}\phi_2-\phi_3+\frac{1}{2}\phi_4=\sin\alpha_x(\mathrm{ch}\alpha_x-\mathrm{sh}\alpha_x)$；

$\phi_9=\phi_1^2+\frac{1}{2}\phi_2\phi_4=\frac{1}{2}(\mathrm{ch}^2\alpha_x+\cos^2\alpha_x)$；

$\phi_{10}=\frac{1}{2}\phi_2\phi_3-\frac{1}{2}\phi_1\phi_4=\frac{1}{2}(\mathrm{sh}\alpha_x\mathrm{ch}\alpha_x-\sin\alpha_x\cos\alpha_x)$；

$\phi_{11}=\frac{1}{2}\phi_1\phi_2-\frac{1}{2}\phi_3\phi_4=\frac{1}{2}(\mathrm{sh}\alpha_x\mathrm{ch}\alpha_x+\sin\alpha_x\cos\alpha_x)$；

$\phi_{12}=\frac{1}{2}\phi_1^2+\frac{1}{2}\phi_3^2=\frac{1}{2}(\mathrm{ch}^2\alpha_x-\sin^2\alpha_x)$；

$\phi_{13}=\frac{1}{2}\phi_2^2-\phi_1\phi_3=\frac{1}{2}(\mathrm{sh}^2\alpha_x+\sin^2\alpha_x)$；

$\phi_{14}=\phi_1^2-\phi_1+\frac{1}{2}\phi_2\phi_4=\frac{1}{2}(\mathrm{ch}\alpha_x-\cos\alpha_x)^2$；

$\phi_{15}=\frac{1}{2}\phi_2\phi_3-\frac{1}{2}\phi_1\phi_4+\frac{1}{2}\phi_4=\frac{1}{2}(\mathrm{sh}\alpha_x+\sin\alpha_x)(\mathrm{ch}\alpha_x-\cos\alpha_x)$。

附 录 II

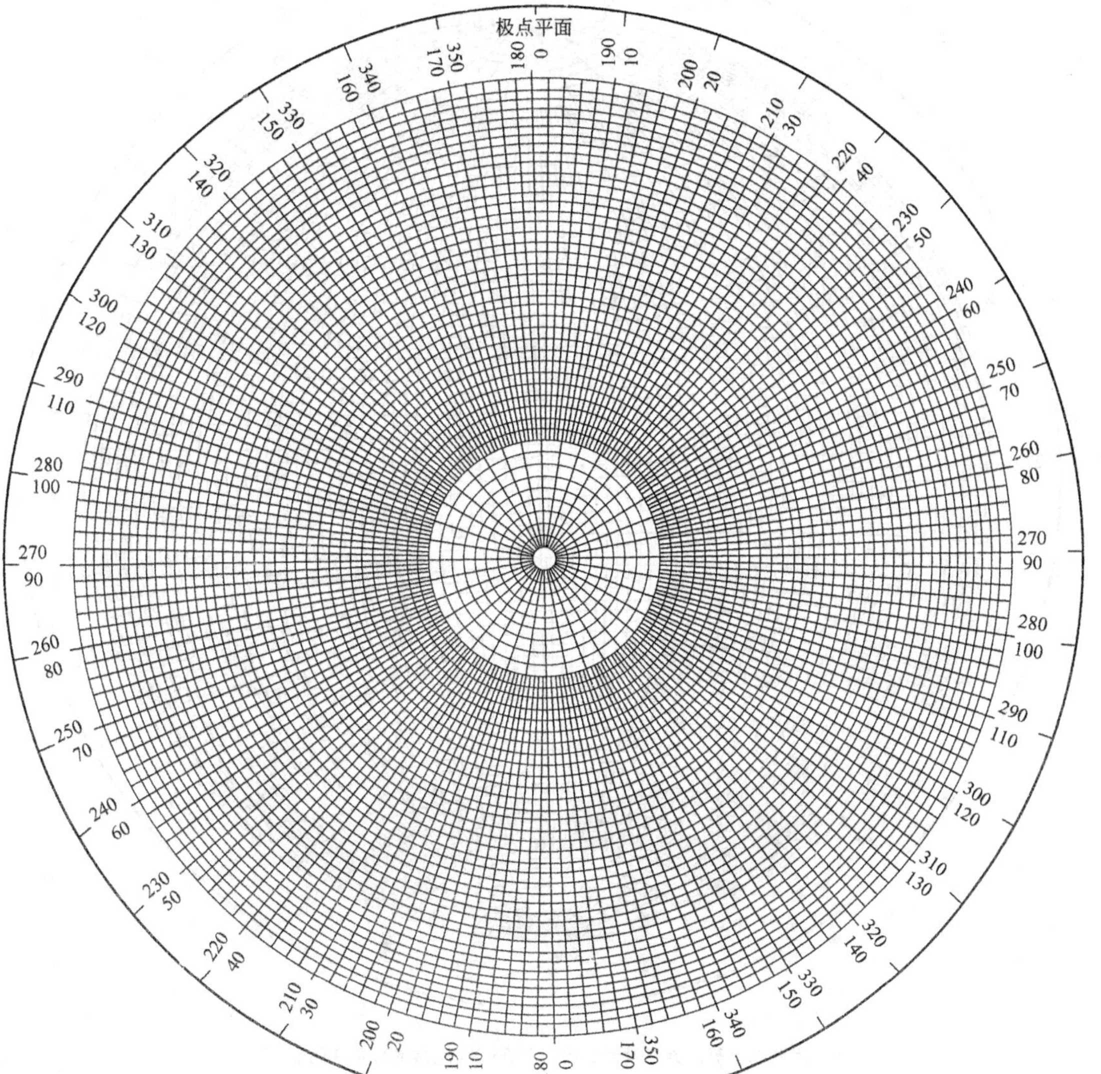

附图一　等面赤平投影极坐标网(Schmidt 极坐标网),角度间隔 2°

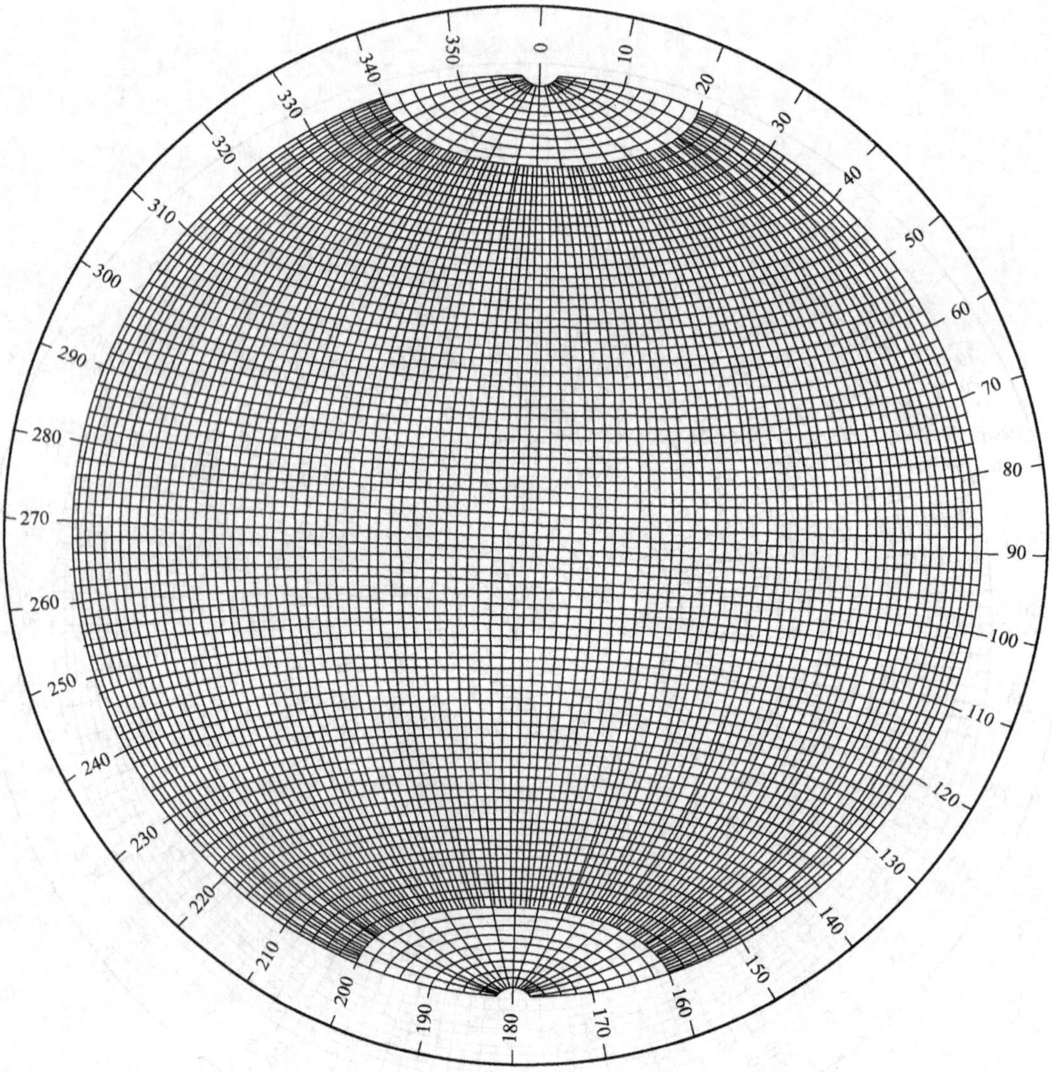

附图二　等面赤平投影经纬网(Schmidt 经纬网),角度间隔 2°

参考文献

[1] 中华人民共和国行业标准. JTJ 063—85 公路隧道勘测规程. 北京:人民交通出版社,1986.

[2] 中华人民共和国行业标准. JTG D70—2004 公路隧道设计规范. 北京:人民交通出版社,2004.

[3] 中华人民共和国行业标准. JTJ 042—94 公路隧道施工技术规范. 北京:人民交通出版社,1995.

[4] 中华人民共和国行业标准. JTJ 026.1—1999 公路隧道通风照明设计规范. 北京:人民交通出版社,2000.

[5] 交通部. 水运、公路建设项目可行性研究报告编制办法. 1988.6.

[6] 中华人民共和国交通部. JTG/T D71—2004 公路隧道交通工程设计规范. 北京:人民交通出版社,2004.

[7] 中华人民共和国国家标准 GB 5768—1999 道路交通标志和标线. 北京:中国标准出版社,1999.

[8] 中华人民共和国行业标准. JTJ 064—98 公路工程地质勘查规范. 北京:人民交通出版社,1999.

[9] 中华人民共和国国家标准. GB/T 18567—2001 高速公路隧道监控系统模式. 北京:中国标准出版社,2001.

[10] 中华人民共和国行业标准. JTJ 074—94 高速公路交通安全设施设计及施工技术规范. 北京:人民交通出版社,1994.

[11] 中华人民共和国公安部. GBJ 16—87—2001 建筑设计防火规范. 北京:中国计划出版社,2001.

[12] 中国公路学会《交通工程手册》编委会. 交通工程手册. 北京:人民交通出版社,1998.

[13] 高速公路丛书编委会. 高速公路交通工程及沿线设施. 北京:人民交通出版社,1996.

[14] 陈耀宗,等. 建筑给水排水设计手册. 北京:中国建筑工业出版社. 2003.

[15] 中华人民共和国国家标准. GB 50086—2001 锚杆喷射混凝土技术规范. 北京:中国计划出版社,2001.

[16] 中华人民共和国国家标准. GB 50218—94 工程岩体分级标准. 北京:中国计划出版社,1995.

[17] 中华人民共和国行业标准. SL 212—98 水工预应力锚固设计规范. 北京:中国水利水电出版社,1998.

[18] 中华人民共和国国家军用标准. GJB 4073—2000 预应力锚索试验技术规程. 北京:2001.

[19] 中华人民共和国国家军用标准. GJB 3635—99 岩土工程预应力锚索设计与施工技术规范. 北京:1999.

[20] 交通部公路司. 公路勘察设计典型示范工程咨询要点及图示. 2004.
[21] 中华人民共和国国家标准. GB/T 18567—2001 高速公路隧道监控系统模式. 北京：人民交通出版社,2002.
[22] 中华人民共和国行业标准. SL 46—94 水工预应力锚固施工规范. 北京:中国水利水电出版社,1994.
[23] [荷兰]范·波莫 德·波尔. 道路照明. 林贤光,李景色译. 北京:轻工业出版社,1990.
[24] 赵剑强. 公路交通与环境保护. 北京:人民交通出版社,2002.
[25] 朱小清,林翰. 照明技术手册. 北京:机械工业出版社,1995.
[26] 孙钧,侯学渊. 地下结构. 北京:科学出版社,1991.
[27] 关宝树. 隧道工程施工要点集. 北京:人民交通出版社,2003.
[28] 关宝树. 隧道工程设计要点集. 北京:人民交通出版社,2003.
[29] 郑颖人,等. 地下工程锚喷支护设计指南. 北京:中国铁道出版社,1988.
[30] 王建宇,等. 隧道工程监测和信息化设计原理. 北京：中国铁道出版,1990.
[31] 梁炯鋆,等. 锚固与注浆技术手册. 北京：中国电力出版社,1999.
[32] 李世辉,等. 隧道支护设计新论. 北京：科学出版社，1999.
[33] 徐干成,等. 地下工程支护结构. 北京：中国水利水电出版社，2002.
[34] 赵长海,等. 预应力锚固技术. 北京：中国水利水电出版社，2001.
[35] 杨宗放,等. 现代预应力混凝土. 北京：中国建筑工程出版社，1993.
[36] P,Gesta,等. 隧道的支护和衬砌—收敛约束法的使用建议方法. 武昌：地下工程与地基勘察规程译文集,中科院武汉岩土力学所，1987.
[37] 侯鹏祥,等. 采矿设计手册“井巷工程”. 北京：中国建筑工业出版社，1989.
[38] E·Hoek,等. 岩石边坡工程. 北京：冶金工业出版社，1983.
[39] R. L. Schuster,等. 滑坡分析与防治. 北京：中国铁道出版社,1987.
[40] 卢世宗. 露天矿边坡稳定. 沈阳：东北工学院岩石力学教研室,1986.
[41] 村上良丸,长友成树. 道路トンネル(道路建设讲座 9)[日文]. 日本:昭和 46 年出版.
[42] 日本照明学会. 照明ハンドブッグ[日文]. 日本:昭和 53 年出版.
[43] 日本道路协会. トンネル便览[日文]. 日本:昭和 52 年オーム社出版.
[44] 工法编委会. 最近トンネル工法ハンドブッグ[日文]. 日本:昭和 51 年 1 月出版.
[45] NFPA 502：Standard for Road Tunnels，Bridges，and Other Limited Access Highways (1998 Edition).
[46] NFPA 502：Standard for Road Tunnels，Bridges，and Other Limited Access Highways (2001 Edition).
[47] 德国道路与交通研究协会交通控制与交通安全组. 公路隧道设施与运营规范(RABT). 1994.
[48] 日本道路协会. 道路隧道非常用设施设置基准·同解说. 第 1 版. 平成 13 年 10 月.
[49] 交通部公路科学研究所(北京交科公路勘察设计研究院). 福建省三福高速公路机电系统招标文件. 北京,2003.
[50] 德国道路与交通研究协会交通控制与交通安全组. 公路隧道设施与运营规范(RABT)，1994.
[51] 陶纪南. 巷道支护监控设计方法. 西安：西安冶金建筑学院出版社，1991.

[52] 陶纪南. 用特征线理论确定 TZL 预应力锚喷支护设计参数方法. 昆明：1999 年全国公路隧道学术会议论文集，1999.
[53] 陶纪南. TZL 预应力锚固技术使用手册. 西安：TZL 预应力锚固技术有限责任公司，2002.
[54] 陶纪南. 矿山岩体工程力学. 西安：西安建筑科技大学出版社，1981.
[55] 交通部公路科学研究所. 福建省高速公路交通工程总体规划. 北京:交通部公路科学研究所(北京交科公路勘察设计研究院),2002.
[56] 黄成光. 公路隧道施工. 北京:人民交通出版社,2002.05.
[57] 张雨化. 公路勘测设计. 北京:人民交通出版社,1986.
[58] 李斌. 公路工程地质. 北京:人民交通出版社,1990.
[59] 日本土木学会. 日本山岭隧道技术规范及解释. 关宝树,译. 北京:人民交通出版社，1979.
[60] 日本道路学会. 日本公路技术标准的解说与运用. 王治中,等,译. 北京:人民交通出版社,1979.
[61] 交通部第一公路勘查设计院. 路线(公路设计手册). 北京:人民交通出版社,1979.
[62] 中国凿井技术 50 年论文集. 立井井筒施工技术.
[63] 铁道部第二勘察设计院. 隧道(修订版). 北京:中国铁道出版社,1999.
[64] 中国矿业学院. 井巷工程(第三分册)立井. 北京:煤炭工业出版社,1979.
[65] Dong Fangting,Yao Yuhuang Huang Chu. Design and construction of mine shaft and drift. 北京：中国矿业大学出版社,1991.
[66] 张馨. 深立井快速施工成套技术研究和推广应用. 北京:煤炭工业出版社,2004.
[67] 中国煤炭学会矿井专业委员会,中煤建设集团公司,煤炭科学研究总院北京建井研究所. 立井井筒技术—中国凿井技术 50 年论文集. 北京:中国铁道出版社,1999.
[68] 范铁锤,陈文豹. 梁北矿立井快速施工与管理. 北京:煤炭工业出版社,2001.
[69] 周昌达. 井巷工程(第二版). 北京:冶金工业出版社,1994.
[70] 铁道部第二工程局. 隧道(上、下册)(第二版). 中国铁道出版社,1999.
[71] 中国凿井技术 50 年论文集. 立井井筒施工技术.
[72] 沈季良,等. 建井工程手册(第二版). 北京:煤炭工业出版社,1986.
[73] 铁道部第二设计院. 隧道(铁路工程设计技术手册). 北京:人民铁道出版社,1978.
[74] 鞠建英. 实用地下工程防水手册. 北京:中国计划出版社,2002.
[75] 铁道部第一设计院. 铁路隧道设计基础手册. 北京:人民铁道出版社,1981.
[76] 鞠建英. 实用地下工程防水手册. 北京:中国计划出版社,2002.
[77] 李作敏,杜颖. 交通工程学. 北京:人民交通出版社,1993.
[78] 铁道部第二设计院. 隧道(铁路工程设计技术手册). 北京:人民铁道出版社,1978.
[79] 龙驭球. 有限元法概论. 北京:人民教育出版社,1979.
[80] 北方交通大学建筑系. 结构矩阵分析. 北京:中国建筑工业出版社,1975.
[81] 铁道部专业设计院. 隧道衬砌. 北京:中国铁道出版社,1981.
[82] 采矿手册编写组. 采矿手册 (第 2 卷). 北京:冶金工业出版社,1990.
[83] 张凤祥,朱合华. 盾构隧道. 北京:人民交通出版社,2004.
[84] 顾安全. 岩体力学. 西安:西安公路交通大学,1999.

[85] 刘洪洲. 双洞小净距隧道设计施工技术应用研究(见:2003 年“全国公路隧道学术会议”论文集). 北京:人民交通出版社,2003.

[86] [日] 正木光,等. 道路照明. 王太同,林贤光,戴凤昆,译. 北京:人民交通出版社,1982.

[87] 杨彦民. 高寒区大坂山公路隧道设计(见:2002 年“国际隧道研讨会暨公路建设技术交流大会”论文集). 北京:人民交通出版社,2002.

[88] 王毅才. 隧道工程(上册). 北京:人民交通出版社,1987.

[89] 王毅才. 隧道工程(下册). 北京:人民交通出版社,1993.

后 记

第 2 版《隧道工程》的编写得到了参编作者的大力支持，使该书能在较短的时间内完成编写工作。在第 1 版《隧道工程》出版之前，“隧道工程行业规范”尚未编辑出版，因而编写工作非常困难。1990 年 12 月和 2004 年 11 月陆续出版了“公路隧道设计规范（行业标准）”，1994 年 11 月出版了《公路隧道施工技术规范》，2000 年 1 月出版了《公路隧道通风照明设计规范》；1995 年出版修订“工程岩体分级标准”，2001 年修订了“锚杆喷射混凝土支护技术规范”等多个国家标准与行业标准。这就使第 2 版《隧道工程》教材的编写工作有国家或行业规范作为基础，也增加了它的生命力和实用性。这里要向读者说明的是作为教材的主要内容必须是成熟的、经受过实践检验的，同时还要反映新技术、新理论及其发展方向，使读者能在学到基本知识的同时受到启发，激励其创造性。作为工程学它应该具有实用性，大多数内容可以直接拿来使用，这就要求它的内容不能落后于现实，并有所超前。

主审认为：“教材内容丰富，尤其是在编写锚喷支护设计与质量控制、营运通风与照明、隧道的防排水、竖井的设计与施工等方面，搜集了不少资料，其中也包括近几年来我国公路隧道的一些成果。与第 1 版相比，拓宽了范围与深度，增加了实用性。”

本书在编写过程中收集了大量的成熟资料和新成果、新技术。在此向资料的原作者表示敬意和感谢，感谢书中引用到的各位学者、专家为公路隧道建设发展所作出的贡献。这里不再向原作者逐一致谢。

本书在编写过程中得到长安大学、交通部公路科学研究所、西安建筑科技大学、北京工业大学、中交第一公路勘察设计研究院、陕西省公路勘察设计院、云南省公路规划勘察设计院、北京建达道桥咨询有限公司等单位的支持。

本书在编写过程中，还得到了王奇维、丁怡等的帮助，协助整理输入、电脑绘图、整理文件等诸多工作，编著者一并在此表示感谢。

编　者

2006 年 1 月

人民交通出版社公路类教材一览

（◆教育部普通高等教育"十一五"国家级规划教材 ▲建设部土建学科专业"十一五"规划教材）

一、交通工程教学指导分委员会规划推荐教材

1. ◆交通规划（王　炜）…… 33元
2. ◆道路交通安全（裴玉龙）…… 36元
3. ◆交通设计（杨晓光）…… 35元
4. 交通系统分析（王殿海）…… 31元
5. 交通管理与控制（徐建闽）…… 26元
6. 交通经济学（邵春福）…… 25元

二、21世纪交通版高等学校教材

（一）交通工程专业

1. ◆交通工程总论（第三版）（徐吉谦）…… 36元
2. ◆交通工程学（第二版）（任福田）…… 38元
3. ◆交通管理与控制（第四版）（吴　兵）…… 35元
4. ◆道路通行能力分析（陈宽民）…… 27元
5. ◆交通工程设计理论与方法（第二版）（马荣国）…… 40元
6. ◆公路网规划（裴玉龙）…… 27元
7. 交通工程专业英语（裴玉龙）…… 28元
8. ◆交通运输工程导论（第二版）（姚祖康）…… 23元
9. 交通流理论（王殿海）…… 21元
10. 交通系统仿真技术（刘运通）…… 26元
11. 停车场规划设计与管理（关宏志）…… 30元
12. 交通工程设施设计（李峻利）…… 35元
13. ◆智能运输系统概论（第二版）（杨兆升）…… 25元
14. 智能运输系统概论（第二版）（黄　卫）…… 24元
15. ◆运输经济学（第二版）（严作人）…… 44元
16. ◆道路交通工程系统分析方法（王　炜）…… 28元
17. 交通调查与分析（第二版）（严宝杰）…… 38元
18. ◆交通运输设施与管理（郭忠印）…… 33元
19. 道路交通安全管理法规概论及案例分析（裴玉龙）…… 29元
20. 交通地理信息系统（符锌砂）…… 31元
21. 公路建设项目可行性研究（过秀成）…… 27元
22. 交通工程专业生产实习指导书（朱从坤）…… 7元
23. 土木规划学（石　京）…… 38元

（二）城市轨道交通系列教材

1. 城市轨道交通概论（孙　章）…… 30元（估）
2. 城市轨道交通系统（彭　辉）…… 32元
3. 轨道工程（练松良）…… 36元
4. 城市轨道交通设备系统（周顺华）…… 32元
5. ◆地铁与轻轨（第二版）（张庆贺）…… 40元

（三）土木工程专业（路桥）/道路桥梁与渡河工程专业

I. 专业基础课教材

1. 土木工程概论（项海帆）…… 32元
2. 道路概论（第二版）（孙家驷）…… 20元
3. 土质学与土力学（第四版）（袁聚云）…… 30元
4. 公路工程地质（第三版）（窦明健）…… 23元
5. ▲道路工程制图（第四版）（谢步瀛）…… 36元
6. ▲道路工程制图习题集（第四版）（袁　果）…… 26元
7. ◆道路工程材料（第五版）（李立寒）…… 45元
8. ◆测量学（第四版）（许娅娅）…… 37元
9. ◆基础工程（第三版）（王晓谋）…… 33元
10. 结构设计原理（第二版）（叶见曙）…… 51元
11. 公路经济学教程（袁剑波）…… 23元
12. 专业英语（第二版）（李　嘉）…… 33元

II. 专业核心课教材

13. ◆路基路面工程（第二版）（邓学钧）…… 52元
14. ◆道路勘测设计（第三版）（杨少伟）…… 42元
15. 道路结构力学计算（上、下）（郑传超、王秉纲）…… 50元
16. 水力学（王亚玲）…… 19元
17. ◆桥梁工程（第二版）（姚玲森）…… 62元
18. 桥梁工程（第二版）（土木、交通工程）（邵旭东）…… 52元
19. ◆桥梁工程（第二版）（上）（范立础）…… 42元
20. ◆桥梁工程（第二版）（下）（顾安邦）…… 38元
21. 桥梁工程（陈宝春）…… 45元
22. ◆桥涵水文（第四版）（高冬光）…… 28元
23. ◆预应力混凝土结构设计原理（第二版）…… 28元（估）
24. ◆现代钢桥（上）（吴　冲）…… 34元
25. ◆钢桥（徐君兰）…… 16元
26. ◆公路施工组织及概预算（第三版）（王首绪）…… 32元
27. ▲桥梁施工及组织管理（第二版）（上）（魏红一）…… 39元
28. ▲桥梁施工及组织管理（第二版）（下）（邬晓光）…… 39元
29. ◆隧道工程（第二版）（上）（王毅才）…… 65元

III. 专业方向选修课教材

30. ◆道路工程（严作人）…… 40元
31. 道路工程（第二版）（土木工程专业）（凌天清）…… 35元
32. ◆高速公路（第二版）（方守恩）…… 21元
33. 高速公路设计（赵一飞）…… 38元
34. 城市道路设计（吴瑞麟）…… 22元
35. GPS测量原理及其应用（胡伍生）…… 28元
36. 公路测设新技术（维　应）…… 36元
37. 公路施工技术与管理（第二版）（魏建明）…… 40元
38. 土木工程造价控制（石勇民）…… 30元
39. 公路工程定额原理与估价（石勇民）…… 36元
40. 道路桥梁检测技术（胡昌斌）…… 31元
41. 特殊地区基础工程（冯忠居）…… 29元
42. 道路与桥梁工程计算机绘图（许金良）…… 31元
43. ◆公路小桥涵勘测设计（第四版）（孙家驷）…… 31元
44. 路基设计原理与计算（李峻利）…… 40元
45. 路基路面工程检测技术（李宇峙）…… 46元
46. 公路土工合成材料应用原理（黄晓明）…… 22元
47. 水泥与水泥混凝土（申爱琴）…… 30元
48. ◆环境经济学（董小林）…… 32元
49. 公路环境与景观设计（刘朝辉）…… 30元
50. 桥梁工程概论（第二版）（罗　娜）…… 27元
51. 桥梁检测与加固（王国鼎）…… 27元
52. 桥梁钢—混凝土组合结构设计原理（黄　侨）…… 26元
53. 桥梁结构试验（第二版）（章关永）…… 22元
54. 桥梁结构电算（第二版）…… 35元
55. 桥梁抗震（叶爱君）…… 15元
56. ◆桥梁建筑美学（第二版）（盛洪飞）…… 30元
57. 大跨度桥梁结构计算理论（李传习）…… 18元
58. 隧道结构力学计算（夏永旭）…… 29元
59. 公路隧道运营管理（吕康成）…… 22元
60. 隧道与地下工程灾害防护（张庆贺）…… 45元

IV. 实践环节教材及教参教辅

61.《道路勘测设计》毕业设计指导（许金良）…… 30元
62. 桥梁计算示例丛书—桥梁地基与基础（第二版）（赵明华）…… 18元
63. 桥梁计算示例丛书—混凝土简支梁（板）桥（第三版）（易建国）…… 27元
64. 桥梁计算示例丛书—连续梁桥（邹毅松）…… 20元
65. 结构设计原理计算示例（叶见曙）…… 40元
66. 道路工程毕业设计指南（应荣华）…… 34元
67. 桥梁工程毕业设计指南（向中富）…… 35元

V. 研究生教学用书

道路与铁道工程

1. 现代加筋土理论与技术（雷胜友）…… 24元

2. 道路规划与几何设计(朱照宏) …………………… 32 元
3. 沥青与沥青混合料(郝培文) …………………… 35 元
4. 工程机械机电液系统动态传真(王国庆) …………… 18 元

桥梁与隧道工程

1. 高等桥梁结构理论(项海帆) …………………… 35 元
2. 高等钢筋混凝土结构(周志祥) ………………… 27 元
3. 结构分析的有限元法与MATIAB程序设计(徐荣桥) …… 28 元
4. 工程结构数值分析方法(夏永旭) ……………… 27 元
5. 箱形梁设计理论(第二版)(房贞政) …………… 32 元

(四)公路工程管理专业

1. ◆工程项目融资(第二版)(赵　华) ………… 35 元
2. 管理信息系统(李友根) …………………………… 31 元
3. 公路工程定额原理与估价(石勇民) ……………… 36 元
4. 工程风险管理(邓铁军) …………………………… 21 元
5. ◆工程质量控制与管理(邬晓光) ………………… 29 元
6. 公路工程造价编制与管理(第二版)(沈其明) …… 43 元
7. 工程项目招标与投标(周　直) ………………… 30 元
8. 高速公路管理(王选仓) …………………………… 35 元

(五)工程机械专业

1. ◆施工机械概论(王　进) ……………………… 35 元
2. ◆公路施工机械(第二版)(李自光) ……………… 43 元
3. 现代工程机械发动机与底盘构造(陈新轩) ……… 38 元
4. 工程机械维修(许　安) ………………………… 38 元
5. 工程机械状态检测与故障诊断(陈新轩) ……… 29 元
6. 工程机械底盘设计(郁录平) …………………… 36 元
7. 公路工程机械化施工与管理(第二版)(郭小宏) … 37 元
8. 工程机械设计(吴永平) ………………………… 38 元
9. 工程机械技术经济学(吴永平) ………………… 23 元
10. 工程机械专业英语(宋永刚) ………………… 36 元
11. 工程机械机电液系统动态仿真(王国庆) ……… 18 元

三、普通高等学校规划教材

1. 现代土木工程(付宏渊) ………………………… 36 元
2. 理论力学(东南大学) …………………………… 29 元
3. 材料力学(东南大学) …………………………… 25 元
4. 工程力学(东南大学) …………………………… 29 元
5. 交通土建工程制图(第二版)(和丕壮) ………… 38 元
6. 交通土建工程制图习题集(第二版)(和丕壮) …… 20 元
7. 画法几何与土建制图(第二版)(林国华) ……… 39 元
9. 画法几何与土建制图习题集(第二版)(林国华) … 25 元
9. 土木工程制图(丁建梅　周佳新) ……………… 36 元
10. 土木工程制图习题集(丁建梅　周佳新) ……… 18 元
11. 土木工程制图(张　爽) ……………………… 36 元
12. 土木工程制图习题集(张　爽) ………………… 15 元
13. ◆土木工程计算机绘图基础(尚守平) ………… 39 元
14. 工程经济学(李雪淋) ………………………… 22 元
15. 工程测量(胡伍生) …………………………… 25 元
16. 交通土木工程测量(张坤宜) …………………… 33 元
17. 结构设计原理(毛瑞祥) ……………………… 26 元
18. 路基路面工程(何兆益) ……………………… 45 元
19. 道路勘测设计(第二版)(孙家驷) …………… 46 元
20. 道路勘测设计(裴玉龙) ……………………… 38 元
21. 道路工程材料(申爱琴) ……………………… 45 元
22. 道路与桥梁工程概论(黄晓明) ……………… 32 元
23. 道路经济与管理 ……………………………… 16 元
24. 公路施工组织与管理(赖少武　李文华) ……… 35 元
25. 公路工程施工组织学(第二版)(姚玉玲) …… 38 元
26. 公路施工与组织管理(廖正环) ……………… 22 元
27. 公路养护与管理(许永明) …………………… 18 元
28. 水力学与桥涵水文(叶镇国) ………………… 38 元
29. 桥位勘测设计(高冬光) ……………………… 20 元
30. 道路规划与设计(李清波) …………………… 46 元
31. 道路交通环境工程(张玉芬) ………………… 19 元
32. 公路实用勘测设计(何景华) ………………… 19 元
33. 公路计算机辅助设计(符锌砂) ……………… 30 元
34. 交通计算机辅助工程(任刚) ………………… 25 元
35. 公路工程预算与工程量清单计价(雷书华) …… 35 元
36. 公路工程造价(周世生) ……………………… 42 元
37. 软土环境工程地质学(唐益群) ……………… 35 元
39. 公路与桥梁施工技术(盛可鉴) ……………… 30 元
39. 桥梁美学(和丕壮) …………………………… 40 元
40. 桥梁结构理论与计算方法(贺拴海) ………… 58 元
41. 钢管混凝土(胡曙光) ………………………… 38 元
42. 隧道施工(于书翰) …………………………… 23 元
43. 公路隧道机电工程(赵忠杰) ………………… 40 元
44. ◆道路交通管理与控制(袁振洲) …………… 40 元
45. 交通工程学(第二版)(李作敏) ……………… 28 元
46. 交通项目评估与管理(谢海红) ……………… 36 元
47. 工程项目管理(周　直) ……………………… 20 元
48. 道路运输统计(张志俊) ……………………… 28 元
49. 测绘工程基础(李芹芳) ……………………… 36 元
50. 工程机械运用技术(许　安) ………………… 40 元
51. 现代工程机械液压与液力系统(颜荣庆) …… 39 元
52. 水泥混凝土路面施工与施工机械(何挺继) …… 30 元
53. 现代公路施工机械(何挺继) ………………… 45 元
54. 工程机械机电液一体化(焦生杰) …………… 28 元
55. 工程机械可靠度(吴永平) …………………… 20 元
56. 工程机械地面力学与作业理论(杨士敏) …… 35 元

四、高等学校应用型本科规划教材

1. 结构力学(万德臣) …………………………… 30 元
2. 结构力学学习指导(于克萍) ………………… 22 元
3. 道路工程制图(谭海洋) ……………………… 28 元
4. 道路工程制图习题集(谭海洋) ……………… 24 元
5. 道路建筑材料(伍必庆) ……………………… 37 元
6. 土木工程材料(张爱勤) ……………………… 39 元
7. 土质学与土力学(赵明阶) …………………… 30 元
8. 结构设计原理(黄平明) ……………………… 47 元
9. 结构设计原理学习指导(安静波) …………… 35 元
10. 结构设计原理计算示例(赵志蒙) …………… 40 元
11. 工程测量(朱爱民) …………………………… 30 元
12. 基础工程(刘　辉) …………………………… 26 元
13. 道路勘测设计(张维全) ……………………… 32 元
14. 桥梁工程(刘龄嘉) …………………………… 45 元
15. 公路工程试验检测(乔志琴) ………………… 47 元
16. 路桥工程专业英语(赵永平) ………………… 44 元
17. 水力学与桥涵水文(王丽荣) ………………… 27 元
18. 工程招标与合同管理(刘　燕) ……………… 33 元
19. 工程项目管理(李佳升) ……………………… 32 元
20. 公路施工技术(杨渡军) ……………………… 64 元
21. 公路工程机械化施工技术(徐永杰) ………… 32 元
22. 公路工程经济(周福田) ……………………… 22 元
23. 公路工程监理(朱爱民) ……………………… 33 元
24. 道路工程(资建民) …………………………… 38 元
25. 道路工程CAD(许金良) ……………………… 23 元
26. 路基路面工程(陈忠达) ……………………… 46 元